NTOA 24

Eberhard Faust • Pax Christi et Pax Caesaris

NOVUM TESTAMENTUM ET ORBIS ANTIQUUS (NTOA)

Im Auftrag des Biblischen Instituts
der Universität Freiburg Schweiz
herausgegeben von Max Küchler
in Zusammenarbeit mit Gerd Theissen

Zum Autor:

Eberhard Faust, geboren 1958 in Schweinfurt, studierte evangelische Theologie an den Universitäten Erlangen-Nürnberg und Heidelberg sowie Naturwissenschaften (Geoökologie) an der Universität Bayreuth. 1992 promovierte er mit der vorliegenden Arbeit über den Epheserbrief an der Universität Heidelberg.

NOVUM TESTAMENTUM ET ORBIS ANTIQUUS   24

Eberhard Faust

Pax Christi
et
Pax Caesaris

Religionsgeschichtliche, traditionsgeschichtliche
und sozialgeschichtliche Studien zum Epheserbrief

UNIVERSITÄTSVERLAG FREIBURG SCHWEIZ
VANDENHOECK & RUPRECHT GÖTTINGEN
1993

Die Deutsche Bibliothek – CIP Einheitsaufnahme

Faust, Eberhard:

Pax Christi et pax Caesaris: religionsgeschichtliche, traditionsgeschichtliche und sozialgeschichtliche Studien zum Epheserbrief / Eberhard Faust. – Freiburg, Schweiz: Univ.- Verl.; Göttingen: Vandenhoeck und Ruprecht, 1993

   (Novum testamentum et orbis antiquus; 24)

   Zugl.: Heidelberg, Univ., Diss., 1992

   ISBN 3-525-53926-6 (Vandenhoeck & Ruprecht)

   ISBN 3-7278-0864-0 (Univ.-Verl.)

NE: GT

Veröffentlicht mit Unterstützung des Hochschulrates
der Universität Freiburg Schweiz,
der Vereinigten Evangelisch-Lutherischen
Kirche Deutschlands (VELKD) und der
Evangelisch-Lutherischen Kirche in Bayern

Die Druckvorlagen wurden vom Verfasser
als reprofertige Dokumente zur Verfügung gestellt

© 1993 by Universitätsverlag Freiburg Schweiz
Paulusdruckerei Freiburg Schweiz
ISBN 3-7278-0864-0 (Universitätsverlag)
ISBN 3-525-53926-6 (Vandenhoeck & Ruprecht)

VORWORT

Dieses Buch ist die überarbeitete Fassung meiner Dissertation, die unter dem Haupttitel "Christus und der Kaiser stiften Frieden" im Jahr 1991 von der Theologischen Fakultät der Ruprechts-Karls-Universität Heidelberg angenommen wurde. Den vielen, die mich während der Ausarbeitung wissenschaftlich und menschlich begleitet haben, bin ich sehr dankbar. Prof.Dr. Gerd Theißen hat nicht nur das wissenschaftliche Projekt in anregender Weise betreut, sondern auch den Menschen, der es voranbringen wollte, engagiert begleitet. Ihm danke ich sehr. Mit Prof.Dr. Hartwig Thyen, dem Vertrauensdozenten seit Beginn der Heidelberger Studienzeit und zweiten Gutachter meiner Dissertation, konnte ich jederzeit nicht nur über Wissenschaftliches sprechen. Sein Gutachten hat wichtige Ergänzungen angeregt. Wie ich ihm viel verdanke, so auch zahlreichen Gesprächen mit Freunden in Heidelberg und in Bayreuth, von denen meine Arbeit profitierte. Viele Mitarbeiter der Universitätsbibliotheken haben mir bei der Literaturbeschaffung geholfen. Besonderen Dank schulde ich Dr. David Trobisch, durch dessen freundschaftliche Hilfe das Manuskript druckfertig gemacht werden konnte. Dem Herausgeber der vorliegenden Reihe, Herrn Prof.Dr. Max Küchler, danke ich für die Aufnahme meiner Arbeit. Zu ihrer Drucklegung steuerten die Evangelisch-Lutherische Kirche in Bayern und die VELKD namhafte Zuschüsse bei, für die ich danksage.

Mein Weg wäre schwerer gewesen, hätte mich nicht die Studienstiftung des Deutschen Volkes während meines Studiums gefördert. Dieser Institution danke ich ebensosehr wie der Universität Heidelberg und dem Land Baden-Württemberg, durch die mir von 1987 bis 1989 ein Promotionsstipendium (LGFG) zuteil wurde.

Dieses Buch hätte aber auch nicht geschrieben werden können, gäbe es nicht die Weiterzigkeit meiner Eltern. Ihnen sei die Arbeit daher in Dankbarkeit gewidmet.

Heidelberg/Bayreuth, im Oktober 1992   Eberhard Faust

INHALT

0. PERSPEKTIVEN DER FORSCHUNG

Wo eine Politik struktureller Gewalt die soziale Ausgrenzung ethnischer Gruppen in Gesellschaft und Kirche betrieb, haben Christen immer wieder protestiert, indem sie sich auf die Friedensbotschaft von E 2,11-22 beriefen: Wie Christus die Feindschaft zwischen Juden und Heiden zum gemeinsamen Frieden in 'einem Leib' überwunden hatte, so sollte etwa auch jener diskriminierende Ethnozentrismus, der die Sklaverei im 'christlichen Nordamerika' legitimierte, aufgegeben werden.[1] Vom selben Text aus protestierten Christen Jahrhunderte später dagegen, daß der Arierparagraph Mitchristen jüdischer Abstammung von kirchlichen Funktionen ausschließen sollte, daß 'Blacks and Whites' in der nordamerikanischen Gesellschaft nicht gleichberechtigt integriert waren und schließlich wird heute von da aus dem Unrecht der Apartheid in Südafrika widersprochen.[2] Der Text E 2,11-22 dient in solchen Auseinandersetzungen als christliches Modell für die friedvolle und gleichrangige Integration verschiedener Volksgruppen in dieselbe Gemeinschaft und so als Antithese gegen separative und diskriminierende politisch-gesellschaftliche Überzeugungssysteme, die oft auch kirchliche Geltung beansprucht hatten. Diese moderne Anwendung gibt uns die Anregung zu der historischen Rückfrage, ob der antike Text E 2,11-22 selbst für eine möglicherweise kritische Bezugnahme auf ein soziales (politisches) Überzeugungssystem seiner Zeit

---

[1] Auf E 2,14 beruft sich Samuel SEWALL (1652-1730) in einem frühen amerikanischen Pamphlet gegen die Sklaverei ("The Selling of Joseph", in: American Issues I, hrg. W.THORPE u.a., Chicago 1944, S.66-67): "Since the partition wall is broken down, inordinate self-love should likewise be demolished." Mit W.RADER, The Church and Racial Hostility. A History of Interpretation of Ephesians 2:11-22, BGBE 20, Tübingen 1978, S.107f., der auf SEWALL aufmerksam gemacht hat, verstehen wir den Ausdruck "inordinate self-love" im überindividuellen Sinn von "racial pride" bzw. "ethnocentrism".

[2] Unter Berufung auf E 2 wandten sich gegen die Diskriminierung der Mitchristen jüdischer Abstammung u.a. D.BONHOEFFER (ders., Der Arierparagraph in der Kirche, Gesammelte Schriften II, hrg. E.BETHGE, München 1959, S.62-63), das "Gutachten der Theologischen Fakultät der Universität Marburg zum Kirchengesetz über die Rechtsverhältnisse der Geistlichen und Kirchenbeamten" (ThBl 12 (1933) Sp.293), G.JASPER (ders., Die Evangelische Kirche und die Judenchristen, Göttingen 1934, S.106) und das Betheler Bekenntnis (K.D.SCHMIDT, Die Bekenntnisse des Jahres 1933, Göttingen 1934, S.127). Die Belege hat W.RADER, The Church and Racial Hostility, S.213ff. gesammelt; dort findet sich auch das Material zum 'Rassenkonflikt' in der amerikanischen Gesellschaft (ebd. S.235ff.). Auf die kritische Funktion gegenüber dem Apartheidsregime, die E 2 für südafrikanische Christen hat, macht W.HUBER, Protestantismus und Protest, Reinbeck 1987, S.16-18 aufmerksam. Die Gegenposition in Südafrika bezieht die Einheit, von der in E 2,11-22 die Rede ist, ausschließlich spirituell, so daß sie "at the natural level" durchaus ethnokulturell verschiedene Kirchenorganisationen zulasse (siehe W.RADER, a.a.O. S.210f.).

und Umgebung transparent werden kann, zumal im historischen Kontext verbreiteter jüdisch-paganer Spannungen. Da die deutsche Forschung unseres Jahrhunderts lange im Bann des gnostizistischen Erklärungsmodells stand, das in unserem Text primär mythischkosmische, erst sekundär auf die Überwindung sozialer Separation zwischen Juden und Heiden applizierte Aussagen wahrnahm, wurde diese sozialgeschichtliche Fragestellung jahrzehntelang - wenn überhaupt - nur am äußersten Rande berührt.[3] Die gnostizistische Erklärung konnte sich mit einer existentialtheologischen Systematik verbinden und die Theologie (Eschatologie) des Epheserbriefs im völlig geschichtslosen Sinn einer "Aufhebung der Zeit" verstehen.[4] Auch vom Tisch jener Exegeten, die sich vor allem darum bemühten, einen in 2,14ff. angeblich aufgenommenen 'Hymnus' zu rekonstruieren, fielen naturgemäß kaum sozialgeschichtlich relevante Brosamen.[5] Anstöße kamen auf diesem Feld meist von anderen. Die aus unserer Sicht wichtigsten Forschungsbereiche betreffen dabei (a) den ethnokulturellen Grundkonflikt zwischen Juden und Griechen im griechischen Osten, der - naheliegend genug - mit E 2,11ff. zu verbinden ist; (b) zum anderen müssen wir für diesen Text auch die Herrschaftsideologie des kaiserlichen Imperiums (pax Romana) als Interpretationskontext heranziehen.

(a) Den sozialen Kontext des ethnokulturellen Konflikts zwischen den Juden als Teil des "syrischen" Kulturbereichs einerseits und den Griechen andererseits, der in E 2 im Begriff der Feindschaft wiedererscheint, brachte auf

---

[3] Die Geschichte der Auslegungen von E 2,11-22 ist heute durch W.RADERs Monographie (siehe o. A 1) eingehend aufgearbeitet; zum ganzen Epheserbrief liegt die Forschungsgeschichte von H.MERKEL, Der Epheserbrief in der neueren exegetischen Diskussion, ANRW II 25.4 (1987) S.3156-3246, vor. Zum gnostizistischen Erklärungsmodell (H.SCHLIER, E.KÄSEMANN, H.CONZELMANN, G.SCHILLE, P.POKORNY, K.M.FISCHER, A.LINDEMANN u.a.) siehe ebd. S.3176-3195; bei W.RADER S.177-185.

[4] Siehe A.LINDEMANN, Die Aufhebung der Zeit. Geschichtsverständnis und Eschatologie im Epheserbrief, Gütersloh 1975: Der Verfasser habe aus dem gnostischen Denken "weniger die Mythologie selbst als vielmehr die mit ihr verbundene Eliminierung der Zeit übernommen und jede Bezugnahme auf die Geschichtlichkeit des Heilsgeschehens vermieden" (S.259). In diesem Sinn habe "der Brief ein wirklich 'aktuelles' Thema gar nicht ...; er bezieht sich ja gar nicht auf eine konkrete Situation, die ihn etwa zu einer bestimmten polemischen Argumentation zwingen würde. Vielmehr legt er breit und ausschließlich in thetischer Form seinen Entwurf von Ekklesiologie ... dar. Und diese Kirche ist eben nicht als geschichtliche, sondern als zeitlose Größe verstanden. ... Von daher ist der merkwürdige Sachverhalt zu erklären, daß der Briefautor für die empirische Größe 'Welt' überhaupt kein Interesse aufbringt: Welt ist für ihn einfach dadurch qualifiziert, daß sie 'Nicht-Kirche' ist" (S.238); die Ekklesiologie werde als "Ontologie einer zeitlosen Kirche" vorgetragen (S.248). Ebenso gehe es auch in E 2,11-22 nicht um "einen heilsgeschichtlichen Aufriß der Entstehung der Kirche", vielmehr dient "die Erwähnung der 'Vergangenheit' (v.11f.) ... ausschließlich der Qualifizierung der Gegenwart", der "gegenwärtige(n) christliche(n) Existenz" (S.191f.). Cf. ders., ZBK NT 8, S.42-56.

[5] Überblicke zur Hymnus-These geben H.MERKEL, a.a.O. S.3230-35 und W.RADER, a.a.O. S.196ff.

breiter Grundlage 1953 Dom Gregory DIX in die Diskussion ein.[6] Der in unterschiedlichen Kulturideen, auch theologischer Art, wurzelnde Konflikt zwischen "the Hellenic and Syriac cultures" reiche letztlich von den Kriegen zwischen Philistern (als Filiation der kretisch-minoischen Kultur) und Israeliten über die griechisch-persischen Kriege, die Konfrontation zwischen dem makkabäischem Judentum "as the supreme representative of the Syriac spirit" und Seleukiden (S.17) bis weit über die neutestamentliche Zeit hinaus. Da DIX die Geschichte des frühen Christentums nicht von den Manifestationen dieses Konflikts im ersten Jahrhundert n.Chr. abkoppeln kann (S.6), bietet sein Entwurf frühchristlicher Geschichte immer wieder den zeitgeschichtlich zugehörigen Kontext der sich seit 45 n.Chr. rapide verschlechternden Beziehungen zwischen Juden und Griechen im syrisch-palästinischen Raum.[7] Der Friedenstext E 2,11-22, nach DIX von Paulus während seiner Gefangenschaft in Rom verfaßt, sehe auf die von Paulus selbst erlebte Geschichte seiner Mission zurück:

"This history is set in the context of the ἔχϑρα, the permanent hatred of Jew and Gentile, raging all time the history had been happening, and slowly gathering to a climax now at hand [sc. im bellum Iudaicum]..." (S.59)
"This acute observer of his world is convinced that within the primitive Christian community a chasm has been filled in, a massive barrier of whose continued existence in the outside world he and those to whom he is writing are nevertheless vividly aware, even while he declares that within this particular group these no longer separate and conceal its members from each other" (S.1-2).[8]

DIX' abstrakte Konfliktbegründung in distinkten Kulturideen vernachlässigt zwar den viel pragmatischeren Distinktionsdruck, der durch die oktroyierten Akkulturationsversuche der Vormächte und - in der Diaspora - durch die Minderheitenposition der Juden zustande kam; gleichwohl ist es ihm gelungen, die Feindschaft, von der in E 2 gesprochen wird, sozialgeschichtlich etwas konkreter zu fassen. Allerdings beschränkt er sich auf palästinische Manifestationen dieses Antagonismus im ersten nachchristlichen Jahrhundert und zieht für den jüdischen Diaspora-Hintergrund des Epheserbriefs keine speziellen, etwa kleinasiatischen Konflikt-Belege heran.

Dies tut auch Karl Martin FISCHER nicht in seiner 1970 abgeschlossenen Habilitationsschrift "Tendenz und Absicht des Epheserbriefes".[9] Bei seiner

---

[6] D.G.DIX, Jew and Greek. A Study in the Primitive Church, Westminster 1953 (= 1967[3]); besonders Ch.I: The Conflict of the Syriac and Greek Cultures, S.1-18.

[7] Vor dem Hintergrund dieses sich steigernden jüdisch-paganen Konflikts begreift D.DIX die frühkirchliche Diskussion um die paulinische Heidenmission, siehe ebd. Ch.II: The Jewish-Christian Church, S.19-60.

[8] Der Text E 2,11-20 kommt noch ebd. S.51 zur Sprache, wo er auf die Konfliktbewältigung in der frücchristlichen Geschichte bezogen wird.

[9] K.M.FISCHER, Tendenz und Absicht des Epheserbriefes, FRLANT Bd.111, Göttingen 1973.

eingehenden Diskussion der Briefpragmatik zum Thema "IV. Heiden- und
Judenchristen", die von DIX unabhängig ist, geht er von der Existenz relativ
abgeschlossener judenchristlicher Gruppen innerhalb der kleinasiatischen
Gemeinden aus, die als Minderheiten von den sich emanzipierenden Heidenchristen nicht mehr als gleichberechtigte Partner angesehen worden seien.[10]
Ist am Ausgang des ersten Jahrhunderts die Aversion heidenchristlicher Ge-
meinde-Kreise gegen jüdische Lebensweise deutlich belegbar[11], so erkennt er
"eine der Ursachen für die Intoleranz gegenüber den jüdischen Lebensformen" in dem "Einbruch des antiken Antisemitismus in die christlichen Gemeinden" (S.89).

> "Pogrome sind keine christliche Erfindung - so beschämend sie auch für die Chri-
> sten sind -, sondern sie gehörten schon seit langer Zeit zum jüdischen Alltag. Be-
> sonders in Alexandrien brachen immer wieder Verfolgungen über die Juden her-
> ein. So gewiß es unter den Gebildeten viele gab, die mit dem Judentum sympathi-
> sierten, und das Judentum zur Zeitenwende seine größte Wirksamkeit in seiner
> Geschichte hatte, so gewiß ist auch, daß die breite Masse die Juden verachtete
> und zugleich fürchtete. Sobald die Obrigkeit die Juden nicht mehr schützte, wur-
> den sie zum Freiwild, oft als Sündenbock für das Versagen der herrschenden
> Klassen. Es würde der Wahrheit nicht entsprechen, anzunehmen, daß dieser An-
> tisemitismus vor den christlichen Gemeinden haltgemacht hätte."[12]

Auch hier kommen die speziellen kleinasiatischen Verhältnisse des jüdisch-
griechischen Konflikts noch nicht eigens in den Blick, aber der Boden für eine
solche Untersuchung ist durch den Zugewinn an Konkretheit bei der sozialgeschichtlichen Fragestellung bereitet.

---

10 K.M.FISCHER, a.a.O. S.79-83.

11 K.M.FISCHER, a.a.O. S.86-88, verweist u.a. auf Ignatius Magn. 10,3 (ἄτοπόν ἐστιν, Χριστόν
Ἰησοῦν λαλεῖν καὶ ἰουδαΐζειν), die Ersetzung des Sabbats durch den Sonntag (Ign.Magn. 9,1);
die Relativierung des wörtlich gelebten jüdischen Ritualgesetzes als vorläufig (Hb 5;7 u.ö.) und
nur moralisch zu interpretieren (Barnabasbrief): "Vielen Völkern hat man mehr Zeit gelassen,
allein den Juden wurde schon nach einem Menschenalter abverlangt, sich kulturell und menschlich völlig zu assimilieren" (S.88).

12 K.M.FISCHER, a.a.O. S.92. FISCHER sieht den neutestamentlichen und frühkirchlichen
Antijudaismus zurecht als "vielfältiges Phänomen" an und nennt daher außer einer christlichen
Rezeption des verbreiteten Antisemitismus weitere Bedingungsfaktoren: 1. scharfe innerjüdische
Polemiken (z.B. Qumran vs. Pharisäer), die eine Schuldzuschreibung an die jüdischen Volksgenossen seitens palästinischer Christen möglich erscheinen lassen; 2. die Auseinandersetzung Jesu
mit pharisäischer Praxis, die freilich vom Werben um pharisäisches Einverständnis begleitet war;
3. angesichts schärfer werdender Spannungen zwischen Rom und den Juden (Claudius-Edikt, Jüdischer Krieg) wollte man sich, um dem Vorwurf der Kollaboration mit Aufrührern zu entgehen,
apologetisch von den Juden distanzieren (Passionsgeschichte!). Siehe K.M.FISCHER, a.a.O.
S.88-93.

Wir finden sie 1974 bei Peter STUHLMACHER.[13] In Auseinandersetzung mit der früher dominierenden kosmologischen Interpretation der "trennenden Zwischenmauer" (E 2,14b) und von τὰ ἀμφότερα (E 2,14b) sieht er den erstgenannten Begriff durch ep.Arist. 139.142 hinreichend im Sinne des jüdischen (Ritual-) Gesetzes festgelegt; τὰ ἀμφότερα bezeichne "sogar grammatisch korrekt bestimmte Menschengruppen" (S.345). STUHLMA-CHERs Ziel ist "aufzuzeigen, wie konkret die skizzierte Friedensverkündigung ursprünglich gemeint gewesen sein dürfte."[14] Er geht davon aus, daß der E "in den Jahren nach 70 an die christliche(n) Gemeinde(n) in den kleinasiatischen Städten" gerichtet war, wo er den angesprochenen Heidenchristen die ekklesiologisch lebenswichtige "Kontinuität zu den heilsgeschichtlichen Anfängen der Gemeinde im Judenchristentum" einschärfen wollte (S.355):

"Gerade im Blick auf Eph 2,14ff. und die dort apostrophierte Feindschaft zwischen Juden und Heiden läßt sich zeitgeschichtlich sogar noch mehr sagen. In der Diaspora Kleinasiens und Ägyptens hatte sich trotz der Toleranzedikte Caesars und des Augustus zwischen der in den Städten zumeist zahlreichen Judenschaft und der heidnisch-einheimischen Bevölkerung in Jahrhunderten ein Feindschaftsverhältnis entwickelt, das vor allem in der gegenseitig so unterschiedlichen religiösen Lebensweise begründet war, zusätzliche Nahrung aus dem Neid der Heiden auf die den Juden von Rom zugestandenen Privilegien der freien Religionsausübung, der Befreiung vom Militärdienst usw. erhielt, und sich gerade in den städtischen Kommunen wiederholt in Pogromen entlud. Gerade in der Zeit nach 70 steigerte sich die Aversion der Juden gegen die Heiden, die Israel seines Tempels beraubt und diesen geschändet hatten, noch ganz besonders." (S.355).

STUHLMACHER führt das Beispiel der jüdisch-griechischen Konflikte Alexandrias 38-41 n.Chr. an und verweist dabei auch auf den Claudius-Brief an die Alexandriner, wo diese ultimativ aufgefordert werden, die Feindschaft gegeneinander einzustellen. Wir dürfen

"die dortigen Verhältnisse mit aller Vorsicht als Modellfall einer Lage und gespannten Atmosphäre betrachten, wie sie auch nach 70 noch in Städten wie Ephesus gegeben war und sich jederzeit neu in Judenverfolgungen entladen konnte" (S.356).

So gehe es dem Epheserbrief nicht um lebensferne theologische Lehre, sondern konkret darum, "ein die alten ethischen und religiösen Antagonismen überwindendes Modell von Realversöhnung zu bieten", "eine auch sozial

---

[13] P.STUHLMACHER, "Er ist unser Friede" (Eph 2,14). Zur Exegese und Bedeutung von Eph 2,14-18, in: J.GNILKA (ed.), Neues Testament und Kirche, Festschrift R.SCHNACKENBURG, Freiburg 1974, S.337-58.

[14] P.STUHLMACHER, a.a.O. S.354. Zur Forschungsgeschichte stellt er mit Recht fest, daß die "traditionsgesättigte und verallgemeinernd-theologische Sprechweise des Epheserbriefes ... jedenfalls in den jüngeren Kommentaren dazu verleitet [hat], die Frage nach den zeitgeschichtlichen Verhältnissen, in welche der Brief hineinspricht, nicht mehr wirklich genau genug zu stellen" (S.354).

für ihre Umwelt interessante Antwort auf die allgemeine spätantike Frie-
denssehnsucht" (S.356f.). Mit dem Hinweis auf die kleinasiatische Konfliktgeschichte zwischen Juden und Griechen, die in den römischen "Privilegien" für
die Juden mitbegründet und die in einschlägigen Quellen-Sammlungen bei
Flavius Josephus partiell dokumentiert ist, wird bei STUHLMACHER erstmals das sozialgeschichtlich zur ἔχθρα in E 2 zugehörige Quellenmaterial angesprochen. Seiner näheren Analyse wenden wir uns im sozialgeschichtlichen
Teil der vorliegenden Arbeit zu, setzen damit STUHLMACHERs Ansatz fort
und fragen, dabei über ihn hinausgehend, nach einer möglichen politischen
Analogie zur Person Christi als Friedensstifter zwischen Juden und Nicht-Juden.

(b) Neben dem ethnokulturellen Antagonismus zwischen Juden und Heiden ist die politische Überwindung solcher Spannungen, die im Rahmen der
zeitgenössischen Herrschaftsideologie des römischen Imperiums (Pax Romana) angestrebt wurde, als Interpretationskontext zu berücksichtigen. Auch
hier finden wir frühe anglo-amerikanische Anregungen, die im Zusammenhang des "Social Gospel Movement" stehen: W. RAUSCHENBUSCH (1908)
und später E.F.SCOTT (1930) sahen den E als religiöse Entsprechung zum
römisch-imperialen Versuch der Völker-Einigung an:

> "In that age, too, the idea of human solidarity had become hardly less real than in
> our own day. Stoicism had given it a philosophical basis in the doctrine that all
> men are one in so far as they all share in the one principle of Reason. The Roman
> empire had imposed a visible unity by bringing all races under a common go-
> vernment and culture. Thoughtful men were demanding ... that religion should
> prove itself equal to a new task. Instead of dividing men as heretofore, might it
> not be made the instrument of reconciliation?"[15]

Auch in E 2,19b werden wir auf die Idee einer neuen, übergreifenden Po-
liteia stoßen. Die staatliche Einheit wurde jedoch vom Kaiser als 'Haupt' und
Seele seines Staats-'Leibes' garantiert; entsprechend finden wir die exegeti-
sche Meinung, daß die ekklesiale Variante dieser Metapher, die Christus als
Haupt (E 1,22; 4,15f.; 5,23) und die universale Kirche gerade in E 2,16 als
Leib bezeichnet, vor dem prägenden Hintergrund der politischen Metaphorik

---

[15] E.F.SCOTT, The Epistles of Paul to the Colossians, to Philemon and to the Ephesians,
MOFFATT NTC, London 1930, S.131f.. Schon W.RAUSCHENBUSCH hatte diese
Entsprechung vor Augen, als er mit Blick auf den E schrieb: "In the Roman Empire nations were
now being fused into a still larger social unity. There was a crying need for an international and
purely human religion. ... early Christian thinkers ... often dwelt on the fact that Christianity had
been born simultaneously with the Empire under Augustus [Hinweis auf Lk 2,1; Melito von
Sardes bei Euseb, hist.eccl. IV 26,7-11]. The universal State and the universal religion were twins
by birth" (ders., Christianity and the Social Crisis, New York - London 1908, S.114f., cf. noch
S.113.118).

zu verstehen sei.[16] Bezeichnend für diese mögliche politische Transparenz unseres Textes[17] ist die alte These Adolf v. HARNACKs, die sowohl das Friedensprogramm als auch den Sprachstil von E 2,14(ff.) betrifft: Die Geschichtsbetrachtung des E habe

"die herrliche Erfahrung von der Menschheit-bezwingenden Macht Christi und dem Völkerfrieden, den der Heiland gebracht, zur Voraussetzung...: Er ist der Friede, der aus Zwei Eins gemacht und den trennenden Zaun niedergerissen hat. Die Sprache der Kaiserverehrung ist auf den Erlöser angewendet (Ephes. 2,14)."[18]

Geleitet von dieser Intuition HARNACKs werden wir im sozialgeschichtlichen Teil unserer Arbeit also präziser fragen müssen, ob es sachliche Gründe für eine Modellierung der Christologie von E 2 in Entsprechung zur "Sprache der Kaiserverehrung" geben könnte. Welche Rolle spielte der Kaiser in der griechisch-jüdischen Konfliktgeschichte in Kleinasien und welches waren die allgemeinen Prinzipien der Politik gegenüber den Diasporajuden im frühen Prinzipat? Haben sich in diesen Hinsichten historische Wandlungen im 1.Jh.n.Chr. ergeben? Den weiteren Rahmen für diese Untersuchungen muß die übergreifende Frage nach den ideologischen Bestandteilen des kaiserlichen Programms der pax gentium abgeben, wobei wir freilich auch die An-

---

16 Siehe vor allem R.W.CRABB, The ΚΕΦΑΛΗ-Concept in the Pauline Tradition with Special Emphasis on Colossians, Dissertation: San Francisco Theological Seminary 1966: "Thus, as the empire came to be viewed as a homogenous whole (a body), the χεφαλή/ σῶμα type of thinking provided the image in which the emperor could be presented as the Head. ... it would seem that the classical sources for this metaphor were given form and definition within their political affiliations. This complex of thinking seemed to describe existentially the relation of the emperor to the empire (χεφαλή/ σῶμα): as there is one Head in heaven so one on earth" (ebd. S.35, cf. S.34 (mit A 1).52f.175f.). Nach K.BERGER, Art.Kirche II, TRE 18 (1989), S.205f., tritt die durch Haupt/ Leib gegebene ekklesiologische Metaphorik "zur römischen Machtentfaltung in Konkurrenz" und ist "implizite Kritik am Anspruch des römischen Kaisertums." Cf. auch D.C.SMITH, Jewish and Greek Traditions in Ephesians 2:11-22, Dissertation Yale 1970, S.149f.153f.. F.MUSSNER, Art. Epheserbrief, TRE 9 (1982), S.748f. parallelisiert ähnlich das politische "Haupt-Leib-Modell" (Curt.Ruf., hist. 10,9,1ff.; Plut., Galba 1054E; TestXIISeb 10,4), das dem "Herrschaftsgedanken" Ausdruck gebe, mit dem E, wo "es, ähnlich wie im Kol, um die weltumspannende Herrschaft des erhöhten Christus [geht], der freilich zu seinem 'Leib', der Kirche, nicht bloß in einem Herrschaftsverhältnis steht, sondern dieses überbietend, in einem Dahingabeverhältnis (vgl. Eph 5,25)." Für die ekklesiale Leib-Metapher der paulinischen Homologumena hat auch G.THEISSEN, Christologie und soziale Erfahrung, in: ders., Studien, S.326-29, die Meinung vertreten, daß diese ihre Plausibilitätsbasis in dem politischen Leib-Konzept der imperialen Herrschaftselite habe.

17 Möglicherweise ist auch bei M.S.MOORE das analoge politische Haupt-Leib-Konzept gemeint, wenn er in seinem knappen Forschungsbericht: Ephesians 2:14-16: A History of Recent Interpretation, EvQ 54 (1982), S.165.167 für E 2,14-16 unspezifisch den Einfluß von "Asian empire motifs" veranschlagt.

18 A.v.HARNACK, Die Mission und Ausbreitung des Christentums in den ersten drei Jahrhunderten, Zweiter Band: Die Verbreitung, Leipzig 1924[4], S.736.

nahme thematischer und stilistischer Ähnlichkeiten zwischen imperialer Propaganda-Sprache und E 2,14(ff.) zu überprüfen und zu präzisieren haben.

Während HARNACKs Anregung bis heute in einem wissenschaftlichen Dornröschenschlaf versunken blieb, wurde der römische Kaiser seitdem dennoch in einer anderen Weise mit dem E verbunden: Da Christus nach dem E "alle anderen Mächte, Gewalten und Herrschaften, die die Kyriotes Gottes in Frage stellen oder beeinträchtigen, ... entmächtigt (vgl. 1,21)" und da "das Wesen jener dämonischen Mächte und Gewalten ... sich in der Geschichte vor allem im politischen Raum offenbart", schrieb Franz MUSSNER (1961) dem "eschatologischen Kampf um die Weltherrschaft", in den die Kirche nach dem E einbezogen ist, "eine 'politische' Funktion ersten Ranges" zu.[19] Später (1982) präzisierte er, daß die "Vorliebe für das Heilspräsens" und die Lehre vom "Christus-Pantokrator" "vermutlich auch in bewußter Frontstellung gegen den Kaiserkult, der besonders in Kleinasien blühte", formuliert worden sei.[20] Ein erstes, freilich noch sehr vages Indiz für eine solche Konkurrenz bzw. Frontstellung könnte sich u.E. schon aus der Darstellung des in den Himmel versetzten Christus im E nach dem gerade im paganen Kleinasien weit verbreiteten θεὸς ὕψιστος-Schema ergeben (E 1,20f.; 4,8.10)[21]: Forscher wie E.J.BICKERMAN, A.T.KRAABEL und P.R.TREBILCO haben mehrfach darauf hingewiesen, daß die Entwicklung und Verbreitung des religiösen Suprematie-Schemas vom "höchsten" Himmelsgott, der *hoch über* allen inferioren (lokalen) Göttern steht, *in struktureller Parallele* zur weltweiten Macht-

---

19   F.MUSSNER, Die Geschichtstheologie des Epheserbriefes, Analecta Biblica 17-18 (1963), S.61f..

20   F.MUSSNER, Art. Epheserbrief, TRE 9 (1982), S.747.

21   Gemeint ist hier die nach einer räumlichen Kategorie gedachte Suprematie im Konzept des "höchsten" Himmelsgottes, nach dem zahlreiche Inschriften aus dem westlichen Kleinasien pagane Gottheiten prädizieren (A.T.KRAABEL, ῞Υψιστος and the Synagogue at Sardis, GRBS 10 (1969) S.87-91 nennt zahlreiche Belege, etwa θεὸς ὕψιστος/ θεὸς ῞Υψιστος Σωτήρ/ θεὰ ὑψίστη/ θεῷ ὑψίστῳ καὶ μεγ[ά]λῳ θείῳ; speziell für Ephesos sei außerdem auf Inschr.Ephesos IV 1234.1235 verwiesen). Jeweils gehe es um "a deity superior to the many local gods" (ebd.). A.T.KRAABEL und P.R.TREBILCO haben gezeigt, daß diesen Inschriften keineswegs, wie oft angenommen, ein jüdisch-paganer Synkretismus oder auch nur jüdischer Einfluß zugrundeliegt (KRAABEL, ῞Υψιστος, S.81-93; TREBILCO, Studies on Jewish Communities in Asia Minor, S.136-153). Gleichwohl konnten auch die Diasporajuden dieser Region ihren Gott ganz ähnlich und im Anklang an eine Gottesprädikation der LXX als ὁ θεὸς ὁ ὕψιστος/ κύριε ὁ πάντα ἐφορῶν u.dgl. (Acmonia/ Phrygien CIJ 769; Delos CIJ 725a/b u.ö.) benennen; cf. etwa aus einem Freilassungsdokument aus Gorgippia von 41 n.Chr.: θεῷ ὑψίστῳ παντοχράτορι εὐλογητῷ (CIJ 690; CIRB 1123; TREBILCO, Studies S.144f.) oder eine Inschrift aus Kaleciuk bei Ankara (2./3.Jh.n.Chr.): Τῷ μεγάλῳ Θεῷ ῞Υψίστῳ καὶ Ἐπουρανίῳ καὶ τοῖς Ἁγίοις αὐτοῦ Ἀγγέλοις καὶ τῇ προσκυνητῇ αὐτοῦ προσευχῇ ... (Text nach A.R.R.SHEPPARD, Pagan Cults of Angels in Roman Asia Minor, Talanta 12/13 (1980/81), S.94-96; cf. P.R.TREBILCO, Studies, S.145f.). Mit dieser in der Asia geläufigen räumlichen Suprematie-Vorstellung ist die Christologie des E u.E. hervorragend kompatibel: E 1,20f. (...ἐν τοῖς ἐπουρανίοις ὑπεράνω (!) πάσης ἀρχῆς κτλ.); 4,8 (ἀναβὰς εἰς ὕψος ...); 4,10 (ὁ ἀναβὰς ὑπεράνω (!) πάντων τῶν οὐρανῶν...).

fülle "höchster" politischer Herrscher von Alexander d.Gr. bis zu den römischen Kaisern zu sehen sei.[22] Obgleich eine solche strukturelle Parallele[23] keineswegs von vorneherein antithetisch zu sein braucht[24], könnte sie in Verbindung mit weiteren Indizien doch den Eindruck bekräftigen, daß der "hoch über dem All und seinen Mächten" stehende Christus und der entsprechend universal mächtige Kaiser in antithetischer Parallele gezeigt werden. Wir werden auch auf diese Anregung zurückkommen.[25]

---

[22] Cf. etwa 1.Pt 2,13 (ὑποτάγητε...βασιλεῖ ὡς ὑπερέχοντι) und siehe E.J.BICKERMAN, The Altars of Gentiles. A Note on the Jewish "ius sacrum", RIDA Ser.3,5 (1958), S.137ff., hier S.154: "Under the government of the Caesars, paralleling their universal monarchy, many local gods aspired to the rank of supreme ruler of the universe. The Phrygian gods, for instance, were *omnipotentia numina*. These ambitious gods were flattered by the appellative: 'the Most High'." Diese Interpretation führte A.T.KRAABEL, ῞Υψιστος, GRBS 10 (1969), S.92f. weiter: "after Alexander the Great, local gods began to seem insufficient; a deity worth honoring had to have world-wide, even cosmic authority. In an age when an emperor had almost universal power, one's god could have no less. ... Men called a god ὕψιστος because he was the highest, in their estimation, or because they wanted to reach the highest; in many cases he was in fact "the only god for them", or at least the only one worth mentioning, a deity superior to the many local gods. Men needed a deity who had power not only in their own home towns, but wherever they might go in the much larger world of the Hellenistic monarchies and then the Roman Empire." Entsprechend erklärt auch P.R.TREBILCO das θεὸς-ὕψιστος-Schema (ders., Studies on Jewish Communities in Asia Minor, S.136f.; cf. ders., Paul und Silas, JSNT 36 (1989), S.51f.). Die strukturelle Entsprechung zwischen dieser Suprematie einzelner Gottheiten und der Suprematie Roms (und seines Kaisers) ist leicht zu sehen, wenn man etwa ein ephesisches Graffito vergleicht (Inschr.Ephesos II Nr.599: "Rom die Weltbeherrscherin (παμβασίλεα), deine Macht (κράτος) wird nie vergehen"; cf. auch den sog. "Rom-Hymnus" der Melinno Anth.Lyr.II² 6,209f., dazu siehe J.-D.GAUGER, Der Rom-Hymnos der Melinno, Chiron 14 (1984), S.267ff.) oder die expliziten hell. Entsprechungsaussagen wie Anthol.Plan.Nr. 120: "Die Erde unterwerfe ich [sc. Alexander d.Gr.] mir, du aber Zeus, besitzt den Olymp", oder Anthol.Pal. 16,6: "Der irdische König ist "so sehr Herr der Sterblichen wie Zeus der der Unsterblichen". Cf. Ovid, met. XV 858: "Iupiter lenkt des Äthers Höhen und das Reich der dreigestalteten Welt, die Erde ist unter Augustus; Vater und Herrscher sind beide."

[23] Ein weiteres Beispiel einer kultisch-politischen Parallele führt H.W.PLEKET, Religious History as the History of Mentality (1981), S.179f., mit den Akklamationen Μέγας und Εἷς an, die in orientalischen und kleinasiatischen Kulten aus römischer Zeit zunehmend erscheinen: "The hierarchical structure of the imperial age explains why such slogans were also fashionable in acclamations to rulers and local magnates and benefactors. The Oriental deities, who were hierarchical by nature, found in their worshippers a ground well prepared by the structure of society for the 'seed' of the ideology of power."

[24] Daß die Plausibilität einer bestimmten Struktur in der religiösen Symbolwelt durch Erfahrungen in der sozialen Welt des römischen Imperiums gewährleistet wird, braucht ja den Autoren und Tradenten keineswegs bewußt zu sein, cf. G.THEISSEN, Die soziologische Auswertung religiöser Überlieferungen, in: ders., Studien, S.35ff., hier S.50f..

[25] Mit der hier skizzierten Auswahl sind die sozialgeschichtlichen Forschungsimpulse zur Exegese von E 2 keineswegs erschöpft. Wichtig ist auch die strikt von der Ephesos-Adresse unseres Schreibens (dazu s.u.) ausgehende Arbeit von K.USAMI, Somatic Comprehension of Unity: The Church in Ephesus, Rom 1983. USAMI sieht das christliche Interesse an der ekklesialen Einheit verschiedener Volksgruppen im E vor dem Erfahrungshintergrund ephesischen Lokalkolorits: Als kultisches (Artemis), kulturelles und wirtschaftliches Zentrum war Ephesos ein internationaler, durch eine Vielzahl von Volksgruppen, Kulturen und Religionen bestimmter "melting point of

Die mit diesen Forschungsansätzen umrissenen zeit- und sozialgeschichtlichen Fragestellungen unserer Exegese erfordern ausgreifende religions- und traditionsgeschichtliche Vorarbeiten.[26] R.SCHNACKENBURG hat deutlich gemacht, wie sehr die präzise Argumentation und Intention dieses Textes in der neueren Exegese umstritten ist und zweifellos zu den 'harten Nüssen' exegetischer Wissenschaft gehört.[27] Daher müssen wir zunächst die religions- und traditionsgeschichtlich zugänglichen religiösen Kategorien, die die Argumentation unseres Textes strukturierern, sorgfältig herausarbeiten (Teile I. und II.). Erst dann kann der Versuch Erfolg versprechen, die nun aus ihrem religiösen Referenzsystem verstandene Argumentation des Textes auf den konkreten Hintergrund einer zeit- und sozialgeschichtlichen Situation zu beziehen (Teil III.). Dabei interessieren uns strukturelle Parallelen zwischen der religiösen Symbolsprache und den Erfahrungen in der sozialen Welt, die wir schließlich auch noch in weiteren Texten des E auffinden werden (Teil IV).

Bei dem vorgeschalteten Bemühen um die Argumentationsstruktur des Textes aufgrund religions- und traditionsgeschichtlicher Arbeit könnten wir schon bald entmutigt werden durch die verwirrende Fülle der bereits vorgeschlagenen Traditionslinien, die ein Spektrum vom Alten Testament über Qumran bis zum frühen Gnostizismus abdeckt und sich in der Einschätzung KÄSEMANNs (hier für den ganzen E) bündeln läßt:

"The entire letter appears to be a mosaic composed of extensive as well as tiny elements of tradition, and the author's skill lies chiefly in the selection and ordering of the material available to him. One cannot overestimate the craftmanship which united innumerable pieces of thoroughly disparate origin into a thematic goal which had been worked out carefully."[28]

East and West", wo jeder im Interesse der kommunalen Wirtschaftsleistung und Prosperität integriert wurde (S.19). Somit lebte in dieser Stadt "a sense of unity in pluralistic societies" (S.12), der insofern eine Analogie im E finde, als es dort um die Integration "neuer" Christen in die schon bestehende Kirche gehe (ebd. Ch.2: Unity of 'Old' and 'New' Christians, S.11-70).

[26] Während wir die vergleichende Untersuchung von Traditionselementen, die sich in den Quellen für das (frühe) Christentum, für das Judentum und des Alten Testaments finden, in dieser Arbeit methodologisch als "Traditionsgeschichte" fassen, geben wir der vergleichenden Untersuchung, die sich auf außerhalb dieses Bereichs liegende Quellen erstreckt, die Bezeichnung "Religionsgeschichte".

[27] R.SCHNACKENBURG, Zur Exegese von Eph 2,11-22: Im Hinblick auf das Verhältnis von Kirche und Israel, in: W.C.WEINRICH (ed.), The New Testament Age. Essays in Honor of Bo Reicke, Vol. II, 1984, S.467-91. Cf. dazu auch den Überblick bei W.RADER, The Church and Racial Hostility, S.177ff., der auch auf unterschiedliche sozialethische Konsequenzen eingeht.

[28] E.KÄSEMANN, Ephesians and Acts, in: L.E.KECK, J.L.MARTYN: Studies in Luke-Acts. FS Paul SCHUBERT, Nashville - New York 1966, S.288-97, hier: S.288. Nach H.MERKELs aktuellem Forschungsbericht (ANRW II 25.4 (1987) S.3234f.) könnte sich KÄSEMANNs Mosaik-These "als berechtigt erweisen." Ganz ähnlich auch M.BARTH, Traditions in Ephesians, NTS 30 (1984) S.3-25, hier S.3; R.SCHNACKENBURG, EKK X, S.33.

Wir stimmen KÄSEMANN und anderen modernen Exegeten keineswegs darin zu, daß man dem Verfasser mit dem traditionsgeschichtlichen Etikett eines kunterbunten Eklektikers gerecht werden könnte, dessen theologische Genialität es ausschließlich war, die der disparaten Vielfalt der aufgenommenen Traditionen das Korsett einer übergreifenden theologischen Aussageabsicht anlegte. Denn dabei wird verkannt, daß seine Theologie durch ein ebenfalls schon übernommenes soteriologisches Konzept dominiert wird, das wir als "gnoseologisches Heilsverständnis"[29] bezeichnen wollen und dem schon ein bedeutender, strukturtragender Teil der rezipierten Traditionen zugehört. Dieses Konzept, nach dem das Heil durch inspirierte Erkenntnis des "himmlischen" Seins der Gotteswelt über dem Kosmos schon präsentisch realisiert wird, wurde traditionsgeschichtlich gesehen durch das hellenistische Judentum vermittelt, wo es uns am deutlichsten bei Philo von Alexandrien zugänglich wird. Es kristallisiert sich vor allem im Konzept der Offenbarung des Mysteriums, dominiert also auch schon den Kol und somit wohl die ephesische Paulusschule in der fraglichen Zeit (s.u.). Da wir später zeigen werden, daß dieses gnoseologische Konzept auch das religiöse Referenzsystem für E 2,11-22 abgibt, müssen wir zunächst plausibel machen, daß dieses Schema auch im Kontext von E 2,11-22, also im gesamten durch die Fürbitte gerahmten lehrhaften Briefteil E 1 - 3, bestimmend ist. Aus Platzgründen bleibt uns dabei trotz der Fremdheit und daher relativen Schwierigkeit dieses religiösen Referenzsystems nur die Möglichkeit einer sehr gedrängten Darstellung, in der wir den Kol nur punktuell mitberücksichtigen können (Teil I.). In einem ersten Schritt (I.A.) versuchen wir eine Einführung in jene gnoseologische Heilslehre des hellenistischen Judentums, wie sie uns am deutlichsten bei Philo begegnet, wobei wir uns aus dem reichen Arsenal seiner gnoseologischen Kategorien auf diejenigen konzentrieren, die uns im E wieder begegnen. In einem zweiten Schritt (I.B.) verdeutlichen wir die Anwendung dieser Elemente in der gnoseologischen Mysterientheologie des E und bestimmen

---

[29] Der Begriff schließt sich an F.-J. STEINMETZ, Protologische Heils-Zuversicht. Die Strukturen des soteriologischen und christologischen Denkens im Kolosser- und Epheserbrief (Frankfurt 1969) an, der erstmals systematisch-deskriptiv die "gnoseologische Sprechweise" des Kol und des E behandelt hat (ebd. S.101-112), ohne allerdings das traditionsgeschichtlich zugrundeliegende jüdisch-hellenistische Schema zu berücksichtigen. Im E (c.3) scheine "der heilsentscheidende Gegensatz ... einzig im Erkennen und Nicht-Erkennen des Mysteriums zu liegen. Hier wird versucht, das Christusereignis allein mit gnoseologischen Kategorien auszudrücken (ἀποκάλυψις, γνωρίζω, γνῶσις, ἀποκρύπτω etc.)" (S.107). Das Gleiche gilt auch für den Kol (ebd. S.104f.). Schon H.J.HOLTZMANN, Lehrbuch der neutestamentlichen Theologie II, Tübingen 1911, hatte die Erkenntnisorientierung in der christlichen "Theosophie" dieser Briefe registriert: "Darum stehen auch unter den Eigenschaften Gottes die intellektuellen oben an (z.B. Eph 3,10) und läuft überhaupt alles auf Kenntnis, Einsicht, Wissen und Begreifen hinaus" (ebd. S.273).

dabei das Charakteristikum des μυστήριον im E.[30] Erst dann wenden wir uns der traditionsgeschichtlichen Exegese von E 2,11-22 zu (Teil II.).

Das Panoptikum der in der Forschung vorgetragenen religions- bzw. traditionsgeschichtlichen Erklärungsmodelle für das religiöse Kategoriengefüge unseres Schreibens bringt den Ausleger, der sich um Klarheit bemüht, unter das Joch des traditionsgeschichtlichen Details. Denn uns bleibt kein besserer Zugang zu jenen uns fremden Kategorien, welche die Argumentation des kurzen Textes strukturieren, als der Versuch, die aufgenommenen und dabei modifizierten Traditionen in einem ursprünglicheren theologischen Milieu aufzuspüren und so auf breiterer Textbasis verstehen zu lernen. Die Quellenrekurse werden sich jedoch dann als notwendig und effektiv erweisen, wenn es auf diesem Wege gelingt, die Strukturen des soteriologischen Denkens in E 2,11-22 und darüberhinaus in E 1-3 besser zu verstehen.

Der folgenden Untersuchung liegt zugrunde, daß wir den E für einen Traktat halten, der sich nach dem Tode des Paulus an Heidenchristen in der ganzen Provinz Asia wendet. Wir skizzieren vorweg eine Begründung dieser Sicht.

Der E als pseudepigrapher Traktat an die Heidenchristen der Asia

A) Mit vielen neueren Forschern meinen wir, daß der E von einem Schüler des Paulus verfaßt wurde, der sich dabei sowohl an den Duktus als auch an theologische Konzepte des Kol anlehnte.[31] Obgleich manche Konzepte im E gegenüber dem Kol modifiziert wurden, werden wir im Verlauf unserer Arbeit punktuell zeigen können, daß E und Kol dasselbe 'gnoseologische Heilsverständnis' teilen. Die Abhängigkeit vom gleichen religiösen Kategoriensystem reicht aber über einen bloß literarisch vermittelten Zusam-

---

[30] Der traditionsgeschichtliche Rückgang auf die (gnoseologischen) Kategorien des hell. Judentums um Philo verbindet uns mit den Ansätzen von C.COLPE (ders., Zur Leib-Christi-Vorstellung im Epheserbrief (1960), BZNW 26), H.HEGERMANN (ders., Die Vorstellung vom Schöpfungsmittler im hellenistischen Judentum und Urchristentum, Berlin 1961, bes. S.66.138f.148-50), J.GNILKA (ders., HThK X/2 (1971) S.38 (mit A 3)-45.99-111) und C.J.ROETZEL (ders., Jewish Christian - Gentile Christian Relations. A Discussion of Ephesians 2:15a, ZNW 74 (1983), S.81ff., bes. S.86-88). Diese Forscher haben vor allem die ekklesiale und die parallele kosmische Haupt-Leib-Metapher im E (und im Kol) vor dem Hintergrund philonischer Kategorien verstanden; C.J.ROETZEL brachte darüberhinaus auch die in E 2,15 formulierte Beseitigung des Ritualgesetzes mit diesen Kategorien in Verbindung. Alle diese Momente gehören, wie wir noch sehen werden, zu jenem umfassenden Konzept, das wir 'gnoseologisches Heilsverständnis' nennen möchten.

[31] Cf. H.-M.SCHENKE/ K.M.FISCHER, Einleitung in die Schriften des Neuen Testaments, Band I (1978) S.181ff.; F.MUSSNER, Art. Epheserbrief, TRE 9 (1982) S.743f.749f.; R.SCHNACKENBURG, EKK X (1982) S.20-34; J.GNILKA, HThK X/2 S.7ff.; Ph.VIELHAUER, Geschichte der urchristlichen Literatur, 1981³, S.207ff.; W.G.KÜMMEL, Einleitung in das Neue Testament, 1978¹⁹, S.314ff..

menhang hinaus und führt zur Vermutung eines gemeinsamen theologischen Lokalmilieus, aus dem beide Schreiben hervorgegangen sind. Dieses ist wohl in Kleinasien (cf. den Kol) anzunehmen und kann als Sitz einer 'Paulusschule' gelten. In Frage kommt vor allem *Ephesos* als die Provinzhauptstadt und Zentrale der paulinischen Asia-Mission. Wir halten es mit H.MERKLEIN für wahrscheinlich, daß die mit Phlm 23f. übereinstimmenden Namen der langen Grußliste in Kol 4,10-14 "die führenden Leute der Paulus-Schule (in Ephesus) bezeichnen, aus deren Reihen sowohl der Kolosser- wie auch der Epheserbrief stammt und die sich hier als Träger der apostolischen Tradition in Szene setzt" (Der Phlm wurde mit großer Wahrscheinlichkeit aus Ephesos geschrieben, siehe P.STUHLMACHER, Der Brief an Philemon (1975) S.21f.). Daß aus dem Kol nur Tychikus (als Spediteur paulinischer Korrespondenz: Kol 4,7/ E 6,21), nicht aber Onesimus (Kol 4,9: ausschließliche Bedeutung für Kolossae), Timotheus (Kol 1,1) und die Personen der Grußliste (Kol 4,10-14) im E, besonders in E 6,21f, erscheinen, "wäre dann plausibel, wenn sich dahinter [sc. hinter der Grußliste Kol 4,10-14] die Paulusschule von Ephesos verbirgt und der Epheserbrief tatsächlich an die Gemeinde von Ephesos gerichtet ist."[32] Einen kleinasiatischen Abfassungsort unterstützt auch die z.T. große Nähe einiger Vorstellungen und Begriffe zu Strukturen und Vorzugswörtern paganer religiöser Sprache in Kleinasien.[33]

---

[32] Zitiert wurde aus H.MERKLEIN, Paulinische Theologie in der Rezeption des Kolosser- und Epheserbriefes (1981), S.36f. mit A 49.

[33] Auf die klare Parallele zwischen dem auch im paganen Kleinasien (und in den dortigen Synagogen) weit verbreiteten religiösen Suprematie-Konzept vom "höchsten" Himmelsgott mit universaler Macht ($\vartheta\varepsilon\acuteo\varsigma$-$\dot{\upsilon}\psi\iota\sigma\tau o\varsigma$-Schema) und der entsprechenden Christologie vom "hoch über dem All und seinen Mächten" stehenden Christus (E 1,20f.; 4,8.10) haben wir schon oben, A 21 (22) aufmerksam gemacht. - Finden wir im lydischen Kula 40 Weihungen an die Abstraktnumina "Heiligkeit" und "Gerechtigkeit" (2./3.Jh. n.Chr.; daraus stammt die bei SHEPPARD, Talanta 12-13 (1980-81), S.87-90 veröffentlichte Weihinschrift für Ὁσίῳ Διχέῳ), konnte eine Gottheit im lydisch-phrygischen Bereich epigraphisch als τὸ θεῖον ὅσιον καὶ δίκαιον [L.ROBERT, Anatolia 3 (1958) S.116f.] bezeichnet werden und ein göttlicher Bote als ἄγγελος ὅσιος δίκαιος [ROBERT a.a.O. S.120, cf. 120-23; cf. außerdem noch MAMA V 183.184-85; VII 132; CIG 3830; REG 3 (1890) 51 Nr.1; J.KEIL, JOAI 11 (1908) Beibl. 154ff.], so ist mit diesem offenbar geläufigen Paar (oftmals personifizierter) göttlicher Eigenschaften vergleichbar, daß der "nach Gott" geschaffene "neue Mensch" gemäß E 4,24 durch den Ausdruck ἐν δικαιοσύνῃ καὶ ὁσιότητι τῆς ἀληθείας charakterisiert wird (Im Hintergrund ist freilich auch Plato, Tht. 176 zu berücksichtigen: Gottverähnlichung als Bemühen, 'mit vernünftiger Einsicht δίκαιον καὶ ὅσιον zu werden'). - πολυποίκιλος (E 3,10) erscheint als Vorzugswort religiöser Sprache in den orphischen Hymnen aus Kleinasien (orph.hymn. 6,11; 61,4; 71). - In den lydisch-phrygischen Bußinschriften ist das Motiv der sich an den Menschen (oft strafend) manifestierenden göttlichen δύναμις bzw. der ἰδίαι δυνάμεις [sc. der Gottheit] wichtig (Belege bei H.W.PLEKET, Religious History, S.178f.; cf. A.T.KRAABEL, Paganism and Judaism S.25); aus Lydien kennen wir epigraphisch auch eine δυνατὴ θεός, eine Inschrift für Zeus, dessen δυνάμεις hervorgehoben werden und in Thyateira lesen wir von "the power of Zeus, god of lightning" (Belege aus H.W.PLEKET ebd.). In Saittai wird der Gott Men epigraphisch charakterisiert als μεγάλη δύναμις τοῦ ἀθανάτου θεοῦ (KEIL/v.PREMERSTEIN, Denkschr.Wien 54.2 (1911) Nr.211; cf. H.W.PLEKET). Diese Tendenz teilte freilich auch das Judentum, siehe die vermutlich jüdische Inschrift aus Kayakent, Nordgalatien, 1.Jh.n.Chr.: δύναμις Ὑψίστου (dazu TREBILCO, Studies, S.146) und die weitere, zumindest jüdisch beeinflußte an hagios Sabathikos aus der Nähe von Philadelphia: Ὦ μέγας ὢν χα[ὶ] δυνατὸς δ[υνάμει, Χ]αίροις, ὦ μαχάρων/ πάντων [τὲ μ]έγιστος ὑπάρχων καὶ δυνατὸς [χραίν]ειν·/ ταῦτα γὰρ ἐστι θεοῦ τοῦ χατέχον[τος] τὸν χόσμον, χτλ. (KEIL/

B) Die Hauptprobleme bei der Frage nach den ursprünglichen Adressaten des E sind mit der textkritischen Bewertung der in den Handschriften unsteten Adscriptio in E 1,1[34] und mit der Einschätzung der Inscriptio bzw. Subscriptio, die von den ältesten Zeugen an ΠΡΟΣ ΕΦΕΣΙΟΥΣ bietet, verbunden.[35] ἐν Ἐφέσῳ, die Ortsangabe der Adscriptio E 1,1, ist textkritisch nicht zu halten;[36] die größte Wahrscheinlichkeit hat m.E. die Fassung aus p[46] für sich: ταῖς ἁγίαις οὖσιν καὶ πιστοῖς.[37] Sie stimmt, was den Wegfall des zweiten τοῖς (vor οὖσιν) angeht, mit dem Claromontanus überein, zu dem p[46] sonst keine speziellen Beziehungen hat, wodurch ihre Wahrscheinlichkeit zunimmt. Zu verstehen wäre: "den örtlichen Heiligen und Gläubigen in Christus Jesus".[38] Die Übersetzung deutet schon an, daß mit dem Partizip von εἶναι durchaus eine lokale Referenz, wenn auch eine unbestimmte, verbunden werden konnte, die wiederum zu dem auch sonst unpersönlich-allgemeinen Charakter des Schreibens paßt: Angesprochen sollen sich von Ort zu Ort diejenigen sehen, die Heilige sind und Gläubige in Chri-

---

v.PREMERSTEIN, Denkschr.Wien 54.2 (1911) S.117f.Nr.224; siehe dazu KRAABEL, Judaism S.178 (ff.)). Mit dieser in der Asia offensichtlich verbreiteten Tendenz ist vergleichbar, daß auch die Briefadressaten des E nach E 1,19(ff.) erkennen sollen, τί τὸ ὑπερβάλλον μέγεϑος τῆς δυνάμεως αὐτοῦ εἰς ἡμᾶς τοὺς πιστεύοντας κατὰ τὴν ἐνέργειαν τοῦ κράτους τῆς ἰσχύος αὐτοῦ (cf. E 3,20). - Mit diesen Hinweisen sollen keinesfalls irgendwelche 'Abhängigkeiten' behauptet werden, sondern wir registrieren nur die partielle Nähe der religiösen Diktion.

[34] Siehe E.BEST, Recipients and Title of the Letter to the Ephesians: Why and When the Designation "Ephesians"? ANRW II 25.4 (1987) S.3247-279; ders., Ephesians i.1, in: Text and Interpretation. FS Matthew Black, ed. E.BEST/ R.McL.WILSON, Cambridge 1978, S.29-41; W.SCHENK, Zur Entstehung und zum Verständnis der Adresse des Epheserbriefes, Theologische Versuche 6 (1975), S.73-78; A.LINDEMANN, Bemerkungen zu den Adressaten und zum Anlaß des Epheserbriefes, ZNW 67 (1976), S.235-51; J.GNILKA, HThK X/2 S.1-7; R.SCHNACKENBURG EKK X S.25f.37-41.

[35] Zur Stetigkeit der Inscriptio bzw. Subscriptio als Adressatangabe: ΠΡΟΣ ΕΦΕΣΙΟΥΣ (cf. auch W.SCHENK 1975, S.73) ist freilich zu bedenken, daß sie nach D.TROBISCHs plausibler Darstellung wahrscheinlich erst mit der Entstehung der 13-Briefe-Sammlung als redaktionelles Prinzip der Briefbenennung konsequent durchgeführt wurde (ders., Die Entstehung der Paulusbriefsammlung, NTOA 10 ,1989, S.109).

[36] Die ältesten und in der Regel zuverlässigsten Handschriften haben die Ortsangabe nicht: p[46] B* ℵ* 1739 424 (wohl auch Markion, der die inscriptio durch "ad Laodicenos" wiedergab, s.u.). Auch im Vergleich mit dem 'paulinischen' Formular ist die Ortsangabe schon nach dem ersten Glied der zweigliedrigen Adresse fehlplaziert, cf. etwa Kol 1,2; sofern die Ortsangabe sekundär getilgt wurde, wäre das Stehenbleiben von (τοῖς) οὖσιν kaum zu motivieren. Siehe E.BEST (1978) S.31f.

[37] Die durch B* ℵ* 1739 424 repräsentierte Alternative liest τοῖς ἁγίοις τοῖς οὖσιν καὶ πιστοῖς.

[38] Cf. E.BEST (1978) S.35f. K.LAKE/ H.J.CADBURY, The Beginnings of Christianity, ed. F.JACKSON/ K.LAKE, Vol.IV (1933) S.56 wiesen für die lokale Bedeutung des substantivierten Partizips von εἶναι (i.S.v. "dortig", "örtlich") zurecht auf Act 5,17; 13,1; 14,13; 28,17 hin, cf. auch SCHNACKENBURG, EKK X S.38. p[46] konstruiert in 1,1: "den als Heilige [von Ort zu Ort] Seienden und Gläubigen in Christus Jesus". Dabei verbindet der gemeinsame Artikel ἁγίας und πιστοῖς eng miteinander - hier sind keinesfalls verschiedene Gruppen gemeint. Bei diesem naheliegenden Verständnis kommt auch noch πιστοῖς unter die Wirkung des Partizips οὖσιν, dem der Artikel zugehört. Zum anderen macht die lokale Referenz von τοῖς...οὖσιν verständlich, warum zu einem späteren Zeitpunkt die Lokaldesignation ἐν Ἐφέσῳ gleich dahinter konkretisierend eingeschoben wurde.

stus. Bleiben so die lokal nicht konkretisierten Adressaten ein unpersönliches, plurales Gegenüber, so entspricht diesem Fehlen persönlicher Beziehung genau der Schluß-wunsch: Während die Empfänger an dieser Stelle in allen anderen Briefen des Corpus Paulinum persönlich in 2.Pers. - ohne die Notwendigkeit einer weiteren religiösen Qua-lifizierung - angesprochen werden, finden wir hier die dritte Person und eine religiöse Qualifizierung der 'gemeinten' Empfänger: ἡ χάρις μετὰ πάντων τῶν ἀγαπώντων τὸν κύριον ἡμῶν... (E 6,24).[39] Aus den sich ergänzenden Eigenheiten von Adscriptio (lokale Unbestimmtheit) und Briefschluß (unpersönlich und qualifizierend) ergibt sich die Fol-gerung, daß sich der E an mögliche Adressaten in einem größeren Gebiet wendet. Mit diesem Schluß ist vereinbar, daß der Briefverfasser auch sonst nicht davon ausgeht, daß die Mehrheit der heidenchristlichen Adressaten[40] Paulus persönlich kennt; sie haben aber (zumindest) voneinander gehört (1,15; 3,2; 4,20f.; 6,22). Das Gebiet der Adressa-ten ist regional begrenzt (E 6,21f.; cf. 1,15f.).

C) Das ursprüngliche Fehlen von ἐν Ἐφέσῳ in der Adscriptio führte in der Forschung zu dem Schluß, daß das Schreiben zunächst ohne jede Lokaldesignation war, im Zuge einer späteren Paulusbriefsammlung erst die Inscriptio ΠΡΟΣ ΕΦΕΣΙΟΥΣ erhielt und daher *keine historisch ursprüngliche Verbindung mit Ephesos* besitzt.[41] Dagegen spricht jedoch ein m.E. oft unzureichend interpretiertes Zeugnis: Auf seiner Reise als Gefan-gener nach Rom machte Bischof Ignatius von Antiochien ca. 110 n.Chr. auch in Smyrna Station, wo er u.a. eine Delegation aus Ephesos mit Bischof Onesimos, dem Diakon Burrhus u.a. empfing.[42] Die Verbindung mit den Ephesern war sehr eng, zumal Burrhus bei Ignatius blieb (IgnEph 2,1; Phld 11,2; Sm 12,1). Ignatius sandte einen Brief mit Danksagung nach Ephesos, wobei gerade das Präskript des IgnEph, wo er die ephe-sische Kirche rühmt, in signifikanter Weise Wortschatz und Formulierungen aus dem Briefeingang des ntl. E aufnimmt. Die enge Berührung gerade im Briefeingang, der die Adressaten lobend charakterisieren will - und wie könnte er sie mehr rühmen als mit Anklängen an das Prooemium des vermeintlich paulinischen Epheserbriefes? -, verweist auf die Überzeugung des Ignatius, daß der ntl. E nach Ephesos gerichtet war: Der be-absichtigte Erfolg dieser Anspielungen setzt voraus, daß er sich darüber im Konsens mit den kürzlich zu Besuch weilenden Ephesern befunden haben mußte.[43] War man in

---

[39] Diese Beziehung zwischen Adscriptio ("lack of precise identification of the readership") und Schlußwunsch ("qualification") hat zuerst E.BEST (1978) S.35f. hervorgehoben.

[40] Cf. E 2,11ff.; 3,1f.; 4,17-19.

[41] U.a. R.SCHNACKENBURG, EKK X S.38; E.BEST (1987) S.3253 (mit 2.6.)-3257.3278f.; cf. W.SCHENK (1975) S.73f..

[42] IgnEph 1,2f.; 2,1; 21,1; Magn 15; Rö 10,1; cf. Trall 12,1.

[43] Den Nachweis der massierten Anspielungen in IgnEph inscr. auf den ntl. E führte H.RATHKE, Ignatius von Antiochien und die Paulusbriefe, Berlin 1967 (TU 99), S.45f. Die dort in einer Tabelle zusammengestellten Übereinstimmungen betreffen u.a. auch die für den ntl. E charakteristischen Vokabeln μέγεθος, ἑνότης, πλήρωμα, darüberhinaus cf. speziell für das Proömium kennzeichnende Worte εὐλογεῖν, προορίζεσθαι, (εἰς) δόξαν, ἐκλέγεσθαι, θέλημα (θεοῦ), ἄμωμος. Auch aus anderen Briefen ist hinreichend deutlich, daß Ignatius den ntl. E kannte, so daß die Präskript-Anklänge auch von daher plausibel sind: IgnSm 1,2 (IgnEph 4,2; Tr 11,2) cf. E 2,16 (4,4.25); IgnPol 6,2 cf. E 6,10-20; IgnPol 5,1 cf. E 5,25. Auch Bischof Poly-karp von Smyrna kannte damals den ntl. E: PolycPhil II 1,3 cf. E 2,5.8f.; II 12,1 cf. E 4,26. Igna-

Ephesos aber nur ca. ein halbes Menschenalter nach der mutmaßlichen Abfassung des E von der Beziehung dieses Schreibens auf Ephesos überzeugt, so haben wir darin mit einiger Wahrscheinlichkeit älteste Tradition zu sehen. Wie paßt nun beides zusammen: Einerseits der unpersönlich-allgemeine Charakter des Schreibens, der Heidenchristen in einer weiteren Region anzusprechen scheint, die (zumindest mehrheitlich) von Paulus nur gehört haben (s. B), und andererseits die alte Beziehung des Schreibens zu Ephesos, der persönlich vertrauten Wirkstätte des Paulus, die gleichwohl *nicht* in der Adscriptio erscheint?

D) Beides paßt zusammen, wenn die Provinzhauptstadt der Asia, Ephesos, der kirchliche "Zentralort" für ganz Asia war, d.h. wenn es zutrifft, daß der E zuerst in Ephesos bekannt werden mußte, um kraft der multiplikatorischen Funktion dieses städtischen und kirchlichen Zentrums auch den Gemeinden in der übrigen Asia zur Kenntnis gelangen zu können. Die multiplikatorische Zentralposition der Metropole läßt sich ja auch im Bereich der politischen Verwaltung beobachten: Dolabella (43 v.Chr.) schrieb zugunsten jüdischer Rechte "an die Polis der Epheser, die den Vorrang in Asia hat" (so die Einführung des Josephus in ant XIV 224), einen entsprechenden Brief, der nach dem Zeugnis des Josephus mit dem Satz endet: "und ich will, daß ihr (sc. die Epheser) dies an die einzelnen Poleis brieflich weitergebt" (ant XIV 227): Ephesos erscheint im Verwaltungszug als erste Adresse und Multiplikator für ganz Asia.[44] Von dieser in

---

tius' "Paulus"-Anspielungen sind wahrscheinlich ausschließlich seiner Erinnerung, also nicht dem aktuellen Rekurs auf Schriften, zu verdanken (E.BEST (1987) S.3269 A 119). E.BEST, der Ignatius zwar die Kenntnis des E zugesteht (1987 S.3259.3269), aber die E-Anklänge in IgnEph inscr. aus gemeinsamer liturgischer Tradition erklären und entkräften will (1987 S.3260; 1978 S.31), wird damit nicht dem Befund der massiven Wortschatz-Übereinstimmung in einem nur so kurzen Präskript-Text - und zwar ausgerechnet da! - gerecht. W.SCHENK, der im Anschluß an RATHKE die E-Anklänge in IgnEph inscr. anerkennt, dahinter aber keine besondere Absicht ausmachen will, geht mit diesem Vorschlag (Ignatius habe durch diesen Zufall die Weiche für die spätere lokale Adressierung des ntl. E gestellt) an der Tatsache vorbei, daß das ignatianische Briefpräskript eine besonders sensible Stelle zur wertschätzenden Charakterisierung der Adressaten abgibt und sich daher für Anspielungen auf einen vermeintlichen "Paulusbrief" an die Epheser geradezu anbieten mußte (das Fehlen entsprechender Anspielungen in IgnRöm inscr. zeigt nur, daß solche Anspielungen kein Formzwang waren; gegen SCHENK 1975 S.73f.). Auch der neueste Kommentar von W.R.SCHOEDEL sieht sich aufgrund der eindrucksvollen kummulativen Wirkung der Parallelen zu der Vorstellung versucht, "daß Ignatius es für angemessen hielt, die Epheser in der Sprache eines apostolischen Schreibens anzureden, das als Brief des Paulus an diese Gemeinde bekannt war" (ders., Die Briefe des Ignatius (1990), S.80). - Im IgnEph gibt es auch sonst Beziehungen zum ntl. E: IgnEph 20,1 (οἰκονομία) cf. E 3,8ff.; IgnEph 9,1f. cf. E 2,21; 4,12; IgnEph 12,2: Die Epheser seien Miteingeweihte (συμμύσται) des Paulus (cf. E 3,1ff., bes. vv.3.6); Paulus gedenke ihrer ἐν πάσῃ ἐπιστολῇ. Da Ignatius auch den Rö, 1.Kor, wahrscheinlich auch 1. und 2.Thess und Past gekannt hat (RATHKE S.39ff.) und keinesfall überall der ephesischen Kirche gedacht wird, könnte diese Wendung, wie auch sonst in der Koine zu beobachten, trotz des fehlenden Artikels den Sinn "im ganzen Brief", nämlich im E, haben (cf. πᾶσα οἰκοδομή E 2,21; dies erwägt auch J.A.FISCHER, Die Apostolischen Väter, 1981[8] S.153 A 53).

[44] Schon wenige Jahre zuvor hatte Caesar, der kurze Zeit nach Pharsalos in Ephesos eintraf, *in dieser Stadt* den Abgesandten der asiatischen Poleis Audienz gewährt und *von dort aus* auch wichtige Entscheidungen für die Asia getroffen; entsprechend wurde Caesar im Namen aller asiatischen Städte und Völker *in Ephesos* durch ein Denkmal geehrt (nach Inschriften von Ephesos II No.251 sind die hier Ehrenden αἱ πόλεις αἱ ἐν τῆι ᾿Ασίαι καὶ οἱ [δῆμοι] καὶ τὰ ἔθνη, Ephesos

Verwaltung, Wirtschaft und Kultur ausgebildeten *Zentralposition*[45] profitierte aber auch die Mission, denn die Apostelgeschichte, die chronologisch nicht weit vom E entfernt ist, zeigt Ephesos als multiplikatorisches Missionszentrum: Die Predigt des Paulus im *ephesischen* Lehrsaal des Tyrannos bewirkte, "daß *alle, die in der Asia wohnen,* das Wort des Herrn hörten, sowohl Juden als auch Griechen" (Act 19,10 cf. 19,26).[46] Noch wichtiger ist uns das 'Testament' des Paulus an sein hauptsächliches Wirkungsgebiet im griechischen Osten, das vor seiner Jerusalemer Gefangennahme in Act 20,17ff. ergeht: Obgleich Ephesos angeblich deshalb nicht angelaufen wurde, um Zeit zu sparen (Act 20,16), mußten im angelaufenen Milet - diese Stadt gab wohl das verarbeitete Itinerar vor - dennoch die *ephesischen* Presbyter als Adressaten der Abschiedsrede herbeibeordert werden (20,17). Für diese Aktion wäre aber erhebliche Zeit zu veranschlagen (zweimal ca. 50 km Luftlinie).[47] Daraus wird das Interesse des Lukas erkennbar, die ephesische Kirche als repräsentative Spitze der Christen Asias anzusprechen: "aller derer, bei denen ich umherzog und das Reich verkündete" (Act 20,25; cf. 20,21 mit

---

erscheint also als Zentralort der Städte und Völker der Asia. Zum Ganzen siehe D.KNIBBE, Art. Ephesos, RE Suppl.XII (1970) Sp.261f.). Auch die Tatsache, daß Ehrendekrete der Griechen Asias in Ephesos publiziert wurden, zeigt die repräsentative Zentralfunktion dieser Stadt (cf. den Beginn des Fragments Inschr.Ephesos II No.206: [αἱ ἐν τῆι] Ἀσίαι [πόλεις κ]αὶ οἱ δῆ[μοι καὶ τὰ] ἔθνη ..., entsprechend Inschr.Ephesos II No.205). In repulikanischer und kaiserlicher Zeit war Ephesos auch Zentralort des 'conventus civium Romanorum qui in Asia negotiantur' (D.KNIBBE ebd. Sp.259f.). Die Entscheidung, Ephesos zur offiziellen Hauptstadt der Asia zu machen, die D.KNIBBE Oktavian zuschreibt (ders., ebd. Sp.263; ders., ANRW II 7.2 (1980) S.759), konnte diese schon zuvor angebahnte Zentralfunktion nur verstärken. Siehe auch die folgende Anm..

[45] Als wirtschaftlich bedeutender Hafenplatz profitierte Ephesos von seiner Lage als Ausgangs- bzw. Endpunkt zweier wichtiger nach Osten führenden Fernstraßen (dazu KNIBBE, RE Suppl.XII (1970) Sp.259; die Meilensteine wurden 'ab Epheso' gezählt). Entsprechend wichtig war die volkswirtschaftliche Zentralfunktion des Artemisions als 'Bank von Asia' (KNIBBE, ebd. Sp.271; R.E.OSTER, Ephesus as a Religious Center under the Principate, ANRW II 18.3 (1990), S.1717-1719). Diese Zentralfunktionen tauchen bei Aelios Aristides, or.23, wieder auf, der Ephesos rühmt "wegen der Gemeinsamkeit seiner Häfen" (§24: τῶν λιμένων χοινότητα); alle kämen nach Ephesos "wie in ihre Heimatstadt" (§ 24: ὡς εἰς πατρίδα); die Stadt sei ein "gemeinsames Schatzhaus von Asia" (§24: ταμιεῖον... χοινὸν τῆς Ἀσίας εἶναι τὴν πόλιν - cf. dazu Dio Chrys. or.31,54); Ephesos gestatte allen Menschen der gemeinsamen Güter (§25: τὴν μὲν χρείαν χοινήν). Strabo bescheinigt Ephesos auf Grund seiner glücklichen Lage täglich steigende Prosperität und bezeichnet die Stadt als größten Handelsplatz (ἐμπόριον οὖσα μέγιστον) in der Asia diesseits des Tauros (geogr. XIV 1,24 (C 641); cf. XII 8,15); Plinius d.Ä. nennt Ephesos 'alterum lumen Asiae' (nat.hist. V 120). Act 19,31 werden ephesische Asiarchen genannt, die - obgleich nicht identisch mit den ἀρχιερεῖς des Kaiserkultes in der Asia - eine prominente, leitende Stellung innerhalb der ganzen Provinz innehatten. Siehe dazu G.H.R.HORSLEY, The Inscriptions of Ephesos and the New Testament, NovTest 34 (1992), S.137f; D.KNIBBE, a.a.O. Sp.279.

[46] Die Hauptstadt als Forum der ganzen Region ist bei Lukas ein auch sonst geläufiges Konzept, das wohl den realen Strukturen entsprach: Act 5,16; 8,5-14; 11,26; cf. G.SCHNEIDER, HThK V, 2.Teil, S.268. Siehe auch Paulus selbst 1.Kor 16,8f.; SCHNACKENBURG, Ephesus, BZ N.F. 35 (1991), S.44.45.

[47] Siehe C.K.BARRETT, Paul's Address to the Ephesian Elders, in: J.JERVELL, W.A.MEEKS (edd.), God's Christ and His People. Studies in Honour of Nils Alstrup Dahl, Oslo u.a. 1977, S.107-21, hier S.108f.

19,10).[48] Vor dem Hintergrund dieser Stellen wird plausibel, daß der pseudepigraphe E, der seine Adressaten in der ganzen Region finden sollte, zu diesem Zweck zunächst in Ephesos auftauchen mußte, um von der multiplikatorischen Funktion der Metropole und ihrer Kirche für ganz Asia profitieren zu können.[49] Im Verständnis der ephesischen Christen, die mit ihrer Position als Ausstrahlungszentrum der "paulinischen" Kirche für die Asia ganz selbstverständlich lebten, konnte eine eventuelle Designation "Den Ephesern" oder "Nach Ephesos" o.dgl. somit den Bezug auf die ganze Asia mitenthalten, zumal die allgemein gehaltene Adscriptio und der allgemeine Charakter des Schreibens diese regionale Intention sofort transparent machten. Wenn wir bedenken, daß auch Ignatius sehr wahrscheinlich von der Ephesos-Beziehung des E ausging, gibt es zwei Vermutungen, die dem gerecht werden: Entweder trug das Schreiben auf der Außenseite einen Titel, der ΤΟΙΣ ΕΦΕΣΙΟΙΣ, ΠΡΟΣ ΕΦΕΣΙΟΥΣ, ΠΡΟΣ ΕΦΕΣΟΝ, ΤΗΙ ΕΚΚΛΗΣΙΑΙ ΕΝ ΕΦΕΣΩΙ o.dgl. las und eine primäre Inscriptio abgab. Oder wir müssen annehmen, daß die mündliche Tradition, die das Schreiben und seine Verbreitung zumindest im kleinasiatischen Raum begleitete, bis zur Zeit des Ignatius und darüberhinaus die ursprüngliche Verbindung des Pseudepigraphons mit Ephesos als dem Ort, wo es zuerst aufgetaucht war, bewahrte.[50] Im Brief selbst las die Adscriptio aber keinesfalls ἐν Ἐφέσῳ, denn das Schreiben war für Heidenchristen in der ganzen Region bestimmt.[51]

---

[48] Siehe jetzt auch R.SCHNACKENBURG, Ephesus, S.51: "...Lukas sieht Ephesus als Vorort jener Gemeinden an und läßt deswegen die ephesischen Presbyter nach Milet kommen - eine schwer verständliche Aktion auf seinem Reiseweg."

[49] Cf. J.GNILKA, HThK X/2 S.6: Der Brief (bei G. allerdings mit ἐν Ἐφέσῳ in der Adscriptio) wendet sich an "alle christlichen Gemeinden, Ephesos miteingeschlossen, die in der Einflußsphäre der kleinasiatischen Metropole lagen."

[50] Beide Varianten ließen es zu, daß zur späteren Zeit Markions der unpersönlich-allgemeine Charakter des Schreibens und die in der Adscriptio fehlende Ortsangabe in unversöhnlicher Spannung gesehen wurden zu der traditionell überkommenen Verbindung des Schreibens mit Ephesos, wo Paulus ja persönlich gewirkt hatte. So ist es erklärlich, daß Markion oder schon ein Vorgänger auf der Grundlage von Kol 4,16 und in dem richtigen Empfinden der theologischen Nähe zwischen E und Kol die hier singulär bezeugte inscriptio "ad Laodicenos" einführte (Tertullian, Adv.Marc.V 17,1; cf. V 11,12). Falls die 13-Briefe-Sammlung, wie D.TROBISCH für möglich hält, in Ephesos erstellt und jeweils einheitlich nach den Adressaten inskribiert wurde (ders., Die Entstehung der Paulusbriefsammlung, S.115-17), so gibt es, wie wir nun sehen, gute Gründe dafür, in der hier erstellten Inscriptio ΠΡΟΣ ΕΦΕΣΙΟΥΣ die Kontinuität mit ältester (Lokal-) Tradition zu sehen.

[51] Falls die "Ephesos-Multiplikator-These" zutrifft, sind die Modelle, nach denen der E als Enzyklika erscheint - entweder mit einer Lücke an der Stelle der Ortsangabe, die die konkreten Gemeinden zu ergänzen hatten, oder als Set identischer Ausfertigungen mit jeweils verschiedener Ortsbestimmung -, unnötig und ohnehin wenig überzeugend. Vielmehr mußte das Erscheinen des vermeintlichen Paulusbriefes ohne Lokaldesignation in der Metropole die Kirchen in der ganzen angeschlossenen Provinz hellhörig und an Kopien interessiert machen. - Eine ähnliche Sicht vertritt jetzt auch C.E.ARNOLD, Ephesians: Power and Magic, 1989, S.13f.38f.

I. GNOSEOLOGISCHES HEILSVERSTÄNDNIS IM HELLENISTI-SCHEN JUDENTUM UND IM EPHESERBRIEF

A. Zum gnoseologischen Heilsverständnis hellenistischer Juden (Philo)

Die Heilslehre der jüdischen Allegoriker um Philo[1] zu verstehen heißt zunächst, ihre mittelplatonisch-neupythagoreïsche Seinslehre zu verstehen, die als zeitgemäßes philosophisches Konzept ihre Gottesauffassung strukturiert.[2] Das Sein stellt sich bildlich gesprochen wie ein Gefälle oder eine Pyramide dar, die von der höchsten Spitze, dem völlig transzendenten, körperlosen, unteilbaren Einssein Gottes hinabführt über den noetischen "Ort" des Logos, der die platonischen Ideen in sich begreift und somit den κόσμος νοητός darstellt, bis ganz hinunter in die breite Mannigfaltigkeit des durch den Anteil der Materie mitbestimmten Seins im sinnlich-wahrnehmbaren Kosmos (κόσμος αἰσθητός). Dieses Gefälle der Seinspyramide wird platonisch-neupythagoreïsch von "oben" nach "unten" durch Urbild-Abbild-Ketten organisiert und stellt auch ein ontologisches Wertgefälle dar: Vom höchsten Rang des völlig transzendenten Seins Gottes über das noetische Sein der Ideen (= κόσμος νοητός = Logos = pneumatische Weisheit[3]) bis zum unter-

---

[1] Daß Philo uns pars pro toto das präsentiert, was wir an religiös-philosophischen Konzepten in etwa auch von anderen jüdischen Allegorikern zu erwarten hätten (sofern von ihnen etwas überliefert wäre), hat zuletzt die Studie von D.M. HAY, Philo's References To Other Allegorists, Studia philonica 6 (1979/80) S.41-75 unter Aufnahme einer alten These von W.BOUSSET [Schulbetrieb S.5f.154] bestätigt: "Still, it may be said that the casualness with which Philo mentions other exegetes, his evident carelessness about defining where their ideas end and his own begin, tends to support the hypothesis of a long-standing school tradition behind his writings. ... Ideas matter much, attribution matters little. This suggests that Philo's works are in good measure the product of a school of allegorical exegesis, perhaps in some fashion the precipitate of actual classroom instruction" (S.60f.). Plausibel erscheint H.THYENs älterer Vorschlag, auf Grund des literarischen Charakters der Philo-Traktate dahinter besser homiletische als katechetische Tradition zu erkennen (ders., Die Probleme der neueren Philo-Forschung, S.234-36). Wenn wir uns im Folgenden auf Philo beziehen, so steht dieser Name also immer für das ganze uns durch Philo repräsentativ zugängliche Traditions-Milieu hellenistisch-jüdischer Allegoriker in Alexandria.

[2] Dazu zusammenfassend A.WLOSOK, Laktanz und die philosophische Gnosis S.48ff.; J.M.DILLON, Middle Platonists, S.139ff.; G.SELLIN, Streit S.114ff. Cf. E.R.GOODENOUGH, By Light, Light, S.11-47.

[3] Logos und pneumatische Weisheit sind bei Philo äquivalente Konzepte: Der Logos vermittelt den Zustrom der Weisheit (fug 166), denn er strömt selbst aus der Sophia hervor (som II 242); Gottes ἐπιστήμη ist seine Heimat (fug 76) und für die Menschen ist er selbst die Quelle der Weisheit (fug 97.137 cf. 109; her 191) und mit ihr identisch (det 118; all I 65: ἡ [σοφία] δέ ἐστιν ὁ

sten Rang des mannigfachen, mit Materie behafteten Seins im κόσμος αἰσθητός. In diesem Konzept vollzieht sich Erlösung als Umkehrung des ontologischen Gefälles, als Aufstieg des noetischen Elements im Menschen (νοῦς) aus der materiell bestimmten Vielheit des Gewordenen letztlich zur körperlosen μονάς des reinen noetischen Seins, um so im Zustand des entweltlichten νοῦς (am "Ort" des die noetische Welt umfassenden Logos) die mystische Angleichung an Gott als höchstes Einssein und radikalste Entweltlichung zu erreichen.[4] Da es sich um einen *noetischen* Aufstieg handelt, wird er als Fortschritt des geistigen *Erkennens* (ἐπιστήμη, γνῶσις usf.) dargestellt. Diesen Fortschritt kann der menschliche νοῦς jedoch keinesfalls aus eigener Kraft schaffen, vielmehr wird eine zirkuläre Offenbarungs- und Erkenntnistheorie formuliert, nach der sich Gottes Geist nur selbst erkennen kann - entsprechend dem Grundsatz, daß Gleiches nur durch Gleiches erkannt wird.[5] Daher kann es die erlösende Schau Gottes für den νοῦς des Frommen nur dank der *Inspiration* pneumatischer Weisheit geben (= Logosinspiration), die so als Erkenntnisgegenstand, -instrument und (inspiriertes) Erkenntnissubjekt den gesamten Erkenntnisvorgang umgreift.[6] Bzw. im Schema des noetischen *Aufstiegs* formuliert:

ϑεοῦ λόγος). Siehe LEISEGANG, RE XIII Sp.1074; E.R.GOODENOUGH, By Light, Light S.22f.158.301.320.341 (A 192); B.L.MACK, Logos S.166-171. Schon SapSal 9,1f. stellt Gottes Logos und Gottes Weisheit parallel: "Der du alle Dinge durch deinen Logos (ἐν λόγῳ σου) geschaffen hast/ und durch deine Sophia (τῇ σοφίᾳ σου) den Menschen bereitet hast".

4   Paradigmatisch zeigt Philo diese Soteriologie der noetischen Entweltlichung und Gottangleichung im sog. Aufstiegsmysterium am Sinai, bes. QEx II 27-46 (zu Ex 24,1ff.): Die Heraufrufung des Mose auf den Berg wird als zweite, göttliche Geburt gedeutet, als Umschaffung in den körperlosen, monadischen Menschen (QEx II 46). Diese Gottverähnlichung gründet nicht auf der Eigenleistung des νοῦς, sondern auf seiner pneumatischen Inspiration, QEx II 29: "For when the prophetic mind becomes divinely inspired and filled with God (ἐνθουσιᾷ καὶ θεοφορεῖται), it becomes like the monad, not being at all mixed with any of those things asociated with duality. But he who is resolved into the nature of unity is said to come near God in a kind of family relation, for having given up and left behind all mortal kinds, he is changed into the divine, so that such men become kin to God and truly divine." Zum "Sinaimysterium" der "Heraufrufung auf den Berg", in das auch wesentliche Motive des platonischen Seelenflugmythos eingegangen sind (dazu gleich), siehe E.R.GOODENOUGH, By Light, Light, S.212ff.; H.HEGERMANN, Schöpfungsmittler S.26-47; A.WLOSOK, Laktanz S.72f.; G.SELLIN, Streit S.140ff..

5   gig 9; praem poen 45.

6   migr 39f.: "Durch die Weisheit wird das Weise geschaut. Die Weisheit ist aber nicht nach Art des Lichtes nur Instrument des Schauens, sondern sie selbst ist es auch, die schaut. Sie ist das Urlicht Gottes, dessen Nachahmung und Abbild die Sonne ist." Cf. noch spec I 41f.; mut 3-5; 56. - Schon LEISEGANG hat den Hintergrund für das Gegenüber von defizitären, durch die Verbindung mit der Körperlichkeit bedingten menschlichen Erkenntnismöglichkeiten (νοῦς/ ψυχή) und dem allein die Gottesgnosis gewährenden "fremden" Weisheitspneuma zu Recht in der dualistischen Struktur von SapSal 6-9 gefunden, wo die als Pneuma verstandene Sophia (1,6; 7,7.22; 9,10 cf.9,17) dem menschlichen νοῦς gegenübersteht und ihm durch Inspiration die Kenntnis der himmlischen Dinge (9,16), durch solche Belehrung aber die Rettung bzw. Unsterblichkeit vermittelt (9,17f.; 8,17). In diesem Zusammenhang cf. auch das erhellende Material im Exkurs "'Höhere

"Durch das Wesen des göttlichen, allvermögenden, alles Irdische bezwingenden Pneumas (sc. der Weisheit) [wird] der νοῦς, leicht wie er ist, emporgehoben und zu höchster Höhe hinaufgetragen, insbesondere der des echten Philosophen" (plant 24).[7]

Mit dieser pneumatischen Inspirationsvorstellung steht die Metapher von den "*Augen des Geistes/ des Herzens*" in enger Verbindung.

Nach der Vorgabe stoischer Anthropologie, die das noetische Zentrum des Menschen in der καρδία lokalisieren konnte, aber auch nach dem LXX-Sprachgebrauch, der an manchen Stellen νοῦς für לב/לבב einsetzte, konnte das hellenistische Judentum wie seine Umwelt das noetische Zentrum gleichberechtigt als νοῦς und als καρδία ansprechen.[8] Wenn auch Philo selbst nur von den "Augen der ψυχή bzw. des νοῦς" spricht, so können doch die einem (mit dem philonischen) verwandten neupythagoreïsch-platonisierenden Milieu Alexandrias entstammenden hermetischen Schriften die Metaphern "Augen des νοῦς" und "Augen der καρδία" synonym verwenden und belegen so die anthropologische Äquivalenz dieser Begriffe für das noetische Zentrum.[9]

Diese ursprünglich platonische Metapher für das noetische Vermögen philosophischen Erkennens[10] wurde später vor allem im Zusammenhang der hellenistischen Kosmosphilosophie rezipiert, in der sich der νοῦς bzw. metaphorisch die "Augen des νοῦς" zur Schau der kosmischen Phänomene (besonders des Sternenhimmels) zu erheben vermag: zur Himmelswanderung (οὐρανοβατεῖν, αἰθεροβατεῖν).[11] Im Zusammenhang der hellenistisch-jüdischen

---

Weisheit durch Offenbarung' als Wesensmerkmal spätantiker Religiosität" bei M.HENGEL, Judentum und Hellenismus S.381-94.

[7] Cf. Her 64.69f.; QGen IV 46.121; all I 38; spec I 37.207; II 44f.; op. 70f.; QEx II 40 u.ö.

[8] Als λογιστικόν, διάνοια, ἡγεμονικόν lokalisierte die Stoa das noetische Zentrum des Menschen in der καρδία: Chrysipp (v.ARNIM II 236,34f.: ἐν τῇ καρδίᾳ τὸ λογιστικὸν ὑπάρχειν); Diogenes v. Babylon (v.ARNIM III 216,9f.); Diogenes Laert. VII 159. Die LXX identifiziert לב/לבב mit νοῦς in Ex 7,23; Jos 14,7; Hi 7,17; Jes 10,7.12; 41,22. Schon im AT hatte לב/לבב freilich die Bedeutung des intellektuellen Zentrums im Menschen (dazu H.W.WOLFF, Anthropologie S.77-84).

[9] αἱ ὀφθαλμοὶ τοῦ νοῦ: CH V 2; X 4; XIII 14. οἱ ὀφθαλμοὶ τῆς καρδίας: CH IV 11; VII 1. Cf. CH VII 2: νοῦς und καρδία in synonymer Parallele. Ebenso in der von alexandrinischer Exegese abhängigen Stelle bei Justin, dial. 121,2 (dazu WLOSOK, Laktanz S.87): Der Logos dringt εἰς τὰ βάθη τῆς καρδίας καὶ τοῦ νοῦ. Bei Philo erscheint etwa spec I 305 die Identifikation der καρδία mit dem noetischen ἡγεμονικόν; als allegorisches Symbol der διάνοια führt Philo die καρδία - als Auslegung von Dt 30,14 - in som II 180; praempoen 79f. ein, cf. post 85; virt 183; mut 237f.; prob 68.

[10] Soph 254A (τὰ τῆς ψυχῆς ὄμματα); Symp 219A (ἤ τοι τῆς διανοίας ὄψις) u.v.ö.; cf. WLOSOK, Laktanz S.65.85f; LEISEGANG, Geist S.215ff.; A.S.PEASE (ed.), Cicero, De Nat. Deor. Libri III Vol.I S.179-81. Cf. auch Justin, dial. 4,1: φησὶ γὰρ Πλάτων... αὐτὸ τοιοῦτον εἶναι τὸ τοῦ νοῦ ὄμμα... .

[11] Hellenistische Belege für den Kosmosaufstieg als Himmelswanderung des menschlichen Geistes bzw. der Geistesaugen sind u.a.: Lucretius, rer.nat. I 62-74; Cicero, Som.Scip. = rep. VI 9ff.; Tusc. I 43-45.64; V 69; nat.deor. I 54; II 153; cf. I 19; Ovid, met. XV 60ff.; Manilius, Astronom. II 117ff.; IV 390ff.; Seneca, cons. ad Marc. 23-26; ad Helv. 6.8.11; ep. 65; quaest.nat.praef.; Plutarch,

Tradition der dualistischen Weisheit, wohl auch in Verbindung mit dem Einfluß hellenistischer Astralmystik, in der die Kosmosschau als inspirierte Gabe erscheinen konnte, mußte die Aktivierung der "Geistesaugen" jetzt freilich auf die Inspiration durch das Weisheitspneuma (= Logos), oder, im Paradigma des Aufstiegs, auf das Erhoben-Werden in den himmlischen Bereich durch Gott[12], zurückgeführt werden. Bei Philo werden die "Geistesaugen" zur Schau der himmlisch-noetischen Welt also durch das *Weisheitspneuma* inspiriert, wobei er dies gleichzeitig als *Erleuchtung* jener Geistesaugen darstellen konnte.[13] Als weitere wichtige Metapher platonischen Ursprungs für das noetische Zentrum im Menschen galt den hellenistisch-jüdischen Exegeten die Rede vom "*wahren* bzw. *inneren Menschen*", die Philo in verschiedenen terminologischen Varianten zur Bezeichnung des νοῦς einführt.[14] Im Vorgang des noetischen Aufstiegs wird, wie wir sahen, der νοῦς und somit also jener "innere Mensch" inspiriert, wobei Philo diese Erkenntnis gewährende pneumatische Weisheitsinspiration auch als *Kraftmitteilung* erklärt.[15] Parallel zu

---

gen.Socr. 590Aff.; von göttlich-noetischer Inspiration hängt der Himmelsaufstieg (außer bei Philo) vor allem in der hermetischen Literatur ab: CH X 24-25; XI 19-20; Ascl. VI.

12 Die räumliche Vorstellung, daß die noetischen Augen bzw. der νοῦς (beide sind identisch: imm 46; congr 143 u.ö.) zur noetischen Schau der oberen Welt bzw. der transzendenten Existenz Gottes emporgehoben werden, spricht Philo oft aus: all I 38; her 69f.cf.64; QGen IV 46; spec I 37.207; II 44f.; plant 21ff. u.ö.

13 So etwa spec III 6 ("schlage ich doch auch die Augen meiner Seele auf... lasse mich vom Licht der Weisheit bestrahlen und bin nicht für mein ganzes Leben der Finsternis preisgegeben"); spec I 37; op 71; Abr 70 (Abraham "öffnete wie aus tiefem Schlafe das Auge der Seele und begann, statt tiefer Finsternis reinen Lichtglanz zu schauen..."). Als Licht wird die Weisheit ebenso wie der mit ihr identische Logos aufgefaßt (freilich auch die Quelle beider, Gott): "A spiritual light, however, is called by other names, (namely) knowledge and wisdom" (QEx II 7). spec I 288: διανοίας δὲ φῶς ἐστι σοφία. Siehe noch migr 39f.; det 117; QGen I 7. Zum Logos als φῶς: fug 139; som I 72ff.; später Clemens Alex. Protr. VI 68,4: der Logos geht wie die Sonne in der Tiefe des Geistes auf und erleuchtet das Auge der Seele. Zusammenfassend zur "Mythologie des Erleuchtungsstromes" siehe B.L.MACK, Logos S.171-76; A.WLOSOK, Laktanz S.76ff.; cf. GOODENOUGH, By Light, Light pass.

14 Z.B. agr 9 (ἄνθρωπος δὲ ὁ ἐν ἑκάστῳ ἡμῶν τίς ἂν εἴη πλὴν ὁ νοῦς); fug 71 (ὁ πρὸς ἀλήθειαν ἄνθρωπος, ὃς δὲ νοῦς ἐστι καθαρώτατος); plant 42 (τὸν ἐν ἡμῖν πρὸς ἀλήθειαν ἄνθρωπον, τουτέστι τὸν νοῦν); congr 97 (ἄνθρωπος ἐν ἀνθρώπῳ); cf. agr 108; det 22; som I 215. Die Traditionsgeschichte beginnt mit Plato, Pol IX 589 A (ὅθεν τοῦ ἀνθρώπου ὁ ἐντὸς ἄνθρωπος ἔσται ἐγκρατέστατος). Siehe LEISEGANG, Geist S.78-81 A 5; WINDISCH, KEK VI 1924[9] S.152f.; zur Traditionsgeschichte zuletzt s. U.DUCHROW, Weltverantwortung S.59-92.

15 Sophia wird bei Philo als Pneuma gedacht, QGen I 90: "For the divine spirit is not a movement of air but intelligence and wisdom (σοφία)"; gig 22.23.47 (τὸ σοφίας πνεῦμα θεῖον). Als Kraftmitteilung erscheint diese Sophia etwa QGen IV 121: "But all those who receive mighty power (δύναμιν ἰσχυράν) through wisdom and prudence are elevated to heavenly greatness and height"; entsprechend ist der Logos (als Vermittler weisheitlicher Inspiration) mit "Kraft" ausgestattet, QEx II 13(fin): "And he (sc. der Logos) who has so great a power must necessarily be filled with allpowerfull wisdom". Cf. die δύναμις νοήσεως καὶ ἐπιστήμης in migr 55, die nach migr 53 als Gnadengeschenk (δωρέα) der ἐπίδειξις und θεωρία zu verstehen ist.

dieser Vorstellung pneumatischer Kraftmitteilung an das noetische Zentrum bzw. an den "inneren Menschen" durch Inspiration kann bei Philo auch die Metapher von der *Einwohnung* Gottes bzw. seines Logos in der Seele stehen.[16] Alle eben zusammengestellten Kategorien gnoseologischen Heilsgewinns werden in der E 1 - 3 rahmenden, zweigeteilten Fürbitte des Verfassers um Erkenntnis bei seinen Adressaten in E 1,16-19; 3,1.14-19 verwendet: Das *auf Gotteserkenntnis orientierte Weisheitspneuma* soll bei den Adressaten die *"Augen der* καρδία*"* erleuchten zur Erkenntnis ihres himmlischen Heils (1,17-19), wobei im abschließenden Fürbittenteil (3,14-19) dieses Anliegen erneut aufgenommen wird durch das parallele Konzept von der pneumatischen *Kraftmitteilung* an den "inneren Menschen" (τὸν ἔσω ἄνϑρωπον), also den νοῦς[17], was zugleich die *Einwohnung* des Christus durch den Glauben im noetischen Zentrum, also in der καρδία, bedeutet (E 3,16f.).[18] Sind Kraftmitteilung und Einwohnung somit noetisch orientiert, so verwundert auch ihre Einschätzung als göttliche *Liebesäußerung* nicht (E 3,17b), da auch bei Philo die Erkenntnisinspiration als Ausdruck der Liebe Gottes verstehbar war.[19] Noetische Kraftmitteilung und Einwohnung sind freilich nichts anders als die Ermächtigung zum noetischen *Erfassen* bzw. *Erkennen* (3,18f.) und dieses ganze Geschehen noetischer Inspiration konnte bei Philo auch äquivalent als *Erfüllt-Werden* (E 3,19b) dargestellt werden.[20] Wir sehen schon jetzt: Die drei ἵνα-Sätze in E 3,16-19 sind koordiniert und enthalten äquivalente, gnoseologisch orientierte Konzepte, die ebenso wie im ersten Teil der Erkenntnisfürbitte aus den Kategorien des hell. Judentums abgeleitet sind.

---

[16] Hier sind besonders zu vergleichen imm 134ff. (Seele als Wohnung des Logos), som I 146-49 (die Logoi vermitteln die Einwohnung Gottes in der Seele) und som II 245-51 (der Logos wird in den λογισμός der Seele eingegossen (249) und vermittelt so die Einwohnung Gottes). Dazu ausführlicher unter E.3..

[17] Daß das Pneuma, also die Kraftwirkung am "inneren Menschen" aus E 3,16, tatsächlich auch für den E am νοῦς wirkt und daher der "innere Mensch" (3,16) tatsächlich wie bei Philo Chiffre des νοῦς ist, zeigt E 4,23.

[18] In E 4,18 werden die verfinsterte διάνοια und die ἄγνοια der Heiden ursächlich mit der "Verstockung ihrer Herzen" zusammengebracht - καρδία steht im E also zweifellos für das noetische Zentrum im Menschen. Daß die Einwohnung Christi, die der des Logos nach der hell.-jüd. Theologie parallel ist, durch die πίστις vermittelt ist, widerlegt keineswegs das gnoseologische hellenistisch-jüdische Muster: Glaube und Erkenntnis sind bei Philo assoziiert (z.B. praem poen 30: "... mit starker Einsicht und unerschütterlichem felsenfesten Glauben"), wobei die πίστις geradezu als Inbegriff der gnoseologischen Heilsbeziehung erscheinen kann. So in virt 215f., wo die von Abraham erlangte *Gotteserkenntnis* (cf. γνῶναι, λόγια, τρανοτέρας φαντασίας) in dem Satz zusammengefaßt wird: "Daher heißt es auch von ihm zuerst, daß er Gott glaubte (πιστεῦσαι)." Auch E 4,13 (εἰς τὴν ἑνότητα τῆς πίστεως καὶ τῆς ἐπιγνώσεως...) belegt die enge Parallele von Glauben und Erkennen für den E.

[19] som I 165: "Ihr Seelen aber, die ihr von der göttlichen Liebe gekostet habt, erstehet wie aus tiefem Schlafe auf, ... eilt herbei zur herrlichen Schau..."

[20] Belege dazu unten S.55f A 116.

Das entscheidende soteriologische Modell für den Gedanken vom Aufschwung des inspirierten νοῦς in die obere Region des noetischen Seins gab für die jüdischen Allegoristen um Philo der platonische "Seelenflugmythos" des Phaidros ab (246A - 250C)[21], nach dem die reinsten Seelen mit den Göttern an den ὑπερουράνιος τόπος gelangen (247 B-C), wo sie die Ideen zu schauen vermögen. Anders als bei Plato führt die philonische Anwendung des Schemas jedoch noch über diesen noetischen Ort der Ideen hinaus, insofern von diesem τόπος aus auch noch die völlig transzendente Existenz Gottes noetisch zugänglich ist.[22] Daraus ergibt sich ein dreistufiger noetisch-soteriologischer Aufstiegsweg: Die erste Etappe wird mit der Schau des sinnlich wahrnehmbaren Kosmos als eines von Gott(es Logos) beherrschten Bereichs verwirklicht, dann kommt die Schau der Ideen im noetischen Kosmos (= Logos = τόπος), von wo aus letztlich auch die alles Kosmische transzendierende Schau der Existenz Gottes möglich wird. Allerdings kann das Schema auch in zwei Stufen zusammengefaßt sein: 1. Logos und Kosmos; 2. transzendenter Gott.[23] Jener "überhimmlische Ort" der Ideen, der beim platonischen Seelenflugmythos erreicht wird, ist bei Philo identisch mit dem Logos, dem Inbegriff der Ideen bzw. Kräfte Gottes: Der Logos, der die δυνάμεις/ἰδέαι Gottes aufnimmt (δέξασθαι) und ihnen Raum gibt (χωρῆσαι op 20), bildet so den noetischen Kosmos (op 24f.36). Nach som I 62.127 hat Gott den Logos als τόπος mit unkörperlichen δυνάμεις bzw. λόγοι vollkommen erfüllt (πληροῦν; πλήρης). Entsprechend dem Paradigma des Seelenflugmythos gelangen die Erlösten beim noetischen Aufstieg an den "Ort" des Logos und der diesen Ort bevölkernden noetischen Emanationen Gottes, die Philo austauschbar als δυνάμεις (op 20; som I 62), ἰδέαι (op 20; som I 79; gig 62 u.ö.), λόγοι (som I 69.115.127f. u.ö.), εἰκόνες (som I 79.115) und ἄγγελα (som I 115; QGen III 11; u.ö.) be-

---

[21] Siehe THEILER, Beginn S.200; A.WLOSOK, Laktanz S.65f.; SELLIN, Streit S.139-43; C.RIEDWEG, Mysterienterminologie S.106f..

[22] Zum Logos als τόπος, zu dem die Weisen gelangen können: QEx II 39 ("they ... make a migration to a holy and divine place, which is called by another name, Logos. Being in this place through the steward they see the master in a lofty and clear manner, envisioning God with the keen-sighted eyes of the mind"; nach QEx II 40 ist der ὑπερουράνιος τόπος der Phaidros-Tradition gemeint); som I 62.66. Siehe WLOSOK, Laktanz S.65f.. Anders als bei Plato ist der Erkenntnisweg zum wahren Sein freilich auch nicht mehr durch das *eigene*, von allem Täuschenden der Sinne abgezogene Vermögen der Vernunfterkenntnis gangbar. Vielmehr setzt die besprochene zirkuläre Offenbarungstheorie ein völlig unzulängliches Erkenntnisvermögen des irdischen νοῦς voraus, dem allein durch Inspiration das erlösende, "emportragende" Weisheitspneuma zukommt (LEISEGANG, Geist S.208 A 1; WLOSOK, Laktanz S.75 A 38). So kann Erbe der unkörperlichen Dinge, also der erlösenden Erkenntnis dieser höchsten Seinsstufe, nach Philo (Her 64) "nur der von oben inspirierte (καταπνευσθεὶς ἄνωθεν), eines himmlischen und göttlichen Anteils teilhaftige, ganz reine νοῦς [sein]". In solchen Zusammenhängen verwendet Philo oft mantische Inspirationsbegriffe (zB. ἐνθουσιᾶν, κατέχεσθαι, πληροῦσθαι, θεοφορεῖσθαι; s. dazu SELLIN, Streit S.143-51; LEISEGANG, Geist 113ff.).

[23] G.SELLIN, Streit S.147f.; conf 97.

zeichnet. Durch das Schema dieses Aufstiegs zum oberen Ort wird die pneumatische Inspirationsvorstellung (die erlösten Weisen sind durch den Logos, also durch die pneumatische Weisheit, inspiriert) somit in eine sachlich äquivalente topologische Vorstellung umgesetzt, nach der die Weisen nun selbst an den noetischen "Ort" des Logos gelangt sind und unter diese unkörperlichen noetischen Entitäten zählen (QEx II 39; gig 61; imm 151; som I 151; mut 33f.; postmortal: QGen III 11; sacr 5). Das mantische Inspirationsschema ("erfüllt werden" vom Weisheitspneuma = vom Logos bzw. von seinen noetischen Elementen) und das topologische Aufstiegsschema ("hinaufgerufen werden" zum Ort der noetischen Entitäten = Logos = Himmel) sind also äquivalent und werden auch parallel verwendet.[24] Der ganz reine, von oben inspirierte νοῦς ist selbst zu einem Teil der oberen noetischen Welt geworden (her 64.70). Erkenntnis durch inspirierende Weisheit bedeutet somit noetische Präsenz des Erlösten im Himmel.[25]

Im Blick auf die Deuteropaulinen bleibt hier der wichtige Hinweis, daß sich die Exegeten um Philo den oberen "Ort" auch wie ein geeintes pneumatisch-noetisches σῶμα vorstellten, das aus den an diesem Ort befindlichen Logoi, die mit den unsterblichen Seelen identisch sind, gebildet wird, und als dessen Haupt (κεφαλή) der Logos fungiert (som I 127f.). Die erlösten Weisen sind im Himmel, aber so, daß sie damit zugleich -

---

[24] Z.B. imm 151: "Das sind die großen Wagnisse einer olympischen und himmlischen Seele, die, nachdem sie den irdischen Raum verlassen hat, *hinaufgezogen wurde* und mit den göttlichen Wesen zusammen lebt: Denn da sie *erfüllt ist* von der Schau der echten und unvergänglichen Güter, hat sie sich freilich von den tagtäglichen und unechten losgelöst"; QEx II 40 ("fly upward... under divine inspiration"). Die nach GOODENOUGHs Analyse vom gleichen Typ hell.-üd. Soteriologie geprägte pseudo-justinische Oratio ad Graecos - "the product of a Greek who had found satisfaction for his spiritual longings in a Philonic type of Judaism, and who was exhorting his people to do likewise" (ders., Light S.298) - zeigt die gleiche Äquivalenz von Logosinspiration und Himmelsaufstieg: Diese weisheitliche Belehrung (διδασκάλιον) durch den göttlichen Logos "macht Sterbliche zu Unsterblichen, Menschen zu Göttern, von der Erde führt sie in die Gebiete über dem Olymp" (c.5, 40 C/D de OTTO). Siehe zur hell.-jüd. Theologie der Oratio ad Graecos GOODENOUGH, By Light, Light S.298-305.

[25] Siehe dazu auch QGen IV 121 (zitiert oben S.15 A 15). - Den "Himmel" deutet Philo auf den Logos: all III 104; her 76.79; cf. immut 155f.. Der vollkommene Weise ist der durch den Logos zur Ebenbildlichkeit geprägte Mensch (oder besser: sein νοῦς) (spec III 207; all I 31.33.42.53 cf. her 56f.); er ist nicht nur eine Kopie des Logos als ἀρχέτυπος ἰδέα (QGen I 4), sondern strebt selbst nach dem Urbild, um sich daneben zu stellen (all I 4 μετ᾽ ἐκείνου τάττεται). So auf dem selben Rang vereint (migr 174f.), kann Philo den (νοῦς des) Weisen, also den Ebenbildmenschen, direkt mit dem (noetischen) Logos identifizieren (imm 138f.; migr 130) - sein νοῦς ist durch die Inspiration gewissermaßen zu einem Teil des göttlichen Logos geworden. Philo kann auch sagen: Der Logos ruft die (inspirierte) Seele zu sich (all III 172). Pointiert formuliert Philo die noetische Partizipation des Weisen am Logos durch die Aussage, die Weisen lösten sich schon zu Lebzeiten "in eine seelische Wesenheit auf und werden unkörperliche Gedanken" (mut 33), gehören damit freilich zu den Elementen der oberen noetischen Welt (s.o.). Daher ist der Logos zur "besseren Heimat" der inspirierten Seelen geworden (migr 28; all III 84; cf. gig 61).

vermittelt durch die pneumatische Inspiration ("erfüllt werden" = πληροῦσθαι) - im himmlischen Soma des Logos sind (s.u.).[26]

Mit dem Schema des noetischen Aufstiegs zum oberen τόπος hat Philo, wohl über mittelplatonische Schultradition vermittelt, auch die Mysterienmetaphorik für diesen Aufstieg aus dem platonischen Phaidros übernommen.[27] Dieser nur metaphorische Anklang an Mysterienweihen will feierlich unterstreichen, daß der νοῦς beim Höhenflug in die noetische Region der Ideen und schließlich zum transzendenten Gott tatsächlich in einer religiösen Erfahrung das Gewordene zurückläßt und übersteigt. Plato kennt für den noetischen Aufstieg im Phaidros die Metapher der "vollkommenen Mysterienweihen" (249C); nach der Diotimarede des Symposions (201E - 212A; hier: 209E/210A) wird strukturell - ganz nach dem Paradigma der Eleusinischen Mysterien - eine niedere Stufe der metaphorischen Einweihung mit der "vollkommenen und schauenden" Weihestufe (τὰ δὲ τέλεα καὶ ἐποπτικά) kon-

---

[26] Das Makroanthropos-Schema, das der κεφαλή-σῶμα-Metaphorik zugrunde liegt, wurde im Zusammenhang der hellenistisch-jüdischen Logos-Theologie also sowohl auf den inferioren materiellen Kosmos (κόσμος αἰσθητός) angewendet, dessen Elemente als "Körper" bzw. als "Glieder" dem Logos als "Haupt" unterstehen (QEx II 117; s.u.), als auch auf den oberen κόσμος νοητός, dessen Logoi bzw. unsterbliche Seelen ebenfalls wie ein σῶμα dem ἀνωτάτω λόγος als der κεφαλή unterstehen (som I 127f.). Als Hintergrund des deuteropaulinisch ausgeprägten Leib-Christi-Konzepts hat dies bereits 1961 hervorragend H.HEGERMANN, Schöpfungsmittler S.66.138f.148-150 herausgearbeitet; allerdings wurde seine Erkenntnis bisher wenig rezipiert (s. aber GNILKA, HThK X/2 S.103ff.). Schon ein Jahr zuvor (1960) hatte C.COLPE grundsätzlich gezeigt, daß die Leib-Christi-Vorstellung der Deuteropaulinen keineswegs einen gnostischen Erlösermythos voraussetzt, sondern vielmehr das exemplarisch in QEx II 117 belegte Makroanthropos-Schema, das sich als "Philos Modifikation der stoischen Logoslehre" verstehen ließe (ders., Leib-Christi-Vorstellung S.180f. und pass.). 1962 schließlich wies H.M.SCHENKE nach, daß der gnostische Urmensch-Erlöser-Mythos, der zugleich mit einer soteriologischen Makroanthropos-Spekulation verknüpft ist (Restitution des Leibes vom himmlischen Haupt her durch Einsammeln der in den materiellen Bereich versprengten Lichtteile), erst im Manichäismus belegbar ist. Damit waren die gnostizistischen Ableitungen der deuteropaulinischen Leib-Christi-Vorstellungen, die vor allem H.SCHLIER und E.KÄSEMANN begründet hatten, überzeugend widerlegt (SCHENKE, Der Gott "Mensch" pass.). Erneut konnte schließlich K.M.FISCHER, Tendenz S.48-78, die gnostizistische Genese der deuteropaulinischen Vorstellung ausschliessen.

[27] Siehe Phaidros 249C: Der Mensch muß κατ᾽ εἶδος begreifen: "Dieses ist Erinnerung an jenes, was einst unsere Seele gesehen, Gott nachwandelnd und über das hinwegsehend (ὑπεριδοῦσα), was wir jetzt für das Sein halten und zu dem wahrhaft Seienden hinaufsehend (ἀνακύψασα εἰς τὸ ὂν ὄντως). Daher auch wird mit Recht nur des Philosophen Seele befiedert (sc. zum 'Seelenflug') ... Solche Erinnerungen also recht gebrauchend, mit vollkommener Mysterienweihung immer geweiht (τελέους ἀεὶ τελετὰς τελούμενος), kann ein Mann allein wahrhaft vollkommen (τέλεος ὄντως) werden" (Cf. dazu die Reflexionen dieser Motive bei Philo, all III 100: ὑπερκύψας τὸ γενητόν; τελεώτερος. Wichtig ist auch, daß im unmittelbaren Anschluß der eben durch Mysterienmetaphorik charakterisierte noetische Aufstieg des Philosophen metaphorisch mit Inspiration verbunden wird: Der Aufsteigende ist gottbegeistert (249D: ἐνθουσιάζων). Zu all III 100 siehe C.RIEDWEG, Mysterienterminologie bei Platon, Philon und Klemens von Alexandrien, S.105-107; zur Mysterienterminologie im Phaidros ebd. S.30ff.. A.WLOSOK, die in der Darstellung des Aufstiegs als Mysteriengeschehen "das eigentlich Neue" bei Philo gegenüber Plato sah (diess., Laktanz S.66), irrte sich.

trastiert: Letztere Schau zeigt im Sinn der Ideenlehre das noetische αὐτὸ τὸ ϑεῖον καλόν (211E).[28] Im Laufe der platonischen Tradition scheint diese Metaphorik der zwei Weihestufen, der im eleusinischen Ritual die Unterscheidung von μύσται und ἐπόπται entsprach, unter dem Einfluß der zunehmend sprichwörtlichen Stelle Gorgias 497C mit der ganz anderen eleusinsichen Unterscheidung von τὰ μικρά und τὰ μεγάλα μυστήρια identifiziert worden zu sein.[29] In dieser Form greift nun Philo diese gestufte Zwei-Weihen-Metaphorik für den noetischen Aufstieg auf[30], wenn er z.B. in all III 97ff. die Gotteserkenntnis, die sich ihm aus der Schau der innerkosmischen Phänomene (Himmelsgewölbe, Planeten, Sterne, Erde, Wasser, Luft, Lebewesen usf.) ergibt (all III 98-99)[31], mit der höheren Weihe der μεγάλα μυστήρια (III 100) kontrastiert, wo nicht mehr aus gewordenen Dingen die ungewordene Ursache erkannt wird, sondern direkt durch Offenbarung vom Ungewordenen (Gott) her (all III 100(ff.)). Diese höchste und unvermittelte Gottesschau wird auch in Abr 122 unter dem Bild der "großen Mysterienweihen" jenen "geringeren Mysterienweihen" gegenübergestellt, die Gott aus seinen kosmischen Wirkungen erfassen, nämlich als ein schaffendes oder regierendes Wesen (ἢ κτίζον ἢ ἄρχον).[32] Wenn Philo an diesen Stellen auch die platonische Metaphorik der zwei Weihestufen im Groben voraussetzt, so scheint die Ausgestaltung der niederen kosmologischen Stufe doch auch durch eine zeitgenössische stoische Tradition mitbeeinflußt zu sein, nach der die *Kosmosschau als Mysterienweihe* dargestellt wurde. Diese Tradition erscheint etwa bei Kleanthes, Seneca und Plutarch[33], für uns am wichtigsten jedoch bei Dion von

---

[28] Symposion 209E/210A: ταῦτα μὲν οὖν τὰ ἐρωτικὰ ἴσως, ὦ Σώκρατες, κἂν σὺ μυηθείης· τὰ δὲ τέλεα καὶ ἐποπτικά, ὧν ἕνεκα καὶ ταῦτα ἔστιν ἐάν τις ὀρθῶς μετίῃ, οὐκ οἶδ' εἰ οἷος τ' ἂν εἴης. Die metaphorischen Weihestufen beziehen sich hier auf verschiedene Weisen des Eros. Siehe zur Auslegung jetzt C.RIEDWEG, Mysterienterminologie, S.2-29. Einen kurzen Überblick zur weiteren platonischen Mysterienmetaphorik gibt A.E.HARVEY, The Use of Mystery Language in the Bible, JThS 31 (1980), S.320-36, hier: S.321-24.

[29] Dies zeigt C.RIEDWEG, Mysterienterminologie, S.8.106 mit A 149. Gorgias 497C: "Du bist glückselig, Kallikles, daß du die Großen Weihen hast vor den Kleinen (ὅτι τὰ μεγάλα μεμύησαι πρὶν τὰ σμικρά); ich meinte, das ging nicht an."

[30] Cf. U.FRÜCHTEL, Die kosmologischen Vorstellungen bei Philo von Alexandrien, S.109f..

[31] all III 99: οἱ ... διὰ σκιᾶς τὸν θεὸν καταλαμβάνουσι, διὰ τῶν ἔργων τὸν τεχνίτην κατανοοῦντες. Die Gotteserkenntnis aus der Kosmoswirklichkeit/-Schau war unter den Gebildeten verbreitet, siehe z.B. Cicero, Tusc. I 68ff.; Περὶ Κόσμου 399 B; Seneca, nat.praef..

[32] Siehe zu dieser Metaphorik noch sacr 60-62 (cf. GOODENOUGH, By Light, Light S.95).

[33] Kleanthes bei Epiphanius haer. III 2,9 (Κλεάνθης... καὶ ἄνθρωπον ἐκάλει μόνον τὴν ψυχήν, καὶ θεοὺς μυστικὰ σχήματα ἔλεγεν εἶναι καὶ κλήσεις ἱεράς, καὶ δαδοῦχον ἔφασκεν εἶναι τὸν ἥλιον, καὶ κόσμον μυστήριον καὶ τοὺς κατόχους τῶν θείων τελε<σ>τὰς ἔλεγε); Seneca nat. 7,30,6 (Non semel quaedam sacra traduntur: Eleusin servat quod ostendat revisentibus; rerum natura sacra sua non semel tradit. Initiatos nos credimus, in vestibulo eius haeremus. Illa arcana non promiscue nec omnibus patent; reducta et interiore sacrario clausa sunt, ex quibus aliud haec aetas, aliud quae post nost subibit aspiciet); ep. 90,28

Prusa: In or. XII 27ff. schildert er das Erleben naturhaft-kosmischer Phänomene, die - ähnlich wie bei Philo (s.o.) - für den göttlichen πάντων ἡγεμών
(27) transparent werden sollen, als Mysterienweihe der Menschheit. Diese erfolgte nicht in dem vergleichsweise kleinen Bauwerk der Athener
(Telesterion von Eleusis),

> "sondern in diesem Kosmos, dem *bunten* (ποικίλῳ) und *weisen* (σοφῷ)
> Kunstwerk, in dem sich jederzeit unzählige Wunder ereignen und wo zudem nicht
> durch Menschen, die den Initianten gleich sind, sondern durch die unsterblichen
> Götter die Sterblichen geweiht werden." (or.XII 34)

Die unsterblichen Götter, die auch für die Charakteristik des "Bunten" im Kosmos primär verantwortlich sind, sind für Dio v. Prusa ganz in aristotelischer Tradition die Gestirne.[34] Die hellenistische Kosmosschau sieht also - metaphorisch als Mysterienweihe,
die kosmologische Gotteserkenntnis zugänglich macht[35] - den (Astral-) Kosmos als Inbegriff des Bunten/ Mannigfaltigen (ποικίλον; ποίκιλμα)[36] und gerade so der ordnenden göttlichen Weisheit (σοφόν; σοφία) an.

Die kosmische Charakteristik des "Bunten" als Ausdruck einer "weisen" Ordnung ist alte
Tradition; bereits Platons älterer Zeitgenosse Kritias wendet sie auf den Himmelskosmos an:

(Haec eius initiamenta sunt, per quae non municipale sacrum, sed ingens deorum omnium templum, mundus ipse reseratur, cuius vera simulacra verasque facies cernendas mentibus protulit:
nam ad spectacula nam magna hebes visus est); Plut. tranqu. an. 477 C-D. Zur Tradition der
Kosmosschau als Mysterienweihe siehe vor allem M.ZEPF, Der Mensch in der Höhle und das
Pantheon, Gymnasium 65 (1958) S.365ff., nach dem Platon (Symp 209C; Phaidr 249C.250C; Epin
986D) oder vielleicht Aristoteles die Anregung für diese Metaphorik gaben (ebd. S.365). Siehe
auch Philo, praempoen 121: "ihn (sc. der reine νοῦς), der Myste der göttlichen Weihen geworden
ist und an den Reigentänzen und Umläufen der Himmelskörper teilnimmt..."; ZEPF vergleicht
noch Philo, spec III 187ff., praempoen 41f..

[34] Dion Chrys., or. XII 27f: "Von dem Wesen der Götter... hat ursprünglich und an erster Stelle
das ganze Menschengeschlecht eine Vorstellung und einen Begriff... Allenthalben waren sie um-
strahlt von den göttlichen und gewaltigen Erscheinungen des Himmels und der Sterne, von Sonne
und Mond, die sich bei Tag und bei Nacht in immer neuen, bunten Formen (ποικίλαις...
εἴδεσιν) darboten". Nach or.XII 33-34 sind analog die ins Kosmosmysterium einweihenden unsterblichen Götter die Gestirne, die wie die Mysterienpriester um die Initianten bei Tag und
Nacht herumtanzen. Zur aristotelischen Tradition des Kosmos als Pantheion aller Gestirngötter
siehe M.ZEPF, Gymnasium 65 (1958), S.361.363f mit A 64.

[35] Dazu siehe auch Dion Chrys., or. XXXVI 33: "Freilich sind auch sie [sc. die Dichter] nicht
nach Brauch und Ritus der echten Mysten richtig in die Mysterien eingeweiht, und vom wahren
Wesen des Weltalls wissen sie, wenn man so sagen darf, nichts Bestimmtes."

[36] Siehe noch Dion Chrys., or. XXX 28: Dion erinnert an ein Lied, das den Kosmos als ein von
den Göttern schön eingerichtetes Haus ansieht. Wie nun die Häuser der Wohlhabenden
schmuckvoll ausgestattet sind, "so ist auch der Kosmos ... wunderschön und bunt (ποικίλον) ausgestattet mit Sternen, Sonne und Mond, mit Land, Meer und Pflanzen - lauter Beweise für Reichtum und Kunst der Götter." Das Charakteristikum des Bunten ist hier vom Astralbereich auf den
gesamten Kosmos ausgedehnt.

"Die sternefunkelnde Gestalt des Himmels, ein schönes buntes Gewebe (ποίχιλμα) des weisen (σοφοῦ) Künstlers Chronos."[37]

Die ästhetische Kategorie des Bunten bzw. Schmucken konnte schon per se als Inbegriff von Weisheit erfahren werden, wie Plato in ganz anderem Zusammenhang belegt, Phaidr. 236B: "Du meinst wohl, ich werde wirklich versuchen, über seine Weisheit (σοφίαν) hinaus etwas noch Schmuckeres (πoιχιλώτερον) zu sagen?"

Doch zurück zur kosmischen Buntheit: Im Erleben des "bunten"/"mannigfaltigen" nächtlichen Sternenhimmels lag wohl auch der Ursprung des später bei Dion von Prusa (s.o.) und Philo (siehe gleich) auf alle in der Kosmosschau wahrnehmbaren Phänomene ausgedehnten Konzepts.[38] Platon jedenfalls bezieht diese kosmische "Buntheit" - wie auch schon Kritias (s.o.) und später die Stoiker - ganz eindeutig auf den Astralbereich.[39]

Auch der Stoiker Chairemon, der zur Zeit der Kaiser Gaius, Claudius und Nero schrieb und als Nachfolger Apions Haupt der alexandrinischen Grammatikerschule war[40], zeigt in seiner interpretatio graeca ägyptischer Religion, daß das ästhetische Konzept der kosmischen 'Buntheit' den Astralbereich charakterisieren konnte: In einem Fragment seines Werkes über ägyptische Religion wird eine ägyptische Darstellung des Kosmos als Götterstatue so beschrieben: "Sie schufen aber ein folgendermaßen beschaffenes Abbild des Kosmos selbst: Es ist ein menschengestaltiges Bild, das die Füsse geschlossen hält; von oben bis hinunter zu den Füssen ist es mit einem bunten Gewand (ποιχίλον ἱμάτιον) angetan. Auf dem Haupt aber trägt es eine goldene Kugel - das erste wegen seiner Ortsfestigkeit, das zweite wegen der bunten Natur (τὴν ποιχίλην φύσιν) der Sterne und das dritte weil der Kosmos kugelartig ist." An dieser Stelle zeigt

---

[37] Kritias, fr. 25 Z.33f.(UNTERSTEINER): τό τ᾽ ἀστερωπὸν δέμας, Χρόνου χαλὸν ποίχιλμα τέχτονος σοφοῦ. Der Doxograph Aetios schreibt dieses Zitat fälschlich Euripides zu (Aetii Plac. I 6,7 = DIELS, Doxographi S.294 Z.16-20).

[38] Neben Kritias siehe schon Aischylos, Prom.24: ἡ ποιχιλείμων νύξ; Euripides, Hel. 1096: οἰχεῖς ἀστέρων ποιχίλματα;

[39] Plato, Pol VII 529 C/D (τὰ ἐν τῷ οὐρανῷ ποιχίλματα/ τῇ περὶ τὸν οὐρανὸν ποιχιλία); Tim. 39C/D (τὰς τούτων πλάνας...πεποιχιλμένας δὲ θαυμαστῶς); Nach Tim 40A setzte der Demiurg die Sterne "in die Vernünftigkeit (εἰς τὴν φρόνησιν) des Allbeherrschenden zu dessen Begleitung, indem er sie ringsum über den Himmel verteilte, auf daß sie für ihn ein wahrer Schmuck seien (χόσμον ἀληθινόν), der ganz und gar buntgewirkt (πεποιχιλμένον...χαθ᾽ ὅλον) sei". Auch hier entsprechen die Sterne zweifellos einer vernünftigen, weisen Ordnung. Später siehe Philo, som I 214 ("das sogenannte bunte (ποιχίλον) Brustschild ..., der leuchtenden Sterne am Himmel Abbild und Nachahmung"); als stoisches Theorem vor allem bei Aetios im Kontext der kosmologischen Gotteserkenntnis der Stoiker, daß für die ästhetische Wahrnehmung des Kosmos auf den Begriff einer τέχνη δημιουργούση und so zur Vorstellung des schaffenden Allpneumas führt (DIELS, Doxographi S.292 Z.20ff.; das Folgende ebd. plac. I 6,2ff.= S.293f.): χαλὸς δὲ ὁ χόσμος· δῆλον δὲ ἐχ τοῦ σχήματος χαὶ τοῦ χρώματος χαὶ τοῦ μεγέθους χαὶ τῆς περὶ τὸν χόσμον τῶν ἀστέρων ποιχιλίας ... ἐπιτελεῖ τὸ χάλλος τοῦ χόσμου χαὶ ταῦτα τὰ φαινόμενα· ὁ μὲν γὰρ λοξὸς χύχλος ἐν οὐρανῷ διαφόροις εἰδώλοις πεποιχιλται. Hinzuweisen wäre noch auf den Timarchos-Mythos bei Plutarch [mor 590Aff., bes. 590C] und für die neuplatonische Rezeption auf Plotin, Enn. 2,1,7.

[40] H.R.SCHWYZER, Chairemon S.9-12; P.W. VAN DER HORST, Chaeremon, EPRO 101, 1984, p.ix-xi.

sich aber schon, wie man ausgehend vom "bunten" Astralbereich auch den gesamten Kosmos als "bunt" (buntes Gewand) charakterisieren konnte.[41]

Das (stoisch vermittelte) Mysterium der Kosmosschau, das im Erlebnis der bunten Weisheit kosmischer Ordnung den göttlichen Souverän des Universums erschließen läßt, verbindet sich bei den jüdischen Allegoristen (Philo) · mit jener Unterstufe der "geringeren Mysterienweihen", nach der Gott aus seinen kosmischen Werken, also aus seinem "Schatten", erkannt wird (s.o. all III 98-100). Denn auch in all III 98-99 wird das Motiv der Kosmosschau aufgenommen und diese "niedere" Erfahrung (gegenüber den μεγάλα μυστήρια: all III 100) wird in all III 101-103 mit dem Typus des aus dem "Schatten" Gott erkennenden Bezaleel (Ex 31,2ff.) verbunden, während die höhere Weihe dem Typ des Mose zugesprochen wird. Kosmosschau und Bezaleel-Mose-Typologie kehren aber wieder in som I 201ff., wo Philo nun auch die traditionellen Charakteristika des "bunten", durch die göttliche "Weisheit" geordneten Kosmos ausdrücklich aufnimmt:

"Ich bewundere aber nicht nur diese (sc. die Kunst, bunte Gewebe (ποικίλματα) herzustellen), sondern auch ihren Erfinder, am allermeisten wenn ich meinen Blick auf die Teile der Erde richte, auf die Sphären im Himmel, auf die verschiedenen Arten der Tiere und Pflanzen und das ganze bunte (παμποίκιλον) Gewebe, diesen unseren Kosmos" (som I 203). Wenig später erläutert Philo, daß "das schöne Buntgewebe (ποίκιλμα) Gottes, dieser unser Kosmos, durch allweises (πανσόφῳ) Wissen (sc. Gottes) vollendet wurde" (som I 207), weshalb das Buntwirken als "Großartigkeit des Wissens" anzusehen sei. Ihr allerheiligstes Bild soll das ganze, Himmel und Erde umfassende Haus der Weisheit (πᾶς ὁ σοφίας οἶκος ... καὶ κατ' οὐρανὸν καὶ ἐπὶ γῆς) in sich darstellen (som I 208). M.a.W.: Der Kosmos ist als Haus der Weisheit Gottes von dieser zu einem Buntgewebe (ποίκιλμα) gestaltet worden. Die Ideen, aus denen diese Weisheit zusammengesetzt ist, werden dabei als "bunte Logoi" verstanden; Buntheit steht in diesem Passus für weisheitliche Bildung (παιδεία 208 cf. 203-205; plant 44), die

---

[41] Chairemon bei Porphyrios Περὶ ἀγαλμάτων fr.10 BIDEZ = Euseb., praep.evang. III 11-13 (p.115a-117d) = Fragm.6 bei H.R.SCHWYZER, Chairemon S.34, hier Z.8-13 (zur Echtheit s. ebd. S.14f.) = Fragm. 17D bei VAN DER HORST, EPRO 101, S.28 (zur Echtheit ebd. S.64f. A 1). Hier bestehen wahrscheinlich Querverbindungen zur Olympiaca stola der Isis-Mysten (Apul., Met. XI 24,1-3), die als bunt gefärbtes Gewand (floride depicta veste/ colore vario) kosmische Symbolik trägt. Sehr ähnlich ist schließlich die Vorstellung bei Plutarch, Is.et Os. 382C/D: "Die Mystengewänder der Isis sind buntgefärbt (ποικίλται ταῖς βαφαῖς), denn die Kraft ihres Wesens betrifft die Materie (ὕλη), die alles wird und aufnimmt, Licht und Finsternis, Tag und Nacht, Feuer und Wasser, Leben und Tod, Anfang und Ende." Die 'Buntheit' wird also deutlich pankosmisch interpretiert. Von den Isis-Gewändern werden dann die des Osiris abgegrenzt, die nichts Buntes (ποικιλμόν) mehr an sich haben, sondern 'lichtfarben' (φωτοειδές) sind, weil sie so dem unvermischten πρῶτον καὶ νοητόν entsprechen. Genau die gleiche Stufung von buntem und lichtfarbenem Gewand findet sich bei Philo in som I 214-18: Nach dem bunten Kosmos-Gewand zieht der Hohepriester beim Eintritt ins Allerheiligste das lichtfarbene an (§ 217: λαμπρότατον καὶ φωτοειδέστατον...χρῶμα). Wie bei Osiris ist dieses Gewand Symbol der noetischen Welt. Zu weiteren Strukturentsprechungen zwischen hell.-jüdischen Theologumena und solchen hell. Isistheologie siehe A.WLOSOK, Laktanz S.56 A 32; S.95f. A 103.

als kosmische und enzyklische Bildung wieder dem Typ des Bezaleel, der mit dem Schatten Gottes verbunden ist, zugeordnet wird (som I 206). Die höhere gnoseologische Heilsstufe, die wieder Mose repräsentiert, führt über die Bildungsstufe der Buntheit, die Erkenntnis des bunten Kosmos als Bild der ordnenden Weisheit Gottes, hinaus zum Typ des durch und durch "Weissen", der "von dem schattenlosen und ringsum strahlenden Licht der Wahrheit umleuchtet wird und an nichts mehr Gefallen findet von dem, was zum trügerischen Wahn gehört und der Finsternis vertraut zu sein pflegt" (218). Die höchste gnoseologische Heilsstufe ist also überkosmisch (dh. nicht mehr "bunt", sondern "weiß").[42]

Wir finden in som I 201ff. also die aus all III 98-103 bekannten, dort in der Metaphorik der höheren und niederen Mysterienweihen voneinander abgegrenzten zwei gnoseologischen Heilsstufen wieder, wobei die niedere Stufe des Kosmosmysteriums, wie wir nun sehen, auch bei Philo den Rückschluß aus dem "bunten", durch die Weisheit Gottes geordneten Kosmos, dem "Schatten", auf den weisen Schöpfer und Kosmosherrscher, das Urbild, beinhaltet. Konzentrieren wir uns nun auf diese "niedere Mysterienweihe", die schattenhafte Erkenntnis Gottes aus dem Kosmos[43]: Sie beinhaltet nach all III 100, "den Logos und diesen Kosmos zu erfassen" (καταλαμβάνειν ... τόν τε λόγον καὶ τόνδε τὸν κόσμον), denn Logos und Kosmos sind entsprechend zur neupythagoreisch-platonischen Urbild-Abbild-Ontologie nur Schatten gegenüber dem Ungewordenen (Gott).[44] Diese kosmologische Erkenntnisstufe

---

[42] Der ganze Passus som I 201ff. (dazu auch GOODENOUGH, By Light, Light S.173f.) nimmt seinen Ausgang bei der Allegorese des Trauminhalts von Gen 31,10: "graugesprenkelte", "bunte" und "durch und durch weiße Schafe" chiffrieren allegorisch eine heilsbezogene Rangfolge gnoseologischer Zustände der Seele. Die Qualität "weiß"/"lichtfarben" hebt sich von den anderen beiden als Höchstmaß der Vollkommenheit ab (§§ 201f.; 216; 226); gleichwohl gehört auch das "Bunte" als Inbegriff kosmisch-weisheitlicher Bildung (§208) - dem weissen Zustand unterlegen - in den gnoseologischen Heilsweg mit hinein. "Bunt" und "weiß" ("lichtfarben") entsprechen, wie die Aufteilung auf die Bezaleel-Mose-Typologie zeigt, den andernorts durch die zwei Mysterienweihen chiffrierten soteriologischen Rängen (cf. auch die vorige Anm.). "Graugesprenkelt" steht für die Unterstufe der Reinigung von Sünden und Heiligung der Seele durch den Hieros Logos am Beginn des gnoseologischen Aufstiegs (cf.§§ 226.220.209-214).

[43] Dieses "Lesser Mystery" (= "Mystery of Aaron" im Gegenüber zum höheren Mose-Mysterium) - es fand seine spezielle Symbolik im aaronitischen Kult (Jerusalemer Tempel, Hohepriester) - stellt eingehend E.R.GOODENOUGH, By Light, Light S.95-120 dar. Die kosmische Mysterienstufe bedeutet "a worship designed for those who are not worthy of association with God, or of mystical union with Him, or deification, and is a transformation of the worshipper into the Cosmic Being, made up of Logos and Matter, to be sure, but still oriented in a great harmony through God's Powers of Goodness and Mercy. Such a person shares in the cosmic communion of the world with the Creator, not as an individual, but as one who has achieved the ideal now popularly associated with the Stoics, of living according to Nature, of being in harmony with the great sweep and course of the universe" (ebd. S.106).

[44] Siehe all III 96: "Der Schatten Gottes ist sein Logos, den er gleichsam als Werkzeug bei der Weltschöpfung benutzt hat. Dieser Schatten und dieses Abbild, wie man es nennen kann, ist aber wiederum das Urbild anderer Dinge. Denn wie Gott das Vorbild des Abbildes ist, das hier Schatten heißt, so wird das Abbild zum Vorbild für andere..." Ist der gegenüber Gott abbildhafte Logos somit Schatten, so noch mehr der gegenüber dem Logos abbildhafte untere Kosmos (siehe op

(Logos und Kosmos) verdeutlicht Philo auch in der Allegorese des Hohenpriesters, der selbst allegorisches Symbol des Logos (= der Weisheit) ist und
dessen "buntes" Gewand den Kosmos abbildet[45]: Wir haben also wiederum
das Charakteristikum des "Bunten" als kosmische Manifestation des Logos/
Weisheitspneumas[46]. Doch was beinhaltet diese Stufe kosmologischer Mysterienerkenntnis, die Logos und Kosmos betrifft, genau? Wie sich zeigen läßt,
die Erschaffung, Erhaltung und unumschränkte Beherrschung des Kosmos
durch Gott bzw. durch den zum kosmischen Souverän eingesetzten Logos.
Denn die Allegorese des Hohenpriesters (Logos im bunten Gewand des
Kosmos) stellt u.a. heraus, daß der Hohepriester-Logos niemals das königli-
che Diadem ablegen soll, das Symbol einer bewundernswerten Vizeherr-
schaft[47]; noch mehr signifikant ist der Abschnitt QEx II 108-120, wo gegen
Ende der allegorisch-kosmischen Ausdeutung des Hohenpriestergewands ein
Exkurs eingeschoben ist, der den Logos als κεφαλή über den Kosmos dar-
stellt:

"The head (κεφαλή) of all things is the eternal Logos of the eternal God, under which,
as if it were his feet or other limbs, is placed the whole world, over which he passes and
firmly stands... Because for its perfect fulness the world is in need of the care and su-

---

25.36; all III 101f.). Die unserer Interpretation zugrundeliegende Stelle all III 100 schreibt es jener in die μεγάλα μυστήρια eingeweihten Geistesrichtung, die nicht mehr aus dem Schatten das
Bleibende erkennt, zu, daß sie "einen deutlichen Eindruck von dem Ungewordenen empfängt, so
daß sie durch diesen sowohl ihn selbst wie seinen Schatten, das heißt den Logos und diesen Kosmos, begreifen kann." Mit A.WLOSOK, Laktanz S.70 müssen wir die Wendung "den Logos und
diesen Kosmos" insgesamt als Erläuterung zu "Schatten" verstehen (cf. all III 96, s.o.): Die höhere, auf den Ungewordenen selbst gerichtete Mysterienerkenntnis geht also noch über diese
schattenhafte niedere hinaus, die "nicht weiter als bis zum Schatten Gottes, nämlich zu seinem
Schöpfungslogos dringt, der in der Welt gegenwärtig ist" (WLOSOK S.70). Ohne Mysterienterminologie bestätigt conf 97 diese zwei gnoseologischen Stufen: Die mit dem Wissen (ἐπιστήμη)
befreundet sind haben das Verlangen, "τὸ ὄν (= Gott) zu schauen; wenn sie aber dies nicht vermögen, dann wenigstens sein Abbild, den allerheiligsten Logos, und - diesem nachgeordnet -
auch das vollkommenste Werk unter den sinnlich wahrnehmbaren Dingen, diesen Kosmos."

45   som I 214-16; fug 108-12; spec I 84-97; cf. Mos II 117ff.; migr 102-105.

46   fug 109: Die Sophia, durch die der Kosmos in Erscheinung trat, ist die Mutter des Logos, der
den Kosmos als buntes Gewand trägt.

47   fug 111: τὸ σύμβολον ... ὑπάρχου δὲ καὶ θαυμαστῆς ἡγεμονίας. Siehe auch migr 102ff.,
wonach die goldene Platte mit der Siegelschrift am Haupt des Hohenpriesters als Symbol der
Idee der Ideen herausragender Inbegriff des Logos als noetischer Schöpfungsmittler ist, während
die Schellen und Blumen im Fußbereich des Gewandes - schon dem Gefälle der Anordnung nach
- die untergeordnete sinnlich wahrnehmbare Kosmosmaterie repräsentieren. Cf. dazu GOO-
DENOUGH, By Light, Light S.105.116. Der Logos wird nicht nur hier mit dem Haupt (über dem
materiellen Kosmos) assoziiert (dazu s.u.). GOODENOUGH schreibt zur Hohenpriester-Allego-
rese: "The high-priest is the Logos, but the Logos as present in the cosmos. As the Logos is the
ἡγεμονικόν of the universe, so the highest office of the priest is his representation of the most
important part of the cosmos, the Logos. But never does Philo forget that the priest in his great
robes is the Logos as clothed in matter" (ebd. S.116).

perintendence of the best ordered dispensation (AUCHER: dispensationis), and for its own complete piety, of the divine Logos, just as living creatures (need) a head, without which it is impossible to live" (QEx II 117).[48] Dem entspricht, daß der Logos in dieser Theologie als Inbegriff jener Kräfte gilt, mit denen Gott als höchster Kosmosherrscher den Kosmos durchspannt und 'erfüllt' (QEx II 118; migr 181; post 14; / op 20; som I 62) bzw. in mythischer Ausdrucksweise: Dem Logos wurde als dem Unterstatthalter Gottes (ὕπαρχος) die Herrschaft (προστησάμενος) über alle Phänomene des Kosmos delegiert (agr 51). Entsprechend oft formuliert Philo das herrscherliche Erhobensein des Logos über den Kosmos, z.B. all III 175 ("der Logos ist hoch erhoben über den ganzen Kosmos" (ὑπεράνω παντός ἐστι τοῦ κόσμου)), QEx II 122 ("But the divine Logos, which is established over all things (= ὑπὲρ πάντα), is immaterial..."), fug 97 (ὁ ἀνωτάτω λόγος θεῖος), fug 101 (ὁ ὑπεράνω τούτων λόγος θεῖος), QGen IV 110 (der göttliche Logos als "the governor (κυβερνήτης) and administrator of all things", ähnlich IV 111), cher 36 (der λόγος θεῖος als δίοπος καὶ κυβερνήτης τοῦ παντός). Nach QEx II 13 ist der Logos, über dem - als über dem Engel des Herrn - der göttliche Name ausgerufen ist, "the most sovereign and principal (being) which the heaven and earth and the whole world knows."[49]

---

[48] In der Textlücke findet sich eine christliche Interpolation ("Now it is not because Christ is the Lord that he passes and sits over the world, for His seat is with His Father and God"; cf. dazu C.COLPE, Leib-Christi-Vorstellung S.180f.; BERGER-COLPE, Textbuch S.280). Der darauf folgende Texttteil (s.o.) nimmt aber mit hoher Wahrscheinlichkeit die Schlußgedanken des philonischen Grundtextes auf, da die stoische διοίκησις/ dispensatio-Lehre, nach der der Logos nach Analogie der Seele den Kosmos (nach Analogie des Körpers) ordnend durchwaltet bei Philo auch sonst vom Logos ausgesagt wird (QEx II 120: "But it has united earth with water, for earth and water are themselves the body of the world. Now, the body itself is inanimate and unmoving, and it was in need of that Logos, which, by art of music, adapted and reformed it into harmony and oneness of all things." Siehe noch fug 108ff(112); QEx II 68 ("The divine Logos ... leaves nothing in nature empty, but fills all things and becomes a mediator and arbitrator for the two sides which seem to be divided from each other, bringing about friendship and concord...); Fr.6 R.MARCUS, Philo Supplement II (LCL) p.259 (ὁ θεῖος λόγος περιέχει τὰ ὅλα καὶ πεπλήρωκεν); QEx II 118; plant 8f.; her 188 (cf.22f.), wo jenes beherrschende Durchwalten des Kosmos oft als "Erfüllen" (durch πληρ-Begriffe) ausgesagt wird. Das wichtigste Argument für die Authentizität der im Text zitierten Abschnitte aus QEx II 117 liegt aber darin, daß Philo auch sonst mit dem Haupt des Körpers die beseelende dispensatio, also das beherrschende Durchwalten des Körpers, verbindet: Nach praempoen 125 ist der Tüchtige (ob einzelner oder ein Volk) Haupt (κεφαλή) des Menschengeschlechts, der die anderen alle wie Teile eines Körpers beseelt durch die Kräfte im Haupt oben (τοὺς δὲ ἄλλους ἅπαντας οἷον μέρη σώματος ψυχούμενα ταῖς ἐν κεφαλῇ καὶ ὑπεράνω δυνάμεσιν - analog sind ja auch im Logos als Haupt bei Philo die das All durchspannenden Kräfte zusammengefaßt, s.u.). Aufgrund dieser engen Parallelen müssen wir die Zweifel von C.COLPE (Leib-Christi-Vorstellung S.180 A 22), J.GNILKA (HThK X/2 S.104 A 4), R.SCHNACKENBURG (EKK X S.307 mit A 790) und E.SCHWEIZER (EKK XII S.53 A 113) an der Authentizität des *gesamten* Abschnitts QEx II 117 (es handele sich um eine christliche Interpolation) zurückweisen (mit HEGERMANN, Schöpfungsmittler S.58f.). S. auch das Folgende.

[49] Cf. hier auch Apost.Const. VIII 12,7 - ein Text, der nach E.R.GOODENOUGHs Analyse (ebenso wie weitere Abschnitte aus Apost.Const. VII/ VIII) eine hell.-jüdische Vorlage verarbeitet: Vom Logos, der wieder mit der Sophia identifiziert und ganz wie bei Philo u.a. auch als Hoherpriester chiffriert wird, heißt es, daß er "König und Herr jeder noetischen und jeder sinnlich wahrnehmbaren Natur" sei (βασιλέα δὲ καὶ κύριον πάσης νοητῆς καὶ αἰσθητῆς φύσεως).

Wesentlicher Inhalt der unteren, kosmologischen Mysterienstufe, wo der
Adept in der Kosmosschau das Universum als Inbegriff der "bunten" Ordnung göttlicher Weisheit erkennt, ist also das Erfassen der souveränen Stellung des Logos als Haupt über den materiellen Kosmos[50]; insofern betrifft
diese "schattenhafte" Erkenntnisstufe "den Logos und diesen Kosmos" (all III
100). Diese kosmische Souveränität kann auch so formuliert sein, daß Gott
durch seine (im Logos zusammengefaßten) Kräfte, also durch den Logos, den
Kosmos "erfüllt" und wie durch ein Band zusammenhält.[51] Den *bunten* Kosmos als Ordnung der *Weisheit* Gottes zu erfassen ist äquivalent damit, ihn als
unter der Herrschaft des Logos (= κεφαλή) stehend zu erkennen, denn Logos
und Sophia sind bei diesen Exegeten eng verbunden[52] und beide Vorstellungen drücken jeweils den Gedanken der Vorordnung aus.

Siehe GOODENOUGH, By Light, Light, S.306-58; bes. 320.340f.. - Zur hell.-jüdischen Herkunft
der in Apost.Const. VII/VIII aufgenommenen liturgischen Materialien, die vor GOO-
DENOUGH schon von K.KOHLER (1893) und W.BOUSSET (1915) beobachtet worden war,
siehe jetzt D.A.FIENSY bei J.H.CHARLESWORTH Vol.II, S.671-75. Während GOO-
DENOUGH eine Datierung dieser jüdischen Gebete bis spätestens in die Mitte des 2.Jh.n.Chr.
für möglich hält, argumentiert FIENSY im Anschluß an BOUSSET für ein Entstehungsdatum
zwischen 150 n.Chr. und 300 n.Chr. (sprachliche Nähe zu Aquilas Bibelübersetzung).

[50] Hier ist neben den schon angeführten Logostexten vor allem noch die Biographie Abrahams
zu vergleichen, die bei Philo jenen Überschritt von der den Kosmos vergöttlichenden hellenis-
tisch-stoischen ("chaldäischen") Kosmosschau zur Schau des vom transzendenten Gott *beherrschten* Kosmos darstellt, also der Sache nach genau jene niedere kosmologische Mysterienstufe umfaßt: Nach langer Beschäftigung mit der Astraltheologie, die im Kosmos selbst Gott
erblickt, "öffnete er wie aus tiefem Schlaf das Auge der Seele ... und nahm wahr, was er vorher
nicht gesehen hatte, einen Lenker und Leiter der Welt, der über sie waltet und in heilsamer
Weise sein eigenes Werk regiert" (Abr 70). So sieht der Weise, "daß es noch ein vollkommeneres,
noetisches, herrschendes und führendes Wesen gibt, von dem alles andere beherrscht und geleitet
wird (δεσπόζεται καὶ κυβερνᾶται)" (Abr 84; cf.78). Siehe auch her 97-99; mut 16-17; virt 212ff..
Da Philo jedoch den Logos als Inbegriff der göttlichen Kräfte, die das All durchwalten (migr 181;
post 14), ansieht (som I 62; op 20), bzw. - in stärker mythischer Formulierung - den Logos als den
von Gott zur Herrschaft über den Kosmos eingesetzten Vizeregenten anspricht (agr 51; QEx II
13), verweisen diese Abraham-Texte in der ontologisch-kosmologischen Systematik Philos ebenfalls auf die im Logos manifeste göttliche Herrschaft über den Kosmos als Hauptinhalt der kosmologischen Mysterienstufe. Deutlich bestätigt dies die polemische Sequenz in migr 176ff. gegen
die stoischen Kosmosphilosophen, die den Kosmos bzw. die Allseele mit Gott identifizieren (migr
179) und denen Philo den welterschaffenden und -beherrschenden Logos Gottes in Gestalt des
kosmischen νοῦς entgegensetzt (§ 186.192f.).

[51] Davon, daß Gott das All durch seine Kräfte zusammenhält und herrscherlich durchdringt
spricht Philo etwa migr 181; post 14; conf 136; QGen IV 130; cf. her 188. Inbegriff dieser Kräfte
ist aber der Logos (som I 62; op 20; u.ö.), so daß diese das All beherrschende, erfüllende (πληρ-
Begriffe) und - als Band - zusammenhaltende Funktion der Gotteskräfte auch direkt vom Logos
ausgesagt werden kann: plant 8f.; QEx II 68.118.120; fug 108ff.; De Deo 9; fr.6 MARCUS LCL
Suppl. II p.259 (ὁ θεῖος λόγος περέχει τὰ ὅλα καὶ πεπλήρωκεν) u.ö.

[52] S.o. S.19f A 3.

Wir halten aber fest, daß die klassische und hellenistische Tradition das Konzept der kosmischen Buntheit überwiegend mit dem Astralkosmos verbunden hatte und noch bei Dio Chrysostomos bezog sich das "bunte und weise Kunstwerk" des Kosmos primär auf die Astralsphäre (s.o.). Auch Philo wußte um dieses astrale Interesse der hell. Kosmosschau, die mit seiner niederen Mysterienstufe übereinstimmt[53], und entsprechend kannte er auch eine "Buntheit", die nur auf den Astralkosmos bezogen war.[54] Bei diesem engeren, traditionsgeschichtlich aber ursprünglicheren Verständnis kosmischer Buntheit wäre die kosmische Erfahrung der bunten Weisheit Gottes folglich äquivalent damit, speziell den Astralkosmos als unter der ordnenden Herrschaft der Weisheit bzw. des Logos als κεφαλή stehend zu erkennen. Es gibt bei Philo jedenfalls auch die Tendenz, speziell das Beherrschtsein des Astralkosmos durch Gott bzw. seinen Logos hervorzuheben.[55]

Während wir diese äquivalenten Formen der kosmologischen Mysterienerkenntnis im E in der κεφαλή-Position Christi über dem All (E 1,9f. cf. 1,20-23; 4,10) und in der durch die Existenz der Kirche an die Kosmosmächte vermittelten ἡ πολυποίκιλος σοφία τοῦ θεοῦ (E 3,10) wiederfinden werden, gibt es in diesem Milieu hellenistischer Kosmosmystik, das unsere jüdischen Allegoristen voraussetzen, noch eine weitere Formulierung der inspirierten Kosmoserfahrung, die uns dann in E 3,18 wiederbegegnen wird: Zum hellenistischen Motivkreis der Kosmosschau, in der sich der Geist bzw. die Geistesaugen des Menschen zur noetischen Himmelswanderung (οὐρανοβατεῖν, αἰθεροβατεῖν) erheben, gehört traditionell die Erfahrung des *immens ausgedehnten Raumes* im Kosmos, besonders im Astralkosmos. Diese noetisch erfaßte kosmische Weite konnte auch durch die *abstrakte Angabe der Raumdimensionen* (E 3,18) formuliert werden[56]:

---

[53] Siehe etwa Philo, praempoen 121: "ihn (sc. der reine νοῦς), der Myste der göttlichen Weihen geworden ist und an den Reigentänzen und Umläufen der Himmelskörper teilnimmt..."; migr 184ff.; som I 53f. Auch die philonische Kosmosschau, die all III 99 (cf.100) als niedere Mysterienstufe zu erkennen gibt, beginnt mit dem ausführlichen Blick auf den Sternenhimmel (θεασάμενος οὐρανὸν μὲν ἐν κύκλῳ περιπολοῦντα καὶ πάντα ἐντὸς cυνειληφότα, πλανήτας δὲ καὶ ἀπλανεῖς ἀστέρας κτλ.); diesen Akzent setzen auch spec III 187ff.; praempoen 41f. Direkt damit vergleichbar ist Cicero, nat.deor. II 61 (153); Tusc. I 19 (§43-45); Manilius, Astronom.II 117ff; Seneca, ad Helv VIII 6; XI 7; u.ö.

[54] Philo, som I 214 "das sogenannte bunte (ποικίλον) Brustschild ..., der leuchtenden Sterne am Himmel Abbild und Nachahmung". Nach spec I 94 nimmt der Himmel, dessen Abbild dieses Bruststück ist, den höchsten Rang im Kosmos ein.

[55] agr 51: "wie eine Herde leitet Gott, der König und Hirt, Erde und Wasser und Luft und Feuer und alle in ihnen lebenden Pflanzen und Tiere, Sterbliches und Göttliches, dazu des Himmels Natur, den Kreislauf von Sonne und Mond und der anderen Sterne Wandel und harmonischen Reigen nach Recht und Gesetz, da er den rechten Logos, seinen erstgeborenen Sohn, dem die Sorge für diese heilige Schar wie dem Statthalter eines großen Königs obliegt, als Lenker eingesetzt hat." Entsprechend seine Polemiken gegen die hell. Sterne-Heimarmene (mut 16-17; cher 24; opif 45-46; spec 13ff.; her 97.99.300; migr 178ff.; conf 173). Dazu siehe A.MEYER, Vorsehungsglaube und Schicksalsidee in ihrem Verhältnis bei Philo von Alexandria, Dissertation Würzburg 1939, S.63ff.

[56] Siehe dazu vor allem J.DUPONT, Gnosis S.476ff..

In solchem Zusammenhang sagt etwa Lukretz von Epikur, daß er "mutig im Geist das immense All durchschritt"; in gleichem Sinne spricht Cicero von Epikurs noetischer Leistung.[57] Insbesondere das magnum spatium des Astralkosmos wird immer wieder hervorgehoben; Seneca und Cicero erwähnen die noetische Erforschung des "*Hohen*" und des "*Tiefen*" im Zusammenhang der Himmelswanderung gemeinsam mit den Sternen.[58] Wichtig für uns ist aus dem Motivkreis der Kosmosschau besonders Corp.Herm. X 25: Kraft seines göttlichen νοῦς, der den Adepten als ἀγαθὸς δαίμων inspiratorisch erfüllt (ψυχὴ πληρεστάτη X 23), steigt der Mensch zum Himmel empor, mißt ihn aus und erkennt so, wie beschaffen seine *Höhen und Tiefen* sind.[59] Erfüllt-Werden (πληρ-Begriff) durch noetische Inspiration führt hier zum Erfassen der kosmischen Dimensionen, wobei die Raumdimensionen Chiffre für den in seiner Weite erfaßten Kosmos sind. Freilich geht es im Hellenismus dabei um die Erkenntnis des Allgotts selbst. Der gleiche Zusammenhang zwischen noetischem Erfüllt-Werden (πληρ-Begriffe) und Erfassen des weiten Kosmos in seinen Dimensionen begegnet uns in E 3,18-19 wieder. Gemeint ist: Indem der Mensch den göttlichen λόγος/νοῦς, der das ganze All durchdringt, in sich aufnimmt und auf diesem Wege gewissermaßen Gott gleich wird, vermag er als Teil des Weltlogos ebenfalls die ganze Weite des Alls nach Breite, Länge, Höhe und Tiefe noetisch zu durchdringen.[60]

---

[57] Lucr. I 72-74: atque omne immensum peragravit mente animoque. Cic., fin 2,102: qui innumerabilis mundos infinitasque regiones, quarum nulla esset ora, nulla extremitas, mente peragravisset.

[58] Manilius, Astronomica II 117ff.; Seneca, ad Helv. VIII 4 (mundus hic, quo nihil neque *maius* neque ornatis rerum natura genuit...); VIII 6 (magnum spatium); nat.quaest. praef. 7 (Tunc consummatum habet plenumque bonum sortis humanae cum calcato omni malo *petit altum et in interiorem naturae* sinum venit. Tunc iuvat *inter ipsa sidera vagantem* divitum pavimenta ridere et totam cum auro suo terram,...); praef. 11 (*Sursum ingentia spatia sunt*, in quorum possessionem animus admittitur, et ita si secum minimum ex corpore tulit, si sordidum omne detersit et expeditus levisque ac contentus modico emicuit); Cic., Tusc V 64.

[59] CH X 25: ὁ δὲ ἄνθρωπος καὶ εἰς τὸν οὐρανὸν ἀναβαίνει καὶ μετρεῖ αὐτὸν καὶ οἶδε ποῖα μὲν αὐτοῦ ἐστιν ὑψηλά, ποῖα δὲ ταπεινά, καὶ τὰ ἄλλα πάντα ἀκριβῶς μανθάνει, καὶ τὸ πάντων μεῖζον, οὐδὲ τὴν γῆν καταλιπὼν ἄνω γίνεται· τοσοῦτον τὸ μέγεθός ἐστιν αὐτοῦ τῆς ἐκστάσεως. Die in X 23 ausgesprochene mantische Inspiration (ψυχὴ πληρεστάτη) wird hier durch den Begriff der Ekstase wieder aufgegriffen, die die Himmelswanderung gewährt (Cf. noch CH XI, 19-20; Ascl. VI). Zur gnoseologischen πληρ-Begrifflichkeit im Corp.Herm. siehe noch CH I 30; IX 4; X 4.23.

[60] Diesen Zusammenhang erhellt Corp.Herm. XI 20: "Erkenne nun auf diese Weise Gott, daß er im Denken alles in sich zusammenhält: den Kosmos, sich selbst, das All. Wenn du dich daher nicht Gott gleichmachst (μὴ σεαυτὸν ἐξισάσῃς τῷ θεῷ), kannst du Gott nicht erkennen (νοῆσαι), denn das Gleiche ist [nur] durch das Gleiche erkennbar. Vergrößere dich selbst also konform zu der unmeßbaren Größe (συναύξησον σεαυτὸν τῷ ἀμετρήτῳ μεγέθει) indem du alles Körperliche verläßt, und indem du dich über alles Zeitliche erhebst werde zur Ewigkeit (Αἰών): so wirst du Gott erkennen. Wenn du dies unternimmst ist für dich nichts unmöglich, sei von deiner Unsterblichkeit überzeugt und von deiner Fähigkeit, alles zu erkennen... *Werde höher als jede Höhe* (παντὸς δὲ ὕψους ὑψηλότερος) *und tiefer als jede Tiefe* (παντὸς βάθους ταπεινότερος). Sammle in dir alle Wahrnehmungen des Geschaffenen: des Feuers, des Wassers, des Trockenen, des Feuchten, und sei [im Denken] gleichzeitig überall (πανταχῆ), in der Erde, im Meer, im Himmel; denke, noch nicht entstanden zu sein, im Mutterleib zu sein, jung, alt, ge-

Dieses gnoseologische Konzept der hell. Kosmosreligion hat selbst in der Praxis des hell.-römischen Zaubers noch seinen Niederschlag gefunden, wie der Visionszauber in PGM Vol.I, IV 930ff. zeigt: Der Praktiker erbittet vom Lichtgott (cf. vs.931f.959f.978f.987-992.1067ff) Kraft (σθένος 948.964), die sich nach dem Zusammenhang in der Gewährung einer magisch eingeleiteten Vision (αὐθοψίας 950; διὰ τῆς αὐτόπτου λυχνομαντίας 951f) äußern soll: Im eigentlichen Lichtzauber (φωταγωγία 955ff) wird nämlich das Gesuch um Kraft (964) parallelisiert mit dem weiteren, der Lichtgott möge dämonisch in das Feuer der Lampe kommen (964f) und es mit seinem göttlichen Geist inspirieren (ἐνπνευμάτωσον αὐτὸν θείου πνεύματος 966f). Wozu diese Inspiration des Lampenfeuers für den Feuerschein-Visionär wichtig ist, zeigt die Fortsetzung der Formel: "zeige mir deine Stärke, und es öffne sich mir das Haus des kosmosbeherrschenden Gottes (ὁ οἶχος τοῦ παντοχράτορος θεοῦ) ΑΛΒΑΛΑΛ, der in diesem Licht ist, und es werde Licht zu Breite, Tiefe, Länge, Höhe, Ausstrahlung, (γενέσθυ φῶς πλάτος, βάθος, μῆχος, ὕψος, αὐγή) und es leuchte durch der darin Befindliche, der Kyrios Βουήλ, Φθᾶ,..."[61] Das Haus des allbeherrschenden Gottes ist aber, wie schon die hell. οἶχος-χόσμος-Analogie nahelegt[62], nichts anderes als der Kosmos selbst, der vom Pantokrator durchherrscht wird. Wandelt sich das inspirierte Lampenlicht also zu Breite, Tiefe, Länge, Höhe, so ersteht vor dem Praktiker die Vision des immensen kosmischen Raumes, der von dem Allgott durchstrahlt wird und insofern seine Stärke markiert. Diese kosmische Interpretation unserer Stelle ist auch deshalb notwendig, weil die im unmittelbaren Anschluß an die Raumdimensionen angereihte "Ausstrahlung" (αὐγή) wenige Zeilen später durch die abgeleitete Verbalform διαυγάζειν als Durchstrahlen "des gesamten Kosmos" durch den allbeherrschenden Lichtgott definiert wird.[63] Die Eigentümlichkeit der pneumatischen Inspiration des Lampenlichts (s.o.) zeigt dabei noch einen Reflex des gnoseologischen Konzepts der hell. Kosmosreligion: Die Schau der immensen Kosmosdimensionen und insofern des allbeherrschenden Gottes setzte die Inspiration des Menschen durch diesen göttlichen λόγος/νοῦς voraus - im Zauber ist diese Inspiration vom Menschen auf das Medium der

---

storben und postmortal zu sein. Und indem du dies alles zugleich denken kannst: Zeiten, Räume, Tätigkeiten, Eigenschaften, Größen, vermagst du Gott zu denken (νοῆσαι)." Auf diesen Text weist auch zurecht N.A.DAHL, Cosmic Dimensions, S.65f. hin. Ein analoges Konzept der Kosmoserfahrung durch noetische Angleichung an den Allgott, das hier im Kontext einer mystisch-esoterischen Offenbarungslehre breit ausgeführt wird, finden wir kürzer bei Manilius, Astron. II 117ff; Cicero, nat.deor. II 153; Seneca, nat.quaest. praef.13.17; cf.Helv.Cons. VIII (3-)6.

[61] Die Übersetzung: "es werde Licht zu Breite usf." folgt der Anregung durch vs.1104f: "und du wirst das Licht der Lampe nach Art eines Raumes (χαμοροειδές) sich formen sehen". - Cf. die Wiederholung der abstrakten Raumdimensionen im gleichen Zauber vs.978f.

[62] Dion Chrys. or.XXX 28; Philo, all III 99; som I 208; cf. Dion Chrys. or.XII 28; Seneca ep.90,28; Cicero, Somn.Scip. §15.17; Philo, spec I 66; som I 215; op 27.

[63] Vs.987-994 (θεαγωγὸς λόγος für den Lichtgott): "Ich rufe dich an, den größten Gott, den Herrscher Horos-Harpokrates (...), der das All erleuchtet und durch eigene Dynamis den gesamten Kosmos durchstrahlt (χαὶ διαυγάζοντα τῇ ἰδίᾳ δυνάμει τὸν σύμπαντα χόσμον), Gott der Götter, Wohltäter, ..., du, der leitet Tag und Nacht, ..., der die Zügel hält und das Steuer führt...". Die αὐγή im Zusammenhang der Raumdimenisonen (970f.978f) bezieht sich somit auf die machtvolle Durchstrahlung des Kosmos (Dynamis!), entsprechend die Raumdimensionen auf letzteren. Es handelt sich also nicht nur um "a quasi-cosmic space of light", wie N.A.DAHL, Cosmic Dimensions S.66, meint.

Lampe verschoben, durch das sich jetzt die kosmische Schau ereignet.[64] Auch im Zauber sind die abstrakten Raumdimensionen also noch ohne jeden Zweifel auf die Erkenntnis des göttlich durchherrschten Kosmos bezogen und verraten noch den inspirativ-gnoseologischen Zugang zu dieser Schau.[65]
Doch zurück zur hell. Kosmosschau: Besondere Bedeutung erlangten die abstrakten Raumrichtungen bei der Beschreibung der Himmelskörper im Astralkomos, auf den sich die hellenistische Kosmosschau vorzugsweise richtete: Die räumlichen Relationen wurden regelmäßig durch ὕψος/ βάθος (altitudo/ humilitas) gekennzeichnet[66], bei Plutarch, De facie in orbe lunae 25 (mor 939A) werden alle 4 Raumrichtungen auf die Mondbewegungen angewendet: τὰ φαινόμενα τῆς κινήσεως ὕψη καὶ βάθη καὶ τὰς κατὰ πλάτος παραλλάξεις ἅμα ταῖς κατὰ μῆκος περιόδοις. Die antike Astronomie hat auch sonst die Planetenbewegungen κατὰ μῆκος, κατὰ πλάτος und κατὰ βάθος/ὕψος eingehend diskutiert.[67] Integrales Moment der hellenistischen Kosmosschau bzw. Himmelswanderung war es aber, mit den "Geistesaugen" gerade diese Bewegungen der Astralkörper nachzuvollziehen und so die Weite des Alls zu erfassen.[68] In seiner Darstellung eines epikureischen Arguments gegen den Rückschluß aus der noetischen Kosmosschau auf einen ordnenden Gott belegt schließlich Cicero die Verwendung von drei abstrakten Raumdimensionen zur Umschreibung kosmischer Weite: "Ihr [sc. die Stoiker] würdet ihre [sc. der Gottheit] Hilfe bestimmt nicht in Anspruch nehmen, wenn ihr die unermeßliche und nach allen Richtungen hin grenzenlose Weite des Weltraumes sehen könntet, in die sich der Menschengeist hineinversetzt, sich mit ihr beschäftigt und sie weit und breit durchwandert, ohne trotz allem eine äußerste Grenze

---

[64] Die gleiche kosmische Interpretation trifft auch für die Raumdimensionen in dem wesentlich kürzeren Offenbarungszauber PGM Vol.II, XII 153ff zu (vs.157: γενέσθω βά[θος], πλά[τος], μῆ[κος], αὐγή): Auch hier werden die Praktiker an den kosmosdurchherrschten größten Gott (vs.153: ὄνομα μέγα, ebenso 154f), siehe wenig später vs.175: "...die Grenzen des Kosmos mit seinem Strahl erleuchtender (...περατοχοσμολαμπροβελο...) ... Daimon, ... Strahlen schaffender...", 176f wird er als Helios identifiziert.

[65] Die eindeutig kosmisch-räumliche Auffassung der Dimensionen in dieser Zauberliteratur verkennt C.E.ARNOLD, Ephesians: Power and Magic (1989), S.89-96, indem er ihr eine dynamistische Interpretation entgegenhält, nach der sie metonym "as an expression of supernatural power" (91) zu verstehen seien. Freilich beruht das Durchstrahlen (διαυγάζειν) des gesamten Kosmos auf der "Dynamis" dieses Gottes (IV 991f), aber die abstrakten Dimensionen evozieren eben den kosmischen Raum, der so durchherrscht wird. Anders als ARNOLD dürfen wir E 3,18 nicht direkt mit dieser zauberischen Anwendung der Dimensionen analogisieren, da hier ein Lampenfeuer, dort aber Menschen zu kosmischer Erfahrung inspiriert werden.

[66] Cf. die bei J.DUPONT, Gnosis S.479 A 4 genannten Belege aus Vettius Valens (CCAG V,2, p.34) und aus den plac.philos. des Aetios (II 15,2; II 10,1). Außerdem Cicero, Tusc. V 64 und cf. Rö 8,38f. (S. W.GUNDEL, RAC I Sp.826).

[67] W.GUNDEL/ H.GUNDEL, Art Planeten bei Griechen und Römern, RE XX Sp.2017-2185, hier Sp. 2080-2087.

[68] Cicero, Tusc V 64; Seneca, nat.quaest. praef.7ff.(7.13); ad Helv. VIII 6; Manilius, Astronomica II 117ff.; Philo, spec I 37.207; II 44-45; III 1f.; praempoen 121; op 70f.; migr 184ff. "Weshalb, ihr wunderlichen Männer (sc. die chaldäischen = stoischen Kosmosphilosophen), die ihr so plötzlich von der Erde in solche Höhe erhoben seid, schwebet und wandelt ihr hoch über dem Luftraum im Äther einher, um die Bewegungen der Sonne und die Umläufe des Mondes und die harmonischen, gefeierten Wege der übrigen Gestirne noch genauer kennen zu lernen?" cf. som I 53f.. Siehe auch o. AA 58.60.

zu sehen, so er haltmachen könnte. In dieser an *Breite*, *Länge* und *Höhe* grenzenlosen Immensität schwirrt eine unendliche Menge unzähliger Atome umher...".[69]

Aus der Tradition der durch noetische Kosmosschau vermittelten Gotteserkenntnis der Philosophen kommt auch der Begriff καταλαβέσθαι (cf. E 3,18), den aus dieser Tradition schon Philo aufnahm.[70] Bei Philo steht das Erfassen des immensen (Astral-) Kosmos im noetischen Aufstieg auf der Stufe der "niederen Mysterienweihen", der kosmologischen Gotteserkenntnis, der es auf das Beherrschtsein des Kosmos durch Gott bzw. seinen Logos ankommt (s.o. und Abr 71.78.84). Philo gibt zwar im Zusammenhang der noetischen Kosmosschau gelegentlich Hinweise auf die weiten Dimensionen des Universums.[71] Doch seine Polemik gegen die kosmologische Gotteserkenntnis der hellenistischen Kosmosphilosophie in Abr 84 verrät, daß er es wegen seines transzendenten Gottesbegriffs absichtlich vermeidet, die Größe des Alls zu sehr zu feiern, da damit in der hellenistischen Motivik die Vorstellung der Göttlichkeit bzw. letzten Ursächlichkeit des Kosmos verbunden war.[72]

---

[69] Cic., nat.deor. I 54: Cuius operam profecto non desideraretis, si *inmensam et interminatam in omnis partis magnitudinem regionum* videretis, in quam se iniciens animus et intendens ita *late longeque peregrinatur*, ut nullam tamen oram ultimi videat, in qua possit insistere. In hac igitur *inmensitate latitudinum, longitudinum, altitudinum* infinita vis innumerabilium volitat atomorum... Es ist schon eigenartig, daß die gleiche noetische Erfahrung des immensen Kosmos im stoischen Einflußbereich im exakt gegenteiligen Sinne eines kosmologischen Erweises des Allgotts verwendet wird (siehe zu Seneca, nat.quaest. praef. unten A 59; Seneca, ad Helv. VIII 3ff; Corp.Herm. XI 20 siehe oben A 60; Cic., nat.deor.II 153).

[70] Im einzelnen siehe J.DUPONT, Gnosis S.501ff.

[71] Etwa all III 99, wo er die Kosmosschau mit dem Eintritt "in ein sehr großes Haus oder einen (sehr großen) Staat" vergleicht (ὥσπερ εἰς μεγίστην οἰκίαν ἢ πόλιν); nach her 227fin ist der Himmel als Inbegriff des Astralkosmos "von unendlicher Größe" (ἀπειρομεγέθης). plant 7: Der Kosmos als τὸ μέγιστον σωμάτων; op 36: Die Ausdehnung in die drei Raumrichtungen bestimmt den Himmelskosmos als "Feste". Cf. spec III 188 (ἡλίου κινήσεις τὰς κατὰ πλάτος). Zudem übernimmt Philo regelmäßig das Motiv vom Mitvollzug der astralen Himmelsbahnen durch die "Geistesaugen", das in der hellenistischen Kosmosschau mit den abstrakten Raumdimensionen und mit dem Erlebnis kosmischer Weite verbunden war (s.o. A 68).

[72] Abr 84: "Für den Himmelskundigen scheint nun etwas Größeres (μεῖζον) als der Kosmos überhaupt nicht zu bestehen, dem er deshalb auch die Ursachen alles Gewordenen zuschreibt. Der Weise aber, der mit seinen schärferen Augen sieht, daß es noch ein vollkommeneres, rein geistiges, herrschendes und führendes Wesen gibt, von dem alles andere beherrscht und geleitet wird, tadelt sich selbst heftig wegen seines früheren Lebens, weil er wie ein Blinder durchs Leben gewandelt, gestützt auf die sinnlich wahrnehmbaren Dinge, die doch ihrer Natur nach unsicher und schwankend sind" (cf. mut 16-17; her 97-99; virt 212ff.). Das relative Recht dieser Polemik gegen die hellenistischen Himmelskundigen (= gegen die stoische Kosmosschau) belegt exemplarisch Seneca, nach dem nichts größeres als diese Welt (Helv.Cons. VIII 4: nihil maius) besteht, besonders aber nat.quaest. praef. 7ff., hier 13: Nach einer eindringlichen, nochmaligen Vergegenwärtigung der riesigen Dimensionen im Astralkosmos (s.o. S.36 A 58) schreibt Seneca: "Hier (sc. bei dieser Erfahrung kosmischer Größe) lernt der Geist was er so lange gesucht hat: Hier beginnt er Gott kennenzulernen. Was ist Gott? Das mentale Prinzip des Kosmos. Was ist Gott? Alles was du siehst und alles was du nicht siehst. Kurz: Allein dann wird man seiner Größe, für die keine Steigerung denkbar ist, gerecht, wenn er allein das All ist, wenn er sein Werk sowohl

Gleichwohl können wir annehmen, daß im hellenistisch-jüdischen Umfeld Philos bei der Rezeption der hellenistischen Schau des (Astral-) Kosmos auch das Motiv der *immensen Weite des Alls*, formuliert durch die abstrakten Raumdimensionen, als Chiffre für den durch den transzendenten Gott bzw. seinen Logos durchherrschten weiten Kosmos gebräuchlich war; Philo gab ja Andeutungen dafür[73] und Corp.Herm. X 25; XI 20 belegen eine den jüdischen Allegoristen verwandte religiöse Rezeption der hellenistischen Kosmosschau unter Einschluß zwei abstrakter Raumdimensionen.[74]

Bezeichnenderweise gesteht Philo dem astralen Himmelskosmos in her 227fin zwar "unendliche Größe" zu, bezweifelt aber wenig später im Rahmen einer Polemik gegen das Ausmessen-Können des Himmels "mit den zu unserer Erkenntnis gelangten Maßen", ob dieser auf Grund seiner Kugelgestalt überhaupt "Anteil an Länge und Breite" habe (§ 229). Diese Polemik nimmt Bezug auf das Motiv des 'Messens', das mehrfach in hellenistischen Texten zur noetischen Himmelswanderung formuliert wird (z.B. Corp.Herm. X 25; Ascl. VI; Sen. praef 17; Philo, som I 53f.). Kaum zufällig erscheinen in diesem Zusammenhang nun auch bei Philo die abstrakten Raumdimensionen μῆκους καὶ πλάτους: Die "unendliche Größe" des noetisch durchwanderten Kosmos wurde gewöhnlich mit Hilfe solcher Raumdimensionen formuliert.[75]

Von diesen hellenistischen Belegen her ist auch deutlich, daß die Zusammenordnung von noetisch-inspiratorischem "Erfüllt-Werden" und Erfassen des weiten Kosmos in seinen Dimensionen (E 3,18-19; Corp.Herm. X 23-25; cf. Ascl. VI) von dem hellenistischen Gedanken lebt, daß der Mensch in seinem νοῦς bzw. λογιστικόν den göttlichen νοῦς bzw. λόγος aufnimmt, der das All durchdringt und zusammenhält: So kommt er in die Lage, den vom Gottes-Logos (-νοῦς) durchdrungenen und beherrschten Kosmos noetisch mitzudurchdringen (Corp.Herm. XI 20).[76] In die Funktion dieses Logos, der schon im hell. Judentum die Glaubenden soteriologisch "erfüllt" und zur Er-

---

von innen wie von außen erhält." Der Zusammenhang macht klar: Das immens dimensionierte All wird in der noetischen Kosmosschau zur Erfahrung seiner Göttlichkeit. Diese Kosmosschau bedeutet also, wie Seneca im letzten Satz der praefatio sagt, Gott zu ermessen (praef.17 mensus deum). Auch sonst war solche Kosmoserkenntnis zugleich Gotteserkenntnis (Sen. ep.65,18f. cf.23f.; Cicero, nat.deor. II 153; cf. DUPONT, Gnosis S.484; WLOSOK, Laktanz S.38f.). Gegen diese Immanenz der Gottheit nach der stoischen Kosmosphilosophie mußte Philo protestieren.

[73] S.o. A 71.

[74] Beziehungen zwischen den Hermetica und dem hell. Judentum behandelt C.H.DODD, The Bible and the Greeks, London 1964[3].

[75] Bezeichnend dafür ist auch die Formulierung spec III 188: ἡλίου κινήσεις τὰς κατὰ πλάτος...

[76] Cf. die ganz ähnliche Motivik bei Manilius, Astronomica II 117ff: Wer könnte, so fragt der Autor, in seinem engen Verstand die immense Weite des Astralkosmos und seiner Phänomene aufnehmen, "wenn nicht die [göttliche] Natur unserem Geist heilige Augen verliehen hätte/ und zu sich selbst hin *den verwandten Geist* (cognatamque mentem) ausgerichtet hätte,/ *wenn nicht vom Himmel herabgekommen wäre*/ was uns in den Himmel hinaufruft zur heiligen Gemeinschaft mit dem All* (caeloque veniret/ quod vocat in caelum sacra ad commercia rerum)?"

kenntnis des vom Logos durchherrschten Alls führt, ist im Epheserbrief, wie
wir sehen werden, Christus eingetreten: Jetzt wohnt Christus, der das All
herrscherlich durchdringt (E 1,23; 4,10), inspiratorisch in den Glaubenden (E
3,16-17) und ermöglicht so das noetische Erfassen des von ihm durchdrungenen und beherrschten Kosmos in seinen Dimensionen (3,18-19). Wir werden
darauf zurückkommen.

Wir haben nun ein aus dem Kreis der Kosmosschau übernommenes, weitgehend im
hellenistischen Judentum (Philo) als Vermittlerinstanz belegbares Motivfeld erarbeitet,
das bei Philo mit der ersten, kosmologischen Erkenntnisstufe seiner nur literarisch existierenden Heilsmysterien verbunden ist. Hier geht es um die Vorherrschaft des von
Gott zum Souverän eingesetzten Logos über den Kosmos und die gemeinten Konzepte
betreffen (a) die κεφαλή-Position des Logos über dem All, (b) die Erfahrung der
(astral-) kosmischen Ordnung als Manifestation der bunten Weisheit Gottes (was sachlich auf die unter (a) formulierte göttliche Vorherrschaft hinausläuft) und (c) das noetische Erfassen (καταλαβέσθαι) der abstrakten Raumdimensionen als Chiffre für den in
seiner Struktur erfaßten immensen (Astral-) Kosmos. Wir begegnen allen drei Elementen dieser kosmologischen Mysterienstufe in Schlüsseltexten aus E 1-3 wieder.

B. Das μυστήριον *im E*

C.RIEDWEG hat sicher darin Recht, daß Philo "Mysterientermini in erster Linie als
rhetorisch-stilistisches Mittel [braucht], um an Feierlichkeit und 'Tiefe' im sprachlichen
Ausdruck zu gewinnen."[77] Vor allem auf zwei Feldern wendet er die Mysterien-Sprache
an: Einmal, wie schon gesehen, aus platonischer Tradition (Phaidros) zur Charakterisierung des noetischen Aufstiegs in seinen zwei Hauptstufen (1. Kosmos und Logos/ 2.
transzendenter Gott).[78] Zum anderen chiffriert Mysterienterminologie die allegorische
Bibelauslegung, bei der kraft pneumatischer Inspiration des Auslegers ein tieferer Sinn

---

[77] C.RIEDWEG, Mysterienterminologie bei Platon, Philon und Klemens von Alexandrien
(1987) S.115. Die Thesen von J.PASCHER und E.R.GOODENOUGH, nach denen die Werke
Philos den Hieros Logos eines realen jüdischen Mysteriums bzw. die mystische
Organisationsform der hell.-jüd. Gemeinde Philos verraten, sind heute widerlegt (zur Diskussion
s. RIEDWEG S.92-96 und schon A.D.NOCK, The Question of Jewish Mysteries, in:
Z.STEWARD (ed.), Essays Vol.I, S.459-68); auf Grund Philos harscher Ablehnung paganer
Mysterienpraktiken in seiner Umwelt (spec I 319f.) "his use of the terminology can hardly be due
to a fascinated desire to emulate them" (M.N.A. BOCKMUEHL; Revelation and Mystery in
Ancient Judaism and Pauline Christianity (1990) S.79).

[78] all III 98-103; Abr 122; cf. sacr 62. Cf. noch all III 71: "Wenn nämlich der νοῦς in die Höhe
strebt (μετεωροπολῆ cf. Phaidr.246B-C) und in die Mysterien des Herrn eingeweiht wird, dann
beurteilt er den Körper als böse und feindselig..."; praem poen 121 (vom gereinigten νοῦς): "ihn,
der Myste der göttlichen Weihen geworden ist und an den Reigentänzen und Umläufen der
Himmelskörper teilnimmt..."

entdeckt wird.[79] Dieser Vorgang inspirierter Auslegung ist aber letztlich nur eine Variante des (inspirierten) noetischen Aufstiegs, da es auch dabei um ein noetisches Übersteigen des Literalsinnes (der an die quasi-materiellen Elemente der Verben und Substantive gebunden ist) in Richtung auf die urbildlichen Ideen, auf den noetischen Orthos Logos als Urbild der schattenhaften Tora, geht.[80] Die Mysterienterminologie betrifft .also bei Philo ein letztlich einheitliches Konzept noetischen Aufstiegs[81], auch wenn traditionsgeschichtlich jeweils verschiedene Einflüsse mitwirkten: Im Hintergrund der Mysterienweihe als Metapher der Allegorese steht die profane Allegoristik, wo etwa beim Homerausleger Heraklit die Allegorese metaphorisch als Mysterienvollzug, ihre Vermittlung als ἱεροφαντεῖν charakterisiert wurde - aus dieser Sprachtradition schöpft auch die jüdische Allegoristik.[82]

Nun hat RIEDWEG ganz zutreffend beobachtet, daß ebenso wie τελετή und ἱερὰ μυστήρια (z.B. cher 43.48) bei Philo eine den verborgenen Sinn der Schrift enthüllende allegorische Auslegung meinen, so bezeichnet in ganz ähnlicher Weise μυστήριον in E 5,31-32 die allegorische Auslegung von Gen 2,24.[83] Auch inhaltlich gibt es hier u.E. Beziehungen zur jüdischen Allegoristik: Da sich zeigen wird, daß Christus im E in die

---

[79] Z.B. som I 164f.; cher 40-50; gig 57 u.ö. Dazu jetzt grundlegend C.RIEDWEG, Mysterienterminologie S.70ff.; M.N.A. BOCKMUEHL; Revelation and Mystery S.76-81.

[80] Cf. migr 12; conf 190; Mos II 51-52; migr 46-52; gig 52 und siehe bes. E.R.GOODENOUGH, By Light, Light S. 72-94 (Ch.III: The Torah). Daß beides, allegorische Auslegung und noetischer Aufstieg, unter der Metapher der Mysterienweihe letztlich identisch ist, zeigt etwa gig 53-54, wo von Mose nicht nur der noetische Aufstieg zum "unsichtbaren Ort" (nach platonischer Schultradition: zur Ideenwelt) im Bild einer an ihm vollzogenen Mysterienweihe ausgesagt wird, sondern ihm gleichzeitig selbst die Funktion eines ἱεροφάντης ὀργίων καὶ διδάσκαλος θείων zugeschrieben wird, also: "In seinen Schriften reicht er diese höchste Einsicht weiter, wird also zum Hierophanten und Lehrer der "Orgia", womit... die allegorisch zu entschlüsselnde verborgene Wahrheit der Schrift bezeichnet ist" (RIEDWEG, Mysterienterminologie S.105). Cf. etwa auch spec III 1-6: Die Philo verbliebene Gottesgabe zum noetischen Aufstieg (seiner Seelenaugen) begründet seine Fähigkeit, sich "in jede einzelne (sc. der heiligen Verkündigungen des Mose) zu versenken und das, was den meisten unbekannt ist, zu enthüllen und ans Tageslicht zu bringen" (6).

[81] S. die vorige Anm.. Diese letzte konzeptionelle Einheitlichkeit der Mysterienmetaphorik bei Philo arbeitet C.RIEDWEG, Mysterienterminologie S.70ff., nicht heraus, ebensowenig M.N.A.BOCKMUEHL, Revelation and Mystery S.76-81, nach dem die Mysterienmetaphorik ausschließlich Allegorese zu chiffrieren scheint. Nach wie vor unübertroffen stellt E.R.GOODENOUGH, By Light, Light pass. und bes. S.235-64 die komplexe und zugleich einheitliche Mysterienkonzeption bei Philo dar, wenngleich er deren rein literarisch-metaphorischen Charakter verkennt. Einerseits beinhaltet "the inner secret of the Mystery" das Wesen der Gottheit und "the relation of the material world to Deity", andererseits "the Mystery was also a great revelation to man of his own nature, of his need of salvation, and of the Royal Road by which men could rise above matter into the immaterial realm" (S.244). Treffend ist seine abschließende Charakterisierung dieser Mysterienkonzeption: "it was a Hellenism, presented in Jewish symbols and allegories, to be sure, but still a Hellenistic dream of the solution of the problem of life by ascent higher and ever higher in the Streaming Light-Life of God" (S.264).

[82] Quaest. Hom. 6,6; 64,4; 76,1 (ὁ μέγας οὐρανοῦ καὶ θεῶν ἱεροφάντης Ὅμηρος). In der hellenistischen Zeit waren Mythenallegoresen bereits in den Mysterien gepflegt worden (Diod.Sic. III 62,8; Demetr.eloc. 101). Zum Ganzen erhellend C.RIEDWEG, Mysterienterminologie S.90f.

[83] C.RIEDWEG, Mysterienterminologie S.89.

B. Epheserbrief 43

Funktionen des mythischen Logos bei Philo eingetreten ist, andererseits die Kirche die Kollektivgestalt der durch pneumatische Logosinspiration bzw. noetischen Aufstieg erlösten Weisen (cf. E 5,15) darstellt, sind bei dem allegorisch als "großes Mysterium" aus Gen 2,24 erschlossenen Hieros Gamos zwischen Christus (Logos) und Ekklesia (Kollektiv der gnoseologisch Erlösten) jene Aussagen Philos zu vergleichen, die die Beziehung zwischen Logos und Seele als Ehe charakterisieren, wobei auch mehrfach ausgesprochen wird, daß diese Beziehung die Reinigung von Sünden und Heiligung der Seele sowie deren Ernährung/ Versorgung durch den Logos voraussetzt (cf. E 5,26f.29f.).[84] Der Logos fungiert dabei gegenüber der Seele als Soter (cf. E 5,22).[85] Zudem wird auch diese Ehe-Beziehung allegorisch, nach Philos Terminologie also: mysterienhaft, aus atl. Schriftstellen entnommen.[86]

Um die engen Beziehungen zwischen der kosmologischen Mysterienstufe (betrifft die Erkenntnis von Kosmos und Logos) der jüdischen Allegoristen und dem Mysterienkonzept des E sehen zu können, versuchen wir zunächst, die Argumentationsstruktur von E 1-3 grob zu skizzieren. Nach der Briefeingangseulogie (1,3-14), die erstmals von einer Mysterienoffenbarung (1,8-10) an eine Wir-Gruppe um den fiktiven Verfasser Paulus (1,3-12) spricht, folgt nach dem Dank (1,15f.) in 1,16-19 die Fürbitte: Erbeten wird die Erkenntnis Gottes (ἐπίγνωσις v.17fin), näher präzisiert als Wissen der Adressaten um ihr gegenwärtiges himmlisches Heil, das in drei τις/τι-Sätzen umschrieben wird.

Der Gegenwartscharakter des durch die drei τίς/τί-Sätze umschriebenen himmlischen Heils ergibt sich für den dritten Satz v.19, der auf die übermäßig an den Glaubenden ausgewirkte Dynamis Gottes abhebt, aus der folgenden "Anwendung" dieser Kraftwirkung auf die Erhöhung Christi (ἐνέργειαν (v.19) - ἐνήργησεν (v.20ff)) und der sukzessiven "Anwendung" dieser christologischen Erhöhung auf die gegenwärtigen Glaubenden (1,20 ἐκ νεκρῶν - ἐγείρας - καθίσας ἐν τοῖς ἐπουρανίοις par. 2,5-6 ὄντας ἡμᾶς νεκροὺς -

---

[84] Gott selbst kann als Gatte der Seele erscheinen, der sie von sündhaften Befleckungen reinigt und durch seine Kräfte (deren Inbegriff freilich der Logos ist) heiligt: cher 50 (mysterienhafte Allegorese: cher 42ff.!) cf. cher 106 (som II 273); ansonsten kommt diese Funktion dem Logos bzw. seinen Derivaten, den Logoi, zu: som I 197-200 cf. 226 (Hochzeit zwischen Logoi, die die Seele reinigen, entleeren, nähren, zur Weisheit und Tugend führen, und den Seelen); der Logos als Gatte trägt Sorge für die Seele: spec II 30; fug 114f.: "Mit ihm (sc. dem Logos) wird auch 'eine Jungfrau aus dem heiligen Geschlecht vermählt' (= Lev. 21,13), eine ewig reine, unbefleckte und unzerstörbare Gesinnung ... weil er die liebt, die sich als dem einzigen Mann und Vater Gott dem Herrn, zu eigen gegeben hat. An diesem Charakter ist ein Höchstmaß an Vollkommenheit zu bemerken." Cf. noch etwa post 78; spec II 30; QEx II 3; all II 63; all III 150; det 149. Zu dieser Metaphorik siehe insgesamt R.A.HORSLEY, Spiritual Marriage With Sophia, Vigiliae Christianae 33 (1979) S.30-54.

[85] som I 86 (σωτηρία); von den obersten Kräften Gottes ("κύριος" und "θεός", die im Logos zusammengefaßt sind (cher 27; QEx II 68), siehe sobr 55: σωτὴρ καὶ εὐεργέτης.

[86] cher 42ff.; siehe die Allegorese von Lev 21,13 in fug 114f. (o. A 84). A.E.HARVEY sieht einen allgemeinen Zusammenhang zwischen der von ihm beobachteten häufigen Anwendung der Mysterienmetapher in Verbindung mit sexuellen Bildern in philosphischen/ religiösen Texten und der entsprechenden Verwendung in E 5,32 (ders., The Use of Mystery Language in the Bible, S.325f.).

συνήγειρεν - συνεκάθισεν ἐν ταῖς ἐπουρανίοις). Für die κληρονομία als Inhalt des zweiten τίς-Satzes (1,18b: τίς ὁ πλοῦτος τῆς δόξης τῆς κληρονομίας αὐτοῦ ἐν ταῖς ἁγίοις)
wird der Gegenwartscharakter erforderlich, weil die ehemaligen Heiden schon jetzt
συγκληρόνομα (3,6) sind, also die κληρονομίαν ἐν τῇ βασιλείᾳ τοῦ Χριστοῦ καὶ θεοῦ haben (E 5,5 cf. Kol 1,12f.). Da die Glaubenden 'in Christus' bereits auferweckt und im
himmlischen Bereich sind (E 2,5f.),liegt ihre Teilnahme an der himmlischen κληρονομία
notwendig auch in der Konsequenz traditioneller apokalyptischer Erwartung[87] und
wurde analog schon bei Philo auf das präsentisch-gnoseologische Heil bezogen.[88] Da
die drei τίς/τί-Sätze in E 1,18f. koordiniert sind, hebt folglich auch der erste τίς-Satz
mit der ἐλπὶς τῆς κλήσεως αὐτοῦ (v.18 cf. 4,4) auf die Gegenwart ab: Schon in Kol 1,5
bekommt die Hoffnung in Übereinstimmung mit apokalyptischem Denken den Sinn des
gegenwärtig im Himmel bereitliegenden Hoffnungsgutes (διὰ τὴν ἐλπίδα τὴν
ἀποκειμένην ὑμῖν ἐν τοῖς οὐρανοῖς)[89]; nach dem E sind die Glaubenden aber schon ganz
ausdrücklich an den himmlischen Heilsort versetzt (1,3; 2,6).[90]

In E 3,14-19 nimmt der Verfasser seine Erkenntnisfürbitte aus 1,16-19 erneut auf, wobei er den Wunsch um inspiriertes Erkennen durch drei sachlich
koordinierte Zielaussagen v.18f. (ἵνα ἐξισχύσητε καταλαβέσθαι par.
(explikativ) γνῶναι τε par. ἵνα πληρωθῆτε/ πλήρωμα)[91] abschließend formuliert. Beide Teile der Fürbitte rahmen die Darlegungen 1,20 - 3,13, die eben
dieses Heil, um dessen Erkenntnis gebeten wird, sowie dessen gnoseologische
Vermittlung durch "Paulus", unter verschiedenen Aspekten entfalten. Es fällt
aber auf, daß vor allem der dritte Aspekt des gegenwärtigen Heils aus der
Erkenntnisfürbitte, nämlich die Dynamis Gottes an den Glaubenden (v.19),
im folgenden entfaltet wird: Diese δύναμις/ἐνέργεια Gottes aus dem letzten
τι-Satz der Fürbitte v.19 wird in 1,20-23 zunächst in ihrer christologisch-kos-
mischen Anwendung vorgestellt (cf. die Wiederaufnahme von ἐνέργεια (v.19):
ἣν ἐνήργησεν ἐν τῷ Χριστῷ...(v.20)), bevor dann 2,1-10 zeigt, was diese Erhöhung Christi über die Kosmosmächte soteriologisch - qua Partizipation - *für
die Glaubenden* bedeutet (1,20 ἐκ νεκρῶν - ἐγείρας - καθίσας ἐν ταῖς
ἐπουρανίοις par. 2,5-6 ὄντας ἡμᾶς νεκροὺς - συνήγειρεν - συνεκάθισεν ἐν ταῖς

---

[87] Siehe z.B. Dan 12,13 Θ; syrApcBar 50,1 - 51,3; 4.Esr 7,88-99 (bes.96).

[88] Z.B. her 64: Erbe der unkörperlichen Dinge ist der von oben inspirierte νοῦς.

[89] Cf. etwa syrApcBar 59,10, wo der Visionär "den Mund der Gehenna und die Stelle der
Vergeltung, den Platz des Glaubens und der Hoffnung Gegend" erblickt; cf. auch die Aufzählung
in 4.Esr 8,51f. oder die Vorstellung von der Himmelsstadt (4.Esr 7,26; 8,52; 10,27.38ff.; 13,36;
syrApcBar 4,1-6; 32,2ff; 59,4; ApcEl 25,5f; aethHen 90,28f; ApcJoh 3,12; 21; cf. Gal 4,26; Phil
3,20; Hb 11,10; 12,22).

[90] Auch in 1.Pt 1,3-5 erscheinen die drei Begriffe ἐλπίς, κληρονομία und δύναμις in dieser
Reihenfolge, aber in einer traditionell-apokalyptischen, zukünftigen Orientierung.

[91] Eine traditionsgeschichtliche Bestätigung für die sachliche Koordination dieser Wendungen
ergibt sich daraus, daß Erkennen und Erkenntniseinstrom in der gnoseologischen Heilslehre
Philos, deren termini technici - wie gesehen - die beiden Fürbittenabschnitte beherrschen, nach
dem Paradigma mantischer Inspiration äquivalent auch als "Erfüllt-Werden" beschrieben werden
kann: S.u. S.55f A 116.

ἐπουρανίαις) und damit erst das Erkenntnisziel von 1,19 erfüllt (v. 19: die Kraft εἰς ἡμᾶς τοὺς πιστεύοντας). Durch diese sukzessive Explikation des Dynamis-Aspektes über die Stichwortverkettungen 1,19 - 1,20(ff) - 2,5-6 (i.Kontext) bis hin zur abschließenden Auswirkung dieser Dynamis in der Miterhöhung der Glaubenden erscheint dieser Kraftaspekt als die zentrale Qualität des Heils, die den Glaubenden vor allem zur Erkenntnis gebracht werden soll. 2,11-22 ist mit 2,1-10 durch das gemeinsame Einst-Jetzt-Schema verbunden und bringt eine vom Erhöhungsgeschehen verschiedene, auf die Überwindung der einstigen sozialen Distanz zwischen Juden und Heiden zugespitzte Darlegung des Heils der Heidenchristen. 3,1-13 schließlich stellt die Bedeutung des "Paulus" für die Briefempfänger als Vermittler der erlösenden Erkenntnis dieses Heilsmysteriums vor. Nach dieser Struktur haben wir zwischen beiden Teilen der Erkenntnisfürbitte, also in 1,20 - 2,22, nach einer inhaltlichen Entfaltung des Mysteriums zu suchen, denn in 3,3f. bezeichnet "Paulus" das zuvor Dargelegte ausdrücklich als einsichtsvolle Darlegung des Mysteriums. Betrachten wir zunächst 1,20-22a: Hier wird zwar eine Kraftwirkung Gottes (v.20: ἐνήργησεν) entfaltet, aber bezogen auf Christus und noch nicht auf die in 1,19 anvisierten Glaubenden: Von den Toten hat Gott Christus auferweckt und in die himmlische Herrschaftsposition zu seiner Rechten eingesetzt *über allen Mächten*. Diese Herrscherstellung (cf. ὑπέταξεν 1,22a) ist endgültig, denn sie bezieht sich auf jede dieser Weltmächte (v.21: καὶ παντὸς ὀνόματος ὀνομαζομένου)[92] und sie gilt für alle Zeit (v.21: οὐ μόνον ἐν τῷ αἰῶνι τούτῳ ἀλλὰ καὶ ἐν τῷ μέλλοντι).[93]

---

[92] Die mystischen Traditionen des Judentums und paganerseits die Zauberpapyri zeigen, daß die Namen der mythischen Zwischenwesen deren Macht und Rang in der mythischen Welt manifestieren (siehe dazu Act 4,7 und T.G.ALLEN, God the Namer: A Note on Ephesians 1.21b, NTS 32 (1986) S.470-75). Im Rahmen der mythischen Namenshierarchie bedeutet Christi Überordnung über alle weiteren Namen (E 1,21) zugleich, wie A.F.SEGAL (ders., Two Powers in Heaven, S.212) und J.FOSSUM (Name S.292 A 114) vermuten, daß Christus den geheimen, erhabenen Namen Gottes erhalten hat, damit zugleich ein Stück göttlichen Wesens und göttlicher Macht. Dieses Motiv, das auch Hb 1,3f. und Phil 2,9-11 begegnet, bedeutet im jüdischen Traditionsbereich, wo wir es u.a. für den Engel Metathron im hebHen 3-4; 12; 48, für den Engel Michael in aethHen 69,13-25, für den Engel Yahoel in ApcAbr 10,9, der Sache nach für den Engel Jakob-Israel in der Oratio Joseph (= Orig., In Joh. II 31) und auch bei Philo für den Logos (siehe gleich) finden, daß dem so mit Gottesmacht ausgestatteten Engelwesen die *gesamtkosmische Souveränität* verliehen wurde (dazu im einzelnen FOSSUM, Name S.257-338). Offenbar konnten verschiedene jüdische Gruppen jeweils ihre identitätsstiftende Hauptfigur (etwa Adam, Henoch, Melchisedek, Jakob/Israel, Mose, Jesus) in dieser durch den erhabenen Namen gewährten himmlischen Herrschaftsposition entdecken: "a part of the tradition which identified the mediator with a human being seems to have been that the hero ascended to heaven and demonstrated his identity as God's plenipotentiary through heavenly enthronement" (FOSSUM, Name S.333). Für unsere traditionsgeschichtliche These ist bedeutend, daß auch nach Philo der Logos dadurch, daß der höchste, göttliche Name über ihm genannt wurde, der gesamtkosmische Souverän ist; siehe conf 146 und den Zusammenhang in QEx II 13: "...the divine name was called upon the an-

Mit eschatologischer Endgültigkeit wird hier eingelöst, was in 1.Kor 15,24-28 noch als Erwartung für das messianische Regiment des wiedergekommenen Christus ausstand: Die Entmachtung der Mächte (καταργεῖν 1.Kor 15,24.26 cf. 2,6). Die Beziehung auf diese frühchristlich-apokalyptische Erwartung kommt dadurch zum Ausdruck, daß in beiden Texten die Schriftstellen Ps 110,1 (ψ 109,1a in E 1,20; ψ 109,1b in 1.Kor 15,25) und Ps 8,7 (E 1,22/ 1.Kor 15,27) verwendet werden. Im übrigen war die Herrscherstellung Christi in der Form räumlich-kosmischer Suprematie (Über-Sein) gerade im kleinasiatischen Kontext, aus dem uns auch zahlreiche pagane ὕψιστος-(θεός)-Inschriften überliefert sind, wohl ausgezeichnet zu verstehen.[94]

Das letzte Psalmzitat (Ps 8,7) dient in E 1,22a zur Zusammenfassung dieses Vorgangs der Erhöhung Christi über die Mächte: καὶ πάντα ὑπέταξεν ὑπὸ τοὺς πόδας αὐτοῦ. Die Unterwerfung der Mächte bedeutet die Unterwerfung des Kosmos (v.22a: πάντα cf. τὰ πάντα in 1,10), da es sich um die kosmosbeherrschenden (Engel-) Mächte handelt (cf. E 6,12: οἱ κοσμοκράτορες). E 1,22b-23 deutet nun an, inwiefern die bisher im kosmischen Bezugsrahmen an Christus ausgewirkte Kraft zugleich als heilstiftende Kraftwirkung *an den Glaubenden* gelten kann (darauf zielte ja E 1,19). Zunächst 1,22b-23a: καὶ αὐτὸν ἔδωκεν κεφαλὴν ὑπὲρ πάντα τῇ ἐκκλησίᾳ, ἥτις ἐστὶν τὸ σῶμα αὐτοῦ - "und ihn gab er als Haupt-Über-Das-All der Kirche, die sein Leib ist". Diese verkürzende Formulierung weist auf eine *zweifache Hauptstellung Christi*: einerseits auf die despotische κεφαλή-Stellung über den Mächten, die zuvor in 1,20-22a ausgeführt worden war, andererseits aber, weil die Kirche als sein *Leib* eingeführt wird, auf die soteriologisch-euergetische Hauptstellung gegenüber der Kirche (4,15f.; 5,23) - das All erscheint ja im E und im Kol niemals als Leib Christi.[95]

---

gel. And this is the most sovereign and principal (being) which the heaven and earth and the whole world knows."

[93] Im Hinblick auf E 2,7, wo auf einmal pluralisch und in zeitlichem Sinn von den "kommenden Äonen" die Rede sein kann, dürfen wir für 1,21fin. nicht ein streng gefaßtes apokalyptisches Zwei-Äonen-Schema voraussetzen, zumal für den E mit dem πλήρωμα τῶν καιρῶν (1,10) und der βασιλεῖα (5,5) schon der eschatologische Äon angebrochen sein muß. Mit SCHNACKENBURG S.78 sehen wir daher in 1,21fin. "eine formelhafte Näherbestimmung ... für ... die unbegrenzt fortdauernde Herrschaft Christi."

[94] Siehe o.S. 8 mit A 21; zu den ὕψιστος-Belegen siehe auch A.T.KRAABEL, Judaism in Western Asia Minor, S.93ff.; P.R.TREBILCO, Jewish Communities, S.136-153; ders., Paul and Silas - 'Servants of the Most High God', S.51-58.

[95] Diese nach Bereichen und Herrschaftsmodi geschiedene doppelte Hauptstellung Christi hebt mit Recht auch CRABB, ΚΕΦΑΛΗ-Concept S.242 hervor: "Thus, we conclude, that the headship of Christ over the powers in Eph is relegated to his control of the old "offensive" cosmos. The powers are definitely subjected to Christ. But Christ is in union with the Church, and he transmits his *pleroma* to his body, the Church. Christ must have two definite but related Headships - head of powers in the old cosmos and head of the Church." Zu den - traditionsgeschichtlich zugrundeliegenden (s.u.) - zwei κεφαλή-σῶμα-Relationen im hellenistischen Judentum siehe auch o. A 26.48.

Wir weisen schon hier darauf hin, daß ganz analog auch der Logos nach Philo sowohl κεφαλή über den Kosmos (der im E durch die Mächte = κοσμοκράτορες repräsentiert wird) als auch κεφαλή in jenem oberen Soma noetischer Logoi, Ideen, usf. war, zu denen qua Inspiration der Geistesaugen auch die erlösten Weisen gehörten. Der unterschiedlichen Beziehung Christi zum Kosmos (despotisch) und zur himmlischen (2,6) Kirche (soteriologisch-euergetisch) entspricht tendenziell die unterschiedlich akzentuierte Beziehung des Logos zum wahrnehmbaren Kosmos und zur himmlisch-noetischen Welt der erlösten Weisen, wie ein Vergleich mit der philonischen Kräftelehre[96] zeigt: Philo kennt zwei oberste Kräfte Gottes, wobei er die eine (LXX-Bezeichnung: θεός) u.a. auch δύναμις ποιητική, ἀγαθότης, δύναμις εὐεργέτις (spec I 307; ähnlich plant 86) bzw. σωτήρ καὶ εὐεργέτης (sobr 55) nennt. Die andere (LXX-Titel: κύριος) bezeichnet er u.a. auch als δύναμις βασιλική, ἐξουσία (cher 27); ἀρχή (sacr 59); δύναμις καθ᾽ ἣν ἄρχει (plant 86) oder δεσπότης (sobr 55; cf. her 22f.).[97] Im Logos sind beide Kräfte zusammengefaßt und nehmen von dort ihren Ursprung[98]; sie werden aber den beiden Sphären der philonischen Weltstufung, dem sinnlich wahrnehmbaren Kosmos und der oberen noetischen Welt, unterschiedlich zugeordnet: "Gott wird nämlich bei der sinnlich wahrnehmbaren Welt durch die Begriffe κύριος und θεός als δεσπότης und εὐεργέτης bezeichnet, bei dem noetischen Guten dagegen nur als σωτήρ und εὐεργέτης, nicht mehr aber als δεσπότης oder κύριος, denn das Weise ist Gott mehr befreundet als untertan" (sobr 55).[99] Da der Logos beide Kraftaspekte in sich begreift (s.o.), verhält er sich zum materiellen Kosmos despotisch *und* wohltätig, zur noetischen Himmelswelt der Weisen dagegen nur noch wohltätig und soteriologisch (σωτήρ sobr 55; σωτηρία som I 86). Dieser letzte Beziehungstyp entspricht wieder deutlich der Relation Christi (κεφαλή) zur himmlischen Kirche (σῶμα) im E, denn nach 5,23 ist Christus als κεφαλή der Kirche ja ausdrücklich σωτήρ τοῦ σώματος und auch sonst ist diese Beziehung euergetisch.[100] Der despotischen Beziehung des Logos zum materiellen Kosmos entspricht auf der anderen Seite Christi despotische Hauptschaft über die feindlichen Kosmosmächte (1,20-22; 4,8.10), nur daß der E den euergetischen Aspekt, der bei Philo auch hier noch dabei war, wegen des diabolischen Charakters der unterworfenen Kosmosmächte gestrichen hat. Auch an diesen unterschiedlichen Beziehungstypen innerhalb der doppelten Hauptschaft Christi im E tritt u.E. das Erbe hell.-jüd. Logostheologie hervor.

Der Sinn dieser pointierten Verschränkung von kosmisch-despotischer und kirchlich-soteriologischer Hauptstellung Christi in E 1,22b-23a könnte darin liegen, daß die Kirche als Leib an der kosmosüberlegenen Position ihres

---

[96] Cf. den Exkurs bei B.L.MACK, Logos S.179-84.

[97] Nach B.L.MACKs plausibler These (ders., Logos S.183f.) erfolgte die entscheidende Anregung für Philos zwei Kräfte aus der hellenistischen Theologie des Isis-Osiris-Kreises, der ebenfalls zwei δυνάμεις - eine μάλιστα und eine σωτήριος - kennt (Plut., de Is. c.45). Cf. A.WLOSOK, Laktanz S.109-111.

[98] cher 27; QEx II 68; nach fug 101 ist der Logos der Lenker (ἡνίοχος) der Kräfte.

[99] Cf. QEx II 51: "For the Saviour (MARCUS: ὁ σωτήρ) is beneficent and kind (AUCHER: propitius est salvator et benefactor), and He wishes to except the rational race (MARCUS: τὸ λογικὸν γένος) from all living creatures."

[100] E 1,3bff.; 2,6f.; 2,18; 4,8.11.15-16; 5,2.23.25-27.29-32; 6,10ff..

Hauptes soteriologisch partizipiert, dh. mit Christus wären zugleich auch die Glaubenden schon über die ethische Unheilssphäre der Kosmos-Mächte erhoben. Dann wäre die despotische Hauptstellung Christi über den Kosmos und seine Mächte tatsächlich die Bedingung für das Heil der mit ihm verbundenen Menschen, sie ermöglicht also erst die ekklesiale κεφαλή-σῶμα-Relation. Daß dies auch so gedacht ist, zeigt uns gleich 2,1-10, allerdings weist schon die Interpretation von 1,22b-23 vor dem zugehörigen Hintergrund hellenistisch-jüdischer Kategorien in diese Richtung. In diesem Zusammenhang müssen wir allerdings die schwierige Aussage von 1,23b klären, nach der die Kirche als Christi Soma τὸ πλήρωμα τοῦ τὰ πάντα ἐν πᾶσιν πληρουμένου ist.

E 1,23b

Die Deutung aller Einzelelemente in 1,23b ist heftig umstritten; wir vergegenwärtigen uns die möglichen Alternativen durch den folgenden Katalog:

1.   τὸ πλήρωμα
1.1.   Hat der Begriff aktive Bedeutung (die Fülle als das, was erfüllt, also: das Erfüllende) oder passive (die Fülle als das, was erfüllt ist, also: das Erfüllte)?
1.2.   Ist der Begriff als nominativische Apposition zu τὸ σῶμα verstehbar oder als akkusativische Apposition zu αὐτόν (v.22), also in Abhängigkeit von ἔδωκεν?
2.   τοῦ πληρουμένου
2.1.   Ist πληρουμένου eine passive Form oder eine mediale? Falls letzteres zutrifft, handelt es sich dann um ein in der Koine mögliches Medium mit aktiver Bedeutung?
2.2.   Ist es ein maskulinisches Partizip, das auf Christus oder Gott bezogen sein könnte, oder ist es ein neutrisches Partizip, das auf die Kirche als σῶμα geht (DE LA POTTERIE)?
3.   Hat die Wendung τὰ πάντα ἐν πᾶσιν adverbialen Sinn (cf. παντάπασιν) oder bezeichnet sie das Objekt des Erfüllens? Wie ist ἐν πᾶσιν zu verstehen?
    Alle diese Möglichkeiten werden in der Literatur vertreten und unterschiedlich kombiniert; J.ERNST spricht mit Recht von einer "heillosen Verwirrung".[101] Eine erste Orientierung ergibt sich für uns aus der Tatsache, daß Pleroma-Aussagen insgesamt dreimal am Abschluß ekklesiologischer Entfaltungen stehen (E 1,23; 3,19; 4,13); daher hat der Begriff für das religiöse Referenzsystem unseres Briefes zentrale Bedeutung und muß an diesen Stellen semantisch einheitlich konzipiert sein.[102]

---

[101] Cf. die Forschungsüberblicke bei J.ERNST, Pleroma, S.108-118; R.YATES, Re-examination, S.148f.; DE LA POTTERIE, Le Christ, S.507-512.

[102] Siehe H.SCHLIER, Brief, S.97. Die Deuteropaulinen verwenden πλήρωμα sechsmal (Kol 1,19; 2,9; E 1,10.23; 3,19; 4,13), ebensooft erscheint der Begriff noch im ganzen übrigen NT. Während er in E 1,10 zeitlich bezogen ist (cf. Gal 4,4) und daher hier nicht berücksichtigt wird, finden wir ihn in den ekklesiologischen Kontexten E 1,23; 3,19; 4,13 jeweils in Abschlußstellung; er trägt daher einen besonderen Akzent.

(A) τὸ πλήρωμα

Es erscheint syntaktisch wenig plausibel, τὸ πλήρωμα (v.23) mit DE LA POTTERIE auf das 12 Worte entfernte αὐτόν (v.22) zurückzubeziehen und damit wie κεφαλήν (v.22b) wieder von ἔδωκεν abhängig sein zu lassen; die dabei vorausgesetzte appositionelle Beziehung zwischen artikellosem κεφαλήν und τὸ πλήρωμα wird außerdem durch den Artikel vor πλήρωμα zunichte gemacht.[103] Viel näher liegt die Apposition zu τὸ σῶμα αὐτοῦ, das unmittelbar vorausgeht, zumal auch τὸ πλήρωμα durch einen nachfolgenden Genitiv bestimmt wird. Auf eine solche ekklesiale Pleroma-Konzeption, wie sie hier via Apposition zu τὸ σῶμα αὐτοῦ gegeben ist, führt uns auch die in 3,18-19 und 4,13 deutlicher erkennbare Begriffssemantik.

Im zweiten Fürbittenabschnitt E 3,14-19 faßt der letzte ἵνα-Satz v.19b die vorausgehenden Fürbittenwünsche (v.16-19a) abschließend zusammen. Vor dem Hintergrund der hell.-jüdisch präfigurierten gnoseologischen Kategorien wird deutlich, daß diese Fürbittenwünsche in koordinierter Weise auf einer Ebene liegen: Noetische Inspiration konnte als pneunmatische Kraftmitteilung an den 'inneren Menschen' (E 3,16) und ebenso durch das Konzept der Wohnungsnahme des Logos (durch den Glauben) im noetischen Zentrum, also in der καρδία (E 3,17), formuliert werden.[104] Entsprechend bezeichnen auch die Begriffe καταλαβέσθαι (E 3,18) und γνῶναι (3,19a) dieses mit der noetischen Inspiration gewährte Erkenntnisvermögen.[105] Völlig äquivalent konnte etwa Philo diese inspirierte Erkenntnisausstattung aber auch als "Erfüllt-Werden" durch πλήρ-Begriffe formulieren[106], daher ergibt E 3,19b im Rahmen des gnoseologischen Referenzsystems eine passende Zusammenfassung des Vorausgehenden: ἵνα πληρωθῆτε εἰς πᾶν τὸ πλήρωμα τοῦ θεοῦ Da wir aus diesem Zusammenhang nun wissen, daß πληρωθῆναι hier durch pneumatischen Erkenntniseinstrom geschieht und da das dementsprechend passivisch-ingressive πληρωθῆτε auf das Ziel des πᾶν τὸ πλήρωμα hingeordnet ist, ergibt sich der Sinn: "zunehmend erfüllt werden bis zum Ziel des Von-Gott-Ganz-Ausgefüllt-Seins". Da die Qualifikation πᾶν im Zusammenhang mit der ingressiven Verbalform (zunehmend erfüllt werden) und der Zielan-

---

[103] DE LA POTTERIE sieht diese Schwierigkeit selbst (ders., Le Christ, S.518-20), unterschätzt sie aber und versucht, sie als stilistische Besonderheit des E zu erklären: Einzelne Elemente könnten sich auch über lange Parenthesen hinweg entsprechen. Doch das kann die durch den Artikel vor πλήρωμα unwahrscheinlich gewordene syntaktische Kongruenz mit κεφαλήν (v.22) kaum überspielen; vielmehr verlangt dieser Artikel die ohnehin naheliegende appositionelle Beziehung auf das unmittelbar vorausgehende τὸ σῶμα αὐτοῦ.

[104] S.o.S.20-23.

[105] Siehe zu καταλαβέσθαι o.S.23; zu γνῶναι etwa imm 143 (cf.182); all III 126; Q Ex II 67 und A.WLOSOK, Laktanz, S.79f. A 46.

[106] Wir bieten diese Belege zum noetischen Erfüllt-Werden durch Logos- bzw. Weisheitsinspiration (πληροῦσθαι/ πληροῦν/ πλήρης) unten S.55f A 116.

gabe εἰς auf ein Höchstmaß verweist, muß πᾶν τὸ πλήρωμα den Zustand bezeichnen, der bei den Glaubenden erreicht ist, wenn das Erfüllt-Werden zu seinem Höchstmaß gelangt: τὸ πλήρωμα ist folglich ein passivisch konzipierter ekklesialer Begriff und meint das Erfüllt-Sein des Kollektivs der Glaubenden durch pneumatische, erkenntnisstiftende Inspiration.

˙ Auch E 4,13 bestärkt diese Auffassung: Auch hier herrscht eine ingressive, auf das Erreichen eines Zieles orientierte Sicht vor (μέχρι καταντήσωμεν... εἰς... εἰς ... εἰς); im Falle der dritten Zielangabe, εἰς μέτρον ἡλικίας τοῦ πληρώματος τοῦ Χριστοῦ, wird dieses ingressive Moment durch die Qualifikation "*Vollmaß* des Pleromas Christi" ausdrücklich unterstrichen. μέτρον ἡλικίας hat also die gleiche Funktion wie πᾶν in 3,19b. Traditionsgeschichtlich ist evident, daß die erste Zielangabe in 4,13 (εἰς τὴν ἑνότητα τῆς πίστεως καὶ τῆς ἐπιγνώσεως τοῦ υἱοῦ τοῦ θεοῦ) ebenso wie die zweite (εἰς ἄνδρα τέλειον) gnoseologsichen Charakter hat[107]; das von E 3,19b her gesehen gnoseologische, auf die Gesamtheit der Glaubenden bezogene Pleroma-Konzept paßt also hervoragend an den Abschluß dieser Reihe. Ist das Vollmaß des Pleromas hier aber ekklesial und gnoseologisch konzipiert, so muß Pleroma notwendig wieder passivisch gedacht sein, also das Ausgefüllt-Sein des Kollektivs der Glaubenden meinen. Für E 1,23 folgt aus dieser in 3,19 und 4,13 belegten Begriffssemantik:

1) daß τὸ πλήρωμα als ekklesiales Konzept Apposition zu τὸ σῶμα sein muß;

2) daß der Begriff durch seine passivische Konzeption eine Abhängigkeit von Christus zum Ausdruck bringt, die der Abhängigkeit des Somas von Christus entspricht.

(B) τοῦ πληρουμένου

Die eben erwähnte Abhängigkeit formuliert für τὸ σῶμα der Relativsatz v.23a, in dem αὐτοῦ auf Christus als κεφαλή ὑπὲρ πάντα (v.22b) zurückweist: Die Kirche ist Soma dessen, der als herrscherliches Haupt über dem Kosmos steht. Wir sahen schon, daß diese Abhängigkeit zugleich Zuordnung zweier Hauptstellungen zu Christus ist: Das kirchliche Leib-Sein (soteriologisches Haupt-Leib-Verhältnis) hängt an der Bedingung der despotischen Hauptstellung Christi über dem Kosmos.

Für τὸ πλήρωμα (als Apposition zu τὸ σῶμα) bekommen wir eine ganz analoge Abhängigkeitsstruktur von einer Herrschaftsaussage, wenn wir τοῦ πληρουμένου mit der Mehrzahl der neueren Exegeten als Medium mit aktiver

---

[107] Für die erste Zielangabe siehe o.S.23 A 18; für die zweite siehe z.B. Philo, mut 270 (Abraham, der zunächst leer von Weisheit war, wird von Gott vollkommen gemacht [ἐτελείωσε, cf. später τέλειος], indem dieser ihn mit den unsterblichen Logoi erfüllte [ἐπλήρωσεν]). Hier wird sogar der Typ des τέλειος mit dem inspiratorischen Von-Gott-Erfüllt-Werden (πληρ-Begriff) verbunden, ebenso wie es in der Reihe E 4,13 durch die Koordination der zweiten und dritten Zielangabe geschieht.

Bedeutung auf Christus beziehen und τὰ πάντα ἐν πᾶσιν auf das All: "das Erfüllte dessen, der das All in allem (herrscherlich) erfüllt."

In diesem Fall - und das bestätigt unser Verständnis von 1,23b - ist die Partizipialwendung in 1,23b sinngleich mit 4,8a.10b (ἵνα πληρώσῃ τὰ πάντα), wo die herrscherliche
Erhöhung Christi über die Himmel der feindlichen Mächte (cf. 4,8a.10a ὑπεράνω...) in
4,10b durch ἵνα πληρώσῃ als herrscherliches Erfüllen aufgenommen wird. Dieser Zusammenhang trifft auch deshalb zu, weil die kriegerische Aussage über die Gefangennahme in 4,8a (= ψ 67,19), die in 4,10a mit dem Aufstieg Christi über (ὑπεράνω) alle
Himmel erklärt wird, ohne Zweifel das Thema der herrscherlichen Erhöhung Christi
über (ὑπεράνω) die feindlichen, himmlischen Engelmächte aus 1,20ff. aufnimmt.[108] Der
thematische Kontext in 1,(20-)23 und 4,(8-)10 ist also derselbe: Christi Einsetzung zur
Herrschaft über die Mächte des Alls; ebenso sind folglich die Partizipialwendung 1,23b
(τοῦ τὰ πάντα ἐν πᾶσιν πληρουμένου) und der Finalsatz 4,10b (ἵνα πληρώσῃ τὰ
πάντα) sinngleich.[109]
Insgesamt gesehen finden wir in E 1,22b-23 somit eine spiegelbildliche
Struktur, in der sich einerseits die peripheren Elemente (a) αὐτὸν ἔδωκεν
κεφαλὴν ὑπὲρ πάντα (v.22b) und (a') τοῦ τὰ πάντα ἐν πᾶσιν πληρουμένου
(v.23b) als kosmische Herrschaftsaussagen entsprechen, andererseits die
mittleren Elemente (b) ἐκκλησία = τὸ σῶμα (v.22b.23a) und (b') τὸ πλήρωμα
(v.23b) als Konzepte des soteriologischen Verhältnisses zwischen Christus
und Kirche. Zugleich weisen die parallelen Zuordnungen dieser spiegelbildlichen Struktur in 1,22b-23 (a-b; b'-a') darauf hin, daß das soteriologische Verhältnis zwischen Christus und Kirche (σῶμα/ πλήρωμα) an die Simultanbedin-
gung der Herrschaft Christi über den Kosmos geknüpft ist (κεφαλὴ ὑπὲρ
πάντα/ τὰ πάντα ἐν πᾶσιν πληρουμένου).

---

[108] Darauf weist auch die in der Demonstratio des Irenäus gebotene Tradition, die den in E 4,8
zitierten Text ψ 67,19 explizit auf die "empörerischen Engel" bezieht: "... er ist zur Höhe em-
porgestiegen, hat Gefangene fortgeführt; er nahm, verlieh Gaben den Menschen.' Unter Gefangenen meint er nun die Vernichtung der Herrschaft der empörerischen Engel" (Dem. 83).
D.C.SMITH, der auf diesen Text aufmerksamgemacht hat, meint "that Irenaeus was not depen-
dent on Ephesians for the quotation", weil ein anderer Zitat-Text vorliege und zudem auch ψ
67,18 noch zuvor zitiert werde (Ephesian Heresy S.95 A 35). Dafür spricht darüberhinaus auch,
daß Dem. 85 die Unterwerfung der Feinde (Engel, Erzengel, Mächte, Throne) erst von der Zukunft erwartet, während sie im E mit Christi Erhöhung ja schon endgültig unterworfen sind.

[109] Der mögliche Einwand, der E-Vf. hätte, falls er in 1,23b den Gedanken von 4,10b formulieren wollte, auch die dort gebrauchte aktive Verbform (πληροῦν) gewählt, wird durch die in
der Koine zu beobachtende Promiscue-Verwendung von aktiven und medialen Formen entkräftet: Mit gleicher aktivischer Aussageabsicht gebraucht z.B. Kol 1,6 die mediale Form von
καρποφορεῖν, Kol 1,10 hingegen die aktive. Cf. etwa auch den medial-reflexiven Sinn von
ἀπεκδύεσθαι (sich entkleiden) in Kol 3,9; hingegen aktivisch in Kol 2,15 (ἀπεκδυσάμενος
"entwaffnen"). Zum Ganzen BLASS-DEBRUNNER §316,1.2 (AA 2-3). LINCOLN, Paradise
S.230 A 59 verweist für das Medium πληροῦσθαι mit aktivem Sinn auf Xenophon, Hellenica VI
2,14 und Plutarch, Alcibiades 35,6.

Traditionsgeschichtlich finden wir in dieser Aussage die Logos-Theologie wieder: Der Logos war bei Philo in die Herrschaftsposition hoch über dem Kosmos eingesetzt (ὑπεράνω πάντος τοῦ κόσμου all III 175; fug 101 cf. E 1,21: ὑπεράνω πάσης ἀρχῆς κτλ.; 4,10: ὑπεράνω πάντων τῶν οὐρανῶν) und zur κεφαλή über das All bestimmt (QEx II 117 cf. E 1,22), und diese Herrscherstellung konnte auch als herrscherliches Erfüllen des Alls (πληρ-Begriffe, cf. E 1,23b; 4,10b) charakterisiert werden (s.o.S.32f mit A 48). Gleichzeitig gab es bei Philo auch ein davon unterschiedenes noetisches Erfüllen (πληρ-Begriffe) der Erlösten als Soma des Logos (cf. πλήρωμα E 1,23b; 3,19 u.ö.). Diese noetische Art des Erfüllens der Glaubenden durch den Logos entspricht dem soteriologischen Verhältnis des Logos zu den Erlösten[110]; auch auf dieses Verhältnis konnte, wie wir bald sehen werden, die κεφαλή-σῶμα-Metaphorik angewendet werden. Aus dieser hell.-jüd. Tradition kommend stehen beide unterschiedlichen Weisen des Erfüllens, die den beiden Typen der Hauptstellung Christi entsprechen, in E 1,23b nebeneinander.[111]

Unser Aufweis einer doppelten, nach Bereichen (Kosmos/ Kirche) und Herrschaftsmodi (despotisch/ euergetisch) verschiedenen Hauptstellung Christi als notwendige Bedingung des überkosmischen Heils im E widerspricht der These SCHLIERs (ThW III S.682) und SCHNACKENBURGs (EKK S.59), nach der die Kirche als Leib Christi das Medium sei, durch das "Christus ... das ihm unterworfene und unterstehende All in sich einbezieht oder sich unterworfen hält" (SCHLIER, Brief S.65) bzw. durch das er seine Allherrschaft "immer mehr realisieren will" (SCHNACKENBURG a.a.O. S.59). Ganz analog lautet die von SCHLIER (Brief S.99), GNILKA (HThK S.109) und HEGERMANN (Schöpfungsmittler S.152) hinsichtlich des Pleroma-Konzepts vertretene Meinung: Die Kirche als Pleroma sei nicht nur das (von Gott/ Christus) Erfüllte, sondern auch das - im Dienste und als Leib Christi - den Kosmos Erfüllende. Doch diese Exegese, nach der die Kirche als Keimzelle der Allbeherrschung und Allerfüllung Christi erscheint, ist u.E. nicht haltbar, da die Begriffssemantik Pleroma als ekklesiales, passivisches und (inspiratorisch-) gnoseologisches Konzept streng auf die Kirche beschränkt. Zudem setzt die zweifache Weise des Erfüllens in 1,23b, die, wie wir sehen, der zweifachen Hauptstellung Christi entspricht, eine strikte Trennung zwischen beiden modi des Erfüllens voraus. Überkosmisches Heil ist überhaupt nur möglich auf Grund der *bleibenden qualitativen Verschiedenheit der modi des Haupt-Seins bzw. Erfüllens*

---

[110] Wir behandeln diese noetisch-soteriologische Art des Erfüllens durch den Logos in einem unten folgenden Abschnitt.

[111] Gnoseologisch-inspiratorisch bei Glaubenden: τὸ πλήρωμα in 1,23b; πληρωθῆναι/ πλήρωμα in 3,19b; εἰς μέτρον ἡλικίας τοῦ πληρώματος τοῦ Χριστοῦ in 4,13 (da parallel zu den bei hellenistischen Juden gnoseologischen Heilsgewinn chiffrierenden Konzepten des ἀνὴρ τέλειος (vs. νήπιοι 4,14) und - noch offensichtlicher - der ἑνότης τῆς πίστεως καὶ τῆς ἐπιγνώσεως κτλ., dazu o. S.23 A 18); πληροῦσθαι in 5,18. Herrscherlich-dynamistisch im Kosmos: τοῦ... πληρουμένου in 1,23; ἵνα πληρώσῃ in 4,10. Hervorragend klar dazu schon J.GEWIESS, Begriffe (1950) S.137-41: "Erfüllt sind beide, die Kirche und das All; aber die Kirche ist erfüllt im Sinne der Anteilhabe an der Fülle Christi... Das All ist erfüllt, insofern es von der Kraft und Macht Christi erfaßt und ihm unterworfen ist" (S.139). Cf. auch SCHNACKENBURG S.81.

Christi: Die herrscherliche Art des Haupt-Seins bzw. Erfüllens bedeutet Christi Vorordnung über den Kosmos und seine bestimmenden Mächte; an ihr können die Glaubenden dann durch inspiratorisches Erfüllt-Werden, also durch den inspirierten noetischen Aufstieg ("Augen der καρδία"), als Soma Christi teilnehmen. Entsprechend war
auch bei Philo der Vorrang des Logos als herrschendes Haupt und - aus platonischer
Tradition - als ὑπερουράνιος τόπος (cf. etwa QEx II 40 u.ö.) über dem inferioren
wahrnehmbaren Kosmos die Bedingung für den soteriologischen Aufstieg des νοῦς aus
dem Einflußbereich des Kosmos und der Sarx in das noetische Soma des Logos im
Himmel (s.dazu gleich). Die Anakephalaiosis des Alls (E 1,10) strebt nicht die Ausweitung der Hauptstellung, die Christus jetzt über die Kirche als sein Soma hat, auf das
ganze All an, sondern ist bleibend mit jener *Doppelstruktur* verbunden, nach der Christus einerseits - in überkosmischer Haupt-Position - despotisch über das All und seine
Mächte herrscht, nach der andererseits die Menschen durch gnoseologische Inspiration
die Erlösung von den Einflüssen des Kosmos, die Teilnahme an der überkosmischen
Position Christi (soteriologische Haupt-Leib-Relation) erreicht haben. Wie im hell.-jüd.
Paradigma ist Heil nur als Überwindung und Unterwerfung des Kosmos denkbar, daher
bleibt die despotische Weise des Hauptseins bzw. Erfüllens, die sich auf den Kosmos
bezieht, die simultane Bedingung der noetisch-soteriologischen Weise, die sich auf das
Heil der Kirche bezieht.[112] Eine ganz andere Frage ist, ob der E *im Rahmen dieser bleibenden Doppelstruktur* nicht die *ganze Menschheit* dem gnoseologischen Heil zugeführt
wissen will, so daß der vollständigen Entmachtung des diabolischen Kräfte in τοῖς
ἐπουρανίοις (6,12), die mit der Erhöhung Christi schon geschehen ist, schließlich auch
die vollständige soteriologische Integration aller Menschen in das ekklesiale Soma folgen sollte: Dies ist als sukzessives Programm u.E. ein erkennbares Anliegen des Schreibens (cf. nur 3,6.8; 5,11-14; 6,15.19f.) und wir müssen jene "Durchführung des Endter-
mins: das im Himmel und das auf Erden unter ein Haupt zu fassen in Christus" (cf.
1,10)[113], sehr wahrscheinlich im Sinn dieser Doppelstruktur verstehen: Christus ist des-

---

[112] Deutlich ist das freilich auch schon für den Kol; siehe Kol 3,1ff: τὰ ἄνω ζητεῖτε ... τὰ ἄνω
φρονεῖτε, μὴ τὰ ἐπὶ τῆς γῆς ... νεκρώσατε οὖν τὰ μέλη τὰ ἐπὶ τῆς γῆς... Auch nach Philo,
Mos I 190 hat die Gesinnung derer, die schon von der Heiligkeit gekostet haben, "gelernt nach
oben zu blicken (ἄνω μεμάθηκε βλέπειν) und immer wieder (nach oben) zu gehen und in
dieser erhobenen Position (μετεωροπολοῦσα) immer auf die göttlichen Schönheiten zu durch-
forschen, während sie der irdischen Dinge spottet (χλεύην τίθεται τὰ ἐπίγεια)" - die Alternative ἄνω vs. τὰ ἐπίγεια entspricht hier genau Kol 3,2 (τὰ ἄνω vs. τὰ ἐπὶ τῆς γῆς). Cf. noch all
III 82. Auch nach praempoen 152 wird der "in die Höhe erhobene Proselyt" (ἄνω ... μετέωρος)
selig gepriesen, weil er "den festen Platz im Himmel erhalten hat" (τὴν ἐν οὐρανῷ τάξιν
βεβαίαν). Nach diesem Modell haben die durch Weisheitsinspiration erlösten σοφοί eben "die
himmlische Region (οὐράνιον χῶρον) des Olymp zum Wohnort erhalten", da sie "gelernt haben,
immer wieder nach oben zu streben" (som I 151: ἄνω φοιτᾶν ἀεὶ μεμαθηκότες). Ganz wie in
Kol 3,2 kann die noetische Realisierung dieses himmlischen, oberen Lebens durch
φρονεῖν/φρόνημα beschrieben werden: Die mit der Erkenntnis der unkörperlichen Wesen Be-
gnadeten (ebr 124-26) sind wie Aaron zu Priestern geworden (§ 127) und entsprechen so dem
durch Aaron allegorisch repräsentierten "Verstand, der hohe und erhabene Gedanken denkt"
(127 μετέωρα καὶ ὑψηλὰ φρονῶν λογισμός). Dies verdanken sie ihrer großen Tugend, die "das
Denken über den Himmel hinausgehoben hat" (128 ἣ τὸ φρόνημα ἐξαίρουσα πέραν οὐρανοῦ)
und keinen niederen Gedanken zuläßt." Heil setzt fundamental die noetische Erhöhung über den
inferioren Kosmos voraus.

[113] Zu dieser Wiedergabe von ἀνακεφαλαιώσασθαι siehe unten S.61 A 130.

potisches Haupt über die (im Himmel angesiedelten) Kosmosmächte geworden, er wird soteriologisches Haupt über die Menschen auf Erden.

Die enge Verbindung des ekklesialen Soma-Pleroma-Konzepts im Kol und E zur hellenistisch-jüdischen Theologie sehen wir am besten in dem für die Traditionsgeschichte besonders transparenten Text Kol 2,9-10 (cf.1,19), der das deuteropaulinische Leib-Christi-Konzept als Derivat gnoseologischer Logos-Theologie erkennen läßt.

Das deuteropaulinische Leib-Christi-Konzept als Derivat gnoseologischer Logos-Theologie

Wir betrachten zunächst drei Texte aus som I, die durch das Thema vom Logos als "Ort" (τόπος) aus Gen 28,11 (cf. Plato, Phaidr. 247b-c: ὁ ὑπερουράνιος τόπος) verbunden sind:

(A) som I 62: Philo nennt drei Verstehensmöglichkeiten für den Begriff τόπος in Gen 28,11; auf die hier relevante zweite Art ist "Ort" zu verstehen als der göttliche Logos, den Gott selbst ganz und gar ausgefüllt hat mit unkörperlichen Kräften (ὃν ἐκπεπλήρωκεν ὅλον δι' ὅλον ἀσωμάτοις δυνάμεσιν αὐτὸς ὁ θεός). Denn "sie sahen", heißt es, "den Ort, wo der Gott Israels stand" ... Diese Begründung zeigt, daß der durch die Kräfte erfüllte Logos-"Ort" als von Gott erfüllt gedacht ist.

(B) som I 75: Auch hier ist in 72ff. wieder vom "Ort" aus Gen 28,11 die Rede, der nach §62.66 mit dem Logos identisch ist. Nach §73ff. wird nun Gott allegorisch durch solares Licht symbolisiert, das nicht nur Vorbild jedes anderen Lichtes, sondern - da ontologisch älter und höher - Urbild ist. "Denn das Urbild ist der Logos, der von ihm (sc. Gott) gänzlich voll ist (ὁ πληρέστατος ἦν αὐτοῦ λόγος), in der Tat Licht - "Es sprach", heißt es nämlich, "Gott: es werde Licht!" -, er selbst aber ist keinem der Geschöpfe ähnlich." D.h.: Wegen der jeder Analogie entzogenen Transzendenz Gottes tritt die weltzugewandte Hypostase Gottes, der Logos, als von Gott gänzlich ausgefüllter "Ort", in die Urbild-Funktion ein.

(C) som I 127-28: Der Logos erscheint wieder in allegorischer Auslegung von Gen 28,11 als göttlicher Ort (τόπος) und heiliger Raum (χώρα), der voll von unkörperlichen Logoi ist (πλήρης ἀσωμάτων ἐστὶ λόγων). Diese Logoi sind unsterbliche Seelen (ψυχαὶ ἀθάνατα) und bilden ein geeintes σῶμα, als dessen κεφαλή wiederum der ἀνωτάτω λόγος fungiert.[114]

---

[114] som I 128: Um ihn - allegorisch gesprochen - neben seiner διάνοια aufzustellen, dh. um seinen Verstand ihm unterzuordnen, wählt Jakob τὸν ἀνωτάτω (sc. λόγον) καὶ ὡσανεὶ σώματος ἡνωμένου κεφαλὴν. - Bei seiner allegorischen Auslegung des τόπος aus Gen 28,11 auf den Logos weiß sich Philo laut som I 118 ausdrücklich mit anderen jüdischen Allegorikern einig (siehe auch D.M.HAY, Philo's References to Other Allegorists, Studia philonica 6 (1979/80) S.55). Da die hier dargelegte Logos-Allegorese des "Ortes" aus Gen 28 - nach der Entfaltung des Literalsinns einer neuen Stelle (§§ 120-26) - in § 127f. der Sache nach weitergeführt wird, liegt es nahe, daß auch das der lokalen Kategorie verwandte Verständnis des κόσμος νοητός als Leib (I 128) von jenen jüdischen Auslegern geteilt wurde, die Philo schon in I 118 benutzt hatte. Cf. auch o. S.19 A 1.

Alle drei Texte stellen den Logos als "Ort" vor, der mit jenen noetischen Elementen, die bei Philo austauschbar δυνάμεις, λόγοι, unsterbliche Seelen, Ideen heißen, angefüllt ist. Dabei zeigen die Texte (A) und (C) deutlich, daß dieses mit πληρ-Begriffen formulierte Erfüllt-Sein (A: ἐκπεπλήρωκεν, B: πληρέστατος, C: πλήρης) zugleich als Erfüllt-Sein durch Gott verstanden wird. Übereinstimmend ist etwa auch nach op 20.24f.36 der Logos der Ort, der die göttlichen δυνάμεις und ἰδέαι aufnimmt und so den noetischen Kosmos bildet. Der hier wichtige dritte Beleg (C) der obigen Reihe zeigt, daß dieser durch die noetischen Elemente (hier Logoi/ Seelen) ganz erfüllte Raum zugleich als aus diesen Elementen einheitlich gebildetes Soma vorstellbar war, dem das beherrschende Prinzip dieses "Ortes", der Logos, zugleich im Bild der κεφαλή vorgeordnet werden konnte. Da diese Elemente zugleich Wirkhypostasen des transzendenten Gottes sind und somit, wie wir sahen, der von ihnen ausgefüllte Logos-Raum als von Gott ausgefüllter Raum angesehen wurde, kann man die Aussage der Textreihe (A) bis (C) so paraphrasieren: Gott hat sich vermittels seiner Wirkhypostasen, der emanierten noetischen Elemente, im ("Ort" des) Logos niedergelassen bzw. er hat den Logos ausgefüllt, wobei diese noetischen Entitäten Gottes dort in der Weise eines geeinten Somas organisiert sind. Inspiration durch diese pneumatisch-noetischen Elemente des Logos kann dann, wie wir schon sahen, äquivalent auch durch das topologische Vorstellungsmodell formuliert werden, nach dem die Inspirierten selbst an den Logos-Ort gelangt sind, also in den Himmel und in den Rang von Bürgern im Staat der noetischen Welt gehoben wurden (gig 61), eingereiht unter diese Logoi (QGen III 11), Ideen (gig 61) und göttlichen Naturen (imm 151). Sie bekommen also Anteil am oberen Soma des Logos, weil sie ihrerseits vom Logos bzw. von seinen noetischen Elementen (= vom Weisheitspneuma) inspiratorisch "erfüllt" werden. Deutlich formuliert diese Äquivalenz zwischen der Versetzung in die Himmelsregion und der noetischen Inspiration ("Erfüllt-Werden") imm 151: "Das sind die großen Wagnisse einer olympischen und himmlischen Seele, die, nachdem sie den irdischen Raum verlassen hat, *hinaufgezogen wurde* und mit den göttlichen Wesen zusammen lebt: Denn da sie *erfüllt ist* (ἐμπιπλαμένη) von der Schau der echten und unvergänglichen Güter, hat sie sich freilich von den tagtäglichen und unechten losgelöst."[115] Diese noetische Erfüllung formuliert Philo oft auch mit πληρ-Begriffen: Nach mut 270 wurde Abraham, der zunächst leer von Weisheit war, von Gott vollkommen gemacht, indem dieser ihn mit den unsterblichen λόγοι erfüllte (ἐπλήρωσεν).[116]

---

[115] Cf. z.B. auch QGen IV 121, wo ebenfalls Weisheitsinspiration äquivalent in das Schema vom Himmelsaufstieg umgesetzt wird: "But all those who receive mighty power through wisdom and prudence are elevated to heavenly greatness and height." Siehe dazu auch o.S.24f.

[116] migr 35 ("Manchmal kam ich leer hinzu, doch plötzlich ward mein Geist voll (πλήρης), da die Gedanken von oben unsichtbar herniederströmten und ausgesät wurden..."); som II 74 (die mit den lautersten und reinsten Lehren ganz erfüllte (πλήρη) Seele); ebr 149 (die Seele, die von den Gnadengeschenken Gottes erfüllt wird (πεπλήρωται)); post 130.136.137.147; fug 194; negativ etwa all III 7 (σκότους πλήρης). Der Sprachgebrauch findet sich auch im Corpus Hermeticum I 30; IX 4; X 4.23. Bei Philo, ebr 146 ("Die Seele, die von der Charis erfüllt wird (πληρωθῇ), ist sofort frohgemut und lacht und beginnt zu tanzen. Sie ist nämlich in Verzückung (βεβάκχευται), so daß es vielen scheint, sie sei betrunken (μεθύειν), gerate außer sich und sei geistesgestört (παρακινεῖν καὶ ἐξεστάναι)"; s. auch migr 35) verraten die parallel neben πληροῦσθαι gebrauchten Begriffe die enge und ursprüngliche Verbindung der πληρ-Aussagen mit dionysischer Mantik. Entsprechend erklärt die Suda s.v. Βακχεύων· μαινόμενος. καὶ κατεβακχεύοντο,

Im Zusammenhang der genannten Philo-Texte (A) - (C) erhalten wir somit folgenden Vorstellungskomplex:

(I) Der Logos ist Gottes übervoll (πληρ-Begriffe), wobei Gott den Ort des Logos durch seine noetischen Emanationen einnimmt (Kräfte, Logoi, usf.), die dort in der Weise eines geeinten Somas organisiert sind.

(II) An diesem oberen Ort des Logos nehmen nun auch die noetisch erlösten Weisen teil, indem sie ihrerseits erfüllt worden sind durch die Inspiration mit jenen noetischen Elementen des Logos, die mit der pneumatischen Weisheit identisch sind.

Diese Vorstellungsreihe finden wir nun mit überraschender Deutlichkeit in Kol 2,9-10 (cf.1,19) wieder, wo die empfohlene Abwendung von der kolossischen Philosophie so begründet wird:

(v.9) "Denn in ihm (sc. in Christus) wohnt das ganze πλήρωμα der Gottheit (θεότητος) in der Weise eines Somas (σωματικῶς), (v.10) und ihr seid in ihm Erfüllte (ἐν αὐτῷ πεπληρωμένοι), der die κεφαλή jeder Herrschaft und Gewalt ist."

Das philonische Nebeneinander von (I) (Erfüllung des Logos-Christus durch Gott, d.h. durch die von Gott emanierten noetisch-dynamischen Kräfte/ Ideen/ Logoi, und Organisation dieser Elemente als Soma) und (II) (inspiratorisches "Erfüllt-Werden" der Glaubenden als Weise der Partizipation am himmlischen Soma) ist hier deutlich formuliert (Kol 2,9-10a).[117] Vor dem Hintergrund der philonischen Kategorien wird be-

---

τουτέστιν ἐνεθουσίων, ἐπιπνοίας τινὸς πληρωθέντες. Hesychius definiert s.v. μεθύσχομαι· πληροῦμαι; s.v. μεθύει· πεπλήρωται. Eindeutig ist auch der lateinische Sprachgebrauch, Hor.Od.2,19 (*plenoque* Bacchi pectore turbidum laetatur); Od.325 (quo me Bacche rapis tui *plenum?*); Lukan I 674ff. (Eine Bacchantin rennt von den Höhen herab "*plena* Lyaeo" (= Dionysos Lyaios)). Freilich war die mantische Verwendung der πληρ-Begriffe über den dionysischen Kreis hinaus verbreitet: Nach der Aretalogie des Imuthes-Asklepios veranlaßte der Gott den Übersetzer durch inspiratorische "Erfüllung" (πληρωθεὶς τῆς σῆς θε[ι]ότητος Z.164) einem Propheten gleich (προφητεύων Z.169) die Übersetzung abzuschließen (P Ox 11,1381; übersetzt bei A.D.NOCK, Conversion S.86ff.). Siehe auch Aischylos, Sept.c.Theb. 446 (πνεύμασιν πληρούμενοι); Seneca, Suas III 6 (plena deo); Acta Apost 5,3; 4,8.31; Act Phil 13; Past Herm mand.V 1,2; XII 1ff.; XI 9. Cf. die dionysische Antithese in E 5,18: καὶ μὴ μεθύσκεσθε οἴνῳ, ἐν ᾧ ἐστιν ἀσωτία,ἀλλὰ πληροῦσθε ἐν πνεύματι (dazu siehe C.L.ROGERS, The Dionysian Background of Ephesians 5:18, Bibliotheca sacra 136/543 (1979), 249-57); analog Act 2,4.13.

[117] Schon H.HEGERMANN, Schöpfungsmittler S.106-108 (nur zu Kol 1,19) und ihm folgend E.SCHWEIZER, EKK XII S.66f.(mit A 172).107 verstanden die Vorstellung vom Einwohnen des ganzen Pleromas Gottes in Christus (2,9 par. 1,19) vor dem Hintergrund der oben zitierten philonischen Aussagen über den von Gottes noetisch-dynamischen Emanationen "ausgefüllten" Logos: Nach HEGERMANN ist die "Analogie zu der Aussage unseres Hymnus (sc. Kol 1,19) ... vollständig. Gott nimmt Wohnung im Schöpfungsmittler ..., indem er seine Kräfte schickt und den Logos mit ihnen ganz erfüllt" (S.108). Daß die πληρ-Begriffe in den philonischen Belegen auf die Erfüllung des Logos bezogen sind, während πλήρωμα in Kol 1,19 par. 2,9 die "Fülle" der Gottheit meint, sieht nur oberflächlich nach einer unterschiedlichen Intention aus: Da auch in Kol 1,19/ 2,9 etwas über den Christus (Logos) ausgesagt werden soll, nicht über die Gottheit (in 1,19 wird sie auch gar nicht erwähnt), wird die "Fülle" der Gottheit also nur im Blick auf den damit ganz erfüllten Christus (Logos) erwähnt. Sachlich stehen also die πληρ-Begriffe bei Philo und in Kol 1,19/ 2,9 in der gleiche Aussageabsicht und hängen traditionsgeschichtlich zusammen. HEGERMANN und SCHWEIZER zogen den Text (C) = som I 127f. noch nicht zur Erklärung des in diesem Zusammenhang erhellenden Adverbs σωματικῶς in Kol 2,9 heran und erkannten noch nicht das für Philo typische Nebeneinander der oben im Text erwähnten Elemente (I) und (II).

sonders das bislang nicht befriedigend zu erklärende Adverb σωματικῶς in Kol 2,9[118] sofort verständlich: Die noetischen Emanationen Gottes wohnen am Ort des Logos in der Weise eines Somas. 2,10a zeigt darauf, wie die Glaubenden an diesem noetischen Soma Anteil bekommen: Indem sie ihrerseits noetisch-pneumatisch erfüllt werden[119], und zwar "in ihm", nämlich durch jene noetischen Elemente seines "Ortes'. Kol 2,9-10a bietet uns damit die letztlich hell.-jüdisch vorgebildete Theorie, die hinter dem deutero-paulinisch ausgeprägten Konzept des Leibes Christi, dem die Glaubenden pneumatisch zugehören, steht.

Von der Vorstellung des durch die pneumatischen Gotteskräfte ganz erfüllten Logos/Christus aus wird nun auch die in 2,10b angeschlossene kosmische κεφαλή-Aussage verstehbar: Die Fülle der δυνάμεις, durch die Gott ja auch den Kosmos durchherrscht und zusammenzwingt, begreift der Logos in sich - gerade dadurch wird er zum herrschenden Prinzip, zur κεφαλή im Kosmos.[120] Ganz analog lokalisiert Philo auch in praem 125, wo das κεφαλή-σῶμα-Schema politisch-sozial verwendet wird, in der κεφαλή alle den darunter stehenden Körper durchherrschenden und beseelenden Kräfte: Die Wohnungsnahme der Fülle der Gotteskräfte im Christus (Logos) gemäß Kol 2,9 hat nach diesem Schema also genau die κεφαλή-Position Christi über den Kosmos und seine Mächte zur Folge, die 2,10b erwähnt.

Von der in Kol 2,10a gefundenen gnoseologischen πληρ-Konzeption (cf. Kol 1,9) aus ergibt sich auch zweifelsfrei der Gehalt des πλήρωμα-Begriffs im E: Ihm liegt der Sinn von Kol 2,9-10a zugrunde, nach dem die Glaubenden durch gnoseologisch-pneumatische Inspiration, die die Zugehörigkeit zum oberen noetischen Soma des Christus (Logos) vermittelt, "erfüllt" sind. Nur verwendet der E, der auch sonst an Konzepten ekklesialer Einheit und Ganzheit interessiert ist, zur Formulierung der kollektiven In-

---

[118] SCHWEIZER (EKK XII) gibt σωματικῶς durch "wahrhaftig" wieder (cf. 2,7, wo "Schatten" und "Körper" (i.S. von höherer Wirklichkeit) gegenübergestellt sind - ein ebenfalls bei Philo praefigurierter Kontrast) und vermutet einen weiteren Grund für diese Wortwahl in der Betonung der leiblichen Gegenwart Gottes sowohl schon im Inkarnierten/Gekreuzigten wie auch im Erhöhten (S.107f.). Nun kommt aber für den Kol der Tod Jesu - was seine Heilsbedeutung für die Glaubenden angeht - gerade als Vernichtung der mit dem Kosmos verflochtenen, von der Sünde bedrohten fleischlichen Leiblichkeit in Betracht (2,1ff. cf. 1,22; 3,5(ff.)), die genau wie im gnoseologischen Konzept Philos negativ bewertet wird. An die Leiblichkeit des Inkarnierten kann also nicht gedacht sein. So ist nur noch die Bedeutung "wahrhaftig" (vs. bloßer Schein) erwägenswert. Diese Bedeutung ergäbe in dem durch die Alternative Weltelemente vs. Christus bestimmten Kontext (2,8) auf den ersten Blick auch einen guten Sinn als Antithese zur κενὴ ἀπάτη aus 2,8, setzte dann aber voraus, daß die Kosmos-Elemente nach der kolossischen "Philosophie" als Inbegriff der Fülle Gottes gegolten hätten. Dies wird jedoch durch die in 2,16ff. aufgeführten, auf die leibliche, den Elementen verhaftete Existenz der Anhänger dieser Philosophie bezogenen (2,20) restriktiven rituellen Regeln (bes. 2,21) u.E. ausgeschlossen (zudem handelt es sich mit "στοιχεῖα τοῦ κόσμου" u.E. nicht um ein Stichwort der Gegner, sondern um einen aus paulinischer Polemik (Gal) stammenden Begriff zur Kennzeichnung ritueller Observanz als Abhängigkeit von kosmisch-leiblichen Faktoren).

[119] Auf diese Bedeutung führt auch die einzige weitere in diesem Zusammenhang vergleichbare πληρ-Aussage des Kol in 1,9: Sie beschreibt ganz ausdrücklich noetisch-pneumatische Inspiration (ἵνα πληρωθῆτε τὴν ἐπίγνωσιν ... ἐν πάσῃ σοφίᾳ καὶ συνέσει πνευματικῇ). In Kol 1,25 (πληρῶσαι τὸν λόγον τοῦ θεοῦ) und 4,17 (πληροῦν τὴν διακονίαν) wird πληροῦν nicht anthropologisch bezogen.

[120] S.o. S.33 mit A 48.

spiration der Kirche den im Kol noch für die "Fülle" der noetischen Kräfte/ Ideen/ Logoi Gottes reservierten Pleroma-Begriff, den er dazu passivisch neukonzipierte (E 3,19) und auf die Kirche bezog: πλήρωμα als das durch die pneumatischen Kräfte am Ort des Christus (Logos) gänzlich erfüllte Kollektiv der Glaubenden, der Kirche (cf. E 3,18f.). Damit wird deutlich, daß σῶμα und πλήρωμα äquivalente, zusammengehörige Konzepte des gnoseologischen Heils sind und in E 1,23 (appositionell) parallel stehen. Durch gnoseologische Inspiration zum Pleroma erfüllt sein bedeutet im topologischen Modell die Teilhabe am himmlischen Soma des Christus (Logos), der herrscherlich das All erfüllt bzw., was damit gleichbedeutend ist, κεφαλή über den Kosmos und seine Mächte ist. Pleroma-/ Soma-Christi-Sein bedeutet also, durch noetisch-pneumatischen Aufstieg dem ethisch negativen Einfluß des Kosmos und seiner Mächte enthoben zu sein. Genau diesen Zusammenhang stellt der nachfolgende Abschnitt 2,1-10 nochmals ausführlicher dar.

E 2,1-10

Der soteriologische Einst/Jetzt-Kontrast in 2,1-10 hat seinen Dreh- und Angelpunkt in 2,5-6, wo die συν-Komposita die Verben aus 1,20 aufnehmen und so die heilvolle Partizipation der Glaubenden an der himmlischen Erhöhung Christi formulieren (1,20: ἐγείρας - καθίσας ... ἐν τοῖς ἐπουρανίοις par. 2,5f.: συνεζωοποίησεν τῷ Χριστῷ - συνήγειρεν - συνεκάθισεν ἐν τοῖς ἐπουρανίοις ἐν Χριστῷ Ἰησοῦ).[121] Dies wird mit dem früheren "Tot-Sein" der heidenchristlichen Adressaten kontrastiert. Da die Glaubenden so an Christi Erhöhung in den Himmel teilhaben, ist die Kraft Gottes, die in diesem christologischen Geschehen wirkte (1,20 ἐνήργησεν), zugleich auch die Kraft, die via Partizipation das Heil der Glaubenden bewirkte und um deren Erkenntnis 1,19 bat. Die soteriologische Darstellung in 2,1-10 ist also noch von der Erkenntnisfürbitte her zu verstehen. Um die Hauptaussage 2,4-7 sind nun symmetrisch die Kommentare 2,1-3 und 2,8-10 angeordnet, die einstiges Tot-Sein (2,1-3) und jetziges Lebendig-Sein (2,8-10) erläutern und damit gemeinsam angeben, auf welchen Aspekt hin der Einst-Jetzt-Kontrast in 2,1-10 verstanden werden soll: *Zwei unterschiedliche Typen numinos bedingter Ethik* werden hier kontrastiert, die einstige diabolisch inspirierte, an der Sarx orientierte (= "Totsein" 2,1-3) und die entgegengesetzte neue, "in Christus" inspirierte, die auf die Neuschöpfung der Glaubenden mit dem Ziel "guter Werke", die ihnen schon perfekt vorgegeben werden, hinausläuft (2,8-10). Nach der Analogie von E 6,11f., wo der διάβολος die ἀρχαί und ἐξουσίαι singularisch repräsentiert, haben wir auch den in 2,2 dreifach prädizierten negativen Geist als diabolisch-singularischen Inbegriff der in 1,21 genannten feindlichen Mächte aufzufas-

---

[121] Siehe Th.G.ALLEN, Exaltation and Solidarity with Christ. Ephesians 1.20 and 2.6, JSNT 28 (1986) S.103-20; SCHNAKKENBURG, EKK X S.86-88; GNILKA, HThK X/2 S.112; U.LUZ, Rechtfertigung S.369.

sen: Diese (bzw. ihr mythischer Hauptrepräsentant) üben also negativen Einfluß auf das Verhalten der Menschen aus, der sich in der Orientierung an der Sarx (2,3) zeigt. Indem die Christen mit und "in" Christus über den Einflußbereich der diabolischen Kosmos-Mächte hinausgelangen, treten sie aus einer diabolisch inspirierten Ethik in den Bereich einer "in Christus" pneumatisch inspirierten Ethik ("gute Werke") über. Heil wird als heilvolle Ethik gesehen, und der primäre Grund dafür, daß Christus der Kirche, seinem Leib, als despotisch über die Kosmosmächte gesetzte κεφαλή zugeordnet wurde (1,22b), liegt folglich darin, daß via Teilhabe an dieser himmlischen Überlegenheit die Kirche als Heilsraum einer neuen, vom pervertierenden Einfluß der Kosmosmächte freien Ethik ermöglicht wurde. Dies wollte der Abschnitt 1,20 - 2,10 vergegenwärtigen, um so auch schon den paränetisch-ethischen Briefteil cc. 4-6 vorzubereiten.

Wir können hier nur darauf hinweisen, daß E 2,8-10, wo die Charis als soteriologische Schöpfung konkretisiert wird (v.10: αὐτοῦ γὰρ ἐσμεν ποίημα, κτισθέντες κτλ.), vor dem Hintergrund hell.-jüd. Kategorien tatsächlich als Erläuterung zu συζωοποιεῖν (2,5) anzusehen ist, das via Parenthese ebenfalls als χάρις bestimmt wird. Denn *soteriologisches "Lebendigmachen"* wurde schon im hellenistischen Judentum vom Motiv der (Neu-) Schöpfung durch das Pneuma aus gedacht.[122] Eine wichtige Rolle spielte dabei Gen 2,7[123]: Im allegorischen Kommentar Philos all I 31f. bietet die Stelle das Paradigma für die soteriologische (Neu-) Schöpfung via Weisheitspneuma: Die erste Vershälfte von Gen 2,7 LXX, die Bildung (πλάσσειν) des Menschen aus Staub, wird allegorisch auf den νοῦς des γήινος ἄνθρωπος gedeutet, der als Typus irdisch, vergänglich und ethisch negativ bleibt (siehe all I 53-55; III 104). Die zweite Vershälfte von Gen 2,7, das Einblasen der πνοὴ ζωῆς, bezieht Philo hingegen allegorisch-soteriologisch auf den noetischen Typus des οὐράνιος ἄνθρωπος: der zuvor irdische νοῦς wird erst durch diese Gabe der πνοή, die Philo als πνεῦμα (all I 37f.; det 80 u.ö.) und als Kraft *wahren Lebens'* deutet (§ 31), zu einer *wirklich lebenden* Seele (εἰς ψυχὴν... νοερὰν καὶ ζῶσαν ὄντως all I 32). Wir finden hier also wieder das *soteriologische "Lebendigmachen"* im Muster der Schöpfungsaussage, realisiert durch die Mitteilung des Weisheitspneumas. Nun ist bei Philo dieses rettende Weisheitspneuma nicht nur mit der Charis identisch[124], sondern die pneumatische Schöpfung ist auch ausdrücklich auf Tugendhandlungen angelegt, die aus dem Weisheitspneuma hervorgehen[125] und daher als vorgängig bereitetes Gnadengeschenk Gottes erscheinen. Sie sind keineswegs in der Würdigkeit

---

[122] Als Übertragung von Gottes Schöpferhandeln auf einen präsentischen Akt der Inspiration erscheint die ζωοποιεῖν-Terminologie in JosAs 8,9, wo Joseph für die Bekehrung Aseneths betet: καὶ ἀνακαίνισον τῷ πνεύματί σου καὶ ἀνάπλασον αὐτὴν τῇ χειρί σου τῇ κρυφαίᾳ καὶ ἀναζωοποίησον αὐτὴν τῇ ζωῇ σου καὶ φαγέτω ἄρτον ζωῆς σου... Cf. 15,5; 28,8; Od.Sal. 11,12 (ἀνεζωοποίησέν με τῇ ἀφθαρσίᾳ αὐτοῦ). Zu Philo siehe gleich.

[123] Dazu im einzelnen G.SELLIN, Streit S.83-90.

[124] Z.B. imm 5; ebr 144f.; cf. noch sacr 10; som I 254; congr 37f.; QGen IV 121; zur Charis siehe noch SELLIN Streit S.148f.

[125] all I 64f.; all III 1-3; mut 258-60; fug 52 u.ö.

der Empfänger begründet: So polemisiert Philo in sacr 54 gegen Juden, die sich kraft
eigener Qualitäten der göttlichen Gnaden für würdig erachten und entgegnet sacr 57:
"Wer schließlich sich selbst des Besitzes und Genusses von Gütern für würdig hält, der
lasse sich durch den Spruch belehren, der da sagt: 'Nicht wegen deiner Gerechtigkeit
noch wegen der Frömmigkeit deines Herzens gelangst du in das Land, um einen Erbanteil an ihm zu erlangen, sondern ... damit er (sc. Gott) den Bund erfülle, den er unseren Vätern geschworen' (Dt 9,5). Unter dem Bund Gottes sind aber symbolisch seine
Gnaden (αἱ χάριτες αὐτοῦ) zu verstehen, und es darf nicht sein, daß er etwas Unvoll-
kommenes schenkt (χαρίζεσθαι), so daß alle Geschenke (αἱ δωρεαί) des Ungewordenen vollständig und vollkommen sind: etwas Vollkommenes ist unter dem, was existiert, aber die Tugend und die tugendhaften Handlungen (ἀρετὴ καὶ αἱ κατ᾽ ἀρετὴν
πράξεις)."[126] Mit E 2,5.8-10 ist also der hell.-jüd. Vorstellungskomplex vergleichbar,
nach dem die Charis als Inbegriff der durch das Weisheitpneuma schon geschehenen
Rettung via Lebendigmachung und Neuschöpfung erscheint, wobei Gott durch diese
pneumatische Charis zugleich schon vorgängig vollkommene Tugendhandlungen ("gute
Werke") gewährt und dabei menschliche Würdigkeit ausschließt. Auch in diesem jüdischen Konzept wird die Beziehung Gottes zu dem solcherart ethisch "Begabten" ausdrücklich als Schöpfer-Geschöpf-Verhältnis (cf. E 2,10: αὐτοῦ... ποίημα) qualifiziert.[127]
Auch daß diese pneumatisch-ethische Neuschaffung nach E 2,10 ἐν Χριστῷ Ἰησοῦ erfolgte, ist mit der Logos-Theologie kompatibel: Das für den himmlischen Anthropos
schöpferisch prägende Urbild, das die pneumatische Weisheit vermittelt, ist der Logos.[128] Als Inbegriff der Weisheitsinspiration kann der Logos auch selbst als Quelle der
Tugend erscheinen (Mos I 48; som II 243; post 127); zugleich wird er als "Ort" und
"Heimat" der soteriologisch Inspirierten gesehen - sie sind der Sache nach "in ihm".[129]

---

[126] Zwar erscheint in sacr 57 nicht der Gedanke der soteriologischen Schöpfung, aber er läßt sich
sachlich leicht verbinden, weil die vollkommenen Tugendhandlungen Kennzeichen des
pneumatisch geschaffenen Anthropos sind (s.o.). Siehe zur vorgängig bereitgestellten Tugend
etwa auch mut 258ff.: "Was wunderst du dich noch, wenn Gott auch die Tugend herabregnen
wird ledig der strebenden Mühe und Anstrengung und keiner Wartung bedürftig, sondern von
Anfang an vollständig und vollendet?" mut 259 wird diese schon perfekt herabgeregnete Tugend
wieder mit der himmlischen Weisheit identifiziert. Nach fug 52 sät und erzeugt die Weisheit in
den Seelen - neben Lernen, Bildung, Wissen, Verstand - gute und lobenswerte Handlungen
(καλὰς καὶ ἐπαινετὰς πράξεις). Auch dort, wo die Tugenden als Pflanzung Gottes beschrieben werden, kommt es auf ihre vorgängige Bereitstellung an, siehe all I 47ff.; all I 88f.. Cf. auch
plant 37ff.: Wir müssen glauben, daß der gebefreudige Gott in der Seele gleichsam einen Garten
der Tugenden und tugendhaften Handlungen gepflanzt hat, um sie zu vollendeter Seligkeit zu
führen.

[127] Philo, mut 31: "Zweifellos also ist sittlich gut derjenige, zu dem er (sc. Gott) sagt: 'Ich bin
dein Gott', der ihn allein *zum Schöpfer* (ποιητοῦ) erhalten hat ohne Mitwirkung anderer."

[128] all I 64f.; III 96; II 4; plant 18ff.; QGen I 4; II 62; cf. som I 129; QGen IV 47.

[129] migr 28: Der Logos als Vaterland und Wohnung tugendliebender Seelen. Interessant ist für
diese Position des Logos, durch die die perfekt vorgegebenen guten Werke Gottes an die
Glaubenden via Logos-Inspiration weitergegeben werden, eine Stelle aus der pseudojustinischen
Oratio ad Graecos, die nach GOODENOUGHs Analyse den philonischen Typ der Logostheologie bietet (s.o.S.25 A 24): "And indeed the divine Logos has ceaseless care over us, and teaches us
both the passwords of our King and *divine acts* (πράξεις θείας)" (c.5, 40C de OTTO; Übers.
nach GOODENOUGH, Light S.300).

Wir sehen: Der hier in Elementen skizzierte hell.-jüd. Vorstellungskomplex wurde in E 2,8-10 unter Aufnahme paulinischer Reminiszensen wiedergegeben. Berücksichtigen wir das in diesem religiösen Referenzsystem immer *pneumatisch* gedachte Konzept des "Lebendigmachens" bzw. der soteriologischen (Neu-) Schöpfung, so zeigt sich jetzt, daß der in E 2,3 deutlich ausgesprochenen *Sarx-Orientierung* im "Einst" des Kontrast-Schemas von E 2,1-10 auf der "Jetzt"-Seite die Bestimmtheit durch das *Pneuma* gegenübersteht, das implizit das Konzept des συνζωοποιεῖν (2,5) bzw. der soteriologischen Schöpfung (2,10 ποίημα) prägt. Noch expliziter zeigt der in paralleler Weise am Einst-Jetzt-Kontrast orientierte folgende Abschnitt 2,11-22 das weisheitlich-dualistische Gegenüber von einstiger *sarkischer* (2,11) und jetziger *pneumatischer* Bestimmtheit (2,18.22; cf. noch 1,3.17; 3,5.16; 4,4.23; 5,18).

Ergebnisse zum Konzept des μυστήριον im E

Nach 1,9-10 wurde als Inhalt des μυστήριον, das das apokalyptisch erwartete Endgeschehen verwirklicht ("zur Durchführung der Fülle der Zeiten"), offenbart: "unter ein Haupt zu fassen das All in Christus, das Himmlische und das Irdische in ihm".[130] Tatsächlich, so sehen wir jetzt, wird dies durch Christi doppelte Hauptstellung erreicht: Als herrscherlich über den Kosmos und seine (ethisch) bestimmenden Mächte gesetztes Haupt befreit er auch die glaubenden Menschen, insbesondere die angesprochenen Heidenchristen. Denn diese sind durch die Inspiration, also durch die pneumatisch vermittelte Erkenntnis dieser neugewordenen Struktur des mythischen Kosmos, ja selbst in das himmlische Soma des über den Kosmos erhöhten Christus gelangt, somit zu Christus als soteriologischem Haupt. Christus ist also über alles zum Haupt geworden, wenn auch nach Bereichen und Herrschaftsmodi in je verschiedener Weise (despotisch/ soteriologisch). Entscheidend für das Heil ist somit die durch Christi Erhöhung neugewordene Struktur des (mythischen) Kosmos. Dementsprechend führt die erste Hälfte der Erkenntnisfürbitte, die, wie wir oben sahen, mit gnoseologischen termini technici der hellenistischen Juden arbeitet (s.o.S.20-23), ganz wie die kosmologische Mysterienstufe bei Philo (der Logos als κεφαλή über dem Kosmos) auf den Christus als κεφαλή über das All und seine Mächte. Entsprechend richtet sich aber auch die zweite Hälfte der Erkenntnisfürbitte - wieder mit gnoseologischen termini technici aus hell.-jüd. Tradition (s.o.S.20-23) - auf das Erfassen der aus der

---

[130] Diese Übersetzung folgt SCHLIER, Der Brief an die Epheser S.38. Die korrekte Etymologie des Verbums ἀνακεφαλαιοῦσθαι führt auf κεφάλαιον ("Hauptabschnitt"), nicht auf κεφαλή zurück; von da aus versteht sich auch die Primärbedeutung "etwas auf ein κεφάλαιον bringen", "summarisch zusammenfassen" (ThW III S.681). Doch nötigt E 1,22, wonach Christus der Kirche gegeben ist als κεφαλή ὑπέρ πάντα (cf. ἀνακεφαλαιώσασθαι τὰ πάντα 1,10 und cf. 4,8a.10) dazu, die Anakephalaiosis aus 1,10 im SCHLIERschen Sinn als "Fassen unter ein Haupt" zu verstehen: "Die Zusammenfassung des Alls geschieht in seiner Unterordnung unter das Haupt" (SCHLIER ThW III S.682; GNILKA HThK X/2 S.80f.; SCHNACKENBURG EKK X S.58f.).

hell. Kosmosschau geläufigen abstrakten Raumdimensionen, die als Chiffre des weiten Komos im Zusammenhang des E wieder auf die durch Christi Erhöhung neugewordene Struktur des mythischen Kosmos verweisen. In der hell. Motivik war dies so gemeint: Das noetisch-inspiratorische "Erfüllt-Werden" des Menschen mit dem göttlichen λόγος/ νοῦς gleicht ihn in noetischer Hinsicht an Gott an und versetzt ihn so in die Lage, den vom göttlichen Geist durchdrungenen und beherrschten Kosmos nach seinen Dimensionen noetisch mitzudurchdringen (s.o.S.35-41). Dieses Konzept ist für E 3 vorauszusetzen, denn hier ist Christus in die Rolle des Logos eingetreten: Vom noetisch-inspiratorischen Erfüllt-Werden ist in den koordinierten ἵνα-Sätzen von E 3,16-19 deutlich die Rede (s.o. S.23.49f). Es geht also zweifellos um das Erfassen des von Christus durchherrschten mythischen Kosmos (cf. E 1,23; 4,8.10), was durch die Christus-(Logos-) Inspiration gewährleistet wird. So verstehen wir auch, daß dieses Erfassen des Kosmos damit zugleich die große Liebe Christi begreift (3,19a), da die Rettung aus dem diabolischen Einflußbereich durch die Erhöhung (d.h. zugleich: durch die Neustrukturierung des mythischen Kosmos) auch nach 2,4 schon Ausdruck der großen Liebe Gottes war.[131]

Die abstrakten Raumdimensionen stehen also metonym für den kosmischen Raum. Für diese Interpretation gibt es außer dem entsprechenden Strom hell. Quellen aber auch weitere briefimmanente Argumente: Schon die einleitende Erkenntnisfürbitte führte vor allem auf die Entfaltung der Dynamis Gottes an den Glaubenden (1,19), die sich zunächst in der Erhöhung Christi über die Mächte des Alls (1,20-23) und sodann in der Partizipation der Glaubenden an diesem Geschehen (2,1-10) auswirkte. Ein analoger Machtaspekt eröffnet aber auch den zweiten Fürbittenteil in 3,14f, indem Gott hier als überlegener Namensgeber auch über die Geschlechter im Himmel erscheint. Dies evoziert die Vorstellung überlegener Machtfülle gerade auch über die Kosmosmächte im Himmel.[132] Zudem bezieht sich auch die abschließende Doxologie in 3,20f auf die an den Glaubenden ausgewirkte Dynamis Gottes zurück, die nach den Entfaltungen 1,19ff nur in der Partizipation der Glaubenden an der Erhöhung Christi über die Kosmosmächte gesehen werden kann.[133] Schon diese Zusammenhänge machen es notwendig,

---

[131] Außerdem wurde in der gnoseologischen Heilslehre die Erkenntnisinspiration per se als Ausdruck der Liebe Gottes verstanden, som I 165: "Ihr Seelen aber, die ihr von der göttlichen Liebe gekostet habt, erstehet wie aus tiefem Schlafe auf, ... eilt herbei zu der herrlichen Schau..."
[132] C.E.ARNOLD, Ephesians S.96, interpretiert richtig: "This statement is loaded with meaning, unequivocally extolling God as all-powerful in relation to the angelic 'powers' and men. ...[it] brings the hostile 'powers' back into focus (3:10)."
[133] E 3,20: ...κατὰ τὴν δύναμιν τὴν ἐνεργουμένην ἐν ἡμῖν. Dieses ἐν ἡμῖν nimmt C.E.ARNOLD, Ephesians S.94.100-102, zu wenig ernst, denn der dadurch notwendige Rückbezug auf 1,19ff, also auf Christi und der Glaubenden Erhöhung über die Kosmosmächte, hätte seine These modifizieren müssen: Es geht bei der Dynamis Gottes in der Doxologie (3,20) und bei den vier Dimensionen (3,18) nicht allgemein um "the power of God" (so ARNOLD S.94),

die abstrakten Raumdimensionen in 3,18 metonym für den kosmischen Raum aufzufassen, in dem Christus durch Gottes Dynamis die Herrscherposition über die Mächte erlangt hat. Freilich spricht darüberhinaus auch die kosmische Motivik in 3,10 für diese Auffassung.

Schon nach 3,9f erreicht "Paulus", dessen Dienst alle über die "Durchführung des Mysteriums" erleuchtet, "daß jetzt den ἀρχαῖς und ἐξουσίαις in den Himmelsbereichen durch die Kirche die sehr bunte Weisheit Gottes bekanntgemacht wird" (3,10). Auch hier verweist das bereits im Judentum Philos aus der hell. Kosmosschau rezipierte Motiv von dem durch die Weisheit Gottes bunt strukturierten bzw. geordneten Kosmos, insbesondere Astralkosmos (s.o. S.27-35), wieder auf jene heilstiftende Struktur bzw. Herrschaftsordnung im Kosmos, die im Mysterium erfaßt wird: nämlich auf den zur κεφαλή über die Mächte (als κοσμοκράτορες: 6,12) erhöhten Christus, der damit zugleich die Kirche als sein himmlisches Soma aus dem ethisch pervertierenden Einfluß der Kosmosmächte herauslöst. Daher setzt die Existenz der Kirche ganz unmittelbar die κεφαλή-Postition Christi über den Mächten voraus und gibt diesen insofern auch die neue Ordnung im mythischen Kosmos, die πολυποίκιλος[134] σοφία τοῦ θεοῦ, zu erkennen (3,10).[135] Ob es sich dabei insbesondere um den mythischen Astralkosmos (und dementsprechend um Astralmächte) handelt, wie die hell. Motivik vom bunt und weise gestalteten Astralkosmos sowie von den vier Dimensionen des weiten Sternenraums nahelegen, werden wir erst später entscheiden können.

H.SCHLIER hatte in der πολυποίκιλος σοφία τοῦ θεοῦ (E 3,10) eine über SapSal 7 (bes. v.27) vermittelte antithetische Entsprechung zur hellenistischen multiformis Isis gesehen, so daß der Sinn eines sukzessiven Gestaltwandels bei gleichbleibender Identität der Isis/ Weisheit vorliege: In der Kirche habe die vielgestaltige Weisheit Gottes, die nacheinander als vorweltliche Weisheit, Schöpfungsweisheit und Christusweisheit in Erscheinung trat, endgültig Gestalt gewonnen (ders., Brief S.159ff.). Doch konnte N.A.DAHL, Das Geheimnis der Kirche nach Eph 3,8-10 (1965), S.63ff. die bei dieser

sondern konkret um die Herrschaftsstruktur im räumlich gedachten mythischen Kosmos in ihrer Wirkung auf die Glaubenden.
[134] Das Praefix πολυ- intensiviert nur die Bedeutung von ποικίλος (ThW VI S.484). Möglicherweise lag die intensivierte Praefixform statt des sonst in dieser Tradition geläufigen Simplex (s.o.S.28-31) deshalb nahe, weil πολυποίκιλος in Kleinasien ein Vorzugswort der religiösen Sprache war, das sich etwa auch in den orphischen Hymnen des 2.Jh. niedergeschlagen hat (orph.hymn. 6,11; 61,4; 71 QUANDT; zur Entstehung dieser Hymnen an einem kleinasiatischen Privatheiligtum siehe K.ZIEGLER, Art. Orphische Dichtung, RE XVIII/2 (1942) Sp.1330f.).
[135] Von da aus stimmen wir auch einem Aspekt der Interpretation C.E.ARNOLDs, Ephesians: Power and Magic (1989), S.63f, zu: "The church visibly testifies to God's wisdom *by its very existence*. ... .. the "powers" can see that they have been devastatingly foiled by the emergence of the body of Christ, the church. This would also give the readers added assurance of victory over the "powers"..." Freilich berücksichtigt A. noch nicht die hell. Motivik des bunt und weise geordneten (Astral-) Kosmos, so daß er die bunte Weisheit Gottes christologisch im Sinn der Kreuzigung versteht.

Exegese vorausgesetzte Synonymität von πολυποίχιλος mit dem in Isis-Texten auftauchenden Begriff πολυμόρφος/ multiformis überzeugend widerlegen (S.65-68): Adjektive wie πολυμόρφος und πολυώνυμος besagen, daß das darin enthaltene Nomen vielfach vorliegt; πολυποίχιλος bleibt als bloße Verstärkung von ποικίλος jedoch auf das Moment des Mannigfachen bzw. Bunten beschränkt, ohne schon auszusagen, was mannigfach/ bunt vorliegt. Viel näher liegt die von uns im Zusammenhang der hellenistischen Kosmosschau und von da aus auch im hellenistischen Judentum nachgewiesene Tradition des durch göttliche Weisheit als buntes Kunstwerk geordneten Kosmos; zumal der *kosmische* Offenbarungsinhalt ja auch schon durch die Offenbarungsadressaten, die χοσμοχράτορες (3,10 cf. 6,12), wahrscheinlich gemacht wird. Dieser Hintergrund wurde bisher noch nicht herangezogen; bei N.A.DAHL erscheint der wichtige Philo-Text som I 201ff. nur am Rande, ohne daß seine Beziehung zur Weisheit und somit zu dieser hellenistischen Tradition zum Tragen käme (Geheimnis S.69 u. A 25; S.71 A 30). Sicher zu Recht verbindet DAHL τὸ ἀνεξιχνίαστον πλοῦτος τοῦ Χριστοῦ (3,8) mit der bunten Weisheit Gottes aus 3,10 (Geheimnis S.69): Jüdische Weisheitstexte sprechen von den Schätzen der Weisheit (Sir 1,25; Bar 3,15; syrApkBar 54,13; cf. Kol 2,3), wobei diese wunderbare Weisheit oft in der kosmischen Schöpfung gesehen wird (neben Prov 8,22ff.; Sir 42,15ff.43; 1 QH 1,7ff. bes. Sap 7,15-8,1). Genau in dieses weisheitlich-kosmische Schöpfungsdenken paßt es, daß das Mysterium nach E 3,9 ἐν τῷ θεῷ τῷ τὰ πάντα κτίσαντι verborgen war: als Mysterium der kosmischen Anakephalaiosis, das zwar erst jetzt durchgeführt, aber bereits vor Äonen präpariert war (3,11.9 cf. 1,9), gehört es kategorial dem Bereich des Schöpfungshandelns zu. Auch in dem obigen Philo-Text kam Gott ja als δημιουργός des kosmischen Gewebes ins Spiel, weshalb er Philo zugleich als Erfinder der Wissenschaft bunter Weberei erscheint (som I 203f.). Leider mißdeutet DAHL diese starke schöpfungstheologisch-kosmische Orientierung im Kontext von E 3,10, so daß er sie hier schon in eine ekklesiologische Metaphorik ("soteriologisch-ekklesiologische Anwendung") übergeführt sieht; zudem erkennt er die Inhaltsangabe des Mysteriums in 3,6 nicht als soteriologischen Partialaspekt der Erhöhung Christi über den Kosmos (Anakephalaiosis): So gilt ihm die Manifestation der bunten Weisheit Gottes in der Kirche nur als ekklesiologische *Analogie* zu der Anschauung von der im Kosmos manifesten Weisheit (S.73); das kirchliche Heil resultiert aber, wie wir jetzt wissen, im E tatsächlich aus einer mythisch-kosmischen Struktur. - Den gleichen Interpretationsfehler begeht N.A.DAHL u.E. auch bei seiner Exegese der abstrakten Raumdimensionen in E 3,18 (ders., Cosmic Dimensions and Religious Knowledge (Eph 3:18) (1975)): Obgleich DAHL die Herkunft der Raumdimensionen aus der hellenistischen Topik des immensen Kosmos aufzeigt, ziele der abschließende Fürbittenabschnitt E 3,14-19 doch nicht auf Kosmoserkenntnis; vielmehr wollten die riesigen kosmischen Dimensionen in 3,18 nur als rhetorische Präambel zu einer sachlich ganz andersartigen Immensität hinführen, nämlich zur Erkenntnis der Liebe Christi, die alle γνῶσις übersteigt.[136] Doch ebenso wie der erste Teil der Erkenntnisfürbitte das

---

[136] Nach dieser präambelhaften, rhetorischen Hinführung hätte der Leser also gewissermaßen eine μετάβασις εἰς ἄλλο γένος zu leisten. DAHL verdeutlicht dieses Stilmittel u.a. durch Sir 1,3: ὕψος οὐρανοῦ καὶ πλάτος γῆς καὶ σοφίαν τίς ἐξιχνιάσει; Die immensen Dimensionen des Himmels und der Erde formten hier nur "a preamble to the following statements about wisdom, which are the real point of the passage" (S.61). Die nur metaphorische Auffassung der kosmischen Dimensionen war bisher die beherrschende; siehe schon MUSSNER, All S.74 (die vier

Heil als Partizipation der Glaubenden an der über den Kosmos und seine Mächte
überlegenen Position Christi zu erkennen gibt (1,16-2,10), so muß auch die abschließende Formulierung dieser Erkenntnisbitte auf eine kosmologisch strukturierte Erkenntnis des Heils gehen, die zudem ja auch schon durch die kosmologisch zu bezie-
hende πολυποίχιλος σοφία τοῦ θεοῦ (3,10 s.o.) - als Formulierung des Mysterienin-
halts - vorbereitet ist. Wir sahen schon, daß sich die rettende Liebe Gottes bzw. Christi
nach dem E eben gerade in einer kosmisch-mythischen Struktur manifestiert.

Wie wir nun sehen, sind die in Schlüsseltexten des E rezipierten, über das
hellenistische Judentum vermittelten Konzepte der "bunten Weisheit kosmischer Ordnung" und der abstrakten Raumdimensionen als Chiffre des in seiner Struktur erfaßten immensen Kosmos, die im ursprünglichen Zusammenhang der hellenistischen Kosmosschau auf ganz unmythische kosmische Phänomene (besonders des Astralkosmos) bezogen waren, auf ihrem Weg in die
deuteropaulinische Theologie zu Konzepten einer mythischen Kosmologie
umgeprägt worden. Entsprechend betraf bei Philo die als Mysterienweihe
chiffrierte Erkenntnis der Vorordnung des göttlichen Logos über den Kosmos
noch eine ontologische Struktur, ein Seins-Gefälle; in der deuteropaulinischen Theologie des E ist daraus eine mythische Struktur geworden[137], eine
Vorordnung über die negativ gesehenen Kosmosengel als Beherrscher des
Kosmos (6,12: κοσμοκράτορες). Das inferiore, kosmische Sein wird hier anders als bei Philo eigens mythisch repräsentiert; der ontologische Monismus
ist durch einen mythisch angereicherten Dualismus ersetzt (allerdings verrät
schon Philo gelegentlich und im Einklang mit hellenistischen Tendenzen die
dualistische Vorstellung eines mythischen Repräsentanten des inferioren

---

Dimensionen sollen nur die große Fülle des Heils in Christus anschaulich zum Ausdruck bringen); USAMI, Comprehension S.176 sieht darin das innere Erfassen des kirchlichen Leibes angesprochen; auch GNILKA bezieht sie auf den ekklesialen Raum, auf den die Liebe Christi trifft
(HThK S.186-88). Kurze Überblicke zur Auslegungsgeschichte geben N.A.DAHL, Cosmic Dimensions S.57f.; USAMI, Comprehension S.175f.

[137] Die von E.R.GOODENOUGH, By Light, Light S.306-58 herausgearbeiteten und analysierten hell.-jüdischen Vorlagen liturgischer Abschnitte aus Apost.Const. VII/VIII zeigen einen
mit der mythischen Hierarchie der Deuteropaulinen stark verwandten Typ von Logostheologie:
Denn hier hat der Logos als Schöpfungsmittler und gesamtkosmischer Souverän (Apost.Const.
VIII 12,7) explizit auch die Χερουβίμ, Σεραφίμ, αἰῶνας, στρατιάς, δυνάμεις, ἐξουσίας, ἀρχάς,
θρόνους, ἀρχαγγέλους, ἀγγέλους geschaffen (VIII 12,8 cf. Kol 1,16) "und nach diesem allen
machte er (sc. Gott) durch ihn (sc. den Logos) diesen sichtbaren Kosmos und alles in ihm" (VIII
12,8). Die platonisch-ontologische Stufung in noetischen Kosmos (Logos und Weisheit) und
wahrnehmbaren Kosmos hat hier - auf der Seite des unteren, durch den Logos erschaffenen
Kosmos - eine weitere Aufspaltung erfahren, indem die unsichtbar-mythische Engelwelt parallel
neben den sichtbaren Kosmos getreten ist. GOODENOUGH sieht hier im Gegensatz zum philonischen Judaismus, der eher hellenistisch-sadduzäisch beeinflußt sei und die pharisäische Angelologie nicht integriere, einen alternativen Typus eines "'Pharisaic' Hellenistic Judaism", der - bei
gleichem von der Logos-/ Weisheitstheologie vorgegebenen gnoseologischem Heilsverständnis -
"would use the Psalms and Prophets as Philo would not, would accept the Pharisaic angelology,
determinism, and aspiration for personal immortality" (ebd. S.345).

Kosmos[138]). Doch das Heilsverständnis des noetischen Aufstiegs (cf. bes. die "Augen der καρδία" E 1,18), der durch gnoseologische Inspiration gewährt wird und die Erhebung über den inferioren Kosmos zur Folge hat, ist identisch geblieben. Das Mysterium im E gewährt also primär eine strukturhafte, kosmologische Erkenntnis über das Verhältnis von Christus und Kosmos; der Erkenntnisvollzug selbst bedeutet, noetisch am überkosmischen Soma Christi teilzunehmen und damit aus dem unheilvollen Einflußbereich der Kosmosmächte gerettet zu sein. Da diese unheilvollen Kosmosmächte freilich vor allem das Leben der Heiden bestimmen, bedeutet dieses Mysterium ganz wesentlich das Heil der Heiden. Daher kann dieser Mysteriumsinhalt in 3,6 auch unter Beschränkung auf seinen soteriologischen Effekt für die angesprochenen Heidenchristen, dh. hinsichtlich ihrer Heilspartizipation gemeinsam mit den Aposteln und Propheten um Paulus, formuliert werden: εἶναι τὰ ἔθνη συγκληρονόμα καὶ σύσσωμα καὶ συμμέτοχα τῆς ἐπαγγελίας ἐν Χριστῷ διὰ τοῦ εὐαγγελίου.[139]

Das Mysterium im E umfaßt somit nach Analogie der kosmologischen Mysterienstufe hellenistischer Juden "ontologisch-mythisch" die Vorordnung des Christus (Logos) als κεφαλή über den Kosmos und seine mythischen κοσμοκράτορες, zugleich haftet ihm jedoch soteriologisch die Dimension der sukzessiven "Durchführung" (οἰκονομία)[140] an: Erst seine Bekanntgabe durch

---

[138] Der populäre Platonismus kannte, wie uns im Xenokrates und der Lehrer Plutarchs, Ammonius, zeigen, einen über den unteren Kosmos des Werdens und Vergehens gesetzten, also sublunar zuständigen "Gott" mit dämonischen, negativen Qualitäten (natürliches Verderben, Ignoranz). Er steht dem "oberen" Zeus gegenüber. (Siehe Plut., mor. 1007F; cf. Aetios I 7,30 = DIELS, Dox.Gr. S.304; Plut. mor. 394A cf. 1130A). Dieser mythische Herrscher begegnet uns in der mittelplatonischen Allegorese der Isismysterien wieder, die uns Plutarch bietet (de Is. et Osir.): Typhon stellt als sublunar zuständiges, agnostisches Verderbensprinzip (mor. 351F; 369A; 369D; 373D) ständig dem Osiris als Inbegriff des göttlichen Logos nach (mor 351F cf. 352B; 371A ff.), wobei freilich dem guten Prinzip die Obergewalt bleibt (371A; siehe zum Ganzen WLOSOK, Laktanz S.56 A 32; S.57f. A 34; S.104f. A 127). Anthropologisch wird die Wirksamkeit dieses dualistisch-metaphysischen Negativprinzips auf die niederen Seelentriebe bezogen (mor. 371B); Typhon verbindet sich mit den den Leidenschaften und dem Wechsel unterworfenen Teilen (373D). Es sind die Seelenteile, die in der hell.-jüd. Tradition Affinität zur Sarx besitzen. Daher ist es nicht verwunderlich, daß der mittelplatonische Allegorist Philo diesen geläufigen Dualismus in imm 140ff. so anwendet, daß hier der "irdische Edom" als mythisches Prinzip der Menschengruppe, die der Sphäre irdisch-sarkischer Existenzweise zugeordnet ist (imm 142: "Weg der Sarx"), gegen das Geschlecht der Gottschauenden (= Israel § 143f.) kämpft, das den himmlischen Tugendweg beschreitet (§ 180) und dem Logos als leitendem Engel folgt (§ 180.182). U.E. findet sich ein Derivat dieses mythischen Kosmosherrschers auch in E 2 wieder (cf. 2,2: κατὰ τὸν αἰῶνα τοῦ κόσμου τούτου): Bezeichnenderweise ist er eng mit der Sphäre der Sarx verknüpft (2,2-3).

[139] Wobei τὸ εὐαγγέλιον hier für das gnoseologisch vermittelte Mysterium steht (siehe 6,19: γνωρίσαι τὸ μυστήριον τοῦ εὐαγγελίου).

[140] οἰκονομία ist im E ein in den einschlägigen Mysterienkontexten regelmäßig gebrauchtes (E 1,9f.; 3,2f.; 3,9f.) und daher einheitlich konzipiertes nomen actionis, das nach Analogie hellenistischer Kanzleisprache ("Verfügungsgeschäft"/ "Exekutivakt") den Sinn von "Durchführung" (des

den Dienst des Paulus unter den Heiden vermittelt das gnoseologische Erfüllt-Werden (Pleroma), topologisch gesagt also die Teilnahme am himmlischen Soma Christi. Erst mit dieser "Durchführung" via gnoseologischer
Vermittlung erlangt die χεφαλή-Position Christi also soteriologische Kraft,
kommt es zur himmlischen Partizipation der Glaubenden (Pleroma, Soma)
und damit auch zur Entkräftung des Einflusses der diabolischen Mächte auf
die Menschen durch die Entstehung der schon überkosmischen Kirche. Dieser Aspekt der 'Durchführung', der der Wir-Gruppe nach 1,9f. mit der Offenbarung des Mysteriums anvertraut wurde[141], bezeichnet somit auch das noch
Ausstehende: Prinzipiell ist der erhöhte Christus schon zum despotischen
Haupt über die Kosmosmächte und - als soteriologische Folge daraus - zum
soteriologischen Haupt über die gnoseologisch aus dem Kosmos Erlösten
eingesetzt. Aber die Mehrheit der Menschen kann noch nicht von der prinzipiell schon geschehenen Unterwerfung der Kosmosmächte profitieren; so
bleibt diese gnoseologische Mission ('Durchführung' 1,10; 3,2.9) Aufgabe der
Kirche: Bis auch "das auf der Erde", also die übrige Menschheit, Christus als
soteriologischem Haupt unterstellt ist, nachdem "das im Himmel", also die
Mächte, in Christus prinzipiell schon ihr despotisches Haupt erhalten haben
(1,10).

Die starke Prägung des μυστήριον im E durch die kosmologische Mysterienstufe der hellenistisch-jüdischen Theologen (Logos und Kosmos) einschließlich ihrer σῶμα-, χεφαλή- und πληρ- Konzepte ist hier unübersehbar.
Wie die philonische Mysterienmetaphorik sowohl das ontologische Gefälle
(Struktur) als auch seine Überwindung durch den gnoseologischen Heilsweg
umfaßte[142], so begreift auch das μυστήριον im E sowohl die neue Herrschaftsstruktur im mythischen Kosmos (ἀνακεφαλαίωσις/κεφαλή) als auch ihre soteriologische Durchführung, d.h. die durch die Bekanntmachung/ Erkenntnis

---

Heils), "Heilsveranstaltung" hat (KUHLI, EWNT II 1221f. und bereits SCHLIER S.148;
GNILKA S.163; MERKLEIN, Amt S.173f.). Die Offenbarung des Mysteriums an die Wir-
Gruppe um "Paulus" bezweckte nach 1,10a die οἰκονομία τοῦ πληρώματος τῶν καιρῶν, also die
"Durchführung des Zielpunkts der Zeiten", dh. des eschatologischen Endgeschehers. Daß dies
durch die gnoseologische Weitergabe des Mysteriums geschieht, geht besonders aus 3,2 i.Kont.
(οἰκονομία τῆς χάριτος) hervor: Hier zeigt sich die "Durchführung" als missionarische Weitergabe der Mysteriumsoffenbarung, die "Paulus" als Charis erhalten hatte (Nach 3,3a ist die in v.2
erwähnte Gabe der χάρις noetisch als Mitteilung des Mysteriums nach Art einer ἀποκάλυψις zu
verstehen. ὅτι in v.3a ist möglicherweise erst in der ℵ-Texttradition hinzugekommen; es fehlt in
p46, B u.a.. In diesem Fall wäre es als Einleitung eines Inhaltssatzes gleichwohl die sinngemäße
Verdeutlichung der asyndetischen lectio difficilior, die den Inhalt des Gegebenen, also der Charis, näher bestimmt. Für dieses explikative Verhältnis spricht auch die Korrespondenz der Passiva
δοθείσης (v.2) und ἐγνωρίσθη (v.3). So SCHLIER, Brief S.148; SCHNACKENBURG EKK X
S.132; CARAGOUNIS, Mysterion S.99).

[141] Darauf können wir erst im Rahmen unserer kurzen Diskussion der Eulogie näher eingehen
(II.F.1.).

[142] S.o.S.42 A 81.

dieser Struktur (= inspiratorisches "Erfüllt-Werden") vermittelte Inkorpora-
tion der Erkennenden in das himmlische Soma, in sich. Ein wichtiger Unterschied zum hell.-jüd. Konzept liegt freilich darin, daß Christus nicht schon als
Erstgeborener Gottes und Schöpfungsmittler (cf. Kol 1,15-17[143]) von Beginn
an in der Rolle des kosmischen Souveräns gezeigt wird, wie es die jüdische
Logostheologie vorgab. Erst durch Tod und Erhöhung gelangt Christus - jetzt
als Vollzug des apokalyptischen Endgeschehens - in die Logos-Position des
Hauptes. Geschichtlich-apokalyptisches und zeitunabhängig-gnoseologisches
Heilsverständnis sind hier eine Synthese eingegangen. Über vage Anzeichen
einer "himmlischen Vorgeschichte" Christi (cf. 4,9f.: κατέβη/ ὁ καταβάς),
möglicherweise als Schöpfungsmittlerschaft wie in Kol 1,15ff. zu denken,
kommt der E nicht hinaus.

Daß der Kampf gegen die Kosmosmächte (E 6,10ff.), der auf dem Feld pneumatischer
Inspiration ausgetragen wird[144], weiterhin andauert, liegt nicht daran, daß Christus
noch nicht endgültig in die überkosmische κεφαλή-Position erhoben wäre, sondern daß
die durch Erkenntnis-Inspiration vermittelte noetische Partizipation an dieser überkosmischen Stellung erst noch zunehmend realisiert werden muß: Die Gleichung: Kirche =
σῶμα Χριστοῦ (2,6: ἐν ταῖς ἐπουρανίοις) = πλήρωμα aus 1,20 - 2,10 hat nur den Charakter performativer, gewissermaßen idealtypisch-soteriologischer Rede; E 3,19b, E
4,13 und 5,18 zeigen demgegenüber, daß das Vollmaß des πλήρωμα, also die Ausschaltung des Mächte-Einflusses[145] und die überkosmische Soma-Partizipation, erst zunehmend gnoseologisch realisiert werden sollen, wobei E 4,13 auch das Bild eines zur
Erkenntnis und Vollkommenheit führenden *Weges* erkennen läßt. Auch Philo zeigt

---

[143] Zur hell.-jüd. Logostheologie in Kol 1,15-17 siehe H.HEGERMANN, Schöpfungsmittler
S.93ff.; E.SCHWEIZER, EKK XII S.56-69.

[144] Darauf weist vor allem die dynamistische Formulierung in 6,10 (ἐνδυναμοῦσθε ἐν κυρίῳ
καὶ ἐν τῷ κράτει τῆς ἰσχύος αὐτοῦ), die nach E 3,16 (ἵνα δῷ ὑμῖν ... δυνάμει κραταιωθῆναι
διὰ τοῦ πνεύματος αὐτοῦ εἰς τὸν ἔσω ἄνθρωπον) und im Einklang mit philonischer
Terminologie (s.o. S.22 A 15) gnoseologisch-pneumatische Inspiration bezeichnet. Auch die
Kosmosmächte sind ja τὰ πνευματικὰ τῆς πονηρίας (6,12), und sie bzw. ihr oberster mythisch-
diabolischer Repräsentant wirken nach E 2,2 pneumatisch-inspiratorisch auf die Menschen (τοῦ
πνεύματος τοῦ νῦν ἐνεργοῦντος ἐν...). Das Schema der Konkurrenz zwischen positivem und
negativem Inspirationsprinzip im Menschen war - aus alter mantischer Tradition kommend -
verbreitet; wir finden es in CH IX 3-4, wo der ethisch perversen Saat der bösen Dämonen
im Verstand die ethisch positive Saat Gottes gegenübergestellt wird: Wer so zur γνῶσις Gottes
gekommen ist, "ist voll geworden (πλήρης) mit allem Guten und denkt nur göttliche Gedanken
und nicht Gedanken wie die anderen" (§ 4). Diese mit πληρ-Begriffen formulierte Inspirations-
konkurrenz finden wir etwa auch in den Test XII (z.B. Dan 4,9; Gad 5,1; Asser 1,9) oder im frühchristlichen Past.Herm. (mand.V 2,1: "nicht diejenigen, die im Glauben voll sind (πλήρεις
ὄντας), verführt er, noch kann er in ihnen etwas bewirken, denn die δύναμις des Herrn steht
ihnen bei"; cf. mand.V 2,7); ein ähnlicher Gedanke begegnet bei Philo, QEx I 23. Gnoseologisch-
inspiratorisches "Erfüllt-Werden" bedeutet also zugleich Ausschalten des diabolischen Einflusses
- ein weiterer Grund für die große Bedeutung des ekklesialen πλήρωμα-Konzepts in dem an der
Überwindung der Mächte so sehr interessierten E.

[145] Siehe die vorige Anm.

diese Spannung zwischen performativer, idealtypisch-soteriologischer Rede und der lebensnäheren Realität des noetischen Auf-Und-Ab bzw. des Weges, der sukzessive und unter Anleitung des Logos dem Ziel der Erkenntnis näherbringt.[146]
Mit diesem gnoseologisch-inspirativen Zugang zum himmlischen Heil hängt u.E. die eigentümliche *Eschatologie* unseres Schreibens zusammen, die statt "präsentische" besser "gnoseologische Eschatologie" heißen sollte: Es gibt durchaus die traditionell-apokalyptische Perspektive einer futurischen Eschatologie in unserem Schreiben (1,14; 4,30; 5,16; 6,8f.) und in der Tat sind die Tage der Gegenwart noch böse (5,16), muß um das inspirative Pleroma, das die noetische Partizipation an der überkosmisch-himmlischen Heilswirklichkeit vermittelt, noch gegen den konkurrierenden Einfluß der Mächte gerungen werden (s.o.). Aber entscheidend ist, daß das überkosmische, himmlische Heil in Christus durch gnoseologischen Aufstieg aus "diesem Kosmos", durch Erfülltwerden zum ganzen Pleroma, schon jetzt erreicht werden kann: In dieser inspirativ zugänglichen Himmelswirklichkeit des Somas Christi sind die kosmischen Mächte schon überwunden, dort ist die βασιλεία Christi und Gottes (5,5) schon wirklich geworden. Gnoseologisch sind die im Himmel bereitgestellte ἐλπίς (Hoffnungsgut), die κληρονομία mit den Heiligen und die δύναμις, die dahin führt (1,18f.), schon gegenwärtig erfahrbar. Insofern kann nach dem Epheserbrief beides gelten: Gnoseologisch schon am himmlischen Christusheil teilnehmen und zugleich, nach der irdischen Existenz, noch auf den Tag der Erlösung warten.

Wir können hier nicht auf die noch deutlich erkennbaren apokalyptischen Einflüsse im Mysterien-Konzept des E eingehen; dominant ist in diesem Konzept jedenfalls das aus hellenistisch-jüdischer Tradition herrührende Heilsverständnis im Sinn einer gnoseologischen und nur insofern präsentischen Eschatologie. Damit haben wir einen vorläufigen Einblick in die Kategorien jenes zentralen religiösen Referenzsystems unseres Verfassers gewonnen, das uns auch das Verständnis von E 2,11-22 erst ermöglichen kann.

Die einschlägige Monographie von C.C.CARAGOUNIS, The Ephesian Mysterion. Meaning and Content (Lund 1977), stellt völlig korrekt fest, daß "the mystery which deals with the universal *anakephalaiosis* in Christ [E 1,9f.] stands hierarchically above all the other μυστήριον concepts in this Epistle and includes them as parts of a whole" (S.29). Von da aus beurteilt er auch die Inhaltsangabe von 3,6 zutreffend als "a more particular facet of the general, programmatic use of the concept in ch. 1" (118). Obgleich C. ansatzweise die nach Herrschaftsmodi verschiedene Beziehung Christi zu den

---

[146] In einem Satz wird beides som I 151 gesagt: Einerseits haben die σοφοί bereits die himmlische Region des Olymp zum Wohnort erhalten (cf. praempoen 152; imm 151), andererseits zeigt die folgende Begründung, daß dieses scheinbar fixe Heil nur als iterativer noetischer Aufstieg Wirklichkeit hat: denn sie haben gelernt, immer wieder nach oben zu streben (ἄνω φοιτᾶν ἀεὶ μεμαθηκότες). Siehe auch Mos I 190 und Philos eigene iterativen Erfahrungen in spec III 1-6. Stetes Auf und Ab kennzeichnet den Tugendstrebenden (som I 150ff.: "bald lebendig und wach, bald tot oder schlafend"). Das Geschlecht der Gottschauenden wandelt unter sukzessiver Vervollkommnung auf dem himmlischen Tugendweg (imm 140ff.), dessen Ziel "das Erkennen und die Kenntnis Gottes ist" (imm 143).

Mächten und zur Kirche würdigt (S.145), verkennt er doch die zentrale soteriologische Bedeutung dieser Doppelstruktur, indem er die in 1,9f. anvisierte gesamtkosmische Hauptstellung Christi als noch eschatologisch-ausstehend betrachtet (S.95.117.140. 142.143-46). Damit entkräftet er die entscheidende Bedingung des kirchlichen Heils nach dem E, nämlich die *schon geschehene Erhöhung Christi* zur herrscherlichen κεφαλή über die Mächte und die von da aus mögliche noetisch-inspiratorische Partizipation der Glaubenden als Soma Christi an dieser kosmosüberlegenen Position. Dieses Mißverständnis hängt auch damit zusammen, daß C. im μυστήριον-Konzept des E traditionsgeschichtlich vorwiegend einen apokalyptischen, auf das Gotteshandeln am Ende der Weltgeschichte bezogenen μυστήριον-Begriff wirksam sieht (er denkt an das רז-Konzept der Visionen in Dan 2; 7; 8; S.121-135), daß er jedoch die Kategorien des gnoseologischen Heilsverständnisses hellenistischer Juden mit ihrer Vorstellung von der überkosmischen Hauptstellung des Logos und der heilvollen Möglichkeit noetisch-pneumatischer Partizipation an dessen oberen Soma überhaupt nicht in den Blick bekommt: Diese Kategorien strukturieren aber das Mysterium-Konzept im E maßgeblicher als die apokalyptischen Elemente (die freilich ebenfalls integriert sind), und sie wurden schon im hellenistischen Judentum metaphorisch als Inbegriff einer Mysterienweihe charakterisiert.[147]

C. Synopse der zwischen Philo und dem E parallelen Strukturelemente des gemeinsamen gnoseologischen Heilsverständnisses

Die aus Platzgründen gedrängten Ausführungen zum gnoseologischen Heilsverständnis bei Philo und im E fassen wir nun durch eine Gegenüberstellung der jeweils parallelen Strukturelemente zusammen. Wir beschränken uns auf die wichtigsten Parallelen. Im Zusammenhang unserer traditionsgeschichtlichen Exegese von E 2,11-22 werden noch weitere Strukturparallelen dazukommen. Die beigefügten Seitenzahlen verweisen auf die jeweils zugehörigen Abschnitte im Text.

---

[147] Ohne den Versuch, das μυστήριον-Konzept religionsgeschichtlich zu erhellen, bleibt der vorwiegend deskriptive E-Abschnitt bei M.N.A.BOCKMUEHL, Revelation and Mystery (Tübingen 1990) S.199-205.

Hellenistische Juden (Philo)	Epheserbrief
(a) Die χεφαλή-Position des Logos 'hoch über' dem sichtbaren Kosmos als herrscherliches Erfüllen der Welt - ein wesentlicher Erkenntnisinhalt der kosmoslogischen Mysterienstufe (S.31-34.41).	(a') Die χεφαλή-Position Christi 'hoch über' dem All und seinen bestimmenden Mächten als herrscherlich-despotisches Erfüllen der Welt. Ein wesentlicher Erkenntnisinhalt des Mysteriums (S.45-54.61ff).
(b) Der Kosmos als Manifestation der "bunten Weisheit Gottes", die im Rahmen der kosmologischen Mysterienstufe erkannt wird (S.27-35).	(b') Das Mysterium als Manifestation der "bunten Weisheit Gottes" (S.63f).
(c) Das noetische Erfassen des weiten Alls in seinen Dimensionen auf der kosmologischen Mysterienstufe (S.35-41).	(c') Das noetische Erfassen des Heils in seinen Dimensionen als Umschreibung der Mysteriumserkenntnis (S.61-63.64f).
(d) Der Logos als χεφαλή über den noetischen Kosmos, der auch die körperlosen Seelen der Erlösten aufnimmt und als 'geeintes Soma' erscheint (S.24-26.46f.54-58).	(d') Christus als χεφαλή über die himmlische Kirche, die sein Soma darstellt (S.46-50.54-58).
(e) Die Inspiration durch das Weisheitspneuma bzw. den Logos (Öffnen bzw. Erleuchten der Augen des Geistes bzw. des Herzens/ innerer Mensch/ Kraftmitteilung via Weisheitspneuma/ Erfülltwerden/ Einwohnen) ermöglicht die heilvolle Schau des Kosmos und der noetischen Welt (S.20-23).	(e') Die Inspiration durch das Weisheitspneuma (Erleuchten der Augen des Herzens/ pneumatische Kraftmitteilung an den inneren Menschen/ Einwohnung Christi/ Erfülltwerden) als Voraussetzung für das Erfassen des Heils (S.20-23.49f).

(f) Der Logos "erfüllt" die noetisch Erlösten, die so auch zu seinem Soma gehören. Also: "Aufstieg" zum himmlischen Ort (Soma) des Logos durch die Logosinspiration (S.24-26.55f).

(f') Die Kirche ist Christi Pleroma und so auch Christi Soma. Also: "Aufstieg" zum himmlischen Ort (Soma) Christi durch noetische Teilnahme ("Erfüllt-Werden") an der Erhöhung Christi (S.44-58).

(g) Der noetisch Erlöste, der durch das Pneuma wirklich lebendiggemacht und neugeschaffen ist; dem Gott gnadenhaft perfekte Tugendhandlungen vorgibt, ohne daß darauf ein Anspruch aus menschlicher Würdigkeit bestünde (S.58-61).

(g') Der "in Christus" Erlöste, der lebendiggemacht und neuge-schaffen ist; dem Gott gnadenhaft bereits perfekte gute Werke vor-gibt, ohne daß darauf ein Anspruch aus menschlicher Würdigkeit bestünde (S.58-61).

II. TRADITIONSGESCHICHTLICHE EXEGESE VON E 2,11-22

A. Zur Makrostruktur des Textes

Wir gliedern den Abschnitt E 2,11-22 grob in drei Textsegmente, die sich schon durch die Bezugsgruppen ihrer Aussagen abgrenzen lassen: In vv.11-13 sind die Heidenchristen in der 2.Pers. Plural angesprochen, ebenso wieder in vv.19-22. Das dazwischenliegende Textsegment vv.14-18 wird durch die Bezugsgruppe des gemeinchristlichen "Wir" bestimmt (v.14: ἡμῶν; v.18: ἔχομεν). Der gesamte Abschnitt beschreibt die einstige Separation der früheren Heiden von den Juden und ihrem Gott (vv.11-13), dann aber die Überwindung dieser doppelten Distanz im ekklesialen Frieden, den Christus herbeigeführt hat (v.13, erläutert in vv.14-18) und gewinnt daraus eine Schlußfolgerung für den jetzigen ekklesialen Status der angesprochenen Heidenchristen (vv.19-22). Obgleich der Abschnitt durch seine Einst-Jetzt-Struktur (v.11: ποτὲ; v.12: τῷ καιρῷ ἐκείνῳ; v.13: ποτε vs. v.13: νυνί; v.19: οὐκέτι) mit 2,1-10 parallelisiert wird[1], können wir in seinen soteriologischen Jetzt-Aussagen über den neuen kirchlichen Frieden zwischen den Gruppen nicht wie andere Exegeten den Inbegriff des Mysteriums im E schlechthin erblicken.[2] Dieses Mysterium betrifft nach unseren Beobachtungen ja vor allem ein kosmologisches Konzept und muß *primär* in der heilvollen noetischen Partizipation an der "oberen" κεφαλή-Stellung Christi über dem Kosmos und seinen bestimmenden Mächten gesehen werden, die 1,20 - 2,10 beschreiben. Freilich kommt unter dem Mantel dieser mythisch-kosmologischen Metastruktur nichts anderes als die Heilspartizipation der ehemaligen Heiden zum Vorschein (cf. 3,6), die einst ja auch unter der Vormacht des Kosmos und seiner Mächte standen. Auf Grund dieses Zusammenhangs können wir also schon sagen, daß die in E 2,11-22 formulierte Partizipation der ehemaligen Heiden am neuen Christusheil dem Mysterium im E entspricht, aber eben nur im Blick auf *diesen* Zusammenhang. Dieser Zusammenhang manifestiert sich auch darin, daß jenes

---

[1] Mit A.T.LINCOLN, The Church and Israel in Ephesians 2, CBQ 49 (1987) S.608 gegen TACHAU, 'Einst' und 'Jetzt', FRLANT 105 (1972) S.134-43.

[2] So vor allem H.MERKLEIN, Christus und die Kirche. Die theologische Grundstruktur des Epheserbriefes nach Eph 2,11-18, S.9-11 (M. berücksicht einseitig die sachliche Beziehung des Mysteriumsinhaltes in 3,6 zu 2,14-18, cf. zu 3,6 aber o.S.61-66), ders., Eph 4,1 - 5,20 als Rezeption von Kol 3,1-17, S.204.207f., und ihm folgend sein Lehrer SCHNACKENBURG, EKK X S.101f. Auch etwa LINDEMANN, Aufhebung S.145 findet in 2,11-22 den Mittelpunkt der theologischen Argumentation des ganzen Briefes.

Gegenüber von sarkisch-irdischer Existenz und pneumatisch-überkosmi-
schem Heil, das uns in 2,1-10 im Sinn des hell.-jüdischen Sarx-Pneuma-Dualismus[3] begegnete, auch in 2,11-22 deutlich wiederkehrt (v.11: zweimaliges ἐν
σαρκί; cf. v.12: ἐν τῷ κόσμῳ vs. v.18.22: ἐν (ἑνὶ) πνεύματι). Es strukturiert hier
wie dort den Einst-Jetzt-Kontrast und gibt 2,11-22 somit als *Teilaspekt* des
Heilsmysteriums vom pneumatisch-noetischen Aufstieg der Glaubenden über
den Bereich von Kosmos (Mächte) und Sarx hinaus zum himmlischen Heil
(Pneuma) zu erkennen. Wir haben also auch hier mit den Kategorien der
hell.-jüdischen Sophia- bzw. Logos-Theologie zu rechnen.

Doch wie verhält sich zu dieser traditionsgeschichtlichen Erwartung an die
religiösen Kategorien unseres Textes die Meinung H.MERKLEINS, nach der
sich unser Friedenstext E 2,11-22 "als eine ausführliche, freie Interpretation
der Gedanken von Kol 1,21-23a unter dem Blickwinkel der Kirche aus Juden
und Heiden verstehen" ließe[4]? Erweist sich unser aufwendiges Vorhaben, den
Text E 2,11-22 aus einem religösen Referenzsystem hell.-jüdischer Proveni-
enz zu verstehen, schon deshalb als unnötig, weil sich seine argumentative Eigenart direkter aus einem quasi redaktionsgeschichtlichen Vergleich mit den
anregenden Versen im Kol erheben ließe? Die Probleme und Mißverständnisse dieses "synoptischen" Weges, den MERKLEIN zu gehen versuchte,
werden uns die letzte Frage später verneinen lassen. Zunächst trifft freilich
für Kol 1,21-23a und E 2,11-22 die Beobachtung paralleler Stichwortabfolgen
zu, die drei vergleichbaren Sinnabschnitten entsprechen[5]:

(a) Der *einstige* Entfremdungszustand der heidenchristlichen Adressaten:
Kol 1,21: ὑμᾶς ποτε/ ἀπηλλοτριωμένους καὶ ἐχθροὺς
E 2,11f.: ποτὲ ὑμεῖς/ ἀπηλλοτριωμένοι...καὶ ξένοι cf. τὴν ἔχθραν v.14.16
Während der Kol Entfremdung und Feindschaft vertikal auf das je individuelle Verhältnis zu Gott bezieht, erhalten diese Begriffe in E 2 über die vertikale hinaus vor allem
eine horizontal-soziale Dimension zur Beschreibung des vorchristlichen Verhältnisses
zwischen Juden und Heiden (s.u.).

(b) Das *jetzt* soteriologisch wirksame Versöhnungswerk Christi:
Kol 1,22a: νυνὶ δὲ/ (cf. v.20: ἀποκαταλλάξαι τὰ πάντα εἰς αὐτόν, εἰρηνοποιήσας διὰ του
αἵματος τοῦ σταυροῦ αὐτοῦ...) 1,22a: ἀποκατήλλαξεν ἐν τῷ σώματι τῆς σαρκὸς αὐτοῦ διὰ
τοῦ θανάτου
E 2,13-18: νυνὶ δὲ/ αὐτὸς γάρ ἐστιν ἡ εἰρήνη ἡμῶν/ ...ποιῶν εἰρήνην/ ἵνα...ἀποκαταλλάξῃ
τοὺς ἀμφοτέρους ἐν ἑνὶ σώματι τῷ θεῷ διὰ τοῦ σταυροῦ
Auch hier denkt der Kol ausschließlich an die individuelle Versöhnung mit Gott durch
den körperlichen Tod Christi; der E hingegen legt ein ekklesiales Soma-Verständnis zu-

---

3   Siehe o.S.58-61.

4   H.MERKLEIN, Zur Tradition und Komposition von Eph 2,14-18, BZ N.F. 17 (1973) S.79-
102, hier S.99.

5   Cf. H.MERKLEIN a.a.O. S.99 mit A 96.

grunde und bezieht so über die vertikale Versöhnungsaussage hinaus auch noch die in der Kirche erreichte friedvolle Einheit zwischen den zwei Gruppen (Juden- und Heidenchristen) in die neue Versöhnungswirklichkeit mit ein (s.u.).

(c) Die *Folge* für die auf dem Fundament des Glaubens bzw. der Apostel stehenden Versöhnten als Partizipation an der Gotteswelt:
Kol 1,22b-23a: παραστῆναι ὑμᾶς ἁγίους.../ τεθεμελιωμένοι καὶ ἑδραῖοι
E 2,19-22: συμπολῖται τῶν ἁγίων/ ἐποικοδομηθέντες ἐπὶ τῷ θεμελίῳ τῶν ἀποστόλων καὶ προφητῶν
Wieder sticht der E vom Kol dadurch ab, daß er "heilig" nicht nur als individuelle Kategorie des Vor-Gott-Stehens faßt, sondern horizontal als der Mitbürgerschaft fähige Gruppenqualität. Die Fundamentmetapher wird nicht auf die individuelle Glaubens- bzw. Gottesrelation, sondern auf die horizontal-ekklesiale Relation zu den Aposteln und Propheten angewendet.[6]
Schon unsere vorläufigen Beobachtungen zu (a) - (c) bestätigen H.MERKLEINs Meinung, daß die individuell gedachte, vertikal-soteriologische Antithese ('unten' vs. 'oben'(= 'himmlisch')) des Kol im E "ergänzt [wird] durch die horizontale (anthropologische) Antithese von 'Heiden vs Juden'." Die Antithetik in E 2 ist somit zweidimensional[7], wobei die horizontal-ekklesiale Dimension den Akzent erhält. Dazu wurden wesentliche Konzepte des Abschnitts Kol 1,(20)21-23a wie ἀπηλλοτριωμένοι, ἐχθροί, εἰρηνοποιεῖν, ἁγία, τεθεμελιωμένοι, die dort nur auf das vertikale Gottesverhältnis bezogen waren, in E 2,11-22 mit einem neuen, auf die horizontale Relation Juden(christen) - Heiden(christen) orientierten Sinn versehen. Dieser horizontal-soziale Bezugsschwerpunkt (Juden - Heiden) wird verstärkt durch die Aufnahme gruppenbezogener und politischer Terminologie, die durch Kol 1,20.21-23a nicht mehr vorgegeben war: Z.B. die gruppenbezogenen Begriffe τὰ ἔθνη ἐν σαρκί, ἀκροβυστία - περιτομή, τὰ ἀμφότερα, οἱ ἀμφότεροι, οἱ δύο, οἱ μακράν - οἱ ἐγγύς, οἱ ἀπόστολοι καὶ προφῆται, συν-οικοδομεῖσθαι (cf. συν-αρμολογεῖσθαι)[8]; zudem die politischen termini technici (ἀπηλλοτριωμένοι) τῆς πολιτείας τοῦ Ἰσραήλ par. ξένοι τῶν διαθηκῶν..., ξένοι καὶ πάροικοι, συμπολῖται... καὶ οἰκεῖοι.[9] Den gleichen Effekt haben der gegenüber Kol 1,21-23a neue Eintrag des ekklesialen Leib-Christi-Konzepts (E 2,16 ἐν ἑνὶ σώματι, cf. aber Kol 1,18a.24)[10] - ein Zentralkonzept des Epheserbriefes (cf. 1,22f.; 4,4.15f.25; 5,23.30) - und die starke Betonung des in der Kirche zwischen ehemaligen Juden und Heiden erreichten

---

6   Über die unübersehbar parallelen Stichwort-Akoluthien (a) - (c) hinaus bleibt der E, wie MERKLEIN ebd. in Erinnerung ruft, auch auch im folgenden in der Kol-Sequenz: Kol 1,23b ff. par. E 3,1ff. (Bedeutung des gefangenen Paulus als Verkünder des Mysteriums).

7   H.MERKLEIN, Eph 4,1-5,20 als Rezeption von Kol 3,1-17, S.202 (von dort wurde auch zitiert).

8   Die jeweilige Bedeutung kann freilich erst unsere Analyse (s.u.) sichern.

9   Siehe die vorangehende Anm.

10   Siehe o. A 8.

Friedens (εἰρήνη erscheint viermal in E 2,14-18)[11] - wieder ein Zentralkonzept des Epheserbriefes (4,3; 6,15). Die Verschiebung des Akzents von Kol 1, wo die vertikale Versöhnung der ehemaligen Heiden mit Gott (v.21ff.) als christliche Applikation der Versöhnung des Kosmos (in seinen zwei Teilen Erde und Himmel) mit Gott (v.20) erscheint, zu E 2,14-18, wo die vertikale Versöhnung mit Gott nur zugänglich wird unter dem Hauptgesichtspunkt des horizontalen Friedens, der im ekklesialen Leib zwischen Juden und Heiden erreicht ist, versteht MERKLEIN nun als "freie Interpretation" der traditionsgebundenen kosmischen Christologie des Kol durch den E-Verfasser.[12] Diese Neuinterpretation stehe unter der leitenden ekklesiologischen Frage: "Wie können Juden *und* Heiden eschatologisches Gottesvolk sein?" bzw. unter der äquivalenten soteriologischen "Wie werden *Juden und Heiden zusammen* (die einst in so unvergleichlicher Situation waren) mit Gott versöhnt?"[13] Problematisch an MERKLEINs Einschätzung dieses Interpretationsverfahrens, das ihm ein quasi redaktionsgeschichtliches Verständnis wichtiger Begriffe aus E 2,14ff. eröffnen soll, erscheint uns, daß er den Hintergrund der hell.-jüdischen Logostradition nur für die kosmische Christologie des sog. Kol-Hymnus (Kol 1,15-20, die soteriologische Applikation auf die Leser dann in Kol 1,21f.) annimmt, die in Kol 1,18.20.21f. schon ansatzweise ekklesiologisch und kreuzestheologisch uminterpretiert werde. Der Verfasser von E 2 schließlich realisiere diese ekklesiologische Uminterpretation kosmischer Christologie mit letzter Konsequenz, so daß er sich dementsprechend am weitesten von den ursprünglich kosmischen Kategorien der hell.-jüdischen Logostheologie entfernt zu haben scheint. Aufgrund dieses Interpretationsgefälles, so meint MERKLEIN, sei etwa die Aussage, daß Christus die zwei in sich zum (angeblich ekklesialen) *einen* neuen Menschen geschaffen habe (E 2,15b), nichts als die konsequent-ekklesiologische Interpretation der logostheologisch begründeten Aussage, daß durch Christus das All geschaffen wurde (Kol 1,16f.). Dabei sei die Vorstellung der zwei kosmischen Bereiche (Himmel/ Erde Kol 1,16.20) ekklesiologisch auf die "zwei" Gruppen von Juden und Heiden uminterpretiert worden, um "so die negative Folie für den *'einen* neuen Menschen'" zu gewinnen.[14] Zum anderen findet MERKLEIN in der

---

[11] Siehe o. A 8.

[12] H.MERKLEIN, Christus und die Kirche, bes. S.85-98; ders., Zur Tradition und Komposition von Eph 2,14-18, S.95-101; cf. ders., Paulinische Theologie in der Rezeption des Kolosser- und Epheserbriefes, in: RAHNER/SCHLIER, Quaestiones Disputatae 89, 1981, hier S.54-62.

[13] Ders., Zur Tradition und Komposition von Eph 2,14-18, S.99 und ders., Christus und die Kirche, S.28(-61).

[14] Siehe H.MERKLEIN, Christus und die Kirche, S.90-97 (Zitat von S.96); ders., BZ N.F. 17 (1973), S.97. Das aufgezeigte Interpretationsgefälle dokumentiere die zunehmende christologische Verarbeitung der hell.-jüdischen Makroanthropos-Spekulation.

Vorstellung von der Versöhnung der beiden in einem Leib mit Gott (E 2,16) "die kosmische All-Versöhnungsaussage, wie sie etwa Kol 1,20 vorliegt, konsequent ekklesiologisch interpretiert": Der vom E-Verfasser als Versöhnungsobjekt neu eingetragene 'ekklesiologische Terminus' ("die beiden in einem Leib") impliziere auch die konsequent-ekklesiologische Interpretation des in Kol 1,18 noch durchscheinenden kosmischen Soma-Begriffs der Tradition.[15] - MERKLEINs Konstruktion eines Interpretationsgefälles im Sinn einer zunehmend "freien Interpretation" von der hell.-jüdischen Logostheologie über Kol 1 nach E 2 scheint uns schon deshalb unhaltbar zu sein, weil die strukturtragenden religiösen Kategorien in E 1 - 3, die wir oben analysiert haben, alle ihre Herkunft aus den Kategorien des gnoseologischen Heilsverständnisses, somit der hell.-jüdischen Logostheologie, verrieten. Im Unterschied zu MERKLEIN haben wir also die begründete Erwartung, daß der Verfasser von E 2,11-22 seinen besonderen Akzent, den er auf den durch Christus erreichten horizontalen Frieden zwischen Juden und Heiden legt, ebensosehr durch die für ihn selbstverständlichen Denkmittel der Logostheologie gestaltet, wie er sich auch anderswo diesem Traditionsmilieu zugehörig erweist. Zwei Beispiele dafür im Vorgriff: Dieses hell.-jüdische Referenzsystem präfigurierte sowohl die Schöpfungsmittlerrolle des Logos (Christus) (cf. Kol 1,16) als auch - unabhängig davon - die soteriologische Vorstellung vom Neuschaffen zum himmlischen Anthropos, der qualitativ *einer* ist, nämlich dem göttlichen Bereich der μονάς zugehört und den Bereich der irdischen "Zweiheit" überwunden hat (cf. E 2,15b). Hier ist also die Annahme einer interpretatorischen Transformation völlig unbegründet. Ebenso läßt sich für das Friedensmotiv zeigen, daß der Logos nach dem vorgegebenen Referenzsystem sowohl den Kosmos friedenstiftend durchdringt und vertikal auf Gott ausrichtet (cf. Kol 1,20.21ff.), als auch zugleich die vom Logos Inspirierten in horizontaler Perspektive ausdrücklich als solche dargestellt wurden, die untereinander zum Frieden gebracht sind (cf. E 2,14ff.). Auch hier werden wir also keinen Anlaß für die These freier ekklesiologischer Transformationen von Kol 1 nach E 2 finden. Wir meinen daher, daß erst der Rückgang auf die Kategorien des hell.-jüdischen Logos-Friedenstifter-Komplexes sowohl das Verständnis für die E 2,11ff. anregende Passage in Kol 1,(20)21-23 ermöglicht, als auch - in der sozialen Variante dieses Komplexes - die traditionellen Denkmittel für den ekklesialen Akzent des Friedensthemas in E 2,11-22 zugänglich macht. Durch diese traditionsgeschichtliche Arbeit lernen wir das vom Milieu des Autors schon selbstverständlich mitgebrachte religiöse Referenzsystem kennen. Über die aktuellen, situativen Motive für die von Kol 1 stark abweichende Darstellung Christi als Stifter des Friedens

---

15 Siehe H.MERKLEIN, Christus und die Kirche, S.97f.(Zitat von S.97); ders., BZ N.F. 17 (1973), S.97f.

zwischen Juden und Heiden in seinem ekklesialen Leib wird uns hingegen erst die sozialgeschichtliche Analyse deutlichere Auskünfte geben können.

B. Die Logos-Friedenstifter-Christologie in Kol 1,20.22

Nachdem das Christus-Enkomion in Kol 1,15ff. in seinem ersten Teil vv.15-17 Christus als Schöpfungsmittler und -erhalter unter deutlicher Aufnahme der hell.-jüd. Logostheologie vorgestellt hat[16], folgt u.E. schon ab v.18a bis v.20 (nicht erst mit E.SCHWEIZER ab v.18b[17]) die Darstellung des auferstandenen Christus als Versöhner der Kirche wie des Alls[18], die - wie wir für das Motiv von der Wohnungsnahme der ganzen Fülle der Gotteskräfte in Christus (v.19) schon sahen - ebenfalls die Logos-Theologie verarbeitet.[19] Daran schließt sich in v.21-23 eine soteriologische Anwendung dieses zweiten Teils speziell auf die Versöhnung der angesprochenen Adressaten an, wobei die Versöhnungs- und Friedensstifter-Aussage aus 1,20 (ἀποκαταλλάξαι/ εἰρηνοποιήσας) in 1,22 erneut aufgenommen wird: (καὶ ὑμᾶς...) νυνὶ δὲ ἀποκατήλλαξεν (sc. Christus) ἐν τῷ σώματι τῆς σαρκὸς αὐτοῦ διὰ τοῦ θανάτου παραστῆσαι ὑμᾶς ἁγίους καὶ ἀμώμους καὶ ἀνεγκλήτους κατενώπιον αὐτοῦ (v.22). Die Wendung ἐν τῷ σώματι τῆς σαρκὸς αὐτοῦ διὰ τοῦ θανάτου entspricht dabei als Hinweis auf den Kreuzestod dem vorhergehenden (εἰρηνοποιήσας) διὰ τοῦ αἵματος τοῦ σταυροῦ αὐτοῦ (1,20). Läßt sich dieser Hinweis auf das Kreuz nun im Sinn des paulinischen Sühne- bzw. Stellvertretertodmotivs verstehen[20] oder gibt es selbst hier

---

[16] Siehe dazu o.S.68 A 143.

[17] Siehe E.SCHWEIZER, Kolosser 1,15-20 (1968) S.113-45; ders., Zur neueren Forschung am Kolosserbrief (seit 1970) (1976) S.163-91; ders., EKK XII S.50ff.

[18] K.BERGER, Formgeschichte des Neuen Testaments, S.372 (cf. S.344-46) klassifiziert Kol 1,15-20 nach formgeschichtlichen Analogien zurecht als "Logos-Enkomion" und erkennt u.E. ebenfalls mit Recht einen spiegelbildlichen Aufbau nach dem Muster a - b - b' - a': Der ersten, auf die Schöpfungsmittlerschaft des Christus-Logos bezogenen Hälfte vv.15-17 (v.15: ὅς ἐστιν... (=a); v.17: καὶ αὐτός ἐστιν... (=b)) steht spiegelbildlich die zweite, auf die Friedenstiftung und Versöhnung bezogene Hälfte (v.18a: καὶ αὐτός ἐστιν... (=b'); v.18b: ὅς ἐστιν... (=a')) gegenüber. Denn u.E. hat v.17 die Qualität einer die erste Hälfte zusammenfassenden Schlußsentenz ("Unterschrift"), während v.18a entsprechend als ekklesial zugespitzte "Überschrift" des folgenden Versöhnungswerkes verstehbar ist und etwa auch mit der Wendung πρωτότοκος ἐκ τῶν νεκρῶν (v.18b) zusammengesehen werden kann (Christus als erster derer, die später sein Soma bilden). Allerdings erscheint BERGERs Aufteilung in "Weltfunktion" (vv.15-17) und "Gemeindefunktion" des Logos/ Christus (vv.18-20) wenig glücklich, da auch der Versöhnungsteil die kirchliche κεφαλή-σῶμα-Relation in den Rahmen der Versöhnung von τὰ πάντα einzeichnet (v.20).

[19] Siehe o. S.54-58.

[20] E.SCHWEIZER wertet den Hinweis auf das "Kreuzesblut" als Instrument der Friedenstiftung, der mit der Vorstellung konkurriere, daß die weltweite Versöhnung durch die Einwohnung der ganzen Fülle Gottes im Auferstandenen erreicht worden sei, als Indikator für einen paulinisch-interpretierenden Nachtrag des "Kreuzesblutes" (1,20) in den vorgegebenen Hymnus (ders., EKK XII S.53f.70f.). Auch der Hinweis auf den körperlichen Tod Christi in 1,22

enge Verbindungen zur Logos-Theologie? Diese Frage kann uns Kol 2,11-15 beantworten, wo die grundlegenden Aspekte des Christusgeschehens einschließlich des Todes Christi erneut in ihrer soteriologischen Auswirkung auf die Glaubenden entfaltet werden, wobei in 2,11 wiederum wie in 1,22 die auffällige Wendung τὸ σῶμα τῆς σαρκός erscheint.

Die Vv. Kol 2,11-13 konzentrieren sich - in Anlehnung an Rö 6 - auf die heilsvermittelnde Teilhabe der Glaubenden am Tod und an der Auferweckung Christi. Gegenüber dem futurisch-eschatologischen Vorbehalt bei Paulus (Rö 6,4.5.8) liegt der Ton jetzt allerdings auf dem schon geschehenen Mitauferwecken (2,12 συνηγέρθητε) und Mitlebendigmachen (2,13 συνεζωοποίησεν) mit Christus durch Gott. Voraussetzung dieses neuen Lebens ist die Gemeinsamkeit mit Christus im Ablegen des "fleischlichen Körpers" (2,11 cf. 1,22), was metaphorisch als *Beschneidung, die nicht mit Händen gemacht wird,* bezeichnet wird (2,11). Durch Gewandmetaphorik wird dieser Vorgang als "*Ausziehen* (ἀπέκδυσις) des Fleischeskörpers" thematisiert; durch die Taufe wird er symbolisiert (2,12). Gemäß v.13 ist der durch *Fleisch* (σάρξ) bestimmte Körper ethisch negativ bestimmt: Er bezeichnet - hier metaphorisch als "Vorhaut des Fleisches" - die Situation des *Totseins* in Übertretungen. Die Kleidermetaphorik vom "Ausziehen" des ethisch negativen, fleischlichen Körpers, der "tot" ist, führt uns in die hell.-jüd. Theologie, wo bei Philo der Körper als Instrument des ethisch negativen, sinnlichen Lebens metaphorisch als "Kleid" der Seele erscheint.[21] Auch hier ist das am Körper orientierte Leben wie in Kol 2,13 schon "Totsein", Verfehlung des Heils (all I 105-108; her 292); der Körper ist der mit uns verwachsene Leichnam (gig 15).[22] Dementsprechend gehört die alles Körperlichen entkleidete "Nacktheit" des zu Gott aufstrebenden νοῦς, das "*Ausziehen*" (ἐκδῦσαι) des sarkischen Körpers, bei Philo (wie in Kol 2) ausdrücklich zu dem bei Lebzeiten vollziehbaren Übergang in das noetisch-pneumatische Sein des tugendhaften Weisen.[23] Denn Körper und Fleisch hindern das Weisheitspneuma am Blei-

---

(cf. dazu Rö 5,10) wird entsprechend erklärt (ebd. S.75-77). Die Frage ist aber, ob diese von Paulus her vertraut wirkenden Aussagen auch noch mit einem den Sühnetod umgreifenden religiösen Referenzsystem verknüpft werden (dazu gleich).

[21] Der Körper als Kleid: gig 53; her 54 cf. 42 (Körper = Kleid = Leben der Sinnlichkeit); fug 110: Die Seele hat den Körper zum Kleid. QGen I 53.

[22] Cf. die Lehre vom doppelten Tod (physisch und seelisch) in all I 105-108: Der Tod der Seele besteht in der Vereinigung von Körper und Seele, "bei welcher der schlechtere Teil, der Körper, die Oberhand gewinnt und der bessere, die Seele, unterliegt" (106). Daher seien "die Schlechten..., weil sie des tugendhaften Lebens beraubt sind, Tote, selbst wenn sich ihr Leben bis ins höchste Alter hinzöge" (fug 55; siehe 58-61; cf. her 292; agr 100; som II 66). "Wenn wir aber körperlich gestorben sind, dann führt die Seele ihr Eigenleben, befreit von dem schlechten und toten Gesellen, dem Körper, an den sie gefesselt war" (all I 108). Auch die Stoiker kannten den ethisch begründeten "Tod" (Epikt. I 9.19; M.Aurel. 4,41; 9,24; 12,33); im NT erscheinen ähnliche Gedanken Joh 5,24; 1.Joh 3,14; ApcJoh 3,1f.; 1.Tim 5,6.

[23] "Ausziehen" des Körpers: all II 55 (die von Liebe zu Gott erfüllte Seele zieht den Körper und das, was diesem lieb ist, aus (ἐκδῦσα τὸ σῶμα) und flieht weit hinaus von diesem fort); all II 80; som I 43 (unsere Seele..., nachdem sie die ganze körperliche Last ausgezogen hat (ἐκδῦσα) und der Menge der sinnlichen Wahrnehmungen entlaufen ist...). Zu den Aussagen über die alles Körperlichen entblößte Nacktheit des νοῦς (γυμνός und ἀσώματος sind hier synonym), die bei Philo zum soteriologischen Aufstieg aus dem inferioren sinnlich-körperlichen Kosmos in den unkörperlichen Heilsbereich des noetischen Seins gehören, siehe SELLIN, Streit S.133f. und QGen II 69 ("And there is another nakedness, that of the soul, (which) can very nobly escape the entire

ben, daher ist das Auskleiden alles Irdischen die Bedingung für die Inspiration des νοῦς, die den heilvollen noetischen Aufstieg zum "oberen" Sein gewährt.[24] Da bereits Kol 2,10 von solcher Inspiration sprach (πεπληρωμένοι) und die Orientierung am "oberen", noetischen Sein auch in 3,1-4 in der einschlägigen hell.-jüd. Terminologie erscheint[25], müssen wir das mit Christi Sterben analoge *"Ausziehen des fleischlichen Körpers"* der Glaubenden (2,11 cf. 1,22) hier tatsächlich im Zusammenhang der noetischen Heilslehre hell.-jüd. Musters verstehen, nämlich als notwendigen Vorgang beim Übertritt in die obere, noetisch-pneumatische Existenzweise. Daß diese Überwindung der fleischlich-körperlichen Bestimmtheit hier als περιτομὴ ἀχειροποιητός = περιτομὴ τοῦ Χριστοῦ (2,11) bezeichnet werden kann, hat ebenfalls ganz enge Analogien in spiritualisierten Beschneidungskonzepten hell. Juden, die analog zur "Beschneidung Christi" eine "Beschneidung durch den Logos" kannten, die (den inspirierten νοῦς) vom Körper und seinen negativen ethischen Bezügen befreit (cf. Phil 3,3).[26] Da diese Be-

---

burdensome weight of the body, as from a tomb... For he who has the power to ... strip himself of all of them, has obtained a fortunate and blessed lot: ... living incorporeally"). E.BEST, Dead in Trespasses and Sins (Eph.2.1), JSNT 13 (1981) S 9ff., hatte als Hintergrund für das ethische Totsein, das mit dem Fleisch verbunden ist (Kol 2,13 cf. E 2,1.5), 1QH XI 10-14 herangezogen, wo der Eintritt in das präsentische Heil der Gemeinde ebenfalls ein Totsein durch Sünde ablöst (Z.12). Doch wird hier der Übergang ins Heil nicht als "Ausziehen" aufgefaßt, daher steht das hell.-jüd. Konzept eher im Hintergrund.

[24]   gig 29: Das göttliche Weisheitspneuma (cf. gig 47) bleibt nicht wegen dem Fleisch. gig 53: "... bei der einzigen Art von Menschen aber stellt er (sc. der göttliche Geist der Weisheit) sich ein, die sich aller irdischen Dinge und der äußersten Decke und Hülle des Scheins entkleidet hat (ἀνειμένη) und im Geist nackt zu Gott kommt." Cf. gig 31: "Wohl genießen unfleischliche und unkörperliche Seelen (ἄσαρκοι καὶ ἀσώματα), verweilend auf der Schaubühne des Alls, göttliches Schauen und Hören,... die aber die Fleischeslast schleppen (τὸν σαρχῶν φόρτον), vermögen, beschwert und bedrückt, nicht zu den himmlischen Umläufen emporzublicken..."; cf. imm 142f.. Die Gewandmetaphorik vom "Ausziehen" des materiellen Körpers als Voraussetzung der noetischen Erlösung treffen wir etwa auch in CH VII 2f.

[25]   Siehe o. S.53 A 112.

[26]   So am deutlichsten in der allegorischen Auslegung der Beschneidung in QGen III 46-52, bes. QGen III 51 (zu Gen 17,13): "He wishes (to point out) ... that together with the soul the *divine Logos* is appointed over the body also, to be, as it were, its physician, to whom it is a matter of concern to circumcise the excessive and harmful impulses ... of the whole body, to which taking pleasure in desire (is) to feel pain." Ebenso deutlich QGen III 52 (zu Gen 17,14): "This (sc. the mind) He commands to be circumcised in the ogdoad for the reasons which I gave earlier; and (He mentions) no other part but the flesh of the foreskin, symbolizing those sense-pleasures and impulses which afterwards come to the body. ... For the mind which is not circumcised and purified and sanctified of the body and the passions which come through the body will be corrupted and cannot be saved." Cf. etwa auch migr 92; spec I 4ff.; 304 ff.; QEx II 2 u.ö.: Die Überwindung von sarkisch-körperlicher Orientierung (Sinne, Leidenschaften, Lust...) durch die Logosinspiration konnte in dieser Theologie somit metaphorisch als "Beschneidung" gefaßt werden, die, da durch den Logos vollzogen, nicht "mit Händen gemacht" ist (s. die nächste Anm.). Dieses spiritualisierte Beschneidungskonzept knüpft Philo ausdrücklich an die atl. Tradition von der Herzensbeschneidung an (spec I 304 ff.; QGen III 46; cf. Lev 26,41; Dt 10,16; 50,6; Jer 4,4; 9,25-26; Ez 44,7-9; 1QpHab 11,12-14; 1QS 5,5-7; Jub 1,22-23). Einen Überblick zur spirituellen Beschneidung gibt D.C.SMITH, Jewish and Greek Traditions in Ephesians 2:11-22, S.50-65. Ein Teil der Allegoristen um Philo vollzog den äußeren Beschneidungsritus nach Ausweis von migr 89ff.(92) nicht mehr, was wohl bedeutet, daß man sich bei Proselyten mit dem spirituellen Kon-

schneidung durch die Logosinspiration geschieht, ist sie der Sache nach ἀχειροπαητός, also: nicht-menschlichen Ursprungs.[27] Eine gute Analogie zum Verständnis des Todes Jesu, den die Christen durch die Taufe analog auch für sich gelten lassen, als soteriologisches Symbol für das "Ausziehen des fleischlichen Körpers" und somit für jenen Übertritt in die noetische Gotteswelt bietet Philos Version der Erzählung von Nadab und Abihu (Lev 10,1-6) in fug 58-59: "Die schönste Definition des unsterblichen Lebens ist: von unfleischlicher (ἀσάρκῳ) und unkörperlicher (ἀσωμάτῳ) Liebe und Freundschaft zu Gott besessen zu sein. Auf solche Weise sterben die Priester Nadab und Abihu, um lebendig zu werden: sie tauschen für das sterbliche Lebendigsein (θνητῆς ζωῆς) ein unvergängliches Lebendigsein (ἄφθαρτον βίον) ein und wanderten aus der gewordenen Welt in die ungewordene hinüber. Von ihnen wird mit symbolischer Bezeichnung der Unvergänglichkeit gesagt, daß sie angesichts des Herrn starben, das bedeutet: lebendig wurden (ἔζησαν); denn es wäre nicht erlaubt, daß ein Toter vor das Angesicht Gottes käme."[28] Der Übertritt in den noetischen, unvergänglichen Bereich Gottes kann also durch das Sterben dieser Priester symbolisiert werden. Auch Moses leiblicher Tod repräsentiert diesen erlösenden Übergang in den Pneumabereich (s.u.). Die sachliche Nähe zur Vorstellung in Kol 2,11ff. zeigt sich auch darin, daß die Parallelstelle all II 55ff.[29] das Sterben Nadabs und Abihus ausdrücklich als Exemplum für das *"Ausziehen"* (ἐκδύσαι) des (fleischlichen) Körpers anführt. Der Unterschied liegt freilich u.a. darin, daß das sym-

---

zept der Logos-Beschneidung begnügte (QEx II 2: "the προσήλυτος is one who circumcises not his uncircumcision but his desires and sensual pleasures and the other passions of the soul"; cf. D.C.SMITH, Jewish and Greek Traditions S. 60).

[27] χειροποίητος erscheint als Charakteristikum des irdischen Bereichs im Gegenüber zum noetischen Gottesbereich bei Philo etwa mut 26; Mos II 51.168; cf. som II 125; Mos II 165. An allen Stellen im NT bezeichnet das Wort den Gegensatz des Menschengemachten zum Werk oder Bereich Gottes (s. auch ThW IX 425f.; EWNT III 1112ff.), wobei wieder besonders die Verwendung in Kontexten auffällt, die erwiesenermaßen enge Beziehungen zu den bei Philo belegten hell.-jüd. Kategorien haben: Hb 9,11.24 (himmlisches Heiligtum vs. irdischer Tempel, cf. Mos II 88; zur Rezeption "philonischer" Kategorien im Hb siehe H.BRAUN, Das himmlische Vaterland bei Philo und im Hebräerbrief, S.319ff.); 2.Kor 5,1 (ἡ ἐπίγειος οἰκία vs. οἰκία ἀχειροποίητος ... ἐν τοῖς οὐρανοῖς; die massive Rezeption hell.-jüd. Kategorien im Kontext behandeln E.BRANDENBURGER, Fleisch und Geist, S.175-77 cf. S.197-215 (199) und H.KAISER, Die Bedeutung des leiblichen Daseins in der paulinischen Eschatologie, S.86ff. cf. S.126ff. und pass.); cf. noch Mk 14.58; Act 7,48; 17,24.- Die o. herausgestellte Analogie zwischen der 'Beschneidung Christi" als περιτομὴ ἀχειροποίητος (Kol 2,11f.) und der hell.-jüd. Beschneidung durch den Logos macht die Auffassung D.C.SMITHs unwahrscheinlich, daß damit "a figurative expression for the death of Jesus Christ on the cross" gemeint sei (ders., Jewish and Greek Traditions S.47f.): Vielmehr ist schon die Christus- (Logos-) Inspiration gemeint, die - metaphorisch als "Beschneidung" formuliert - die Überwindung sarkischer Leiblichkeit bei den Inspirierten bewirkt und damit die Analogie zum leiblichen Sterben Christi zuwege bringt.

[28] Die philonischen Nadab-Abihu-Texte bespricht ausführlich R.D.HECHT. Patterns of Exegesis in Philo's Interpretation of Leviticus, Studia philonica 6 (1979/80) S.77-155, hier S.115-28: "the Nadab and Abihu narrative provides Philo with an opportunity to get the soul out of this 'necessary evil' (sc. the body)" (ebd. S.125).

[29] Nach all II 57 haben Nadab und Abihu das irdische Leben verlassen und am ewigen Anteil gewonnen, was zugleich Entblößung und Unkörperlichkeit (γύμνωσις, ἀσωματότης) bedeutet (cf. all II 55: ψυχὴ ἐκδῦσα τὸ σῶμα). Cf. dazu auch migr 169f.; her 309; som II 67.186.

bolhafte Sterben der beiden Priester oder des Mose, also das Ausziehen des Fleischeskörpers, ganz unmittelbar mit dem Übertritt in die noetische Gotteswelt verbunden
wird, während in der christlichen Tradition dieser Übergang noch mit der Aussage über
die mit Christus analoge Auferweckung verbunden werden mußte (Kol 2,12 cf. Rö
6,5.8). Allerdings ist die Auferweckung für den Kol schon geschehen und rückt damit
denkbar nahe an das Sterben (= Ausziehen des Körpers) heran.[30] Nach dem obigen
Philo-Text bedeutet dieses Sterben weg vom Geworden-Körperlichen zugleich noetisches Lebendigwerden. Ganz entsprechend dazu weist in Kol 2,13 der Begriff
συζωοποιεῖν auf diesen Übertritt - ein Begriff, der im hell. Judentum als inspirativer
Akt   neuer   Belebung   verstanden   wurde[31]   und   sachlich   daher   mit   dem
Inspirationsterminus πεπληρωμένοι aus 2,10 zusammengehört. Wir treffen hier auf
eine Soteriologie, in der die Heilsbedeutung des Kreuzestodes nicht primär als Sühne
für Sünden, Tragen des Gesetzesfluches oder allgemeiner: als blutige Kompensation
negativer Sündenfolgen verstanden ist, sondern vor allem als symbolisches Paradigma
und Ermöglichung des Übergangs aus der ethisch negativen Sphäre der fleischlichen
Körperlichkeit in den "oberen", noetisch-pneumatischen Gottesbereich, in diesem Sinn
als "Ausziehen" des fleischlichen Körpers. Zugleich ist der seiner fleischlichen
Körperlichkeit gestorbene, in den noetischen Gottesbereich übergetretene Christus
damit selbst in die Position des Logos eingetreten, so daß durch ihn die Erlösten nun -
metaphorisch - die Beschneidung ihrer Körperlichkeit erfahren (Kol 2,11 ἡ περιτομὴ
τοῦ Χριστοῦ par. "Beschneidung durch den Logos" QGen III 51) - also genau jene
Inspiration, die zum noetischen Nachvollzug der Entleiblichung Christi befähigt.
Freilich bedeutet dieser Übergang schon Vergebung der Übertretungen und, bildlich
gewendet, Auswischen des anklagenden himmlischen Manuskripts (2,14).
Es ist ganz unausweichlich, von dieser eingehenderen soteriologischen Entfaltung des
"Ausziehens des Fleischeskörpers" in 2,11-13 aus auch den stärker abgekürzt formu-
lierten Hinweis auf die Heilsbedeutung dieses Todes Christi in 1,22 zu verstehen: Die
Versöhnung der Adressaten ἐν τῷ σώματι τῆς σαρκὸς αὐτοῦ διὰ τοῦ θανάτου, die
die Glaubenden heilig "vor ihm" stellen soll, muß ebenfalls die analoge Partizipation der
Glaubenden an der Überwindung des Fleischeskörpers durch Christi Tod meinen, die
den Übergang in den noetischen Gottesbereich "vor ihm" und somit die Versöhnung mit
Gott zur Folge hat. Christi Sterben, der Tod seines Fleischeskörpers, ist - ähnlich wie
bei den hell. Juden das Sterben Nadabs und Abihus - das Realsymbol für diesen Übergang, den jeder Glaubende für sich insofern nachvollzieht, als er in der noetischen Inspiration schon das Sterben seines sarkischen Körpers erfährt oder, in einer äquivalenten Metaphorik, die "Beschneidung" seiner fleischlichen Körperlichkeit. Da sich das mit
Christus analoge Sterben aber als "Beschneidung Christi" (Kol 2,11ff.) vollzieht, womit
nach Analogie der Logos-Beschneidung metaphorisch die noetische Inspiration als
Entleiblichung bezeichnet wird, muß auch die mit Christi Tod analoge Entleiblichung

---

[30] In Kol 2,20; 3,3 steht bezeichnenderweise das Sterben allein für den Übergang in die obere
Welt. So freilich auch schon bei Paulus, Rö 6,10: Der Sünde sterben, dh.: dem σῶμα τῆς
ἁμαρτίας sterben (6,5), bedeutet Leben für Gott (cf. 6,13). Siehe auch Gal 2,19f.; 5,24f.; 6,8.14-
16; Rö 8,5f.13. - Zur Vorbereitung der hellenistischen Soteriologie in Kol 2,11ff. durch Rö 6,1-14
cf. auch G.SELLIN, "Die Auferstehung ist schon geschehen". Zur Spiritualisierung apokalyptischer Terminologie im Neuen Testament, NovTest 25 (1983) S.220-37, hier S.227-32.

[31] Wir haben dies o.S.59-61 mit A 122 gezeigt.

der Glaubenden nach Kol 1,22 zugleich die Christus-Inspiration voraussetzen: Soteriologisches Realsymbol und soteriologisches Inspirationsprinzip fallen in Christus zusammen. Durch sein eigenes körperliches Sterben ist Christus also - und das geht freilich über Nadab und Abihu hinaus - zugleich selbst dieses Inspirationsprinzip geworden, der Logos, der die Glaubenden noetisch "erfüllt" (2,10) und sie dabei bezüglich ihres fleischlichen Körpers "beschneidet" (2,11). Entfernt zu vergleichen wäre hier vor allem die Gestalt des Mose, der durch seinen leiblichen Tod ebenfalls die Sphäre der irdischen Körperlichkeit verlassen hat und ganz zur noetischen Gotteswelt übergetreten ist (Mos II 288ff.), von wo aus er als Inbegriff des Logos die Menschen soteriologisch inspiriert (migr 23f.; som I 71; congr 170). Wie wir nun sehen, hat sich der scheinbar an der blutigen Kompensation negativer Sündenfolgen orientierte Hinweis auf den leiblichen Kreuzestod Jesu in 1,22 schon vollkommen dem hell.-jüdischen Heilsverständnis noetischer Entleiblichung assimiliert.[32]

Da 1,22 aber den Abschluß des Enkomions in 1,20 aufnimmt (s.o.), muß auch dort der Hinweis auf das Sterben am Kreuz (διὰ τοῦ αἵματος τοῦ σταυροῦ αὐτοῦ) schon im Sinne des hell.-jüd. Paradigmas verstanden werden: Das Kreuzesblut als Sterbensmetapher steht sachlich in einer Linie mit den Todesinterpretationen 1,22 und 2,11ff. und bezeichnet daher für diese Theologie vor allem den Übergang Christi in die noetische Logosfunktion. Es konkurriert also keineswegs mit der weltweiten Versöhnung via Wohnungsnahme der Fülle der Gotteskräfte im auferstandenen Christus[33], die ja den gleichen Übergang voraussetzt: An das christlich auf die Auferstehung bezogene Logosprädikat des πρωτότοκος ἐκ τῶν νεκρῶν, das den universalen Vorrang nach sich zieht (v.18b)[34], schließt sich als begründende Erläuterung dieses Vorrangs (ὅτι) logisch die Wohnungsnahme der Fülle der Gotteskräfte im Auferstandenen an (v.19), die, wie wir bereits sahen, auch bei Philo die souveräne Position des Logos in der Welt bedingt. Bezeichnenderweise wird der Logos, der nun als Inbegriff der Kräfte Gottes die Welt "erfüllt" und ihre auseinanderstrebenden Elemente somit - als Band - zur Harmonie zusammenzwingt, bei Philo als *Stifter des Friedens* im Kosmos gesehen, QEx II 118: "... for this (sc. the Logos) is the strongest and most stable bond of all things, in order that it might bind and weave together the parts of the universe and their contraries, and by the use of force bring into unity and communion and loving embrace those things which have many irreconcileable differences by their natures." Ähnlich QEx II 68: "The divine Logos, inasmuch as it is appropriately in the middle, leaves nothing in nature

---

[32] Die Form der Aussage in Kol 1,21-22 schließt sich freilich unübersehbar an Rö 5,10 an, wo im Kontext der Gedanke stellvertretender Sühne herrscht: εἰ γὰρ ἐχθροὶ ὄντες κατηλλάγημεν τῷ θεῷ διὰ τοῦ θανάτου τοῦ υἱοῦ αὐτοῦ... (cf. 2.Kor 5,18). Das damit verbundene theologische Referenzsystem ist aber durch den Eintrag von ἐν τῷ σώματι τῆς σαρκὸς vor διὰ θανάτου in Kol 1,22 im Sinne der in Kol 2,11ff. entfalteten hellenistischen Soteriologie modifiziert.

[33] So E.SCHWEIZER, s.o. S.78f A 20.

[34] Philo spricht allerdings vom Logos, dem Mittler der folgenden Schöpfung, regelmäßig als vom πρωτόγονος (conf 62f.146; agr 51; som I 215 u.ö.). Doch erscheint der Logos als πρωτότοκος πάσης κτίσεως (cf. Kol 1,15b) in den nach GOODENOUGHs Analyse jüd.-hell. Vorlagen der Apost.Const. VII/ VII (in VIII 12,7), siehe dazu GOODENOUGH, Light S.320.340f. Die Fortsetzung dieses Textes stellt den Logos als βασιλέα δὲ καὶ κύριον πάσης νοητῆς καὶ αἰσθητῆς φύσεως vor, cf. die entsprechenden philonischen Logos-Aussagen o. S.32f, bes. agr 51 (προστησάμενος), QEx II 13 ("the most souveraign and principal being..."). Damit ist sachlich auch das πρωτεύειν ἐν πᾶσιν (Kol 1,18b) abgedeckt.

empty, but fills all things and becomes a mediator and arbitrator for the two sides which seem to be divided from each other, bringing about friendship and concord, for it is always the cause of community and the artisan of peace."

Dahinter stand ein verbreitetes philosophisches Problem: Die kosmische ἰσότης sah man durch den Streit der kosmischen Elemente untereinander und ihre Rebellion gegen Gott gefährdet. Dem wurde Gott als εἰρηνοποιός, εἰρηνοφύλαξ und πρύτανις εἰρήνης entgegengestellt (spec II 188ff.; decal 178), wobei der Logos dieses göttliche Friedenstiften an die Welt vermittelt, her 205f.:

"Dem Erzengel aber, dem allerersten Logos, gab der Vater, der das Weltall geschaffen hat, eine auserlesene Gabe, daß er, auf der Grenzscheide stehend (μεθόριος στάς), das Geschöpf vom Schöpfer scheide. Er ist einerseits Fürsprecher (ἱκέτης) des stets hilfsbedürftigen Sterblichen bei dem Unvergänglichen, andererseits der Abgesandte (πρεσβευτής) des Herrschers an den Untertan. Dieser Ehrenstellung freut er sich, und stolz darauf erklärt er ausdrücklich: "Und ich stand zwischen Gott und euch" [= Dt 5,5, dh. Philo identifiziert hier Mose und Logos], weder als ein Unerschaffener wie Gott noch wie ihr geschaffen, sondern in der Mitte (μέσος) zwischen den zwei Extremen, beiden als Unterpfand dienend, bei dem Schöpfer zur Bürgschaft, daß das Geschöpf niemals vollends die Zügel abstreifen und abtrünnig werden würde..., und bei dem Geschöpf zur frohen Zuversicht, daß der gnädige Gott niemals sein eigenes Werk außer acht läßt. Denn als Herold verkünde ich (ἐπικηρυκεύομαι) die Friedensbotschaft (τὰ εἰρηναῖα) an die Schöpfung von dem her, der beschlossen hat, die Kriege zu beseitigen, von dem stets über den Frieden wachenden (εἰρηνοφύλακος) Gott her."

Mit der Vorstellung des von Gott zur Friedensstiftung nach Kriegen abgesandten πρεσβευτής klingt hier ein bei antiken Historikern und epigraphisch gut belegtes politisches Gesandten-Schema an, durch das die synonyme Verwendung von "versöhnen" und "Frieden stiften" vorgegeben war, wenn auch in her 206 nur die Friedensthematik erscheint.[35] Wir werden außerdem noch später sehen, daß in diesem Text das auch in der Herrscherphilosophie bedeutsame Mythologem vom friedenstiftenden Götterboten Hermes-Logos verarbeitet ist. Von jener vorgegebenen Synonymität her kann auch in Kol 1,22 καὶ δι' αὐτοῦ ἀποκαταλλάξαι τὰ πάντα εἰς αὐτὸν durch εἰρηνοποιήσας ... εἴτε τὰ ἐπὶ τῆς γῆς εἴτε τὰ ἐν τοῖς οὐρανοῖς wieder aufgenommen werden: beide Aussagevarianten entsprechen der hell. Theologie, nach der der Logos als Inbegriff der das All durchspannenden und zusammenhaltenden Kräfte Gottes und als Gesandter Gottes Frieden und Versöhnung sowohl zwischen den Teilen der Schöpfung als auch zwischen diesen und Gott bewirkt. Allerdings konnte die Versöhnungsaussage insbesondere den vertikalen Akzent des Gottesverhältnisses tragen (cf. Kol 1,20: ἀποκαταλλάξαι... εἰς αὐτόν): Die sachlich mit der Inspiration gegebene Rückkehr der reuigen Seele zum ὀρθὸς λόγος wurde als καταλλαγή bezeichnet (det 149); die Erneuerung des Gottesverhältnisses durch die Logosinspiration konnten die hell. Juden ebenfalls ausdrücklich als καταλλαγή mit Gott durch die Vermittlung des Logos ver-

---

[35] S.C.BREYTENBACH, Versöhnung. Eine Studie zur paulinischen Soteriologie, WMANT 60, 1989, S.45-83 (bes. 64ff.).132-37.178ff.187-89. Nach BREYTENBACHs Analyse sind auch die paulinischen Versöhnungs-Loci Rö 5,1ff. und (deutlicher) 2.Kor 5,11ff. durch dieses Schema bestimmt. Siehe schon das Nebeneinander in Rö 5: 5,1 (εἰρήνην ἔχομεν πρὸς τὸν θεὸν) und 5,10 (κατηλλάγημεν τῷ θεῷ ... καταλλαγέντες).

stehen.[36] In diese den vertikalen und den horizontalen Frieden vermittelnde Logos-Position gelangte Christus, der erste der Totenauferstehung (Kol 1,18b), durch sein Sterben am Kreuz. Daran erinnert die Wendung διὰ τοῦ αἵματος τοῦ σταυροῦ αὐτοῦ (1,20), die wir nun nach Maßgabe des in 2,11ff. und 1,22 enthaltenen soteriologischen Referenzsystems für den Tod Jesu nicht als kultische, blutige Kompensation von Sündenfolgen, sondern als Formel für den Übergang aus der Sphäre der fleischlichen Körperlichkeit in die obere Logosfunktion verstehen müssen.[37] Die Beschreibung seiner Weltbeziehung als Friedenstiftung in 1,20 widerstreitet vor dem Hintergrund der hell.-jüd. Kategorien keineswegs den eher auf despotische Unterwerfung der den Kosmos

---

[36] Bei seiner Ausgestaltung des traditionellen Topos von der eschatologischen Rückkehr der Diaspora (praempoen 164ff.) läßt Philo die Heimkehrenden von einer göttlichen und übermenschlichen Erscheinung geleitet sein (§ 165), die ihnen durch die Vermittlung dreier Helfer (παράκλητοι) die *Versöhnung mit dem göttlichen Vater* bewirkt (§ 166: τῶν πρὸς τὸν πατέρα καταλλαγῶν). Daß mit dieser Erscheinung hier der Logos angesprochen wird, legt nicht nur seine explizite Einführung als Gnadengeschenk unmittelbar vor Beginn des Rückführungstopos in § 163 nahe, sondern auch die drei Parakleten dieser Erscheinung weisen darauf hin: Der erste, die ἐπιείκεια καὶ χρηστότης des Angerufenen (§ 166), nimmt sachlich den euergetischen der beiden obersten in Logos zusammengefaßten weltzugewandten Kraftaspekte auf, der sonst auch ἀγαθότης oder σωτὴρ καὶ εὐεργέτης heißen kann (s.o. S.47). Der zweite Paraklet, die Heiligkeit der für ihre Nachkommen vor Gott einstehenden Erzväter, die "mit ihren vom Körper losgelösten Seelen" Gott verehren (§ 166), ist entsprechend som I 127f., wonach jene ψυχαὶ ἀθάνατοι mit dem himmlischen Soma des Logos identisch sind, ebenfalls mit dem Logos assoziiert, der himmlischen Heimat heiliger, tugendliebender Seelen (migr 28f. cf. gig 61). Am deutlichsten erweist sich der dritte, besonders herausgehobene Paraklet als Logos-Qualität: Es ist die *fortschreitende Besserung* (βελτίωσις) der zur friedlichen Übereinkunft (εἰς σπονδὰς καὶ συμβάσεις) mit Gott Geführten, die somit auf einen *Weg* (εἰς ὁδὸν) mit dem Ziel des Wohlgefallens vor Gott gekommen sind (§ 167). Die Rückführung der Diaspora wird also in diesem Sinn als Weg zu Gott gedeutet. Genau dieser Weg, dessen Ziel Gott ist, ist aber nach post 101-102 – als Königsstraße – der Logos selbst; nach imm 140ff. ist dieser Weg die Weisheit, sein Ziel ist das Erkennen und die Kenntnis Gottes (§ 143.159f.). Auf ihm gehen die Angehörigen des sehenden Geschlechts (§ 144) unter dem schützenden und stets zur *Besserung* mahnenden Beistand des göttlichen Logos (§ 180.182: ἐπανόρθωσις). Freilich verweist auch das Motiv der Tugendsaat in der Seele in praempoen 172 auf die im Hintergrund präsente Logostheologie (cf. R.D.HECHT, Philo and Messiah, S.149). Zweifellos macht dieser Text somit die die Diaspora zurückführende "Erscheinung" als Chiffre für den Logos transparent, der – via Inspiration – die Versöhnung (καταλλαγή) zwischen Mensch und Gott vermittelt.

[37] Auch L.HARTMAN, Universal Reconciliation (Col 1,20), Studien zum Neuen Testament und seiner Umwelt Bd.10 (1985) S.109-21, hat die durch den Hinweis auf das Kreuzesblut seiner Ansicht nach kultisch gefärbte, kosmische Versöhnungs- und Befriedungsvorstellung in 1,20 mit der Logos-Theologie in Verbindung gebracht: Philo könne den Logos als Mediator/ Mittler in kultischer Begrifflichkeit vorstellen und identifiziere den Logos allegorisch als Hohepriester. Mit dieser kultischen Mittlerfunktion sei nun die Versöhnung durch das Kreuzesblut kompatibel. Doch dieser Zusammenhang kann nach unserer Analyse der Heilsbedeutung des Kreuzestodes im Kol bestenfalls akzidentielle Bedeutung haben: Die Mittlerposition Christi wie schon die des Logos-Mose hängt bereits an der Logos-Identität dieser Figuren als solcher, die den Graben zwischen der Geschöpflichkeit und dem Unsterblichkeitsbereich zu überbrücken vermag. Der Tod Christi wird nach 2,11ff. ganz in diesem Sinn als Übergang aus der durch Sarx und Körper bestimmten irdischen Verfaßtheit in die noetische Gotteswelt bzw. in die heilsvermittelnde Logosfunktion (cf. die 'Beschneidung Christi') gesehen und vereint damit in sich Paradigma der Erlösung und Erlösungsprinzip.

repräsentierenden Mächte ausgerichteten Aussagen Kol 2,10b cf. 2,15: Schon in QEx II 118 (s.o.) war von der despotischen, zwingenden Gewalt des Logos bei diesem kosmischen "Friedenswerk" die Rede; zudem wird gerade der despotische Aspekt (δεσπότης) der beiden im Logos zusammengefaßten obersten Kraftaspekte Gottes (cf. QEx II 68; cher 27; fug 101) in her 22f. mit dieser das All als Band zusammenzwingenden und beherrschenden Funktion verbunden (cf. gig 45-47; post 14; Mos II 238; her 188). Jener Friede, den der Logos als weltdurchwaltendes Prinzip im Sinne der Harmonie des Kosmos und seiner divergierenden Teile etabliert hat, ist so zugleich im Logos als *Naturgesetz* (φύσει νόμος), d.h. im ὀρθὸς λόγος stoischer Prägung, begründet. Daher stellt post 185 eine gute Parallele zu her 206 (Logos als Friedensmittler gegenüber der Schöpfung) dar, denn hier erscheint der Logos, jetzt in seiner Erscheinungsweise als Naturgesetz, wiederum als Friedensvermittler, nun aber speziell *gegenüber der sozialen Welt*. In Anbetracht kriegerischer Konflikte zwischen Staaten sagt Philo: "Praxis und Vorteil tiefen Friedens wird das Menschengeschlecht haben, wenn es vom Naturgesetz selbst belehrt wird, Gott zu ehren und sich an seinen Dienst zu halten." In conf 41ff.(56) zeigt Philo entsprechend, daß diejenigen, die Gott schauen, die also zur inspirierten Erkenntnis gekommen sind, wie Söhne dem väterlichen Orthos Logos folgen, daher den Krieg verabscheuen und den Frieden pflegen. Somit stimmen sie mit der übergreifenden kosmischen Harmonie überein (conf 56; cf. QEx II 46), die ja der Logos etabliert. Der Logos ist so auch der Inbegriff des sozialen Friedens, den er via Inspiration gewährt. Nach som II 254 ist der Friede der Chorführer im Chor der vielnamigen Kräfte Gottes, wobei dieses führende Element sonst mit dem Logos identifiziert wird (z.B. som I 127f.). Wichtig ist für uns der Abschnitt QEx II 35/36, der der allegorischen Interpretation des Sinaigeschehens auf das noetische Heil für Israel zugehört: Die Besprengung des Volks mit Blut (Ex 24,8a) bedeutet allegorisch, "that... they were animated by one idea and nature... Even if they are separated from one another by their bodies, they are nevertheless united by mind and thought,..., being brought from estrangement to community (etwa (nach MARCUS): ἐξ ἀλλοτριώσεως εἰς κοινωνίαν) and to the concord of distinguished blood" (cf. auch QEx I 10 fin.). QEx II 36 zeigt, daß diese Herstellung friedlicher Einheit und Gemeinschaft durch Weisheitsinspiration geschieht, also durch Logosinspiration, die ja auch nach conf. 41ff. und post 185 den sozialen Frieden bewirkt. Wie Gottes Wirken als εἰρηνοφύλαξ durch den friedenkündenden Logos an die Schöpfung weitervermittelt wird (her 206), so ist auch der inspirierte Täter der Tugend in sozialer Hinsicht als εἰρηνοφύλαξ tätig (QGen III 8). Wir sehen hier neben dem Logos als universalen Friedensmittler im Kosmos auch eine speziellere Funktion des Logos als Mittler des sozialen Friedens unter den Inspirierten ausgebildet. Das himmlische Soma, dem der Logos wie die κεφαλή vorsteht, wird ja als "geeintes Soma" vorgestellt (som I 128), wobei spec III 131 per analogiam zeigt, das damit die Vorstellung einer "Gemeinschaft des Friedens" verbunden war.[38] Diese soziale Variante des Logos-Friedenstifter-Komplexes wird, wie sich zeigen wird, in E 2,11-22 mit Rücksicht auf die Überwindung der jüdisch-griechischen Konflikte aufgegriffen, während in Kol 1,20 und

---

[38] spec III 131: Die Rechtsprechung und das kultische Handeln des Hohenpriesters haben zum Ziel, "daß jedes Lebensalter und alle Teile des Volkes wie Glieder *eines* Leibes (ἑνὸς σώματος) zu einer und derselben Gemeinschaft des Friedens (κοινωνίαν εἰρήνης) und der guten gesetzlichen Ordnung harmonisiert werden (ἁρμόζηται)." Zur Vorstellung des ἓν σῶμα gehört also auch die der Friedensgemeinschaft.

1,22 noch ausschließlich die universale Variante (1,20) und ihre individuell-soteriologische Applikation (1,22) vorlag.

Wir besprechen im folgenden nacheinander die drei Textsegmente von E 2,11-22, wobei zu jedem Segment jeweils die religions- und traditionsgeschichtlichen Aspekte behandelt werden.

C. E 2,11-13: Die einstige Separation zwischen Heiden und Juden

C.1. Das Kriterium fleischlicher Beschneidung (v.11)

Der Einst/ Jetzt- Kontrast in 2,1-10, der durch den Sarx/ Pneuma- Dualismus strukturiert wird und von der einstigen diabolischen Ethik (Sarx) zur perfekt vorgegebenen Ethik der in Christus Neugeschaffenen (Pneuma) führt (s.o.S.58-61), zieht noch eine weitere, analog mit diesem Übergang verbundene Kontrasterfahrung nach sich. Diese kann somit rückbezüglich durch "Daher gedenkt" angeschlossen werden. Zunächst qualifizieren zwei parallel eröffnete Inhaltssätze (v.11 ὅτι ποτε ὑμεῖς... v.12 ὅτι ἦτε τῷ καιρῷ ἐκεινῷ...) das "Einst" als Situation einer Separation. Nach v.11 lag diese Trennung in der Einschätzung der Heiden als "Unbeschnittenheit" durch die Juden, die "sogenannte Beschneidung", wobei die Partizipien von λέγεσθαι schon einen Vorbehalt des Verfassers gegenüber dieser Einschätzung ausdrücken. Die Art dieses Vorbehalts zeigen die Charakterisierungen der Gruppen als τὰ ἔθνη ἐν σαρχί bzw. als (περιτομή) ἐν σαρχὶ χειροποίητος an: Die einstige Separation war durch "sarkische" Qualitäten festgelegt, nämlich Heidentum als Unbeschnittenheit vs. Judentum als Beschnittenheit. Dieses Differenzmerkmal der Beschneidung war (nur) "mit Händen gemacht" (χειροποίητος), was seine Zugehörigkeit zur menschlichen Sarx verstärkte.[39] Die Beschneidung galt in Kreisen der Diaspora wie auch bei ihrer paganen Umgebung als repräsentatives Signum jener ethnokulturellen Unterschiedenheit der Juden von ihrer Umgebung, die durch die rituellen Vorschriften der Tora begründet wurde (cf. Gal 5,3) und den circulus vitiosus aus reziprokem Mißtrauen und Feindschaft mitbelebte.[40] Da gerade der Ritualnomos als Inbegriff der Feindschaft

---

[39] S.o. S.80f AA 26.27.

[40] Die Beschneidung erscheint als Signum ethnokultureller, religiöser Besonderheit etwa Midr.Mekilta zu Ex 19,5, wo sie als "Siegel der Auserwähltheit" gilt. Siehe auch Jos., ant. I 192: "Und da Gott wollte, daß das aus ihm (sc. Abraham) hervorgehende Geschlecht frei von Vermischungen mit anderen bleiben sollte, gebot er zusätzlich, an den Genitalien beschnitten zu werden." Cf. Act 11,1ff.; 15,1ff.. So galt die Beschneidung als eindeutiges Zeichen der Konversion zum Judentum (ant XVI 225) und schloß die Annahme der ἔθη τῶν Ἰουδαίων ein (ant XX 145f.). Die Perspektive paganer Judengegner bietet etwa Tacitus, der hist. V 5,1f. zunächst von dem "adversus omnes alios hostile odium" spricht, dieses dann an speziellen rituellen Absonderungsregeln der Juden exemplifiziert und als den Inbegriff dieser Absonderung die Beschneidung vorstellt: "Die Beschneidung haben sie als ein besonderes Unterscheidungsmerkmal bei sich eingeführt" (circumcidere genitalia instituerunt, ut diversitate noscatur). Unmittelbar daran schließt Tacitus die den Proselyten abverlangte ethnokulturelle Separation an ("... die Götter zu verachten, das Vaterland zu verleugnen, ihre Eltern, Kinder und Geschwister gering zu schätzen") - im Signum der Beschneidung kristallisierte sich dieser ganze Komplex ethnokultureller Separation,

nach 2,14ff. im Tod der Sarx Christi überwunden wurde, an dem inklusiv auch die Glaubenden partizipieren (Soma, neuer Mensch), wird die besondere Qualifizierung der Beschneidung als "sarkisches" Differenzmerkmal verständlich: Der durch die σάρξ als Geltungsbereich ritueller Separation (Ritualnomos) bestimmte Zustand ist vom Standpunkt des Verfassers aus durch die neue Existenzweise ἐν (ἐνὶ) πνεύματι (vv.18.22) schon überwunden.[41] Zudem kam ja schon im hell.-jüd. Referenzsystem der Logostheologie der "Beschneidung durch den Logos" als Symbol der gnoseologischen Erlösung von der sarkischen Körperlichkeit die Präferenz vor dem äußeren Ritus zu - diese war "nicht mit Händen gemacht" und dem Autor und seinem Milieu nach Kol 2,11 als spirituelles Gegenmodell geläufig.[42]

C.2. Das Kriterium der Politeia Israels (v.12)

Neben dieses in v.11 negativ bewertete einstige Separationsmerkmal "ἐν σαρκί" stellt v.12 einen weiteren Unterschied, der nun aber den einstigen Juden einen Vorteil zuschreibt, der auch vom gegenwärtigen Standpunkt des Verfassers aus gesehen noch positiv bedeutsam erscheint: Die ehemaligen Heiden waren χωρὶς Χριστοῦ (v.12a), also ohne Messiasverheißung[43], die somit

---

Tacitus die den Proselyten abverlangte ethnokulturelle Separation an ("... die Götter zu verachten, das Vaterland zu verleugnen, ihre Eltern, Kinder und Geschwister gering zu schätzen") - im Signum der Beschneidung kristallisierte sich dieser ganze Komplex ethnokultureller Separation, der als "hostile odium" erfahren werden konnte. Siehe HEUBNER/ FAUTH, Tacitus, Die Historien Bd.V S.68-70; SEVENSTER, Roots S.132-36; BICKHOFF-BÖTTCHER, Judentum S.158-60; WHITTAKER, Jews S.80-85; McELENEY, Conversion pass.. Beschneidung galt somit als Inbegriff jüdischer Identität in Abhebung vom Heidentum, besonders in Krisenzeiten (McELENEY, Conversion S.323.333), und drückte Treue gegenüber dem Bund aus (Jub 15,11-34; cf. 1.Makk 1,60-63; 2.Makk 6,10; Act 7,8). Aus dieser Bedeutung der Beschneidung ist es zu erklären, daß die Juden auf Kaiser Hadrians Beschneidungsverbot mit einer harten Revolte reagierten (SEVENSTER, Roots S.136).

[41] Die Sarx-Seite als Teilaspekt des den ganzen Text strukturierenden Sarx/ Pneuma-Dualismus erkannte auch schon H.MERKLEIN, Christus und die Kirche, hervorragend klar als bestimmendes Motiv der ἐν σαρκί- Aussagen in 2,11: "So ist 'Fleisch' Ausdruck für die Sphäre des Menschen in seiner natürlich-irdischen Gegebenheit." Die 'Beschneidung' repräsentiert nun - als wichtigstes Ritualgebot - kategorial den Geltungsbereich des Ritualnomos, der auf das 'Fleisch' bezogen sei. Im Kreuzestod habe nun Christus sein 'Fleisch' vernichten lassen; "damit hat er das 'Fleisch' als Sphäre der menschlich-irdischen Verfaßtheit zunichte gemacht und eine neue Sphäre - V.18 spricht vom Pneuma (Geist) - eröffnet, in und an der sich 'das Gesetz der Gebote in Satzungen' nicht mehr auswirken kann" (ebd. S.37f. cf. S.49.51ff.56.60f.). Cf. auch A.T.LINCOLN, The Church and Israel in Ephesians 2, S.609.

[42] S.o. S.80f AA 26.27.

[43] Zurecht wies F.MUSSNER, Christus, das All und die Kirche, S.77, darauf hin, daß bei χωρὶς Χριστοῦ "der Beiname Ἰησοῦ fehlt - im Gegensatz zum unmittelbar folgenden Vers 13, wo ἐν Χρ. Ἰησοῦ im Hinblick auf den gegenwärtigen (vgl. νυνί) Heilszustand der Heidenchristen gebraucht

den Juden zukam (cf. E 1,12).[44] Der Hintergrund für die 'politische Terminologie' dieser Entfaltungen ab v.12b, die mit der Fremde gegenüber der
πολιτεία τοῦ Ἰσραὴλ einsetzt, konnte bislang exegetisch kaum erklärt werden[45]
und wird u.E. vor allem dort mißverstanden, wo man die Rede von der Politeia Israels als einen aus der Politik ins Religiöse "übertragenen" Sprachgebrauch ansieht: Da eine staatsrechtlich-politische Bedeutung dieser Wendung
angesichts des römisch beherrschten Palästina damals keinen rechten Sinn
mache, müsse an eine Metapher mit religiöser Intention gedacht werden.[46]

Der profilierteste Vertreter dieser Auffassung, R.SCHNACKENBURG, gibt die Wendung in E 2,12b mit "die Gemeinde Israels" wieder und sieht darin "eine ehrenvolle Bezeichnung für das erwählte Gottesvolk". Für die "religiöse Sicht" in E 2 sei ein politisches Verständnis des Begriffs bedeutungslos; vielmehr sei "im übertragenen Sinn die
von Gott erwählte, durch seine Setzung geschaffene und auf ihn verpflichtete Gemeinde", der qehal Jahwe, gemeint. Die entsprechenden Begriffe der LXX, ἐκκλησία
oder συναγωγή, seien bereits durch die Kirche bzw. durch die nachchristliche Synago-
gengemeinde besetzt gewesen, so daß sich als "neutraler Ausdruck" der Begriff
πολιτεία angeboten hätte.[47] Gerät SCHNACKENBURG der Politeia-Begriff in E 2,12
somit in den Rang einer bloßen Behelfslösung, so widerspricht dieser Auffassung doch
schon die semantische Breite des politischen Paradigmas in E 2,11ff., zu dem auch die

---

[44] Der einstigen Unheilssituation v.12a τῷ καιρῷ ἐκείνῳ (= ποτε) χωρὶς Χριστῷ steht antithetisch die neue Heilssituation v.13a νυνὶ δὲ ἐν Χριστῷ Ἰησοῦ gegenüber (cf. SCHNACKEN-
BURG, EKK X S.105; ders., Zur Exegese von Eph 2,11-22, S.478). Es liegt also schon von da aus
nahe, die Wendung χωρὶς Χριστῷ in v.12a als die überschreibende Aussage anzusehen, die durch
v.12b.c näher erläutert wird (s. das folgende).

[45] Diejenigen Exegeten, die an einer konkret-politischen Bedeutung der Wendung ἡ πολιτεία
τοῦ Ἰσραὴλ festhalten, konnten ihre Interpretation kaum konkreter erläutern oder gar durch
Parallelbelege absichern (cf. DIBELIUS-GREEVEN, SCHLIER, GNILKA, MUSSNER
(ÖTK)). Eine Ausnahme macht M.BARTH, Ephesians S.257f., der von einem überregionalen
"citizenship" ausgeht: "Jews living abroad either by the force of circumstance or voluntarily were
yet members of God's household and fellow citizens of the residents of Zion." Daher zieht er die
politisch-juridisch konzipierte Übersetzung "citizenship" dem geographisch konzipierten Ausdruck "commonwealth" vor. Allerdings bringt auch BARTH keine Belege für seine Erklärung.

[46] So vor allem STRATHMANN, ThW VI (1959) S.534f. ("im übertragenen Sinne von der be-
vorrechtigten religiösen Stellung Israels als Verheißungsempfänger"), H.MERKLEIN, Christus
und die Kirche S.19ff. ("kein konkreter, sondern ein theologischer Begriff", "von der Idee des in
der Verheißung begründeten Gottesvolkes getragen") und sein Lehrer R.SCHNACKENBURG
(s.gleich); K.USAMI, Somatic Comprehension of Unity, S.47 (Der Ausdruck werde figurativ gebraucht "of the privileged religious position of Israel as the recipient of the promise"). -
A.LINDEMANN, Aufhebung, S.148f. deutet nicht auf die religiös-privilegierte Position des jüdischen Volkes im Sinn des Gottesvolkgedankens, sondern im Rahmen seiner existentialen Dogma-
tik ist für ihn "'Israel ... einfach der Name für Heil und Gottverbundenheit' [F.-J.STEIMETZ], so
wie das Stichwort ἔθνη pauschal für 'Gottlosigkeit' steht"; nach ders., ZBK NT 8 (1985) S.44f.
bezeichnet der Begriff die "Lebensordnung Israels"; gemeint ist in 12b, "daß die Heiden die jüdische Tradition nicht kannten".

[47] R.SCHNACKENBURG, EKK X S.109f.; ders., Die Politeia Israels in Eph 2,12, S.469.472f.;
ders., Zur Exegese von Eph 2,11-22, S.478f.

πολιτεία angeboten hätte.[47] Gerät SCHNACKENBURG der Politeia-Begriff in E 2,12 somit in den Rang einer bloßen Behelfslösung, so widerspricht dieser Auffassung doch schon die semantische Breite des politischen Paradigmas in E 2,11ff., zu dem auch die Begiffe ἀπηλλοτριωμένοι, ξένοι (v.12), das Syntagma ξένοι καὶ πάροικοι (v.19a) und die dem hellenistischen πόλις-οἶκος-Konnex entstammende Kombination συμπολῖται... καὶ οἰκεῖοι... (v.19b)[48] gehören. Dies nötigt uns dazu, mit einer ganz gezielten Verwendung der genuin politischen Terminologie zu rechnen.

Die hier zur Erklärung der "Politeia Israels" herangezogene moderne Alternative von politischer vs. religiöser Bedeutung geht u.E. gänzlich an der gemeinten Sache vorbei, denn sie ignoriert sowohl (A) das antike Verständnis von Politeia im allgemeinen, das schon beide Bedeutungsaspekte gleichberechtigt enthielt, als auch spezieller (B) das tatsächlich existente Selbstverständnis der hellenistischen Diasporajuden als Glieder einer übergreifenden jüdischen Politeia.

(A) Jacqueline DE ROMILLY hat erneut herausgearbeitet, daß der Begriff der Politeia[49] von Thukydides über Isokrates bis zu Polybios mehr als nur "Verfassung" im staatsrechtlichen Sinn meint.[50] Die Politeia wird gut oder schlecht durch ihre ἔθη und νόμοι (Polybios); eine Politeia kennen heißt nach Aristoteles, ihre ἔθη, νόμιμα und συμφέροντα kennen.[51] Zur Zeit des Augustus präzisiert Dionysios Halikarnassos seine Absicht, die in Roms Geschichte verwirklichten Formen von πολιτεῖαι darzustellen, folgendermaßen: "Sowohl die besten ἔθη als auch die hervorragendsten νόμοι beschreibe ich, kurz gesagt: das gesamte einstige Leben der Stadt zeige ich auf."[52] Betrifft die Politeia in dieser umfassenden Weise das durch ἔθη und νόμοι organisierte Gesamtleben eines Staates, so intendiert der Begriff "a way of life and policy more than practical institutions", "an organized and responsible *ethos*, almost a sort of national

---

[47] R.SCHNACKENBURG, EKK X S.109f.; ders., Die Politeia Israels in Eph 2,12, S.469.472f.; ders., Zur Exegese von Eph 2,11-22, S.478f.

[48] S. dazu das Material bei E.PLÜMACHER, Identitätsverlust S.41f.

[49] Wir gehen hier nicht auf die Diskussion der im Deutschen differenzierbaren semantischen Einzelaspekte des griechischen Wortes πολιτεία ein, die etwa STRATHMANN, ThW VI (1959) S.518f. cf. 534f. aufzählt ("der Staat (als solcher)"; "das Bürgerrecht"; "das Leben des Bürgers"; "die staatliche Ordnung (Staatsverfassung)"; "die Lebensführung"; cf. die semantische Analyse zum Begriff Politeia bei Philo und Josephus im Appendix bei A.KASHER, Jews, S.358-64). Im Griechischen sind diese semantischen Aspekte in (nur) *einem* Wort zusammengebunden und wir versuchen, das damit im Griechischen angesprochene ethnokulturelle Gesamtkonzept zu verstehen.

[50] J. DE ROMILLY, The Rise and Fall of States according to Greek Authors (1977) S.30-41.

[51] Arist., Rhet. I 8,1-2 (1365B): Das Wichtigste an dem Vermögen eines Rhetors, zu überreden und wohl zu raten, liegt darin, τὰς πολιτείας ἁπάσας λαβεῖν καὶ τὰ ἑκάστης ἔθη καὶ νόμιμα καὶ συμφέροντα διελεῖν.

[52] Rom.Ant. I 8,2: πολιτειῶν τε ἰδέας διέξειμι πάσας... καὶ τίς ἦν αὐτῶν ἑκάστης ὁ κόσμος· ἔθη τε τὰ κράτιστα καὶ νόμους τοὺς ἐπιφανεστάτους διηγοῦμαι καὶ συλλήβδην ὅλον ἀποδείκνυμι τὸν ἀρχαῖον βίον τῆς πόλεως. Schon Aristoteles galt die πολιτεία als das "Leben" des Staates: ἡ γὰρ πολιτεία βίος τίς ἐστι πόλεως (Pol. IV 11,1 1295a/b).

antiken Diskussionen zum Topos περὶ πολιτείας[54] alles, angefangen von den Verhältnissen im Haus (hier waren die Topoi περὶ οἰκονομίας und περὶ γάμου adjungiert) bis zur speziellen Regierungsform, die gleichsam nur die Spitze der Pyramide darstellte; im religiösen Bereich regelten die νόμοι und ἔϑη der Politeia immer zugleich auch den Kult der Staatsgötter.[55] Wir fassen "Politeia" daher als *ethnokulturellen Begriff*, der eine bestimmte Kultur sozialen und politischen Handelns ebenso wie die damit verbundene Kultur religiösen Handelns eines autonomen Staatsvolkes umgreift und nach Ausweis der Quellenbelege durch die νόμοι und ἔϑη dieses Volkes bestimmt wird.[56] Nach der bei Strabo tradierten Theorie entstanden die Poleis aus Heiligtümern, wo man sich regelmäßig zu kultischen Festen traf und so allmählich zum Staat zusammenwuchs.[57] Der

the form 'concerning the *politeia*' meant to "present Greek life in its totality" (S.28). Als inneres Lebensprinzip des Staates erscheint die Politeia schon bei Isokrates (Areopag. 13-14: Seele des Staates), ähnlich bei Polybios (Hist. VI 1,9-10: Quelle aller Entwürfe, Pläne und Ergebnisse des Handelns).

[54] Den Diskussionstopos περὶ πολιτείας in platonischer und aristotelischer Tradition, bei Seneca, Hierokles, Philo sowie bei den Neupythagoreern untersuchte ausführlich D.L.BALCH, "Let Wives be submissive..." The Origin, Form and Apologetic Function of the Household Duty Code (Haustafel) in 1.Peter, Yale University 1974, S.33-114.

[55] Im klassischen und hellenistischen Selbstverständnis der Politeia fließen politisch-soziale und kultische Konstitutionsmomente zusammen; ὁ νόμος und τὰ ἔϑη trugen immer zugleich auch religiöse Prägung: Der nomos patrios verlangte Gehorsam gegenüber den alten göttlichen Institutionen (so der Pythagoreer Aristoxenos bei Jambl., Vit.Pyth. 175, DIELS-KRANZ, Vorsokratiker [5] I 469). Entsprechend belegt auch Plato, daß Asebie "gemäß den Gesetzen" zu verfolgen sei und daß dabei lasche Behörden selbst wegen Gottlosigkeit zu belangen seien "von jedem, der für die Gesetze eintreten will" (Nom. 907e). Die kultische Orientierung des νόμος begegnet z.B. auch in der hellenistischen Gesetzespräambel des Nomotheten Zaleukos von Lokroi, über die Diodor berichtet (XII 20,2): "Denn gleich im Proömium der ganzen Gesetzgebung erklärte er, daß es für die Bewohner der Polis zu allererst nötig ist, die Existenz der Götter mit Überzeugung anzunehmen (πρῶτον ὑπολαβεῖν καὶ πεπεῖσϑαι ϑεοὺς εἶναι)", wenig später werden dann gerechte und gute Handlungen als wahrer Gottesdienst vorgestellt. Entsprechendes über den Verfassungsgeber Romulus berichtet Dion.Hal., Rom.Ant. II 18,1ff.. Zu vergleichen ist hier das Bild der vom νόμος geleiteten Polis in der ps.-aristot. Schrift Περὶ κόσμου 400B Z.15ff, nach dem die Behörden im Gehorsam gegen den Nomos die Polis verwalten: Ihre Richter sprechen Recht, Magistrat und Bürgerschaft treten zur Beratung zusammen; öffentliche Feste werden gefeiert und die Götter werden angebetet. Kurz: 'Die Stadt ist voller Opfer, Lieder, Tränen' [Sophokl., Oed.Rex. 4f.]. - Im Unterschied zum verschrifteten νόμος, den den Übertreter straft, repräsentieren die ἔϑη/ ἐϑισμοί als weiterer Begriff die gemeinsame Sitte ohne juristische Zwangsgewalt (cf. die entsprechende Definition bei Sext.Empir. Pyrrh.Hyp. I 146). Auch dabei geht es vorwiegend um kultisch gebundene Sitten wie Feste, Prozessionen und Opfer. Exemplarisch zeigt das ein Ehrenbeschluß des athenischen Volkes aus dem 1.Jh.v.Chr., der den Epheben wünscht, "daß sie, indem sie in der Fürsorge für die Opfer und Prozessionen das ihnen Auferlegte tun gebührenden Ehren gewürdigt werden, in den ἐϑισμοῖς der Stadt wandeln" (ἐν] τοῖς τ[ῆς πόλεως] ἐϑισμοῖς ἀναστρ[αφῶσιν. IG II[3] 1039 Z.26-28). Die gleiche kultische Beziehung auf Prozessionen, Opfer und Feste weist etwa Nikolaos v. Damaskus (bei Jos., ant XVI 35) den πάτρια ἔϑη der ionischen Griechenstädte zu (cf. im Negativ auch SapSal 14,16: ἀσεβὲς ἔϑος).

[56] Daher garantieren Herrscher wie etwa Alexander d.Gr. überall dort, wo sie abhängigen Völkern das staatliche Leben nach ihren eigenen Gesetzen (und Bräuchen) gewähren, damit zugleich die althergebrachte autonome Politeia dieser Völker (Arrian I 17,4; 18,2; VII 20,1).

[57] geogr. IX 3,5 (C 419). Cf. die Beschreibung des jüdischen Gemeinwesens durch Polybios als οἱ περὶ τὸ ἱερὸν... Ἱεροσόλυμα κατοικοῦντες (XVI 39.4).

bei Strabo tradierten Theorie entstanden die Poleis aus Heiligtümern, wo man sich regelmäßig zu kultischen Festen traf und so allmählich zum Staat zusammenwuchs.[57] Der Staat ist gewissermaßen ein expandiertes Heiligtum, kultische und soziale Loyalität fallen im Konzept der Politeia und ihrer konstituierenden πάτρια νόμοι bzw. πάτρια ἔϑη zusammen.

(B) Daran konnte das hellenistische Judentum bei der Rezeption dieses Konzepts anknüpfen, wobei die Tora nun die Rolle der πάτρια νόμοι übernahm und der Jerusalemer Tempel das Zentralheiligtum der jüdischen Politeia abgab. Die Grundstelle bietet uns Philo, LegGai 184ff:

Aus Anlaß der Rechtsunsicherheit, die sich für die Juden Alexandrias im Anschluß an die schweren Unruhen des Jahres 38 n.Chr. ergeben hatten, weilten jüdische Gesandte im Frühjahr 40 bei Kaiser Gaius in Rom. Als sie vom kaiserlichen Beschluß erfuhren, den Jerusalemer Tempel durch eine Jupiter-Statue zu entweihen, relativierte dieser Anschlag auf das Zentralheiligtum ihr ursprünglich lokalpolitisches Anliegen (Alexandria) zugunsten eines mit dem Tempel verbundenen übergreifenden Engagements (cf. LegGai 184.193). Zu dieser Umgewichtung schreibt Philo, der die Delegation anführte:

"Denn wo gibt es einen göttlichen oder menschlichen Rechtsgrund, fruchtlos den Kampf um den Nachweis zu führen, daß wir Alexandriner seien, wo uns doch [nun] eine Gefahr bedroht, die sich auf die *allgemeinere Politeia der Juden* bezieht (περὶ τῆς καϑολικωτέρας πολιτείας... τῆς Ἰουδαίων)? Es ist nämlich zu befürchten, daß dieser umstürzlerische und tatversessene Mensch zugleich mit der Vernichtung des *Heiligtums* auch den *gemeinsamen Namen des Volkes* (τὸ κοινὸν τοῦ ἔϑνους ὄνομα) auslöschen läßt" (LegGai 194).

Dieser Argumentation liegt zugrunde, daß vom Schicksal jener "allgemeineren Politeia der Juden", die mit "dem gemeinsamen Namen des Volkes" verbunden ist und durch den Tempelfrevel gefährdet war, auch das Schicksal aller konkreten lokalen Politeiai der Juden in den einzelnen Diasporastädten abhing, zu denen auch die alexandrinische gehörte. Daher kam dem Erhalt der allgemeineren Politeia der Vorrang vor dem lokalpolitischen Engagement zu (bei dem es nach A.KASHERs Analyse um die kaiserliche Anerkennung des jüdischen Politeumas in Alexandria ging, das gegenüber der griechischen Polis *statusgleich* sein sollte um somit für beide, Griechen wie Juden, das Selbstverständnis als "Alexandriner" zu ermöglichen (s. gleich)). Dieses Konzept der übergreifenden Politeia der Juden gründet sich auf die πάτρια νόμοι der Tora[58] und besitzt im Jerusalemer Tempel das Zentralheilig-

---

56 Daher garantieren Herrscher wie etwa Alexander d.Gr. überall dort, wo sie abhängigen Völkern das staatliche Leben nach ihren eigenen Gesetzen (und Bräuchen) gewähren, damit zugleich die althergebrachte autonome Politeia dieser Völker (Arrian I 17,4; 18,2; VII 20,1).

57 geogr. IX 3,5 (C 419). Cf. die Beschreibung des jüdischen Gemeinwesens durch Polybios als οἱ περὶ τὸ ἱερὸν... Ἱεροσόλυμα κατοικοῦντες (XVI 39.4).

58 Siehe z.B. conf 2-3; migr 88 (ff.), wo jeweils die (πάτριοι) νόμοι/ νομοϑεσία/ νόμιμα der Tora als Konstituenten der jüdischen πάτριος πολιτεία erscheinen.

Hauptbeamter, der Hohepriester, übt nach Philo die Souveränität über alle
Teile des Volkes aus und verbindet sie als politischer Herrscher und religiöser Mittler zu einem einheitlichen Soma (spec III 131).[60] Ähnlich hierokra-
tisch sieht Josephus die übergreifende Politeia in seinem einschlägigen Enkomion (c.Ap. II 145-295)[61] und spricht von einer ϑεοϰρατία (II 164f).[62] Eine
herausragende Besonderheit der Gesetzgebung in dieser Politeia ist, daß die
εὐσέβεια als Prinzip aller Tugenden erscheint und ihnen nicht nur gleichrangig
beigeordnet ist (II 170-71) - eine ἀρχὴ ὁσιωτέρα ist nicht zu finden (II 188f).[63]
Die einzelnen lokalen πολιτεῖαι der Diasporajuden in den hellenistischen
Städten sind, wie schon LegGai 193f (s.o.) voraussetzt, *Filiationen* der
ϰαϑολιϰωτέρα πολιτεία: Sie tragen die πάτρια νόμοι und πάτρια ἔϑη der
allgemeinen Politeia in sich, dazu kommt aber als spezifizierendes Moment
(nach Flacc 53 und LegGai 371) noch die Definition derjenigen konkret-
politischen Rechte, die die Juden gegenüber der jeweils gastgebenden
griechischen Polis besitzen.[64] Mit Rücksicht auf diese Konstruktion gelang

---

[60] spec III 131: "Der Hohepriester ist für das ganze Volk (τοῦ σύμπαντος ἔϑνος) der gemeinsame Verwandte und Nächststehende, der als Herrscher (πρυτανεύων) den streitenden Parteien
nach dem Gesetz Recht spricht, täglich Gebete und Opfer verrichtet und Segnungen erbittet wie
für Brüder, Eltern und Kinder, damit jedes Lebensalter und alle Teile des Volkes wie Glieder eines einzigen Leibes (πάντα μέρη τοῦ ἔϑνους ὡς ἑνὸς σώματος) zu einer und derselben Gemeinschaft des Friedens und der guten gesetzlichen Ordnung zusammengefügt werden."

[61] Die aus Philo bekannte "allgemeinere Politeia der Juden" wird als ethnokulturelles Konzept
bei Josephus Gegenstand eines (apologetischen) Enkomions in c.Ap. II 145-295. Angriffe gegen
das jüdische γένος (I 119-21), insbesondere gegen den Gesetzgeber Mose und gegen die Gesetze
(II 145), brachten Josephus dazu, "kurz über unser Politeuma im ganzen und über die Details
desselben" zu sprechen. Wieder wird die Politeia (hier austauschbar mit "Politeuma") als Inbegriff
des durch die νόμοι (und ἔϑη) geregelten Gesamtleben des Volkes gesehen (II 164f.; 257; 264;
287; und pass.), die Verteidigung der νόμοι und des νομοϑέτης stehen daher im Vordergrund (II
147). Die Topoi dieses Enkomions sind uns auch durch das generelle Schema des Menander Rhetor, περὶ ἐπιδειϰτιϰῶν, geläufig; schon Dion. Hal. hatte sein apologetisches Rom-Enkomion
(Rom.Ant. I 9 - II 29) danach organisiert, wobei wir erkennen können, daß damit der alte Diskussionstopos περὶ πολιτείας (cf.o. S.92 A 54) fortgesetzt wird (cf. I 8,2; 9,4; 90,2; II 3,5). Dazu
grundlegend D.L.BALCH, "Let Wifes Be Submissive..." [masch.] S.134-75, bes. 150f.166ff.; ders.,
Two Apologetic Encomia: Dionysius on Rome and Josephus on the Jews, JStJ 13 (1982)
S.102ff.,bes. 110.114-22.

[62] Sachlich entsprechend ist Philos Rede von der φιλόϑεος πολιτεία (spec I 51.314), cf. außerdem die Aussagen, daß diese Politeia von der ἀλήϑεια geleitet wird (spec III 181; virt 219).

[63] Entsprechend kann auch Philo in spec I 309 sagen, die Proselyten seien "zur Frömmigkeit"
(πρὸς εὐσέβειαν) übergetreten, was nach § 314 die φιλόϑεος πολιτεία meint.

[64] Diese konstitutionellen Bedingungen der jüdischen Gemeinden in den Griechenstädten hat
A.KASHER, The Jews in Hellenistic and Roman Egypt, S.235f.240ff.279f. herausgearbeitet: In
Flacc 53 und LegGai 371 stellt Philo neben das sich in den konkreten Politeiai durchhaltende
Konstituens der ἔϑη πάτρια bzw. τὰ ἐξαίρετα νόμιμα (das freilich die allgemeine, übergreifende Politeia bestimmt), noch ein zweites, speziell den lokalen Politeiai zukommendes Konstitutionsmoment: Die Festlegung der gemeinsamen Rechte, die die Juden gegenüber jeder einzelnen
(griechischen) Polis haben (LegGai 371: τὰ ϰοινὰ πρὸς ἑϰάστας τῶν πόλεων αὐταῖς δίϰαια),

griechischen Polis besitzen.[64] Mit Rücksicht auf diese Konstruktion gelang A.KASHER überzeugend der Nachweis, daß die u.a. durch Philo und Josephus bezeugten Auseinandersetzungen zwischen Juden und Griechen in den Städten des hellenistischen Ostens in hellenistisch-römischer Zeit, vor allem in Alexandria 37-41 n.Chr., keineswegs primär mit der Frage der bürgerlichen Integration der Juden in die griechischen Poleis befaßt waren. Vielmehr ging es stets um den jüdischen Anspruch auf eine eigene, lokale Politeia, die mit der jeweils gastgebenden griechischen Polis in einem rechtlich definierten, *gleichrangigen* Verhältnis *koexistieren* sollte.[65] Dies ist auch mit dem umstrittenen Recht der Juden auf das Führen des jeweiligen Lokalnamens (z.B. "Alexandriner", "Epheser" u.s.f.) gemeint. Dementsprechend bestätigten die römischen Beamten in Kleinasien der appelierenden jüdischen Seite regelmäßig das Recht, in den Griechenstädten nach den eigenen νόμοι und ἔϑη leben zu dürfen: Damit sind im antiken Verständnis, wie wir oben gesehen haben, die Konstituenten einer eigenen Politeia angesprochen.[66] Wir wissen nun, daß diese eigene jüdische Politeia jeweils die lokale Konkretion des übergreifenden Konzepts darstellte.[67]

---

[64] Diese konstitutionellen Bedingungen der jüdischen Gemeinden in den Griechenstädten hat A.KASHER, The Jews in Hellenistic and Roman Egypt, S.235f.240ff.279f. herausgearbeitet: In Flacc 53 und LegGai 371 stellt Philo neben das sich in den konkreten Politeiai durchhaltende Konstituens der ἔϑη πάτρια bzw. τὰ ἐξαίρεται νόμιμα (das freilich die allgemeine, übergreifende Politeia bestimmt), noch ein zweites, speziell den lokalen Politeiai zukommendes Konstitutionsmoment: Die Festlegung der gemeinsamen Rechte, die die Juden gegenüber jeder einzelnen (griechischen) Polis haben (LegGai 371: τὰ κοινὰ πρὸς ἑκάστας τῶν πόλεων αὐτοῖς δίκαια), also ihre Teilhabe an den konkreten städtischen Rechten (Flacc 53: ἡ μετουσία πολιτικῶν δικαίων). Da uns etwa auch Josephus in einem Dekret des syr.Legaten Publius Petronius (an die Bürger von Dora) in ant XIX 306 die gleiche Doppelung aus ethnokultureller Grundlage jüdischer Autonomie (τοῖς ἰδίοις ἔϑεσι χρῆσϑαι) und konkreter politischer Partizipation (συμπολιτεύεσϑαι τοῖς Ἕλλησιν) bezeugt, haben wir hier die maßgebliche Konstruktion für das Arrangement zwischen jüdischer Politeia und griechischer Polis in den jeweiligen Orten der Diaspora vor uns.

[65] A.KASHER, The Jews in Hellenistic and Roman Egypt, zu Philo siehe bes. S.234: "If the Jews fought for equal rights it was for equal status of two parallel organizations, a status which endowed them with equal political and legal rights as individuals as well. That, for Philo, was the essence of the Jewish *politeia*." Alle relevanten Belege aus Philo und Josephus werden ebd. S.233-345 besprochen. KASHER geht dabei stellenweise auch auf die Verhältnisse in Kyrene, Antiochia (Orontes), Caesarea Maritima und Kleinasien ein, die sich, was diesen jüdischen Anspruch angeht, nicht von den alexandrinischen unterschieden. Die Gegenthese, nach der die Juden in die griechischen Poleis integriert werden wollten, vertritt für Alexandria etwa V.TCHERIKOVER in CPJ I (Prolegomena). Cf. die Rezension KASHERs durch S.J.D.COHEN, JQR 72 (1982) S.330f.

[66] Wir behandeln diese bei Josephus gesammelten offiziellen Dokumente ausführlich unten im sozialgeschichtlichen Teil unserer Arbeit.

[67] Obgleich wir die Frage des jüdischen Status in den Griechenstädten der Asia konkreter im sozialgeschichtlichen Teil unserer Arbeit (III.) behandeln, weisen wir schon hier darauf hin, daß die politische und rechtliche Bedeutung der in den offiziellen Dokumenten bei Josephus oft ausgesprochenen Garantie eines Lebens nach den überkommenen νόμοι und ἔϑη für die Juden

Berücksichtigen wir die konstitutive Jerusalem- und Tempel-Orientierung
der "allgemeineren" ethnokulturellen Politeia der Juden (s.o.), so wird einsichtig, daß die auch in der weltweiten Diaspora für das Jerusalemer Heiligtum erhobene *Tempelsteuer als Signum der Zugehörigkeit zu dieser übergreifenden Politeia* angesehen wurde. Dies belegt uns Philo in LegGai 156f., der mit
einem Rückblick auf Augustus wohl einer akut drohenden Vertreibung der
Juden Roms durch den neuen Kaiser Claudius vorbeugen will[68]:

> "So war es Augustus bekannt, daß sie Synagogen besaßen und sich in ihnen ver-
> sammelten, besonders an den heiligen Sabbaten, wenn sie öffentlich in ihrer tra-
> ditionellen Philosophie unterrichtet werden. Er wußte aber auch, daß sie heilige
> Gaben (χρήματα ...ἱερά) sammelten von ihren Erstlingsopfern und sie durch
> Leute, die die Opfer überbrachten, nach Jerusalem sandten. Trotzdem vertrieb er
> sie nicht aus Rom noch entzog er ihnen die *römische Politeia* (οὔτε Ῥωμαικὴν
> αὐτῶν ἀφείλετο πολιτείαν), nur weil sie auch auf ihre *jüdische Politeia* bedacht
> waren (ὅτι καὶ τῆς Ἰουδαικῆς [sc. πολιτείας] ἐφρόντιζον)."

Dieser Passus bestätigt nicht nur, daß sich in den Steuergeldern für den Jerusalemer Tempel die Loyalität der Diaspora gegenüber der allgemeineren,
ethnokulturellen Politeia aller Juden manifestierte.[69] Er weist auch auf eine
grundlegende Ambivalenz in der Statuskonstruktion der Diasporajuden hin:
Man wollte sowohl der angestammten Diasporalokalität zugehören (hier: die
römische Politeia) als auch gleichzeitig zu Jerusalem und der allgemeineren
jüdischen Politeia.[70] Daraus resultierte, wie wir gleich sehen werden, ein am-
bivalentes, doppelschichtiges "Heimat"-Verständnis in der Diaspora.

Als Inbegriff der ethnokulturellen Gemeinsamkeit steht die "allgemeinere Politeia" aller
Juden auch mit einer typisch hellenistischen Konstruktion über die geschichtliche Entstehung der Diaspora in Verbindung: Jerusalem erscheint als gemeinsame μητρόπολις,
von der die einst Einwanderer (στειλάμενοι) in die Städte der Diaspora ausgingen, die

---

im Zusammenhang mit einem rechtlichen Appellationsverfahren die fundamentale
Voraussetzung für die Verteidigung der jeweils lokal umstrittenen ethnokulturellen Eigenheiten
der Juden (Versammlung, Sabbat, Tempelsteuer, ...) abgab.

[68] Siehe dazu ausführlicher unten S.355ff.

[69] P.R.TREBILCOs Interpretation für die asiatische Diaspora dürfte also von da aus zutreffen:
'The Temple tax was connected with the notion that daily sacrifices were to be provided by the
entire community of Israel. The payment of the tax by the Jews of the Diaspora was a way for
them to be a tangible part of the cult and thus of the worshipping community of Israel. ... In the
concern of the Jews of Asia Minor in this period to pay the tax, we see a strong attachment to the
historic land of Israel and to the centrality of the Temple and its worship" (ders., Studies on Jewish Communities in Asia Minor, S.20).

[70] Die Einzigartigkeit dieser jüdischen Statuskonstruktion erscheint vor allem am Kontrast zu
dem von T.MOMMSEN festgestellten Rechtsprinzip: "...der Reichsangehörige hat wie nur einen
Vater so auch nur eine *patria* und kann nicht zugleich ... Ancyraner und Laodicener sein, wenn er
gleich auch ausserhalb seiner Heimath als Metöke an dem Gemeinwesen seines Wohnortes betheiligt ist..." (Ders., Der Religionsfrevel nach römischem Recht, S.416).

Als Inbegriff der ethnokulturellen Gemeinsamkeit steht die "allgemeinere Politeia" aller Juden auch mit einer typisch hellenistischen Konstruktion über die geschichtliche Entstehung der Diaspora in Verbindung: Jerusalem erscheint als gemeinsame μητρόπολις, von der einst Einwanderer (στειλάμενοι) in die Städte der Diaspora ausgingen, die dort als Kolonien (ἀποικίαι) der Metropole siedelten (LegGai 281-82; Flacc 46; Mos II 232). Da nun die Kolonie nach griechischem Verständnis lokale Autonomie gegenüber der Metropole besitzt und eine eigene πολιτεία etabliert[71], kann Philo mit diesem Modell den Status der Juden in den Griechenstädten, speziell in Alexandria, als πολῖται des lokalen Politeumas begründen: Die hellenistischen Städte sind das seit Generationen angestammte Vaterland (πατρίς) dieser Juden, wo sie als οἱ πολῖται Ἰουδαῖοι einer jeweils eigenen lokal-jüdischen Politeia angehören (Flacc 46-47: πατρίς; ταῖς πολίταις αὐτῶν Ἰουδαίοις; cf. Flacc 53: ἡμετέρα πολιτεία; LegGai 150: ἡμετέρα Ἀλεξανδρεία; LegGai 194: ὡς ἐσμὲν Ἀλεξανδρεῖς). Auch für kleinasiatische Juden läßt sich dieser auf die jeweilige Diasporalokalität gerichtete "Heimat"-Anspruch belegen.[72]

Philo verrät uns jedoch auch, daß die Diasporajuden ihre eigentliche Heimat (πατρίς) in der allgemeineren Politeia sehen konnten, während sie in den konkreten politischen Gegebenheiten der hellenistischen Städte nur als Fremde weilten (Mos II 232: οἱ ξενιτεύοντες ἤ ἑτέρωθι οἰκοῦντες) und dort nur ihre δευτέρα πατρίς (Mos I 36) hatten (cf. som II 124).[73] Auch dieses Selbstverständnis gilt kaum nur für die alexandrinische Diaspora: LegGai 156-57 hatte diese doppelbödige Statuskonstruktion einer Loyalität gegenüber der Diasporalokalität *und* gegenüber der übergreifenden jüdischen Po-

---

Vater so auch nur eine *patria* und kann nicht zugleich ... Ancyraner und Laodicener sein, wenn er gleich auch ausserhalb seiner Heimath als Metöke an dem Gemeinwesen seines Wohnortes betheiligt ist..." (Ders., Der Religionsfrevel nach römischem Recht, S.416).

[71] Nachweise bei A.KASHER, Jews S.236f. mit A 18.

[72] Cf. dazu etwa die fragmentarische jüdische Weihinschrift aus dem kleinasiatischen Acmonia/Phrygien, die sich nach P.R.TREBILCOs Untersuchung auf diese kleinasiatische Lokalität als "Heimat" des jüd. Verfassers bezieht: Ὑπὲρ εὐχῆ[ς] πάσῃ τῇ πατρίδι (CIJ 771; P.R.TREBILCO, Studies on Jewish Communities in Asia Minor, S.84f.). Auch aus Apollonia besitzen wir eine jüdische Inschrift (2. oder 3.Jh.n.Chr.), in der eine aus Antiochia (wahrscheinlich am Maeander) stammende Jüdin Debborah beschrieben wird als [Ἀ]ντιόχισσα πάτρης, γονέων πολυτείμων... (MAMA IV 202 cf. CIJ 772) - Debborah sah in Antiochia also ihre "Heimat" (siehe zur Interpretation P.R.TREBILCO, Studies, S.391 A 82).

[73] Cf. A.KASHER, Jews S.237ff. Eine Parallele bietet für das ptolemäische Ägypten das 3.Makk.: Auch dieser Autor sieht die Juden als λαὸν ἐν ξένῃ γῇ ξένον (6,3); sie siedeln dort als Kolonie (ἀποικία 6,10) bzw. leben als Fremde dort (παροικία 6,36; 6,19). Dieser Fremdheitserfahrung steht die πόλις εὐσεβείας gegenüber (2,31), der sie eigentlich zugehören (sollten). Wir müssen diese jüdische "Innenperspektive", jedenfalls bei Philo, unterscheiden von der jüdischen Argumentation in den Statuskonflikten der Städte, wo es gerade um die politischen Anerkennung des eigenen lokalen Politeumas willen darauf ankam, die jeweilige Stadt auch für sich als πατρίς zu reklamieren (s.o.): Diasporajuden hatten ein doppelschichtiges "Heimat"-Verständnis. Auch Kaiser Claudius gab den alexandrinischen Juden in seinem Brief nach Alexandria (Nov. 41 n.Chr.) zu verstehen, daß sie dort ἐν ἀλλοτρίᾳ πόλει lebten (CPJ II No.153 Z.95), daß sie dort aber andererseits auch unantastbare, angestammte ethnokulturelle Existenzrechte besäßen (ebd. Z.82-88).

- vor allem durch die Tempelsteuern aus dieser Region - das Bewußtsein der Zugehörigkeit zu der übergreifenden jüdischen Politeia bezeugt.[75] Neben das ethnokulturelle Konzept einer übergreifenden Politeia, die ausgehend vom Jerusalemer Tempel überall dort war, wo die νόμοι und ἔϑη der Juden gelebt wurden, trat bei den hell. Juden noch ein analoges *spirituelles* Konzept, in dem nicht allein das Jerusalemer Heiligtum, sondern der ganze vom Logos geleitete Kosmos als der wahre Tempel bzw. als das Haus Gottes galt.[76] Die Exegeten um Philo waren der Ansicht, daß die Tora bei allegorischer Interpretation für den himmlischen Logos transparent werde, also für das Natur- bzw. Weltgesetz des umfassenden Kosmosstaates. Nach diesem Verständnis sind die Weisen Kosmopoliten[77], sie leben somit als Bürger dieses "himmlischen" Kosmosstaates (πολιτεύονται), während sie in der irdischen Region nur als Fremde weilen (παρῴκησαν), die nach ihrer himmlischen Metropole zurückstreben (conf 77-78; cf. agr 65; som I 45f.; gig 61; migr. 28f.). Bürger im Himmel ist man jedoch durch Weisheits- bzw. Logosinspiration (imm 151 cf. 180.182; plant 23; u.o. S.24f). Dieses spirituelle Konzept ist genau parallel zum ethnokulturellen Konzept ('allgemeine Politeia' (= Heimat) vs. hell. Poleis (= Fremde)) strukturiert[78] und kann als dessen zeitgemäße philosophische Metamorphose angesehen werden.

Denn auch in der zeitgenössischen stoischen Popularphilosophie wurde der spirituelle Staat der Tugend bzw. der Weisheit nach einer plausiblen These von E.PLÜMACHER als philosophisch-ethische Antwort auf eine konkrete Entfremdungserfahrung angebo-

---

[75] Auf die Tempelsteuern aus der Asia und auf ihre lokalpolitische Brisanz gehen wir später ein; nach LegGai 156f. sind sie als Manifestation der Zugehörigkeit (hier: der römischen Juden) zur Jerusalem-zentrierten, allgemeinen Politeia zu sehen (cf. o. A 69). Wir können inzwischen auch E 2,12 selbst als Zeugnis für ein Zugehörigkeitsbewußtsein asiatischer Juden zur allgemeinen Politeia aller Juden ansehen. Einen epigraphischen Beleg für die traditionelle Jerusalem-Orientierung asiatischer Juden finden wir etwa in der von SUKENIK ergänzten griechisch-hebräischen Inschrift aus dem phrygischen Acmonia, deren hebräischer Teil (wahrscheinlich) liest: עד עם] קן
ויהי שלום על] ישראל ועל ירושלים ועל המקום הנה "möge Frieden sein für Israel und für Jerusalem und für diesen Ort bis zur Zeit des Endes" (MAMA VI 334; cf. bei P.R.TREBILCO, Studies, S.85f.296f.; cf. auch CIJ 973.974.1175.1391): In der Reihenfolge rangieren hier Israel und Jerusalem vor der Diasporalokalität. TREBILCO schreibt zu dieser phrygischen Inschrift: "We can also note that [if the suggested reading is correct] the concern for Jerusalem as the centre of the cult, shown by the persistence in paying the Temple Tax [as revealed in the Flaccus incident], was a continuing facet of the community's faith even after the Temple's destruction" (ders., Studies, S.86). Zur Jerusalem- und Tempel-Orientierung asiatischer Juden cf. Act 2,9f.; 6,9; 21,27ff.; 22,3.17.

[76] som I 215.149; II 248; plant 50.33; post 5f.; cf. cher 123: Gott als eigentlicher Kosmopolit.

[77] Philo, op 142-144; cf. auch die stoischen Parallelen Epictetos diss. II 10,3; Musonius p.42,1f.9f. (HENSE); Seneca ep.28,4; Helv. 9,7; vit.beat. 20,5; Dio Chrys. or. 36,29f.

[78] Zu conf 77-78 cf. A.KASHER, Jews S.238: "Probably that description too was based on political concepts Philo had formulated, and the expressions, wording and import are remarkably like those in his historical works."

Denn auch in der zeitgenössischen stoischen Popularphilosophie wurde der spirituelle
Staat der Tugend bzw. der Weisheit nach einer plausiblen These von E.PLÜMACHER
als philosophisch-ethische Antwort auf eine konkrete Entfremdungserfahrung angeboten: Sub-dekurionale Kreise waren im Zuge der römischen Bevorzugung timokratischer
lokaler Eliten aus ihrer angestammten Teilhabe an den politischen Geschäften der
Poleis gedrängt worden und hatten damit auch die traditionelle Basis ihrer Identität und
ihres Status weitgehend verloren.[79] Der Grund für die Attraktivität der himmlischen
Politeia als eigentliche Heimat - ganz im Sinn eines geistig-ethischen Kosmopolitismus
nach Analogie des kynisch-stoischen Konzepts - dürfte speziell für die jüdische Diaspora freilich nicht im Defizit konkret-politischer Funktionen als vielmehr in den häufigen ethnokulturellen Lokalkonflikten zwischen Griechen und Juden gelegen haben, die
vor allem in der Folge der römischen Bürgerkriege die hell. Poleis betrafen (s.u. Teil
III). Sie mußten das jüdische Leben dort fremd und schwer erscheinen lassen; gleichzeitig durch das selbst Erlittene die Sensibilität für das Unheil gewalttätiger Konflikte
im allgemeinen erhöhen und pazifistische Tendenzen stärken (zu conf 41ff. siehe
gleich). So wird die Sehnsucht nach einer himmlischen Heimat verständlich, in der man
unter der einheitlichen Leitung des ὀρϑὸς λόγος im sozialen Frieden leben konnte und
die Konflikte mit bzw. in der Umwelt, die sich auch sublimiert in den einander widerstreitenden Leidenschaften und niederen Seelentrieben einer sinnlich-kosmisch orientierten Lebensweise (Sarx) manifestierten, zurückgelassen hatte.[80] Dieses Motivfeld
scheint etwa in conf 41ff. durch, wo Philo die einheitliche Friedensgesinnung der durch
den ὀρϑὸς λόγος Inspirierten (§ 41: εἰρηνικοί ἐσμεν) mit den heidnischen Polytheisten
des außerjüdischen Umfeldes kontrastiert, "die Unruhen und Aufstände sowohl in Beziehung auf Bürger wie auf Fremde anzustiften pflegen und so das ganze Leben von der
Geburt bis ans Ende mit unversöhnlichen Kriegen anfüllen".[81] Wenig später klagt Philo
in bewegenden Worten über den "ununterbrochenen Kampf aller Menschen gegeneinander..., der nicht nur zwischen Völkern, Ländern, Poleis und Dörfern, sondern auch
zwischen einzelnen Häusern und einzelnen Menschen geführt wird" (§46). Kaum verhüllt hinterfragt er dabei auch das offizielle Konzept der pax Romana: "Denn alle
Kriegstaten geschehen im Frieden ..." (§ 47). Nach dem nun folgenden Katalog aller Laster dieser Friedlosen (§ 47-48) fährt er ironisch fort: "Das und ähnlicher Art sind des
gepriesenen und bewunderten Friedens (τῆς ἀδομένης καὶ ϑαυμαζομένης εἰρήνης)
vielersehnte Güter" (§ 49) - der kritische Bezug auf die offiziell gefeierte pax Romana
ist nicht zu überhören.[82] Die mit der kynisch-stoischen Popularphilosophie bekannten

---

[79] Siehe E.PLÜMACHER, Identitätsverlust und Identitätsgewinn. Studien zum Verhältnis von
kaiserzeitlicher Stadt und frühem Christentum (1987), bes. S.26-30. P. behandelt dort vor allem
Philos Traktat Quod omnis probus liber sit (6-11.158f.) und Lukians Dialog Hermotimos (c.22-
24).

[80] conf 41ff.; post 184f.; QGen III 8; ebr 99f.;som II 146f.248ff. u.ö.

[81] conf 42: ταραχὰς καὶ στάσεις ἐμφυλίους τε καὶ ξενικὰς ἐδημιούργησαν τὸν ἀπ᾽ ἀρχῆς
γενέσεως ἄχρι τελευτῆς βίον πολέμων ἀκηρύκτων καταπλήσαντες. Cf. auch die große
Sensibilität Philos für das richtige Verhältnis zwischen Staatsmann und tyrannischem Mob der
Straße in De Josepho (dazu R.BARRACLOUGH, Philo's Politics ANRW II 21.1 (1984) S.495-
98).

Juden um Philo konnten dieses irenische, antithetisch gegen die Erfahrung täglichen Unfriedens in den Poleis gerichtete Motiv, das so gut zu ihren eigenen Erfahrungen und Sehnsüchten aus den ethnokulturellen Konflikten paßte, schon aus der hellenistischen Tradition übernehmen: Lukians Beschreibung des universalen Tugendstaats, der von den σοφοί bewohnt wird, - ein Traktat aus der Tradition des kynisch-stoischen Kosmopolitismus -, setzt mit einem ganz entsprechenden Kontrast ein: Während man in den irdischen Poleis (παρ' ἡμῖν) Raubende (ἀρπαζόντων), Gewalttäter (βιαζομένων) und Übervorteiler (πλεονεκτούντων) finde, gebe es diese nicht im universalen Tugendstaat: "Vielmehr leben sie zusammen in Frieden und Eintracht, was nur natürlich ist; was nämlich in anderen Poleis, wie ich meine, Aufstände und Streitsucht hervorruft und die Dinge, wegen denen sie sich gegenseitig auflauern, dies alles ist bei jenen aus dem Weg geräumt. ... So führen sie ein sanftes und zutiefst glückliches Leben unter guter gesetzlicher Ordnung, in Rechtsgleichheit und Freiheit und mit allen anderen Gütern."[83]

Das Thema dieser spirituellen, friedensorientierten Politeia im Sinn des kynisch-stoischen Kosmopolitismus hat bei Philo immense Bedeutung, oft in psychologischer Interpretation.[84] Wir müssen darauf noch zurückkommen. Während bei ihm die pneumatisch-himmlische Variante der übergreifenden Politeia als eigentliche Heimat der gnoseologisch Erlösten von vorneherein neben bzw. hinter der ethnokulturellen Variante steht, wird die pneumatische Politeia nach E 2,19b, wie wir sehen werden, erst mit dem in die Logosfunktion eingetretenen Messias (Christus) verwirklicht, während es zuvor nur die ethnokulturelle 'Politeia Israels' (2,12) gab.

Da die frühe Kirche das Pneuma als eigenes Spezifikum und als Unterscheidungsmerkmal zur nichtchristlichen Synagoge für sich zu reklamieren versuchte[85], war vor allem der himmlisch-pneumatischen Variante dieses Konzepts, die sich auch mit der

---

mit Frieden gesucht (οἷα βίον ἀπόλεμον καὶ εἰρηναῖον ἐζηλωκότες) ..." Als wahren *Weltbürgern* (κοσμοπολίτας § 45), die "ihren Seelen Flügel verleihen, so daß sie bei der (noetischen) Himmelswanderung (αἰθεροβατοῦντες) die dort befindlichen Mächte (δυνάμεις) genau studieren", kommt es ihnen zu, daß sie "den Kosmos als ihren Staat (πόλιν) ansehen, als (Mit-) Bürger (πολίτας) die Anhänger der Weisheit, da solchen die Tugend, der die Leitung dieses gemeinsamen Politeumas anvertraut ist, das Bürgerrecht verliehen hat." Siehe zum irenischen Motiv auch post 182-185; QGen III 8.

[83] Lukian, Hermotimos c.22: ἀλλὰ ἐν εἰρήνῃ καὶ ὁμονοίᾳ ξυμπολιτεύονται, μάλ᾽ εἰκότως· ἃ γὰρ ἐν ταῖς ἄλλαις πόλεσιν οἶμαι τὰς στάσεις καὶ φιλονεικίας ἐγείρει καὶ ὧν ἕνεκα ἐπιβουλεύουσιν ἀλλήλοις, ταῦτα πάντα ἐκποδών ἐστιν ἐκείνοις. ... ὥστε γαληνόν τινα καὶ πανευδαίμονα βίον βιοῦσιν ξὺν εὐνομίᾳ καὶ ἰσότητι καὶ ἐλευθερίᾳ καὶ τοῖς ἄλλοις ἀγαθοῖς. PLÜMACHER nimmt an, daß Lukian den traktathaften Abschnitt über diesen universalen Tugendstaat (Hermot. c.22-24) aus einer popularphilosophischen Quelle entlehnt hat (ders., Identitätsverlust S.28 mit A 105). Zum "Gefühl überlegener Distanz zur herkömmlichen Polis" im stoischen Kosmopolitismus siehe auch ebd. S.62ff..

[84] Siehe etwa QGen III 11; agr 65; her 274; migr 28f.; gig 61; QEx II 40fin. Belege und Kommentare dazu bei H.BRAUN, Das himmlische Vaterland bei Philo und im Hebräerbrief, pass.; E.BRANDENBURGER, Fleisch S.200ff.. Die himmlische Patris/ Politeia ist mit der pneumatischen Weisheit (Logos) identisch, hat also pneumatischen Charakter.

[85] Cf. J.JERVELL, Das Volk des Geistes (FS N.A.DAHL), S.87-106.

Da die frühe Kirche das Pneuma als eigenes Spezifikum und als Unterscheidungsmerkmal zur nichtchristlichen Synagoge für sich zu reklamieren versuchte[85], war vor
allem der himmlisch-pneumatischen Variante dieses Konzepts, die sich auch mit der
apokalyptischen Vorstellung vom himmlischen Jerusalem verbinden konnte, eine reiche
Wirkung beschieden.[86] Schon Paulus hat sie in seiner Rede von ἡ ἄνω Ἰερουσαλήμ
(Gal 4,26) und vor allem in Phil 3,20 (ἡμῶν γὰρ ὁ πολίτευμα ἐν οὐρανοῖς ὑπάρχει)[87]
aufgenommen; sie erscheint ntl. aber auch im Hb (11,10; 12,22f.; 13,14)[88] sowie indirekt
im Motiv von der Fremde auf Erden, der unausgesprochen die heimatliche Politeia im
Himmel korrespondiert, in 1.Pt 1,1; 2,11. Aus den Apostolischen Vätern ist entsprechend 1.Klem.praescr.; PolykarpPhil praescr.; Past.Herm.sim.I 1-6 zu nennen, besonders aber der Diognetbrief, 5,4ff.:
"(4) Obwohl sie (sc. die Christen) griechische und barbarische Städte bewohnen..., weisen sie doch eine bewundernswerte und anerkanntermaßen auffallende Eigenart ihrer
eigenen Politeia auf. (5) Sie bewohnen das eigene Vaterland, aber wie Paröken. Sie
nehmen an allem teil wie Bürger, und alles ertragen sie wie Fremde. ... (9) Auf Erden
weilen sie (διατρίβουσιν), aber im Himmel sind sie Bürger (πολιτεύονται)."
Wie bei Philo finden wir die Doppelung von 'Innenperspektive' (die eigentliche πατρίς
ist die himmlische Politeia) und äußerer politischer Partizipation in den Städten, die in
der 'äußeren Perspektive' die πατρὶς ἰδία sind (5,5). Die Vorstellung erscheint oft auch
bei Klemens v.Al., Tertullian und Origenes[89], wobei letzterer in einer schönen Passage

---

[85] Cf. J.JERVELL, Das Volk des Geistes (FS N.A.DAHL), S.87-106.

[86] Das Material zum jüdisch-christlichen Konzept der himmlischen Politeia/ Polis bietet
K.L.SCHMIDT, Jerusalem als Urbild und Abbild, Eranos-Jahrbuch 18 (1950) S.207-48, ausführ-
licher ders., Die Polis in Kirche und Welt. Eine lexikographische und exegetische Studie (1939).
Speziell zur christlichen Rezeption siehe jetzt W.SCHÄFKE, Frühchristlicher Widerstand,
ANRW II 23.1 (1979) S.562-72; K.ALAND, Das Verhältnis von Kirche und Staat in der Frühzeit,
ANRW II 23.1 (1979), S.230-39.

[87] Auch die in Philippi von Paulus bekämpften Theologen argumentierten sehr wahrscheinlich
in den Kategorien der hell.-jüd. Soteriologie (Phil 3,2ff.): Sie gebrauchten die aus Philo geläufige
soteriologische Kategorie des τέλειος (3,15 cf. τελειοῦν 3,12), um den bereits zu Lebzeiten
erlangten Heilsstatus zu bezeichnen, der - apokalyptisch gesprochen - der Auferstehung von den
Toten entspricht (3,10ff.). Das damit gegebene "obere Leben" kennen wir schon aus der
Besprechung von Kol 3,1-4 (s.o. S.53 A 112); in Phil 3,14 interpretiert Paulus diese Vorstellung im
Sinn einer *erst eschatologischen* ἄνω κλῆσις τοῦ θεοῦ ἐν Χριστῷ Ἰησοῦ um: Die präsentische
Heilslehre der Gegner wird futurisch-eschatologisch korrigiert. Das wohl ursprünglich bei den
Gegnern Gemeinte verdeutlicht die Parallele bei Philo, plant 23: "Zum Göttlichen hinauf gerufen
werden (πρὸς γὰρ τὸ θεῖον ἄνω καλεῖσθαι) dürfen die von seinem Pneuma Erfüllten." Diesen
oberen Ort der Erlösten versteht Philo als himmlisches Politeuma, conf 78: Die Weisen "sehen
das himmlische Gebiet, in dem sie wohnen (πολιτεύονται), als das Vaterland an,..." Den
gleichen Gedanken greift Paulus in Phil 3,20f. auf, freilich wieder eschatologisch korrigiert: ἡμῶν
γὰρ τὸ πολίτευμα ἐν οὐρανοῖς ὑπάρχει, ἐξ οὗ καὶ σωτῆρα ἀπεχδεχόμεθα κύριον Ἰησοῦν
Χριστόν. Zurecht siedelt daher GNILKA, HThK X/3 S.211-18 die Theologen in Philippi
traditionsgeschichtlich im Milieu des hellenistischen Judentums an, das uns durch Philo greifbar
ist.

[88] Dazu siehe H.BRAUN, Das himmlische Vaterland bei Philo und im Hebräerbrief, S.319-27.

[89] Siehe die zahlreich angeführten Quellenbelege bei SCHMIDT, SCHÄFKE und ALAND (o.
A 86).

οὐρανίας), die auch Plato zu beschreiben versuchte, wenngleich ich nicht weiß, ob er so etwas großes vermocht hätte wie Mose und seine Nachfolger, die ein 'auserwähltes Geschlecht' und 'heiliges Volk', das Gott geweiht ist, durch heilige Lehren (λόγοις), die von jedem Aberglauben rein waren, herangezogen haben" (c.Cels. V 43).

Bei der Anwendung dieses jüdischen Paradigmas auf das Christentum ging Origenes wieder davon aus, "daß in jeder Stadt noch eine andere Art von Heimat existiert, geschaffen im Logos Gottes,..." (c.Cels. VIII 75; cf. Philo, migr 28f.).

Wenden wir uns wieder der ethnokulturellen, "allgemeineren Politeia der Juden" zu: Da diese Politeia, wie Philo sagt, mit dem "gemeinsamen Namen des jüdischen Volkes" verbunden ist (LegGai 194), entspricht sie sachlich der "Politeia Israels" aus E 2,12. Die hell.-jüd. Konversionstheologie zeigt uns, daß Konversion zum Judentum sehr konkret und umfassend als *Abwanderung* aus der paganen Politeia und ihren ethnokulturellen Traditionen (νόμοι, ἔθη, ἱερά, ἀφιδρύματα θεῶν, μυθικὰ πλάσματα) und *Umsiedlung* (t.t.: ἀποικίαν στείλασθαι) in die "wirklich beseelte und lebende Politeia, deren Leiter und Aufseher die Wahrheit ist" (virt 219), verstanden wurde.[90] Bei dieser "Umsiedlung" wurden radikal die Beziehungen zur alten πατρίς und sogar zu den Blutsverwandten (συγγένεια) abgebrochen, wie uns konversionstheologische und auch pagane Texte belegen.[91] In solchem Zusammenhang erklärt Philo, der Begriff "Proselyt" leite sich vom Vorgang des "Hinzutretens zu der neuen und gottliebenden Politeia"[92] ab; dort werde dem Konvertiten die volle bürgerliche Gleichstellung (ἰσοτιμία) und alle Rechte der Eingesessenen (ὅσα καὶ τοῖς αὐτόχθοσι) gewährt (spec I 51f.).[93] Konversion ist hier also im antik-politischen Sinn - und keineswegs nur metaphorisch - Übertritt aus der heidnischen Politeia mit ihren νόμοι und ἔθη in die andere Politeia der Juden; Religion ist eingebunden in einen ethnokulturellen Verband. Für diese rezi-

---

90 virt 219: καλὴν δ᾽ ἀποικίαν στειλαμένοις πρὸς ἔμψυχον τῷ ὄντι καὶ ζῶσαν πολιτείαν, ἧς ἔφορος καὶ ἐπίσκοπος ἀλήθεια (cf. virt 102; spec I 309ff. und spec III 181: πολιτείας ζηλούσης τὴν ἀλήθειαν; spec IV 178; virt 175: πολιτείας κοινωνίαν τῆς ἀρίστης). ἀποικία erscheint in konversionstheologischen Texten z.B. virt 102.219; spec IV 178.

91 virt 102ff.; spec IV 178 (Gott spricht Recht für den Proselyten, "weil er seine Blutsverwandten, von denen allein er Hilfe erwarten durfte, sich zu unversöhnlichen Feinden (ἐχθροὺς ἀσυμβάτους) machte, als er übertrat zur Wahrheit und zur Verehrung des Einen..."); cf. spec I 308ff.. Diese Angaben stimmen durchaus mit der antijüdischen Perspektive bei Tacitus überein, hist. V 5,1-2: Die Verbesserung der jüdischen Verhältnisse im Zusammenhang des Proselytismus "kam auch daher, weil in den Kreisen der Juden unerschütterlich treuer Zusammenhalt und hilfsbereites Mitleid herrschen, während allen anderen Menschen gegenüber feindseliger Haß (hostile odium) hervortritt. ... auch wird den Proselyten zu allererst das Gebot beigebracht, die Götter zu verachten, das Vaterland zu verleugnen, ihre Eltern, Kinder und Geschwister gering zu schätzen."

92 ἀπὸ τοῦ προσεληλυθέναι καινῇ καὶ φιλοθέῳ πολιτείᾳ spec I 51.

93 WOLFSON, Philo II S.354f. sieht in diesem Passus eine indirekte Kritik Philos an dem wenig präzise geklärten Rechtsstatus der Juden in den paganen Politeiai. Das erscheint aber wenig wahrscheinlich, da es wieder das von KASHER abgewiesene jüdische Bemühen um Integration in die griechischen Poleis als tertium comparationis voraussetzt.

politischen Sinn - und keineswegs nur metaphorisch - Übertritt aus der heidnischen Politeia mit ihren νόμα und ἔϑη in die andere Politeia der Juden; Religion ist eingebunden in einen ethnokulturellen Verband. Für diese reziproke ethnokulturelle und institutionelle Fremdheit zwischen jüdischer Gemeinde und (gastgebender) griechischer Polis haben wir im Fall Alexandrias sogar die offizielle Bekräftigung durch den Brief des Kaisers Claudius an die Alexandriner (publiziert Nov. 41), der - nach erneuerten Unruhen - den Juden die provokative Publikumsteilnahme an den Agonen der Griechenstadt untersagt: In der Griechenstadt Alexandria lebten sie *in einer fremden Stadt* (ἐν ἀλλοτρίᾳ πόλει) und verfügten über *ihnen eigene* Möglichkeiten des Genießens.[94] Gemäß solcher reziproken Fremdheit der Politeiai wird für die Distanz der Heiden von den Juden und ihrem Gott bei Philo und bei Josephus auch der politisch geläufige Fremdheitsbegriff verwendet: Der Heide ist gegenüber der jüdischen Politeia ein ἀλλότριος (spec II 73; Jos., c.Ap I 237; ant XVI 178 (τὸ ἀλλότριον))[95]; das in E 2,12b erscheinende ξένος ist damit synonym.[96] Auch das überwiegend in Kleinasien belegte Syntagma ξένα καὶ πάροικα (E 2,19a) paßt in diese Linie politischer Distanzbegriffe.

Dieses Syntagma erscheint fast ausschließlich und häufig in der kleinasiatischen Epigraphik der hellenistischen Zeit[97], wo es zwei nach Rechtsstatus differenzierte Klassen von Fremden (gegenüber einer Politeia) bezeichnet: Die Institution der Paroikie entsprach sachlich der attischen Metoikie (t.t. ξένος μέτοικος) und betraf "Fremde, die sich dau-

---

wahrscheinlich, da es wieder das von KASHER abgewiesene jüdische Bemühen um Integration in die griechischen Poleis als tertium comparationis voraussetzt.

[94] CPJ II No.153 Col.V Z.88f.92-95: καὶ Ἰουδέαις δὲ ἄντικρυς κελεύωι ... μηδὲ ἐπισπαίειν γυμνασιαρχικοῖς ἢ κοσμητικοῖς ἀγῶσει, καρπουμένους μὲν τὰ οἰκία ἀπολά<υ>οντας δὲ ἐν ἀλλοτρίᾳ πόλει περιουσίας ἀφϑόνων ἀγαϑῶν. Siehe dazu unten S.353 A 410.

[95] Entsprechend wurde die Konversion von einem ethnokulturellen System (Politeia) zum anderen - gerade auch was die Religion anging - als *Entfremdung* erfahren, QEx II 2: "But what is the mind of the sojourner (προσηλύτου) if not alienation from the belief in many gods (ἀλλοτρίωσις τῆς πολυϑέου δόξης) and familiarity (οἰκείωσις) with honouring the one God and Father of all?" - Der ἀλλότριος hat keinen Anteil an der Politeia, cf. z.B. Aristoteles, Pol.II 8 1268a 40, wo von einem μόριον... ἀλλότριον τῆς πολιτείας die Rede ist.

[96] Pollux, Onomastikon III 54 führt in der Kategorie "Entgegengesetztes zum Patrioten" folgende semantisch ähnliche Begriffe an: τὸ δ᾽ ἐναντίον ξένος, ἀλλοδαπός ἀλλότριος, ἀλλόφυλος, ἀλλόδημος... (cf. auch ebd. I 150: ἀπηχϑημένοι, ἠλλοτριωμένοι, ἀλλόφυλα· τοὺς δὲ βαρβάρους καὶ ξένους ἐκάλουν (über Thukydides). Wenn freilich das griechisch-heidnische Umfeld die Diasporajuden gelegentlich in gesteigert feindseliger Weise als "Fremde" (ξένα) behandelte (siehe 3.Makk 3,24: βαρβάρους πολεμίους cf. 6,3: λαὸν ἐν ξένῃ γῇ ξένον; Philo, Flacc 54: ξένους καὶ ἐπήλυδας ἡμᾶς ἀπεχάλει), so mußte diese Einschätzung aufgrund der Wechselseitigkeit der ethnokulturellen Beziehungen freilich auch reziprok gelten. Die Diaspora sah sich entsprechend als λαὸν ἐν ξένῃ γῇ ξένον (s.o. 3.Makk 6,3), definierte ihre Mitglieder als ξενιτεύοντες (Philo, Mos II 232).

[97] Die epigraphischen Belege dafür hat H.SCHÄFER, Art. Paroikoi RE XVIII/2 Sp.1695-98 gesammelt.

lich besser geschützt als der ξένος.[99] Freilich werden jüdische Politeumata ihr Verhältnis zu heidnischen "Fremden" kaum ihrerseits durch die ökonomisch-juridisch gestuften Kategorien von ξένοι vs. πάροικοι definiert haben. Auf Grund der häufigen epigraphischen Bezeugung werden wir hier also eher mit einem in Kleinasien geläufigen *sprichwörtlichen Syntagma* rechnen müssen, dem es bei der Zusammenstellung der beiden Klassen von Fremden *hier* nur um das tertium comparationis der Fremdheit als solcher (gegenüber einer Politeia) zu tun ist.

Wir können nun nicht nur die in E 2,12 erwähnte Politeia, sondern auch alle politischen Fremdheitsaussagen in E 2,12b (ἀπηλλοτριωμένα[100], ξένοι) und in 2,19a (ξένοι καὶ πάροικοι) aus den ethnokulturell-politischen Kategorien der hell.-jüd. Konversionstheologie erklären: Die Heiden galten aus der Sicht der jüdischen Politeia als ethnokulturell "Fremde" im antik-politischen Sinn, wobei politisch-soziale und kultische Fremdheit koordiniert waren.[101]

---

[99] Sondersteuer: E.BERNEKER RE IX A2 Sp. 1444f.: Das μετοικίον, bei erwerbswirtschaftlicher Betätigung auf dem Markt noch das ξενικόν. Ebd. Sp.1454-59 zur Rechtsstellung beider Klassen.

[100] Cf. BÜCHSEL, ThW I S.266: "ἀπηλλοτριωμένος ist, wie die Parallelen in ἐχθρός und ξένος zeigen [cf. Kol 1,21; E 2,12; 4,18], fast gleich ἀλλότριος." Die Voraussetzungen dieses Zustands seien nicht mehr im Blick. Der Begriff wurde wohl von Kol 1,21 her beibehalten, nun aber stärker politisch-sozial im Sinn von ἀλλότριος verstanden (cf. die Konnotation mit ξένος).

[101] Für das klassische Griechenland führt FUSTEL DE COULANGES, Der antike Staat S.232, aus: "Der Fremde ... ist der, der am Kultus nicht teilnehmen darf, der, den die Stadtgötter nicht beschützen und der selbst nicht das Recht hat, sie anzurufen. Denn diese nationalen Götter wollen Gebete und Opfergaben nur vom Bürger empfangen; sie stoßen den Fremden zurück; der Eintritt in ihre Tempel ist ihm untersagt und seine Gegenwart während der Zeremonien ist ein Frevel." Im 4.Jh. begründete Demosthenes die enormen Schwierigkeiten, die man Auswärtigen auf dem Weg zum Bürgerstatus in Athen durch komplexe Formalitäten bereitete, folgendermaßen: "So übte das Volk viel kluge Pronoia in Hinsicht auf sich selbst und auf die Götter, damit [weiterhin] in frommer Haltung in den Heiligtümern für die Stadt geopfert wird" (59,92). Positiv läßt sich die Koordination von kultischer und politischer Loyalität etwa auch der Anklage gegen Sokrates bei Xenophon, Mem. I 1, entnehmen: οὓς μὲν ἡ πόλις νομίζει θεοὺς οὐ νομίζων. Wenn auch der gesamtgriechische Einigungsprozeß während der Perserkriege (cf. z.B. Isokrates, Paneg. 43; cf. Herodot, hist. VIII 144,2) und die Internationalisierung vieler Kulte die Fremdheitserfahrungen zwischen *griechischen* Poleis reduzieren halfen, so bestand diese Koordination doch auch in der hell.-röm. Zeit tendenziell fort (siehe etwa Diod.Sic. XL 3,1-2; Tac. hist. V 4-5; Dionys.Hal., Rom.Ant. II 18,1ff; cf. o. S.92 A 55), vor allem freilich gegenüber "barbarischen" Kulturen (W.SPEYER/ I.OPELT, Art. Barbar, JbAC 10 (1967) S.251-90, hier Sp.261ff.264f.; JÜTHNER, Hellenen und Barbaren S.6 mit A 28.29): Für die jüdisch-griechischen Konflikte zeigt sie sich in der vorwurfsvollen Frage Apions zur kultischen Praxis der alexandrinischen Juden: "Warum also verehren sie nicht dieselben Götter wie die Alexandriner, wenn sie Bürger sind?" (si sunt cives c.Ap.II 65 cf. II 79) - die Anerkennung des jüdischen Bürgerstatus, auch wenn damit die Anerkennung einer mit der griechischen Polis parallelen jüdischen Politeia in Alexandria gemeint sein dürfte, wird mit dem Argument der dann notwendigen städtischen Kultgemeinschaft abgewehrt. Den gleichen Zusammenhang führten aber auch die ionischen Poleis bei einer Verhandlung vor Marcus Agrippa an, die 14 v.Chr. sehr wahrscheinlich in Ephesos stattfand (zu dieser Lokalisierung siehe A.T.KRAABEL, Judaism in Western Asia Minor, S.51), ant XII 125: Wenn die Juden als den Griechen gleichgestellt (συγγενεῖς) gelten wollten, hätten sie auch die ionischen Götter zu verehren.

Ein nur metaphorischer, aus dem Politischen ins Religiöse übertragener Sprachgebrauch (SCHNACKENBURG u.a.), gar eine Chiffre für 'Heil und Gottverbundenheit' (LINDEMANN), liegt also keineswegs vor.

Auf die beiden politischen Fremdheitsaussagen in E 2,12b, wo einerseits ἀπηλλοτριωμένοι und ξένοι, andererseits, wie sich noch zeigen wird, ἡ πολιτεία und αἱ διαθῆκαι in Parallele stehen, folgt in E 2,12c noch ein zweites Paar, das stärker den religiösen Aspekt dieses Ausschlusses hervorhebt: Die Heiden hatten keine Hoffnung und waren "gottlos in der Welt" (ἄθεοι ἐν τῷ κόσμῳ). Der Mangel an Hoffnung, den wir wie alle anderen Mängel unter dem grundsätzlichen Motto χωρὶς Χριστῷ sehen müssen, bezieht sich nach der entsprechenden Formulierung in E 1,12 auf die messianische Heilshoffnung der vorchristlichen Juden.[102] Deutlich in den traditionellen Bereich der hell.-jüd. Konversionstheologie gehört wieder der abschließend genannte Mangel der ἀθεότης: Philo beschreibt Bekehrung in spec I 309; IV 178; virt 219; QEx II 2 stets als Abkehr von den verkehrten religiösen Überzeugungen der Umwelt[103] und Zuwendung zur Verehrung des einen und wirklich (ὄντως) seienden Gottes (so virt 102.219): Die heidnischen Götter sind also nicht wirklich. Entsprechend beschreibt er den heidnischen Polytheismus, der den wahren Gott nicht kennt (mut 205), als "das Übel des Atheismus" (fug 114: πολύθεον, ἄθεον μὲν οὖν κακόν).[104] Der ἀθεότης-Vorwurf wirkte zwischen Heiden und Juden reziprok, da er sich auf Abweichung oder Kritik gegenüber dem Kult

---

schaft abgewehrt. Den gleichen Zusammenhang führten aber auch die ionischen Poleis bei einer Verhandlung vor Marcus Agrippa an, die 14 v.Chr. sehr wahrscheinlich in Ephesos stattfand (zu dieser Lokalisierung siehe A.T.KRAABEL, Judaism in Western Asia Minor, S.51), ant XII 125: Wenn die Juden als den Griechen gleichgestellt (συγγενεῖς) gelten wollten, hätten sie auch die ionischen Götter zu verehren.

102 In 1,12 charakterisiert "Paulus" die Wir-Gruppe, aus deren Perspektive seit 1,3b formuliert wurde und der er selbst zugehört, abschließend durch die Wendung: τοὺς προηλπικότας ἐν τῷ Χριστῷ. Im Zusammenhang der gerade im begrenzten Kontext der Eulogie (1,3-14) auffällig gehäuften προ-Komposita (προορίσας, προέθετο, προορισθέντες, κατὰ πρόθεσιν, cf. ἐξελέξατο ἡμᾶς πρὸ καταβολῆς κόσμου), die dort - wie auch im übrigen E - alle Vorzeitigkeit ausdrücken, muß dies auch für προ-ηλπικότας gelten - die sehr absichtsvoll gewählte Kontextsemantik kann diese Stelle nicht aussparen. Das Verhältnis der Vorzeitigkeit dieses Hoffens (als bereits in der Vergangenheit realisierte Lebenshaltung) unterstreicht das perfektische Tempus des Partizips: Von denen, die schon zuvor (sc. vor dem jetzigen Heil) "in dem Christus" gehofft haben, ist also die Rede. Das kann sinnvoll nur auf die jüdische Messiashoffnung bezogen werden (dazu eingehender u. S.213f mit A 445) und gehört daher mit der entsprechenden Rückblende 2,12 (χωρὶς Χριστοῦ ... ἐλπίδα μὴ ἔχοντες) zusammen.

103 Siehe auch Tac. hist. V 2, nach dem den Proselyten zuerst das "contemnere deos" beigebracht wird.

104 Meistens konkret gegen die αἰγυπτιακὴ ἀθεότης gerichtet: LegGai 163; Mos II 196 cf. 193; post 2; her 203; fug 180.

Ein gutes Beispiel für diese Reziprozität bietet Josephus' Enkomion περὶ πολιτείας c.Ap.II 145ff., in dem er sich einerseits mit dem antijüdischen ἀθεότης-Vorwurf des Rhetors Apollonios Molon aus Kleinasien auseinandersetzen muß (II 148 cf. 79), andererseits aber auch diesen Vorwurf der Sache nach zurückgibt, indem er die heidnischen Gottesvorstellungen als fehlgeleitet kritisiert (II 242-54). Die mühsame Einführung dieser Kritik in II 236-38, nach der das Folgende nur als apologetisch bedingte Ausnahme von dem jüdischen Axiom, die Götter anderer nicht zu lästern, zu rechtfertigen sei, kann die Selbstverständlichkeit solcher Kritik nicht verhehlen: Der anti-heidnische ἀθεότης-Vorwurf gehörte in die jüdische Konversionstheologie und zum apologetischen Inventar im Themenbereich περὶ πολιτείας.[106]

Eine besondere Note gibt unser Verfasser dem traditionellen, antiheidnischen ἄθεοι-Vorbehalt der jüdischen Politeia durch die Formulierung: ἄθεα ἐν τῷ κόσμῳ. Denn "ἐν τῷ κόσμῳ" setzt den Akzent auf den inferioren, durch die diabolischen κοσμοκράτορες (E 6,12) beherrschten Kosmos, wo man durch Unkenntnis und Verstockung dem Leben Gottes fremd ist (cf. E 4,18). Wenn wir unsere Ergebnisse zum gnoseologischen Heilsverständnis unseres Schreibens mit heranziehen, so wird einsichtig, daß nach diesem Konzept das Heil ja durch noetische Teilnahme am Soma Christi über dem All und seinen Mächten (cf. 2,6: im Himmel) realisiert wird, nur dort wird Gott und sein Heil erkennbar, im inferioren Kosmos der Mächte bleiben die Menschen folglich in Gottlosigkeit befangen.[107]

---

heidnische Umgebung auch die Juden als impii oder ἄθεοι (SEVENSTER, Roots S.91-102; SMALLWOOD, Jews S.378ff.(bes. 379 A 82); HEUBNER/ FAUTH, Tacitus, Historien Bd.5 S.73). Florus spricht von der "impia gens" (epit. 1,40), Plinius d.Ä. von der "Iudaea gens contumelia numinum insignis" (nat.hist. XIII 46); der Prinzeps Claudius warnt die Juden weltweit, "die religiösen Überzeugungen anderer Völker nicht herabzuwürdigen" (ant XIX 290). Nach Tac., hist. V 4 führte Mose "neue religiöse Bräuche ein, die mit den sonst in der Welt üblichen im Widerspruch standen. Dort bei den Juden ist alles unheilig, was bei uns heilig ist..." Jüdischerseits versuchte man, die konversionstheologische Kultkritik unter dem Eindruck ihres reziproken Charakters auf der Grundlage von Ex 22,27 LXX und Lev 24,15 LXX einzudämmen, siehe Philo, QEx II 5; spec I 53; Mos II 205; Jos., c.Ap. II 237 (cf. ant IV 207).

[106] Durch diese Erkenntnis wird SCHNACKENBURGs Vermutung unwahrscheinlich, nach der die abschließenden Elemente "keine Hoffung" und "gottlos" in E 2,12c nicht mehr eine Distanz zur Politeia Israels implizierten, sondern ohne Berücksichtigung der Juden lediglich als Kontrastaussagen zum christlichen Heil der Gegenwart zu verstehen seien (ders., Exegese S.479f.). SCHNACKENBURG berücksichtigte noch nicht die konversionstheologische Einbindung des ἄθεοι-Vorwurfs, der seinen Ort in der ethnokulturellen Distanz zwischen heidnischer und jüdischer *Politeia* hatte. Dieser Einwand gilt genauso gegen A.LINDEMANN, von dem SCHNACKENBURG hier angeregt wurde (es ginge dem Verfasser "nicht um die 'Vorzüge Israels', sondern das Gewicht liegt allein auf der vorchristlichen Vergangenheit derer, die jetzt Christen sind"; ders., Aufhebung S.149; ders., ZBK NT 8 S.44-46). Auch die Hoffnungslosigkeit ist vom einstigen Hoffen der vorchristlichen Juden her gedacht (cf. 1,12), wir können jedoch die Eulogie erst später behandeln. Cf. A.T.LINCOLN, The Church and Israel in Ephesians 2, S.610 A 22.

[107] Cf. MUSSNER, Christus, das All und die Kirche S.78f. mit Hinweis auf DIBELIUS z.St.: "ohne Gott den finsteren Gewalten des Kosmos ... preisgegeben".

Schreibens mit heranziehen, so wird einsichtig, daß nach diesem Konzept das Heil ja durch noetische Teilnahme am Soma Christi über dem All und seinen Mächten (cf. 2,6: im Himmel) realisiert wird, nur dort wird Gott und sein Heil erkennbar, im inferioren Kosmos der Mächte bleiben die Menschen folglich in Gottlosigkeit befangen.[107]

Halten wir als vorläufiges Ergebnis fest, daß das politische Paradigma in E 2,12 und 2,19a auf die hell.-jüd. Konversionstheologie zurückgeht, die als Ziel der Bekehrung die allgemeine Politeia der Juden angibt. Ihr zufolge stehen sich in den hellenistischen Diasporastädten zwei Politeiai, also zwei ethnokulturelle Konzepte von νόμοι und ἔϑη, gegenüber, die einander *fremd* sind[108]: Die griechische und die jüdische Politeia. Kultische und politisch-soziale Fremdheit sind dabei koordiniert. Das erste Begriffspaar in E 2,12b, ἀπηλλοτριωμένοι... und ξένοι..., geht tendenziell stärker auf den sozialen Aspekt des Ausgeschlossenseins, während das zweite Paar (v.12c), "keine Hoffnung habend" und "gottlos in der Welt", mehr auf den parallelen religiösen Aspekt geht. Das gleiche differenzierte Nebeneinander von sozialem und religiösem Aspekt werden wir auch im zweiten und dritten Textsegment wiederfinden.

Allerdings bleibt noch ein Problem unserer Exegese: Von den πάτρια νόμοι/ πάτρια ἔϑη als Grundlagen der jüdischen Politeia, wie wir dies aus dem griechischen, im hellenistischen Judentum rezipierten Konzept kennen, ist in E 2,12 gerade nicht die Rede. Vielmehr wird im ersten Aussagenpaar in E 2,12b der Begriff "Politeia Israels" durch die διαϑῆκαι τῆς ἐπαγγελίας parallelisiert - die jüdische Politeia scheint also durch diese διαϑῆκαι konstituiert zu sein. Wo bleiben dabei die νόμοι (als Inbegriff der Tora)? Nun wurde mit Recht auf den begrifflichen Zusammenhang unserer Stelle mit Rö 9,4-5 hingewiesen. Dort tritt Paulus im ganzen Kontext von Rö 9-11 den Beweis an, daß der Unglaube seiner jüdischen Volksgenossen weder die Verheißungsworte Gottes an die Juden außer Kraft setzt (τὰ λόγια τοῦ ϑεοῦ Rö 3,1-3 cf. 9,6) noch, damit verbunden, die heilsgeschichtliche Besonderheit dieses Volkes aufhebt: Rö 9,4-5 nennen 9 bleibende Vorzüge der Juden.[109] Der E hat aus dieser Liste, die möglicherweise in der Paulusschule geläufig war, für die vorchristliche Politeia der Juden in 2,12b drei Besonderheiten übernommen:

---

[107] Cf. MUSSNER, Christus, das All und die Kirche S.78f. mit Hinweis auf DIBELIUS z.St.: "ohne Gott den finsteren Gewalten des Kosmos ... preisgegeben".

[108] Diese Fremdheit war oft durch Feindseligkeit bestimmt, cf. Jos. ant XVIII 371: "Die Babylonier, die nun von dem Druck des Anilaeus befreit waren, der ihren Haß gegen die Juden im Zaum gehalten hatte, - im allgemeinen standen sie sich nämlich stets als Feinde gegenüber wegen der *Gegensätzlichkeit ihrer Gesetze* (αἰτία τῆς ἐναντιώσεως τῶν νόμων)..."

[109] Siehe M.REESE, Die Vorzüge Israels in Röm.9,4f. und Eph.2,12. Exegetische Anmerkungen zum Thema Kirche und Israel, Theol.Zeitschrift 31 (1975) S.211-22, bes. 211-19. Cf. R.SCHNACKENBURG, Die Politeia Israels S.469f..

Der Einfluß dieses Sprachgebrauchs erklärt, warum in 2,12 ehrenvoll von der Politeia Israels statt wie üblich von der πολιτεία τῶν Ἰουδαίων (z.B. LegGai 194) die Rede ist. Es ist auch wahrscheinlich, daß der Übergang vom Plural αἱ ἐπαγγελίαι[110] in Rö 9 zum Singular τῆς ἐπαγγελίας (E 2,12b) auf eine bestimmte Verheißung, nämlich die des messianischen Heils verweist.[111] Darauf deutet schon die erste, mottohafte Aussage in 2,12 ("ohne Christus"), noch direkter freilich 3,6: Die Heiden seien jetzt u.a. σύμμετοχα τῆς ἐπαγγελίας ἐν Χριστῷ Ἰησοῦ geworden. Diese im Bereich des (erhöhten) Christus realisierte ἐπαγγελία wird in frühchristlichen Texten, auch im E, mehrfach auf das Pneuma bezogen (E 1,13; Gal 3,14 (ff); Act 1,4; 2,33.39). Die Verheißung des messianischen Heils zielt von daher auf eine pneumatische Wirklichkeit ab, und diesen Akzent bestätigen E 2,18 (... ἐν ἑνὶ πνεύματι...) und 2,22 (εἰς κατοικητήριον τοῦ θεοῦ ἐν πνεύματι).[112]

Fragen wir nun nach dem Plural αἱ διαθῆκαι, der in E 2,12b ἡ πολιτεία parallelisiert. Der seltene Plural ist in Rö 9,4 sehr wahrscheinlich im Sinn von "gesetzliche Verfügungen" bzw. "Gebote" zu verstehen[113]: Schon im 1. und 2.Makk stehen διαθήκη und νόμος in Parallele (1.Makk 2,50; 2,19-21; 2,26f.) und in 2.Makk 7,36-37 wechselt διαθήκη mit den πάτρια νόμια, also den Grundlagen der Politeia, um anzugeben, wofür die jüdischen Märtyrer sterben.[114] Diese mit der Gabe des Gesetzes eng assoziierte *eine* Diatheke Gottes

---

[110] Die jüdische Traditionsgeschichte des ἐπαγγελία-Begriffs hat K.BERGER, Abraham in den paulinischen Hauptbriefen, S.53f. mit A 9 rekonstruiert. Der später mit verschiedenen 'Heilsgütern' verbundene Begriff war im Spätjudentum zunächst an die Landverheißung für die Väter geknüpft, bezog sich in apokalyptischen Texten aber schon auf die eschatologische Heilszeit.

[111] Siehe auch SCHNACKENBURG, EKK X S.110: "Der Singular verweist auf eine bestimmte Verheißung, nämlich die des Messias, in dem sich alles Heil erfüllt."

[112] Auch in 3,6 liegen die Begriffe συγκληρόνομα, σύσσωμα und σύμμετοχα τῆς ἐπαγγελίας insofern auf einer Linie, als die eschatologische κληρονομία gemäß 1,13f. durch das verheißene Pneuma zugänglich ist, ebenso wie das ekklesiale σῶμα pneumatische Qualität hat (siehe dazu schon oben S.54-58) und schließlich - nach unseren Beobachtungen oben - auch die ἐπαγγελία diese pneumatische Wirklichkeit.

[113] Siehe zum folgenden C.ROETZEL, Διαθῆκαι in Romans 9,4, Biblica 51 (1970) S.377-90.

[114] 2.Makk 7,36-37: "Denn unsere Brüder haben jetzt eine kurze Pein erduldet, der immerwährendes Leben nachfolgt, und sind unter der διαθήκη Gottes gefallen (ὑπὸ διαθήκην θεοῦ πεπτώκασιν)... Ich will nun, gleich den Brüdern, Leib und Leben hingeben für die πάτρια νόμια (περὶ τῶν πατρίων νόμων), wobei ich bei Gott bitte, sich des Volkes bald zu erbarmen." 2.Makk 2,50 lautet: "So eifert nun, meine Söhne, für das Gesetz und gebt euer Leben für die Diatheke unserer Väter." Von da aus ist unser Verständnis der Parallele in 2.Makk 7,36f. gesichert. Zur Konstitution einer Politeia durch die πάτρια νόμια s.o.; im 2.Makk cf. 13,14 (ἀγωνίσασθαι μέχρι θανάτου περὶ νόμων, ἱεροῦ, πόλεως, πατρίδος, πολιτείας); cf. 8,16ff. (v.17: ἡ τῆς προγονικῆς πολιτείας κατάλυσις).

gegenüber den Vätern[115] kann aber auch pluralisch aufgefächert werden in die einzelnen "gesetzlichen Verfügungen", die dann διαθῆκαι heißen, so etwa in Sir 45,17 LXX oder 2.Makk 8,15.[116] Ähnlich wie griechische Quellen sprechen nun auch (hellenistisch-) jüdische vom Lebenseinsatz der Bürger für die πάτρια νόμοι und für die πολιτεία[117], und das ist gleichbedeutend mit dem Lebenseinsatz für die διαθήκη bzw. die διαθῆκαι (vergleiche 1.Makk 2,50; 2.Makk 7,36f.; 8,15 mit 13,14; 8,17). Die διαθῆκαι sind also im Sinn "gesetzlicher Verfügungen" die Konstitutionsbasis der jüdischen Politeia und ganz entsprechend diesem Sinn werden sie auch in Rö 9,4 *direkt neben* die νομοθεσία gestellt. Dieser prinzipielle Zusammenhang erklärt u.E., warum in E 2,12b die "Politeia Israels" im zweiten Ausdruck durch αἱ διαθῆκαι parallelisiert werden kann. Gleichwohl hat unser Verfasser den letzten Begriff gegenüber Rö 9,4 *neu interpretiert*: αἱ διαθῆκαι, die Konstitutionsmomente der jüdischen Politeia, werden nicht mehr als "gesetzliche Verfügungen" im Sinn der πάτρια νόμοι verstanden, sondern durch den Genitiv τῆς ἐπαγγελίας als "Verfügungen der messianischen Verheißung" uminterpretiert. Auch diese semantische Alternative (διαθῆκαι = Versprechen, Zuschwüre, gnadenhafte Verfügungen) war bereits durch das hellenistische Judentum vorgegeben.[118] Das hellenistisch-jüdische Konzept einer allgemeinen Politeia, die auf ihre πάτρια νόμοι und insofern auf ihre διαθῆκαι gegründet ist, wird hier einer massiven *interpretatio christiana* unterzogen, deren Motive freilich offensicht-

---

(περὶ τῶν πατρίων νόμων), wobei ich Gott bitte, sich des Volkes bald zu erbarmen." 2.Makk 2,50 lautet: "So eifert nun, meine Söhne, für das Gesetz und gebt euer Leben für die Diatheke unserer Väter." Von da aus ist unser Verständnis der Parallele in 2.Makk 7,36f. gesichert. Zur Konstitution einer Politeia durch die πάτρια νόμοι s.o.; im 2.Makk cf. 13,14 (ἀγωνίσασθαι μέχρι θανάτου περὶ νόμων, ἱεροῦ, πόλεως, πατρίδος, πολιτείας); cf. 8,16ff. (v.17: ἡ τῆς προγονικῆς πολιτείας κατάλυσις).

115 Auch Paulus ordnet Diatheke und Gesetz öfter zusammen (cf. 2.Kor 3,6f.14; Gal 4,24). C.ROETZEL, Διαθῆκαι S.378-384 hebt hervor, daß die von ihm untersuchten Apokrypha meist nur singularisch von *einem* "Bund" mit den Vätern, der u.u. sukzessive erneuert wurde, ausgehen (2.Makk 1,2).

116 Sir 45,17 LXX: "Mit seinen Geboten gab er (sc. Gott) ihm (sc. Aaron) die Vollmacht der in den gesetzlichen Verfügungen begründeten Rechtsentscheide (ἐξουσίαν ἐν διαθήκαις κριμάτων), damit er Jakob die Zeugnisse (τὰ μαρτύρια) lehre und Israel erleuchte in seinem Gesetz (ἐν νόμῳ αὐτοῦ). Zu 2.Makk 8,15 (καὶ εἰ μὴ δι' αὐτούς, ἀλλὰ διὰ τὰς πρὸς τοὺς πατέρας αὐτῶν διαθήκας) siehe C.ROETZEL, Διαθῆκαι S.382f.

117 Das Konzept der Vorbildlichkeit des Sterbens für die eigene Politeia und ihre πάτρια νόμοι findet sich z.B. bei Hippokrates, Von Lüften, Gewässern und Ortslagen c.16.23; Thukydides II 42-44 cf. II 36.4. H.G.KIPPENBERG, Die jüdischen Überlieferungen als πάτρια νόμα, S.52-55, hat gezeigt, wie sich dieses Konzept im Judentum mit dem Martyriumsgedanken verquickt hat: 'Das Volk Judäas verfügt über *patrioi nomoi*, die von den Bürgern selber verteidigt werden und wofür zu sterben vorbildlich ist" (55). Von den vielen Belegen, die KIPPENBERG S.53f. gesammelt hat, sei auf 2.Makk 2,50 (διαθήκη) 7,2.37 (διαθήκη); 4.Makk 9,1; Jos., c.Ap.I 191 (Hekataios von Abdera), Philo, LegGai 192.215 hingewiesen.

118 Sir 44,18 LXX; Sap 18,22; siehe C.ROETZEL, Διαθῆκαι S.380-84.

heißung des messianischen Heils konstituiert sein ließ. So ist die jüdische Politeia als Inbegriff der messianischen Verheißung zu einem bloßen Vorläufer
der Erfüllung dieser Verheißung, also der pneumatischen Politeia des Messias (E 2,19), umdefiniert worden. Politeia Israels und messianische Politeia
verhalten sich zwar zueinander wie irdische Sphäre und Pneumasphäre, aber
auch wie Verheißung und Erfüllung.[119] Die Juden gehören so schon immer in
die Geschichte, die zum gegenwärtigen Heil führt, hinein.[120] Nur so, unter
dem Aspekt der Messiasverheißung und jenseits des negativen Ritualgesetzes, kann den Heidenchristen ihr einstiger Ausschluß von der Politeia Israels
als Mangel aufgewiesen werden. Der interpretatorische Kunstgriff unseres
Verfassers verrät ein judenchristliches Interesse: Das heilsgeschichtliche Prae
der Juden vor den Heiden in der Zeit vor Christus aufzuweisen[121] und den
jüdischen Urgrund der Kirche in hellem Licht leuchten zu lassen.

---

[119] In diesem Sinn auch H.MERKLEIN, Das kirchliche Amt nach dem Epheserbrief, S.130f.:
"Obwohl beide (sc. Kirche und Israel) auf einer verbindenden Linie liegen, übersteigt die
Wirklichkeit der Kirche die Israels wie die Erfüllung die Verheißung. ... Kirche ist Israel, aber
eschatologisches Israel." Treffend auch K.M.FISCHER, Tendenz S.80: "Die Kirche ist nicht nur
einfach die Fortsetzung Israels, ein entschränktes Judentum, sondern etwas völlig Neues,... Sie ist
der Erbe Israels, seiner Verheißungen und des Bundes. Die Geschichte Israels ist so auch die Geschichte der Kirche. ... Es ist die Kontinuität der Verheißung, aber die Diskontinuität ihrer Realisierung."

[120] A.LINDEMANN hatte noch gemeint, daß es in 2,12 gar nicht um "Vorzüge Israels" ginge
und daß dementsprechend "Die Juden im entscheidenden Punkt, nämlich im Verhältnis zum
Heilsereignis in Christus grundsätzlich nicht anders da[stehen] als die Heiden" (ders., Aufhebung
S.149). Da LINDEMANN aber weder die mit dem διαθῆκαι-Begriff gegebene Anknüpfung an
die traditionelle Konstitutionsbasis der jüdischen Politeia noch deren Neuinterpretation im Sinn
der Abstoßung des Ritualgesetzes und der Neubeziehung auf die messianische Verheißung in
den Blick bekam, nahm er nicht wahr, daß damit für die vorchristlichen Juden in nachdrücklicher
Weise ein Vorzug vor den Heiden reklamiert wird: Ihre vorgängige Orientierung an der
messianischen Verheißung, die sich im christlichen Heil erfüllte. LINDEMANN will die
heilsgeschichtliche Egalität von Juden und Heiden in vorchristlicher Zeit aber in den Attributen
ἐλπίδα μὴ ἔχοντες und ἄθεοι... (v.12c), die auf beide Gruppen bezogen seien, bestätigt finden.
Doch ein gruppenspezifisches Hoffen (auf das messianische Heil) in vorchristlicher Zeit wird in
1,12fin für die judenchristliche Wir-Gruppe um "Paulus" reklamiert (siehe dazu eingehend unten
S.213f mit A 445) und bestätigt damit unsere Interpretation im Sinn eines jüdischen Attributs.
Schließlich verrät der anti-heidnische ἄθεος-Vorbehalt, wie wir gesehen haben, ebenfalls die traditionelle Perspektive der *jüdischen Politeia*. LINDEMANNs Auslegung überzeugt uns daher
nicht.

[121] So immerhin auch SCHNACKENBURG, Exegese S.489: "Denn faktisch erkennt der
Verfasser für die Zeit vor dem Kommen Christi der Gemeinde Israels, verglichen mit dem Heidentum, eine besondere Stellung zu." Ebenso A.T.LINCOLN, The Church and Israel in Ephesians 2, S.616: "...as a Jewish Christian, this writer clearly believes that at one time Israel *did* have
real advantages in the history of salvation..."

C.3. Der Übergang von 'fern' zu 'nah' im Rahmen des gnoseologischen Heils (v.13)

Den entscheidenden Umschwung von der einstigen Separation der Heidenchristen zur neuen soteriologischen Integration beschreibt v.13:

νυνὶ δὲ ἐν Χριστῷ Ἰησοῦ ὑμεῖς οἵ ποτε ὄντες μακρὰν ἐγενήθητε ἐγγὺς ἐν τῷ αἵματι τοῦ Χριστοῦ.

Der vergangenen Unheilslage τῷ καιρῷ ἐκείνῳ (= ποτε) χωρὶς Χριστοῦ (v.12) wird hier das νυνὶ δὲ ἐν Χριστῷ als neuer pneumatischer Heilsraum[122] gegenübergestellt. Die Fern-Nah-Terminologie setzt wiederum die jüdische Konversionstheologie fort, wo die Heiden als die Fernen galten, die als Proselyten nahe gekommen sind.[123] Berücksichtigen wir besonders die hell.-jüd. Konver-

---

sians 2, S.616: "...as a Jewish Christian, this writer clearly believes that at one time Israel *did* have real advantages in the history of salvation..."

[122] Cf. E 1,3b: ὁ εὐλογήσας ἡμᾶς ἐν πάσῃ εὐλογίᾳ πνευματικῇ ἐν τοῖς ἐπουρανίοις ἐν Χριστῷ. Das lokale Verständnis der ἐν-Χριστῷ-Formel teilen etwa H.SCHLIER, Brief S.122; H.MERKLEIN, Christus und die Kirche S.23-25; R.SCHNACKENBURG, Exegese S.480. Für den paulinischen Gegensatz ἐν σαρκί vs. ἐν πνεύματι/ ἐν Χριστῷ, der hinter der räumlich gedachten In-Christus-Formel steht (cf. auch ἐν σαρκί als Charakteristikum des "Einst" in E 2,11), wies schon E.BRANDENBURGER, Fleisch und Geist S.198-216, den zugehörigen Verstehenshorizont in der dualistischen Weisheit der hellenistischen Juden auf, nach der sich das Heil ja als Aufstieg und räumliche Übersiedlung aus dem kosmischen Bereich von Fleisch und Körperlichkeit in den himmlisch-noetischen Heilsraum der pneumatischen Weisheit vollzieht. Siehe seine Besprechung der philonischen Texte zur Weisheit als Heilsraum ebd. S.203ff.: Weisheit als Wohnung des Weisen (migr 146); als Zelt (all III 46); als Haus (all III 152; fug 48-52; cf. all I 77-84); als (Tugend-) Stadt (all III 244f.; all III 1-3); bes. agr 65: Für jede Seele eines Weisen ist das Vaterland der Himmel, die Erde die Fremde; sie hält das Haus der Weisheit für ihr eigenes, das des Körpers hingegen für ein fremdes. Die Übersiedlung in dieses obere Vaterland (imm 151.180; gig 61) wird dabei freilich gnoseologisch vermittelt durch Inspiration des Weisheitspneumas (all I 77ff.; her 64.69f.; gig 22f.). Analog kann auch der Logos als dieses obere Vaterland erscheinen (migr 28f.; cf. QGen IV 111) oder als Haus (QGen IV 145) oder als μητρόπολις wie die Weisheit (fug 94 cf. QGen III 11; conf 78; all III 1-3). BRANDENBURGER sieht in diesen räumlichen Vorstellungen "die Anregung zu den Aussagen vom Heilsraum des gegenwärtigen Pneuma-Christus", denn "hier findet sich in der Tat die Anschauung vom Insein im Heilsraum der Sophia in weithin vergleichbaren Bezügen" (ebd. S.199 cf. 211). Zu dieser Analogie paßt auch, daß bei Paulus die Vorstellungen (a) von der inspiratorischen Einwohnung des Pneumas bzw. Christi im Glaubenden (zB. Gal 2,20; im E: 3,17; 5,18; 6,10) und umgekehrt (b) vom Insein der Glaubenden im Pneuma bzw. in Christus korrespondieren (deutlich Rö 8,9; im E: 1,3ff.; 2,6f.10 u.v.ö.). Die gleiche Korrespondenz von (a) inspiratorischer und (b) topologischer Vorstellung haben wir ja auch in der hell.-jüd. Weisheits-/ Logostheologie: Der von Weisheit erfüllte (σοφίας μεστὸς) Jakob ist zugleich Vollbürger und bewohnt das Haus der Tugend-Weisheit (all III 2 cf. 3). S. auch o. S.24f. Wenn die ἐν-Χριστῷ-Formel also in dieser Weise den pneumatischen Heilsraum meint, so müssen wir sie zugleich als Inspirations-Kategorie verstehen.

[123] Dazu siehe D.C.SMITH, Jewish and Greek Traditions, S.15-33, bes.S. 21ff. (Jub 15,30; Targ.Is. 49,1; 51,2; NumR 3,2; GenR 39,11; Mekilta Ex 18,5; NumR 8,4; Eccl 1,8,4; GenR 39,14; EsthR 7,13; 4,2; CantR 1,1,10 - es handelt sich bei diesen meist mit רחוק/ קרב gebildeten For-

γίνεσθαι ἐγγύς/ קָרֵב) sowohl horizontal (sozial) die Annäherung des Proselyten an die jüdische Politeia[124] als auch zugleich vertikal (religiös) die Annäherung an Gott[125] - wie wir es von den zwei Aspekten des Ausgeschlossenseins in E 2,12b-c aus auch erwarten müßten. Im vertikalen Aspekt ist dieses ἐγγίζειν bei Philo wieder in das gnoseologische Heilsverständnis eingetragen:

Gott nahe kommen (ἐγγίζειν) kann sich nach QEx II 29 nur auf den inspirierten νοῦς beziehen, der die irdische Zweiheit als das Prinzip des Gegensätzlichen und damit alle sterblichen Charakteristika (πάντα θνητὰ γένη) zurückgelassen hat, in die monadische Natur umgestaltet wurde und so "is said to come near God (ἐγγύς) in a kind of family relation (κατὰ συγγενῆ τινα οἰκειότητα)". Diese Art des Nahekommens im Sinn der noetischen Entweltlichung wendet Philo nun auf den exemplarischen Proselyten Abraham an, der sich ebenfalls mit dem Ziel der οἰκείωσις Gott näherte (ἐγγίζειν: cher 18; post 27; imm 161; cf. her 30). Dies zeigt deutlich die Allegorese von Gen 12,1-6 in migr: Abraham ist der erste Proselyt, der in das väterliche Land des Logos jenseits des sarkischen Lebens zog (migr 28ff.) und - so gläubig geworden - Gott näher kam (ἐγγίζειν θεῷ §132).[126]

Treten in diesen Texten soteriologisches "nahekommen" (ἐγγίζειν) und "häusliche Vertrautheit" mit Gott (οἰκείωσις) in Parallele, so wird auch in E 2 das "nahekommen" (γενηθῆναι ἐγγύς) aus 2,13 in 2,19b durch die Wendung "ihr seid ... häusliche Vertraute Gottes" (οἰκεῖοι τοῦ θεοῦ) wiederaufgenommen.[127] Schon dies ist ein deutlicher Hinweis darauf, daß wir bei γενηθῆναι ἐγγύς in v.13 speziell mit dem hell.-jüdischen Kategoriensystem zu rechnen haben. Für uns ist es nun besonders aufschlußreich, daß Philo dieses soteriologische "Nahekommen" (ἐγγίζειν) im Sinn des gnoseologischen Heilsverständnisses auch mit dem Sterben Nadabs und Abihus verbinden kann, das ihm als Realsymbol für den Übergang des Erlösten aus der Sphäre von Sarx und Körperlichkeit in die pneumatische Logos- bzw. Sophiawelt durch die Inspiration dient.[128] Wie wir oben gesehen haben, wird das Sterben Christi in

---

[124] In spec I 51 erklärt Philo, der Begriff προσήλυτος leite sich her ἀπὸ τοῦ προσεληλυθέναι καινῇ καὶ φιλοθέῳ πολιτείᾳ; entsprechend spielt Josephus auf diesen Begriff an, indem er die Proselytin Fulvia als προσεληλυθυῖαν τοῖς Ἰουδαϊκοῖς bezeichnet (ant XVIII 82): Es geht um ein soziales Hinzukommen.

[125] Der sozial integrierte Proselyt bekommt zugleich den sicheren Platz im Himmel, denn bei der Konversion zur jüd. Politeia ist er zu Gott selbst übergetreten (praempoen 152; virt 218f.; spec I 309ff.). Cf. M.WOLTER, Rechtfertigung S.118; K.USAMI, Somatic Comprehension of Unity, S.55.

[126] Cf. M.WOLTER, Rechtfertigung S.118.

[127] Wir werden auf diesen Zusammenhang bei der Interpretation von 2,19b zurückkommen.

[128] fug 59: "Auf solche Weise sterben die Priester Nadab und Abihu, um lebendig zuwerden: sie tauschen für das sterbliche Lebendigsein ein unvergängliches Leben ein und wandern aus der gewordenen Welt in die ungewordene hinüber... Dasselbe bedeuten auch die Worte des Herrn: 'durch die, die sich mir nahen (ἐν τοῖς ἐγγίζουσί μοι), will ich geheiligt werden' (Lev 10,3)". all II 57: "Auch Nadab und Abihu, die sich Gott genähert (οἱ ἐγγίσαντες θεῷ), das irdische Leben

Kol 1,20 (διὰ τοῦ αἵματος τοῦ σταυροῦ αὐτοῦ); 1,22 (ἐν τῷ σώματι τῆς σαρκὸς αὐτοῦ διὰ τοῦ θανάτου) und 2,11-13 in diesem Sinn als heilstiftendes Paradigma für das Ablegen des sarkischen Körpers aufgefaßt, wobei Christus bei diesem Übergang selbst in die Position des erlösenden Inspirationsprinzips/ Logos gelangt ist und so die Glaubenden befähigt, sein körperliches Sterben in der noetischen Entleiblichung via Inspiration analog nachzuvollziehen ("Beschneidung Christi").[129] Wenn wir in Rechnung stellen, daß auch E 2,11- 22 von diesem soteriologischen Referenzsystem (Sarx vs. Pneuma) bestimmt ist, so liegt es nicht nur nahe, das γίνεσθαι ἐγγὺς (2,13) im Sinn des hell.-jüdischen ἐγγίζειν als Übergang in den Pneuma-Bereich zu verstehen (cf. E 2,18), sondern auch das instrumental angeschlossene ἐν τῷ αἵματι τοῦ Χριστοῦ ganz wie die christologischen Sterbensaussagen im analogen Referenzsystem des Kol (zB. 1,20: διὰ τοῦ αἵματος τοῦ σταυροῦ αὐτοῦ, s.o.) im Sinn des gnoseologischen Heilsverständnisses der Entleiblichung aufzufassen[130]: Inklusiv partizipieren auch die Glaubenden an der Entleiblichung Christi, die seinen Übergang in die pneumatische Sphäre und in die Logosfunktion bedeutet, denn sie

---

gewordenen Welt in die ungewordene hinüber... Dasselbe bedeuten auch die Worte des Herrn: 'durch die, die sich mir nahen (ἐν τοῖς ἐγγίζουσί μοι), will ich geheiligt werden' (Lev 10,3)". all II 57: "Auch Nadab und Abihu, die sich Gott genähert (οἱ ἐγγίσαντες θεῷ), das irdische Leben verlassen und am ewigen Anteil gewonnen haben..." Im Kontext (all II 54) wird dies als Exemplum für das "Ausziehen des Körpers" angeführt. Für Philo sind die gnoseologisch erlösten Weisen eben zu körperlosen Seelen geworden (mut 33f. cf. migr 90; som I 127f.)

[129] S.o. S.78-87.

[130] Auch A.LINDEMANN, Aufhebung S.156 hat beobachtet, daß der Hinweis auf das "Blut Christi" in 2,13 "allerdings rein formelhaft" bleibe. Freilich heißt das nicht, daß der E nicht noch den bei Paulus verwendeten Sühnopfergedanken (bes. Rö 3,24ff.) kennen würde: In E 5,1f. wird die Opfer-Hingabe Christi als Paradigma der Liebes-Ethik angeführt (περιπατεῖτε ἐν ἀγάπῃ...), analog auch E 5,25. Ein solcher paulinischer Anklang begegnet schon in E 1,7. Allerdings muß gerade hier die 'Erlösung durch sein Blut, die Vergebung der Sünden', die "wir" 'gemäß dem Reichtum seiner Gnade' haben (v.7), im Sinn des gnoseologischen Heilsverständnisses interpretiert werden: Denn der anschließende Relativsatz 1,8 qualifiziert diese 'auf uns überfließende' Gnade zugleich gnoseologisch durch die Wendung ἐν πάσῃ σοφίᾳ καὶ φρονήσει (v.8b), was schon auf die Offenbarung des Mysteriums (v.9f.) zu beziehen ist. Diese Vorstellung, nach der die Gnade der Sündenvergebung gnoseologisch durch die Mysterienoffenbarung realisiert wird, läßt sich aber gerade im hell.-jüdischen Milieu aufweisen: Etwa in den hell.-jüdischen Vorlagen der Apost.Const. Für die Proselyten, deren Konversion als Mysterienweihe und damit gnoseologisch beschrieben wird, erfolgt die Fürbitte: "daß sie als solche, die *durch die Mysterienweihe die Vergebung der Verfehlungen erlangt haben*, der heiligen Mysterien und des gemeinsamen Verweilens mit den Heiligen für würdig erachtet werden mögen" (ἵνα ἀφέσεως τυχόντες τῶν πλημμελημάτων διὰ τῆς μυήσεως ἀξιωθῶσιν τῶν ἁγίων μυστηρίων καὶ τῆς μετὰ τῶν ἁγίων διαμονῆς). Den sachlich gleichen Zusammenhang kennt freilich schon Philo, nach dem der Einzug des Logos in die Seele, also die Anfänge des mysterienhaften Erkenntnis-Heils, zunächst von den Sünden reinigt (z.B.: som I 197-200.226; imm 122-139 [bes. 134ff.]; cher 106.50). Auch das gnoseologische Heilsverständnis in Qumran parallelisiert die gnadenhafte Sündenreinigung mit der Erkenntnis der Heilsgeheimnisse (1QH XI 9-13; 1QS XI 3-8). Allerdings steht der kosmische Logos-Bezug der hell.-jüdischen Theologie, wie wir schon oben erkannten, der deuteropaulinischen 'Mysterientheologie' näher als den qumranischen Kategorien.

matischen Zugang zum Vater (2,18).[131] Wir werden aus der Exegese von
vv.14-18 noch weitere Bestätigung für diese Interpretation im Sinn des gnoseologischen Heilsverständnisses erhalten, die freilich schon durch das gnoseologische Referenzsystem im Kol und in E 1-3 nahegelegt wird. Daß hier
der soteriologische Umschwung durch den konversionstheologischen μακράν-
ἐγγύς-Kontrast ausgestaltet wird, geschieht wohl auch im Blick auf die kompilierte Jesaja-Anspielung in v.17 (Jes 57,19 neben Jes 52,7), die wieder diese
termini verwendet - dort allerdings in anderer Weise als traditionelle Grup-
pencharakteristika für "Heiden" und "Juden".[132]

---

[131] Mit dieser Exegese wird freilich die sehr spekulative These D.C.SMITHs hinfällig, nach der
sich die instrumentale Wendung ἐν τῷ αἵματι τοῦ Χριστοῦ auf das Blut der Beschneidung
Christi beziehe, womit wiederum wie in Kol 2,11ff. "a figurative expression for the death of Jesus
Christ on the cross" gemeint sei (S.48) und zudem eine Tradition benutzt werde, nach der dem
Beschneidungsblut eine sühnende Kraft zukomme (auf der Basis von Ex 4,24-26 LXX; Ez 16,6
LXX) (ders., Jewish and Greek Traditions S.44-75). Doch damit wird u.E. sowohl Kol 2,11ff.
mißverstanden als auch die auf den Kreuzestod verweisende Wendung in E 2,13.

[132] In E 2,13 wird die μακράν-ἐγγύς-Terminologie im Sinn von "Unheil" vs. "Heil", in 2,17 im
Sinn von "Heiden" vs. "Juden" verwendet. Es gibt aber einen großzügigen Zusammenhang beider
Verwendungsweisen: Für unseren Autor, der das jüdische Ritualgesetz ablehnt, war der
vorchristlichen jüdischen Politeia gleichwohl dadurch, daß sie in seinen Augen durch die Verheißung des messianischen Heils konstituiert wird, eine weitaus *nähere* Beziehung zu Gott beschieden als den "messiaslosen", "hoffnungslosen" und "gottlosen" Heiden (cf. 2,12). Im qualifiziert soteriologischen Sinn wird dieses *Nahe-Sein* aus der christlichen Perspektive des Vf. freilich erst
durch die Realisierung dieser messianischen Verheißung erreicht, die in 2,14-18 beschrieben und
in 2,13 schon umrissen wird. Dennoch standen die Juden somit schon immer, also auch vor Christus, in der Kontinuität dieser Heilsgeschichte und waren durch die Verheißung auch schon auf
das soteriologische Nahe-Sein in der messianischen Erfüllung ausgerichtet. Daher kann unser Vf.
die traditionelle Bezeichnung der Juden als "Nahe" (sc. zu Gott) in 2,17 durchaus beibehalten, die
der Heiden als "Ferne" ohnehin; daher bedeutet aber auch soteriologisches "nahe werden" in 2,13
mehr als "Jude werden". In diesem Sinn erklärt auch H.MERKLEIN, Christus und die Kirche,
S.25.

D. E 2,14-18: Christus stiftet Frieden

Gegenüber dem unmittelbaren Kontext wird das zweite Textsegment E 2,14-18 durch das einleitende γάρ (v.14) sowie durch den schlußfolgernden Neueinsatz durch ἄρα οὖν in v.19 abgehoben. Dazu treten stilistische Auffälligkeiten im Inneren: die mottohafte These in v.14a, deren Entfaltung im Partizipialstil v.14b-15a und der kunstvolle zweigliedrige Finalsatz v.15b-16. Vom ersten (vv.11-13) und vom dritten Textsegment (vv.19-22), wo direkt die Heidenchristen ("ihr") angesprochen sind, unterscheidet sich E 2,14-18 schon durch die veränderte Referenzgruppe: das gemeinchristliche "Wir" (v.14 ἡμῶν; v.18 ἔχομεν). Exegeten sehen den Text daher als einen grundsätzlichen christologischen "Exkurs" an[133], der dem Zusammenhang nach erläutern soll, wie jenes heilvolle γενηθῆναι ἐγγὺς ἐν τῷ αἵματι τοῦ Χριστοῦ (v.13) - jetzt allerdings für *beide* Gruppen - zustande kam. Wenn die stilistischen Besonderheiten allerdings häufig durch die These erklärt werden, daß hier ein vorgegebener "Hymnus" verarbeitet sei[134], so dürfte ein Trugschluß vorliegen: Im Zuge unserer formgeschichtlichen Bemühungen wird sich zeigen, daß wesentliche Begriffe, Vorstellungen und Stileigentümlichkeiten des vorliegenden Christus-Enkomions, die in den diversen Rekonstruktionsversuchen der hypothetischen Vorlage zugewiesen werden, im näheren und weiteren Kontext wiederkehren. Diese organische Einbindung spricht aber dafür, daß wir es mit einer Kreation des Briefverfassers zu tun haben[135], deren Motive wir erst später, wenn wir politisch-enkomiastisches Vergleichsmaterial heranziehen, begreifen können (s.u. III.D.). Vorerst nähern wir uns dem Text wieder traditionsgeschichtlich, also unter der Frage nach seinem soteriologischen Referenzsystem, und beleuchten zunächst den Textaufbau bis v.15a.

Das Motto, nach dem Christus unser Friede ist (v.14a), intendiert, wie P.STUHLMACHER gezeigt hat, vor dem Hintergrund der durch das Stichwort εἰρήνη verbundenen Jesaja-Anspielungen in v.17 (Jes 52,7; 57,19; cf. schon v.13) sehr wahrscheinlich einen Hinweis auf die alttestamentliche Erwartung eines den Frieden errichtenden Messias.[136] Wir gehen auf diese Je-

---

[133] DIBELIUS-GREEVEN S.69; H.CONZELMANN S.68; H.SCHLIER, Brief S.122; H.MERKLEIN, Zur Tradition und Kompostition von Eph 2,14-18 S.79; ders., Christus und die Kirche S.15; SCNACKENBURG EKK X S.111; D.C.SMITH, Jewish and Greek Traditions S.194 u.a.m.

[134] Z.B.: H.SCHLIER, J.T.SANDERS, J.GNILKA, K.WENGST, K.M.FISCHER, Ch. BURGER, G.WILHELMI.

[135] Auch der jüngste Forschungsüberblick von H.MERKEL, ANRW II 25.4 (1987) S.3230-35 lehnt die Hymnusthesen im Anschluß an die kritischen Arbeiten vor allem von P.STUHLMACHER und H.MERKLEIN ab (s.u.).

[136] P.STUHLMACHER, 'Er ist unser Friede' (Eph 2,14) S.347f.353. Er denkt im Kontext der weiteren Jesaja-Anspielungen an Jes 9,5f., aber auch etwa Mi 5,4; Sach 9,9f.; TestLevi 18,3f.;

saja-Exegese unten im Zusammenhang von E 2,17f. ein. Dieses Motto erläutern drei unter einem gemeinsamen Artikel zusammengeordnete Partizipialausdrücke in v.14b-15a. Der erste schließt durch seinen konstruktiven Handlungsaspekt (ὁ ποιήσας τὰ ἀμφότερα ἓν) direkt an die positive Friedensaussage an; logisch geht dieser Einigung der "beiden" Teile allerdings die Destruktion des Trennenden voran[137], die durch die zwei nachfolgenden Partizipialausdrücke formuliert wird:

- καὶ τὸ μεσότοιχον τοῦ φραγμοῦ λύσας[138]
- τὴν ἔχθραν ἐν τῇ σαρκὶ αὐτοῦ τὸν νόμον τῶν ἐντολῶν ἐν δόγμασιν καταργήσας[139]

Da vor τὴν ἔχθραν ein καὶ fehlt, ist dieser dritte Partizipialausdruck dem zweiten als nähere Erläuterung eng beigeordnet, d.h. die Vernichtung der trennenden Zwischenwand wird als Beseitigung der Feindschaft in seinem Fleisch gedeutet, welche wiederum mit dem Gebotegesetz identisch ist. Erst jetzt, nach der Vernichtung des Trennenden, schließt ein zweiteiliger Finalsatz (v.15b-16) folgerichtig das positive Ziel der Einigung an und erweist damit den ersten Partizipialsatz in v.14b als logischen Vorgriff. Sehen wir von diesem Vorgriff ab, der sich vom vorausgehenden Friedensmotto her nahelegte, so zeigt die logische Struktur eine Abfolge von a) *destruktivem Handlungsaspekt* (v.14b-15a.16fin), der sich nach der partizipialen Rückblende in v.16fin sogar auf den martialischen Begriff des Tötens bringen läßt, und b) *konstruktiver Friedensstiftung* (v.15b-16), an die sich die universale Friedensproklamation anschließt (v.17f.). Wir werden diese Themenfolge: Töten (Krieg) - Friedensstiftung später in Enkomien politischer Herrscher wiederfinden.

Or.Sib. III 652-56 u.a. ergeben einen breiten Hintergrund, nach dem der erwartete Messias Inbegriff des Friedens sein muß.

[137] F.MUSSNER, Christus S.81: "Die zweite Tat Jesu ... bildet die Voraussetzung für das erste".

[138] "... und der die abzäunende Zwischenmauer vernichtet hat". Der Einsatz des καὶ, das vor dem nächsten Partizipialausdruck fehlt, unterstützt die logische Differenz zwischen den Wendungen. Cf. F.MUSSNER, Christus S.81.

[139] "... der die Feindschaft, nämlich das in (rituellen) Vorschriften manifeste Gebotegesetz, mit seinem Fleisch beseitigt hat". Wegen 2,16fin (ἀποκτείνας τὴν ἔχθραν ἐν αὐτῷ), wo ἐν αὐτῷ auf Christus am Kreuz und damit auf das "Töten" seiner Sarx geht, gehört τὴν ἔχθραν auch in 2,14fin mit ἐν τῇ σαρκὶ αὐτοῦ... καταργήσας zusammen, das so dem ἐν αὐτῷ aus 2,16fin entspricht. τὸν νόμον κτλ. konkretisiert als Apposition τὴν ἔχθραν. Mit H.SCHLIER, Brief S.118.125; D.C.SMITH, Jewish and Greek Traditions S.199.

D.1. Das Ritualgesetz als Trennmauer und Feindschaftsprinzip - eine Perspektive ethnokultureller Fremdheitserfahrung in der Diaspora

Die durch den zweiten und dritten Partizipialausdruck eng parallelisierten Formulierungen für das Trennende zwischen beiden Menschengruppen, nämlich τὸ μεσότοιχον τοῦ φραγμοῦ - τὴν ἔχθραν - τὸν νόμον τῶν ἐντολῶν ἐν δόγμασιν, führen uns wieder in den Erfahrungsbereich des hellenistischen Diasporajudentums, wo man den Ritualnomos als Trennmauer gegenüber der heidnischen Umgebung und als Anlaß zur Feindschaft erfahren konnte.

In dem komplizierten Ausdruck ὁ νόμος τῶν ἐντολῶν ἐν δόγμασιν (v.15a)[140] bezeichnet "ἐν δόγμασιν" den besonderen Charakter der im νόμος vereinten Gebote als "fixe Vorschriften". Nun erscheinen τὰ δόγματα in Kol 2,14 und 2,20 (δογματίζεσθαι = sich δόγματα auferlegen lassen), wobei die Fortsetzung in Kol 2,21f. (cf. 2,16) zeigt, daß es dabei um *asketische Ritualvorschriften der Tora* geht. Dies ergibt sich - zunächst unabhängig von der Frage nach der Art der bekämpften "Philosophie" - auch schon aus der in Kol 2,14f. zugrundeliegenden apokalyptischen Motivik (χειρόγραφον τοῖς δόγμασιν): In apokalyptischen Texten beobachten die anklagenden Engelmächte (cf. Kol 2,15) vom Himmel aus die menschlichen Übertretungen der Toravorschriften und halten sie auf ihrem 'Manuskript' genau fest (z.B. aethHen 89,61-64.70f.; 90,14.22; 97,6; 98,6-8; 100,10; 104,7; Jub 4,6; slavHen 19,5; TestAbr 13,1). Diese Urkunde heißt in der koptisch überlieferten ApcZeph (3,8f.; 7,1-7 WINTERMUDE bei CHARLESWORTH I) genau wie im Kol χειρόγραφον.[141] Die Rede von dem 'χειρόγραφον mit den Vorschriften, das gegen uns war' (Kol 2,14) muß vor diesem zugehörigen Hintergrund meinen, daß diese Urkunde die δόγματα im Sinne der rituellen Toravorschriften zum Maßstab hat, nach dem die Übertretungen notifiziert werden, daß sie also gerade auf Grund dieser Vorschriften "gegen uns" war.[142] Kraft dieses traditionsgeschichtlichen Zusammenhangs steht der jüdische Ritualnomos, auch wenn das Wort selbst nicht fällt, sehr wohl im Hintergrund der Vorstellung in Kol 2,14f.20ff. (gegen ROETZEL, Relations, S.86). Wir können hier aus Platzgründen nur darauf hinweisen, daß im übrigen auch der Charakter der im Kol bekämpften religiösen Richtung sehr wahrscheinlich eine Variante jener jüdischen Aufstiegsmystik darstellt, deren Motive uns sowohl in der Märkabah-Literatur als auch in der Apokalyptik begegnen: Asketische, an den Ritualvorschriften der Tora orientierte Reinheitspraxis, religiöse Devotion vor (argwöhnischen) Engeln, deren Beihilfe zum mystischen Aufstieg man sich versichern mußte, und die Hoffnung auf den mystischen "Eintritt" in die himmlischen Regionen vor dem Thron Gottes mit der damit verbundenen "Schau" (cf. Kol 2,18: ἃ ἑόρακεν

---

[140] Siehe das Vergleichsmaterial bei C.J.ROETZEL, Jewish Christian - Gentile Christian Relations. A Discussion of Ephesians 2:15a. ZNW 74 (1983) S.81ff., hier S.84-86.

[141] Siehe BANDSTRA, Law S.159f.; WEISS, Law S.301f.310 [fälschlich ApcElia]; G.KELBER bei LOHSE, ThW IX S.425 A 2.

[142] Diese syntaktische Auflösung teilt auch SCHWEIZER EKK XII S.105.116; der Sache nach auch LOHSE, KEK IX/2 S.163f. (L. zieht allerdings τοῖς δόγμασιν proleptisch zum nachfolgenden Relativsatz).

ἐμβατεύων) sind ihre wesentlichen Elemente genau wie in Kol 2.[143] Auch von da aus gesehen sind mit den kritisierten δόγματα (cf. δογματίζεσθαι) asketisch gebündelte *Ritualvorschriften der Tora* gemeint. Im Zusammenhang der engen literarischen Beziehungen zwischen Kol und E müssen wir diesen Sprachgebrauch als Vorgabe für E 2,15a ansehen. Mit dem separierenden νόμος τῶν ἐντολῶν ἐν δόγμασιν (E 2,15a) ist also der Ritualnomos gemeint, wobei die Qualifizierung ἐν δόγμασιν auch auf "a 'fixed' and 'absolutized' manner of the human reception of the law" abheben könnte.[144]

Schon in Prov 28,4 LXX wird der νόμος als τεῖχος charakterisiert.[145] Die Umschreibung des vom Heidentum trennenden Ritualgesetzes durch *beide* in E 2,14b verwendeten Wortstämme, nämlich als trennende Mauer (τεῖχος) *und* Zaun (φράσσειν/ φραγμός), läßt sich so nur im hell. Judentum (ep.Arist.; Philo) nachweisen.

Die stärksten Parallelen bietet der Abschnitt ep.Arist. 128-71, wo der jüdische Hohepriester Eleazar einer alexandrinischen Gesandtschaft das jüdische Gesetz erklärt. Schon in § 128-30 werden die rituellen Rücksichten nach dem Kriterium von rein und unrein mit sozialer Absonderung verbunden; in § 139 wird dann deutlicher ausgesprochen, daß der Gesetzgeber die Juden im Interesse des rechten Kultes "mit einer undurchdringlichen Verschanzung und mit eisernen *Mauern umzäunte* (περιέφραξεν ἡμᾶς ἀδιακόποις χάραξι καὶ σιδηροῖς τείχεσιν), damit wir mit keinem der anderen Völker irgend eine Gemeinschaft pflegten, rein an Körper und Seele, frei von törichtem Glauben, den einen und mächtigen Gott über alle Kreatur verehrend."[146] Später werden die Einzelgesetze über den Umgang mit Geschaffenem als Symbole erläutert, die zur ethischen Besonderheit der Juden, zu gerechtem Verhalten, führten - "daher unterscheiden wir uns von allen Menschen" (§ 151).

---

[143] Ansätze in dieser Richtung bieten etwa W.BOUSSET, Die Himmelsreise der Seele, ARW IV (1901), Nachtrag S.273 zu S.144; F.O.FRANCIS, Humility and Angelic Worship in Col 2:18, StTh 16 (1962) S.109-34; K.BERGER, Die impliziten Gegner, FS G.BORNKAMM (edd. LÜHRMANN/ STRECKER) S.390f.; C.A.EVANS, The Colossian Mystics, Biblica 63 (1982) S.188-205; C.ROWLAND, The Open Heaven, SPCK, 1982; R.YATES, 'The Worship of Angels' (Col 2:18), ET 97 (1985/86) S.12-15. Speziell zum mystischen Motiv des "Eintretens" mit nachfolgender "Schau" (cf. Kol 2,18) siehe etwa TestXII Lev 2,5-7; grApcBar 2,2; 3,1f.; 11,1f.; aethHen 14,13; hebrHen 1,1-3.5.6; 18,19; 31,2; Hekhalot Rabbati XXV 5 (= SCHÄFER, Übersetzung II 258) u.ö.

[144] K.USAMI, Somatic Comprehension of Unity, S.64. - Da P[46] ἐν δόγμασιν in E 2,15a ausläßt, will ROETZEL diese Wendung in E 2,15a als Zusatz eines späteren Redaktors erklären, der durch diesen Anklang an Kol 2,14.20, wo nur menschliche Gebote gemeint seien, die harte Abweisung des Gebotegesetzes im ursprünglichen Text (τὸν νόμον τῶν ἐντολῶν καταργήσας) hätte abmildern wollen (ders., Relations S.86). Dagegen spricht, daß schon im Kol polemisch der Ritualnomos gemeint ist (s.o. im Text), daß außerdem ROETZELs These der lectio brevior den Vorzug vor der lectio difficilior gibt und - als wichtigstes Argument - die Beobachtung einer Vorliebe unseres Autors für Konstruktionen mit Genetiv und folgender ἐν-Wendung (E 1,17; 2;7.22; 3;4). ἐν δόγμασιν gehört also sehr wahrscheinlich zum ursprünglichen Text; P[46] (vg^ms) ist demgegenüber als Glättung des komplizierten Ausdrucks erklärbar.

[145] Prov 28,4b: οἱ δὲ ἀγαπῶντες τὸν νόμον περιβάλλουσιν ἑαυτοῖς τεῖχος (anders der masor. Text!).

[146] Cf. noch § 142: πάντοθεν ἡμᾶς περιέφραξεν ἁγνείαις.

Auf der Linie dieser ethisch interpretierten Gebotsobservanz liegt auch Philo, virt 180-86, wo die Konversion zu den ἱεροὶ νόμοι (§ 182) der Juden als ethische Veränderung des ganzen Menschen verstanden wird (§ 183: λόγος, βουλεύματα, πράξεις). Kraft dieses Lebens kann der Weise sich nach virt 186 an Würde mit einem ganzen Volk messen (cf. Dt 26,17f. in § 184), "da er durch eine unzerstörbare *Mauer abgezäunt* ist, durch seine Gottesfurcht" (τείχει πεφραγμένος ἀκαθαιρέτῳ θεοσεβείᾳ). Nach dem Vorausgehenden müssen wir die Gottesfurcht als Leben nach den ἱεροὶ νόμοι (§ 182, cf. Dt 30,11-14 in § 183f.) verstehen und haben mit den Begriffen τεῖχος und φράσσειν, die auch in ep.Arist. zur Umschreibung des von der Umgebung absondernden Ritualnomos gebraucht wurden, wieder die griechischen Wortstämme der Wendung τὸ μεσότοιχον τοῦ φραγμός aus E 2,14b vor uns. Auch diese Vorstellung wurde also sehr wahrscheinlich aus der hell.-jüd. Tradition rezipiert.[147]

Wenn wir nach dem kultursoziologischen Motiv für die Interpretation dieser Gesetze, also der verschrifteten Lebensnormen der Gemeinschaft, als soziale Trennmauer fragen, so müssen wir mit A. und J.ASSMANN[148] davon ausgehen, "daß jede Kultur, schon um überhaupt tradierbar zu sein, eine Grenze ziehen muß zwischen dem Eigenen und dem Fremden", die wiederum in einer vielfältigen "limitischen Symbolik" zum Ausdruck kommt (S.27f.): in allen Konkretionen der Lebensweise von der Kleidung bis zur Kochkunst, in Überlieferungen und Mythen. Die Autoren zitieren den Ethnologen W.MÜHLMANN, nach dem diese abgrenzenden Symbole "mit Vorzugs- und Überlegenheitsbegriffen, Ideologien markierend verbunden" sind (ebd. S.28) - gerade dies charakterisiert ja auch die angeführten jüdischen Zeugnisse. Für die kulturelle Minderheit der Diaspora-Juden, die sich in hellenistischen und später römisch-hellenistischen sozialen Kontexten immer dem latenten, mitunter auch gewaltsamen Imperativ zur hellenistischen Akkulturation ausgesetzt fand, wurde der als Schrift berufbare, kanonisierte Nomos zum kontradistinktiven Rückhalt ihrer ethnokulturellen Identität.[149] ASSMANN-ASSMANN weisen treffend darauf hin, daß die Schriftlichkeit "in Überwindung des politischen Territorialprinzips geistige Räume abzustecken vermag" (S.29), entsprechend konnte die ethnokulturelle, in der Tora verfaßte Politeia der Juden auch, wie wir oben sahen, als überregionales Konzept an allen Orten der Diaspora ihre Filiationen haben.

---

[147] Nicht zu verwechseln ist diese Vorstellung, die durch das Bedürfnis nach ethnokultureller Eigenständigkeit in der Diaspora begründet ist, mit der rabbinischen Vorstellung vom Zaun um die Tora (Abot 1.1; Abot R.Nat. A,1). Die abgrenzende "Mauer-Funktion" des Ritualnomos gegenüber dem Heidentum gehörte freilich zum Allgemeingut des Judentums (z.B. aethHen 93,6: "... a law for all generations and an enclosure only for them"; cf. auch die vielen qumranischen und rabbinischen Belege bei D.C.SMITH, Jewish and Greek Traditions S.88ff.). Die Kombination der Wortstämme von τεῖχος und φράσσειν verbindet freilich besonders eng mit der hellenistisch-jüdischen Variante dieser Tradition (s.o.).

[148] A. und J.ASSMANN entwickelten "Ansätze zu einer kulturwissenschaftlichen Xenologie" in: Diess., Kultur und Konflikt. Aspekte einer Theorie des unkommunikativen Handelns, S.26-31; im Zentrum dieser Theorie-Ansätze steht der Beleg ep.Arist. 139.142 (ebd. S.29f.).

[149] "Erst durch die Kanonisierung gewinnt der kulturelle Sinn jene kernhafte Verfestigung, die eine kollektive Identität wie mit einer ehernen Mauer zu umschließen vermag" (ASSMANN-ASSMANN, a.a.O. S.30f.).

Das limitische Symbol des Ritualnomos wirkte jedoch zutiefst ambivalent: Konnten hellenistische Juden das Gesetz einerseits im identitätsstiftenden Sinn einer schützenden, abzäunenden Trennmauer erfahren, so verband sich damit - als Kehrseite - doch auch die schmerzhafte Wahrnehmung eigener Isolation und *Anfeindung* (E 2,14b.16fin: τὴν ἔχϑραν).[150] Ethnokulturelle Verschiedenheit wurde im Rahmen der gemeinantiken Koordination von kultischer und politischer Loyalität oft auch als politische Distanz, ja als Staatsfeindschaft ausgelegt.[151] Eine solche Einschätzung der jüdischen Diaspora reflektiert schon Est 3,8f., besonders aber der LXX-Zusatz zu Est 3,13 (c-g). Auch nach 3.Makk 3,2-7 sind die besonderen Ritualgesetze, insbesondere für die Speisen, der Grund für die Anfeindung der Juden und für ihre politische Verdächtigung, siehe 3.Makk 3,4:

> "Die Juden nun bewahrten stets Wohlwollen (εὔνοιαν) und rechtschaffene Treue (πίστιν) gegen die Könige. Da sie aber Gott fürchten und nach seinem Gesetz politisch leben, sonderten sie sich im Hinblick auf die Speisen ab, weswegen sie einigen als feindselig (ἀπεχϑεῖς) erschienen."

In diesen jüdischen Texten wird ein reaktives Muster beschrieben, das in den Konflikten zwischen jüdischen Politeumata und griechischen Poleis in den östlichen Diasporaorten bis in die Kaiserzeit hinein wirksam war. Lokalpolitische Interessen des heidnischen Umfeldes, etwa wirtschaftlich begründete Übergriffe der Poleis auf die jüdischen Tempelsteuerkassen, konnten sich diesen ethnokulturellen Grundkonflikt im Einzelfall zunutze machen.[152] In besonderem Maße vergiftete der (wohl nicht sehr ausgedehnte) Proselytismus das Klima in den Städten, da durch den Übertritt aus der griechischen Politeia in die fremde der Juden aus ehemaligen Verwandten des Konvertiten nicht selten erbitterte Feinde wurden.[153]

---

[150] Philo klagt spec IV 179 in bewegenden Worten über die Waisenschaft des jüdischen Volkes in der Welt: Im Unterschied zu anderen Völkern, die sich untereinander helfen könnten, "hilft dem jüdischen Volk kaum einer, weil es seine besonderen Gesetze hat" (νόμοις ἐξαιρέτοις χρωμένῳ). Cf. 1.Makk 1,11. Das wichtigste Material stellte M.WHITTAKER, Jews and Christians: Graeco-Roman Views S.55-91 zusammen; S. noch J.N.SEVENSTER, Roots S.89ff.; H.-P.STÄHLI, Judenfeindschaft in WuD 18 (1987) S.141-46. - Schon der Philo-Beleg zeigt, daß die sonst positiv bewertete Separations-Funktion des jüd. Gesetzes (virt 186; Jos 42f.; ep.Arist. 139) durchaus auch mit Bedauern registriert werden konnte: A.LINDEMANNs Argument gegen die hell.-jüdische Herkunft der 'Trennmauer des Zaunes' (E 2,14b), daß damit bei Juden ja ausschließlich ein *positives* Symbol für das Gesetz gemeint sei, so daß die Vernichtungsaussage in 2,14b die "Identität Israels" zerstöre, überzeugt also gar nicht, was sich freilich auch schon aus der traditionsgeschichtlich eindeutigen Verortung der gebrauchten Wortstämme (τεῖχος/φραγμός) ergibt (gegen ders., Aufhebung S.162; ders., ZBK NT 8 (1985), S.48).

[151] So etwa im griechischen Begriff des (ethnokulturell) Fremden, siehe BERNEKER, Art. ξενίας γραφή RE IX A,2 Sp.1442.

[152] Solche Konkretionen beleuchten wir unten im sozialgeschichtlichen Teil.

[153] Philo, spec IV 178: Gott spricht Recht für den Proselyten, "weil seine Blutsverwandten, von denen allein er Hilfe erwarten durfte, sich zu unversöhnlichen Feinden (ἐχϑροὺς ἀσυμβάτους)

Die heidnischen Polemiken bestätigen die jüdischen Wahrnehmungen zur Genese des Feindschaftsverdachtes: Diese Autoren bringen die auf dem Ritualnomos basierende Absonderung in den Vorwürfen feindseliger Amixie und Misanthropie auf den Begriff.[154] Bekannt ist die Beschreibung des Tacitus, der den treuen und mitleidsvollen Zusammenhalt der Juden untereinander mit ihrem feindseligen Haß gegenüber allen anderen kontrastiert (hist V 5,1: hostile odium) und diesen im Folgenden mit ihrer rituellen Absonderung verbindet. Nach diesen Belegen ist klar, daß die Identifizierung des Ritualnomos als μεσότοιχον τοῦ φραγμοῦ und als Inbegriff der ἔχθρα in E 2,14b-15a sowohl begrifflich der hellenistisch-jüdischen Wahrnehmung eigener ethnokultureller Separation entspricht als auch mit den paganen Vorwürfen feindseliger ritueller Abgrenzung (Amixie/ Misanthropie) korrespondiert. Schon dieser tradtitionsgeschichtlich eindeutige Hintergrund der Vorstellungen erweist es als Irrweg, die 'Trennmauer des Zaunes' auf eine kosmische Mauer zu deuten[155] und die damit verbundene Feindschaft gar von Engelmächten abzuleiten.[156]

---

machte, als er übertrat zur Wahrheit..." (weitere entsprechende Texte: spec I 51-53; virt 102f; praempoen 16f; som II 273; JosAs 12,12-13). Die haßerfüllte Perspektive jener bei der Konversion Zurückgelassenen bestätigt uns Tacitus, hist V 5,1-2: "Gerade die schlechtesten Elemente waren es nämlich, die ihren heimischen Glauben schmählich aufgaben und Tempelsteuern sowie sonstige Spenden dort anhäuften, wodurch sich die Macht der Juden gewaltig hob. ... auch wird den Proselyten zu allererst das Gebot beigebracht, die Götter zu verachten, das Vaterland zu verleugnen, ihre Eltern, Kinder und Geschwister gering zu schätzen."

[154] Siehe auch Philo, virt 141: "Mögen nun die schlimmen Verleumder noch weiter unser Volk des Menschenhasses (μισανθρωπία) beschuldigen und unsere Gesetze anklagen, daß sie Absonderung und Ungeselligkeit vorschreiben (ὡς ἄμικτα καὶ ἀκοινώνητα παραγέλλοντας)..." Der Vorwurf der Amixie begegnet der Sache nach oft in den Berichten über die Herkunft der Juden: Nach Hekataios v. Abdera hat Mose "wegen ... der eigenen Vertreibung [sc. aus Ägypten] eine unsoziale (ἀπάνθρωπον) und fremdenfeindliche (μισόξενον) Lebensweise eingeführt" (bei Diod. 40,3,4); Poseidonios berichtet von den menschenfeindlichen Bräuchen, die Mose nach der Okkupation Jerusalems eingeführt habe (Diod. 34,1,3). Unter allen Völkern lehnten allein die Juden gemeinschaftlichen Umgang mit einem anderen Volk ab (ἀκοινώνητους εἶναι τῆς πρὸς ἄλλο ἔθνος ἐπιμιξίας) und sähen alle als Feinde an (πολεμίους, Diod. 34,1,1). Cf. noch die sachlich ähnlichen Belege aus Manetho (Jos., c.Ap. I 309), Apion (Jos., c.Ap. II 121), Pompeius Trogus (Justinus, Hist.Phil. 36,2,15 = M.STERN Nr.137), Philostratos, vit Apoll. V 33 (= M.STERN II 403), unter den lateinischen Autoren s. Quintilian, Inst.or. III 7,21, Juvenal, Sat XIV 96ff. (103f.: Non monstrare vias eadem nisi sacra colenti), Tacitus (s.o.). Kleinasiatische Verhältnisse spiegelt wohl der aus Karien stammende und später auf Rhodos lehrende Rhetor Apollonios Molon, den Jos. mit dem Vorwurf zitiert, die Juden nähmen keine Menschen mit vorhergefaßten anderen Meinungen über Gott auf, noch wollten sie mit solchen zusammen leben, die sich für eine andere Lebensart entschieden hätten (c.Ap. II 258, cf. 148: Die Juden als ἄθεα und μισανθρώπα). Die meisten Belege sind bei N.BICKHOFF-BÖTTCHER, Judentum S.163-166 zusammengestellt, die in diesem Zusammenhang noch auf die polemische Tradition vom Ritualmord der Juden (Suda, s.v. Δαμόχριτος; Jos., c.Ap. II 91-96) eingeht (S.166-68).

[155] So vor allem H.SCHLIER, Brief S.127ff. (und nach ihm viele andere, etwa A.LINDEMANN, Aufhebung S.161ff.; ders., ZBK NT 8, S.48f., der auf außerjüdische Gnosis 'zurückgehen' will): In der "jüdischen Gnosis" sei die Tora als Israel schützender Zaun mit der Vorstellung einer

D.2. Der hellenistisch-jüdische Sarx-Pneuma-Kontrast als Strukturprinzip der Soteriologie in v.15b-16

Welches positive Ziel Christus mit der Beseitigung dieses abtrennenden Ritualgesetzes erreicht, gibt der lange Finalsatz v.15b-16 in zwei parallelen Aussagereihen an, die jeweils durch eine Partizipialwendung abgeschlossen werden. Zunächst (v.15b): "damit er die zwei in sich zu einem neuen Menschen schaffe, dadurch Frieden bewirkend" (gleichzeitiges Partizip Präsens) - hier ist also die Herstellung des *sozialen Friedens* zwischen den einst Verfeindeten im Blick. In der parallelen zweiten Aussagereihe v.16 klingt auch dieser Gedanke des sozialen Friedens wieder an ("die beiden in einem Soma",

---

Himmel und Erde trennenden kosmischen Mauer verbunden worden. Zwar lehnt D.C.SMITH diese spekulative Erklärung aus einem jüdisch-gnostizistischen Milieu zu Recht wegen fehlender stichhaltiger Belege ab (ders., Jewish and Greek Traditions S.103f.), hält aber selbst - nicht weniger spekulativ - an einem aus jüdisch-kosmologischem Denken abgeleiteten Konzept einer Kosmosmauer als Hintergrund für E 2,15a fest (ebd. S.95-104; ebenso H.MERKLEIN, Christus und die Kirche S.38-40). Von SCHLIER übernimmt SMITH auch die These, die Zerstörung dieser Mauer geschehe beim Aufstieg des Erlösers in den Himmel, nur leitet SMITH diese Vorstellung nicht mehr aus einem gnostizistischen System ab, sondern sieht darin eine mit jüdischen Aufstiegtraditionen (Mose, Henoch, Elia usf.) konkurrierende Christologie, die er durch das traditionell auf Mose gedeutete Zitat aus Ps 68,19 in E 4,8-10 bestätigt findet (ebd. S.104-111). Gegen diese Erklärung spricht nicht nur die von SMITH selbst gesehene Schwierigkeit, daß diese Aufstiegtraditionen niemals die Zerstörung einer kosmischen Mauer erwähnen (ebensowenig ist davon in E 4,8-10 die Rede), sondern noch mehr die Tatsache, daß das destruktive Handeln Christi in E 2,14b-15a.16fin ganz eindeutig mit dem Kreuz und nicht mit einer "Auffahrt" verbunden wird. Dazu kommt, daß wir die verwendeten Begriffe bzw. Wortstämme bereits traditionsgeschichtlich eindeutig verorten konnten. Die gleichen Einwände treffen GNILKAs These einer kosmischen Mauer als Hintergrund der Vorstellung, nur daß G. diese Bedeutung auf eine hymnische Vorlage bezieht, deren kosmische Friedensaussage in E 2,14ff. ekklesial interpretiert werde und daß er das Zerbrechen der Mauer mit dem *Abstieg* des Erlösers verbindet (ders., HThK X/2 S.147ff.). Doch die These einer "hymnischen Vorlage" läßt sich, wie wir noch deutlicher sehen werden, kaum halten. Auch die neutrische Rede von τὰ ἀμφότερα (E 2,14b) kann nicht als Argument für eine ursprünglich auf kosmische Bereiche bezogene Aussageabsicht angeführt werden, wie unten gezeigt wird. Gegen die kosmische Interpretation votierten mit Recht etwa F.MUSSNER, Christus, das All und die Kirche S.81-84; P.STUHLMACHER, 'Er ist unser Friede' (Eph 2,14) S.344f.; R.SCHNACKENBURG, EKK X S.113f.

156 So wieder H.SCHLIER, Brief S.130ff.: Im Sinn des vermuteten jüdisch-gnostizistischen Hintergrundes sei "die Feindschaft der Engel und Mächte gegen Gott und untereinander [gemeint], die sich von den Himmeln auf Erde auswirkt" (S.130). Als dichteste Parallelen führt er Asc.Jes. 7,9ff.; 10,29ff. und IgnEph 13,2 an. Auch hier folgt D.C.SMITH, Jewish and Greek Traditions S.111ff. wieder SCHLIER, nur daß er das traditionsgeschichtliche Etikett "gnosti(zisti)sch" gegen "jüdisch-kosmologisch" austauscht. Ebenso GNILKA, HThK X/2 S.150. Doch die Traditionsgeschichte führt u.E. eindeutig auf die im Ritualnomos begründete Feindschaft im Sinn des skizzierten ethnokulturellen Grundkonflikts (cf. dazu auch P.STUHLMACHER, 'Er ist unser Friede' (Eph 2,14) S.354-57).

"getötet habend die Feindschaft"[157]), zentral ist hier aber der andere Gedanke des *religiösen Friedens*: "und um zu versöhnen die beiden in einem Leib mit Gott durch das Kreuz, getötet habend die Feindschaft in sich" (vorzeitiges Partizip Aorist). Auch in diesen zwei Aussagereihen stehen also wieder, wie schon in v.12b-c, der *soziale* und der *religiöse* Aspekt differenziert nacheinander. Die Frage, ob mit dem "einen Soma" (v.16) der Kreuzesleib Christi oder die Kirche im Sinn des pneumatischen Somas des Erhöhten gemeint ist[158], wird dadurch geklärt, daß die Wendung τοὺς ἀμφοτέρους ἐν ἑνὶ σώματι (v.16) in der abschliessenden Zusammenfassung v.18 wiederaufgenommen wird durch οἱ ἀμφότεροι ἐν ἑνὶ πνεύματι: Jeweils geht es um die Versöhnung mit bzw. um den Zugang zu Gott, so daß σῶμα und πνεῦμα die gleiche kirchliche Wirklichkeit beschreiben müssen. Es handelt sich also notwendig um den pneumatischen Leib des Erhöhten, traditionsgeschichtlich gesehen, wie wir schon wissen, um das Soma des Logos, an dem die gnoseologisch Erlösten teilnehmen. Darauf führt auch der "eine neue Anthropos" in der ersten Hälfte des Finalsatzes (v.15), dem in der zweiten Hälfte das "eine Soma" korrespondiert. Dieser neugeschaffene (κτίζειν) Anthropos, in den die vormals separierten "zwei" umgebildet werden, war der Sache nach schon in 2,10 als pneumatisches Konzept präsent[159]; er begegnet ausdrücklich in 4,23-24 wieder und wird dort durch Erneuertsein im *Pneuma* des νοῦς charakterisiert. Es ist also deutlich, daß die parallelen Konzepte des "einen neuen Anthropos", des "einen Somas" und freilich des "einen Pneumas" pneumatische Konzepte meinen. Der Tod Christi am Kreuz, der nach v.14fin-15a als Vernichtung seiner Sarx in den Blick kommt, ist somit in das gleiche, durch den Sarx/Pneuma-Dualismus bestimmte soteriologische Referenzsystem eingezeichnet, das auch schon den Kol bestimmt: Er bedeutet in erster Linie Übergang aus der Sarx in den Bereich des Pneumas. Für alle, die durch den Glauben, also durch die pneumatische Inspiration ἐν Χριστῷ, an diesem Heil

---

[157] Die "Feindschaft" ist hier "gemäß der bisherigen Gedankenlinie und um der semantischen Einheitlichkeit willen primär auf die Feindschaft der beiden Menschheitsgruppen" zu deuten (mit R.SCHNACKENBURG, Exegese S.483).

[158] Nach H.SCHLIER, Brief S.135f. ist mit ἐν ἑνὶ σώματι "ohne Zweifel der Leib Christi am Kreuz" gemeint, als solcher aber zugleich "virtuell und potentiell die Kirche". In gleichem Sinn auch P.STUHLMACHER, 'Er ist unser Friede' (Eph 2,14) S.352; M.BARTH, Ephesians I S.297f.; D.C.SMITH, Jewish and Greek Traditions S.148 gesteht - neben der ekklesialen - noch eine sekundäre Beziehung der Wendung auf den Leib Christi am Kreuz zu. R.SCHNACKENBURG, EKK X S.117 deutet zwar auf die Kirche, sieht diese aber "schon am Kreuz als neue Schöpfung" in Erscheinung treten und hält sich damit indirekt auch die Deutung auf den Kreuzesleib offen. Nur auf die Kirche beziehen die Wendung F.MUSSNER, Christus, das All und die Kirche S.99f.; J.GNILKA, HThK X/2 S.143f.; H.MERKLEIN, Christus und die Kirche S.45-51.

[159] S.o. S.59-61.

teilnehmen[160], ermöglicht er analog den Übergang aus dem sarkisch bestimmten Typ des "alten Anthropos" zu dem pneumatischen des "einen neuen Anthropos", für den nach E 2,15b die alte sarkische Differenz der *zwei* Menschheitsgruppen (cf. v.11: Beschneidung/ Unbeschnittenheit als Bestimmungen
der Sarx) nicht mehr gilt. Wenn wir berücksichtigen, daß sich in dieser Differenz das trennende Ritualgesetz in seiner Zuordnung zur Sarx manifestierte,
daß es deswegen aber auch zusammen mit der Sarx Christi am Kreuz außer
Geltung gebracht wurde (v.14fin-15a), so zeigt sich, daß der Übergang aus
dem Bereich der Sarx in den des Pneumas durch den Tod der Sarx Christi am
Kreuz auch hier die entscheidende soteriologische Vorstellung ist, nach der
die Überwindung des Ritualgesetzes gedacht wird. Von da aus verstehen wir
auch die auffällige Vorzeitigkeit der Partizpialwendung, die die Versöhnungsaussage in v.16 abschließt[161]: "getötet habend die Feindschaft in sich (sc.
an dem unmittelbar zuvor erwähnten Kreuz)[162]". Denn der Kreuzestod, der
Tod der Sarx Christi, ist das Geschehen, bei dem zugleich auch das auf den
Bereich der Sarx bezogene Ritualgesetz vernichtet wurde für alle die, die
analog am Geschick Christi teilhaben. Dieser Tod markiert als Endpunkt der
sarkischen Existenz somit den Übergang in das pneumatische Soma des Erhöhten, in dem die Glaubenden geeint und mit Gott versöhnt sind, daher
muß er gegenüber dieser Versöhnungswirklichkeit (v.16) vorzeitig sein.[163]
Wir haben damit - wie im Kol - ein soteriologisches Referenzsystem vor uns,
nach dem der Tod Jesu trotz der an Paulus erinnernden Rede vom Blut Christi (v.13) und vom Kreuz (v.16) nicht im Sinne einer blutigen Kompensation
negativer Sündenfolgen gedacht ist, sondern eher im Sinn des paradigmatischen, heilvollen Übergangs aus dem Bereich der Sarx, dem Geltungsbereich
des Ritualnomos, in die obere Pneumawelt, also in das geeinte Soma des

---

[160] Zu diesem Verständnis der ἐν-Χριστῷ-Formel im Sinn des pneumatischen Heilsbereichs bzw.
pneumatischer Inspiration (cf. auch E 1,3b; 3,16-19) siehe oben S.111 A 122.

[161] Die Vorzeitigkeit von ἀποκτείνας (v.16fin: Partizip Aorist) fällt im Vergleich mit dem an
parallelem Ort, nämlich am Abschluß der ersten Aussagereihe des zweiteiligen Finalsatzes
plazierten Partizip Präsens ποιῶν εἰρήνην (v.15fin) auf: Dort wird Gleichzeitigkeit ausgedrückt.

[162] ἐν αὐτῷ (v.16fin) greift hier auf die zuvor erwähnte Vorstellung des Gekreuzigten zurück
(διὰ τοῦ σταυροῦ, v.16), so daß die Paraphrase "getötet habend die Feindschaft an seinem
Kreuz" am ehesten den Sinn treffen würde. Daher verfehlen auch diejenigen Exegeten nicht den
Sinn, die ἐν αὐτῷ unmittelbar auf das Kreuz zurückbeziehen (so GNILKA HThK X/2 S.144f.;
F.MUSSNER, ÖKT 10 S.84; M.BARTH, Ephesians I S.297 sieht die Übersetzungen "in his person" und "on the cross" gleichermaßen als richtig an), obgleich die Formulierung (τὴν ἔχθραν)
ἐν αὐτῷ (v.16fin) wegen der Parallele zu (τὴν ἔχθραν) ἐν τῇ σαρκὶ αὐτοῦ (v.14fin) wohl personal zu beziehen ist.

[163] Dieses wichtige Verhältnis verkennt SCHNACKENBURG, EKK X 117, wenn nach ihm die
Kirche "schon am Kreuz als neue Schöpfung ... in Erscheinung tritt" - erst *nach* dem Kreuz, das
für die Überwindung der Sarx steht, folgt die pneumatische Wirklichkeit des himmlischen Somas
der Kirche. Die gleiche Kritik trifft auch diejenigen, die in der Wendung ἐν ἑνὶ σώματι zugleich
den Gekreuzigten und die Kirche angesprochen sehen wollen (cf. o. A 158).

Christus-Logos.[164] An drei Konzepten unseres Textes werden wir im folgenden die Herkunft dieser Soteriologie aus den Kategorien des Sarx (bzw. Kosmos) - Pneuma - Dualismus hellenistischer Juden verifizieren: In einem ersten Schritt (D.2.1.) erkennen wir die Zwei-Anthropoi-Typologie hellenistischer Juden (Philo) als traditionsgeschichtlichen Hintergrund für das Konzept des (einen) neuen Anthropos (E 2,15b). Ein zweiter Schritt (D.2.2.) zeigt uns, daß mit diesem Heilsverständnis der Übergang aus der Zweiheit (ἡ δυάς cf. τοὺς δύο E 2,15a) als dem kosmischen Separationsprinzip zur pneumatischen Ein(s)heit des himmlischen Bereichs verbunden war, wobei die Rede von τὰ ἀμφότερα / οἱ ἀμφότεροι zugleich auch einen konkreten sozialgeschichtlichen Hintergrund hat. In einem dritten Schritt (D.2.3.) werden wir sehen, daß sich nach dieser Soteriologie schon hellenistische Juden der kosmisch-sarkischen Sphäre und damit dem Geltungsbereich des Ritualnomos enthoben wußten.

D.2.1. Das Konzept vom 'einen neuen Anthropos' - eine Nachwirkung der Zwei-Anthropoi-Typologie hellenistischer Juden

Im gnoseologischen Heilsverständnis hellenistischer Juden (Philo) wird der pneumatische Heilsbereich der noetischen Welt, des Logos und der Weisheit, mit dem Himmel identifiziert, der Unheilsbereich des inferioren Kosmos ist mit dem Bereich von Sarx und Körperlichkeit identisch. Beiden Bereichen wird nun jeweils ein Anthropos-Typ zugeordnet, die besonders im allegorischen Kommentar Philos Konturen erhalten: Der Typ des himmlischen Menschen (οὐράνιος ἄνθρωπος), der auf die Menschenschöpfung von Gen 1,27 bezogen ist, und der Typ des irdischen Menschen (γήϊνος ἄνθρωπος), Adam, dessen Erschaffung die erste Vershälfte von Gen 2,7 LXX beschreibt. Da sich das Typenhafte dabei auf die geistige Existenz des Menschen bezieht, beschreiben diese "Urmenschen" zwei Arten des νοῦς, ebenso wie dies auch

---

164 Ohne eine präzise traditionsgeschichtliche Analyse zu bieten hat auch schon H.MERKLEIN dieses soteriologische Referenzsystem hervorragend klar beschrieben: "Die Besonderheit von Eph 2,14-18 liegt nun darin, daß der Übergang von der Sphäre des Fleisches in die Sphäre des Geistes ... direkt in das Kreuzesgeschehen verlagert ist. ... Am Kreuz schafft Christus das neue Geschöpf und eröffnet für Juden und Heiden die Sphäre der Neuschöpfung, so daß beide in einem 'Geiste' Zutritt zum Vater haben (2,18). Eph 2,14-18 deutet also den Kreuzestod als Übergang von der irdischen Sphäre in die Sphäre der Verherrlichung, von der Existenzweise des 'Fleisches' in die (sic) Existenzweise des 'Geistes'" (ders., Christus und die Kirche S.52). "Christus hat nun durch die Preisgabe seines 'Fleisches' dem Gesetz die Sphäre entzogen, in der und an der es sich auswirken kann (v.14c[Ende].15a). So sind Beschneidung und Unbeschnittenheit als Kategorien einer Sphäre, die durch Christi Tod überwunden und aufgegeben wurde, selbst in sich zusammengebrochen" (ebd. S.56).

nach E 4,22-24 beim "alten" und "neuen Menschen" der Fall ist[165], und sie beziehen sich somit auf jenen noetischen "inneren Menschen", dem auch nach E
3,16 das soteriologische Interesse gilt.[166] Wie schon die hell.-jüd. Konversionstheologie, die sich in JosAs (8,9; 15,5) niederschlug, die Bekehrung mit
pneumatischer Erneuerung (ἀνακαινίζειν τῷ πνεύματι) und insofern mit einer
Neuschöpfung des Konvertiten (ἀναπλάττειν τῇ χειρί σου) analog zur An-
throposschöpfung in Gen 2,7 LXX[167] verknüpfen konnte, so bietet Gen 2,7
LXX auch im allegorischen Kommentar Philos all I 31f. das Paradigma für
die soteriologische Neuschöpfung via Weisheitspneuma[168]: Die erste Vershälfte von Gen 2,7 LXX, die Bildung (πλάσσειν) des Menschen aus Staub,
wird allegorisch auf den νοῦς des γήϊνος ἄνθρωπος gedeutet, der als Typus irdisch, vergänglich und ethisch negativ (all I 53-55; III 104), nämlich durch die
Sarx bestimmt bleibt (her 57: σαρκὸς ἡδονῇ).[169] Die zweite Vershälfte von Gen
2,7 LXX, das Einblasen der πνοή ζωῆς, bezieht Philo hingegen allegorisch-soteriologisch auf den noetischen Typ des οὐράνιος ἄνθρωπος: Der zuvor irdische νοῦς wird erst durch diese Gabe der πνοή, die Philo als πνεῦμα deutet (all
I 37f.; det 80 u.ö.), zu einer wirklich lebenden Seele (εἰς ψυχὴν... νοεράν καὶ
ζῶσαν ὄντως all I 32), d.h. ohne Pneuma bleibt die ψυχή sterblich und unvollkommen. Dieser Typ ist ethisch positiv, da er θεῷ πνεύματι lebt (her 57).[170]
Wie schon bei JosAs (s.o.) haben wir hier wieder das soteriologische Lebendig-
digmachen im Muster der Schöpfungsaussage gemäß Gen 2,7, realisiert durch
die Mitteilung des Weisheitspneumas, vor uns.[171] Da diese Schöpfung von

---

[165] Nach E 4,23f. bedeutet das Anziehen des καινὸς ἄνθρωπος, daß die Angesprochenen im
Pneuma, das ihren νοῦς bestimmt, erneuert werden (ἀνανεοῦσασθαι δὲ τῷ πνεύματι τοῦ νοός
ὑμῶν); jener "neue Mensch" ist also eine pneumatische Modifikation des νοῦς. Der "Alte
Mensch" ist somit der νοῦς ohne diese Modifikation. Sie wird durch einen Schöpfungsakt mit
ethischen Konsequenzen erreicht (τὸν καινὸν ἄνθρωπον τὸν κατὰ θεὸν κτισθέντα ἐν
δικαιοσύνῃ καὶ ὁσιότητι τῆς ἀληθείας).

[166] S.o. S.22 mit A 14.

[167] Zu dieser wichtigen Rolle von Gen 2,7 in der Spekulation um die pneumatische Schöpfung
und Lebendigmachung siehe SELLIN, Streit S.83-90.

[168] Zu Philos Exegese von Gen 2,7 siehe G.SELLIN, Streit S.87f.101-114.

[169] Neben her 57 siehe bes. all I 31ff.; II 4; III 104 (weitere Belege bei HORSLEY, Elitism S.217
A 29) und imm 140-83, wo die beiden Menschentypen kollektiviert sind zu den Gesin-
nungsgenossen des irdischen Edom, die den Weg der Sarx gehen (§§ 140-43), und zu den Angehörigen des Sehergeschlechts Israels, die unter Leitung des Logos auf dem Weg der himmlischen
Weisheit (Tugend) gehen (§ 142-44.180ff.).

[170] Zur ethischen Ausrichtung des neugeschaffenen Anthropos s.o. S.59-60.

[171] Gegenüber diesem eindeutigen Sachverhalt enttäuscht jetzt der Philo-Abschnitt der
Dissertation von U.MELL, Neue Schöpfung. Eine traditionsgeschichtliche und exegetische Studie
zu einem soteriologischen Grundsatz paulinischer Theologie, BZNW 56, Berlin u.a. 1989, S.218-
21, mit seiner krassen Fehleinschätzung: "Auch der Übertritt des Proselyten zu τὴν ἀμείνω
τάξιν, dem Judentum, ... wird von Philo *nicht* als individuelle Neuschöpfung gewertet (SpecLeg I
51)." Doch nicht nur in all I 31ff. wird das (ethisch orientierte) Schöpfungsparadigma auf die So-

hell. Juden als ἀνακαινίζειν τῷ πνεύματι (JosAs 8,9; 15,5) formuliert werden konnte, als gnoseologische Umprägung nach einem 'neuen Typ' (καινὸν τύπον: Philo, som I 129), und sich der Konvertit insofern auch einer καινὴ πολιτεία (Philo, spec I 51) anschloß, wird von diesem Sprachgebrauch aus die Rede von dem καινὸς/ νέος ἄνθρωπος (cf. ἀνανεοῦσθαι τῷ πνεύματι E 4,23) in Kol 3,10; E 2,15; 4,24 bzw. von der καινὴ κτίσις (2.Kor 5,17; Gal 6,15) gut verständlich, ebenso wie die folgerichtige Abhebung vom sarkischen Anthropos-Typ als dem "alten Menschen". Der philonische Himmelsmensch ist so der pneumatisch neugeschaffene, der "neue Mensch", er steht als ebenbildlicher Mensch (κατ᾽ εἰκόνα) auf einer Stufe mit dem Logos, dem Ebenbild Gottes.[172] Das bedeutet nichts anderes, als daß dieser νοῦς durch die Logos-Inspiration schon in das geeinte, pneumatische Soma des Logos aufgenommen ist. Die Abhängigkeit der deuteropaulinischen Zwei-Anthropoi-Typologie von diesem hell.-jüd. Konzept ist nicht zu verkennen[173]: Auch in E 4,22ff. geht es

---

teriologie angewandt (die freilich auch für die Proselyten gilt, die entsprechend dem gnoseologischen Heilsverständnis mit der Konversion ihren Platz im Himmel erhalten, praempoen 152), sondern auch etwa in mut 31 (Sittlich gut ist derjenige, der Gott allein zum Schöpfer (παιητοῦ) erhalten hat). Parallel zur Neuschöpfung gebraucht Philo auch die (verwandte) Metaphorik der zweiten Geburt, die ebenfalls mit den beiden Menschentypen verbunden wird. So bei Mose im Zusammenhang des sog. Sinaimysteriums in QEx II 46: "But the calling above of the prophet is a second birth (δευτέρα γένεσις) better than the first". Wenig später wird dies als "göttliche Geburt" (divina navitas AUCHER) bezeichnet "und im Sinne einer Neuschöpfung erläutert, durch die Hinaufgerufene aus Gott neugeboren oder umgeschaffen wird in den himmlischen, körperlosen und somit ebenbildlichen Menschen" (A.WLOSOK, Laktanz S.72). Cf. auch QGen IV 46: "But those who desire heavenly things and are borne on high shall be saved alone, exchanging mortal for immortal life." Siehe auch PASCHER, Königsweg S.238ff. (244ff.).

[172] all III 172; QEx II 39; som I 66.118f.; II 227ff.; migr 174f.

[173] Das gilt auch schon für den Abschnitt Kol 3,9-11, nach dem man den ethisch verderbten "alten Menschen" ausziehen und den himmlischen Abbildmenschen aus Gen 1,27 anziehen soll: καὶ ἐνδυσάμενοι τὸν νέον τὸν ἀνακαινούμενον εἰς ἐπίγνωσιν κατ᾽ εἰκόνα τοῦ κτίσαντος αὐτόν (3,10). Auch bei Philo ist der zum Typ des Himmelsmenschen Erneuerte nach der εἰκών Gottes geprägt (all I 31: κατ᾽ εἰκόνα δὲ τετυπῶσθαι θεοῦ; I 33.42.53: κατὰ τὴν εἰκόνα καὶ τὴν ἰδέαν; cf. her 56f.), wobei der Logos Inbegriff dieser prägenden εἰκών/ ἰδέα ist (spec III 207; ἄνθρωπος κατ᾽ εἰκόνα: QGen I 4; II 62; all II 4; plant 18ff.; cf. som I 129). Cf. WLOSOK, Laktanz 63f.69f. Durch diese Prägung gelangt der Inspirierte ja selbst in den Rang des Logos; der Prototyp dieser inspirierten "Schauenden", Jakob-Israel, kann in conf 146 ausdrücklich mit dem Logos identifiziert werden, der hier ὁ κατ᾽ εἰκόνα ἄνθρωπος heißt. Entscheidend ist nun, daß der Mensch κατ᾽ εἰκόνα durch diese Logosprägung genau wie in Kol 3,10 zur *Erkenntnis* (Gottes) bestimmt wird: som I 129 (Jakob wird durch Logosinspiration nach einem neuen Typ umgeprägt zu Israel, dem Schauenden); imm 143ff. (das schauende Geschlecht auf dem Erkenntnisweg unter Leitung des Logos); all I 38; zum Logos als "Ort", von dem aus Gott erkannt wird: QEx II 39; all III 171. Auch bei Philo wird diese soteriologische Prägung κατ᾽ εἰκόνα als Schöpfung gedacht (cf. die Allegorese von Gen 2,7 LXX in all I 31-42). Allerdings finden wir die Vorstellung vom "Anziehen" dieses neuen Menschen κατ᾽ εἰκόνα bei Philo noch nicht; sie könnte als ursprünglich apokalyptisch-eschatologische Kategorie (Anlegen der himmlischen Herrlichkeitsgewänder: aethHen 62,15f.; slavHen 22,8-10; ApcJoh 3,5; 6,11) durch Paulus vermittelt sein: In 1.Kor 15,49 setzt er die Gewandtmetaphorik ein, um gegenüber einem gnoseologischen Heilsverständnis die Angleichung an den Himmelsmenschen erst dem postmortalen Eschaton zuzuweisen

um zwei Typen des νοῦς, wobei der "neue Anthropos" wieder der pneumatisch erneuerte und insofern neugeschaffene (κτισθέντα) Mensch ist. Der perverse ethische Wandel des "alten Menschen" (4,22), der durch die ἐπιθυμίαι bestimmt und so gemäß E 2,3 der Sarx zuzuordnen ist, und der ethisch einwandfreie Wandel des pneumatischen "neuen Menschen", entsprechen ganz dem ethischen Bezugsrahmen der hell.-jüd. Zwei-Anthropoi-Typologie. Nun muß auch der (εἷς) καινὸς ἄνθρωπος in E 2,15b mit diesem καινὸς ἄνθρωπος aus E 4,23f. identisch sein, zumal er ganz entsprechend (pneumatisch) im Christus-Logos *neugeschaffen* (2,15: ἵνα... κτίσῃ) wurde.[174] Doch wie können wir nun die Hervorhebung des "*einen*" (εἷς) neuen Menschen verstehen, den Christus zur Herstellung des Friedens (ποιῶν εἰρήνην) aus den einst verfeindeten, durch den Ritualnomos getrennten "*zwei*" Menschheitsgruppen (τοὺς δύο) in sich geschaffen hat? Ist damit gemeint, daß Juden und Heiden als Christen im kollektiven Sinn zu *einem* ekklesialen Makroanthropos (= Christus) geworden sind? Oder sind sie, d.h. nun: jeder einzelne für sich, im qualitativen Sinn zum "Einheitstyp" des pneumatischen "neuen Menschen" umgeschaffen geworden, für den die einstigen Differenzierungen der sarkisch-irdischen Existenzweise überwunden sind? Hier hilft uns der aufgezeigte traditionsgeschichtliche Zusammenhang mit der hell.-jüd. Zwei-Anthropoi-Typologie weiter: Mit dem soteriologischen Übergang zum Typ des himmlischen (= neuen) Anthropos war zugleich der qualitative Übergang in den Logos-Bereich verbunden, der durch die unzusammengesetzte Ein(s)heit Gottes, die aller irdisch-sarkischen Gegensätzlichkeiten bzw. Differenzierungen ledig ist, bestimmt war. Dies bedeutete sozial den Übergang zu Frieden und Einmütigkeit unter den Inspi-

---

(φορέσομεν καὶ τὴν εἰκόνα τοῦ ἐπουρανίου cf. v.53f. und Rö 8,29; cf. H.KAISER, Bedeutung S.58-61.88f.134ff.). Allerdings gab es auch in der hellenistischen Isistheologie, zu der Philo auch sonst enge Berührungen aufweist (WLOSOK, Laktanz S.95f. A 103), eine Tradition über den Logos als Inbegriff der γνῶσις und ἐπιστήμη des wahrhaft Seienden, nach der dieser Logos durch das heilige Gewand der Mysten repräsentiert wird (Plut. de Is. §§ 2f. mor. 352B: die toten Mysten erhalten dieses Gewand als σύμβολον dafür, daß "dieser Logos mit ihnen ist"). Von da aus könnte Philos allegorische Auslegung von Ex 22,26f. in som I 102 ("Wir behaupten nun, daß ein Gewand das σύμβολον des Logos ist") die Bekanntschaft des hell. Judentums mit diesem Konzept bezeugen, wenn Philo hier auch den Logos als Sprache und nicht als soteriologische Größe meint. Es ist daher vorstellbar, daß die Gewandtmetaphorik im hell.-jüd. Milieu neben Philo auch auf den Logos im soteriologischen Sinn angewendet werden konnte, also auch auf den mit dem Logos bzw. mit der Logosprägung identischen ἄνθρωπος κατ᾽ εἰκόνα (cf. con 146).

174 Schon die Kohärenz des E verlangt, daß die korrelierten Begriffe καινὸς ἄνθρωπος/ κτίζειν an beiden Stellen das gleiche Konzept meinen. Viel zu vorsichtig erscheint daher D.C.SMITHs Zugeständnis: "The use of κτίζω in 4:24 (cf. also 2:10 and Col. 3:10) suggests some connection with 2:15; perhaps there is mutual influence" (Ders. Jewish and Greek Traditions S.148 A 69). - D.C.SMITH, The Two Made One, S.41-43, hat auch rabbinische Belege zusammengestellt, nach denen die Konversion zum Judentum als Neuschöpfung und Neugeburt verstanden wird (z.B. Gen.R. 39,14; Num.R. 11,2; Yeb. 48b; cf. Cant.R. 8,2.5). Allerdings fehlt hier der Bezug auf pneumatische Inspiration und auf die soteriologische Zwei-Anthropoi-Lehre, die die (deutero-) paulinische Theologie mit dem hell. Judentum verbindet.

rierten, wie wir unter D.2.2. näher belegen werden. Der εἰς χαινὸς ἄνθρωπος (E 2,15) ist also qualitativ-typenhaft gemeint[175]; entsprechend hat ihn ja nach 4,23f. auch jeder für sich "anzuziehen". Ein analoges qualitativ-typenhaftes Konzept wird mit dem ἀνὴρ τέλειος in E 4,13 formuliert, den ja auch alle (οἱ πάντες) erreichen sollen und dessen korreliertes Kontrastbild, die Existenzweise als νήπια (4,14)[176], schon durch die *pluralische* Formulierung darauf hinweist, daß der zugehörige Korrelatbegriff des ἀνὴρ τέλειος ebenfalls als qualitatives Ziel jedes einzelnen Glaubenden und nicht als ekklesialer "Makroanthropos" gedacht ist.

D.2.2. Die Überwindung der 'Zweiheit' als Prinzip kosmischer Gegensätzlichkeit zur Einsheit der Pneumawelt - eine Nachwirkung platonisch-neupythagoreïscher Metaphysik

Läßt sich nun auch das Schema des Übergangs von den *zwei* einst feindselig separierten Menschengruppen (οἱ δύο 2,15b) zum differenzfreien *Einssein* im Konzept des 'einen neuen Menschen' aus diesem gnoseologischer Heilsverständnis Philos und seiner Zwei-Anthropoi-Lehre erklären? Das Abstraktschema 'Die-Zwei-Zu-Einem-Machen' erscheint als Inbegriff heilvoller Verwandlung, nämlich als Bedingung für das Kommen des Gottesreiches bzw. für die Erkenntnis dieses Reiches, auch in außerkanonischen frühchristlichen Texten, so daß zuletzt K.BERGER einen traditionsgeschichtlichen Zusam-

---

[175] So schon treffend F.MUSSNER, Christus, das All und die Kirche S.87: Das Zahlwort ἕνα stehe, "weil (...) jeglicher Unterschied zwischen Jude und Heide *vor Gott* (religiös) weggefallen ist: Juden und Heiden stellen als Christen nur noch "einen" Menschen dar, nicht in numerischem, "kollektivem", sondern *qualitativem* Sinne, d.h. εἰς bedeutet hier nicht "eins" der Zahl nach, sondern der Qualität nach (genau wie 1 Kor 10,17: εἰς ἄρτος und Gal 3,28: ὑμεῖς εἰς ἐστε)." Wenn auch MUSSNERs grammatikalische Begründung für diese Auffassung nicht stichhaltig ist (daß τοὺς δύο den Sinn von 'utrumque = jeden einzelnen von beiden' habe (ebd. S.85 A 36; S.87), konnte H.SCHLIER, Brief S.134 A 1 durch den Hinweis auf Mt 19,5f. einfach widerlegen), so ist sie doch vom hell.-jüd. Konzept des himmlischen (= "neuen") Anthropos her gesehen, der qualitativ nach der μονάς gestaltet ist, d.h. alle sterblich-irdischen Charakteristika und Differenzierungen hinter sich gelassen hat (QEx II 29), richtig (s.u. unter B)). Auch ergibt sich kein Widerspruch zu der Wendung ὁ ποιήσας τὰ ἀμφότερα ἕν (2,14b), wie SCHLIER (ebd. 134 A 1) meint: Den Typ des pneumatischen "neuen Menschen" zu schaffen, der die alten sarkischen Differenzierungen hinter sich gelassen und insofern qualitativ "einer" ist, bedeutet zugleich, die ehemals verfeindeten Parteien (τὰ ἀμφότερα) zu einer einzigen Gemeinschaft (ἕν) zu homogenisieren.

[176] Die religiöse Graduierung (ἀνὴρ) τέλειος vs. νήπιος, die oft mit der Metaphorik verschiedener Nahrung (feste Nahrung vs. Milchnahrung) verknüpft ist (cf. 1.Kor (2,6) 3,1-3; 14,20; Hb 5,12-6,1; 1.Pt 2,2), erscheint häufig bei Philo: congr 19; agr 8-9.162; migr 28-35; prob 160 u.ö. Dazu siehe R.HORSLEY, Elitism S.207-209.220f.; CARLSTON, Perfection S.140.

menhang dieser Texte mit E 2,14f. zu rekonstruieren versucht hat.[177] Die wichtigsten Texte sind für uns die Varianten eines Wanderlogions (a.-c.)[178]:

a. 2.Klem 12,2: Als nämlich der Herr selbst von jemandem gefragt wurde, wann seine βασιλεία komme, sagte er: Wenn die zwei eins sein werden (τὰ δύο ἕν) und das Äußere wie das Innere (τὸ ἔξω ὡς τὸ ἔσω) und das Männliche mit dem Weiblichen, weder Männliches noch Weibliches (τὸ ἄρσεν μετὰ τῆς θηλείας οὔτε ἄρσεν οὔτε θῆλυ).

b. Clem.Alex. Strom. III 92,2: Als Salome erfahren wollte, wann man das erkennen könne, worüber gesprochen wurde, sagte der Herr: "Wenn ihr das Gewand der Scham mit Füßen treten werdet und wenn die zwei eins werden (τὰ δύο ἕν) und das Männliche mit dem Weiblichen, weder Männliches noch Weibliches (τὸ ἄρρεν μετὰ τῆς θηλείας οὔτε ἄρρεν οὔτε θῆλυ)".

c. ThEv 22: Jesus sah kleine (Kinder) saugen. Er sprach zu seinen Jüngern: "Diese Kleinen, die saugen, gleichen denen, die eingehen ins Reich." Sie sprachen zu ihm: "Werden wir, indem wir klein sind, eingehen in das Reich?" Jesus sprach zu ihnen: "Wenn ihr die zwei (zu) eins macht (» τὰ δύο ἕν) und wenn ihr macht das Innere wie das Äußere (» τὸ ἔσω ὡς τὸ ἔξω) und das Äußere wie das Innere und das Obere wie das Untere (» τὸ ἄνω ὡς τὸ κάτω), und wo ihr macht das Männliche und das Weibliche zu einem einzigen, damit nicht das Männliche männlich und das Weibliche weiblich ist,... dann werdet ihr eingehen in [das Reich]."[179]

d. Actus Petri c. Simone 38 (Mart.Petri 9): Wenn ihr nicht macht das Rechte wie das Linke (τὰ δεξιὰ ὡς τὰ ἀριστερά) und das Linke wie das Rechte und das Obere wie das Untere (τὰ ἄνω ὡς τὰ κάτω) und das Hintere wie das Vordere (τὰ ὀπίσω ὡς τὰ ἔμπροσθεν), so werdet ihr das Reich (Gottes) nicht erkennen.

In den Varianten a. bis c. liegt das Achtergewicht auf der Überwindung der sexuellen Differenz (Männlich - Weiblich) zur Asexualität mit dem Kommen der βασιλεία - besonders dies ist hier mit dem Abstraktschema 'Die-Zwei-Zu-Einem' gemeint. Es liegt zunächst nahe, diese sexuelle Anwendung des Ab-

---

[177] Alle diese Texte, gerade auch die gnostizistischen, sind bei K.BERGER, Art. Gnosis/Gnostizismus I, TRE XIII (1984) S.527-30 gesammelt und besprochen. Cf. auch D.C.SMITH, Jewish and Greek Traditions S.131-34; ders., The Two Made One S.39-41; W.A.MEEKS, The Language of the Androgyne S.193ff. (mit A 129); H.THYEN, "... nicht mehr männlich und weiblich..." S.138ff.; K.NIEDERWIMMER, Askese und Mysterium S.177-79; H.PAULSEN, Einheit und Freiheit der Söhne Gottes S.80ff.; G.DAUTZENBERG, "Da ist nicht männlich und weiblich" S.189ff.

[178] Zur Bestimmung von 2.Klem 12,2; ThEv 22 (37) und Klem.Alex., strom.III 92,2 als Varianten eines Wanderlogions cf. VIELHAUER, Geschichte S.663; W.SCHNEEMELCHER, Apokryphen 1987⁵ Bd.I S.177f..

[179] Cf. noch ThEv 37: Jesus wird den Jüngern erscheinen, "wenn ihr euch eures Schamgefühls entledigt und eure Kleider nehmt (und) sie unter eure Füße legt wie die ganz kleinen Kinder und darauf tretet. Dann werdet ihr sehen den Sohn des Lebendigen..." Cf. auch ThEv 106: "wenn ihr die zwei zu einem macht, werdet ihr sein Söhne des Menschen..."; ThEv 11fin: "An dem Tage, da ihr einer wart, wurdet ihr zwei, wenn ihr aber zwei geworden seid, was werdet ihr tun?"

straktschemas als Hinweis auf eine fernere Wirkungsgeschichte des Eros-Mythos aus Platons Symposion zu fassen (Symp. 189C-193D)[180]: Nach diesem Mythos erklärt die in der Vorzeit geschehene Zerschneidung der drei anfänglichen Menschentypen, des männlichen, des weiblichen und des androgynen, die erotische Sehnsucht nach Wiedervereinigung der verbleibenden "Hälften"; sie erklärt also sowohl die beiden Arten homosexueller Liebe als auch die heterosexuelle:

"Seit so langer Zeit ist also der Eros zueinander den Menschen angeboren, um die ursprüngliche Natur wiederherzustellen, und versucht, aus zweien eins zu machen (παῆσαι ἓν ἐκ δυαῖν) und die menschliche Natur zu heilen" (191C-D).[181]

Die Rezeption dieses mythischen 'Zwei-Zu-Einem'-Schemas, nach dem die protologische Einheit erneuert wird, unterliegt etwa im ThEv (log 11) oder im PhilEv (78-79, cf.71) keinem Zweifel. Schon im hell. Judentum (Philo) wurde dieser Mythos mit der Genesisinterpretation verbunden.[182] Allerdings kann von da aus nicht erklärt werden, wie in den Varianten a. und c. (cf. d.) neben der sexuellen Differenz noch ganz andere Gegensatzpaare auf den Nenner des 'Zwei-Zu-Einem'-Schemas gebracht werden können und wie die Überwindung dieser Differenzen nach b., c. und d. als Bedingung heilvoller Erkenntnis erscheinen kann.[183] Neben dem Männlich-Weiblich-Gegensatz nennen unsere Belege noch die Dualitäten τὸ ἔσω vs. τὸ ἔξω, τὸ ἄνω vs. τὸ κάτω und, wenn wir d. hinzunehmen, τὰ δεξιά vs. τὰ ἀριστερά sowie τὰ ὀπίσω vs. τὰ ἔμπροσθεν. Schon D.C.SMITH verband die Dualitäten dieser früh-

---

[180] In diesem Sinn K.BERGER, Art. Gnosis/ Gnostizismus I S.527ff.; D.C.SMITH, Jewish and Greek Traditions S.135f.

[181] Cf. noch Symp.191D: "Jeder von uns ist also ein Stück von einem Menschen, da wir ja, zerschnitten (τετμημένος) wie die Schollen, aus einem zwei geworden sind (ἐξ ἑνὸς δύο)." 192E (Hephaistos): "... so will ich euch zusammenschmelzen und in eins zusammenschweißen, so daß ihr statt zweien einer seid (ὥστε δύ᾽ ὄντας ἕνα γεγονέναι), und solange ihr lebt, beide zusammen als einer lebt (ὡς ἕνα ὄντα κοινῇ ἀμφοτέρους ζῆν) und, wenn ihr gestorben seid, auch dort in der Unterwelt nicht zwei, sondern - gemeinsam gestorben - ein Toter seid (ἀντὶ δυαῖν ἕνα εἶναι)." So strebt jeder danach, "mit dem Geliebten aus zweien einer zu werden" (ἐκ δυαῖν εἷς γενέσθαι, ebd.). δύο kann hier mit ἀμφότεροι wechseln. Cf. D.C.SMITH, Jewish and Greek Traditions S.123-25; zur interkulturellen Verbreitung dieser mythologischen Motive siehe H.BAUMANN, Das doppelte Geschlecht, S.176-91 (u.ö.).

[182] Zwar bespricht Philo diesen Symposion-Mythos in vitcont (57-) 63 ablehnend, setzt ihn aber voraus bei seiner Interpretation des ersten Menschen als sexuell neutral, des Eros als Vereinigung der zu Adam und Eva getrennten Hälften (τὰ τμήματα, cf. QGen I 25; Op 151-52; agr 139). Cf. R.A.BAER, Philo's use of the categories male and female, S.38.83f.; W.A.MEEKS, The Image of the Androgyne S.185f. mit A 92 belegt auch die rabbinische Rezeption des platon. Mythos.

[183] Obgleich im Beleg c. (ThEv 22) vom "Eingehen in das Reich", nicht von seinem Erkennen, die Rede ist, wird durch den Kontext des ganzen ThEv auch für diesen Beleg der schon durch b. und d. belegte Erkenntniszugang zum Heil nahegelegt: So deutlich ThEv 51 cf. 113; ThEv 3. Siehe MEEKS, Image S.194f. Es geht darum, die schon gegenwärtige neue Welt/ das Reich zu erkennen, und der Weg dahin führt über die Selbsterkenntnis (ThEv 3), Cf. auch ThEv 49-50.

christlichen Belege unspezifisch mit griechisch-philosophishen Traditionen, nach denen sich das Werden der Welt in Gegensatzpaaren manifestiert, die in einer übergreifenden Einheit zusammenhängen bzw. aus einer ursprünglichen Einheit hervorgegangen sind.[184] U.E. läßt sich der philosophische Hintergrund des 'Zwei-Zu-Einem'-Schemas (in Verbindung mit der Überwindung dieser Gegensatzpaare) jedoch noch präziser angeben: Ihm liegt die hell.-jüd. Rezeption der neupythagoreïschen Prinzipienlehre zu Grunde. In dieser Philosophie wurde die μονάς bzw. τὸ ἕν dem noetischen Gottesbereich zugeordnet (Erkenntnis!), die δυάς bzw. die φύσις τῶν δύοων hingegen der in Dualitäten und in eine Vielheit teilbaren Materie (ὕλη), der gewordenen und vergänglichen Welt.[185] Ein(s)heit und Zweiheit stehen sich als Prinzipien zugleich wie einerseits νοῦς/ θεός/ γνωστόν und andererseits ὕλη/ ἄγνωστον/ ἄγνοια gegenüber. Der Übergang von der Zweiheit der in Gegensätzen bestehenden vergänglichen Welt zur Ein(s)heit der Gotteswelt führte nach dieser Philosophie genau wie in unseren Belegen zum Bereich der Erkenntnis. Wir finden nun bei Sextus Empiricus, adv. Phys. II 248ff. eine Beschreibung der neupythagoreïschen Lehre[186], nach der alle korrelativen Gegensatzpaare (Kategorie: πρός τι) wie rechts vs. links, oben vs. unten, doppelt vs. halb (§ 265), also die ganze Klasse der in den frühchristlichen Belegen genannten

---

[184] Siehe dazu die Diskussion bei D.C.SMITH, The Two Made One. Some Observations on Eph 2:14-18, Ohio Journal of Religious Studies Vol.1 (1973) S.36-41; Ders., Jewish and Greek Traditions S.120-38.

[185] Wie W.BURKERT gezeigt hat, haben die beiden metaphysischen Prinzipien der Neupythagoreer, τὸ ἕν (bzw. ἡ μονάς) und ἡ ἀόριστος δυάς, ihren Ursprung nicht bei den Pythagoreern, sondern bei Platon. Schon hier ist neben dem ἕν als höchstem ontologischen Prinzip die ἀόριστος δυάς (sie kann als ἡ τοῦ ἀνίσου δυάς bezeichnet werden, Plato bei Arist., Met N I,5 1087 b 7) als Prinzip "für alle Arten von Vielheit, Widersprüchlichkeit und Wechsel im Bereich des Seienden verantwortlich, im Gegensatz zu der vom ἕν bewirkten Einheit, Identität, Beständigkeit" (W.BURKERT, Weisheit und Wissenschaft S.19f.52ff.). Das ἕν ist mit dem (noetischen) ἀγαθόν identisch, die unbegrenzte Zweiheit ist Grund alles Schlechten bzw. μὴ ὄν (ebd.). Xenokrates identifiziert die μονάς mit dem νοῦς (Fr.16) und, als männliches Prinzip, mit Zeus und dem höchsten Gott (Fr.15), während die δυάς als weibliches Prinzip dem Bereich unterhalb der Himmel zugewiesen wird (ähnlich dann Philo, QEx II 33). Auch spätere Referate identifizieren die "Einsheit" (μονάς/ τὸ ἕν) mit νοῦς, θεός, ἀγαθόν (Aetios 1,7,18; Ps.-Galen hist.phil.35, DIELS, Dox. 618,12 und die Stellen bei K.STAEHLE, Zahlenmystik S.20 Anm. und S.21 A 4ʰ), die (ἀόριστος) δυάς als Prinzip der Materie (Alex.Polyhist. bei Diog.Laert. VIII 25; Sext.Empir. adv.Phys. II 277 und die vielen Belege bei K.STAEHLE, Zahlenmystik 22 A 11ᵇ). Bezeichnend für ἡ μονάς/ τὸ ἕν als Prinzip des noetischen Gottesbereichs und des Erkennens ist auch, daß Eudoros v.Alexandria (ca. 25 v.Chr.) die Prinzipien τὸ ἕν (ἡ μονάς) vs. ἡ ἀόριστος δυάς u.a. mit dem Gegensatz γνωστόν vs. ἄγνωστον zusammenbringt (bei Simpl. phys. 181,22ff.), entsprechend kann ein Jahrhundert später auch Nikomachos v. Gerasa neben der noetisch bestimmten μονάς die δυάς, die mit der ὕλη verbunden ist, als Inbegriff von ἄγνοια, ἀγνωστία und ψεῦδος fassen (Photios, cod. 187 143a-b).

[186] Siehe dazu J.DILLON, The Middle Platonists, S.342-44; W.BURKERT, Weisheit und Wissenschaft S.48ff. DILLON könnte sich Thrasyllos (Zeit des Kaisers Tiberius) als Quelle des Sextus vorstellen.

Dualitäten[187], unter ein Genus subsumiert werden (§ 273), das wiederum von der ἀόριστος δυάς bestimmt wird (§ 275). Dies spricht dafür, in dem christlich rezipierten 'Zwei-Zu-Einem'-Schema, nach dem τὰ δύο u.a. die korrelativischen Kontraste innen/ außen, oben/ unten (in d. gehören noch rechts/ links und hinten/ vorne dazu) auf den Begriff bringt, den Einfluß neupythagoreïscher Prinzipienlehre zu sehen. Aber nicht nur die korrelativischen Gegensatzpaare, sondern alle konkreten Differenzen/ Dualitäten in der vergänglichen Welt entstehen nach neupythagoreischer Lehre durch ihre Partizipation an dem δυάς-Prinzip.[188] Im Rückgriff auf den Neupythagoreer Moderatus von Gades (1.Jh.n.Chr.) stellt dies Porphyrios, vit.Pyth. 50 so dar:

> "Das Verhältnis der Andersheit und Ungleichheit und alles, was geteilt und in Veränderung und ein andermal anders ist, nannten sie Doppelheit (δυοειδῆ) oder Dyas (δυάδα): Denn solcher Art ist auch in den zerteilten Dingen die Natur der zwei (ἡ τῶν δύο φύσις)."[189]

Demgegenüber bezeichnet die Eins (ἕν) das Verhältnis der ἑνότης, ταυτότης, ἰσότης, ist Ursache der Übereinstimmung (συμπνοία) und Sympathie des Alls (ebd. 49).

Im hellenistischen Judentum um Philo wurde diese platonisch-neupythagoreische Prinzipienlehre rezipiert, d.h. die δυάς galt wieder als Prinzip des teilbaren Irdisch-Gewordenen, der Materie, während die Eins das Prinzip der unteilbaren noetischen Gotteswelt (λόγος, σοφία, ἐπιστήμη, γνῶσις) darstellt.[190] Alles unterhalb der noetischen Gotteswelt ist also gemäß der δυάς teilbar[191] und wird durch den die Schöpfung vermittelnden Logos als "Teiler" (ὁ τέμνων/ ὁ τόμος her 130ff.) in duale Teile zerlegt. Im Bereich des sterblichen Menschen kam es so zu den zwei Teilen (δύο μοίραι) der Männer und der Frauen (her 139.164; agr 139: τὰ ἀνθρώπου τμήματα QGen I 25) - auch die se-

---

[187] Auch innen vs. außen und hinten vs. vorne gehören sachlich in die gleiche Kategorie.

[188] Sext.Empir., adv.Phys.II 262: "... und die unbegrenzte δυάς, an der die begrenzten Dyaden teilhaben und so erst Dyaden sind" (καὶ ἡ ἀόριστος δυάς, ἧς κατὰ μετοχὴν αἱ ὡρισμέναι δυάδες εἰσὶ δυάδες). Ebenso Pyrr.Hyp. II 153.

[189] Zur Abhängigkeit des Porphyrios von Moderatus siehe vit.Pyth. 48. Entsprechend diesem Beleg galt die δυάς den Neupythagoreern als Prinzip der διαίρεσις (Philo, spec III 180; I 180; QGen I 15 und die bei K.STAEHLE, Zahlenmystik 22 A 11[b] genannten Belege), der ἑτερότης (Sext.Empir. adv.Phys. II 261), der Unähnlichkeit (τῶν ἀνομοίων αἰτία: Nikomachos v.Gerasa bei Photios, cod.187 p.143a) und des Ungleichen (ἄνισον/ ἀνισότης: Plut., de Is.48 = mor 370E; Porphyr., vit.Pyth. 38; cf. Philo, QEx III 33).

[190] spec II 176; III 180; det 90; her 132.182f.;187; all II 2-3; imm 82ff.; praempoen 162; gig 52; QEx II 29; QGen IV 110.

[191] all I 3: "... die Zwei und die Drei gehen aber über die durch die Eins bezeichnete Unkörperlichkeit hinaus, weil die Zwei Abbild der Materie ist, da sie sich zerteilen und zerlegen läßt (διαιρουμένη καὶ τεμνομένη) wie diese..." Siehe noch spec III 180; I 180 und QGen III 5: "But one should recognize that the parts of the world also are divided into two and are set up one against the other."

xuelle Polarität gehört also wie alle anderen vergänglichen Dyaden dem **Prin-zip** der δυάς zu. In diesem neupythagoreisch beeinflußten Judentum bedeutet Erlösung nun den Übergang aus der Zweiheit, also aus der irdischen, an die Materie und ihre Differenzierungen gebundenen Welt, in die Einsheit der noetischen Gotteswelt. Wichtig sind für uns dabei zwei Philo-Texte aus dem sog. Sinaimysterium (QEx II 27-46 zu Ex 24), in dem die Sinaibesteigung des Mose allegorisch auf den erlösenden Aufstieg des inspirierten Weisen in den überkosmischen Pneumabereich Gottes gedeutet wird. Bei diesem Aufstieg wird der Inspirierte, wie es QEx II 29 heißt,

> "der Einsheit (μονάς) ähnlich, *ganz und gar mit nichts mehr vermischt von den Dingen, die Anteil haben an der Zweiheit* (δυάς). Der aber in die Natur der Eins-heit (μονάδος) aufgelöst ist, der ist, wie man sagt, Gott nahe gekommen (ἐγγίζειν) in einer Art verwandtschaftlicher Vertrautheit (οἰκειότης), nachdem er nämlich alle sterblichen Charakteristika (πάντα θνητὰ γένη) zurückgelassen hat, wird er in das Göttliche umgeschaffen, so daß ein solcher Mensch Gott ver-wandt wird und wahrhaft göttlich."

In dem sachlich parallelen Text QEx II 46 wird nun der gleiche Aufstiegs- und Wandlungsvorgang mit dem Übergang vom irdischen Anthropos zum himmlischen Anthropos verbunden, wobei diese Wandlung nun nicht mehr als Umschaffen, sondern im parallelen Schema der Neugeburt gedacht ist (cf. QGen IV 46).[192] Der himmlische Anthropos ist "an unmixed and simple soul of the souvereign" (ebd.), also wieder durch die Einsheit der Pneumasphäre charakterisiert. Halten wir als Ergebnis fest: Der noetische Aufstieg, die Neuschaffung zum Typ des himmlischen Anthropos, ist bei Philo damit ver-bunden, die irdische Sphäre der Zweiheit (= Gegensätzlichkeit) zurückzulas-sen, in die Einsheit der Pneumasphäre Gottes und des himmlischen Anthro-pos umgeschaffen zu werden, dadurch Gott vertraut zu werden (cf. οἰκειότης) und nahe zu kommen (ἐγγίζειν). Damit drängt sich dieses hell.-jüd. Konzept als traditionsgeschichtlicher Hintergrund für die Vorstellung von E 2,15b (τοὺς δύο (cf. ἡ δυάς) ... εἰς ἕνα καινὸν ἄνθρωπον; cf. 2,13: γίνεσθαι ἐγγύς; 2,19: οἰκεία τοῦ θεοῦ) geradezu auf, zumal wenn wir die weiteren Anklänge an hell.-jüd. Konzepte im Kontext berücksichtigen. Nach Philo ist der noetische Ebenbildmensch, der himmlische Anthropos, neben allen weiteren irdisch-sterblichen Differenzbestimmungen auch der sexuellen Zweiheit enthoben, er ist nach op 134 νοητός, ἀσώματος, οὔτ' ἄρρεν οὔτε θῆλυ, ἄφθαρτος φύσει. Er ist zur Erkenntnis, zur noetischen Gotteswelt übergetreten. Auch nach unseren frühchristlichen Belegen a.-c. bedeutet die heilvolle Umwandlung nach dem 'Zwei-Zu-Einem'-Schema die Überwindung der sexuellen Differenz zur Ase-xualität, für die in a. und b. (cf. c.) die auch aus Philo, op 134 bekannte For-mel (οὔτ' ἄρσεν οὔτε θῆλυ) gebraucht wird. Wie bei Philo führt dieser Über-

---

[192] Siehe auch o. S.126f A 171.

gang zur Einsheit nach b.-d. auch zur Erkenntnis.[193] Und schließlich ergab sich auch für die weiteren Gegensatzpaare, die unsere christlichen Belege neben der sexuellen Differenz nennen, die Übereinstimmung mit einer Klasse korrelativer Gegensätze, die nach neupythagoreïscher Auffassung durch die δυάς bestimmt waren. Aus diesen Beobachtungen schließen wir, daß sich in dem 'Zwei-Zu-Einem'-Abstraktschema der oben genannten christlichen Texte vor allem die Nachwirkung neupythagoreïscher Prinzipienlehre zeigt, die sich am wahrscheinlichsten durch die Vermittlung des hellenistischen Judentums im jüdisch-christlichen Traditionsbereich entfalten konnte.[194]

Allein von dieser hell.-jüd. Rezeption aus ergibt sich u.E. auch der traditionsgeschichtliche Zusammenhang zu E 2,15b, wo das 'Zwei-Zu-Einem'-Schema auf die Einigung feindlich separierter Menschengruppen bezogen ist (s.o.): Wie alle anderen Dualitäten der irdischen Welt bestimmt das Prinzip der Zweiheit auch die soziale Separation. Nach Philo, QGen I 15, ist die Zweiheit ausdrücklich der Anfang des sozialen Zwistes, der harmonischer Eintracht und Einheit entgegensteht (nam discordiae initium est duitas, cf. noch QGen II 12; IV 30; QEx II 100).[195] Entsprechend sah auch etwa Nikomachos von Gerasa die δυάς u.a. als Inbegriff von Andersheit (ἑτερότης),

---

[193] Cf. zu c. o. S.131 A 183.

[194] Das 'Zwei-Zu-Einem'-Abstraktschema erscheint übrigens expressis verbis auch bei Philo, QGen IV 110, und zwar wieder im Zusammenhang der von den Neupythagoreern rezipierten Zahlen-Prinzipien: "Altogether excellently has it (sc. Scripture) apportioned the two into one (» τὰ δύο εἰς ἕν) in order to change the bad nature of the dyad (δυάδος) and adapt it to the good monad (μονάδα) ..." Dieser Text zeigt auch, daß mit dem Zahlwort δύο das metaphysische Prinzip der δυάς assoziiert werden konnte, wie wir das für E 2,15b annehmen müssen. Die speziell auf die Erfüllung des erotischen Begehrens zugespitzte 'Zwei-Zu-Einem'-Thematik des platonischen Eros-Mythos wirkt in den untersuchten Texten also bestenfalls unterschwellig nach, denn während es bei Plato um die Erfüllung des Eros in der Vereinigung der Geschlechter geht, also um die Erfüllung des sexuellen Begehrens, zielt die neupythagoreïsch inspirierte Tradition der jüdischen und christlichen Belege ja gerade auf die völlige Ausschaltung sexueller Polarität und sexuellen Begehrens durch die Asexualität ab, also auf den Bereich der erkenntnisorientierten, polaritätslosen Einsheit.

[195] Zur δυάς als separierendem Prinzip cf. auch QEx II 100: ".. the triad is a three-tiered, dense and full number, having no emptiness but filling up *whatever is drawn apart in the dyad*." QGen IV 30: "... the dyad, which is *divided* and empty". QEx II 68: "...the two sides which seem to be divided from each other..." Zu vergleichen ist hier auch QEx II 33, wo im Sinn der neupythagoreïschen metaphysischen Zahlenprinzipien die ungeraden Zahlen (die ja mit der Eins beginnen) Gott als Inbegriff des ποιοῦν zugeordnet werden, die geraden (die mit der Zwei beginnen) der Materie und dem Geschlecht der Sterblichen, "because of its familiarity with suffering and passion." Unverkennbar ist hier die Verschmelzung mit den stoischen Prinzipien des ποιοῦν und des πάσχον (= ὕλη) (cf. auch Sext.Empir. adv.math. 10,277). Die Fortsetzung in QEx II 33 verbindet nun mit dieser Gegenüberstellung u.a. auch die von "unity and separation", wobei gilt: "As for equality, similarity, identity and unity, they are to be ordered under the better class, as it were, with God, while the unequal, the dissimilar, the different and the separate (are to be ordered) in the worse (class), of which mortal (nature) has obtained the greater part." Die Zweiheit ist also das Prinzip jeder Separation im Bereich der Sterblichen.

Streit (νεῖκος), Uneinigkeit (διχοστασία), Todesverhängnis (μόρος) und Tod (θάνατος).[196] Vor diesem Hintergrund ist der Einfluß der δυάς als Prinzip sozialer Separation vorauszusetzen, wenn Juden und Heiden als feindselig separierte Menschengruppen durch den Zahlbegriff οἱ δύο (E 2,15b) charakterisiert werden[197], zumal es im folgenden um die Überwindung dieser Dualität durch den Übergang zum pneumatischen "neuen Menschen" geht, der qualitativ durch die Einsheit (εἷς) bestimmt ist. Genau diesen Übergang stellte ja schon QEx II 29.46 ausdrücklich als Verlassen der irdischen Zweiheit und Umgeschaffen werden in die von allen sterblichen Differenzbestimmungen freie Einsheit Gottes und des himmlischen (= neuen) Anthropos dar (s.o.).

Die unübersehbare Nähe dieser hellenistisch-jüdischen Vorstellungen zu E 2,15b wird noch zwingender wenn wir berücksichtigen, daß der soteriologische Aufstieg zur Einsheit des Logosbereiches bei Philo ganz ausdrücklich zum sozialen Frieden unter den Inspirierten führt (cf. E 2,15b: ποιῶν εἰρήνην), den der Logos hervorbringt.[198] Denn nach conf 40ff. bewirkt der gnoseologische Übergang zum Logos, also zu dem Typ des ἄνθρωπος θεοῦ (conf 41), daß diese Inspirierten zu εἰρηνικοί werden (ebd.), die den Krieg verabscheuen und den Frieden lieben (εἰρήνην δὲ ἀγαπᾶν, ebd.); sie stimmen untereinander vollkommen überein (ἡ εὐάρμοστος συμφωνία, ebd.) und dabei zugleich mit der vom Logos etablierten Harmonie des Kosmos (conf 56). Im Zusammenhang des sog. Sinaimysteriums wird diese gnoseologische Erzeugung friedvoller Gemeinschaft durch die Allegorie der Besprengung des Volks mit Blut (Ex 24,8) dargestellt, QEx II 35f.:

"By indicating that the blood of all (was) the same ... he wishes to show that ... they were animated by one idea and nature (» μιᾷ ψυχοῦσθαι ἰδέᾳ καὶ φύσει)... Even if they are separated from one another by their bodies, they are nevertheless united by mind and thought,... being brought from estrangement to community and to the concord of distinguished blood."[199]

Es erscheint uns nach diesen Belegen deutlich, daß wir in diesem neupythagoreïsch inspirierten, hellenistischem Judentum den traditionsgeschichtlichen Hintergrund für die in E 2,15b wirksamen Kategorien anzunehmen haben.

Auch der νέος ἄνθρωπος in Kol 3,10f. weist, wie wir schon gesehen haben, die Kennzeichen des philonischen Himmelsmenschen auf, der ja ganz entsprechend nach

---

[196] Nikomachos bei Photios, cod.187, p.143b Z.17-18. Auf Beziehungen zwischen Philo und Nikomachos weist K.STAEHLE, Zahlensymbolik S.1ff. hin.

[197] Zur assoziativen Verbindung zwischen dem Zahlwort δύο und dem metaphysischen Prinzip der δυάς im Bereich hell.-jüd. Tradition siehe o. A 194.

[198] Cf. auch R.BARRACLOUGH, Philo's Politics. Roman Rule and Hellenistic Judaism, ANRW II 21.1 (1984) S.509f..

[199] Zu conf 41ff.; QEx II 35/36; som I 128; II 254; post 185 siehe auch o.S.86f.

dem Ebenbild zur Erkenntnis geschaffen ist.[200] Bei Philo hat dieser Typ mit der Zweiheit (= Gegensätzlichkeit) auch alle sterblichen (Differenz-) Bestimmungen (QEx II 29: πάντα θνητὰ γένη, MARCUS) zurückgelassen, da er jetzt in den Bereich der differenzlosen Einsheit Gottes und des Logos übergegangen ist (QEx II 29.46). Entsprechend zeigt Kol 3,11, wie verschiedene irdische Differenzbestimmungen in dieser neuen Wirklichkeit des Christus (Logos) nicht mehr gelten: Grieche/ Jude, Beschneidung/ Unbeschnittenheit, Barbar, Skythe, Sklave/ Freier. Die hier *deutlich* sichtbare Verbindung der soteriologischen Aufhebung irdischer Differenzbestimmungen mit dem Typ des pneumatisch neugeschaffenen Himmelsmenschen ist u.E. auch schon für Gal 3,27-29 (πάντες γὰρ ὑμεῖς εἷς ἐστε ἐν Χριστῷ Ἰησοῦ) und 1.Kor 12,12-13 (cf. καὶ πάντες ἓν πνεῦμα ἐποτίσθημεν) vorauszusetzen; cf. auch die καινὴ κτίσις von 2.Kor 5,17; Gal 6,15. Wir können auf diese Texte hier allerdings nicht eigens eingehen.

Zum sozialgeschichtlichen Hintergrund der Rede von τὰ ἀμφότερα bzw. οἱ ἀμφότεροι

Konnten wir οἱ δύο und das entsprechende 'Zwei-Zu-Einem'-Schema in E 2,15b mit dem metaphysischen Separationsprinzip der δυάς, das im hell. Judentum rezipiert war, in Beziehung bringen, so verbindet Philo doch nie die anderen Begriffe, die E 2,14ff. für die Menschengruppen gebraucht, τὰ ἀμφότερα (2,14b) bzw. οἱ ἀμφότεροι (2,16.18), mit diesem Prinzip. Sie werden auch in den anderen oben genannten frühchristlichen Texten nicht verwendet. In der Tat sind diese Begriffe u.E. durch einen ganz anderen Sprachgebrauch veranlaßt, dem wir uns im sozialgeschichtlichen Teil noch näher zuwenden werden: Dieser Sprachgebrauch begegnet in offiziellen Dokumenten und historischen Darstellungen aus der frühen Kaiserzeit über die Konflikte zwischen Juden und Heiden in den hellenistischen Poleis des Ostens, wo diese beiden Streitparteien als τὰ ἀμφότερα μέρη[201], als ἀμφότεροι[202] oder - äquivalent zu E 2,14 - einfach neutrisch als ἀμφότερα[203] bezeichnet werden, wobei zur letzten Variante stillschweigend wohl wieder μέρη zu ergänzen ist. Der Ausdruck "die beiden" bzw. "beide" stellte also einen politisch geläufigen, naheliegenden Abstrakt-Begriff zur Bezeichnung der Konfliktparteien von Juden und Nicht-Juden in den griechischen Poleis des Ostens dar, wobei neutrische und maskuline Form des Ausdrucks wie in E 2,14ff. abwechseln konnten. ὁ ποιήσας τὰ ἀμφότερα ἕν (E 2,14b) hat also nichts mit den oft in diese

---

[200] S.o. S.127f A 173.

[201] Kaiser Claudius' Edikt an die Alexandriner vom Frühjahr 41: Jos., ant XIX 285.

[202] Brief des Kaiser Claudius nach Alexandrien (Oktober 41): CPJ II No.153, Col.IV/V Z.88.101.

[203] Jos., ant XX 176; auch 174; bell II 266ff. Cf. auch CPJ II No.157 Z.25. Wir gehen auf diesen Sprachgebrauch ausführlich unter III.E.2. ein.

Stelle hineingelesenen "kosmischen Bereichen" zu tun[204], sondern greift direkt auf die Grunderfahrung des ethnokulturellen Konflikts in den Diaspora-Städten zurück: "Die beiden" in diesem Sinn gab es in vielen Poleis, der Ausdruck konnte daher auch unabhängig von konkretem Lokalkolorit als menschheitsweite, universale Typisierung gut verstanden werden. Von einer gnostizistischen Herkunft dieser Vorstellung können wir nach diesen Belegen nicht mehr ausgehen. Ebensowenig kann τὸ μεσότοιχον τοῦ φραγμοῦ (2,14b) nun noch auf eine "kosmische Trennmauer" bezogen werden, zumal uns schon die gebrauchten Wortstämme traditionsgeschichtlich ganz eindeutig in die ethnokulturellen Distinktionserfahrungen der hell. Diasporaorte geführt haben (s.o.). Damit sind auch die Auslegungen sehr unwahrscheinlich geworden, nach denen in E 2,14ff. ein ursprünglich mythisch-kosmologisches Teilungs-Schema auf die soziale Welt von Juden und Heiden uminterpretiert worden sei - τὰ ἀμφότερα hatte niemals den behaupteten mythisch-kosmologischen Sinn.[205]

D.2.3. Die Überwindung des weltbezogenen Ritualgesetzes mit dem Übergang zum himmlischen Typ des neuen Anthropos - eine Nachwirkung hellenistisch-jüdischer νόμος-Theorie

War nun auch die in E 2,14b-15 enthaltene Vorstellung, daß mit dem Übergang aus der Sarx in den pneumatischen Bereich des himmlischen (= neuen) Anthropos zugleich der ethnokulturell trennende Ritualnomos überwunden wird, schon bei hellenistischen Juden vorgebildet? Zur Klärung dieser Frage müssen wir uns zunächst einige Elemente jener hell.-jüd. Theorie des νόμος vergegenwärtigen, die uns wieder Philo zugänglich macht.[206]

---

[204] Diese angeblichen kosmischen Bereiche werden auch in keinem "Quellenbeleg" mit diesen Begriffen bezeichnet. Damit widersprechen wir auch H.MERKLEIN, nach dem "die beiden" eine ekklesiologische Neuinterpretation der zwei Teile des Kosmos aus Kol 1,16.20 (Erde/ Himmel) auf die Menschengruppen Juden und Heiden darstelle, wie auch die Aussage über Christus als Schöpfungsmittler (Kol 1,16f.) in die ekklesiologische Aussage, daß Christus die beiden zu einem neuen Menschen geschaffen habe (E 2,15b), uminterpretiert worden sei (ders., Christus und die Kirche, S.90-97). Die soteriologische Neuschöpfungsaussage (zum Typ des himmlischen Anthropos) war ja, wie wir gesehen haben, neben der Schöpfungsmittlervorstellung in der hell.-jüdischen Logostheologie schon vorgegeben. Unser Verfasser interpretiert damit also keineswegs die Schöpfungsmittleridee ekklesiologisch um.

[205] Als jüngere Beispiele für diese seit H.SCHLIER fast schon selbstverständliche Auffasssung einer sozialen Neuinterpretation eines ursprünglich kosmologischen Schemas, oft verbunden mit dem Versuch, eine entsprechende "hymnische Vorlage" zu rekonstruieren, nennen wir A.LINDEMANN, Aufhebung S.156ff.; ders., ZBK NT 8, S.46ff.; K.M.FISCHER, Tendenz S.131-37; A.T.LINCOLN, The Church and Israel, S.611 mit A 25.

[206] Das Folgende orientiert sich an den nach wie vor grundlegenden Abschnitten Ch.II: The Higher Law (S.48-71), Ch.III: The Torah (S.72-94) und Ch.IX: The Mystery (S.235-64) bei

Philo identifiziert den Logos mit dem ὀρθὸς λόγος der Stoiker, also mit dem universalen Gesetz des als πολιτεία aufgefaßten Kosmos.[207] In diesem Sinn war der Logos zugleich mit dem νόμος τῆς φύσεως bzw. den φύσει νόμοι identisch[208], deren Verschiedenheit von den menschlichen θέσει νόμοι, dem gesetzten Recht der Poleis, seit der Zeit der Sophisten zunehmend betont worden war. Diese Entwicklung hatte es zweifelhaft erscheinen lassen, die δικαιοσύνη, also die Konformität mit der göttlichen φύσις, überhaupt noch erlangen zu können.[209] Das mittelplatonisch-neupythagoreïsch inspirierte Judentum um Philo hatte dieses problematische Verhältnis zwischen φύσει νόμοι und θέσει νόμοι, hier also zwischen noetischem (ὀρθὸς) λόγος und schriftlichem Mosegesetz, im Sinn einer Urbild-Abbild-Relation erklärt: Die Gesetze des Mose gelten Philo als das "ähnlichste Abbild" (ἐμφερεστάτην εἰκόνα) der Verfassung des Kosmos (τῆς τοῦ κόσμου πολιτείας) und *insofern* als "mit dem Logos der ewigen φύσις übereinstimmend" (Mos II 51-52). Nach Philo sind die Patriarchen, insbesondere aber Mose, von diesem Naturgesetz unmittelbar inspiriert (Abr 3-6; Mos I 48), in ihnen wohnt das ungeschriebene Gesetz Gottes (Abr 16) und so sind sie selbst νόμοι ἄγραφοι (Abr 275f.; decal 1; virt 194) bzw. νόμοι ἔμψυχοι (Mos II 4 cf. I 48). Die Gesetzgebung vollzog sich daher so, daß Mose "ähnliche Abbilder" (ἀπεικονίσματα καὶ μιμήματα) der in seiner Seele vorhandenen Urbilder niederschrieb (Mos II 4-11). Inbegriff dieser Urbilder ist, wie wir schon gehört haben, der ὀρθὸς λόγος als Naturgesetz (Mos I 48; Jos 31; migr 130). Logos und schriftliches Mosegesetz verhalten sich zueinander also wie noetisches Urbild und in der Sprache materialisiertes Abbild. Nun bedeutet Erlösung in diesem System, das ontologische Wertgefälle zwischen noetischem Urbild und inferiorem Abbild (cf. praempoen 29) im noetischen Aufstieg zu überwinden: Der Weise läßt daher die sprachlichen Abbilder zurück, um unmittelbar vom Logos inspiriert zu sein. In diesem Sinn ist die Theorie zu verstehen, nach der die zur Schau Erlösten die

---

E.R.GOODENOUGH, By Light, Light, New Haven/ London 1935. Siehe auch ders., The Politics of Philo Judaeus. Practice and Theory, New Haven 1938 S.64-85 und jetzt R.BARRACLOUGH, Philo's Politics. Roman Rule and Hellenistic Judaism, ANRW II 21.1 (1984) S.506-12.

[207] Philo, op 143: Die πολιτεία des ganzen Kosmos ist ὁ τῆς φύσεως ὀρθὸς λόγος, ὃς κυριωτέρα κλήσει προσονομάζεται θεσμός, νόμος θεῖος ὤν, καθ᾽ ὃν τὰ προσήκοντα καὶ ἐπιβάλλοντα ἑκάστοις ἀπενεμήθη. Siehe noch Jos 28ff.; prob 46f. Den stoischen Hintergrund bietet Diog.Laert. VII 88 (v.ARNIM III 4): ὁ νόμος ὁ κοινός, ὅσπερ ἐστὶν ὁ ὀρθὸς λόγος διὰ πάντων ἐρχόμενος, ὁ αὐτὸς ὢν τῷ Διί. Zum ὀρθὸς λόγος (= recta ratio) als Gesetz der Polis/ Politeia des Kosmos siehe Cicero, de leg. I 7,22f.; cf. fin III 19,64; nat.deor. II 154; Epikt., diss. II 5,24-27; II 10,1-5 u.ö.; de mundo 400B 7.27; Dio Chrys., or.I 42; XXXVI 23.27.29-38.

[208] ὁ τῆς φύσεως ὀρθὸς λόγος: Philo, op 143 (s. die vorh. Anm.); prob 62; Mos I 48; Jos 31; migr 130.

[209] Siehe dazu GOODENOUGH, By Light, Light S.86ff.; ders., The Politics of Philo Judaeus S.79ff..

Worte (λόγα) Gottes am Sinai unmittelbar wie ein Licht mit dem (für die Inspiration zugänglichen) Seelenauge *gesehen* haben, im Unterschied zu *hörbaren* Reden, die sich als sprachlicher Ausdruck in die Arten der Nomina und Verben aufteilen lassen (migr 46-52).[210] Denn diese Teilbarkeit der Sprache ist wieder durch die Zweiheit (δυάς), das Prinzip der teilbaren Materie, bestimmt, dem auf Seiten der Logosschau die (noetische) Einsheit gegenübersteht, cf. gig 52:

> "Denn das in Worte Gefaßte ist nicht zuverlässig, weil eine Zweiheit (δυάς), das Schauen des Seins aber ohne Stimme (ἄνευ φωνῆς), allein durch die Seele, ist durchaus fest gegründet, weil es nach der unzerteilbaren Einsheit geschieht (κατὰ τὴν ἀδιαίρετον ... μονάδα)."[211]

Entsprechend dieser Überlegenheit der unmittelbaren Logosinspiration über die der materiellen Zweiheit, der Welt des Scheins zugeordneten *sprachlichen* Abbilder in der schriftlichen Mosetora (cf. det 38), läßt sich der inspirierte Weise nicht mehr die Unterweisung durch Sterbliche gefallen (sacr 78-79: θνητῶν ὑφηγήσεως).[212] Damit sind gerade auch die durch Mose versprachlichten Gesetze der Tora gemeint, die ausdrücklich als "willentlich gegebene Gesetze", ἑκούσια νόμοι[213], bzw. - im Kontrast zu den φύσει νόμοι des nur allegorisch-inspiratorisch zugänglichen Logos - als θέσει νόμοι[214] bezeichnet werden. Die schärfste Formulierung dafür, daß der Inspirierte diese ἑκούσια νόμα im noetischen Aufstieg hinter sich lassen muß, finden wir in mut 26:

---

[210] Daher wird migr 49 ausdrücklich festgestellt: "... ein Abbild (ὁμοίωμα) habt ihr nicht gesehen."

[211] gig 52; cf. Abr 122: Die Vorstellung des Einen (ἑνός) kommt zustande, "wenn er (der schauende Menschengeist) im höchsten Maß gereinigt ist und nicht nur an der Menge der Zahlen, sondern auch an der Nachbarin der Eins (μονάδος), an der Zwei (δυάδα), vorüberziehend zu der ungemischten, nicht zusammengesetzten, für sich durchaus keines anderen bedürftigen Idee sich emporschwingt..."; immut 82-84; zur δυάς als Teilungsprinzip der materiellen Welt siehe all I 2; spec III 180 und oben II.D.2.2..

[212] sacr 78-79: "Doch wenn uns unvorhergesehen und unverhofft das überraschende Licht selbstgelehrter Weisheit aufging, sie das geschlossene Auge der Seele öffnete und uns aus Hörern zu Schauenden des Wissens machte, dadurch, daß sie statt des schwerfälligen Gehörs den schnellsten der Sinne, das Sehen, in den Dienst der Denkkraft stellte, ist es sinnlos, die Ohren noch mit der Aufnahme von Worten zu bemühen. ... Denn daß sich Gottes Jünger oder Schüler oder Lehrling, oder wie immer man ihn nennen mag, noch die Unterweisung Sterblicher gefallen läßt, ist unmöglich."

[213] QEx II 36: "Now wisdom is the font of words and the voluntary laws (τῶν ἑκουσίων νόμων) which the teacher (sc. Mose) has proclaimed..."

[214] migr (89-)94. Cf. noch det 13: Die Tora kann man sowohl als τοὺς ἱεροφαντηθέντας λόγους μὲν θεοῦ als auch zugleich als νόμους δὲ ἀνθρώπων θεοφιλῶν ansehen. Ähnlich auch Philo, hyp 6,9: "Sei es nun, daß er (sc. Mose) [die Gesetze] anordnete nachdem er sich selbst Gedanken gemacht hatte, sei es, daß er dabei auf eine innere göttliche Inspiration hörte, ..."

"Wenn du also Gott zum Besitz deines Geistes haben willst, dann werde du selbst zuerst sein würdiger Besitz. Du wirst es werden, wenn du allen handgemachten und willentlich eingeführten Gesetzen entfliehst (ἂν τοὺς χειροποιήτους καὶ ἐχουσίους ἅπαντας νόμους ἐχφύγῃς)."²¹⁵ Daß hier tatsächlich auch das wörtlich verstandene Gebotegesetz des Mose gemeint ist, dem man entfliehen soll, unterliegt auch wegen der thematisch vergleichbaren Allegorese der sechs levitischen Fluchtstädte (Num 35) in de fuga 87-118 keinem Zweifel.²¹⁶

Diese sechs Levitenstädte, von denen drei diesseits des Jordans im Kanaanäerland, drei jenseits des Jordans liegen, werden als Zufluchtsorte frommer Seelen allegorisch auf sechs verschiedene Stufen des Heils gedeutet: Die drei "jenseitigen" Heilsorte sind im höchsten Rang der Logos, gestuft darunter dann die aus ihm hervorgehenden zwei obersten Kräfte, die schöpferische und die königliche/ regierende Dynamis. Diese drei jenseitigen Heilsränge können sonst auch zur Einheit der noetischen Gotteskräfte des Logos verbunden sein.²¹⁷ Als Inbegriff der den materiellen Bereich *übersteigenden*, noetischen Heilssphäre liegen sie *jenseits* des Jordans. An ihnen hat nach Philo der Himmel und der ganze Kosmos Anteil (§ 103); entsprechend handelt es sich beim Logos ja, wie wir schon wissen, um das universale Weltgesetz (ὀρθὸς λόγος). Wer bis zum höchsten Heilsrang, dem Logos selbst gelangt, gewinnt die Weisheit und geht ins ewige Leben über (§ 97). *Diesseits* des Jordans, im Kanaanäerland, liegen nun die übrigen drei inferioren Zufluchtsorte für denjenigen, "der die bisher angeführten Ziele nicht erreichen kann" (§ 98). Auch diese sind noch untergeordnete Emanationen/ δυνάμεις des Logos: Die erbarmende Kraft im vierten Rang, im fünften und sechsten Rang schließlich die *Gebote und Verbote der schriftlichen Tora* (§ 95.98f.104f.), also der Ritualnomos. Gegenüber dem noetischen Transzendenzbereich haben die diesseitigen Heilsorte, also Gottes Erbarmen und der Ritualnomos, "mit dem vergänglichen Geschlecht der Menschen Berührung, dem allein das Sündigen anhaftet" (§ 104).²¹⁸ Das gebietende und verbietende Mosegesetz wird hier ganz eng an den Bereich der Sterblichkeit und Sünde gebunden. E.R.GOODENOUGH erkannte, daß diese drei im Bereich der Sterblichen angesiedelten Ränge einen Umriß der geläufigsten Erscheinungsweise des Judentums

---

²¹⁵ Das Gefälle, das zwischen diesen handgemachten schriftlichen Gesetzen und dem göttlichen ὀρθὸς λόγος besteht, formuliert Philo auch in prob 46: "Das untrügliche Gesetz aber ist der ὀρθὸς λόγος. Es ist nicht auf einem beliebigen Sterblichen aufgeschrieben und so selbst sterblich, es steht nicht auf unbeseeltem Papier oder Säulen und ist selbst unbeseelt, sondern es wurde von der unsterblichen Natur als unsterbliches der unsterblichen Vernunft eingeprägt." Philo hat hier teil an einer verbreiteten Abwertung geschriebener Gesetze, siehe A.A.T.EHRHARDT, Politische Metaphysik II, S.37ff.; cf. zu mut 26 GOODENOUGH, By Light, Light S.92: "What Philo is rejecting is the very idea that a written law, even the written law of the Jews themselves, could be a possible help in the higher reaches, at least, of this mystical ascent" - he "felt that the written Code ... had definitely to be transcended for the true experience of God."

²¹⁶ Zu fug 87-118 siehe E.R.GOODENOUGH, By Light, Light S.249-55.

²¹⁷ cher 27; QEx II 68; fug 101: der Logos ist der Lenker dieser Kräfte.

²¹⁸ fug 104: καὶ ἐφαπτόμεναι τοῦ τῶν ἀνθρώπων ἐπιχήρου γένους, ᾧ μόνῳ συμβέβηχε διαμαρτάνειν.

("normative Judaism") darstellen; nach ihr hat Gott seine Auserwählten mit den Tora-
geboten begnadet und verzeiht in seinem Erbarmen gerne unwillkürliche Übertretungen.[219] Die klimaktische Reihe der Heilsränge zeigt jedoch, daß der zur Logosinspiration Aufsteigende den Jordan *überschreiten* muß, also aus dem Bereich der Sterblichkeit
bzw. Sünde und dem dort geltenden Ritualnomos der Gebote und Verbote zum noetischen Heil des Logos gelangt.[220]

Nur C.J.ROETZEL hat bisher die Überwindung des Gebotegesetzes in E
2,15a mit dieser hell.-jüd. Theorie in Beziehung gebracht und dazu auf all I
90ff. hingewiesen[221]: Der τέλειος, der κατ᾽ εἰκόνα geschaffen dem pneumatischen Himmelsmenschen entspricht (§ 94), brauche weder Vorschrift noch
Verbot noch Ermahnung,

"wohl aber bedarf der Schlechte (τῷ φαύλῳ) der Vorschrift und des Verbotes
(προστάξεως καὶ ἀπαγορεύσεως) und der Unreife (τῷ νηπίῳ) der Ermahnung
und Belehrung (παραινέσεως καὶ διδασκαλίας): Ebenso wie derjenige, der die
Grammatik und Musik beherrscht, der Mitteilung der Kunstregeln nicht bedarf;
wer dagegen in den Grundsätzen noch schwankt, gewissermaßen Gesetze
braucht, die Vorschriften und Verbote enthalten (ὡσανεί τινων νόμων
προστάξεις καὶ ἀπαγορεύσεις ἐχόντων), der noch Lernende endlich der Belehrung (διδασκαλίας) bedarf. Deshalb gibt Gott nun zurecht dem erdhaften νοῦς
(τῷ γηΐνῳ νῷ) ... Gebote und Ermahnung (ἐντέλλεται καὶ παραινεῖ, cf. § 93:
ἐντολὴ καὶ παραίνεσις)" (all I 94f.).

Im ganzen Passus all I 90ff. wird die soteriologische Zwei-Anthropoi-Typologie mit der geläufigen religiösen Graduierung identifiziert: der himmlische Anthropos ist mit dem τέλειος, der irdische Anthropos/ νοῦς ist mit dem
νήπιος identisch; der unterste Grad des φαῦλος hat in der Anthropos-Typolo-
gie keine eigene Entsprechung mehr.[222] Die Geltung äußerer Gebote
(ἐντολαί, cf. den νόμος τῶν ἐντολῶν ἐν δόγμασιν E 2,15a) wird also auf den
Typ des irdischen Menschen bzw. des νήπιος, der für den sarkischen Lebens-

---

[219] S. GOODENOUGH, By Light, Light S.253.

[220] Expressis verbis haben die Vollkommenen den Ritualnomos nicht mehr nötig, fug 105: "Denn
welchen Nutzen hätte ein Verbot für die, welche nicht in der Gefahr sind, Unrecht zu tun, oder
ein Gebot für diejenigen, deren Natur Fehltritte ausschließt oder die gnädige Kraft für solche, die
sich überhaupt nicht vergehen können?" Cf. E.R.GOODENOUGH, der fug 87ff. als Entfaltung
des hell.-jüd. Aufstiegs*mysteriums* behandelt: "They (sc. the allegorists) read into the Torah by
allegory a distinctly non-Jewish type of salvation, and so they left the letter behind because in the
Mystery which allegory had revealed they had become superior to the letter of spiritual
accomplishment. They had crossed the river Jordan, and in one stage or another of the Mystery
had no need of the laws" (ders., By Light, Light S.254). Für diese Allegoristen bedeutet das
nomative, an den Ritualnomos gebundene Judentum "at best a propaedeutic, something which
need not detain the swift runner at all in his rush for God" (ebd. S.253).

[221] C.J.ROETZEL, Jewish Christian - Gentile Christian Relations. A Discussion of Ephesians
2:15a, ZNW 74 (1983), S.81-89, bes. S.87f. Da P[46] in E 2,15a ἐν δόγμασιν ausläßt, hält
ROETZEL nur die Wendung τὸν νόμον τῶν ἐντολῶν für ursprünglich. Zur Auseinandersetzung mit dieser Auffassung siehe o. S.118 A 144.

[222] all I 90ff. bespricht R.A.HORSLEY, Elitism S.220.

bereich steht (her 57), beschränkt, während der pneumatische Himmelsmensch bzw. τέλειος "auch ohne Ermahnung die Tugend aus eigenem Wissen (αὐτομαϑῶς) besitzt" (§ 92).[223] Auch im E wird der gnoseologische Übergang der Glaubenden vom Typ des νήπιος zum (ἀνὴρ) τέλειος angestrebt (E 4,13f.) und so haben wir diesen hell.-jüd. Hintergrund auch für E 2,14-16 zu veranschlagen, wo es um den Übertritt aus der einstigen, durch die sarkischen Differenzmerkmale bestimmten Lebensweise (cf. 2,11) der zwei Menschengruppen in die einheitliche Wirklichkeit des pneumatisch geschaffenen "neuen Anthropos" geht[224]: Mit dem Töten der Sarx Christi am Kreuz, das analog durch die Christusinspiration für die Glaubenden gilt, wird der auf den sarkisch-sterblichen Bereich beschränkte Ritualnomos ebenfalls überwunden, er wird ἐν τῇ σαρκὶ αὐτοῦ außer Geltung gesetzt (E 2,14fin-15a).[225]

Die Bedingung, die mut 26 (s.o.) dem Vollkommenen stellt, nämlich "allen handgemachten und willentlich eingeführten Gesetzen zu entfliehen", bezieht sich also auf den Übergang vom Wortsinn des Ritualnomos in seinen Geboten und Verboten, der dem Materieprinzip der Zweiheit, dem Bereich der

---

[223] Siehe auch QGen I 8: "For the earth-formed man is a mixture, and consists of soul and body, and is in need of teaching and instruction, desiring, in accordance with the laws of philosophy, that he may be happy. But he who was made in His image is in need of nothing, but is self-hearing and self-taught and self-instructed by nature." Cf. damit die Auffassung Philos, der (pneumatische) Weise sei ein "lebendes Gesetz": Abr 4-5; virt 194; spec IV 150.

[224] C.J.ROETZEL, Jewish Christian - Gentile Christian Relations S.88: "... this new existence, since it transcends the commandments would serve as the basis for the unity of Jewish and gentile Christians. The author of Eph is thus advocating a form of spirituality that overcomes the division between the lower and higher man and between Jewish and gentile Christians." So sehr das Letzte zutrifft, so sehr täuscht sich ROETZEL darin, daß mit dem neugeschaffenen καινὸς ἄνϑρωπος zugleich auch "the old division between the heavenly and earthy man [- so scheint er fälschlich die Rede von τοὺς δύο zu verstehen -] is overcome" (S.88): Hinter dem καινὸς ἄνϑρωπος steht traditionsgeschichtlich ja gerade, wie wir oben gesehen haben, das Konzept des zum Typ des himmlischen Anthropos pneumatisch Neugeschaffenen, für den die sarkischen Differenzbestimmungen überwunden sind (s.o. II.D.2.1.).

[225] A.T.LINCOLN glaubt, daß in der These von der Beseitigung des Gesetzes in E 2,15, formuliert zu einer Zeit, da der judenchristliche Einfluß auf die Kirche vergangen und die paulinische Sicht des Gesetzes selbstverständlich sei, die paulinische Logik "in an unqualified fashion" wiederkehre (ders., The Church and Israel (1987) S.612). Doch es liegt, wie wir nun wissen, eine ganz andere, durch hell.-jüdische Kategorien vorbereitete Logik vor, die sich am besten aus einer judenchristlichen Vermittlung erklären läßt - judenchristlicher Einfluß und judenchristliche Perspektiven waren in der Kirche des E keinesfalls längst vergangen. A.LINDEMANNs Meinung, in 2,14-18 könne gar nicht an die Judenchristen im Gegenüber zu den Heidenchristen gedacht sein, weil "die massiven Aussagen über die Beseitigung des Gesetzes durch Christus das eigentliche Wesen des Judenchristentums, nämlich die Treue zur Tora, als christuswidrig zurückgewiesen hätten" und es eine schwere Gefährdung der judenchristlichen Position in der Kirche die Folge wäre, läßt sich aus L.s Unkenntnis des zugrundeliegenden hell.-jüdischen Kategoriensystems verstehen: Es gab Christen, denen die Überwindung des Ritualgesetzes zugunsten höherer Inspiration schon aus ihrer hell.-jüdischen Vergangenheit geläufig und als Ideal auch erstrebenswert war (gegen A.LINDEMANN, ZBK NT 8, S.53).

Sterblichen und des sarkischen Anthropos zugehört, zur nicht-sprachlichen noetischen Inspiration. Nach migr. 12 ist dies der Übergang vom Abbild zum Urbild, vom Schatten zum Körper, vom Schein zum Sein; entsprechend migr 94 vom menschlichen gesetzten Recht zum göttlichen Naturrecht. Medium dieses Übergangs ist die allegorische Auslegung, die der Logos selbst durch die von ihm inspirierten Gedanken (λόγοι) herbeiführt. Der allegorische Tiefensinn ist der Logos selbst. Wenn in conf 190 also das Verhältnis zwischen dem Wortsinn und dem allegorischen Tiefensinn der Tora mit dem zwischen Schatten und (schattenwerfendem) Körper (σκία - σῶμα) verglichen wird, so ist dabei zugleich das Gegenüber von menschengemachtem, versprachlichtem νόμος und dem noetischen Urbild des Logos gemeint.[226] Ersterer ist der Schatten, der dem Bereich des materiellen Kosmos, der Zweiheit und der Sarx zugeordnet ist, letzterer gehört als schattenwerfendes Soma in die noetische Pneumasphäre.[227]

Wie uns Euseb v. Caesarea bezeugt, konnten diese zwei Religionstypen, nämlich der am Literalsinn der Gebote und der am philosophischen Sinn der Allegorese orientierte, als graduierende Charakteristika des ganzen Judentums aufgefaßt werden:
"Der Logos zerlegt das ganze Volk der Juden in zwei Teile und führte die große Menge durch die verkündeten Unterweisungen der nach dem Wortsinn verstandenen Gesetze. Den anderen Teil, der aus denen besteht, die [schon] einen Zustand ethischer Ordnung einhalten, entließ er aus diesem Wortsinn und verlangte von ihnen, ihre Aufmerksamkeit auf eine göttlichere Philosophie zu richten, die über das Fassungsvermögen der

---

[226] "Schatten" im Gegenüber zum (schattenwerfenden) "Körper"/ "Sein" wird bei Philo häufig mit dem Bereich des Sinnlich-Wahrnehmbaren, der Körperlichkeit, Äußerlichkeit und des Scheins konnotiert: post 112.119; agr 42; plant 26f.; migr 12.

[227] Von diesem gnoseologischem Heilsverständnis aus wird u.E. auch die Abwertung des Ritualnomos in Kol 2 verständlich: Nach 2,17 sind die rituellen Vorschriften nur der Schatten der kommenden Heilsgüter, der schattenwerfende Körper, also das Urbild, ist Christus. In diesem Kontrast finden wir das hell.-jüd. Gegenüber von Ritualnomos als kosmosbezogener Heilsstufe (σκία) und Logos als überlegener noetischer Heilsstufe (σῶμα) wieder. Freilich trat die Logos-Seite dieses Gegenübers durch die Identifizierung mit Christus unter das Vorzeichen messianisch-eschatologischer Erfüllung, so daß das ursprünglich ontologische σκία-σῶμα-Schema jetzt mit einem zeitlichen Aspekt verbunden wurde: Das Ritualgesetz ist Schatten der mit dem Messias (Logos) *kommenden* (noetischen) Heilsgüter (cf. die ähnliche Verwendung Hb 10,1). Verständlich wird vor diesem Hintergrund auch, daß die δόγματα des Ritualnomos mit dem Leben im Kosmos verbunden werden (2,20), denn die wörtlichen Gebote und Verbote haben ja teil an dem δυάς-Prinzip der kosmischen Materie; sie haben Berührung mit dem verderblichen Geschlecht der sündigen Menschen, wie Philo sagen kann (fug 104) und beziehen sich auf die Lebensweise des irdischen, an den inferioren Kosmos gebundenen Menschentyps (all I 90ff.). Kompatibel ist mit dieser Theorie aber auch die Bewertung des Ritualnomos als "Überlieferung der Menschen" (2,8) bzw. als "Gebote und Lehren der Menschen" (2,22), denn die Tora der Gebote und Verbote konnte schon Philo als Menschengesetz ansprechen (θέσει νόμοι: migr 94; νόμοι ἀνθρώπων: det 13), als (von Menschen) "handgemachte und willentlich eingeführte νόμοι" (mut 26; QEx II 36), die im noetischen Aufstieg zum Logos-Heil zurückzulassen sind.

breiten Menge weit erhaben war, nämlich auf eine philosophische Schau der Dinge, die in den Gesetzen nach dem allegorischen Sinn bezeichnet werden."[228]
Philo selbst hielt trotz seiner philosophischen Heilslehre, die auf die Überwindung der "handgemachten Gesetze" hinauslief, inkonsequenterweise an der Observanz des Ritualnomos fest: Durch Beachtung des Sabbats, der Feste, der Beschneidung, der Weihe im Tempel und anderer Vorschriften vermeide man Vorwürfe und erkenne via Praxis auch den allegorischen Tiefensinn besser (migr 93). Allerdings zeigt der ganze Passus migr 89-93[229], in dem sich Philo mit Allegoristen auseinandersetzt, die zugunsten des allegorischen Tiefensinns die Observanz des wörtlichen Ritualnomos völlig aufgegeben hatten und lebten, als wären sie schon "körperlose Seelen" geworden, daß es im hell. Judentum Alexandrias eine Gruppe gab, die das gnoseologische Heilsverständnis noch konsequenter als Philo lebte. Diese Juden hatten den schattenhaften Ritualnomos ganz zugunsten des noetischen Urbildes zurückgelassen, und wenn Philo sie hier als "körperlose Seelen" bezeichnet, so entspricht dies seinem sonstigen Sprachgebrauch, nach dem dieser Begriff die Seinsweise des durch die Inspiration von der inferioren Körperlichkeit gelösten νοῦς bezeichnet, der sich nun am noetischen Ort des Logos aufhält bzw. zu dessen Soma gehört (som I 127-28; fug 91f.; cf. sacr 5; gig 61; mut 33f.; QEx II 46 u.ö.).[230] Das Selbstverständnis dieser Allegoristen als "Kosmopoliten" führte D.M.HAY zu der interessanten These, daß sich ein entscheidender Kritikpunkt des jüdischen Umfeldes an dieser vom Ritualgesetz freien Lebensweise auf den damit verbundenen Distanzverlust zum Heidentum bezog[231] - ein Gedanke, den sich E 2,14-16.19 u.E. positiv zunutze macht.

Philo erblickt im ὀρθὸς λόγος, der mit den φύσει νόμοι identisch ist, die (entfernte) Quelle aller partikularen νόμοι in der Welt (prob 46-47; spec I

[228] Euseb, praep.ev. VIII 10,18 (378b-c): ὡς τὸ πᾶν Ἰουδαίων ἔθνος εἰς δύο τμήματα διαιρῶν ὁ λόγος τὴν μὲν πληθὺν ταῖς τῶν νόμων κατὰ τὴν ῥητὴν διάνοιαν παρηγγελμέναις ὑποθήκαις ὑπῆγε, τὸ δ' ἕτερον τῶν ἐν ἕξει τάγμα ταύτης μὲν ἠφίει, θειοτέρᾳ δέ τινι καὶ τοὺς πολλοὺς ἐπαναβεβηκυῖα φιλοσοφίᾳ προσέχειν ἠξίου θεωρίᾳ τε τῶν ἐν τοῖς νόμοις κατὰ διάνοιαν σημαινομένων. Auf diesen Text machte E.R.GOODENOUGH, By Light, Light S.94 aufmerksam.

[229] Zu migr 89-93 siehe D.M.HAY, Philo's References to other Allegorists, Studia Philonica 6 (1979/80) S.41-75, hier S.47-51.

[230] Cf. auch D.M.HAY, References S.48: "So the allegorists of Migr 89-93 are criticized by him (sc. Philo) to only a limited degree; he *must* have sympathized with their fundamental allegorical attitudes and priorities."

[231] D.M.HAY, References S.48f.: "If the allegorists of Migr 89-93 considered themselves "citizens of the world" and therefore exempt from the keeping of rituals that distinguished Jews from pagans, they must have aroused political as well as religious condemnation from Jewish literalists, especially in seasons when anti-Semitism raged. The point of Philo's gibe about living in cities as though in a desert (Migr 90) is probably that these allegorists were perceived as having cut themselves off from other Jews." Ebd. S.70 A 51 verweist HAY u.a. auf die Stelle som I 39, nach der die am Literalsinn orientierten (jüdischen) Exegeten als μικροπολῖται (etwa: "Bürger einer eng egrenzten Politeia") den Allegoristen als denjenigen, die in dem grösseren Vaterland des Kosmos Bürger sind, gegenübergestellt werden. Cf. dazu Epict. diss. II 5,26, nach dem die lokale Polis höchstens als μικρὸν τῆς ὅλης (sc. πόλεως) μίμημα gelten kann. Mit der philosophischen Konzeption des Kosmopolitismus war auch sonst die Reduktion ethnokultureller Partikularität und Antagonismen verbunden; siehe dazu später.

279; cf. Jos 28-31), die sich jedoch nach Jos 28-31 in ihrer Verschiedenheit
gleichwohl als sekundäre, auch durch ethnokulturelle Antagonismen bedingte
"Zusätze" zur kosmischen Verfassung des Orthos Logos darstellen. Wichtig
ist hierbei, daß Philo in Jos 30 u.a. die ethnokulturelle Amixie zwischen
"Hellenen und Barbaren" (τὸ ἄμικτον καὶ ἀκοινώνητον οὐ μόνον Ἑλλήνων πρὸς
βαρβάρους ἢ βαρβάρων πρὸς Ἕλληνας...) als wesentliche Ursache der partikularen Verschiedenheiten und Abweichungen vom Naturgesetz einführt, wobei
auch der verbreitete antijüdische Amixie-Vorwurf mitberücksichtigt sein
dürfte. Wenn die schriftliche Tora auch als "ähnlichstes Abbild" des kosmischen Naturgesetzes angesehen wurde (Mos II 51-52), so konnte sie doch als
menschliches, "handgemachtes" und "willentlich eingeführtes" Gesetzeswerk
prinzipiell in der gleichen Kategorie wie alle übrigen partikularen νόμοι erscheinen (s.o.). Wenn wir berücksichtigen, daß die Auseinandersetzungen
zwischen griechischer Polis und jüdischer Politeia in den hellenistischen Städten des Ostens immer Konflikte zwischen zwei partikularen, nationalen νόμοι
waren[232], so gewinnen Philos Worte in QEx II 22 große Bedeutung für die in
E 2 gemeinte Friedenstiftung:

> "What is the meaning of the words 'I will terrify all the nations into which thou
> wilt come'? (Ex 23,27b) ...
> But as for the deeper meaning, this must be said: When there comes into the
> soul, as into a land, the prudence of a keen-eyed and seeing nature, all the racial
> laws (GOODENOUGH)[233] which are in it become mad and rage and turn aside
> from worthy thoughts, for evil things are unable to dwell and live together with
> good ones."

Der Einzug der gnoseologischen Inspiration, also der Übergang zum Typ
des neuen Anthropos, der sachlich zugleich zum Logos als dem urbildlichen
Weltgesetz führt, bedeutet nach diesem Text zugleich Entfernung von den
negativ beurteilten partikularen νόμοι der Völker ("racial laws"). Ein solcher
Mensch ist, wie Philo meint, zum sozialen Frieden des gemeinsamen ὀρθὸς
λόγος gelangt (conf 41-43.56), der mit dem sozialen Frieden eines politischen
Lebens nach dem Naturgesetz (post 185) identisch ist. Auch von da aus gesehen muß die Überwindung des ethnokulturell trennenden Ritualnomos in E
2,14b-16 durch den Übergang aus dem Bereich der Sarx in den Bereich des
pneumatischen Christus, der die Logos-Stelle einnimmt, zum sozialen Frieden führen. Wer zum Logos als dem herrschenden Prinzip des ganzen Kosmos (cf. E 1,10.20-23; 4,10), dem Weltgesetz, übergeht, ist von den ethnokulturell trennenden νόμοι entbunden.

---

[232] Cf. Jos., ant XVIII 371.

[233] Wir geben hier der Übersetzung GOODENOUGHs, die "racial laws" liest (ders., By Light,
Light S.92), den Vorzug vor MARCUS' Wiedergabe ("Gentile laws", LCL Philo Suppl. II S.61).

Philo gebraucht für diese friedvolle Gemeinschaft der Inspirierten, in der
die einstige Amixie zwischen Griechen und Barbaren überwunden ist, die aus
der kynisch-stoischen Popularphilosophie rezipierte Vorstellung vom universalen (Tugend-) Staat (Kosmopoliteia). Genau aus dieser Tradition, die über
das hell. Judentum vermittelt wurde, greift auch die Schlußfolgerung aus dem
Friedenswerk Christi in E 2,19b, wie wir sehen werden, die Idee der spirituellen, universalen Politeia auf in der Wendung συμπολῖται τῶν ἁγίων. Freilich
müssen wir dazu noch zeigen, daß die ἁγία in dieser Wendung die Judenchristen bezeichnen - dieser Nachweis wird im nächsten Kapitel geführt werden.
Aber unter der Voraussetzung, daß unser Nachweis Erfolg hat, ergibt sich
dann die Vorstellung, daß die einst ethnokulturell scharf separierten Gruppen von Juden und Heiden in dieser neuen, pneumatischen Politeia gemeinsam zu Bürgern geworden sind, weil das Ritualgesetz überwunden ist. In der
Tat wird damit, über die Vermittlung des hell. Judentums, ein wichtiger Zug
des popularphilosophischen Kosmopolitismus rezipiert, dem es analog auf die
Reduktion ethnokultureller Partikularität durch die Orientierung am universalen ὀρθὸς λόγος (recta ratio), dem Natur- bzw. Weltgesetz, ankam. Letzlich
ist im E Christus in die Funktion dieses Logos eingetreten.

Dieses Interesse an der Aufhebung ethnokultureller Distanzen ist dem popularphilosophischen Kosmopolitismus von vorneherein eigen: Von den Kynikern aufgebracht
(Diog.Laert. VI 63) setzten die Stoiker diese Idee fort, die auch deshalb besonders
plausibel erschien, weil führende Stoiker (etwa der erste Zenon, Chrysipp, Aratos, Diogenes Bab., der dritte Zenon, Poseidonios) selbst häufig aus östlichen Kolonialgebieten
Griechenlands oder gar aus barbarischen Regionen stammten, so daß die Idee des
Kosmopolitismus auch ihre persönliche Integration in die hellenistische Weltkultur auszudrücken vermochte (cf. M.HENGEL, Juden, Griechen und Barbaren, S.96f.).[234]
HENGEL veranschaulicht die Stimmung dieses auf der hellenistischen Kultursynthese
gründenden philosophischen Weltbürgertums treffend durch ein Epigramm des Kynikers Meleager von Gadara, wo es u.a. heißt: "Tyros hat mich erzogen, doch Gadara war
meine Heimat, jenes neue Athen in der Assyrier Land. ... War ich ein Syrer, was tut's?
Den Kosmos bewohnen wir, o Fremder, als unsere eine Heimat (μίαν ... πατρίδα
κόσμον) und ein (ἕν) Chaos gebar sämtliche Menschen" (Anth.Graec. VII 417 Z.5f.

---

[234] Siehe dazu schon die Studie von M.POHLENZ, Stoa und Semitismus, NJWJ 2 (1926) S.257-
69 ("Die Stoa hat nicht zufällig den Unterschied von Griechen und Barbaren ausdrücklich
geleugnet, sie hat ihre stärkste Wirkung außerhalb von Hellas geübt, auf die jungen Religionen
des Orients und auf die geistige Aristokratie der westlichen Weltmacht"; ebd. S.257).

PATON).[235] Die Stoiker trösteten sich mit dem gleichen kosmopolitischen Gedanken auch in der περὶ-φυγῆς-Literatur.[236] Die Zenon'sche Weltpoliteia[237], die nach der Meinung des jungen Plutarch im Reich Alexanders d.Gr. Wirklichkeit wurde und die, da dieses Alexander-Enkomion Plutarchs mit römischen Imperiumspostulaten unterlegt ist, wohl auch mit den zeitgenössischen Herrschaftszielen des neronischen Imperiums verbunden werden konnte, sieht ebenfalls die Überwindung der partikularen νόμοι und ethnokulturellen Barrieren als Bedingung des Universalstaates an: In diesem sollen "wir nicht mehr nach Poleis und Staatsvölkern wohnen, je einzeln durch eigenes Recht getrennt, sondern wir sollen alle Menschen *für Volksgenossen und (Mit-) Bürger* (δημότας καὶ πολίτας) halten, eine einzige Lebensweise und Ordnung soll sein (εἷς δὲ βίος ᾖ καὶ κόσμος), wie eine Herde, die auf derselben Trift vereint nach einem gemeinsamen Gesetz (νομῷ κοινῷ) weidet ..." Alexander habe dementsprechend die Existenzen, Sitten, Ehen und Lebensstile vermischt und angeordnet, "daß alle die οἰκουμένη für das Vaterland (πατρίδα) halten sollten". In diesem Sinn von den alten ethnokulturellen Unterscheidungsmerkmalen befreit sollten 'das Hellenische' und 'das Barbarische' nur noch durch Tugend (ἀρετῇ) vs. Schlechtigkeit (κακίᾳ) differenziert werden.[238] Daß Alexander dementsprechend alle auf der Erde "einem Logos (ἑνὸς λόγου) und einer Politeia (μιᾶς πολιτείας) unterstellen und alle Menschen als ein Staatsvolk (ἕνα δῆμον) offenbaren wollte" (mor 330D), rührt an die "inspiratorische" Seite des Kosmopolitismus, nach der die Weltpoliteia durch gemeinsame Teilhabe am ὀρθὸς λόγος (= recta ratio) als dem Natur- bzw. Weltgesetz konstituiert wird.[239]

---

[235] Auch das zweite von HENGEL (S.97) angeführte Epigramm des Meleager belegt die ethnokulturelle Entgrenzung: "Gadaras heiliges Land und die göttliche Tyros erzog ihn,/ Merops' liebliches Kos hat ihn im Alter ernährt./ 'Audonis' grüß' ich Phoiniker; doch bist du ein Grieche, dann 'Chaire';/ wenn du ein Syrer, 'Salam'. Sag dann das Gleiche auch mir!" (Anth. Graec. VII 419; Üs. v. BECKBY).

[236] Siehe dazu E.PLÜMACHER, Identitätsverlust und Identitätsgewinn, S.62-66 und z.B. Musonius Rufus (ed. O.HENSE), p.42 Z.1-5: οὐχὶ κοινὴ πατρὶς ἀνθρώπων ἁπάντων ὁ κόσμος ἐστίν, ὥσπερ ἠξίου Σωκράτης; ὥστ' οὐδὲ φεύγειν τῇ γε ἀληθείᾳ τὴν πατρίδα νομιστέον, ἂν ἀπέλθῃς ἐντεῦθεν ἔνθα ἔφυς τε καὶ ἐτράφης, πόλεως δὲ μόνον ἐστερῆσθαι τινος ... Z.8-10: αὐτὸς δὲ ἐν αὐτῷ τίθεται τὸ πᾶν, καὶ νομίζει εἶναι πολίτης τῆς τοῦ Διὸς πόλεως, ἣ συνέστηκεν ἐξ ἀνθρώπων καὶ θεῶν. Musonius fährt fort, daß der Wechsel der Polis, in der man wohnt, genausowenig beklagenswert sein sollte wie der Wechsel des Wohnhauses in einer gegebenen Heimat (HENSE p.42 Z.14 - p.43 Z.5): Man bleibt ja Bürger in der universalen Polis des Zeus. Vergleichbar ist Teles (ed. HENSE) p.25 Z.4-7.

[237] Zu Zenons Staat cf. v.ARNIM I 222 (Diog.Laert. VII 33): πάλιν ἐν τῇ πολιτείᾳ παριστάντα πολίτας καὶ φίλους καὶ οἰκείους καὶ ἐλευθέρους τοὺς σπουδαίους μόνον. v.ARNIM I 226 (Cass.scept. bei Diog.Laert. VII 32): ἐχθροὺς καὶ πολεμίους καὶ δούλους καὶ ἀλλοτρίους λέγειν αὐτὸν (Ζήνωνα) ἀλλήλων εἶναι πάντας τοὺς μὴ σπουδαίους...

[238] Plutarch, De Alexandri Magni fortuna aut virtute I, c.6, mor 329A-D. Wir behandeln dieses Enkomion des jungen Plutarch eingehender u.III.C.5.; siehe dort auch zur Transparenz für römisch-imperiale Herrschaftsziele.

[239] S.o. S.139 A 207. Wir finden den "einen Logos" als noetisches Prinzip dieser Welt-Politeia etwa auch bei Dion v.Prusa (or.XXXVI 29ff.), nach dem die stoische Lehre vom Kosmos als Polis/Politeia darauf abziele, "das Menschengeschlecht mit der Gottheit harmonisch in Verbindung zu bringen (ξυναρμόσαι) und in *einem Logos* alles Vernunftbegabte zusammenzufassen (καὶ ἑνὶ λόγῳ περιλαβεῖν πᾶν τὸ λογικόν); denn im Logos sieht sie die einzige sichere und unauflösli-

Auch die an der Tugend orientierte Universal-Polis des Lukian'schen Dialogs Hermotimos, der in c.22-24 einen Traktat aus der Tradition des Kosmopolitismus bietet[240], überwindet ganz pointiert die sonst geltenden Grenzen des nationalen und sozialen Herkommens: Von diesem universalen Tugendstaat gilt besonders dies, "daß alle Einwohner Eingewanderte und Fremde (ἐπήλυδες καὶ ξένα) seien, nicht einer ein Einheimischer; vielmehr seien darin auch viele Barbaren Bürger geworden (ἐμπολιτεύεσθαι) ebenso wie Sklaven, Mißgestaltete, Kleingewachsene und Arme - kurz gesagt: jeder der an dem Staat teilhaben will. Denn das Gesetz macht die Aufnahme als Bürger weder vom geschätzten Vermögen abhängig, noch von stattlicher Erscheinung, Größe, Schönheit, oder von der Familie und dem Glanz der Vorfahren, vielmehr sind diese Kriterien bei ihnen nicht in Gebrauch. Nein, um Bürger zu werden ist für jeden nötig: vernünftige Einsicht (σύνεσις), Begierde nach dem Guten, Anstrengung, Beharrlichkeit und nicht nachzugeben oder zaghaft zu werden durch die vielen Widrigkeiten, die auf dem Weg begegnen. Wer immer diese Qualitäten aufweist und konsequent bis zur Polis weitergeht, *dieser ist alsbald ein Bürger, wer auch immer er sei, und er ist mit allen gleichgestellt* (αὐτίκα μάλα πολίτην ὄντα τοῦτον ὅστις ἂν ᾖ καὶ ἰσότιμον ἅπασι): Schwächer oder überlegen (χείρων ἢ κρείττων), von edler Abkunft oder gemein (εὐπατρίδης ἢ ἀγεννής), Sklave oder Freier (δοῦλος ἢ ἐλεύθερος) - diese Kategorien existieren einfach nicht bzw. davon wird nicht gesprochen in dem Staat (οὐδὲ ὅλως εἶναι ἢ λέγεσθαι ἐν τῇ πόλει)."
Weder ethnokulturelle Barrieren (Barbaren, Eingewanderte, Fremde) noch soziales Herkommen (Freier/ Sklave, Vermögen, Familie, öffentliche Position) zählen noch in der popularphilosophischen Universalpoliteia.
Im hell.-jüd. Milieu Philos wurden diese Vorstellungen aufgenommen, etwa wenn Philo erklärt, Gott heiße jeden (Proselyten) unabhängig von seiner Herkunft willkommen, wenn er sich zur Tugend halte, während der geborene Jude (ἡ εὐπατρίδης) durchaus in die Finsternis stürzen könne (praempoen 152; cf. virt 187ff.).[241] Aber neben den Krite-

___

che Grundlage von Gemeinschaft und Gerechtigkeit" (§ 31). Das gleiche Konzept auch bei Cicero, de leg I 7,22-23: Der Mensch sei das einzige der geschaffenen Wesen, das einen Anteil an Vernunft und Denken hat (particeps rationis et cogitationis). "Was ist aber mehr göttlich - ich sage nicht allein im Menschen, sondern im Himmel und auf der Erde zusammengenommen - als die Vernunft (ratione)? Und diese Vernunft wird, wenn sie erstarkt und vollkommer ist, zurecht 'Weisheit' (sapientia) genannt. Da es nun nichts Besseres als die Vernunft gibt und diese im Menschen wie in Gott existiert, liegt folglich die primäre Gemeinsamkeit (prima societas) des Menschen mit Gott in der Vernunft. Aber diejenigen, die die ratio gemeinsam haben, haben auch die 'recta ratio' (= ὀρθὸς λόγος) gemeinsam. Und weil die 'recta ratio' das Gesetz (lex) ist, müssen wir auch glauben, daß Menschen und Götter das Gesetz gemeinsam haben. Für welche nun die Gemeinschaft des Gesetzes besteht, zwischen denen herrscht auch Rechtsgemeinschaft, und die dies alles als Gemeinsamkeiten haben, die sind für Bürger *desselben Staates* zu halten (et civitatis eiusdem habendi sunt). ... Daher müssen wir dieses ganze Weltall als *einen Staat* (una civitas), der Göttern und Menschen gemeinsam ist, auffassen." Wir werden später sehen, daß die hell. Königsphilosophie im Herrscher den maßgeblichen Vermittler dieses (ὀρθὸς) λόγος, der den ganzen Kosmos harmonisch ordnet, in die soziale Welt der Menschen fand. Diese Sicht deutet für Alexander in Plutarchs Enkomion auch die unmittelbare Fortsetzung in mor 330D an (dazu später u.III.C.5.).

240 Cf. o. S.100 A 83.

241 Damit ist etwa Seneca, ep.44,1ff. zu vergleichen: "Wenn überhaupt etwas an der Philosophie Gutes ist, so ist es folgendes - den Stammbaum (stemma) beachtet sie nicht: alle, wenn man auf

rien des sozialen Herkommens kann Philo - wieder in der Tradition des Kosmopolitismus - auch die ethnokulturellen Antagonismen bedauern, die nach seiner Ansicht die
verschiedenen partikularen νόμοι der Staaten in Abweichung vom universalen Naturgesetz mitverursacht haben (Jos 30). Wir haben schon gesehen, daß der gemeinsame
ὀρθὸς λόγος der universalen Politeia nach Jos 30 gerade auch der Amixie zwischen
Griechen und Barbaren entgegensteht - die Überwindung dieser ethnokulturellen
Schranke formuliert etwa auch spec II 44f.[242] Entsprechend der tendenziellen Relativierung ethnokultureller Unterschiede am Tugendmerkmal (Naturgesetz) scheinen alexandrinische Proselyten in den Kreisen der jüdischen Allegoristen auch nicht mehr physisch beschnitten worden zu sein, siehe nur migr 89.92 und QEx II 2 (zu Ex 22,21):
"(Scripture) first makes it clearly apparent and demonstrable that in reality the
προσήλυτος is one who circumcises not his uncircumcision (οὐχ ὁ περιτμηθεὶς τὴν
ἀκροβυστίαν) but his desires and sensual pleasures and the other passions of the soul.
For in Egypt the Hebrew nation was not circumcised..."[243] Der Hauptunterschied der
hell.-jüdischen Rezeption dieses Konzepts gegenüber seinem popularphilosophischen
Ursprung liegt darin, daß jene menschliche Teilhabe an der Vernunft (λόγος/ ratio),
die in der Sicht eines Seneca oder der Gewährsleute des Lukian jeden, der in diese Polis
will, auch von Natur aus dazu befähigt, im System des jüdisch-weisheitlichen Sarx-
Pneuma-Dualismus nicht mehr in das natürliche Vermögen des Menschen gestellt
bleibt: Jetzt bedarf es einer pneumatischen Neuschöpfung, des "Heraufgerufen-Wer-
dens durch das Pneuma" (plant 23), einer über die erste Schöpfung hinausgehenden Logosinspiration, um an der universalen Politeia Gottes bzw. seines Logos teilnehmen zu
können. Dies ist jetzt auf die pneumatischen Weisen, die in die Mysterien eingeweiht
(all III 1-3) und "Priester und Propheten" (gig 61), also "geheiligt" sind, beschränkt.

D.2.4. Die Versöhnung mit Gott (E 2,16)

Neben die Herstellung des sozialen Friedens durch den Wechsel der durch
sarkische Differenzmerkmale getrennten "zwei" zum pneumatischen Typ des

---

den ersten Ursprung zurückgeht, stammen von den Göttern ab. .... die richtige Seelenhaltung
(bona mens) ist allen zugänglich, alle sind wir im Hinblick auf diesen Maßstab adlig (nobiles).
Weder stößt die Philosophie irgend jemanden zurück, noch wählt sie ihn aus: allen leuchtet sie. ...
(5) Wer ist von Adel? Der zur Tugend (ad virtutem) von der Natur gut veranlagt ist." Siehe auch
ep.31,11: "Suchen muß man, was nicht von Tag zu Tag schlechter wird, wogegen man nicht
Widerstand leisten kann. Was ist das? Der Geist (animus), doch dieser aufrecht, gut, groß: was
anders kannst du ihn nennen als Gott, im Menschenkörper zu Gast weilend? Dieser Geist kann
in einen römischen Ritter (eques Romanus) wie in einen Freigelassenen (libertinus) wie in einen
Sklaven (servus) fallen."

[242] spec II 44f.: "Alle Anhänger der Weisheit nämlich, sei es bei den Griechen oder bei den
Barbaren, ... haben ein Leben, das frei vom Krieg und friedvoll ist (βίον ἀπόλεμον καὶ
εἰρηναῖον), erstrebt..." Sie sind κοσμοπολῖται, "welche den Kosmos als ihren Staat (πόλιν) und
als (Mit-) Bürger (πολίτας) die Anhänger der Weisheit ansehen, da solchen die Tugend, der die
Leitung des gemeinsamen Politeumas anvertraut ist, das Bürgerrecht verliehen hat." Cf. auch o.
S.139 A 207.

[243] Siehe dazu D.C.SMITH, Jewish and Greek Traditions S.60f.; N.J.McELENEY, Conversion,
Circumcision and the Law, NTS 20 (1974), hier S.328-33.

"einen" neuen Anthropos (2,15b) tritt in 2,16 der religiöse Friede: Die *Versöhnung* der in einem Soma geeinten Gruppen *mit Gott*, nachdem durch den Übergang am Kreuz die Feindschaft, dh. der an den Bereich der Sarx gebundene, trennende Ritualnomos, "getötet" worden war. Entsprechend dem hier aufgewiesenen soteriologischen Referenzsystem unseres Textes müssen wir in dem pneumatischen ἐν σῶμα (2,16) traditionsgeschichtlich ein Derivat jenes "geeinten Somas" des Logos (σῶμα ἡνώμενον, som I 128) sehen, das als noetischer "Ort" der zum Logosbereich aufgestiegenen Seelen zugleich dem Gedanken der Logosinspiration entspricht. Nun haben wir schon gesehen, daß diese Logosinspiration, die auch durch die Metaphorik vom Gehen auf dem Weg des Logos (bzw. der Weisheit) mit dem Ziel der Erkenntnis Gottes formuliert werden konnte, für hellenistische Juden ausdrücklich die Versöhnung (χαταλλαγή) mit Gott vermittelte: αἱ πρὸς τὸν πατέρα χαταλλαγαί.[244] Von diesem soteriologischen Referenzsystem aus liegt es also durchaus nahe, die im ἐν σῶμα des Christus (Logos) Vereinten zugleich als solche, die dadurch mit Gott versöhnt werden, darzustellen: Durch die Logosinspiration zum Typ des himmlischen (= neuen) Anthropos umgeschaffen erreichen sie die noetische Himmelsregion (cf. 2,6) und sind mit Gott versöhnt.[245]

U.E. kannte und verarbeitete bereits Paulus die Kategorien dieser hell.-jüd. Soteriologie in 2.Kor 5,14-20: Zu 2.Kor 5,14b-15 sind die parallelen Vorstellungen von Rö 6,1-11 zu vergleichen[246] sowie die nach dem Muster hell.-jüd. Texte erklärbare "innere soteriologische Beziehung ... zwischen den zentralen Verben ἀποθνῄσκειν und ζῆν: Beide beschreiben dieselbe Sache, das Sterben des σῶμα τῆς ἁμαρτίας [cf. Rö 6,6] und das erst aus diesem Tod erstandene und ohne ihn nicht mögliche neue Leben τῷ Χριστῷ."[247] "Sterben" war den hell. Juden als Metapher für den Übergang aus dem Bereich von Körperlichkeit, Sarx und Sünde in den noetischen Bereich vor Gott, der durch

---

[244] Zur Logos-Identifikation jener übermenschlichen Erscheinung, die die Diaspora nach praempoen 164ff. auf einem Weg fortschreitender Besserung zu Gott zurückführt und so mit Gott versöhnt, siehe o. S.85 A 36.

[245] Die Annahme H.MERKLEINs, der Verfasser habe die All-Versöhnungsaussage aus Kol 1,20 in E 2,16 - als eigene Interpretationsleistung - auf den Kirchenleib übertragen (ders., Christus und die Kirche, S.97f.), erscheint also unbegründet: Das Referenzsystem der Logostheologie gab die soteriologisch-anthropologische Versöhnungsvorstellung schon vor.

[246] M.WOLTER, Rechtfertigung und zukünftiges Heil, S.74 A 174 verweist auf folgende Parallelen: a. μηχέτι; b. ἀποθνῄσκειν/ ζῆν mit Dativ (in Rö 6,2.10f auf die Sünde bezogen); c. Sterben mit Jesus (nicht nur stellvertretendes Sterben, sondern auch eigenes Sterben der Glaubenden in der Taufe).

[247] M.WOLTER, Rechtfertigung und zukünftiges Heil, S.75. WOLTER führt S.74f. u.a. mehrere Philo-Belege an, die einerseits ζῆν mit Dativ als Bezeichnung enger Verbundenheit mit Gott und seinem noetischen Bereich (her 111; mut 213), andererseits ἀποθνῄσκειν mit Dativ als Bezeichnung radikalen Getrenntwerdens vom inferioren körperlichen Bereich (gig 14) erkennen lassen.

"Leben" charkaterisiert war, gut geläufig.[248] Bezeichnend für genau diesen Übergang ist die durch ὥστε in v.16 angeschlossene erste Folgerung: Das Kennen Christi unter der Bedingung der Sarx ist jetzt, nach dem Übertritt zum pneumatischen Leben, vorbei. Die zweite Folgerung in v.17 verbindet den einschlägigen Gedanken der (pneumatischen) Neuschöpfung (καινὴ κτίσις) mit dem neuen Sein ἐν Χριστῷ: Als Gegenwirklichkeit zur alten sarkisch-körperlich bestimmten Existenzweise muß mit der καινὴ κτίσις ein Derivat des hell.-jüd. Konzepts vom himmlischen (= neuen) Anthropos vorliegen[249], zu dem man nach dem zugehörigen soteriologischen Referenzsystem durch die Logosinspiration *neu geschaffen* wird, daher im Bereich des Logos (τόπος/ σῶμα u.s.f.) "lebt" und dadurch die Versöhnung (καταλλαγή) mit Gott erlangt (s.o. im Text). Es ist also nur folgerichtig, daß 2.Kor 5,18f. die Versöhnung, die die Glaubenden nun mit Gott erlangt haben (τοῦ καταλλάξαντος ἡμᾶς ἑαυτῷ διὰ Χριστοῦ), mit dieser Wirklichkeit der καινὴ κτίσις ἐν Χριστῷ, traditionsgeschichtlich gesehen also "im (Pneumabereich des) Logos bzw. der Weisheit", parallelisiert. Die Versöhnungsaussage in E 2,16 wurde allerdings durch die schon hellenistisch konzipierte Stelle Kol 1,22 angeregt (s.o. S.78ff), deren Formulierung wiederum Rö 5,10 nahesteht, einer Stelle, die durch den Stellvertretungsgedanken bestimmt wird.[250] 2.Kor 5,14-20 zeigt uns, daß die hell. Soteriologie, die sich in Kol 1,22 und schließlich in E 2,16 stärker in den Vordergrund schiebt, schon im Denken des Paulus vorkommt.

D.3. Universale Friedensproklamation (E 2,17-18) im Anschluß an Jes 52,7; Jes 57,19

P.STUHLMACHER hat überzeugend herausgestellt, daß unser Verfasser in E 2,13ff. eine unter dem Stichwort εἰρήνη[251] verbundene christologische Jesaja-Interpretation betreibt[252]: In 2,14a klingt Jes 9,5f. an[253], in 2,13 zeigte

---

[248] Hier ist vor allem das "Sterben" der Priester Nadab und Abihu zu vergleichen, das als Übergang aus der sarkischen Körperlichkeit zum "Leben" vor Gott gedeutet wurde: fug 58-59; all II 55ff.; migr 169f.; her 309; som II 67. Dazu s.o. S.81f.

[249] Folgen wir dem zweiten paulinischen Beleg zur καινὴ κτίσις in Gal 6,14f., so bezeichnet dieses Konzept eine Gegenwirklichkeit zum Leben im Kosmos (6,14): Pneumatisch neugeschaffen zum Typ des Himmelsmenschen der ja als der erlöste νοῦς ja auch nach Philo schon der Zweiheit als dem Prinzip des kosmischen Seins in Gegensätzen enthoben ist, er hat alle sterblichen Merkmale (πάντα θνητὰ γένη) zurückgelassen und ist zur differenzlosen Einsheit Gottes umgeschaffen (QEx II 29); dementsprechend sind auch nach Gal 6,15 die alten kosmisch-sarkischen Differenzmerkmale Beschneidung/ Unbeschnittenheit für die καινὴ κτίσις bedeutungslos.

[250] S.o. S.83 A 32.

[251] Die messianischen Verhältnisse sind nach alttestamentlicher Erwartung besonders durch den Frieden charakterisiert: Z.B. Mi 5,4 (καὶ ἔσται αὕτη εἰρήνη); Sach 9,9f. (εἰρήνη ἐξ ἐθνῶν). Freilich wurde auch in apokalyptischen Kontexten der Messias mit dem Frieden verbunden, unter Aufnahme hell. Königsideologie etwa TestLevi 18,3f. (Sonnenvergleich!), Or.Sib. III 652-56 (Aufnahme der ägyptisch-ptolemäischen Königsideologie im Thema des "Königs von der Sonne": J.J.COLLINS bei J.H.CHARLESWORTH I S.356).

[252] P.STUHLMACHER, 'Er ist unser Friede' (Eph 2,14) S.347f.353.

sich schon der ferne Einfluß von Jes 57,19[254], einer Stelle, die in E 2,17 deutlich aufgenommen und dort an Jes 52,7[255] angeschlossen wird.[256] In den Jesaja-Anspielungen von E 2,17 spielt Jes 52,7 die Schlüsselrolle, wie bereits P.STUHLMACHER und vor allem D.C.SMITH gesehen haben[257]: Die Aussage über die auf den Bergen herbeieilenden Füße des Frieden kündenden εὐαγγελιζόμενος klingt in der Wendung (καὶ ἐλθὼν) εὐηγγελίσατο εἰρήνην... (E 2,17) an; darüberhinaus erscheint Jes 52,7 LXX auch in anderen Bereichen frühchristlicher Tradition als "Grundstelle für das 'Evangelium'" (Rö 10,15; Ac 10,36; cf. Mk 1,14f.)[258] und war schon in qumranischen, dann auch in rabbinischen Belegen mit eschatologischer Beziehung auf die messianische Zeit interpretiert worden.[259] Aber wie ist die Interpretation der vom (messianischen) Boten nach Jes 52,7 LXX ausgerichteten Friedensbotschaft

---

[253] Zwar heißt der Messias im LXX-Text von Jes 9,5f. nicht mehr "Friedefürst" wie im hebr. Text (שַׂר־שָׁלוֹם), sondern stattdessen Μεγάλης βουλῆς ἄγγελος, doch bleibt die Beziehung dieses "uns gegebenen Sohnes" auf die εἰρήνη auch in der LXX nachdrücklich, denn Gott sagt über ihn voraus: ἐγὼ γὰρ ἄξω εἰρήνην ἐπὶ τοὺς ἄρχοντας, εἰρήνην καὶ ὑγίειαν αὐτῷ. μεγάλη ἡ ἀρχὴ αὐτοῦ, καὶ τῆς εἰρήνης αὐτοῦ οὐκ ἔστι ὅριον ἐπὶ τὸν θρόνον Δαυιδ καὶ τὴν βασιλείαν αὐτοῦ κατορθῶσαι αὐτὴν καὶ ἀντιλαβέσθαι αὐτῆς ἐν δικαιοσύνῃ καὶ ἐν κρίματι ἀπὸ τοῦ νῦν καὶ εἰς τὸν αἰῶνα χρόνον· ὁ ζῆλος κυρίου σαβαωθ ποιήσει ταῦτα. Man könnte E 2,14a aber auch als These verstehen, die sich aus dem breiteren Hintergrund einer auf die Errichtung des Friedens zugespitzten Messiaserwartung ergeben hat (s.o. A 251).

[254] S.o. S.114. Jes 57,18f. LXX: τὰς ὁδοὺς αὐτοῦ ἑώρακα καὶ ἰασάμην αὐτὸν καὶ παρεκάλεσα αὐτὸν καὶ ἔδωκα αὐτῷ παράκλησιν ἀληθινήν, εἰρήνην ἐπ᾽ εἰρήνην τοῖς μακρὰν καὶ τοῖς ἐγγὺς οὖσιν· καὶ εἶπεν κύριος Ἰάσομαι αὐτούς. Cf. E 2,13: ... ὑμεῖς οἱ ποτε ὄντες μακρὰν ἐγενήθητε ἐγγύς...; cf. E 2,17: ...εἰρήνην ὑμῖν τοῖς μακρὰν καὶ εἰρήνην τοῖς ἐγγύς.

[255] Jes 52,7 LXX: ὡς ὥρα ἐπὶ τῶν ὀρέων, ὡς πόδες εὐαγγελιζομένου ἀκοὴν εἰρήνης, ὡς εὐαγγελιζόμενος ἀγαθά, ὅτι ἀκουστὴν ποιήσω τὴν σωτηρίαν σου λέγων Σιων Βασιλεύσει σου ὁ θεός. Cf. E 2,17: (καὶ ἐλθὼν) εὐηγγελίσατο εἰρήνην...; zum Einfluß von Jes 57,18f. auf E 2,17 siehe die Zitationen in der vorigen Anm..

[256] Siehe STUHLMACHER, a.a.O. S.353: "Die Interpretationen von Jes 57,19 in V.13 und Jes 9,5f in V.14 laufen also über die Brücke eines christologischen Verständnisses von Jes 52,7 in V.17 zusammen."

[257] Siehe STUHLMACHERs Rede von der Brückenfunktion dieser Stelle (vorige Anm.); D.C.SMITH, Jewish and Greek Traditions, S.34 ff., sieht aufgrund der traditionell messianischen Interpretation von Jes 52,7 in Qumran (11Q Melch. 15ff.) und im rabb. Judentum (STR.-BILL. III S.587), die für Jes 57,19 in dieser Weise nicht reklamiert werden könne (SMITH a.a.O. S.11-14.25.32.34-43), diesen Text als messianische Schlüsselstelle und "one of the formation factors in the construction of Eph. 2:11 ff." (S.34A): "Isa. 57:19 is brought in because of the occurrence in this text of peace in connection with the far-near language. This occurrence of peace allows Isa. 57:19 to be connected with Isa. 52:7 and the messenger of peace. The basic text then is Isa. 52:7 – the eschatological messenger who proclaims peace." Die Rede von den Fernen und den Nahen sei in der Auslegungstradition zu Jes 57,19 zuvor noch nicht auf heidnische Proselyten bezogen worden.

[258] Siehe SCHNACKENBURG, EKK X S.118, der in diesem Zusammenhang auch zurecht auf Mk 1,14f. hinweist.

[259] Siehe o. A 257.

nicht nur auf das Gottesverhältnis, sondern auch auf das *soziale Verhältnis*
zwischen Juden und Nichtjuden traditionsgeschichtlich zu beurteilen?[260] Liegt
in dieser sozialen Beziehung, der auch die Kombination mit Jes 57,19 LXX
und damit die dezidierte Beziehung des Friedens auf *beide* Gruppen in E 2,17
entspricht, etwa eine in der Auslegungsgeschichte von Jes 52,7 LXX zuvor
noch unbekannte Interpretation dieser Stelle durch unseren Verfasser vor?[261]
An einer solchen Sicht kommen uns im Blick auf Act 10,36 und Rö 10,12.15
erhebliche Zweifel, denn wir können hinter diesen Stellen und ihren unmittelbaren Kontexten eine bisher unerkannte frühchristliche Auslegungstradition wahrscheinlich machen, in der Jes 52,7 LXX schon auf den Frieden zwischen Juden und Heiden interpretiert war.

Act 10,36 und Jes 52,7 LXX

Betrachten wir zuerst Act 10,34-43. Der Kornelius-Komplex Act 10,1-11,18
thematisiert die Überwindung des exklusiven Israel- (und Samaria-) Bezuges
der apostolischen Mission, die durch Petrus repräsentiert wird: Vision des
Petrus (Gott hat auch das Unreine reingemacht: Act 10,10fin - 16), Führung
durch das Pneuma (10,19f.), Komplementärvision des Kornelius (wunderbare
Auffindung des Petrus: Bericht in 10,30-32 cf. 10,3-6) und endliche Geistaus-
gießung (10,44ff.) bringen den *Juden*christ Petrus schrittweise zur Akzeptie-
rung der glaubenden Heiden als gleichberechtigte Mitglieder des eschatologischen Gottesvolkes - die Aufnahme der Heiden in die Kirche wird so legitimiert.
Der Rede des Petrus in 10,34ff. geht schon die Einsicht in die pneumatische Regie bei seiner Auffindung durch die Abgesandten des heidnischen
centurio voraus (10,19-22): So zeigt sich ihm im Haus des Kornelius die
Überwindung des Kontaktverbots zu Nichtjuden als Skopos seiner Vision
(Essen unreiner Tiere): Act 10,28f. Bleibt Petrus damit noch ganz bei sich
selbst und der für sein Verhalten als Jude gestellten Problematik (10,28:
κἀμοὶ ὁ θεὸς ἔδειξεν), so lenkt der in vv.30-32 gegebene Bericht des Kornelius
die Aufmerksamkeit zu dessen Person und Gottesbeziehung hinüber und
führt zu jener Bestätigungserfahrung, mit der die Petrusrede beginnt: Als mit
der Wahrheit übereinstimmend, d.h. als wahr, erkenne ich, daß Gott nicht
Partei nimmt (sc. nur für Juden), sondern daß ἐν παντὶ ἔθνει ihm willkommen

---

[260] Dem Zusammenhang nach muß sich εἰρήνη in E 2,17 sowohl auf den sozialen Frieden
zwischen den Gruppen (cf. E 2,15b) als auch auf den Frieden mit Gott (cf. 2,16) beziehen.
[261] Als eine eigenständige und - qua Verbindung mit Jes 57,19 (und Jes 9,5) - auch neue Exegese
von Jes 52,7 wertet etwa P.STUHLMACHER die Stelle E 2,17 (a.a.O. S.347ff.).

ist, wer ihn fürchtet und Gerechtigkeit tut (10,34f.)[262], wer also die Merkmale des Kornelius mitbringt (cf. v.31; 10,2.4.22). Die universalistische Komponente der vorausgegangenen Missionsreden vor ausschließlich jüdischen Hörern, die das Heil stets auch für die Heiden offen hielten und damit den Worten des Auferstandenen entsprachen (Lk 24,47: εἰς πάντα τὰ ἔθνη), wird durch die Ereignisse um Kornelius für Petrus als wahr bestätigt.[263] Syntaktisch schwer durchschaubar erscheint jedoch die Fortsetzung der Rede in v.36:

(36) τὸν λόγον ὃν ἀπέστειλεν τοῖς υἱοῖς Ἰσραὴλ εὐαγγελιζόμενος εἰρήνην διὰ Ἰησοῦ Χριστοῦ, οὗτός ἐστιν πάντων κύριος,
(37) ὑμεῖς οἴδατε τὸ γενόμενον ῥῆμα καθ᾽ ὅλης τῆς Ἰουδαίας, ...

Für die Syntax ergeben sich verschiedene Auflösungsmöglichkeiten:
A. Dem Vorschlag, τὸν λόγον ὃν ἀπέστειλεν[264] am Beginn von v.36 als Akkusativobjekt schon von ὑμεῖς οἴδατε in v.37 abhängig sein zu lassen und die späteren Akkusative τὸ γενόμενον ῥῆμα (v.37) und Ἰησοῦν (v.38) noch als Appositionen zu τὸν λόγον zu verstehen[265], stehen erhebliche syntaktische Här-

---

[262] ἐπ᾽ ἀληθείας bezeichnet im NT und bei Lk fast durchgängig die Übereinstimmung mit dem als Wahrheitsgrund erkennbaren Sachverhalt, zumeist mit dem (in der Schrift ausgewiesenen) Gotteswillen: Mk 12,14; 12,32 (Schriftgrund); Lk 4,25 (Schriftgrund); Lk 20,21 (Weg Gottes); Lk 22,59 (vorausgegangene Voten); Act 4,27 (Schriftgrund). Entsprechend hat die Wendung nach W.BAUER, Wörterbuch (1971) Sp.566f. den Sinn von: "auf Wahrheit gegründet = wahrheitsgemäß". Die in Act 10,34f. formulierte Aussage über die (mit den Juden gleichberechtigte) Annahme der Gott fürchtenden und Gerechtigkeit übenden glaubenden Heiden stellt also keineswegs ein neuartiges Wissen dar, vielmehr wird diese Petrus schon lange bekannte und in den Predigten gegenüber Juden auch enthaltene Aussage durch die Ereignisse um Kornelius als wahr erwiesen (siehe das Folgende im Text). Dies verkennen G.SCHNEIDER, Apostelgeschichte, HThK V/2 S.75 (hier werde "die seit seiner Vision gewonnene Einsicht formuliert: "*In Wahrheit begreife ich...*""); H.CONZELMANN, Apostelgeschichte, HNT 7 S.64 (es "liegt innerchristliche Reflexion über die *grundsätzliche Möglichkeit* von Heidenmission vor"); E.HAENCHEN, Apostelgeschichte, KEK III 1977[16] S.346 ("... neue(n) Erkenntnis des Apostels..."); W.DIETRICH, Das Petrusbild der lukanischen Schriften, BWANT 94, 1972, S.276f. ("neue Einsicht") (Hervorhebungen E.F.). Alle Genannten verstehen ἐπ᾽ ἀληθείας falsch indem sie meinen, daß Petrus hier zu einem inhaltlich neuen Wissen (Annahme der Heiden) fortgeschritten sei. In Wirklichkeit wird eine schon bekannte These am konkreten Fall als wahr bestätigt.

[263] Die universalistische, die Heiden einbeziehende Komponente erweist sich als stabiles Moment der apostolischen Missionsreden vor Juden: Act 2,21.39; 3,25f.; 4,12f.; sie entspricht genau den Worten des Auferstandenen, nach denen die Sündenvergebung auf seinen Namen εἰς πάντα τὰ ἔθνη (Lk 24,47) verkündet werden muß bzw. nach denen sich die apostolische Zeugenschaft ἕως ἐσχάτου τῆς γῆς (Act 1,8 cf. Jes 49,6 LXX) erstreckt.

[264] Diese Lesart mit ὃν bezeugen p[74] ℵ* C D E Ψ Koine, ohne ὃν lesen ℵ[1] A B 81. 614. 1739 pc latt. Die erste Variante läßt sich als lectio difficilior begreifen. Die Entscheidung für ὃν ergibt die unten gegebene Klärung der Gesamtsyntax, die auch ein neues traditionsgeschichtliches Argument mitheranzieht.

[265] So zuletzt R.PESCH, Apostelgeschichte EKK V/1 (1986), S.329.342f.. Er übersetzt: (v.36) "Das Wort, das er den Söhnen Israels sandte, indem er Frieden frohbotschaften ließ durch Jesus

ten entgegen, die H.RIESENFELD eindrücklich formuliert hat und die diese
Auffassung wenig wahrscheinlich machen.[266]

B. Wird ὂν nach λόγον (v.36) als Dittographie gestrichen, so ergibt sich ein
selbständiger, aber nicht vollendeter Satz, der in die Parenthese "Dieser ist
aller Herr" mündet und im Zusammenhang von vv.34-37 keinen guten Sinn
ergibt.[267]

C. τὸν λόγον ὂν könnte auch als attractio inversa (das Nomen wird in den
Kasus des Relativum gesetzt) gesehen werden[268]: "Dieser ist aller Herr" gäbe
dann den Inhalt des Israel gesandten λόγος an; mit ὑμεῖς οἴδατε (v.37) be-
gänne ein neuer Satz. Auch bei dieser Lösung bleibt der Duktus des Gedankens von v.34 nach v.37 schwer nachvollziehbar; zudem fehlt eine verknüpfende Partikel am Satzbeginn.

D. Eine überzeugende, im Ansatz schon von BENGEL und später DE
WETTE vertretene Lösung legte H.RIESENFELD vor[269], indem er "τὸν
λόγον as an apposition resuming the whole statement made in the ὅτι-clause
in verses 34-5" auffaßt. In diesem Fall ist τὸν λόγον noch von καταλαμβάνομαι
in v.34 abhängig und schwerwiegende syntaktische Härten sind vermieden:
Eine verknüpfende Partikel am Satzbeginn wird nicht gebraucht, wenn τὸν
λόγον Apposition zum ὅτι-Satz in v.34f. ist; die längere Lesart mit ὂν kann mit
gutem Sinn beibehalten werden; "verses 34-7 make now a continuous line of
thought, linking the conviction that the Gospel will have to be proclaimed to
the Gentiles with the decisive and justifying event, which makes up the central
part of Peter's speech."[270] Gemeint ist nach dieser Auffassung: Die unpartei-
ische, an der Gottesfurcht und am Tun der Gerechtigkeit orientierte Annahme der glaubenden Heiden durch Gott, die sich für Petrus durch die Ereignisse um Kornelius als tatsächlich wahr (und nicht nur als "theoretischer"
Teil des Missionskerygmas) bestätigt hat (v.34-35), ist - qua Apposition - in-

---

Christus - dieser ist aller Herr - (v.37) kennt ihr: Die geschehene Begebenheit in ganz Judäa,
angefangen von Galiläa nach der Taufe, die Johannes verkündigte; (v.38) Jesus von Nazaret,..."

[266] "(1) the absence of a connecting particle together with the initial τὸν λόγον; (2) the fact that
the final apposition is strangely long and heavily loaded; (3) the incongruity of the two nouns
λόγος and ῥῆμα in a clause where ῥῆμα is taken to be an apposition referring to λόγος. Is τὸ
γενόμενον ῥῆμα really a phrase which adequately expounds and elucidates the significance of
λόγος taken in the sense which has already been given to it by the relative clause? And does τὸ
γενόμενον ῥῆμα in fact mean 'the word which was proclaimed'?" (H.RIESENFELD, The text of
Acts x.36, S.192).

[267] So auch SCHNEIDER, Apostelgeschichte, HThK V/2 S.75; weitere Argumente bei
H.RIESENFELD a.a.O. S.192.

[268] attractio inversa begegnet auch Lk 1,72f.; 12,48; 20,17; cf. SCHNEIDER, HThK V/2 S.75 mit
AA 148.149.

[269] H.RIESENFELD, The text of Acts x.36 (1979), S.191-194. Zur Auslegungsgeschichte siehe
F.NEIRYNCK, ACTS 10,36a τὸν λόγον ὂν (1984), S.118-123.

[270] H.RIESENFELD a.a.O. S.192f.

haltsgleich mit jenem Wort (τὸν λόγος), das Gott nach v.36 den Israeliten gesandt hat, indem er den durch Jesus Christus erreichten Frieden verkündet. Dieses Wort lautet: "Dieser (sc. Christus) ist aller Kyrios" (v.36fin).[271] Tatsächlich beinhaltet dieses universalistische Wort, nach dem Juden und Heiden unter demselben Kyrios Christus stehen und insofern Frieden haben[272], ja auch die Ausdehnung des Heils auf die Heiden und entspricht in dieser Hinsicht der Aussage v.34f. Als Träger der Verkündigung dieses von Gott gesandten Wortes, das den mit Christus als universalen κύριος erreichten Frieden in sich begreift, sind nach dem Kontext die apostolischen Zeugen (cf. ἀπέστειλεν v.36) gemeint[273]: Nach Act 10,42f. waren es ja *die Apostel*, denen Gott befahl, Christus als universalen Richter, vor dem jeder Glaubende Rettung findet, gegenüber Israel zu verkünden. Damit ist sichergestellt, daß sich εὐαγγελιζόμενος in 10,36 im Sinn einer verkürzten Formulierung auf Gott bezieht und meint: "verkündend durch die apostolischen Boten". Mit v.37 beginnt schließlich ein neuer Satz, der über das heilvolle Geschehen (ῥῆμα) um Jesus berichtet.

Über diesen einleuchtenden Sinnzusammenhang hinaus gibt es jedoch noch ein bisher unerkanntes traditionsgeschichtliches Argument für diese syntaktische Lösung, das sich aus der in v.36 wiederkehrenden Struktur der Stelle Jes 52,7 LXX ergibt. Diese Stelle wird in Act 10,36 zwar nicht zitiert, sie klingt aber deutlich an:

Jes 52,7 LXX: ὡς ὥρα ἐπὶ τῶν ὀρέων, ὡς πόδες εὐαγγελιζομένοι ἀκοὴν εἰρήνης, ὡς εὐαγγελιζόμενος ἀγαθά, ὅτι ἀκουστὴν ποιήσω τὴν σωτηρίαν σου λέγων Σιων Βασιλεύσει σου ὁ θεός.

Ganz zweifellos sind die Begriffe εὐαγγελιζόμενος und εἰρήνης aus Jes 52,7 LXX in Act 10,36 aufgenommen; der "israelischen" Verkündigungsadresse "Zion" entspricht grob die Verkündigungsadresse τοῖς υἱοῖς Ἰσραήλ in Act 10,36 und auch die Vorstellung von Gott als Verkünder der Friedensbotschaft

271 Zu übersetzen ist also: "Als wahr begreife ich, daß Gott nicht parteiisch ist, sondern daß ihm in jedem Volk willkommen ist, wer ihn fürchtet und Gerechtigkeit übt, (als wahr begreife ich also) dieses Wort, das er den Israeliten sandte indem er den durch Jesus Christus gegebenen Frieden verkündete: Dieser ist aller Kyrios."

272 Cf. H.RIESENFELD, a.a.O. S.193: "What is made clear in Peter's speech ... is that the Gospel ... from its beginning implies the fact that peace (between Jews and Gentiles) has been established by the mission and achievement of Christ. Therefore he is Lord of all (of Jews and Gentiles equally)." Mit H.RIESENFELD (ebd.) und G.SCHNEIDER, Apostelgeschichte, HThK V/2 S.76 (mit A 155) muß der Ausdruck διὰ Ἰησοῦ Χριστοῦ also auf εἰρήνη und nicht auf εὐαγγελιζόμενος bezogen werden: Durch Christus, der zum einen Herrn aller geworden ist, ist auch der Friede für alle so Vereinten verbürgt. Diese Denkfigur hat vor allem politische Parallelen, denen wir unten nachgehen.

273 Siehe Act 10,39-43.

stimmt mit der LXX überein.[274] Aber auch die Inhaltsangabe dieser von Gott
gesandten und gegenüber den Israeliten verkündeten Friedensbotschaft am
Ende von Act 10,36 entspricht dem am Ende von Jes 52,7 LXX wiedergegebenen Inhalt der Friedensbotschaft: βασιλεύσει σου ὁ θεός (Jes 52,7fin LXX)
par. οὗτός ἐστιν πάντων κύριος (Act 10,36fin). Nur ist die Herrschaftsaussage
von Gott auf den Kyrios Christus übergegangen, was auch sonst im Zusammenhang des Kyrios-Prädikats (LXX/NT) beobachtet werden kann[275], und
sie wird in einer veränderten Begrifflichkeit formuliert. Diese Paraphrasierung bedient sich mit πάντων κύριος (Act 10,36) einer in der hellenistischen
Religiosität beliebten und von da aus auch im hell. Judentum gebräuchlichen
Wendung mit kosmologischem bzw. universalistischem Sinn.[276] Dank dieser
Neuformulierung durch frühchristliche Jesaja-Exegese konnte man also den
Inhalt der Friedensbotschaft, den Jes 52,7 LXX als Aussage über Gottes
(kommende) Herrschaft angab, im Sinn der universalen Herrschaft des Kyrios Christus verstehen, die auch die glaubenden Heiden und damit den Frie-
den zwischen Juden- und Heidenchristen einschloß.[277]

---

[274] Zur Traditionsgeschichte von Jes 52,7 vom hebräischen Bibeltext bis hin zur LXX siehe
P.STUHLMACHER, Das paulinische Evangelium, FRLANT 95 (1968), S.117ff. 148f. 151 A 2.
162. Allerdings wurde das formal auf Gott bezogene εὐαγγελιζόμενος (Act 10,36), wie wir sahen, schon so verstanden, daß Gott *durch die apostolischen Zeugen* verkündet habe.

[275] Siehe dazu vor allem K.BERGER, Zum traditionsgeschichtlichen Hintergrund christologischer Hoheitstitel, NTS 17 (1970/71), S.391ff., hier S.413-422. Auch im unmittelbaren Kontext
von Jes 52,7 LXX wird Gott mehrfach κύριος genannt; cf. außerdem assoziierbare Formulierungen wie Jes 60,6 LXX (τὸ σωτήριον κυρίου εὐαγγελιοῦνται); ψ 95,2 (εὐαγγελίζεσθε...τὸ
σωτήριον αὐτοῦ (= κυρίου, cf.v.1). Cf. dazu auch P.STUHLMACHER, Das paulinische Evangelium, S.157f.163f.

[276] Ältester Beleg ist Pind Isthm 5,53: Ζεὺς ὁ πάντων κύριος. Siehe noch Demosth Or. 60,21: ὁ
πάντων κύριος δαίμων. Speziell für die hell. Religiosität siehe Plutarch Def Orac 29 (mor
426A): Auch falls mehrere Welten existieren gibt es wohl nur einen Zeus, οἷος ὁ παρ' ἡμῖν
κύριος ἀπάντων καὶ πατὴρ ἐπονομαζόμενος. Nach Plutarch Is et Os 12 (mor 355E) begrüßt
eine Stimme Osiris bei der Geburt als ὁ πάντων κύριος; in 49 (mor 371A) heißt es: ἐν μὲν οὖν
τῇ ψυχῇ νοῦς καὶ λόγος ὁ τῶν ἀρίστων πάντων ἡγεμὼν καὶ κύριος Ὄσιρίς ἐστιν. Kore
Kosmou 25: ὁ τῶν ὅλων κύριος. πάντων κύριος in Corp Herm fr. 12.23.24.29.33 (ed.
W.SCOTT); weitere Stellen aus dem Corp Herm bei ThWNT 3, S.1051 A 49. Hekataios nennt
den Gott des Mose τῶν ὅλων κύριος (FGrHist 264 Fr.6); siehe auch ὁ πάντων δεσπότης in Sap
6,7; 8,3 u.ö.. Im kosmologischen bzw. universalistischen Sinn wurde diese oder eine ähnliche
Wendung auch auf die Kaiser bezogen, wie wir später sehen werden.

[277] Daß dabei vor allem an die soziale Dimension des Friedens und nicht nur an den Frieden mit
Gott gedacht ist, ergibt sich daraus, daß das Wort nach v.36 dezidiert *an die Israeliten* gesandt ist,
zugleich aber einen universalen Inhalt hat, nach dem außer den Juden *auch die Heiden* dem
Kyrios und seinem Heil angehören. Dieser universale Inhalt wird als "Friede durch Jesus
Christus" (s.o. A 272) gefaßt. Wäre dabei nur der Friede im Gottesverhältnis gemeint, so bliebe
die Differenz zwischen der dezidierten Israel-Adresse und der universalen, auch die Heiden einschließenden Kyrios-Aussage - wobei die universale Ausweitung für den Frieden steht - unberücksichtigt. Die gegenüber der Verkündigungsadresse (Israel) universale Ausweitung des Inhalts
bekommt jedoch Sinn, wenn sie als Hinweis auf die soziale Verwendung des Friedensbegriffs ver-

Fassen wir zusammen: Wir treffen in Act 10,36 auf eine paraphrasierende Auslegung der Stelle Jes 52,7 LXX, nach der die apostolischen Zeugen als Verkünder des durch Christus erreichten Friedens zwischen Judenchristen und Heidenchristen vorgestellt sind, wobei dieses Friedenskerygma (λόγος) .in Act 10,36 fin. entsprechend Jes 52,7 fin. LXX auf den Nenner einer Herrschaftsaussage gebracht wird: Dieser ist Kyrios aller. Die ursprüngliche Herrschaftsaussage aus Jes 52,7 LXX wird also durch die universalistische Kyrios-Aussage paraphrasiert. Darauf, daß es sich dabei nicht lediglich um *lukanische* Jesaja-Exegese handelt, von der E 2,17 unabhängig sein könnte, sondern um eine schon Paulus (und dann auch seiner Schule) bekannte exegetische Tradition, führt uns gleich Rö 10.

Rö 10,12.15 und Jes 52,7 LXX

Die aus dem Hellenismus stammende Wendung κύριος πάντων begegnet neutestamentlich außer in Act 10,36 (und Gal 4,1) nur noch in Rö 10,12[278], und zwar im ganz analogen, universalistischen Sinn einer Aufhebung der heilsgeschichtlichen Differenz zwischen Heiden und Juden im Christusglauben. Frappanterweise wird drei Verse später in Rö 10,15 auch die Stelle Jes 52,7 fragmentarisch zitiert, und zwar als Schriftbeleg für die rechtzeitig ergangene apostolische Verkündigung dieses universalistischen Evangeliums. Es hat also ganz den Anschein, als rekuriere Paulus hier auf die auch in Act 10,36 aufgenommene paraphrasierende Auslegung von Jes 52,7. Nur daß er dies in einer freieren Weise tut, so daß die gemäß Jes 52,7/ Act 10,36 voranstehende Verkündigungsaussage (= Zitat in Rö 10,15b) von der gemäß Act 10,36 par. Jes 52,7 nachfolgenden κύριος-πάντων-Aussage (als Inhaltsangabe des universalistischen Evangeliums: Rö 10,12) abgesetzt und in der Reihenfolge vertauscht erscheint. Diese Veränderungen gegenüber der in Act 10,36 aufgenommenen Aussage lassen sich aber aus dem Duktus der Darlegung des Paulus verständlich machen:

Weil Paulus im ganzen c.10 durch Schriftbelege, die er zum Teil stark modifiziert hat, gerade den universalistischen, neben den Juden auch die Heiden

---

standen wird: Es geht um Frieden zwischen Juden und Heiden, weil alle jetzt auf den selben Kyrios ausgerichtet sind und damit für Israel die überkommenen ethnokulturellen Schranken, die traditionell mit Feindschaft verbunden waren, fallen sollen. Die Aufhebung dieser Schranken war ja auch Skopos der Vision des Petrus, siehe Act 10,28 (ὑμεῖς ἐπίστασθε ὡς ἀθέμιτόν ἐστιν ἀνδρὶ Ἰουδαίῳ κολλᾶσθαι ἢ προσέρχεσθαι ἀλλοφύλῳ...), und ist letztlich Skopos des ganzen, von F.MUSSNER treffend als "Überwindergeschichte" charakterisierten Komplexes Act 10,1 - 11,18 (ders., Petrus und Paulus, Pole der Einhheit, Quaestiones Disputatae 76, Freiburg 1976, S.34).

[278] Cf. freilich die ähnlichen, aber eben nicht gleichen Formulierungen Rö 9,5; Phil 2,9ff.; 1.Kor 8,6; 2.Kor 6,18; cf. ApcJoh 4,8; 11,15.17; 15,3; 16,7; 19,6; 21,22.

miteinschließenden Charakter des im Glauben zugänglichen Christusheils
hervorhebt[279], so muß auch der in 10,1-4 formulierte Gegensatz zwischen der
"eigenen Gerechtigkeit" der Juden und der von ihnen nicht anerkannten
"Gottesgerechtigkeit" dem Widerstreit von jüdischem Partikularismus und
"evangelischem" Universalismus entsprechen: Denn unverkennbar betont v.4,
wo Paulus die Gottesgerechtigkeit in Abhebung von der ἰδία δικαιοσύνη inhaltlich charakterisiert, deren universalistischen Akzent ($\pi\alpha\nu\tau\grave{\iota}$ τῷ
πιστεύοντι).[280] Diese in Christus angebotene Gerechtigkeit ist gnadenhaft
durch Glauben und Bekennen zugänglich und schließt ein partikularistisches
Heilsverständnis der Synagoge aus: vv.5-10.[281] Die Verse 11-13 unterstreichen
als Zentrum der Argumentation[282], das dem partikularistisch befangenen
Ungehorsam Israels kontrastiert, die heilsgeschichtliche Universalität des
christlichen Heils aus Glauben, die dementsprechend auch die überkommene
Trennung zwischen Griechen und Juden aufhebt (v.12). Entscheidend ist, daß
diese neuartige Einung beider Gruppen nach v.12 durch die κύριος-πάντων-
Aussage begründet wird: ὁ γὰρ αὐτὸς κύριος πάντων, πλουτῶν εἰς πάντας τοὺς
ἐπικαλουμένους αὐτόν. Die zentralen Verse 11-13 sind ringförmig von Aussa-

---

[279] So schon in 10,4 (παντὶ τῷ πιστεύοντι); in dem Schriftzitat Jes 28,16 in Rö 10,11 hat Paulus -
gegenüber Rö 9,33 - am Beginn πᾶς hinzugefügt. Entsprechend universalistisch sind die
Aussagen in 10,12 (οὐ...ἐστιν διαστολή/ὁ κύριος πάντων/πλουτῶν εἰς πάντας...), in 10,13
(πᾶς), sowie die Schriftzitate in 10,18.19.20. Zu der Argumentation in Vv.6-8, die auf Dt 30,11-14
rekuriert, zieht W.SCHMITHALS, Römerbrief (1988) S.372ff. die partikularistischen, Israel
heilsgeschichtlich privilegierenden jüdischen Auslegungen dieser Stelle heran und traut Paulus
einen exegetischen Gegenentwurf zu: Während die jüdische Exegese "mit 5Mose 30,11-14 das
Privileg Israels vor den Völkern und ... die Verfügbarkeit der Tora, also der Gottesoffenbarung,
für das Lehrhaus" begründe (S.375), weise Paulus durch den mahnenden Vorsatz: "Sage nicht in
deinem Herzen" (Rö 10,6) aus Dt 9,4 ("Sage nicht in deinem Herzen: Der Herr hat mich her-
eingeführt, dies Land einzunehmen, um meiner Gerechtigkeit willen") auf den Gnadencharakter
der - inzwischen freilich christologisch interpretierten - Offenbarung gemäß Dt 30,11-14 hin. Dieser könne kein elitäres, partikularistisches Selbstverständnis mehr begründen (S.372ff.).

[280] Dies hat SCHMITHALS, Römerbrief (1988), S.370.379 m.E. zutreffend erkannt: "Die 'eigene
Gerechtigkeit', die Paulus der Synagoge vorhält (V.3), besteht in dem doppelten, untrennbar
ineinander verschränkten 'Ruhm', die 'Gerechtigkeit' aus den eigenen Werken statt aus der
Gnade Gottes *und* im Rahmen des Privilegs partikularer Erwählung statt universaler Berufung zu
suchen. ... Weil Israel mit dem 'Tun' (V.5) des Gesetzes seine Gerechtigkeit aufrichten will (V.3),
kann es den universalen Heilswillen Gottes auch über die Völker, die das Gesetz nicht haben,
nicht erkennen; und weil Israel das Privileg partikularer Erwählung beansprucht, hält es an der
Erwählungsgabe des Gesetzes fest und kann Christus nicht als das Ende des Gesetzes für jeden
erkennen, der glaubt (V.4)" (ebd. S.379).

[281] Zu Rö 10,6-8 (Dt 30,11-14) siehe oben A 279.

[282] Sachlich zutreffend hat m.E. SCHMITHALS, Römerbrief (1988) S.377f. den Aufbau von c.10
beschrieben: Um den Kernabschnitt v.11-13 ("Universalität der Glaubensgerechtigkeit") liegen
ringförmig die zwei Abschnitte v.(4)5-10 und v.14-15, die durch das Thema "Verkündigung der
Glaubensgerechtigkeit" verbunden sind. Um diesen Block legt sich der für das Gesamtthema des
Kapitels ausschlaggebende Ring mit den Abschnitten v.1-3(4) und v.16-21, der "Israels Ungehorsam" betrifft.

gen über die Verkündigung der Glaubensgerechtigkeit umgeben: neben vv.5-10 auch vv.14-15. Die rücklaufende Katene in v.14f.[283] schiebt nun, nach der Darlegung der universalistischen Heilsbotschaft in v.11-13, noch nach, daß diese auch tatsächlich und rechtzeitig durch die Apostel verkündigt worden ist und so die gläubige Anrufung des Kyrios begründen kann. Als Schriftbeleg dafür dient der von Paulus modifizierte erste Teil von Jes 52,7 LXX: Rechtzeitig (ὡς ὡραῖα) stellten sich die Füsse der Verkündiger des Heils ein.[284] In dem freien Zitat[285] ist nicht nur ὡς ὥρα (LXX) zu ὡς ὡραῖα abgewandelt, sondern auch "auf den Bergen" (LXX) sowie die "Kunde des Friedens" (LXX) ausgelassen. Außerdem wurde die zweifache Erwähnung des εὐαγγελιζόμενος (LXX) in eine zusammengezogen und in den Plural gesetzt, um so den apostolischen Verkündigern (cf. ἀποσταλῶσιν v.15a) zu entsprechen.[286] Aus Act 10,36 wissen wir, daß die dort vorliegende frühchristliche Auslegung und Paraphrasierung von Jes 52,7 LXX zunächst das apostolische Verkündigen und sodann, als dessen universalistischen, die Trennung zwischen Griechen und Juden aufhebenden Inhalt, das κύριος-πάντων-Sein Christi umreißt. Beide Momente sind in Rö 10,12.15 erneut wichtig, nur wird in 10,11-13 zunächst das universalistische Heilsangebot thematisiert und dementsprechend die κύριος-πάντων-Wendung aus der zweiten Hälfte der Jes 52,7 - Tradition evoziert. Erst anschließend wird in einem nachgeschobenen Argumentationsgang (vv.14-15) die Tatsache der bereits rechtzeitig angelaufenen Verkündigung dieser Botschaft dargelegt und somit erst jetzt der erste Teil der Jes 52,7 - Tradition eingebracht: Rö 10,15. Daß das charakteristische Stichwort "Friede" in diesem freien Zitat nicht mehr erscheint, liegt wohl daran, daß es Paulus

---

[283] Vv.14f.: den Kyrios anrufen « glauben « Botschaft hören « Botschaft verkündigen « Existenz von Aposteln. Die Kette läuft schrittweise von den Auswirkungen zum Ursprung zurück.

[284] Auf dem Zitat von Jes 52,7 als Abschluß der Katene und dort insbesondere auf der Abänderung von ὥρα (LXX) in ὡραῖα (Rö 10,15) im Sinn von "zur rechten Zeit" liegt alles Gewicht. H.SCHLIER verdeutlicht das im Rahmen des gesamten c.10 damit Gemeinte: "Wie soll Israel zum Glauben und Anrufen Gottes kommen, wenn das alles [sc. was die Katene aufreiht] nicht geschehen ist? Aber es *ist* geschehen, und die Schrift bezeugt es (V 15b). Das καθὼς γέγραπται ist wohl in dem Sinn zu verstehen. ... Israel hat das Evangelium der von Gott gesendeten Boten erhalten. Rechtzeitig kamen sie" (ders., Römerbrief (1987³), HThK VI S.316f.). Ähnlich auch U.WILCKENS, Brief an die Römer (1987²), EKK VI/2 S.228f..

[285] Dazu siehe WILCKENS, EKK VI/2 S.219.228f.

[286] Der Wechsel zum Plural in Rö 10,15 hat traditionsgeschichtlich freilich auch jüdische Anknüpfungspunkte: P.STUHLMACHER zeigt, wie semitischsprachige Auslegungstraditionen zum Thema מבשר (etwa Jes 52,7; 40,9) den Singular auch sonst in den Plural מבשרים abändern (zu Jes 52,7 etwa Midrasch Tehillim zu Ps 147,1 § 2), nämlich im Sinn einer Vielzahl von (prophetischen) Verkündigern der endzeitlichen Gottesherrschaft. Davon seien dann auch entsprechende Änderungen der LXX (εὐαγγελιζόμενοι in Joel 3,5 LXX und ψ 67,12) abhängig, so daß u.a. "Röm 10,15 eine traditionsgeschichtliche Stütze auch aus dem Bereich des hellenistischen Judentums" erhalte (ders., Das paulinische Evangelium, S.164; siehe bes. S.147.149 mit A 2.160f.163f.).

im Zusammenhang von vv.14-15 nur auf das rechtzeitig angelaufene εὐαγγελίζεσθαι der apostolischen Boten ankam, während das Thema vom Frieden zwischen den Gruppen sachlich ja schon in v.12 mitenthalten ist: οὐ γάρ ἐστιν διαστολὴ Ἰουδαίου τε καὶ Ἕλληνος, ὁ γὰρ αὐτὸς κύριος πάντων...[287]

Auswertung zur frühchristlichen Auslegungstradition über Jes 52,7 LXX

Unsere Analyse von Act 10,36 und Rö 10,12.15 führte auf eine Tradition über Jes 52,7 LXX, die auf frühchristlicher Exegese dieser Stelle beruht und bereits Paulus (und damit auch seiner Schule) vorgegeben war. Die thematisch parallelen Kontexte in Act 10 und in Rö 10 verweisen auf den Skopos dieser frühchristlichen Auslegungstradition: Rö 10 weist Israels Versagen an seinem partikularistischen Mißverständnis des Heils auf, dem das universalistische, die Heiden mit einschließende und somit die alte Trennung überwindende Christusheil entgegensteht. Thematisch ganz entsprechend behandelt Act 10,36 im Kontext die praktische Überwindung des jüdisch-judenchristlichen Vorbehalts gegen die Einbeziehung der glaubenden Heiden in das universale Christusheil zugunsten des durch Christus erlangten Friedens zwischen beiden Gruppen. Nach der in diesen Texten aufgenommenen frühchristlichen Tradition verkündet Gott durch die christlichen Apostel (Act 10,36) bzw. verkünden die christlichen Apostel (Rö 10,15) also den jüdischen Hörern das in Jesus Christus gegebene universale, die glaubenden Heiden einschließende Heil, das somit zugleich das Ende der Trennung (Rö 10,12) und den Frieden zwischen Heidenchristen und Judenchristen (Act 10,36) bedeutet. Diese frühchristliche Auslegungstradition paraphrasiert und interpretiert die Herrschaftsaussage am Ende von Jes 52,7 LXX (βασιλεύσει σου ὁ θεός), die auch hier den Inhalt der Friedensbotschaft umreißt, durch die Wendung οὗτός ἐστιν πάντων κύριος (Act 10,36; cf. Rö 10,12: ὁ γὰρ αὐτὸς κύριος πάντων).[288] Der eine Kyrios über allen steht zugleich für den Frieden

---

[287] Die rücklaufende Katene v.14f. ordnet das Verkündigen (εὐαγγελιζομένων v.15) auf das gläubige Anrufen des Kyrios mit dem Ziel der Rettung (v.13f.) hin, gibt ihm also einen streng soteriologischen Rahmen. Für soteriologische Aussagekontexte ist der εἰρήνη-Begriff im Rö aber auf das (vertikale) Gottesverhältnis festgelegt (siehe Rö 1,7; 5,1 cf. [im Negativ] 5,10 und 11,28). Möglicherweise ist also dieser soteriologisch-vertikale Verwendungskontext ein Grund dafür, daß der Friedensbegriff, der in der Paulus vorliegenden Jes-52,7-Tradition vor allem auf das horizontale Verhältnis Juden-Heiden angewandt war, in Rö 10,15 weggelassen wurde. Zum Friedensthema im Rö siehe jetzt K.HAACKER, Der Römerbrief als Friedensmemorandum, NTS 36 (1990) S.25-41.

[288] Unser Nachweis einer paraphrasierenden Auslegungstradition zu Jes 52,7 LXX widerlegt somit U.LUZ' Feststellung: "Js. 52,7 hat durch das Verb εὐαγγελίζομαι im Urchristentum eine gewisse Verbreitung erfahren, vg. Ag.10,36; Eph. 6,15, ohne daß die Besonderheit von R. 10,15 durch eine exegetische Tradition eine nähere Erklärung fände" (ders., Das Geschichtsverständnis des Paulus, BEvTh 49, 1968, S.101).

der unter seiner Herrschaft geeinten Gruppen. Plausibilität konnte dieser Gedanke vor allem aus dem politischen Erfahrungsbereich der Menschen beziehen, und dazu paßt, daß sich πάντων κύριος oder vergleichbare Kyrios-Wendungen auch als Kaiserprädikate belegen lassen.

Nach Plinius' d.J. panegyricus lernen die unter dem Kaiser vereinten und zum Frieden gebrachten Völker "wieviel mehr Nutzen es ihnen bringt, nicht einer Freiheit voller Zwietracht anzuhangen, sondern einem einzigen Herrn zu dienen" (paneg. 32,2). Entsprechend dieser Ideologie stellte schon über 100 Jahre zuvor der Anwalt Nikolaos von Damaskus als Vertreter der ionischen Juden in ihrem Rechtsstreit mit den griechischen Stadtverwaltungen vor M.V.Agrippa fest: "Denn eure eine Herrschaft über alle (sc. Völker) macht freundliche Gesinnung füreinander fruchtbringend..." (Jos. ant XVI 46). Cf. noch Plutarch, de fort.Rom. 317C: Rom habe das Chaos und Gegeneinander der Völker in "einen Kosmos des Friedens und in einen einzigen Kreis der sicheren Herrschaft überführt"; Ael.Aristides, Romrede 69: Einst "lagen die Poleis infolge ihres gegenseitigen Haders und ihrer Unruhe schon gleichsam auf dem Scheiterhaufen, dann aber erhielten sie eine gemeinsame Führung und lebten plötzlich auf". Gemeint ist jeweils: Der römische Kaiser als der eine πάντων κύριος hält die unter seiner Herrschaft vereinten Völker zum Frieden an. Schon in hellenistischer Zeit begrüßten die Athener Demetrios Poliorketes in einem Päan mit der Bitte: πρῶτον μὲν εἰρήνην ποίησον, φίλτατε, κύριος γὰρ εἶ σύ (Athen. VI 63 [253E]) und in Lk 2,8-14, also in einem Text, der mit den Begriffen "geboren/Geburtstag", "heute", "Soter", εὐαγγελίζεσθαι, "Christos Kyrios", "Heere des Himmels" und "Friede auf Erden" seinen kaiserzeitlich-politischen Plausibilitätsgrund gar nicht verleugnen kann[289], stehen nicht zufällig die Herrscherprädikate, darunter Kyrios, in einem Gefälle hin auf den abschließenden Wunsch "und Frieden auf Erden...".

Den politischen Parallelen für die ganze Denkfigur entsprechen die politischen Parallelen für die Wendung πάντων κύριος: Von Kaiser Nero ὁ τοῦ παντὸς κόσμου κύριος Νέρων (SIG³ 814,31); Epiktet sprach von ὁ πάντων κύριος Καῖσαρ (Diss IV 1,12). Cf. später auch Antoninus Pius: ἐγὼ μὲν τοῦ κόσμου κύριος (Digesten XIV 2,9). Schon Demosthenes sprach von Philipp adjektivisch als κύριος πάντων (or. 18,201.235f.; or. 1,4; cf. or. 13,31). In der Sprache der Administration war es selbstverständlich, daß ein Statthalter vom Kaiser als dem κύριος/dominus sprach: Act 25,26 (γράψαι τῷ κυρίῳ); Plinius d.J., ep.X 96,1 u.v.ö. (domine); cf. die weiteren Belege, die schon A.DEISSMANN, Licht vom Osten, S.299ff. zusammengestellt hat.

Wir halten fest, daß die entdeckte frühchristliche Paraphrasierung der Stelle Jes 52,7 LXX den kaiserzeitlich-politischen Erfahrungsbereich als Assoziationshintergrund voraussetzt: Unter den Bedingungen der pax Romana war vor allem von hier aus die Vorstellung plausibel, daß verschiedene Volksgruppen, die der Herrschaft eines universalen Kyrios unterstellt waren, dadurch zum Frieden untereinander gebracht waren.

---

[289] Siehe dazu besonders P.MIKAT, Lukanische Christusverkündigung und Kaiserkult, S.809-828, bes. S.816ff, wo unser Lk-Text zurecht mit der sog. Kalenderinschrift von Priene zu Ehren des Geburtstags des Augustus verglichen wird: Dort lassen sich die entscheidenden Begriffe parallelisieren. Cf. auch A.A.T.EHRHARDT, Politische Metaphysik, Band II, S.27.

Für den deuteropaulinischen Autor von E 2,17 müssen wir diese schon
Paulus geläufige Auslegungstradition als bekannt voraussetzen, denn die anklingende Stelle Jes 52,7 wird hier ja auch auf den Frieden zwischen Juden
und Heiden bezogen. Doch ergeben sich einige Veränderungen gegenüber
der durch Rö 10,12.15 und Act 10,36 repräsentierten Tradition:
- In der Tradition waren die Apostel die Verkündiger (εὐαγγελιζομένα)
des universalen Christusheils, während nach E 2,17 der erhöhte Christus
selbst (dazu s.u.) zur Verkündigung der Friedensbotschaft kommt.
- Nach der Tradition waren *die Juden* die Adressaten der universalen Friedensbotschaft, während Christus nach E 2,17 den Frieden universal *an alle*,
an Heiden (Ferne) wie an Juden (Nahe), verkündigt.
- Die κύριος-πάντων-Wendung, die in der Tradition den christologischen
Inhalt der Friedensbotschaft formulierte, fehlt in E 2,14ff.
    Beim letzten Punkt haben wir allerdings die Kombination von Jes 52,7
LXX mit Jes 57,19 LXX in E 2,17 zu berücksichtigen: Die universale Ver-
kündigung des Friedens an Heiden (Ferne) wie an Juden (Nahe) besagt, daß
Christi Frieden universal gilt und er *der Sache nach* somit ganz im Sinn der
Tradition als "Kyrios aller" erscheint. Zudem werden wir noch sehen, daß die
Vorstellungen vom Friedenstiften im (einen) Leib, dessen Kehrseite das
kriegerische Töten der Feinde bzw. Feindschaft ist, und in diesem Zusammenhang vom Proklamieren des Friedens (E 2,14ff.), Tätigkeiten von politischen Herrschern charakterisieren. Die κύριος-πάντων-Aussage der Tradition
kann also der Sache nach in der Aussage über das Friedenstiften und Vereinen in einem Soma aufgenommen sein. Auch die beiden anderen Abweichungen von der Auslegungstradition (Christus selbst verkündet den Frieden;
universale Adressierung dieser Friedensproklamation) werden uns, wie wir
vorläufig nur andeuten können, später noch aus einem kaiserzeitlich-politischen Assoziationshintergrund verständlich werden. Der erneute Anklang
von Jes 52,7 LXX in E 6,15 zeigt jedenfalls, daß auch dem Verfasser des
Epheserbriefes geläufig war, daß die Christen und nicht Christus selbst das
Friedensevangelium verkündigen.

    Können wir nun E 2,17 in die Geschichte einer frühchristlichen Ausle-
gungstradition zu Jes 52,7 LXX einordnen, deren konzeptionell frühere Stadien uns in Rö 10,12.15 und Act 10,36 greifbar wurden[290], so bleibt im Blick
auf E 2,17 noch die Frage nach der überleitenden Wendung καὶ ἐλθὼν, die

---

[290] In diese Traditionslinie gehört *nicht* die Anspielung auf Jes 52,7 in Mk 1,14-15: Zwar ist auch
hier Jesus selbst der Verkündiger ('Ιησοῦς...κηρύσσων τὸ εὐαγγέλιον τοῦ θεοῦ), aber nicht der
Erhöhte, sondern der Irdische. Vor allem aber wird die Überwindung der Trennung zwischen
Juden und Heiden zum kirchlichen Frieden und somit die universalistische κύριος-πάντων-
Paraphrase von Jes 52,7 fin. nicht vorausgesetzt, vielmehr lautet der Botschaftsinhalt ganz in
Entsprechung zu Jes 52,7 fin. LXX: πεπλήρωται ὁ καιρὸς καὶ ἤγγικεν ἡ βασιλεία τοῦ θεοῦ.

sich mit Jes 52,7 LXX nur mittelbar verbinden läßt und im Ephesertext vor allem das Verhältnis zum Vorangehenden bestimmen soll.[291] An dieser Stelle treffen wir jedoch auf eine bisher noch nicht wirklich geklärte, hartnäckige crux interpretum der mit E 2 beschäftigten Exegeten. Ihre Unsicherheit manifestiert sich vor allem in dem Hin und Her zwischen zwei Grundpositionen: Die Einen beziehen χαὶ ἐλθών zusammenfassend auf das Kommen Christi und sein Friedenswerk am Kreuz überhaupt, der Ausdruck *rekapituliere* also das in v.14-16 beschriebene Geschehen oder Teile davon. Die Anderen verstehen χαὶ ἐλθών als *Ereignisfolge* und denken an das Fortwirken des Gekreuzigten und Erhöhten im Pneuma oder in der apostolischen Verkündigung.[292]

(A) χαὶ ἐλθών *als Rekapitulation*: Nach H.MERKLEIN weist die Aoristform εὐηγγελίσατο auf einen einmaligen Akt, dem Zusammenhang nach auf den Kreuzestod zurück, so daß χαὶ ἐλθών rückblickend den von Gott kommenden und von Gott bestimmten eschatologischen Boten charakterisiere, der "im Kreuzestod selbst zur eschatologischen Wirklichkeit schaffenden Friedens-Proklamation wird."[293] Auch D.C.SMITH bezieht die Wendung auf den Kreuzestod.[294] Ähnlich, jedoch nicht nur auf das Kreuz beschränkt, weist auch nach P.STUHLMACHER v.17 "zusammenfassend auf die christologische Erfüllung von Jes 57,19 in der Erscheinung Jesu hin", die mit dem "Kommen" gemeint sei.[295] Im gleichen Sinn sahen schon DIBELIUS-GREEVEN z.St. in dem χαὶ ἐλθών nur eine rekapitulative Bestätigung, daß die im ἵνα-Satz genannten Heilsziele verwirklicht seien, jedoch kein nochmaliges Kommen Christi nach seiner Erhöhung (im Geist/Evangelium) angesprochen: Für diesen Fall fehle ein deutlicherer Hinweis im Text. Wie einen zusammenfassenden Schlußsatz versteht schließlich F.MUSSNER den Vers (v.17), wobei er in ἐλθών einen "inkarnatorischen Klang" vernimmt und im Sinne der Ganzheitsschau des Autors darin Kommen, Sterben und

---

[291] Man kann freilich den Gedanken aus Jes 52,7 LXX weiterziehen und χαὶ ἐλθών im Sinn der ankommenden πόδες εὐαγγελιζομένου aus Jes 52,7 LXX verstehen - vergleiche dazu die Anspielung auf Jes 52,7 in Mk 1,14f.: ...ἦλθεν ὁ Ἰησοῦς εἰς τὴν Γαλιλαίαν κηρύσσων τὸ εὐαγγέλιον τοῦ θεοῦ (siehe aber die vorige Anm.). Doch *warum* und *in welchem Sinn* war es in E 2,17 für die Verhältnisbestimmung zum Vorhergehenden geboten, den Gedanken aus Jes 52,7 bis zur einleitenden Formulierung χαὶ ἐλθών auszuziehen?

[292] Auch die bei D.C.SMITH, Jewish and Greek Traditions S.36f. aufgezählten Varianten (a. the actual preaching of the historical Jesus, b. the total work of Jesus in his earthly life, c. the preaching of the risen Christ as this was carried forth by the apostles, d. the preaching through the spirit -- Jesus coming in the spirit -- perhaps as this is expressed in the proclamation of the apostles) lassen sich auf diese zwei Grundpositionen verteilen (a./b. vs. c./d.).

[293] H.MERKLEIN, Christus und die Kirche. Die theologische Grundstruktur des Epheserbriefes nach Eph 2,11-18, Stuttgart 1973, S.57-59.

[294] D.C.SMITH, The Ephesian Heresy and the Origin of the Epistle to the Ephesians, Ohio Journal of Religious Studies V (1977), A 14 S.83-85: "Thus the preaching of peace occurs in the redemptive death of Jesus Christ on the cross; the apostolic message, which is a preaching of this redemptive death, is therefore the logical extension of Christ's preaching of peace through the cross. The reason εὐαγγελίζομαι is used to describe this event is because of the reference to Isa. 52:7" (S.85). Ebenso ders., Jewish and Greek Traditions S.39f..

[295] P.STUHLMACHER, 'Er ist unser Friede' (Eph 2,14) S.353.

daraus resultierende Verkündigung zu einem einzigen, zusammengehörenden Akt ve-dichtet sieht.[296] Bei dieser inklusiven Interpretation ergibt sich ihm freilich die Span-nung, daß "interessanterweise ... Christus auch Subjekt der Verkündigung [ist], obwohl der Verfasser natürlich weiß, daß konkret die Kirche das Verkündigungssubjekt ist."[297] Angefügt sei hier noch, daß K.M.FISCHER die "merkwürdige Stellung" von καὶ ἐλθών gar nur mit literarkritischen Mitteln exegetisch zu bewältigen wußte: Im zugrundelie-genden Fragment eines gnostischen Erlöserliedes beziehe sich die Wendung auf die Verkündigung des Irdischen, die vorherige Erwähnung des Kreuzestodes sei dann als Glosse der christlichen Überarbeitung im E sekundär hinzugekommen.[298]

(B) καὶ ἐλθών als Ereignisfolge: In diesem Sinn versteht die Wendung etwa H.SCHLIER, der im Rahmen seiner religionsgeschichtlichen Interpretation darin den Reflex oder gar den fragmentarischen Rest der gnostisierenden Vorstellung von der Auffahrt des gekreuzigten Erlösers sieht, die zugleich die Offenbarung an die Mächte und Engel bedeute: "das Evangelium an die Fernen und Nahen ist nur die Elongatur dieses Himmelsevangeliums des sich nun im Aufstieg offenbarenden Christus."[299] Ab-gesehen von dem Theologumenon der himmlischen Auffahrt stimmt auch GNILKA mit der Deutung auf die Evangeliumspredigt der Apostel und Glaubensboten überein: "Christus kam zur Gemeinde ... mit der Verküdigung der Missionare und dem Wirk-samwerden des Geistes in ihrer Mitte."[300] SCHNACKENBURG schließlich nimmt - für die mit v.17 gegebene crux interpretum bezeichnend genug - eine Zwischenposition zwi-schen (A) und (B) ein: Einerseits sei Christus schon durch sein Friedenswerk selbst zum Herold des Friedens geworden, d.h.: die Friedensproklamation liegt schon im Vollzug des Friedenswerkes am Kreuz (= rekapitulativer Aspekt von καὶ ἐλθών). Ge-mäß diesem Verständnis wird die Funktion von καὶ ἐλθών abgeschwächt zu einer rei-nen "Überleitung, da der Nachdruck auf dem [anschließend formulierten] Verkündigen liegt." Andererseits macht SCHNACKENBURG aber das Zugeständnis, daß καὶ ἐλθών doch auf ein Folgeereignis nach dem zuvor erwähnten Kreuzestod beziehbar sein könnte. Dann sei "höchstens an die apostolische Predigt (vgl. 3,8; 4,11 "Evangelisten"), in der Jesus der Verkündiger bleibt", gedacht.[301]

---

[296] Neben diese Sicht wäre auch A.LINDEMANN, Aufhebung S.176f. zu stellen: "ἐλθών bezieht sich gar nicht auf einen bestimmten Teil des Heilsgeschehens, das Wort bezeichnet vielmehr das "Werk Christi" insgesamt."

[297] F.MUSSNER, Epheserbrief, ÖTK 10 S.84. Ähnlich schon ders., Christus S.101 ("ἐλθών bezieht sich ... einfach auf das Dasein Christi in der Welt, ohne nach einem bestimmten biogra-phischen Datum innerhalb desselben zu fragen.").

[298] K.M.FISCHER, Tendenz und Absicht des Epheserbriefes, S.131f..

[299] H.SCHLIER, Der Brief an die Epheser S.136-39.

[300] J.GNILKA, Der Epheserbrief HThK X/2 S.145f.

[301] R.SCHNACKENBURG, Der Brief an die Epheser EKK X S.118. In seinem Aufsatz "Zur Exegese von Eph 2,1-22: Im Hinblick auf das Verhältnis von Kirche und Israel" (1984), S.483f., läßt SCHNACKENBURG das Zugeständnis aus dem Kommentar (1982) unberücksichtigt: Er hält die mögliche Frage nach dem mit ἐλθών angesprochenen Zeitpunkt für "eine falsche Fragestellung"; das Partizip übe vielmehr eine literarische bzw. linguistische Funktion aus, indem es zusammen mit εὐηγγελίσατο zu dem indirekten Zitat aus Jes 57,19 überleite (Ferne-Nahe),

Die mit καὶ ἐλθών gegebene crux interpretum kann auf Grund unserer traditionsgeschichtlich gewonnenen Einsichten in das soteriologische Referenzsystem von E 2,14ff. behoben werden: Die Heraufführung des sozialen Friedens im Pneumabereich des einen neuen Anthropos und des einen Somas setzte ja tatsächlich im Sinn einer Ereignisfolge voraus, daß *zuvor* am Kreuz die Existenzweise des Fleisches, des darauf bezogenen Ritualnomos und somit der feindseligen Zweiheit überwunden, "getötet" worden war. Nur so war auch das auffällige Aoristpartizip ἀποκτείνας in dem v.16 abschliessenden Relativsatz zu erklären, das die *Vorzeitigkeit* dieses "Tötens" am Kreuz gegenüber der pneumatischen Versöhnungswirklichkeit formuliert. Gab es den Frieden gemäß der Textlogik aber erst *nach* der Vernichtung der Sarx, also *nach* dem Kreuz, so freilich auch die zugehörige Friedensproklamation. Der Übergang von v.16fin. (abschließender Rückbezug auf's Kreuz) nach v.17 (Friedensproklamation) macht also nur als Ereignisfolge Sinn (= B), keinesfalls als Rekapitulation (= A). καὶ ἐλθών muß als Kommen des in die Logos-Position erhöhten Christus verstanden werden, in dessen pneumatischem Soma der Frieden erst Wirklichkeit werden konnte, nicht als Zusammenfassung des Kreuzesgeschehens, das nach der Textlogik nur mit destruktiven Akten (Töten/ Vernichten von Sarx, Ritualnomos und Feindschaft) verbunden wird.

Das bedeutet aber, daß wir die messianische Friedensaussage Jes 9,5f. LXX cf. Mi 5,4 LXX, die wahrscheinlich hinter dem vom Friedensresultat her formulierten Motto E 2,14a steht, ebenso wie die messianische Schlüsselstelle Jes 52,7 LXX in E 2,17 (... εὐηγγελίσατο εἰρήνην ...), der noch Jes 57,19 LXX angeschlossen ist, auf *Christus in der Funktion des Logos* zu beziehen haben. Dieser Sachverhalt bereitet vor dem Hintergrund eines durch hell.-jüdische Kategorien geprägten soteriologischen Referenzsystems keine Schwierigkeiten, da zuletzt R.D.HECHT gezeigt hat, wie schon im Judentum Philos "the possible messianic terminology as allegorical designators for the Logos" interpretiert wurde.[302] Die von E.R.GOODENOUGH herausgearbeiteten und

---

wodurch das Gesagte nur zusammengefaßt und nochmals erläutert werden solle (καί explikativum).

[302] R.D.HECHT, Philo and Messiah, in: J.NEUSNER, W.S.GREEN, E.S.FRERICHS, Judaisms and their Messiahs at the Turn of the Christian Era, 1987, S.139-68 (Zitat von S.149). Philo konnte diese Logos-Interpretation auch auf messianische Prophetenstellen beziehen, wie conf 62-63 (Sach 6,12 LXX) belegt. HECHT verweist für die allegorische Logos-Interpretation messianischer Texte bzw. Terminologie darüberhinaus auf virt 75; Mos II 44.288; op 79-81 (cf. seine Besprechung S.148-51); praempoen 79ff. (ebd. S.152ff.). Die Logos-Identität jener übermenschlichen Erscheinung, die nach der Interpretation des geläufigen eschatologischen Topos in praempoen 164ff. die Diaspora zurückführen wird, haben wir o.S.85 A 36 aufgewiesen. HECHT schreibt zu diesen Stellen (ohne praempoen 79ff.): "In each of this cases, the texts suggest that Philo spiritualized the figure of the Messiah and the Messianic Era. This conforms to the larger philosophical themes in the corpus and, in short, in this messianic scenario, it is the Logos that

analysierten hell.-jüdischen Vorlagen liturgischer Abschnitte aus Apost.Const.
VII/VIII, deren Logostheologie mit der bei Philo belegten eng verwandt ist,
bieten sogar expressis verbis die Deutung der auch hinter E 2,14a stehenden
messianischen Stelle Jes 9,5f. LXX auf den Logos: In Apost.Const. VIII 12,7
erscheint der Logos, der hier ganz ähnlich wie bei Philo u.a. als υἱός, σοφία,
πρωτότοκος πάσης κτίσεως, ἀρχιερεύς und - entsprechend seiner gesamtkosmi-
schen Souveränität - als βασιλέα δὲ καὶ κύριον πάσης νοητῆς καὶ αἰσθητῆς
φύσεως bezeichnet wird, auch als ἄγγελον τῆς μεγάλης βουλῆς (Jes 9,5
LXX).[303] Nur wird die im LXX-Kontext entscheidende Friedensaufgabe dieses ἄγγελος hier nicht eigens hervorgehoben. Vor dem Hintergrund dieser
hell.-jüdischen Deutung messianischer Texte auf den Logos (Philo,
Apost.Const. VIII), die auch Jes 9,5 LXX betraf, erscheint es prinzipiell naheliegend, daß auch die in E 2 unter dem Stichwort "Frieden" verbundenen
Jesaja-Stellen im Rahmen eines hell.-jüd. beeinflußten soteriologischen Referenzsystems auf den in die Logos-Funktion eingetretenen Christus zu beziehen sind. Zu klären bleibt für uns nur, welche Züge der Logostheologie gerade die Auswahl der durch das Stichwort "Friede" beherrschten messianischen Jes-Stellen nahegelegt haben, also insbesondere die Aufnahme der
Schlüsselstelle von der Friedensproklamation Jes 52,7 LXX in E 2,17: (καὶ
ἐλθὼν) εὐηγγελίσατο εἰρήνην... , die durch die Kombination mit Jes 57,19
LXX (E 2,17: ... εἰρήνην ὑμῖν τοῖς μακρὰν καὶ εἰρήνην τοῖς ἐγγύς) eine universale, Heiden und Juden umfassende Adresse bekommt.
      Eine erste Antwort darauf ergibt sich schon daraus, daß der Übergang zum
ὀρθὸς λόγος bei Philo, wie schon mehrfach deutlich wurde, ausdrücklich zum
sozialen Frieden der Inspirierten untereinander (ebenso wie zur Versöhnung
mit Gott) führt: conf 41ff.; post 185.[304] Es ist jener Friede, den der Logos als
gemeinsames, universales Naturgesetz im Kosmos wie in der sozialen Welt
etabliert (conf 56; QEx II 68.118; cf. QEx II 46). Zu denken ist hier auch an
som II 254, wo der sonst mit dem Logos identische Führer im Chor der vielnamigen Kräfte Gottes (sachlich cf. som I 127f.; fug 101fin.; QEx II 68) direkt
mit der εἰρήνη identifiziert wird[305]: Der Logos ist die εἰρήνη, wie man von da

---

brings deliverance, without either the leadership of a human warrior-king or the conquest of the
nations. It is a deliverance of the human mind and soul by quelling of the passions and initiating
the ascent to the divine mind. It is a profound noetic experience and thoroughly ahistorical"
(S.151).

[303] Siehe GOODENOUGH, By Light, Light S.320.340f., wo G. auch auf die engen Beziehungen
des Kontextes zur philonischen Logostheologie eingeht. Zu Jes 9,5f. LXX s.o. S.153 A 253.

[304] Siehe die o. S.86f.136 angeführten Stellen.

[305] som II 254: ὅτι δὲ τῶν πολυωνύμων τοῦ ὄντος δυνάμεων οὐ θιασῶτις μόνον, ἀλλὰ καὶ
ἔξαρχός ἐστιν εἰρήνη.

aus folgern könnte.[306] Diese Identifikation wird auch durch die Stelle her 205f. nahegelegt - die stärkste Analogie zur Vorstellung von der universalen Friedensproklamation des in die Logosfunktion eingetretenen Christus (E 2,17). Hier wird der Logos als "Erzengel" zunächst in der Rolle des Mittlers zwischen Schöpfer und Geschöpf (ἱκέτης/ πρεσβευτής) vorgestellt; anschließend sagt er von sich:

"Denn als Herold verkündige ich (ἐπικηρυκεύομαι) die Friedensbotschaft (τὰ εἰρηναῖα) an die Geschöpfe von dem her, der beschlossen hat, die Kriege zu beseitigen, von dem stets über den Frieden wachenden (εἰρηνοφύλαχος) Gott her."[307]

Religionsgeschichtlich wirkt in dieser Sicht des Logos als friedenkündender κῆρυξ gegenüber den Sterblichen, der im Auftrag Gottes die Kriege beseitigt, die Amalgamierung der hell.-jüd. Logoslehre mit dem verbreiteten mythologischen Hermes-Logos-Konzept nach. Auch politische Herrscher konnten als Manifestation des friedenkündenden Hermes-Logos auftreten. Daher ist dieses Konzept auch für den sozialgeschichtlichen Teil dieser Arbeit bedeutsam und wir müssen diesem weiteren Zusammenhang in einem Exkurs nachgehen.

Hermes, der Sohn des Zeus und der Nymphe Maia, "gehört in den Bereich zwischen Göttern u[nd] Menschen, nicht zuletzt wegen seiner Mittlerfunktion".[308] In der Antike galt er als Inbegriff des Herolds, als κῆρυξ κηρύκων[309], besonders als Herold der Götter gegenüber den Menschen (κῆρυξ ἀθανάτων/θεῶν[310]): "Götterherold (κῆρυξ) wird er genannt, weil er durch die Stimme das gemäß dem Logos Anzukündigende dem Gehör mitteilt, Bote (ἄγγελος) aber, weil wir den Willen der Götter erkennen aus den uns gemäß dem Logos eingegebenen Einsichten" schrieb L.A.Cornutus in seiner stoisch getönten Interpretation des Hermes-Logos zur Zeit Neros.[311] So war Hermes

---

[306] Diese Identifikation hat freilich auch von anderen Stellen aus ihre Berechtigung: QEx II 68 (der Logos als φιλίαν καὶ ὁμόνοιαν ἐργαζόμενος· ἀεὶ γὰρ κοινωνίας αἴτιος καὶ δημιουργὸς εἰρήνης). Cf. QEx II 118.120. Zu vergleichen ist hier auch die die von hell.-jüd. Logostheologie geprägte Oratio ad Graecos (s.o. S.25 A 24), wo der Logos als σάλπιγξ εἰρηνικῆς ψυχῆς πολεμουμένης (c.5, 40C de OTTO) - freilich hier wie oft bei Philo mit innerseelischer Beziehung (cf. ebr 97ff.; op 81; post 184f.; Jos 57) - bezeichnet wird (cf. zur Friedenstrompete spec II 188-92).

[307] her 206: ἐγὼ γὰρ ἐπικηρυκεύομαι τὰ εἰρηναῖα γενέσει παρὰ τοῦ καθαιρεῖν πολέμους ἐγνωκότος εἰρηνοφύλαχος αἰεὶ θεοῦ.

[308] P.STOCKMEIER, Art.Hermes, RAC XIV (1988) Sp.772-780, hier Sp.774. Zum Folgenden siehe auch EITREM, Art. Hermes 1), RE VIII/1 (1912) Sp.738-92; W.KROLL, Art. Mercurius 1), RE XV/1 (1931) Sp.975-82; BOETZKES, Art. Kerykeion, RE XI/1 (1921) Sp.330-42; H.LEISEGANG, Art. Logos, RE XIII (1927) bes. V.a) Hermes Sp.1061-65.

[309] Aischylos, Ag. 485;

[310] Theognis 938; Pindar, Olymp. VI 78.

[311] Cornutus, epidr. c.16 p.21 Z.20 - p.22 Z.3 LANG. Zu Cornutus siehe jetzt R.S.HAYS, Lucius Annaeus Cornutus' EPIDROME (Introduction to the Traditions of Greek Theology): In-

"Verkünder" (ἑρμηνεύς) und "Prophet" (προφήτης) aus dem Bereich der Götter, besonders Zeus'/Jupiters.[312] Als κῆρυξ und Bote Gottes (ἄγγελος)[313] galt er als Verkünder guter Botschaft für die Menschen, daher sein stehender Beiname εὐάγγελος; seine Verkündigungstätigkeit konnte mit εὐαγγελίζεσθαι formuliert werden.[314] Inhaltlich waren diese εὐαγγέλια an die Adresse der Menschen regelmäßig als *Friedensbotschaft* qualifiziert: Schon bei Homer und Aristophanes erscheint er als Friedensbringer[315], sein Heroldsstab (κηρύκειον von κῆρυξ/lat.:caduceus) ist ein "Werkzeug des Friedens" (εἰρήνης ὅπλον)[316] bzw. ein "signum pacis"[317], und danach hatten auch die römischen Gesandten, denen die Beendigung des Krieges oblag, ihren Namen.[318] Cornutus sieht im Heroldsstab des Hermes (Schlangensymbolik) "ein Symbol (σύμβολον) dafür, daß durch ihn selbst wilde Menschen (θηριώδεις) besänftigt und bezaubert werden, wobei er die Differenzen zwischen ihnen beseitigt (λύοντος τὰς ἐν αὐταῖς διαφοράς) und beide mit einem unlösbaren Knoten miteinander verbindet. Daher nämlich scheint der Heroldsstab ein Symbol des Friedenstiftens (εἰρηνοποιόν) zu sein".[319] Entsprechend kommentiert Servius, daß "jenem der Heroldsstab deshalb

---

troduction, Translation, and Notes, [Dissertation] University of Texas/ Austin 1983; zum Zeitansatz ebd. S.30ff.. Cf. auch später Justinus Mart. apol. I 22,2: "Wenn wir aber sagen, er [sc. Christus] sei auf ganz eigene Weise entgegen der gewöhnlichen Abstammungsweise als Logos Gottes aus Gott geboren, so ist das ... etwas, was wir mit euch gemeinsam haben, die ihr den Hermes den von Gott Kunde bringenden Logos nennt."

[312] Hermes = ἑρμηνεύς: z.B. Orph. frg. 161 Ab.; Orph.hym.28,6; Diod.Sic. I 16; Vergil, Aen.IV 356 (interpres divom Iove missus ab ipso); cf. Plato crat.407E. Hermes = προφήτης: Orph.hym. 28,4 (λόγου θνητοῖσι προφῆτα).

[313] Ἀγγελία ist die Tochter des Hermes (Pindar, Olymp.VIII 82); Cf. Hermes als Διὸς ἄγγελε in Orph.hym.28,2, außerdem die Belege für Hermes als ἄγγελος des Zeus und der Götter bei EITREM, RE VIII/1 (1912) Sp.781f.

[314] Zu Hermes als εὐάγγελος siehe IG XII 5 Nr.235 (aus Paros, 1.Jh.v.Chr.): [θ]εαῖς Μεγάλαις καὶ Ἑρμεῖ Εὐαγγέλωι Εὐδ[-- (nomen dedicantis) ---]; in Kleinasien gibt es auch aus Ephesos, möglicherweise Milet/ Halikarnassos und Smyrna weitere Zeugnisse für den Hermes Euangelos (EITREM Sp.747f.). Hesych. s.v. Εὐάγγελος· ὁ Ἑρμῆς. Sehr viele weitere Belege für diesen Beinamen nennt EITREM, Art. Hermes RE VIII/1 (1912) Sp.782, vgl. STOCKMEIER, Art.Hermes RAC XIV (1988) Sp.774. Zu εὐαγγελίζεσθαι siehe Philo, LegGai 99.

[315] hymni Homerici 312 (H. verweist Streit an Zeus als Schiedsrichter); Hom.Od. X 274-301 (H. gibt Odysseus Anweisungen zur Versöhnung der Kirke mit ihm, cf. H.WOMBLE AJPh 91 (1970) S.18); Aristophanes Pax 456 (H. leistet Hilfe, um die verborgene Friedensgöttin hervorzuziehen und lobt v.533 ihre Eigenschaften).

[316] So Hymn.Orph. 28,7f.: ὃς χείρεσσιν ἔχεις εἰρήνης ὅπλον ἀμεμφές,/ Κωρυκιῶτα,...

[317] So Gellius, noct.att. X 27,3, der Speer und caduceus als "signa duo belli aut pacis" bezeichnet und unterscheidet. Plinius d.Ä. sieht den caduceus "in pacis argumentis" verwendet, allerdings haben ihn exterae gentes eingeführt (nat.hist. XXIX 54).

[318] caduceator bzw. caducitor, siehe BOETZKES, Art.Kerykeion Sp.341f.; F.ALTHEIM, Römische Religionsgeschichte Bd.III S.62f.A 2. Dieser Zusammenhang ist aus dem Griechischen übernommen (BOETZKES ebd.). Allgemein, aber kaum ohne Zusammenhang mit der Hermes-Tradition, weiß Dio Chrys. von Friedens-Herolden aus dem Bereich der Götter zu berichten (κήρυκές τινες ἐκ τῶν θεῶν), nach deren Analogie auch menschliche Gesandte um des Friedens willen in kriegerischen Konfliktfällen auftreten (πρεσβεύουσιν ... ὑπὲρ εἰρήνης); diese soll man daher ὡς τῶν θεῶν ... ἀγγέλους ansehen (or.38,18).

[319] Cornutus, epidr. c.16 p.22 Z.20- p.23 Z.3 LANG.

zugeordnet wird, weil er durch die Vermittlung von Vertrauen Feinde zur Freundschaft zusammenführt."[320] Auch durch die Harmonie seiner Lyra, die er erfunden haben soll, wurde dieses Friedenswirken symbolisiert.[321] Ovid bezeichnet Hermes daher treffend als "pacifer"[322]; auch Philo wird uns belegen, daß sein Heroldsdienst (εὐαγγελίζεσθαι) Friedensbotschaften beinhaltete (LegGai 99-102). Dabei war sein soziales Friedenswirken nur ein Teilaspekt seiner kosmischen Harmoniefunktion im Sinn des heraklitisch-stoischen κοινὸς λόγος, der das Weltall, Götter und Sterbliche, durchdringt[323] und dabei die Gegensätze des Alls zur friedlichen Harmonie vereint. Im Sinn dieses umfassenden Harmonieprinzips (und - in Erinnerung an seine Lyra - speziell als Schöpfer der Sphärenharmonie) finden wir Hermes-Logos in jenem Milieu hellenistisch-alexandrinischer Allegoristen, das uns Plutarch, De Iside et Osiride, spiegelt und das in dieser Hinsicht wie auch durch weitere Philosopheme sehr viele Beziehungen zur Logos-Theologie des hellenistischen Judentums (Philo) aufweist.[324] Nach Plutarch, de. Is. 373C erzählen hellenistisch-philosophische Allegoristen, "daß Hermes die Sehnen des Typhon herausgeschnitten und zu Saiten [sc. für seine Lyra] verwendet habe, womit sie meinen, daß der Logos, indem er das All zu einer Harmonie verbunden hat, einen harmonischen Zusammenklang aus zuvor unharmonischen Einzelteilen hervorbrachte".[325] Hermes-Logos, der das All durchspannt und (zur Einheit) durchdringt, wurde im Sinn des stoischen Logos Spermatikos gesehen.[326]

---

320 Serv.Aen. VIII 138: caducum illi ideo adsignatur, quod fide media hostes in amicitiam conducat. Nach Polybios ist der Heroldstab des Hermes (τὸ κηρύκειον) für die Griechen ein σύνθημα φιλίας. Cf. zu dem Stichwort φιλία die von EITREM (RE VIII/1 Sp.785f.) zusammengestellten Belege zum Hermes φίλος/ φίλιος/ φιλανθρωπότατος (cf. auch Orph.hym. 28,4: φιλάνθρωπε; 28,9: φίλε...). Kaiserzeitliche Münzen zeigen zwei zum Freundschaftsgruß einander gereichte Hände, zwischen denen der geflügelte Heroldstab des Hermes (Caduceus/κηρύκειον) zu sehen ist, dazu die Legende FIDES PVBL(ica) (BMC II p.16 No.86; p.17 No.91A u.ö.; im Jahr des jüdischen Triumphs (71) etwa p.130 No.+ + ; p.142 No.642 (72 n.Chr.) u.ö.). Die zugehörige Vorstellung verdeutlicht der oben zitierte Servius-Beleg. Bezeichnenderweise wurde der geflügelte Hermesstab auch oft als Symbol auf den flavischen PAX-Münzen verwendet: Z.B. BMC II p.3 No.20; p.4 No.23; p.10 No.60; p.12 No.*; p.14 No.*; p.19 No.95-96; p.21 No.110; p.22 No.111; p.62f. No.29-35; p.68 No.351; p.69 No.354; p.72 No.364; p.74 No.*; p.82f. No.399-400.403-406.409; p.84 No.410; p.150 No. (Kreuz); p.151 No.663; p.153 No. ; p.155 No.672A; p.157 No.682-685; u.ö.

321 Cornutus, epidr. c.16 (p.25 Z.9ff. LANG): "Er ist der Erfinder der Lyra, das bedeutet: Erfinder jenes Zusammenklangs (συμφωνίας) und jener Übereinstimmung (ὁμολογίας), gemäß der die Lebenden sich glücklich fühlen, wenn es geschieht, daß sie eine harmonische Gesinnung (ἡρμοσμένην διάθεσιν) haben." Zur Lyra des Hermes siehe etwa Ovid, fast.V 657 (von Hermes): laete lyrae pulsu; Horaz Od.I 1,35 nennt ihn als Erfinder: curvae lyrae parens.

322 Ovid, met.XIV 291; cf. fast.V 665f.: Hermes-Mercurius als "pacis et armorum superis imisque deorum arbiter".

323 L.A.Cornutus: διὰ δὲ τὸ κοινὸν αὐτὸν εἶναι ἔν τε τοῖς ἀνθρώποις πᾶσιν καὶ ἐν τοῖς θεοῖς (c.16 24,5 LANG). Ebenso Corn.epidr.16 p.20,18ff. Cf. Anonymi in art. rhetoric. comm. II 24 p.149,6ff.RABE: καὶ μόνος τῶν ἄλλων θεῶν ὁ Ἑρμῆς κοινωνικός ἐστιν· Ἑρμῆς γὰρ λέγεται ὁ λόγος· κοινωνοῦμεν γὰρ ἀλλήλοις διὰ τοῦ λόγου.

324 Siehe dazu A.WLOSOK, Laktanz S.56ff. (mit Anmerkungen!). Plutarchs akademischer Lehrer Ammonios, den er z.Zt. Neros in Athen hörte, stammte aus Ägypten und war dort wahrscheinlich durch die Schulen Alexandrias gegangen (ebd. S.56 im A 31).

325 Plut. de Is. 373C: καὶ τὸν Ἑρμῆν μυθολογοῦσιν ἐξελόντα τοῦ Τυφῶνος τὰ νεῦρα χορδαῖς χρήσασθαι, διδάσκοντες ὡς τὸ πᾶν ὁ λόγος διαρμοσάμενος σύμφωνον ἐξ

Alle Attribute dieses platonisch-stoischen, mythologisch überhöhten Hermes-Logos-Konzepts[327] wirken auch in jener hellenistisch-jüdischen Logostheologie nach, die uns durch Philo zugänglich ist. Denn Philo belegt uns nicht nur in LegGai 94.99-102 und de prov.II 41[328] die communis opinio über Hermes als ratio/λόγος/λογισμός, προφήτης τῶν θείων, ἑρμηνεύς und friedenkündenden Εὐάγγελος, sondern auch in der in Philos anderen Schriften entfalteten Logostheologie ist "der L[ogos] ... bei ihm so wie der Hermes-L[ogos] seit Platon ἑρμηνεύς oder λόγος ἑρμηνευτικός".[329] Ganz eng an das Hermes-Konzept schließt etwa imm 138(f.) an, wo Philo der vom Logos zur Abkehr von ihren Sünden gebrachten ψυχή wünscht, "daß sie in den Dingen gehorchen möge, in denen sie der göttliche Logos, der Interpret (ἑρμηνεύς) und Prophet (προφήτης) ist, unterweist."[330] ἑρμηνεύς und προφήτης war Hermes (-Logos) ja auch nach den paganen Texten (s.o.). Auch treffen wir den Einfluß des amalgamierten Hermes-Logos-Konzepts im Sinn des kosmischen Friedens- und Harmoniestifters (Sphärenharmonie, cf. o. zu Plut. de Is.) bei Philo wieder, etwa in QEx II 120[331], in QEx II 118[332] und in

---

ἀσυμφώνων μερῶν ἐποίησε. Die gleiche Vorstellung finden wir auch bei Hippolytos Elench. IV 48,2 (Arat. 268f.) und der Sache nach in weiteren bei LEISEGANG op.cit. Sp.1064f. aufgeführten Belegen. In dem oben erwähnten Milieu alexandrinischer Allegoristen findet sich auch die Deutung des Hermes-Logos auf das den sinnlich wahrnehmbaren Kosmos hervorbringende Prinzip, Plut., de Is. 373B.

[326] So der allerdings erst späte, doch angesichts der Plutarch-Stelle (vorige Anm.) wohl auf alte Tradition zurückgreifende Porphyrios bei Euseb, praep.ev.III 11 p.114C: ὁ δὲ ἐντεταμένος Ἑρμῆς δηλοῖ τὴν εὐτονίαν, δείκνυσι δὲ καὶ τὸν σπερματικὸν λόγον τὸν διήκοντα διὰ πάντων.

[327] Als Personifikation der Weltvernunft ist Hermes schon seit Platon geläufig (Crat. 407E ff.; Phaedr. 264C; cf. LEISEGANG RE XIII Sp.1061f.; STOCKMEIER RAC Sp.774.777); später betonen besonders die Stoiker diese Vorstellung. Zahlreiche Belege für das stoische Hermes-Logos Konzept finden sich bei H.LEISEGANG, Art. Logos RE XIII (1927), Sp.1061-64. Zur speziellen "Theologie", die sich in solchen mythisch-philosophischen Zwittergebilden äußert, ist immer noch LEISEGANGS Erklärung hilfreich: "... der L[ogos] [wird] mit einer mythischen Gestalt in eins gesetzt und diese dadurch zu einem metaphysischen Prinzip umgedeutet ..., so daß jene geistgewordenen Personen oder personifizierten Begriffe entstehen, die dem religiösen Denken und Vorstellen der Griechen eigentümlich sind. Hier erhält der Mythos eine philosophische Deutung und umgekehrt die Philosophie eine mythische Einkleidung, ohne daß von vornherein darüber zu entscheiden wäre, ob um der Deutung des Mythos willen die philosophische Lehre entstand oder ob diese eher da war und in den fertigen Mythos eingetragen wurde" (ebd.Sp.1061).

[328] de prov II 41 (Philo zu Alexander): Si quae de Vulcano fabulose referuntur, reducas in ignem, ..., quod autem de Mercurio (= Ἑρμῆς), ad rationem (= λόγος), sicut etiam caetera, quae cuique propria sunt, ad ordinem juxta vestigium theologiae, tunc profecto poetarum a te paulo ante accusatorum, laudator eris, utpote qui vere decenterque laudibus celebrarint divinitatem.

[329] H.LEISEGANG, Art. Logos RE XIII (1927), Sp.1072, mit Hinweis auf all I 74; III 207; post 108; migr. 72.78.81; her 108; mut 56; som I 33; spec IV 60. Siehe etwa auch Q Ex II 27.

[330] imm 138: οἷς δ᾽ ὑφηγεῖται ὁ ἑρμηνεὺς τοῦ θεοῦ λόγος καὶ προφήτης ἕπηται. Da der Weise ebenso wie Mose selbst bei Philo Manifestationen des göttlichen Logos sind, gehören hierher auch die Stellen her 259.266 (der Weise als προφήτης und ἑρμηνεὺς θεοῦ) sowie Q Gen III 10 (Mose als προφήτης und ἑρμηνεὺς Gottes).

[331] QEx II 120: "... that Logos, which, by the art of music, adapted and reformed it [sc. das Soma der Erde] into a harmony and oneness of all things."

[332] Dies hat auch P.STOCKMEIER, Art. Hermes RAC XIV (1988) Sp.774 beobachtet.

dem verwandten Text QEx II 68: "The divine Logos, inasmuch as it is appropriately in the middle, leaves nothing in nature empty, but fills all things and becomes a mediator and arbitrator for the two sides which seem to be divided from each other, bringing about friendship and concord (φιλίαν καὶ ὁμόνοιαν), for it is always the cause of community and the artisan of peace (κοινωνίας αἴτιος καὶ δημιουργὸς εἰρήνης)".[333] Vergleiche damit die Aussage über Hermes-Logos bei Plutarch, de Is. 373C: ὡς τὸ πᾶν ὁ λόγος διαρμοσάμενος σύμφωνον ἐξ ἀσυμφώνω μερῶν ἐποίησε. - Mit solchen stoischen Theoremen hatte sich das mythologische Konzept von Hermes-Logos, dessen mythisches Paradigma Hermes als Vermittler des Friedens und der Freundschaft (φιλία) zwischen verfeindeten Parteien fungierte (s.o.), in jenem hellenistisch-alexandrinischen Milieu, das uns neben Plutarch (de Is.et Os.) eben indirekt auch Philo reflektiert, gut verbinden können.

Der Einfluß des Hermes-Logos-Konzeptes erscheint u.E. auch unverkennbar in dem oben angeführten Text her (201-)206: Die Mittelstellung des Logos als ἀρχάγγελος zwischen Schöpfer und Geschöpf[334] ist dadurch charakterisiert, daß er einerseits der Fürsprecher (ἱκέτης) der Sterblichen, andererseits der Gesandte (πρεσβευτής) Gottes ist (her 205). Entscheidend ist nun die oben zitierte Funktionsbeschreibung, die der Logos in her 206 von sich selbst gibt: "Denn ich verkünde als Herold (ἐπικηρυκεύομαι) die Friedensbotschaft (τὰ εἰρηναῖα) an die Geschöpfe von dem her, der beschlossen hat, die Kriege zu beseitigen, von dem stets über den Frieden wachenden Gott her."[335] Die Kategorien dieser Logos-Aussage entsprechen deutlich dem Mythologumenon von Hermes als ἄγγελος bzw. göttlichem κῆρυξ gegenüber den Sterblichen und Friedensbotschafter gegenüber den Kriegen der Menschen; Philo konnte sie in einem politischen Aussagekontext auch ganz ausdrücklich auf Hermes anwenden (LegGai 94.99-102). Gemeint ist genau jener Friede, den Gott wiederum vermöge seines Logos, des weltdurchwaltenden Prinzips, als Harmonie und friedliche Einheit aller divergierenden Teile des Kosmos etabliert hat; an dem schließlich auch, wie wir schon gesehen haben, die durch den Logos Inspirierten in der sozialen Welt partizipieren.

Wenn wir eine wichtige Entsprechung zu den Worten εὐηγγελίσατο εἰρήνην in E 2,17, wo durch Anklang an die messianisch verstandene Stelle Jes 52,7 LXX die universale Friedensproklamation Christi formuliert wird, wieder in den Kategorien der hell.-jüd. Logostheologie fanden, so bestätigen wir damit nur das auch sonst schon in E 1 - 3 aufgewiesene gnoseologische Heilsverständnis. Daß *uns* diese Kategorien fremd erscheinen und ihre religions- und

---

333 Das griechische Fragment lautet (R.MARCUS, LCL Philo Supplement II p.255f.): ὁ τοῦ θεοῦ λόγος μέσος ὢν οὐδὲν ἐν τῇ φύσει καταλείπει κενόν, τὰ ὅλα πληρῶν καὶ μεσιτεύει καὶ διαιτᾷ τοῖς παρ' ἑκατέρα διεστάναι δοκοῦσι, φιλίαν καὶ ὁμόνοιαν ἐργαζόμενος· ἀεὶ γὰρ κοινωνίας αἴτιος καὶ δημιουργὸς εἰρήνης.

334 Cf. die häufige, oben belegte Charakterisierung des Hermes als ἄγγελος des Zeus gegenüber den Menschen (s.o. A 313).

335 Erstaunlicherweise erwähnt C.BREYTENBACH in seinen Untersuchungen zur Herkunft der Vorstellung vom Versöhnungs- bzw. Friedensgesandten, speziell in seinem Philo-Abschnitt (ders., Versöhnung, S.70-73), diese wichtige Stelle mit keinem Wort. Der Logos erscheint hier ja ausdrücklich als Gesandter (πρεσβευτής 205) und Herold (ἐπικηρυκεύεσθαι 206) Gottes mit Friedensauftrag.

traditionsgeschichtliche Rekonstruktion einige Aufmerksamkeit verlangt, darf uns nicht darüber hinwegtäuschen, daß sie *für den Briefverfasser* das ganz selbstverständliche und von seinem theologischen Milieu schon "mitgebrachte" soteriologische Referenzsystem darstellten, das die wesentlichen Strukturen seiner Christologie als Möglichkeiten schon überindividuell anbot. Bereits der Kol war ja durch dieses Referenzsystem der Logostheologie bestimmt. Wir dürfen also den besonderen Akzent, den der Verfasser seiner Christologie in E 2,14ff. gibt, nicht schon in den Kategorien der Logostheologie *als solchen* suchen. Vielmehr ist in diesem Zusammenhang bemerkenswert,

(a) daß zwar die Logik des zugrundeliegenden religiösen Referenzsystems für 2,17 zwingend den Übergang Christi vom Kreuz (2,16fin) in die pneumatische Position des friedenkündenden Logos erfordert (2,17: καὶ ἐλθών als Ereignisfolge, s.o.), daß aber in der konkreten Formulierung von 2,17 dieser Übergang gar nicht eigens akzentuiert wird: Ganz im Gegenteil markiert die Anschluß-Wendung καὶ ἐλθών - "und gekommen ..." - ja keineswegs eine scharfe Zäsur, sondern legt als *parataktische Fortsetzung* eher die Vorstellung nahe, daß eben derselbe Christus, der zuvor die Feindschaft getötet hat, anschließend zur universalen Friedensproklamation gekommen sei. Durch diese Darstellungsart, die den Wechsel aus der Sarx in den Pneumabereich nur als religiöse Implikation voraussetzt, aber nicht explizit in den Vordergrund stellt, rücken das destruktive Werk des Tötens der Feindschaft (2,16fin) und die anschließende Friedensproklamation im Sinne einer Ereignisfolge in einer Weise zusammen, wie wir sie später in anderen Texten analog für politische Herrscher ("Kriegswerk"/ "Friedenswerk") ausgesagt finden werden.

Im Zusammenhang mit diesem christologisch-personalen Fokus unseres Textes fällt im Kontext des ganzen Schreibens und der paulinischen Tradition noch ein Weiteres auf:

(b) In 2.Kor 5,18 liegt die Initiative der Versöhnung ganz bei Gott; Christus erfüllt diese Initiative und Paulus wirkt als Gesandter im Auftrag Christi. Auch Rö 5,8.10[336] und Kol 1,20.22 weisen die Versöhnungsinitiative Gott zu. Da uns aber auch die soteriologisch relevanten Passagen E 1,3ff.; 1,20ff.; 2,4-10 im E eine theozentrische, alle Heilsinitiative auf Gott konzentrierende Sicht zeigen, fällt E 2,14-18 umso mehr dadurch aus diesem Rahmen, daß dieser Text die Friedens- und Versöhnungsinitiative *ausschließlich Christus* zuweist.

---

[336] Nach Rö 5,8 gab die Liebe *Gottes* zu uns den Anlaß, daß Christus für uns starb, als wir noch Sünder waren; in 5,10 bindet die Wendung διὰ τοῦ θανάτου τοῦ υἱοῦ αὐτοῦ das uns mit Gott versöhnende Sterben Christi als "des Sohnes" ganz eng an den göttlichen *Vater* zurück und besagt im Kontext eines patriarchalischen Systems die Autorisation bzw. Veranlassung dieses Sterbens durch Gott selbst. Freilich spricht schon das passivum divinum κατηλλάγημεν (v.10) für diese Deutung.

(c) Die Auffälligkeit dieser person-zentrierten Darstellung wird dadurch noch unterstrichen, daß es nach E 6,15 gerade die Aufgabe *der Christen* ist, das εὐαγγέλιον τῆς εἰρήνης weiterzutragen. In dieser Aussage klingt wieder, wie schon in E 2,17, die Stelle Jes 52,7 LXX an, die nun jedoch *nicht mehr auf Christus* angewendet wird![337] Insbesondere Paulus bekam die Aufgabe ταῖς ἔϑνεσιν εὐαγγελίσασϑαι (3,8 cf. 4,11). Im Horizont dieser Stellen müssen wir E 2,17 so interpretieren, daß der Erhöhte *durch die von ihm erfüllten Christen* (etwa: Apostel, Propheten, Evangelisten, Hirten-und-Lehrer, Gemeindeglieder) jenes Friedensevangelium universal proklamiert. Warum gibt der Verfasser in 2,17 aber keinerlei Hinweis auf diese konkret gemeinte Verkündigung der Christen und konzentriert die Aussage hier ganz auf die Person Christi? Den Kategorien der Logostheologie hätte durchaus auch ein Hinweis auf die (inspirierten) menschlichen Vermittler dieser Evangeliumsverkündigung entsprochen.[338]

Diese auffällige person-zentrierte Darstellung, die wir hier beobachten konnten, steht wahrscheinlich im Zusammenhang mit der Anschlußwendung καὶ ἐλϑών in 2,17, die weder der von der Logostheologie geforderten Zäsur (sarx-bezogenes Kreuz // Pneumawelt) explizit Rechnung trägt (s.o.) noch aus den Jesaja-Stellen direkt abgeleitet werden kann. Sie formuliert die Er-

---

[337] Den Anklang an Jes 57,7 LXX verstärkt noch die Metaphorik der (zum Weitertragen dieses Evangeliums) beschuhten Füsse (τοὺς πόδας) - diese πόδες sind auch in Jes 52,7 LXX erwähnt.

[338] Die gemeinte Vermittlungsvorstellung wird im Zusammenhang der Evangeliumsverkündigung etwa in Kol 1,28 durchgeführt: ὃν [sc. Christus] ἡμεῖς [sc. Paulus und seine Kollegen] καταγγέλλομεν νουϑετοῦντες πάντα ἄνϑρωπον καὶ διδάσκοντες πάντα ἄνϑρωπον ἐν πάσῃ σοφίᾳ, ἵνα παραστήσωμεν πάντα ἄνϑρωπον τέλειον ἐν Χριστῷ. Die hier wegen Kombination von a) Ermahnen (νουϑετεῖν) und b) schließlicher σοφία-Belehrung charakterisiert im zugrundeliegenden hell.-jüd. Referenzsystem die soteriologische Tätigkeit *des Logos* (z.B. QGen III 30: "The divine Logos disciplines and admonishes (παιδεύει καὶ νουϑετεῖ) the soul which is able to receive healing, and turns it back to sovereign wisdom (πρὸς τὴν ἡγεμονικὴν σοφίαν)"; auch nach congr 158ff. "wird die ermahnte Seele (ἡ νουϑετουμένη ψυχή) ... von den Lehren der (wahren) Bildung ernährt" (§ 167), wobei diese Speise, allegorisch durch das Manna symbolisiert (§ 170.172ff.), wieder "die allnährende Kost der σοφία" ist (§ 174). Der Logos teilt diese Weisheit aus: her 191). Mit dem hell. Judentum verbindet Kol 1,28 freilich auch, daß die Weisheitsmitteilung zum Typ des τέλειος führt (siehe z.B. mut 270) und daß sich die Verkündigung universalistisch an πάντα ἄνϑρωπον (dreimal in Kol 1,28!) wendet (cf. virt 175: "Der fromme Mose ermahnt alle Menschen überall (προτρέπει τοὺς πανταχοῦ πάντας) ..."; Mos II 189: ἅπαντας ἀνϑρώπους). Später, in Kol 3,16, wird in Analogie zu dieser jüdischen Logostheologie auch deutlicher sichtbar, daß in den Tätigkeiten der Ermahnung und Weisheitsbelehrung für unseren Autor letztlich die Inspiration Christi selbst zum Zuge kommt: ὁ λόγος τοῦ Χριστοῦ ἐνοικείτω ἐν ὑμῖν πλουσίως, ἐν πάσῃ σοφίᾳ διδάσκοντες καὶ νουϑετοῦντες ἑαυτούς. Von da aus ist klar, daß Ermahnen und Weisheitsbelehrung der verkündigenden Missionare nach 1,28 letztlich nur das Wirken Christi (in der Logosfunktion) vermitteln, wie sich auch aus den Belegen der Traditionsgeschichte und andeutungsweise schon aus ἐν Χριστῷ in 1,28fin ergibt. Im E erscheint ein analoger Gedanke, nach dem die kerygmatischen Ämter als Vermittler des Wirkers Christi gezeigt werden, erst in 3,1ff. (Paulus) und expliziter in E 4,11ff., wobei diese Mittler die Glaubenden wieder zum (gnoseologischen) Typ des (ἀνὴρ) τέλειος führen sollen (4,13).

eignisfolge, daß Christus nach dem in v.16 abschließend genannten "Töten" am Kreuz persönlich zur Proklamation des Friedens (gegenüber Fernen (Nichtjuden) und Nahen (Juden)) gekommen sei. Wir werden im sozialgeschichtlichen Teil eine erhellende politische Analogie zu dieser Ereignisfolge kennenlernen, für die sowohl das Verbum ἐλθεῖν (ἔρχεσθαι) als auch die person-zentrierte Darstellung sehr bedeutsam sind.

Oben haben wir das Begriffspaar οἱ μακράν/ οἱ ἐγγύς, das durch den Anklang an Jes 57,19 in E 2,17 erscheint, auf die beiden Menschheitsgruppen von Heiden und Juden gedeutet[339], wodurch die Friedensproklamation eine universale Adresse erhielt. Diese Beziehung der Fern-Nah-Terminologie wird nicht nur durch die von D.C.SMITH zahlreich herangezogenen rabbinischen Belege sowie durch neutestamentliche Stellen gestützt[340], sondern auch durch E 2,14ff. gefordert, wo die Rede von den "zwei" stets auf diese beiden Gruppen bezogen war: Nach der Aufhebung des trennenden Ritualnomos mit dem Verlassen der Sarx am Kreuz (2,14-16), konnte der in die pneumatische Logos-Position übergegangene Christus auch beiden verfeindeten Gruppen, Heiden und Juden, den Frieden, der durch die Christus-Inspiration zugänglich geworden ist, verkünden.[341] Diese Proklamation geschieht konkret freilich, zumindest was die heidnischen Adressaten angeht, durch die (inspirierten) Boten Christi (E 6,15; 3,8 cf. 4,11). Es ist für uns unerheblich, ob die Fernen bzw. die Nahen *in der Auslegungstradition zu Jes 57,19* schon im Judentum vor der Abfassung des E auf Heiden (die zu Proselyten werden) bzw. auf Juden bezogen werden konnten[342] oder ob, wie D.C.SMITH meint, diese Beziehung erst durch den Verfasser des E eingetragen wurde.[343] Passend mußte Jes 57,19

---

[339] Zu Differenz und Zusammenhang der μακράν-ἐγγύς-Terminologie in E 2,13 und 2,17 siehe o. S.114 A 132.

[340] Ders., Jewish and Greek Traditions S.15-33. SMITH nennt u.a. Num.R. 3,2; Gen.R. 39,11; Mekilta Ex 18,5: Num.R. 8,4 (ohne Jes 57,19); Esth.R. 7,13; cf. schon Jub 15,30. Dieser Sprachgebrauch war auch sonst im frühen Christentum geläufig: Ac 2,39 (ὑμῖν γάρ ἐστιν ἡ ἐπαγγελία ... καὶ πᾶσιν τοῖς εἰς μακράν); Ac 22,21 (εἰς ἔθνη μακράν).

[341] Logisch liegt die Aussage von v.17 auf einer Ebene mit der des zweiteiligen ἵνα-Satzes v.15b-16: Die zwei dort beschriebenen Heilsziele (sozialer Friede und Versöhnung mit Gott) markieren ja nur das, was nach dem destruktiven Kreuzesgeschehen - als Konsequenz aus der Vernichtung der Sarx - soteriologisch anvisiert ist. Das Kommen zur Friedensproklamation nach dem Kreuz (v.17) liegt logisch also auf der Ebene der Verwirklichung des im Finalsatz anvisierten Friedenswerkes, was auch der Logik des gnoseologischen Referenzsystems entspricht: Die Christusinspiration, die traditionsgeschichtlich der Logosinspiration und damit dem Umschaffen zum Typ des himmlischen bzw. neuen Anthropos entspricht (E 2,15b), geschieht ja mit dem Hören des Friedensevangeliums, ist also kerygmatisch vermittelt (cf. nur E 4,11ff.; Kol 1,28; 3,16). Die Verkündigung des Friedensevangeliums und die gläubige Annahme desselben bedeutet also, wenn man sie im pneumatisch-inspirativen Sinn versteht, die konkrete Realisierung der im Finalsatz v.15b-16 anvisierten Heilsziele.

[342] So nur in Num.R. 8,4 (par. Midr.Sam. 28,6 (67b)), einer Stelle, die D.C.SMITH für späte Tradition hält und wo zudem die Verbindung der Fern-Nah-Terminologie mit der Vorstellung heidnischer Proselyten "only ... in an inferential way with the function of proving that the far are not inferior to the near" geschehe (S.32).

[343] S.o. S.153 A 257.

als Ergänzung zu Jes 52,7 jedenfalls deshalb erscheinen, weil hier das Stichwort "Friede" auf die beiden in der Fern-Nah-Terminologie wiedererkennbaren Gruppen von Heiden und Juden bezogen wird und E 2,17 insgesamt somit den Gedanken der *universalen, an beide Gruppen ergehenden Friedensproklamation* formulieren konnte.[344] Dem Gesamtzusammenhang nach muß sich εἰρήνη in 2,17 sowohl auf den sozialen Frieden zwischen den Gruppen (cf. 2,15b) als auch auf den Frieden mit Gott (cf. 2,16) beziehen. Daß der Begriff zweimal steht (εἰρήνην ὑμῖν τοῖς μαxρὰν xαὶ εἰρήνην τοῖς ἐγγύς) kann also nicht so verstanden werden, als wolle der Verfasser hier nur den vertikalen Frieden, den jede Gruppe für sich mit Gott erlangt hat, herausstellen[345], sondern die Wiederholung unterstreicht vor dem Hintergrund der vorangehenden Separationsterminologie nur die Beziehung dieses Friedenswerkes auf *jede* der beiden Gruppen und verstärkt damit die Vorstellung einer *allseitigen* (universalen) Proklamation.[346]

D.4. Der Zugang zu Gott (E 2,18)

E 2,18 faßt in Form einer Begründung für die Friedensproklamation aus v.17 nochmals das soteriologische Resultat des religiösen und sozialen Friedens mit anderen Worten zusammen: Durch die Wendung οἱ ἀμφότερα ἐν ἑνὶ πνεύματι wird zweifellos die Überwindung der feindseligen Separation zur pneumatischen Einheit der Inspirierten (cf. 4,4), also zum sozialen Frieden, wiederaufgenommen.[347] Der beherrschende Gesichtspunkt liegt aber in dem religiösen Frieden, der προσαγωγή zu Gott, den beide nun pneumatisch gewonnen haben. Diese προσαγωγή entspricht sachlich der Versöhnungsaussage aus 2,16 und wurde schon in der paulinischen Versöhnungstradition mit der

---

[344] Abwegig ist daher A.LINDEMANNs Auffassung, daß der Verfasser durch v.17 keineswegs das in v.14-16 Entfaltete auf die Vereinigung von Juden und Heiden in der einer christlichen Kirche habe beziehen wollen und "daß diese Differenzierung [sc. in Ferne und Nahe] ungewollt aus dem Zitat [sc. Jes 57,19 LXX] in den Text geraten ist" (ders., Die Aufhebung der Zeit S.178). Die maßgebliche Spitze der Aussage des ganzen v.17 stecke allein in der Wendung εὐηγγελίσατο εἰρήνην (ebd.). LINDEMANN widerspricht hier seinem eigenen exegetischen Grundsatz, nach dem ihm eine solche These "recht problematisch" erscheint, die 'von der Annahme ausgeht, ein 'Zitat' gebe nicht unbedingt die Meinung des Zitierenden wieder" (ebd. S.245): Wir haben die in der Fern-Nah-Terminologie angesprochenen zwei Gruppen somit als sehr absichtsvollen Bestandteil von v.17 zu werten.

[345] So F.MUSSNER, Christus S.101f.; GNILKA, HThK X/2 S.146; D.C.SMITH, Jewish and Greek Traditions S.34.197;

[346] Eine Anregung für die Doppelung des εἰρήνη-Begriffs gab schon Jes 57,19 LXX selbst durch die Formulierung εἰρήνην ἐπ' εἰρήνην, die dort den Gedanken eschatologischer Fülle wiedergibt (cf. F.MUSSNER, Christus S.101). Das Pronomen ὑμῖν vor τοῖς μαxρὰν, das über Jes 57,19 hinausgeht, verbindet mit der im ersten (vv.11-13) und im dritten Textsegment (vv.19-22) bestimmenden Applikation der Aussagen auf die Heidenchristen.

[347] Zumal hier wieder das Zwei-Zu-Eins-Schema anklingt.

καταλλαγή verbunden.[348] Der kultisch orientierte Begriff[349] wurde in E 2,18 also zweifellos aus der paulinischen Versöhnungstradition übernommen, ist zugleich aber - vom Verfasser in E 3,12 als προσαγωγὴ ἐν πεποιθήσει präzisiert - gut mit dem gnoseologischen Heilsverständnis vereinbar: In Apost.Const. VII 36,2, wo nach GOODENOUGHs Analyse eine hell.-jüd. Vorlage verarbeitet wird, liest die vorchristliche Fassung:

> "Denn durch ihn [sc. durch den Logos/ die Sophia] hast du <uns>[350] Dir *zuge-*
> *führt* (προσηγάγου) zum Eigentumsvolk, dem wahren Israel, dem gottgeliebten,
> zu dem Volk, das Gott schaut (τὸν ὁρῶντα θεόν)."

Daß der Logos den Inspirierten zu Israel, dem Typ des Gott Schauenden, verwandelt, bzw. in das Volk der Schauenden eingliedert, belegt uns auch Philo[351]; nach dem zitierten Text konnten hell. Juden diese Umschaffung im Sinn des gnoseologischen Heilsverständisses durch προσάγειν formulieren. Auch Philo kann diese gnoseologische Annäherung an Gott nicht nur durch ἐγγίζειν beschreiben (cf. E 2,13), sondern parallel dazu vom "Zutritt" (πρόσοδος) der Seele zu Gott sprechen (post 27). Im populären Stoizismus gab es durchaus strukturelle Parallelen zu der Idee, daß der in die Rolle des (pneumatischen) Logos eingetretene Christus den Inspirierten die Verbindung zu Gott verschafft: Die nach der Popularphilosophie durch den Logos konstituierte Kosmopolis bezweckt nach Dion v. Prusa, or.XXXVI 31, "das Menschengeschlecht *mit der Gottheit harmonisch zu verbinden* (ξυναρμόσαι) und *in einem Logos* (ἐνὶ λόγῳ) alles Vernünftige zusammenzufassen." Zu E 2,19b werden wir sehen, daß die Idee von der universalen Politeia auch im E ihre Spuren hinterlassen hat.

---

[348] Rö 5,2 (τὴν προσαγωγὴν ἐσχήκαμεν...) cf. 5,1 (εἰρήνην ἔχομεν πρὸς τὸν θεόν), 5,10f. (καταλλαγή).

[349] Zur Traditionsgeschichte des προσαγωγή-Konzepts siehe M.WOLTER, Rechtfertigung, S.105-20: προσάγειν/ προσαγωγή gibt in der LXX neben προσέρχεσθαι, εἰσέρχεσθαι, ἐγγίζειν und προσεγγίζειν die kultisch verwendeten Begriffe קרב hi., נגשׁ und seltener בוא hi. wieder. Vor allem für קרב hi. kann so "das Hineingehen ... der Priester und Leviten ... in das Heiligtum als ein Herantreten zu Gott" formuliert werden (WOLTER S.108). W. rekonstruiert nun eine Entwicklung, nach der diese Begrifflichkeit, etwa in Qumran, im rabbinischen und im hell. Judentum, zunehmend das Hinzukommen zum heiligen Volk (= Hinzukommen zu Gott) bezeichnet, dessen Heiligkeit die Kategorie der priesterlichen Heiligkeit des Alten Testaments traditionsgeschichtlich fortsetzt. Diese Entwicklung steht auch hinter E 2,18ff., Hb 12,22ff. und weiteren neutestamentlichen προσαγωγή-Belegen.

[350] Im Anschluß an W.BOUSSET ersetzt GOODENOUGH, By Light, Light S.353 den als christliche Interpretation gewerteten Ausdruck τὰ ἔθνη durch "uns" (ἡμᾶς).

[351] Siehe som I 127-129 cf. migr 39; post 102 cf. imm 143-44 u.ö. Zum Ganzen G.DELLING, The "One Who Sees God" in Philo, in: F.E.GREENSPAHN, E.HILGERT, B.L.MACK, Nourished With Peace (1984) S.27-41.

D.5. Zusammenfassung zu E 2,14-18

Fassen wir unsere wichtigsten Resultate zu E 2,14-18 zusammen:
Die These, daß Christus zum Inbegriff des Friedens für ehemalige Juden und ehemalige Heiden geworden ist (v.14a), wird in zwei logisch aufeinanderfolgenden "Etappen" durchgeführt:
(A) Im *destruktiven Handlungsaspekt*, der mit dem Kreuz verbunden ist (v.14b-15a.16fin), hat Christus mit seiner Sarx zugleich das Ritualgesetz als Trennmauer und Feindschaftsprinzip beseitigt.
(B) Die zweite Etappe, die den *konstruktiven Handlungsaspekt* der Friedensstiftung umfaßt, visiert als Ziel, das nach dem Vernichtungswerk erreicht werden soll, schon der zweiteilige Finalsatz v.15b-16 an. Nach der sarx-bezogenen Wirklichkeit des Kreuzes geht es hier um pneuma-bezogenes Geschehen, wie die pneumatischen Konzepte des 'einen neuen Anthropos', des 'einen Somas' und der Versöhnung mit Gott zeigen. Als gültige und zugängliche Realität wird dieser (pneumatische) Friede durch den erhöhten Christus proklamiert, der zum Zweck dieser Verkündigung "gekommen" ist (v.17). Wichtig ist, daß das Ziel dieses pneumatischen Heils im zweiteiligen Finalsatz v.15b-16 wieder nach der gleichen Abfolge von a) *sozialem Aspekt* (v.15b: Die zwei zum einen neuen Anthropos, dadurch sozialer Friede) und b) *religiösem Aspekt* (v.16: Versöhnung beider mit Gott) formuliert wird, die auch schon die negativen Aussagen v.12b/c bestimmte.
(A) Zum destruktiven Handlungsaspekt des Kreuzes:
Der Konnex, nach dem das Ritualgesetz als Trennmauer und Feindschaftsprinzip erscheint, konnte traditionsgeschichtlich eindeutig auf die ethnokulturellen Fremdheitserfahrungen von Juden in der hellenistischen Diaspora zurückgeführt werden. Eine kosmische Mauer oder die Feindschaft der Engelmächte sind dabei nicht im Blick, ebensowenig wie der Begriff τὰ ἀμφότερα etwas mit kosmischen Bereichen zu tun hat (s.u.). Im Blick ist vielmehr vor dem Hintergrund hell.-jüdischer Kategorien eine durch irdisch-sarkische Differenzbestimmungen, konkret durch den ethnokulturellen Grundkonflikt zwischen Juden und Heiden in den Diasporastädten geprägte vorchristliche Situation.
(B) Zum konstruktiven Handlungsaspekt der Friedensstiftung:
Die Soteriologie, die mit den Kategorien des hell.-jüdischen Sarx-Pneuma-Dualismus arbeitet, verbindet mit dem Kreuz die Vernichtung des Sarx-Bereiches und nachfolgend den Übergang in die Pneumawelt. Durch die pneumatische Christusinspiration (ἐν Χριστῷ) partizipieren die Glaubenden an diesem Geschehen. Drei Konzepte belegen die Herkunft dieser Soteriologie aus dem Sarx-Pneuma-Dualismus hell. Juden:

(1) Das Konzept des in Christus (neu-) geschaffenen 'einen neuen Anthropos' erwies sich als Nachwirkung der Zwei-Anthropoi-Typologie hell. Juden, wobei der *'eine* neue Anthropos' nicht im quantitativen Sinn des nur *einen,* kollektiv-ekklesialen Makroanthropos (= Christus) mißverstanden werden darf, sondern einen qualitativ der Eins entsprechenden Typus meint, dem jeder einzelne entspricht.

(2) Traditionsgeschichtlich verbunden war damit die Überwindung der "Zweiheit" (ἡ δυάς) als Prinzip kosmischer Gegensätzlichkeit zur qualitativen Einsheit der Pneumawelt und des himmlischen (= neuen) Anthropos, die bei Philo zugleich als Inbegriff der εἰρήνη erscheinen konnte. Dieses 'Zwei-Zu-Einem'-Schema kehrt im E in der Überwindung der einst feindseligen Separation der zwei Gruppen (οἱ δύο) zum qualitativen Typ des einen neuen Anthropos wieder und steht auch hier für den neuen sozialen Frieden (E 2,15b). Das Schema ließ sich als Nachwirkung platonisch-neupythagoreischer Metaphysik erweisen, die über die Vermittlung des hell. Judentums auch in anderen frühchristlichen Texten zum Zuge kam.

Während wir diesen Hintergrund für den Zahlbegriff οἱ δύο beanspruchen mußten, stimmen die Bezeichnungen τὰ ἀμφότερα bzw. οἱ ἀμφότεροι mit dem entsprechenden Sprachgebrauch offizieller Dokumente und historischer Darstellungen aus der frühen Kaiserzeit über jüdisch-griechische Konflikte in den hell. Poleis überein. Wir haben hier also eine geläufige, prägnante Terminologie zur Bezeichnung der zwei Streitparteien in den Städten vor uns. Sie hat *nichts* mit kosmischen Bereichen oder gnostizistischen Kategorien zu tun.

(3) Auch die Überwindung des weltbezogenen Ritualgesetzes mit dem Übergang zum himmlischen Typ des neuen Anthropos entspricht den soteriologischen Vorstellungen der hell. Juden um Philo, die Gebote und Verbote der Tora nur dem unvollkommenen Typ des irdischen, an die Sarx gebundenen Anthropos zuordneten. Mit dem Übergang zum Typ des Himmelsmenschen, der nicht mehr der schriftlichen Tora folgt, sondern unmittelbar durch den Orthos Logos als Gesetz der kosmischen Polis inspiriert ist, werden die partikularen, einander widerstreitenden νόμοι der Völker bedeutungslos. Man ist zum Frieden des gemeinsamen Orthos Logos gekommen, und dies ist im E der Frieden Christi.

In E 2,14-18 liegen also die Kategorien der sozialen Variante des Logos-Friedenstifter-Komplexes vor, dessen gesamtkosmische Variante den Kol bestimmte (s.o. S.78-87).

Da sich nun auch die Versöhnung mit Gott im Soma Christi (v.16), die universale Friedensproklamation des Erhöhten, die im Sinn einer Ereignisfolge nach dem destruktiven Kreuzeshandeln geschah (v.17: καὶ ἐλθών als Ereignisfolge), und die Vorstellung des Zugangs zu Gott (v.18) an die Kategorien der

Logostheologie anschließen, treffen wir in 2,14-18 auf ein sehr breites Feld von Kategorien, die im hell. Judentum praefiguriert wurden.

Der jüdischen Logostheologie, in der messianisch verstandene Traditions-texte auf den Logos bezogen wurden, entspricht es auch, daß die Friedens-proklamation unter Verwendung von Jes 52,7 LXX (und 57,19 LXX) formu-liert wurde. Besonders auffällig blieb jedoch, daß die Friedens- und Versöh-nungsinitiative in 2,14-18 ausschließlich bei Christus liegt, während sie in den paulinischen Versöhnungstexten und auch sonst in soteriologischen E-Ab-schnitten bei Gott liegt. Zudem weist E 2,17 Christus mit der Friedenspro-klamation eine Aufgabe zu, die nach anderen Stellen im E (6,15; 3,3 cf. 4,11) den Christen und nicht Christus zukommt. Diese auffällig person-zentrierte Darstellung kommt auch in der sonst schwer erklärbaren Anschlußwendung χαὶ ἐλθών (v.17) zum Ausdruck und ergibt die Vorstellung, daß Christus im Anschluß an sein "Kriegswerk" des Vernichtens und Tötens am Kreuz zur universalen Friedensproklamation gekommen ist. Wir werden dieses Spezifi-kum im sozialgeschichtlichen Teil durch eine politische Analogie zu erhellen versuchen.

Auf die politische Erfahrung im Imperium Romanum führte jedenfalls auch die in den Worten (χαὶ ἐλθών) εὐαγγελίσατο εἰρήνην (E 2,17) aufgenom-mene Jes 52,7-LXX-Tradition, die sich ausführlicher in Act 10,36 und Rö 10,12.15 fassen ließ und somit im paulinischen Traditionsbereich bekannt war. Sie formuliert in paraphrasierendem Anschluß an Jes 52,7 LXX die apo-stolische Verkündigung des Friedens für Juden und Heiden, weil Christus zum πάντων χύριος geworden sei: Ebenso war auch der Kaiser als πάντων χύριος Garant der pax gentium.

E. E 2,19-22: Eine Schlußfolgerung für das Verhältnis zwischen Heidenchristen
und Judenchristen in der Kirche

Im ersten Textsegment E 2,11-13 wurde die Prärogative der vorchristlichen
jüdischen Politeia so ins Spiel gebracht, daß sie im Negativ als Mangel der
davon ausgeschlossenen ehemaligen Heiden erschien. Da der Ritualnomos
abgelehnt wird (2,11.14ff.), wurde die traditionelle Konstitutionsbasis der
ethnokulturellen Politeia der Juden, nämlich die διαθῆκαι im Sinn von
"gesetzlichen Verfügungen" (also im Sinn von νόμοι), durch ihre Beziehung
auf die Messiasverheißung (τῶν διαθηκῶν τῆς ἐπαγγελίας) zu einem neuen
Konzept umgebogen: Gegen alle historische Wahrheit soll die ethnokulturelle
Politeia primär auf die Messiasverheißung gegründet gewesen sein. Wir sahen darin ein Indiz für ein *juden*christliches Anliegen, denn anders wird kaum
plausibel, warum mit dem Ritualnomos nicht auch die traditionell damit eng
verbundene ethnokulturelle Politeia der Juden[352] abgelehnt wird. Schon in
der Zeit vor Christus, so soll gesagt werden, waren die Juden qua Verheißung
mit dem gegenwärtigen messianischen Heil verbunden (cf. E 1,12) und hatten
daher gegenüber den Heiden ein Prae; das gegenwärtige Heil steht also in
der Kontinuität *jüdischer* Heilsgeschichte. Die alte, maßgeblich auf die Messiasverheißung gegründete ethnokulturelle Politeia und die neue, messia-
nisch-pneumatische Politeia[353], die implizit in 2,19 erscheint (οὐκέτι ξένα/
πάροικα, ἀλλὰ συμπολῖται), stehen also in dem durchaus positiven Verhältnis
von Verheißung und Erfüllung. Hält sich diese besondere Schätzung des jüdischen Elements, die wir mit einer judenchristlichen Perspektive des Verfassers verbinden müssen, auch im dritten Textsegment durch, wo wie im ersten
Segment wieder die Heidenchristen direkt angesprochen sind? In diesem
Segment wird ja durch ἄρα οὖν (v.19) die Schlußfolgerung aus dem Friedenswerk Christi (2,14-18) für die angesprochenen Heidenchristen gezogen, hier
könnte also in einer gewissen Symmetrie mit dem ersten Segment ("einst")
fomuliert werden, welches nähere Verhältnis der zuvor separierten Gruppen
in der Kirche ("jetzt") gelten soll.

---

[352] Siehe auch Philo, migr 88.
[353] Daß es hier um den Pneumabereich geht, ergibt sich aus 2,18.22.

E.1. Die alte Separation gilt nicht mehr (v.19a)

Der "ekklesiologische Text" E 2,19-22[354] setzt voraus, daß die einst aus-schließenden sarkischen Differenzbestimmungen, die mit dem trennenden Ritualnomos verbunden waren, durch den Übergang in den Pneumabereich Christi (v.15b-16: ein neuer Mensch, ein Soma, ein Pneuma) überwunden sind. Im Sinne der erwähnten Symmetrie mit dem ersten Segment greift die Schlußfolgerung in v.19 (ἄρα οὖν) auch die politische Terminologie aus v.12b wieder auf in der Wendung οὐκέτι ἐστὲ ξένοι καὶ πάροικοι. Wir sahen bereits, daß das epigraphisch häufig in Kleinasien belegte Syntagma ξένοι καὶ πάροικοι sehr wahrscheinlich im Sinn einer sprichwörtlichen Wendung zu verstehen ist: Bei der Zusammenstellung beider Klassen von Fremden geht es um das ter-tium comparationis politischer Fremdheit als solcher[355], die für die einstigen Heiden gegenüber der ethnokulturellen Politeia Israels bestand (v.12b: ἀπηλλοτριωμένοι, ξένοι), jetzt aber in der pneumatischen Politeia des Messias gerade nicht mehr existiert (v.19a: οὐκέτι ἐστε...).[356]

---

[354] Wir schließen uns mit dieser Qualifikation an H.MERKLEIN, Das kirchliche Amt S.119f. an, der nachgewiesen hat, daß dieser Text formgeschichtlich nicht als Hymnus angesprochen werden kann, sondern bestenfalls in einem hymnodischen Stil abgefaßt ist, und daß er andererseits inhaltlich keineswegs durch Taufterminologie bestimmt wird. Damit wurde die alte These, E 2,19-22 sei ein traditionelles Tauflied (W.NAUCK), widerlegt zugunsten eines thematischen Verständnisses als "ekklesiologischer Text" (ebd. S.120). In diesem Sinn schon H.SCHLIER, Brief S.140 A 1; J.GNILKA, HThK X/2 S.152f.; R.SCHNACKENBURG, EKK X S.107; K.M.FISCHER, Tendenz S.111f. A 7; zuletzt H.MERKEL, Der Epheserbrief in der neueren exegetischen Diskussion S.3235.

[355] S.o.S.103f und H.MERKLEIN, Das kirchliche Amt, S.128.

[356] Anders beurteilt dieses Verhältnis zwischen v.12 und v.19 SCHNACKENBURG, Zur Exegese von Eph 2,11-22 S.485, wenn er schreibt: "Der Ausdruck ξένοι scheint zwar die Rede-weise in V 12 aufzunehmen (doch anders, nicht adjektivisch); aber ... Der zweite Ausdruck [sc. πάροικοι], der immerhin eine Angliederung an die Vollbürgerschaft bedeutet, mit weniger Rech-ten, aber doch nicht ganz ohne Recht, paßt nicht zu den ganz negativen Feststellungen in V 12. So ist der erste Teil von V 19 nicht einfach Wiederaufnahme der Israel betreffenden Aussagen von V 12...". SCHNACKENBURG verkennt hier den keineswegs im strikten Sinn der Begriffe differenzierenden, auf Grund der sehr zahlreichen kleinasiatischen Inschriftenbelege wahrschein-lich sprichwörtlichen Charakter des Syntagmas, wodurch seiner Schlußfolgerung die Grundlage entzogen wird. Schon der Ausdruck οὐκέτι verlangt logisch zwingend den Rückbezug auf v.12b, wo der Einst-Zustand ebenfalls in den Kategorien politischer Fremdheit formuliert wird. Freilich sind die in v.12 und in v.19b gemeinten Politeiai nicht identisch; gleichwohl besteht zwischen ih-nen die heilsgeschichtliche Kontinuität der (messianischen) Verheißung.

E.2. Die neue soziale und kultische Nähe: Mitbürger der Heiligen und häusliche Vertraute Gottes (v.19b)

Vielmehr sind die Heidenchristen jetzt "Mitbürger der Heiligen (συμπολῖται τῶν ἁγίων) und häusliche Vertraute Gottes (οἰκεῖα τοῦ θεοῦ)" geworden (v.19b). Dieser Doppelausdruck entspricht nicht nur in allgemeiner Weise dem hellenistischen οἶκος-πόλις-Konnex[357], sondern vor allem wieder speziell den Kategorien des gnoseologischen Heilsverständnisses: Schon in dem jüdischen Kategoriensystem, das uns Philo zugänglich macht, wechselte die soteriologische Vorstellung von der himmlischen *Politeia*[358] mit derjenigen vom himmlischen *Haus*[359] der pneumatischen Weisheit, das letztlich das Haus Gottes ist[360], ab (agr 65; all I 78; III 1-3.152; fug 50):

A. συμπολῖται τῶν ἁγίων: Nach Philo werden die durch Inspiration Erlösten in sozialer Hinsicht gemeinsam mit anderen "Geheiligten", nämlich "Priestern und Propheten", zu Bürgern in der himmlischen Politeia, wie sich aus gig 61 ergibt:

"Gottes Menschen aber sind diejenigen Priester und Propheten (ἱερεῖς καὶ προφῆται)[361], die es nicht für gut hielten, an dieser weltlichen Politeia Anteil zu haben und Weltbürger zu werden, sondern alles Wahrnehmbare übersprangen, in den νοητὸν κόσμον auswanderten und dort Wohnung nahmen, eingetragen als Bürger in der Politeia der unvergänglichen und unkörperlichen Ideen."

---

[357] Die antike οἶκος-πόλις-Analogie gründet in der sozialphilosophischen Anschauung, nach der die Polis bzw. Politeia vom Haus bzw. von den einzelnen Haushalten her konstituiert wird. Cf. dazu den Überblick bei J.H.ELLIOTT, A Home for the Homeless S.170-82. Zur philosophischen Diskussion der οἶκος-πόλις-Analogie siehe D.L.BALCH, Wives S.33ff.; speziell zu den Begriffen in E 2,19b s. schon O.MICHEL, ThW V S.137 ("die hellenistische Zusammenstellung von οἶκος und πόλις") und E.PLÜMACHER, Identitätsverlust S.41f (weitere Belege).

[358] Cf. auch Paulus in Phil 3,20: ἡμῶν γὰρ πολίτευμα ἐν οὐρανοῖς ὑπάρχει... Zum hell.-jüd. Hintergrund dieser Stelle s.o. S.101 A 87.

[359] Cf. auch Paulus in 2.Kor 5,1f.: οἰκοδομὴ ἐκ θεοῦ/ οἰκία ἀχειροποίητος αἰώνιος ἐν τοῖς οὐρανοῖς/ τὸ οἰκητήριον ἡμῶν τὸ ἐξ οὐρανοῦ. Zum hell.-jüd. Hintergrund dieser Vorstellungen siehe E.BRANDENBURGER, Fleisch und Geist, S.175-77, cf. S.197-215 (199); H.KAISER, Die Bedeutung des leiblichen Daseins, S.86ff. cf. S.126ff. und pass..

[360] Siehe die kommentierten Belege bei E.BRANDENBURGER, Fleisch und Geist S.197-216. Dieses Haus der Weisheit bzw. Tugend ist letztlich das Haus Gottes, in das die Seelen der Weisen gelangen. Siehe cher 49.52; imm 137; nach plant 52f. ist der Logos dieses Haus.

[361] ἱερεῖς (von H.LEISEGANG bei L.COHN u.a., Philo Bd.IV S.70 mit "Heilige" übersetzt) καὶ προφῆται sind Metaphern für den von den Inspirierten erreichten Heiligungsgrad (cf. etwa imm 139; post 182-85). Bei der Logos-Inspiration geht es um *Heiligung* der inspirierten Seele, die dabei ihre πάθη ablegt, die sie an die Sinnenwelt banden: sacr 134f (mit dem Untergang der blinden Leidenschaft wird die Nachkommenschaft des 'Gott Schauenden' ἅγια); cher 106 (καθαγιάσαι καὶ καθιερῶσαι); som I 226 (εἰς ἁγιστείαν); fug 114f. (ἐκ τοῦ ἱεροῦ γένους). Heiligkeit ist bei Philo "zu einer spirituellen, durch Erkenntnisakte konstituierten Größe geworden" (A.DIHLE, Art. Heilig, RAC XIV (1988), Sp.37).

Zu vergleichen sind hier auch weitere einschlägige Belege (conf 77-78; all III 1-3; QEx II 40fin.; imm 151; som I 151; QGen III 11). Es handelt sich dabei um die universale, Weisheits- und Tugend-orientierte Politeia des ὀρθὸς λόγος (all III 1-3; op 143; Jos 29.31; cf. migr 30; plant 52f.; spec II 44f.). Wir haben oben schon gesehen, daß Philo damit das popularphilosophische Konzept von der universalen Politeia/ Polis, die nach stoischer Auffassung vom ὀρθὸς λόγος (recta ratio) als dem Weltgesetz bestimmt wird, auf der Pneuma-Seite in den jüdischen Sarx-Pneuma-Dualismus integriert: In dieser stoischen Universalpoliteia waren wie bei Philo alle einstigen ethnokulturellen Barrieren zwischen ihren Bürgern ("σοφοί") irrelevant geworden; nur noch die vom gemeinsamen Logos gewährte (politische) Tugend entschied über Mitbürgerschaft.[362] Zwar sind schon bei Philo die Teilnehmer an dieser himmlisch-noetischen Politeia durch die Logosinspiration "geheiligt" worden.[363] Da sie dort aber unterschiedslos in den Rang jener noetischen, "göttlichen Wesen" aufgenommen sind, mit denen Philo auch die traditionellen ἄγγελα identifiziert, kann allein vor dem Hintergrund der Philo-Belege nicht entschieden werden, ob sich die Wendung συμπολῖται τῶν ἁγίων (E 2,19b) auf die Gemeinschaft mit erlösten Menschen oder mit Engeln bezieht.

Traditionsgeschichtliche Vorstufen dieser Vorstellung sind apokalyptische Aussagen, nach denen alle Gerechten einst wie die Engel im Himmel sein und dementsprechend die Charakteristika der himmlischen Pneumawesen auf sich ziehen werden.[364] Wahrscheinlich konnten sich mit solchen Vorstellungen kultische Gedanken vom Eingehen in den heiligen Thronraum/ Tempel vor Gott assoziieren[365]. Die eschatologische Erwar-

---

[362] S.o. S.147-150.

[363] Siehe o. A 361 und QEx II 51: "... He (sc. Gott) graciously grants His appearance, if only there be a suitable place, *purified with holiness* and every (kind of) purity. For if, O mind, thou dost not prepare thyself of thyself, ... and dost (not) *change and adapt thyself to the vision of holiness*, thou wilt end thy life in blindness, unable to see the intelligible sun."

[364] Zu aethHen 104,2.4.6 cf. 39,4f.; 60,2 s. BRANDENBURGER, Fleisch S.70.74. Nach der Glosse 51,4 heißt es von den Gerechten: "and all will become angels in heaven"; ähnlich syrApc-Bar 51,5 ("These... will be changed... into the splendor of angels"); 51,10 ("and they will be like the angels and be equal to the stars"); slavHen 22,10 ("and I had become like one of his glorious ones"); cf. Lk 20,36 (BRANDENBURGER, ebd. S.70 A 3).

[365] Siehe zur Aufnahme von mystischen Märkabah-Motiven in der Apokalyptik (aethHen 14; 71; 18,8f.; 25,3; 39,3; ApcAbr cc.9-19; slavHen; AscJes; 2.Kor 12,1-7) I.GRUENWALD, Apocalyptic and Merkavah Mysticism, Ch.2 S.29ff.; G.G.SCHOLEM, Jewish Gnosticism, pass.; J.MAIER, Vom Kultus zur Gnosis S.131ff.. Merkabah-Exegese ist zweifelsfrei bereits in den Sabbat Schirot aus der vierten Höhle von Qumran bezeugt, einem Zyklus liturgischer Lieder, die inhaltlich auf das Gotteslob der priesterlichen Engel bezogen sind. Die neueste Analyse von NEWSOM findet hier "an exegetical development of Ezekiel's vision employed in a text that seeks to create the particular religious experience or virtual presence in the heavenly temple" (ders., Merkabah Exegesis S.17 A 15). H.M.SCHENKE hat auch das Konzept vom himmlischen Heiligtum im Hb mit "eine(r) ganz bestimmte(n) frühe(n) Form der jüdischen Merkaba-Mystik" in Verbindung gebracht, deren Spuren auch in der Diaspora, sogar bei Philo, zu finden seien (Ders.,

tung der Engelgemeinschaft im himmlischen Tempelraum vor Gott erscheint jedenfalls auch in der hell.-jüdischen Weisheit, wo es in Sap 5,5 vom postmortal verherrlichten Gerechten heißt: "Wie kommt es nur, daß er unter die Söhne Gottes gezählt wurde und seinen Teil unter den Heiligen hat (καὶ ἐν ἁγίοις ὁ κλῆρος αὐτοῦ ἐστιν)?" Nach Sap 3,14fin. bezieht sich diese Erwartung auf ein κλῆρος ἐν ναῷ κυρίου.

JosAs und Philo haben diese Vorstellung insofern modifiziert, als sie dort in ein stärker präsentisch orientiertes Heilsverständnis einbezogen ist: Nach Philo verläßt die "olympische und himmlische Seele", also der Inspirierte, den irdischen Raum, schwingt sich auf um "mit den göttlichen Wesen" zusammenzuleben (imm 151: καὶ μετὰ τῶν θείων φύσεων διαιτωμένης). In diesem Sinn haben die Weisen, prototypisch Abraham, nach Philo die Unsterblichkeit erworben, indem sie *mit den Engeln gleich geworden sind* (sacr 5: ἴσος ἀγγέλοις γεγονώς). Allerdings identifiziert Philo diese 'Engel' bzw. die in ihren Rang gelangten Weisen mit den noetischen λόγοι, ἰδέαι, δυνάμεις, ψυχαί (sobr 65; Abr 113; all III 177f.; spec I 66; som II 253ff.; QGen III 11), weist aber auch öfters darauf hin, daß die zuletzt genannten Größen bei Mose und anderen Theologen richtiger "Engel" genannt würden (conf 28.174; migr 173; gig 16 u.ö.). Solche λογικαὶ καὶ θεῖαι φύσεις waren schon vor den (inspirierten) Menschen πολῖται der vom Orthos Logos bestimmten noetischen Politeia des Kosmos (op 143f. cf. gig 61). - Auch nach JosAs wird der Fromme schon zu Lebzeiten durch die Vermittlung des erlösenden Mysterienwissens mit den himmlischen Engeln gleichgestellt und teilt mit ihnen das himmlische Heilsgeschick.[366]

Während bei Philo die noetisch erlösten Teilnehmer an der himmlischen Politeia des Logos zwar "geheiligt", selten aber ausdrücklich ἅγιοι sind, so tritt dieser Sprachgebrauch klarer in den hell.-jüd. Vorlagen der Apost.Const. VII/VIII hervor: In VII 35,9 wird Gott, der hier im Rahmen des gnoseologischen Heilsverständnisses κύριος θεὸς γνώσεων genannt wird, den Erlösten so zugeordnet:

θεὸς ἁγίων, ἅγιος ὑπὲρ πάντας ἁγίους, οἱ γὰρ ἡγιασμένοι ὑπὸ τὰς χεῖράς σού εἰσιν (cf. VIII 41,4).

E.R.GOODENOUGH erkennt in diesen "Heiligen" zurecht speziell die jüdischen Gerechten, denn nach VIII 41,4 hat Gottes Hand gerade die Patriarchen Abraham, Isaak, Jakob, Henoch, Elia und andere jüdische Gerechte

---

Erwägungen zum Rätsel des Hebräerbriefes, bes. S.433ff.). Cf. BRANDENBURGER, Fleisch S.166f. A 4

[366] Joseph wie die Proselytin Aseneth, seine Frau, haben schon bei Lebzeiten engelverwandtes Aussehen (14,9; 18,9; cf. Ch.BURCHARD bei CHARLESWORTH II S.232 A o.); sie essen die himmlische Speise der Engel, die Unsterblichkeit verleiht (16,15f.; dazu J.J.COLLINS, Athens S.216: "...the food of the pious is really the food of angels. Therein lies the mystery."). Nach J.J.COLLINS, Athens S.216 bedeutet das, "that those who worship the living God are already living an angelic life. This conception is strikingly similar to what we find in the Qumran Hodayot." Hier zeigt sich die Verbreitung der Vorstellung, daß der Fromme bei Lebzeiten seinen Anteil am himmlischen Unsterblichkeitsbereich gemeinsam mit den Engeln empfängt. Bei Philo wie bei JosAs wird dieses himmlische Heil gnoseologisch durch Mysterienerkenntnis vermittelt (siehe JosAs 16,14).

"geheiligt".[367] Es sind diejenigen, die nach VII 39,3 als "Heilige in jeder (jeweiligen) Generation" (οἱ ἅγιαι/ οἱ ὅσιοι καϑ᾽ ἑκάστην γενεάν) gelten.[368] Für uns entscheidend ist von da aus die Fürbitte VIII 6,7, nach der die Initianten ganz im Sinn des gnoseologischen Mysterienbegriffs Philos als

"der heiligen Mysterien (τῶν ἁγίων μυστηρίων) und des *gemeinsamen Verweilens mit den Heiligen* (τῆς μετὰ τῶν ἁγίων διαμονῆς) würdig erachtet werden mögen"[369]

Ziehen wir das verwandte soteriologische Referenzsystem Philos hinzu[370], nach dem die Einweihung in die Mysterien zugleich die Mitgliedschaft in der himmlischen Politeia eröffnet[371], so zeigt sich ein Vorstellungsfeld, nach dem die Mysterienerkenntnis und somit der gnoseologische Übergang in den Bereich des Logos bzw. der Sophia, also in die himmlische Politeia, dort zur Gemeinschaft mit den achtungsgebietenden jüdischen "Heiligen" führt: Der Sache nach zum Status der συμπολῖται τῶν ἁγίων (E 2,19b). Verstehen wir E 2,19b vor diesem Hintergrund, so müssen die ἅγιοι mit den *Judenchristen* identisch sein.

Aus der Sicht griechischer Gottesfürchtiger in Kleinasien, etwa des Eustathios aus Philadelphia (Deliler), stellte sich die örtliche Synagoge als "allerheiligst" dar, CIJ II No.754: [τ]ῇ ἁγιοτ[άτῃ σ]υναγωγῇ τῶν Ἑβραίων Εὐστάθιος ὁ ϑεοσεβὴς... (entsprechend noch Inschriften aus Side: CIJ II 781; Gerasa: ebd. 867; Hyllarima (Caria): BCH 58 (1934) 379 Nr.44; Thessalien: L.ROBERT, Hellenica 11/12 (1960) S.391: τῇ ἁγιοτάτῃ συναγωγῇ; CIL VIII 12457a: sancta sinagoga). Schon lange galt die Synagoge als *heiliger Ort*: εἰς ἱεροὺς ἀφικνούμενοι τόπους, οἳ καλοῦνται συναγωγαί (Philo, prob 81); nach LegGai 191 ist der Jerusalemer Tempel nur der bedeutendste der "Tempel" (νεών), als die hier die

---

[367] Ders., By Light, Light S.352 mit A 252.

[368] Als durch Erwählung heiliges, zu kultischer Reinheit verpflichtetes Eigentumsvolk Jahwes gilt Israel im Dt (7,6; 14,2; 26,19); der im Exil geläuterte Volksrest galt als heiliges Volk (Is 62,12; 4,3), das einen "heiligen Samen" für die Zukunft bildet (Is 6,3). Auch später verstanden sich die Israeliten als Volk von Heiligen (Sap 18,5; Dan 8,24), als "Heilige des Höchsten" (Dan 7,18(ff) cf. CD 20,8) oder als durch uranfängliche Erwählung Geheiligte (Jub 2,20). Schließlich erscheint "heilig" aber auch als attraktive religiös-moralische Qualifikation eines Volksteils (ψ 33,10; 15,3) oder einzelner (z.B. ἀνὴρ ὅσιος/ ἅγιος in TestXII Jos 4,1; Ben 5,4; Gad 5,4) - in diese Kategorie gehört auch der Sprachgebrauch in Apost.Const. VII/VIII. Die Ausdifferenzierung wahrer, ethisch bewährter Heiligkeit spielt auch in Qumran eine große Rolle (1QS V 13f.; IX 8; VIII 23); cf. nur die Frommen als "Männer vollkommener Heiligkeit" (אנשי תמים הקודש: 1QS VIII 20; CD II 7).

[369] Wenn auf der Grundlage des gemeinsamen jüdisch-gnoseologischen Heilsverständnisses hier auf Philo verwiesen werden darf, so ist vor allem die Stelle all III 1-3 zu vergleichen: Danach ist das Streben nach τῶν ἀφανῶν ϑεοῦ μυστηρίων (§ 3) damit gleichbedeutend, die (pneumatische) Weisheit bzw. den Logos (cf. § 1fin) als πόλιν καὶ οἶκον zu erhalten (§ 3); eine solche Seele ist πολίτης (§ 2). Sachlich kann man mit der Einweihung in die "heiligen Mysterien" also den Übertritt in die himmlische Politeia verbinden.

[370] Dazu siehe GOODENOUGH, By Light, Light S.352f.

[371] S.o. A 369.

Diasporasynagogen (προσευχαί) bezeichnet werden. Angesichts dieser klaren Philo-Belege überzeugt uns M.HENGELs These keineswegs, nach der erst in der Zeit nach 70 n.Chr. Hinweise auf die konkrete 'Heiligkeit' der Synagogenlokalitäten - als Ersatz für das zerstörte Zentralheiligtum - in der Diaspora hervorgetreten seien (ders., Die Synagogeninschrift von Stobi, ZNW 57 (1966) S.145ff.; hier: S.173-76). Die Tempelzerstörung hat diese Tendenzen, die schon zuvor bestanden, bestenfalls verstärkt. Besser urteilt daher A.T.KRAABEL, The Diaspora Synagogue, ANRW II 19.1 (1979) S.502: "over time the 'sanctity' of the synagogue will increase, particularly after the destruction of the Jerusalem Temple ... Diaspora Jews must have begun to learn to live 'without' the temple *even before it was destroyed*, just because for most of them it was so far away" [Hervorhebung E.F.]. Zur Synagoge als τὸ ἱερόν siehe Jos. bell IV 408; VII 45. Bei Josephus ist noch zu berücksichtigen, daß die ethnokulturelle Politeia der Juden einschließlich ihrer Institutionen insgesamt durch die εὐσέβεια als Prinzip aller Tugenden bestimmt wird (c.Ap. II 170-71), daß sie eine θεοκρατία darstellt (c.Ap. II 164f.) und daß eine ἀρχὴ ὁσιωτέρα überhaupt nicht zu finden sei (II 188f.). - Auch noch in der Synagogeninschrift von Stobi (ca. 3.Jh.n.Chr.) bezeichnet die Wendung τῷ ἁγίῳ τόπῳ (Z.10f.) die Synagogenlokalität; zudem rühmt sich der Stifter, in keiner Weise die Heiligen (sc. die Gelder der lokalen Juden) beansprucht zu haben (μηδὲν ὅλως παραψάμενος τῶν ἁγίων Z.15f.). Den Text der Inschrift bietet HENGEL a.a.O. S.146; CIJ I Nr.694. Waren die Diasporasynagogen und ihre jüdischen Mitglieder im jüdischen Selbstverständnis und in der Sicht der griechischen Sympathisanten und Gottesfürchtigen (s.o.) so sehr mit der Aura der Heiligkeit umgeben, wie es diese Belege nahelegen, so wird die Deutung der ἁγία in E 2,19b auf die *jüdischen* Christen in einem Schreiben an heidnische Konvertiten auch vor dem Hintergrund dieses traditionellen Sprachgebrauchs aus dem Milieu der Diasporasynagoge plausibel - zumal wenn ein Judenchrist der Verfasser war. Daß die Synagogengemeinden Kleinasiens von ihrem "heiligen" Leben überzeugt waren und durch ethisch orientierte Werberede auch ihre pagane Umgebung dazu gewinnen wollten, zeigt das zwischen 30 v.Chr. und 70 n.Chr. sehr wahrscheinlich im phrygischen Apamea verfaßte jüdische Substratum von Sib.Orac.I/II: Nach I 170 ruft Noah in seiner langen Umkehrpredigt, deren Anliegen nach der gut begründeten Interpretation von P.R.TREBILCO der lokalen jüdischen Predigt entsprochen haben dürften[372], seine Hörer zu einem "heiligen Leben" (ἀλλ᾽ ὁσίῳ βιότῳ πεφυγμένος εἴη) auf: "a lifestyle which was perhaps a precursor to regular involvement with the Jewish community" (ders., Studies, S.104).

Bevor wir für die hier vorgeschlagene, vom soteriologischen Referenzsystem aus mögliche und vom Sprachmilieu der Synagoge aus naheliegende *juden*christliche Identifizierung der Heiligen noch weitere Argumente aus dem E heranziehen, klären wir erst die Frage, ob auch das zweite Element in E 2,19b: οἰκεῖα τοῦ θεοῦ in gleichem Maße wie die πολιτεία-Vorstellung den Hintergrund der hell.-jüd. Soteriologie verrät.

B. οἰκεῖα τοῦ θεοῦ: Die Bekehrung zur jüdischen Politeia bedeutet nach der philonischen Konversionstheologie zugleich Entfremdung (ἀλλοτρίωσις) vom

---

[372] Im einzelnen siehe P.R.TREBILCO, Studies on Jewish Communities in Asia Minor, S.89-109, bes. S.100-105.

polytheistischen Kult und Übergang zur "Vertrautheit" (οἰχείωσις) der Verehrung des jüdischen Gottes (QEx II 2).[373] In diesem Sinn ist οἰχείωσις der geläufige Ausdruck für ein nahes Gottesverhältnis (cher 18; post 12.135; plant 54f.58; cf. virt 179); nach QEx II 29 nähert sich (ἐγγίζειν) der gnoseologisch Erlöste Gott

"in a kind of family relation (MARCUS: χατὰ συγγενῆ τινα οἰχειότητα), ... so that such men become kin to God and truly divine."

Auch am Beispiel der Konversion Abrahams, des exemplarischen Proselyten[374], entfaltet Philo diesen Übergang in die οἰχείωσις zu Gott, siehe cher 18:

"Die [Gegenüberstellung] zum Zweck des Vertrautwerdens (εἰς οἰχείωσιν) aber wird bei dem allweisen Abraham erwähnt, denn es heißt: 'noch stand er dem Herrn gegenüber' [Gen 18,22]; und ein Beweis der Vertrautheit (τῆς οἰχειώσεως) ist der Zusatz: 'er näherte sich (ἐγγίσας) und sprach' [Gen 18,23]. Denn für einen Fremden (ἀλλοτριουμένῳ) ziemt es sich wegzutreten und sich zu entfernen, für den Vertrauten (οἰχειουμένῳ) dagegen sich anzunähern (συνεγγίζειν)."

Heil bedeutet bei Philo also, Gott nahe zu kommen (ἐγγίζειν) und wird als "häusliche Vertrautheit" mit Gott (οἰχείωσις/ οἰχειοῦσθαι) beschrieben. Werden in diesen Texten ἐγγίζειν und οἰχείωσις parallelisiert, so finden wir in E 2 die gleiche Parallele, denn jenes γενηθῆναι ἐγγύς aus E 2,13 wird sachlich durch ἐστὲ ... οἰχεῖαι τοῦ θεοῦ in 2,19b wiederaufgenommen. Damit ist klar, daß die Wendung οἰχεῖαι τοῦ θεοῦ als Inbegriff des neu erlangten religösen Status die aus der hell.-jüdischen Tradition geläufige οἰχείωσις zu Gott aufgreift. - Die Erlösten werden nach dieser Soteriologie zu Bürgern (πολῖται) der himmlischen Politeia (s.o.) und gelangen sozial somit zum Status von συμπολῖται, in religiöser Hinsicht kommen sie zur οἰχείωσις mit Gott, also zur Vertrautheit von Hausgenossen (οἰχεῖαι τοῦ θεοῦ). Die beiden unterschiedlichen Aspekten jeweils zugrundegelegten soteriologischen Bilder, das der himmlischen Polis bzw. Politeia und das des himmlischen Hauses, konnten ja bei Philo abwechseln.[375]

Wir treffen somit in beiden Begriffen des Doppelausdrucks E 2,19b wieder unübersehbar auf die Kategorien des hell.-jüdischen Referenzsystems. Da dies mit dem Befund der vorangehenden Verse (bes. E 2,14-18) übereinstimmt, erscheint uns eine Vergleichung von 2,19b mit qumranischen Belegen trotz einiger konzeptioneller Anklänge traditionsgeschichtlich nicht weiterzuführen.

---

[373] Das griech. Fragment zu QEx II 2 (R.MARCUS, Philo LCL Suppl. II S.240) liest: ἀλλοτρίωσις τῆς πολυθέου δόξης, οἰχείωσις δὲ τῆς πρὸς τὸν ἕνα χαὶ πατέρα τῶν ὅλων τιμῆς.

[374] Dazu siehe A.WLOSOK, Laktanz S.54f. A 24; S.84f. mit A 66.

[375] S.o. und bes. all III 3.

Aus Qumran kennen wir neben dem hell.-jüdischen noch ein weiteres gnoseologisches Heilskonzept, nach dem die Erkenntnis der 'Geheimnisse' gleichbedeutend ist mit dem Zutritt zur Gemeinde und so zum Heilsbereich. In den einschlägigen Zusammenhängen beinhalten die 'Geheimnisse' (Sg.סוד, Pl.רזים) stets das gnadenhafte, gegenwärtige Heilshandeln am Frommen[376], zu dem grundlegend die Sündenvergebung und -reinigung gehört.[377] Wie bei Philo wird auch hier diese Erkenntnis inspiratorisch durch den Geist vermittelt (1QH XII 11-13), auch hier bedeutet sie bereits Auferstehung von den Toten (1QH XI 12), geht parallel mit dem Aufstellen vor Gott gemeinsam mit den himmlischen Engeln (1QH III 21f.; XI 11-14) und so mit der Versetzung des Frommen in den Himmel (1QH III 20): Der Fromme erlangt schon zu Lebzeiten das himmlische "Los" unter den "Heiligen".[378] Eine große Rolle spielt für diese Soteriologie das Selbstverständnis der Qumranfrommen als diensttuende Priester, wobei irdisches (qumranisches) und himmlisches Heiligtum ineins gesehen wurden und daher das Leben in der Gemeinde zugleich als himmlischer Aufenthalt und Gemeinschaft mit den Engeln vor Gott erfahren werden konnte.[379] Zugleich ging auch die präsentisch umgedeutete (apokalyptisch-) eschatologische Heilserwartung der Engelgemeinschaft in das Konzept ein: Genau wie in Sap 5,5 (s.o. S.186) werden diese Himmlischen, in deren Kreis nun auch die Frommen gehören, als "Heilige" (ἀγίοι/קדושים) bezeichnet[380]; mit Sap 5,5 ist etwa 1QH III 21f. verwandt, wo die Sündenreinigung des Gerechten dazu führt, "daß er sich stelle an den Standort mit dem Heer der Heiligen (צבא קדושים) und in die Gemeinschaft eintrete mit der Gemeinde der Himmelssöhne (בני שמים). Und du warfst dem Mann ein ewiges Los (גורל) zusammen mit den Geistern der Erkenntnis..." Dieser Gedanke der Partizipation erscheint auch in 1QH IV 24f., wo der Lehrer der Gerechtigkeit über seine Anhänger sagt: "Und sie richteten sich dir (sc. Gott) zu im

---

[376] H.-W.KUHN, Enderwartung S.163-66.169-75. Eindeutig bezeichnen רזים/סוד das gegenwärtige Heilshandeln Gottes am Frommen in 1QH VII 27; XI 19; 1QS XI 5 (רזי פלאכים); 1QH XI 4.9 (סוד אמתכה); 1QH XI 16 (סוד אמת); 1QS XI 3f. (רז נהיה "das sich vollziehende Geheimnis"). Weitere unsichere Stellen verzeichnet KUHN ebd. S.169 A 1.

[377] Siehe 1QH XI 9ff.; 1QS XI 3ff.

[378] 1QS XI 7f.: Denen, die Gott erwählt hat, hat er gegeben zu ewigem Besitz (sc. tiefe Einsicht, Gerechtigkeit, Kraft, Herrlichkeit) und hat ihnen Erbanteil gegeben am Los der Heiligen (= Engel), und mit den Söhnen des Himmels hat er verbunden ihre Gemeinschaft zur Gemeinde der Einung und zum Kreis des heiligen Gebäudes. Siehe auch 1QH III 19-23; VI 13. Der Eintritt in die Gemeinde eröffnet zugleich die heilvolle Teilnahme an der Himmelswelt, die in der apokalyptischen Literatur erst für die Zukunft erwartet wird. Siehe noch 1QSa II 8f.; 1QM XII 1-2.7; dazu NÖTSCHER, Heiligkeit S.152f.155.161; F.MUSSNER, Beiträge S.188ff..

[379] Cf. schon Jub 31,14 (Segen für Levi): "May he (sc. Gott) draw you and your seed near to him from all flesh to serve in his sanctuary as the angels of the presence and the holy ones"; 1QSb IV 24f.: "Und du [mögest dienen] wie ein Engel des Angesichts in der heiligen Wohnung zur Ehre Gottes der Heerscha[ren in Ewigkeit. Und] rings umher mögest du sein ein Diener im Palast des Königtums und das Los werfen zusammen mit den Engeln des Angesichts. Und gemeinsamer Rat [mit den Heiligen] für ewige Zeit..." Siehe BRANDENBURGER, Fleisch S.166f. A 4; H.-W.KUHN, Enderwartung S.66ff.145-47.175.181ff.; F.MUSSNER, Beiträge S.189; H.KAISER, Bedeutung Bd.II S.373 A 97; Bd.I S.139-41.

[380] Die Engel erscheinen als "Heilige" u.a. noch in Sach 14,5; Ps 89,6; Hi 5,1; Dan 4,10.20; 8,13; Sir 42,17. Die einschlägigen Qumran-Belege verzeichnet H.-W.KUHN, Enderwartung S.91 mit A 3.

Kreis der Heiligen"; oder in 1QH XI 11f.: Gott hat den Qumran-Frommen gereinigt, "damit er sich m[it] den Kindern deiner Wahrheit vereinige (יחד) und sich mit deinen Heiligen zusammen im Los befinde (ובגורל עם)" - die auch sonst auf die Qumran-Frommen bezogenen "Kinder der Wahrheit" stehen hier parallel mit den Heiligen, die hier folglich ebenfalls Menschen bezeichnen könnten.[381] Nehmen wir den in diesen Belegen formulierten Partizipationsgedanken ernst, so liegt es nahe, daß auch der Qumran-Fromme schon in der Kategorie der himmlischen "Heiligen" erscheinen konnte: Entsprechend ist oft von den "Männern vollkommener Heiligkeit" o.ä. die Rede.[382] Wie bei Philo gelangen auch in Qumran die Erlösten in den himmlischen Unsterblichkeitsbereich vor Gott, wo sie gemeinsam mit den Engeln in die Kategorie des "Himmlisch-Heiligen" fallen. Auch von qumranischen Kategorien aus gesehen wäre es also keineswegs von vorneherein ausgemacht, daß die ἁγίοι aus E 2,19b nur Engel meinen könnten.[383] Freilich weist das Konzept einer pneumatischen Politeia, das die ethnokulturelle Politeia Israels universalistisch überbietet, das durch den Kontext mit der Aufhebung des partikularen jüdischen Ritualnomos (cf. Philo, Jos 28-31), mit den Vorstellungen vom einen neuen (= himmlischen) Anthropos (2,15b) sowie vom einen Soma des himmlischen Christus (= Logos) verbunden wird, traditionsgeschichtlich nicht nach Qumran, sondern in das hell. Judentum.

Im Zusammenhang des ganzen Abschnitts E 2,11ff. fällt noch etwas anderes auf: Die positive Aussage in v.19b ist wieder nach der gleichen Abfolge von 1. sozialem Aspekt (συμπολῖται τῶν ἁγίων) und 2. religiösem Aspekt (οἰκεῖα τοῦ θεοῦ) des einstigen Unheils bzw. jetzigen Heils strukturiert, die wir auch schon im ersten (v.12b/c) und im zweiten Textsegment (zweiteiliger Finalsatz v.15b/v.16) beobachten konnten.[384] Diese jeweils identische Struktur legt aber notwendig auch die Identität der jeweiligen Bezugsgrößen fest: Wie es im religiösen Aspekt durchgängig um die einstige Ferne bzw. jetzige versöhnte Nähe *zu Gott* geht (cf. v.12c; v.16), so im sozialen Aspekt einzig um die frühere Distanz bzw. jetzige Friedensgemeinschaft *zwischen ehemaligen*

---

[381] Dieses Verständnis versuchte H.-W.KUHN, Enderwartung S.80-85 plausibel zu machen. Allerdings: Wenn (ב)גורל עם an allen übrigen Belegstellen eindeutig die Gemeinschaft mit den Himmlischen bezeichnet (Nachweise bei KUHN, Enderwartung S.64.65 A 1), so muß dies auch für unsere Stelle gelten (Gegen KUHNs These, nach der die "Heiligen", da sie hier Menschen meinten, nicht zugleich auch für die "Himmlischen" stehen könnten, ebd. S.83 mit A 2).

[382] אנשי (תמים) הקודש: 1QS VIII 20; CD II 7; 1QS V 13f.; IX 8; VIII 23. Siehe noch 1QS IX 8.2.6; cf. III 9f.; CD XX 6-8; 1QSb I 2; V 22f.; CD VII 4f.

[383] Unter Berücksichtigung der einschlägigen Qumran-Texte deuten auf die Engel etwa F.MUSSNER, Beiträge S.188-90; ders., ÖKT 10 S.89f. (M. revidiert dabei seine judenchristliche Deutung der ἁγίοι aus ders., Christus S.105f.); KLINZING, Umdeutung S.186; D.C.SMITH, Jewish and Greek Traditions S.160-64; GNILKA, HThK X/2 S.154; LINDEMANN, Aufhebung S.182f.; cf. SCHNACKENBURG, EKK X S.121; ders., Zur Exegese von Eph 2,11-22 S.486; mit den Engeln identifizierte die Heiligen auch schon SCHLIER, Brief S.140.

[384] Im Ansatz erkennt auch H.MERKLEIN, Das kirchliche Amt S.132 diese zweisträngige Rückbeziehung, allerdings nur für v.12b/c, wo sie freilich besonders auffällt: "Wie συμπολῖται τῶν ἁγίων Gegensatz zu ἀπηλλοτριωμένοι (v.12) war, so steht οἰκεῖοι τοῦ θεοῦ den ἄθεοι ἐν τῷ κόσμῳ (v.12) gegenüber." Cf. auch die entsprechende Gegenüberstellung bei F.MUSSNER, Christus S.106.

Heiden und Juden (cf. v.12b; v.15b). Diese drei doppelteilig strukturierten Aussagen v.12b/c; v.15b/16 und v.19b bilden somit den 'roten Faden', durch den die drei Textsegmente zusammenhängen. Vor allem dieses in der bisherigen Diskussion noch nicht konsequent erkannte und herangezogene strukturelle Argument[385] macht es u.E. unausweichlich, in den "Heiligen", deren Mitbürger die angesprochenen Heidenchristen nun geworden sind, die einstigen Juden, also die jetzigen Judenchristen, zu erblicken, ebenso wie in dem neuen religiösen Status der οἰκεῖα τοῦ θεοῦ die einstige religiöse Distanz überwunden ist. Nicht die Engel oder die Christen allgemein können hier gemeint sein.[386]

Mit dieser Einsicht verdichtet sich noch eine weitere Beobachtung zur Gewißheit: Wir haben oben erkannt, daß jene universale, pneumatische Politeia, die in der Wendung συμπολῖται τῶν ἁγίων (2,19b) als Konzept des neuen sozialen Friedens zwischen den Gruppen angesprochen wird, traditionsgeschichtlich die aus dem hell. Judentum geläufige himmlische Politeia fortsetzt. Letztere war eine jüdische Rezeption der stoischen Kosmopolis, die vom ὀρθὸς λόγος, der als tugendorientiertes Weltgesetz allen gemeinsam ist,

---

[385] Cf. aber schon Ph.VIELHAUER, Oikodome S.123f., den auch H.MERKLEIN, Das kirchliche Amt S.131f. zustimmend zitiert: "Bezöge sich 'Mitbürger der Heiligen' nicht auf die Politeia Israels (natürlich des wahren Israel) und sagten die Worte 'nicht mehr Fremde und Beisassen' nicht aus, daß die Heidenchristen nun doch Anteil an den Verheißungen und Heilsgütern hätten, eben weil kein Unterschied zwischen ihnen und den Judenchristen besteht, so hinge V.12 beziehungslos in der Luft und die Anspielungen des Vokabulars von V.19ff. auf V.12 wären sinnlos." Daher scheide die Deutung der 'Heiligen' auf himmlische Wesen aus. Ähnlich auch der "vor-qumranische" F.MUSSNER (ders., Christus S.105f.), der nicht nur den Rückbezug von οὐκέτι auf ποτέ und τῷ καιρῷ ἐκείνῳ (v.11-12) hervorhebt, sondern ansatzweise auch schon die zweiphasige Entsprechung zwischen v.12b/c und v.19b durch eine Gegenüberstellung ausdrückt. Das Korrespondenz-Verhältnis dieser Aussagen wird noch enger als bei MUSSNER und VIELHAUER, wenn wir konsequent berücksichtigen, daß sie jeweils doppelteilig (1.sozial/ 2.religiös) strukturiert sind, daß daher auch v.15b/16 aus dem zweiten Textsegment dazugehört und daß diese Aussagen durch ihre Strukturparallele alle *drei* Textsegmente eng aufeinander beziehen (v.12b/c; v.15b/16; v.19b).

[386] Somit können wir SCHNACKENBURGs Auffassung nicht teilen, "daß sich die beiden Ausdrücke [sc. in v.19b] eng verbinden und gegenseitig erklären. Deswegen kann man 'die Heiligen' trotz des Anklangs von συμπολῖται an die πολιτεία τοῦ Ἰσραήλ nicht auf die Angehörigen des alten Gottesvolkes beziehen. Entscheidend ist, daß die Heidenchristen Hausgenossen Gottes geworden sind. 'Die Heiligen' müssen im engsten Zusammenhang mit Gott gesehen werden..." (ders., Zur Exegese von Eph 2,11-22, S.486). Auf diesem Auslegungsweg kommt man u.a. zu der häufigen Deutung der ἁγίοι auf die Engel, die als weitere Hausgenossen Gottes angesehen werden. Doch dabei wird die doppelsträngige strukturelle Korrespondenz der Aussagen in v.12b/c; v.15b/16 und v.19b übersehen, die im sozialen Aspekt die Beziehung zwischen den einst separierten Menschengruppen unausweichlich macht. Freilich kann auf Grund der *differenzierenden* Abfolge von 1. sozialem und 2. religiösem Aspekt in v.19b die zweite Wendung auch nicht einfach zur Erklärung der ersten herangezogen werden (Cf. auch H.MERKLEIN, Das kirchliche Amt S.132). Auch A.T.LINCOLN geht an der Textstruktur vorbei, wenn er οἱ ἁγίοι auf alle Christen bezieht (ders., The Church and Israel, S.613f.).

geleitet wird und in der daher alle einst trennenden ethnokulturellen Barrieren überwunden sind. Dieser ὀρθὸς λόγος ging in der soteriologischen Logos-Theorie hell. Juden (Philo) auf und in dessen Funktion trat Christus im E. Daher müssen wir die durch Christus ermöglichte "Mitbürgerschaft mit den Heiligen" in E 2,19b, also der einstigen Heiden mit den einstigen Juden, als fernere Nachwirkung des kosmopolitischen Konzepts der Popularphilosophie ansehen, nach dem partikulare, trennende Gesetze, ja: alle Arten von ethnokulturellen Differenzen, zum sozialen Frieden unter der Leitung des gemeinsamen Logos (Tugend) überwunden sind.

Neben dem ausschlaggebenden strukturellen Argument für die judenchristliche Deutung der ἁγία in E 2,19b gibt es noch andere Argumente, die unser Verständnis absichern und vertiefen:

Dafür spricht schon der Kol, dessen soteriologisches Referenzsystem ja dem des E entspricht. "Den Heiligen" wurde nach Kol 1,26 zuerst das Christus-Mysterium offengelegt, wobei ihnen zugleich "die Heiden" als Bezugsgröße des Mysteriums vor Augen gestellt wurden (1,27: τοῦ μυστηρίου τούτου ἐν τοῖς ἔθνεσιν). Die damit gegebene Unterscheidung beider Gruppen verhindert eine Identifizierung dieser "Heiligen" mit allen Glaubenden.[387] Wir müssen "die Heiligen" vielmehr in jenen verkündigenden ἡμεῖς aus dem folgenden v.28 wiederfinden, deren Dienst nun ganz im Sinn der *Verkündigung an die Heiden*, die zuvor als Bezugshorizont des Mysteriums offenbart worden waren, πάντα ἄνθρωπον[388] betrifft (1,28). Daher kann es sich bei "den Heiligen" als den grundlegenden Offenbarungsempfängern hier nur um die *judenchristliche* Gruppe um Paulus handeln, denen mit dem Christus-Mysterium zugleich dessen Beziehung auf "*die Heiden*" anvertraut worden war: Sie realisieren überhaupt erst die Heidenmission.[389] Auch an anderer Stelle formu-

---

[387] Dann würden die "Heiligen" ja schon die Heidenchristen mitumfassen. Gegen LOHSE, KEK IX/2 S.120f.; SCHWEIZER, EKK XII S.88 und mit M.N.A.BOCKMUEHL, Revelation and Mystery S.184, der ebenfalls "the logical distinction in 1:26f. between the ἅγιοι (*recipients of revelation*) on the one hand and the parallel ἔθνη/ ὑμεῖς (modifying the *subject matter* of that revelation) on the other" erkennt.

[388] Siehe dazu o. S.175 A 338.

[389] Auch nach PERCY, Probleme S.347 ist hier primär "an diejenigen Männer jüdischen Ursprungs gedacht..., welche gleich ihm [sc. Paulus] die Pioniere der Heidenmission waren: sie mußten doch als Juden die Ersten gewesen sein, das Grosse, das in dem Teilhaben der Heiden mit den Juden am Heil lag, gewahr zu werden." Ihm folgt BIEDER, Mysterium S.46f. Jüngst spricht sich auch M.N.A.BOCKMUEHL, Revelation and Mystery S.183f. dafür aus, "that the 'saints' here constitute the body of those who exercise ecclesial authority or leadership" (S.183). Näherhin seien das in Kol 1,26 "those to whom the Gospel was first revealed and entrusted" - sie entsprechen den Aposteln im paulinischen Offenbarungsverständnis. Darauf führt in etwa auch die Synopse von 1.Kor 15,9: Paulus als ἐλάχιστος τῶν ἀποστόλων mit E 3,3: Paulus als ἐλαχιστότερος πάντων ἁγίων. Als weiteres Argument für diese Interpretation der ἁγία auf die kirchenleitenden apostolischen Funktionen führt B. u.a. an: "... v.28 (like v.25) clearly speaks of

liert der Verfasser des Kol unzweideutig, daß er die kirchenleitende Gruppe um Paulus für *Judenchristen* hält: In der Grußliste Kol 4,10-14 gibt "Paulus" Grüße von seinem "Mitstreiter" (συναιχμάλωτος) Aristarchos, von Markos, Jesus Justus, Epaphras, Lukas und Demas an die Gemeinde weiter. Die Genannten haben aus der Sicht des Verfassers aber nicht den gleichen Rang: Die ersten drei (den "Mitstreiter" Aristarchos, Markos und Jesus Justus) charakterisiert er als solche,

> "die aus der Beschneidung stammen; diese allein sind Mitarbeiter (συνεργοί) an der βασιλεία τοῦ θεοῦ (!) und sie sind mir ein Trost geworden" (Kol 4,11)[390]

Sehr aufschlußreich ist an dieser Stelle der Vergleich mit der Grußliste Phlm 23f., wo Paulus die gleichen Personen wie in Kol 4,10-14, nur in anderer Reihenfolge, als Grüßende nennt: Epaphras, Jesus (sc. Justus)[391], Markus, Aristarchos, Demas und Lukas. Außerdem erscheinen auch hier die Stichworte ὁ συναιχμάλωτος und οἱ συνεργοί, die wir in Kol 4,10.11 wiederfinden. Da der Philemonbrief mit großer Wahrscheinlichkeit aus Ephesos geschrieben wurde (P.STUHLMACHER, Der Brief an Philemon EKK, 1975, S.21f.), verrät die enge Beziehung dieser Grußlisten aufeinander entweder, daß der historische Paulus oder ein von ihm autorisierter Mitarbeiter (cf. 4,18) den Kol aus Ephesos geschrieben hat, oder - bei pseudepigrapher Auffassung - daß der Verfasser des Kol die Fiktion des aus ephesischer Gefangenschaft schreibenden Paulus erzeugen wollte und Phlm 23f. benutzt ist. Daß die letztere Auffassung wahrscheinlicher ist, ergibt sich u.E. aus einem näheren Vergleich dieser Grußlisten: Paulus nennt an erster Stelle den (wohl kolossischen Heidenchrist) Epaphras, den er als seinen "Mitstreiter" heraushebt, alle Grüßenden werden aber unterschiedslos als οἱ συνεργοί μου zusammengefaßt (Phlm 23f.). In Kol 4,10-14 hingegen werden die jetzt als Judenchristen charakterisierten Aristarchos, Markos und Jesus Justus in betont ausschließlicher Weise zu *alleinigen* συνεργοί des "Paulus" erklärt und als Dreierblock an erster Stelle genannt. Dem dabei zuerstgenannten Judenchristen Aristarchos wird nun das ehrenvolle "Mitstreiter"-Prädikat beigelegt; Epaphras, dem es noch in Phlm 23 zukam, erscheint nun erst an vierter Stelle (Kol 4,12: als erster der drei Heidenchristen). Es scheint mir kaum möglich, diesen harschen Sinneswandel im Sinn einer Reduktion der paulinischen συνεργοί ausschließlich auf die *Judenchristen* für den historischen Paulus zu reklamieren, zumal für dicht beieinander liegende Absendersituationen. Stutzig macht den kritischen Leser über die gemeinsamen Namen hinaus das beide Texte eng verbindende Stichwortpaar συναιχμάλωτος und συνεργοί, wobei συναιχμάλωτος seinen Ort als Prädikat des ersten Namens (Phlm 23) in Kol 4,10 behalten hat ebenso wie συνεργοί seine Funktion als ab-

---

the apostolic ministry, so that the logical sequence would seem to be once again that of (i) revelation to the apostles, (ii) proclamation to the Gentiles (cf. 1 Thes 2:4 ...)."

[390] Kol 4,11: οἱ ὄντες ἐκ περιτομῆς, οὗτοι μόνοι συνεργοὶ εἰς τὴν βασιλείαν τοῦ θεοῦ, αἵτινες ἐγενήθησάν μοι παρηγορία.

[391] In Phlm 23 mußte die Verlesung des Eigennamens Ἰησοῦς (sc. Justus, cf. Kol 4,11) nach ἐν Χριστῷ zu ἐν Χριστῷ Ἰησοῦ schon ganz früh in der Textgeschichte geradezu programmiert gewesen sein (cf. Th.ZAHN, Einleitung I, 1924³, S.321) - Kol 4,11 ist ja entsprechend auch bemüht, diesen Jesus durch seinen Beinamen Justus kenntlich zu machen (cf. SCHWEIZER, EKK XII 1980² S.24).

schließende Gruppencharakteristik (Phlm 24 cf. Kol 4,11), nur jetzt betont eingeschränkt auf die Judenchristen. Diese Beobachtungen machen es plausibler, in Kol 4,10-14 eine "relecture" der Grußliste von Phlm 23f. unter einer deuteropaulinischen, an der kirchenleitenden Position der Judenchristen interessierten Perspektive zu erblicken.[392]

Der deuteropaulinische Verfasser, der diese "Paulus-Worte" in Kol 4,10f. konzipiert hat, sieht die kirchenleitende, missionarisch tätige Gruppe um Paulus also ganz dezidiert als *Judenchristen* an: Auch von da aus ist es wahrscheinlich, daß jene "Heiligen" in Kol 1,26(ff.), denen zuerst das "den Heiden" auszurichtende Mysterium offenbart wurde, die kirchengründenden *Juden*christen um Paulus sind. Die respektvolle Bezeichnung von Judenchristen als οἱ ἁγία belegt in analoger Weise auch schon Paulus, der seinen mehrheitlich heidenchristlichen Gemeindegründungen die Jerusalemer Judenchristen, denen die Kollekte galt, regelmäßig als οἱ ἁγία vorstellt[393], außerdem fanden wir den ἅγιος-Begriff auch als Selbstbezeichnung der Diasporajuden und ihrer Synagogenlokalitäten.

Auch im nahen Kontext unserer E-Stelle, in E 3,5, werden die Apostel und Propheten um Paulus, denen als ersten das Mysterium offenbart worden war, adjektivisch als ἁγία bezeichnet.[394] Daß sie als *Judenchristen* angesehen werden ergibt sich notwendig daraus, daß aus ihren Reihen die Heidenmission überhaupt erst (durch Paulus) hervorgegangen ist (3,5ff.).[395] Werden sie schon nach 3,5 als ἁγία charakterisiert, so nennt sich Paulus nach 3,8 entsprechend ὁ ἐλαχιστότερος πάντων ἁγίων - also der Geringste aus dem Kreis, der zuvor mit den 'heiligen Aposteln und Propheten' angesprochen war. Die Synopse dieser deuteropaulinischen Perspektive auf Paulus (E 3,8: ἐμοὶ τῷ ἐλαχιστοτέρῳ πάντων ἁγίων) mit der paulinischen Grundstelle 1.Kor 15,9 (ἐγὼ γάρ εἰμι ὁ ἐλάχιστος τῶν ἀποστόλων) bestätigt, daß jene Apostel, von deren judenchristlicher Identität und Bestimmung zur Heidenmission unser Verfasser ausgeht, ihm zu respektgebietenden 'Heiligen' geworden sind. "οἱ ἁγία" charakterisiert für den Kol und für den E nach diesen Belegen also in hervorra-

---

[392] Cf. dazu in allgemeinerer Hinsicht auch J.JERVELL, The Mighty Minority, Studia Theologica 34 (1980), S.13-38.

[393] 1.Kor 16,1; 2.Kor 8,4; 9,1.12; Rö 15.25f.31.

[394] In der Formulierung ὡς νῦν ἀπεκαλύφθη τοῖς ἁγίοις ἀποστόλοις αὐτοῦ καὶ προφήταις ἐν πνεύματι (3,5) qualifiziert ἁγίοις Apostel *und* Propheten, die hier unter nur einem Artikel - ebenso wie schon in E 2,20 - auch eng zusammengesehen sind (GNILKA, Paulusbild S.184 mit Hinweis auf Abundanz und Unbestimmtheit der spätgriechischen Gebrauchssprache (H.ZILLIACUS; CARAGOUNIS, Mysterion S.102). ἐν πνεύματι ist keineswegs speziell den προφήταις zuzuordnen, sondern muß gemäß E 1,17 (πνεῦμα ... ἀποχαλύψεως) instrumental mit ἀπεκαλύφθη verbunden werden. Wir können also keineswegs H.MERKLEIN, Amt S.187 darin folgen, ἁγίοις und αὐτοῦ nur mit den Aposteln zu verbinden, während ἐν πνεύματι ausschließlich auf die Propheten bezogen sein soll.

[395] Cf. D.G.DIX, Jew and Greek. A study in the primitive Church, S.60: ".. the Gentile Christians are ... founded upon the Jewish-Christian 'Apostles and Prophets'."

gender Weise die judenchristliche Gruppe der Apostel (und urchristlichen Propheten) um Paulus, denen das Mysterium als ersten - und mit deutlicher Beziehung auf die Heidenmission (Kol 1,26-27; E 3,5-6) - kundgemacht worden war. Gerade die συν-Komposita an der Stelle E 3,5-6, nach der diesen 'heiligen Aposteln und Propheten' offenbart wurde: εἶναι τὰ ἔθνη συγκληρονόμα καὶ σύσσωμα καὶ συμμέτοχα τῆς ἐπαγγελίας (3,6), führen dieses partizipatorische "συν" als Ausdruck für die Heilsgemeinschaft der Heiden(christen) *mit den judenchristlichen Offenbarungsempfängern* vor Augen. Auch von da aus muß das συν-Kompositum in der Wendung συμπολῖται τῶν ἁγίων (E 2,19b) die neue Heilsgemeinschaft der Heidenchristen mit jenen "Heiligen" meinen, die 10 Verse später als judenchristliche Apostel und Propheten identifiziert werden.[396] In der deuteropaulinischen Perspektive unseres Verfassers sind die Judenchristen auf die kirchenleitenden, kerygmatischen Ämter um Paulus beschränkt, also auf diejenigen "aus der Beschneidung, die auch allein Mitarbeiter am Reich Gottes sind" (Kol 4,11). Es ist die Perspektive einer mehrheitlich heidenchristlichen Kirche, deren Verbindung zum Juden(christen)tum vor allem in dem Kreis der kerygmatischen, gemeindeleitenden Personen um Paulus, dem sehr wahrscheinlich noch der Verfasser zugehört, gesehen wird. Traditionsgeschichtlich könnte in der deuteropaulinischen Rede von "den Heiligen" etwa auch der Einfluß aus einem solchen hell.-jüd. Referenzsystem mitwirken, wie es uns durch das hell.-jüdische Stratum von Apost.Const. VII/VIII belegt wird (s.o.): Dort gelangten die in die Mysterien Eingeweihten zur διαμονὴ μετὰ τῶν ἁγίων, womit hier die respektgebietenden, großen jüdischen Gerechten und ihre Nachfolger, die "Heiligen in jeder Generation", gemeint waren (s.o.).[397]

---

[396] Mit unserem Resultat wird auch F.MUSSNERs "vor-qumranische", später widerrufene Deutung der Heiligen aus E 2,19b auf die Judenchristen rehabilitiert (s.o. A 385).

[397] Diese engere inhaltliche Beziehung des ἅγιος-Begriffs auf die kirchenleitenden Judenchristen im E und Kol wird durch den jeweiligen Zusammenhang, nicht durch den nuancenreichen ἅγιος-Begriff selbst, festgelegt. Sie konnte von den Adressaten, die mit diesen Nuancen vertraut waren, wohl sicher erkannt werden - anders als bei uns, die wir diese Beziehungsunterschiede und ihre für uns kaum auffälligen Indikatoren im Text erst mühsam rekonstruieren müssen: Von der judenchristlichen Zuordnung aus wird auch die Stelle E 3,18 (ἵνα ἐξισχύσητε καταλαβέσθαι σὺν πᾶσιν τοῖς ἁγίοις...) plausibel, wo erneut das partizipatorische "σύν" erscheint. Darüberhinaus aber auch die Stelle E 6,18f. (ἐν πάσῃ... δεήσει περὶ πάντων τῶν ἁγίων καὶ ὑπὲρ ἐμοῦ), wo sich Paulus ganz ähnlich wie in E 3,8 (ἐμοὶ τῷ ἐλαχιστοτέρῳ πάντων ἁγίων) in diesen Kreis der πάντες οἱ ἅγιοι einbezieht. Schließlich gehört hierin auch die Stelle E 1,15 (τὴν ἀγάπην τὴν εἰς πάντας τοὺς ἁγίους), die mit den zuvor genannten durch das gemeinsame πάντες (οἱ ἅγιοι) verbunden ist. Wahrscheinlich ist in diesem Sinn außer Kol 1,26 (s.o.) auch Kol 1,4 (cf. E 1,15) zu verstehen: τὴν ἀγάπην ἣν ἔχετε εἰς πάντας τοὺς ἁγίους. Neben dieser Verwendung in einem engeren Sinn kennzeichnet der ἅγιος-Begriff auch einen von allen Christen erreichbaren religiösen Vollkommenheitsstatus, cf. E 1,1; 2,21; 4,12; 5,3.27; Kol 1.2.12.22; 3,12. Die durch den Kontext gegebene judenchristliche Beziehung von E 1,4 (εἶναι ἡμᾶς ἁγίους...) können wir erst später erkennen und begründen.

Zusätzlich zu den bisher angeführten Argumenten spricht auch die Fortsetzung in E 2,20-22 für unsere Deutung der ἁγία in 2,19b auf die Judenchristen, die für den Verfasser speziell die judenchristlichen 'Apostel und Propheten' um Paulus sind. Dies können wir jedoch erst nach einer Analyse dieser Verse erkennen, der wir uns jetzt zuwenden.

E.3. Die Kirche als Bau - Metaphern für die unterschiedliche Bedeutung der in der Kirche geeinten Gruppen (v.20-22)

Die Metaphern aus der sozialen Welt (συμπολῖται, οἰκεῖοι) werden ab v.20 durch eine Bau-Metaphorik abgelöst. Danach sind die Glaubenden auf einem Fundament aufgebaut, sie sind der Sache nach also wie λίθα ζῶντες (1.Pt 2,5) vorgestellt, nämlich als

ἐποικοδομηθέντες ἐπὶ τῷ θεμελίῳ τῶν ἀποστόλων καὶ προφητῶν, ὄντος ἀκρογωνιαίου αὐτοῦ Χριστοῦ Ἰησοῦ (v.20)

Das Aoristpartizip ἐποικοδομηθέντες setzt logisch voraus, daß das Baufundament, das die Apostel und Propheten bilden[398], auch zeitlich schon vor dem "Aufbau" der angesprochenen Heidenchristen bestand - der Verfasser blickt ganz zweifellos auf fundamentale Anfangsgrößen, deren Wirken den Grund für die heidenchristliche Kirche legt.[399] Auf "grundlegende Personen" bezogen meint die Fundament-Metapher schon in 1.Kor 3,10-15, wo Christus und nicht kerygmatische Ämter so bezeichnet wird (3,11 cf. Rö 15,20), die Grundmauern, also den untersten Gebäudeteil, nicht etwa den externen Baugrund.[400] Dieses Verständnis verlangt auch E 2,20, wo ebenfalls bestimmte *Personen*, die schon zur Kirche gehören, als ihr Fundament gelten.[401] Zum 'ganzen Bau' (cf. v.21) gehören folglich beide Teile: das Fundament der 'Apostel und Propheten' und der Aufbau der heidenchristlichen Adressaten.

---

[398] ἐπὶ τῷ θεμελίῳ τῶν ἀποστόλων καὶ προφητῶν muß als genetivus epexegeticus gedeutet werden: Das Fundament, das die Apostel und Propheten *sind* (Siehe PFAMMATTER, Kirche S.80-84).

[399] Mit H.MERKLEIN, Das kirchliche Amt S.140.156; J.GNILKA, HThK X/2 S.157; F.MUSSNER, ÖKT 10 S.93; R.SCHNACKENBURG, Die Kirche als Bau S.261f.; ders., EKK X S.122. Allerdings teilen wir nicht die Auffassung dieser Exegeten, daß die Fundamentmetapher diesen Personenkreis *ausschließlich* der Vergangenheit zuordnet; siehe dazu später.

[400] Dazu PFAMMATTER, Kirche S.140-43, der unter Rückgriff auf die antike Architektur (Vitruv, De Architectura) zwei Bedeutungen von θεμέλιον unterscheidet: 1) der untere, breiter ausgeführte Gebäudeteil; 2) in einem weiteren Sinn der natürliche Baugrund (z.B. Fels). In 1.Kor 3,10 verlangt die Wendung θεμέλιον τιθέναι die erste Bedeutung (ebd. S.140-42).

[401] Diesen Zusammenhang läßt PFAMMATTER, Bau S.142 unberücksichtigt, wenn er für E 2,20 die Deutung auf den externen Baugrund erwägt. Dagegen votiert auch H.MERKLEIN, Das kirchliche Amt S.137.

In v.20b folgt ein genetivus absolutus (ὄντος ἀκρογωνιαίου αὐτοῦ Χριστοῦ Ἰησοῦ), dessen Stellung im Satz schon eine Beziehung auf die unmittelbar zuvor plazierte Fundamentmetapher nahelegt: "während Christus Jesus selbst *der Eckstein* ist".

Das mit dem [λίθος] ἀκρογωνιαῖος gestellte exegetische Problem, ob man darin einen den Bau oben abschließenden Schluß- bzw. Portalstein sehen soll (J.JEREMIAS u.a.) oder den im Fundament plazierten Eckstein, der als Ecke der Fundierungsmauern auch die Richtung der anderen Steine bestimmt, läßt sich heute eindeutig im letzten Sinn entscheiden: a) Die Vorstellung des krönenden Schlußsteins paßt schon deshalb nicht, weil nach 2,21f. noch aufgebaut wird. b) Positiv spricht für die Eckstein-Deutung die Etymologie[402] und vor allem die Übereinstimmung mit Jes 28,16 LXX, der einzigen LXX-Stelle, die den Begriff λίθος ἀκρογωνιαῖος belegt und im Verhältnis zum Fundament eindeutig als *Eckstein* charakterisiert (ἐμβαλῶ εἰς τὰ θεμέλια Σιων λίθον... ἀκρογωνιαῖον...). Schon die vom hebr. Text abweichende LXX-Formulierung: ὁ πιστεύων ἐπ᾽ αὐτῷ deutet den messianischen Bezug an, den später auch Targ Jes 28,16 ausdrücklich dokumentiert[403]; von da aus erhielt Jes 28,16 neben anderen Stein-Worten (Jes 8,14; ψ 117,22) einen festen Platz in der frühkirchlichen Christologie: Siehe 1.Pt 2,4-8; Rö 9,33; 10,11. Sehr wahrscheinlich trifft daher H.MERKLEINs Erklärung zu, nach der dieser "frühchristliche Usus ... dem Verfasser zur Interpretation von Kol 1,23 (τεθεμελιωμένα) die aus Jes 28,16 (LXX) stammenden Termini θεμέλιος und ἀκρογωνιαῖος zugespielt" hat.[404] c) Auch von der paulinischen Gleichsetzung des θεμέλιον mit Christus (1.Kor 3,10f.) aus gesehen liegt es nahe, Christus auch in E 2,20b eng mit dem Fundament zu verbinden, nämlich mit dem für das Fundament maßgeblichen Eckstein. Daß αὐτοῦ am wahrscheinlichsten diese Bedeutung der Person Christi unterstreichen will ("Christus Jesus selbst", s.o.)[405], legen die in v.21f. folgenden ἐν-ᾧ-Anschlüsse nahe, die an diese personale Bedeutung anknüpfen.

Gegenüber der paulinischen Metaphorik in 1.Kor 3,10f. wurde hier keineswegs die Fundamentfunktion Christi gegen diejenige der 'Apostel und Propheten' ausgetauscht, sondern die Vorstellung wurde lediglich erweitert: Christus bleibt als richtungsgebender Eckstein ja die bestimmende Größe des Fundaments - unter dieser Voraussetzung erfüllen die 'Apostel und Propheten' ihre Funktion.

---

[402] Siehe H.MERKLEIN, Das kirchliche Amt S.147.

[403] Siehe H.MERKLEIN, Das kirchliche Amt S.150f.; D.C.SMITH, Jewish and Greek Traditions S.172; cf. STRACK-BILLERBECK III S.593.

[404] H.MERKLEIN, Das kirchliche Amt S.137; zur Auseinandersetzung mit der von J.JEREMIAS und seither häufig vertretenen Deutung des ἀκρογωνιαῖος auf den abschließenden Portalstein (so zuletzt noch H.MERKEL, Der Epheserbrief S.3235-37) siehe ebd. S.135-37.144-52; J.PFAMMATTER, Kirche S.97-99.143-51; kürzer bei SCHNACKENBURG, Die Kirche als Bau S.262-64; ders., EKK X S.124.

[405] Die Alternative läge darin, αὐτοῦ als Possesivpronomen mit Beziehung auf θεμέλιον zu verstehen: "sein Eckstein". So H.MERKLEIN, Das kirchliche Amt S.135 A 119; cf. SCHNACKENBURG, EKK X S.123.

An diese bestimmende Funktion Christi knüpfen die beiden angeschlossenen, parallelisierten ἐν-ᾧ-Sätze v.21/22 an. Sie weiten diese Bedeutung Christi, die er als Eckstein schon für die Fundamentmauern hat, auf den "ganzen Bau" aus, also auch auf die heidenchristlichen ἐπαικοδομηθέντες. Im folgenden kennzeichnen wir die korrespondierenden Elemente (a/a'; b/b') dieser Verse:

a : ἐν ᾧ πᾶσα οἰκοδομὴ συναρμολογουμένη
b :   αὔξει   εἰς ναὸν ἅγιον ἐν κυρίῳ
a': ἐν ᾧ καὶ ὑμεῖς συνοικοδομεῖσθε
b':   εἰς κατοικητήριον τοῦ θεοῦ ἐν πνεύματι

Berücksichtigen wir die in v.20 eingeführte Zweiteilung der metaphorischen Bausubstanz in θεμέλιον (Apostel und Propheten) und ἐπαικοδομηθέντες (Heidenchristen), so muß die πᾶσα (ἡ) οἰκοδομή[406] (a) den aus Fundament und Aufbau zusammengesetzten Gesamtbau bezeichnen (s.o.). Im Sinn der Gemeinsamkeit beider Komponenten des Bauwerkes sind dann auch die Komposita συν-αρμολογουμένη (a) und συν-οικοδομεῖσθε (a') zu verstehen: In Christus ist der ganze Bau aus Fundament und Aufbau *zusammen-gefügt* (a), in ihm werden auch die heidenchristlichen Adressaten (v.22: καὶ ὑμεῖς) *mit-gebaut*[407] (a'). Jeweils geht es um die Gemeinsamkeit mit den bereits als Fundament stehenden 'Aposteln und Propheten'. Dieses Verständnis der Begriffe συναρμολογουμένη/ συνοικοδομεῖσθε bestätigen die nur sechs Verse später aufgereihten συν-Komposita, die als Inhalt des den 'heiligen Aposteln und Propheten' offenbarten Mysteriums (3,5) die Teilnahme der Heiden am Heil beschreiben (3,6): εἶναι τὰ ἔθνη συγκληρονόμα καὶ σύσσωμα καὶ συμμέτοχα τῆς ἐπαγγελίας. Es geht hier um die Partizipation der ἔθνη an dem zuvor ja nur den *judenchristlichen* 'Aposteln und Propheten' gegebenen Heil - aus ihren Reihen ging die Heidenmission durch Paulus ja überhaupt erst hervor (3,7ff.). Der Sache nach finden wir in 3,5ff. somit das gleiche Abhängigkeitsgefälle, das auch die Bau-Metaphorik 2,20 (ff.) in analoger Weise beschreibt: Die 'Apostel und Propheten' sind als Empfänger der Mysteriumsoffenbarung der Ausgangspunkt des Heils für die heidenchristliche Kirche, insofern gewissermaßen das Fundament; von dieser judenchristlichen Basis aus erreicht es vor allem via Paulus die Heiden, die insofern ge-

---

[406] πᾶσα οἰκοδομή (א*,B,D,F,G,Ψ,M) heißt nach der Grammatik des klass. Griechisch "jeder Bau"; freilich verlangt der Kontext die Bedeutung: "der ganze Bau" (= πᾶσα ἡ οἰκοδομή). Da in der Koine der Artikel in solchen Fällen oft fehlt (cf. Ac 2,36: πᾶς οἶκος Ἰσραήλ = das ganze Haus Israel; ähnlich 17,26: πᾶν ἔθνος ἀνθρώπων; Rö 3,20: πᾶσα σάρξ; 11,26: πᾶς Ἰσραήλ u.a.), steht dieser Bedeutung nichts im Weg (cf. SCHNACKENBURG, Die Kirche als Bau S.269 A 3).

[407] Mit H.MERKLEIN, Das kirchliche Amt S.156, verstehen wir das Kompositum "entsprechend anderen συν-Termini des Eph, wo jeweils die Mit-Teilhabe der einstigen Heiden am Eschaton der Kirche ausgesagt wird", keinesfalls jedoch als technischen Ausdruck für "einbauen".

wissermaßen als Aufbau auf diesem Fundament erscheinen können. Aus dem
Blickwinkel dieser sachlichen Übereinstimmung zwischen 2,20 und 3,5ff. ist es
sehr wahrscheinlich, daß die Wendung "auch ihr werdet mit-gebaut" in 2,22
ganz im Sinn der συν-Komposita aus 3,6 zu verstehen ist und die neugewonnene Heilsgemeinschaft mit den judenchristlichen 'Aposteln und Propheten'
meint, in der Sprache der Bau-Metaphorik also: Das Zusammensein des
Aufbaus mit dem Fundament im Rahmen der πᾶσα (ἡ) οἰκοδομή.[408]

Wir sehen nun, daß die Elemente (a) und (a') durch ihre συν-Komposita
metaphorisch wieder die neugewonnene *soziale Nähe* zwischen Judenchristen
(Fundament) und Heidenchristen (Aufbau) formulieren. In der gleichen Reihenfolge, die uns schon aus v.12b/c; v.15b/16 und v.19b geläufig ist, bringen
im Anschluß die parallelen Elemente (b) und (b') wieder die neugewonnene
religiöse Nähe ein: Der Bau wächst εἰς ναὸν ἅγιον ἐν κυρίῳ (b), er wird εἰς
κατοικητήριον τοῦ θεοῦ ἐν πνεύματι (b'). Da in der ersten Wendung ἐν κυρίῳ in
Übereinstimmung mit dem einleitenden ἐν ᾧ sicher auf Christus zu deuten
ist, stehen ἐν κυρίῳ (b) im Sinn von "in Christus" und ἐν πνεύματι (b') in Parallele. Die Gleichsetzung Christi mit dem Pneuma entspricht freilich den Kategorien der Logostheologie und ist auch in E 3,16f. zu erkennen.[409] Aus der
Parallele beider Wendungen geht hervor, daß der Kirchentempel vor allem
deshalb heilig ist (b), weil er die 'Wohnung Gottes' darstellt (b') - das Motiv
vom pneumatischen *Wohnen Gottes* in der Kirche steht also im Fokus der ekklesialen Tempelmetapher.[410] Vor allem darauf müssen wir achten, wenn wir
traditionsgeschichtlich nach der Herkunft dieser Metaphorik fragen, die für
die neugewonnene Nähe zu Gott steht. Wir können zeigen, daß auch diese
anthropologisch gewendete Wohnungs-Tempel-Metaphorik im hell. Judentum um Philo vorgebildet wurde.

Eng verwandt ist E 2,20-22 mit den ekklesialen Bau- und Tempelmetaphern in 1.Kor
3,9-15.16-17. Gemeinsam sind die Begriffe οἰκοδομή, ἐποικοδομεῖν, θεμέλιον, ναὸς
ἅγιος. In 1.Kor 3 ist Christus das Fundament (v.11), Paulus der weise Architekt (v.10)
und die Gemeinde ist der heilige Tempel, in dem Gottes Pneuma wohnt (v.16f.). Wir
finden dieses Motiv vom Wohnen Gottes in den Christen auch in einem nachpaulini-
schen Textabschnitt in 2.Kor 6,16, denn das Verständnis der Gemeinde als ναὸς θεοῦ
wird hier durch eine Kombination der Schriftstellen Lev 26,11f.LXX und Ez 37,27 LXX
begründet: ἐνοικήσω ἐν αὐτοῖς καὶ ἐμπεριπατήσω... Dieses anthropologische Tempel-

---

[408] Cf. D.G.DIX, Jew and Greek. A Study in the primitive Church, S.60: "Jesus the Messiah
Himself is the chief cornerstone... 'in Whom' *the Gentiles like the Jewish Christians* are now being
built up into a spiritual Temple which replaces Herod's Temple at Jerusalem..." (Hervorhebung
E.F.).

[409] Siehe etwa auch Paulus, 2.Kor 3,17: ὁ δὲ κύριος τὸ πνεῦμα ἐστιν.

[410] So auch G.KLINZING, Die Umdeutung des Kultus in der Qumrangemeinde und im Neuen
Testament, StUNT 7 (1971) S.191.

Wohnungs-Motiv schließt sich ganz eng an die originalen Paulus-Belege an.[411] In 1.Kor 6,19 ist das Tempelmotiv vom Kollektiv der Gemeinde auf den Körper des einzelnen übertragen: Dieser ist der Tempel des heiligen Geistes (im Kontext gegen πορνεία gerichtet). Allerdings weist hier (6,19) die mit 1.Kor 3,16 identische appellative Einführung (οὐκ οἴδατε ὅτι...) darauf hin, daß kollektive wie individuelle Tempelmetapher unter dem Gesichtspunkt der pneumatischen Einwohnung Gottes für Paulus einem einzigen Vorstellungskomplex angehören, den er bei seinen Adressaten voraussetzt und mehrfach anspricht.

H.WENSCHKEWITZ[412] konnte sich 1932, also vor der Entdeckung der Qumrantexte, diese ekklesiale Tempelmetapher, die von der "mystischen" Idee pneumatischer Einwohnung Gottes geleitet sei (ebd. S.115), nur "auf der Basis der hellenistischen Spiritualisierung des Tempelbegriffs" entstanden denken (S.113), da "im Spätjudentum Palästinas Versuche zur Spiritualisierung des Tempelbegriffs nicht nachweisbar sind" (S.113f. A 3).[413] Nachdem aber in Qumran Belege für ein Selbstverständnis der Gemeinde als eschatologischer Tempelbau Gottes ans Licht gekommen waren, versuchten mehrere Forscher eine einseitige traditionsgeschichtliche Verbindung der paulinischen und deuteropaulinischen Gemeinde-Tempelbau-Vorstellung mit dem qumranischen Selbstverständis nachzuweisen.[414] Tatsächlich sind die in 1.Kor 3,6-17 nacheinander

---

[411] G.KLINZING, Umdeutung S.178f. weist auf die breitere Tradition hin, die unter Berufung auf die parallelen Verheißungen Ez 37,26f. und Lev 26,11f. von dem eschatologisch erhofften Tempel Gottes unter den Menschen spricht, s. bes. Jub 1,17; Sib.Or. III 773; ApcJoh 21,3; cf. Barn 16,6ff. (bes. 16,8fin; cf. 4,11; 6,15); IgnEph 15,3. Beide Schriftstellen klingen auch in 2.Kor 6,16 an. KLINZING trifft allerdings nicht den Sinn von 2.Kor 6,16, wenn er das aus Ez 37,27 LXX (καὶ ἔσται ἡ κατασκήνωσις μου ἐν αὐτοῖς) abgeleitete Verb ἐνοικήσω und das parallele Verbum ἐμπεριπατήσω (Lev 26,12 LXX) im alttestamentlichen Sinn des Wohnens bzw. Wandelns *unter* (= *bei*) *den Menschen* versteht (ebd. S.178f.). Die Identifizierung der *Gemeinde selbst* als Tempel Gottes (6,16: ἡμεῖς γὰρ ναὸς θεοῦ ἐσμεν) erfordert vielmehr den Sinn: Wohnen bzw. wandeln *in* den Menschen. Selbst wenn also der ganze Abschnitt 2.Kor 6,14-7,1 auf Grund seiner Hapaxlegomena, stilistischen Eigentümlichkeiten und ekklesiologischen Implikationen als nachpaulinisch eingeschobener Fremdtext zu beurteilen ist (siehe VIELHAUER, Geschichte S.153; KÜMMEL, Einleitung S.249f.), so schließt sich die anthropologisch gewendete Tempel-Wohnungs-Metapher in 2.Kor 6,16 doch glatt an die ganz entsprechenden paulinischen Belege in 1.Kor 3,16f. und 6,19 (siehe gleich) an und entspricht wegen des Wohnungsmotivs gerade *nicht* qumranischen Kategorien, wie sich noch zeigen wird. KLINZING formuliert selbst die traditionsgeschichtliche Alternative: Dieser anthropologische Wohnungsgedanke "findet sich erst im Hellenismus und im hellenistischen Judentum" (ebd. S.178). Wir haben es also gerade an diesem Punkt mit genuin paulinischer Tradition zu tun und stoßen auch erstmals auf ihren hell.-jüdischen Hintergrund.

[412] H.WENSCHKEWITZ, Die Spiritualisierung der Kultusbegriffe Tempel, Priester und Opfer im Neuen Testament, 1932 (Angelos-Beiheft 4).

[413] Die hellenistischen Muster solcher Spiritualisierung findet WENSCHKEWITZ, a.a.O. S.60f. etwa bei Seneca; cf. Seneca bei Lact., div.inst. 6,25,3 (Fr. 123 HAASE): "Nicht Steine soll man in die Höhe schichten, um ihm (sc. Gott) Tempel zu bauen: Im eigenen Herzen muß man ihm den Tempel weihen" (in suo cuique consecrandus est pectore). Solche hell. Ideen finden sich dann besonders bei Philo wieder, der die Seele des Weisen als Tempel Gottes verstehen kann (ebd. S.82-87).

[414] U.a.: F.MUSSNER, Beiträge S.191-94; B.GÄRTNER, The Temple and the Community in Qumran and the New Testament, S.16-46.60-66; G.KLINZING, Die Umdeutung des Kultus in

verwendeten ekklesialen Metaphernkomplexe, nämlich Pflanzung, Bau und Tempel,
etwa auch in 1QS XI 8 und 1QS VIII 4f. zusammengestellt; vom "Fundament der
Wahrheit" kann die Rede sein (1QS V 5), was kategorial durchaus in die Nähe der
kerygmatischen Fundamentfunktionen aus E 2,20, 1.Kor 3,10f. und Rö 15,20 kommt.[415]
Zudem hängen sowohl E 2,20 als auch 1QS VIII 4ff. in den Elementen "Fundament" (cf.
noch 1QS V 5; IX 3; XI 8) und "Eckstein" von Jes 28,16 ab (cf. auch 1.Pt 2,6), nur daß in
1QS VIII beide Begriffe die ganze Gemeinde bezeichnen. Überhaupt bringen die Qumrantexte nicht bestimmte Teile des Tempelbaus mit besonderen Gruppen innerhalb der
Gemeinde in Verbindung. Gleichwohl bleibt die Gemeinsamkeit dieser Metaphern in
beiden Traditionsbereichen eindrucksvoll, gerade auch unter dem verbindenden Aspekt,
daß in Qumran wie in E 2 mit diesen Vorstellungen die Gegenwart des eschatologischen Heils in der Gemeinde formuliert wird.[416] Trotzdem erscheint uns die These
KLINZINGs, nach der die Gemeinde-Tempel-Vorstellung bei Paulus und in E 2 einseitig von qumranischer Tradition veranlaßt sei, verfehlt zu sein.[417] Denn sie berücksichtigt zu wenig den 'roten Faden' durch alle paulinischen Belege und durch E 2,20ff.,
der mit der Vorstellung vom pneumatischen *Wohnen* Gottes im ekklesialen Tempel gegeben ist (s.o.). Zwar wird einmal in Qumran auch der Begriff "Wohnung" (מעון) auf
den Gemeindetempel angewendet (1QS VIII 8), "aber ohne jeden Akzent und als ein
Tempelbegriff unter anderen", wie KLINZING selbst sieht (S.91).[418] "Folgerungen für
einen Traditionszusammenhang [sind] in diesem Punkte nicht möglich", zumal auch
"der Geist ... nicht mit der Tempelvorstellung verbunden" wird (ebd. S.171f.). Dieser
Punkt ist aber für Paulus und E 2 der entscheidende! Doch selbst wenn man gegen
diese Einwände anführte, daß in Qumran irdischer Gemeindetempel und himmlisches
Heiligtum, das ja mit dem Wohnungsmotiv verbunden wird, letztlich gleichgesetzt würden, so führt uns dennoch die *beherrschende* Stellung des Motivs vom pneumatischen
Wohnen Gottes in der paulinischen und deuteropaulinischen Tempelmetapher zurück
zu der älteren These einer "hellenistischen Spiritualisierung des Tempelbegriffs" von
H.WENSCHKEWITZ: Eine solche finden wir bei Philo, der die Seele des Weisen als

---

der Qumrangemeinde und im Neuen Testament, S.50-93.143-166.167-213. Nachhaltig wies auch
D.C.SMITH, Jewish and Greek Traditions Ch.VI (S.155ff.) auf die qumranischen Analogien hin.

[415] KLINZING, Umdeutung S.169f. nennt weitere Belege für das Fundament als geistige Größe,
z.B. 1QS IX 3 ("Fundament des heiligen Geistes in ewiger Wahrheit"); man kann auch "gegen das
Fundament der Gemeinde" "murren" und von ihm "abweichen", was zugleich "abfallen von der
Wahrheit" bedeutet (1QS VII 17). Cf. noch 1QS VIII 10; CD X 6).

[416] Siehe SCHNACKENBURG EKK X S.303f.; zu E 2,19-22 im einzelnen G.KLINZING,
Umdeutung S.184-91, zu Paulus ebd. S.168-84. Allerdings können wir die ἅγιοι in E 2,19b mit K.
nicht mit den Engeln identifizieren (ebd. S.186; s.o.).

[417] KLINZING, Umdeutung S.167f.172f.179.183.184ff.192 (zu 1.Pt 2,4ff.).196 (zu 1.Tim 3,15);
zusammenfassend S.210-13. Ähnlich, für E 2,18-22 allerdings besonders auf 4QFlor I zu-
rückgreifend, schon B.GÄRTNER, Temple S.60ff.

[418] KLINZING fällt auf, "daß im Zusammenhang mit der Vorstellung von der Gemeinde als
Tempel fast nie vom Wohnen Gottes, von seiner Herrlichkeit oder sonst von seiner Gegenwart in
der Gemeinde die Rede ist. ... Von einer Wohnung Gottes wird im übrigen nur beim
himmlischen Heiligtum gesprochen" (ebd. S.91). [Cf. 1QS X 3; 1QM XII 1f.; 1QH III 34; 1QSb
IV 25; 4QSl XL 24,2] Dies ist gegen SCHNACKENBURGs glatte Verbindung der ekklesialen
"Wohnung Gottes im Pneuma" (E 2,22) mit qumranischen "Analogien" einzuwenden (ders., EKK
X S.303).

Tempel und Haus verstehen kann, in dem Gott wohnt.[419] In der Allegorese des Jakob-Traumes som I 133ff. ist nach § 146ff. die Leiter auf die Seele zu deuten, die darauf auf- und absteigenden λόγοι/Engel ziehen die Seele zur Schau (θέα) empor bzw. sie streben danach, ihr Heil zuzuhauchen (σωτήριον πνέοντες). WENSCHKEWITZ hat richtig hervorgehoben, daß damit die pneumatische Wirklichkeit des (gnoseologischen) Heils ausgesprochen wird (S.83). Es liegt nach § 148 darin, daß in einer solchen ganz gereinigten Seele des Weisen Gott selbst wandelt. Philo begründet das mit Lev 26,12 LXX: περιπατήσω ἐν ὑμῖν καὶ ἔσομαι ὑμῶν θεός. In § 149 schließt sich die Mahnung an: "Eile nun, meine Seele, Gottes *Haus* (θεοῦ οἶκος) zu werden, ein heiliger *Tempel* (ἱερὸν ἅγιον), die schönste *Wohnung* (ἐνδιαίτημα κάλλιστον)."[420] Wir können hier nicht alle weiteren Stellen behandeln, wo Philo die ψυχή, die διάνοια oder den νοῦς des Inspirierten als ἐνδιαίτημα (cher 98f.; som II 253), βασίλειον (sobr 66; praempoen 123), οἶκος (praempoen 123; sobr 66.62.64; cher 98f.; som II 251) und ἑστία (imm 134) Gottes anspricht. Nach som II 246ff. kann die Seele sogar zugleich als πόλις, ἐνδιαίτημα, σεμνὸς καὶ ἅγιος οἶκος Gottes gelten - diese Metaphernkomplexe sind auch in E 2,19-22 kombiniert. Philo kann die Vorstellung von der pneumatischen Einwohnung Gottes in der Seele im Ansatz auch kollektiveren: Nach sobr 66 sind es die zwölf Stämme, also Israel, welche die hl. Schrift "Königsresidenz und Priestertum Gottes" (Ex 19,6) nennt, wobei es anschließend im Anklang auch an die Tempelidee heißt: "Die Königsresidenz ist ja doch wohl das Haus (οἶκος) des Königs, das wirklich heilig (ἱερὸς ὄντως) und allein unverletzlich (μόνος ἄσυλος) ist." Auch in der paulinischen Tradition wechseln sich kollektive (1.Kor 3,16f.; 2.Kor 6,16) und individuelle Beziehung der Wohnungs-Tempel-Metapher (1.Kor 6,19)[421] ab, wobei die Zusammengehörigkeit dieser Vorstellungen auch durch die identische appellative Einführung (οὐκ οἴδατε ὅτι... 1.Kor 3,16; 6,19) unterstrichen wird. Für den Zusammenhang mit der hell.-jüdischen Tradition spricht außerdem, daß dafür in der paulinischen Tradition in 2.Kor 6,16[422] die Stelle Lev 26,12 LXX (mit Ez 37,27 LXX) als Schriftbeleg angeführt wird - die gleiche Stelle, die auch Philo zur Begründung der Wohnungs-Tempel-Metapher heranzieht (som I 148; som II 248; praempoen 123). Auch der größere konzeptionelle Zusammenhang in E 1-3, nachdem diejenigen, die als Kirche Gottes Wohnung/ Tempel sein sollen, ja auch diejenigen sind, die im Sinn des gnoseologischen Heilsverständnisses das Mysterium durch Öffnen ihrer noetischen Augen erkennen, kann bei Philo im

---

[419] Hinzuweisen wäre im Bereich des hell. Judentums etwa auch auf TestXII Jos 10,2f.; Benj 6,4.

[420] Die anthropologische Tempelmetapher begegnet etwa som I 215, wo zwei Tempel Gottes unterschieden werden: 1) der Kosmos, in dem der θεῖος λόγος Hohepriester ist, und 2) die vernünftige (λογική) Seele, deren Priester der "wahre Mensch", d.h. aber der νοῦς ist (cf. op 69; agr 9; s. WENSCHKEWITZ S.84). Ähnlich gilt nach virt 188 der λογισμός als der einzige Tempel (ναός), der auf Erden Gottes Würde angemessen ist.

[421] In 1.Kor 6,19 widerspricht die Beziehung der Tempelmetapher auf den Körper des einzelnen der hellenistischen Herkunft, da das σῶμα (in Verbindung mit der σάρξ) bei Philo ja gerade als Gegenprinzip zur vernünftigen Seele als dem Aufenthaltsort Gottes galt. Allerdings dürfte es Paulus hier, im Zusammenhang einer πορνεία-Polemik, auf eine Umprägung hellenistischer, leibabweisender Theologumena ankommen (cf. KLINZING, Umdeutung S.183f.; SELLIN, Streit S.58f.).

[422] Siehe dazu o. S.201 A 411.

Rahmen eines einzigen Textes formuliert werden.[423] Da Philo das Wohnen Gottes im Menschen immer pneumatisch, durch den Logos vermittelt denkt, haben wir in seiner Wohnungs-Haus-Tempel-Metaphorik, zu der auch die Polis-Vorstellung treten kann (cf. E 2,19-22), die stärkste Analogie zu den entsprechenden pneumatischen Vorstellungen bei Paulus und in E 2.[424]

Im Übrigen ist auch speziell die Charakterisierung der 'Apostel und Propheten' als "Fundament" (E 2,20) - nämlich im Sinn der primären Empfänger der Mysteriumsoffenbarung, von denen das gnoseologische Heil zu den Heiden kam (E 3,5ff.) und die universale Kirche begründete - durchaus mit den Kategorien des gnoseologischen Heilsverständnisses kompatibel: "Über die Gaben, die Gott sowohl denen, die τέλεια werden als auch durch sie den anderen zu schenken pflegt" (migr 127), spricht Philo u.a. in migr 118-26. Grundlegend ist dies die Gabe der δύναμις ἀνταγώνιστος (§ 120), kraft der der Gerechte alles, was er hat, neidlos allen anderen zur Verfügung stellt (§ 121). Darunter fällt nach den Parallelstellen gerade auch das gnoseologische Heil, die Weisheit.[425] Indem er so anderen Anteil gewährt, ist der (jüdische) Gerechte "wirklich das *Fundament* (ἔρεισμα) des Menschengeschlechts" (§ 121)[426], oder, wie Philo analog in QGen IV 25 sagt, "He (sc. Gott) used the wise man as a *foundation and base* (MARCUS: ὡς θεμελίῳ καὶ βάσει) for showing beneficence to those who were worthy of receiving kindness". Auch mit solchen Vorstellungen stimmt also die Fundamentmetapher überein wenn wir bedenken, daß die 'Apostel und Propheten' analog zu migr 121

---

[423] In diesem Sinn sind gnoseologische Mysterienweihe und anthropologisch gewendete Tempel-Wohnungs-Metapher in QEx II 51 kombiniert: "What is the meaning of the words: 'Thou shalt make for Me a sanctuary (ἁγίασμα), and I shall appear among you' (Ex 25,8)? ... If, however, thou art worthily initiated [MARCUS: ἐὰν δ' ἀξίας τελεσθῆς τελετάς vel sim.] and canst be consecrated to God and in a certain sense become an spiritual/ animate [MARCUS: ἔμψυχον or πνευματικόν] shrine of the Father, (then) instead of having closed eyes, thou wilt see the First (Cause) ... But this cannot happen to him who has not made his soul, as I said before, a sanctuary and altogether a shrine of God."

[424] Cf. in diesem Sinn schon H.HEGERMANN, Schöpfungsmittler S.189-91. Freilich war auch schon in Qumran das kollektive Selbstverständnis als eschatologischer Tempel mit demjenigen der eschatologischen Stadt verbunden, ebenso wie beide Vorstellungen schon in der Apokalyptik oszillieren konnten (1QS VIII 5.7f. par. 1QH VI 24ff.; VII 8f.; äthHen 89f. cf. 93,7; 91,13; 53,6; siehe G.KLINZING, Umdeutung S.59f.63.84f.). Allerdings haben wir oben schon gesehen, daß gerade das in E 2,19b implizierte Konzept einer pneumatischen Politeia traditionsgeschichtlich besonders eng mit dem hell. Judentum verbunden ist.

[425] Siehe spec IV 75: "Alle, die aus den Quellen der Weisheit (πηγῶν τῶν σοφίας) geschöpft haben", setzen sich, vom Neid befreit, für den Nutzen ihrer Nebenmenschen ein, "indem sie ihnen durch die Ohren Gedankenströme (τὰ λόγων νάματα) in die Seele einschöpfen, um ihnen Anteil an dem gleichen Heilswissen (ἐπιστήμης) zu gewähren." Der gleiche Gedanke erscheint auch in post 138. Cf. QGen IV 103: "And so, wisdom rightly desires to give to another some of the drink which she has taken. For grudging envy does not touch the godloving soul."

[426] Nach E.R.GOODENOUGH, By Light, Light S.231, der ἔρεισμα τοῦ γένους τῶν ἀνθρώπων mit "foundation prop of the human race" wiedergibt (cf. LCL Philo, Vol.IV: "the foundation on which mankind rests"), beschreibt Philo in migr 120ff. "the function of Moses and Abraham (,) as intercessors and saviors of men."

diejenigen sind, die das gnoseologische Heil den Heiden, also allen Menschen, zugänglich gemacht haben.[427]
Wir haben schließlich noch die eigentümliche Vorstellung zu klären, daß der ganze, im Eckstein Christus zusammengefügte Bau aus (judenchristlichem) Fundament und (heidenchristlichem) Aufbau zu einem heiligen Tempel im Herrn *wächst* (αὔξει: E 2,21). Ursprünglich ist dieser Gedanke mit der ekklesialen Soma-Vorstellung verbunden, wie Kol 2,19 und die deutliche Rezeption dieser Stelle in E 4,15-16 zeigen: Das kirchliche Soma, das von seiner κεφαλή Christus wie aus einer Kraftquelle versorgt wird, *wächst* zu seinem Haupt hin (4,15), *wächst* "zu seinem eigenen Aufbau (εἰς οἰκοδομήν) in Liebe" (E 4,16). Zurecht wurde immmer wieder betont, daß dabei an ein "intensives Wachsen" zu denken sei: "Die Kirche wächst durch größere Einheit (vgl. 4,3f) und Liebe (4,15f)...".[428] Berücksichtigen wir zudem, daß auch in 4,16 cf. 4,12 der dem Soma zugeordnete Wachstumsgedanke mit der Baumetaphorik (εἰς οἰκοδομήν) abwechselt, so wird von dieser offenbar naheliegenden Mischung der Metaphern aus die Wendung πᾶσα οἰκοδομή ... αὔξει (2,21) erklärbar. Die Verbindung des Bildes vom Wachsen mit dem vom Bau in E 2,21 könnte außerdem durch die traditionell vorgegebene Verbindung der Pflanzungs- mit der Baumetaphorik erleichtert worden sein, die wir auch in 1.Kor 3,5-17 finden.[429] Durch die Wachstums-Metapher kommt in 2,21 und 4,15f. der Gedanke sukzessiver Vervollkommnung zum Ausdruck, der in anderer Gestalt etwa auch in 3,19b und in 4,13 begegnet und den Kategorien des gnoseologischen Heils entspricht.[430]

---

[427] Die Analogie geht in diesem Vorstellungskomplex der soteriologischen Vermittlung durch Menschen noch weiter: Wie es bei Philo Gnadengaben (αἰ δωρεαί/ χαρίζεσθαι: migr 127; virt 165) sind, die der Gerechte von Gott empfängt und neidlos weitergibt, und wie als wichtigste dieser Gaben die Kraft (δύναμις (ἰσχυρά)/ ἰσχύς: migr 120; virt 165; QGen IV 121) betont wird, die ihn zum Weitergeben befähigt, so hebt auch E 3,7 hervor, daß Paulus (als Hauptfigur jener 'Apostel und Propheten') zur Heidenmission durch die *Gnadengabe* Gottes (κατὰ τὴν δωρεὰν τῆς χάριτος) befähigt wurde, die der *Wirkkraft* Gottes entspricht (κατὰ τὴν ἐνέργειαν τῆς δυνάμεως αὐτοῦ; cf. noch E 3,20; Kol 1,29). Ähnliche Kraftaussagen wie E 3,7.20; Kol 1,29 begegnen im hellenistischen Milieu später auch im Corp.Herm., etwa in CH XIII 18: "Dir, Vater, danke ich, du Wirkkraft der Kräfte (ἐνέργεια τῶν δυνάμεων)! Ich danke dir, o Gott, du Kraft meiner Wirkkräfte (δύναμις τῶν ἐνεργειῶν μοῦ)! Dein Logos lobsingt dir durch mich."

[428] SCHNACKENBURG, EKK X S.126. Ähnlich H.MERKLEIN, Das kirchliche Amt S.155; MUSSNER, ÖKT 10 S.95; u.a.

[429] Siehe dazu bes. D.C.SMITH, Jewish and Greek Traditions S.181-83, der u.a. auf Jer 1,10; 18,9; 24,6, 31,28; 45,4 hinweist, darüberhinaus auch auf 1QS VIII 4; XI 8; Philo, all I 48; 1.Kor 3,5-17 sowie auf die analogen Bildkombinationen Pflanze/ Bau in Kol 2,7 (ἐρριζωμένοι καὶ ἐποικοδομούμενοι) und in E 3,17 (ἐρριζωμένοι καὶ τεθεμελιωμένοι). Bei Philo könnte man auch plant 52f. vergleichen. D.C.SMITH sieht die Metaphern-Kombination aus Pflanzung, Tempel und Bauwerk nach diesen Belegen wohl zurecht als "a fairly widespread Jewish tradition" an (ebd. S.183).

[430] Cf. o. S.69 A 146.

E.4. Zusammenfassung zu E 2,19-22

Fassen wir unsere Ergebnisse zum dritten Textsegment E 2,19-22 zusammen: Auch diese sehr metaphorischen Ausführungen zur neuen sozialen und religiösen Qualität der Kirche arbeiten mit Bildern, die uns traditionsgeschichtlich wieder eher ins hellenistische Judentum (Philo) als etwa nach Qumran führten. Dies stimmt mit unserem Ergebnis zum ersten und zum zweiten Textsegment überein. Der letzte Abschnitt zieht mit ἄρα οὖν die Schlußfolgerung aus dem zuvor gefeierten Friedenswerk Christi (2,14-18) für die angesprochenen Heidenchristen. Dabei beschreibt er in einer gewissen Symmetrie mit dem ersten Segment, wo in sozialer Hinsicht die einstige Separation zwischen Juden und Heiden, in religiöser Hinsicht die frühere Distanz der Heiden zu Gott im Fokus stand, die nach beiden Aspekten neue Qualität des Seins in der Kirche: Nach v.19b wurden die Heidenchristen sozial zu "Mitbürgern der Heiligen", religiös zu "häuslichen Vertrauten Gottes", wobei diese zwei Metaphern aus der sozialen Welt deutlich ein hell.-jüd. Referenzsystem verrieten. Da die Abfolge von sozialem und religiösem Aspekt in dieser Schlußfolgerung die zentralen Aussagen aller drei Textsegmente (v.12b/c; v.15b/16; v.19b) strukturiert und eng aufeinander bezieht, müssen die 'Heiligen' im sozialen Aspekt von v.19b *notwendig* die einstigen Juden und jetzigen Judenchristen sein. Durch den Begriff οἱ ἅγιοι wird aber schon eine Verhältnisbestimmung im Sinne eines Respektvorteils formuliert. Das partizipatorische συν des Kompositums συμπολῖται ließ im Blick auf die nahen συν-Komposita aus 3,(5-)6 diese in v.19b gemeinten Judenchristen, die zugleich 'Heilige' sind, mit den 'heiligen Aposteln und Propheten' identifizieren: Aus ihren Reihen ging die Heidenmission durch Paulus, ihre Hauptfigur, überhaupt erst hervor (3,5ff.), sie sind damit notwendig Judenchristen. Auch der Kol ließ dieses judenchristliche Verständnis der Heiligen, die mit der Ausrichtung des Mysteriums unter den Heiden betraut wurden und zum engsten Kreis um Paulus gehören, erkennen. Damit ist auch klar, daß die 'Heiligen' aus E 2,19b in der neuen Bau- und Tempelmetaphorik ab 2,20ff. in der metaphorischen Gestalt des Fundamentes wiedererscheinen: Dieses ist mit den 'Aposteln und Propheten' identisch. Ihr Respektvorteil wird nun funktional begründet: Als mit Christus ("Eckstein") eng verbundenes *Fundament* waren sie nicht nur eher im Heilsbereich, sondern tragen auch den "Aufbau" der Heidenchristen. Dieses funktionale Gefälle ließ sich durch E 3,5ff. im Sinn des gnoseologischen Heilsverständnisses konkretisieren: Der "fundamentalen" judenchristlichen Gruppe wurde das Mysterium offenbart, von ihnen aus gelangte daraufhin das gnoseologische Heil zu den Heiden und begründet so die (mehrheitlich) heidenchristliche Kirche. Vor diesem Hintergrund bestätigt die Baumetaphorik in v.20 (ff.) vom (judenchristlichen)

Fundament und (heidenchristlichen) Aufbau unsere Interpretation der Wendung συμπολῖται τῶν ἁγίων (v.19b) auf die neue Gemeinsamkeit der Heidenchristen mit den achtungsgebietenden Judenchristen ('Heiligen') in der Kirche.

Für unsere Auslegung spricht, daß auch die Bau- und Tempelmetaphorik ab v.20 nun wieder die gleiche Abfolge von 1) sozialem und 2) religiösem Aspekt des neuen Heils zu erkennen gibt, die wir auch schon in den zwei Metaphern von v.19b und in den entscheidenden Aussagen der beiden ersten Textsegmente (v.12b/c; v.15b/16) gefunden haben. Denn in v.21/22 folgen jeweils auf die συν-Komposita, die die neue Gemeinsamkeit von judenchristlichem "Fundament" und heidenchristlichem "Aufbau" in der Kirche beschreiben, Aussagen über die religiöse Qualität dieser Gemeinschaft: Sie wird metaphorisch als Tempelbau gesehen, in dem Gott - durch die Vermittlung Christi - pneumatisch wohnt. Dahinter steht traditionsgeschichtlich die spiritualisierte, anthropologisch bezogene Tempelvorstellung des hell. Diasporajudentums, die schon Paulus aufgegriffen hatte.[431]

E.5. Ein traditionsgeschichtlicher Vorschlag zum Verständnis der Kombination "Apostel und Propheten"

Die hell.-jüdisch vorgebildeten Kategorien, die wir bisher so deutlich als soteriologisches Referenzsystem unseres Textes wahrnehmen konnten, erklären u.E. noch eine weitere Eigenheit, auf die vor allem H.MERKLEIN aufmerksam gemacht hat:

"Besonders auffällig ist nun, daß neben den Aposteln auch die Propheten zum Fundament gerechnet werden ..." Bei Paulus seien die Propheten deutlich von den Aposteln abgesetzt (1.Kor 12,28); daß er eine Wendung wie 1.Kor 3,10f. auch von Propheten ausgesagt haben könnte, sei undenkbar. Warum also konnten jetzt die Propheten neben den Aposteln "zum Fundament, d.h. zur Traditionsnorm" avancieren?[432] Das Problem stellt sich analog für E 3,5, wo der E-Verf. die Propheten neben den Aposteln zu Emp-

---

[431] Die Tempelsymbolik spielte in den hell. Diasporasynagogen (etwa in den Gemälden aus Dura; cf. die "Priester", die in Inschriften aus Sardis, Dura u.ö. erscheinen) eine große Rolle; andererseits ist kein nennenswertes Engagement von westlichen Diasporajuden zugunsten des im bellum Iudaicum bedrohten Tempels nachweisbar. Dazu meint A.Th.KRAABEL, Social Systems of Six Diaspora Synagogues, S.86: "These facts suggest that by the first century Diaspora Jews under Rome had learned to separate the symbols of Temple and Jerusalem from the physical building and the geographical location--thus they do not aid in the revolts--and that this spiritualization is a concomitant of their sense of being at home in the *Diaspora*." Im Zuge dieser Entwicklung hatten auch die Synagogenlokalitäten Tempelattribute attrahiert (cf.o. S.188). Auch dieser Prozeß ist wohl im Hintergrund der anthropologischen und ekklesialen Tempelmetaphorik des hell. Judentums und des frühen Christentums zu berücksichtigen.

[432] H.MERKLEIN, Das kirchliche Amt S.140 (-143).

fängern der fundamentalen eschatologischen Offenbarung gemacht habe, einer
ἀποκάλυψις also, die nach Gal 1,12.15-16 noch ausschließlich dem Apostel Paulus zu-
gekommen sei.[433]

MERKLEINs eigene geschichtliche Lösung, nach der die große Bedeutung
der Propheten in den Anfängen der Verkündigung (cf. 3,5) noch bekannt gewesen sei, so daß der Verfasser *im Rückblick* beide Gruppen zum einheitlichen "Block" der fundamentalen Verkündiger habe zusammenstellen können[434], setzt die Sicht der 'Apostel und Propheten' als bloße Vergangenheitsgrößen voraus, die wir unten ablehnen müssen. Zudem wird die Bedeutung
der Propheten für die Verkündigung im E nirgends expliziert. Hier kommen
wir also nicht weiter. Auch die zu 3,5 erteilte Auskunft, daß ἀποκάλυψις in E 3
nicht mehr wie in Gal 1,12.15f. einmalig-punktuellen Sinn habe, daß deshalb,
um einen dogmatisch verengten Offenbarungsbegriff zu vermeiden, in 3,5
auch die ἀποκαλύψεις der Propheten miteingeordnet seien[435], überzeugt nicht.
Nicht um einer semantischen Korrektur am paulinischen Offenbarungsbegriff
willen sind die Propheten miterwähnt, sondern weil sie nach Ausweis von 2,20
von vorneherein zum Fundament der Kirche gehören. Nun können die Propheten nach 4,11 zwar als eigene Klasse nach den Aposteln stehen, es fällt
aber auf, daß beide Funktionen in 2,20 und 3,5 unter einem gemeinsamen Artikel eng verbunden sind. U.E. wird gut verständlich, warum es dem deuteropaulinischen Verfasser neben den Aposteln noch so sehr auf die kombinierte
Funktion der Propheten ankam, wenn wir die Kategorien des gnoseologischen Heilsverständisses zugrundelegen, die ja auch sonst in unserem Text
dominieren. Das Paradigma des Propheten diente Philo bevorzugt zur Formulierung heilstiftender pneumatischer Inspiration.[436] Dementsprechend
führt er in her 258ff. aus, daß jedem Weisen (also jedem gnoseologisch Erlösten) nach dem Zeugnis der Schrift die Prophetenfunktion zukommt (§ 259)
und daß die Schrift alle, die sie als 'Gerechte' schildert, als Propheten auftreten läßt (§ 260 προφητεύοντας). Dies bedeutet nichts anderes, als daß sie
durch τὸ θεῖον πνεῦμα inspiriert sind (§ 265) und daher als Werkzeuge zur
Offenbarung (δήλωσις) des Gotteswillens dienen.[437] G.SELLINs Diktum trifft
das Gemeinte: "*Jeder Fromme ist ein Prophet.*"[438] Nun wird die religiöse Zu-

---

[433] Ebd. S.196ff.

[434] Ebd. S.142f.

[435] Ebd. S.193ff.

[436] Dazu siehe vor allem G.SELLIN, Streit S.143-45, der auch zahlreiche Philo-Belege anführt,
wo die Propheten-Funktion durch mantische Inspirationsbegriffe erläutert wird (u.a.: spec IV 49;
her 249.258ff.; QEx II 29; spec I 65; Mos I 175.283; II 291).

[437] spec I 65: ἑρμηνεῖς γάρ εἰσιν οἱ προφῆται θεοῦ καταχρωμένου τοῖς ἐκείνων ὀργάνοις
πρὸς δήλωσιν ὧν ἄν ἐθελήσῃ. Ähnlich her 266; spec IV 49 u.ö.

[438] G.SELLIN, Streit S.145 (orginal kursiv). Entsprechend schreibt sich Philo etwa auch selbst
die prophetische Inspiration zu: som II 252; migr 35; spec III 5; cf. cher 42. Nach QEX II 49fin

ständigkeit der Juden für ihre heidnische Umgebung bei Philo mit der naheliegenden Funktion des Priesters verglichen, cf. spec II 163:

"Was für die Polis der Priester bedeutet, das ist für die ganze Welt das Volk der Juden."

Im christlich-paulinischen Traditionsbereich könnten wir mit der hier gemeinten "weltbezogenen Priesterfunktion" im Groben die um die Heidenwelt bemühten Apostel vergleichen. Entscheidend ist, daß bei Philo nun neben die priesterliche Funktion die prophetische tritt, wodurch der Bezug auf das inspiratorisch-gnoseologische Heilsverständnis hervortritt: Nach Abr 98 sollte aus der Ehe Abrahams mit Sara

"ein ganzes Volk, und zwar das gottgeliebteste, hervorgehen, das, wie mir scheint, im Hinblick auf das ganze Menschengeschlecht (ὑπὲρ παντὸς ἀνθρώπων γένους) das Priester- und Prophetenamt (ἱερωσύνην καὶ προφητείαν) erlangt hat."

Die heilstiftende religiöse Funktion der (gnoseologisch inspirierten) Juden gegenüber ihrer heidnischen Umgebung wird hier durch die Zusammenstellung von Priester- und Prophetenfunktionen beschrieben; transponiert man diese Kategorien in die christlich-paulinische Vorstellungswelt, in der die ökumenische Priesterfunktion in etwa mit den Aposteln zu vergleichen ist (s.o.), so käme man entsprechend auf die Kombination 'Apostel und Propheten', die wir aus dem E kennen. Auch im E handelt es sich ja um eine zu Abr 98 analoge ethnische Konstellation: Die 'Apostel und Propheten' sind *Juden*-Christen, die sich in religiöser Absicht um die *Heidenwelt* bemühen. Und bezeichnenderweise wird auch im E im Zusammenhang der Prophetenfunktion auf die pneumatische Offenbarungsinspiration hingewiesen (E 3,5; implizit 1,3b.8(-10)).

Bei Philo dient die Verbindung von Priester- und Prophetenfunktionen übrigens als fixe Charakteristik der gnoseologisch Erlösten: Es sind die 'Priester und Propheten', die in der pneumatischen Politeia der Ideen Bürger geworden sind (gig 61), die im priesterlichen und zugleich prophetischen Logos (cher 17) ihr Analogon haben (cf. imm 133-39); die in Mose als Priester und Prophet ihren Prototyp finden (cf. Mos II 187.275). Der wahre Priester ist zugleich Prophet, weil er so noetisch erfassen kann, was in der sinnlichen Wahrnehmung unsichtbar bleibt (spec IV 192) - weil er also entsprechend dem gnoseologischen Heilsverständnis der noetischen Inspiration zugänglich ist (s.c.).

Unsere Belege zeigen, daß die Funktion des Propheten als Inbegriff gnoseologischer Inspiration und Offenbarungsvermittlung nicht nur eine grundlegende Kategorie des gnoseologischen Heilsverständnisses darstellt, sondern insbesondere auch mit der religiösen Zuständigkeit der Juden für die umgebende Heidenwelt verbunden werden konnte. Vor allem aus der Vertrautheit

---

sollte man wissen, "that every prophetic soul is divinely inspired and prophesies many future things not so much by reflecting as through divine madness and certainty."

unseres Verfassers und seines theologischen Milieus mit diesem Kategoriensystem erklären wir es, daß nun - anders als bei Paulus - neben den Aposteln auch die Propheten in der Rolle der fundamentalen Offenbarungsempfänger und Verkündiger gegenüber den Heiden erscheinen. Die Zusammenstellung dieser Funktionen als solche konnte ja auch an die paulinische Tradition anknüpfen (1.Kor 12,28); ihre Parität als gnoseologisches, judenchristliches Fundament der heidenchristlichen Kirche wird u.E. aber erst durch den
Einfluß des gnoseologischen Heilsverständnisses verstehbar.

F. Rückblick auf E 2,11-22, Vertiefung (Eulogie) und pragmatischer Ausblick

Überblicken wir nun den ganzen Text E 2,11-22, so sehen wir den Verfasser im ersten und dritten Textsegment - in einer gewissen Symmetrie zur "Achse", die das zweite Textsegment bildet - vom vorchristlichen (v.11-12) und christlichen (v.19-22) Verhältnis zwischen Heiden und Juden bzw. Heidenchristen und Judenchristen sprechen. In beiden Epochen wird den Juden(christen) ein "prae" zugewiesen: In der Zeit vor Christus, indem die jüdische Politeia gegen die historische Wahrheit statt auf den jüdischen Nomos maßgeblich auf die Messiasverheißung gegründet erscheint - sie wird dadurch zur entscheidenden Vorstufe jener pneumatischen Politeia, von der in 2,19b die Rede ist. In der christlichen Epoche liegt das "prae" in der Fundament-Funktion der judenchristlichen 'Heiligen', nämlich der 'Apostel und Propheten': Sie bilden als primäre Vermittler des gnoseologischen Heils den heilsgeschichtlichen Ausgangspunkt und die bleibende Grundlage der heidenchristlichen Kirche. Wie wir gesehen haben, folgen beinahe alle christologischen und ekklesiologischen Aussagen von E 2,11-22 den Kategorien des hell. Judentums, wie sie vor allem Philo zu erkennen gab. Selbst die Überwindung des Ritualgesetzes wird fundamental nach hell.-jüdischen Kategorien gedacht. Berücksichtigen wir dies gemeinsam mit dem "prae" der Juden bzw. Judenchristen nach dem ersten und dritten Textsegment, so erscheint der ganze Text als Monument einer selbstbewußten, dezidiert judenchristlichen Position in der Kirche.

Allerdings meldet sich nun aus E 2,14-18 ein zweifelndes Argument: Wurde dort nicht die Aufhebung der einstigen Gegensätzlichkeit, der "Zweiheit" von Juden und Heiden, zum qualitativen *"einen* neuen Anthropos" formuliert, für den die einstige Differenzierung beider Gruppen gerade überwurden sein sollte? Wie können sie dann im dritten Textsegment, das die Schlußfolgerung aus dem zweiten gibt, wieder unterschieden werden?[439] Doch dieser Zweifel überzeugt uns nicht, denn die pneumatische Gottesnähe und Friedenseinheit, die nach v.14-18 mit der Überwindung des durch Sarx, Ritualgesetz und Feindschaft charakterisierten Bereichs *für beide Gruppen gleichermaßen* erreicht wird, egalisiert ja noch nicht die Bedeutungsunterschiede, die beiden Gruppen im *geschichtlichen* Prozeß des christlichen Heils tatsächlich zukamen. Dafür spricht schon, daß es weiterhin οἱ ἀμφότεροι sind, die nun ἐν ἑνὶ

---

[439] Diesen Einwand setzen etwa R.SCHNACKENBURG, Exegese, S.484 (zu v.18)-487; A.T.LINCOLN, The Church and Israel, S.615 voraus: "... the Gentiles' former disadvantages have been reversed not by their being incorporated into Israel, even into a renewed Israel of Jewish Christians, but by their being made members of a new community which transcends the categories of Jew and Gentile, an entity, which is a new creation, not simply a merging of the former groupings." Ähnlich auch LINDEMANN, ZBK NT 8, S.51ff.

πνεύματι Zugang zum Vater haben (v.18): Trotz der pneumatischen Einheit bleiben die Gruppen unterscheidbar, wenn sie auch aufgrund der gemeinsamen Christusinspiration nicht mehr feindselig getrennt sind.[440] Nach der etwas schwerfälligen, von typologisch-theologischen Konstruktionen bestimmten Redeweise in v.14-18 kommt die wirkliche Geschichte der Kirche erst wieder hinter den Metaphern von v.19ff. zum Vorschein: Die Judenchristen stehen als Empfänger der Mysteriumsoffenbarung, die das Heil auch den Heiden öffnet, am Anfang der Heidenkirche und sind als gnoseologische Vermittler dieses Heilsmysteriums ihr bleibendes Fundament.

F.1. Judenchristliches und heidenchristliches Heil - die Briefeingangseulogie als ekklesiologische Verhältnisbestimmung (E 1,3-14)

Noch nachhaltiger als durch die bisherigen Überlegungen würde der oben formulierte Zweifel jedoch ausgeräumt, wenn es im E außer 2,19-22 noch einen weiteren Text gäbe, der Judenchristen und Heidenchristen in der Gegenwart der Kirche voneinander abhebt und ihnen eine unterschiedliche Bedeutung zuweist. Dieser Text existiert in der sog. *Briefeingangseulogie* E 1,3-14, für die wir hier aus Raumgründen keine ausführliche Exegese bieten können, sondern uns auf die wesentlichen Ergebnisse unserer Studien beschränken müssen[441]:

Das einleitende Gotteslob (1,3a: εὐλογητὸς ὁ θεὸς κτλ.) wird ab v.3b bis v.12 begründet, indem die heilvollen Zuwendungen Gottes an eine "Wir"-Gruppe (ἡμᾶς) aufgereiht werden[442], die somit den fiktiven Verfasser Paulus

---

[440] So auch K.M.FISCHER, Tendenz S.80: "So sehr Heiden und Juden auch zu einem neuen Menschen geworden sind, so haben sie doch beide - jeder für sich - Zugang zum Vater. ... Es geht also um Partnerschaft, nicht um unterschiedslose Verschmelzung." FISCHER trifft allerdings nicht das Wesen dieser Partnerschaft, wenn er meint, in ihrem Rahmen könnte den Judenchristen prinzipiell auch die Beschneidung oder fortgesetzte Observanz von Speisegeboten zugestanden worden sein (S.81) - der Ritualnomos ist "in Christus" nach dem E doch definitiv aufgehoben. Die bleibende Unterscheidung bezieht sich aber auf unterschiedliche Funktionen im Prozeß des gnoseologischen Heils (Fundament - Aufbau).

[441] Zur Briefeingangseulogie sind außer den Kommentaren (DIBELIUS-GREEVEN, H.SCHLIER, J.GNILKA, F.MUSSNER, R.SCHNACKENBURG) vor allem noch kritisch zu berücksichtigen: N.A.DAHL, Adresse und Proömium des Epheserbriefes, Theol.Zeitschrift 4 (1951) S.241-64; H.KRÄMER, Zur sprachlichen Form der Eulogie Eph. 1,3-14, WuD N.F. 9 (1967) S.34-46; D.JAYNE, 'We' and 'You' in Ephesians 1:3-14, ET 85 (1973/74) S.151f.; R.SCHNACKENBURG, Die große Eulogie Eph 1,3-14, BZ N.F. 21 (1977) S.67-87; P.T.O'BRIEN, Ephesians I: An Unusual Introduction To A New Testament Letter, NTSt 25 (1979) S.504-16; C.J.ROBBINS, The Composition of Eph 1:3-14, JBL 105 (1986) S.677-87.

[442] R.SCHNACKENBURGs überzeugende textlinguistische Strukturanalyse (ders., Eulogie bes. S.73ff.; EKK X S.42ff.) vermittelt die Einsicht in den Aufbau der Eulogie aus sechs Gedankenschüben (v.3b-4; v.5-6; v.7-8; v.9-10; v.11-12; v.13-14), die keineswegs als formal konsistente

einschließt.[443] Erst in v.13 spricht der Text durch "ihr" die heidenchristlichen Adressaten an. Die vorweltliche Erwählung der Wir-Gruppe (v.3b-4) und ihre Vorherbestimmung zur Sohnschaft (v.5-6) werden in den ersten beiden Begründungen genannt, dann - für uns besonders wichtig - in der dritten bis fünften Begründung die gegenwärtige Begnadung der Wir-Gruppe mit dem Heil. Sie besteht in der Erlösung als Sündenvergebung (v.7-8), in der Offenbarung des Mysteriums (v.9-10) und in der erfolgten Anteilgabe am χλῆρος, dem eschatologischen Heil (v.11-12). Entscheidend für das konkrete Verständnis dieser Wir-Gruppe sind drei Beobachtungen, von denen die zwei letzten in der exegetischen Diskussion neu sind und u.E. eine *judenchristliche* Identität dieser Gruppe erforderlich machen:

A) Im letzten Begründungsabschnitt v.11-12 werden die mit "wir" Gemeinten als τοὺς προηλπικότας ἐν τῷ Χριστῷ (v.12fin)[444] charakterisiert. Das perfektische προ-Kompositum muß u.E. in den Horizont der übrigen, bewußt gewählten προ-Komposita der Eulogie gestellt werden und wie diese *Vorzeitigkeit* ausdrücken[445]: "die wir (schon) zuvor in Christus gehofft haben" (cf. 1.Kor 15,19). E 2,12 zeigt uns, wem diese vorgängige Christushoffnung zukam: Die Heiden, die einst außerhalb der Politeia Israels standen, waren ohne Christus und hatten keine Hoffnung. Im Kehrschluß folgt daraus, daß die Juden vor Christus schon beides hatten: Die Christusverheißung und die entsprechende Hoffnung. Die Wir-Gruppe aus v.11-12 ist also mit den Judenchristen um Paulus gleichzusetzen. Dies legt auch die Art des Übergangs zu den Heidenchristen in v.13 durch χαὶ

Strophen mißverstanden werden dürfen. Sie besitzen aber formale Ähnlichkeiten: Im Anschluß an (a) die jeweilige Darstellung der von Gott gewährten Segenszuwendung (in v.3b.5.9 durch Aoristpartizipien; in v.7.11.13 durch ἐν-ᾧ-Aussagen mit finitem Verb) folgt (b) mit καθώς (v.4) bzw. κατά (v.5b.7c.9b.11b.c) eingeleitet eine rückbeziehende Reflexion bzw. Begründung der zuvor ausgesagten Segenszuwendung (Ausnahme v.13f.). Als drittes Element schließt sich (c) die Angabe des Zieles an, das mit dem zugewendeten Segens verbunden ist (meist mit εἰς formuliert (v.6.10.12.14) oder mit finalem Infinitiv (v.4: εἶναι)).

[443] Die im NT vergleichbaren Briefeingangseulogien 2.Kor 1,3ff. und 1.Pt 1,3ff. haben dort jeweils die Danksagung ersetzt, während sie in E 1,15f. noch angeschlossen wird. Während sich die Danksagung ausschließlich auf die Situation der Adressaten bezieht, vermag die Eulogie auch die Erfahrung des Verfassers und seiner Gruppe miteinzubringen - darin liegt u.a. ihre formgeschichtliche Besonderheit (s.u.).

[444] τοὺς προηλπικότας ist wegen des Artikels nicht Prädikat, sondern als Apposition mit ἡμᾶς zu verbinden (mit SCHLIER, Brief S.67; SCHNACKENBURG, S.61f. und A 143).

[445] Siehe προορίσας (v.5) cf. ἐξελέξατο... πρὸ καταβολῆς κόσμου (v.4); προέθετο (v.9); προορισθέντες κατὰ πρόθεσιν (v.11). Zwar bezeichnen diese Komposita vorgängige Akte Gottes, während sich τοὺς προηλπικότας (v.12) auf die Wir-Gruppe bezieht. Sie legen aber gleichwohl durch ihre prägende Häufigkeit im begrenzten Abschnitt der Eulogie die Semantik aller dort gebrauchten προ-Komposita im Sinn der Vorzeitigkeit fest. Auf Grund der prägenden Kontextsemantik hat das Kompositum hier auch kaum nur die Bedeutung des Simplex (so KRÄMER, Form S.45 A 40; ihm folgt A.LINDEMANN, Aufhebung S.100 A 70). So entspricht die Perfektform des Partizips προηλπικότας genau der durch die Vorsilbe ausgedrückten Vorzeitigkeit und ist keineswegs nach Analogie der Perfekta in 1.Kor 15,19; 2.Kor 1,10; 1.Tim 4,10; 5,5; 6,17 "auf die Christen in ihrem jetzigen Hoffnungsstand zu beziehen" (SCHNACKENBURG EKK X 63; cf. GNILKA HThK X/2 S.84).

ὑμεῖς nahe. Schon viele Forscher nahmen diese Identifikation vor, nur ohne die Absicherung durch die prägende Kontextsemantik.[446]

B) Allerdings gibt es gegen unsere These ein scheinbar schlagendes Argument: Es sei sehr unwahrscheinlich, daß das "Wir", das im einleitenden Gotteslob (v.3a: ἡμῶν) ebenso wie im Praescript (1,2: ἡμῶν) noch *alle* Christen bezeichnet, ab v.3b bis v.12, wo nach unserer These gruppenspezifische Begründungen vorliegen sollen, plötzlich nur noch die Judenchristen meint.[447] Doch dieser Einwand[448] wird durch eine exakt identische Struktur der Briefeingangseulogie in 2.Kor 1 entkräftet: Hier läßt sich zweifelsfrei belegen, daß an der gleichen Stelle, nämlich am Übergang vom einleitenden Lob Gottes (2.Kor 1,3) zur speziellen Begründung dieses Lobes ab 2.Kor 1,4 sich auch die Identität des "Wir" verändert: Zuerst sind damit alle Christen gemeint, ab 1,4 aber als Trostempfänger nur noch die Paulus-Gruppe *im Gegenüber* zu den Adressaten.[449] In 2.Kor 1,6f. wird dieser Trostempfang schließlich auch auf die angesprochenen Adressaten ausgedehnt - einen prinzipiell analogen Vorgang beobachten wir im Übergang von E

---

[446] ABBOTT S.21f.; SCOTT S.147f.; SCHLIER, Brief S.66ff.; MITTON S.227f.; O'BRIEN, Introduction S.513 A 64; S. 515f.; MUSSNER, ÖKT 10 S.49f.; CARAGOUNIS, Mysterion S.47.61f. u.a.

[447] Meistens wird dieses Argument gar nicht explizit, weil man die Kontinuität der (gemeinchristlichen) Wir-Gruppe vom Praescript in den Begründungsteil der Eulogie als selbstverständlich voraussetzt, dann aber bis v.12 keinerlei Anzeichen für eine Veränderung dieser "Wir"-Identität wahrnehmen kann. In diesem Sinn formulierte bereits N.A.DAHL, Adresse S.259f.: "Die erste Person Pluralis kann ... unmöglich in V.11-12 eine andere Bedeutung als in den vorhergehenden Versen 3-9 haben. Es wird also [in v.13-14] aus der Gesamtheit der Christen die besondere Gruppe, an die der Apostel schreibt, hervorgehoben, nicht aber Heidenchristen und Judenchristen miteinander kontrastiert." Diese Auffassung kehrt der Sache nach regelmäßig bei DIBELIUS-GREEVEN S.61f., J.GNILKA HThK X/2 S.83f., H.KRÄMER, Form S.45, A.LINDEMANN, Aufhebung S.100 (cf. S.91ff.), R.SCHNACKENBURG, EKK X S.62f. u.a. wieder.

[448] Eine Lösung dieses Problems schien schon H.SCHLIER in der These gefunden zu haben, die Wir-Identität ändere sich erst mit dem Übergang von v.10 nach v.11: Die vv.11-12 + 13-14 seien als Doppelstrophe zu erkennen, in der die In-Christus-Formel als Gliederungsmerkmal gebraucht sei: Sie eröffne die Doppelstrophe in v.10fin. (betontes ἐν αὐτῷ), werde dann in zwei Relativsätzen aufgegriffen (ἐν ᾧ v.11.13) und jeweils im Blick auf judenchristlichen (v.11f.) und heidenchristlichen Heilsbezug (v.13f.) entfaltet, wobei jeweils die Zielbestimmung "zum Lob seiner Herrlichkeit" am Ende stehe (ders., Brief S.40). Diese These einer konsistenten Doppelstrophe erlaubte SCHLIER die Annahme einer Zäsur *vor* ἐν αὐτῷ (v.10fin.), die einen Übergang vom gemeinchristlichen zum judenchristlichen "Wir" plausibel erscheinen ließ (ebd. S.66). Doch u.E. wird die Syntax einleuchtender und klarer, wenn wir τὰ ἐπὶ τοῖς οὐρανοῖς καὶ τὰ ἐπὶ τῆς γῆς ἐν αὐτῷ (v.10c) insgesamt als epexegetische Apposition zu τὰ πάντα ἐν τῷ Χριστῷ (v.10b) verstehen: Dann gehört ἐν αὐτῷ noch zu v.10; v.11 schließt nach dem Muster von v.7 relativisch an die vorausgehende In-Christus-Formel an und das Gleiche gilt für ἐν ᾧ in v.13. SCHLIERs Konstruktion einer Doppelstrophe einschließlich der Zäsur-Annahme ist daher nicht haltbar.

[449] Siehe auch die kurze Situationsbeschreibung 2.Kor 1,8-11, nach der die Trostempfänger aus 1,4ff. mit der (von den Adressaten verschiedenen) Paulus-Gruppe identisch sein müssen, und 1,6f.: "Sei es aber daß *wir* bedrängt werden, so geschieht es zu *eurem* Trost und Heil, sei es daß *wir* getröstet werden, so geschieht es zu *eurem* Trost..."

1,12 zu 1,13(f.): καὶ ὑμεῖς. Kraft dieser Analogie steht der *juden*christlichen Identifizierung der Wir-Gruppe in E 1,3b-12 auch formgeschichtlich nichts im Wege.[450]
Nur am Rande sei in diesem Zusammenhang vermerkt, daß wir εὐλογητός, εὔλογεῖν und εὐλογία - jeweils auf Gotteslob bezogen - auch häufig in synagogalen bzw. jüdischen Inschriften aus Kleinasien finden. Siehe z.B. das Freilassungsdokument aus Gorgippia von 41 n.Chr.: ϑεῶι ὑψίστωι παντοχράτορι εὐλογητῷ (CIJ 690; CIRP 1123); für εὐλογία siehe CIJ 1537.1538, CIG 2924, TREBILCO, Studies on Jewish Communities, S.44 (Sardis); interessant ist hier auch die von REYNOLDS-TANNENBAUM ergänzte Bezeichnung einer epigraphisch bezeugten jüdischen Organisation in Aphrodisias: "...the decany of the students/ disciples/ sages of the law, also known as *those who fervently/ continually praise God* (παντευλογ[--ων])...".[451] Die Eulogie als solche kann somit als eine für (kleinasiatische) *Juden* sehr charakteristische religiöse Haltung gelten.[452]

C) Entscheidend für die Identität der Wir-Gruppe ist aber, daß ihr nach vv.8-10 "in aller Weisheit und Einsicht" das Mysterium offenbart wurde. Wir haben bereits gesehen, daß dieses Mysterium mit dem in 3,6 formulierten Mysteriumsinhalt konzeptionell übereinstimmt, nur daß an der letzten Stelle allein der menschheitsbezogene Teilaspekt der Anakephalaiosis des Alls zur Sprache kommt.[453] Daraus folgt aber auch, daß die in 3,5 herausgestellten Empfänger der Mysteriumsoffenbarung, die judenchristlichen 'Apostel und Propheten' um Paulus, mit den Offenbarungsempfängern aus der Eulogie identisch sein müssen. Dies wird dadurch bestätigt, daß an beiden Stellen die mit der Mysterienoffenbarung gewährte *weisheitliche Einsicht* hervorgehoben wird (φρόνησις 1,8;

---

[450] Wir stoßen hier auf die besondere formgeschichtliche Möglichkeit der Eulogie, im Unterschied zur Danksagung vor allem die Erfahrungen des Verfassers und seiner Gruppe zur Sprache zu bringen. Diese Möglichkeit kennzeichnet Eulogien freilich auch außerhalb der Briefliteratur (z.B. ψ 27,6f.; Dan 2,19-23 cf. Barn 6,10; Dan 3,51ff.; Tob 13,1ff.; 1.Makk 4,24f.; 2.Makk 3,30; 15,34; Lk 1,68-75). In der besonderen Situation des Briefes mit ihrem Gegenüber von Verfasser und Adressaten lag es dann freilich umso näher, in der Eulogie speziell die Erfahrungen des Verfassers und seiner Gruppe zur Sprache zu bringen (2.Kor 1,3ff.; E 1,3ff.).

[451] J.REYNOLDS/ R.TANNENBAUM, Jews and God-Fearers at Aphrodisias, S.5 (Col.i Z.3-5) S.41 (Übersetzung).

[452] Obgleich H.W.PLEKET, Religious History as the History of Mentality, S.183-89, für eine selbstständige und unabhängige Aufnahme und Verwendung des εὐλογία-Terminus zum Lob Gottes in verschiedenen orientalisch-hellenistischen Kulten (incl. des Judentums) votiert (bes. S.187-89), kommt er doch nicht umhin festzustellen: "It is undoubtedly true that, statistically speaking, *eulogia/ eulogein* are terms virtually monopolized by the Jewish language: in the Septuagint eulogia renders *beraka* ('Praise for the Lord') and in Jewish inscriptions the term is ubiquitous, both in the sense of 'Blessing to all of you' (εὐλογία πᾶσιν) and in the direct sense of '*I praise the Lord*', 'Praise to the Lord'" (S.186). - Zur ersten, auf die Wir-Gruppe bezogenen finalen Bestimmung in E 2,4: εἶναι ἡμᾶς ἀγίους καὶ ἀμώμους κατενώπιον αὐτοῦ vergleiche die oben (S.187f) angeführten Belege für das Selbstverständnis von Diasporasynagogen und -Juden als "heilig"; zu ἄμωμος cf. etwa die Inschrift aus Lorium bei Rom, IG XIV 2259: ἐνϑάδε ἐν εἰρήνα χεῖτε Ῥουφεῖνος ἀμώμων ϑεοσεβής, ἀγίων τε νόμων σοφίης τε συνίστωρ ... (wahrscheinlich meint ϑεοσεβής hier "fromm", Rouphinos war also Jude; siehe TREBILCO, Studies, S.367f. A 190 [IV]). Cf. noch CIJ 1.93.154. Zu E 1,4 (καϑὼς ἐξελέξατο ἡμᾶς ἐν αὐτῷ πρὸ καταβολῆς κόσμου...) cf. JosAs 8,9 (BURCHARD).

[453] S.o. S.61-66.

σύνεσις 3,4; σοφία 1,8 cf. 3,10)[454] - ganz im Unterschied zu den angesprochenen Heidenchristen, für die Paulus noch um das Pneuma der Weisheit und Offenbarung bitten muß (1,17), die erst noch zur vollen Erkenntnis des Mysteriums gelangen sollen (1,17-19; 3,18f.).

Auf dieses Resultat führt übrigens auch die Aussagelogik in 1,9-10: Das Mysterium wurde der Wir-Gruppe mit der Zielperspektive offenbart, daß dadurch die "Durchführung" (οἰκονομία) des eschatologischen Termins (τοῦ πληρώματος τῶν καιρῶν) geschehe.[455] Diese Verbindung ist aber von 3,2ff. her eindeutig zu verstehen: Der judenchristlichen Gruppe ('Apostel und Propheten' incl. Paulus) wurde das Mysterium offenbart (3,5f.), damit durch Paulus die οἰκονομία τῆς χάριτος (3,2) geschehe, nämlich die Durchführung der als Charis gewährten Weitergabe der Offenbarung an die Heiden (cf. 3,7f.). Eben dies ist ein integraler Bestandteil der in 1,10 gemeinten Anakephalaiosis, wie wir oben gesehen haben: in 1,9 und in 3,2.9 liegt das gleiche οἰκονομία-Konzept zugrunde. Daher müssen auch die Offenbarungsempfänger aus der Eulogie mit dem Kreis der 'Apostel und Propheten' um Paulus aus E 3 identisch sein.

Die Briefeingangseulogie entfaltet den Heilsbezug der judenchristlichen Gruppe in fünf Begründungen über 8½ Verse hinweg denkbar ausführlich (v.3b-12), denjenigen der heidenchristlichen Adressaten jedoch in einem einzigen gedrängten Vers (v.13), der mit der Reihenfolge: Wort hören[456] - Glauben[457] - Versiegelt werden im Geist[458] deutlich den Vorgang der Mission

---

[454] Auch Philo faßt die noetische Begnadung, die er als Öffnung der geistigen Augen zur intelligiblen Schau und zugleich als Mysterienweihe metaphorisch beschrieben kann (QEx II 51; cf. o. S.204 A 423), als Zugang zu σύνεσις und φρόνησις (sobr 3; zu σύνεσις cf. noch gig 23.27; plant 36f.; agr 162 (συνιέντος)). Mit der σύνεσις ist die φρόνησις identisch (op 154), die ebenfalls ein Gnadengeschenk ist (sobr 3; all I 80; mut 259f.). In mut 259f. erscheint sie mit der herabgesandten σοφία bedeutungsgleich, die freilich ebenso pneumatische Gnadengabe ist (imm 5 cf. ebr 144f.; congr 37f.; post 135ff. u.ö.).

[455] Diese Aussagelogik in 1,9f. läßt sich anhand der von SCHNACKENBURG herausgearbeiteten Elemente bestimmen, die in jeweils ähnlicher Weise die einzelnen Gedankenschübe der Eulogie strukturieren (s.o. S.212f A 442): Die Segenszuwendung (a) besteht hier im Akt der Kundgabe des Mysteriums des Gotteswillens, diese Bekanntmachung wird (b) durch die κατά-Wendung rückbeziehend aus der in Christus vorgefaßten Absicht begründet. Als drittes der vergleichbaren Strukturelemente (c) gibt die mit εἰς eingeleitete finale Aussage (v.10) auch sonst die Konsequenz aus (a) an (jedenfalls in v.5-6; v.11-12; v.13-14; in v.7-8 wird kein finales Element (c) formuliert), also hier aus dem Akt der Mysterienoffenbarung. Dies ergibt die Aussagelogik: Die Kundgabe an "uns" (= a) geschah, damit als ihre Konsequenz die οἰκονομία geschehe (= c).

[456] Cf. Rö 10,14-21; Act 2,37; 13,7.44; 19,10; zum λόγος τῆς ἀληθείας als Missionsinhalt: 2.Kor 6,7; Jk 1,18; cf. 2.Tim 2,15; 2.Thess 2,10ff.

[457] Auf das Hören folgt das Glauben: Rö 10,14ff.; Act 4,4; 13,48 u.ö.

[458] Auf Hören und Glauben folgt der Empfang des verhiessenen Geistes (Taufe): Act 2,37ff.; 19,2-6. Der Geistempfang wirkt als Versiegelung, die ihre Träger durch das Gericht zum eschatologischen Heil bewahrt (cf. Is 44,5; Ez 9,4ff.; PsSal 15,6.9f.; 4.Esr 6,5f.; ApcJoh 7,2-8; 13,16f.; 19,20). Entsprechend hat man die jüdische Beschneidung als Siegel verstehen können (cf. Rö 4,11); Paulus parallelisiert dann das christliche Signum des Geistempfangs mit der eschatologischen Versiegelung (2.Kor 1,22).

spiegelt.[459] Schon dieser Kontrast zeigt das helle Licht, in das die judenchristliche Position der 'Apostel und Propheten' um Paulus hier gerückt wird. Ihr
Heil entspricht, wie viermal formuliert wird, den ewigen Vorsätzen Gottes,
während eine Verankerung des heidenchristlichen, missionarisch vermittelten
Heilsbezugs im ewigen Gotteswillen unterbleibt. Sie haben schon einst als Juden ἐν τῷ Χριστῷ gehofft. Vor allem aber haben sie die volle Offenbarungseinsicht in das Mysterium, die den angesprochenen Heidenchristen ja gerade
fehlt. Daher sind sie, wie wir von E 2,19-22 und 3,1ff. her schon wissen, als
missionarische Vermittler auch die Ursprungsgrößen und das gnoseologische
Fundament der heidenchristlichen Kirche. So tritt uns bei näherem Hinsehen
schon in der Briefeingangseulogie jenes heilsgeschichtliche Bedeutungsgefälle
zwischen den judenchristlichen 'Aposteln und Propheten' um Paulus als den
fundamentalen Empfängern und Vermittlern des gnoseologischen Mysteri-
enheils einerseits und den (von ihnen) erst missionierten heidenchristlichen
Adressaten andererseits entgegen, das in der Fundament-Aufbau-Metapho-
rik von E 2,20(ff.) wiederkehrt.[460]

---

[459] Man könnte gegen diese Interpretation im Sinn eines Gruppenkontrastes immer noch
einwenden, daß die meisten Prädikate und Attribute der Wir-Gruppe im E später ja auch auf die
Heidenchristen angewendet würden: Die Zielbestimmung ἁγίους καὶ ἀμώμους (1,4) wird 5,27
gesamtkirchlich bezogen; die Bestimmung zur Sohnschaft (1,5) impliziert 5,1 (ὡς τέκνα
ἀγαπητά) für die Heidenchristen; die Erlösung in Christi Blut (1,7) treffen wir in 2,13 (cf. 5,2)
für die ehemaligen Heiden; das Christusmysterium (1,8-10) wird nach 3,5-9; 6,19f. auch den Heiden kundgemacht und die eschatologische Anteilgabe (1,11) beziehen 1,14.18; 5,5 auch auf die
Heidenchristen. Selbst die vorweltliche Erwählung (1,4) erscheint anderswo im NT mit Beziehung
auf Heidenchristen (2.Tim 1,9; Tit 1,2; cf. 1.Pt 1,1f.20f.). Aber gerade das letztgenannte traditionelle Israel-Attribut zeigt vor dem Hintergrund eines hell.-jüdischen Referenzsystems, daß eine
solche Ausweitung von Israel-Attributen auf heidnische Konvertiten ganz auf der Linie der hellenistischen Konversionstheologie liegt. Man vergleiche nur Josephs entsprechendes Gebet für die
Proselytin Aseneth in JosAs 8,9: "und zähle sie zu deinem Volk, das du auserwähltest, bevor die
Welt wurde" (cf. E 1,4). Im Sinne dieser Ausweitung verheißt auch der philonische Mose den
Konvertiten nach virt 175 "wie Siegern große Belohnungen: den Anteil an dem besten Staatswe-
sen und den Genuß aller damit verbundenen Vorteile". Die spätere Ausweitung der "Wir-Attri-
bute" auch auf die Heidenchristen beeinträchtigt unsere These also nicht im Geringsten; im begrenzten Textzusammenhang der Eulogie läßt vielmehr der Wir-Ihr-Kontrast, bei dem die Ihr-
Gruppe auffällig durch Missionsterminologie charakterisiert wird, im Horizont aller briefimmanenten Querbezüge (s.o.) eindeutig auf die judenchristliche Identität der Wir-Gruppe schließen.
[460] Da die Eulogie somit auch unsere gruppenbezogene Interpretation von 2,19-22 sichert,
müssen wir hier entschieden der Auffassung von H.CONZELMANN widersprechen, nach der es
in 2,19-22 nur um die Heidenchristen ginge; in diesem Sinne werde "das Thema 'Juden und Heiden' ... nunmehr zurückgelassen zugunsten des *Ergebnisses* der Versöhnung, des jetzigen Seins
der Kirche" (ders., NTD 8[14] S.101). Dieses Ergebnis besteht vielmehr ganz dezidiert in einem re-
spektvollen Verhältnis zwischen heidenchristlichem 'Aufbau' und judenchristlichem 'Fundament'
im metaphorischen Rahmen des "gesamten (Kirchen-) Baus". Nicht weniger verkennen diesen
Sinn R.SCHNACKENBURG, Exegese S.486f., der sich an CONZELMANN anschließt,
A.T.LINCOLN, The Church and Israel, pass., bes. S.613-17; A.LINDEMANN, Aufhebung S.181-
92; ders., ZBK NT 8 S.52ff..

F.2. Zur Gegenwartsbedeutung der 'Apostel und Propheten'

Nun bestätigt uns die Eulogie auch eines unserer Ergebnisse zu 2,19-22: Die judenchristliche Position in der Kirche ist aus der Perspektive des deuteropaulinischen Verfassers eng mit dem Kreis der primären, mit überlegener Einsicht begabten Offenbarungsempfänger um Paulus verbunden. Daß diese 'Apostel und Propheten' dementsprechend als das (gnoseologische) Fundament der Kirche gelten, besagt u.E. aber noch nicht, daß sie der Verfasser ausschließlich der Vergangenheit zuordnet. Gegen diese häufige Sehweise[461] überzeugt uns vor allem K.M.FISCHERs Argument, nach dem die Fundamentmetapher die *gegenwärtige* Relation zwischen den angesprochenen Heidenchristen und den 'Aposteln und Propheten' ausdrücken muß:

"Da Eph.2,19f. ja darauf zielt, daß die Heiden ihr gegenwärtiges Verhältnis bedenken sollen, liegt es sehr fern, daß der Verf. sie nur an heilsgeschichtliche Größen der Vergangenheit binden will."[462]

Wenn an den in Christus gewonnenen sozialen Frieden mit den Juden(christen) erinnert wird (2,14ff.), so kann es in der Schlußfolgerung 2,19ff, die auf die aktuelle kirchliche Situation abhebt, kaum um eine ungleichzeitige Beziehung zurück in die Vergangenheit gehen. Außerdem hat K.M.FISCHER auch darin recht, daß die in 4,11 funktional aufgefächerten kerygmatischen Ämter in der Kirche, die als Gaben Christi ja alle zum gegenwärtigen Fortschritt der Glaubenden im Sinn gnoseologischer Vervollkommnung dienen (4,13), entsprechend auch Gegenwartscharakter haben müssen: Also auch die zu Beginn genannten Apostel und Propheten.[463]

---

[461] Cf. o. S.197 A 399.

[462] K.M.FISCHER, Tendenz und Absicht des Epheserbriefes S.36f. Wir stimmen FISCHER allerdings nicht zu, wenn er mit θεμέλιον keine "temporale Priorität" mehr ausgedrückt sehen will (S.36) - das Gefälle der Mission, nach dem die Empfänger der Mysteriumsoffenbarung auch im zeitlichen Sinn am Beginn der heidenchristlichen Kirche stehen, spricht gegen FISCHER. In der Fundament-Metapher liegen die zeitliche Priorität und die bleibende Priorität dieser Gruppe im Sinn des überlegenen Offenbarungswissen, das den Heidenchristen weiterhin zu vermitteln bzw. zu erinnern ist, ineinander.

[463] K.M.FISCHER, Tendenz S.38. Dies wird auch dadurch bestätigt, daß wir die Reihe in 4,11 später als synchrone Auffächerung der in der Gegenwart des Verfassers maßgeblichen Funktionen in der Kirche erkennen werden, die von den überregional bedeutsamen Funktionen zu den Führungsämtern der konkreten Einzelgemeinden fortschreitet. Wir stimmen mit FISCHER auch darin überein, daß der ἅγιος-Begriff (3,5) selbst keinen Vergangenheitsbezug enthält (cf. nur οἱ ἅγιοι als Adressaten der paulinischen Kollekte!); ebensowenig darf man dem Schreiben quasi-ideologisch Frühkatholizismus unterstellen und daraus dann eine Sicht der Apostel als Vergangenheitsgrößen ableiten. Allerdings können wir allein von dem νῦν in 3,5 aus noch nicht mit FI-SCHER auf Gegenwartsgrößen schließen, denn dieses νῦν liegt ganz auf der Ebene der heilsgeschichtlichen ποτέ-νῦν-Kontraste aus c.2 und bezieht sich daher auf die *Epoche* des gegenwärti-

Auf die Gegenwartsbedeutung dieser Gruppe führt aber auch eine weitere Überlegung: Von der deuteropaulinischen Sehweise in Kol 4,11 her, nach der ausschließlich diejenigen, die aus der Beschneidung kommen, Mitarbeiter am Reich Gottes sind, ist anzunehmen, daß dieser Grundsatz gerade für die eigene Zeit der deuteropaulinischen Verfasser große Relevanz hat. Dies wird dadurch bestätigt, daß sich der Verfasser des E (wie u.E. auch schon der des Kol) durch seine entschieden pro-judenchristliche Darstellung selbst als gesamtkirchlich engagierter Judenchrist zu erkennen gibt. Damit muß er aber noch zu jenem Kreis gehören, der im E judenchristlich identifiziert wird: zum Kreis der 'Apostel und Propheten'. Ein starkes Argument für diese Zuordnung liegt u.E. auch darin, daß unser Verfasser ebenso wie die 'Apostel und Propheten', denen er die volle Offenbarungseinsicht in das Mysterium mit dem Auftrag zur Vermittlung an die Heiden zuschreibt, sich ja mit seinem Schreiben gerade selbst um die Vermittlung des Mysteriums an die angesprochenen Heidenchristen bemüht, wenn er sich dazu auch der größeren Autorität des Paulus versichert. Wenn er nun als Judenchrist mit seinem Schreiben selbst die Aufgaben der 'Apostel und Propheten' wahrnimmt, gleichzeitig aber erkennen läßt, daß die judenchristliche Position in der Gegenwart seiner Kirche vor allem mit diesem Personenkreis verbunden ist, so bleibt nur der Schluß, daß unser Verfasser selbst einer aus dem Kreis jener Judenchristen sein muß, die sich als 'heilige Apostel und Propheten' und als Sachwalter des gnoseologischen Heils verstanden. Ebenso wahrscheinlich ist es freilich, daß Paulus selbst z.Zt. unserer Verfasser schon zum Märtyrer geworden war[464] und dem Kreis der 'Apostel und Propheten' nicht mehr angehörte. Wahrscheinlich ist dieser Kreis bzw. sein Rest in der ephesischen Paulusschule zu lokalisieren. Diese "wissenden" Judenchristen sahen sich jedenfalls weiterhin als das "Fundament" der mehrheitlich heidenchristlichen Kirche an.

---

gen Heils, die schon *vor* dem E mit der Offenbarung an die Apostel und Propheten begann (cf. ebd. S.35-39).

[464] Das ergibt sich vor allem aus dem starken Ausbau des Gefangenschafts- und Leidensmotivs: Es kennzeichnet bereits den Kol (4,3.10.18). Was noch aussteht an Bedrängnissen Christi, erfüllt Paulus durch seine Leiden stellvertretend für den Leib Christi, die Kirche (Kol 1,24). Gerade so ist er διάκονος (1,25.23). W.SCHENK sah in 1,24 wohl zurecht das Martyrium des Paulus mit im Blick und erkannte eine Anspielung auf Mk 10,45: "der in den Tod gehende Offenbarer" (ders., Christus S.147 A 32). Auch im E wird wieder ausgiebig von der Gefangenschaft und dem Leiden des Paulus für die Kirche gesprochen (3,1.13; 4,1; 6,19f.), um so die Bedeutung des Paulus als *Vermittler* des Mysteriums an die Heiden und die Autorität seines Anliegens zu intensivieren. Das deuteropaulinische Bild setzt eine Tradition voraus, die bei Paulus selbst beginnt (Phil 1,7.13.17: οἱ δεσμοί μου; Phm 1,9: δέσμιος Χριστοῦ Ἰησοῦ) und nach der die "reale Gefangenschaft nur letzte Konsequenz der (geistigen) Gefangenschaft im Herrn ist" (MERKLEIN, Amt S.172). Die Steigerung dieses Motivs im Kol und E, die mit dem Gedanken des *für die Heidenchristen* ertragenen Leidens verbunden ist, wird vor allem dann plausibel, wenn sie bei den Adressaten an den Eindruck der abschließenden Gefangenschaft und Hinrichtung des Paulus anknüpfen kann (K.M.FISCHER, Tendenz S.104 (-108); A.LINDEMANN, Paulus S.39; J.GNILKA S.162).

F.3. Pragmatischer Ausblick

Von dieser Bindung der judenchristlichen Position an die 'Apostel und Propheten' als Gegenwartsgrößen aus verstehen wir, warum der Verfasser in seiner Schlußfolgerung 2,19ff., die für seine kirchliche Gegenwart entscheidend ist, den neuen sozialen Frieden zwischen den einst verfeindeten Gruppen auf das Verhältnis zwischen Heidenchristen und 'Aposteln und Propheten' (= 'Heilige') hin interpretiert. Doch welche pragmatische Absicht leitete ihn dabei, an den in Christus gewonnenen sozialen Frieden mit diesen 'Heiligen' und an ihre achtungsgebietende Fundamentfunktion zu erinnern? Hatte die heidenchristliche Mehrheit Schwierigkeiten mit der Achtung dieser judenchristlichen Leitungsämter bekommen, so daß sich der Verfasser dadurch veranlaßt sah, gegenüber seinen Adressaten so nachhaltig den heilsgeschichtlichen Bedeutungsvorrang dieser Judenchristen zu betonen? Dies geschieht ja schon in der einleitenden Eulogie (s.o.) und gibt von daher eine grundlegende Perspektive für alles Folgende ab (Cf. 2,19-22: αἱ ἁγία/ ϑεμέλιον). Die Judenchristen, so könnte man diese Tendenz paraphrasieren, sollen den heidenchristlichen Adressaten als eine achtungsgebietende Gruppe erscheinen, die schon seit ihrer vorchristlichen Vergangenheit (Politeia Israels) in der Kontinuität der Heilsgeschichte steht, so daß erst der Frieden mit ihnen und die Abhängigkeit von ihrer Mission zur Teilhabe der Heiden am Heil führen konnten. Tatsächlich werden wir im folgenden sozialgeschichtlichen Teil die historischen Gründe für diese Tendenz vor Augen bekommen: Wir werden erkennen, daß die jüdisch-judenchristliche Wurzel der Kirche zur Abfassungszeit des E aus zeitgeschichtlichem Anlaß einem schweren Achtungsverlust ausgesetzt war und der Fürsprache und Aufwertung dringend bedurfte.

III. ZEIT- UND SOZIALGESCHICHTLICHE ZUSAMMENHÄNGE

A. Der zeitgeschichtliche Erfahrungshintergrund für das Enkomion Christi als Friedensstifter zwischen Juden und Heiden in E 2,14-18

Die Identifikation des Ritualgesetzes als Trennmauer und Feindschaftsprinzip (E 2,14b-15a) führte uns oben traditionsgeschichtlich eindeutig zu den ethnokulturellen Separationserfahrungen in der hell.-jüdischen Diaspora. Darüberhinaus fanden wir die Begriffe (τὰ) ἀμφότερα (μέρη) bzw. (οἱ) ἀμφότεροι aus E 2,14b.16.18 auch in offiziellen Dokumenten und in antiken historischen Berichten, wo damit die gegeneinander verfeindeten jüdischen und griechischen Bevölkerungsteile östlicher Poleis bezeichnet wurden. Aufgrund dieser traditionsgeschichtlichen Erkenntnisse haben wir allen Grund dazu, die urbanen Konflikte zwischen Juden und Griechen aus der frühen Prinzipatszeit als zeitgeschichtlichen Erfahrungshintergrund für E 2,14-18 anzusehen. Mit dieser Einschätzung schließen wir uns auch P.STUHLMACHER an, dem das Verdienst zukommt, die enge Beziehung zwischen E 2,14ff. und diesen Konflikten der östlichen Diaspora bis in die Zeit nach 70 nachdrücklich hervorgehoben zu haben:

"In der Diaspora Kleinasiens und Ägyptens hatte sich trotz der Toleranzedikte Caesars und des Augustus zwischen der in den Städten zumeist zahlreichen Judenschaft und der heidnisch-einheimischen Bevölkerung in Jahrhunderten ein Feindschaftsverhältnis entwickelt, das vor allem in der gegenseitig so unterschiedlichen religiösen Lebensweise begründet war, zusätzliche Nahrung aus dem Neid der Heiden auf die den Juden von Rom zugestandenen Privilegien der freien Religionsausübung, der Befreiung vom Militärdienst usw. erhielt, und sich gerade in den städtischen Kommunen wiederholt in Pogromen entlud. Gerade in der Zeit nach 70 steigerte sich die Aversion der Juden gegen die Heiden, die Israel seines Tempels beraubt und diesen geschändet hatten, noch ganz besonders. ... Weit entfernt davon, nur eine lebensferne theologische Lehre vorzutragen, zielt unser Ephesertext vielmehr hinein in die Welt des antiken Antisemitismus und der jüdischen Heidenverachtung und verkündet *hier* die Überwindung der Juden und Heiden bislang trennenden Feindschaft durch Christus den Versöhner."[1]

Diese bedeutsame Geschichte jüdisch-griechischer Konflikte in Kleinasien, die STUHLMACHER hier als konkreten Erfahrungshintergrund unseres

---

[1] P.STUHLMACHER, 'Er ist unser Friede' (Eph 2,14). Zur Exegese und Bedeutung von Eph 2,14-18, S.355f.. Freilich war ihm noch nicht die entscheidende Bedeutung der Rede von τὰ ἀμφότερα/ οἱ ἀμφότεροι für diese Bezugnahme bewußt (cf. ebd. S.342f.345).

Ephesertextes grob umreißt, machen wir in diesem zeit- und sozialgeschichtlichen Teil unserer Arbeit zum Gegenstand einer ausführlicheren historischen Untersuchung. Über STUHLMACHER hinaus beschäftigt uns dabei auch die Frage nach einer möglichen historischen Analogie zur Rolle Christi als Friedensstifter zwischen Juden und Heiden: Wir werden sehen, daß uns diese Konflikt-Geschichte eine solche Analogie anbietet.

Da uns Flavius Josephus offizielle Dokumente aus der späten römischen Republik und der frühen Prinzipatszeit überliefert, die zum großen Teil regulativ auf die jüdisch-griechischen Konflikte des römisch beherrschten Kleinasien bezogen sind, versuchen wir zunächst, vor allem von dieser Quellenbasis aus die historischen Bedingungen und Entwicklungen zu rekonstruieren, die das Verhältnis zwi schen römischer Verwaltung, Griechen und Juden in den kleinasiatischen Poleis bestimmten.[2] Den Schwerpunkt setzen wir dabei auf die Zeit Iulius Caesars und Augustus' (III.B.), um für den letzteren auch die ideologischen Hintergründe des unter dem Motto der PAX AUGUSTA entstehenden, alle Völker des Imperiums verpflichtenden Herrschaftskonstrukts einer organischen Reichseinheit unter kaiserlicher Suprematie zu erarbeiten. Wir werden uns also einen Überblick über jene Elemente imperialer Ideologie verschaffen, die das Konzept der pax gentium begründen (III.C.). In einem weiteren Abschnitt wird es darum gehen, auf formgeschichtliche und inhaltliche Parallelen zwischen der Darstellung Christi als Friedensstifter zwischen Juden und Heiden in E 2 und der imperialen Enkomiastik, die den Kaiser als Pacator feierte, hinzuweisen (III.D.). Für die Zeit nach Augustus werden wir sodann den Umschwung in der römischen Judenpolitik durch das seit den Krisen unter Gaius und Claudius aufkommende Schreckgespenst eines desintegrativen Nationalismus der Juden, der zu weltweit konzertierter Unruheaktivität fähig ist, beleuchten (III.E.). Erst dieser geschichtliche Bogen von der späten Republik bis in die Zeit des Claudius, in der auch die aus E 2 bekannte Rede von den "zwei" als Inbegriff verfeindeter ethnokultureller Bevölkerungsgruppen hervortritt, eröffnet uns den präzisen historischen Hintergrund für die in E 2 gemeinte "Feindschaft" zwischen Juden und Nichtjuden im griechischen Osten, die auch noch die Entladungen ethnokultureller Antagonismen im bellum Iudaicum bestimmte. Von diesen Voraussetzungen aus werden wir schließlich in einem letzten Abschnitt den Versuch des flavischen Kaisers verstehen können, die Pax Augusta vor allem durch die militärisch erzwungene Re-integration der aufständischen Juden in das corpus imperii wiederherzustellen (III.F.). Es war dies eine Weise der

---

2   Aus Flavius Josephus kommen für unsere Untersuchung vor allem die Dokumente ant XIV 185-267 (49-43v.Chr: Pompeianer und Caesar), ant XIV 301-23 (Antonius), XVI 27-65.160-178 (M.V.Agrippa, Augustus), ant XIX 280-91.303-310 (Claudius, P.Petronius) und schließlich ant XII 121-24; bell VII 108-111 (Vespasian/Titus) in Betracht.

Friedensstiftung, die Juden und Judenchristen in den Augen ihrer griechischen Umwelt einem schweren Achtungsverlust aussetzte und zu dem die Christologie unseres Textes, wie sich zeigen wird, im Verhältnis einer antithetischen strukturellen Entsprechung steht. Diese Vorausschau auf unser Vorgehen bringt uns bereits zu einer Reflexion über die Methode, nach der wir Vergleiche zwischen der religiösen Vorstellungswelt von E 2,14ff. und der sozialen Erfahrungswelt vornehmen wollen.

Reflexion über die Methode

Methodisch diente die traditionsgeschichtliche Arbeit im ersten Teil dieser Untersuchung dazu, das religiöse Referenzsystem unseres Autors, dessen Kategorien seine christologischen und soteriologischen Gedanken strukturieren, zu erhellen. Dazu half uns vor allem der Rekurs auf die Kategorien des gnoseologischen Heilsverständnisses hellenistischer Juden, die uns exemplarisch bei Philo zugänglich wurden. Doch die überindividuell bereitgestellten Denkmittel des theologischen Milieus sind, wenn man sie unter einem noch nicht soziologischen, sondern eher materialen Blickwinkel traditionsgeschichtlicher Abhängigkeiten betrachtet, nur *eine* Komponente, die zur Formung der Strukturen in der religiösen Symbolwelt eines Autors und seiner Gruppe beiträgt. Gleichzeitig wird nämlich die religiöse Symbolik durch aktuelle Erfahrungen aus der sozialen Welt der Gruppe des Verfassers bestimmt: Religiöse Strukturen erscheinen dann plausibel und relevant, wenn sie auf Erfahrungsmöglichkeiten "passen", die der sozialen Realität zugehören. Die Einsicht in diesen Zusammenhang ist der strukturalistischen Literatursoziologie zu verdanken, die von einer "Beziehung zwischen der Bewußtseinsstruktur einer sozialen Gruppe und der Struktur der Welt des literarischen Werkes" ausgeht; allerdings wird man diesen Zusammenhang mit der im kollektiven Bewußtsein präsenten sozialen Welt auch für religiöse Symbolwelten gelten lassen müssen, die sich in der Kleinliteratur, in Inschriften u.dgl. äußern.[3]

Um diejenigen Elemente aus der kollektiv bewußten sozialen Welt zu charakterisieren, die den religiösen Überzeugungen einer Gruppe Plausibilität verleihen, spricht G.THEISSEN von der sozialen "Plausibilitätsbasis" religiöser Überzeugungen. Als Bei-

---

[3] Cf. das Folgende. Zitiert wurde aus L.GOLDMANN, Die Soziologie der Literatur. Stand und Methodenprobleme, in: J.BARK, Literatursoziologie I: Begriff und Methodik, Stuttgart 1974, S.87f. Den hier entwickelten Ansatz hat G.THEISSEN, Zur forschungsgeschichtlichen Einordnung der soziologischen Fragestellung (in: ders., Studien, S.33) und ders., Die soziologische Auswertung religiöser Überlieferungen (in: ders., Studien, S.48f.) auf den Bereich religiöser Symbolwelten übertragen.

spiel nennt er 1) Prozesse sozialer Aufstiegsmobilität in der römisch-hellenistischen Gesellschaft, nach denen die persönliche *Loyalität* des Sklaven gegenüber dem Herrn, des libertus gegenüber dem Patron, des Freien oder im Zusammenhang der Armee des miles gegenüber dem Kaiser zum Statusfortschritt des jeweils Abhängigen führt. Dabei erscheint die persönliche Leistung oft weniger bedeutsam als die erwiesene Loyalität und die Folge konnte Statusdissonanz sein (z.b. die Differenz zwischen formalem (Sklave) und tatsächlichem Rang beim Kaisersklaven). Solche Prozesse lassen sich als soziale Plausibilitätsbasis für die paulinische "Positionschristologie" deuten, die den Glauben an den erhöhten Herrn als Angebot von Aufstiegsloyalität für alle ausgibt (z.B. Sklave der Sünde vs. Sklave des mächtigsten Herrn, Rö 6,16), die Loyalität (Pistis) anstelle von Leistung (Werken) betont und zur Erfahrung radikaler Statusdifferenz führt (Status in der Welt vs. Status vor Gott). 2) Ein weiteres Beispiel sieht THEISSEN im paulinischen   Gemeindebild   vom   Leib   und   seinen   Gliedern   (= "Partizipationschristologie"), dessen soziale Plausibilitätsbasis mit dem kosmopolitischen Integrationsprozeß im römischen Imperium gegeben sei, wie er sich im Sinn der politischen Haupt-Leib-Metaphorik für stoisch geprägte Beamteneliten darstellte (Haupt = Kaiser; Leib = Reichseinheit der beherrschten Ethnien). Die Anwendung dieser Metaphorik in den von der Unter- und Mittelschicht bestimmten Christengemeinden führte von der imperial-universalen Perspektive der Herrschaftseliten zur Beschränkung der Metaphern auf den Integrationsprozeß unterschiedlicher sozialer Gruppen in Einzelgemeinden.[4]

Auf solche Entsprechungsverhältnisse zwischen der sozialen (politischen) Erfahrungswelt und religiösen Überzeugungen machte uns schon oben das Beispiel der verbreiteten, epigraphisch für die verschiedensten Gottheiten nachweisbaren ϑεὸς ὕψιστος-Theologie aufmerksam, welche die Suprematie einer singulären Gottheit nach einem räumlichen Schema formuliert und die ihre Plausibilität und Attraktivität aus dem politischen Erfahrungsbereich der Kultanhänger bezog: "Höchsten" politischen Herrschern von Alexander d.Gr. bis zu den römischen Kaisern mit universaler Machtfülle entsprechen die als ὕψιστος verehrten Gottheiten, denen somit über die heimatliche Polis und über alle weiteren numina hinaus universale Suprematie zugesprochen wird.[5] Im Anschluß an L.GOLDMANN und G.THEISSEN nennen wir solche Entsprechungen zwischen den Strukturen der sozialen Realität und der religiösen Symbolik "Strukturhomologien".[6] Im folgenden leitet unsere Untersuchung

---

4 Zum Ganzen siehe G.THEISSEN, Christologie und soziale Erfahrung. Wissenssoziologische Aspekte paulinischer Christologie, in: ders., Studien, S.318-330.

5 Siehe o. S.8f mit AA 21.22.

6 L.GOLDMANN, Die Soziologie der Literatur, S.87f.. Bei der Strukturhomologie kehrt "Die soziale Realität ... in den religiösen Symbolen nicht nur inhaltlich wieder, sondern in den formalen Beziehungen der Elemente. Die Struktur der Symbole ist auf die Struktur der sozialen Realität zu beziehen, ohne daß man jene auf diese zurückführen könnte. Urchristliche Gemeinden und urchristliche Symbolik stehen wohl in engem Zusammenhang. Aber so wie die urchristlichen Gemeinden einen Schritt über die vorhandene Gesellschaft hinaus tun, so reichen ihre Symbole wiederum weit über die urchristliche Realität hinaus: Hier wird sogar die Utopie formuliert, alle Menschen kämen einander so nahe wie Glieder an einem Leibe..." (G.THEISSEN, Zur for-

also überall dort, wo wir Vergleiche zwischen der Christologie von E 2,14-18 (im Kontext) und Strukturen der politischen Erfahrung (Zeit- und Sozialgeschichte) bzw. der imperialen Ideologie ziehen, nicht mehr primär die Frage nach traditionsgeschichtlich verifizierbaren Zusammenhängen.[7] Vielmehr fragen wir nach jenen "Strukturhomologien", die nicht notwendig an die Wiederkehr identischer Begriffe oder Wortfelder, jedoch an die Analogizität der Strukturen (Abfolge oder Zuordnung der religiösen bzw. der sozialen Strukturelemente) gebunden sind. D.h.: Soziale (oder politische) Strukturen werden sprachlich nicht ungebrochen in der religiösen Symbolwelt reproduziert, sondern sie erscheinen in den Sprachraum der religiösen Denkmittel (Traditionen) transponiert.[8] Dem Autor braucht die Bestimmtheit seines religiösen "Systems" durch soziale bzw. politische Strukturen, die ja dem kollektiven Bewußtsein seiner sozialen Gruppe zugehören, keineswegs bewußt zu sein. Allerdings wird sich später zeigen, daß wir für E 2,14ff. mit der speziellen Möglichkeit einer *intendierten* Strukturhomologie im Sinn eines religiösen Gegenentwurfs zu einer die Gemeinden belastenden politischen Wirklichkeit zu rechnen haben.

---

schungsgeschichtlichen Einordnung der soziologischen Fragestellung, in: ders., Studien, S.3ff., hier S.33). M.a.W.: Das Entsprechungsverhältnis enthält immer einen symbolischen "Überschuß" über die Realität hinaus und darf nicht im Sinn eines soziologischen Reduktionismus mißverstanden werden. Im einzelnen unterscheidet THEISSEN zwei Typen von Strukturhomologien: a) Einmal kann der sozialen Realität die "Syntagmatik" des religiösen Mythos entsprechen, dh. die Ereignisfolgen im Mythos und in seiner sozialen Plausibilitätsbasis sind analog. b) Daneben kann sich das Entsprechungsverhältnis auf die "Paradigmatik" des Mythos beziehen, dh. auf sachliche Beziehungen und Oppositionen zwischen seinen Elementen unabhängig von der Ereignisfolge (G.THEISSEN, Die soziologische Auswertung religiöser Überlieferungen, in: ders.,Studien, S.48f.).

[7] Obgleich freilich auch traditionsgeschichtliche Zusammenhänge (i.w.S.) im Spiel sind, wenn E 2,14ff. etwa die damals auch in politischen Dokumenten geläufige Rede von τὰ ἀμφότερα bzw. οἱ ἀμφότεροι zur Kennzeichnung der verfeindeten urbanen Fronten von Juden und Griechen übernimmt; siehe unter III.E.2..

[8] Cf. L.GOLDMANN, Die Soziologie der Literatur, S.88: "...es kann daher ... vorkommen - und das ist tatsächlich meist der Fall -, daß völlig heterogene, je selbst entgegengesetzte Inhalte strukturell homolog sind oder doch auf der Ebene kategorialer Strukturen in einer durchschaubaren Beziehung zueinander stehen. ... Die kategorialen Strukturen, welche das kollektive Bewußtsein beherrschen und welche in die vom Künstler geschaffene Welt der Phantasie *transponiert* sind, ... sind unbewußte Prozesse... Daher kann in den meisten Fällen die Aufdeckung derartiger Strukturen und damit das Verständnis eines literarischen Werkes weder durch binnenliterarische Untersuchungen noch durch die Erforschung der bewußten Absichten des Schriftstellers oder durch psychologische Studien des Unbewußten erreicht werden, sondern nur durch Untersuchungen strukturanalytischer und soziologischer Art" (Hervorhebung E.F.).

B. *Römische Verwaltung, Griechen und Juden in der Provinz Asia bis zur Zeit des Augustus*[9]

Schon lange vor Alexander dem Großen gab es Juden in Kleinasien; über ihre Lebensverhältnisse haben wir jedoch keine Nachrichten.[10] Erst aus der seleukidischen Zeit sind uns Erlasse bekannt, durch die den Juden, die in kleinasiatischen Städten siedelten, eine nach ihren eigenen ethnokulturellen Traditionen ausgerichtete Lebensweise garantiert wird, die dem griechischen Bürgerstatus in den jeweils gastgebenden Poleis gleichgestellt sein sollte: Beide Gruppen haben den πολιτεία-Status, führen ihr politisches Leben innerhalb dieses Rahmens jedoch nach den jeweils eigenen ethnokulturellen Traditionen (Gesetze, Institutionen, Bräuche usf.).

So ist Jos. c.Ap.II 39 zu verstehen: Die Juden im syrischen Antiochia dürfen sich "Antiochener" nennen, da Seleukos I. (bis 281 v.Chr.) ihnen τὴν πολιτείαν gewährt hatte - also jenes autonome, politisch-institutionelle und kulturell-kultische Eigenleben (= Politeia), das im griechischen Verständnis, wie wir oben ausführlich belegt haben (II.C.2.), durch die überkommenen νόμοι und ἔϑη eines Volkes konstituiert wird. Unter der Voraussetzung, daß eine ethnische Gruppe erst durch den offiziell gewährten Politeia-Status das Recht erhält, als "Bürger" einer Lokalität (hier: Antiochia) aufzutreten und insofern (auch) "Antiochener" zu sein, ist in c.Ap.II 39 gemeint, daß Seleukos den Juden - in analoger Weise wie den lokalen Griechen - den nach ihren eigenen Traditionen ausgestalteten πολιτεία-Status zuerkannt hat, so daß sie sich nach der Lokalität Antiochia als "Antiochener" bezeichnen dürfen.[11] "In gleicher Weise", so fährt Jose-

---

[9] Historische Gesamtdarstellungen zur römischen Judenpolitik gegenüber der Diaspora und zur soziopolitischen Lage der Diasporagemeinden des griechischen Ostens im fraglichen Zeitraum geben E.M.SMALLWOOD, The Jews under Roman Rule (1981[2]), S.120-143.356-88; U.BAUMANN, Rom und die Juden (1983) S.238-65; speziell zur Diaspora in der Asia siehe F.BLANCHETIERE, Juifs et non-Juifs. Essai sur la diaspora en Asie Mineure, RHPhR 54 (1974), S.367-82 und jetzt P.R.TREBILCO, Studies on Jewish Communities in Asia Minor (1987), bes. S.5-27.188-204. Gesamtdarstellungen zur archäologischen Evidenz für das Judentum im westlichen Kleinasien bieten A.T.KRAABEL, Judaism in Western Asia Minor under the Roman Empire, with a Preliminary Study of the Jewish Community at Sardis, Lydia (1968); SCHÜRER (ed. G.VERMES, F.MILLAR, M.GOODMAN) Vol.III/1 (1986) S.17ff. und P.R.TREBILCO, Studies on Jewish Communities in Asia Minor, S.28-207 (+S.208-225). Wir werden im folgenden versuchen, unsere Untersuchung zur römischen Judenpolitik in einen weiteren Horizont römischer Außen- und Reichspolitik zu stellen, als sie allein aus den Dokumenten der Judenpolitik bei Josephus zugänglich wird.

[10] Dazu F.BLANCHETIERE, Juifs et non Juifs, S.367-70; SCHÜRER (edd. VERMES, MILLAR, GOODMAN) III/1 S.17.

[11] Diese Status-Konstruktion bestätigt ant XII 119f.: "Denn Seleukos [I.] Nikator würdigte die Juden in den Städten, die er in Asia und in Untersyrien gründete, sowie in seiner Metropole Antiochia der Politeia (πολιτείας αὐτοὺς ἠξίωσε) und erklärte, daß sie mit den dort angesiedelten Makedonen und Hellenen in gleichem Rang stünden (ἰσοτίμους), so daß (ὡς) diese ihre Politeia auch noch heute gilt." Die Gleichrangigkeit der Juden mit den Makedonen und Hellenen wird

phus fort,"tragen auch die [Juden] in Ephesus und im übrigen Ionien mit den einheimi-
schen Politen den gleichen Namen, da die Diadochen ihnen das gewährt hatten." Das
tertium comparationis zwischen Antiochia und den ionischen Städten liegt also darin,
daß die gleichberechtigte Übernahme des Lokalnamens durch Griechen und Juden
("Antiochener", "Epheser") im Falle der Juden auf das Zugeständnis des Politeia-Status
parallel zum griechischen zurückgeht.[12] Offenbar war es der Seleukide Antiochos II.
Theos (262-247/6 v.Chr.), der gemäß ant XII 125-26 in den *ionischen* Städten zugleich
mit den Griechen *auch den Juden* die statusgleiche, jedoch nach den ethnokulturellen
Traditionen spezifisch gestaltete Politeia gewährt hatte. Denn M.V.Agrippa verweigerte
sich 14 v.Chr. dem Anliegen der ionischen Griechen, nur noch ihnen allein (μόναι) den
Anteil an dieser πολιτεία zuzugestehen, mit dem Argument, daß ihm keine Neuerun-
gen statthaft seien (ant XII 126: μηδὲν αὐτῷ καινίζειν ἐξεῖναι)[13]: Antiochos II. hatte

---

hier als gleichartiges Zugeständnis des Politeia-Status verdeutlicht, der im Falle der Juden sogar
bis in die römische Gegenwart des Josephus gilt. Heißt dies, daß diese Juden einfach an einer
einheitlichen lokalen Politeia gemeinsam mit den Makedonen und Hellenen partizipierten, oder
ist gemeint, daß prinzipiell jeder ethnischen Gruppe ein nach den eigenen ethnokulturellen Traditionen ausgestalteter, prinzipiell gleichrangiger Politeia-Status zugestanden wurde? Die unmittelbare Fortsetzung klärt diese Frage im zuletztgenannten Sinn: Als Beweis ihres mit den Makedonen und Hellenen gleichberechtigten Status am Ort wird die Auszahlung eines Erstattungsbe-
trags an die Juden für das (kultisch inakzeptable) Öl erwähnt, das die Gymnasiarchen den Politen
auszuteilen pflegten: Davon sollten sich die Juden eigenes, also kultisch akzeptables Öl kaufen
können (ant XII 120). Analog zu diesem Vorgang ist uns beispielsweise aus anderen Orten und
späterer Zeit bekannt, daß man für die (koschere) Verpflegung der lokalen Juden auf dem Markt
Sorge trug, so etwa in einem sardischen Psephisma aus der Zeit Caesars oder aus Pompei (Sardis:
ant XIV 261; Amphoren aus Pompei sind mit der Qualitätsbezeichnung "koscher" versehen, s.
APPLEBAUM in SAFRAI/STERN, Compendia II, S.722; cf. ant XIV 225-27). Solche Rück-
sichtnahme auf die ethnokulturellen Traditionen der Juden, also auf ihre νόμοι und ἔθη, kann
aber nur als Anerkennung einer spezifisch *jüdischen Politeia* am Ort, die nach antikem Verständnis ja durch diese Gesetze und Bräuche definiert wird, gesehen werden (entsprechend wird das
erwähnte sardische Psephisma auch mit der Feststellung eröffnet, daß sich die folgenden Zugeständnisse an der *Restitution der jüdischen Gesetze und Freiheit* (= Politeia) durch den römischen
Senat orientierten (ant XIV 269)). Seleukos gewährte den Juden also zweifellos *einen eigenen,
nach ihren Traditionen normierten Politeia-Status*. Nach bell VII 110 waren die politischen Rechte
der antiochenischen Juden (τὰ δικαιώματα τῶν Ἰουδαίων) auf Bronzetafeln eingraviert öffentlich aufgestellt: Der von den Seleukiden zugestandene, ethnokulturell spezifische Politeia-Status
war zugleich also mit Rechtsbestimmungen verbunden worden, die das Zusammenleben mit den
Institutionen der griechischen Polis regelten. Zu dieser auch sonst belegbaren Konstruktion siehe
oben u. II.C.2.. U.E. verkennt zuletzt P.R.TREBILCO, Studies on Jewish Communities in Asia
Minor (1987), S.188, diese konstitutionelle Konstruktion, indem er - wie schon andere vor ihm -
Josephus unterstellt, dieser argumentiere hier für eine Teilhabe der Juden an einer jeweils einheitlichen *griechischen* Politeia vor Ort, die die Seleukiden auch den Juden gewährt hätten. Doch
auf diesen Nenner ist u.E. der in ant XII 120 folgende "Beweis" (τεχμήριον) der Öl-Erstattung
kaum zu bringen, der ja, da wir "Politeia" als ethnokulturelles Konzept verstehen müssen, gerade
auf eine *respektierte ethnokulturelle Differenz* aufmerksam macht.

[12] A.KASHER, Jews, S.275-277. Zur ethnischen Struktur Antiochias als einer der vier militärischen Gründungen des ersten Seleukiden in Syrien und Kleinasien (Seleucia Pierea, Laodiceia,
Apamea/ Orontes) siehe KASHER, Jews 286-87.297-309. Der Kern der jüd. Gemeinde Antiochias war möglicherweise eine militärische Ansiedlung.

[13] Die Frage, wem Antiochos II. die Politeia nach ant XII 125 gewährt hatte - αὐτοῖς (ebd.) ist
sowohl auf die Juden als auch auf die Ionier oder auf beide beziehbar - läßt sich durch die Dar-

also schon beiden Volksgruppen den Politeia-Status gewährt und M.Agrippa befolgt das politische Traditionsprinzip (s.u.). Dieser Text ist auch gut geeignet, die in dieser Arbeit vertretene Statuskonstruktion eines jeweils ethnokulturell spezifizierten und insofern Juden und Griechen *in verschiedener Ausprägung zugestandenen Politeia-Status* zu erhärten. Denn inhaltlich bedeutete die Bestätigung des jüdischen Politeia-Status nach ant XII 126, daß die Juden in dieser Verhandlung durch den Beistand des Nikolaos das Recht verteidigten, "nach ihren eigenen Bräuchen zu leben" (ταῖς αὐτῶν ἔθεσι χρ⁻ ῆσθαι). Der Text identifiziert also den (bewahrten) jüdischen Politeia-Status mit dem Recht auf ein kommunales Leben nach den eigenen ἔθη. Genau dies müssen wir auch von unserer allgemeinen Untersuchung zum antiken Begriff der Politeia her erwarten: Die ἔθη (und νόμοι) konstituieren dieselbe als ethnokulturelles Konzept. Wir haben hier einen weiteren Beleg dafür, daß das Zugeständnis der überkommenen ἔθη bzw. νόμοι an die Juden konstitutionell gleichbedeutend ist mit dem Zugeständnis des (ethnokulturell spezifisch ausgestalteten) Politeia-Status[14]; diese Situation galt in Ionien nach dem Zeugnis des Josephus in seleukidischer Zeit und wurde von M.Agrippa beibehalten.

---

stellungslogik im Sinn der letzten Möglichkeit klären: Die Neuerung, von der M.Agrippa Abstand nimmt, muß nach dem Zusammenhang in dem Alleinanspruch der Ionier auf die Politeia liegen (125: ἵνα τῆς πολιτείας... μόνοι μετέχωσιν) - *beide Gruppen hatten also zuvor den Politeia-Status* (Gegen MARCUS, Josephus LCL VII S.741-42, nach dem nur die Griechen diesen Status gehabt hätten; gegen P.R.TREBILCO, Studies 189f., nach dem mit αὐτοῖς nur die Juden gemeint seien). Das bestätigt auch ant XVI 160f., wo Josephus von der unter den "früheren Königen" (sc. den hellenistischen) den asiatischen und kyrenischen Juden gewährten ἰσονομία ("equal rights") und ἰσοτέλεια ("the same equality of taxation") gegenüber den Griechen spricht, die Augustus 12 v.Chr. bestätigte (zu den Fachbegriffen siehe KASHER, Jews 278ff., bes.288f.).

[14] An diesem klaren Zusammenhang gehen die neueren Untersuchungen zum Status der jüdischen Gemeinden in der (kleinasiatischen) Diaspora von T.RAJAK (Was there a Roman Charter for the Jews? JRS 74 (1984) S.107-123) und von P.R.TREBILCO (Studies on Jewish Communities in Asia Minor (1987), bes. S.188f.) deshalb vorbei, weil sie sich nicht um das ethnokulturelle, antike Konzept der Politeia, die durch die überkommenen νόμοι und ἔθη eines Volkes konstituiert wird, gekümmert haben. Nur so ist verständlich, wie T.RAJAK das oft in den Dokumenten belegbare summarische Zugeständnis der jüdischen νόμοι bzw. ἔθη als "no more than a fine-sounding verbal gesture" ohne rechtliche Eindeutigkeit bewerten kann (S.115-116 cf. S.108 und pass.) und wie P.R.TREBILCO ihr in dieser Einschätzung oftmals folgt (ders., Studies, S.10.23-24: "such general statements are not legally precise and thus their value in a judical setting is questionable"): Die konstitutionelle Qualität dieser summarischen Zugeständnisse wird hier übersehen. Eklatant zeigt sich dieses Mißverständnis bei TREBILCOs Behandlung der hier besprochenen Verhandlung vor M.Agrippa nach ant XII 125-26: Der Text "starts by asking that the Jews should be deprived of their citizenship and ends with a confirmation of the status quo, which is said to be the privilege of following their own customs, with no mention being made of citizenship. One would at the very least expect the conclusion of the account to include a confirmation of citizenship rights, since [according to the beginning of the passage] this was the matter under dispute" (ders., Studies S.190). Doch das summarische Zugeständnis der ἔθη bedeutete nach antikem Verständnis eben gerade die Garantie des ethnokulturell spezifizierten Politeia-Status, so daß sich Textbeginn und -ende genau entsprechen! Das gleiche Mißverständnis wiederholt sich dann bei der Behandlung des josephischen Parallelberichts über die Verhandlungsszene vor M.Agrippa in ant XVI 27-61 ("He [sc. Nicolaos v. Damaskus, der Anwalt der Juden] made no mention of the Jews in Ionia having citizenship, nor did he ask for this. His request was that Agrippa might confirm the Jewish privilege of being able to follow their own customs", a.a.O. S.190). Zu ant XVI 27-61 siehe auch später.

Unter den seleukidischen Herrschern, denen jüdische Militäreinheiten hervorragende Dienste geleistet hatten, scheint diese vorteilhafte Behandlung der Juden Tradition geworden zu sein. Aus dem Brief des Antiochos III. an seinen kleinasiatischen Statthalter Zeuxis (ant XII 147-53) wissen wir, daß der König etwa zwischen 212 und 205/4 v.Chr. 2000 jüdische Familien aus Mesopotamien und Babylonien als Militärsiedler (=κατοικοί) nach Lydien und Phrygien gebracht hat, um lokale Unruhen niederzuhalten.[15] Eine Empfehlung für diese Maßnahme stellten die guten Erfahrungen der seleukidischen "Vorfahren" mit der Loyalität der Juden dar (XII 150 cf. ant XII 119), die als jüdische Militäreinheiten nach den Forschungen von S.APPLEBAUM unter dem Kommando von Priestern bzw. Leviten standen und so auch als ethnisch homogene Gruppen ihre jüdischen Lebensnormen mit ihren militärischen Aufgaben einheitlich arrangieren konnten.[16] Antiochos III. sichert diesen jüdischen Siedlern nun ausdrücklich zu, νόμοις αὐτοὺς χρῆσθαι ταῖς ἰδίοις (§ 150): der Sache nach also, wie wir nun wissen, den Politeia-Status, den ja auch schon Antiochos II. Theos den ionischen Juden gewährt hatte.[17] Zudem wird Zeuxis zu größtmöglicher πρόνοια für das jüdische ἔθνος angehalten (§ 153). Auch nach der Demilitarisierung bestanden diese κατοικίαι später als eigenständige Verwaltungseinheiten - analog mit dem Institut des Politeuma - in den kleinasiatischen Städten fort und gaben den Rahmen für das den eigenen ethnokulturellen Traditionen entsprechende kommunale Leben ab. Noch im 2./3. Jh.n.Chr. konnte die jüdische Gemeinde in Hierapolis epigraphisch als ἡ κατοικία τῶν ἐν Ἱεραπόλει κατοικούντων Ἰουδαίων angesprochen werden (CIJ II 775).[18]

Somit hinterließen die Seleukiden mindestens im Westen Kleinasiens (in Ionien und verschiedenen Orten Phrygiens und Lydiens) urbane Strukturen, in denen Griechen wie Juden in konstitutionell paralleler aber ethnokulturell differenzierter Weise der Politeia-Status zugestanden war und wo in diesem Rahmen auch die Juden, formal konstituiert als κατοικίαι/ πολιτεύματα/ συνόδαι[19], ihren eigenen πάτριοι νόμοι und πάτρια ἔθη folgen konnten: Eine

---

[15] Zu ant XII 148-53 siehe jetzt die Besprechung bei P.R.TREBILCO, Studies, S.5-7.

[16] Cf. P.R.TREBILCO, Studies, S.251f. A 163.

[17] Auch hier verkennen T.RAJAK (a.a.O. S.108f.) und P.R.TREBILCO (a.a.O. S.10) den konstitutionellen Charakter dieses Zugeständnisses eines kommunalen Lebens nach den eigenen überkommenen Gesetzen durch Antiochos III.; sie lehnen es daher ab, mit den seleukidischen Maßnahmen schon "formal arrangements" zwischen Juden und Heiden in einigen Städten der Asia erreicht zu sehen.

[18] Jüdische κατοικίαι im seleukidischen und ptolemäischen Machtbereich behandeln S.APPLEBAUM, Organization S.468-73 (priesterliche/levitische Leitung).464-66.473-77; ders., Legal Status S.431-34.426-28; A.KASHER, Jews, Index s.v. κατοικία. Es scheint naheliegend, daß sich mit der Demilitarisierung eine Organisationsform ergab, die mit der als "Politeuma" bekannten analog war. Dies waren rechtlich konstituierte politische Korporationen mit eigenen Verwaltungsbeamten parallel zur gastgebenden griechischen Polis, "a city within the city" (SMALLWOOD, The Jews under Roman Rule, 225f. und A.KASHER, Jews 209 mit A. 3).

[19] TREBILCO, Studies on Jewish Communities, S.192f. macht auf die diversen lokalen Konstitutionsformen der jüdischen Gemeinden aufmerksam: In Sardis (cf. ant XIV 259-61: οἱ κατοικοῦντες ἡμῶν ἐν τῇ πόλει Ἰουδαίοι πολῖται...; πολιτεύωνται) und an anderen Orten etwa als Politeuma, in Hierapolis etwa als Katoikia (CIJ 775), in Nysa etwa als Synodos (B.LIFSHITZ, Donateurs et Fondateurs Dans Les Synagogues Juives, Cahiers de la Revue Bibli-

Politeia war in der Antike ja stets ethnokulturell ausgeprägt (Bräuche, Gesetze). Diese Konstruktion lief in der weiteren Entwicklung auf eine Parallelisierung bestimmter kommunaler Institutionen der griechischen Polis durch die jüdische Politeia am selben Ort hinaus.[20]

Als um das Jahr 140 v.Chr. herum der zuvor unter Judas Makkabaios mit *Rom* geschlossene Internationalvertrag (cf. 1.Makk 8,23ff) erneuert wurde, stellten die Römer auch verschiedenen kleinasiatischen Herrschern und Städten Kopien des φιλία- und συμμαχία-Vertrags mit dem Hohenpriester und dem jüdischen Volk zu (1.Makk 15,15-24), wobei sehr wahrscheinlich auch der Schutz der auswärtigen Diasporagemeinden eingeschlossen war: "Wir haben nun beschlossen, den Herrschern und Ländern zu schreiben, daß sie nichts Schlimmes gegen sie [sc. die Juden] aushecken sollten..." (15,19).[21] Die Römer gründeten ihr Verhältnis zur Diaspora also von vorneherein auf ihr Verhältnis zur repräsentativen Spitze des gesamten ἔϑνος in Jerusalem. Wir nennen diese Konstruktion *repräsentatives Klientelprinzip*.[22] Daneben befolgten die Römer gegenüber den Diasporajuden auch ihr *politisches Traditionsprinzip*, nach dem sie bei der Verwaltung der östlichen Gebiete gerne auf die bewährten Strukturen aus der Zeit der hellenistischen Monarchien zurückgriffen. So bestätigte etwa der Proquaestor Lucius Antonius im Jahr 49 v.Chr. nach einer Petition Sardischer Juden mit römischem Bürgerrecht deren "seit

---

que 7 (1967), No.31). An den letzten beiden Orten verstanden sich die Juden zudem (epigraphisch) als λαός (s. auch CIJ 776), was schon auf ihren ethnokulturellen Distinktionsanspruch verweist. Mit dem Streben nach einem eigenen kommunalen Leben in Entsprechung zu den traditionellen Gesetzen und Bräuchen ging es ihnen der Sache nach an allen Orten um das Zugeständnis eines eigenen, respektierten Politeia-Status in Analogie zum griechischen, so daß wir TREBILCOs allgemeine Schlußfolgerung ("the case for the possession of citizenship by Jewish communities in Asia Minor is not proved", ders., Studies, S.193) nur hinsichtlich jüdischer Teilhabe an der *griechischen* Politeia/ Polis gelten lassen können.

[20] SCHÜRER (ed. VERMES, MILLAR, GOODMAN) III/1 S.107-14 nennt erhellende Analogien ethnokulturell eigenständiger Ansiedlungen von Nahostvölkern (Tyrer, Beryter, Sidonier, Ägypter) in hellenistischen Städten (κοινά mit jeweils eigenem Kult). Zwischen Griechen und Juden parallele kommunale Institutionen sind ebd., S.103-107 verzeichnet (zB. jüdische νεότεροι; Riten der Ehrerweisung; Riten der Sklaven-Freilassung; kommunale Archive und Friedhofsaufsicht; außerdem zB. Jurisdiktions- und Verwaltungshoheit (ant XIV 235); eigene Finanzverwaltung (ant XIV 214f.245 u.ö.); besondere Marktversorgung (XIV 261 cf.225-27)). Vergleichbar ist die gut erforschte Organisation des jüdischen Politeuma in Alexandria (s. A.KASHER, Jews S.253-61). Siehe auch APPLEBAUM, Legal Status, S.452-54.

[21] Dazu BICKHOFF-BÖTTCHER, Judentum S.265 mit A 3; BLANCHETIERE, Juifs S.372. Zu den historischen Problemen dieser sog. Schildgesandtschaft cf. D.TIMPE, Der römische Vertrag mit den Juden von 161 v.Chr., Chiron 4 (1974) S.133-52, hier S.147-150.

[22] Hier hat seinen Ort, was T.RAJAK, Charter S.116-118 als "Exchanges of Beneficia", etwa zwischen den jüdischen Repräsentanten und den Kaisern, beschreibt: "Every batch of documents is part of an exchange of *beneficia*, and in most cases this exchange arises ultimately from and caters to a personal connection which involves gratitude and mutual esteem. The distribution of privileges to cities, communities, of shrines as tokens of esteem for meritorious individuals is a familiar pattern in the Roman empire."

Anbeginn" (ἀπ' ἀρχῆς) bestehende Rechte auf Versammlung und einen eigenen Verwaltungs- und Gerichtsort (ant XIV 235), also den althergebrachten status quo.[23] Ein drittes hier wichtiges Prinzip liegt in der Respektierung ethnokultureller und ethnokultischer Besonderheiten: "Jede Stadt, Laelius, hat ihre eigene Religion, wir haben unsere."[24] Eine große Rolle spielte dabei das für die ethnokultischen Vollzüge reklamierte Alter. Daher fand später sogar der antijüdische Senatsaristokrat Tacitus bestimmte jüdische Bräuche durch ihre "antiquitas" gerechtfertigt.[25] Wir sprechen hier von einem *ethnokultischen Toleranzprinzip*, das allerdings sehr schnell dort Grenzen hatte, wo etwa in Rom cives Romani als Konvertiten östlicher Kulte in Erscheinung traten und damit die stark traditionalistische römische Gesellschaft, die um der politischen und moralischen Ordnung willen auch die Doktrin von der Überlegenheit und Konstanz des eigenen religiösen Überzeugungssystems wahren mußte[26], vermeintlich in Gefahr geriet.[27] Das letzte hier

---

[23] Cf. dazu SEVENSTER, Roots S.161: "The Romans took over existing relationships, were not passionate reformers, gladly confirmed existing legal relationships. They interfered only when economical or political relationships were prejudiced." Siehe auch BLANCHETIÈRE, Juifs, S.372.375; TREBILCO, Studies, S.13 und ant XII 125f.; XVI 60.160.

[24] Cicero, Pro Flacco 28,69 (Sua cuique civitati religio, Laeli, est, nostra nobis). Cicero formuliert hier zweifellos einen konsensfähigen Grundsatz, der im Rahmen seiner Verteidigungsrede für L. Valerius Flaccus erst durch die folgenden Argumente speziell antijüdisch aufgeladen wird: Die religio istorum sacrorum der Juden sei schon immer den hohen ethnokulturellen Werten der Römer zuwider gelaufen (splendor imperi/ gravitas nominis nostri/ maiorum instituta). Zum Ganzen A.J.MARSHALL, Flaccus and the Jews of Asia, Poenix 29 (1975) 139ff.

[25] Tac., Hist.V 5,1: Hi ritus (sc. die in V 4 genannten) quoquo modo inducti antiquitate defenduntur. Cf. später Celsos bei Orig., c.Cels. 5,25 und Tertullian, Apol. 19,1f.: "Das hohe Alter ist es also, was diesen Urkunden ihre Autorität verleiht. Auch bei euch verleiht es ja eine religiöse Weihe, wenn man Glaubwürdigkeit auf Grund der Zeit in Anspruch nehmen kann". Zum Altersprinzip als Grundlage religiöser Toleranz siehe R.MACMULLEN, Paganism in the Roman Empire, 1981 S.2-3.141 A 9. Cf. auch die bei W.GERNENTZ, Laudes Romae, S.80-86 gesammelten Belege, die die römische pietas/εὐσέβεια rühmen, gegenüber externen Gottheiten ebd. 84.

[26] Cf. dazu A.WLOSOK, Rom und die Christen, S.62ff.

[27] So sind wohl die Austreibungen des Jahres 139 v.Chr. begründet, die neben den Chaldaeern auch die Juden betrafen (Val.Max., memor. I 3,3 bei STERN I 147a/b): Die Wendungen "qui Romanis tradere sacra sua conati erunt" bzw. "qui Sabazi Iovis cultu Romanos inficere mores conati erant" beziehen sich wahrscheinlich auf jüdische Missionserfolge (CASTRITIUS, Die Haltung Roms gegenüber den Juden in der ausgehenden Republik und der Prinzipatszeit S.19; BICKHOFF-BÖTTCHER, Judentum S.281-84). Ein analoges Vorgehen gegen die Juden in Rom gab es wieder unter Kaiser Tiberius im Jahr 19 n.Chr. (Jos., ant XVIII 65-84; Tac., ann II 85,4; Dio Cass. LVII 18,5; Suet., Tib. 36). Auch hier ging es darum, "jede Werbeaktivität der Juden für ihre Religion zu unterbinden und am Judentum interessierte Römer abzuschrecken" (BICKHOFF-BÖTTCHER 289, cf. 284ff.). Die antijüdischen Maßnahmen stehen in der Geschichte Roms u.a. neben entsprechenden gegen den Bacchuskult (Livius XXXIX 8-19), gegen die Chaldaeer, gegen Isisanhänger (D.L.BALCH, Wives, S.116-133; BICKHOFF-BÖTTCHER ebd.). Der (angebliche) Rat des Maecenas an Augustus bei Dio Cass 52,36 gibt daher einen sachlich stimmigen Eindruck von der traditionalistischen stadtrömischen Religionspolitik: "... und weiterhin: Verehre du selbst überall und in jeder Hinsicht die Gottheit im Einklang mit unseren

relevante politische Element, das besonders zur Legitimation des römischen Imperialismus herangezogen wurde (s.u.), ist das *ordnungspolitische Prinzip*, nach dem die römische Provinzialpolitik die pax gentium wahren und jeden Anlaß zu urbanen Unruhen beseitigen sollte.[28] Obgleich der jüdische Anteil an lokalen Unruhen in der republikanischen Zeit durchaus wahrgenommen werden konnte, trübte dieser Sachverhalt, wie sich zeigen wird, zunächst noch in keiner Weise die offizielle Judenpolitik.[29] Vor dem Hintergrund der eben skizzierten Prinzipien versuchen wir im Folgenden, einen historischen Überblick zur soziopolitischen Lage der jüdischen Diaspora in der Asia zwischen 50 v.Chr. und der frühen Prinzipatszeit zu erarbeiten, wobei unsere Rekonstruktion neben anderen Zeugnissen insbesondere die bei Josephus gebotenen einschlägigen Dokumente[30] berücksichtigen wird. Zuvor müssen wir daher in einem Exkurs die in der Forschung umstrittene Eignung dieser Dokumente als Geschichtsquellen bedenken.

Die neueren Studien zu den bei Josephus überlieferten Aktenstücken (ant XIV 265: Dekrete (δόγματα) des Senats und der Kaiser, Psephismata der Griechenstädte, Reskripte von Provinzbeamten in Erwiderung brieflicher Eingaben zur Rechtslage der Ju-

---

Traditionen (κατὰ τὰ πάτρια) und zwinge die anderen sie (ebenso) zu verehren. Hasse und bestrafe aber diejenigen, die irgendetwas von unserer traditionellen Religion verfremden, nicht allein um der Götter willen - denn wer sie verachtet, wird auch nichts anderes verehren -, sondern weil solche Leute, indem sie irgendwelche neuen Gottheiten anstelle der alten einführen, viele Menschen überzeugen, Fremdartiges zu übernehmen (ἀλλοτριονομεῖν), und daraus entstehen Verschwörungen, Bürgerkämpfe und Cliquen, was der Monarchie am wenigsten nützt." Schon nach Ciceros Idealstaat schreibt ein Gesetz vor: separatim nemo habessit deos novos neve neve advenas nisis publice adscitos; privatim colunto, quos rite a patribus <cultos acceperint> (leg. II 19).

[28] Zum friedens- bzw. ordnungspolitischen Auftrag römischer Provinzpolitik siehe Ciceros Brief an seinen Bruder Quintus, der 59 v.Chr. Statthalter in der Asia war (ad Qu. fr. I 8,24f.): "...in den Landstädten gibt es keine Aufstände (seditiones), keine Zwistigkeiten (discordias),... überall in der Provinz ist der Friede (pax) fest begründet..." Siehe noch Caesar, bell.civ. III 57,4 (pacem provinciarum); Tacitus, hist. IV 74 ("Werden nämlich, was die Götter verhüten mögen, die Römer aus dem Lande gejagt, was kann es dann anderes geben als gegenseitige Kriege aller Völkerschaften?"); Tac., Agric. 21; Plinius, ep. 10,117 und schließlich Ulpian, Digesta I 18,13 praef.: "Für einen guten und bedeutenden Statthalter ist es angemessen, Sorge zu tragen, daß die Provinz, die er beherrscht, friedlich und ruhig (pacata atque quieta) sei".

[29] Cicero spiegelt das Urteil über die Juden als stadtrömische Unruhestifter in seinem Lob für L. Valerius Flaccus und dessen Konfiszierung jüdischer Tempelgelder in der Asia: "Die Masse der Juden, die gelegentlich unsere Volksversammlungen leidenschaftlich entzündet, im Interesse des Staates zurückzusetzen, war eine Glanztat von Würde" (pro Flacc. 28,67). Für die Städte der Ökumene vergleiche die besonders auf die Zeit des Sulla zurückblickende Bemerkung Strabos bei Jos., ant XIV 115 (mit R.MARCUS LCL Josephus Vol. VII S. 509 Anm.c): In der οἰκουμένη gebe es kaum einen Ort, "der nicht diesen Stamm [sc. der Juden] aufgenommen hat noch seine Macht zu spüren bekam."

[30] Die von uns herangezogenen Dokumente sind in den oben A 2 genannten Abschnitten bei Josephus enthalten.

den)[31], insbesondere von H.R.MOEHRING, J.-D.GAUGER, U.BAUMANN und
T.RAJAK[32], stimmen darin überein, daß Josephus die Dokumente ganz offenkundig
aus *apologetischen*, nicht aus historischen Motiven aufgenommen hat und ihre historische Zuverlässigkeit daher auch nicht ungeprüft vorausgesetzt werden kann. Für die
Unsicherheit in der Frage der Authentizität werden mehrere Gründe angeführt[33]: (a)
Der Grad an *Textverderbnis*, der über das per analogiam bekannte und zugestandene
Maß an Fehlern der Abschreiber hinausgeht und in vielen Fällen älter als die Manu-
skripttradition ist; (b) oft sind die mitgeteilten *Beamtennamen und Datierungen* so offensichtlich falsch, daß sie immer wieder Emendationen oder Konjekturen hervorrie-
fen;[34] (c) *Stil und Sprache* einiger Dokumente weichen von dem epigraphisch belegten
Standard ab;[35] (d) die mitunter *konfuse Anordnung* der Dokumente in den einschlägigen Partien der Antiquitates konnte bisher noch nicht auf den Nenner einer plausiblen
Systematik gebracht werden. - Angesichts solcher unbezweifelbarer Mängel neigen

---

[31] Zur Klassifizierung der Dokumente siehe jetzt auch T.RAJAK (s.d.nächste Anm.), S.110-112.

[32] H.R.MOEHRING, The *Acta Pro Judaeis* in the *Antiquities* of Flavius Josephus. A Study in
Hellenistic and Modern Apologetic Historiography (1975) S.124-58; J.-D.GAUGER, Beiträge zur
Jüdischen Apologetik. Untersuchungen zur Authentizität von Urkunden bei Flavius Josephus
und im I.Makkabäerbuch (1977), bes. S.1-22; U.BAUMANN, Exkurs: Die bei Josephus überlieferten Aktenstücke und ihre historische Aussagekraft, in: ders., Rom und die Juden (1983) S.69-
87; T.RAJAK, Was there a Roman Charter for the Jews? JRS 74 (1984) S.107-123. - Aus der älteren Literatur sind uns wichtig: B.NIESE, Bemerkungen über die Urkunden bei Josephus Archaeol. B. XIII.XIV.XVI., Hermes 11 (1876) S.466-88; J.JUSTER, Les Juifs dans l'empire Romain Vol.I (1914) S.132-58; R.LAQUEUR, Kapitel IV: Die Aktenstücke bei Josephus, in: ders.,
Der jüdische Historiker Flavius Josephus (1920) S.221-230; H.WILLRICH, Urkundenfälschung
in der hellenistisch-jüdischen Literatur (1924) S.4-10; E.BICKERMAN, Une Question
D'Authenticité: Les Privilèges Juifs (1953) S.24-43.

[33] Cf. die Zusammenstellungen bei MOEHRING 149; BAUMANN 81.

[34] Synopsen zu den variierenden modernen "Berichtigungen" von Personennamen und Datierungen in den Dokumenten aus ant XIV bieten H.R.MOEHRING, S.137-140 und
U.BAUMANN, S.75-79. Nach MOEHRINGs skeptischer Sicht dienen diese Emendationen und
Konjekturen als "surgical operations to rescue the authenticity of the document - or to confer
some semblance of authenticity to a passage presented by Josephus as a document" (S.140).

[35] Allerdings belegen die von MOEHRING *konkret angeführten* senatus consulta aus Josephus
(ant XIII 260-64; XIV 145-48; 219-22), die er mit dem von R.K.SHERK rekonstruierten Formular eines senatus consultum (I.Prescript/ II.Theme/ III.Decree Proper/ IV.Mark of Approval)
vergleicht, m.E. nur die weitgehende, gute Übereinstimmung dieser Dokumente mit dem Formular (siehe MOEHRING S.141-44). Denn der einzig signifikante Unterschied liegt darin, daß
die senatus consulta bei Josephus das vierte Element (IV.Mark of Approval: lat. c(ensuere);
griech. ἔδοξεν) auslassen, und das darauf gestützte skeptische Argument, gerade der apologetisch engagierte Josephus hätte sich dieses für die Rechtskraft der Dokumente wichtige Element
doch kaum entgehen lassen (MOEHRING 144; BAUMANN 80f.), wird schon dadurch entkräftet, daß es im Falle einer Fälschung - sollte dieses formale Element tatsächlich so bedeutsam gewesen sein - sicherlich hinzuerfunden worden wäre. Der Grund für die Kürzung wird eher in einer geläufigen Verfahrensweise antiker Historiographie liegen, die MOEHRING selbst an Hand
eines Vergleichs zwischen den Versionen des senatus consultum de Bacchanalibus bei Livius
XXXIX 14,3-9 und epigraphisch bei CIL I² 581 beleuchtet: "Roman historians did not necessarily
quote or summarize the text of a *senatus consultum* accurately" (S.142). Ein weiterer Grund für
Abbrevationen kann durch den komplexen Prozeß der wiederholten Anwendung, Weiterreichung
und Abschrift dieser Urkunden durch jüdische Interessengruppen gegeben sein (s.u.).

skeptische Forscher - provoziert durch den vermeintlichen Hinweis des Josephus, er habe die auf dem Kapitol archivierten Orginaldokumente verarbeitet, die jeder dort nachprüfen könne (ant XIV 188; XIV 265-67)[36] - um so leichter zu dem Verdacht zumindest partieller Fälschungen.[37] Denn zum einen habe der Kapitolbrand von 69 n.Chr. das Archiv vernichtet, und darüberhinaus sei es zweifelhaft, ob unter den 3000 auf Vespasians Befehl hin wieder erneuerten Urkunden (Suet. Vesp. 8,5) ausgerechnet auch diejenigen waren, die einst zur freundschaftlichen Anerkennung der eben niedergeworfenen Feinde ausgestellt worden waren. Auch die Psephismata der Griechenstädte könnten nicht über das Kapitol zu Josephus gekommen sein, da sie in Rom nie gesammelt wurden. Das m.E. wichtigste skeptische Argument betrifft den archivarischen Zugang, den R.K.SHERK beschrieben hat: "To find a particular decree one had to know the year in which it was passed, the month in which it was registered, and the tablet number."[38] Schon zur Auffindung der Urkunden im Archiv war also ein weitaus präziseres Vorwissen über dieselben notwendig, als in den oft verderbten, falschen Daten und Personennamen der Dokumente nach der Niederschrift durch Josephus manifest ist. Unwahrscheinlich sei auch, daß Josephus, falls er Auszüge aus geordneten Staatsarchiven angefertigt habe, diese Auszüge in die heute vorfindliche oft konfuse und inkonsistente Anordnung gebracht habe. Nach all dem sei der Hinweis auf den Öffentlichkeitscharakter der Urkunden, der Nachprüfung ermögliche, lediglich "a literary device on the part of Josephus. He would undoubtedly have been most surprised had anybody ever bothered to take up his challenge."[39] Für MOEHRING und BAUMANN ist der Schluß unausweichlich, daß Josephus die Urkunden weder aus dem kaiserlichen Archiv auf dem Kapitol erhalten haben könne noch daß er anderswo erlangte Dokumente dort überprüft habe.[40] Die Möglichkeit partieller oder kompletter Fälschungen sei nicht auszuschliessen, zumal die Fälschung von senatus consulta in der Antike auch sonst gut bezeugt ist.[41]

Diese kritischen Argumente machen es u.E. in der Tat wahrscheinlich, daß Josephus sein Material zum großen Teil nicht in offiziellen römischen Archiven kopiert oder auch nur überprüft haben kann. Nur: Das behauptet Josephus auch gar nicht, wie wir noch

---

[36] Protagonist der These, nach der Josephus die Urkunden vom Kapitol verarbeitet habe, war R.LAQUEUR, Die Aktenstücke bei Josephus: "Josephus hat in den Jahren, da er die 'Archäologie' ausarbeitete, in Rom gelebt; gibt es denn da etwas Natürlicheres, als daß er sich dort die Urkunden beschaffte, welche er für seine Zwecke glaubte verwerten zu können?" (S.111) Jeder hätte ihn, so meint LAQUEUR weiter, im Täuschungsfall ja leicht überführen können; die Textverderbnis vieler Urkunden wird durch die "Schwierigkeit einer Lesung solcher Dokumente" erklärt. "Josephus hat die nackten Urkunden aus den Archiven bezogen und sie in sein Werk eingefügt, wobei es ihm geschehen ist, daß er fast ständig strauchelte. Aber trotzdem war er stolz auf seine Leistung, wie der immer erneute Hinweis darauf zu erkennen gibt" (S.112).

[37] Wir konzentrieren uns im Folgenden auf die wichtigsten der von H.R.MOEHRING und U.BAUMANN vorgebrachten Argumente.

[38] R.K.SHERK, Roman Documents from the Greek East. Senatus Consulta and Epistolae to the Age of Augustus, Baltimore 1969 S.9 (zitiert bei MOEHRING 151, BAUMANN 83).

[39] H.R.MOEHRING S.146.

[40] H.R.MOEHRING S.152; U.BAUMANN S.84.

[41] H.R.MOEHRING S.154. Belege für die Fälschung von senatus consulta werden ebd. S.132f. zusammengestellt (z.B. Cic. Philippica V 12; XII 12; Att.XV 26,1; Plut. Cato c.17).

sehen werden. Zum anderen erscheint es uns zweifelhaft, die angeführten Textmängel und die unwahrscheinlich gewordene Herkunft aller Urkunden aus römischen Archiven wiederum *pauschal* als Hinweise auf mögliche Fälschungen - nicht zuletzt auch im Sinn inhaltlicher Erfindungen - zu werten. Denn die textkritische Anstößigkeit der Dokumente wäre u.E. nicht gerade als Ergebnis apologetisch motivierter Fälschungen zu erwarten. Zu beherzigen ist in diesem Zusammenhang jedenfalls J.-D.GAUGERs Analyse der Urkundenbehandlung bei Josephus[42], die im Fall von 19 "Königsurkunden" die jeweilige Version des Josephus mit der Version seiner uns heute noch bekannten und überlieferten Quellen vergleicht. Fast alle Formelemente der Vorlagen wie die intitulationes und die formulae valetudinis behält Josephus sorgsam bei; auch "inhaltlich weicht Josephus von den Nachrichten seiner Vorlagen, sofern er selbst komponiert, und von den ihm zu Gebote stehenden Dokumenten, sofern er übernimmt, nur unwesentlich ab" (GAUGER S.22). Muß Josephus gegenüber solchem Urkundenmaterial somit als in der Regel zuverlässiger Tradent angesehen werden, so könnten Fälschungen immerhin ja schon in seinen Vorlagen angelegt sein. Nun konnte T.RAJAK (1984) einige nach unserer Auffassung weiterführende Einsichten zur Eigenart der Dokumente und zum Prozeß ihrer Entstehung und Anwendung geben, die gerade auch die erwähnten Mängel der Urkunden-Sammlungen aus ihrer apologetisch-juridischen Verwendung plausibel machen können. In Übereinstimmung mit dem oben Gesagten stellt sie fest, "that the formal features of the documents are correct for genre and period, to a degree which makes it very difficult to conceive of them as forgeries" (S.109). Trotz gelehrter Forschungen sei jedoch bisher "the overall interpretation of the purpose and significance of what is in the dossiers" zu kurz gekommen (S.109), so daß man die acta vorwiegend legalistisch interpretiert und noch nicht angemessen als *Teil eines politischen Prozesses* wahrgenommen habe (S.118). In dessen Verlauf seien sie zunächst auf Antrag lokal bedrängter Juden - "in keeping with the normal stimulus-response pattern of Roman administrative decision-making" (118) - von administrativen Stellen erstellt worden, dann aber unter die besonderen Bedingungen einer auch überregional gut verbundenen Diaspora gekommen: "the frequent alienation of Jews from their neighbours served only to strengthen the natural ties between Diaspora communities, and those ties facilitated the effective diffusion of texts and encouraged appeal to precedent" (118).[43] Die Texte zeigen uns entsprechend das große Interesse der Diaspora-Juden bzw. der zu ihrem Schutz von Jerusalem autorisierten Gesandten an projüdischen Dekreten der Administration, die - gesammelt vorgelegt - zur Einklagung lokal umstrittener ethnokultureller Spezifika von Diasporajuden verwendet werden konnten. In Kos etwa teilte der Praetor den örtlichen Magistraten mit, daß bei ihm jüdische Gesandte vorstellig geworden seien, die von ihm Kopien der vom Senat über die Juden verabschiedeten Dekrete erbeten hätten (ant XIV 233). Der von Caesar mit dem Rechtsschutz für die Diasporajuden betraute Hyrkanos II.[44] schickte nach ant XIV 241 Gesandte zum Prokonsul der

---

[42] J.-D.GAUGER, Beiträge zur jüdischen Apologetik. Untersuchungen zur Authentizität von Urkunden bei Flavius Josephus und im I.Makkabäerbuch (1977), S.13-22.

[43] Als erhellendes Beispiel solcher Querverbindungen führt T.RAJAK - aus einem anderen Bereich - die Ehen des Flavius Josephus selbst an, der zunächst mit einer palästinischen Kriegsgefangenen verheiratet war, dann eine alexandrinische und schließlich auch eine kretische Jüdin heiratete (S.118 A 43).

[44] Wir behandeln dies später.

Asia, um ihm "gewisse Dokumente (τινὰς γράμματα) vorzulegen, die in Betreff ihres Volkes ausgestellt worden waren". Damit sollte erreicht werden, daß in Laodicea und Tralles Sabbatobservanz und andere jüdische Bräuche nicht mehr behindert würden. Als 14.v.Chr. der herodianische Hofgelehrte Nikolaos von Damaskos vor M. Vipsanius Agrippa eine Rede zugunsten der von den Griechenstädten Ioniens hart bedrängten Diasporajuden hielt, war darin nach der Wiedergabe des Josephus auch ein Hinweis auf die bei den jüdischen Repräsentanten gesammelten projüdischen Urkunden enthalten: "Wir erheben daher Anspruch darauf, großer Agrippa, daß wir weder in übler Weise [unter den griechischen Schikanen] leiden müssen, noch mißhandelt werden, noch daran gehindert werden, unseren eigenen Gebräuchen zu folgen; daß wir auch nicht unserer bestehenden politisch-sozialen Bedingungen (τῶν ὄντων) beraubt werden ... Denn diese Anliegen sind nicht nur gerecht, sondern sie wurden von euch auch schon früher zugestanden. Wir könnten darüber hinaus auch viele Senatsbeschlüsse und auf dem Kapitol deponierte Urkunden über diese Dinge vorlesen, welche offenkundig gewissermaßen nach dem Erweis unserer Loyalität gegenüber euch ausgestellt wurden..." (ant XVI 47f.). Schon B.NIESE (1876) hatte aus dieser Stelle und aus ant XII 125-27, wo Josephus das 123. und das 124. Buch der Historiae des Nikolaos v.D. als Quellen für die Verhandlung vor Agrippa angibt, gefolgert, daß Josephus seine Urkundensammlungen vor allem aus diesem umfangreichen Abschnitt im Geschichtswerk des Nikolaos bezogen habe.[45] Allerdings waren Urkundensammlungen wohl auch schon unter den asiatischen Juden angelegt: "Ich zweifle nicht, dass die asiatischen Urkunden von den dortigen Juden gesammelt und dem Nicolaus eingehändigt sind: die judäischen hat er wohl aus Jerusalem mitgebracht, da er doch kaum unvorbereitet zu dem Processe gekommen sein wird. Es wäre jedoch sehr wohl denkbar, dass auch von diesen Documenten Abschriften bei den Juden in Asien oder in den städtischen Archiven vorhanden waren."[46] Zwar wird man heute kaum mehr alle der bei Josephus teilweise unsystematisch aufgereihten Urkunden aus einer ursprünglich doch wohl geordneten Verwendung in den Historiae des gelehrten Nikolaos ableiten können[47], gleichwohl machen es die oben genannten Stellen doch sehr wahrscheinlich, daß wir tatsächlich von Urkundensammlungen zum Schutz ethnokultureller Besonderheiten vor griechischen Übergriffen bei verantwortlichen jüdischen Repräsentanten in der Diaspora wie in Judäa ausgehen müssen.[48] Unter den *alexandrinischen* Juden waren, wie sich aus Philo, LegGai 311ff.

---

[45] "Nicolaus also erzählte den Process in seiner Geschichte und zwar sehr ausführlich, da er ihn auf zwei Bücher ... vertheilte. Diese Ausführlichkeit wird aber daher rühren, dass Nicolaus nicht bloß einen Bericht der Verhandlungen gab, sondern seine eigene Rede, wie er sie zu Gunsten der Juden gehalten hatte oder gehalten zu haben wünschte; dieser Rede waren die urkundlichen Beweise eingefügt oder beigegeben und von hier, vermuthe ich, gelangten sie in das Werk des Josephus..." (B.NIESE S.480f.).

[46] B.NIESE S.481.

[47] Siehe R.LAQUEUR S.106-109; H.WILLRICH S.7 (Nikolaos habe "doch ein literarisches Kunstwerk ... schaffen wollen, in dem für die Mitteilung eines so umfänglichen und völlig rohen Aktenmaterials kein Platz gewesen sein kann"); T.RAJAK S.110f. gesteht jetzt durchaus einen "gemischten Ursprung" der Urkunden zu, bei dem u.a. auch Urkunden aus Nikolaos' Geschichte verwendet würden.

[48] Ausdrücklich stützt sich auch das Edikt von Kaiser Claudius (41 n.Chr.) zugunsten der alexandrinischen Juden auf die einschlägigen "Urkunden bei ihnen" (ant XIX 281: ἐκ τῶν

schließen läßt, die augusteïschen Urkunden, die den Juden *in der Asia* Tempelsteuer-
sammlungen und Jerusalem-Kontakte garantierten, bekannt[49]; hier wird pars pro toto
ein Brief des Prokonsuls C.Norbanus Flaccus nach Ephesus zitiert (LegGai 315). Berücksichtigen wir den in solchen Belegen manifesten umfänglichen Transmissionsprozeß, den diese Texte im Rahmen einer überregional verbundenen Diaspora zu ihrer
apologetisch-juridischen Verwendung von einer Stadt zur anderen zu durchlaufen hatten (evt. Abschrift durch Provinzbeamte, Kopie durch Juden und Weiterreichung, erneute Verwendung), so müssen wir eine textliche Abschleifung geradezu *erwarten* und
dürfen sie nicht von vornherein als Indikator für Fälschungen ansehen. Hinsichtlich
solcher Abschleifungsvorgänge weist T.RAJAK auf die vergleichbare Mitteilung Plinius'
d.J. aus der Zeit Trajans hin, daß einige in der Provinz Bithynien existierende Versionen kaiserlicher Edikte und Briefe zu Rechtsentscheiden über Findelkinder, die vorhergehende Kaiser an Städte und Prokonsuln geschickt hatten, als "parum emendata et
quaedam non certae fidei" angesehen wurden. Aus diesem Grund erbat Plinius von
Trajan, ihm bessere Kopien (vera et emendata) aus den kaiserlichen Archiven zukom-
men zu lassen (ep. X 65,3). Es muß sich bei den beanstandeten Dokumenten ja keineswegs nur um Fälschungen gehandelt haben.[50] Den Befund der in manchen Abschnitten
chronologisch verwirrten, mit textlichen Mängeln behafteten Anordnung der Dokumente bei Josephus erklärt RAJAK aber vor allem damit, "that Josephus, like the original recipients of the grants, was concerned with their use in political argument and not
very interested in their exact legal content" (121). D.h.: sie dienten nicht einem präzisen

---

γραμμάτων τῶν παρ' αὐτοῖς). Wie hier (cf.XIX 279.288) wird König Agrippa I. auch ant XIX
310 im Zusammenhang der Vorlage solcher Urkunden zugunsten der Juden genannt. Entsprechend hatte H.WILLRICH - gegen NIESEs These, nach der Josephus' Urkunden von Nikolaos
v.D. abhängig seien - zu zeigen versucht, daß die von Agrippa I. in Rom für Caligula verfaßte
Bittschrift (gegen die Aufstellung seiner Statue im Jerusalemer Tempel), die Philo in einer über-
arbeiteten Fassung biete (LegGai 276-329), die für Josephus entscheidende Dokumente-Samm-
lung enthalten habe: "Im besonderen weist Philo (...) [LegGai 311ff.] noch auf die Briefe des Augustus an die Statthalter der Provinz Asien hin, in denen verboten wurde, die Absendung der
Tempelsteuer nach Jerusalem zu hindern oder die Juden beim Besuch ihrer Synagogen zu stö-
ren." Hierbei zitiere Philo "unter Überwindung seiner stilistischen Bedenken" wenigstens das eine
Schreiben des Prokonsuls C.Norbanus Flaccus nach Ephesus, das durch einen bei Philo nur an-
gedeuteten Erlaß des Augustus an Norbanus veranlaßt war. Bei Josephus werde nacheinander der Erlaß und der Norbanus-Brief (nur jetzt in der Version an die Sardiner) zitiert (ant XVI
166.171). "Daß Philo sein Exemplar des Schreibens mitsamt der Bittschrift Agrippas von dem
Könige selber erhalten hat, wird man kaum bestreiten können, und ebenso ist es klar, daß Philo
auch die Kenntnis der übrigen von ihm erwähnten Aktenstücke dem Agrippa verdankt hat." Dieses aus dem Archiv der Herodeer stammende Urkunden-Material des Aggrippa I. sei dann über
Agrippa II., der durch 62 Briefe an der schriftstellerischen Arbeit des Josephus großen Anteil genommen hat (vit. 364ff.), zu Josephus gelangt (WILLRICH S.7-10). - Auch gegen diese These
spricht, ebenso wie gegen die von NIESE, das mitunter sehr unsystematisch angeordnete Urkundenmaterial bei Josephus, das eher auf eine Kompilation aus *verschiedenen* Quellen (T.RAJAK:
"mixed origin" S.111) als auf die Übernahme einer offiziellen, vermutlich in höherem Maß geordneten Sammlung paßt.

[49] Auch in Flacc 50 weist Philo, nachdem er ab §45ff. auf die weltweite Diaspora zu sprechen
gekommen ist, auf die von Augustus überall bestätigten jüdischen Gesetze hin - eine Kenntnis
der einschlägigen Dekrete des Kaisers und seiner Beamten scheint vorausgesetzt.

[50] T.RAJAK, Roman Charter S.111.

Rechtsstreit und insofern "they were not valued for their specific content, but as symbols of respect for the Jews" (120). Tatsächlich stützt das wohl aus mehreren Dokumente-Sammlungen kompilierte Material des Josephus durch den stellenweise erweckten Eindruck einer summarischen Anhäufung die These, *Josephus* ginge es dabei weniger um konkrete Privilegien und Rechte als vielmehr um das übergreifende apologetische Motiv, eine eindrucksvolle Tradition offizieller Akzeptanz und Wertschätzung für das jüdische Leben aufzuzeigen.[51] In diesem Fall wird eine gewisse Nachlässigkeit gegenüber chronologischen und prosopographischen Daten zumindest auf Seiten des Josephus plausibel und dies vermag zusammen mit den textlichen Abschleifungsvorgängen, die uns für den komplexen Vorgang der Transmission dieser Urkunden und der anschließenden Entstehung von Sammlungen wahrscheinlich wurden, den heute bei Josephus vorfindlichen Zustand der Dokumente u.E. hinreichend zu erklären. Allerdings dürfte sich T.RAJAK irren, wenn sie das oben beschriebene, eher sozial-apologetische als juridische Motiv des Josephus für die summarische Aufnahme der Urkunden auch schon für die bedrängten Diasporajuden selbst, die diese Dokumente oft erwirkt und zuerst gesammelt haben, als bestimmend voraussetzt[52]: Ganz bestimmt kann man von den "original recipients of the grants" nicht sagen, sie wären "not very interested in their [sc. der Urkunden] exact legal content" (RAJAK 121), und gleichermaßen verkehrt ist es, die in den Dekreten oft erscheinende allgemeine Formulierung, nach der man den Juden ein Leben nach ihren eigenen νόμοι bzw. ἔϑη zugesteht, als "no more than a fine-sounding verbal gesture" zu werten (S.115f.). Die eigenen νόμοι und ἔϑη galten in der Antike als der harte Kern der Autonomie einer Politeia und auf Grund dieses Zugeständnisses, das insofern das wichtigste und grundlegende war, konnten dann die im einzelnen umstrittenen Institutionen der jüdischen Politeia vor Ort verteidigt werden.[53]

---

[51] Siehe die entsprechenden Bemerkungen des Josephus selbst in ant XIV 187-88; XVI 174ff.;

[52] T.RAJAK op.cit. 109f.;115f.;120-22.

[53] Wir gehen auf diesen Sachverhalt noch im Verlauf unserer weiteren Darstellung ein. RAJAK stützt ihre These einer eher sozial-apologetisch als juridisch gemeinten Argumentation der Diasporajuden u.a. durch den Hinweis auf die schon erwähnte Verhandlung, bei der sich die von den Griechenstädten Ioniens bedrängten Juden durch den herodianischen Hofgelehrten Nikolaos von Damaskus vor M.Aggripa vertreten ließen (ant XII 125ff.; XVI 27ff.). Josephus berichtet - wohl im Anschluß an die entsprechende Darstellung der Szene in den Historiae des Nikolaos (cf. ant XII 127) - davon, daß man "sich nämlich nicht wie vor Gericht über bestimmte vorliegende Streitpunkte auseinandersetzte, sondern es war ein Bittvortrag hinsichtlich der Dinge, in denen den Juden Gewalt angetan wurde" (ant XVI 58). RAJAK sieht in dieser Verfahrensangabe, die u.E. wohl nur die Geschicklichkeit des Nikolaos beleuchten sollte, einen Beleg für einen "avowedly non-legal dispute", in dem es folglich nicht auf den spezifisch juridischen Inhalt der Dekrete, die dabei zitiert wurden, angekommen sei (S.120). Liest man aber weiter, so läßt sich Agrippa gerade davon überzeugen, daß die jüdischen Forderungen als "gerecht" (δίκαια) anzusehen seien und Agrippa entscheidet: "Da aber das, was schon früher zugestanden bekamen, nicht rechtsungültig (ἄκυρα) werden solle, garantiere er ihnen ihre eigenen Bräuche (ἐν τοῖς οἰκείοις ἔϑεσιν) ohne Mißhandlung ausführen zu können" (XVI 60). Er fällt damit eine Grundsatzentscheidung mit zweifelsfrei juridischem Charakter, auf deren Grundlage die im einzelnen von Stadt zu Stadt behinderten ἔϑη dann durchgesetzt werden können. Noch klarer wird der Rechtscharakter dieser Verhandlung und Entscheidung im Parallelbericht des Josephus (ant XII 126) ausgesprochen: καὶ δίκης περὶ τούτων συστάσης ἐνίκησαν οἱ Ἰουδαῖοι τοῖς αὐτῶν ἔϑεσι χρῆσϑαι, συνηγορήσαντος αὐτοῖς Νικολάου τοῦ Δαμασκηνοῦ.

Fassen wir das Wichtigste zusammen: Josephus hat seine Dokumente wahrscheinlich aus verschiedenen Sammlungen kompiliert, deren Geschichte - wenigstens im Fall der auf Kleinasien bezogenen Urkunden - bei den in ihren ethnokulturellen Vollzügen behinderten Diasporajuden griechischer Poleis beginnt: Diese hatten sie als Rechtszugeständnisse erwirkt, kopiert und im Rahmen des Zusammenhalts der Diasporagemeinden auch überregional verbreitet, wobei insbesondere auch palästinische Emissäre zum Schutz der Diasporajuden eine wichtige Rolle gespielt haben. So konnten Urkunden-Sammlungen entstehen, wobei wir uns hier nicht auf weitgehend spekulative Einzelheiten (wann? wo? wer?) einlassen wollen.[54] Durch diesen komplexen Transmissionsprozeß werden jedenfalls textliche Abschleifungen verständlich; Josephus selbst machte sich die gesammelten Urkunden nurmehr im Interesse eines summarischen Aufweises einer wohlwollenden offiziellen Tradition zu eigen und zeigte demzufolge auch seinerseits kein besonderes historisches Interesse an der Akkuratesse chronologischer und prosopographischer Einzelheiten. Damit wird der heute vorliegende Textzustand der Urkunden m.E. hinreichend erklärt; es gibt keinen Anlaß, die Urkunden *allein* auf Grund ihrer textlichen Abschleifung und ihrer aus summarischer Kompilation resultierenden, streckenweise unsystematischen Anordnung schon mit dem Verdacht der Fälschung zu belegen, wenngleich die Exegeten jede Urkunde sorgfältig analysieren sollten, denn die Möglichkeit von (apologetischen) Fälschungen kann freilich auch nicht ausgeschlossen werden.[55] Gleichzeitig steht durch die Arbeit J.-D. GAUGERs fest, daß Josephus selbst als in der Regel zuverlässiger Tradent der ihm vorliegenden Urkunden gelten muß. T.RAJAK hat im Anschluß an A.MOMIGLIANO darauf hingewiesen, daß Josephus' Urkunden-Verwendung literarisch in die Tradition apologetischer, nachexilisch-jüdischer Geschichtsschriftsteller gehört.[56] Wie WILLRICH schon vor langer Zeit erkannt hat, behauptet Josephus im Übrigen nirgends, daß er sein Urkundenmaterial selbst im Kapitol in Rom oder in sonstigen städtischen Archiven recherchiert habe.[57] Die mehrfachen Hinweise auf die Übereinstimmung der von ihm gebotenen Doku-

---

[54] Cf. etwa die schon vorgestellten Thesen von NIESE und WILLRICH.

[55] Solche Analysen würden allerdings eine jeweils eigene, umfängliche Untersuchung erfordern, die wir hier aus Platzgründen nicht leisten können. Wir müssen uns daher den Datierungsergebnissen und Korrekturvorschlägen anderer Althistoriker anschließen (cf. die Anmerkungen).

[56] Siehe dazu A.MOMIGLIANO, Eastern Elements in Post-Exilic Jewish, and Greek, Historiography, in: Ders., Essays in Ancient and Modern Historiography, Oxford 1977 S.25-35, hier S.31ff.: "It is also probable that in the matter of quoting documents the Books of the Maccabees followed the example of the Books of Ezra and Nehemia, just as Flavius Josephus was later to follow the example of the Books of the Maccabees. In Jewish post-exilic historiography the liberal use of documents reflects, directly or indirectly, the importance that the Persian state and its successors attributed to documents for establishing rights. ... Jewish historiography would nonetheless reflect the conditions of a political organization in which documents had assumed particular importance." Darin ist - etwa gegenüber der griechischen Historiographie - "a hall-mark of near-Eastern writing" zu sehen (T.RAJAK S.121; ebd. S.121 A 50 findet sich auch eine Zusammenstellung von Texten jüdischer Historiographie, in denen Dokumente zitiert werden).

[57] Bestenfalls konnte es ihm gelegen kommen, wenn seine Äußerungen diesen Schluß des Lesers nahelegten. Siehe H.WILLRICH (1924) S.6: "er sagt doch nie, daß er persönlich die Originale mit eigenen Augen gesehen hat; sondern selbst an der am zuversichtlichsten klingenden Stelle (XIV, 266) heißt es nur, daß die Urkunden dort zu sehen seien und immer sein würden, ähnlich wie er es in Bezug auf das Archiv von Tyros behauptet hat." Cf. ant XIV 188; XIV 265-67.

mente mit den staatlich (etwa auf dem Kapitol oder in den Poleis) publizierten bzw. archivierten Urkunden dürften als apologetischer Kunstgriff der Vertrauenswerbung für dieses Material aufzufassen sein. Subjektiv mußte er wohl, sofern unsere Überlegungen zur Genese der Sammlungen zutreffen, davon ausgehen, daß die von ihm eingesehenen und kompilierten *jüdischen* Dokumente-Sammlungen weitgehend authentisches Material bieten.[58]

Die frühesten der bei Josephus aufgeführten offiziellen Dokumente zur römischen Judenpolitik in der Asia stammen aus der Phase des Bürgerkrieges zwischen Pompeius und Caesar (49 v.Chr. bis 46 v.Chr.). Damals forderten die Pompeianer von den Griechenstädten der Asia rücksichtslos enorme militärische Beitragsleistungen, darunter fielen auch Aushebungen von Truppen.[59] Trotz der ausgreifenden Mobilmachung, die auch die römischen negotiatores und publicani der Asia einbezog, eximierten die Pompeianer die Juden der Asia mit römischem Bürgerrecht vom Militärdienst "aus kultischen Gründen" (δεισιδαιμονίας ἔνεκα: ant XIV 228.234.237.240).[60] In der zweiten, für die Asia noch gravierenderen Phase der Bürgerkriege nach Caesars Tod dehnte P.Dolabella die Militärexemtion 43 v.Chr. sogar auf alle Juden der Asia aus (ant XIV 223-227). Diese Exemtionen setzten nicht nur das ethnokulturelle Toleranzprinzip voraus, sondern hatten vermutlich primär militärische Nützlichkeitsgründe: Denn unvermeidlich mußten die Juden, wenn sie nicht wie unter den Diadochen zu ethnisch homogenen Einheiten zusammengezogen wurden (s.o.), sondern in regionalen Aushebungen mit Griechen vereint zu dienen hatten, aufgrund ihrer Sabbat- und Speiseobser-

---

[58] Freilich werden wahrscheinlich nicht alle offiziellen Entscheide zur Judenpolitik so projüdisch gestimmt gewesen sein, wie es die Sammlungen nahelegen. Denn: "The record has been preserved by Jews, because the documents were valuable to them, and they will not have been interested in reports of proposed decrees which failed or ones which were ignored" (T.RAJAK S.120).

[59] Es ist fraglich, ob die enormen Oppressionen Kleinasiens unter den Kriegen des Mithradates und der folgenden römischen Verwaltung (Sulla, Lucullus, Pompeius - dazu ROSTOVTZEFF, Gesellschafts- und Wirtschaftsgeschichte 738-54) damals schon wieder überstanden waren. Die Bürgerkriege hatten nun gar nichts mehr mit der Friedenssicherung der Provinzen oder mit der Sicherung von Verkehr und Handel (so noch der Seeräuberkrieg des Pompeius 67 v.Chr.) zu tun - es waren fremde, aus griechischer Sicht unbegründete und daher verhaßte Kriegslasten, die nun auf die Städte zukamen. Die Forderungen des Pompeianers Scipio in der Asia umfaßten u.a. militärische Winterquartiere, außerordentliche Steuern (Kopf- und Haussteuern), Requirierungen (Waffen, Panzer, Kriegsmaschinen, Transportmittel), Menschen (Truppen). Sonderbeamte mit außerordentlicher militärischer Vollmacht waren für die Eintreibungen bestellt (cf. ROSTOVTZEFF, Gesellschafts- und Wirtschaftsgeschichte 783ff., bes. 786f.)

[60] Zur Mobilmachung der Pompeianer s. ROSTOVTZEFF, Gesellschafts- und Wirtschaftsgeschichte S.785. Die Exemtion der Juden erfolgte durch den Konsul Lucius Cornelius Lentulus (49 v.Chr.). Hierher gehören ant XIV 228f. (Ephesos); 230 (Juden in Asia); 231f. (Beschlüsse von Delos und Sardis); 234 (Ephesos); 236f. (Petition); 237-40 (Ephesos).

vanzen erhebliche Schwierigkeiten im militärischen Betrieb erzeugen.[61] Da der Abzug wehrfähiger (und wirtschaftsfähiger) Griechen die Städte in dieser bedrängten Zeit lädieren mußte, verwundert es nicht, daß man dort wiederholt die Juden mitheranziehen wollte (ant XIV 230.232) und sich insbesondere die Epheser gegenüber der offiziellen Exemtion taub zu stellen schienen.[62] Mußten diese Exemtionen nicht als eine angesichts der allgemeinen Mobilmachung unverständliche Bevorzugung einer aufgrund ihrer ethnokulturellen Fremdheit ohnehin mit Vorurteilen bedachten Volksgruppe erscheinen? Nun wurden sie gerade aufgrund ihrer verachteten ethnokultischen Sonderriten eximiert - der Antijudaismus konnte dadurch nur anwachsen.[63]

Julius Caesars Judenpolitik, die auch für die Prinzipatszeit Grundlagen schuf, muß nach unserer Auffassung vor dem Hintergrund des Auftretens seines Opponenten Cn. Pompeius im hellenistischen Osten beurteilt werden.[64] Dieser hatte sich dort vorteilhaft der Alexander-Renaissance bedient, die, nachdem sie in der späthellenistischen Staatenwelt aufgekommen war, schon durch Mithradates VI. Eupator von Pontos als ideologisches Identifikationsmodell im letzten großen Kampf der Griechen gegen Rom benutzt worden war. Wie vor ihm schon L.Licinius Lucullus, nur noch massiver, reklamierte nun Pompeius als Eroberer und auch als Ordner der hellenistischen Welt das im Osten positiv besetzte Image eines neuen Alexanders. Durch seine hellenistisch orientierte Stadtgründungspolitik (cf. die Siegesstadt Nikopolis in Armenia Minor; in Kleinasien etwa Pompeiopolis, Magnopolis, Megalopolis), durch die große Neuordnung des römisch beherrschten Ostens und propagandistisch durch seinen griechischen Historiographen Theophanes von Mytilene beschwor er das Vorbild des makedonischen Weltordners.[65] Die

---

[61] Cf. die entsprechenden Argumente des Hohenpriesters Hyrkan II. vor P.Dolabella ant XIV 226 und E.M.SMALLWOOD, The Jews under Roman Rule S.127f.; P.R.TREBILCO, Studies, S.251f. A 163.

[62] Cf. die wiederholten Beschlußfassungen für Ephesos ant XIV 223-27.228-29.230.234.237-40.

[63] Sicher zu Recht bringt R.M.ERRINGTON, Die Juden im Zeitalter des Hellenismus, S.7f., die Tatsache, daß der aus Karien (Provinz Asia) stammende und auf Rhodos lehrende Rhetor Apollonios Molon im 1.Jh.v.Chr. eine Schrift κατὰ τῶν Ἰουδαίων verfaßt hat (Euseb, JACOBY FrHist Nr.728 fr.1), "mit dem seit dem 3. Jahrhundert veränderten Gewicht der jüdischen Bevölkerung in den kleinasiatischen griechischen Städten" zusammen (Cf. auch Strabo o.A 15). In den bei Josephus überlieferten Vorwürfen des Apollonios, nach denen die Gesetze des Mose Bosheit und nicht Tugend lehrten und die Juden u.a. als ἄθεοι und μισάνθρωποι (c.Ap.II 148) bezeichnet werden, spricht sich wohl die im kleinasiatischen Raum gemachte Erfahrung der ethnokultisch begründeten Unterschiedenheit der Juden aus.

[64] Zur Neuorganisation der Verwaltung Syriens und Palästinas durch Pompeius siehe U.BAUMANN, Rom und die Juden S.1-48.

[65] Zur späthellenistischen offiziellen Alexander-Renaissance und dem Aufkommen der römischen imitatio Alexandri siehe den ausgezeichneten Überblick bei G.A.LEHMANN, Tacitus und die "imitatio Alexandri" des Germanicus Caesar, bes. S.32-36. Schon bei Pompeius, dessen persönliche Alexander-Verehrung in seine Jugendzeit zurückgeht (O.WEIPPERT, Alexander-Imita-

prohellenistische Stadtpolitik zeigte sich etwa auch in der "Befreiung" griechischer Poleis im palästinischen Küstengebiet und im Binnenland von der judaeïschen Herrschaft; gemäß dem zeitgenössischen Alexanderbild gerierte er sich so als Beschützer und Förderer griechischer Freiheit.[66]

Alexander hatte die Freiheit der Griechenstädte, die in der Beseitigung von Tyrannen und in der Garantie des Lebens nach den eigenen Gesetzen und überkommenen Bräuchen bestand, "zu einem Teil seines politischen Programms gemacht... auf diese Weise wurde sie auf lange Zeit hinaus zu einer Art moralischer Verpflichtung vieler Machthaber, die sich als Nachfolger Alexanders fühlten".[67] Diodor schreibt von Alexander: "Am meisten aber erwies er den hellenischen Städten [sc. Kleinasiens] Wohltaten, indem er sie autonom und tributfrei machte und noch hinzufügte, daß er sich um der Freiheit der Griechen willen zum Krieg gegen die Perser erhoben hatte."[68] Entsprechend berichtet Arrian, Alexander habe den Bürgern von Sardis und den anderen lydischen Poleis erlaubt, wieder nach den althergebrachten Gesetzen zu leben und frei zu sein[69]; in allen ionischen und äolischen Poleis sollten die Oligarchien zugunsten von Demokratien beseitigt werden und jeder Stadt sollten die jeweils eigenen Gesetze wieder hergestellt

---

tio und römische Politik in republikanischer Zeit, S.56ff.), waren die beiden Hauptaspekte der röm. Alexanderrezeption - Alexander als militärischer Welteroberer und als politisch-administrativer Weltordner - miteinander verquickt (G.WIRTH, Alexander und Rom 186-188.190; LEHMANN a.a.O. 34; zu einseitig O.WEIPPERT, a.a.O., der S.99-101 nur den militärischen Aspekt hervorhebt). Besonders die hellenisierende Stadtgründungspolitik (wie Alexander nach Issos, so gründete Pompeius nach dem Sieg über Mithradates ein "Nikopolis"; neben die nach Alexander Magnus genannten Städte traten jetzt solche, die nach Pompeius Magnus genannt waren; siehe D.MICHEL, Alexander als Vorbild für Pompeius, Caesar und Marcus Antonius S.48-50) und seine politische Neuorganisation des Ostens (cf. O.WEIPPERT a.a.O. 82f.; D.KIENAST, Augustus und Alexander, 437f.; F.MILTNER RE 21/2 Sp.2107-18) belegen den *politisch-administrativen* Aspekt seiner imitatio Alexandri, die propagandistisch - nach der Überwindung des Alexander-Imitators Mithradates VI. - vor allem auf die Sympathien der Griechen abgestellt war (G.A.LEHMANN, a.a.O. 34; cf.O.WEIPPERT,a.a.O. 68.78-86; KIENAST a.a.O. 437). Den Höhepunkt erreichte die Alexander-Propaganda des Pompeius bei seinem dritten Triumph 61 v.Chr., bei dem er den von Mithradates erbeuteten Königsmantel Alexanders trug (App., Mithr.117). Nach G.WIRTH (a.a.O. 187f.) feierte gerade dieser Triumph "neben dem Eroberer auch den Ordner des Ostens, den Städtegründer, χτίστης und εὐεργέτης..."

[66] Zur "Befreiung" von Griechenstädten aus jüdischer Suprematie siehe bell I 155-58; ant XIV 74 (sie kamen zur Provinz Syrien), s. U.BAUMANN, Rom und die Juden 39-41; allgemein zu Pompeius Freiheitspolitik s.R.BERNHARDT, Imperium und Eleutheria, 253.

[67] R.BERNHARDT, Imperium und Eleutheria, S.12.

[68] Diodor 17,24,1: μάλιστα δ᾽ εὐεργέτει [sc.Alexander] τὰς Ἑλληνίδας πόλεις [sc. Kleinasiens], ποιῶν αὐτὰς αὐτονόμους καὶ ἀφορολογήτος, προσεπιλέγων ὅτι τῆς τῶν Ἑλλήνων ἐλευθερώσεως ἔνεκα τὸν πρὸς Πέρσας πόλεμον ἐπανῃρηται. Ganz ähnlich Plutarch, Alex. 36,1: φιλοτιμούμενος δὲ πρὸς τοὺς Ἕλληνας ἔγραψε τὰς τυραννίδας πάσας καταλυθῆναι καὶ πολιτεύειν αὐτονόμους...

[69] Arrian I 17,4: Σαρδιανοὺς δὲ καὶ τοὺς ἄλλους Λυδοὺς τοῖς νόμοις τε τοῖς πάλαι Λυδῶν χρῆσθαι ἔδωκεν καὶ ἐλευθέρους εἶναι ἀφῆκεν.

werden[70]. Sogar den Arabern und den Indern wurden das Leben nach den eigenen Gesetzen bzw. die althergebrachte Autonomie zugestanden.[71] Allerdings konnten nichtgriechische Ethnien, sofern ihre Gesetze und Bräuche fundamentalen griechisch-makedonischen Kulturvorstellungen entgegenliefen, mit makedonischen Eingriffen rechnen, wie das Beispiel der Sogdianer und Baktrianer lehrt: Alexander hat den inhumanen Nomos dieser Ethnien beseitigt.[72] Da in den νόμοι und ἔϑη einer Polis, die Inbegriff der Politeia sind und den harten Kern der Freiheit bzw. Autonomie darstellten, politisch-soziales und kultisches Leben zusammengeschlossen waren, bedeuteten Alexanders Freiheitszugeständnisse ganz selbstverständlich auch die Anerkennung der jeweiligen Kulte (dazu s.u.). Übrigens versuchten auch die Juden des hellenistischen Zeitalters durch legendarisch durchgebildete, fiktiv-apologetische Erzählungen über eine Begegnung zwischen Alexander und jüdischen Repräsentanten die Meinung zu bekräftigen, Alexander habe die jüdische Lebensweise ausdrücklich anerkannt - nach der bei Josephus gebotenen Version hat er sogar im Tempel vorschriftsmäßig geopfert und das χρήσασϑαι ταῖς πατρίοις νόμοις sowohl in Palästina wie auch in der Diaspora (Babylonien und Medien) zugestanden. Außerdem sollten Juden ohne Aufgabe ihrer πάτρια ἔϑη in seinem Heer dienen können.[73]

Durch solche Freiheitsrestitutionen und ähnliche beneficia wie Steuererleichterungen und Schenkungen wurde Pompeius zum einflußreichen Patron vieler städtischer und ländlicher Aristokraten und Dynasten. Die Bedeutung dieser mächtigen Klientel zeigte sich darin, daß sich Pompeianer bzw. Republikaner auch nach seinem Tod noch ihrer Unterstützung (gegen Caesar und Antonius) gewiß sein konnten.[74] Daher betont D.KIENAST sicher zu Recht, daß Caesars liberale Ostpolitik darauf abzielte, "sich einen breiten Anhang im

---

[70] Arrian I 18,2: καὶ τὰς μὲν ὀλιγαρχίας πανταχοῦ καταλύειν ἐκέλευσεν, δημοκρατίας δὲ [τε] ἐγκαϑιστάναι καὶ τοὺς νόμους τοὺς σφῶν ἑκάστοις ἀποδοῦναι, καὶ τοὺς φόρους ἀνεῖναι, ὅσους τοῖς βαρβάροις ἀπέφερον.

[71] Arrian VII 20,1: εἴπερ οὖν καὶ Ἀράβων κρατήσας ἐπιτρέψειεν αὐτοῖς, καϑάπερ Ἰνδοῖς, πολιτεύειν κατὰ τὰ σφῶν νόμιμα. Strabo XVI 741C: Alex. gesteht den Arabern zu, τὴν πάτριον αὐτονομίαν ἔχειν, ἣν εἶχον πρότερον.

[72] Gemeint sind inhumane Bräuche (Alte und Kranke vor die Hunde werfen, Tote nicht begraben); im Blick darauf schreibt der Alexander-Begleiter Onesicritos bei Strabo 517C: καταλῦσαι δὲ τὸν νόμον Ἀλέξανδρον.

[73] Zur Diskussion von ant XI 325-39 (i.Kontext) und Megillat Ta'anit, ed. LICHTENSTEIN in HUCA VIII-IX, 1931-2,339 siehe V.TCHERIHOVER, Hellenistic Civilization and the Jews S.42ff. TCHERIKOVER meint freilich: "Several documents have survived from the time of Antiochus III and the Roman period, in which the rulers pledged the Jews permission "to live according to their ancestral Law", and there are sufficient grounds for the assumption that Alexander the Great was the first Hellenistic ruler who published a pronouncement worded in this way" - ähnliche Zugeständnisse habe es ja auch gegenüber anderen Ethnien gegeben (S.49).

[74] Pompeius' Klientelpolitik würdigt D.KIENAST, Augustus und Alexander 438-41; er nennt Q.Caecilius Bassus, Q.Labienus Parthicus und Sextus Pompeius als Beispiele dafür, wie sich noch später Parteigänger des Pompeius seiner Klientel (im Fall der letzten beiden gerade auch in Kleinasien) bedienen konnten. Allgemein zur neuen Qualität der Klientelpolitik spätrepublikanischer Heerführer ab Pompeius, die nun die Senatsinteressen weitgehend ausschalteten, siehe D.KIENAST, Augustus - Prinzeps und Monarch S.368.

Osten zu verschaffen, der zugleich ein Gegengewicht gegen die Klientel des Pompeius bilden sollte."[75]

Diesem Ziel dienten etwa die caesarischen Kolonien in der Provinz Bithynia et Pontus (Lampsakus, Apamea Myrlea, Heraklea Pontika, Sinope), die von Pompeius eingerichtet worden war. Caesars Freiheitsverleihungen konzentrierten sich auf Kleinasien, wo er sieben Freistädte schuf: Schon bald nach Pharsalos Ephesus, Pergamon und Knidos, dann Herakleia Pontika, Aphrodisias, Aigeai, Heraklea Chersonesus. Viele weitere Städte erhielten Privilegien; Freiheitsentzüge sind nicht bezeugt. Diese Freiheitspolitik übertraf noch die des Pompeius und wurde als Restitution der πάτριοι νόμοι und der πάτριος πολιτεία (δημοκρατία) propagiert.[76] Großzügig wurden das röm. Bürgerrecht und Privilegien den Mithelfern im Krieg gewährt; besonders bedeutsam für die Provinz Asia war jedoch der Erlaß eines Drittels der Steuerabgaben sowie die Ausschaltung der verhaßten Steuerpächter (publicani) zugunsten direkter Zahlungen der Städte an den quaestor provinciae. Den Erfolg dieser gewinnenden Politik belegt eine Inschrift aus Ephesos, die αἱ πόλεις αἱ ἐν τῇ Ἀσίᾳ καὶ οἱ δῆμοι καὶ τὰ ἔθνη für Caesar als für den ἀπὸ Ἄρεως καὶ Ἀφροδείτης θεὸν ἐπιφανῆ καὶ κοινὸν τοῦ ἀνθρωπίνου βίου σωτῆρα setzen ließen. Viele andere Inschriften der Asia feierten ihn als σωτὴρ καὶ εὐεργέτης der Griechen, was nichts anderes heißt, als daß ihn die Griechenstädte als Patron ihrer Interessen ansahen.[77]

In den weiten Rahmen dieser östlichen Klientelbemühungen gehört u.E. auch Caesars Judenpolitik.[78] Nachdem er sich 47 v.Chr. für das judäische

---

[75] D.KIENAST, Augustus und Alexander, 439. Damit verband sich freilich auch das Motiv, sich für die geplanten Feldzüge gegen den Dakerkönig Burebista und gegen die Parther die nötige Rückendeckung im Osten aufzubauen. Besonders 46-45v.Chr. beschäftigte er sich dauernd mit der Ostpolitik, viele östliche Gesandtschaften weilten in Rom und entsprechende senatus consulta wurden verabschiedet (ROSTOVTZEFF, Gesellschafts- und Wirtschaftsgeschichte 790f.).

[76] Zur Freiheitspolitik Caesars s. R.BERNHARDT, Eleutheria 152-66.253f; Freiheit als Wiederherstellung der πάτριοι νόμοι/ πάτριος δημοκρατία: OGIS 337.449 (Pergamon). Ein aus der Zeit Sullas stammender Senatsbeschluß bestätigt die Freiheit von Chios als Garantie auf ein Leben nach den althergebrachten νόμοι, ἔθη und δίκαια (SIG³ 785 Z.15ff.: ὅπως νόμοις τε καὶ ἔθεσιν καὶ δικαίοις [χρῶν] ται, ἃ ἔσχον ὅτε τῇ Ῥωμαίων <φι>λία προσῆλθον...).

[77] Zu Caesars liberaler Ostpolitik siehe ROSTOVTZEFF, Gesellschafts- und Wirtschaftsgeschichte 789-93; D.KNIBBE/ W.ALZINGER, Ephesos vom Beginn der römischen Herrrschaft in Kleinasien bis zum Ende der Principatszeit 754f. Die erwähnten Inschriften: Ephesos: Inschr.Ephesos II Nr.251 (= SIG³ 760); Mytilene: IG XII 2,151.164c.165; Keos: IG XII 5,556 (εὐεργέτην ὄντα καὶ σ[ωτῆρα π]άντων τῶν Ἑλλήνων); Chios: IGR IV 929 (= SEG XIV 561); Pergamon: IGR IV 307 (= SEG XIV 762)). Zur Entsprechung von εὐεργέτης und patronus siehe G.W.BOWERSOCK, Augustus 11-13: "Caesar had to be the Greeks' new patron; so Antony after him and then Augustus" (11).

[78] Zu Caesars Judenpolitik s. bes. U.BAUMANN, Rom und die Juden S.69.88-115.252ff., der allerdings den hier notwendigen Hintergrund der Klientelbemühungen nicht bietet. Wir interessieren uns im Folgenden vor allem für die in der Diaspora relevanten Bestimmungen dieser Politik. BAUMANN bietet eine sorgfältige Besprechung der bei Josephus überlieferten einschlägigen Dokumente (S.95ff.): des Ediktfragments in Caesars Schreiben an die Sidonier (47 v.Chr.: ant XIV 190-95), des Fragments eines senatus consultum von 47 v.Chr. (ant XIV 196-98) und der Teile eines senatus consultum von 44 v.Chr., die in ant XIV 200-11 erhalten sind.

Führungsgespann Hyrkan II./ Antipater entschieden hatte, revidierte er die
durch den Pompeianer A.Gabinius eingeführte aristokratische Ordnung Judäas, die die politischen Kompetenzen des Hohenpriesters zugunsten regio-
naler Bezirkssanhedrine beschnitten hatte (cf. bell I 169f.), und belebte bezüglich der Diaspora auch das *repräsentative Klientelprinzip* neu: Hyrkanus II.,
der mit den erblichen Würden des Hohenpriesters, des Volksherrschers
(ἐϑνάρχης) und dem Titel "Bundesgenosse und Freund des römischen Volkes" ausgestattet wird, erhält u.a. nicht nur die Entscheidungsgewalt über alle
Gerichtsfragen zur jüdischen Lebensführung in Judaea (ant XIV 195), sondern er soll auch als Hohepriester und jüdischer Ethnarch als *Protektor derjenigen, die ungerecht behandelt werden*, fungieren.[79] Damit wird zweifellos Hyrkans politische Rolle für die Diasporajuden formuliert, denn das Fragment
endet mit der Bestimmung, es solle *allen Finanzbeamten* (πᾶσι τοῖς ταμίαις)
und Magistraten der einzelnen Poleis sowie den Freunden - kurz: *überall*
(πανταχοῦ) - bekanntgemacht werden und hohepriesterlichen Gesandten solle
Gastfreundschaft gewährt werden (ant XIV 198). Letzteres war ein Erfordernis der dem Hohenpriester zugewiesenen Protektorenrolle. Umgekehrt wird
durch die Installation dieses Rechtsschutzes auch der Anspruch der Diaspora
auf die traditionelle Lebensweise bekräftigt. Die schon hier deutliche protegierende Diasporapolitik Caesars verdankte sich wahrscheinlich der Einsicht
in den möglichen politischen Nutzen einer loyalen, im Osten ja weit verbreiteten jüdischen Diaspora, der ihm besonders im alexandrinischen Krieg (48-
47v.Chr) vor Augen getreten sein mußte. Dort hatte ihm Antipater im Auftrag Hyrkans II. mit Auxiliartruppen großen Beistand geleistet und ihm sogar
die militärische Unterstützung weiterer syrisch-palästinischer Städte und Dynasten zugeführt. Besonders wichtig erscheint, daß Antipater ägyptische Juden, die sich ihm zunächst in der Nähe von Leontopolis in den Weg gestellt
hatten, aufgrund der gemeinsamen Nationalität (κατὰ τὸ ὁμόφυλον) und mit-
tels eines hohenpriesterlichen Empfehlungsschreibens (ant XIV 131) zur Unterstützung Caesars gewinnen konnte und daß diesem Beispiel auch noch
weitere ägyptische Juden folgten (ant XIV 127-132).[80] Wenn Caesar nach

---

[79] ant XIV 196: καὶ ὁ ἀρχιερεὺς αὐτὸς καὶ ἐϑνάρχης τῶν Ἰουδαίων προῖστῆται τῶν
ἀδικουμένων. Zu diesen Regelungen Caesars (ant XIV 190ff.) siehe P.SCHAEFER, Geschichte
96-98. Insgesamt brachten die vorteilhaften Zugeständnisse Caesars, zu denen etwa auch die Zu-
teilung der finanzkräftigen Hafenstadt Joppe und die Exemtion Judaeas von der Pflicht, Auxiliar-
Truppen und Armee-Quartiere zu stellen, gehörte, Judaea staatsrechtlich auf den Weg zu einem
Status, "der dem der "freien und von Steuerlast befreiten Städte" (*civitates liberae et immunes*)
vergleichbar wäre" (P.SCHAEFER 98).

[80] Bei diesen Aktionen trat Antipater als von Hyrkan II. gesandter Heerführer im Entsatzheer
für Caesar unter Leitung des Mithradates von Pergamon auf. Letzterer schrieb in einem Brief an
Caesar die Verdienste für den Sieg dem Einsatz Antipaters zu (ant XIV 136), den Caesar in der
Folge auch für weitere Militäraktionen heranzog.

diesen Erfahrungen also die repräsentative und protegierende Stellung des Hohenpriesters gegenüber der Diaspora festlegte und diesen Repräsentanten (ebenso wie Antipater) gleichzeitig durch beneficia in seiner Loyalität bestärkte, so läßt sich darin das klientelpolitische Ziel greifen, in den weit verbreiteten Judengemeinden eine sichere Anhängerschaft zu gewinnen.[81] Dieser Absicht diente Caesars Exemtion der jüdischen Gemeinden vom allgemeinen Verbot der collegia, von dem nur alte Gründungen ausgenommen waren (ethnokulisches Toleranzprinzip): Sie galten den Römern als *collegia licita*.[82] Der Brief eines caesarischen Beamten an Magistrat, Rat und Volk von Paros (ant XIV 213-16), wo die Juden per Beschluß am traditionellen Leben gehindert worden waren, zeigt, daß die Exemtion vom collegia-Verbot für die Diaspora als *umfassende Garantie des Lebens nach den eigenen ethnokulturellen Traditionen* (τὰ πατρία ἔϑη/ νόμιμα/ ἱερά XIV 213.214.216) wirksam wurde. Der Sache nach wird damit, wie wir schon wissen, die autonome jüdische Politeia jeweils vor Ort anerkannt. Von Stadt zu Stadt konnten dann die jeweils umstrittenen Bräuche/Institutionen unter den Schutz dieser Garantie gestellt werden.[83] *Caesars Judenpolitik steht also im Rahmen seiner*

---

[81] Zwar sehen wir somit wie H.CASTRITIUS, Die Haltung Roms S.22f., "strukturgeschichtliche" Motive hinter Caesars Judenpolitik, aber es bleibt sehr zweifelhaft, ob damit letztlich, wie C. meint, schon das Ziel einer "politischen Integration der Juden des römischen Reiches", einer "heidnisch-jüdischen Symbiose", verbunden war. Die offiziellen Quellen, die die vorteilhafte Judenpolitik auf die alexandrinischen Erfahrungen Caesars zurückbeziehen (ant XIV 192f.212; cf. ant XVI 52f.162), sprechen eher für eine primär auf die persönliche Loyalität berechnete Klientelpolitik. Dem entspricht die Beobachtung U.KNOCHEs, nach dem der Reichsgedanke in den caesarianischen Schriften kaum eine Rolle spielt; stattdessen "der Gedanke von Führer und Gefolgschaft... hier unendlich viel stärker" sei (ders., Die geistige Vorbereitung 217f.). Ein weiteres, strategisches Motiv nennt P.R.TREBILCO, Jewish Communities, S.13: "Rome would want to avoid any political unrest or alienation of Jews in Palestine, a strategic part of the Empire, and it could avoid unrest by supporting Jewish privileges throughout their domain."

[82] SEVENSTER, Roots 148f.; SCHÜRER (ed. VERMES, MILLAR, GOODMAN) III/1 117 A 40. Caesars generelle Regelung bei Suet., Div.Caes. 42 (Cuncta collegia praeter antiquitus constituta distraxit); die Exemtion der jüdischen Gemeinden von diesem Verbot belegt ant XIV 215. Augustus bestätigte die Maßnahme nach Suet., Div.Aug.32,1 (Collegia praeter antiqua et legitima dissolvit), freilich auch die caesarianische Exemtion der Juden (cf. ant XVI 162-65; Philo, LegGai 156f.; SMALLWOOD, The Jews under Roman Rule 134-37). Zur gesellschaftlichen Funktion der collegia in der griechisch-römischen Welt und zu den ordnungspolitischen Gründen ihrer Untersagung durch Rom siehe besonders R.MACMULLEN, Enemies of the Roman Order - Treason, Unrest and Alienation in the Empire S.173ff. Die jüdischen Gemeinden erschienen Caesar also ordnungspolitisch, dh. was ihre Friedensfähigkeit gegenüber Nachbarn angeht, noch unbedenklich; allerdings war Caesars Judenpolitik freilich primär von Klientel- und Loyalisierungsabsichten bestimmt.

[83] SCHÜRER verbessert Παριανῶν (XIV 213, bezogen auf Parium/Hellespont) wohl zurecht zu Παρίων (bezogen auf die Insel Paros), da im nächsten Satz auch die Juden aus dem geographisch zu Paros benachbarten Delos genannt werden (dazu R.MARCUS, LCL Josephus VII p.561 A f). Der Name des Beamten, den der überlieferte Text mit Ἰούλιος Γαῖος angibt (XIV

übrigen Freiheitspolitik gegenüber dem griechischen Osten, die durch Garantie der πάτρια νόμα *bzw.* πάτριος πολιτεία *Anhängerschaft gewinnen wollte.*[84] Dementsprechend beriefen sich die sardischen Juden nach Aussage des durch Caesars Politik bewirkten Psephismas der Stadt Sardis (ant XIV 259-61) darauf, daß ihnen die Römer nun *ihre Gesetze* und *ihre Freiheit* (τῆς ἐλευθερίας) wiederhergestellt hätten.[85] In Paros war neben den Grundlagen eines eigenen kommunalen Lebens (συνάγεσθαι, ἑστιᾶσθαι) insbesondere die jüdische *Finanzverwaltung* seitens der Polis bestritten worden, das Gleiche wissen wir auch aus Milet, und nach unserer Auffassung nennt das oben besprochene Dekret daher nicht zufällig gerade die *Finanzbeamten* der Griechenstädte als erste in der Reihe derer, denen das hohepriesterliche Diaspora-Protektorat bekanntzumachen ist.[86] Die Sammlung eigener Geldbeträge, die immer auch mit der Ausfuhr der Tempelsteuersummen nach Jerusalem zusammenhing (cf. Philo, LegGai 311-16), manifestierte nämlich nicht nur die kultische, son-

---

213), ist verderbt (s.SCHÜRER (edd. VERMES, MILLAR, GOODMAN) III/1 p.116 A 36). - T.RAJAK behauptet zwar, daß die caesarische Exemtion der Juden vom Kollegien-Bann in XIV 215 in einer nur auf Rom bezogenen Fassung zitiert werde, "so that its extension to the empire would seem to be a matter of interpretation" (dies., Charter, S.113). Dies gilt letztlich ihrem versuchten Nachweis, daß es auch z.Zt. Caesars keine universal gültige "Roman Charter for the Jews" gegeben habe. Dem steht aber ganz ausdrücklich der durch Caesar *universal* installierte Rechtsschutz der Diaspora in Gestalt des mit der entsprechenden Vollmacht ausgestatteten Hohenpriesters Hyrkan II. (und dessen Emissären) entgegen (s.o.). Von da aus wird man kaum bezweifeln können, daß Caesars Exemtion der Juden vom Kollegien-Bann von vorneherein universale Geltung im römischen Machtbereich haben sollte. Der gleiche Einwand trifft P.R.TREBILCO, nach dem die lokalen Variationen der jeweils umstrittenen und garantierten Bräuche eher an den "process of appeal and ad hoc decision" erkennen ließen als die behördliche Befolgung einer Charta (ders., Jewish Communities, S.10f.). Doch hier wird ein künstlicher Gegensatz geschaffen: Gerade das prinzipielle Zugeständnis der jüdischen Politeia in Gestalt ihrer Bräuche bzw. Gesetze - in der römisch gedachten Konstitutionsform der collegia licita - gab in Verbindung mit dem zugehörigen Rechtsweg (Emissäre im Namen Hyrkans II., siehe noch unten) u.E. den generellen Rahmen ab, innerhalb dessen dann lokal Unterschiedliches durchgesetzt werden konnte. Cf. auch E.M.SMALLWOOD, The Jews under Roman Rule S.134ff.; U.BAUMANN, Rom und die Juden S.248.252ff.

84 Siehe oben S.243f; zur politischen Adhäsion der Diaspora zu Judaea s.u. A 87.

85 ant XIV 260: ἀποκαθισταμένων αὐτοῖς τῶν νόμων καὶ τῆς ἐλευθερίας ὑπὸ τῆς συγκλήτου καὶ τοῦ δήμου τοῦ Ῥωμαίων. Zum Zusammenhang dieses Psephismas der Sardianer mit Caesars Judenpolitik siehe SCHÜRER (edd. VERMES, MILLAR, GOODMAN) III/1 S.116f. mit A 37.

86 Zur umstrittenen jüd. Finanzverwaltung in Paros s. ant XIV 214f.: χρήματα εἰς σύνδειπνα καὶ τὰ ἱερὰ εἰσφέρειν... χρήματα συνεισφέρειν... Zu Milet siehe ant XIV 245: τοὺς καρποὺς μεταχειρίζεσθαι, καθὼς ἔθος ἐστὶν αὐτοῖς (im Sinn der Tempelsteuer deuten SCHÜRER (edd. VERMES, MILLAR, GOODMAN) III/1 S.118 A 44; TREBILCO, Jewish Communities, S.247f. A 129 und cf. die Formulierung bei Philo, LegGai 311-316.156.216.291; nach KRAABEL, Judaism in Western Asia Minor, S.15f. sind hier Nahrungsmittel gemeint). Caesars Anweisung zur Bekanntmachung: ant XIV 198. Hauptaufgabe der städtischen Finanzbeamten (ταμίαι) "was to take formal custody of public funds and to make payments as directed by the Council" (A.D.MACRO, The Cities of Asia Minor, S.679).

dern zugleich damit ja auch die politisch-wirtschaftliche Jerusalem-Loyalität
der örtlichen Juden.[87] In beiden Aspekten bekundete die Diaspora ihre Zugehörigkeit zur übergreifenden Politeia aller Juden, deren Zentrum der
Tempel war.[88] In der beginnenden Erholungsphase der Asia kurz nach den
enormen Kriegslasten war man jedoch auf die finanzpolitische Solidarität aller Stadtbewohner angewiesen, und exemplarisch beleuchtet dies die zeitgenössische Klage und Forderung der Mytilenaier, daß sich auch die privilegierten Personen in der Stadt am Steueraufkommen (τέλη) zu beteiligen hätten.[89]
In dieser Situation konnte der Kapitalabfluß durch eine ethnokulturell wenig
geachtete Gruppe, die sich kultisch und finanzpolitisch wie eine konkurrierende Polis ausnahm, verständlicherweise nur schwer geduldet werden. Übergriffe griechischer Finanzbehörden auf die jüdischen Kassen lagen umso näher, als der politische Status der Juden in vielen Städten angreifbar erschien
und zwischen dem von κάτοικοι bzw. μέτοικοι (so der Standpunkt der Griechen) und dem von πολῖται einer eigenen Politeia parallel zur griech. Polis (so
die jüdische Position) schwankte. Konnte die Polis die Juden als κάτοικοι
(μέτοικοι) ansehen, so war es legitim, sie mit den einschlägigen Sondersteuern
zu belegen und sie sogar zum Militärdienst und zu städtischen Liturgien
heranzuziehen, sie also ganz der Souveränität der Polis zu unterwerfen.[90] Wa-

---

[87] Entsprechend galten die parischen Diaspora-Juden dem römischen Beamten als "unsere
Freunde und Verbündete" (XIV 214.216), sie gehörten also in den politischen Hoheitsbereich des
Ethnarchen Hyrkanos II., der gemeinsam mit dem jüdischen Ethnos "Freund und Verbündeter"
der Römer war. Darin äußert sich das repräsentative Klientelprinzip; cf. die Bezeichnung der
Diaspora-Juden als πολῖται des Hohenpriesters (ant XIV 226; siehe schon ep.Arist.36; ant XII
46; cf. auch XIV 241.265).

[88] Siehe oben S.93ff und zum wirtschaftlichen Aspekt ant XIV 110; bell VI 335; Tac. Hist. V 5,1.

[89] Zur Klage der Mytilenaier, der Caesar Abhilfe schuf, siehe IG XII 2,35, Kol.b, Z.26ff.; IGR
IV 33 (cf. ROSTOVTZEFF, Gesellschafts- und Wirtschaftsgeschichte 768f.1349 A 58). Allerdings
geht es im Fall Mytilenes auch um die der antiken Polis selbstverständliche "Sozialpflichtigkeit"
vermögender nobiles, die durch Immunitäts-Privilegien in Frage gestellt worden war (cf. VIT-
TINGHOFF, Soziale Struktur 41). Gleichwohl setzt die Klage den großen städtischen Finanzbe-
darf der Zeit voraus (und nicht nur den Versuch, die pompeianische Klientel in Mytilene zu treffen). Nicht von ungefähr hatte Caesar 48 v.Chr. ein Drittel (!) der den Poleis der Asia abgefor-
derten Abgaben erlassen.

90 Zur Gleichbedeutung von κάτοικοι, κατοικοῦντες und μέτοικοι bzw. πάροικοι siehe
OERTEL, Art. Katoikoi RE XI/1 1f.: Der Begriff κάτοικος bezeichnet den Status minderen
Rechts "in Gemeinden mit Stadtverfassung sehr häufig... κατοικῶν und κάτοικος stehen in Parallele zu μέτοικος, πάροικος." Rechtlich waren die (ξένοι) κάτοικοι bzw. μέτοικοι (lat.: inco-
lae) nach attisch-ionischem Recht "freigeborene Fremde, die sich dauernd im Staatsgebiet niedergelassen hatten und dort das Wohnrecht besaßen" und die darüberhinaus bestimmten Sondersteuern unterworfen waren: Grundsätzlich dem μετοίκιον (Kopfsteuer); bei erwerbswirtschaftlicher Betätigung auf dem Markt die noch dem ξενικόν bzw. den ξενικά
(E.BERNEKER RE IX A/2 Sp.1444f.). Sie entbehrten der politischen Rechte der Politen, konnten aber zum Militär für niedere Dienste eingezogen werden (ebd. Sp.1457) und hatten auch
städtische Liturgien (munera) zu übernehmen (E.FASCHER RAC VIII Sp. 317). Allerdings
"scheinen sie ... den Gemeinden nicht unbeschränkt zur Ableistung von *munera* verpflichtet gewe-

ren die Juden jedoch Politen ihrer lokalen Politeia parallel zur Polis und in ihrem Status somit nicht von ihr, sondern von den Garantien des Imperiums abhängig, so konnte es keine Berechtigung für griechische Übergriffe geben. Zwar wird dieser Statusstreit für Alexandria, Kyrene und Kleinasien am deutlichsten erst durch die Nachrichten aus der frühen Prinzipatszeit reflektiert, jedoch legen Strabos Bericht über Kyrene zur Sulla-Zeit und eine eigentümliche Formulierung in einem Dekret von Sardis aus der Zeit Caesars es nahe, daß auch damals die Übergriffe der Poleis durch die Einstufung der Juden als χάτοιχοι legitimiert werden konnten. Eine solche Ausweitung der städtischen Souveränität lag ja auch ganz auf der Linie der durch Caesars Freiheitspolitik im Osten wahrscheinlich stimulierten Autonomiedoktrin der Städte.[91]

Nach Strabo (bei Jos. ant XIV 115) waren die kyrenischen Juden weder πολῖται noch μέτοιχοι (=χάτοιχοι), sondern eine eigene Klasse; mit dieser Statusbeschreibung ist eine ideale Rückprojektion der eigenen alexandrinisch-jüdischen Verhältnisse bei Philo (Mos I 34-36) vergleichbar, nach der die ägyptischen Juden zur Mosezeit mehr als μέτοιχοι und etwas weniger als griechische Vollbürger (ἄστοι, αὐτοχθόνοι) - jedoch auf dem Weg zur ἰσοτιμία mit letzteren - hätten gelten sollen. Ein Psephisma der Polis von Sardis zur Zeit Caesars spricht schließlich von οἱ χατοιχοῦντες ἡμῶν ἐν τῇ πόλει Ἰουδαῖα πολῖται (ant XIV 259), wobei die Verbindung οἱ χατοιχοῦντες ... πολῖται wegen der Statusdifferenz zwischen χάτοιχοι und πολῖται wie eine contradictio in adiecto erscheint. Der scheinbare Widerspruch, den TARN durch eine (apologetisch-) jüdische Interpolation des Begriffs πολῖται (i.S. des griechischen Bürgerstatus) erklären wollte, löst sich, wenn wir mit R.MARCUS voraussetzen, daß πολῖται hier nicht "Bürger der griechischen Polis" meint, sondern Bürger des am Ort ansässigen jüdischen Politeumas, dem auch die im Dekret zugestandenen Rechte gelten. Auf die Anerkennung eines solchen Politeumas in Sardis weist die Beobachtung, daß das eigene politische Leben der Juden gemäß den anerkannten ἔθη im Dekret durch πολιτεύωνται formuliert wird (XIV 260).[92] Die eigentümliche Formulierung ist jedoch verräterisch,

sen zu sein" (D.NOERR, Imperium und Polis 46 mit Belegen). Die χάτοιχοι unterstehen also ganz der Souveränität der griechischen Polis.

[91] Zur konstitutiven Freiheits- bzw. Autonomie-Doktrin der griechischen Polis siehe D.NOERR, Imperium und Polis S.87. Die Republik hatte schon lange die Schirmherrschaft über die Freiheit der Griechen übernommen (Livius 34,58,10f.: patrocinium libertatis Graecorum; cf. 37,54,17), und auch die civitates stipendiariae, die nicht das offizielle Freiheitsprivileg der civitates liberae bzw. foederatae besaßen, hatten das Recht "suis legibus uti", das den ideologischen Kern der Stadt-Freiheit ausmachte (BERNHARDT, Eleutheria 247.248.250).

[92] Zu Strabo (Kyrene), Philo (Alexandria) und Sardis siehe A.KASHER, Jews 238-43.288f. TARNs Interpolationsthese zu ant XIV 259 bei ders., Hellenistic Civilization S.176 A 1; ihr folgt jetzt wieder P.R.TREBILCO, Jewish Communities, S.192.382 A 19: Während es plausibel erscheine, daß die Juden Josephus und Philo den Begriff πολίτης zur Bezeichnung von Mitgliedern etwa des jüdischen Politeumas in Antiochia oder Alexandrien verwendeten (z.B. ant XII 121; XIV 188; Philo, Flacc.47; LegGai 193.349), sei es gleichwohl unwahrscheinlich, daß eine griechische Polis (hier Sardis) die Glieder des jüdischen Politeumas am Ort in untechnischer Begriffsverwendung als (jüdische) πολῖται bezeichne. Dabei übersieht TREBILCO aber, daß wir durch-

denn sie zeigt die naheliegende Einstufung der Juden als der Polis unterworfene κάταικα (μέτοικοι), die nur durch die von Caesar garantierte ethnokulturell-organisatorische Eigenständigkeit der jüdischen Gemeinden unter dem politischen Protektorat des Ethnarchen Hyrkanos verhindert wurde.

Die weiteren kleinasiatischen Dokumente aus Caesars Zeit bestätigen im Rahmen der Pauschal-Garantie für die väterlichen νόμοι und ἔϑη insbesondere die jüdische Sabbat-Observanz (XIV 242.245.258.261) - das im öffentlichen Leben wohl auffälligste jüdische Proprium, das sich für antijüdische Schikane der Poleis bequem benutzen ließ.[93] Von besonderem Interesse ist für uns schließlich der Brief der Laodiceer ant XIV 241-43, der zeigt, wie die von Caesar im Rahmen des repräsentativen Klientelprinzips gewährte Protektorenrolle des Hohenpriesters funktionierte: Gesandte Hyrkans wurden mit offiziellen Dokumenten, die auf den Schutz der πάτροι νόμοι, insbesondere des Sabbats, hinausliefen, beim Prokonsul vorstellig. Daraufhin verfaßt dieser ein Schreiben an die Laodiceer, in dem er unter Berufung auf die Gesandten (!) die jüdischen Forderungen garantierte und sogar den in dieser Sache widersetzlichen Trallern aufbefahl (XIV 241f.). Mit dem von Caesar ausgestalteten repräsentativen Klientelprinzip war also, was den Schutz des kommunalen jüdischen Lebens angeht, ein praktikabler Rechtsweg verbunden.[94]

---

aus Belege für eine offizielle Bezeichnungstradition haben, nach der pagane Behörden die Klassifikation "πολῖται" speziell für die der ethnokulturellen jüdischen Politeia zugehörigen Diasporajuden gebrauchen konnten (siehe etwa ep.Arist.36; ant XII 46; ant XIV 226 (Ephesos!)). Zudem beruft sich das sardische Psephisma ja auch sogleich auf die Wiederherstellung der Gesetze und Freiheit der Juden durch Rom (ant XIV 260) - die Ἰουδαῖοι πολῖται gehören von da aus gesehen wohl zur übergreifenden Politeia für Juden. Siehe dazu R.MARCUS, Josephus LCL Vol. VII S.587 Anm.f; A.KASHER, Jews 243. KASHER weist ebd. auch auf die Formulierung τῇ κατοικία τῶν ἐν Ἱεραπόλει κατοικούντων Ἰουδαίων (CIJ II 775) auf einem Epitaph aus Hierapolis hin. Zur Datierung des sardischen Psephismas in die Zeit Caesars siehe SCHÜRER (edd. VERMES, MILLAR, GOODMAN) III/1 S.116f. A 37.

[93] Diese Josephus-Dokumente sind: ein Brief des Magistrats von Laodicea an den Prokonsul Gaius Rabirius (ant XIV 241-43); ein Brief des Prokonsuls P.Servilius Isauricus an die Autoritäten von Milet (ant XIV 244-46); ein Beschluß der Polis von Halikarnassos (ant XIV 256-58) und ein Beschluß der Polis von Sardis (ant XIV 259-61). Zur Datierung und zur Korrektur der Namen siehe zuletzt SCHÜRER (edd. VERMES, MILLAR, GOODMAN) III/1 116f. A 37. - Schikanieren konnte man die Juden bequem, indem man Gerichtstermine und ähnliche öffentliche Verpflichtungen auf den Sabbat legte, wie das noch unter Augustus geschah (ant XVI 27.45). Der Sabbat fungierte als wichtiges Merkmal jüdischer Identität im Asia: Synagogen hießen in Thyateira (CIJ 752) und nach einem die ganze Asia betreffenden augusteischen Edikt auch allgemein (ant XVI 164) "Sabbateion"; jüdisch beeinflußte Griechen in Lydien nannten ihre Gottheit "Sabbathikos" (dazu KRAABEL, Judaism, S.191-96). Weiteres epigraphisches Material bietet P.R.TREBILCO, Jewish Communities, S.250 A 151; cf. S.20-22.

[94] Die Diaspora zeigte sich gegenüber Caesar für diesen erstmals im ganzen römischen Machtbereich gesetzlich festgeschriebenen jüdischen Rechtsschutz dankbar. Das äußerte sich etwa in der von Sueton eigens hervorgehobenen, besonders intensiven und langen Trauerfeier der stadtrömischen Juden für Caesar (Suet. Caes. 84,5).

Nach Caesar bestätigten die Maßnahmen P.Dollabellas (bes. ant XIV 223-27: Militärexemtion der asiatischen Juden nach der Intervention Hyrkans) und des Marcus Antonius (XIV 301ff.;bes. 304) das von Caesar neu belebte repräsentative Klientelprinzip mit seinem speziellen Rechtsweg.

Zwischen Caesars Tod und der Alleinherrschaft *Oktavians* ab 31 v.Chr. lag die letzte, für die Menschen und die Wirtschaftskraft Kleinasiens allerdings furchtbarste Bürgerkriegsphase. Schon der Caesarianer P.Dolabella hatte die Asia in kurzer Zeit verheert; die Republikaner Cassius und Brutus, die ihre Armee gegen Antonius ganz aus den Resourcen des Ostens aufbauten, hatten der Asia in gewalttätiger Weise den zehnfachen Jahressteuerertrag abverlangt (43-42 v.Chr.)[95], und auch Antonius forderte nach seinem militärischen Erfolg über jene (42 v.Chr. bei Philippi) in Ephesos den neunfachen Jahressteuerertrag der Provinz innerhalb von zwei Jahren (41 v.Chr.). Der Panthereinfall unter Q. Labienus ("Parthicus Imperator") ab Ende 41 v.Chr. nach Kleinasien und Syrien, der Labienus für ca. eineinhalb Jahre zum Despoten weiter Teile Kleinasiens machte, schädigte besonders Karien. Schließlich, nach der Vertreibung der Parther durch den Antonianer Ventidius Bassus, vervollständigten die rücksichtslosen Kontributionsforderungen des Antonius in den dreissiger Jahren, durch die er zunächst seinen geplanten Partherfeldzug, dann seinen Krieg gegen Oktavian finanzieren wollte, die Devastierung der Provinz Asia und des restlichen Kleinasien.[96] Die intensiven "Wiederbelebungsmaßnahmen", die Oktavian als Sieger von Actium (31 v.Chr.) einleitete, zeigen das Ausmaß der Erschöpfung an.

Oktavian hat mit Ausnahme von Kos gegen keine kleinasiatische Polis wegen Unterstützung des Antonius nachweisbar Strafen verhängt, er verfügte vielmehr einen generellen Schuldenerlaß und begann bei seinem Asia-Besuch 30/29 v.Chr. mit einer mehr als zehn Jahre anhaltenden Prägung von Gold- und Silbermünzen in Ephesos und Pergamon, um die wirtschaftliche Lage der Asia zu heben. Stabilisierend wirkte auch die Fundierung der von den Städten geforderten Steuern (die publicani blieben wie unter Caesar ausgeschaltet) auf einen periodischen Zensus, der ihnen die Festlegung des Steueraufkommens für Rom erlaubte. Mehrfach gab es großzügige Hilfe für durch Erdbeben geschädigte Städte der Region (zB. 20 v.Chr./12 v.Chr.); 12 v.Chr. zahlte Augustus die laufenden Steuern der Asia aus eigener Tasche an die Senatskasse, um die Sanierung akuter Erdbebenschäden zu ermöglichen. Bedeutsam für die Provinz war

---

[95] Der Caesar-Mörder Marcus Iunius Brutus glich Caesar darin, daß er sich während seiner Kriegsvorbereitungen gegen Antonius und Oktavian in der Asia gegenüber Ephesos für die prinzipielle Respektierung der jüdischen Lebensweise, insbesondere des Sabbats, durch die Griechen einsetzte: ant XIV 262-64 (cf. SCHÜRER (edd. VERMES, MILLAR, GOODMAN) III/1 117). Das entspricht genau dem Programm Brutus' und Cassius' gegenüber den Freistädten: "am Status quo nichts zu ändern" (R.BERNHARDT, Eleutheria 167).

[96] Einen guten Überblick über die hier skizzierte Leidensgeschichte Kleinasiens gibt RO-STOVTZEFF, Gesellschafts- und Wirtschaftsgeschichte II 793-802. Cf. auch BRANDIS RE II/2 Sp.1559-61 und speziell für Ephesos KNIBBE/ ALZINGER, Ephesos 755ff..

schließlich auch die Installation eines für Provinziale praktikablen Rechtswegs zur Strafverfolgung erpresserischer Statthalter (4 v.chr.) und die Einführung fester Gehälter für die Statthalter, wodurch die Versuchung zur erpresserischen Bereicherung abnahm. Man merkt diesen Maßnahmen durchaus die cura et tutela des Prinzeps für die Asia und ihre Poleis an, die gegenüber dem unbekümmerten Verhalten der republikanischen Verwalter ein novum war.[97]

Oktavians asiatischer Pax-Cistophor des Jahres 28 v.Chr. zeigt auf der Rückseite die Göttin Pax, die auf einem in die Scheide zurückgeschobenen Schwert steht und in ihrer Rechten den auch sonst dem Frieden zugeordneten Hermesstab hält.[98] Mit D.MANNSPERGER wird man daraus nicht nur den Hinweis auf Actium, sondern auf die im Vorjahr erfolgte erste Schliessung des Janustempels ablesen müssen: per totum imperium populi Romani terra marique ... parta victoriis pax (ResGest. 13). Im Besonderen wird die segensstiftende Pax auf einer für die Asia entworfenen Münze freilich die Beendigung der oben skizzierten regionalen Kriegsschrecken programmatisch verkünden sollen. Schon Antonius hatte eine solche Friedens-Propaganda in der Asia versucht, untergrub sie freilich durch sein eigenes Verhalten.[99] Diese Friedens-Programmatik verbindet sich auf der Vorderseite unserer Münze mit der Bezeichnung Oktavians als LIBERTATIS P(OPVLI) R(OMANI)

---

[97] Keine Kriegsstrafen außer für Kos belegbar (trotz CassDio 51,2,1; dazu BOWERSOCK, Augustus 85f.): D.MAGIE, Roman Rule I 441; Schuldenerlaß: Dio Prus. XXXI 66 (cf. A.D.MACRO, The Cities of Asia Minor 660 A 2); Münzemissionen: MAGIE I 442f.; KNIBBE/ ALZINGER Ephesos 757f.; Steuerpolitik: MAGIE I 471; MACRO 667f.; Erdbebenhilfe: MAGIE I 469.479; CassDio 54,30,3; Strafverfolgung der Statthalter und Einführung fester Gehälter: MAGIE I 488f.; wirtschaftliche Bedeutung der Asia: Cic., de imp.Pomp. 6,14; zur cura et tutela des Prinzeps auch gegenüber den Provinzen siehe KIENAST, Augustus 418f.

[98] BMC I p.112 Nr.691-693 mit Plate 17.4; D.MANNSPERGER, Apollon gegen Dionysos. Numismatische Beiträge zu Octavians Rolle als Vindex Libertatis, Gymnasium 80 (1973), S.381-404, hier Seite 402 und Tafel XXI, Abb.1/2.

[99] Aus einem Brief, den Antonius bald nach der siegreichen Doppelschlacht bei Philippi im Jahr 41 v.Chr. von Ephesos aus an Hyrkan II. von Jerusalem schrieb, stammen die Sätze: "Da nun diese [sc. Brutus und Cassius] bestraft wurden, hoffen wir, daß wir künftig Frieden genießen werden und daß die Asia vom Krieg zur Ruhe kommt. Wir wollen demnach den uns von Gott gegebenen Frieden auch mit den Verbündeten teilen, gerade so wie nun der Leib der Asia (τὸ τῆς Ἀσίας σῶμα) kraft unseres Sieges sich von einer schweren Krankheit erholt" (bei Jos. ant XIV 311f.). Entsprechend dieser Friedensprogrammatik war Antonius bei seinem ephesischen Aufenthalt 41 v.Chr. nach dem Zeugnis des Plutarch als Dionysos der gnadenspendende (χαρδότης) und der milde (μειλίχιος) aufgetreten (Plut., Anton. 34,3-6). Dionysos, der hellenistische Herrschergott, fungierte einerseits als Patron des Krieges, andererseits in gleicher Weise als Patron des anschließenden Friedens (Plut., Demetr. 2,3; Horaz, Od.II 19,25-28; Ael.Arist. or.41,5; cf. Cornutus, ΕΠΙΔΡΟΜΗ c.30: οἰκείως δ' ἔδοξεν εἰρήνη κατά τι καὶ ὁ Διόνυσος εἶναι). Diodor beschreibt diesen Gott als denjenigen, "der die Streitigkeiten zwischen den Völkern und Poleis löst und so statt Aufständen und Kriegen (τῶν στάσεων καὶ τῶν πολέμων) Eintracht und tiefen Frieden (ὁμόνοιαν καὶ πολλὴν εἰρήνην) bewirkt" (III 64,7). Vor dem Hintergrund dieser dionysischen Spezifika haben wir, wie in nüchternen Worten auch der obige Brief zeigt, die Dionysos-Propaganda des Antonius in der Asia gleich nach Philippi zu verstehen.

VINDEX - eine Kontrastformel zur präsumtiven politischen Linie des überwundenen Antonius, gegenüber dem der junge Oktavian schon einmal als vindex libertatis aufgetreten war (ResGest c.1).[100] Die Freiheitspropaganda im Osten zielte aber nicht nur auf den populus Romanus, sondern darüberhinaus auch auf die Griechen, denen Oktavian demonstrativ gleich nach der siegreichen Schlacht das von Antonius erpresserisch den Städten abgenommene Getreide ausgeteilt hatte.[101] Daher feierte die hellenistische Panegyrik eine augusteische Freiheitsrestitution auch für die Griechenstädte, so daß Philo in seinem Enkomion auf den ökumenischen Friedensstifter Augustus schreiben konnte: "das ist er, der für die Freiheit aller Poleis eintrat". In der Tat sahen die Griechen in Oktavian als Erben Caesars auch den Nachfolger im Städte-Patronat Caesars, der nach Möglichkeit die alten Rechte der freien Städte bewahrte. Allerdings wissen wir, daß die meisten Städte der Asia keineswegs das offizielle Privileg der libertas/ ἐλευθερία besaßen bzw. bekamen, gleichwohl wirkte die stadtfreundliche Asia-Politik des Prinzeps (s.o.), der sich nachhaltig auch um die Restitution der Polis-Kulte kümmerte (s.u.), zweifellos als stimulus für das Selbstbewußtsein *aller* Poleis und ihres konstitutiven Autonomie-Gedankens. Dies zeigte sich etwa in der großen Zahl der Städte, die unter Augustus und seinem Nachfolger mit der Prägung eigener Münzen hervortraten.[102] Wahrscheinlich entstammt das bei Philo gepriesene Eintreten des ersten Prinzeps für die Freiheit aller Poleis sogar offizieller östlicher Propaganda, denn auch Nikolaos von Damaskos läßt in einer vor M.Agrippa gehaltenen Rede zugunsten der ionischen Juden (14 v.Chr.) die beneficia der römisch-augusteischen Herrschaft für alle betroffenen Städte und Ethnien in dem einen summum bonum kulminieren, daß sie jetzt nicht mehr als Sklaven (δούλους), sondern als Freie (ἐλευθέρους) erscheinen.[103]

---

[100] Die Symbolik der auf dem Schwert stehenden Pax entspricht etwa der Aussage von ResGestae 34: postquam bella civilia exstinxeram; cf. Augustus nach Seneca, apoco. 10,2: civilia bella compescui (siehe noch Vell.Paterc. II 89,3; 90,1). Zum Pax-Cistophor insgesamt siehe die Studie von D.MANNSPERGER, Apollon gegen Dionysos S.381-404.

[101] KIENAST, Augustus und Alexander 448. Auch man unter Oktavian der Unterschied zur unbarmherzigen Stadtpolitik des Antonius, der Freiheitsentzüge vornahm und Tyrannenherrschaften einsetzte, greifbar (BERNHARDT, Eleutheria 167-76).

[102] Philos enkomiastischer Preis: LegGai 147 οὗτος ὁ τὰς πόλεις ἁπάσας εἰς ἐλευθερίαν ἐξελόμενος. Zu Augustus als Poleis-Patron wie Caesar s.o. S.251f mit A 97 und R.BERNHARDT, Eleutheria 179.182. Zum Freiheitsstatus kleinasiatischer Poleis unter Augustus s. ebd., 177-207; MAGIE I 472-74 (hier auch zur Münzprägung: 73 Poleis unter den zwei ersten Kaisern!). Zur Freiheits- bzw. Autonomie-Doktrin als conditio sine qua non der Polis-Verfassungen siehe D.NOERR, Imperium und Polis 85-94, bes.87 (mit Belegen); zur Überwachungsfunktion des Kaisers gegenüber ungerechten Übergriffen des Statthalters siehe ebd. 90 (mit Belegen).

[103] Nikolaos bei Jos., ant XVI 40: ἔν τι κατὰ πάντων ἀρχεῖ τὸ μηκέτι δούλους ἀλλ᾽ ἐλευθέρους φαίνεσθαι. Die ganze Rede ant XVI 31-57 geht in ihren Hauptzügen auf das Geschichtswerk des Nikolaos zurück, cf. auch ant XII 125-127 und R.LAQUEUR Aktenstücke 106. Die Entsprechung der Rede mit römischer Ideologie hat A.SCHALIT, König Herodes 426ff.

Schon die Republik hatte sich mit dem patrocinium libertatis Graecorum ge-schmückt.[104] Entsprechend dieser wohl augusteïschen Propaganda sehen wir noch im Spiegel der Äußerungen Plutarchs, Dio Chrysostomos' und Aristides' die Römer am Selbstverständnis ihrer griechischen Untertanen als "Freie" in-teressiert.[105] Der harte Kern der Stadtfreiheit, nämlich die althergebrachten νόμα und ἔϑη (= ἡ πάτριος πολιτεία) leben zu können, bedeutete im Rahmen der Polisideologie, die den gemeinsamen Kult als Rahmen aller politischen Vollzüge vorsah, zugleich auch die Praxis der religiösen ἔϑη.[106] Daher steht neben der augusteïschen Freiheitspropaganda ganz folgerichtig das gut do-kumentierte Bemühen des Prinzeps um die Restitution der Stadtkulte nach dem Sieg über Antonius, das ganz besonders für die Asia herausgestellt wurde.

Besondere Bedeutung hat dabei die Inschrift von Kyme (Asia), die zunächst ein Dekret der Konsuln Augustus und M.Agrippa aus dem Jahr 27 v.Chr., dann einen lateinischen Brief des Prokonsuls Vinicius an den Magistrat von Kyme nennt. Das Dekret befiehlt

---

herausgearbeitet: "Der Hofphilosoph des Herodes wiederholt hier nur die Grundsätze, die... als die vornehmste Aufgabe Roms gegenüber den Bewohnern seines Reiches... anerkannt waren" (S.448).

[104] Livius 34,58,10f. In der Tat war ja auch den tributpflichtigen civitates stipendiariae unter dem Prinzipat das Eckdatum der ἐλευϑερία, nämlich nach den eigenen Gesetzen (und Bräuchen) leben zu können, verblieben, nur daß dieses Recht bei ihnen von der römischen lex provinciae abhing und Gesetzesänderungen der statthalterlichen Zustimmung bedurften, während civitates liberae/ foederatae ihre gesetzliche Verfassung selbst ändern konnten (MACRO, Cities 676). Auch waren die letzteren im Falle lokalpolitischer Mißlichkeiten nur gegenüber dem Kaiser rechenschaftspflichtig, mit dem sie auch das Gesandtschaftsrecht (ius legationis) enger verband, während die civitates stipendiariae im gesamten Verwaltungsbereich durch Korrekturen der Statthalter betroffen werden konnten. Gleichwohl empfanden alle Griechen eine κοινὴ ἐλευϑερία, die sich etwa in der Verehrung des Kaisers als Ζεὺς Ἐλευϑέριος niederschlug (BERNHARDT 235 mit A 684; zum Ganzen ebd. 229-40).

[105] Dio Chrys. 31,111 (an die Rhodier): "Glaubt ja nicht, die Römer seien so beschränkt und dumm, daß sie sich keinen ihrer Untertanen frei und vortrefflich wünschten..." Bei der an einen smyrnäischen Aristokraten gerichteten Schrift Plutarchs "praecepta gerendae reipublicae" liest man die scharfe Kritik einer Polis-Führung, die den römischen Beamten mehr Entscheidungen als nötig anbiedert, die damit die δουλεία herbeiführt und so zugleich die Provinzbeamten zwingt, "mehr als sie eigentlich wollen als Despoten aufzutreten" (ἀναγκάζουσιν ἑαυτῶν μᾶλλον ἢ βούλονται δεσπότας εἶναι τοὺς ἡγουμένους mor. 814E-815A). Der Freiheits-Topos erscheint schließlich im Rom-Enkomion des Aelius Aristides, c.36ff.: μόνοι γὰρ τῶν ἐλευϑέρων ἄρχετε... (cf. c.96) Desillusionierend gegenüber solchen Propaganda-Thesen läßt Tacitus den flavischen Feldherrn Cerialis sagen (hist. IV 73,3): "Freiheit und andere schönklingende Namen dienen übrigens nur als Vorwand; es hat ja noch niemals jemand die Knechtung eines anderen Volkes und die Begründung eigener Herrschaft angestrebt, ohne eben jene schönen Worte in den Mund zu nehmen." - Ein Reflex dieser "Freiheitsdoktrin der Beherrschten" erscheint sogar in 1.Pt 2,13-17: Die kleinasiatischen Christen sollen dem Kaiser und seinen Provinzbeamten ὡς ἐλεύϑεροι untertan sein.

[106] Zu den althergebrachten νόμοι und ἔϑη als Grundlage der Freiheit s.o. S.242-244. Zur Konvergenz von Kult und Politik im Selbstverständnis der Poleis s.o.S.92 A 55.

für alle (östlichen) Provinzen die Rückgabe von kultischen Weihgaben (ἀναθέματα), die - wohl im Zuge des Bürgerkriegs - von öffentlichem oder sakralem Gelände weggenommen und verkauft, verschenkt oder verpfändet worden waren.[107] Der prokonsularische Brief bezieht sich auf einen kymischen Politen, der in Gläubiger-Funktion vorübergehend in den Besitz eines städtischen Dionysos-Tempels gelangt war und nun zu dessen Rückgabe an den Stadtkult aufgefordert wird. Rechtsgrundlage ist dafür eine Anweisung (iussus) des Augustus Caesar mit dem Inhalt "sacra deo restituere" (Z.15f.), womit wahrscheinlich das zuvor ausgeschriebene Dekret gemeint ist. In der Tat hebt ja auch der Tatenbericht des Augustus hervor: "In die Tempel aller Poleis der Asia stellte ich nach dem Sieg die Weihegaben (ἀναθέ[ματα) zurück, die der von mir bezwungene Feind (sc.Antonius) nach der Beraubung von Tempeln (ἱεροσυλήσας) besessen hat" (ResGest c.34). Diese Rückgabe begann schon vor dem oben genannten Dekret im Jahr 30/29 v.Chr..[108] Die in der kymischen Inschrift für die Asia belegte Anwendung des Dekrets zur Kultrestitution begegnet uns, wie J.H.OLIVER wahrscheinlich machen konnte, auch in einer athenischen Inschrift etwa aus der gleichen Zeit.[109] Zweifellos sollten die Stadtkulte aller hellenistischen Provinzen, die im Bürgerkrieg gelitten hatten, wiederhergestellt werden. Speziell aus Asia ist uns die weitere kultische Fürsorge des Prinzeps etwa noch für Stratonikea, Aphrodisias, Ilium, Pergamon und vor allem für Ephesos bezeugt.[110] Während nun im augusteischen Rom im Zuge einer äußerlich traditionalistischen, am mos maiorum orientierten Religionspolitik hellenistisch-orientalische Kulte wie Isis und Sarapis erheblichen Restriktionen unterworfen wurden[111], scheint die östliche Religionspolitik des Prinzeps im Zusammenhang seiner prohelleni-

---

[107] Die Kyme-Inschrift ist publiziert bei H.W.PLEKET, Greek Inscriptions, S.49-66, dort auch am ausführlichsten kommentiert. Siehe noch R.K. SHERK, Rome and the Greek East No. 95; J.H.OLIVER (übernächste Anm.); M.PAPE, Kunstwerke 78f. Mit F.MILLAR (The Emperor, the Senate and the Provinces 161) verstehen wir ἑκάστης ἐπαρχείας (Z.4) im Sinn von "jeder Provinz", das Dekret hat also generellen Charakter. Da die besonders in den Ostprovinzen wirtschaftlich gravierenden Bürgerkriegswirren die Übergriffe auf das Kultinventar hervorgerufen hatten (PLEKET 51f.62; cf. ResGest c.34) - bezeichnenderweise stammt eine zweite, wahrscheinlich durch dieses Dekret veranlaßte Inschrift aus Griechenland (s.u.) -, dürften insbesondere die östlichen, hellenisierten Provinzen gemeint sein.

[108] Zur Rückgabe der von Antonius angeeigneten Kunstwerke (ResGst 34) im Jahr 30/29 v.Chr. s. PAPE, Kunstwerke, S.26. Auch Oktavian hatte sich im Krieg als Tempelräuber verhalten: App. bell.civ. 5,13.22.24; CassDio 48,12,4. - In Rom hatte es freilich im Jahr 28 v.Chr. ebenfalls ein Tempelrestitutionsprogramm gegeben, der Kaiser wurde als templorum omnium conditor ac restitutor gefeiert (Livius 4,20,7 cf. ResGest c.19-20). Siehe F.ALTHEIM, Röm. Religionsgeschichte III S.48ff.

[109] J.H.OLIVER bezieht sich auf die Inschrift IG II/III[2] Nr.1035, wo es in Z.4 ebenfalls heißt: περὶ τῶν ἱερῶν χαὶ] τεμενῶν ὅπως ἀποχαταστασθῆι το[ῖ]ς θεοῖς χαὶ τοῖς ἥρωσιν, ὧν ἐξ ἀρχῆς ὑπῆρχε χαὶ τοῦ δή[μου--. Daraus ergebe sich das mit dem kymischen Brief des Vinicius gemeinsame Anliegen: sacra deis et heroibus restituere (ders., On the hellenic policy of Augustus and Agrippa in 27 B.C., S.190-92.194). Ob dieses Anliegen eine von dem aus Kyme bekannten Dekret nochmals verschiedene frühere Anweisung Oktavians repräsentiert, wie OLIVER meint (194f.), bleibt mir fraglich.

[110] Siehe MAGIE, Roman Rule 469f.; H.W.PLEKET, Greek Inscriptions 62; M.PAPE, Kunstwerke 79.

[111] Dazu I.BECHER, Augustus und seine Religionspolitik gegenüber orientalischen Kulten 149ff..

stischen Stadtpolitik eher an einer Anerkennung der hellenistischen bzw. hellenisierten Kulte interessiert gewesen zu sein: Das mußte ihm die Sympathien der östlichen Völker gewinnen.[112] Augustus selbst war in die eleusinischen Mysterien eingeweiht und wußte sich dem griechisch-römischen Apollo verbunden. Nach der Überwindung des Antonius und der Kleopatra begründete er die Schonung Alexandrias gegenüber der Bevölkerung u.a. mit seinem Respekt vor dem Stadtgott Sarapis, wobei sich gerade hier der berechnende Charakter seiner Kult-Politik zeigt: Die Götter des Isis-Kreises, freilich auch der ptolemäische Staatsgott Sarapis, waren durch die Verbindung mit der Ptolemäerin Kleopatra und Antonius desavouiert und Augustus ließ ihre Symbole auf den alexandrinischen Kupfermünzen sogar ausscheiden. Doch im Zuge seiner prohellenistischen Ost-Politik war die ostentative Anerkennung des Stadtgottes gegenüber der Bevölkerung eben aus taktischen Gründen wichtig; bezeichnenderweise hielt Oktavian seine alexandrinische Rede auch selbst auf griechisch, es ging um unmittelbare Sympathiewerbung. Ähnliches liesse sich auch für seine Haltung gegenüber Dionysos zeigen.[113] Auch dem jüdischen Kult war er persönlich gar nicht zugetan, obgleich er ihn offiziell anerkannte - wie wir sehen werden deshalb, weil die führenden jüdischen Repräsentanten ihre Akkulturation an die von Augustus geförderte hellenistisch-urbane Kultur glaubhaft machen konnten (s.u.). So kamen schließlich auch die Juden der Asia durch M.Agrippa und Augustus in den Genuß von "the same safeguards for their 'holy funds' as were granted to the pagan temples".[114] Die in Rom inszenierte Religiosität des Prinzeps folgte einem traditionalistischen Grundsatz und bevorzugte Gottheiten mit einem "klassischen" griechisch-römischen Erscheinungsbild, doch darf man dies nicht unbesehen mit seiner Religionspolitik gegenüber dem Osten gleichsetzen.[115]

---

[112] Entsprechend konnten ihn hell. Juden der Asia später mit einem Psephisma ehren, das sich, wie Augustus in einem Edikt aus dem Jahre 12 v. Chr. selbst formuliert, auf "meine fromme Haltung gegenüber allen Menschen" (sc. ihren ethnokulturellen Traditionen) bezieht (ant XVI 165).

[113] Eleusinische Mysterien: Suet.Aug.93; Schonung Alexandrias wegen Sarapis: CassDio 51,16,3-5; Julian epist. 434 A (Nr.61 WEIS); Desavouierung des Isis-Sarapis-Kreises und Münzpolitik: I.BECHER, Religionspolitik 147f. Zu Dionysos: Nach der militärischen und propagandistischen Überwindung (Oktavian unter dem Schutz Apollos) des "Neos Dionysos" Antonius verfolgte Augustus den Kurs einer vorsichtigen Wiederannäherung an den Gott, besonders in Kleinasien (dazu I.BECHER, Augustus und Dionysos - ein Feindverhältnis? 88ff.)

[114] P.R.TREBILCO, Jewish Communities, S.18 mit Hinweis auf ant XVI 167f. (Brief des Agrippa nach Ephesos, 14 v.Chr.) und auf ant XVI 163f. (Augustus-Edikt, 12 v.Chr.). Auf diese Tempelsteuer-Konflikte gehen wir unten näher ein.

[115] Cf. Suet. Aug. 93: "Von ausländischen Religionsbräuchen hielt er die alten und vor langer Zeit eingeführten in dem Grade heilig, wie er alle übrigen verachtete." Den ägyptischen Apis-Kult, der für ihn einem Rind und keinem (griechisch-römischen) Gott galt, lehnte er offen ab (CassDio 51,16,5; Suet.Aug.93). Für seine Ignoranz gegenüber dem Jerusalemer Kult lobte er später seinen Enkel Gaius ausdrücklich (Suet.Aug.93). Cf. zur augusteischen Religionspolitik in Rom, die auf den ideologischen Konnex zwischen Staatswohl und penibler Praxis des überkommenen Kultes setzte, A.WLOSOK, Rom und die Christen, S.53-67. Allerdings müssen wir bei Augustus *selbst* von einem distanziert-kritischen, stark von persönlicher und machtpolitischer Berechnung gelenkten Verhältnis zur römischen (wie auch zu anderen Ausprägungen von) Religion ausgehen: "Sobald aber das Denken über die Religion in die Bahn des politischen Nutzens und damit der Zwecke gelenkt wird, liegt die Versuchung allzu nahe, daß es sich ... von der Bindung an das Heilige [,] befreit und die Religion nur noch als Mittel für außerhalb ihrer selbst liegende

Die Propagierung des Friedens, der Freiheit und die Kultfürsorge des Kaisers standen im Dienst einer vor allem pro*griechischen* Stadtpolitik im Osten, welche die urbane Aristokratie für die Herrschaftsinteressen des Prinzeps gewinnen und die hellenistische Urbanität fördern sollte. Der pro*griechische* Charakter erscheint deutlich in seinen (Wieder-) Gründungen *griechischer* Poleis, die dann Nikopolis, Sebaste, Sebastopolis, Kaisarea und ähnlich heißen, etwa auch in der Praxis, Griechen aus seinem literarischen Freundeskreis mit Verwaltungsaufgaben in den hellenisierten Provinzen zu betrauen. Das Imperium des Augustus war damit "ein zweisprachiges Reich..., das von Römern und Griechen gemeinsam getragen werden sollte"[116] und es baute seinen Einfluß im Osten ganz dezidiert auf die hellenisierte urbane Schicht, deren städtische Verwaltungen die Basisorganisation der römischen Herrschaft darstellten und die daher in ihrem konstitutiven Freiheitsempfinden und in ihrer kultischen Integrität gestützt werden mußten.[117] Politische Anerkennung durch Rom konnte im Osten nur erreichen, wer sein Terrain dem Stratum hellenistischer Urbanität öffnete, und so fühlten sich auch die östlichen Klientelkönige wie Herodes d.Gr. oder Archelaos v. Kappadokien daran gebunden, die Gründung von hellenistischen (Augustus-) Städten auch in ihren Gebieten zu forcieren.[118] Das Modell der hellenistischen Stadt erschien

---

Zwecke, vor allem für die Staatsraison oder den eigenen Willen zur Macht benutzt. Diesen Schritt haben der aufgeklärte Real- und Machtpolitiker Iulius Caesar und sein Adoptivsohn Octavius-Augustus getan" (W.SPEYER, Das Verhältnis des Augustus zur Religion (1989), S.402ff).

[116] KIENAST, Augustus 383; zur hellenisierenden Stadtpolitik des Prinzeps ebd. 381ff. (selbst die wenigen Kolonien hatten von Beginn an griechischen Charakter!); auch kulturell kam die Herrschaftspartizipation der Griechen zum Tragen (zB. lateinische und griechische Abteilung der Bibliotheca Palatina; Hymnen zur Säkularfeier (17 v.Chr.) in Lateinisch und Griechisch); zum Ganzen KIENAST, Augustus, 375-86. Besonders bezeichnend scheint, daß der Prinzeps kurz vor seinem Tode auf Capri seine römischen Freunde griechische Mäntel anlegen und griechisch sprechen hieß, während seine griechischen Freunde in römischen Togen lateinisch sprechen sollten (Suet. Aug 98). Zur Gewinnung der östlichen Stadtaristokratie siehe auch P.A.BRUNT, The Romanization of the Local Ruling Classes in the Roman Empire, pass., G.W.BOWERSOCK, Augustus 85ff.; MACRO, Cities 660ff.; M.STAHL, Imperiale Herrschaft und provinziale Stadt 36ff.. Das Ergebnis dieser Politik formuliert Aristides in seinem Rom-Enkomion: "Es bedarf keiner Besatzungen, welche die Akropoleis innehaben, denn die angesehensten und mächtigsten Männer überwachen überall in eurem Interesse die eigene Vaterstadt..." (64)

[117] Cf. BOWERSOCK, Augustus, S.99: "Augustus' policy was to create a situation in which the Greek cities would be able to look after themselves as much as possible. He had, of course, to assure himself that the right kind of provincials were in control. When he interfered it was to keep the provincial machinery running smoothly."

[118] Suet.Aug.60: reges amici atque socii in suo quisque regno Caesareas urbes condiderunt. Cf. das Material bei KIENAST, Augustus 382f.; speziell zu Herodes s. SCHÜRER (edd.VERMES, MILLAR, BLACK) I 304ff. Aristides formuliert das Ergebnis der kaiserlichen Stadtpolitik: Während frühere Großreiche über die Völker wie über nackte Körper herrschten, zeichne sich

Rom als das gegebene ordnungspolitische Instrument für den Osten, um den Frieden und die Wirtschaftskraft der dortigen Ethnien im römischen Interesse zu stabilisieren[119] und einen einheitlichen, von ethnischen Konflikten weitgehend freien hellenisierten Kulturraum zu schaffen.

Im Rahmen dieses Hellenisierungs- und Befriedungskonzepts hatte etwa der rex socius Herodes nach eindeutigen Loyalitätsbeweisen gegenüber Rom 23 v.Chr. die im NO angrenzenden Gebiete Trachonitis, Batanaea und Auranitis von Augustus übertragen bekommen, um die dort ansässigen Nomaden zu beruhigen, die durch häufige Raubzüge in das damaszenische Land ihre mangelnde hellenistische Akkulturation unter Beweis gestellt hatten. Herodes' ordnungspolitische Maßnahme brachte die Nomaden in der Tat bald - wenigstens für eine gewisse Zeit - zu einer "zivilisierten" Lebensweise (ant XVI 271: ζῆν ἡμέρως) und die Region in einen "furchtlosen Friedenszustand" (ant XV 348: ἀδεῆ τὴν εἰρήνην). Herodes begann mit der Hellenisierung dieser Gegend.[120] Augustus wußte die enorme Einfühlung seines Klientelkönigs in die römischen Herrschaftsinteressen zu würdigen, indem er ihn offiziell zum obligatorischen Berater seiner syrischen Prokuratoren machte (ant XV 360; bell I 399). Ein weiteres Beispiel für die Befolgung dieser Herrschaftsinteressen bietet die vom kommagenischen Klientelkönig Antiochos unter Claudius gegründete Stadt Εἰρηνόπολις, die der Befriedung isaurischer Bergstämme dienen sollte (s.o. A 119) - das Stratum hellenistischer Urbanität sollte die pax gentium verbürgen.

Für sein hellenistisches Zivilisationskonzept griff Oktavian wie schon Pompeius auf das historische Modell Alexanders des Großen zurück, das er ab 30 v.Chr. zur Sympathiewerbung im Osten, freilich auch aufgrund eigener Sympathien, benutzte: Bei Actium und bei Alexandria gründete er Siegesstädte ("Nikopolis") wie einst Alexander bei Issos; auch sonst gründete er hellenistische Städte, die - ganz wie bei Alexander - mehrfach den Herrscher-

---

die römische Herrschaft dadurch aus, daß jetzt jedem ἔϑνος eine Polis zugeordnet sei (Romrede 92-93).

[119] Dazu zusammenfassend MACRO, Cities 672ff.; cf. Aristides, Rom-Enkomion 92-94 (mit R.KLEIN, Romrede 11 A 121). Zur Stadtkultur als Mittel der Etablierung einer Romorientierten, befriedeten Infrastruktur siehe auch Tac.Agr. 21: "Um die verstreut und primitiv lebenden Menschen, die infolgedessen zum Krieg leicht geneigt waren, durch Annehmlichkeiten an Ruhe und friedliches Verhalten zu gewöhnen, ermunterte er [sc. Agrippa] sie persönlich und unterstützte sie mit staatlichen Mitteln, Tempel, öffentliche Plätze und Häuser in der Stadt zu erbauen..." (Cf. WENGST, Pax Romana 57ff.). Nicht zufällig heißen östliche Kaiserstädte im ersten Jahrhundert mehrfach Εἰρηνόπολις: so etwa eine kilikische Gründung des Klientelkönigs Antiochos IV von Kommagene unter Claudius im Gebiet nicht hellenisierter Bergstämme (Isaurien) "to signify the pacification of some mountain-region" (MAGIE, Roman Rule 550); oder die Umbenennung des galiläischen Sepphoris, einer römischen Garnisonstadt im unruhigen Galiläa, in Εἰρηνόπολις am Vorabend oder gar schon zu Beginn des jüdischen Krieges (Münzen mit diesem Namen sind für 67/68n.Chr. belegt; cf. H.SEYRIG, Irenopolis 284ff.; W.RUGE RE XVII/1 48f.; ders. RE V/2 2135)).

[120] Zur Übertragung der Ostgebiete siehe W.OTTO RE Suppl.I 69f.; SCHÜRER (edd.VERMES, MILLAR, BLACK) I 319. Zur Hellenisierung des Gebiets durch Herodes, die sich archäologisch nachweisen läßt: SCHÜRER (edd.VERMES, MILLAR, BLACK) II 14-15.41.

namen trugen[121]; in Alexandria, das er ausdrücklich u.a. wegen Alexander schonte, bekränzte und berührte er die Mumie des Makedonenkönigs, um auf magische Weise dessen Dynamis zu übernehmen (30 v.Chr. KIENAST). Von da ab bis 23 v.Chr. siegelte er auch mit dem Bild Alexanders.[122] Neben dem Vorbild des militärischen Eroberers ist dabei ganz besonders auch das Vorbild des politisch-administrativen Weltherrschers zum Tragen gekommen, der als Folge seines militärischen Erfolgs den Frieden für die οἰκουμένη garantiert.

Dies zeigt die demonstrative Ausschmückung des Augustusforums, und zwar an seiner belebtesten Stelle, mit zwei Bildern des Apelles, der Alexanders Hofmaler war: auf dem einen waren Nike, Alexander und die Dioskuren zu sehen, auf dem zweiten der personifizierte Krieg, Polemos, mit gefesselten Armen vor dem Triumphwagen Alexanders. Die militärisch errungene Dominanz des neuen Alexander Augustus soll Kriege verhindern und die pax ausbreiten.[123]

Nun war Alexander für die kleinasiatischen Griechenstädte der *Befreier* par excellence, der nach der Perserherrschaft das urbane Leben nach den überkommenen Gesetzen garantierte und er war zugleich wegen seiner *Kultfürsorge* im allgemeinen wie auch speziell in Kleinasien etwa gegenüber der Athena von Ilion, der Artemis von Ephesos und dem Athenatempel von

---

[121] Damit griff er Pompeius' Politik wieder auf, der sich ja ganz dezidiert als neuer Alexander geriert hatte.

[122] Alle Belege der imitatio Alexandri des Oktavian/Augustus finden sich bei D.KIENAST, Augustus und Alexander, 430-56. Sehr wahrscheinlich verbreitete Augustus auch durch seine Autobiographie das Alexanderimage (ebd.433f.), die Poeten griffen das Thema auf (Horaz carm.3,3,49f.; epist.2,1,232ff.; Vergil Aen.6, 791ff.(dazu E.NORDEN, Panegyricus 466ff.)) und noch der Tatenbericht des Augustus erwähnt ebenso wie Orosius, der hier über Livius wohl von der Autobiographie des Prinzeps abhängig ist, den Besuch Indischer und anderer Gesandtschaften bei Augustus (in Spanien), die dem Besuch spanischer und gallischer Gesandtschaften bei Augustus in Babylon entsprechen sollten (ResGest 31; Oros. 6,21,19ff.: die Gesandten hätten Alexandri Magni gloriam auf Augustus gehäuft). S. auch O.WEIPPERT, Alexander-Imitatio 214ff.. Mit dem Wechsel des Siegelbildes 23 v.Chr. (AlexanderAugustus) wird man diese imitatio kaum für abgeschlossen ansehen können (so WEIPPERT 223.249ff.; cf. KIENAST 452ff.), da mehrere Alexander-Reminiszenzen erst in spätere Jahre zu datieren sind (s.o. zu ResGest 31; die programmatischen Alexanderbilder kamen erst 2.v.Chr. auf das Augustusforum, s. die nächste Anm.).

[123] Zum administrativen Weltherrschaftsaspekt: KIENAST aaO. 455; WEIPPERT aaO. 222f.; WIRTH, Alexander und Rom 190ff.. Zur Programmatik der Apelles-Bilder: Plinius, nat.hist. 35,95; dazu vor allem G.A.LEHMANN, "imitatio Alexandri" 35f.: "... distanziert und eigenständig in seiner Bezugnahme auf den Makedonenkönig hat sich Augustus vielmehr einem recht ungewohnten, erst von Plutarch (z.B. de fort.Alex. 1,10) wieder mit Nachdruck aufgegriffenen Aspekt der großen Gestalt Alexanders zugewandt, nämlich dem Einiger und Wohltäter der Welt als Kultur- und Friedensbringer, wie die ostentative Ausschmückung des Augustusforums mit jenem Alexanderbild des Apelles beispielhaft zeigt...". Auch WEIPPERT, Alexander-Imitatio 256 A 2 gesteht zu, daß die Aussage des Polemos-Bildes auf das Programm des Augustus paßt. Für eine programmatische und nicht nur ästhetische Ausstellungsabsicht spricht auch Plinius' Hinweis auf den Ausstellungsort an der besuchtesten Stelle des Forums.

Priene bekannt.[124] Auch Augustus hat den Athenatempel von Ilion und besonders die ephesische Artemis eingehend unterstützt: Indem er u.a. durch solche prohellenistische Kultfürsorge und die Freiheitspropaganda sein Friedenskonzept im Osten qualifizierte[125], mußte er den Griechen umso deutlicher als neuer Alexander erscheinen. Den Kulturimperialisten Alexander sah die hellenistische, alexanderfreundliche rhetorische Tradition, die uns Plutarchs frühe Reden "De Alexandri Magni fortuna aut virtute" I/II bieten, als Ordner (ἁρμοστής) und Hellenisator ganz Asiens, der durch seine griechischen Stadtgründungen die unzivilisierte und wilde Lebensart der barbarischen Völker überwand (mor 328 E: τῆς ἀνημέρου καὶ θηριώδους ἐγκράτησε διαίτης), wobei dieses Zivilisationswerk ((ἐξ)ἡμεροῦν) als *Ausdehnen Makedoniens* sowie *Ausgießung der Rechtsordnung und des Friedens Griechenlands*, als *Verbreitung der Behörden Griechenlands*, als *Umprägen des Barbarischen durch griechische Verfassung* dargestellt wird.[126] Die rhetorische Tradition über Alexander als Zivilisator barbarischer Stämme ((ἐξ)ἡμεροῦν: mor.328 B, 328 D-F, 329 A, 332 A) konnte begrifflich an das Selbstverständnis Alexanders als neuer Herakles anknüpfen, der als griechischer Kultur- und Zivilisa-

---

[124] Zur Befreier-Tradition s.o. S.242f; Strabo, XIV 644 berichtet, das καινόν der ionischen Griechen hätte ihm zu Ehren Spiele eingerichtet (Ἀλεξάνδρεια). Alexanders allgemeine Kultfürsorge hebt Polybios 5,10,6-8 hervor (er sorgte für Tempel und heilige Plätze in Griechenland und Asien); zu Opfern und großzügigen Spenden gegenüber den erwähnten kleinasiatischen Heiligtümern siehe BERVE, Alexanderreich I 85.88f.

[125] Stadtfreiheit und kultische Integrität werden in der augusteïschen Ehreninschrift aus Halikarnassos (EHRENBERG/JONES, Documents, 1976² S.83f. Nr.98a) als Segnungen des Kaisers greifbar: "dessen Pronoia [sc. des Augustus] die Gebete aller nicht allein erfüllte, sondern noch übertraf: im Frieden (εἰρηνεύουσι) sind nämlich Land und Meer, Poleis blühen in guter Rechtsordnung (εὐνομία), in Eintracht (ὁμόνοια) und Gedeihen (εὐετηρία)..." Die traditionellen Bitten des griechischen Polis-Gebets, die etwa bei Plutarch, praec.reipubl.ger. mor.824C konkretisiert werden (εἰρήνη, ἐλευθερία, ὁμόνοια, εὐετηρία), sind nach dieser Inschrift durch die Vorsehung des Kaisers erfüllt, wobei die εὐνομία zweifellos das Leben nach den Gesetzen der Städte und somit den harten Kern der Stadtfreiheit meint (zum Ganzen: H.FUCHS, Friedensgedanke 170-174). Der Kultus wird in dem leider nur fragmentarischen Abschluß des erhaltenen Textes angesprochen: "mit Agonen und Götterbildern, Opfern und Hymnen..." - zweifellos sollte hier das blühende religiöse Leben der Polis-Kulte ebenfalls auf die heilvolle Augustusherrschaft zurückgeführt werden. Bündig Aristides, Romrede 103: "Gesetze leuchteten (wieder) auf und an den Altären der Götter vertraute man sich an."

[126] Die Reden Plutarchs "De Alexandri Magni fortuna aut virtute I/II" (mor 326D-333C.333D-345B) sind "aus der großen antiken Literatur über den Gegenstand... das umfänglichste Erhaltene" (K.ZIEGLER, RE 21/1 724; cf.721-24). Al. als ἁρμοστής: mor.329 C; Zivilisierung als Ausweitung Makedoniens und griechischer Stadtkultur: mor.328 E ("Alexander aber gründete mehr als 70 Städte unter barbarischen Völkern und übersäte Asien mit hellenischen Verwaltungen (Ἑλληνικοῖς τέλεσι) und überwand so die unzivilisierte und wilde Lebensweise"); mor.332 A ("auszudehnen Makedonien bis zum äußersten Ozean und auszusäen und herabzugießen auf jede Nation die Rechtsordnung und den Frieden Griechenlands"); mor 332 C ("Ich muß auch... das Barbarische durch griechische Verfassung (Ἑλληνικῇ πολιτείᾳ) umprägen").

tionsbringer par excellence galt.[127] Der Sache nach hatte schon der Kyniker und Alexander-Begleiter Onesikritos den Makedonen als griechischen Zivilisationsbringer dargestellt.[128] Stimuliert durch die ostentative Alexanderimitation des Prinzeps *mußte* die hellenistische Panegyrik die kaiserliche Hellenisierungspolitik geradezu in den Farben des makedonischen Hellenisators ausmalen, wie dies u.E. im *Augustus-Enkomion bei Philo* (LegGai 143-147) geschieht: Die Schlacht von Actium wird hier (LegGai 144) als erneute Auseinandersetzung zwischen Europa und Asien dargestellt und folgt damit einem Topos, der zuletzt für den Feldzug Alexanders Anwendung fand.[129] Für unseren Zusammenhang entscheidend ist dann LegGai 147, wo nun die Kulturleistung des Augustus in den Blick kommt:

"Dieser ist es, der alle Poleis zur Freiheit (ἐλευθερίαν) brachte, der die Unordnung in Ordnung (τάξιν) wandelte, der alle ungeselligen (ἄμιχτα) und wilden (θηριώδη) Völker zivilisierte (ἡμερώσας) und an die Völkergemeinschaft anschloß (ἁρμοσάμενος), der Griechenland um viele Griechenländer vergrößerte und das barbarische Gebiet in seinen wichtigsten Teilen hellenisierte (ἀφελληνίσας), der Friedenswächter (ὁ εἰρηνοφύλαξ), der Verteiler des jedem Zukommenden, der in gerechter Weise seine verschwenderischen Gaben darreichte..."

Als klassischer Befreier der Griechenstädte galt Alexander und die Beschreibung der Zivilisationsleistung nimmt hier durch die Begriffe ἡμεροῦν, ἁρμόζειν und θηριώδη (ἔθνη) genau die bei Plutarch belegte rhetorische Alexander-Tradtion auf (s.o.: (ἐξ)ἡμεροῦν, ἁρμοστής, ἀνήμερος καὶ θηριώδης δίαιτα). Besonders deutlich verbindet aber die Vorstellung von der Ausbreitung Griechenlands durch Hellenisierung (= Urbanisierung) unseren Text

---

[127] Siehe L.BERLINGER, Beiträge zu inoffiziellen Titulatur der römischen Kaiser 57: "Herakles wird seit ältesten Zeiten gefaßt als Kulturbringer und Befrieder des Erdkreises, der die Welt durchziehend überall Ordnung, Gesittung, Kultur und Frieden verbreitet." Bei Pindar wird sein Wirken daher auf den Begriff des ἡμερῶσαι γαῖαν gebracht (I 3,75), ähnlich bei Euripides als ἐξημερῶσαι γαῖαν beschrieben (Hercules XX). Alexanders ostentative Herakles-Nachfolge (Belege bei BERLINGER aaO. 58f.), der als Urahn des makedonischen Königshauses galt, mußte den König notwendig mit dem Motiv des griechischen Zivilisationsbringers, des (ἐξ)ἡμεροῦν, verbinden. Zur Herakles-Imitation Alexanders und der römischen Kaiser informiert grundlegend BERLINGER ebd. 55-67.

[128] Siehe Onesikritos bei Strabo 11,11,3-4 (517) (Alexander löst grausame Sitten der Baktrier und Sogdianer auf (καταλῦσαι δὲ τὸν νόμον Ἀλέξανδρον) und gründet 8 Poleis in der Region) und bei Strabo 15,1,63-64 (715) (Alexander als "Philosoph in Waffen", der die Menschen durch Überzeugungsarbeit oder durch Zwang zur maßvoll-vernünftigen Lebensweise bringt (σωφρονεῖν)); dazu siehe H.STRASBURGER RE 18/1 464ff.

[129] Dazu G.CEAUSESCU, Augustus, der "Hellenisator" der Welt (Kommentar zu Philo, Legatio ad Gaium, 143-147), 54f.: Augustus wird als dux Europae, Antonius als dux Asiae gesehen: "Rom ist eine neue Hypostase von Hellas, wie Augustus, ähnlich wie Alexander der Große, der Gründer eines universalen hellenischen Reiches ist." Die Auseinandersetzungen zwischen 'Europa und Asien" bis auf ihren Abschluß durch den Feldzug Alexanders thematisiert etwa das Gedicht Alexandra von Lykophron (vv.1283-1450); siehe CEAUSESCU 54 mit A 34.

mit der obigen Alexander-Tradition. Zweifellos sah die von Philo zitierte, vermutlich alexandrinische Enkomientradition Augustus, der sich als Protagonist hellenistischer Urbanität gerierte, in den Bahnen Alexanders und spiegelt damit die ost-politische Propaganda-Absicht des Prinzeps getreu wieder.[130] Wenn an dieses Zivilisationswerk, das vom Gedanken einheitlicher hellenistischer Stadtkultur bestimmt ist, die Prädikation des Kaisers als *Friedensbewahrer* (εἰρηνοφύλαξ) anschließt, so liegt das ganz auf der Linie augusteïscher Politik, die durch die Aussage τὰ ἄμικτα ἔθνη... ἡμερώσας καὶ ἀρμοσάμενος charakterisiert wird: Ethnien, die feindselig außerhalb der (römisch-)hellenistischen Kulturgemeinschaft standen, wurden durch hellenistische Urbanisierung befriedet[131] und in das (römisch-)hellenistische Kulturstratum eingefügt. Was die urbane Zivilisation im Westen unter dem Vorzeichen der Romanisierung leisten sollte, das hatte sie im Osten durch die Hellenisierung zu vollbringen: Die *pax gentium*, die der werdenden Reichseinheit entspricht; der Kaiser ist der Schöpfer und künftige Garant dieser (im Osten durch das Hellenisierungsprogramm geschaffenen) pax gentium, der εἰρηνοφύλαξ. Er verteilt die Friedensgaben, dh. alles das, wofür ihn etwa die Stadt Halikarnassos ehrt (s.o. A 125). Auf die Ideologie des Imperialismus im Zeichen der pax gentium gehen wir später ein.

---

130 Cf. W.WEBER, Der Prophet und sein Gott, S.156: Die alexandrinischen Kreise, die hinter diesem Text stünden, hätten in dem Aktium-Sieger "nicht den Römer, sondern den seiner griechischen Aufgabe gerecht werdenden Nachfolger ihres Alexander" sehen wollen. G.CEAUCESCU läßt in seinem Artikel (s. die vorhergehende Anm.) die ostentative Alexander-Imitation des Kaisers (gerade in Alexandria!) unberücksichtigt; ebensowenig arbeitet er die entsprechende Alexander-Stilisierung des Kaisers in LegGai 147 heraus. Daher setzt er die hellenisierende Tendenz des Enkomions, die Augustus letztlich zum Repräsentanten und Rom zur "Hypostase" Griechenlands macht, zu Unrecht *allein* auf das Konto hellenistischer Kreise, die damit als Graeca capta eine Art kultureller Revanche an ihren römischen Eroberern nähmen: Indem sie nämlich die Römer in den Status des legitimen Kindes und Weiterträgers der griechischen Kultur einwiesen. Doch für den politischen Taktiker Augustus reicht diese Erklärung seines hellenistischen Enkomions nicht: So sehr er sich im Westen mit dem traditionalistischen Image republikanisch-römischer Werte schmückte, so sehr sollte ihm im Osten eine hellenisierende Politik Sympathien gewinnen - die Alexander-Stilisierung des Enkomions wurde *durch Augustus selbst* stimuliert. CEAUCESCU gibt eine historische Skizze des Phänomens, daß griechische Autoren Rom als Repräsentanten griechischer Kultur ansehen konnten (zB. Dionysios v.Halikarnassos, Plutarch).

131 ἡμεροῦν ("bezähmen, zivilisieren") ist nach H.FUCHS, Friedensgedanke 201 A 2 der griechische Begriff für das, was die Römer mit pacare meinen (cf. Cic., de prov.cons. 31: nulla gens est, quae non aut ita sublata sit, ut vix extet, aut ita domita, ut quiescat, aut ita pacata, ut victoria nostra imperioque laetetur): die militärisch errungene Dominanz Roms (victoria, imperium), die als Kulturimperialismus und Friedensordnung sich letztlich Zustimmung verschafft (siehe auch zu Tac., Agr.21 oben A 119). Cf. noch Aristides, Romrede 101 (die Römer als καὶ διαίτῃ καὶ τάξει πάντα ἡμερώσαντες) und Nikolaos v. Dam. JACOBY FGrHist Nr.125 (Augustus als ἡμερωσάμενος die Germanen, Pannonier und Daker). Zu verbinden ist unsere Stelle freilich primär mit der Kulturbringer-Idee, die das ἡμεροῦν-Motiv zunächst auf Herakles-Alexander d.Gr. angewendet hatte (s.o. A 127).

Der Titel εἰρηνοφύλαξ dürfte ein im griechischen Alexandria geläufiges panegyrisches Kaiserprädikat gewesen sein: Als Adjektivbildung (Εἰρηνοφυλάχειος) findet er sich zeitlich nach Philo unter den alexandrinischen Phylennamen, die, wie U.WILCKEN wahrscheinlich gemacht hat, den Ruhm Kaiser Neros als Schöpfer der Phylenordnung verkünden sollten.[132] Galt dieses Prädikat aber Nero, so freilich, wie Philos Enkomion zeigt, auch schon Augustus, dem urbildlichen Friedenskaiser (zumal der weitere alexandrinische Phylenname Προπαπποσεβάστειος gerade die Beziehung zwischen Nero und seinem Urgroßvater Augustus anspricht[133]). Die politische Idee des internationalen "Friedenswächters" hat eine griechische Vorgeschichte: In der Mitte des 4.Jh.v.Chr. schlug der alte Xenophon den Athenern die Einrichtung einer Behörde von εἰρηνοφύλαχες vor, die nun die Griechen für die Hegemonie dieser Stadt gewinnen (statt militärisch zwingen) sollte (de vectigalibus 5). Ihre außenpolitischen Aufgaben werden so umschrieben: "Es bietet sich nämlich einerseits die Möglichkeit zu versuchen, zwischen Poleis, die miteinander Krieg führen, Versöhnung zu stiften (διαλλάττειν), andererseits aber, wenn sie in ihrem Inneren durch Parteikämpfe zerrissen sind (στασιάζουσιν), eine versöhnliche Übereinkunft herbeizuführen (συναλλάττειν)" (de vect.5,8).[134] Wenige Jahre später berichtet Aischines, Demosthenes habe die Athener nach der Schlacht von Chaironeia aufgefordert, ihn zum εἰρηνοφύλαξ zu wählen (gegen Ktes. 159)[135] - der Xenophonsche Vorschlag war in jener Zeit also virulent (selbst wenn man die Aischines-Stelle mit SCHULTHESS RE Suppl.III Sp.424 ironisch auffaßt). Der Sache nach gab es für eine friedenstiftende Betätigung athenischer Politiker auf Grund der notorischen Uneinigkeit der griechischen Poleis immer wieder Bedarf: Schon von Themistokles (frühes 5.Jh.v.Chr.) wird als größte seiner politischen Taten gerühmt, angesichts des Perserkrieges "die hellenischen Kriege beendet zu haben und die Poleis miteinander versöhnt zu haben (διαλλάξαι), wobei er sie überzeugt hatte, ihre Haßgefühle aufeinander wegen des auswärtigen Krieges zurückzustellen."[136] Aelius Aristides bezeugt uns eine ganze Tradition solchen friedenspolitischen Engagements

---

[132] U.WILCKEN, Kaiser Nero und die alexandrinischen Phylen, Archiv für Papyrusforschung und verwandte Gebiete Bd.5 (1913) S.182-84: Der älteste datierbare Beleg eines Phylennamens (Αὐξιμητόρειος) der Kaiserzeit fällt in Neros Regierung (P.Oxy.261,6: Okt./Nov.55 n.Chr.). "Alle diese Namen ... sind pomphafte Composita, die, wie ich glaube, den Ruhm dessen, der diese Phylenordnung geschaffen hat, künden sollen" (S.182).

[133] U.WILCKEN, a.a.O.: Anders als Claudius (Drusi filius) pflegte Nero, entsprechend seiner Verehrung für Kaiser Augustus (Suet. Nero 10), seinen Stammbaum auf Augustus hinaufzuführen (SIG³ 373 u.ö.).

[134] Xenophon, de vect. 5,8: νῦν δέ γε διὰ τὴν ἐν τῇ Ἑλλάδι ταραχὴν παραπεπτωκέναι μοι δοχεῖ τῇ πόλει ὥστε καὶ ἄνευ πόνων καὶ ἄνευ κινδύνων καὶ ἄνευ δαπάνης ἀναχτᾶσθαι τοὺς Ἕλληνας. ἔστι μὲν γὰρ πειρᾶσθαι διαλλάττειν τὰς πολεμούσας πρὸς ἀλλήλας πόλεις, ἔστι δὲ συναλλάττειν, εἴ τινες ἐν αὐταῖς στασιάζουσιν.

[135] Aisch. gegen Ktes. 159: καὶ παριὼν ἡμιθνὴς ἐπὶ τὸ βῆμ' εἰρηνοφύλαχ' ὑμᾶς αὐτὸν ἐκέλευε χειροτονεῖν.

[136] Plutarch, Themist. VI 3: μέγιστον δὲ πάντων τὸ καταλῦσαι τοὺς Ἑλληνιχοὺς πολέμους καὶ διαλλάξαι τὰς πόλεις ἀλλήλαις, πείσαντα τὰς ἔχθρας διὰ τὸν πόλεμον ἀναβαλέσθαι. Cf. Plut., Themist. XXVIII 2. Ähnlich auch Ael.Aristides, ΥΠΕΡ ΤΩΝ ΤΕΤΤΑΡΩΝ 232 (LENZ/BEHR): πρῶτον μέν γε τοὺς πολέμους τοὺς συνεστῶτας τότε ἐν τῇ Ἑλλάδι καὶ τὰς πρὸς ἀλλήλους διαφορὰς καὶ στάσεις ἔπαυσεν ἁπάντων, καὶ ἕνα μὲν πόλεμον τὸν πρὸς βαρβάρους, αὐτοὺς δὲ φίλους καὶ συγγενεῖς, ἔπεισεν ἡγήσασθαι. Viele

der Athener: "Wie oft sie [sc. die Stadt Athen] nun Gesandte ausschickte, um von Fall zu Fall die Griechen insgesamt zu überzeugen, nicht gegeneinander Krieg zu führen, oder um diejenigen, die in Not waren, zu trösten, müssen wir wegen der großen Menge solcher Fälle unerwähnt lassen. Aber zwei Fälle werde ich auch hier erwähnen: Sie brachte die Argiver, die in interne Bürgerzwiste verwickelt waren, zur Ruhe (ἔπαυσεν), und sie versöhnte (διήλλαξεν) die Kreter, als sie gegeneinander Krieg führten."[137] In den Rahmen dieser Friedensbemühungen gehört auch die politische Rolle eines "Versöhners"/διαλλακτής, die uns die Quellen mehrfach belegen.[138] Der junge Plutarch schildert den paradigmatischen Weltherrscher Alexander d.Gr. als χοινὸς ... θεόθεν ἁρμοστὴς χαὶ διαλλακτὴς τῶν ὅλων.[139] In der Tat ist auch für den historischen Alexander - ganz entsprechend den Erfordernissen eines Großreiches - ein friedenspolitisches Engagement bezeugt.[140] Diese griechische Tradition der letztlich auf verteidigungspolitische oder hegemoniale Interessen gegründeten Versöhnungspolitik gegenüber verfeindeten Poleis setzten die Römer, in deren Machtbereich die griechische Welt zunehmend fiel, fort. Bedeutende Römer wurden etwa als πόλεις στασιαζούσας καταλλάσσοντες[141] gerühmt, entsprechend sah Plinius d.J. die göttliche Qualität seines Princeps u.a. in dessen Fähigkeit manifest, "Versöhnung zu schaffen (reconciliare) zwischen zerstrittenen Städten".[142] Schon Augustus war von Horaz ganz entsprechend als "Wächter" über den Weltfrieden gesehen worden: "Solange Caesar Wächter der Welt ist (custode rerum Caesare), stört kein Bürgerwahnsinn, keine Gewalt die Ruh', kein grimmiger Zorn, der Schwerter schmiedet und Städte verfeindet zum eigenen Elend."[143] In gleicher Weise wird der Kaiser auf einer anderen Inschrift (Feriale Cumanum) von 4 n.Chr. charakterisiert: [III K.Febr. Eo die ara Pacis dedicata]

Belege zur politischen Verwendung von διαλλάσσειν und καταλλάσσειν hat jetzt C.BREYTENBACH, Versöhnung. Eine Studie zur paulinischen Soteriologie (1989) S.45-64 zusammengestellt, freilich fehlen hier die εἰρηνοφύλαξ-Texte.

137 Ael.Arist. ΠΑΝΑΘΗΝΑΙΚΟΣ 370-72; cf. 260-62.

138 Plut. Pyrrhos 16,4 (Pyrrhos bietet sich zwischen Römern und Italikern als δικαστής und διαλλακτής an); mor.329C; Kaiser Marcus Aurelius erklärt in einem epigraphisch erhaltenen Brief an die Athener, daß ihn die verfeindeten Parteien (Herodes Atticus und die Athener) nun nicht mehr als Vermittler (διαλλακτής) brauchen würden (SEG XXIX (1979) S.39ff.No.127 Z.91).

139 Plutarch, De Alex.M.fort.aut virt. 329C. Zum Alexander-Enkomion Plutarchs siehe ausführlich u. III.C.5.

140 Siehe oben zum Apelles-Bild, das den personifizierten Polemos gefesselt vor Alexanders Triumphwagen zeigt. Bezeichnend ist auch eine auf der Insel Chios überlieferte Inschrift mit einem Schreiben Alexanders (333/332 v.Chr.), die für den Fall des Bürgerzwists unter den Chiern die Gegenmaßnahme Alexanders ankündigt (SIG³ Nr.283 Z.17f.): μέχρι ἂν διαλλαγῶσι Χῖα, φυλαχὴν εἶναι παρ' αὐτοῖς πα[ρ'] Ἀλε[ξ]άνδρου τοῦ βασιλέως. Zweifellos wirkte Alexander demnach als εἰρηνοφύλαξ. Zum friedenspolitischen Engagement des Makedonen siehe noch G.A.LEHMANN, Weltherrschaft und Weltfriedensgedanke im Altertum, Mitteilungen der Technischen Universität Carolo-Wilhelmina zu Braunschweig 8 (1973) S.42ff., bes.S.46f.; H.E.STIER, Welteroberung und Weltfriede im Wirken Alexanders d.Gr., Rhein.-westfäl. Akad. d. Wiss.. Geisteswiss. Vorträge G.187 (1973) pass..

141 Cass.Dio LIV 12,1.

142 C.Plinius, Paneg. 80,1.

143 Horaz, carm. IV 15,17-20.

est. supplicatio Imperio Caesaris Augusti cust[odis imperii Romani pacisque orbis ter-
rar]um.[144] Der Kaiser gilt somit als Wächter über den Weltfrieden, griechisch formuliert: als εἰρηνοφύλαξ. In der ersten Ekloge des Panegyrikers Titus Calpurnius Siculus
aus neronischer Zeit heißt es von Nero, mit dem hier das goldene Friedenszeitalter beginnen soll[145]: "Während der Gott hier die Völker regiert, läßt die arge Bellona/ rückwärts die Hände sich binden; beraubt ihrer einstigen Waffen,/ richtet sie gegen ihr eigenes Fleisch ihre wütenden Bisse;/ Bürgerkrieg, den auf dem ganzen Erdkreis sie eben
noch säte,/ wird mit sich selbst sie führen..."[146] Entsprechend wird die weltweite kaiserliche Friedensaufgabe auch in der 4.Ekloge des Calpurnius formuliert, wo Nero angerufen wird: "Gott bist du sicher; ich bitte dich, lenke den Erdkreis,/ lenke auf ewig, ich
bitt' dich, die Völker;... verlaß nicht, o Vater, begonnenen Frieden! (coeptamque, pater,
ne desere pacem!)"[147] Aelius Aristides formuliert später dieses friedenspolitische Verdienst der Römer durch einen pointierten Einst/Jetzt-Kontrast: "Ganz wie im Mythos
des Pamphyliers, oder andernfalls im Mythos Platons, lagen die Städte infolge ihres gegenseitigen Haders und ihrer Unruhe gleichsam schon auf dem Scheiterhaufen, dann
aber erhielten sie eine gemeinsame Führung und lebten plötzlich auf ... An Kriege, auch
ob es sie jemals gegeben hat, glaubt man nicht mehr, allein Erzählungen darüber werden von den meisten wie Mythen aufgenommen. ... So groß ist der Friede (εἰρήνη), den
ihr jetzt habt, obwohl das Kriegführen bei euch Tradition ist...".[148] Im Rahmen der römischen Herrschaftsinteressen, zugleich aber wohl auch in der Tradition griechischer
Versöhnungspolitik, agierte etwa auch der einflußreiche aristokratische Rhetor Dio
Chrysostomos im Sinne eines διαλλακτής, um den Streit zwischen Nikomedien und
Nikäa durch Versöhnung zu überwinden.[149] Wir sehen nach diesen Belegen auf eine
lange griechisch-römische Tradition versöhnungs- und friedenspolitischer Intervention
bei International-Konflikten, deren offizielle politische Vertreter im griechischen Bereich als εἰρηνοφύλακες bezeichnet werden konnten (Xenophon, Aischenes) und deren politische Hauptaufgabe durch διαλλάττειν und συναλλάττειν zu beschreiben
war. εἰρηνοφύλακες gab es später im kaiserzeitlichen Ägypten freilich auch als exeku-
tive Polizeibeamte.[150] Doch wird man darin kaum das Vorbild für den Kaisertitel in
Philos Enkomion sehen können, der wohl eher im Sinn der hier skizzierten griechisch-
römischen Tradition eines politischen Friedensengagements gegenüber International-

---

[144] CIL 1², p.229; 330 = ILS 108.

[145] ecl.1, 42: aurea secura cum pace renascitur aetas; cf. 1,44f.

[146] ecl.1,46-50; cf. 1,65ff. (Numas Friedensreich wird erneuert).

[147] ecl.4,144-146.

[148] Ael.Arist. ΕΙΣ ΡΩΜΗΝ 69-71; cf. 94.97.99ff.

[149] Dio Chrys. or. 38; hier häufen sich die Wendungen mit διαλλάττειν κτλ. bzw.
καταλλάττειν κτλ., wie C.BREYTENBACH beobachtet hat (ders., Versöhnung 51f.). Z.B.
or.38,48-49(ff.): "Doch daß die Aussöhnung (καταλλαγή) der Städte von Nutzen wäre und daß
die Zwietracht euch bis jetzt keinen Vorteil gebracht hat; welchen Segen man sich von der
Eintracht (ἐκ τῆς ὁμονοίας) versprechen darf und welche Übel euch die Feindschaft (διὰ τὴν
ἔχθραν) einbringt, das ist deutlich genug von mir gesagt worden. Indes bleibt die Feststellung
noch übrig, daß nach eurer Aussöhnung (διαλλαγέντων ὑμῶν) das alles auch Bestand haben
wird..."

[150] SCHULHESS, RE Suppl. III Sp.423ff..

Konflikten zu verstehen ist.[151] Das wird bestätigt durch die oben herangezogenen römischen Belege (Horaz; Feriale Cumanum), die für Augustus, der die Städtekriege verhindert, die Vorstellung des Wächters (custos) über den Weltfrieden verwenden, ein Prädikat, das den griechischen εἰρηνοφύλαξ-Titel erahnen läßt. Ganz unmittelbar sprechen für diesen Hintergrund des kaiserzeitlichen Prädikats jedoch die Philo-Belege spec.II 192 und her 206: An der erstgenannten Stelle wird dem göttlichen εἰρηνοφύλαξ ausdrücklich wiederum die Beseitigung der Zwietracht im Bereich der Poleis und darüberhinaus in allen Teilen der Welt zugeschrieben[152]; an der zweiten Stelle wird dieser εἰρηνοφύλαξ durch den festen Entschluß charakterisiert, die Kriege zu beenden.[153] - Im Zusammenhang der Übertragung dieses griechischen εἰρηνοφύλαξ-Konzepts auf den Kaiser müssen wir uns zudem vergegenwärtigen, daß auch die hellenistische Herrscherideologie ein geradezu '"pazifistisches' Herrscherideal" (A.HEUSS) pflegte, nach dem die wichtigste Aufgabe des guten Herrschers darin lag, den Beherrschten innenpolitisch kontinuierlich Frieden zu gewährleisten sowie Rechtsentscheide an der Gerechtigkeit zu orientieren; auch außenpolitisch sollte er weder kriegslüstern noch kampfwütig sein.[154] Der gute Herrscher schafft bzw. erhält den Frieden. Interessanterweise hat das alexandrinische Judentum (Philo) nun die im zeitgenössischen Alexandria *kaiserli-*

---

[151] Diese International-Zuständigkeit ist auch vorausgesetzt, wenn Plutarch das sakral-politische Institut der römischen Fetialen näherungsweise als εἰρηνοφύλακές τινες ὄντες ("gewissermaßen...") beschreibt (Plutarch, Numa XII 3-5; cf. Camillus XVIII 1: die Fetialen als φύλακας εἰρήνης; Quaest.Rom. 62 (mor 279B-C): Die Fetialen als εἰρηνοποιαί καὶ σπονδοφόροι. Plutarch belegt übrigens auch die Anwendung des Friedenswächter-Prädikats auf Gottheiten: König Numa habe den Gott Terminus/῞Οριος als εἰρήνης φύλακα gedacht (Numa XVI)). Die priesterlichen Fetialen waren als publici nuntii populi Romani (cf. Liv.I 32,6) für den sakral-politischen Rechtsverkehr von Volk zu Volk zuständig, dh. sie vollzogen die sakralen Verpflichtungsriten bei Bündnisschlüssen und wurden bei Bündnisverletzungen bei dem vertragsbrüchigen Staat vorstellig, um die International-Gerechtigkeit wieder herzustellen, dh. konkret: um die Auslieferung der Aggressoren oder des geraubten Guts auf dem Weg diplomatischer Verhandlung zu erreichen. Erst beim Scheitern dieser friedlichen Ausgleichsbemühung konnten sie im Auftrag von Volk und Senat durch entsprechende Sakralriten das iustum et pium bellum eröffnen (siehe K.LATTE, Röm.Rel. S.121-24; G.WISSOWA, Rel. u. Kult., S.550-54).

[152] spec II 192: ...τοῦ εἰρηνοποιοῦ θεοῦ καὶ εἰρηνοφύλακος, ὃς καὶ τὰς ἐν ταῖς πόλεσι καὶ τὰς ἐν ταῖς μέρεσι τοῦ παντὸς στάσεις ἀνελών

[153] her 206: ἐγὼ [sc. der Logos] γὰρ ἐπικηρυκεύομαι τὰ εἰρηναῖα γενέσει παρὰ τοῦ καθαιρεῖν πολέμους ἐγνωκότος εἰρηνοφύλακος ἀεὶ θεοῦ.

[154] In dem hellenistischen Fürstenspiegel des Aristeas-Briefes (dazu W.SCHUBART, Königsideal 94) erhält Ptolemaios Philadelphos auf seine Frage nach der wichtigsten Aufgabe (μέγιστον) der Königsherrschaft zur Antwort: "Die Beherrschten die ganze Zeit hindurch in Frieden zu halten (ἐν εἰρήνῃ καθεστάναι) und daß man in den Rechtsentscheiden sogleich Gerechtigkeit (τὸ δίκαιον) erhält" (ep.Arist. 291f). Entsprechend ist der gute Herrscher nach Philodemos (1.Jh.v.Chr.), ΠΕΡΙ ΤΟΥ ΚΑΘ ΟΜΗΡΟΝ ΑΓΑΘΟΥ ΒΑΣΙΛΕΩΣ ed. OLIVIERI S.38f. bemüht, Aufstände, Feindschaft und Krieg unter seinen Untertanen zu verhindern, während er außenpolitisch μὴ φιλοπόλεμον μη[δὲ φιλόμ]αχον sein soll (ebd.S.37). Cf. A.HEUSS, Alexander der Große und die politische Ideologie des Altertums bes.75-77. Schon H.WINDISCH, Friedensbringer - Gottessöhne 251ff., hat wichtiges Material gesammelt für die Funktion des hellenistischen Herrschers als Friedensstifter (εἰρηνοποιός), etwa die Bitte des Päans auf Demetrios Poliorketes (bei Athenaeus VI 62 253DE): πρῶτον μὲν εἰρήνην ποίησον, φίλτατε· κύριος γὰρ εἶ σύ.

che Funktionsbeschreibung des εἰρηνοφύλαξ auf *Gott* übertragen[155]: Gott ist der εἰρηνοποιός (ein weiteres Herrscherprädikat, s.h.WINDISCH, Friedensbringer-Gottessöhne 251ff.) und der εἰρηνοφύλαξ, der in den Poleis und auf allen Weltteilen die Unruhen (στάσεις) beseitigt hat (so spec II 192[156]; dies entspricht der bei Xenophon und in der einschlägigen griechischen Tradition gegebenen politischen Aufgabenbeschreibung), der die Friedensgüter allen überall im Überfluß spendet (dec 178).[157] Die letzte Stelle entspricht nicht nur der Qualifizierung des kaiserlichen εἰρηνοφύλαξ in LegGai 147, sondern auch dem Lob des Friedenskaisers Tiberius in LegGai 141 ("den, der den Frieden und die Friedensgüter... freigebig und reichlich mit Hand und Herz schenkte") sowie der römischen Doktrin.[158] Zweifellos stimmte der Gott hellenistischer Juden in Alexandria also auch in wichtigen Zügen mit dem kaiserlichen Friedensstifter überein, wie ihn die Enkomiasten verkündeten - nichts Außergewöhnliches, wenn man bedenkt, daß die hellenistische Herrscherideologie ja auch die Entsprechung zwischen dem Verhalten der Gottheit und dem des guten Herrschers lehrte.[159]

Das augusteïsche Herrschaftsprogramm der Umwandlung der ἄμικτα ἔθνη in (römisch-) hellenistisch zivilisierte, der pax gentium eingegliederte Völker, wie es uns die enkomiastische Tradition bei Philo zeigt, mußte gerade auch die Juden angehen, die als Inbegriff eines "ungeselligen (ἄμικτον) Volkes" mit

---

[155] Diese Übertragung blieb freilich kein Einzelfall, wie J.R.FEARS, Art. Herrscherkult RAC XIV (1988) Sp.1082 darlegt: "die höfische Sprache u. Bilderwelt u. die Vorstellungen vom Gottkönigtum durchdrangen aber das gesamte politische Denken in der griechisch-römischen Welt u. beeinflußten so auch hellenisierte Denker wie Philo. Ehrentitel wie Soter u. Euergetes, die er Gott verlieh, bezog er aus dem H[errscherkult] (Philo plant 90/2)." Siehe auch ders., Art. Gottesgnadentum (Gottkönigtum) RAC XI (1981) Sp.1133 (zu Philo).

[156] Siehe o. A 152, cf. A 153.

[157] dec 178: τῷ δὲ μεγάλῳ βασιλεῖ τὴν κοινὴν ἀσφάλειαν ἐπιγεγράφθαι τοῦ παντός, εἰρηνοφυλακοῦντι καὶ τὰ τῆς εἰρήνης ἀγαθὰ πάντα τοῖς πανταχοῦ πᾶσιν ἀεὶ πλουσίως καὶ ἀφθόνως χορηγοῦντι· τῷ γὰρ ὄντι ὁ μὲν θεὸς πρύτανις εἰρήνης, οἱ δ᾿ ὑποδιάκονοι πολέμων ἡγεμόνες εἰσιν.

[158] In Rom hörte sich das etwa so an (Vell.Paterc. II 92,2): circumferens terrarum orbi praesentia sua pacis suae bona.

[159] Siehe vor allem G.F.CHESNUT, The Ruler and the Logos in Neopythagorean, Middle Platonic, and Late Stoic Political Philosophy 1310ff.(zu Philo S.1326-29); E.R.GOODENOUGH, Die politische Philosophie des hellenistischen Königtums S.27-89. Speziell zur philonischen Rezeption des Gedankens s. J.R.FEARS, Art. Gottesgnadentum (Gottkönigtum), RAC XI (1981): "Für ihn [sc. Philo] ist Königtum Geschenk Gottes, u. ihm muß der König seine gesetzestreue Herrschaft widmen (mut.nom.221) ... Der gute König lebt in enger Vertrautheit mit Gott; er ahmt den himmlischen Euergetes u. Soter nach, er empfängt die Ehren, die einem Abbild Gottes gebühren, er darf aber nicht wie ein Gott verherrlicht werden, denn er ist aus irdischem Staub gebildet (plant. 90; spec.leg.4,187; vgl. Anton.Mon.sent. 2,2 [PG 136,1012])." Zur Entsprechung von LegGai 147 und philonischen Gottesaussagen siehe ausführlich G.DELLING, Philons Enkomion 183ff.; nach ihm erscheint Augustus in 147 wegen dieser Entsprechung als "Werkzeug Gottes" (184). Diese These ist nach der hellenistischen Herrscherideologie, wie sie uns noch Plutarch spiegelt, gut begründet: "Die Herrscher sind Diener Gottes zur Betreuung und zum Schutz der Menschheit, damit sie die Segnungen und Wohltaten, die Gott den Menschen erweist, verteilen oder bewahren" (mor.780 D; bei DELLING nicht angeführt).

einem "ungeselligen Kult" galten.[160] Nun übte Augustus, wie wir sahen, gegenüber den Kulten der hellenistischen Ostprovinzen eine Politik der Anerkennung, die im Rahmen seiner prohellenistischen, besonders auf die Interessen der Poleis abgestellten Politik zu sehen ist. Diese Anerkennung war allerdings an den *ordnungspolitischen Rahmen* einer schiedlich friedlichen Koexistenz der Ethnien und ihrer Kulte innerhalb der römisch-hellenistischen Kultur-Koine des Ostens geknüpft. Genau dieser ordnungspolitische Rahmen wird uns in der Judenpolitik besonders greifbar.

Denn von hier aus verstehen wir das breit dokumentierte Streben des jüdischen rex socius Herodes d.Gr., sich gegenüber dem Kaiser und seinem Ost-Beauftragten M.V.Agrippa als Freund hellenistischer Urbanität par excellence zu präsentieren, dem nicht die geringste Spur ethnokultureller Absonderung anhaftet. Dies geschah vor allem während des zweiten Ost-Aufenthalts Agrippas ab 16v.Chr., als Herodes - von Agrippa wohl mit einer Hilfsflotte für den geplanten Bosporanischen Krieg aufgeboten - Agrippa auf der Rückreise vom Schwarzen Meer durch Kleinasien bis zur ionischen Küste und nach Samos begleitete (14 v.Chr.) und dabei reiche Geschenke und Stiftungen an hellenistische Städte Kilikiens, Ioniens sowie an die Inseln Chios und Samos machte.[161] A.SCHALIT hat diese Geste plausibel interpretiert:

"Die Fahrt zu Agrippa und die Reise mit ihm durch Kleinasien bot dem Herodes die passende Gelegenheit, dem zweiten, nur dem Augustus nachgeordneten Manne des ganzen römischen Reiches seine Weitherzigkeit und sein Wohlwollen

---

[160] Das verbreitete ἀμιξία-Vorurteil gegen die Juden bündelt etwa Hammans Vorwurf (cf. Esther 3,1ff) bei Jos, ant XI 212: "es gibt da ein böses Volk, verstreut über die ganze von ihm [sc.dem König] regierte οἰκουμένη, das asozial (ἄμικτον) und stammesfremd (ἀσύμφυλον) ist, weder mit anderen die gleiche Religion noch die gleichen Gesetze hat, sondern sowohl durch seine Bräuche (ἔθεσι) als auch durch seine Institutionen (ἐπιδεύμασιν) ist es Feind (ἐχθρόν) für dein Volk und für alle Menschen." Für die Römer siehe bes. Cicero, pro Flacc. 28,66 und Tacitus' berühmtes Diktum vom "adversus omnes alios hostile odium" (hist. V 5,1). Zum antijüdischen ἀμιξία-Material siehe ausführlicher o. S.121 A 154 und die Zusammenstellung bei N.BICKHOFF-BÖTTCHER, Judentum, S.163ff.

[161] Schon bald nach 30v.Chr. hatte Herodes öffentliche Bauwerke in Oktavians griechischer Gründung Nikopolis mitfinanziert. Später ergingen großzügige Bauspenden an die syrischen Küstenstädte Laodikea, Tripolis, Byblos, Berytos, Sidon, Tyrus, Ptolemais, Askalon, ferner an die großen Poleis Damaskus und Antiochien, in Kleinasien an Rhodos, wo er einen abgebrannten Apollo-Tempel wiedererbauen ließ (!), an Pergamon, in Griechenland an Sparta und besonders an Athen, wo ihn zwei Inschriften für seine εὐεργεσία als φιλορώμαιος bzw. als εὐσεβὴς καὶ φιλοχαῖσαρ ehren (OGIS I 414; IG III 551). Einmal war er auch Agonothet der Olympischen Spiele, zu deren Erhalt er auch Kapitalstiftungen machte (Alles Material zur Spendentätigkeit Herodes' hat W.OTTO RE Suppl. I/II Sp.72-75 gesammelt). Auf eine umfassende Darstellung der unmittelbar nach der Schlacht von Aktium einsetzenden Loyalitätsbekundungen Herodes' gegenüber Oktavian müssen wir hier verzichten; siehe dazu die neuere Darstellung bei U.BAUMANN, Rom und die Juden 191-237 (228-37 zur rechtlichen Stellung des Herodes).

für die hellenistisch-römische Welt und seine Anerkennung der Idee der allum-
fassenden Ökumene unter der Herrschaft Roms zu beweisen."[162]

Auf den Nenner dieser Haltung paßt auch die Rede, die Herodes' Hofdiplomat Nikolaos von Damaskus anläßlich dieser Reise für die von ihren
Griechenstädten bedrängten ionischen Diasporajuden vor Agrippa gehalten
hat. Römische Anerkennung gab es nur, wenn der (ordnungspolitisch relevante) Partizipationswille der Ethnien gegenüber der römisch-hellenistischen
Kulturkoine im Osten, der pax gentium, erkennbar war. Doch zuvor müssen
wir die näheren Umstände dieser Bedrängnis der Juden klären.

Hatten die schweren Bürgerkriegsschäden die ersten Jahrzehnte des Prinzipats zur wirtschaftlichen Wiederaufbauphase der Asia gemacht (s.o.), so
wird verständlich, warum die Poleis dieser Region nun die Gelder der jüdischen Tempelsteuer sowie die Dienste der Juden für die städtischen Liturgien und das städtische Militär beanspruchten. Josephus' Bericht über die
entsprechenden Klagen der ionischen Juden vor M.V.Agrippa 14 v.Chr. (ant
XVI 27-30) und die anschließende Rede ihres herodianischen Anwalts Nikolaos von Damaskos (ant XVI 31-57; bes.45) zeigen, daß damit in Ionien Schikanen verbunden waren, die ganz auf die Beseitigung eines eigenständigen
kommunalen jüdischen Lebens sowie auf die Unterwerfung unter die Souveränität der Poleis zielten. Zeigt der erste, summarische Bericht des Josephus
über diese Verhandlung (wohl in Ephesos) vor M.Agrippa in ant XII 125f.,
daß Agrippa den ethnokulturell spezifizierten *Politeia-Status* der ionischen
Juden gegen die griechischen Angriffe bestätigte, d.h. nach antikem Verständnis: daß er den Juden zugestand ταῖς αὐτῶν ἔϑεσι χρῆσϑαι (ant XII 125-
26; siehe dazu o. S.226-229), so formuliert der Parallelbericht des Josephus in
ant XVI 27-57, dessen Einleitung auch die Klagen über die Übergriffe der
griechischen Administrationen enthält (ant XVI 27-30), der Sache nach die
gleiche Bestätigung des jüdischen Politeia-Status: Die hier ausgeschriebene
Rede des Nikolaos v. Damaskus (ant XVI 31-57) votiert nachhaltig für die
römische Garantie eines kommunalen jüdischen Lebens nach den überkommenen ethnokulturellen Traditionen, das in gleicher Weise auch den anderen
Ethnien zustehe (siehe die Begriffe ant XVI 35ff.: τὰ πάτρια ἔϑη; 37: τῶν
οἰκείων ὁσίων; 41: τὴν πάτριον εὐσέβειαν; 42: ἔϑων τῶν ἡμετέρων; 44: τὰ ἔϑη; 47:
μηδὲ κωλύεσϑαι τοῖς ἔϑεσι χρῆσϑαι τοῖς ἡμετέροις μηδ' ἀφαιρεῖσϑαι τῶν ὄντων);
entsprechend bestätigte Agrippa im Anschluß das kommunale jüdische Leben
nach ταῖς οἰκείαις ἔϑεσιν (ant XVI 60). Wie wir bereits sahen, konstituierten
die traditionellen ἔϑη bzw. νόμοι nach antikem Verständnis eine Politeia als
ethnokulturelles Konzept, so daß Josephus' parallele Berichte über diese
Verhandlung sachlich durchaus darin übereinstimmen, daß es hier ganz we-

---

162 A.SCHALIT, König Herodes 425; cf. die ausgezeichnete Darstellung 403-482 (5. Im Schatten
der hellenistisch-römischen Kultur und Gesellschaft).

sentlich um die Frage des konstitutionellen Status der jüdischen Gemeinden in den ionischen Poleis ging und daß ihnen mit dem Zugeständnis der ἔϑη bzw. νόμοι auch der ethnokulturell spezifizierte Politeia-Status bestätigt wurde.[163] Damit waren sie von den neuen Ansprüchen der griechischen Poleis bzw. Politeiai entbunden. Da etwa zwei Jahre später (12 v.Chr.) eine jüdische Gesandtschaft aus Asia (und aus Kyrene) wegen der gleichen Schwierigkeiten (Konfiszierung der Gemeindegelder) bei Augustus selbst vorstellig wurde und von diesem die ἰσοτέλεια garantiert bekam (ant XVI 160f.)[164], ergibt sich, daß es den Griechenstädten darum ging, die örtlichen Juden auf den Status von μέτοιχοι (=κάτοιχοι) herabzudrücken: Als solche sind sie den Fremdensteuern und bestimmten öffentlichen finanziellen Pflichten der Poleis (Liturgien, Militärbeiträge) unterworfen.[165] Genau dieser Absicht wehrt nämlich das von Augustus zugestandene Privileg der ἰσοτέλεια, das im technischen Sinn die Gleichstellung mit den Bürgern der Polis bezüglich finanzieller und militärischer Leistungen bedeutet, also auch die Befreiung von den Fremdensteuern (μετοίχιον, ξενιχόν) und damit einen Rang, *der gerade von dem der* μέτοιχοι/κάτοιχοι *innerhalb der Polis abgehoben war.*[166] Sehr wahrscheinlich hat die ἰσοτέλεια hier aber entsprechend dem seit Caesar bekräftigten speziellen Status der Diasporajuden eine noch weitergehende Bedeutung und zielt nicht auf die gleiche Einstufung mit den Politen *innerhalb der griechischen* Polis, sondern auf einen *parallelen* Status, der den Juden durch die Mitgliedschaft *in ihrer eigenen* Politeia am Ort verbürgt wird. Erst so sind sie der Souveränität der Poleis wirklich entnommen. Für diese Konstruktion spricht zunächst, daß Josephus den Bericht in ant XVI 160 mit einem Hinweis auf die von den Diadochen der Diaspora gewährte ἰσονομία beginnt, womit wohl die Garantie eines mit den griechischen Verfassungen gleichen politischen Status des jüdischen νόμος gemeint ist. In der Tat hatten die Seleukiden in Kleinasien ja beiden, Griechen und Juden, den Politeia-Status gewährt, der freilich ethnokulturell je verschieden institutionalisiert wurde und so dem je eigenen νόμος folgte (ant XII 125f.). Wir haben schon oben ge-

---

[163] An dieser Übereinstimmung geht P.R.TREBILCO vorbei: "This [ant XVI 27-61, bes.60] is therefore a coherent account concerning the confirmation of Jewish privileges by Agrippa, with no mention being made of citizenship. It therefore agrees with the end of the account in Ant 12:125-6, but not with the beginning of that passage. This means that the report in Ant 12:125 that the Jews were granted citizenship ... cannot be accepted with confidence." - Das Gegenteil ist der Fall; s.o. S.226-229 mit A 14.

[164] Zur Datierung des anschließenden Augustus-Edikts auf das Jahr 12 v.Chr. siehe SCHÜRER (ed. VERMES, MILLAR, GOODMAN) III/1 119 A 47; F.MILLAR, The Emperor, the Senate and the Provinces, S.161.

[165] S.o. S.248 A 90.

[166] Zum Statusvorteil der ἰσοτελεῖς gegenüber den κάτοιχοι/μέτοιχοι siehe E.BERNEKER RE IX A,2 1464; cf. A.KASHER, Jews 288f.

sehen, daß M.Agrippa in der Verhandlung 14.v.Chr. gemäß ant XII 125f. den ionischen Juden diesen ethnokulturell spezifischen Politeia-Status - ganz entsprechend dem politischen Traditionsprinzip - bestätigt hatte (s.o. S.226ff), was im Kontext dieser Verhandlung auch eine Grenzziehung gegenüber den griechischen Übergriffen bedeutete.[167] Für den vergleichbaren Fall der ptolemäischen Politik gegenüber Griechen und Juden in Alexandria bringt Kaiser Claudius diesen politischen Parallel-Status von Griechen und Juden im Rückblick auf den Begriff der ἴση πολιτεία (bei ant XIX 281).[168] Als weiteren Beleg für diese Konstruktion können wir ansehen, daß das angeschlossene Augustus-Edikt für die Asia aus ant XVI 162-165 die unter Caesar gegenüber Hyrkan II. gegebene Garantie des jüdischen Lebens nach dem πάτριος νόμος ausdrücklich bestätigt (162f.), wodurch der harte Kern eines autonomen kommunalen Lebens (= Politeia) sichergestellt wird.

Die Versuche der Poleis in der Asia (und in Kyrene), die Juden als Metöken völlig ihrer Souveränität und bes. ihren Finanzen und Liturgien zu unterwerfen, wird man mit der oben skizzierten augusteïschen Propaganda der Stadtfreiheit und der prohellenistischen Kultpolitik des Prinzeps im Osten verbinden müssen. Denn diese Politik, hinter der man auch das Vorbild des besonders für die Asia klassischen Griechenbefreiers Alexander wahrnehmen konnte und sollte (s.o.), mußte das konstitutive *Autonomiebewußtsein* der Poleis nach 30 v.Chr. stimulieren und Versuche motivieren, den dieser Autonomie entgegenstehenden Sonderstatus der Juden *außerhalb* des städtischen Metökenrechts zu beseitigen.[169] Die ostentative Fürsorge des

---

[167] Da im Rahmen dieser Verhandlung das Problem griechischer Übergriffe, u.a. auf die Tempelsteuern, und Infragestellung des jüdischen Politeia-Status erkennbar verknüpft werden, formuliert TREBILCO hier zu vorsichtig: "Thus in Asia Minor it is possible [though no more than possible] that one of the reasons the Temple tax was confiscated on occasions was due to disputes over civic status and thus the claim that the money was due as a tax owing to the city" (ders., Jewish Communities, S.247 A 124). TREBILCOs Vorsicht hängt allerdings damit zusammen, daß er nicht erkennt, daß diese Verhandlung zentral die Frage des jüdischen Politeia-Status betraf (s.o.).

[168] Siehe dazu die Diskussion bei A.KASHER, Jews, 278ff. Sein Ergebnis ist, "that in Josephus' writings the term *isopoliteia* defined an equal (or similar) organizational-political status of two parallel and separate bodies" (282).

[169] Dieser naheliegende, wenngleich unglückliche Zusammenhang zwischen augusteïscher Stadtpolitik und soziopolitischer Lage der Juden erscheint mir plausibler als E.M.SMALLWOODs schwierige Konstruktion, nach der die Schikanen und finanzpolitischen Übergriffe auf die ionischen Juden ausgerechnet Reaktion auf das Bemühen weniger Juden ("the more ambitious among them") hätten sein sollen, das Bürgerrecht ihrer griechischen Poleis zu erlangen und gleichzeitig von den kommunalen Verpflichtungen enthoben zu bleiben, die ihrer Religion zuwiderliefen. Die Bestätigung der schon existierenden Rechte durch Agrippa zeigt im Gegenteil, daß es gerade um das fortgesetzte Existenzrecht der jüdischen Politeia ging; die *griechische* Bürgerrechtsfrage wird in Agrippas Entscheid, wie SMALLWOOD selbst sieht, mit keinem Wort auch nur erwähnt (gegen SMALLWOOD, The Jews under Roman Rule 140f.; BAUMANN, Rom und die Juden 258f.).

Kaisers für die hellenistischen Stadtkulte konnte außerdem ein Klima begünstigen, in dem man den Juden den Politeia-Status in den Städten verweigerte auf Grund ihres "ungeselligen" Gottes, der sich in der Regel nicht der Koine der hellenistischen Polis-Götter gleichrangig einfügen ließ. In der Tat bringt Josephus in seinem ersten Bericht über die Verhandlung vor Agrippa im Jahr 14 v.Chr. das Argument der ionischen Griechen auf diesen Punkt: Wollten die Juden politisch gleichwertig mit den ionischen Griechen sein (συγγενεῖς), so hätten sie auch ihre Götter zu verehren (ant XII 125f.).[170] Die nach der Polis-Ideologie selbstverständliche Konvergenz von lokalpolitischer und lokalkultischer Loyalität, die durch die religiöse Fremdorientierung der Juden am Jerusalemer Heiligtum und durch den entsprechenden Kapitalabfluß der Tempelsteuer eklatant verletzt wurde, mußte im Rahmen einer die Städte und ihre Werte (Autonomie) fördernden Ostpolitik des Kaisers die Unterdrückungsversuche nähren. Entsprechend oft hören wir aus dieser Zeit von Übergriffen der Poleis auf die jüdischen Tempelsteuerkassen. Denn diese synagogalen Tempelsteuersammlungen manifestierten die Zugehörigkeit der Diasporajuden zu der auf den Jerusalemer Tempel orientierten "allgemeineren Politeia der Juden" (s.o. S.93ff) und fungierten deshalb als Symbole für einen desintegrativen Status der Juden in den Poleis, der auch wirtschaftlich gespürt werden konnte.[171] Die Übergriffe wurden wohl auch dadurch zusätzlich motiviert, daß die Juden der Asia, wie in den Quellen dieser Zeit deutlich gesagt wird, inzwischen einen beträchtlichen Bevölkerungsanteil stellten[172] und daher auch die für die Poleis "verlorenen" finanziellen Leistungen der Juden wohl nicht unerheblich waren.[173] Dieser Zusammenhang wird auch durch eine Formulierung in einem Brief des Prokonsuls C. Norbanus Flaccus nach Sardis nahegelegt (wohl bald nach 12 v.Chr.), nach der die Juden nicht an der Sammlung von Geldern für Jerusalem, "wie groß sie auch sein mögen" (ὅσα ἂν ὦσι ... χρήματα ant XVI 171), gehindert werden sollen - aus der Sicht der obstruierenden lokalen Behörden waren also erhebliche Summen im Spiel, deren Abfluß man vermeiden wollte.

---

[170] Cf. den ἄθεοι-Vorwurf des Kariers Apollonios Molon: Jos., c.Ap.II 148.

[171] Die Verquickung des Kapitalabflusses mit der eigentümlichen jüdischen Statuskonstruktion in den Städten läßt uns TREBILCOs *rein* wirtschaftliche Erklärung weniger plausibel erscheinen: "It seems likely that the cities objected, not to the Jews qua Jews sending money to Jerusalem, but to anyone sending money anywhere out of the province" (ders., Jewish Communities, S.18).

[172] ant XVI 27: πολὺ πλῆθος Ἰουδαίων; XVI 166: Ἰουδαῖοι ὅσοι ποτ᾽ οὖν εἰσίν; cf. XVI 59.

[173] Daß die östlichen Griechenstädte damals auf Beitragsleistungen ihrer Bewohner in keinem Fall verzichten konnten, belegt exemplarisch das dritte Kyrene-Edikt (SEG IX Nr.8 III.), in dem Augustus - ähnlich wie zuvor Caesar gegenüber Mytilene - klarstellte, daß die Verleihung des römischen Bürgerrechts an einzelne Bürger diese nicht von den Liturgien ihrer Stadt enthebt. Gerade *diese* Privilegierten waren ja in der Regel auch die finanzkräftigsten Bürger (cf. BOWERSOCK, Augustus, S.89).

Das Edikt des Kaisers von 12 v.Chr. (ant XVI 162-65), das im Tempel des
χαινόν der Provinz Asia in Pergamon publiziert wurde[174], führt mit der Pau-
schalgarantie des Lebens nach dem väterlichen Gesetz (163), die dann aktuell
besonders auf den Schutz der Tempelsteuer (Raub als Sakrileg) und der Sabbatobservanz (keine Gerichtstermine am Sabbat) zugespitzt wird, die Politik
Caesars weiter: expressis verbis werden die Verhältnisse aus der Zeit Hyrkans (II.) bestätigt (163). Da zur Begründung die Loyalität des jüdischen
Volks, nämlich sowohl die einstige Hyrkans gegenüber Caesar als auch die
gegenwärtige (also: Herodes' gegenüber Augustus) angeführt wird (162),
bleibt auch hier das *repräsentative Klientelprinzip* Grundlage des Verhältnisses
zwischen Rom und der Diaspora. Dh.: die römische Diasporapolitik orientiert sich am Rom-Verhalten der obersten Volksrepräsentanten, wobei früher
der Ethnarch Hyrkanos, jetzt König Herodes das Gesamtvolk repräsentiert.

Im Sinn dieser Repräsentation hatte schon Nikolaos von Damaskos zwei Jahre früher,
vor M.V.Agrippa, im Namen der *ionischen* Diasporajuden den Herodes als *"unseren
König"* bezeichnen können (XVI 50); in der peroratio verwies er auf Herodes' und Antipaters Loyalitätsakte (50-57). Auf Herodes erwiesene εὔνοια (60) hatte sich dann
auch Agrippas positiver Entscheid zugunsten der althergebrachten jüdischen ἔθη in Ionien gegründet.[175]
Die im kaiserlichen Edikt zur Begründung mitherangezogene aktuelle
Loyalitätsbezeugung[176] des Herodes müssen wir zum einen in den erst zwei
Jahre zuvor auf der gemeinsamen Reise mit Agrippa erfolgten Schenkungen
und beneficia an kleinasiatische Griechenstädte erkennen, die Herodes' Er-
gebenheit gegenüber dem augusteischen Programm einer römisch beherrschten, hellenistisch-urbanen Gemeinschaftskultur im Osten unter Beweis stellten. Bezeichnenderweise ehrten die Athener den Herodes für ähnliche Wohltaten auch als φιλορώμαιος und φιλοκαῖσαρ (s.o. A 161) - sein Verhalten traf
genau das kaiserliche Programm und konterkarierte schlagend das jüdische
Stigma der ἀμιξία. Zum zweiten erreichte diese Loyalität des Herodes im
Jahr des Edikts selbst (12 v.Chr.) weitere Höhepunkte: Zunächst während
seiner zweiten Romreise, die nicht nur den Konflikt mit den Söhnen dem

---

[174] ant XVI 165 hat in den Handschriften ἐν ἀργυρῇ, das J.J.SCALIGER zu ἐν Ἀγκύρῃ
verbessert hatte (s. LCL Vol.VIII S.274 Anm.a). Doch stand der gemeinte Tempel des Koinon
der Asia in Pergamon (Tac., ann.4,37). Siehe T.MOMMSEN, Res Gestae p.X A 1; T.RAJAK,
Roman Charter 113 A 23.

[175] Auch die römische Verleihung der Freiheit an griechische Poleis, also des Rechts, nach dem
die Polis den väterlichen Gesetzen und Bräuchen in der Theorie ungeschmälert folgen kann,
orientierte sich häufig ganz analog am Prinzip der Belohnung für erwiesene Loyalität
(BERNHARDT, Eleutheria pass.).

[176] ant XVI 162: ἐν ἐνεστῶτι καιρῷ. Es geht um die εὐχαριστία des Königs (cf. ebd.: τὸ
ἔθνος... εὐχάριστον εὑρέθη) gegenüber den römischen χαρίται, deren wichtigste die römische
Herrschaft - gefaßt als Protektorat - ist (cf. XVI 38).

Schiedsgericht des Augustus anheimstellen sollte, sondern wahrscheinlich war
es auch auf dieser Reise, daß er durch Stipendien die künftige Druchführung
der Olympischen Spiele absicherte und dabei auch die Agonothesie für diese
Spiele übernahm. Josephus hebt hervor, daß dies ein beneficium an der
"ganzen (hellenistischen) Welt" war (bell I 426: ὅλης τῆς οἰκουμένης δῶρον).
Mit dieser Agonothesie waren nicht nur finanzielle εὐεργεσίαι, sondern auch
kultisch relevante Aufgaben verbunden: Herodes hat sich u.a. besonders für
die Opferhandlungen während der Spiele eingesetzt (ant XVI 149). Der jüdische König hatte wieder einmal zeigen können, daß sich das von ihm repräsentierte Volk in den Rahmen der von Rom beherrschten kulturellen und
kultischen Koine des Hellenismus nicht nur schiedlich-friedlich, sondern
durch seine Person sogar ausgesprochen wohlwollend einfügte.[177] Die gleiche
Demonstration gelang mit der Vollendung und Einweihung der von Herodes
gegründeten palästinischen Hafenstadt Caesarea wahrscheinlich ebenfalls im
Jahr 13/12 v.Chr.: Diese ganz hellenistisch konzipierte Stadt hatte einen
schon vom Hafen aus sichtbaren Kaisertempel mit Kolossalstatuen des Augustus und der Dea Roma, zudem vierjährige Spiele zu Ehren des Augustus.
Das Kaiserpaar bekundete sein Wohlwollen durch den beträchtlichen Zu-
schuß von 500 Talenten.[178] Der Kaiser honorierte die in solchen Gesten dokumentierte integrativ-hellenistische Haltung, indem er den Jerusalemer Kult
- trotz persönlicher Ablehnung - in seine Förderungspolitik gegenüber den
hellenistischen Kulten aufgenommen hatte, dh. er hatte ihn mit kostbaren
Weihgeschenken ausstatten und die Opfer für den Kaiser auf seine Kosten
ausrichten lassen.[179]

---

[177] Zu den Ereignissen in Rom während der zweiten Reise 12 v.Chr. siehe ant XVI 87ff. Zur
Datierung der Agonothesie bei den Olympien (cf. bell I 426-28; ant XVI 149), die nach bell I 427
während einer Romreise stattfand, auf die zweite Romreise (12 v.Chr.): W.OTTO RE Suppl.I
75.122ff.; M.LÄMMER, Eine Propaganda-Aktion des Königs Herodes in Olympia S.163f.mit A
26 (Perspektiven der Sportwissenschaft 1972) (U.BAUMANN, Juden 206 A 55, datiert diese
Agonothesie ins Jahr 16 v.Chr. (1.Romreise) - in diesem Fall könnte dieses herausragende
Exemplum des Partizipationswillens gegenüber der römisch beherrschten hellenistischen
Kulturgemeinschaft um so eher zu den zur Zeit des Augustus-Edikts bekannten und berühmten
Loyalitätsakten des Herodes gehören). Leider wissen wir nicht, ob diese wichtigen Ereignisse der
Romreise des Jahres 12 zeitlich schon vor dem Augustus-Edikt desselben Jahres lagen; in jedem
Fall unterstreichen sie das, was auch schon in den prohellenistischen Wohltaten der
vorhergehenden Jahre erkennbar war.
[178] Bau und Einweihung von Caesarea Sebaste: bell I 408-15; ant XV 331-41; XVI 136-41. Zur
Datierung der Einweihung auf 12 v.Chr. vergleiche den Anschluß des Berichts darüber an die
Ereignisse der Romreise durch περὶ δὲ τὸν χρόνον τοῦτον... (ant XVI 136), außerdem
U.BAUMANN, Juden 204 A 47.
[179] bell V 562f.; LegGai 157.319. W.OTTO dürfte richtig gesehen haben, daß sich diese Gesten
angesichts der gut dokumentierten Ablehnung des jüdischen Kultes durch Augustus (s.o. S.256f
mit A 115) vor allem dem loyalen Verhalten des Herodes verdankten (RE Suppl. I 64). Auf der
Linie der augusteïschen Kultpolitik lag dann auch der Besuch seines Stellvertreters M.Agrippa in

Vor diesem aktuellen Hintergrund, besonders der Jahre 14 und 12 v.Chr., gewinnt die Strategie der Diaspora-Gesandtschaft, den Kaiser auch durch die Vorlage eines jüdischen Ehrenbeschlusses über seine εὐσέβεια gegenüber allen Menschen (sc. ihren Kulten) für ihr Anliegen zu gewinnen (ant XVI 165), besonderes Gewicht: Herodes hatte eben demonstriert, wie wohlwollend sich ein jüdischer König in den ordnungspolitischen Rahmen schiedlich-friedlicher Kult-Koexistenz innerhalb des hellenistischen Kulturstratums einfügen konnte, so daß man den kleinasiatischen Juden das Recht auf ein Leben nach den eigenen ethnokulturellen Traditionen ordnungspolitisch nicht verweigern konnte. Die Rede, die Herodes' Hofdiplomat Nikolaos von Damaskus zwei Jahre zuvor zugunsten der ionischen Juden vor Agrippa gehalten hatte (ant XVI 31ff), explizierte dieses Argument, das im Hinweis auf die allgemeine εὐσέβεια des Kaisers nur implizit steckt: alle Ethnien haben als von Rom beherrschte gleichen Rang (ἴσον 32), gemäß dieser Gleichheit haben alle das von Rom gewährte Glück, von Land zu Land ihre eigenen vertrauten Bräuche pflegen zu können (36), sie erscheinen als Freie (40). Im Rahmen dieser ökumenischen Gleichheit muß dieses Recht auch den Juden zugestanden werden (41). - Von den folgenden Argumenten dieser Rede interessieren uns besonders die ordnungspolitisch relevanten, die den Gedanken der Völkergemeinschaft weiterführen: Unter den jüdischen Bräuchen ist nichts Menschenfeindliches (ἀπάνθρωπον 42), vielmehr sind sie fromm, nicht geheim und alt (42-44). Die Übergriffe hingegen sind aus Haß geboren, der weder gerecht noch autorisiert ist (45). Dann folgt das entscheidende Argument: "Denn eure eine Herrschaft über alle (sc Völker) macht freundliche Gesinnung (εὔνοιαν) fruchtbringend, üblen Willen (δύσνοιαν) hingegen macht sie vergeblich für diejenigen, die letzteres statt jenem wählen" (46). Mit anderen Worten: Nur die Einfügung in die pax gentium, die sich in dem Wohlwollen (εὔνοια) der Völker füreinander realisiert, entspricht in fruchtbarer Weise dem Konzept der einen römischen Herrschaft über alle. Herodes hatte dieses Wohlwollen herausragend verwirklicht. Das Interesse an diesem friedlichen Füreinander der beherrschten Völker unter der einen Herrschaft gehörte ab Augustus zum doktrinären Inventar des kaiserzeitlichen Imperialismus.[180] Nikolaos argu-

---

Judaea (15 v.Chr.), wo dieser u.a. die korrekten Opfer und Gebete vollzog (ant XVI 12-15.55-56). Herodes hatte ja auch einiges zur äußeren Hellenisierung Jerusalems als Kultzentrum unternommen: Der 20/19 v.Chr. begonnene Tempel-Neubau wurde im griechischen Stil aufgeführt (SCHÜRER (edd.VERMES, MILLAR, BLACK) II 57f.), wohl schon seit 28 v.Chr. gab es in Jerusalem prächtige Kaiserspiele, weitere Maßnahmen verzeichnet Jos., ant XV 267ff.; cf. BAUMANN, Juden 201 mit A 35.207-209.

[180] Diese Doktrin erscheint später etwa zur Zeit Vespasians beim älteren Plinius (s.u) und auch im Panegyricus des jüngeren Plinius auf Kaiser Trajan: "Dieser verknüpft durch gegenseitigen Handelsverkehr den Orient mit dem Okzident, derart, daß sowohl die Völker, die Hilfe bringen,

mentiert also vor allem ordnungspolitisch vom Herrschaftskonzept der pax gentium aus, dem zwar die Juden, nicht aber die Griechenstädte, hervorragend entsprächen. Daß der ordnungspolitische Gedanke das Klima der Verhandlung tatsächlich beherrschte, zeigt auch der Vorbehalt des Agrippa bei seiner blumigen Bestätigung der jüdischen Rechte: Er würde ihnen ohne Zögern sogar noch mehr gewähren, vorausgesetzt, es betrübt nicht die römische Herrschaft (60). Das Herrschaftsinteresse an einer austarierten pax gentium soll nicht beeinträchtigt werden. Wir werden nicht fehlgehen, wenn wir Nikolaos' Argumentation als getreue Spiegelung augusteïscher Herrschaftsprinzipien auffassen (s.o. S.253f A 103). Anders als bei Caesar, dessen Judenpolitik wir vorwiegend in den Rahmen seiner östlichen Klientelbemühungen gegen das Gewicht der Pompeianer einordnen mußten, verlagert die Ostpolitik des Augustus den Akzent von der strategischen Bemühung um persönliche Gefolgschaften auf eine - werdende - *Reichspolitik*, so daß auch die kaiserliche Judenpolitik nun vor allem unter der *ordnungspolitischen Vorgabe der pax gentium des Reiches* steht. Das von Caesar ausgestaltete repräsentative Klientelprinzip bekommt stärker als zuvor den Orientierungsrahmen der pax gentium. Vor allem Herodes, der durch seine εὔνοια gegenüber der hellenisierten Völkergemeinschaft des Ostens das jüdische stigma der ἀμιξία wirksam konterkarieren konnte, ist u.E. für das günstige Klima verantwortlich, in dem 14 v.Chr. Agrippa und 12 v.Chr. Augustus per Edikt die jüdischen Diaspora-Rechte aus der Zeit Caesars bestätigen konnten.[181]

Der ordnungspolitische Druck auf die kaiserzeitlichen Diasporajuden, sich schiedlich-friedlich in die Koine hellenistisch-östlicher Kulte einzufügen, zeigt sich etwa auch in der Häufigkeit, mit der *hellenistisch*-jüdische Autoren sich jetzt auf das mosaïsche Verbot berufen, die Götter der anderen nicht herabzusetzen. Siehe Philo, spec I 53; Mos II 205; Q Ex II 5; Jos., c.Ap. II 237; ant IV 207 ("Keiner soll Götter, die andere Poleis anerkennen, lästern..."); cf. Nikolaos v.Dam. bei Jos.,ant XVI 37.

---

wie die, die sie benötigen, der Reihe nach lernen, wieviel mehr Nutzen es ihnen bringt, nicht einer Freiheit voller Zwietracht anzuhangen, sondern einem einzigen Herrn zu dienen" (paneg. 32,2). Cf. auch Aristides, Romrede 69.

181 Bald nach der ionischen Verhandlung (14 v.Chr.) mußte Agrippa die jüdische Abwicklung der Tempelsteuer durch Briefe nach Ephesos und Kyrene (ant XVI 167-68.169-170) erneut garantieren (interessanterweise wurde in Kyrene wegen ausstehender jüdischer Steuerschulden konfisziert: 170). Nach dem Edikt des Augustus für die Asia (12 v.Chr.) waren ebenfalls nochmals Briefe des Augustus an den Prokonsul Norbanus Flaccus (XVI 166) sowie dieses Prokonsuls nach Sardis (XVI 176) und nach Ephesos (Philo, LegGai 315) zur Garantie der Tempelsteuer nötig (bald nach 12 v.Chr.). Am Ende der augusteïschen Dokumente steht ein Schreiben des Prokonsuls Iullus Antonius nach Ephesos (XVI 172f.), wiederum in Sachen Abwicklung der Tempelsteuer (zwischen 10 v.Chr. und 3 v.Chr.). Zur Datierung der Dokumente siehe F.MILLAR, The Emperor 161; SCHÜRER (edd.VERMES, MILLAR, GOODMAN) III/1 119 A 47.

Im Rahmen ihres ordnungspolitischen Interesses (pax gentium) verstanden die Augusteer auch ihre kleinasiatischen Konfliktentscheide als Versöhnungsdokumente, denn wahrscheinlich bezieht sich der von Nikolaos gebrauchte Begriff τὰ συναλλάγματα (ant XVI 45) auf solche versöhnlichen Übereinkünfte, die in den Städten zwischen Griechen und Juden nach vorhergehenden Konflikten durch die römische Oberverwaltung herbeigeführt wurden. Zu den internationalen Aufgaben des εἰρηνοφύλαξ gehörte ja schon nach Xenophon, bei innerstädtischen Unruhen bzw. zwischenstaatlichen Konflikten eine versöhnliche Übereinkunft zwischen den Konfliktparteien herbeizuführen, wofür der Begriff συναλλάττειν (neben διαλλάττειν) gebraucht wurde.[182] εἰρηνοφύλαξ aber war jetzt der Kaiser[183] und die ihn repräsentierenden Provinzbeamten.[184] Ihnen mußte an jener εὔνοια der Ethnien füreinander liegen, die Nikolaos als ordnungspolitisches Ziel der Augusteer reflektiert. Josephus dürfte also durchaus auch die ursprünglichen Intentionen der augusteïsch-römischen Dokumente für die Asia treffen, wenn er als Grund für ihre Zitierung in ant XVI 175 anführt, dies geschehe, um *die Völker zu versöhnen* (ἐπιδιαλλάττων τὰ γένη) und um *die Ursachen des Hasses zu entfernen* (μίσους αἰτίας ὑπεξαιρούμενος). Es ist für das ordnungspolitische Gewicht des εὔνοια-Arguments bei Nikolaos erhellend, daß nun auch Josephus fortfährt, die der Gerechtigkeit verpflichteten jüdischen νόμοι machten, insofern sie rein befolgt würden, die (Diaspora-) Juden allen anderen gegenüber "wohlgesinnt und freundlich" (εὔνους καὶ φίλους) (ant XVI 177). Ein hervorragendes Beispiel für diese kaiserliche Versöhnungsabsicht, die mit der Rechtsgarantie der jeweiligen ethnokulturellen Eigenständigkeit der Konfliktparteien erreicht werden sollte, bietet später der Brief des Kaisers Claudius an die Alexandriner, der auf die Unruhen vom Spätsommer 41 n.Chr. reagiert.[185] Unter Drohungen werden *beide Seiten* (ἀμφότεροι Z.88.101), Griechen und Juden, aufgefordert, "den verderblichen, eigensinnigen Haß aufeinander" einzustellen (Z.79f.), das Recht der Juden auf die Praxis der ethnokul-

---

[182] In ähnlichem Sinn A.KASHER, Jews S.340 z.St., der συνάλλαγμα ("agreement") mit "to be reconciled" (συναλλάσσεσθαι) in Verbindung bringt. "It may thus well be that the "agreements" were signed, probably at the insistence of higher authority, after local clashes." Durch unsere Berücksichtigung der Xenophon-Stelle, an der das Verb συναλλάτειν genau in diesem Sinn verwendet wird (vect.5,8, s.o. S.263), gewinnt diese Erklärung stark an Wahrscheinlichkeit. Sie ist aber u.E. auch durch den in ant XVI 45 intendierten Kontrast τὰ συναλλάγματα vs. ⟨τὸ⟩ μίσος οὐ δίκαιον οὐδ' αὐτεξούσιον geboten: Statt durch die versöhnlichen Rechtsübereinkünfte ist das Verhalten der Griechen durch ungerechten und nicht autorisierten Haß begründet.

[183] Siehe oben S.263ff.

[184] Die Bewohner der *senatorischen* Provinz Asia sahen gleichwohl eher Augustus als den Senat als ihren Herrscher an (D.MAGIE, Roman Rule I S.446) und entsprechend galten die Prokonsuln als Beamte *des Kaisers* (cf. Plutarch, praec.reipubl.ger. mor.813 E: ἀνθυπάτοις, ἐπιτρόποις Καίσαρος).

[185] TCHERIKOVER/ FUKS, CPJ II No.153 (p.36ff.).

turellen Traditionen wird bestätigt (Z.85-88) und schließlich bindet der Kaiser sein weiteres Wohlwollen für die Stadt an die Bedingung: "Wenn ihr beide (ἀμφότερα [cf.E 2,14ff.]) von diesem ablaßt [sc. von den Übergriffen] und mit Sanftmut (μετὰ πραότητος) und Menschenfreundlichkeit (φιλανθροπείας) füreinander leben wollt..." (Z.100-102). Seit Beginn der pax Augusta trat der Kaiser durch seine Beamten und Rechtsentscheide somit zweifellos als *Friedensstifter* bzw. *Versöhner* zwischen Juden und Griechen in den kleinasiatischen Städten in Erscheinung: Da die pax nach römischem Verständnis als Rechtsetzung organisiert wurde (s.u.), sollte durch die offizielle Festlegung des Rechts der Juden auf ihre ethnokulturelle Eigenständigkeit ein friedliches, nach der Gerechtigkeit geregeltes Verhältnis zwischen Griechen und Juden etabliert werden. Noch die spätere Enkomiastik weist dem Kaiser als Rechtsgeber die internationale Versöhnerrolle zu:

> (1) Und nun zu den Gerichtsverhandlungen... (3) Wahrhaftig, so sorgt ein Prinzeps, ja ein Gott für die Seinen: *er schafft Versöhnung (reconciliare) zwischen zerstrittenen civitates, er bändigt aufgebrachte Völker weniger durch Militärbefehl als durch die Vernunft (ratio)*; er schreitet ein bei Rechtsbrüchen der Magistrate (intercedere iniquitatibus magistratuum) und hebt Maßnahmen auf, die nicht hätten getroffen werden dürfen; schließlich, wie das rascheste der Gestirne, sieht und hört er alles, und wo immer man ihn anruft, ist er alsbald, wie eine Gottheit, hilfreich zur Stelle. (4) Von solcher Art, möchte ich meinen, sind die Dinge, die jener Vater der Welt durch einen Wink bewirkt... (5) Freilich, von dieser Aufgabe völlig entlastet kann er sich jetzt ganz dem Himmel widmen, jetzt, wo er dich uns gegeben hat als seinen Stellvertreter gegenüber dem ganzen Menschengeschlecht (qui erga omne hominum genus vice sua fungereris).[186]

Hinter diesen Aussagen steht die alte, aus der hellenistischen Herrscherphilosophie kommende Auffassung, daß der rechtsetzende König als "lebendiges Gesetz" Gott auf Erden vertritt. Sein Handeln muß daher von Vernunft, Gerechtigkeit, Gleichheit und Gemeinschaftlichkeit geprägt sein und verwirklicht so die Harmonie innerhalb des Herrschaftsbereichs (s.u.).

Fassen wir unsere historischen Ergebnisse vorläufig zusammen: In der Asia ebenso wie in der übrigen griechischen Welt erregten die Diasporajuden auf Grund ihrer nationalen, gerade auch ethnokultischen Abgeschlossenheit, die den Griechen besonders verletzend im Zusammenhang des Proselytismus vor Augen trat, oft pagane Aversionen. Als Augustus nach dem Ende der Bürgerkriege eine prohellenistische Ostpolitik einleitete, die - ganz im Rahmen

---

[186] C.Plinius, paneg. 80,1-5 (ed. W.KÜHN). Der erste Satz folgt der treffenden Paraphrase W.KÜHNs. Zur Schiedsgerichtsbarkeit Roms bei International-Konflikten im griechischen Osten, wo die Römer die entsprechende Praxis der hellenistischen Könige weiterführten, siehe A.J.MARSHALL, The Survival and Development of International Jurisdiction in the Greek World under Roman Rule bes.641ff.; ebd. 639 A 45 werden viele inschriftliche Belege aufgeführt, nach denen die Tätigkeit *auswärtiger* Richter-Delegationen bei innerstädtischen Rechtskonflikten die ὁμόνοια der Polis wieder herstellte.

einer ostentativen Alexandernachfolge - den Poleis propagandistisch ihre traditionelle Autonomie, dh. die Politik und Kultus betreffenden eigenen νόμοι und ἔϑη zugestand, verband sich dieser ethnokulturelle Konflikt zwischen Griechen und Juden mit dem Versuch der wieder aufstrebenden Griechenstädte in der Asia, die inzwischen sehr zahlreichen Juden vor allem aus Gründen der städtischen Autonomie und im Interesse der Stadtfinanzen in den Rang abhängiger Metöken herabzudrücken. In diesem Status war ihre eigene Politeia beseitigt, sie hatten die kommunalen (Fremden-) Steuern zu entrichten und waren außerdem zu städtischen Liturgien und zum niederen Militärdienst verpflichtet. Oft trafen die griechischen Übergriffe die Tempelsteuerkassen, die als Symbole einer desintegrativen Haltung angesehen werden konnten. Die Quellen vermitteln uns den Eindruck, daß die Konfliktinitiative dabei vor allem bei den griechischen Poleis, nicht bei den Juden, lag: Nikolaos macht vor Agrippa griechische Schikane geltend (ant XVI 45 cf. 27f.32.60) und nach ant XVI 59 beriefen sich die Griechen für ihre Maßnahmen auch darauf, daß ihnen schon durch die Tatsache der hohen jüdischen Siedlungsdichte in ihrer Region jedes Unrecht geschehe - gerade dies mußte ja ihre Autonomiedoktrin herausfordern.[187] Gegenüber diesen griechisch-jüdischen Konflikten trat nun der Kaiser - vermittelt durch seine Vertreterinstanzen in der Provinz - ganz im Sinn des ordnungpolitischen Konzepts der pax gentium als Friedensstifter und Versöhner auf, indem er durch seine Rechtsentscheide einen friedlichen Ausgleich der Konfliktparteien erreichen wollte: Der *einen* Herrschaft des Kaisers über *alle* sollte das *wohlwollende Miteinander* der beherrschten, hellenistisch-römisch akkulturierten Ethnien entsprechen. Ziel war die schiedlich-friedliche Koexistenz der Ethnien und ihrer ethnokulturellen Traditionen. Einigen wichtigen ideologischen Prinzipien dieser Herrschaftskonstruktion wenden wir uns im nächsten Abschnitt zu.

---

[187] Siehe die weiteren Belege für den hohen jüdischen Bevölkerungsanteil o. S.272 A 172. - Vorausgesetzt war bei unserer historischen Rekonstruktion die Vitalität hell.-römischer Poliskultur in augusteischer Zeit. Demgegenüber war die ältere Forschung von einem zunehmenden Bedeutungsverfall der Poleis und ihrer Stadtkulte unter den hell. Großreichen und schließlich im Imperium Romanum ausgegangen. Die neuere Forschung zeichnet hier jedoch ein ganz anderes Bild, demzufolge "cities continued to play a vital role for their inhabitants even after the appearance of the Hellenistic Kings". Dazu paßt auch die Beobachtung einer "continuing vitality of civic cults in the Greek world up to the third century A.D." (S.R.F.PRICE, Rituals and Power, S.15).

C. Das kaiserliche Imperium und die pax gentium - Elemente einer imperialen Ideologie

C.1. Die Theorie von der Schutzherrschaft der Besseren über die Friedensunfähigen

Die Legitimation politischer Herrschaft als kultureigenes, friedliche Sozialordnung gewährendes Steuerungsinstrument gegen die wechselseitige Gewalt, die den chaotischen Naturzustand der noch nicht Beherrschten kennzeichnen soll, finden wir schon in den antiken Herrschaftsätiologien der Inder und der Ägypter bis hin zu Thomas Hobbes.[188] Auch an Rom ist dieser interkulturell verbreitete Legitimationsmythos nicht vorbeigegangen. Cicero war der erste, der das imperiale Sendungsbewußtsein, den Führungsanspruch der Römer, vor dem Hintergrund der griechischen Attacke auf Rom als auf einen ungerechten Raubstaat (Karneades) auch in diesem Sinn systematisch begründet hat. Wir können hier nur einige Ergebnisse der grundlegenden Studien von W.CAPELLE und U.KNOCHE hervorheben[189]: Cicero schließt sich in de rep III eng an den Stoiker Panaitios an, zunächst mit der Behauptung einer einzigen, ewigen und von allen Völkern geteilten göttlichen lex (III 33). Damit steht die weitere These in Zusammenhang, daß jeder Staatsregierung die Gerechtigkeit als maßgebendes Prinzip aufgetragen sei (de rep III bei Augustin, civ. 2,21). U.KNOCHE hat bei seiner Behandlung des rechtstheoretischen ersten Buches von Ciceros *de legibus*, nach dem die Gerechtigkeit aus dem Naturrecht abgeleitet wird, das allen Menschen als Vernunftanlage eignet und im Sinn der recta ratio (= ὀρθὸς λόγος) zur Vollendung gebracht werden soll, gezeigt, daß Cicero für den mos maiorum und das daraus im Sinne der recta ratio weiterzuentwickelnde römische Recht die Übereinstimmung mit dem universalen Naturrecht anstrebt: Die immanes ac barbarae nationes könnten mit diesem geläuterten römischen Recht, mit dem römischen Gerechtigkeitskonzept, (erst) den Zugang zu dem darin manifesten

---

[188] Siehe dazu A.ASSMANN/ J.ASSMANN, Kultur und Konflikt. Aspekte einer Theorie des unkommunikativen Handelns, in: J.ASSMANN/ D.HARTH (edd.), Kultur und Konflikt, Frankfurt/M. 1990, bes. S.17-20.

[189] W.CAPELLE, Griechische Ethik und römischer Imperialismus S.86-113; U.KNOCHE, Die geistige Vorbereitung der augusteischen Epoche durch Cicero, S.203-223; ders., Ciceros Verbindung der Lehre vom Naturrecht mit dem römischen Recht und Gesetz, S.154-76; jetzt auch F.WEISSENGRUBER, Pax Romana und Pax Christiana (1988), S.193-204, bes. 196ff.

Naturrecht gewiesen bekommen.[190] In den Rahmen dieses elitären Rechtsimperialismus paßt auch die These aus de rep. (Cicero/ Panaitios), nach der imperiale Herrschaft über unterworfene Provinzen ganz im Begriff der aus dem Naturrecht abgeleiteten Gerechtigkeit liege,

"weil solchen Menschen (sc. den Unterworfenen) die Knechtschaft nützlich sei (quod talibus hominibus sit utilis servitus) und es geschehe zu ihrem Nutzen, wenn es richtig geschieht, das heißt: (1) wenn den Schlechten die Möglichkeit zu Übergriffen genommen wird und (2) die Unterworfenen sich besser dabei befinden (domiti melius se habebunt), weil sie, nicht unterworfen, sich schlechter befunden haben" (III 36).

Die Gerechtigkeit dieses Imperialismus gründet sich auf das kosmisch aufweisbare *Recht des Besseren*, denn "dem jeweilig Besten ist die Herrschaft zum größten Nutzen der Schwachen von der Natur selbst gegeben worden" (III 36), während die zurecht Beherrschten diejenigen sind, die sich nicht selbst gehören können (III 37 = Non.p. 109,2), die im politischen Leben also unmündig sind. Mit der Abwehr der Übergriffe (= 1) und dem allgemeinen "melius se habere" der einst politisch Unmündigen (= 2) tritt "an Stelle der Anarchie, eines Kampfes aller gegen alle, ewiger Fehden einzelner Bevölkerungsteile gegeneinander... Friede und Ordnung, überhaupt die Herrschaft des Gesetzes ein" (CAPELLE 95). Cicero hat der pazifizierenden Schutzherrschaft für die Provinzpolitik gerade in der Asia größte Bedeutung beigemessen.[191] Diese ordnungspolitische Rechtfertigung des römischen Imperia-

---

[190] U.KNOCHE, Ciceros Verbindung der Lehre vom Naturrecht mit dem römischen Recht und Gesetz, S.154ff., bes. S.173f.175 (hier extrapoliert KNOCHE Ciceros präsumptives Urteil über das Verhältnis der integrierten Nationalitäten zum römischen Reich): "Die Nationen sollen ruhig mit dem Herzen an ihren eigenen Traditionen hängen; aber die Ordnung der Welt sollte die römische Rechtsordnung verbürgen. Das kann sie, sofern nur iustitia cum humanitate ihr Wesen bestimmt; und die Völker sollen und werden sie dann gern bejahen, zu ihrem eigenen Besten. Diese Ordnung, geschaffen durch das gerechte Gesetz und Recht Roms, steht allen offen, und die Chancen einer Umwandlung der Welt zur Kulturwelt ist geradezu unbegrenzt."

[191] So in einem Brief an den Bruder und Prokonsul der Asia Quintus (59/58 v.Chr.): "Im übrigen sollte Asia doch bedenken, daß ihm das Unheil auswärtiger Kriege (belli externi) und innerer Zwistigkeiten (domesticarum discordiarum) nicht erspart geblieben wäre, wenn wir es nicht unter unserer Herrschaft (imperio) hielten. Da sich diese Herrschaft aber ohne Abgaben in keiner Weise aufrechterhalten läßt, so mag es auch diesen ewigen, ungestörten Friedenszustand (pacem... sempiternam... atque otium) getrost mit einem Teil seiner Erträge bezahlen" (ad Qu.fr.I 1,34). Cf. auch ad Qu.fr.I 1,24f., wonach die Provinzialverwaltung den möglichst größten Glückszustand (beatissimi) der Beherrschten bezweckt, darunter gehört auch die feste Begründung des Friedens der Provinz (I 1,25). Subjektiv war dies sicher aufrichtig gemeint, aber es war keine allgemein praktizierte Direktive: Die meisten republikanischen Provinzbeamten der Asia taten wenig zugunsten ihrer Untertanen. Wir begegnen der Unmündigkeitsdoktrin, nach der nur durch die römische Herrschaft der Völkerfriede bewahrt wird, später bei Sallust (ad Caes. 2,13,6), dann vor allem in der Kaiserzeit. Tacitus läßt den flavischen General Cerialis die Römer als militärische Garanten der pax gentium darstellen: "Werden nämlich, was die Götter verhüten mögen, die Römer aus dem Lande verjagt, was kann es dann anderes geben als gegenseitige Kriege aller Völkerschaften (bella omnium inter se gentium)?... So schenkt denn

lismus tritt auch bei Panaitios' Nachfolger Poseidonios deutlich hervor, bei
dem Cicero auf Rhodos studiert hatte. Denn auch hier stehen die Römer in
der Rolle der meliores, die unter die barbarischen Völker Gemeinschaftssinn
(τὸ κοινωνικόν) und Humanität (τὸ φιλάνθρωπον), kurz: ihren Frieden (τὴν
εἰρήνην) bringen.[192] Wichtig erscheint bei diesem ordnungspolitisch-sittlich
gerechtfertigten Imperialismus bei Cicero der Gedanke einer zweifach abge-
stuften Weise des Befehlens bzw. Dienens: Wie in der Natur dem königlichen
bzw. väterlichen Verhältnis der Seele zum Leib ein despotisches der Seele zur
Lust, nach dem die Seele die Lust straft und bricht, gegenübersteht (III 37),
so kehren diese zwei Herrschaftsmodi auch im Politischen wieder: Den Bürgern und Verbündeten wird geboten wie ein Vater seinen Kindern gebietet,
den widerspenstigen Provinzialen aber despotisch wie ein Herr seinen Sklaven.[193] U.KNOCHE weist zurecht auf die kategoriale Nähe dieser Differenzierung zur augusteïschen Auffassung der römischen Sendung hin, wie sie
Vergil im Mund des Anchises formuliert (Aen. 6,851-53):

> "Du aber, Römer, gedenke durch das imperium die Völker zu beherrschen/ - dies
> seien deine Künste - und dem Frieden das Gesetz zuzuordnen/ zu schonen, die
> sich dir unterwerfen, und niederzukämpfen die Trotzigen."[194]

In der Tat konnte U.KNOCHE es plausibel machen, daß die Grundzüge
der skizzierten imperialistischen Theorie Ciceros auch auf die Augusteer und
den Kaiser selbst gewirkt haben: "Cicero ist der Wegbereiter des augusteïschen Sendungsbewußtseins gewesen."[195] Wie Cicero sein imperium der Gerechtigkeit an das Wiedererscheinen der iustitia maiorum geknüpft hatte, so

---

dem Frieden und der Hauptstadt (pacem et urbem), auf die wir, ob Besiegte oder Sieger, das
gleiche Anrecht haben, euer Herz und euere Verehrung!" (hist.IV 74)

[192] Poseidonios bei Strabo III 3,8 (155-56); dieses und weitere Fragmente bei W.CAPELLE,
Imperialismus, S.98-104.

[193] De rep III 37 und KNOCHE, Vorbereitung, 213; CAPELLE, Imperialismus, 93-94 mit A 3.
Cf. zu den zwei Herrschaftsmodi auch auctor ad Her. IV 9,13: Die verschiedenen Ethnien und
Könige haben der römischen Herrschaft zugestimmt "partim vi, partim voluntate..., cum aut armis
aut liberalitate a populo Romano superati essent."

[194] tu regere imperio populos Romane memento/ - haec tibi erunt artes - pacique imponere
morem/ parcere subiectis et debellare superbos. Cf. KNOCHE, Vorbereitung 213.

[195] U.KNOCHE, Vorbereitung 206. Schon Cicero hatte Oktavian als liberator der res publica
gefeiert (Phil 3,5: privato consilio rem publicam Caesar liberavit; er prägte auch die Wendung
vom vindex libertatis, Brut. 212), woran Augustus sowohl in ResGest 1 bewußt anknüpfte
(exercitum privato consilio... comparavi, per quem rem publicam... in libertatem vindicavi) als
auch schon auf dem pax-Cistophor von 28 v.Chr. (LIBERTATIS... VINDEX). Oktavian war für
Cicero der von der Vorsehung bestimmte Retter Roms, getragen vom consensus universorum
(Phil 3,5; 5,49; 12,9; 13,46) - dies wird in ResGest 34 aufgenommen (per consensum universorum
potitus rerum omnium). Cicero hatte also in vieler Hinsicht den Boden für das
Sendungsbewußtsein und die Propaganda des Kaisers bereitet, und "es ist denkbar
unwahrscheinlich, daß Oktavian die politischen Möglichkeiten, die Cicero ihm damit bot, nicht
genutzt haben sollte" (KIENAST, Augustus 180 A 41, zum Ganzen ebd.178-184).

trat gerade Augustus als Restitutor traditioneller Werte auf. Nach Cicero war
Rom die Führungsrolle durch göttlichen Ratschluß überantwortet worden,
ganz entsprechend läßt der Augusteer Livius Romulus sagen, daß Rom nach
dem Willen der Himmlischen das Haupt des Erdkreises sei.[196] Die bei Cicero
ausgeführte Idee des "Sich-Besser-Befinden" der unter die römische Herrschaft Gekommenen (cf. de rep III 36) läßt sich in der Rede Nikolaos' vor
M.Agrippa, dem Stellvertreter des Augustus im Osten, als offizielle Ideologie
ganz unmittelbar greifen (ant XVI 38-40.41). Auch das damit verbundene
Herrschaftsziel der pax gentium (cf. ant XVI 46) fanden wir schon bei Cicero
formuliert (s.o. A 191). Bei Plutarch, Dio von Prusa und Aristides sehen wir,
wie sehr sich die provinziale Aristokratie der Kaiserzeit mit der imperialistischen Doktrin von der politischen Unmündigkeit der außerrömischen
(griechischen) Welt, die sich in den früheren Zwisten offenbart und jene
'Schutzherrschaft der Besseren', die pax Romana, auf den Plan gerufen habe,
arrangieren konnte.[197]

C.2. Die Idee vom 'Leib des Imperiums'

Neben diese diskriminierende Rechtfertigung des Imperialismus im Sinne
der pax Romana trat im Rahmen der pax *Augusta* die positiv motivierende
Idee vom gemeinsamen *Staatsorganismus*.[198] Zwar konnte schon Cicero mit
dem Begriff "imperium" räumlich das "Herrschaftsgebiet" des römischen
Volks bezeichnen, gleichwohl galten die Provinzen dabei als extern be-

---

[196] Cicero, Phil VI 7,18 (Populum Romanum servire fas non est, quem di immortales omnibus
gentibus imperare voluerunt. cf. Polybios IX 10). Livius I 16,6f.(Abi, nuntia, inquit, Romanis
caelestes ita velle, ut mea Roma caput orbis terrarum sit); cf. Vergil, Aen. 1, 273-82; Vitruv
6,1,10f.

[197] Plutarch: besonders de fort.Rom. c.2 (= mor 317 B-C): Rom habe das einstige Chaos der
miteinander kollidierenden Herrschaften und Staaten, das aus dem Fehlen einer überlegenen
Macht resultierte, kraft der eigenen Weltmachtposition "in einen Kosmos des Friedens und in
einen einzigen Kreis der sicheren Herrschaft überführt" (317C); cf. dazu auch die weiteren Stellen, die den römischen Frieden von der friedlosen Vergangenheit abheben (de tranc.an. 469 E;
de pyth.orac. 408 B). Mehr Freiheit, als die Römer den Griechenstädten gegenwärtig zugestehen,
wirkte sich nach Plutarch nicht vorteilhaft aus (praec.ger.reipubl. 824 C). Bei Dion von Prusa
setzt bes. die alexandrinische Rede die Unfähigkeit zum friedlichen Leben ohne römische Mili-
tärpräsenz voraus: "Wie brächtet ihr es sonst fertig, die Hände voneinander zu lassen?" (or.32,51 -
cf. auch o. S.265 mit A 149). Aristides, Romrede 68-69: "Herrschen ist nämlich nicht vorteilhaft
für diejenigen, welche dazu keine Fähigkeit besitzen; von Besseren (χρειττόνων) beherrscht zu
werden, dies ist... der erste [Weg]". Einst "lagen die Städte infolge ihres gegenseitigen Haders und
ihrer Unruhe schon gleichsam auf dem Scheiterhaufen, dann aber erhielten sie eine gemeinsame
Führung und lebten plötzlich auf". Zum Ganzen siehe J.PALM, Rom, Römertum und Imperium
in der griechischen Literatur der Kaiserzeit, 25f.38.58.

[198] Der folgenden Darstellung liegt vor allem der Aufsatz von D.KIENAST, Corpus Imperii -
Überlegungen zum Reichsgedanken der Römer, S.1-17, zugrunde.

herrschtes Terrain, nicht als Teile eines "Reiches". Die Aufgabe der römischen Magistrate gegenüber den Provinzen konzentrierte sich auf die Rechtsprechung und die Organisation des Abgabenflusses, sie reichte kaum darüber hinaus. Erst recht galten die Klientelstaaten als fremdes Ausland.[199] Wo bei Cicero die politische Organismus-Metapher auftauchte, die Rede vom *corpus rei publicae*, waren die römischen Bürger der Hauptstadt gemeint; im weitesten Fall konnte die Vorstellung von Haupt und Gliedern auf Rom und die italischen Städte bezogen werden. Der Begriff eines *corpus imperii* war in der späten Republik jedoch sinnlos auf Grund des externen Charakters der beherrschten Ethnien und Könige.[200]

Dies änderte sich unter Augustus, denn jetzt wird die als Organismus verstandene res publica auf den Herrschaftsbereich des römischen Volkes, das imperium, ausgeweitet. Wir beschränken uns auf zwei der von KIENAST herangezogenen Belege:

(1) Der Augusteer Velleius Paterculus zeichnet folgendes Bild des kaiserlichen Befriedungsprogramms:

> "Nachdem die Bürgerkriege beseitigt waren, wie wir schon gesagt haben, und die Glieder des Staates anfingen zusammenzuwachsen (coalescentibusque rei publicae membris), wuchs auch das zusammen (coaluere)[201], was eine so lange Folge von Waffengängen zerrissen hatte (laceraverat): Dalmatien, 220 Jahre lang abtrünnig, wurde zur sicheren Loyalität gegenüber dem Imperium befriedet (ad certam confessionem pacata est imperii). Die Alpen... wurden unterworfen (perdomitae). Die spanischen Provinzen... wurden befriedet (pacatae). ... Folglich hat Caesar Augustus diese Provinzen, die so ausgedehnt, so menschenreich, so unzivilisiert waren zu einer solchen pax... gebracht (ad eam pacem... perduxit), daß sie, die niemals von den gravierendsten Kriegen frei waren, [nun]... sogar von Räuberbanden frei sind" (II 90,1-4).

Der Text weitet die Organismus-Metapher von der stadtrömischen res publica, deren Glieder nach den Kriegen wieder zusammenwachsen, auch auf das Imperium der Provinzen aus: Auch sie gehören in den Gesamtorganis-

---

[199] imperium für Herrschaftsgebiet: Cic. Verr. 5,150: amplitudo imperii; Balb. 39: termini imperii (Weiteres bei KIENAST Corpus Imperii 2 A 6). Provinzen extern: KIENAST ebd. 2 (die Besonderheiten des ersten Briefs Ciceros an den Bruder Quintus behandelt K. ebd. 7f.). Schwergewicht der juristischen und fiskalischen Verwaltungsaufgaben: ad Qu.fr. I 1,20; I 1,32-35. Klientelstaaten als fremdes Ausland: KIENAST ebd. 4 A 15 (Appian, bell.civ. 5,43 u.ö.).

[200] corpus rei publicae: Cicero, Phil.8,15f.; de off. 1,85; cf. Mur.51 (duo corpora civitatis); Phil.13,40. caput-membra (Rom-italische Städte): Cic. Att.8,1,1. Zum Ganzen s. KIENAST, Corpus Imperii 5-7. Unverbunden neben dem römischen corpus rei publicae steht bei Cicero noch eine direkt von der mittelstoisch-kosmopolitischen Sozialtheorie (wohl Hekaton, cf. W.NESTLE, Die Fabel des Menenius Agrippa 356f.) inspirierte, allgemeinere Anwendung der sozialen Metaphorik von corpus und membra, die sich auf das Naturrecht beruft: de off. III 5,19-23 (bei KIENAST nicht berücksichtigt).

[201] coaluere ist leider emendiert, wird aber durch das nachfolgende laceraverat im Sinne der Organismus-Metapher gut gestützt (s. KIENAST, Corpus Imperii 9).

mus des Imperiums und wachsen durch die pazifierende Ordnungspolitik des Kaisers zusammen. "Zusammenwachsen" (coalescere/ coaluere) unterstreicht auch sonst das schon mit der Organismus-Metapher gegebene Ziel der sozialen Einheit und des wechselseitigen Füreinanders.[202] KIENAST sieht in der imperial ausgeweiteten Leib-Metapher dieses Textes, den Paterculus an seinen Bericht über die restitutio rei publicae im Jahr 27 v.Chr. anschließt, einen Reflex der politischen Regelungen dieses Jahres: Nach der Wiederherstellung der res publica übernahm Oktavian auf Drängen des Senats die noch unbefriedeten Provinzen, die weiteren Militäreinsatz erforderten, bis sie - längstens nach 10 Jahren - befriedet wären (imperium proconsulare). Als ideologische Begründung seiner Sonderrechte im Zeichen der pax diente die Formel von der "allgemeinen Fürsorge und Schutzaufsicht über die res publica" (cura tutelaque rei publicae universa) - die res publica schloß jetzt in einem weiten Sinn also auch die Provinzen ein. "Hinter dieser Regelung steht die Konzeption von dem Imperium als einem Ganzen, das insgesamt in den Genuß der pax Augusta kommen sollte" (KIENAST 9) - genau dieses Konzept spiegelt auch die ausgeweitete Organismus-Metapher bei Paterculus. Bezeichnenderweise spricht auch Ovid vom *corpus imperii* in diesem Sinn, zumal auch die curae des princeps imperii für die friedlosen Provinzen erwähnt werden, und die bei Tacitus verarbeiteten acta senatus vom Regierungsantritt des Tiberius zeigen, daß man den Kaiser schon ganz selbstverständlich als *unus animus*, ja als *caput* des *unum rei publicae corpus* gesehen hat, wobei res publica wiederum auch die Provinzen einschließt.[203]

(2) Augustus hat aber nicht nur damit begonnen, die Provinzen unter seiner cura tutelaque als Glieder des Staatsorganismus zu sehen, sondern auch

---

[202] Siehe Livius I 8,1: "Nachdem er (sc.Romulus) die Kulthandlungen ordnungsgemäß vollzogen hatte, berief er die Menge, die allein durch Gesetze zum Organismus eines einzigen Volkes zusammenwachsen konnte (quae coalescere in populi unius corpus nulla re praeter quam legibus poterat), zu einer Versammlung und stellte Rechtsnormen auf"; cf. Tac. ann. XI 24,2f. (terrae, gentes in nomen nostrum coalescerent), siehe KIENAST, Corpus Imperii, 8 A 39.

[203] Die Regelungen des Jahres 27 v.Chr. berichtet CassDio 53,12,1-3; cf. Suet. Aug. 47,1; Strabo XVII 3,25 (840); dazu KIENAST, Augustus - Prinzeps und Monarch 73f. mit A 27; 418f.; ders., Corpus Imperii, 9. Zur ideologischen Begründung der Stellung des Kaisers durch die cura tutelaque rei publicae universa cf. die entsprechende Formulierung bei CassDio 53,12,1 (τὴν μὲν φροντίδα τήν τε προστασίαν τῶν κοινῶν πᾶσαν... ὑπεδέξατο). Der Ovid-Beleg findet sich trist. 2,215ff. (curas tuas: 218; imperii princeps: 219; corpore imperii: 231), die acta senatus bei Tacitus ann. I 12-13 (Asinius Gallus erklärt seine Frage, welchen Teil der Regierung Tiberius übernehmen wolle, aus der Absicht, vom Prinzeps damit das Zugeständnis zu erreichen: *unum esse rei publicae corpus atque unius animo redendum*. Auch Q.Haterius wandte sich an Tiberius mit der Frage: 'quo usque patieris, Caesar, non adesse *caput rei publicae*?'). Da Asinius Gallus mit seiner Erklärung den erzürnten Tiberius besänftigen wollte, ist wohl A.EHRHARDTs Annahme berechtigt, daß diese Erklärung eine allgemein geteilte Auffassung ausdrückte (ders., Das Corpus Christi und die Korporationen im spät-römischen Recht, S.334). Dazu auch KIENAST, Corpus Imperii, S.10 mit A 42.

die Klientelherrscher. Sueton berichtet, daß der Kaiser "für alle die verbündeten Könige... nicht anders als für Glieder und Teile des Imperiums Sorge
trug." Dieser Einbindung in den imperialen Organismus dienten u.a. wohl
auch die von Sueton unmittelbar zuvor erwähnten Verschwägerungen zwischen den reges socii, die Augustus vermittelte.[204]

Zwar finden wir auch in der Kaiserzeit nach wie vor die imperialistische
Doktrin von der Herrschaft der Besseren über die Friedensunfähigen, doch
die letzteren sind seit Augustus eben nicht mehr nur externe Ethnien und reges socii, sondern als *Glieder* des *corpus imperii* der "Fürsorge und Schutzaufsicht" des Kaisers anheimgestellt. Da die Senatoren Tiberius bei seinem Regierungsantritt ganz selbstverständlich auf die kaiserliche Aufgabe eines *animus* und *caput* des corpus rei publicae ansprechen konnten, hat sich mit
großer Wahrscheinlichkeit als erster Kaiser schon Augustus als caput/ animus des Staatsorganismus verstanden.[205] Das heißt aber auch: Das Imperium
war der Leib des Kaisers.[206] Das ordnungspolitische Programm der Pazifizie-
rung des Imperiums sollte wohl auch auf Seiten der beherrschten Ethnien,
besonders ihrer Aristokraten, zu einem übergreifenden Bewußtsein des Zusammenhalts und des wechselseitigen Füreinanders im Rahmen des Imperiums führen. Schon mit der politischen Organismus-Metapher an sich, die von
der Hauptstadt (Cicero) auf das ganze Imperium (Augustus) ausgeweitet
worden war, wird dieses Ziel formuliert, denn diese Metapher sollte seit ihrer
Entstehung in der griechischen ὁμόνοια-Literatur des 5.Jh.v.Chr. das einheitliche Füreinander der politischen membra veranschaulichen.[207] Der auguste͏̈-
sche Imperialismus, der im Osten die Ethnien auf dem Weg hellenistischer
Akkulturation (Stadtkultur) dem ordnungspoltischen Rahmen der pax unterstellen wollte, zielte damit genau auf jene Haltung, die Nikolaos v.Dam. 14
v.Chr. vor M.Agrippa beschwor: Der *einen* Herrschaft Roms über alle ent-

---

[204] Suet. Aug.48: reges socios... nec aliter universos quam membra partesque imperii curae
habuit. Die Einbindung der Klientelherrscher in den Organismus des kaiserlichen Imperiums
äußerte sich etwa in der Übernahme ordnungspolitischer Funktionen, in der Gründung von
Augustusstädten, in der Münzprägung, die in der Regel auch das Kaiserbild zeigte, in der
Ausbildung vieler Klientelprinzen am römischen Kaiserhof, aber auch in der Abhängigkeit der
Klientelherrscher und amici des Kaisers von dessen Privatgericht, was sich besonders während
der Familienstreitigkeiten Herodes' d.Gr. zeigte (dazu U.BAUMANN, Rom und die Juden, 228-
37).

[205] Cf. die Herrschaftsätiologie beim augusteïschen Historiker T.Livius I 16,6f. (s.o. A 196).

[206] Cf. später Seneca, de clem. I 5,1 (zu Nero): "Du bist die Seele deines Staates, dieser ist dein
Leib" (tu animus rei publicae tuae es, illa corpus tuum).

[207] Zur Entstehung der Vorstellung von der Polis als Organismus, namentlich der berühmten
Fabel des Menenius Agrippa (Livius II 32; Dion.Hal.6,86; Zonaras (DioCass) 7,14; Dion Chrys.
or.23,16; Max.Tyr. or.21,4f.), in der ὁμόνοια-Literatur des ausgehenden 5.Jahrhunderts und zur
Wirkungsgeschichte dieser politischen Metapher siehe grundlegend W.NESTLE, Die Fabel des
Menenius Agrippa 350-60.

spricht das *gegenseitige Wohlwollen* (εὔνοια) der Beherrschten (ant XVI 46). Dies lag ganz auf der Linie der pax Augusta mit ihrem Konzept vom gemeinsamen imperialen Leib, der durch das Füreinander der Glieder unter dem kaiserlichen Haupt charakterisiert war.

C.3. Ethnokulturelle Anerkennung als Gewähr für imperiale Loyalität und schiedlich-friedliche Koexistenz

Zum sozialen Organismus (corpus/ σῶμα) wird eine Gemeinschaft nach antiker Vorstellung vor allem durch das Recht, durch das sie einheitlich geordnet wird.[208] Daher wird auch die pax, die diesem Staatsleib innere Einheit verleiht, durch Rechtsetzung organisiert.[209] Eine wichtige, appellable Seite dieses Rechtscharakters der pax gentium lag darin, daß man nach dem Prinzip der Billigkeit (aequitas), das dem Individuellen Rechnung trägt, die ethnokulturellen Traditionen (νόμοι/ἔθη) der beherrschten Völker ausdrücklich anerkannte, sofern sie nicht eklatant dem Rahmen der hell.-röm. Kulturgemeinschaft widersprachen. Die Zeugnisse erwecken den Eindruck, daß die Römer diese ethnokulturellen Zugeständnisse propagandistisch benutzten, um so eine breite Zustimmung zu ihrer Herrschaft zu erreichen. Darauf führt schon die adulatorische Tendenz, mit der Nikolaos v. Dam. seinen entsprechenden Hinweis vor M.Agrippa einbringt:

---

[208] Nach Livius I 8,1 konnte das Volk zur Zeit des Romulus "allein durch Gesetze zum Leib (corpus) eines einzigen Volkes zusammenwachsen". Philo, spec III 131: Die Rechtsprechung und das kultische Handeln des Hohepriesters haben zum Ziel, "daß jedes Lebensalter und alle Teile des Volkes wie Glieder eines Leibes zu einer und derselben Gemeinschaft des Friedens und der guten gesetzlichen Ordnung harmonisiert werden." Plutarch, Solon 18,5 (88C): "Zurecht gewöhnte *der Gesetzgeber* die Bürger daran, wie Teile eines Leibes miteinander zu empfinden und zu leiden."

[209] Cf. Vergil, Aen.VI 852 ("dem Frieden das Gesetz auferlegen" als Herrschaftskunst der Römer; s.o.A 5). Siehe H.FUCHS, Friedensgedanke S.182ff. mit vielen Belegen: "In dieser Bestimmung durch *leges* und *iura*, in denen das, was der Römer unter Frieden versteht, nach der rein staatlichen wie nach der kulturellen Seite hin ausreichend umschrieben ist, gewinnt die *pax Romana* die volle Bedeutung des Imperium Romanum" (ebd.S.195). Nach Vergil, Aen.IV 231 ist es Aufgabe des Römers, "daß er seinen Gesetzen den ganzen Erdkreis unterwerfe" (ac totum sub leges mitteret orbem), nach Manilius II 817 geht es darum, "den Erdkreis durch Gesetze einzurichten" (componere legibus orbem) und schließlich schreibt noch der späte Prudentius, in Symm. I 455: "Aber dich, die du den bezwungenen Völkern Gesetze und Rechte gegeben und somit ordnest, wodurch der große Erdkreis ausgerichtet wird, daß die wilden Riten der Waffengänge und Bräuche zahm werden..." (At te, quae domitis leges ac iura dedisti gentibus, instituens, magnus qua tenditur orbis, armorum morumque feros mansuescere ritus.)

"Und das Glück, das nun das ganze Menschengeschlecht durch euch genießt, messen wir darin, daß es nun für jedes Landesvolk möglich ist, so zu prosperieren und zu leben, daß es dabei seine vertrauten Traditionen pflegt."[210]

An anderer Stelle lobt Josephus selbst die "magnanimitatem mediocritatemque Romanorum, quoniam subiectos non cogunt *patria iura* transcendere" (c.Ap. II 73).[211] Auch Philos Erinnerung an Augustus läßt den Bekanntheitsgrad einer gern gehörten Propagandathese erahnen:

"Man kannte seine Fürsorge und wußte, daß er sich um die Erhaltung der väterlichen Traditionen bei allen genauso bemühte wie bei denen der Römer..."[212]

Ganz gewiß trifft daher H.G.KIPPENBERG den tieferen, letzlich imperialistischen Sinn dieser kaiserlichen Politik und Propaganda:

"Die Tradition der Unterworfenen war (bereits) in der Antike ein Hebel, eine Herrschaft aus Eroberung in eine imperiale Herrschaft zu transformieren. Moderne Analogien sind bekannt. ... Wenn Kolonisatoren aus den von ihnen eroberten Territorien ein Imperium machen wollen, dann müssen sie sich zu Beschützern oder geradezu zu Erfindern der Traditionen der unterworfenen Ethnien machen. Wir sehen einen ähnlichen Prozeß schon in der Antike am Werk."[213]

Die imperialistische Logik dieser Praxis zeigt sich darin, daß man dem Distinktionsimpuls einer ethnokulturellen Minderheit durch die propagierte Anerkennung ihrer Traditionen entgegenkommt und so die Akzeptanz der Herrschaft erhöht.[214] Hinsichtlich der kultischen Traditionen bot gerade der

---

[210] Jos., ant XVI 36 cf. 49.

[211] Auch die civitates stipendiariae, die zahlreichste Kategorie östlicher Griechenstädte, bekamen in den Provinzen den "Bestand ihrer früheren Gesetze und Einrichtungen, wenn auch unter der Aufsicht und dem beständigen Eingriffsrecht des Statthalters, zugesichert", wobei man die Formel "urbem (agrosque) et suas leges reddere" verwendete (L.MITTEIS, Reichsrecht S.91 mit A 1). Die Provinzstädte behielten so "ihr locales Recht und eigene Organe der Rechtshandhabung", obgleich "bei dieser Anerkennung der Localstatuten häufig Revisionen derselben" stattfanden (ebd.). Ziel solcher Eingriffe war etwa die Einführung einer aristokratisch-timokratischen Stadtregierung (A.D.MACRO, Cities S.660-62; A.H.M.JONES, Greek City S.170-91).

[212] Philo, LegGai 153.

[213] H.G.KIPPENBERG, Die jüdischen Überlieferungen als πάτριοι νόμοι, S.51. Cf. z.B. Minucius Felix, Oct. 6,1-3: "Daher sehen wir auch, daß durch alle Reiche, Provinzen und Städte die einzelnen Völker ihre besonderen Kultriten haben und einheimische Gottheiten verehren,... und die Römer verehren sie alle. So hat ihre Macht und ihr Einfluß den ganzen Erdkreis in Besitz genommen... So haben sie sich, indem sie die Kulte aller Völker aufnehmen, auch ihre Reiche erworben."

[214] Cf. dazu A.ASSMANN/ J.ASSMANN, Kultur und Konflikt, S.28-29. Diesen Zusammenhang offenbart auch die Publikationsanweisung des Augustus für ein jüdisches Psephisma, durch das ihn die Juden der Asia "bezüglich meiner devoten Haltung (εὐσέβειας), die ich gegenüber allen Menschen [sc. gegenüber ihren Kulten] habe" (ant XVI 165), geehrt hatten. Propagandistisch publiziert werden (und zwar im Tempel des asiatischen Koinons in Pergamon) soll also ein Manifest des Einverständnisses einer beherrschten Minderheit mit ihrem Herrscher, das auf der

Kaiserkult ein geeignetes Instrument, um die überkommenen Traditionen der Ethnien sowohl anzuerkennen als auch stabilisierend auf das Imperium auszurichten.

Dies hat vor allem S.R.F.PRICE gezeigt: Diplomatische Beziehungen (Politik) und das Ritual des Kaiserkultes waren zwei parallele und verwandte Weisen, den Kaiser und das imperiale Herrschaftsgefälle ("power") im kollektiven Bewußtsein zu konstruieren und auf das überkommene religiöse System der einst autonomen Poleis zu beziehen. In vielfältiger Art wurde der Kaiser, nun durch die für Griechen vertrauten Attribute göttlicher Herrschaft gekennzeichnet, in das kultische Leben der Städte integriert (z.B. der Kaiser als σύνναος in griechischen Tempeln; Opfer an die Götter pro salute Caesaris).[215] Es ist kein Zufall, wenn der Provinzstatthalter Plinius zur Zeit Trajans den designierten Statthalter von Achaja eindringlich dazu anhält, die als Götter anerkannten Stadtgründer, die lokalen Gottheiten, Mythen und Traditionen seiner Provinz auch selbst "zu verehren" (reverere).[216] Imperiale Herrschaft und lokale ethnokulturelle Traditionen sollten sich gegenseitig stabilisieren.

Die von Rom propagierte Politik einer universalen Anerkennung hell.-römisch akkulturierter Völkertraditionen beschränkte sich aber nicht darauf, loyale Untertanen zu erzeugen. Sondern zugleich sollte dadurch auch der Friede *zwischen den Ethnien* stabilisiert werden. Dies zeigt uns besonders Claudius, der nach Gaius wieder auf augusteïsche Herrschaftsprinzipien und damit auch auf die an der Billigkeit orientierte Anerkennungspolitik zurückgriff.[217] In seinem sog. Weltedikt (ant XIX 287-91) garantiert er den Juden zunächst die ungehinderte Praxis ihrer überkommenen ἔϑη, um sie dann anzuweisen,

"(1) diese meine Menschenfreundlichkeit [sc. die eben zugesicherten ἔϑη] mehr gemäß der Billigkeit zu gebrauchen (ἐπιειχέστερον χρῆσϑαι) und (2) die reli-

---

universal gerichteten Anerkennungsbereitschaft des Kaisers gegenüber nationalen Traditionen beruhte.

[215] S.R.F.PRICE, Rituals and Power, S.234ff, hier S.248: "The imperial cult, like the cults of the traditional gods, created a relationship of power between subject and ruler. ... [it] was a major part of the web of power that formed the fabric of society. ... along with politics and diplomacy, [it] constructed the reality of the Roman empire." Siehe ebd. S.234ff. Auch im Jerusalemer Tempel wurde für das Wohl des Kaisers geopfert (bell V 562f; LegGai 157.319).

[216] ep. VIII 24,3.6. Analog engagiert er sich für die vom Christentum bedrohten Lokalkulte in der Provinz Pontus, cf. ep.X 96,10.

[217] A.MOMIGLIANO, Claudius - the Emperor and his Achievements S.24f.27-29. Für diese Verwaltungspraxis des Claudius ist exemplarisch auf eine ephesische Inschrift des Prokonsuls Fabius Persicus hinzuweisen, die den Kaiser u.a. als "wahrhaft gerechtesten (ἀλ[η]ϑῶς δικαιοτάτου) Herrscher" tituliert und von einer "für alle erquickenden Huldbeweise" zählt, "daß jedem das ihm Eigene wiederhergestellt wird" (τὸ τὰ ἴδια ἑκάστωι ἀπο καταστασϑῆναι, SEG IV,2 (1930) no.516 Z.11-16). A.MOMIGLIANO sieht in dieser Inschrift wohl mit Recht eine Definition "of the spirit of equity", der die Reichsverwaltung des Claudius inspiriert habe (Ders., Claudius S.72) - wenigstens in der Propaganda.

giösen Überzeugungen anderer Völker nicht herabzuwürdigen (ἐξουθενίζειν), sondern die eigenen Gesetze zu halten" (ant XIX 290). Da der Satzteil (2) das im Satzteil (1) geforderte ἐπιειχέστερον χρῆσθαι näher bestimmt, verlangt der Prinzeps hier, der römischen Anerkennungspolitik zu folgen und den anderen Völkern im Rahmen einer schiedlich-friedlichen Koexistenz ihre jeweiligen ethnokulturellen Traditionen "zuzubilligen". Auch hier wird dieses Prinzip der Politik im Kontext ausdrücklich schon für Augustus reklamiert (ant XIX 289). Freilich wurde diese politische Maxime in Appellationsverfahren auch von Juden selbst verwendet, unter Augustus etwa von Nikolaos von Damaskus, der im Namen der Juden die durch Griechen *nicht behinderte* Praxis der eigenen Lebensweise in Ionien einklagt und dies abschließend in die Bitte faßt: "daß uns von diesen [sc. den Griechen] nicht in den Dingen Gewalt angetan wird, in denen wir sie keineswegs unterdrücken" (ant XVI 47, s.o. S.275f). Diese Maxime war in der frühen Prinzipatszeit also die rechtlich garantierte, appellable Grundlage für das schiedlich-friedliche Zusammenleben der Ethnien und ihrer Kulturen im Rahmen des übergreifenden hell.-römischen Staatsleibes. Der Einfluß dieser Maxime ist wohl auch mitverantwortlich, wenn führende hell.-jüdische Autoren unter dem frühen Prinzipat immer wieder an das mosaische Gebot erinnern, die Kulte der Heiden nicht herabzuwürdigen.[218]

C.4. Zur hellenistisch-römischen Herrscherphilosophie - der Kaiser als mentales Prinzip seines Staatsleibes und des römischen Friedens

Die wichtigsten Züge der hellenistischen Herrscherphilosophie hat E.R.GOODENOUGH vor allem aus pythagoreïschen Pseudepigrapha der hellenistischen Zeit (unter den Namen Diotogenes, Sthenidas, Ekphantos) herausgearbeitet.[219] Im Rahmen dieser Traktate περὶ βασιλείας verstand etwa Diotogenes den Herrscher, der als "lebendig gewordenes Gesetz" (ἔμψυχος νόμος) die friedliche Harmonie (ἁρμονία) und Ordnung des Kosmos via Nachahmung in seinen Staat vermittelt, als einen "unter Menschen weilenden Gott."[220] Ekphantos, der im Herrscher den irdischen Vertreter des göttlichen

---

[218] S.o. S.276.

[219] E.R.GOODENOUGH, Die Politische Philosophie des Hellenistischen Königtums, S.27-89; siehe jetzt G.F.CHESNUT, The Ruler and the Logos in Neopythagorean, Middle Platonic, and Late Stoic Political Philosophy, ANRW II 16.2 S.1310-32. Cf. außerdem G.J.D.AALDERS, Political Thought in Hellenistic Times, Amsterdam 1975.

[220] Diotog. bei Stob. IV 7,61 (HENSE IV 265,6); übersetzt bei GOODENOUGH, Politische Philosophie S.43: "Nun steht der König zum Staat in derselben Beziehung wie Gott zum Kosmos; und der Staat steht in demselben Verhältnis zum Kosmos wie der König zu Gott. Denn da der Staat durch eine Harmonie vieler verschiedener Elemente gebildet wird, ist er eine Nachahmung

νοῦς sah, der den Kosmos durchwaltet[221], bezeichnet diesen in einem anderen Fragment sogar "als etwas Fremdes und Unbekanntes, das vom Himmel zu den Menschen herabkam", daher seien auch seine Tugenden Werk Gottes.[222] Besonders wichtig erscheint uns, daß der Logos des Herrschers, der, wie wir nun wissen, ja die göttliche Weltvernunft in das staatliche Leben vermittelt, nach Ekphantos auch soteriologisch-ethisch an seinen Untertanen wirkt, die er nach Analogie des stoischen λόγος σπερματικός bearbeitet und von ihrer Verfehlung (κακία) befreit.[223] GOODENOUGHs Interpretation dieses Belegs verdeutlicht das Gemeinte:

"Die höchste Aufgabe des Königs besteht darin, kraft seiner eigenen - offiziellen und persönlichen - Beziehung zu Gott dem Menschen eine neue Kraft einzuflößen, so daß der Mensch die Möglichkeiten seiner eigenen Natur erkennt (...), bis der Logos des Königs ... die träge Masse des Menschen in das göttliche Geschöpf verwandelt hat, das er nach dem Willen Gottes sein soll. ... So wird der Mensch endlich den Traum der gesamten griechischen Ethik - wenn auch nur in der Idee - verwirklichen: Er wird imstande sein, freiwillig nach dem göttlichen Gesetz zu leben und ohne den Zwang und die Ungerechtigkeit der geschriebenen Gesetzbücher auszukommen."[224]

Das letztlich gleiche Heilsziel einer durch den Logos geschehenden "pneumatischen" Neuschöpfung in ethischer Absicht verfolgte auch, wie wir oben gezeigt haben, die hell.-jüdische Logostheologie Philos. Diese Theorie von der menschenverändernden, inspirativen Potenz des Herrschers als men-

---

der Ordnung und Harmonie des Kosmos; der König aber, der die absolute Herrschaft innehat und selbst das Lebendige Gesetz ist, erscheint als ein unter Menschen weilender Gott "
[221] So das bei GOODENOUGH, Politische Philosophie S.62f. zitierte Ekphantos-Fragment (Stob. IV 7,66 (WACHSMUTH/HENSE IV S.278): Gott wie der König herrschen, ohne selbst von jemandem beherrscht zu werden. "Nun ist klar, daß dies ohne Vernunft nicht geht; ebenso leuchtet ein, daß Gott die Vernunft des Universums ist. Denn das Universum wird in seinem Aufbau und in der richtigen Ordnung allein durch den νοῦς zusammengehalten. Genauso kann der König nur durch die Vernunft diese Tugenden haben..."
[222] Bei GOODENOUGH, Politische Philosophie S.52f.
[223] Stob. IV 7,65 (WACHSMUTH/HENSE S.276ff.); zitiert bei GOODENOUGH, Politische Philosophie S.65f.: "... Der König allein ist imstande, dieses Gut [sc. tugendsames Handeln in der Nachahmung Gottes und ohne äußeren Gesetzeszwang] der menschlichen Natur einzupflanzen, so daß die Menschen, indem sie ihn - ihr Vorbild - nachahmen, den ihnen vorgezeichneten Weg gehen. Wenn aber sein Logos akzeptiert wird, stärkt er diejenigen, die durch schlechte Nahrung wie durch Trunkenheit verdorben wurden und der Vergeßlichkeit anheimfielen; er heilt die Kranken, befreit sie von dieser Vergeßlichkeit, die sie als Folge ihrer Sünde befiel, und erweckt in ihnen statt dessen die Erinnerung, aus welcher der sogenannte Gehorsam erwächst. Aus unbedeutenden Samen (φαῦλα σπέρματα) aufkeimend, wächst dieser als etwas Vortreffliches heran, sogar in einer irdischen Umgebung, in welcher der Logos - sich mit dem Menschen verbindend - erneuert, was durch die Sünde verlorenging." Der Sache nach könnte man diesen Beleg ohne weiteres in eine Kategorie mit dem hell.-jüdischen, pneumatisch-ethisch orientierten Neuschöpfungsgedanken stellen.
[224] E.R.GOODENOUGH, Politische Philosophie S.67.

tales und gesetzgebendes Prinzip (ἔμψυχος νόμος/ ἔμψυχος λόγος) seines Staates schlug sich analog auch in anderen Quellen zur Herrscherphilosophie nieder. Wichtig ist vor allem der hellenistisch redigierte, pseudoaristotelische 'Brief an Alexander', der die 'Rhetorica ad Alexandrum' einleitet[225]: Während sich die in einer Demokratie lebenden Menschen in allem auf das Gesetz beziehen,

> "beziehen sich diejenigen, die unter der Herrschaft eines Königs stehen, auf den Logos (πρὸς λόγον). Wie nun das anleitende öffentliche Gesetz die autonomen Poleis auf's Beste auszurichten pflegt, so möge auch dein Logos (ὁ σὸς λόγος) diejenigen, die deiner Königsherrschaft unterstellt sind, zu ihrem Nutzen anleiten.
> ... Du wirst dir darüber klar sein müssen, daß die Vorbilder (παραδείγματα) für die meisten Menschen entweder das Gesetz oder aber dein Leben und Logos sind (ὁ σὸς βίος καὶ λόγος)."[226]

Schon hier wird die friedenspolitische Wirkung des durch den Herrscher vermittelten Logos transparent, denn während diejenigen, die in ihrem Handeln der Anleitung des Logos folgen (S.171 Z.24 (SPENGEL): τοὺς μὲν λόγῳ χρωμένους), als ethisch gut zu preisen sind, "verabscheuen wir als grausam (ὠμούς) und unzivilisiert (θηριώδεις) diejenigen, die irgendetwas ohne Anleitung des Logos (ἄνευ λόγου) tun" (S.172 Z.2-3 (SPENGEL)). Später vergleicht Senecas Fürstenspiegel "de clementia", der massive Anleihen bei der hellenistischen Herrscherphilosophie macht[227], den Herrscher als mentales Prinzip seines Staates mit der *Seele* (animus), den Staat mit dem *Körper* (corpus): de clem I 3,5 (cf. clem I 5,1: tu animus rei publicae tuae es, illa corpus tuum). Wie nun der Körper auf die Seele bezogen und von ihr bestimmt ist,

> "so wird diese unmeßbare Menschenmenge [sc. des Staates], die eine einzige Seele (unius animae) umgibt, durch seinen Geist (illius spiritu) gelenkt, durch seine Vernunft (illius ratione = λόγος) ausgerichtet und würde sich durch die eigenen Kräfte bedrängen und zerbrechen, würde sie nicht durch klugen Sinn (consilio) erhalten" (de clem I 3,5).

Anschließend erscheint der Kaiser als das *Band* (vinculum)[228], durch das die res publica zusammengehalten wird; in dieser Funktion ist er auch der

---

[225] Siehe E.R.GOODENOUGH, Politische Philosophie S.68f..

[226] ΑΡΙΣΤΟΤΕΛΗΣ ΑΛΕΞΑΝΔΡΩΙ ΕΥ ΠΡΑΤΤΕΙΝ, L.SPENGEL, Rhetores Graeci, Vol.I, Leipzig 1853 (= Frankfurt/M. 1966), S.171 Z.14-21; S.172 Z.11-13.

[227] Cf. dazu J.R.FEARS, Nero as the Vicegerent of the Gods in Seneca's De Clementia, Hermes 103 (1975) S.486-96; G.F.CHESNUT, The Ruler and the Logos, ANRW II 16.2 S.1324-26.

[228] Zum folgenden siehe de clem. I 4,1-2: Ille [sc. der Herrscher] est enim *vinculum*, per quod res publica cohaeret, ille *spiritus vitalis*, quem haec tot milia trahunt nihil ipsa per se futura nisi onus et praeda, si *mens illa imperii* subtrahatur. 'Rege incolumi *mens omnibus una*;/ amisso *rupere fidem*.' *Hic casus Romanae pacis exitium erit*, hic tanti fortunam populi in ruinas aget; ... haec

spiritus vitalis, den alle atmen und die *mens imperii* bzw. der *eine Geist in allen* (*mens omnibus una*). Würde er als das mentale Prinzip des Imperiums verschwinden, so bedeutete dies ausdrücklich den Untergang der *pax Romana* und das Zerspringen der Einheit (unitas) und des Zusammenhangs (contextus) dieses Imperiums in viele Teile, de clem I 4,2: Hic casus Romanae pacis exitium erit, ... haec unitas et hic maximi imperii contextus in partes multas dissiliet... So ist der Kaiser als Haupt und verbindendes mentales Prinzip seines Staatskörpers (caput, spiritus, animus, mens, ratio = λόγος) zugleich für die Einheit und den Frieden im Imperium (pax Romana) ursächlich, anders gesagt: Der sich an die Untertanen vermittelnde Herrscherlogos stiftet und erhält den Frieden im Imperium.

"Die Milde deines Geistes (animi tui)", so erwartet Seneca vom Kaiser, "wird mitgeteilt und diffundiert nach und nach durch das ganze corpus imperii; und alles wird nach deiner Ähnlichkeit geformt werden. Vom Haupt kommt die gute Gesundheit: von dort her werden alle belebt und aktiviert oder aber durch Mattheit niedergeschlagen, je nachdem die ihnen gemeinsame Seele (animus eorum) lebhaft oder träge ist. Es wird Bürger geben und es wird Bundesgenossen geben, die dieser Güte würdig entsprechen, und aufrechte Sitten werden auf die Erde zurückkehren."[229]

Deutlich finden wir hier die Inspirationsvorstellung der hellenistischen Herrscherphilosophie wieder, nach der der Herrscherlogos die Untertanen beseelt und ihnen die rechte Ethik eingibt (cf. den Schluß: et in totum orbem recti mores revertentur). Diese Vorstellung der Inspiration bzw. Beseelung des Staates hatte sich gut mit der politischen Haupt-Leib-Metaphorik verbinden können, da nach der Vorgabe platonisch-stoischer Anthropologie die leitende Seele/ Vernunft im Haupt lokalisiert wurde.[230] Im Staatsleib (= cor-

---

unitas et hic maximi imperii contextus in partes multas dissiliet... nam et illi [sc. dem Kaiser] viribus opus est et huic [sc. dem Staat] *capite.*

[229] clem II 2,1: Tradetur ista animi tui mansuetudo diffundeturque paulatim per onne imperii corpus, et cuncta in similitudinem tuam formabuntur. A capite bona valetudo: inde omnia vegeta sunt atque erecta aut languore demissa, prout animus eorum vivit aut marcet. Erunt cives, erunt socii digni hac bonitate; et in totum orbem recti mores revertentur.

[230] Plato, Tim 44D: Die κεφαλή ist das Göttlichste und über alles in uns Gebietende (δεσποτοῦν); hier (ἐπ' ἄκρῳ τῷ σώματι) wohnt die Seele (90A/B). Diese Meinung referiert Cicero, Tusc.I 20 später so: Plato habe das führende Element der Seele, also die Vernunft, im Haupt wie auf einer Akropolis lokalisiert. Chrysipp weiß von Stoikern, die lehrten τὸ ἐν τῇ κεφαλῇ εἶναι τὸ ἡγεμονικὸν τῆς ψυχῆς μέρος (bei Galen, Hipp.et Plat.plac. III 8 v.ARNIM II 908); ihm folgt Diogenes Bab. Fr. 33. Wahrscheinlich handelte es sich um eine in der Stoa verbreitete Auffassung, cf. Herakleitos, All.Hom.17,8; 17,13; sie teilt auch Philo (spec III 184; op 119). Diese Anthropologie wirkte sich in der politischen Haupt-Leib-Metaphorik so aus, daß etwa bei Tacitus, wo der Kaiser sowohl als caput (c.13) wie auch - parallel dazu - als animus im Haupt wie 12-13 der Kaiser sowohl als caput (c.13) wie auch - parallel dazu - als animus (c.12) dem Staatsleib gegenübergestellt werden konnte: Im Haupt sitzt das leitende Seelenprinzip des Körpers. Wir finden diesen Zusammenhang auch bei Philo, praempoen 125, nach dem der Tüchtige (ob einzelner oder ein Volk) Haupt des Menschengeschlechts ist, der "die anderen alle

pus/σῶμα) des Herrschers (= caput/κεφαλή) zu sein, war gleichbedeutend damit, von seinem Logos, also von ihm als Haupt und Geistprinzip, inspiriert zu sein. Man war damit im 'pneumatisch'-ethischen Wirkbereich des Herrscherlogos. Diese Inspiration ist nach Seneca auch das Prinzip der *pax Romana*, der äußeren Einheit und des Zusammenhalts im Imperium (s.o.). Wir finden diese Vorstellung vom Herrscher als dem harmonie- und friedensstiftenden Inspirationsprinzip, die der hell. Herscherideologie entstammt, auch bei Plutarchs Charakterisierung Numas, des römischen Friedenskönigs par excellence:

> Wenn die Beherrschten das tugendhafte Paradigma ihres Herrschers sehen, "leben sie aus eigenen Stücken in Besonnenheit und gleichen sich an ihn an zu einem Leben in freundschaftlicher Umgangsart (ἐν φιλίᾳ) und Eintracht untereinander (ὁμονοίᾳ τῇ πρὸς αὐτοὺς), ein Leben, das unter Begleitung von Gerechtigkeit und Maßhaftigkeit tadellos und glücklich ist. Darin liegt das wertvollste Ziel jeder Politeia und der ist am wahrhaftigsten Herrscher, der dieses Leben und diese Gesinnung (διάθεσιν) seinen Untergebenen einzuflößen (ἐνεργάσασθαι) vermag."[231]

Neben die bisher zitierten Texte kann man auch or.25 des Dio von Prusa stellen: Danach ist der δαίμων eines Menschen als τὸ κρατοῦν ἑκάστου etwas außerhalb des Menschen stehendes, das ihn gleichwohl bestimmt und beherrscht (or.25,1: ἄρχον τε καὶ κύριον τοῦ ἀνθρώπου[im Kontext bejaht]). Als Beispiele solcher δαίμονες nennt Dio vor allem Könige, Führer und Feldherren, u.a. auch Kyros, Numa und Alexander. Nach Dio kann man solche politischen Herrscher tatsächlich δαίμονες derer, die unter ihrer Herrschaft stehen, nennen (or.25,9), "durch welche es allen besser oder schlechter geht" (or.25,9). Am Beispiel Numas wird gegen Ende des Textes verdeutlicht, wie er als δαίμων der Römer diesen u.a. ein freundschaftliches Verhältnis gegenüber Grenznachbarn, Gesetze, Staatsgötter und eine Politeia verlieh und somit Ursache ihres gesamten staatlichen Wohlbefindens (εὐδαιμονίας) wurde (or.25,8).

In flavischer Zeit war diese auf die Erzeugung friedlicher Einheit im Imperium bezogene mentale Aufgabe des Herrschers im stoischen Milieu durchaus geläufig, wie ein Fragment des Musonius Rufus belegt.[232] Der Staat wird

---

wie Teile eines Körpers beseelt durch die Kräfte im Haupt oben" (τοὺς δὲ ἄλλους ἅπαντας οἷον μέρη σώματος ψυχούμενα ταῖς ἐν κεφαλῇ καὶ ὑπεράνω δυνάμεσιν).

231 Plutarch, Numa 20,8. Zuvor war ganz im Sinn der hellenistischen Herscherideologie davon die Rede, daß wie aus einer Quelle das sittlich Gute und Gerechte aus der Weisheit Numas in alle überströmte und das ruhige Wesen Numas um ihn herum ausgegossen wurde (20,4). Der Passus entspricht insgesamt genau der Herscherideologie, die Plutarch etwa in seiner Schrift ad princ.iner. behandelt (s.u.i. Text). GOODENOUGH und CHESNUT lassen diesen wichtigen Text unberücksichtigt.

232 J.Stobaios hat dieses Musonius-Fragment "Über das Königtum" bewahrt: "Der König muß also insgesamt ohne Sünde und vollkommen in Wort und Tat sein. Daher muß er das sein, was die Alten das Lebendige Gesetz (νόμον ἔμψυχον) nennen. Er muß einen Geist der Gesetzestreue (εὐνομίαν) und der Eintracht (ὁμόνοιαν) schaffen, Gesetzlosigkeit und Streit

durch die rechtsprechende, friedenspolitische Vermittlung des Herrschers als ἔμψυχος νόμος, wie wir sachlich entsprechend schon bei Diotogenes lesen konnten, zu "einer Nachahmung der Ordnung und *Harmonie* des Kosmos".[233] Wir finden diese Analogizität Kosmos-Staat, die durch den Herrscher als Manifestation des zur Harmonie ordnenden Logos vermittelt wird, auch in Plutarchs Fürstenspiegel "Ad principem ineruditum".[234] Diese Schrift beantwortet die Frage, was den Herrscher selbst beherrschen soll, mit dem Hinweis auf den νόμος, aber nicht der äußerlich auf Urkunden verschriftete Nomos ist gemeint, "sondern der Logos der in ihm [sc. im Herrscher] lebendig geworden ist" (ἀλλ' ἔμψυχος ὢν ἐν αὐτῷ λόγος, 780C). Gerechtigkeit ist das Ziel dieses universalen Logos-Gesetzes, wodurch der Herrscher, der durch seine politische Tugend Gott gleicht, zu einer εἰκὼν θεοῦ τοῦ τὰ πάντα κοσμοῦντος[235] wird (780E) und seine Tugend an die ihm nacheifernden Untertanen weitervermittelt.[236] Sein Logos ist θεοῦ λόγος (780F) und zugleich ἐκ φιλοσοφίας λόγος (779F; 782A). Er fungiert gegenüber dem Herrscher als ἡγεμονία (780C). In der thematisch eng verwandten Schrift "Maxime cum principibus philosopho esse disserendum" c.2 (mor 777B ff.), die nach der traditionellen Anordnung unmittelbar vorausgeht, wird dieser Logos, der hier - das ist ein Unterschied zum Fürstenspiegel - über die Vermittlung externer Philosophen im Herrscher wirkt, als Ἑρμῆς ἡγεμών angesprochen: ihm wird die Gabe des λόγος ἐνδιάθετος zugeschrieben, wobei als Ziel dieses in den Gedanken präsenten Hermes-Logos (ebenso wie des in der Sprache manifesten λ. προφορ.κός (= ὁ

---

vertreiben, Zeus sorgfältig verehren und wie Zeus ein Vater seiner Untertanen sein" (Stob. WACHSMUTH-HENSE IV S.283 Z.22ff.).

[233] S.o. A 220.

[234] Als Dokument der hell. Herrscherphilosophie behandeln diesen Text G.F.CHESNUT, The Ruler and the Logos ANRW II 16.2, S.1321-24; E.R.GOODENOUGH, Die politische Philosophie des hellenistischen Königtums, S.71ff.

[235] Plutarch, ad princ.iner. 780E: ἄρχων δ' εἰκὼν θεοῦ τοῦ πάντα κοσμοῦντος. Der Abbild-Gedanke wird in der hellenistischen Herrscherphilosophie oft betont; so etwa bei Diotogenes (bei GOODENOUGH S.46-48: "In allen diesen Beziehungen ... ist die Königsherrschaft ein Abbild Gottes") oder bei Sthenidas (bei GOODENOUGH S.49: "Der König muß ein Weiser sein, denn dadurch wird er ein Abbild und Nachahmer des höchsten Gottes sein") oder bei Ekphantos (bei GOODENOUGH S.52f.: "Demgemäß ist der König, als ein Abbild des höheren Königs, ein einzigartiges und überragendes Geschöpf, denn er ist einerseits immer mit dem innig vertraut, der ihn geschaffen hat, andererseits erscheint er seinen Untertanen in einem besonderen Licht, dem Licht der Königswürde. ... Deshalb nehme ich an, daß der irdische König in keinem Punkt hinter der Tugend des himmlischen Königs zurückbleiben kann. Da jedoch der König etwas Fremdes und Unbekanntes ist, das vom Himmel zu den Menschen herabkam, wird jederman annehmen, daß die Tugenden das Werk Gottes sind und durch Gott dem König zuteil wurden").

[236] Plut. ad princ.iner. 781A (cf. 780B): εὐνομία, δίκη, ἀλήθεια, πραότης. Eine sehr ähnliche Einwirkungsvorstellung fanden wir in Senecas Fürstenspiegel clem II 2,1 und bei Plutarchs Charakterisierung des exemplarischen Friedenskönigs Numa.

κανὸς Ἑρμῆς)) u.a. "die freundschaftliche Gesinnung (φιλία), sowohl gegenüber sich selbst wie auch gegenüber dem Nächsten" angegeben wird (777C). Wir haben oben bereits das mythologisch überhöhte Hermes-Logos-Konzept kennengelernt, das den Logos durch die mythische Hermes-Identifikation vor allem mit der Erzeugung von Harmonie, φιλία und εἰρήνη verband. Der durch den Herrscher wirksame Logos, so können wir aus den beiden verwandten Schriften Plutarchs ableiten, der als Hermes Hegemon gesehen werden konnte, bewirkt φιλία bzw. τὸ φιλάνθρωπον (Ad princ.iner., mor 777C/780A); er macht den Herrscher zu einem "Abbild Gottes, der das All (harmonisch) ordnet" (780E), insofern manifestiert der Herrscher den θεοῦ λόγος (780F).

Die hier schon implizierte Friedens- und Harmoniefunktion des Hermes-Logos tritt im Rahmen der Herrscherideologie noch deutlicher bei Philo v.Alex. hervor, der in LegGai 94.99-102 das angemaßte Auftreten Caligulas als "Neuer Hermes" mit den bekannten, tatsächlichen Qualitäten dieses Gottes kontrastiert. Entsprechend der Logos-Interpretation des Hermes spricht Philo von ihm zunächst als der ordnenden Vernunft (λογισμός, § 94)[237], die Caligula zur Schau getragen habe. Hermes gilt ihm wie auch bei anderen Autoren als Interpret (ἑρμενεύς) und Prophet göttlicher Dinge (προφήτης τῶν θείων, LegGai 99), als Bote guter Nachrichten (τὰ ἀγαθὰ διαγγέλοντα, § 99), wofür Philo im Wechsel ein paar Zeilen später das für den Hermes Euangelos charakteristische Verb εὐαγγελίζεσθαι verwendet (§ 99). Der Heroldsstab ist Zeichen von Versöhnungsverträgen, da Kriege unterbrochen oder beendet werden durch Herolde, die den Frieden aufrichten (διὰ κηρύκων εἰρήνην καθισταμένων, § 100). Der Inhalt der dem Hermes(-Logos) aufgetragenen εὐαγγέλια ist also der Friede, den er, aus der göttlichen Sphäre kommend[238], den Menschen hinsichtlich ihrer Konflikte ansagt und konkret vermittelt.[239] Dem Kaiser Gaius dagegen spricht Philo das Recht auf den sym-

---

[237] LegGai 94: "Er bekleidete sich mit Heroldsstab, Flügelschuhen und Mäntelchen und stellte grotesk Ordnung (τάξιν) inmitten von Unordnung, Folgerichtigkeit (τὸ ἀκόλουθον) in Veworrenheit, Vernunft (λογισμόν) in Wahnsinn zur Schau." Cf. dazu das Chrysipp'sche Lehre bietende Fr.1024 (v.ARNIM): Hunc (=Iovem) et Liberum patrem et Herculem ac Mercurium putant, ... Mercurium, qui ratio penes illum est numerusque et ordo et scientia. Cf. auch H.LEISEGANG, Art. Logos RE XIII (1927), Sp.1063 und Cornutus, epidr. c.16 p.20 Z.18ff. LANG: "Nun ist Hermes der Logos, den die Götter aus dem Himmel zu uns gesandt haben (ἀπέστειλαν), indem sie allein den Menschen von allen Lebewesen auf Erden vernünftig (λογικόν) erschaffen haben".

[238] Cf. LegGai 94: προφήτης τῶν θείων.

[239] Diesen Zusammenhang belegt uns auch der Hermes-Hymnus des stoisch beeinflußten orphischen Hymnenbuches: In hymn.28,2 (QUANDT) wird er als "Bote des Zeus" (Διὸς ἄγγελε), in 28,4 als "Prophet des Logos für die Sterblichen" (λόγου θνητοῖσι προφῆτα) angesprochen, wobei sein Heroldsstab in 28,7 als "Werkzeug des Friedens" (εἰρήνης ὅπλον) qualifiziert wird. Als prophetischem Vermittler zwischen Zeus und Menschheit ist dem Hermes-Logos also zweifellos der Friede aufgetragen. Ähnlich sieht auch Cornutus, epidr. c.16 p.22 Z.20-p.23 Z.3 (LANG), im Heroldsstab des Hermes (Schlangensymbolik) "ein Zeichen dafür, daß durch ihn selbst wilde Menschen (θηριώδεις) besänftigt und bezaubert werden, wobei er die Differenzen zwischen ihnen beseitigt (λύοντος τὰς ἐν αὐτοῖς διαφοράς) und beide mit einem

bolischen Heroldsstab des Hermes ab: "Wozu braucht der einen Heroldsstab, der nie etwas Friedliches (εἰρηναῖον) sprach oder tat, sondern jedes Haus und jede Stadt mit Bürgerkriegen erfüllte, sowohl in Griechenland wie in der übrigen (barbarischen) Welt?"[240] Wir sehen: Als Manifestation des Hermes-Logos (cf. LegGai 94) hatte der Herrscher φιλία zu stiften, hatte Friedensbotschaften zu verkünden und nicht Bürgerkriege anzuzetteln. Es ist bezeichnend, daß der 'Friedenskaiser' Augustus sein pax-Konzept nicht nur mit Münzen verband, die den Lyra spielenden, also harmoniestiftenden[241] Hermes zeigen, sondern daß ihn Horaz auch als Manifestation des friedenkündenden Hermes-Logos stilisieren konnte. Wir werden dies später behandeln.

Die Prägung der Untertanen durch den Herrscherlogos, gewissermaßen das "In-Sein" im pneumatisch-ethischen Wirkbereich des Herrschers, verbürgte nach dieser Ideologie wiederum *den Zugang zur Gottessphäre*, denn der im Herrscher manifeste Logos war der Logos bzw. νοῦς des den Kosmos ordnenden Zeus.[242] Im Herrscher wirkt nach Plutarchs Fürstenspiegel "Ad principem ineruditum" der θεοῦ λόγος (s.o.). Entsprechend ist der Herrscher nach Senecas Fürstenspiegel auch "in terris deorum vice".[243] Gerade als spiritus/ animus/ mens imperii (λόγος), also in seiner pneumatisch-ethischen Funktion als die politische Tugend und Friedensgesinnung vermittelnder Logos, stellt der Herrscher somit die *Brücke zur Gottheit* dar; gerade so vermittelt er die Harmonie des Weltalls, die der Allgott etabliert hat, in die soziale Welt. Als friedenstiftendes Inspirationsprinzip seines Staatskörpers, das zugleich Manifestation des im ganzen Kosmos harmoniestiftenden Logos ist, kann der Herrscher folglich als *Mittler zwischen seinen Untertanen und Gott* begriffen werden.[244]

---

unlösbaren Knoten miteinander verbindet. Daher nämlich scheint der Heroldsstab ein Symbol des Friedenstiftens (εἰρηνοποιόν) zu sein".

[240] LegGai 102. Es ist bemerkenswert, daß uns Philos Polemik das Selbstverständnis des Gaius im Sinn des ἔμψυχος νόμος bezeugt, LegGai 119: "Denn er hielt sich selbst für das Gesetz (νόμον γὰρ ἡγούμενος ἑαυτόν), zerbrach die Gesetze der Gesetzgeber überall, als wären sie leeres Geschwätz." Dahinter steckt, wie Plutarchs Gleichung ἔμψυχος νόμος = ἔμψυχος λόγος (mor 780C) deutlich macht, wohl zugleich der Anspruch, Manifestation des Logos als Weltgesetz zu sein.

[241] Siehe zur Lyra als Erfindung des harmoniestiftenden Hermes o. S.171 A 321.

[242] So im zweiten Fragment des Ekphantos bei GOODENOUGH, Politische Philosophie S.62f.; s.o. A 221. Zu dieser Manifestation Gottes im Herrscher, die gerade auch ein soteriologisch-ethisches Wirken Gottes an den Beherrschten durch die Vermittlung des Herrscher-Logos einschließt (s.o.), schreibt GOODENOUGH treffend: "Der König ist der Erlöser, der seine Untertanen von ihren Sünden befreit, indem er ihnen das gibt, wonach die hellenistische Welt immer mehr verlangte - *eine dynamische, persönliche Offenbarung der Gottheit*" (ebd. 67f.; Hervorhebung E.F.).

[243] clem I 1,2.

[244] Dem stoischen Zeitgeist war geläufig, daß im Logos (= ratio) die primäre Gemeinsamkeit (prima societas) zwischen Menschen und Gott liegt (so etwa Cicero, de leg. I 7,22-23). Das Vorstellungsmodell der universalen Politeia des Kosmos, das durch diesen Logos nach der Popularphilosophie konstituiert wird, bezweckt dementsprechend nach Dio v. Prusa, or. XXXVI

Die Virulenz dieser Kategorien der hell. Herrscherphilosophie etwa bei Seneca, Plutarch und Musonius Rufus[245] bestätigt die Meinung E.R.GOODENOUGHs, nach der sich diese Herrscherphilosophie "dem römischen Kaiser unwiderstehlich aufdrängte".[246] Diese Kategorien waren aber nicht nur im aristokratischen Milieu des Herrschers und seiner gebildeten administrativen Umgebung geläufig, sondern auch in der hell. Synagoge, wo wir u.a. bei Philo, Mos I die wichtigsten Elemente belegt finden.[247] Aber auch weiten Teilen der griechischen Bevölkerung in den Poleis mußte diese Herrscherideologie vertraut sein: Nero, dem Senecas Fürstenspiegel das Selbstverständnis als *spiritus vitalis* und *mens imperii* (mens omnibus una) empfohlen hatte, konnte im Osten (Alexandria) als ἀγαθὸς δαίμων τῆς οἰκουμένης offiziell gefeiert werden[248], in Griechenland etwa als ὁ τοῦ παντὸς κόσμου κύριος

31, "das Menschengeschlecht *mit der Gottheit harmonisch zu verbinden* (ξυναρμόσαι) und *in einem Logos* (ἐνὶ λόγῳ) alles Vernünftige zusammenzufassen". In der Herrscherideologie ist diese Verbindung zur Gottheit mit dem Herrscher verknüpft, der hier den θεοῦ λόγος in die soziale Welt vermittelt und daher die Schlüsselstellung innehat. Noch bei Euseb von Caesarea, der die überkommene Herrscherideologie weitertradiert und auf Konstantin bezieht (siehe dazu G.F.CHESNUT, The Ruler and the Logos, S.1329-32), finden wir den Herrscher als Mittler des Zugangs zu Gott, De laudibus Constantini II 4: "The Logos, being the Pre-Existent and Universal Savior, has transmitted to His followers rational and redeeming seeds, and thereby makes them rational and at the same time capable of knowing His Father's kingdom. And His friend (sc. der Kaiser), like some interpreter of the Logos of God, summons the whole human race to knowledge of the Higher Power, calling in a great voice that all can hear and proclaiming for everyone on earth the laws of genuine piety." Cf. laud. Const. II 2: "As the Universal Savior (= der Logos) renders the entire heaven and earth and highest kingdom fit for His Father, so His friend (= der Kaiser), leading his subjects on earth to the Only-Begotten and Savior Logos, makes them suitable for His kingdom." Laud.Const. V 8: "Because of all these things, the highminded sovereign (= der Kaiser), learned in divine matters, pursues things higher than his present life, calling on the Father who is in heaven and longing for his kingdom, doing all things with piety and holding out to his subjects, just as if they were students of a good teacher, the holy knowledge of the Supreme Sovereign" (üs. H.A.DRAKE).

[245] Musonius Rufus bei Stobaeus, WACHSMUTH-HENSE IV S.283 Z.22ff., s.o. A 232.

[246] E.R.GOODENOUGH, Politische Philosophie S.77.

[247] Bei Philo gilt Mose als der ideale, paradigmatische Herrscher (virt 70); er folgt direkt dem ihn anleitenden ὀρθὸς τῆς φύσεως λόγος, ὃς μόνος ἐστιν ἀρετῶν ἀρχή τε καὶ πηγή (Mos I 48), stellt sein tugendhaftes Leben allen zur Nachahmung vor Augen (Mos I 158f.) und ist als Gesetzgeber νόμος ἔμψυχος τε καὶ λογικός (Mos I 162). Zu Philo siehe E.R.GOODENOUGH, By Light, Light, S.180-98, bes. 189ff.; R.BARRACLOUGH, Philo's Politics, ANRW II 21.1 (1984) S.486ff.; G.F.CHESNUT, The Ruler and the Logos, S.1326-29; zu III.Makk 6,24 siehe GOODENOUGH, Die politische Philosophie, S.69; zum Aristeasbrief (§ 196.270-91) cf. J.R.FEARS, Art. Gottesgnadentum (Gottkönigtum) RAC XI (1981) Sp.1132f..

[248] P.Oxy. 1021,1-13: "Der seinen Vorfahren geschuldete, offenbar gewordene Gott-Kaiser [sc. Claudius] ist zu ihnen aufgestiegen, und der von der Welt erwartete und erhoffte Herrscher ist proklamiert, der Agathos Daimon der ganzen Oikumene, größter Urquell aller Güter, Kaiser Nero..." (Üs. O.WEINREICH). Der Herausgeber A.S.HUNT sieht in dem Schriftstück "a rough draft for an official circular or a public proclamation". Analog auch OGIS II 666. Cf. damit auch Dion Chrys.' Sicht der Herrscher als δαίμονες ihrer Untertanen (or.25 u.o.S.294).

...Νέρων Ζεὺς Ἐλευθέριος.[249] Die gottähnliche Omnipräsenz des Kaisers wurde dem antiken Menschen auch durch die Kaiserbilder, die im Sinn einer Repräsentation des Kaisers kultische (Asylie) und diplomatische Funktionen übernehmen konnten, nahegelegt.[250] Zu den Vorschlägen des von Menander Rhetor gebotenen Schemas für ein ἐγκώμιον βασιλέως gehörte es, den Herrscher als von Gott herabgesandt, als Emanation höherer göttlicher Macht, als 'Anlage vom Himmel her' anzusprechen, der im Vergleich zu den Irdischen ein höheres Sein erlangt hat und der kosmische Wirkungen hervorbringt.[251]

---

[249] E.M.SMALLWOOD, Documents Illustrating the Pincipates of Gaius, Claudius and Nero, Cambridge 1967, S.35-37 Nr.64, Z.31.41 (cf. Z.49.51). - Vespasian wurde in Alexandria nach Papyrus Fouad 8 (CPJ II, Nr.418-418a) u.a. als κύρι]ε σεβαστέ, εὐεργέτα, Σάρ[απις/].. ˝Αμμωνος υἱὸς begrüßt (ebd. Z.15f.). Dabei ist zu berücksichtigen, daß auch Sarapis als kosmosfüllender Allgott denkbar war. Cf. Ael.Arist., ΕΙΣ ΣΑΡΑΠΙΝ or.45,21 (KEIL): ἕνα τοῦτον ἀνακαλοῦσι Δία, ὅτι οὐκ ἀπολέλειπται δυνάμει περιττῇ, ἀλλὰ διὰ πάντων ἥκει καὶ τὸ πᾶν πεπλήρωκε.

[250] Nach E.PETERSON kommt im "Kaiserbild, das bei seiner Ankunft in einer Stadt, wie der Kaiser selber, in feierlicher Prozession empfangen wird, ... die Omnipräsenz des Gottkaisers in seinem Reiche zum Ausdruck" (E.PETERSON, Christus als Imperator, S.158) - P. sieht entsprechend im Kaiserbild das "Sakrament des Kaiserkultes" (ebd.). Quellen bestärken diese repräsentative Funktion (z.B. CassDio 60,13,3: Eine Augustusstatue wurde entfernt, um Hinrichtungen nicht mitansehen zu müssen; siehe noch Artemidor v. Daldis, Oneirokr. 4,31: "Es macht keinen Unterschied, ob man den Kaiser selbst oder sein Bildnis mit Füßen tritt und schlägt"; HistAug, vit.Hadr. 6,3). Die Asylfunktion der Kaiserstatuen ist breit bezeugt (Tac. ann. 3,26; 4,67,4; Plin. ep. 10,74,1; Suet. Aug. 17,5; Philostr. vit.Apoll. 1,15; u.ö.). Siehe dazu T.PEKARY, Das römische Kaiserbildnis in Staat, Kult und Gesellschaft, S.130f.; S R.F.PRICE, Rituals and Power, S.119.192f.. Beim diplomatischen Verkehr konnte das Kaiserbild den abwesenden Kaiser vertreten, so daß sich fremde Fürsten davor niederwerfen und ihr Diadem ablegen konnten (unter Nero: CassDio 62,23,3; siehe P.HERZ, Der römische Kaiser und der Kaiserkult - Gott oder primus inter pares? S.119f.). In analoger Weise assoziierte ja etwa auch die epigraphisch oft bezeugte Sonnen-Identifikation den Kaiser mit dem omnipräsenten, herrschenden Prinzip im Kosmos, wie von Nero SIG³ 814 Z.31ff.: ἐπιδὴ ὁ τοῦ παντὸς κόσμου κύριος Νέρων - νέος Ἥλιος ἐπιλάμψας τοῖς Ἕλλησιν προειρημένος εὐεργετεῖν τὴν Ἑλλάδα und IGR III 345; von Gaius 'Caligula' SIG³ 798 (Z.3: ἐπεὶ ὁ νέος Ἥλιος Γαῖος Καῖσαρ Σεβαστὸς Γερμανικός); von Galba siehe bei J.H.OLIVER, The Ruling Power, in: TAPhS N.S. 43/4 (1953) S.909. Im Trajan-Enkomion des Plinius (d.J.) spiegelt sich dieses Omnipräsenz-Motiv, paneg. 80,3: "... schließlich, wie das rascheste der Gestirne, die Sonne, sieht er alles, hört er alles, und wo immer man ihn anruft, ist er alsbald, wie eine Gottheit, hilfreich zur Stelle."

[251] Menander Rhetor, ΠΕΡΙ ΕΠΙΔΕΙΚΤΙΚΩΝ 370, Z.21-28 (RUSSELL/WILSON S.80): "Oder sprich so: 'Dem Schein nach sind viele [sc. Herrscher] nur Menschen, in Wahrheit aber sind sie von Gott herabgeschickt (παρὰ τοῦ θεοῦ καταπέμπονται) und sie sind wahrhaft Emanationen der höheren Macht (ἀπόρροιαι ὄντως τοῦ κρείττονος). Man hielt nämlich auch Herakles für den Sohn des Amphitryon, in Wahrheit aber war er Sohn des Zeus. So kommt auch unser Herrscher dem Anschein nach aus dem Menschengeschlecht, der Wahrheit nach aber hat er eine vom Himmel stammende Anlage (τὴν καταβολὴν οὐρανόθεν ἔχει). Er hätte nämlich nicht so großes Vermögen und so hohe Würde erreicht, wenn er nicht im Vergleich zu den Irdischen ein höheres Sein erlangt hätte (ὡς κρείττων γεγονὼς τῶν τῇδε).'" Deutlich kehrt die imitatio-Vorstellung der Herrscherphilosophie in 376, Z.8-9 wieder, wo es im Zusammenhang der σωφροσύνη des Herrschers heißt: "Was für eine Lebensführung die Menschen nämlich beim

Ein nach dieser Seite hin entfaltetes hellenistisches Herrscher-Enkomion finden wir in Corp.Herm., Traktat XVIII, 11ff. (Περὶ εὐφημίας τοῦ κρείττονος καὶ ἐγκώμιον βασιλέως), wobei die hier rezipierte Panegyrik nochmals die selbstverständliche Vertrautheit der Enkomientradition mit der traditionellen hell. Herrscherideologie belegt: Das Enkomion, so wird schon in C.H. XVIII 8 gesagt, soll zunächst τὸν ὕπατον βασιλέα τῶν ὅλων, ἀγαϑὸν ϑεόν ansprechen, möge sodann "an zweiter Stelle zu denen, die nach dem Abbild jenes (κατ᾿ εἰκόνα ἐκείνου) das Szepter halten, herabsteigen".[252] So gelten die Herrscher als "Vorsteher der allgemeinen Sicherheit und des Friedens, denen die Entscheidungsgewalt in uralten Zeiten vom höchsten Gott auf höchstem Rang eingerichtet wurde" (§ 10)[253], die als "göttlichste Könige uns den Preis des Friedens verleihen" (§ 11).[254] Da sie somit der Gottessphäre (cf. ϑειοτάτων) zugehören, sind sie qualitativ allem Irdischen überlegen.[255] Wichtig ist für uns vor allem die Parallele, die das Enkomion zwischen der Erzeugung kosmischer Harmonie durch den Allgott und der irdischen Friedenswirkung des Herrschers zeichnet. Vom Allgott und seinem Wirken in allen heißt es:

"Es existiert bei ihm kein Unterschied der einen von den anderen, es gibt dort keinen Seitenwechsel, sondern alle denken dasselbe Eine (ἕν), es gibt eine (μία) Vorsehung aller, einen (εἷς) νοῦς haben sie, den Vater, ein (μία) Fühlen durch-

---

Herrscher sehen, einer solchen unterziehen (auch) sie sich." Der Herrscher als Manifestation höherer Macht zeitigt kosmische Wirkungen, 377, Z.22-24: "Regen zur rechten Zeit, Erträge des Meeres und reiche Ernten kommen uns glücklich zu durch die Gerechtigkeit des Herrschers." Diese kosmischen Wirkungen des Herrschers werden etwa auch in der Panegyrik des Calpurnius für Kaiser Nero breit dargestellt, siehe Calpurn. eclog.4,90ff.

[252] Zur einschlägigen Vorstellung, nach der der Herrscher als εἰκών Gottes, der das All ordnet, eingesetzt sei, siehe o. A 235.

[253] §10: ... καὶ πρὸς τοὺς τῆς κοινῆς ἀσφαλείας καὶ εἰρήνης πρυτάνεις βασιλέας, οἷς πάλαι μάλιστα τὸ κῦρος παρὰ τοῦ κρείττονος ϑεου κεχορύφωται... Hinter dem Paar ἀσφάλεια/ εἰρήνη steht zweifellos das römische Herrschaftsziel der 'securitas pacis' (dazu s. H.FUCHS, Augustin und der antike Friedensgedanke, S.189f.; vor diesem Hintergrund steht nach A.A.EHRHARDT, Politische Metaphysik II, S.21 auch 1.Thess 5,3 (ὅταν λέγωσιν· εἰρήνη καὶ ἀσφάλεια...)). - Cf. §15: Sie haben vom Allgott das Szepter bekommen (τοὺς δεξαμένους παρ᾿ ἐκείνου τὰ σκῆπτρα...)

[254] §11: τῶν ϑειοτάτων βασιλέων τῶν τὴν εἰρήνην ἡμῖν βραβευόντων...

[255] Cf. §16: "... und da er von Natur aus überlegen an der Spitze des barbarischen Reichs (τῆς βαρβαρικῆς) steht ..." βαρβαρικῆς ist wohl konkret auf Rom zu beziehen (cf. W.SPEYER/I.OPPELT, Art. Barbar, JbAC 10 (1967) S.259f.). Die Spitzenstellung des Herrschers an der Grenze zum Gottesbereich zeigte sich oben schon bei Ekphantos, der den König "als etwas Fremdes und Unbekanntes, das vom Himmel zu den Menschen herabkam" auffaßt (o. S.290f); sie zeigt sich etwa auch bei Herm.Trism. ap. Stobäus I 49,45 (WACHSMUT-HENSE I, S.408,5): "Der König ist einerseits der letzte von allen anderen Göttern (τῶν μὲν ἄλλων ϑεῶν ἐστιν ἔσχατος), andererseits der erste der Menschen. Solange er auf Erden weilt, ist er von der wahrhaften Gottheit gelöst...".

wirkt sie, die Zuneigung (φίλτρον) füreinander, der Eros selbst, der die eine Harmonie des Alls bewirkt (μίαν ἐργαζόμενος ἁρμονίαν τῶν πάντων)."[256] Der harmonische Frieden, den der Allgott hier im kosmischen Maßstab gewährleistet, wird im folgenden analog auch von den irdischen Herrschern ausgesagt, die ja κατ' εἰκόνα (s.o.) das Szepter halten:

"Wir müssen nämlich auch auf diejenigen zurückkommen, die uns den Wohlstand eines *so großen Friedens* (τοσαύτης εἰρήνης) entfaltet haben. Die Tugend des Königs und sein Name allein bewirkt den *Frieden*: 'βασιλεύς' wird er nämlich deswegen genannt, weil er mit mildem Schritt (βάσει λεία) auch in der höchsten Staatsposition auftritt[257] und *weil er der Herr des Logos ist, der auf den Frieden zielt* (καὶ τοῦ λόγου τοῦ εἰς εἰρήνην κρατεῖ). Und da er von Natur aus die hervorragende Spitzenposition über dem barbarischen Königreich innehat, daher ist auch sein Name selbst *Symbol des Friedens* (σύμβολον εἰρήνης). So hat ja oft schon das anklagende Wort (ἐπηγορία) des Königs den Feind veranlaßt, sich sogleich zurückzuziehen. Ferner aber finden sich auch seine Statuen als *Hafenplätze des Friedens* (ὅρμοι εἰρήνης) für diejenigen, die am meisten vom Unwetter betroffen sind..."[258]

Mit dem König des 'barbarischen Reiches' ist hier unverkennbar der römische Kaiser gemeint, dessen stark herausgestellte Friedensleistung dem Konzept der pax Romana entspricht. Die strukturelle Parallelisierung dieser Leistung mit der friedlichen Harmonisierung des Kosmos durch den 'höchsten König', dessen εἰκών der Herrscher ist, seine "göttlichste" Zwischenposition zwischen Gottes- und Menschenbereich - dies zeigt schon zur Genüge die massive Anbindung des Enkomions an die althergebrachte hell. Herrscherideologie. Wieder ist er das friedenstiftende mentale Prinzip des Reiches, nämlich "Herr des Logos, der auf den Frieden zielt".[259] Den gleichen Gedan-

---

[256] C.H. XVIII 14.

[257] Dieser Satz lautet griechisch: ἐπειδὴ βάσει λεία καὶ κορυφαιότητι κατεπεμβαίνει... Beachte das Wortspiel βάσει λεία - βασιλεύς.

[258] Auch diese Aussage über die Asylfunktion der Statuen entspricht ganz dem Kaiserkult, cf. etwa Apuleius, Met. III 29,1-3 und o. A 250.

[259] Diese Aussage liegt ganz auf der Linie der alten Herrscherideologie, die angefangen bei den oben erwähnten Neupythagoreern den Herrscher als νοῦς und Mittler der kosmischen Harmonie in die staatliche Wirklichkeit sah; der von ihm vermittelte Logos bewahrt vor einem "unzivilisiert-wilden" (θηριώδεις) Leben (ps.-aristotelischer Brief an Alexander); er ist der ἔμψυχος λόγος bzw. besitzt den θεοῦ λόγος und ist insofern Abbild des den Kosmos ordnenden Gottes (Plutarch). Als mentales Prinzip des römischen Staates (mens, spiritus, animus, ratio) garantiert er in der Rezeption dieser Ideologie bei Seneca die pax Romana des Imperiums. Der Kommentar der Herausgeber zu unserer Stelle Corp.Herm.XVIII,16 (NOCK-FESTUGIERE, Corpus Hermeticum, Tome II, S.255 A 33) scheint diesen Hintergrund nicht in den Blick zu bekommen: "La phrase est gauche et le sens douteux. [Peut-être l'auteur se souvient-il, sans l'avoir compris, de Ménandre 375.6: τὸν λόγον τὸν περὶ τῆς εἰρήνης. B.Ein.]." Mit der Menander-Stelle, die sich auf den Übergang von der Darstellung kriegerischer Taten zu dem Redeabschnitt (= τὸν λόγον) über die Friedensverdienste bezieht, hat die Formulierung in CH XVIII,16 (τοῦ λόγου ... κράτει) gewiß nichts zu tun.

ken finden wir auch in Plutarchs frühem Alexander-Enkomion, nach dem Alexander als θεόθεν ἁρμοστὴς καὶ διαλλακτὴς τῶν ὅλων (mor 329 C), der allen Menschen ὁμόνοιαν καὶ εἰρήνην καὶ κοινωνίαν πρὸς ἀλλήλους verschaffen wollte (mor 330 E), entschlossen war, "alle auf Erden *einem Logos* (ἑνὸς λόγου) und einer Politeia (μιᾶς πολιτείας) unterzuordnen und alle Menschen als ein Staatsvolk (ἕνα δῆμον) zu offenbaren" (mor. 330D): Wieder wird der Friede durch den vom Herrscher vermittelten Logos verwirklicht.[260] Schon Philo hatte, wie wir oben sahen, an Caligula kritisiert, daß dieser als Manifestation des Hermes (-Logos) Friedensbotschaften hätte verbreiten müssen (anstelle von Bürgerkriegen), und bei Horaz werden wir sehen, wie hier Oktavian-Augustus in Anlehnung an hell. Enkomientradition als Manifestation des friedens- und einheitsstiftenden Hermes-Logos dargestellt wird. Wahrscheinlich schwingt dieser Gedanke auch noch in Plinius' (d.J.) Enkomion auf Trajan nach, wenn der gottgleiche Prinzeps nach paneg. 80,3 zerstrittene Städte versöhnt und aufgebrachte Völker weniger durch Militärbefehl (imperio) als *durch die ratio* (= λόγος) bezähmt. Diese Parallelen zeigen, wie selbstverständlich die Sicht des Herrschers als Vermittler des friedens- und einheitsstiftenden Logos in der hell.-römischen Tradition des ἐγκώμιον βασιλέως gewesen sein mußte.[261] Wir können also damit rechnen - zumal Enkomien-Motive in der hell.-römischen Antike über Jahrhunderte hinweg stabil bleiben konnten[262] -, daß die in Corp.Herm. XVIII,16 formulierte Friedensorientierung des durch den Herrscher vermittelten Logos ganz unabhängig von der Entstehungszeit dieses Traktats ein traditionelles Motiv darstellt. Die Übereinstimmung der erwähnten Enkomienstoffe in dem Motiv des Frieden und Einheit stiftenden Herrscher-Logos ist um so wichtiger, als uns insgesamt nur sehr wenig aus der früheren kaiserzeitlichen Herrscher-Panegyrik erhalten ist.[263] Enkomientradition läßt aber auf *öffentliche Be-*

---

[260] Zu diesem Frühwerk Plutarchs aus der Zeit Neros siehe ausführlicher u. III.C.5.

[261] Auch in Senecas Fürstenspiegel garantierte ja der Kaiser als mentales Prinzip des Staates (u.a. ratio = λόγος, de clem I 3,5) die *pax Romana* (s.o.)!

[262] Dies belegte auf anderem Feld erneut etwa D.L.BALCH, der Form- und Motiv-Schemata für ein Polis-Enkomion, die im rhetorischen Handbuch des Menander Rhetor aus dem 3.Jh.n.Chr. aufgezeichnet sind, als Strukturprinzipien für Polis-Enkomien, die zwei Jahrhunderte früher verfaßt worden waren (Dionys.Hal., Rom.Ant. I 9 - II 29/ Jos., c.Ap. II 145-295), aufweist: Ders., Two Apologetic Encomia: Dionysius on Rome and Josephus on the Jews, JSJ 13 (1982) S.102ff.. Auf dem Feld der Herscherideologie ist eine analoge Kontinuität etwa bei Euseb von Caesarea zu beobachten, dessen Enkomien auf Konstantin Elemente der alten Herscherideologie aufnehmen (i.e. siehe G.F.CHESNUT, The Ruler and the Logos, S.1329-32).

[263] S.R.F.PRICE, Rituals and Power. The Roman imperial cult in Asia Minor, Cambridge 1984, S.247, nennt Plinius' d.J. Panegyrik für Trajan als einzig erhaltenes Beispiel für ein früheres lateinisches Herscherenkomion: "There are great gaps in our knowledge as very little of what was adressed to the emperor survives..." Ebd. S.247 A 44: "We do not know what the young men sang in the theatre at Ephesus when Hadrian visisted the city (SEG XVII 504 = *I.Ephesos* IV

kanntheit ihrer Motive schließen, zumal uns etwa für die kleinasiatischen Kaiserfeste, die das Herzstück des kleinasiatischen Kaiserkults ausmachten[264], die Existenz von *öffentlich* wirkenden, offiziellen Enkomiasten ('Sebastologoi', 'Theologoi') belegt ist und darüberhinaus bei diesen Gelegenheiten auch *öffentliche Enkomien-Wettbewerbe* zu Ehren des Kaisers abgehalten wurden, auf die wir später noch zu sprechen kommen.[265] S.R.F. PRICE hat gezeigt, wie wenig das Zwei-Klassen-Modell der früheren Forschung für Kleinasien zutrifft, nach dem das Engagement im Herrscherkult vor allem den lokalen Eliten zum Erweis ihrer imperialen Loyalität und so zur Stabilisierung ihrer politischen Position gedient hätte, während die Unterschichten wenig zur Partizipation motiviert gewesen wären: Vielmehr involvierten die Feste des Kaiserkults nach PRICE's Ergebnissen die *gesamte* Polis einschließlich der Unterschichten[266], indem Opfer an den verschiedensten lokalen Heiligtümern stattfanden, indem Feierlichkeiten die diversen Plätze, Theater, Stadien, Gymnasien einbezogen, indem der Weg der Kaiserkultprozessionen "expressed a relationship between the key religious and political centres of the city" (S.111) und indem die Aufstellungsordnungen solcher Prozessionen "expressed the involvement of the different groups of the city, divided by age, sex and status" (S.112). Die einzelnen Haushalte partizipierten an diesen Herrscherprozessionen etwa auch durch Opfer, die während des Vorüberzuges an äußeren Hausaltären, die in langen Serien gefunden wurden, dargebracht wurden.[267] Kaiserstatuen hatten in den Städten Asylfunktion und wurden auch in persönlichen Notfällen um Hilfe angerufen (Apul. met. III 29); private Sammlungen von Kaiserbildern sind literarisch

---

1145), nor what won the prizes for panegyrics at Greek festivals (JHS 104 (1984) 90)" [siehe dazu die nächste Anm.]. PRICE bleibt in diesem Zusammenhang nur der Verweis auf das allgemeine Formschema bei Menander Rhetor (ed. RUSSEL-WILSON, S.368-77.422f.; s.o.).

[264] Siehe S.R.F.PRICE, Rituals and Power, S.102: "Imperial festivals ... formed the essential framework of the imperial cult. It was at festivals and in their ritual that the vague and elusive ideas concerning the emperor, the 'collective representations', were focussed in action and made powerful."

[265] Dazu S.R.F.PRICE, Gods and Emperors: The Greek Language of the Roman Imperial Cult, JHS 104 (1984) S.79ff., hier S.90. Siehe dazu u.III.D. Es ist sicher richtig, daß Dichtung und Panegyrik "literarische Genera mit eigenen Konventionen sind, die nicht unbedingt als sicherer Beweis für eine Überzeugung innerhalb der Bevölkerung herangezogen werden dürfen" (P.HERZ, Der römische Kaiser und der Kaiserkult, S.137). Angesichts eines wichtigen 'Sitzes im Leben' in den kleinasiatischen Kaiserfesten mit öffentlichen Enkomienwettbewerben und öffentlich bestellten Panegyrikern dürfen die Topoi der Herrscher-Enkomien jedoch durchaus - ganz unabhängig von der Überzeugungsfrage - für eine weiten Kreisen zumindest *bekannte* Propaganda angesehen werden. Cf. Menand.Rhet. 381,19-23, wo es schon im Zusammenhang der Ankunft eines Statthalters heißt: "Soon poets and writers and orators (ῥήτορες) will sing your virtues and spread their fame throughought mankind..." (RUSSEL/ WILSON).

[266] Zum Folgenden siehe S.R.F.PRICE, Rituals and Power, Ch.V: Festivals and Cities, S.101-32.

[267] S.R.F.PRICE, Rituals and Power, S.112.121.

und archäologisch bezeugt.[268] Ein Graffito in einem ephesischen Hanghaus liest: "Rom, die Allbeherrscherin, deine Macht wird niemals vergehen!"[269] Sicherlich evozierten die in den Kaiserfesten rituell präsentierten Symbole der Allmacht Roms und des Kaisers nicht bei allen Schichten die gleichen Gedanken, wenn wir aber die begleitenden, durch die Oberschicht verantworteten Interpretationen durch Enkomiasten, Hymnenchöre u.dgl. bedenken, so können wir mit PRICE auch bei den weniger Gebildeten "borrowings and adaptions of élite notions" voraussetzten[270], wenngleich dies mangels Quellen nicht erwiesen oder widerlegt werden kann. Wichtige Theoreme der Herrscherideologie, wie die Vorstellung vom vorbildhaften Herrscher als Vermittler des friedenstiftenden Logos an seine Untertanen, waren durch die interpretierende "Öffentlichkeitsarbeit" der Enkomiasten also sehr wahrscheinlich weiteren Kreisen der Bevölkerung zumindest bekannt.

Vergleichbar sind die im ἐγκώμιον βασιλέως aus Corp.Herm. XVIII aufgefundenen Motive vom Kaiser, der als Agent und Analogon des den Kosmos durchwaltenden Gottes den Frieden auf Erden etabliert, auch mit der Panegyrik, die sich in den bekannten 'Friedens-Inschriften' für Augustus aus der Asia artikuliert: Nach dem Kalenderbeschluß der Poleis der Asia von 9 v.Chr.[271], der das Jahr mit Augustus' Geburtstag beginnen läßt, haben die Menschen diesen "göttlichsten Kaiser" (Z.5.22: τοῦ θειοτάτου Καίσαρος)[272], den Σεβαστός (Z.34), von "der auf göttliche Weise (θείως) unser Leben durchwaltenden Vorsehung (πρόνοια)" bekommen (Z.32f.). So von der Gottheit autorisiert, nämlich zum Wohltun (εὐεργεσίαν) an den Menschen mit Tugend erfüllt, wurde er "uns und unseren Nachkommen als Soter geschenkt, der den Krieg beendet hat und den Frieden ordnen wird (κοσμήσοντα [δὲ εἰρήνην, Z.35-37)".[273] Nach der Halikarnas-

---

[268] S.R.F.PRICE, Rituals and Power, S.119f.. Weitere Zeugnisse volkstümlicher "Kaiserfrömmigkeit" sowie die Verbindungen zwischen Kaiserkult und Mysterien behandelt H.W.PLEKET, An Aspect of the Emperor Cult: Imperial Mysteries, HTR 58 (1965) S.331-47.

[269] Inschr.Ephesos II No.599: Ῥώμα ἡ παμβασίλεα, τὸ σὸν κράτος οὔποτ' ὀλεῖται. Die Herausgeber machen auf die Parallele Anth.Pal.IX 647 aufmerksam: Ῥώμη παμβασίλεα, τὸ σὸν κλέος οὔποτ' ὀλεῖται.

[270] S.R.F.PRICE, Rituals and Power, S.121 mit einem analogen Beispiel aus der frühen Neuzeit.

[271] Der Text findet sich bei EHRENBERG/JONES, Documents Illustrating the Reigns of Augustus and Tiberius, 1976[2] Nr. 98, S.81-83.

[272] Cf. o. Corp.Herm.XVIII 11: τῶν θειοτάτων βασιλέων τῶν τὴν εἰρήνην ἡμῖν βραβευόντων

[273] Vergleichbar ist mit diesem Gedanken auch das Enkomion bei Ael.Arist. or.XXXV Εἰς βασιλέα (KEIL), §14: Der Kaiser ist von der universalen Pronoia zur Errichtung des Friedens eingesetzt; nach §24 sollte er die Regierung des göttlichen Allherrschers nachahmen. Der Herrscher wird damit faktisch selbst zu einer Manifestation und zum irdischen Agenten jener göttlichen providentia/pronoia, die das All lenkt (cf. Cicero, nat.deor. II 22,58: talis igitur mens mundi cum sit ob eamque causam vel prudentia vel providentia appellari recte possit - Graece enim πρόνοια dicitur; vom Kaiser cf. Plinius, paneg. 80), weshalb später "providentissimus princeps (CIL IX 5894) zum Titel (...) und die *divina providentia Caesaris* (z.B. Paneg.8,6,2) fester Teil der imperialen Terminologie wird" (A.SPIRA, Art. Providentia, KP 4 (1975) Sp.1198f.; cf. auch W.EISENHUT, Art. Providentia, RE Suppl.XIV (1974), Sp.562-65).

sos-Inschrift[274] war es ganz ähnlich "die ewige und unsterbliche Natur des Alls", die den Kaiser "zu überschwenglichen Wohltaten den Menschen schenkte", u.a. als σωτῆρα τοῦ χο[ι ν]οῦ τῶν ἀνθρώπων γένους. Seine Vorsehung hat "die Gebete aller nicht nur erfüllt, sondern sogar übertroffen: Im Frieden sind (εἰρηνεύουσι) Land und Meer, die Städte blühen in guter Rechtsordnung, in Eintracht und Gedeihen (εὐνομία ὁμονοία τε καὶ εὐετηρία), Blüte und Frucht trägt alles Gute, die Menschen sind voller guter Hoffnungen auf die Zukunft, voll frohen Mutes für die Gegenwart..." Dem Zusammenhang nach sind hier allgemeiner Friede, städtische Eintracht und Zuversicht der Menschen direkte Wirkung des vom Allgott geschenkten Kaisers.

Wir finden in den oben skizzierten Vorstellungen der hell. Herrscherideologie eine strukturelle Analogie zur Christologie von E 2: Auch hier bedeutet das "In-Sein" im Leib, dem jetzt Christus und nicht der Kaiser als Haupt vorsteht, zugleich das "In-Sein" im pneumatischen Wirkbereich dieses Hauptes[275]; und auch hier ist das gemeinsame "In-Sein" im einen Pneuma damit gleichbedeutend, durch ihn, also durch Christus, den Zugang zum göttlichen Vater zu haben (E 2,18) - entsprechend vermittelte der Kaiser als Stellvertreter Jupiters auf Erden und Manifestation seines Logos die Verbindung mit dem Allgott/ Gottesvater für alle vom kaiserlichen spiritus/ mens/ λόγος Erfüllten. Anders gesagt: Gott wirkt ethisch an den Menschen durch die Vermittlung des Herrscherlogos, der auch die Untertanen beseelt. Daher steht einer inspirativen Neuorientierung der Untertanen auf den sozialen Frieden durch das Wirken des Herrscherlogos die inspirative Neuschöpfung zum friedensbestimmten einen neuen Menschen im Wirkbereich des Christus-Logos ("in Christus") als strukturelle Analogie gegenüber. Betonte E 2,16.18 den einen Körper bzw. das eine Pneuma, in dem die Gruppen jetzt geeint waren, so wird im politischen Paradigma der Herrscherlogos ebenfalls als mens omnibus una, als einheitstiftendes Band (vinculum) angesehen, welches das durch die pax Romana zur Einheit verbundene corpus imperii beseelt (Seneca); oder Plutarch belegt uns die Auffassung, daß der Herrscher als mentales Prinzip seiner Politeia in den Beherrschten φιλία und ὁμονοία ἡ πρὸς αὐτοὺς bewirke (s.o.; ähnlich Musonius Rufus). Corp.Herm. XVIII schließlich sieht den Herrscher analog als Herr über τοῦ λόγου τοῦ εἰς εἰρήνην (§ 16) - eine Sicht, die der Sache nach auch andere Herrscherenkomien teilen. In E 2 wie in der Herrscherideologie und Enkomientradition gewährt die Inspiration durch den Christuslogos bzw. den Herrscherlogos fundamental den sozialen Frieden im Kirchen- bzw. Reichskörper - die Strukturen gleichen sich. Auch beim politischen Herrscher manifestiert sich dieses Friedenswirken in Friedensproklamationen (cf. E 2,17, dazu s. später). Die aus den Kategorien hell.-jüdischer Theologie gespeiste Christologie von E 2,14ff. "paßte" also in

---

[274] Der Text bei EHRENBERG/JONES, Documents, 1976² Nr. 98a, S.83f; siehe dazu o. S.260 A 125.

[275] Siehe zur Bedeutung der ἐν-Χριστῷ-Formel als Inspirationskategorie oben S.111 A 122.

bestimmten Hinsichten auch auf analoge Strukturen der Herrscherideologie, die somit assoziativ verbunden werden konnten.

C.5. Plutarchs frühe Rede 'De Alexandri Magni fortuna aut virtute' I (bes. c.6) als Spiegel römisch-imperialer Herrschaftsziele

Das *römische* Programm einer Völkergemeinschaft, die in die friedlich geordnete Koine eines hell.-urbanen Kulturstratums übergeführt ist, spiegelt auf indirekte Weise, wie wir sehen werden, auch das erste der beiden Alexanderenkomien Plutarchs (De Alexandri Magni fortuna aut virtute I und II). Die Diskussion dieses Enkomions erscheint uns nicht nur deshalb wichtig, weil es einige der oben vorgestellten ideologisch-imperialen Elemente zusammenfaßt, sondern vor allem, weil Alex.Mag.fort. I,6 (329B-C) schon mehrfach als Analogie für E 2,14-18 angeführt wurde.[276] In einem ersten Schritt wird uns für das erste Alexanderenkomion Plutarchs der Eintrag römischer Imperiumspostulate wahrscheinlich werden, so daß wir diesen Text auch als indirektes Zeugnis für die Herrschaftsziele der frühen Kaiserzeit lesen dürfen.

Nach C.P.JONES sind diese Alexanderenkomien in der rhetorischen Jugendphase Plutarchs ca. zwischen 60 und 65 entstanden (67 war Plutarch 'bekehrter' Platoniker und Schüler des Ammonios in Athen), fallen also in die späte Zeit Neros.[277] Auf Grund dieser ungefähren biographischen Verortung können wir nun die große Nähe, die wir oben zwischen der rhetorischen Alexandertradition in der ersten dieser Reden und der bei Philo belegten alexandrinischen Enkomien-Tradition (LegGai 143-47: Augustus in den Farben des Hellenisators Alexander, s.o. S.260ff) feststellen konnten, plausibel machen: In diese Jugendphase Plutarchs fällt auch eine Reise nach Alexandria.[278] Was liegt näher, als daß der rhetorisch interessierte Plutarch in der bedeutendsten Gründung Alexanders, die ihren χτίστης kultisch verehrte, mit der örtlichen Alexander-Panegyrik vertraut wurde, deren Traditionen uns - zeitlich früher - auch bei Philo begegnen? Vom Beginn der Kaiserzeit an, von Augustus über Germanicus bis zu Vespasian und Titus, war Alexandria auch der Vorzugsort der kaiserlichen imitatio Alexandri[279], dementsprechend zeichnete die bei Philo aufgenommene Panegyrik auch Augu-

---

[276] Siehe C.BREYTENBACH, Versöhnung S.50 ("Der Zusammenhang dieses Textes mit Eph 2,16ff. ist nicht zu übersehen") und vor allem die Auflistung der Parallelen bei K.BERGER/ C.COLPE, Religionsgeschichtliches Textbuch zum Neuen Testament S.283.

[277] C.P.JONES, Plutarch and Rome S.13-19 (Ch.II Plutarch's Career: Youth). Cf. K.ZIEGLER RE XXI/1 716f.721-24.

[278] Quaest.conviv. 678 C ff. Dazu C.P.JONES, Plutarch and Rome 15. Allerdings erfahren wir nichts Genaueres über diesen Aufenthalt.

[279] Augustus: Siehe o. S.258ff. Germanicus: G.A.LEHMANN, Tacitus und die 'imitatio Alexandri' des Germanicus Caesar, S.28-31. Vespasian und Titus: A.HENRICHS, Vespasian's visit to Alexandria, bes.S.54-65.

stus teilweise in den Farben Alexanders. Dem jungen Rhetor Plutarch konnten solche Motivübertragungen in der alexandrinischen Enkomiastik nicht entgangen sein, zumal sie ebenso wie für Augustus auch für den damaligen Kaiser Nero, einen weiteren Alexander-Imitator, anzunehmen sind.[280] Von dieser Praxis aus können m.E. auch die von G.WIRTH beobachteten umgekehrten Übertragungen "römischer Imperiumspostulate auf Alexander" in Plutarchs erster Alexanderrede verständlich werden: Die imitatio Alexandri der Kaiser konnte rückwirkend auch das Bild Alexanders beeinflussen.[281] Der entscheidende Grund für dieses Phänomen liegt bei Plutarch aber in der Gesamtkonzeption seiner Enkomien, die mit der Rede 'De Romanorum fortuna' zusammengehören. Wir folgen damit der m.E. bis heute noch nicht überzeugend widerlegten These A.E.WARDMANs[282], der in den beiden Alexander-Reden die Antithesen λόγος vs. ἔργον und τύχη vs. ἀρετή durchgeführt findet: Die erste Antithese verteidigt Alexander gegen die peripatetische und stoische Kritik, indem sie ihn gerade durch seine tugendhaften Taten *als Philosophen* ausweist. Die entscheidende zweite Antithese, die schon im Thema erscheint, verbindet die Reden mit 'De Romanorum fortuna': Wie Rom das einstige Chaos und Gegeneinander der Völker in "einen Kosmos des Friedens und in einen einzigen Kreis der sicheren Herrschaft überführt hat"[283], so war es auch von vorneherein Alexanders Ziel, die Herrschaft über alle Menschen zu gewinnen (de Alex.Magn.fort. I 327D; 330C.D.E; II 342A; bes. aber I 329A-D) um ihnen Frieden, Eintracht und Gemeinschaft zu gewähren (330E.D; 329A-D). Die Errichtung dieser Weltherrschaft im Zeichen des Friedens erforderte aber das Zusammenwirken von τύχη (fortuna) und ἀρετή (virtus), was im Fall Roms - mit einem größeren Anteil der τύχη - auch geschah (De Rom.fort. 316E-317C). Alexander hingegen war dabei gescheitert, denn obgleich er in jeder Hinsicht ἀρετή besaß, hatte er doch die τύχη entscheidend gegen sich. An diesem Thema wird die Synkrisis in der Romrede nun expressis verbis durchgeführt: Die Tyche "flog leicht durch Makedonien hindurch und schüttelte sogleich Alexander von sich ab", während sie vor Rom ihre Flügel und Sandalen ablegte und "nach Rom kam wie in der Absicht zu bleiben" (de Rom.fort. 317F-318A).

---

[280] Zur imitatio Alexandri des Kaisers Nero siehe A.HEUSS, Alexander der Große und die politische Ideologie des Altertums S.86 (zB. nannte er seine Reitergarde für den geplanten Feldzug bis zu den Kaspischen Toren "Phalanx Alexanders d.Gr.": Sueton, Nero 19); die ab 64 n.Chr. stark an Alexander und die Diadochen erinnernde offizielle Ikonographie Neros behandelt H.P.L'ORANGE, Apotheosis in Ancient Portraiture, S.57-63 (aufschlußreich ist die ebd. S.58 Fig.33 a-d demonstrierte Motivübernahme von einer hellenistischen Alexander-Münze auf späte neronische Prägungen). Der Zufall hat uns freilich nur für Augustus die Alexander-Motivik in der alexandrinischen Herrscher-Panegyrik überliefert (Philo).

[281] G.WIRTH, Alexander und Rom 194 A 1; 196 A 3. Die Rückwirkung der kaiserlichen Herrschaftsideologie auf das offizielle Alexander-Bild zeigte sich ja schon bei Augustus selbst, der durch die Aufstellung der Alexander-Gemälde des Apelles "an den besuchtesten Stelle" seines Forums seine eigene Programmatik der durch militärische Dominanz abgesicherten pax als Rückgiff auf Alexander darstellte (s.o.S.259). Das Programm des Augustus gab die maßgebliche Interpretation für das ab, was ab jetzt imitatio Alexandri nur sein konnte. Bezeichnenderweise ließ Claudius jenen Alexander-Gemälden des Apelles später die Gesichtszüge des Augustus aufmalen (Plin. nat.hist.35,94).

[282] A.E.WARDMAN, Plutarch and Alexander (1955), 96-107.

[283] de fort.Rom. 317 C: εἰς κόσμον εἰρήνης καὶ ἕνα κύκλον τῆς ἡγεμονίας ἀπταίστου περιφερομένης. Cf.ebd. 316 F - 317 A.

Am Ende der Romrede wird Alexanders Tod - für diesen freilich ein letzter Schicksals-schlag - als Zeichen des Beistands der Tyche für Rom gewertet, denn nur dies hätte die Invasion Alexanders nach Italien verhindert (ebd. 326A-C). Es ist m.E. evident, daß Plutarch bei der Konzeption der Rom- und Alexander-Reden zugleich von einer Synkri-sis geleitet war, nach der nur das Schicksal (τύχη), keinesfalls aber die Tugend, den Ausschlag für den Erfolg der Römer bei der Errichtung der Weltherrschaft gab.[284] Zugleich erklärt dieses Konzept auch, warum das Reich Alexanders an entscheidenden Stellen schon in den Farben des Imperium Romanum gezeichnet wird: Die Apologie diente ja dem Nachweis, daß schon der Makedone bei günstigerem Schicksal genau das erreicht hätte, was die Römer jetzt aufgebaut haben. Solche Übertragungen zeitgenössi-scher römisch-imperialer Ziele auf das Alexanderreich erkennt G.WIRTH etwa in der Behauptung, Alexander habe barbarische Herrscher zivilisieren, schließlich sogar ge-setzlosen und unkundigen Stämmen Gesetze und Frieden lehren wollen (328A-B).[285] Deutlicher verifizierbar ist diese These bei der Beschreibung der Zielsetzung des Ale-xander-Feldzugs: "um für alle Menschen Eintracht (ὁμόνοιαν) und Frieden (εἰρήνην) und Gemeinschaft untereinander (κοινωνίαν πρὸς ἀλλήλος) herbeizuführen" (330E). Angeregt wurde diese Formulierung sehr wahrscheinlich durch den Wortlaut des Ale-xandergebets beim Versöhnungsgelage in Opis: Hier betete Alexander um "Eintracht (ὁμόνοιαν) und Gemeinschaft (κοινωνίαν) *in der Herrschaft* zwischen Makedonen und Persern" (Arrian 7,11,9) - bei Plutarch wurde daraus ganz im Sinn der römischen *pax gentium* Eintracht, *Frieden* und gemeinschaftliches Füreinander *unter allen Beherrsch-ten*.[286] Es sind also sowohl die Bezugsgruppen der einträchtigen Gemeinschaft (die Be-herrschten anstelle der Herrschenden) ganz im Sinn der pax Romana neu gefaßt wor-den, als auch das charakteristische Stichwort "Friede" hinzugetreten ist.

Bis jetzt verriet uns vor allem die Formulierung der Friedenspragmatik den Eintrag römisch-imperialer Ideologie in das erste Alexanderenkomion Plutarchs. Vor dem Hintergrund eines solchen Eintrags müssen wir dann auch I c.6 (329A-D) sehen: Alexander habe Zenons Weltpoliteia praktisch umgesetzt, wobei von dieser Politeia gesagt wird:

"Sie erstreckt sich auf diese eine Hauptsache, daß wir nicht mehr nach Poleis und Stadtvölkern wohnen sollen, je einzeln durch eigenes Recht (δικαίοις) getrennt, sondern daß wir alle Menschen für Volksgenossen und (Mit-) Bürger (δημότας καὶ πολίτας) halten sollen, eine einzige Lebensweise und Ordnung soll sein (εἰς δὲ βίος... καὶ κόσμος), wie eine Herde, die auf derselben Trift vereint nach ei-nem gemeinsamen Gesetz (συννόμου νομῷ κοινῷ) weidet. ... Alexander gab die-ser Idee die Realisierung. ... er kam, indem er sich für einen gemeinsamen, von Gott her gesandten Ordner und Versöhner aller hielt (κοινὸς θεόθεν ἁρμοστὴς

---

[284] Die Einwände, die J.R.HAMILTON, Plutarch Alexander (1969) p.xxix f. gegen diese These WARDMANs (s.o. A 282) erhoben hat, überzeugen angesichts der an zwei Stellen von de Rom.fort. unter dem Gesichtspunkt der Tyche durchgeführten Synkrisis Alexander-Rom nicht.

[285] G.WIRTH, Alexander und Rom S.194 A 1. Cf. etwa Sueton, Aug.48 zur Akkulturation der Klientelprinzen in Rom; Verg. Aen.6,852 zur Verbindung von Gesetz und Frieden im kaiserzeitlichen Imperialismus (s.o. S.287 A 209).

[286] G.WIRTH, Alexander und Rom S.196 A 3 findet in 330 E die "Übertragung der römischen Concordia-Pax-Formel".

καὶ διαλλακτὴς τῶν ὅλων νομίζων)... In ein und dasselbe hinein brachte er sie von überall her zusammen, wie in einem Freundschaftspokal mischend die Existenzen und Sitten, Ehen und Lebensstile. Er verordnete, daß alle die Oikumene für das Vaterland (πατρίδα) halten sollten, das Heerlager als Schutzburg und Wachstation, als Stammesgenossen die Guten, als Fremde die ethisch Schlechten. ... Das "Hellenische" soll durch die Tugend, das "Barbarische" durch die Schlechtigkeit bestimmt werden...."

Die kynisch-stoische Konzeption des (ethischen) Kosmopolitismus, die in dieser ideal-universalen Politeia manifest und angeblich von Alexander realisiert worden ist, wurde auch sonst mit der Reduktion ethnokultureller Partikularität und Gegensätzlichkeit verbunden - wir brauchen nur an das Epigramm des Kynikers Meleager zu erinnern:

"War ich ein Syrer, was tut's? Den Kosmos bewohnen wir, o Fremder, als unsere eine Heimat (μίαν... πατρίδα) und ein (ἓν) Chaos gebar sämtliche Menschen."[287]

Entscheidend war im kosmopolitischen Konzept der Stoiker freilich die gemeinsame Orientierung am (ὀρθὸς) λόγος, dem allgemeinen Naturgesetz, das diese universale Politeia jenseits aller partikularen νόμοι bestimmt.[288] Genau passend dazu schreibt Plutarchs Enkomion nicht nur der Zenon'schen Universalpoliteia den κοινὸς νόμος zu, sondern Alexander selbst auch wenig später den Entschluß,

"alle auf Erden *einem Logos* (ἑνὸς λόγου) und *einer Politeia* (μιᾶς πολιτείας) unterzuordnen und alle Menschen als *ein Staatsvolk* (ἕνα δῆμον) zu offenbaren" (mor 330D).

An dieser Stelle sind mit dem kosmopolitischen Konzept auch die Vorstellungen der traditionellen Herrscherphilosophie verwoben, nach der der Herrscher als ἔμψυχος νόμος und ἔμψυχος λόγος vom θεοῦ λόγος beseelt ist und diesen, der schon im Kosmos alles zur friedvollen Harmonie verbindet, in seinen Staat vermittelt.[289] Diese Nähe zur Herrscherphilosophie bestätigt die unmittelbare Fortsetzung:

"Wenn aber die Gottheit, die Alexanders Seele herabgesandt hatte, diese nicht sogleich wieder hinaufgerufen hätte, würde *ein Gesetz* (εἷς νόμος) über alle Menschen walten und sie würden zu *einem Recht* (ἓν δίκαιον) wie zu einem gemeinsamen Licht aufblicken" (330D).

Auch nach der Herrscherphilosophie galt ja die Seele bzw. Vernunft des Herrschers als *vom Himmel herabgestiegen* und vermittelte so den göttlich-universalen Logos/ Nomos in die soziale Welt. Für die Überwindung der antagonistischen, partikularen νόμοι entscheidend ist nach diesem Konzept also

---

[287] Zu diesem und anderen Belegen für den kynisch-stoischen Kosmopolitismus s.o. S.147-150.

[288] S.o. S.138ff mit AA 207.239.

[289] Corp.Herm. XVIII 16: Der römische Kaiser als Herr des Logos, der den Frieden bewirkt (τοῦ λόγου τοῦ εἰς εἰρήνην).

die gemeinsame, tugendorientierte Logos-Inspiration, das gleiche Konzept also, das auch die Logos-Theologie Philos bestimmte: Die gemeinsame Inspiration durch den ὀρθὸς λόγος (in der kosmischen Politeia) führe zum sozialen Frieden der Inspirierten (conf 41-43.56; post 185); in der friedlosen politischen Wirklichkeit sei jedoch die ethnokulturelle Amixie zwischen "Hellenen und Barbaren" eine wesentliche Ursache für die partikularen Verschiedenheiten der νόμοι und ihre Abweichungen als negative "Zusätze" von dem einen Weltgesetz (Jos 28-31). Erlösung heißt bei Philo u.a., diese "handgemachten" partikularen νόμοι, darunter auch die schriftliche Tora, mit dem Übergang zum neuen Anthropos, der unmittelbar vom Logos inspiriert ist, zurückzulassen. Im analogen Sinn "erlöst" die Inspiration durch den einen Logos/ Nomos, den der Herrscher in die soziale Welt vermittelt, nach der Herrscherphilosophie und nach Plutarchs Alexander-Enkomion die zuvor durch ihre partikularen Nomoi separierten Ethnien und bringt ihnen den gemeinsamen Frieden. Da auch die Überwindung des Juden und Heiden separierenden Ritualnomos in E 2,14-18 zum kirchlichen Frieden nach diesen Kategorien der hell.-jüdischen Logostheologie gedacht ist, wie wir oben ausführlich gesehen haben, d.h. konkret: weil Christus hier in die Funktion des Logos eingetreten ist, haben wir damit das E 2,14ff. und Plutarchs Alexanderenkomion verbindende Konzept erkannt.[290] Wir können dies auch so formulieren: In E 2,14ff agiert Christus nicht nur in der Rolle des hell.-jüdischen Logos, sondern auch analog zur Rolle eines Herrscherlogos, der die übergreifende, die partikularen νόμοι überwindende Weltpolitieia realisiert.

Zu fragen bleibt nun aber, ob Plutarch bzw. seine enkomiastische Tradition im Horizont der oben wahrscheinlich gewordenen Eintragung römisch-imperialer Herrschaftsziele (Friedenspragmatik) auch bei diesem Konzept, in dem sich stoischer Kosmopolitismus und Kategorien der hell. Herrscherphilosophie verbinden, indirekt wieder die *römische Herrschaftsideologie* seiner Zeit reflektiert. Dafür spricht schon die Art und Weise, wie Alexander als derjenige, der diese weltweite Politeia verwirklicht, in c.6 (329C) ins Spiel kommt: Als "gemeinsamer, von Gott gesandter Ordner und Versöhner aller" (χοινὸς θεόθεν ἁρμοστὴς χαὶ διαλλαχτής). Die 'göttliche Sendung' ist mit der Herrscherphilosophie und mit dem römischen Selbstverständnis, den Imperialismus im Zeichen der pax als *göttlichen Auftrag* zu treiben (s.o.), gut vergleich-

---

[290] Vor diesem Hintergrund sind auch die von K.BERGER in BERGER/COLPE, Religionsgeschichtliches Textbuch S.283 aufgeführten Analogien zwischen E 2,14ff. und dem Plutarch-Text zu verstehen: Es gehe jeweils um die Versöhnung ethnisch unterschiedlicher Gruppen mit verschiedenen Gesetzen zu einer einzigen Menschheitsgemeinschaft; das Ziel werde jeweils als Mitbürgerschaft formuliert. BERGER/COLPE verweisen bereits auf Philo, Jos 29f. und auf die hell. "Diskussion um Partikular- und Universalgesetz."

bar[291], ebenso wie die Aussage, daß neben der Zusammenführung durch Überzeugung (τῷ λόγῳ) die durch Waffengewalt (τοῖς ὅπλοις βιαζόμενος) gestanden habe (329C).[292] Die Bezeichnung Alexanders als διαλλακτής klingt an die Tradition an, nach der hegemoniale Herrscher/ Mächte sich bei International-Konflikten in ihrem Einflußbereich friedenspolitisch engagiert haben und nach der diese Aktivität durch die Begriffe διαλλάττειν/ διαλλακτής/ συναλλάττειν/ καταλλάσσειν/ εἰρηνοφύλαξ formuliert wurde. Diese Tradition, der wir oben ausführlich nachgegangen sind (s.o.S.263ff), reicht von den griechischen Einigungsbemühungen angesichts der Perserkriege bis zu den internationalen Versöhnungsaktivitäten der römischen Kaiser als εἰρηνοφύλακες bzw. διαλλακταί. Auch hier besteht also eine Verbindung mit römischen Herrschaftszielen. Dieser römische Vergleichshintergrund tritt ganz deutlich hervor bei dem mit der Mischung der Kulturen angestrebten Ziel: Daß alle die οἰκουμένη als ihr *gemeinsames Vaterland* (πατρίδα) ansehen (329C). Schon Augustus hatte damit begonnen, die reges socii als repräsentative Spitzen der Ethnien nach Möglichkeit zu verschwägern - es ging ja um das Zusammenwachsen der Glieder des corpus imperii (Suet., Aug.48). Auch die etwa zeitgleiche, synkritisch verbundene Rom-Rede Plutarchs (De Rom.fort. 317A) spricht Rom die Rolle einer *allen Menschen gemeinsamen Wohnung* zu, und etwa ein Jahrzehnt nach Plutarchs Reden bezeugt Plinius (nat.hist. 3,39f.) den römischen Gedanken, daß Italien die Aufgabe zukomme,

"die zerstreuten Reiche zu vereinen und ihre religiösen Bräuche zu mäßigen (sparsa congregaret imperia ritusque molliret), ..., kurz gesagt: das eine Vaterland aller Völker auf der ganzen Erde zu werden" (una cunctarum gentium in toto orbe patria fieret).[293]

Da es auch hier um die Überwindung ethnokultischer Barrieren geht (ritus), haben wir hier einen sachlich mit Plutarchs Aussage konformen römisch-imperialen Gedanken. Wir können von da aus schließen, daß Plutarch der zeitgenössischen Doktrin von der römisch bestimmten οἰκουμένη als dem allgemeinen Vaterland somit im Rahmen seiner synkritischen Tendenz den idealen, tugendorientierten Vorläufer der hellenistischen οἰκουμένη Alexan-

---

[291] Bezeichnenderweise geschah es auch nach der synkritisch verbundenen Rede 'De Romanorum fortuna' 316F-317A mit der *Hilfe Gottes* (μετὰ θεοῦ), daß der χρόνος, der Rom gegründet hatte, durch die Verbindung von τύχη und ἀρετή im römischen Staat für alle Menschen *eine gemeinsame Wohnung* schuf (τὸ οἰκεῖον ἀπεργάσηται πᾶσιν ἀνθρώποις ἑστίαν).

[292] Cf. auctor ad Her. IV 9,13: Die verschiedenen Ethnien und Könige haben der römischen Herrschaft zugestimmt "partim vi, partim voluntate..., cum aut armis aut liberalitate a populo Romano superati essent."

[293] Cf. noch die späte Analogie bei Augustin, Civ.Dei XVIII 22: Die gottgewollte Aufgabe Roms lag darin, "orbem debellare terrarum et in unam societatem rei publicae legumque perductum longe lateque pacare."

ders als universales Vaterland gegenüberstellen wollte. In diesen Zusammenhang gehört freilich auch die oben schon mit der hellenistischen Herrscherphilosophie verbundene Aussage, daß der von Gott herabgesandte Alexander damit *ein Gesetz* (εἷς νόμος) und *eine Gerechtigkeit* (ἓν δίκαιον) für alle errichten wollte (330C); alle sollten ja entsprechend *einem Logos* und *einer Politeia* angeschlossen werden (ebd.). Damit ist der römische Rechtsimperialismus direkt vergleichbar, dem es ja nicht weniger darum ging, "daß er [sc. der Römer] seinen Gesetzen den ganzen Erdkreis unterwerfe".[294] Schon Cicero hatte das Recht des römischen Reiches als ideale Manifestation des einen göttlichen Naturrechts (ὀρθὸς λόγος = recta ratio) konzipiert, so daß der römische Rechtsimperialismus in dieser Sichtweise alle Nationalitäten des Imperiums unter den einen Logos der Kosmopolis bringt.[295]

Ein zentrales Legitimationsmotiv des römischen Imperialismus finden wir schließlich in der These wieder, daß sich die Menschen/ Ethnien nach ihrer Unterwerfung, ja geradezu durch ihre Unterwerfung in einer besseren Lage befänden als zuvor (s.o. S.280ff): in 328E-F wird dieses Resultat für die Herrschaft Alexanders reklamiert.[296]

Wir halten als wichtigstes Ergebnis fest, daß uns insbesondere die erste Alexander-Rede Plutarchs im Rahmen der synkritischen Tendenz der Rom- und Alexander-Reden das Konzept des kaiserlichen Imperialismus im Zeichen der pax gentium wiederspiegelt[297]: Es ging darum, die Menschen von überall her in ein und dasselbe hinein zusammenzubringen (329C: εἰς τὸ αὐτὸ συνενεγκὼν τὰ πανταχόθεν), dabei ethnokulturelle Barrieren abzubauen und alle zunehmend dem einheitlichen Recht einer hellenistisch-römischen Welt-

[294] Vergil, Aen.IV 231. Siehe die vorige Anm. und die Belege o. A 209; außerdem Aristides, Romrede 102 ("Ihr stelltet gemeinsame Gesetze für alle auf..."). Cf. noch die Belege bei W.GERNENTZ, Laudes Romae S.134f..

[295] Siehe dazu U.KNOCHE, Ciceros Verbindung der Lehre vom Naturrecht mit dem römischen Recht und Gesetz, S.154ff., bes. S.173-76, und siehe o.S.281 A 190.

[296] Wir sollten freilich bedenken: Was vergleichbar ist, muß noch nicht notwendig durch römische Herrschaftsideologie inspiriert sein, und schon die Darstellung Alexanders als hellenisierender Städtegründer und Kulturbringer bei Onesikritos (Ende 4.Jh.v.Chr.) weist auf das Alter der Tradition von Alexander als Hellenisator und Zivilisator hin. Gleichwohl wurden in unserer Rede unzweifelhaft römische Imperiumspostulate mit möglicherweise älteren Traditionen verquickt.

[297] Ebenso J.PALM, Rom, Römertum und Imperium in der griechischen Literatur der Kaiserzeit, 32f.: "Das ist zwar von Alexander gesagt, doch scheint es eine Auffassung auszudrücken, die in der obwaltenden weltpolitischen Lage [sc. der Gegenwart Plutarchs] etwas dem philosophischen Idealstaat Ähnliches sehen wollte. ... Was vom Weltreich Alexanders gesagt wird, gilt also gleichermassen vom römischen Weltreich, das somit als Verwirklichung eines griechischen Gedankens erscheint." Cf. noch E.BADIANs Auseinandersetzung mit W.TARN, die auf Grund traditionsgeschichtlicher Analyse das Recht bestreitet, die Weltherrschafts- und Welteinheitsmission Alexanders nach Plutarchs erster Alexanderrede für den historischen Alexander zu reklamieren (ders., Alexander the Great and the unity of mankind, S.425-44).

politeia zu unterstellen. Dabei kommt dem von Gott herabgesandten Herrscher entsprechend der traditionellen Herrscherphilosophie als ἔμψυχος νόμος/ λόγος die entscheidende Aufgabe zu: Er vermittelt Einheit und sozialen Frieden, indem er alle einem Logos unterstellt.

C.6. Zusammenfassung

Die von Rom angestrebte pax gentium verbindet als imperialistisches Konzept eine Reihe von ideologischen Einzelelementen:

(a) Schon seit Cicero gehörte es zur offiziellen Doktrin, daß die unterworfenen Ethnien, die zuvor als politisch unmündig, d.h. konkret: als friedensunfähig angesehen wurden, sich unter römischer Herrschaft "besser befinden". Diese Einschätzung machten sich auch maßgebliche Aristokraten der Beherrschten zu eigen.

(b) Positiv motivierend trat unter Augustus die alte Politmetapher vom "Leib" hinzu, die nun, auf das Imperium der Provinzen angewandt, den Gedanken des friedvollen Füreinanders der Glieder propagierte. Der Kaiser galt als Haupt seines imperialen Leibes.

(c) Ein wichtiges, appellables Rechtsprinzip dieses Organismus, das sowohl die Loyalität der Ethnien als auch ihr schiedlich-friedliches Zusammenleben gewährleisten sollte, lag in der römischen Anerkennung der jeweils unterschiedlichen ethnokulturellen Traditionen. Dieses propagandistisch erfolgreiche Prinzip verhinderte freilich nicht die hegemoniale Tendenz, ethnokultische Antagonismen im Rahmen eines "gemeinsamen Vaterlandes aller Völker" zunehmend abzubauen und eine herrschaftsstabilisierende Vereinheitlichung sozialer und rechtlicher Normen anzustreben.[298]

(d) Die hell. Herrscherideologie sah den Herrscher, der in seinem λόγος die göttliche Weltvernunft manifestiert, als ἔμψυχος νόμος/ λόγος an und so auch als das entscheidende mentale Prinzip seiner Politeia. Er inspiriert die rechte Ethik und Friedensgesinnung der Untertanen, ist *insofern* Haupt und Seele seines Staatsleibes. Er ist "Herr des Logos, der auf den Frieden abzielt" (Corp.Herm.XVIII 16). Hellenistischen Juden und Teilen der griechischen Stadtbevölkerung mußten diese Ideen, die auch durch öffentliche Enkomien propagiert wurden, bekannt sein.

(e) Viele dieser ideologischen Elemente des römischen Imperialismus fanden wir als synkritische Eintragungen in Plutarchs erstem Alexanderenkomion wieder: U.a. das Sich-Besser-Befinden der Beherrschten, ihr friedvolles Füreinander (hier allerdings ohne die Leib-Metapher), die aus der

---

[298] Wir berühren diesen Aspekt näher im Zusammenhang der περὶ·οἰκονομίας- bzw. Haustafel-Tradition in unserem Abschlußkapitel.

Herrscherphilosophie bekannte These vom gottgesandten Herrscher, der die
Untertanen dem einen λόγος in der einen universalen Politeia unterstellt und
so die ethnokulturellen Differenzen überwindet. Hier ergab sich auch eine
beachtliche Analogie zu E 2,14-18, wo Christus in der Funktion des göttlichen
Logos durch die pneumatische Inspiration (= Umschaffen zum Typ des einen
neuen Anthropos) die separierende Wirkung des jüdischen Ritualgesetzes
überwindet zum gemeinsamen Frieden in der universalen Politeia Christi (cf.
E 2,19). Als Vermittler zwischen diesen analogen, letztlich kosmopolitischen
Konzepten kommt das hell. Judentum in Betracht, wie schon die traditionsgeschichtliche Exegese gezeigt hat.

D. Formgeschichte: E 2,14-18 und der Stil des hellenistischen Herrscherkomions

Unsere historische Untersuchung ergab bis jetzt, daß der Kaiser bei Konflikten zwischen Griechen und Juden in den Griechenstädten Kleinasiens als Friedensstifter auftrat, indem er die Konfliktparteien durch die Garantie ungehinderter Praxis ihrer jeweiligen ethnokulturellen Traditionen zu einem schiedlich-friedlichen Zusammenleben anzuleiten versuchte: So sollte der gegenseitige Haß, die Feindschaft, beseitigt werden (s.o.). Das augusteïsche Konzept der pax gentium verlangte ja, daß die hell.-römisch akkulturierten Ethnien als Glieder des einen corpus imperii, dessen Haupt und Seele der Kaiser ist, zusammenwachsen. Wir sehen in dieser Ideologie eine strukturelle Analogie zur Darstellung Christi als Friedensstifter zwischen Juden und Heiden in E 2,14ff.: Auch Christus vermittelt nun den Frieden an "die beiden" (τὰ ἀμφότερα/ οἱ ἀμφότεροι) und auch *sein* Ziel ist es, die beiden in ein befriedetes corpus/σῶμα, dessen Haupt jetzt Christus und nicht der Kaiser ist (cf.1,22f.; 4,15f.; 5,23), zusammenzubringen: τοὺς ἀμφοτέρους ἐν ἑνὶ σώματι 2,16 (cf.1,23; 4,4.16; 5,23.30). Der Unterschied liegt freilich vor allem darin, daß Christus den sozialen Frieden schafft, indem er den jüdischen Ritualnomos als Inbegriff der Feindschaft beseitigt, während der Kaiser dieses Ritualgesetz gerade bestätigt, um so ein schiedlich-friedliches Miteinander zu garantieren. Allerdings wird sich, wie wir sehen werden, das kaiserliche Verhalten gegenüber dem jüdischen Gesetz bis Vespasian (und Titus) noch erheblich ändern. Zu der schon jetzt wahrnehmbaren Analogie zwischen der Christologie in E 2,14-18 und der kaiserlichen Ideologie paßt *formgeschichtlich* auch der Übergang vom Ihr-Stil (vv.11-13 cf. vv.19-22) zum betonten Er-Stil in vv.14-17 (cf.v.18: δι' αὐτοῦ): "Er nämlich ist unser Friede..." (2,14). Wir werden sehen, daß A.v.HARNACK die richtige Intuition hatte, wenn er zu E 2,14 behauptete:

> "Er ist der Friede, der aus Zwei Eins gemacht und den trennenden Zaun niedergerissen hat. Die Sprache der Kaiserverehrung ist auf den Erlöser angewendet (Ephes.2,14)."[299]

In der Vergangenheit hatte man den besonderen Stil von 2,14-18 allerdings meist aus einer christologischen, "hymnischen Vorlage" erklären wollen.

H.SCHLIER und E.KÄSEMANN[300] hatten die in der deutschsprachigen Exegese sehr erfolgreiche These begründet, nach der in E 2,14-18 der Niederschlag des gnostizisti-

---

[299] A.v.HARNACK, Die Mission und Ausbreitung des Christentums in den ersten drei Jahrhunderten, 1924⁴ (= Leipzig 1965), S.736.

[300] H.SCHLIER, Christus und die Kirche im Epheserbrief S.18ff.; ders., Kommentar 118-45; ders./V.WARNACH, Die Kirche im Epheserbrief; E.KÄSEMANN, RGG³ II 517-20.

schen Erlösermythos zu finden sei: Die Vorstellung von einer die irdisch-kosmischen Bereiche und das himmlische Pleroma (= τὰ ἀμφότερα) trennenden Mauer, die Christus bei seiner Herabkunft zerbrach (v.14), um dadurch die Pneumatiker im Sinn des erlösten Erlösers in sein pneumatisches Soma aufzunehmen. Der Briefverfasser habe diesen kosmologisch orientierten Mythos - nach KÄSEMANN als vorgeformte liturgische Tradition - aufgenommen und kritisch uminterpretiert, indem er die Aussage jetzt auf die soziale Ebene, auf die Versöhnung von Juden und Heiden (= τὰ ἀμφότερα) bezog. Viele Forscher sind diesem Ansatz - bei Modifikationen im einzelnen - bis jetzt gefolgt.[301] Da das gnostische Urmensch-Konzept vom erlösten Erlöser nach neueren Erkenntnissen erst im Manichäismus zustande kam (H.-M.SCHENKE), scheitert diese Erklärung an religionsgeschichtlichem Anachronismus und wurde bei einigen durch die viel näher liegende ersetzt, nach der man hier mit σῶμα-Vorstellungen des hellenistischen Judentums zu rechnen habe.[302] Damit war ein *gnostizistisch* geprägter Hymnus als Vorlage für 2,14-18 unwahrscheinlich geworden, gleichwohl rissen die Versuche nicht ab, nun vor allem nach traditions- und formgeschichtlichen Kriterien eine hymnische Vorlage mindestens für 2,14-16 zu rekonstruieren.[303] Zweifellos verrät der auffällige, mit v.14a einsetzende Er-Stil der Prädikation (αὐτός), der in v.14b-15a durch drei Partizipien fortgeführt wird, eine gehobene Sprache, die auch in Hymnen und Enkomien verwendet wird (s.u.). Aber warum sollte diese Gestaltung nur auf eine hymnische Vorlage zurückgehen können und nicht vielmehr aus der besonderen Aussage-Absicht unseres Briefverfassers hervorgegangen sein?

Starke Gründe für die Zuweisung des enkomienartigen Abschnitts 2,14-18 an den Briefverfasser formulierten schon H.MERKLEIN und vor allem P.STUHLMACHER, die hier nicht alle wiederholt zu werden brauchen.[304] Gegen eine hymnische Vorlage spricht schon die enge Einbindung wesentlicher Begriffe, Vorstellungen und Stileigentümlichkeiten, die alle Rekonstruktionsversuche der hypothetischen Vorlage zuweisen, in den näheren und weiteren Kontext im E: Die betonte αὐτός-Prädikation finden wir auch in 4,11 cf.10; 5,23; der Akzent auf der kirchlichen Einheit (εἷς 2,14.15.16.18) ist auch

---

[301] Cf. den ausführlichen Forschungsüberblick bei H.MERKEL, ANRW II. 25.4 (1987) S.3176-3195. Zuletzt vertritt das gnostizistische Erklärungsmodell etwa A.LINDEMANN, Der Epheserbrief, ZBK NT 8 (1985) S.48f..

[302] S.o. S.26 A 26.

[303] Einen kurzen Überblick über die Hymnusthesen von G.SCHILLE, J.T.SANDERS, J.GNILKA, K.WENGST, K.M.FISCHER, Chr.BURGER sowie über die wichtigsten Einwände der Kritiker (R.DEICHGRÄBER, H.MERKLEIN, P.STUHLMACHER, cf. darüberhinaus auch D.C.SMITH, Jewish and Greek Traditions S.194ff.) gibt jetzt H.MERKEL, Der Epheserbrief in der neueren exegetischen Diskussion, S.3230ff. Cf. auch M.S.MOORE, Ephesians 2:14-16: A History of Recent Interpretation, EvQ 54 (1982) S.163-68. Die jüngste Hymnus-Rekonstruktion findet sich bei G.WILHELMI, Der Versöhner-Hymnus in Eph 2,14ff., ZNW 78 (1987) S.145ff.

[304] H.MERKLEIN, Zur Tradition und Komposition von Eph 2,14-18, S.79-102 (M. weist die formalen und inhaltlichen Inkonsistenzen der Rekonstruktionsversuche von G.SCHILLE, J.T.SANDERS und J.GNILKA auf); P.STUHLMACHER, "Er ist unser Friede" (Eph 2,14). Zur Exegese und Bedeutung von Eph 2,14-18, S.337-58 (S. setzt sich mit J.GNILKAs und K.WENGSTs Rekonstruktion auseinander).

in 4,4.5.6 cf.4,13 wichtig; die Rede vom Schaffen (κτίζειν) des καινὸς ἄνθρωπος (2,15), der im Zusammenhang als pneumatisches Konzept zu verstehen ist (s.o.), begegnet der Sache nach schon in 2,10 (κτισθέντες, s.o.), wörtlich dann in 4,23f.[305] Das wichtigste Argument STUHLMACHERs liegt aber in seiner Beobachtung, εἰρήνη sei ein Vorzugswort des E (1,2; 2,14.15.17; 4,3; 6,15.23) und in 2,13-17 klinge eine unter diesem Stichwort verbunden messianisch-christologische Interpretation von Jes 9,5f.(v.14), Jes 57,19 (vv.13.17) und Jes 52,7 (v.17) an. Da auch das εὐαγγέλιον τῆς εἰρήνης in E 6,15 diesem alttestamentlichen Assoziationshintergrund entspricht (Jes 52,7), fügt sich der in 2,14ff. vermeintlich aufgenommene "Hymnus" ganz nahtlos sowohl in den engeren Kontext, der schon ab v.13 Jesaja anklingen läßt, als auch in den weiteren Kontext der εἰρήνη-Thematik im E. In unserem traditionsgeschichtlichen Arbeitsteil konnten wir zudem erkennen, daß in E 2,14-18 genau die gleichen, vom hell. Judentum praefigurierten soteriologischen Kategorien wirken wie im unmittelbaren Kontext, wo sich etwa γενηθῆναι ἐγγύς (2,13) und οἰκεῖοι τοῦ θεοῦ (2,19) im Sinn des bei Philo mehrfach durch ἐγγίζειν/ οἰκείωσις formulierten heilvollen Nahens zu Gott verbinden. Nach all diesen briefimmanenten Querbezügen können wir 2,14ff. mit guten Gründen als Bildung des Briefverfassers ansehen.[306]

Von unseren historischen Ergebnissen aus gesehen bereitet es nun keine Schwierigkeiten zu verstehen, warum der Verfasser an der Stelle, wo *Christus in struktureller Analogie zum Kaiser* als Friedensstifter zwischen Juden und Heiden erscheint, zu einer Stilform übergeht, die wir auch im hellenistischen Herrscher-Enkomion finden.[307] Die Eröffnung des Herrscher-Enkomions (hier; encomium narrativum) *im prononcierten Er-Stil* kennen wir etwa aus dem Augustus-Enkomion in Vergils Aeneis, VI 791-805:

---

[305] Wir haben diese Querverbindung bereits oben (II.D.2.1.) aufgewiesen. Gelungen ist auch STUHLMACHERs Hinweis, daß die hapax legomena in 2,14ff. (τὰ ἀμφότερα; τὸ μεσότοιχον τοῦ φραγμοῦ; ἔχθρα) nicht schlüssig auf einen zitierten Traditionstext verweisen können, denn auch im Kontext singuläre Worte häufen (ἀκροβυστία/περιτομή nur in 2,11; ἄθεος v.12 = ntl.hap.leg.; συμπολίτης v.19 = ntl.hap.leg.; συνοικοδομεῖν v.22 = ntl.hap.leg.). Keineswegs für eine hymnische Vorlage spricht auch, daß die Themen der Sequenz E 2,11-22/ 3,1ff. der Sequenz Kol 1,21-23a/ 1,23b ff. folgen. Daher kann E 2,11-22 eher als eine "freie Interpretation der Gedanken von Kol 1,21-23a unter dem Blickwinkel der Kirche aus Juden und Heiden" gesehen werden (H.MERKLEIN a.a.O. S.99).

[306] Auch der jüngste Rekonstruktionsversuch von G.WILHELMI, Der Versöhner-Hymnus in Eph 2,14ff., ZNW 78 (1987) S.145ff., der allein "auf der Beobachtung des Rhytmus und sprachlicher Parallelismen [basiert] und ... auf theologische Prä- oder Postiudicien" verzichtet (ebd.S.148), kann die obigen Einwände nicht entkräften; auch bei seiner Rekonstruktion bleibt die Beziehung wesentlicher Sprachelemente auf den Kontext des E bestehen (Er-Prädikation, ἡ εἰρήνη, κτίζειν καινὸν ἄνθρωπον).

[307] Einen Gattungsüberblick gibt K.BERGER, Hellenistische Gattungen im Neuen Testament, S.1173ff; 1194f.

"Dieser Mann, er ist es, welcher dir oft verheißen ist,/ Augustus Caesar, der Sproß des Göttlichen; die goldenen/ Zeiten bringt er wieder für Latiums Flur,/ wo einst Saturnus herrschte..."[308]

Das goldene Zeitalter entspricht bei Vergil der Erwartung eines Segens- und Friedenszustandes.[309] Der im Er-Stil hervorgehobene Augustus Caesar wird also zunächst als Inbegriff dieser *Friedenserwartung* eingeführt, freilich folgt im längeren Teil Z.794-805 gleich eine Verherrlichung der *kriegerischen* Ausdehnung des Imperiums. Beide Teile entsprechen der geläufigen enko-miastischen Disposition der πράξεις in τὰ κατ᾽ εἰρήνην καὶ τὰ κατὰ πόλεμον, die im hellenistischen Formschema eines Enkomions allerdings in der umge-kehrten Reihenfolge behandelt werden sollten: Erst die Kriegstaten des Herrschers, dann seine Friedensverdienste.[310] Doch zeigt uns Vergils Panegy-ricus, daß Enkomiasten angesichts der bedeutenden Friedensleistung des er-sten Prinzeps diese Reihenfolge auch umkehren konnten.[311] Auch in E 2,14-18 wird thematisch und gleichsam als Motto zunächst die Bedeutung Christi als Friedensstifter vorangestellt (2,14a), bevor freilich die Reihe der Partizip-ialerläuterungen in v.14b - 15a mit ihrem destruktiven Handlungscharakter[312] (*Beseitigung* der trennenden Zwischenmauer; *Vernichtung* der Feindschaft in bzw. mit seinem Fleisch) erkennen läßt, daß zunächst die gewissermaßen martialischen, destruktiven Aspekte des Kreuzestodes im Blick stehen (wobei freilich nur Negatives zerstört wird). Darauf, also auf den σταυρός (und damit

---

[308] Verg.Aen.VI 791-94: hic vir, hic est, tibi quem promitti saepius audis,/ Augustus Caesar, divi genus; aurea condet/ saecula qui rursus Latio regnata per arva/ Saturno quondam;... Dazu grundlegend E.NORDEN, Ein Panegyricus auf Augustus in Vergils Aeneis, S.466-82, der auch zeigt, daß der Vergiltext im wesentlichen der Disposition des hellenistischen ἐγκώμιον βασιλέως folgt. - Für die emphatische Hervorhebung der Verdienste *eines Gottes* im demonstrativen Er-Stil läßt sich im lateinischen Sprachbereich etwa auf Cicero, Cat. II 9,22 verweisen: "ille, ille Iuppiter restitit, ille Capitolium, ille cunctam urbem, ille vos omnis salvos esse voluit."

[309] Cf. Vergil, Ekloge IV 6 (Saturnia regna) -10 (gens aurea).17 (pacatumque reget patriis virtutibus orbem) und passim. Zur Interpretation der IV.Ekloge siehe K.BÜCHNER RE 2.R. VIII/1 1195-1213; B.GATZ, Weltalter, goldene Zeit und sinnverwandte Vorstellungen S.87-103.

[310] Menander Rhetor, ΠΕΡΙ ΕΠΙΔΕΙΚΤΙΚΟΝ 372,25ff.(SPENGLER): τὰς τοίνυν πράξεις διαιρήσεις δίχα εἴς τε τὰ κατ᾽ εἰρήνην καὶ τὰ κατὰ πόλεμον, καὶ προθήσεις τὰς κατὰ τὸν πόλεμον ἐὰν ταύταις λαμπρὸς ὁ ἐπαινούμενος φαίνηται, γνωρίζει γὰρ βασιλέα πλέον ἢ ἀνδρεία (cf. noch ebd. 375,5ff.10ff). Zur lateinischen Rezeption dieses Schemas siehe etwa Horaz, epist. I 3,7f.: quis sibi res gestas Augusti scribere sumit?/ bella quis et paces longum diffundit in aevum? Zum Ganzen siehe die Abhandlung bei E.DOBLHOFER, Die Augustuspanegyrik des Horaz in formalhistorischer Sicht, S.22-26.92-108.

[311] So auch E.NORDEN, Panegyricus S.467. Bezeichnend ist auch, daß nach DOBLHOFERs Analyse Horaz zwar das Schema in seiner üblichen Reihenfolge kennt und anwendet, dabei aber die Entfaltung der Kriegsleistungen gänzlich verkümmern läßt und einzig den "Friedensfürsten" Augustus hervorhebt (DOBLHOFER, Augustuspanegyrik S.92-108).

[312] Daß die erste Partizipialerläuterung in v.14b (ὁ ποιήσας τὰ ἀμφότερα ἕν) einen vom vorausgehenden Friedensmotto her veranlaßten *logischen Vorgriff* auf das Ergebnis des Friedenswerkes darstellt, haben wir schon oben S.116 dargelegt.

übrigens auf ein Strafmittel, das man sonst auch mit der militärischen Nie-
derwerfung aufständischer Provinzialen verbinden konnte, siehe dazu später),
bezieht sich ja auch die partizipiale Rückblende in v.16fin zurück und macht
den "*kriegerischen*" Aspekt dieses Werkes Christi am Kreuz offenkundig: Das
destruktive Thema von v.14b, die Vernichtung der ἔχθρα (in seinem Fleisch),
wird wieder aufgegriffen und auf die Formulierung gebracht: Christus habe
die Feindschaft am Kreuz *getötet*.[313] Trotz des von Anfang an bestimmenden
Friedensthemas sind also die destruktiven Partizipialerläuterungen zunächst
um den "kriegerischen" Aspekt des Kreuzes, dh. des "Vernichtens" bzw.
"Tötens" Christi, zentriert (v.14b-15a). Der in v.15b - 16 anschließende,
zweiteilige Finalsatz, der das mit diesem Vernichtungswerk verbundene positive Ziel des sozialen Friedens (v.15b) und der religiösen Versöhnung (v.16)
anschließt, steht, wie auch v.16fin bekräftigt, ganz in der logischen Abhängigkeit vom destruktiven, kriegerischen Aspekt des Kreuzesgeschehens, richtet
dieses aber schon final auf das positive Friedensziel aus. Die syntaktisch parallel stehenden, die Zielaussagen dieses Finalsatzes jeweils abschließenden
zwei Relativsätze ποιῶν εἰρήνην (v.15b)[314] und ἀποκτείνας τὴν ἔχθραν ἐν αὐτῷ
(v.16fin) stellen durch diese parallele Anordnung 'Friedensleistung' und
'Kriegsleistung' Christi pointiert nebeneinander, wobei die Vorzeitigkeit
(Part. Aorist) im zweiten Partizipialausdruck daran erinnert, daß das Kriegswerk des Tötens dem Frieden logisch vorausgeht. Freilich folgen wir hier einer sehr formalen Betrachtungsweise, denn "Tötung der Feindschaft" und
"Herstellung des Friedens" sind in diesem Fall ja sachlich dasselbe. Gleichwohl zeigt die logische und formale Abfolge zwischen dem vorgängigen
"Kriegswerk" am Kreuz (v.14b - 15a.16fin.) und dem final in Aussicht ge-
nommenen Friedenswerk (v.15b-16), das erst mit der universalen Friedensproklamation v.17 bestimmende Wirklichkeit geworden ist, daß die aus der
enkomiastischen Topik geläufige Themenfolge von "Kriegswerk" und
"Friedensleistung" hier zumindest eine formale Entsprechung hat. Erst mit

---

[313] Wir behandeln diese Bedeutung des Kreuzes u. III.F.5. Den kriegerischen Aspekt dieser
Worte hat auch M.BARTH, Ephesians, S.297 gesehen: "the passage speaks of a *battle* that took
place and was decided in the Messiah himself. ...the Messiah had *to wage his war, to overcome the
enemy, and to create peace*" (Hervorhebung E.F.). Schon der Begriff "töten" (ἀποκτείνειν) ist in
dieser Hinsicht eindeutig.

[314] Zu der Partizipialwendung ποιῶν εἰρήνην sind die bei H.WINDISCH, Friedensbringer -
Gottessöhne 251ff. gesammelten Belege für den Herrscher als εἰρηνοποιός zu vergleichen;
besonders das hellenistische Zeugnis über Demetrios Poliorketes, an den sich eine Bitte des
berühmten Päans bei Athenaeus (253DE) mit den Worten richtet: πρῶτον μὲν εἰρήνην ποίησον,
φίλτατε· κύριος γὰρ εἶ σύ. Zu Demetrios cf. auch noch Plutarch, Demetr.II,3: "mehr als irgend
einem anderen Gott eiferte er Dionysos nach, der einerseits im furchtbarsten Krieg führte,
andererseits das größte Geschick dazu hatte, nach dem Krieg Frieden in Ausrichtung auf
Frohsinn und Gefälligkeit hervorzubringen." Der Herrschergott Dionysos war in der Antike mit
dem Frieden eng assoziiert (s.o. S.252 A 99).

v.17f. erfolgt dann, nach der abschließenden Hervorhebung des kriegerischen Aspekts in v.16fin., endgültig der Übergang zur Proklamation des erreichten Friedens und somit zum "Friedenswerk" Christi.

Wichtig ist auch, daß Vergils Enkomion den im Er-Stil eingeführten Augustus sogleich als *Verheissungsträger* qualifiziert (791: tibi quem promitti saepius audis; cf.798f.) und damit ebenfalls einen Zug aufnimmt, den das Enkomien-Schema empfahl.[315] Im Christus-Enkomion E 2,14ff. finden wir etwas Vergleichbares darin, daß in den Formulierungen vv.(13)14.17 messianisch-christologisch interpretierte Jesaja-Stellen - für LXX-treue Christen offenkundig - anklingen (s.o.) und im nahen Kontext (2,12) ganz direkt von den "Verfügungen der (messianischen) Verheissung" die Rede war (cf.3,6; 1,12): Der im Er-Stil als Inbegriff des Friedens herausgestellte Christus wird zugleich als Träger der entsprechenden Messiasverheissungen kenntlich gemacht, die mit ihm in Erfüllung gehen.

Die beste enkomiastische Stil-Parallele zu E 2,14f. finden wir jedoch im Enkomion auf den Friedenstifter Augustus bei Philo, LegGai 143-147.[316] Aus der Kurzzusammenfassung in LegGai 309 ergibt sich, daß als Hauptelemente des Enkomions zunächst der vor allem aus Tugendgründen verliehene Augustus-Name, dann die Ausbreitung des Friedens über die ganze Welt gedacht sind - sie finden sich im ausgeführten Enkomion LegGai 143-47 in gleicher Reihenfolge in den Abschnitten 143 (Augustus-Name aus Tugendgründen) und 143fin -147 (Friedenswerk) wieder. Den entscheidenden Kontrasthintergrund für den Friedenstifter Augustus gibt in LegGai 144 - in deutlicher Beziehung auf die Auseinandersetzung zwischen Oktavian und Antonius, die in der Schlacht von Actium kulminierte[317] - der Kampf zwischen Europa und Asien (und ihren Völkern) um die Vorherrschaft im Imperium ab. Die Menschheit wäre damals im gegenseitigen Morden zugrundegegangen, "wenn nicht ein Mann und Herrscher gewesen wäre, Augustus, den man würdigerweise den 'Unheilabwender' (ἀλεξίκακον) nennt."[318]

---

[315] E.NORDEN, Panegyricus S.467f. verweist für diesen τόπος u.a. auf Menander Rhetor ΠΕΡΙ ΕΠΙΔΕΙΚΤΙΚΟΝ 371,3ff. (man soll von göttlichen Vorzeichen (σύμβολον) für den Herrscher sprechen) und auf Quintilian III 7,11 (illa quoque interim ex eo, quod ante ipsum fuit, tempore trahentur, quae responsis vel auguriis futuram claritatem promiserint).

[316] W.WEBER, Princeps, Band I, S.260ff. (A 680) hält LegGai 143-47 für "eine enkomiastische Litanei, geeignet zum Vortrag im Kult, beim großen Fest". Wegen des Schlusses sei sie 14 n.Chr. (Tod des Augustus) entstanden, sei ganz auf den Osten und auf die Propaganda für den Kult des divus Augustus in Alexandria abgestellt. Die alexandrinischen Kreise, die hinter diesem Hymnus stünden, hätten in dem Aktium-Sieger "nicht den Römer, sondern den seiner griechischen Aufgabe gerecht werdenden Nachfolger ihres Alexander" sehen wollen (ders., Der Prophet und sein Gott, S.156) - womit WEBER sicher sehr rechthat, wie wir schon sahen.

[317] G.CEAUSESCU, Augustus, der "Hellenisator" der Welt, S.55.

[318] LegGai 144: εἰ μὴ δι' ἕνα ἄνδρα καὶ ἡγεμόνα, τὸν Σεβαστὸν [οἶκον], ὃν ἄξιον καλεῖν ἀλεξίκακον. οἶκον ist hier wohl verderbt.

ἀλεξίχαχος war als Beiname von Göttern in der Antike besonders für Apollo und Herakles geläufig, aber auch für Zeus und Hermes.[319] Mit R.BARRACLOUGH müssen wir davon ausgehen, daß dieser Begriff bei Philo - ganz in den Bahnen der hell. Herrscherideologie, die den irdischen Herrscher am Glanz der Gottessphäre partizipieren läßt - "was associated with ideal rule in his mind": Wie Augustus (LegGai 144) konnte er auch dem nach dem hell. Herrscherideal gezeichneten Joseph (Jos 80) beigegeben werden.[320] Ein äquivalenter positiver Begriff für ἀλεξίχαχος wäre in dem durch Actium, also durch die Beendigung der inneren Kriege bestimmten Kontext der des *Friedenstifters*[321]; entsprechend assoziiert Philo den auf Ares als 'Helfer' (ἀρήγειν - βοηθεῖν) angewendeten ἀλεξίχαχος-Begriff wenig vorher mit der Fähigkeit dieses Gottes, *Kriege zu beenden und Frieden zu stiften*.[322]

Die formgeschichtliche Parallele zu E 2,14f. liegt nun in dem Stil, der die Entfaltung des kaiserlichen Friedenswerks in LegGai 144fin -147 bestimmt:

144 τὸν Σεβαστὸν... , ὃν ἄξιον καλεῖν ἀλεξίχαχον.
145 οὗτος ἐστιν ὁ Καῖσαρ, ὁ ... εὐδιάσας, ὁ ... ἰασάμενος,...
    οὗτος ἐστιν   ὁ ... παραλύσας, οὐ μόνον ἀνείς
146 οὗτος   ὁ ... ἀνελών
    οὗτος   ὁ ... ἐργασάμενος ... πληρώσας
147 οὗτος   ὁ ... ἐξελόμενος, ὁ ... ἀγαγών, ὁ ... ἡμερώσας καὶ
                  ἁρμοσάμενος, ὁ ... παραυξήσας ... ἀφελληνίσας
                  εἰρηνοφύλαξ, ὁ διαμονεύς... , ὁ ... προθείς, ὁ ... ἀποκρυψάμενος...

Die einleitende Qualifikation des als einzigartig herausgestellten Augustus durch den Begriff ἀλεξίχαχος (LegGai 144fin), der sachlich die Funktion des Friedensstifters meint (s.o.), eröffnet hier eine Reihe von fünf weiteren Prädikationen, jetzt im prononcierten Er-Stil, an deren einleitendes Demonstrativum (οὗτος ἐστιν) sich jeweils konkretisierende Partizipialprädikationen mit Artikel anschließen. Inhaltlich deuten die demonstrativen οὗτος-Thesen, wie am Anschluß der ersten sichtbar wird, auf den einzigartigen ἀλεξίχαχος/ Friedensbringer aus § 144 zurück; dieses übergeordnete Prädikat wollen sie - nun ergänzend über Actium hinaus - erläutern und vertiefen. Eine gewisse Entsprechung zum ἀλεξίχαχος-Prädikat am Anfang bietet dann das εἰρηνοφύλαξ-Prädikat am Ende der Prädikationsreihe (LegGai 147) Der den Frieden herbeiführte erhält ihn auch durch sein Wirken.

Stilistisch finden wir nun die im philonischen Enkomion belegte Abfolge von einer qualifizierenden Er-These, nur jetzt nicht mit οὗτος ἐστιν sondern

---

[319] Siehe Schol.Aristophanes Pax v.422 s.v. ἀλεξιχάχῳ: χαὶ Ἀπόλλωνα χαὶ Ἡραχλέα ἀλεξιχάχους τιμῶσι. Weitere Belege bei WENTZEL, Art. Alexikakos RE I/2 1464f.

[320] R.BARRACLOUGH, Philo's Politics, ANRW II 21.1 (1984) S.499. Zu "Joseph as Statesman" in de Josepho siehe ebd. S.491ff..

[321] Cf. die oben erwähnte, auch aus LegGai 309 ablesbare Zweiteilung des Enkomions in 1) Begründung des Augustus-Namens (LegGai 143) und 2) Darstellung des *Friedenswerkes* (LegGai 143fin.- 147).

[322] LegGai 112f. (§ 113: χαθαιρετιχὸς πολέμων, δημιουργὸς εἰρήνης).

mit αὐτός ἐστιν formuliert[323], und nachfolgenden Partizipialprädikationen mit Artikel, auch in E 2,14-15a:

αὐτὸς γάρ ἐστιν ἡ εἰρήνη ἡμῶν, ὁ ποιήσας ... λύσας ... καταργήσας

Wie das erste οὗτος im philonischen Enkomion sich demonstrativ auf den gerade genannten ἀλεξίκακος zurückbezieht, so weist das analoge αὐτὸς in E 2,14a auf den gerade genannten Christus zurück (2,13), durch den die einst Fernen (Heiden) zu dem (mit den jetzigen Judenchristen *gemeinsamen*) Status der Nahen gekommen seien. Das durch die αὐτός-These entfaltete (soziale) Friedensprädikat wird also durch v.13 schon sachlich vorbereitet, entsprechend war die erste οὗτος-These, deren Partizipien die Beseitigung der Bürgerkriege metaphorisch darstellen, sachlich die Fortsetzung des unmittelbar vorausgehenden Σεβαστὸς–ἀλεξίκακος-Prädikats. Nun schließen sich jedoch die Partizipialprädikationen in E 2,14a nicht unmittelbar an αὐτὸς γάρ ἐστιν an (wie es bei den späteren οὗτος-Thesen im philonischen Enkomion geschieht), sondern ihr Aussageziel wird zunächst in einer prägnanten Nominalthese zusammenfassend vorangestellt: "Er nämlich ist *unser Friede,* der... (Partizipien)". Wiederum zeigt uns die erste οὗτος-These bei Philo das Gleiche, denn auch sie faßt die durch die Partizipien formulierte heilsame Beseitigung der Bürgerkriege zunächst in einer prägnanten Nominalthese zusammen: οὗτος ἐστιν ὁ Καῖσαρ, ὁ ... (Partizipien). In der Tat war der Καῖσαρ-Name schon zum Inbegriff des Heilstifters für die Welt geworden: Der panegyrisch getönte Brief des asiatischen Prokonsuls Paullus Fabius Maximus an das Koinon der Asia (9 v.Chr.) führt aus, daß die Welt vor Augustus "am liebsten dem Verderben anheimgefallen wäre, wenn nicht das gemeinsame Glück aller geboren wäre: der Kaiser."[324] "οὗτος ἐστιν ὁ Καῖσαρ" bringt also auf

---

[323] Das Demonstrativum und das betonte Personalpronomen entsprechen sich hier funktional, siehe G.DELLING, Partizipiale Gottesprädikationen in den Briefen des Neuen Testaments, S.49f.: "In gewissem Sinn - identisch sind beide keineswegs - tritt wenigstens gelegentlich im prädizierenden Stil des Neuen Testaments an die Stelle des Demonstrativpronomens οὗτος das betonte Personalpronomen αὐτός. ... Im Epheserbrief vergleiche man 2,14, wo das Substantiv einer prädikativen Aussage über Christus (αὐτός) durch zwei [sic!] mit einem Artikel zusammengebundene Partizipien begründet wird (vgl. oben οὗτος bei Philon [sc. im Enkomion LegGai 145-47] bzw. Aristides)".

[324] EHRENBERG-JONES No.98 Z.7-9: ...παντὶ τῶι κόσμωι..., ἥδιστα ἂν δεξαμένωι φθοράν, εἰ μὴ τὸ κοινὸν πάντων εὐ τύχημα ἐπεγεννήθη Καῖσαρ. Schon den ersten Träger dieses Namens hatte man in der Asia bekanntlich als θεὸν ἐπιφανῆ καὶ κοινὸν τοῦ ἀνθρωπίνου βίου σωτῆρα gefeiert (Ditt. SIG³ 760). DELLING weist darauf hin, daß auch die ägyptischen Papyri "schlechthin von Augustus als Καῖσαρ" sprechen; andere Herrscherbezeichnungen erscheinen weitaus seltener (ders., Philons Enkomion S.180). Καῖσαρ hatte auch in Ägypten einen heilvollen, an die göttliche Sphäre rührenden Klang. Dazu kann man die letzten Zeilen der bei MOMMSEN, Röm.Gesch. V S.565 A 1 mitgeteilten ägyptischen Augustus-Titulatur vergleichen: "Autokrator, Sohn der Sonne, Herr der Diademe, Kaisar/ Ewig lebend, geliebt von Ptah und Isis." Cf. dazu auch P.Oxy.1021,1ff., wo Claudius als ἐπιφανὴς θεός Καῖσαρ tituliert wird. Ähnlich heißt es in der eingangs genannten kleinasiatischen Kalenderinschrift zu Ehren des

den Nenner einer griffigen Nominalthese, was die nachfolgenden Partizipialprädikationen als Beendigung der Bürgerkriege ausmalen. Wir finden somit
eine auffallend enge Analogie zwischen dem Prädikationsstil des bei Philo
belegten Kaiser-Enkomions und dem Prädikationsstil des Christus-Enkomions in E 2,14-15a.

Wir haben es bei dem demonstrativen Er-Stil offenbar mit einem vertrauten Stilmo-
ment hellenistischer Herrscherenkomien zu tun. Wir fanden ihn ähnlich schon in der
Panegyrik Vergils (s.o.: hic vir, hic est, tibi quem promitti saepius audis...); aus flavischer Zeit wäre etwa Statius zu vergleichen (über Domitian: En! hic est deus, hunc
iubet beatis/ pro se Iuppiter imperare terris[325]). Der demonstrative Er-Stil in der Form
οὗτος (ἐστιν) + Epitheta/Partizipien ohne Artikel läßt sich freilich auch bei Götter-
Enkomien beobachten, die ja bekanntlich das Formschema bereitstellten (s.u.).[326] Speziell die Form der mit οὗτος ἐστιν eröffneten, dann durch ὁ + Partizip weitergeführten
Prädikationen hat E.NORDEN als orientalisch-hellenistischen Prädikationsstil charakterisiert, der jüdische wie ägyptische Parallelen habe.[327]

Die Verbreitung und Angleichung der geläufigen Stilmuster des Herrscher-
Enkomions durch die griechisch-orientalische Welt wurde wahrscheinlich
durch die Existenz rhetorischer Wettbewerbe im Rahmen der Kaiserkult-Fe-
ste mit überregionaler Beteiligung[328] gefördert. So erfahren wir inschriftlich
von einem kleinasiatischen Bürger aus Cos,

Augustus, Z.36-38: ἐπιφανεὶς δὲ] ὁ Καῖσαρ τὰς ἐλπίδας τῶν προλαβόντων [εὐαγγέλια
πάντων ὑπερ] ἔθηκεν...

[325] Stat. Silv. IV 3,128f.

[326] Belege dafür (οὗτος (ἐστιν) + Epitheta/Partizipien *ohne Artikel*) bei E.NORDEN, Agnostos
Theos 164f. und bei G.DELLING, Partizipiale Gottesprädikationen 47f. (zB. bei Demokrit,
Aelius Aristides). NORDEN nennt diese Prädikationsform "reinhellenisches Enkomion im
οὗτος-Stile" (S.224).

[327] E.NORDEN, Agnostos Theos, S.223-227 (mit Belegen). Anders als im griechischen Stil (s.
die vorige Anm.) stehen die Partizipien mit Artikel. NORDEN nimmt an, Philo selbst habe "die
Form der ihm geläufigen Prädikationen des alttestamentlichen Gottes (wie οὗτος ἐστιν ὁ
ποιήσας τὸν κόσμον u.dgl.) auf den Kaiser als den Herrn der Welt übertragen" - ganz wie auch
die Griechen den Herrscher-Preisreden das Schema ihrer Götterenkomien zugrunde gelegt
hätten (S.224). Die ägyptischen Parallelen zeigen allerdings, daß man den Prädikationsstil bei
Philo einer allgemeineren "orientalischen" Stilform zuweisen kann (so NORDEN selbst 224f.226);
er begegnet etwa auch in einem synkretistischen Zauberpapyrus (bei NORDEN ebd. S.188:
οὗτός ἐστιν ὁ ποιήσας φωνὴν προστάγματι ἑαυτοῦ πανταχόριε βασιλεῦ). Es spricht also
grundsätzlich nichts dagegen, daß Philos Enkomion auch den Prädikationsstil mit nichtjüdischen
Vertretern der alexandrinischen Enkomiastik teilt. Sehr viele Stilparallelen finden sich im
jüdisch-christlichen Traditionsbereich (das Material ist ausgebreitet bei NORDEN S.188 A 1 und
vor allem bei G.DELLING, Partizipiale Gottesprädikationen 48-50; besonders interessant im
Blick auf E 2,14f. sind Act 7,37: οὗτος ἐστιν ὁ Μωϋσῆς ὁ εἴπας τοῖς υἱοῖς Ἰσραήλ...; cf. 7,38;
und Herm.mand. 4,1,11: αὐτὸς γάρ ἐστιν ὁ ἔχων πάντων τὴν ἐξουσίαν. Cf. sim 8,3.3).

[328] Zum "Internationalcharakter" der Kaiserfeste siehe S.R.F.PRICE, Rituals and Power,
S.127ff..

"der die Enkomien-Wettbewerbe gewonnen hat ([νιχ]άσαντα ἐ[γχ]ωμίας) in den berühmtesten Städten der Asia, die sowohl dem Gründer der Stadt [sc. Cos] Sebastos Kaisar galten als auch den Wohltätern Tiberius Kaisar und Germanicus Kaisar und ihrem ganzen Haus als auch allen anderen Göttern in den einzelnen Städten..."[329]

Diese Inschrift belegt uns auch, wie eng Kaiser- und Götterenkomien, die hier in einer Reihe und Kategorie genannt werden, in der Tat zusammengehörten. Über solche Enkomien-Wettbewerbe hinaus ist uns von diesen kleinasiatischen Kaiser-Festen auch bekannt, daß

"there were high-ranking officials whose specific task was to praise the emperor. ... In prose *theologoi* honoured the emperor at the imperial temples of Pergamon and Smyrna. They were sufficiently important for their name to serve as the model for a new official, the *sebastologos*, who served in the provincial cult of Gaius at Miletus. The offering of ritual praise to the emperor has sporadic precursors in the praise accorded to Hellenistic rulers, but behind this lies the cult of the gods."[330]

Berücksichtigen wir außer der stilistischen auch die thematische Nähe zwischen Philos Enkomion und E 2 - jeweils geht es ja um den Stifter des Friedens -, so ist es gut möglich, daß sich das Christus-Enkomion E 2,14-18 in seinem partizipialen Eingangsteil (vv.14-15a) eng an die geläufige Kaiserenkomiastik anlehnt. Berücksichtigen wir weiter, daß der Kaiser durch seine Beamten, wie wir oben sahen, konkret in den Konflikten zwischen Juden und Heiden in den Poleis als Friedenstifter auftrat und Juden wie Heiden in "seinem" imperialen σῶμα Aufnahme finden sollten, so legt es nun auch die formgeschichtliche Analyse nahe, daß Christus in E 2,14ff. in einer Rolle dargestellt wird, die mit der des Kaisers strukturell parallel geht. A.v.HARNACK hatte u.E. recht, wenn er in diesem Text Anklänge an die "Sprache der Kaiserverehrung" vernahm (s.o.). Allerdings bleibt diese Analogie vor allem noch dadurch unvollkommen, daß der Kaiser als Friedensstifter die ethnokulturellen Traditionen der Juden garantierte, während Christus den jüdischen Ritualnomos im Interesse des Friedens überwand. Erst im Verlauf unserer weiteren historischen Untersuchung wird auch dieser Zug - neben weiteren Elementen aus E 2,14-18 - mit der kaiserlichen Judenpolitik, die sich an dieser Stelle noch ändert, korreliert werden können und unsere bis jetzt nur in aller Vorsicht vermutbare Analogie Christus-Kaiser bestätigen und historisch konkretisieren.

---

[329] Griechischer Text mit Quellenangabe bei S.R.F.PRICE, Gods and Emperors: The Greek Language of the Roman Imperial Cult, JHS 104 (1984) S.90 A 96.

[330] S.R.F.PRICE (s. die vorige Anm.), S.90.

*E. Die Genese des Vorurteils vom weltweit verbundenen, desintegrativen Natio-
nalismus der Juden seit den Krisen unter Gaius und Claudius und der Umschwung der römischen Judenpolitik*

E.1. Die neue Ausgangslage in der Asia nach Augustus

Wie wir gesehen haben, lag die Initiative im griechisch-jüdischen Konflikt
innerhalb der asiatischen Poleis zur Zeit des Augustus vor allem bei den
Verwaltungen der Griechenstädte, also bei der Lokalaristokratie. Ihr war es
in den Jahrzehnten wirtschaftlichen und politischen Neuaufbaus nach den
auszehrenden Bürgerkriegen um die Sicherung eines Restbestandes lokalpolitischer Autonomie zu tun, nach dem auch die inzwischen sehr zahlreiche jüdische Bevölkerungsgruppe in das traditionelle, mit Steuerveranlagung und
kommunalen Dienstpflichten verbundene Abhängigkeitsverhältnis von
Metöken/ Paröken gebracht werden sollte. Die ablehnende Haltung solcher
kleinasiatischer Aristokraten gegenüber den Juden zeigt uns exemplarisch der
aus Alabanda/ Caria stammende Rhetor Apollonios Molon (2./1. Jh.v.Chr.),
der später auf Rhodos Cicero, Caesar und M.Favonius zu seinen Schülern
zählte. Nach Eusebs Zeugnis verfaßte er eine ganze Schrift κατὰ Ἰουδαίων[331],
von der Josephus berichtet, daß er darin die Juden als Atheisten, Menschen-
hasser, Feiglinge, Tollkühne und Fanatiker gezeichnet hätte; zudem hätten
sie als die Ungebildetsten unter den Barbaren als einzige keine Erfindung
zum Wohl der Menschheit beigetragen (Jos., c.Ap. II 145.148): Molon attak-
kiert die jüdische Kultur als solche, die sich in seiner urbanen Umgebung
ausbreitete. In c.Ap.II 258 konkretisiert Josephus den Atheismus- und Misanthropie-Vorwurf Molons: Dieser werfe den Juden vor, "daß wir diejenigen,
die in anderen Ansichten über Gott befangen sind, nicht bei uns dulden und
mit Leuten von ganz anderen Lebensgewohnheiten keine Gemeinschaft haben wollen (μηδὲ κοινωνεῖν)." Es ist substantiell der gleiche Vorwurf kultisch-
kultureller Abgeschlossenheit, den unter Augustus die ionischen Griechenstädte, also wieder die Lokalaristokratie, vor M.Agrippa gegen die Juden
wiederholte: Die Juden hätten die lokalen Götter zu verehren [d.h. die religiös eingebundene hell. Kultur zu übernehmen], wollten sie politisch gleichgestellt sein (ant XII 125f.). R.M.ERRINGTON bringt die Tendenz Molons,
der die Juden der Asia vor Augen hatte, sicher zurecht "mit dem seit dem
3.Jahrhundert veränderten Gewicht der jüdischen Bevölkerung in den klein-

---

[331] F.JACOBY, FGrHist Nr.728 Frg.1 = Euseb, praep.ev. 9,19,1.

asiatischen griechischen Städten" in Verbindung[332] - nicht nur aus allgemeinen Angaben antiker Autoren[333], sondern speziell aus den bei E.SCHÜRER
(edd. G.VERMES, F.MILLAR, M.GOODMAN 1986) S.17-36 nachgewiese-
nen ca. 50 kleinasiatischen Orten mit jüdischen Mitbewohnern und aus den
entsprechenden Angaben in Dokumenten und bei Nikolaos v.Dam. (Jos.)
wissen wir um den hohen Bevölkerungsanteil der Juden in dieser Region am
Ende der vorchristlichen Zeit (s.o.). Selbstbewußte ethnokulturelle Eigenheit,
die sich den Integrations- und Subordinationsversuchen der um die traditionelle Autonomie bemühten Poleis widersetzte, im Verein mit hoher jüdischer
Siedlungsdichte, mußten der jüdischen Kultur in den Augen mancher verantwortlicher Aristokraten einen düster-bedrohlichen Anschein geben.[334] Wird
schon dadurch die ablehnende Haltung von asiatischen Aristokraten wie
Apollonios Molon gegenüber den Juden verständlich, so mußte diese kontinuierlich neue Nahrung erhalten durch die seit Caesar intensivierte römische
Protektionspolitik gegenüber den Juden der Asia, die den Griechenstädten
ständig Einmischungen in ihre internen Angelegenheiten bescherte.[335] Die
späte Republik und der frühe Prinzipat bereiteten jedoch einen Wandel der
lokalaristokratischen Optionen während der langen Regierungszeit des Augustus vor: In den Jahren nach dem kaiserlichen Edikt zum Schutz der jüdischen Rechte in der Asia (12 v.Chr.) scheint das ordnungspolitische Programm der Augusteer, das die Versöhnung und Harmonisierung der Ethnien
im Zeichen der PAX AUGUSTA vorsah, von den griechischen Magistraten
auch zunehmend akzeptiert worden zu sein, zumal uns Josephus für die Zeit
nach Christi Geburt keine weiteren asiatischen Dokumente zu griechisch-jüdischen Konflikten bietet. Die griechischen Magistrate, spätestens unter dem
Prinzipat zur timokratischen Herrschaftskaste umstrukturiert, waren in ihrer
Stellung in den Städten zunehmend von der kaiserlichen Macht abhängig und
wollten oder mußten sich daher auch den kaiserlichen Herrschaftsinteressen

---

[332] R.M.ERRINGTON, Die Juden im Zeitalter des Hellenismus (1984) S.8: "Irgendwie spiegelt
sich darin [sc. in Molons Schrift] ihre [sc. der Juden] Bedeutung unter den Lebenserfahrungen
und allgemeinen Lebensbedingungen der römischen Provinz um die Mitte des 1.Jahrhunderts
v.Chr. nach den mithridatischen Kriegen, wobei viele griechische Städte die falsche Seite gewählt
hatten und nachher dafür schwer bestraft wurden."

[333] Strabo bei Jos., ant XIV 115; bell II 398; VII 43; Or.Sib. III 271; Philo, LegGai 214; Seneca
bei Augustin, de Civ.Dei VI 11.

[334] Ganz entsprechend lautet das erste Argument der ionischen Lokalaristokratie, das diese nach
dem statement des jüdischen Anwalts Nikolaos v.Dam. vor M.Agrippa vorbrachte, "daß sie [sc.
die Juden in Ionien] ihnen, indem sie sich nur über ihr Land ausbreiteten, jede Art von Unrecht
täten" (ὡς τὴν χώραν αὐτῶν νεμόμενοι πάντα νῦν ἀδικοῖεν) (ant XVI 59).

[335] Cf. R.M.ERRINGTON, Die Juden im Zeitalter des Hellenismus (1984), S.8-11;
P.R.TREBILCO, Jewish Communities, S.12f..

einfügen.[336] Die romorientierten Aristokraten stimmten nachhaltiger ein in die imperialistische Herrschaftsdoktrin, nach der man ohne römische Suprematie friedensunfähig sei und sich unter römischer Herrschaft "besser" befinde (s.o.). Im Verhältnis zwischen griechischer Lokalaristokratie und Synagoge trat unter dem Vorzeichen dieser romorientierten Politik eine lange Entspannungsphase ein.

Das griechisch-jüdische Konfliktpotential blieb freilich auch nach Augustus in einzelnen Städten Griechenlands und Asias auf der subdekurionalen Ebene latent bestehen, wie uns für die frühen 50er Jahre etwa die Prügel für den Archisynagogos Sosthenes in Korinth zeigen (Act 18,17) oder der niedergeschriene jüdische Verteidigungsversuch beim ephesischen Aufruhr der Devotionalien-Handwerker (Act 19,23-40). Der Unterschied zur augusteischen Anfangsangszeit lag jedoch u.E. darin, daß die antijüdischen Initiativen in der Asia jetzt *nicht mehr von der Lokalaristokratie in den Stadtverwaltungen* getragen wurden, für die es klar geworden war, daß sie ihre Stellung nur durch Einfügen in das ordnungspolitische Herrschaftskonzept des Imperiums, die pax gentium, erhalten konnten. Der bereits erwähnte ephesische Zwischenfall beleuchtet diese Fortentwicklung gut (Act 19,23-40): Die Einschränkung des Devotionalien-Gewerbes (Artemis-Tempelchen) durch die paulinische Predigt provozierte in Ephesos zunächst die Gegenreaktion der in diesem Gewerbe Beschäftigten unter der Führung des Silberschmieds Demetrios (v.23-27): Die breite Akzeptanz der paulinischen These von der Nichtwirklichkeit "handgefertigter Götter" - freilich eine alte *jüdische* These[337] - unter der paganen Bevölkerung der Asia wird als geschäfts- und zugleich kultschädigend (Artemis) gebrandmarkt (v.26f). Der Funke der Unruhe um Demetrius geht schließlich auf den Mob der Stadt über; es kommt zum Volksauflauf im Theater, wohin man auch die unterwegs aufgegriffenen Paulusbegleiter Gaius und Aristarchos schleppt. Paulus jedoch bleibt - nicht zuletzt auf Anraten einiger Asiarchen (v.31) - dem Theater fern (v.28-32). Wichtig ist nun, daß sich die im Theater befindlichen Ἰουδαῖοι, also wohl die lokale Judenschaft, veranlaßt sahen, angesichts des antipaulinischen Aufruhrs einen Verteidigungsredner mit Namen Alexander vorzuschicken (v.33). Die christlichen Akti-

---

[336] Unter römischem Einfluß wurden die griechischen Stadtregierungen (schon seit der republikanischen Zeit) durch Vermögensqualifikation der Ämter und durch Umwandlung des Rats in ein permanentes, der Versammlung nicht mehr verantwortliches Gremium modifiziert. Die Magistratswahl wurde weitgehend auf die Akklamation der vom Rat präsentierten Kandidatenliste reduziert. Unter dem Prinzipat wurde es auch allgemein üblich, daß allein die Magistrate Dekrete in die Versammlung einbrachten, der dann nur noch die Ratifizierung blieb. Zum Ganzen siehe A.H.M.JONES, The Greek City from Alexander to Justinian S.170-191 (Internal Politics - Ch.XI: The Roman Age); A.D.MACRO, The Cities of Asia Minor under the Roman Imperium S.660-62. Zur stärkeren Verflechtung römischer und griechisch-aristokratischer Herrschaftsinteressen unter dem Prinzipat siehe G.W.BOWERSOCK, Augustus and the Greek World S.140-49 (Ch.XI: Novus Status); C.P.JONES, Plutarch and Rome, S.110ff..

[337] Viele jüdische Belege für die "Satire auf die Götzenfabrikation" nennt BOUSSET-GRESSMANN, Religion, S.305. Siehe auch Philo (ebr 109; decal 66): Die Götterbilder sind aus ὕλαι verfertigt. So auch später z.B. Diognet 2,3; Clem.Alex., protr. IV 51,6. Allerdings waren nicht alle Diasporajuden von der Klugheit dieser These überzeugt, siehe u.a. Philo. spec I 53; QEx II 5; Jos, ant IV 207.

vitäten wurden in der öffentlichen Meinung also noch dem örtlichen Judentum zugeordnet.[338]
P.LAMPE, der die Stimmigkeit des in der ganzen Episode enthaltenen Lokalkolorits
aus den ephesischen Inschriften überzeugend erwiesen und mit Recht auf eine vorluka-
nisch-christliche Erzähltradition hinter Act 19,23-40 geschlossen hat[339], hält diesen vorgeschickten Alexander für einen *Judenchristen*, der den Lesern schon bekannt war. Die
Ἰουδαῖα im Theater (v.33) seien entsprechend als *Judenchristen* aufzufassen, denen die
Verteidigung der paulinischen Missionare am Herzen gelegen sei.[340] Tatsächlich trifft
LAMPEs Beobachtung zu, nach der Alexander wie eine den lk Lesern schon gut bekannte Person eingeführt wird (19,33), nämlich ohne das bei Lukas sonst übliche Inde-
finitpronomen τις ("ein gewisser...").[341] Dieses vorausgesetzte Vorwissen könnte nach
LAMPE durch die auch in den Past bezeugte Alexander-Tradition zu erklären sein:
Der ephesische Schmied Alexander (2.Tim 4,14) habe Glauben und gutes Gewissen von
sich gestoßen und am Glauben Schiffbruch erlitten (1.Tim 1,19f.) - eine Passage, die
u.E. in Parallele mit den allgemeineren Worten in 1.Tim 1,5-7 zu sehen ist: Gewisse
Leute hätten sich vom Glauben und guten Gewissen abgewendet zu leerem Gerede, indem sie Gesetzeslehrer (νομοδιδάσκαλοι) sein wollten. Alexander war also wohl gesetzesstrenger Judenchrist und insofern wohl auch Gegner der gesetzesfreien paulinischen Mission. Er habe Paulus (in Ephesos) viel Böses angetan und seinen Worten Widerstand geleistet (2.Tim 2,14f.). Nach LAMPEs Exegese von Act 19 hätte Alexander

---

[338] Dies läßt schon die aus der Sicht des Demetrius so anstößige Predigtthese von der Nichtexistenz der handgefertigten Götter (19,26) vermuten, die als genuin jüdische These bekannt war (s.
die vorhergehende Anm.). Freilich legt auch der Verteidigungsversuch der Synagoge, der wohl
auf eine Abgrenzung gegenüber Paulus hinausgelaufen wäre, es nahe, daß man die Christen als
einen (radikalen) Flügel der Juden ansah (G.H.R.HORSLEY, The Inscriptions of Ephesos,
NovTest 34 (1992), S.122; J.ROLOFF, Apostelgeschichte S.293; G.SCHNEIDER, Apostelgeschichte z.St.). Entsprechend weist W.STEGEMANN, Zwischen Synagoge und Obrigkeit,
FRLANT 152 (1991), S.200f, hin auf die *jüdische* Identifizierung des Paulus und des Silas in
Philippi (Act 16,20f), des Paulus vor Gallio in Korinth (Act 18,13-15) und des Paulus in Thessalo-
nike (Act 17,6ff).

[339] P.LAMPE, Acta 19 im Spiegel der ephesischen Inschriften, BZ 36 (1992), S.59-76. LAMPE
weist viele verbale und konzeptionelle Übereinstimmungen einzelner Textelemente mit den
Inschriften nach; vergleiche nur Act 19,27 mit Inschr.Ephesos 24B Z.8-9 (stolzes statement über
die weltweite Verbreitung des Artemiskults) oder Inschr.Ephesos 27B Z.198-219 (104 n.Chr.), wo
auf engem Raum viele der Act-19-Motive (gesetzmäßige Volksversammlung im Theater, Artemis,
Silberstatuen der Artemis, Artemistempel, Tempelraub und Asebie) ebenfalls kombiniert sind.
Lukas greift nach LAMPE eine ab ovo christliche, durch ephesische Realien geprägte mündliche
Tradition auf, wenngleich er auch selbst redaktionell weiteres Lokalkolorit beisteuert (Reden).
Zum ephesischen Lokalkolorit in Act 19 siehe jetzt auch G.H.R.HORSLEY, The Inscriptions of
Ephesos and the New Testament, NovTest 34 (1992), S.105-168, bes. 121-127.136-138.141-
145.153-156.

[340] Treffend deutet LAMPE, a.a.O. S.72f., das schwierige Verbum συνεβίβασαν in v.33: βιβάζω
als Kausativ von βαίνω, συν- bezieht sich auf Gaius und Aristarchus, Subjekt sind "die meisten
Leute" der konfusen Versammlung (cf. v.32). Übersetzung: "Sie ließen zusammen (mit Gaius und
Aristarchos) den Alexander aus der Menge heraus (auf die Bühne) kommen, denn die Ἰουδαῖα
drängten ihn vor".

[341] LAMPE, a.a.O. S.71 weist hin auf Act 18,2 ("einen gewissen Juden namens Aquila"); 19,24
("ein gewisser Mann namens Demetrios"); analog auch 19,14; 10,6; 21,16.

nun als ein Repräsentant ephesischer Judenchristen - trotz der innerchristlichen Differenzen - in Anbetracht der geballten paganen Drohung die Paulusleute mitverteidigen
wollen.[342]
LAMPEs anregende Rekonstruktion läßt sich u.E. nicht halten:
a) Die in der Theaterszene mitversammelten Ἰουδαῖοι, die Alexander vorschicken, sind
nicht speziell Judenchristen: Wo Lukas Christen nach ihrem ethnokulturellen Herkommen als Ἰουδαῖοι bezeichnet, ist ihre christliche Identität immer schon durch den
näheren Kontext evident[343], anders aber in der Theaterszene: Der Höhepunkt des sze-
nischen Kontexts in Act 19,34, der die Typik der ganzen Szene bestimmt, liegt in der
antijüdischen Reaktion des Mobs auf die jüdische Volkszugehörigkeit Alexanders durch
kultische Gegenproklamation ("Groß ist die Artemis der Epheser!" Act 19,34). Für eine
solche ethnokulturelle Konfrontation, die oft im Theater, Gymnasium und auf sonstigen
öffentlichen Plätzen startete oder endete, existieren mehrere antike Vergleichstexte; sie
ist also typisch und konfiguriert stets den griechischen Mob mit den lokalen Juden als
ethnokulturelle Größen.[344] In dieser Typik bewegt sich auch die lukanische Szene. Wo
Lukas die Christen - gelegentlich auch Judenchristen - eines bestimmten Ortes ohne
kontextuelle Vorbereitung generisch kennzeichnen will, spricht er durchgängig von αἱ
μαθηταί[345], nicht aber von οἱ Ἰουδαῖοι. In der lukanischen Theaterszene verlassen die
ephesischen μαθηταί mit 19,30, wo sie Paulus warnen, den Fokus des Geschehens und
tauchen erst nach Beilegung des Tumults in 20,1 wieder auf. Vom antijüdischen Höhepunkt der Theaterszene her beurteilt erscheint es somit viel plausibler, den Ἰουδαῖοι
und dem vorgeschickten Alexander die defensive Absicht einer scharfen Abgrenzung
der lokalen Judenschaft von der paulinischen Mission zu unterstellen, gerade wenn man
die im paganen Umfeld als *jüdisch* bekannte These von der Nichtwirklichkeit handgefertigter Götter (v.26) berücksichtigt, die den Konflikt entzündet hatte.[346] Nur wird
Alexander dabei niedergeschrien - der jüdische Delationsversuch nimmt ein klägliches
Ende. Auch dieser Zug entspricht lukanischen Darstellungsinteressen: An den geschei-
terten Versuch der korinthischen Juden, sich vor Gallio gegen Paulus und seine Mission
zu verwenden, schließt Lukas noch die episodische Pointe an, die umstehenden Griechen hätten zuletzt den Synagogenvorsteher Sosthenes verprügelt (18,17) - auch hier ein
klägliches Ende.[347] - b) LAMPEs Sicht, nach der Alexander im Einklang mit harmoni-

---

[342] LAMPE, a.a.O. S.70-74.

[343] Dies gilt für alle von LAMPE, a.a.O. S.72 mit A 54, angeführten Stellen: Act 21,39; 22,3;
16,1.20; 10,28; 18,2.24f.; 22,12 cf. 9,10; 13,43; 14,1b; 17,17; 18,4.

[344] Siehe gleich unten (Belege).

[345] Pars pro toto seien angeführt Act 9,1.19.25.26.38; 11,26; 13,52; 14,20.22.28; 16,1; 18,23.27;
19,1.9.30; 20,1.30; 21,4.16.

[346] S.o. A 337. - Prinzipiell analog, aber erfolgreicher konnten sich in späterer Zeit offenbar die
Juden in Smyrna mit ihren griechischen Mitbewohnern gegen lokale christliche Aktivität alliieren,
wie das Martyrium Polykarps im Stadion zu Smyrna reflektiert: Nach dem Christenbekenntnis
Polykarps "schrie die ganze Menge der Heiden und der in Smyrna wohnenden Juden in unbändi-
ger Wut und mit großer Lautstärke: 'Dieser ist der Lehrer Asias, der Vater der Christen, der
Zerstörer unserer Götter, der viele lehrte, nicht mehr zu opfern noch anzubeten!'" (Mart.Polyk.
12,2 ed. GEBHARDT/HARNACK/ZAHN).

[347] Dieses lk Darstellungsinteresse verbietet es, in der Konfrontation zwischen Juden (nicht:
Judenchristen) und griechischem Mob im Theater nur ein "den Erzählfluß störendes

sierenden Tendenzen des Lukas als judenchristlicher Verteidiger der Paulusbegleiter gezeigt werden sollte (nach dem Motto: in der Not paganer Bedrohung stehen auch zerstrittene Christen zusammen), nimmt die Tradition massiver ephesischer Feindschaft zwischen Alexander und Paulus, wie sie die Past bezeugen (s.o.), zu wenig ernst. Plausibler erscheint es, daß Lukas auf seine Weise an dieser Tradition partizipiert. Es bieten sich zwei Möglichkeiten an: (1) Alexander erscheint bei dem Tumult noch als Jude, also vor seiner Bekehrung zum Christentum. Einleuchtender erscheint eine zweite Möglichkeit: (2) Entsprechend dem sachlichen Zusammenhang zwischen 1.Tim 1,5-7 und 1,19f (s.o.) war Alexander gesetzesstrenger Judenchrist (νομοδιδάσκαλος) und wahrte insofern - anders als die paulinischen Christen - seine Zugehörigkeit zur Synagoge. Oder war er sogar christlicher Apostat (cf. 1.Tim 1,19-20; 2.Tim 4,14)? Jedenfalls legt das νομοδιδάσκαλος-Image Aversion gegen die gesetzesfreie Heidenmission des Paulus sehr nahe. Der Konflikt im Theater wurde aber gerade auf die provinzweite Heidenmission zurückgeführt (19,26). Alexander war also sowohl als entschiedener, im Verband des lokalen Judentums verwurzelter Kritiker der paulinischen Heidenmission als auch wegen seines Berufsstands als Schmied im gegebenen Konflikt der geeignete Mann der Juden, um sich von den Paulusleuten abzusetzen.

Doch auch ohne Berücksichtigung dieser Mutmaßungen über Alexander gipfelt die Szene in einer ethnokulturellen Konfrontation zwischen Juden und griechischem Mob. Denn sobald die jüdische Volkszugehörigkeit des Verteidigungsredners publik geworden war, reagierte die griechische Menge mit kultischer Gegenproklamation ("Groß ist die Artemis der Epheser!" Act 19,34).[348] Wir finden hier auf der Ebene der städtischen Massen also noch den alten kultischen Antagonismus, dessen enorme soziale Bedeutung die aristokratischen Vertreter der ionischen Städte schon ein Menschenalter zuvor durchblicken ließen, als man sich 14 v.Chr. in Ephesos vor Marcus Agrippa um die Rechte der Juden auseinandersetzte[349]: Wenn die Juden als den Griechen gleichgestellt (συγγενεῖς) gelten wollten, hätten sie auch die ionischen Götter zu verehren (ant XII 125). M.a.W.: Soziale Äquivalenz war mit der Kultgemeinschaft in der Polis verquickt, der die Juden kultisch fremd gegenüberstanden. Typischerweise brach dieser alte ethnokultische Antagonismus jetzt im Theater auf, wo leicht die latenten kulturellen Ressentiments zwischen den Bevölkerungsgruppen reaktiviert werden konnten.[350] Ge-

---

'Intermezzo', das auf ein Nebengleis führt und mit der Haupthandlung wenig zu tun hat" zu sehen (LAMPE, a.a.O. S.73f). Aus der Sicht des Lukas und seiner Leser geht es hier auch um das Scheitern des (aus der Tradition bekannten) Paulusgegners Alexander. Außerdem verrät Lukas mit dieser Episode auch seine Treue zu ephesischem Lokalkolorit: Gerade Ephesos wies schon zur Zeit des Lukas eine ausgesprochen judenfeindliche Vergangenheit auf (s.u. S.363 A 434).

[348] Ein entscheidender Spannungsbogen der Episode verläuft also zwischen der alten, vom paganen Umfeld als jüdisch wahrgenommenen Propagandathese von der Nichtexistenz handgefertigter Götter (v.26), und der Gegenproklamation des Theatermobs: "Groß ist die Artemis der Epheser!"

[349] Zur Lokalisierung dieser Verhandlung in Ephesos siehe ant XVI 23 (vor XVI 27ff.) und A.T.KRAABEL, Judaism in Western Asia Minor, S.51.

[350] Zur Bedeutung der Theater in den hellenistisch-römischen Städten, in denen leicht patriotische Stimmungen des Mobs aufkamen und Übergriffe auf andere Volksgruppen angezettelt wurden (P.Oxy.1912; Philo, Flacc 41-43.74f.84f.95f.173 cf. 34.37 cf. LegGai 120-131 [Alexandria]; Jos. bell VII 47f.107-111; Malalas, ed. Bonn pp. 244-245C [Antiochia]), siehe den guten Überblick bei R.MACMULLEN, Enemies of the Roman Order - Treason, Unrest and

genüber der früheren Haltung der Aristokratie ist es aber nun bezeichnend, daß schließlich ein hoher städtischer Beamter, der γραμματεὺς (τοῦ δήμου), den Volksauflauf vor allem mit dem Argument auflöst, er könne der Stadt eine Anklage wegen στάσις einbringen (19,40).[351] Auf Grund dieser Argumentation können wir sicher sein, daß die vergleichbaren politischen Ratschläge, die Plutarchs Schrift "praecepta gerendae reipublicae" einem Aristokraten aus Sardis zur Zeit Trajans erteilt, der Sache nach auch schon unter dem früheren Prinzipat das politische Verhalten der Magistrate bestimmen mußten: Plutarch empfiehlt ihm das Bewußtsein, daß er selbst den Prokonsuln als Beauftragten des Kaisers unterworfen sei; er solle von seiner griechischen Kommandozentrale aus das Tribunal des Statthalters mahnend vor Augen haben, nicht viel Selbstvertrauen auf die eigene Machtinsignie, den Kranz, setzen, "weil du die Schuhe [sc. des Prokonsuls] über deinem Kopf siehst." Der griechische Stadtaristokrat sollte in seinem Verhältnis zur römischen Vormacht die Schauspieler nachahmen, die auf ihren Souffleur hören und nicht die ihnen von den Herrschenden (ὑπὸ τῶν κρατούντων) eingeräumte Vollmacht (ἐξουσία) übertreten (praec.ger.reip. 813 E-F). Inhaltlich bedeutet dies, daß er seine Polis gegenüber den Römern unanstößig erhält (814 C-E), indem er στάσεις im Inneren verhindert (823 F - 825 B.Dff.) und stattdessen die ὁμόνοια und φιλία der Einwohner fördert (bes. 824 D).[352] Wollte man rigorose römische Eingriffe in

---

Alienation in the Empire, S.168-173, wo auch Tacitus, hist. I 72,3 zitiert wird: "Das Volk ... ergoß sich auch in den Zirkus und das Theater, wo sich die Menge am ausgelassensten zu benehmen pflegt, und machte sich in aufrührerischem Geschrei (seditiosis vocibus) Luft." Kaiser, Legaten, Prokuratoren und lokale Magistrate erreichten die breite Bevölkerung immer über die Theater als Versammlungsort und Informationsmedium; hier konnten aber auch die Massen die Beamten lautstark unter Druck setzen. Gerade an den Theatern mußten Truppen stationiert werden. "Drama and triumph in the life of the masses reached them most directly in the theater. Here they experienced excitement, here they felt their power a little, and a kind of patriotism. A grand showplace made everyone bigger, more important, consequently boastful, consequently offensive to his neighbors" (ebd. S.168). Berücksichtigen wir diesen allgemeinen Kontext, so offenbart die ephesische Theaterszene den latenten Antijudaismus in der breiten, subdekurionalen Bevölkerung, der in der ethnokulturellen Fremdheitserfahrung wurzelte.

[351] In den Händen des γραμματεὺς τῆς βουλῆς und des γραμματεὺς τοῦ δήμου lagen die höchste politische Macht in der Stadt; letzterem oblagen u.a. die Einbringung beschlußfähiger Vorlagen in die Volksversammlung, deren Abhaltung im Theater, die Durchführung aller öffentlichen Beschlüsse und nach seinem Namen wurden auch wichtige Urkunden datiert (D.KNIBBE, Art. Ephesos RE Suppl. XII (1970) Sp.271; P.LAMPE, Acta 19, BZ 36 (1992), S.61f.; HORSLEY, Inscriptions, NovTest 34 (1992), S.136f.; siehe auch A.D.MACRO, The Cities of Asia Minor under the Roman Imperium, S.678f.). Der ephesische γραμματεὺς sucht zunächst den ethnokultischen Konflikt zu entschärfen (Act 19,37: keine Tempelräuber oder Lästerer - Inschr.Ephesos 26.27B kombinieren entsprechend "Tempelraub und Asebie", cf. LAMPE, a.a.O. 65), verweist sodann auf das prokonsularische Gericht und auf die legitime Volksversammlung als Rechtsweg (vv.38f.) um abschließend, als wichtigstes Argument, auf die Gefahr einer (römischen) Anklage wegen στάσις hinzuweisen, für die man sich nicht rechtfertigen könne (v.40).

[352] Eine praktische Veranschaulichung dieser römischen Erwartungen an die Magistrate griechischer Poleis gibt für die frühe Regierungszeit des Claudius (41 n.Chr.) der Brief des syrischen Legaten P.Petronius an die Aristokraten von Dora (Syrien) (ant XIX 303-311): Dort hatten griechische Heißsporne ein Kaiserstandbild in der Synagoge postiert und damit den Zorn König Agrippas I. und des daraufhin eingeschalteten Legaten provoziert. In scharfem Ton werden die Magistrate gemahnt, zum Erweis ihrer eigenen Unschuld die Anstifter auszuliefern und nicht zuzulassen, daß Anlaß zu στάσις und Straßenkampf entsteht (XIX 308).

kommunale Selbstverwaltungskompetenzen zugunsten einer relativen lokalpolititschen Autonomie vermeiden (cf. 824 E-F), so mußten die griechischen Magistrate die ordnungspolitischen Direktiven der Römer streng einhalten.[353] Wie ein Symbol solcher Rechenschaftspflichtigkeit der Stadtaristokratie gegenüber Rom erscheint es, daß eine Inschrift (Inschr.Ephesos 27B Z.155ff, 104 n.Chr.) den ephesischen γραμματεὺς τοῦ δήμου verpflichtet, die Statuen des Kaiserpaares während der Volksversammlungen über dem Block, in dem der Rat sitzt, aufstellen zu lassen.[354]

In der Zeit nach Augustus war also das Problem antijüdischer Maßnahmen seitens (aristokratischer) Stadtadministrationen in Kleinasien weitgehend beseitigt; der Antijudaismus blieb ein latentes Potential auf der Ebene des Mobs.[355] Dies blieb im wesentlichen so im ganzen 1.Jh.n.Chr., denn noch Josephus, der die einschlägigen Dokumente aus Kleinasien im Blick auf Spannungen in seiner eigenen Zeit (90er Jahre) zitiert[356], spricht am Ende dieser Zitation in ant XVI 174-78 von der ethnokulturellen Fremdheit (τὸ ἀλλότριον), die im Unterschied der Lebensweisen erfahren wird (ἐν τῇ διαφορᾷ τῶν ἐπιτηδευμάτων), als der Ursache des Konflikts und weist aggres-

---

[353] Zu Plutarchs "praecepta gerendae reipublicae" siehe Ch.XII: The Political Treatises bei C.P.JONES, Plutarch and Rome S.110-121 und 133 (zu praec.ger.reip. 813E). Nach JONES ist der griechische Aristokrat Plutarch "only one of many who sympathized with Rome, consorted with powerful Romans, and preached a lesson to eastern cities that converged with Roman interests. The values of these Greeks, their conservatism, their hellenism, their dislike of discord and disturbance, reflect the values of their western friends" (ebd. S.129).

[354] Nicht nur der γραμματεύς aus Act 19,35ff fügt sich ins Bild der auf pax bedachten, romorientierten Stadtaristokratie, sondern auch die Asiarchen verhindern mit ihrer Warnung an Paulus, auf dem Höhepunkt des Tumults nicht im Theater zu erscheinen (v.31), sowohl Gewalt gegen Paulus als auch weitere Verschärfung der Lage.

[355] Darin lag ein grundlegender Unterschied zwischen den zunehmend imperial orientierten Poleis Kleinasiens und der Griechenstadt Alexandria: Dort entwickelte sich im frühen 1.Jh.n.Chr. im Milieu des Gymnasiums und patriotischer collegia ein antirömischer Nationalismus, der sich auf Grund der protectio Romana jüdischer Rechtspositionen auch mit phasenweise exzessivem Judenhaß verband (cf. die paganen Märtyrerakten), wobei nun gerade nationalistische Magistratspersonen, nämlich die Gymnasiarchen Lampon und Isidoros, die führende Rolle spielten (s.u.). Zwar war ein Gymnasiarch in Alexandria damals "by no means the 'Lord Major' of the city (...), nor even the first among the city-magistrates", gehörte aber gleichwohl den gewählten Magistraten zu: "it is true that the gymnasiarchoi, whose duty it was to control the civic rights of their alumni, were the natural champions of the Alexandrian nationalists, and so we may easily understand why persons known as fanatical demagogues were regarded as suited for the office" (TCHERIKOVER in CPJ II p.70).

[356] Siehe T.RAJAK, Josephus. The Historian and His Society, S.225: "The latter part of the Antiquities shows that Josephus continued to believe in the value to Jews of Roman protection and, more generally, in the need for good relations with those around them, wishing 'to reconcile the nations and to remove the causes of hatred.'[ant XVI 175] There is just a shift in emphasis: in the later phase, his Diaspora vantage point leads Josephus to concentrate more on external relations, and thus to be concerned with apologetics - the presentation of Judaism to outsiders. This brought him to be more than ever aware of the desirability of finding common ground with the Greek-speaking orientals among whom much of Jewry lived: and these, apart from his own compatriots, must have constituted the expected readership of his Antiquities."

sive Übergriffe den "Dummköpfen" (ταῖς ἀλογίστας) auf beiden Seiten zu. Sehen wir von solchen städtischen Mobs und ihren Aufwieglern einmal ab, so dürfte nun, am Ende der Augustus-Herrschaft, die Blütezeit des Judentums der Asia begonnen haben, die manchen Diasporagemeinden in Kleinasien die Sympathien und die Protektion sozial angesehener, wohlhabender und spendenfreudiger nobiles einbrachte und die Juden zu offiziell akzeptierten Bewohnern ihrer Städte werden ließ. Den zumeist archäologischen Spuren dieses Wandels ist zuletzt P.R.TREBILCO nachgegangen; TREBILCO spricht von einem *modus vivendi* zwischen Juden und Griechen, der nach den Konfliktbelegen aus dem Zeitraum 49 v.Chr. bis 2 n.Chr. durch das Fehlen weiterer konfliktschlichtender Rechtsdokumente für die Zeit danach angezeigt werde.[357] Als positive Indizien für die im 1.Jh.n.Chr. aufkommenden guten Beziehungen zwischen den Judengemeinden und ihren Griechenstädten in der Asia läßt sich etwa auf die aristokratische Kaiserpriesterin Iulia Severa zur Zeit Neros verweisen, die nach Auskunft einer Inschrift im phrygischen Akmonia während der 60er Jahre die örtliche Synagoge erbaut hatte und zweifellos als einflußreiche Patronin fungierte.[358] Der Autor des jüdischen Stratums von SibOr I/II, der wahrscheinlich im phrygischen Apamea lebte, verband zwischen 30 v.Chr. und 70 n.Chr. Motive phrygischer Flutgeschichten mit der biblischen Flutgeschichte, indem er u.a. den Landungsberg der Arche mit einer phrygischen Lokalität nahe Apamea identifizierte (Hügel von Celaenai, wo der Fluß Marysas entspringt: SibOr I 261-67), an der lokale phrygische Fluttraditionen hafteten. Den lokalen Erfolg dieser Traditionsverschmelzung zeigen apameische Münzen ab dem späten 2.Jh.n.Chr., die Noah (und seine Frau) - erst in der Arche, dann an Land - zeigen. Der Spitzname Apamea κιβωτός ("Kasten, Kiste"), der ursprünglich die Stadt als bedeutenden Umschlagplatz und Handelszentrum charakterisieren sollte, wurde durch die jüdische Neuinterpretation mit der LXX-Vokabel für "Arche" (κιβωτός) identifizierbar und wurde damit für die Stadt auch als ätiologisches Signum bedeutender geschichtlicher Vergangenheit aufgewertet. Die frühe Entstehung und spätere offizielle Rezeption dieser jüdisch modifizierten Lokaltradition

---

357 P.R.TREBILCO, Jewish Communities, S.25f.27.202-204.

358 CIJ II 766 (τὸν κατασκευασθὲ[ν]τα ο[ἶ]κον ὑπὸ Ἰουλίας Σεουήρας...); die Dame ist zusammen mit ihrem Mann, Servenius Capito, von Inschriften und Münzen aus der Zeit Neros bekannt; sie war für drei Amtsperioden Kaiserpriesterin (ἀρχιέρεια) und Agonothetin, cf. nur RAMSAY, The Cities and Bishoprics I,2; S.647 Nr. 550: Ἰουλία Σεουήρα ἀρχιερεία καὶ ἀγωνοθέτιδι. Zum Ganzen siehe E.SCHÜRER (edd. G.VERMES, F.MILLAR, M.GOODMAN) Vol. III/1 (1986) S.30f. und vor allem P.R.TREBILCO, Jewish Communities, S.52-55, der zeigt, daß Julia weder Jüdin noch jüdische Apostatin gewesen sein kann, sondern "a Gentile sympathizer" (cf. analog Lk 7,5) von aristokratischem Stand: "Thus she would have been a most distinguished and powerful patroness of the Jewish community and would no doubt have looked after their interests. It seems that in this period the Jewish community in Acmonia had friends in the highest circles of society" (S.53).

setzt frühe, durch Respekt bestimmte Beziehungen zwischen Synagoge und Polis in Apamea voraus.[359] Für das 1.Jh.n.Chr. bestätigt uns auch die Apostelgeschichte den Eindruck, daß an manchen Orten der Asia enge Sympathie-Beziehungen zwischen den Juden und (vor allem weiblichen) Angehörigen der Lokalaristokratie entstanden waren.[360] Aus späterer Zeit (2. und 3. Jh.n.Chr.) haben wir schließlich zahlreiche Indizien für eine offiziell integrierte und respektierte Position der Juden in vielen Poleis der Asia: TREBILCO führt exemplarisch für Sardis, Akmonia, Eumeneia und Apamea archäologische Belege an, nach denen an diesen Orten die Juden mit ihren paganen Nachbarn etwa lokale Bräuche und lokale Bildersprache teilten (freilich ohne damit ihre ethnokulturelle Distinktion preiszugeben) und attraktive Synagogenbauwerke besaßen; sie konnten in diesen Lokalitäten ihre πάτρις sehen und ab dem 3.Jh. n.Chr. schließlich sogar kommunale Ämter in einzelnen Poleis übernehmen.[361] Zudem treten auch nichtjüdische nobiles als

---

[359] Zum jüdisch-phrygischen Stratum von SibOr I/II und zur apameischen Noah-Tradition siehe jetzt ausführlich P.R.TREBILCO, Jewish Communities, S.89-105.

[360] Act 13,50 (Antiochia/ Pisidien): οἱ δὲ Ἰουδαῖοι παρώτρυναν τὰς σεβομένας γυναῖκας τὰς εὐσχήμονας καὶ τοὺς πρώτους τῆς πόλεως καὶ ἐπήγειραν διωγμὸν ἐπὶ τὸν Παῦλον καὶ Βαρναβᾶν... 17,4 (Thessalonich): γυναικῶν τε τῶν πρώτων οὐκ ὀλίγαι); 17,12; 17,34 (Athen); cf. 16,14 (Thyatira). Cf. auch Jos. bell II 560: "Was sie [sc. die Damaszener, die gegen die örtlichen Juden vorgehen wollten] aber fürchteten, waren ihre eigenen Frauen, die mit wenigen Ausnahmen der jüdischen Gottesverehrung ergeben waren (ὑπηγμένας τῇ Ἰουδαϊκῇ θρησκείᾳ)." Cf. ant XVIII 81-84. Zu diesem Phänomen siehe Plutarch, coniug.praec. 19 (mor 140D); SCHÜRER (edd. G.VERMES, F.MILLAR, M.GOODMAN) Vol.III/1 (1986) S.162f.; F.SIEGERT, Gottesfürchtige und Sympathisanten, JSJ 4 (1973) S.128.135f.138f. SIEGERT dürfte Recht haben, wenn er einen Anlaß für erbitterte jüdische Feindschaft gegenüber der christlichen Mission im christlichen "Abwerben" vornehmer Frauen findet, die für die Synagogen lokalpolitisch und wirtschaftlich von großer Bedeutung waren (Act 17,4ff.).

[361] Siehe dazu im einzelnen P.R.TREBILCO, Jewish Communities, Ch.2 (Sardis und Priene, S.28-50), Ch.3 (Acmonia und Eumeneia, S.51-88), Ch.4 (Apamea, S.89-109) und zusammenfassend Ch.9 (S.188-204). - Voraussetzung für die Übernahme kommunaler Ämter durch die Juden war allerdings eine Veränderung ihrer konstitutionellen Position in den Städten des Imperiums: Einerseits erlaubten Severus und Caracalla (irgendwann zwischen 198 und 211 n.Chr.) nach den Digesten Justinians (L,II, 3,3) den Juden die Übernahme kommunaler Ämter (honores), wobei sie keinen Verpflichtungen, die ihrer Religion widersprächen, nachkommen brauchten: Man wollte den Kreis derer vergrößern, die die mittlerweile sehr ungeliebten kommunalen Liturgien übernehmen konnten (dazu siehe P.R.TREBILCO, Jewish Communities, S.59.194.199f.). Außerdem machte uns die Constitutio Antoniana 212/214 n.Chr. ebenso wie alle anderen freien Einwohner des Reiches zu römischen Bürgern (siehe auch E.M.SMALLWOOD, The Jews under Roman Rule, S.502-504). Aus dem 3.Jh. sind uns aus Sardis 8 jüdische Bewohner, die in der Polis βουλευταί waren, epigraphisch belegt (ein weiterer stammte aus dem nahen Hypaepa); außerdem mehrere Juden als Beamten der römischen Provinzadministration (dazu siehe zuletzt P.R.TREBILCO, Jewish Communities, S.39-41; A.T.KRAABEL, Judaism in Western Asia Minor, S.218ff.). Aus jüdischen Grabinschriften aus Akmonia (3.Jh.) wissen wir von zwei Juden, deren cursus honorum in der Polis auch die höchsten Ämter beinhaltete (z.B. στρατηγός, βουλευτής, βούλαρχος) (siehe dazu zuletzt P.R.TREBILCO, a.a.O., S.57-60). Weitere Beispiele bietet P.R.TREBILCO, a.a.O., S.198-200.

Freunde der Synagoge in Erscheinung[362] und die epigraphisch für viele Orte belegte Existenz von "Gottesfürchtigen" (θεοσεβεῖς), die sich - ohne Proselyten zu werden - zur Synagoge hielten, erweist die Attraktivität und öffentliche Akzeptanz der jüdischen Gemeinden und ihres Lebens.[363] Allerdings entwickelten sich die Verhältnisse von Ort zu Ort verschieden.[364] TREBILCO schließt aus diesen Belegen, die für das 1.Jh.n.Chr. und danach vorliegen,

"that the lack of any mention of hostility in the literary sources between the cities in Asia Minor and their Jewish communities from 2 CE onwards is indeed significant and that some sort of peace was arrived at. Although it is quite likely that the way peace was worked out varied in different places and occured at different times, we can suggest that at least in some cities a modus vivendi was reached between the city and the Jewish community, perhaps sometime in the first century CE, and in any case probably before the Diaspora revolt of 115-117 CE. We can thus suggest that in many cities in Asia Minor a tradition of tolerance and positive interaction was established between the city and its Jewish Community."[365]

Wir können dieser Einschätzung nur bedingt, nämlich unter weiteren Differenzierungen zustimmen: Wie wir sahen entspannte sich vornehmlich das Verhältnis der Juden zu den aristokratischen, ehemals obstruierenden urbanen Führungsschichten, die zunehmend an die Ziele imperialer Politik gebunden waren. Auf der Ebene der städtischen Mobs bzw. unter denen, die Josephus noch im Blick auf Konflikte der 90er Jahre "Dummköpfe" nennt, blieb der ethnokulturelle Antagonismus jedoch - zumindest in der Übergangsphase des 1.Jh. n.Chr. - an manchen Orten durchaus reaktivierbar, wie exemplarisch etwa die ephesische Theaterszene (Acta 19,23-40) belegte (s.o.). Es erscheint auch wenig plausibel, die nach der Zeitenwende eingetretene Verbesserung im Verhältnis zwischen den Poleis und ihren Judengemeinden mit TREBILCO vor allem auf einen Prozeß der fortschreitenden Gewöhnung an die

---

[362] Im frühen 3.Jh. n.Chr. zählte etwa die jüdische Gemeinde von Aphrodisias 9 städtische βουλευταί zu ihren "Gottesfürchtigen" (θεοσεβεῖς); siehe J.REYNOLDS/ R.TANNENBAUM, Jews and Godfearers at Aphrodisias, Cambridge 1987, bes. S.116-23; P.R.TREBILCO, Jewish Communities, S.161-64.200; P.W. VAN DER HORST, Jews and Christians in Aphrodisias, S.170f.; SCHÜRER (edd. VERMES, MILLAR, GOODMAN) III/1 S.26. Zu Iulia Severa s.o..

[363] Dazu siehe jetzt ausführlich P.R.TREBILCO, Jewish Communities, Ch.7 ("God-Worshippers" in Asia Minor, S.154-177).

[364] So A.T.KRAABEL bei seiner Diskussion der "Social Systems of Six Diaspora Synagogues" (in: J.GUTMANN (ed.), Ancient Synagogues, 1981, S.79-91): "just as the form of each building is due to local influence chiefly, so the kind of Judaism represented at each site is heavily influenced by the local situation" (S.79). "The date the first Jews arrived, their status at that time (traders? merchants? slaves? prisoners-of-war? refugees?), their economical level, their relationship, positive or negative, to the authorities--and in the later period, the strength or weakness of traditional paganism, the solidarity of (sic) disunity of Christianity *in this particular location*: such things as these go a long way towards explaining the differences among these six buildings, and among their owners" (S.87f.).

[365] P.R.TREBILCO, Jewish Communities, S.203.

"fremden" Juden zurückführen zu wollen[366], da für manche Orte auch schon für die Zeit, die den Konfliktdokumenten vorausging (vor 49 v.chr), gute und respektvolle Beziehungen zwischen der jeweiligen Polis und ihren jüdischen Einwohnern belegt sind.[367] Daher schienen uns *konkrete* politisch-wirtschaftliche Gründe (die ökonomisch devastierende letzte Bürgerkriegsphase und die anschließende Aufbauphase) und *konkrete* politisch-ideologische Gründe (die durch die augusteische Freiheitspropaganda geförderte klassische Autonomie-Doktrin der Städte, nach der auch die Juden bzw. der wenig geliebte Kapitalabfluß der Tempelsteuern im Rahmen des kommunalen Metökenrechts vereinnahmt werden sollten) eher geeignet, die seit ca. 50 v.Chr. aufkommenden Konflikte sowie ihre Beilegung im Zuge der "reichspolitischen" Sozialisation der urbanen Aristokraten zu verstehen. Freilich trug zu dieser Beilegung neben dem augusteischen Edikt für die Asia (12 v.Chr.) und seiner ordnungspolitischen Durchsetzung maßgeblich wohl der tatsächlich eingetretene große wirtschaftliche Aufschwung der Region bei.

Den Grund für ein neues Forschungsbild zum Verhältnis von Griechenstädten und Judengemeinden haben vor allem A.T.KRAABELs Arbeiten gelegt[368], die unter Berück-

---

[366] "The cities could become used to this odd group in their midst and toleration could grow as the Jewish Communities became established. Roman support would become less necessary and this would engender less resentment. Thus both the hostility and the later peace are readily understandable" (P.R.TREBILCO, Jewish Communities, S.12f.).

[367] Cf. z.B. Jos. ant XIV 235 (Brief des Lucius Antonius nach Sardis): Die sardischen Juden hatten schon in früheren Zeiten (ἀπ᾽ ἀρχῆς), nämlich vor der aktuellen Beeinträchtigung, das zugestandene Recht auf eine eigene σύνοδος und einen eigenen τόπος. - Ein pergamenisches Psephisma aus der Zeit Antiochos' VII Sidetes oder Antiochos' IX Cyzicenos, in dem das jüdische Volk und sein Hohepriester Hyrkanos I. der pergamenischen Freundschaft versichert werden, verlegt den Beginn dieser freundschaftlichen Beziehungen zwischen Pergamenern und Juden ausdrücklich in die Zeit Abrahams (ant XIV 255) - "it might be taken as proof of the influence of Judaism in that region" (SCHÜRER edd.VERMES, MILLAR, GOODMAN, Vol. III/1 S.18f.). Das Psephisma erwähnt den Auftritt eines Theodoros, der wahrscheinlich Jude war und nicht zu den Emissären Hyrkans gehörte, vor Rat und Volksversammlung in Pergamon: Er brachte dort das projüdische Dekret des römischen Senats zusammen mit einem Brief (Hyrkans?) ein, ehrte in seiner Rede Hyrkan I., erwirkte einen projüdischen Beschluß der Polis und erwirkte Freundschaftsgesandte sowie die Überstellung einer Kopie des projüdischen Beschlusses an Hyrkan (ant XIV 252-255). TREBILCO interpretiert treffend: "He was thus perhaps an important member of the Jewish Community of the city, and was sufficiently respected to be allowed to speak to the council and assembly... Thus we can suggest that the Jewish community in Pergamum ... enjoyed good relations in the city." (ders., Jewish Communities, S.8f.). - Aus Iasos hören wir von einem jerusalemischen Metöken Niketas, der um die Mitte des 2.Jh. v.Chr. für die lokalen Dionysia gespendet hat (CIJ II 749). - Wichtig sind in diesem Zusammenhang auch die bereits besprochenen Indizien für die zwischen Juden und Griechen ausgeglichenen konstitutionellen Verhältnisse in den asiatischen Städten in seleukidischer Zeit (ant XII 125f., c.Ap II 39).

[368] A.T.KRAABEL, Judaism in Western Asia Minor under the Roman Empire, with a Preliminary Study of the Jewish Community at Sardis, Lydia, Dissertation Harvard 1968; ders., Ύψιστος and the Synagogue at Sardis, GRBS 10 (1969) S.81-93; ders., Paganism and Judaism:

sichtigung archäologischer Evidenz zuerst auf die positiven Relationen zwischen selbstbewußten hell.-jüdischen Diasporagemeinden und Griechenstädten hingewiesen hatten.
KRAABELs Absicht ist es, gegen einen weitgehend durch kirchlich-neutestamentliche
Perspektiven geprägten "alten Konsens" zu Felde zu ziehen, der - bei nur stiefmütterli-
cher wissenschaftlicher Aufarbeitung der westlichen Diaspora[369] - diesen Juden, gerade
auch den kleinasiatischen, synkretistische Paganisierung ihrer Religion im Interesse
vermehrter Attraktivität im sozialen Umfeld, Proselytenfängerei, vorrangige politisch-
religiöse Palästina-Orientierung, sorgsamen ethnokulturellen Abschluß gegenüber einer
als fremd erlebten hell.-römischen Umwelt, die mit antijüdischen Übergriffen reagierte,
Unterschichten-Dominanz und vorwiegend religiöses Selbstverständnis zuschrieb.[370]
KRAABEL gelingt es, verkrustete, flächig-unhistorische Auffassungen von einer nur
marginalen, angefeindeten und ängstlichen hell. Diasporajudenschaft in fortgeschritte-
ner Prinzipatszeit zu widerlegen[371] und exemplarisch vor allem für das lydische Sardis
des 3.Jh.n.Chr. ein selbstbewußtes, einflußreiches, keineswegs synkretistisches, aber
gleichwohl das symbolische Vokabular der paganen Umwelt nutzendes Judentum aufzuzeigen: Die Synagoge war hier in einem mächtigen Basilikabau im Zentrum unterge-
bracht, der integraler Bestandteil eines Gymnasium-Bäder-Komplexes war; die Juden
des 3.Jh. n.Chr. verstanden sich in den Inschriften als Σαρδιανοί; die Adler- und Lö-
wendarstellungen des Inventars sowie die Mosaike (Krater/ Weinrebe) nehmen z.T. lo-
kalspezifische Motive auf.[372] In den jüdischen Inschriften erscheinen 9 Juden als städtische Ratsmitglieder (βουλευταί) und auch Juden als Beamte der Provinzverwaltung.
Angesichts dieses Materials aus Sardis schließt sich K. zurecht der Einschätzung
APPLEBAUMs an: "no evidence could demonstrate better the intimate and excellent
relations which prevailed between the Jews of Asia and the Greeks in the early third
century CE."[373] Allerdings: Ersetzt K. den abgelehnten "alten Konsens" nicht lediglich

---

The Sardis Evidence, in: Paganisme, Judaisme, Christianisme, Mélanges offerts à Marcel Simon,
Paris 1978, S.13-33; ders., The Diaspora Synagogue: Archaeological and Epigraphic Evidence
since Sukenik, ANRW II 19.1 (1979) S.477-510; ders., Social Systems of Six Diaspora Synagogues,
in: J.GUTMANN (ed.), Ancient Synagogues, 1981, S.79-91; ders., The Roman Diaspora: Six
Questionable Assumptions, JJS 33 (1982) S.445-464. Eine Weiterführung des KRAABELschen
Ansatzes für Aphrodisias bietet auch P.W. VAN DER HORST, Jews and Christians in
Aphrodisias in the Light of their Relations in Other Cities of Asia Minor, in: ders., Essays on the
Jewish World of Early Christianity, NTOA 14, Freiburg-Göttingen 1990, S.166-81.

[369] Die östliche Diaspora ist hier die babylonische, auf die sich das rabbinische Augenmerk
gerichtet hatte.

[370] KRAABEL, The Roman Diaspora: Six Questionable Assumptions, JJS 33 (1982) S.445-64.

[371] Siehe vor allem KRAABEL, Judaism in Western Asia Minor, pass..

[372] KRAABEL, Paganism and Judaism: The Sardis Evidence, S.13-33; ders., The Diaspora
Synagogue: Archaeological and Epigraphic Evidence since Sukenik, ANRW II 19.1 (1979) S.483-
88. Cf. ders., Social Systems S.83 (zur Synagoge in Dura): "Jews here were well aware of the
competition [sc. der Religionen]; proximity did not breed "syncretism" but rather a clear
understanding of where they stood, of the distance between the true religion and the gentile cults.
Dura Jews decided to tell the biblical stories with the visual vocabulary of their city and their
time; the alternative was to risk becoming incomprehensible, misunderstood by the new
generations of Jews whose only world was pluralistic Dura. The Sardis evidence points in the
same direction."

[373] Bei KRAABEL, Paganism and Judaism: The Sardis Evidence, S.20.

durch ein anderes, ebenso flächig-unhistorisches Konstrukt, wenn er ausgehend von archäologischem Material, das ganz überwiegend aus dem späten 2.Jh., dem 3. und dem 4.Jh.n.Chr. stammt, den Eindruck erwecken will, daß solche exzellenten Beziehungen auch schon im 1.Jh.v.Chr. und zur Zeit des Augustus in der Asia, speziell in Sardis, vorgeherrscht hätten? Denn darauf will er ja hinaus, wenn er zum einen das spätrepublikanische Dekret für Sardis ant XIV 235, das u.E. unübersehbar eine Appellation von sardischen 'Ιουδαῖοι πολῖται (im Namen der Synagoge) voraussetzt, denen von der Stadt die traditionelle σύνοδος ἰδία und der entsprechende τόπος ἰδίος bestritten worden war[374], und zum zweiten das unter dem Einfluß der Politik Caesars entstandene spätere Psephisma der Sardianer ant XIV 259-61, das u.E. ebenfalls deutlich eine Appellation der zuvor in ihren Rechten restringierten lokalen Juden voraussetzt[375], durch die rhetorische Frage deutet: "Are they a sign, not of the community's need for protection, but of its prestige?"[376] Aus dem gleichen Interesse an einer einflußreichen und lokal wenig angefochtenen Position der Juden in Sardis versucht er auch, dem Dekret des augusteischen Prokonsuls Norbanus Flaccus nach Sardis (ant XIV 171, kurz nach 12 v.Chr.)[377], das zugestandenermaßen "gentile interference" bei der örtlichen Sammlung und Übersendung der Tempelsteuern voraussetze, die Schärfe einer darin reflektierten *lokalen* Obstruktionspolitik der Sardianer gegen die Synagoge zu nehmen - ein untauglicher Versuch.[378] Es dürfte deutlich geworden sein, daß dem von KRAABEL angemahnten

---

[374] Cf. nur den abschließenden Entschluß des Proquaestors: τοῦτό τε αἰτησαμένας (!) ἵν᾽ ἐξῇ (!) παεῖν αὐταῖς τηρῆσαι καὶ ἐπιτρέψαι ἔκρινα (ant XIV 235fin).

[375] Siehe SCHÜRER (edd. VERMES, MILLAR, GOODMAN) III/1 S.116f. mit A 37. Cf. nur XIV 259f.: Die Juden seien vor Rat und Volk vorstellig geworden, hätten sich dabei auf die Wiederherstellung (!) ihrer Gesetze und Freiheit durch Rom berufen und die Erlaubnis ihrer ethnokulturellen Lebensformen angemahnt (παρεκάλεσαν).

[376] KRAABEL, Paganism and Judaism: The Sardis Evidence, S.18.

[377] Zur Datierung von ant XIV 171 siehe F.MILLAR, The Emperor, the Senate and the Provinces, JRS 56 (1966) S.161; SCHÜRER (edd. VERMES, MILLAR, GOODMAN) III/1 S.119 A 47.

[378] Dies geschieht a.a.O. S.16 A 4 durch den Hinweis: "Such interference was not always local, cf. the famous case of Lucius Valerius Flaccus, Roman governor of Asia in 62..." Doch dieser Versuch, von einer möglichen Restriktion der Synagoge durch die sardische Magistrat selbst abzulenken, die freilich den Eindruck der von Anbeginn an ungetrübten und exzellenten Beziehungen zwischen Synagoge und lokaler Oberschicht vernichten würde, ist untauglich. Denn in der fraglichen Zeit sind solche Übergriffe ja auch für andere Poleis als lokalpolitische Optionen eindeutig bezeugt (s.o.; cf. nur Philo, LegGai 314f.). Allerdings weist KRAABEL ant XVI 171 fälschlich der spätrepublikanischen Zeit zu (a.a.O. S.16). KRAABELs Tendenz spricht schon aus dem summary seiner Dissertation, p.4: "nothing like the occasional hostility of Jew and Gentile in Alexandria is attested for Sardis." Der gleichen 'flächigen' Tendenz in der Beurteilung der frühen Jahrhunderte folgt auch P.W. VAN DER HORST, Jews and Christians in Aphrodisias, S.180; cf. auch W.A.MEEKS, The First Urban Christians, S.44f. Im Blick auf die sardischen Dokumente bei Josephus erliegt auch P.R.TREBILCO der von KRAABEL angebahnten Schieflage der Interpretation, wenn er die darin manifesten Obstruktionen der städtischen Behörden beinahe ignoriert und dazu schreibt: "These decrees reveal a community that was granted privileges by the Romans and by the city. [!] They were thus well established, had some autonomy, and their own building of some sort and were in a strong position in the city;... They were thus able to follow their traditions, most notably, according to these documents,

Umschwung in der Sicht der römisch-hellenistischen, speziell kleinasiatischen Diaspora[379], was die Zeit der späten Republik und des frühen Prinzipats angeht, nur mit sehr kritischer Sympathie begegnet werden kann. U.E. sollte das Gegeneinander von extremen Alternativen (marginales, stets angefeindetes Diasporajudentum vs. unangefochtenes, stets einflußreiches Diasporajudentum) einer differenzierteren Sicht weichen, die sowohl die historische Wandlung der lokalen Situationen unter dem frühen Prinzipat ernstnimmt[380] als auch die Indizien dafür, daß die Stellung der Juden in den Griechenstädten der Asia im 1.Jh.n.Chr. durchaus *ambivalent* blieb, auch *nach* der oben skizzierten Entkrampfung im frühen Prinzipat:

A. Zum einen war es nach dieser Entspannung für lokale Aristokraten und andere Bürger wieder eher möglich geworden, die ethnokultische Fremdheit der Juden auch als religiöse Attraktion zu erfahren[381] und in dieser Religion drei für den Erfolg östlicher Kulte auch sonst wichtige Elemente wiederzufinden: a) den monotheistischen Zug - auch in anderen östlichen Kulten wandte man sich an die oberste Gottheit bzw. faßte die Götternamen nur als verschiedene Aspekte der einen Gottheit auf -, der im Falle der Juden noch durch den bildlosen Kult herausgehoben wurde, den namhafte Gebildete würdigten (Strabo, Varro, sogar Tacitus); b) die Entsündigung und rituelle Reinigung im Zuge einer Initiation, der sich als jüdisches Proprium noch die Verbindung mit einer deutlich erkennbaren und attraktiven praktisch-ethischen Lebensorientierung anschloß; c) die Erwartung eines glücklich(er)en jenseitigen Lebens.[382] Vornehme Damen brauchten zudem weniger Rücksichten zu nehmen, die aus öffentlichen sozialen Verpflichtungen resultierten, als ihre Männer - wir finden viele von ihnen als Anhängerinnen (Gottesfürchtige) und lokale Schutzpatroninnen der Synagoge.

---

the Temple tax, food laws and being able to have a communal life" (ders., Jewish Communities, S.30, cf. S.45.49).

[379] Siehe bes. ders., The Roman Diaspora: Six Questionable Assumptions, JJS 33 (1982) S.445-464.

[380] An dieser Stelle hat bereits P.R.TREBILCOs Dissertation über KRAABEL hinausgeführt, indem er die Entkrampfungen im Verhältnis zwischen den Griechenstädten und ihren Judengemeinden nach konsequenter Berücksichtigung der Konfliktdokumente bei Josephus erst der Zeit nach 2 n.Chr. zuweist.

[381] Ein (späteres) Beispiel aus dem 2.Jh. n.Chr. bietet die Grabinschrift des T.Flavius Amphikles aus Chalkis/ Euboea in Griechenland, die Dt 28,22.28 zitiert. Der wohlhabende Aristokrat Amphikles, der bei Herodes Atticus Rhetorik studiert hatte, Archon der Panhellener war und auch zur zweiten Sophistik gehörte, war nach Ausweis seiner Grabinschrift stark vom jüdischen Monotheismus beeinflußt: "Thus we have here new evidence of the influence of Jewish religious thought in the higher spheres of the aristocracy" (TREBILCO, Jewish Communities, S.65f.). Zum Epitaph siehe R.A.HORSLEY, New Documents (1978), S.123-125.

[382] Wir schließen uns hier der quellenreichen Darstellung bei SCHÜRER (edd. VERMES, MILLAR, GOODMAN) III/1 S.150-76 (V. Gentiles and Judaism: 'God-Fearers' and Proselytes) an. Zum ethischen 'appeal' jüdischer Lebensweise, der auch für die griechischen Gottesfürchtigen charakteristisch war, die keine Proselyten waren, siehe auch F.SIEGERT, Gottesfürchtige und Sympathisanten, JSJ 4 (1973) S.113f.125f.129-33.140. Auf einen breiten Strom intellektueller Sympathie für das Judentum im Imperium Romanum hat jetzt J.G.GAGER, The Origins of Antisemitism. Attitudes Toward Judaism in Pagan and Christian Antiquity, New York/ Oxford 1983, bes. S.67ff. aufmerksam gemacht (er bespricht u.a. Diodoros Sic., Nikolaos v.Dam., Pompeius Trogus, Strabo v.Amasia, Timagenes, Dionysios, Longinus, Epiktetos, Plutarch). Cf. auch Josephus, c.Ap.II 282-84.

B. Ganz andere Haltungen werden wir unter jenen städtischen Mobs anzunehmen haben, die im Kontext allgemeinerer wirtschaftlicher oder politischer Krisenstimmungen leicht ihre latenten ethnokulturellen Ressentiments gegen die jüdischen Mitbewohner mobilisieren konnten.[383] Möglicherweise spielte dabei auch der Neid auf den jüdischen Erfolg bei der Gewinnung einflußreicher Sympathisanten in den lokalen Stadtgesellschaften eine Rolle, doch das bleibt ein moderner Erklärungsversuch. Freilich zogen Feindseligkeiten auf dieser Ebene bei Juden wie bei romorientierten Griechen verständlicherweise wenig memoriales oder gar archivarisches Interesse auf sich. Daher dürfen wir die schlaglichtartige Nachricht über den ephesischen Theaterzwischenfall (Act 19) und das erhellende Nachwort des Josephus zur Zitation der asiatischen Dokumente, das um Entfeindung im hellenistischen Adressatengebiet der Antiquitates bemüht ist (ant XVI 174-78), als Bestätigungen der sehr realen, phasenweise intensivierten Mißgunst gegen jüdisches Leben in den asiatischen Griechenstädten unter der breiten Bevölkerung und ihren Aufwieglern im 1.Jh.n.Chr. werten.[384]

Drohte den Juden der Asia nach Augustus keine ernsthafte Gefahr mehr von den Stadtverwaltungen, so konnte auch die eher spontan reagierende Straße kein wirkliches Hindernis für das Aufstreben der Diasporagemeinden abgeben. Nur für Zeiten, da eine außerhalb der Asia begründete, etwa in der römischen Politik manifeste Krise über die Juden hereinbrach, ist es denkbar, daß sich die nach wie vor existenten ethnokulturellen Ressentiments gegen die Juden in der breiten Bevölkerung zu einem phasenweise bedrohlichen Achtungsverlust aufsummieren konnten. Tatsächlich wurde für die Politik der frühen Kaiser die Loyalität der Diasporajuden gegenüber dem römischen Programm schiedlich-friedlicher Koexistenz (pax gentium) durch *Unruhen mit erheblichem jüdischen Anteil* zunehmend zweifelhaft. Daher kamen jetzt in der römischen Diasporapolitik schärfere Töne auf, die sich schließlich bis in

---

[383] KRAABEL rechnet die ethnokulturelle Fremdheitserfahrung, die in hellenistischen Poleis im Gegenüber von Griechen und Juden reziprok gemacht wurde, zu Unrecht zu den "questionable assumptions" der traditionellen Forschungsmeinung über die römisch-hellenistische Diaspora (ders., JJS 33 (1982) S.452f.458f.). Denn auf den Nenner dieser Erfahrung führen den Konflikt nahezu alle mit dem Thema befaßten *antiken* Referenten zurück, ob sie diese nun polemisch in den Atheismus- bzw. Misanthropie-Vorwurf, die despektierlichen Exodus-Variationen, die Geschichten vom jährlichen Ritualmord an Griechen oder die Eselskult-Version kleideten, oder ob sie mit resignativen Obertönen etwas direkter die ethnokulturelle Distanz beider Gruppen in der hell. Welt ansprechen (cf. exemplarisch Philostr., vita Apoll. V 33f. = STERN II Nr.403; Apollonios Molon bei Jos., c.Ap.II 258). Auch jüdische Autoren wie Philo und Josephus führen den Konflikt auf diese Fremdheitserfahrung zurück, wobei es sehr erhellend ist, daß Josephus diese Erfahrung (τὸ ἀλλότριον) zwar als Konfliktgrund sieht, aber die feindselig-aggressiven Haltungen den "Dummköpfen" (τοῖς ἀλογίταις) zuschreibt.

[384] In ähnlicher Weise erkennt auch W.A.MEEKS, The First Urban Christians, S.36 die bleibende Ambivalenz der jüdischen Position in den Städten: Im Rahmen des Gerangels "among the various *politeumata* and lesser groups of the city" um Sozialvorteile konnte die Synagoge dank ihrer religiösen und sozialen Besonderheiten viele Griechen des urbanen Umfelds attrahieren, doch: "Yet these same qualities, added to the size and wealth of many of the Jewish communities, provoked others of their neighbours to resentment and jealously."

die restriktiven Maßnahmen der Flavier nach dem bellum Iudaicum verfolgen lassen. Ihrer Genese werden wir im folgenden nachgehen.

E.2. Die Krisen unter Gaius und Claudius und ihre Folgen für die römische Judenpolitik

Während der jüdische Prinz Archelaos nach dem Tod seines Vaters Herodes (4 v.Chr.) in Rom die Bestätigung seiner Herrschaftsnachfolge erreichen wollte, waren in Judaea schwere Unruhen ausgebrochen, gegen die er anfangs noch selbst brutal vorgegangen war und die der syrische Legat Varus schließlich in einem Feldzug niederschlagen mußte.[385] Im Zuge der in etwa gleichzeitigen Verhandlungen vor Augustus hatte Nikolaos von Damaskus zur Verteidigung der harten Militäraktion des Archelaos über die revolutionären Tendenzen (νεωτεροποιία) der Juden und ihre Lust zum Aufruhr (τοῦ στασιάζειν ἡδονή) zu klagen, die von ihrer mangelnden Gewohnheit herrühre, der Gerechtigkeit und den Gesetzen zu gehorchen (τοῦ πείθεσθαι δίκῃ καὶ νομίμαις), diktiert von dem Willen, sich bei allem durchzusetzen (ant XVII 316). Kurz zuvor hatte eine königsfeindliche Gesandtschaft aus Judaea - bemerkenswerterweise von tausenden römischer Diasporajuden unterstützt (XVII 300) - die Angliederung des Landes an die Provinz Syrien gefordert, um so offenbar zu machen, "ob sie wirklich seditiös und am meisten zur Revolution geneigt seien oder [nicht vielmehr] wohlgeordnet, sobald sie maßvollere Vorgesetzte erlangten" (XVII 314; cf. bell II 91). Die Verhandlungs-Szene enthüllt vor allem das sich in der kaiserlichen Verwaltung etablierende Vorurteil vom *aufstandsgeneigten jüdischen Volk*, das hier freilich auch die Herrschaftspraxis der römisch-hellenistisch orientierten Königsfamilie belastet.[386] In der Tat brachte die Klage judäischer und samarischer nobiles über die tyrannische Grausamkeit des Archelaos, verbunden mit Mißachtung des jüdischen Gesetzes, Augustus 6 n.Chr. dazu, Judäa, Samaria und Idumäa der Provinz Syrien anzugliedern - das Institut von Klientelherrschern über Judäa war damit (abgesehen von einem kurzen Zwischenspiel unter Agrippa I.) beendet und ein neues Verwaltungsexperiment gegenüber dem schwierigen, inzwischen stark seditionsverdächtigen palästinischen Volk und seinem Jerusalemer Zentralheiligtum eröffnet: Die direkte Herrschaft durch Rom.[387]

---

[385] Zur jüdischen Rebellion und ihrer Niederschlagung siehe ant XVII 206-98; SCHÜRER (edd.VERMES, MILLAR, BLACK) I 330-35.

[386] Dieses Vorurteil ist (für Palästina) freilich älter, siehe nur Cicero, pro Flacc. 67-69; cf. Jos. bell VI 329f. (Aufstandsneigung seit Pompeius). Doch erlangte es jetzt erstmals *unter dem Kaisertum* erhöhte Aktualität.

[387] Zur Absetzung und Verbannung des Archelaos siehe ant XVII (339-41) 342-44; SCHÜRER (edd.VERMES, MILLAR, BLACK) I S.353-57. Das neue "Herrschaftsexperiment"

Dieses Experiment forderte, als Kaiser *Gaius* ("Caligula") das Imperium in eine absolute Monarchie nach hellenistischem Muster transformieren wollte, die jetzt extensiv durch den Herrscherkult als Loyalitätsreligion zu stabilisieren war, den jüdischen Widerstand in Palästina wie in der Diaspora heraus und erweiterte den römischen Seditionsverdacht zum Image des *weltweiten desintegrativen Nationalismus* der Juden.[388] J.P.V.D.BALSDON hat Gaius' Haltung wohl zu Recht mit Antiochus' IV. Epiphanes hellenistischem, kulturell-religiösem Reichseinigungsprogramm verglichen, nach dem auch die widerspenstigen Juden durch die Installation des Jerusalemer Zeus-Olympios-Kults in die hellenistische Staatsraison integriert werden sollten: "In the same spirit Gaius now ordered that his statue should be erected at Jerusalem."[389] Schon während der schweren Verfolgung der Juden in Alexandria 38 n.Chr. hatten die Griechen diesen extensiven Kaiserkult des Gaius als Hebel gegen die jüdischen Einwohner eingesetzt (Kaiserbilder in die Synagogen),

(J.D.V.P.BALSDON aaO. S.113f.) des Augustus in Judäa bedeutete die Verwaltung durch einen Präfekten (seit Claudius: Prokurator) von ritterlichem Rang. Dieses Verwaltungsverfahren wurde in Provinzen angewendet, "in which, owing to a tenacious and individual culture, ..., the strict implementation of ordinary regulations seemed impossible. The best known example is Egypt." (SCHÜRER (edd.VERMES, MILLAR, BLACK) I S.357f.). Auch halb-barbarische Provinzen wurden so verwaltet (ebd. S.358 mit A 20). Zu dieser Verwaltung Judäas 6-41 n.Chr. s. ebd. S.357-98. Während wir im Folgenden vor allem danach fragen, welche Auswirkungen die Ereignisse in Palästina (vor allem unter Gaius Caligula und Claudius) *in der östlichen Diaspora* hatten, behandelt speziell die römische Friedens- und Herrschaftssicherung in Judäa während dieser Zeit jetzt H.SCHWIER, Theologische und ideologische Faktoren im ersten jüdisch-römischen Krieg (66-74 n.Chr.) im Zusammenhang mit der Zerstörung des Jerusalemer Tempels, < masch.schr. Fassung > S.264-81.

[388] Zu Gaius' Programm einer Monarchie nach hellenistisch-orientalischem Muster siehe J.D.V.P.BALSDON, The Emperor Gaius (Caligula) S.142f. und A.MOMIGLIANO, Claudius - The Emperor and his Achievements S.22-24

[389] J.D.V.P.BALSDON, Gaius S.142f. Diese Verbindung zu Antiochos Epiphanes stellte auf ihre Weise auch die zeitgenössische apokalyptisch-jüdische Opposition gegen Rom her, die uns durch die in Mk 13 verarbeitete judenchristliche Apokalypse aus dem Jahr 40 n.Chr. fassbar wird: Hier greift der Ausdruck τὸ βδέλυγμα τῆς ἐρημώσεως (v.14) auf jene apokalyptische Tradition (Dan 12,11 cf.9,27; 11,31 und 1.Makk 1,54f.) zurück, in der dieser Begriff das von Antiochus im Jerusalemer Tempel aufgestellte Zeus-Bild bezeichnete. Siehe dazu G.HÖLSCHER, Der Ursprung der Apokalypse Mrk 13 ThBl 12 (1933) S.193-202 und jetzt vor allem G.THEISSEN, Lokalkolorit und Zeitgeschichte in den Evangelien S.133ff., bes.S.143f. und S.167ff. THEISSEN konnte u.a. wahrscheinlich machen, daß die Kultkonflikte vom Beginn des Makkabäeraufstandes in der Gaius-Krise auch sonst als historische Analogien präsent waren (ebd. S.168f.). Dies entspricht auch dem allgemeinen Phänomen des "revolutionary traditionalism" im ideologischen background von antirömischen Volkserhebungen (cf. S.L.DYSON, Native Revolt Patterns in the Roman Empire S.160f.). Daß die Parallele des kaiserlichen Plans mit dem Vorgehen Antiochos' Epiphanes - zumindest der Möglichkeit nach - auch bei historisch kundigen Römern wahrnehmbar war, könnte man auf Grund der bei Tacitus belegten römischen Bekanntschaft mit der Antiochos-Tradition vermuten, nach der die oktroyierte hellenistische Akkulturation der Juden deren superstitio beseitigen und so eine Besserung des Volks herbeiführen sollte (hist V 8,2, möglicherweise abhängig von der bei Diod. XXXIV/XXXV 1,1-5 belegten Version; cf. M.STERN II S.47).

ebenso in der griechisch-jüdischen Stadt Jamnia, wo die Juden den provokativ errichteten Gaius-Altar wieder zerstörten.[390] Diese Ereignisse brachten Gaius, der von der Notwendigkeit des Herrscherkults zur Loyalisierung *aller* Ethnien im Reich überzeugt war, zu der Einsicht, "that the tolerant policy of his predecessors had not succeeded in establishing a peaceful *modus vivendi* between Jews and Gentiles in the cities of the East."[391] Das *hellenistisch*-römische Reichseinigungskonzept des Gaius verlangte nun die unbedingte Unterwerfung der Juden unter die auf den Kaiser gerichtete Loyalitätsreligion, die im jüdischen Zentralheiligtum installiert werden sollte und die zugleich - das war den Römern wohl klar - auf die Beseitigung des jüdischen Zentralkults hinauslief. Dank der Verzögerungstaktik des syrischen Legaten P.Petronius und dem Einfluß des Jugendfreundes Agrippa I. konnte Gaius vorläufig von seinem Plan abgebracht werden, endgültig wurde dieses Unternehmen freilich erst durch seine Ermordung und die Thronfolge des Claudius (41 n.Chr.) vereitelt.[392] Philos Schriften "In Flaccum" und "Legatio ad Gaium", letztere schon unter dem neuen Kaiser im Jahr 41 n.Chr. abgefaßt (LegGai 3.107.206), verraten, daß der kultpolitische "Anschlag" des Gaius auf die Ju-

---

[390] Zur historischen Genese der alexandrinischen Spannungen bis zum Pogrom 38 n.Chr., worüber uns vor allem Philos Schriften "In Flaccum" und "Legatio ad Gaium" Nachricht geben, siehe jetzt N.BICKHOFF-BÖTTCHER, Judentum S.176ff.; cf. J.D.V.P.BALSDON, The Emperor Gaius (Caligula) S.125-35. Der Gaius-Kult diente in Alexandria nur als Hebel des Antijudaismus der Griechen (Flacc 41f.49; LegGai 133.137), ebenso in Jamnia (39 n.Chr.). Erst die Vorgänge in dieser Stadt, die der Prokurator Herennius Capito in düsteren Farben an Gaius weitermeldete und die zu den alexandrinischen Unruhen hinzutraten, provozierten nach Philo die Absicht des Gaius, den Herrscherkult im jüdischen Zentralheiligtum zu installieren (LegGai 197-206). Gerade in der Stadt Jamnia, die kaiserlicher Besitz war, mußte der jüdische Widerstand gegen den Kaiserkult den Römern in besonderer Weise anstößig und widersetzlich erscheinen (dazu G.THEISSEN, Lokalkolorit S.153f. mit A 38). Obgleich diese versuchte Oktroyierung des Herrscherkults somit nur eine historisch *sekundäre* Folge der Tatsache war, daß Griechen (mindestens) in Ägypten und Palästina (s.u.) die Kaiserverehrung als antijüdisches Druckmittel eingesetzt hatten, bezog sich die aus jüdischer Sicht *entscheidende* Konfrontation in diesen Ereignissen letztlich doch auf die Loyalitätsreligion des kaiserlichen Reichseinheitsprogramms.
[391] J.D.V.P.BALSDON, The Emperor Gaius (Caligula) S.142. Aus der Sicht des Gaius mußte die kultische Loyalität gegenüber seiner Person zugleich die Loyalität gegenüber dem imperialen Herrschaftsprogramm einer hellenistisch akkulturierten Völkerharmonie im Osten (pax gentium) mitumfassen. Wir werden gleich sehen, daß schon der alexandrinische Pogrom 38 n.Chr. eine weltweite Unruhewelle in den Städten mit jüdischer Diaspora ausgelöst haben mußte - nicht allein Jamnia war die Folge. Den aus römischer Sicht beunruhigenden Zusammenhang der Unruhen heben - im Blick auf Ägypten und Palästina (Jamnia) - BALSDON, Gaius S.142 ("a symptomatic demonstration"), SMALLWOOD, Legatio S.264 ("looked like organized disloyalty") und THEISSEN, Lokalkolorit S.154 (deutbar als "'konzertierte Aktion' gegen den Kaiser") hervor.
[392] Zur Ereignisgeschichte der sog. "Caligula-Krise" (Philo, LegGai 197-337; Jos., bell II 184-203; ant XVIII 256-309) informiert jetzt umfassend G.THEISSEN, Lokalkolorit S.149-161.

den außer in Palästina auch in der Diaspora - hier wohl erstmals - eine *zu-sammenhängende Unruhewelle* hervorgebracht haben mußte.[393]

Schon Philos Schrift "In Flaccum" zeigt in §§ 44-48, daß Flaccus durch seine Kollabora-tion mit den antijüdischen Nationalisten Alexandrias 38 n.chr. - im pointierten Gegen-satz zum ordnungspolitischen Auftrag kaiserlicher Statthalter[394] - "die ganze οἰκουμένη, so muß man fast sagen, mit Bürgerkriegen (ἐμφυλίων πολέμων) füllte. ... Und es bestand die Gefahr, daß die Menschen überall von dort her [sc. von Alexandria] Anstiftung empfingen und ihre jüdischen Politen mißhandelten, indem sie gegen die Gebetshäuser und die väterlichen Traditionen Aufruhr anfingen. Sie aber [sc. die Ju-den] wollten nicht bis zum Äußersten ruhig bleiben, obwohl sie von Natur durchaus zum Frieden neigen..." (Flacc. 44.47f.). Wie Flaccus so lehren auch die anstiftenden ale-xandrinischen Nationalisten "die Einwohner in anderen Poleis die Eintracht (ὁμοφροσύνη) zu mißachten" (Flacc. 52). In diesen Worten Philos läßt sich die histori-sche Erfahrung einer Unruhewelle durch griechisch-jüdische Konflikte (zumindest im status nascendi) in weiten Teilen der οἰκουμένη unmittelbar nach dem alexandrinischen Pogrom greifen. Die Ereignisse in Jamnia (39 n.Chr.) blieben also keineswegs die ein-zige Folge, wenn auch eine besonders bedeutende. Durch Gaius' Plan einer Desakrali-sierung des jüdischen Zentralheiligtums 40 n.Chr. mußten diese Ausschreitungen neue Nahrung erhalten, denn jetzt gab ja das kaiserliche Vorhaben selbst, nicht nur die grie-chische Weltstadt Alexandria, dem ethnokulturellen Konfliktpotential in den Poleis Vorwand und Mittel zur Entladung: die unbedingte Pflicht zur Kaiserverehrung. Aus jüdischer Sicht mußten umgekehrt die griechischen Aggressoren mit ihrer kaiserlichen Legitimationsbasis zu einem einheitlichen Feindbild zusammenschmelzen. Es ist freilich verständlich, daß Philo in der Legatio, die zugleich den neuen Kaiser Claudius für die jüdische Sache gewinnen und ordnungspolitische Restriktionen abwenden wollte (s.u.), die weltweiten Konflikte, die ja auch durch jüdische Aggressionen geprägt waren (cf.

---

[393] Für Palästina ist ein bewaffneter jüdischer Aufstand gegen Gaius' desakralisierendes Vorhaben durch Tacitus, hist. V 9,2 belegt (sub Tiberius quies; dein iussi a C. Caesare effigiem eius in templo locare arma potius sumpsere, quem motum Caesaris mors diremit); cf. noch Tac., ann XII 54,1 und die bei THEISSEN, Lokalkolorit S.159 dazu gebotene Konjektur (im Anschluß an E.KOESTERMANN, Cornelius Tacitus Annalen III 11-13 S.200f.). Wir werden noch sehen, daß die historiographische Selektion allein der - zweifellos dominierenden - *friedlichen* jüdischen Widerstandsformen zumindest in der Legatio Philos durch eine aktuelle Gefährdung des status quo in der jüdischen Diaspora unter Claudius bedingt war: Philo wollte (ebenso wie später wohl auch Josephus im Blick auf den Muster-Römer P.Petronius) jedem antirömischen Seditionsverdacht entgegenwirken. Hohe Bereitschaft zum bewaffneten Widerstand, zumindest seitens einzelner Desperado-Gruppen, ist bei *diesem* römischen Vorhaben aber von vorneherein wahrscheinlich (cf. ant XVIII 273f.; LegGai 213ff.), gerade wenn man die damals kursierenden Traditionen vom kultpolitischen Beginn des makkabäischen Aufstands mit ins Kalkül zieht (s.o. A 389). Anders THEISSEN, Lokalkolorit S.155f. mit A 44, der für den Tacitus-Beleg eine Abhängigkeit vom "maßlos übertriebenen" Bericht des Herennius Capito aus Jamnia (cf. LegGai 202) in Erwägung zieht.

[394] S.o. S.232 A 28. Nach E.R.GOODENOUGH, The Politics of Philo Judaeus - Practice and Theory, S.19, scheint die Schrift In Flaccum "to be designed for some new prefect in Alexandria. The latter is full of suggestions for the proper conduct of the prefect's office, as well as of warnings to one who would abuse his privileges."

Flacc 48), nicht zu deutlich ausmalen wollte. Gleichwohl erscheinen uns auch seine allgemeineren Andeutungen hinreichend aufschlußreich: Gaius machte *die Poleis* voll von dem, was zu Aufruhr, Tumult und schwerstem Unheil führt (LegGai 90); er begann, die Saat des Friedens zu tilgen (LegGai 108), war der Freund der Kriege, der die politische Ordnung in Aufruhr und στάσεις umgestaltete (LegGai 113). Nach LegGai 348 bedeutete die (geplante) Errichtung der Kaiser-Zeus-Statue im Jerusalemer Heiligtum, "die Quellen gesammelter Übel" zu öffnen, und Philo verlegt in die Phantasie des syrischen Legaten P.Petronius, was wohl auf Grund der Unruhewelle an verschiedenen Orten der Diaspora aus römischer Sicht tatsächlich befürchtet werden konnte: Daß man sich die Feindschaft der weltweiten Diaspora zuzieht und deren Vertreter todesmutig zur Verteidigung ihres Zentralheiligtums heranziehen werden (LegGai 214ff.). Aus der Chronographie des Johannes Malalas wissen wir, daß es 40 n.Chr. auch im syrischen Antiochien nach einem Zusammenstoß im Theater zu schweren Ausschreitungen zwischen Juden und Griechen gekommen ist, wobei Synagogen entzündet und viele Juden getötet wurden.[395] Das stärkste Argument für den weit ausgreifenden Charakter der griechisch-jüdischen Konflikte im Zusammenhang der "Caligula-Krise" liegt aber in der Tatsache, daß sich der neue Kaiser Claudius gleich zu Beginn seiner Regierung, nach Intervention der jüdischen Herrscher Agrippa I. und Herodes von Chalkis, veranlaßt sah, ein *weltweites* Edikt zugunsten der jüdischen Rechte für ταῖς ἐν πάσῃ τῇ ὑπὸ Ῥωμαίας ἡγεμονίᾳ Ἰουδαίοις (ant XIX 287-91) zu erlassen, das nun - ganz in Entsprechung zum ersten Startpunkt der Unruhen in Alexandria - die in der ägyptischen Metropole dekretierte Regelung des jüdischen Status (ant XIX 280-85) weltweit ausdehnte.

Zwar haben wir für den weite Diasporabereiche mitumgreifenden Charakter dieser Unruhen abgesehen von Alexandria und Syrien[396] nur allgemeine, keine regional spezifizierenden Belege. Dennoch halten wir es angesichts des durch Ac 19 in relativer zeitlicher Nähe belegten griechisch-jüdischen Konfliktpotentials in der Asia (s.o.) für wahrscheinlich, daß die Konfliktwelle damals auch in einigen Städten dieser Region Resonanz finden konnte - freilich wohl vor allem auf der Ebene des Mobs und nicht bei den ordnungspolitisch inzwischen stark am römischen pax-Programm orientierten Stadtaristokraten.

Gaius' Nachfolger *Claudius*, selbst durch die Revolte gegen Gaius zur Herrschaft gelangt, setzte alles daran, die Spuren des typisch hellenistischen, kultischen Loyalisierungsprogramms des Gaius durch römisch-traditionelle Werte auszuwischen und Griechen und Juden im Interesse der pax gentium

---

[395] Ioannis Malalae Chronographia 244f (Migne PG 97, Sp.373).: οἱ γὰρ Ἀντιοχεῖς Ἕλληνες μετὰ τῶν αὐτόθι Ἰουδαίων συμβαλόντες δημοτικὴν μάχην ἐφόνευσαν πολλοὺς Ἰουδαίους, καὶ τὰς συναγωγὰς αὐτῶν ἔκαυσαν. - "There is a good bit of imagination behind this story, but it may be assumed that some historical event lies behind it" (D.R.SCHWARTZ, Agrippa I, S.93 A 15). Dazu siehe auch G.DOWNEY, A History of Antioch in Syria, S.192-95.
[396] Dem um die Konfliktregelung bemühten Edikt Claudius' für Alexandria stand nach Josephus ein ähnliches, allerdings von ihm nicht zitiertes Edikt für Syrien zur Seite (ant XIX 279).

zu einer versöhnlichen Koexistenz zurückzuführen.[397] Auch seinen Maßnahmen werden wir den bedrohlichen Eindruck anmerken, den die Unruhen in der weltweiten jüdischen Diaspora, die sich nach der Ermordung des Gaius (24. Januar 41) durch jüdische Revanche-Akte fortgesetzt zu haben scheinen, auf ihn gemacht hatten. Denn zu Beginn seiner Regierung suchten sich (mindestens) die alexandrinischen Juden an den Griechen zu rächen; die Revolte wurde aber auf kaiserliche Weisung vom Präfekten niedergeschlagen.[398] In dem nachfolgenden Edikt für Alexandria (ant XIX 280-85; ca. April 41 n.Chr.) wollte Claudius die Ursachen dieser ganzen Konfliktreihe entschärfen, indem er die (unter Gaius unsicher gewordenen) jüdischen Rechte nachdrücklich bestätigte und diese Bestätigung auch im Sinne des politischen Traditionsprinzips (Bezugnahme auf die Ptolemäer und auf Augustus: XIX 281-

---

[397] Dazu V.M.SCRAMUZZA, The Emperor Claudius S.150: "Gaius owed his death partly to reaction against his design of orientalizing the West. Claudius, then, was bound to repudiate that design. In religion that meant a return to the old faith and the old practices." Die Bewertung des toten Gaius als "verrückt" (cf. ant XIX 284f.) war freilich vor allem polemische Reaktion auf dessen "clear-cut plan for transforming the Roman principate into a monarchy" (A. MOMIGLIANO, Claudius - The Emperor and his Achievements S.22). Claudius fand es politisch geboten, zum augusteischen Ideal des Prinzipats zurückzukehren und dabei besonders die traditionellen Fundamente der Größe Roms zu bewahren - "maintaining or reviving all that was most expressive of that tradition, religious usages and political institutions alike" (MOMIGLIANO, Claudius S.24). Doch der traditionalistische Geist sollte letztlich einen kosmopolitischen, zunehmend auf die kaiserliche Verwaltungsspitze und ihr Sekretariat zugeschnittenen Großstaat stützen, er war die ideologische Schaufensterseite eines unter dieser Oberfläche massiven zentralistischen Reformprogramms, dem auch die althergebrachten Leitungsansprüche des Senats und des Ritterstandes in verschiedenem Grade zum Opfer fielen. Claudius sah seine Reformen durch die römische Geschichte legitimiert und meinte (sicher zu Recht), den von Augustus eingeschlagenen Weg weiterzugehen (zum Ganzen siehe MOMIGLIANO, Claudius pass.).

[398] ant XIX 278-79. Nach der Ereignis-Rekonstruktion KASHERs hat die für die Unruhen ausschlaggebende Nachricht vom Tod des Gaius Alexandria wohl erst Mitte Februar 41 erreicht, der Bericht über die anschließenden jüdischen Übergriffe in Alexandria kam mutmaßlich etwa Anfang April in Rom an. Unmittelbar reagierte Claudius durch den Befehl zur Oppression der Revolte im Sinn der pax Romana; danach kam es, wie sich aus dem kaiserlichen Brief nach Alexandria (CPJ II No.153, publiziert November 41) rekonstruieren läßt, zu einer Anhörung beider noch in Rom weilenden Gesandtschaften aus Alexandria zu den neuen Übergriffen (der jüdischen unter Philo und der griechischen unter Apion, inzwischen war freilich Barbillus' Gesandtschaft mit den alexandrinischen Unruhemeldungen dazugekommen). Frühestens Mitte April konnte das Edikt für Alexandria erstellt worden sein, in diesem Zusammenhang zweifellos auch das inhaltsähnliche für Syrien (cf. ant XIX 279) und das sog. "Weltedikt" (ant XIX 287-91). Am 30. April/ 1.Mai schloß sich dann der in den Acta Isidori und Lamponis reflektierte Prozeß Isidoros vs. König Agrippa I. an, der mit der Hinrichtung der Alexandriner endete (CPJ II No.156a-d). Nach diesen Rückschlägen für die griechischen Patrioten Alexandrias kam es etwa Mitte September zur Erneuerung der Übergriffe (jüdisches Laubhüttenfest, cf. schon Philo, Flacc. 116), jetzt vor allem durch die Griechen, worauf sich im Oktober/ November 41 der Brief des Kaisers nach Alexandria bezieht (cf. KASHER, Jews bes. S.269-74).

83) ausführlich legitimierte.[399] Zeitgleich ist der kaiserliche Affront gegen
den antirömischen Nationalismus der alexandrinischen Gymnasiarchen Isido-

---

[399] Zur Datierung und Bewertung des kaiserlichen Edikts für Alexandria siehe jetzt vor allem
A.KASHER, Jews, S.262-74. KASHER konnte im Anschluß an eine russische Arbeit von
AMUSIN wahrscheinlich machen, daß der Brief, den der syrische Legat P.Petronius auf
Betreiben des kürzlich aus Rom zurückgekehrten Agrippa I. an die syrische Küstenstadt Dora
geschrieben hatte, um gegen antijüdische Übergriffe einzuschreiten, die Authentizität der von
Josephus gebotenen Edikte des Claudius belegt: auf sie wird dort verwiesen (ant XIX 303-11; bes.
310: τὰ ἐν Ἀλεξανδρείᾳ αὐτοῦ διατάγματα προτεθέντα (Plural), cf. 307.306.304). Auf den
Brief des Claudius nach Alexandria können diese Verweise nicht gehen, da dieser nicht als
διάταγμα auffassbar war (KASHER, Jews S.265f.); kaum denkbar ist auch Petronius' Hinweis
auf den angemessenen Ort des Kaiserbildes im Kaisertempel (ant XIX 305), falls man ihm die
kürzliche Lektüre des Claudius-Briefes, der sich entschieden gegen eigene Kaiser-Tempel
ausgesprochen hatte (CPJ II No.153, Col.III Z.48-51; KASHER, Jews S.266f. mit A 9),
unterstellen wollte. Agrippa hatte sich auf diese Edikte, ca. Ende Mai 41 aus Rom gekommen, im
Frühsommer vor Petronius berufen (ant XIX 310), um ihn zu Maßnahmen gegen die
Judenattacke von Dora zu bewegen. - Neuerdings bestritt D.R.SCHWARTZ, Agrippa I: The
Last King of Judaea (1990), S.99-106 die Authentizität des Edikts nach Alexandria und
KASHERs Ereignisrekonstruktion: Der schärfere Ton gegenüber den Juden im Claudius-Brief
nach Alexandria resultiere nicht aus erneuerten Übergriffen seitens der Griechen im Herbst
desselben Jahres und einer auf diese erneuten Konflikte bezogenen Verärgerung des Kaisers,
vielmehr sei der Brief die frühe Antwort des Claudius auf die Glückwünsche der alexandrinischen
Delegation zu seiner Thronbesteigung, also schon ca. Mai 41 verfaßt und durch bürokratische
Verzögerungen erst im November zur Publikation gelangt. Er beziehe sich somit auf die Unruhen
nach dem Tode des Gaius. Das milder gestimmte Alexandria-Edikt (ant XIX 280-85) sei
demgegenüber "a Jewish version of the concluding section of Claudius' letter, of which we
fortunately have the original" (S.105). Doch seine Argumente enthalten Mißverständnisse und
überzeugen uns nicht: 1) KASHERs Rekonstruktion schließt keineswegs aus, wie SCHWARTZ
meint, daß die im Brief erwähnte alexandrinische Barbillus-Delegation (Z.16ff.) noch zur
Thronbesteigung gratulierte - nach KASHER traf sie etwa im April ein mit den Nachrichten über
die alexandrinischen Unruhen (nach dem Tod des Gaius) und verband wohl ihr pro-
alexandrinisches Engagement mit der Ehrung für den Kaiser. 2) Auf Mißverständnis beruht die
'Beobachtung', der Claudius-Brief schweige zur Frage politischer Rechte der Juden und auch das
angeblich danach modellierte Alexandria-Edikt bei Josephus garantiere letztlich, obgleich es mit
politischen Rechten beginnt, nur die religiösen (ebenso auch das Weltedikt): "Claudius ratified
the Jews' religious rights, but rejected their political ambitions out of hand... The Roman Empire
could tolerate Diaspora Jewry only if it accepted the condition of diaspora existence: no political
rights qua Jews" (SCHWARTZ S.106, cf. S.101f.). Dies ist falsch, da die Existenzberechtigung
einer eigenen Politeia - nach antiker Auffassung ein ethnokulturelles, stark durch religiöse
Bezüge bestimmtes Konzept - durch die Garantie der dafür konstitutiven ἔθη und νόμοι
gegeben wird. Gerade diese religiöse Komponente ihrer zu garantierenden Politeia wird,
angesichts des Konflikttyps naheliegend genug, besonders herausgestellt, indem Claudius in
seinem Brief ihre diesbezüglichen ἔθη nachdrücklich bestätigt (Z.86-88). Die eindringliche
Aufforderung an Juden und Griechen zur friedlichen Koexistenz nebeneinander (Z.79-82.100-
104), etwa auch die Bemerkung, die Juden lebten in der Griechenstadt Alexandria in einer
"fremden Polis", d.h. sie seien als abseits der griechischen Agone eigene Möglichkeiten des Genießens
besäßen (Z.92-95; siehe dazu u. A 393), spricht stark für die politische Konstruktion zweier
paralleler Politeiai mit jeweils garantierten Rechten. Das gleiche läßt sich ohne Schwierigkeiten
für die Edikte zeigen. 3) KASHERs Aufweis, daß der Konflikt-Abschnitt des Claudius-Briefes
(Z.73ff.) Bezüge auf das vorhergehende Alexandria-Edikt enthalte (ders., Jews S.269ff.), konnte
von SCHWARTZ nicht entkräftet werden: Gerade der Verweis des Claudius, er habe bereits

ros und Lampon durch die Acta Isidori et Lamponis belegt: Claudius ließ sie nach einem Gerichtsverfahren, in dem Isidoros als Kläger gegen Agrippa I. gescheitert war, Anfang Mai 41 hinrichten.[400]

Claudius war nicht weniger an der Loyalität aller Ethnien gegenüber dem Imperium (pax gentium) und seiner kaiserlichen Spitze interessiert als Gaius, nur diente ihm dazu nicht mehr vorrangig das hellenistische Modell der Loyalitätsreligion gegenüber dem Herrscher. Vielmehr wollte er die Ethnien gewinnen, indem er zunächst ihre Traditionen und Institutionen nach dem Prinzip der Billigkeit weitgehend anerkannte.[401] Vorraussetzung dafür war im

---

nach Anhörung beider Seiten die jüdischen ἔϑη bestätigt, wie diese auch zur Zeit des Augustus gegolten hätten (Z.86-88), kann nicht bedeuten, "that he now confirms in writing what he previously confirmed *orally*" (SCHWARTZ S.101 A 43): Damit will SCHWARTZ die Beziehung des Briefs auf die ersten Unruhen nach dem Ende des Gaius unterstützen. Vielmehr verlangt die Parallelisierung der claudischen Garantie mit den Verhältnissen in der Augustuszeit vor dem Hintergrund der einleitenden Toleranzmahnung an die alexandrinischen Griechen nach Übergriffen (Z.82ff.) logisch zwingend den Kontrast von politischem Traditionsprinzip und aktuellem Bruch dieser Rechtstradition: Die aoristisch formulierte Bestätigung des Claudius muß also vor den neuerlichen Unruhen gelegen haben und daher mit dem schriftlichen Edikt identisch sein (weitere überzeugende Belege bei KASHER a.a.O.). 4) Daß der Brief "considers the Jews the troublemakers" (SCHWARTZ S.102) geht an seiner Struktur vorbei: Zwar will Claudius keine exakte Untersuchung darüber anstellen (Z.77), er nennt aber kaum zufällig an erster Stelle die Toleranzmahnung an die Adresse der alexandrinischen Griechen, die er an seine Bestätigung der jüdischen ἔϑη erinnert (Z.82-88). Die Juden werden anschließend eher für Provokationen als für Übergriffe getadelt (s. auch u. A 410). Plausibel bleibt es demgegenüber nach wie vor, mit den ersten Unruhen nach dem Tode des Gaius, auf die das Edikt reagiert, vorwiegend jüdische Aggressionen zu verbinden: Diese auch psychologisch sinnvolle Erklärung wird durch Josephus' sprechenden Hinweis auf die Wiederbewaffnung der Juden sehr wahrscheinlich (ant XIX 278). 5) SCHWARTZ' Argumente für jüdische Elemente im Alexandria-Edikt (der Gaius-Tadel XIX 284 sei "not the way an emperor refers to his predecessors in an official document" (S.103)/ historische Schwierigkeiten bei der Ethnarchie-Garantie des Augustus (XIX 283)/ die vermeintliche Differenz zwischen den Wendungen "seit frühesten Zeiten" (ant XIX 281) und "seit langen Zeiten" (Brief Z.84)) überzeugen nicht. 6) SCHWARTZ' Versuch, den Petronius-Brief, der sich zur Abwehr der Übergriffe in Dora ja auf die *diatagmata* (Plural!) des Claudius beruft (ant XIX 310), als Beleg für die Authentizität der *beiden* von Josephus gebotenen Edikte (ant XIX 278-91) zu entkräften, indem der Plural diatagmata aus der lediglich konsequenten Darstellung des Josephus erklärt wird, die auch das gefälschte Alexandria-Edikt mitberücksichtige (op.cit. S.135 mit A 118), überzeugt nicht: Gegen eine ursprüngliche Beziehung auf den Claudius-Brief sprechen schon inhaltliche Widersprüche zum Brief des Petronius (s.o.); außerdem verrät die ebenfalls plurale Formulierung in Acta 17,6-8 (v.7: τῶν δογμάτων Καίσαρος) die lukanische Kenntnis von (wenigstens) zwei Claudischen Edikten zur Beruhigung der Diaspora-Konflikte (dazu siehe u. A 407).

[400] Acta Isidori et Lamponis: CPJ II No.156a-d. Zur Datierung auf den 30.April/ 1.Mai 41 mit Beteiligung Agrippas I. (statt auf 53 mit Beteiligung Agrippas II.) siehe TCHERIKOVER, CPJ II p.68f. und jetzt D.R.SCHWARTZ, Agrippa I, S.96-99, der die neueste Diskussion dieser Akten bietet. Vermutlich kam im Prozeßverlauf belastendes Material gegen Isidoros und auch gegen Lampon über ihre politische Rolle unter Caligula zutage, das zu ihrer Hinrichtung führte (CPJ II p.68). Siehe auch unten A 406.

[401] Cf. o. S.289 A 217 und die dort erwähnte Inschrift aus Kleinasien, nach der Claudius als der "wahrhaft gerechteste Herrscher" für die Herrschaftspraxis gepriesen wird, "daß bei jedem das

Osten freilich die hellenistisch-römische Akkulturation, dh. auch: der Verzicht auf einen aggressiven Nationalismus und der Zugehörigkeitswille zum Imperium im Rahmen einer schiedlich-friedlichen Koexistenz. An dem Letzten war der antirömische und antijüdische Nationalismus der alexandrinischen Gymnasiarchen gescheitert. Mit diesem Programm schrieb Claudius die kluge Kulturpolitik des Augustus fort, seines großen Vorbilds.[402] Claudius wußte genau, in welch hohem Maß antirömischer Nationalismus religiös stabilisiert sein konnte, so daß uns kaum zufällig aus seiner Regierungszeit die völlige Destruktion des gallischen Druidenkults berichtet wird - die Quellen lassen die stark antirömische Haltung der ursprünglich aristokratischen Druidenreligion noch gut erkennen.[403] Damit wurde im Extrem prak-

---

ihm Eigene wiederhergestellt wird." Wir sahen, daß Claudius in kulturpolitischer Hinsicht damit auf das augusteische Billigkeitsprinzip zurückgriff (siehe besonders ant XIX 283.289f.; CPJ II No.153 p.41 Z.86-88). MOMIGLIANOs Feststellung trifft sicher das Richtige: "Preoccupied with the need for imperial unity, Claudius could not overlook the potential value of admitting, if not welcoming, religious beliefs very different from the old religion of the State, and he was thus led into a toleration..." (ders., Claudius S.28).

[402] Im Zusammenhang mit Claudius' Bemühung, die imperiale Verwaltung einheitlich zu zentralisieren (Einrichtung eines "Kabinetts", besetzt mit Freigelassenen des Kaisers als neuer Beamtenspitze), steht seine Anstrengung um die interkulturelle Einigung des Imperiums, bei der es vor allem um Statusangleichung der Provinzen (auch mit Italien!) ging; Seneca schrieb von diesem Ziel: constituere enim omnes Graecos, Gallos, Hispanos, Britannos togatos videre (Apoc. 3). Nach MOMIGLIANO zielten die entsprechenden (kultur-) politischen Maßnahmen, darunter auch die Juden-Edikte, darauf ab, "to enable provincials to share on equal terms in the common life and work of the Empire" (ders., Claudius S.64, zum Ganzen Ch.III The Policy of Centralization, S.39-73, bes. S.63f.). Zum desintegrativen, antirömischen Nationalismus der alexandrinischen Gymnasiarchen Isidoros und Lampon siehe TCHERIKOVER, CPJ II p.69f.; BICKHOFF-BÖTTCHER, Judentum S.177. Claudius verstand seine Regierung als Fortführung augusteischer Herrschaftsprinzipien (MOMIGLIANO, Claudius 24.27f.; speziell zur Judenpolitik siehe ant XIX 283.289f.; CPJ II No.153 p.41 Z.86-88).

[403] Die eigentliche Macht der Druiden lag in ihrer Kontrolle über die keltische Stammesaristokratie: "It was the Druids who were responsible for the education of the children of the kings and notables. Their high priests were drawn from these ranks, and so accepted by the kings as advisers in matters political as well as religious" (G.R.DUDLEY/ G.WEBSTER, The Roman Conquest of Britain A.D. 43-57 S.72). Da der Druidenstand keinem partikulären Stamm zugeordnet war, sondern allen keltischen Völkern, sowohl in Britannien wie in Gallien, waren sie "a strong unifying force in the Celtic world" (ebd. S.72). In der gallischen Erhebung von 21 n.Chr. ist untergründiger druidischer Einfluß auf die von ihren ethnokulturellen Traditionen noch keineswegs gelösten keltischen Aristokraten sehr wahrscheinlich, also auf eine Klasse, auf die auch Rom seine Herrschaft stützen mußte (S.L.DYSON, Revolt Patterns S.157f.). Von da aus ist die Unterdrückung der druidischen Aktivitäten durch Tiberius zu verstehen (Plin.nat.hist. 30,13), der freilich schon das augusteische Verbot vorausging, daß sich Aristokraten mit römischem Bürgerrecht nicht dem Druidentum anschließen durften (Suet. Claudius 25,5). DYSON sieht wohl zu Recht die durch die römischen Quellen herausgestellten humanitären Gründe der Oppression (Menschenopfer) als propagandistische Außenseite der zugleich politischen Innenseite dieses Vorgehens (ebd.S.158). Verschiedene Forscher nehmen auch für Claudius' Britannienfeldzug, dem die völlige Destruktion des gallischen Druidentums zur Seite steht (Suet. Claud.25,5), den Weiterbestand des Druidentums auf der Insel zumindest als "a subsidiary

tiziert, was Plinius zur Zeit Vespasians in ganz allgemeinen Worten als imperiale Aufgabe Italiens beschreibt: daß es "die zerstreuten Reiche vereinige
und die religiösen Riten mäßige..." (nat.hist. III 39f.) - das Erfordernis imperialer Einheit machte gelegentlich auch kultpolitische Restriktionen oder gar
Destruktionen nötig.[404] Gegenüber den gerade auch aus religiösen Gründen
politisch unruhigen Juden ist in den frühen Edikten freilich - zumal nach
Gaius - noch nichts von Restriktionsabsichten zu merken, vielmehr sichern
das alexandrinische Edikt ebenso wie das etwa zeitgleiche "Weltedikt" der
Diaspora die völlig ungehinderte Praxis ihrer ethnokulturellen Traditionen
zu. Dies ist umso auffälliger, als sich die Juden bald nach dem Tod des Gaius
nicht nur in Alexandria - hier allerdings wohl am handgreiflichsten - zu Re-
vanche-Maßnahmen gegen die Griechen bereit fanden: Gerade das
"Weltedikt", das am Ende besonders die Juden mit der Ermahnung in die
Pflicht nimmt, von Ausfällen gegen andere ethnokultische Traditionen abzusehen (XIX 290), spricht für ein auf weite Reichsteile ausgedehntes Ausmaß
der jüdischen Konteraggressionen nach dem Ende des Gaius. Dazu paßt es
ausgezeichnet, daß Isidoros während seiner Verhandlung vor Claudius am
30.April/1.Mai 41 n.Chr. nach den Acta Isidori et Lamponis gegen die Juden
den Vorwurf erhebt: "Ich klage sie an, daß sie es unternehmen auch die ganze
οἰχουμένη in Aufruhr zu versetzen."[405] Ohne jeden Anhalt an den tagespoliti-
schen Ereignissen wird eine solche Anschuldigung in einem politischen Gerichtsverfahren, bei dem die Anklage im Fall ihres Scheiterns auf den Kläger
zurückschlägt, kaum vorgebracht worden sein.[406]

---

motive" an (S.FRERE, Britannia - A History of Roman Britain S.46; E.KOESTERMANN,
Cornelius Tacitus - Annalen IV,14-16 S.83). Die antirömische Gesinnung der Druiden ergibt sich
zweifelsfrei aus Tac. ann XIV 29-30 (60 n.Chr.: druidisch unterstützter Widerstand gegen Rom
auf der Insel Mona/ Anglesey; cf. Tac. Agr.XIV 3) und Tac. hist IV 54 (69 n.Chr.: druidische
Prophezeiungen über das Ende der Weltherrschaft Roms). Kritisch gegenüber dieser von uns
rezipierten Sicht sind H.LAST, Rome and the Druids: A Note JRS 39 (1949) S.1-5; P.SALWAY,
Roman Britain S.677ff.; J.F.DRINKWATER, Roman Gaul S.10f.38f.: Nach ihnen gaben
vorwiegend humanitäre Gründe den Ausschlag für die römische Destruktion des Druidentums.

[404] D.R.DUDLEY/ G.WEBSTER sehen eine interessante Analogie, auf die wir noch
zurückkommen werden: "The Roman government, accepting any form of religion which did not
meddle in politics, was prepared to stamp out Druidism with complete ruthlessness. Another
example of this attitude is seen in the Jewish Wars later in the first century. Judaism had pitted
itself against Rome, and the headquarters of the national religion, the Great Temple in
Jerusalem, was destroyed with a savage thoroughness" (diess., Roman Conquest S.72). Um
nationalen Widerstand zu brechen, praktizierten die Römer auch sonst Kultzerstörung, so etwa
die Zerstörung des bei mehreren germanischen Stämmen sehr berühmten heiligen Hains der
Göttin Tanfana bei einer Militäraktion gegen die Germanen durch Germanicus (Tac. ann I 51).

[405] Acta Isidori et Lamponis CPJ II No.156c (p.78) Col.II Z.22-24: ἐνχ[αλῶ αὐτοῖς/ [ὅτι χ]αὶ
ὅλην τὴν οἰχουμένην [ἐπιχειροῦσιν/ [ταράσ]σειν.

[406] Im Verfahren des politischen Prozesses (hier: Isidoros gegen König Agrippa I.) hatte von
vornherein der "private prosecutor... to bear the consequences in the event of failure" (CPJ II
p.68). Mit TCHERIKOVER wird man der Anschuldigung Isidors gegen die weltweite Diaspora

Claudius selbst spiegelt die noch lebendige Erfahrung dieser ausgedehnten jüdischen Unruhewelle später in seinem Schreiben an die Alexandriner (Oktober/November 41), wenn er sich angesichts neuer Unruhen mit folgender Drohung den Juden zuwendet: "Wenn sie aber nicht [gehorchen], werde ich in jeder Weise gegen sie vorgehen wie gegen solche, die eine gemeinsame Pestilenz der οἰκουμένη (καινήν τεινα τῆς οἰκουμένης νόσον) erregen."[407]

Vor dem Hintergrund dieser weitverbreiteten jüdischen Aggressionsbereit-schaft im Frühjahr/Sommer 41, deren Existenz auch ein Passus aus einem zeitgenössischen Brief des P.Petronius an die syrische Stadt Dora bezeugt (siehe gleich), erscheinen die frühen Edikte des Claudius als Ausdruck eines die Ursachen angehenden, präventiven ordnungspolitischen Kalküls, das - wahrscheinlich durch den Einfluß Agrippas I. - von einem gewissen impliziten Verständnis für die jüdischen Konteraggressionen bestimmt ist (Entsprechend dieser Tendenz wird im alexandrinischen Edikt die ἀπόνοια der Herrscherapotheose des Gaius ausdrücklich verurteilt). Die präventive Logik dieser Edikte ergibt sich u.E. aus dem Brief des syrischen Legaten P.Petronius an die syrische Küstenstadt Dora, der bald nach der Rückkehr König Agrippas I. aus Rom mit den unter seinem Einfluß ausgefertigten Edikten geschrieben wurde. Petronius warnt die griechischen Magistrate der Stadt davor, weiterhin - wie gerade geschehen - griechische Provokationen gegen die Juden mit der Folge von στάσεις und Straßenkämpfen zuzulassen:

(Z.22-24) sowie der im Kontext gebotenen Diskussion um den bürgerrechtlichen Status der alexandrinischen Juden (Z.24-27) historischen Wert beimessen müssen: "The year 41 was a year of decisive debates on Jewish civic and other rights before Claudius (see No.153 [= Claudius-Brief nach Alexandria]); the discussion in c [= Acta Isidori et Lamponis] between Agrippa and Isidoros is typical of this period, and the sentence about the Jewish intention of provoking troubles throughout 'the whole world' has its exact parallel in the Letter of Claudius (No.153, ll. 99 sqq.)" (CPJ II S.68; zum historischen Wert siehe auch noch ebd. S.69.79f.).

[407] CPJ II No.153 p.41 Z.98-100. Als Metapher ist νόσος (νοσεῖν) hier gleichbedeutend mit στάσις oder ταραχή und entstammt einem in der hellenistisch-römischen Rechts- und Verwaltungssprache geläufigen Sprachgebrauch. Cf. etwa Diod. XI 86 (ἐνόσουν αἱ πόλεις καὶ πάλιν εἰς πολιτικὰς στάσεις καὶ ταραχὰς ἐνέπιπτον); Galen, Περὶ καθ᾽ Ἱπποκράτην καὶ Πλάτωνα δογμάτων V p.418,10 MÜLLER (οὕτω γάρ, οἶμαι, καὶ τὰς στασιαζούσας πόλεις ἐμφυλίῳ πολέμῳ νοσεῖν ἐν ἑαυταῖς λέγομεν) und die vielen bei S.LÖSCH, Epistula Claudiana S.24-33 angeführten Belege. Auch Act 17,6-8 ist wohl vor diesem Hintergrund der in Verwaltungskreisen im Anschluß an die kaiserliche Politik aufgekommenen Furcht vor der weltweit verbundenen Unruheaktivität der Juden zu verstehen, der die in Act 17,7 angesprochenen Edikte des Kaisers (= Claudius) steuern sollten (Hinweis durch G.THEISSEN, mündlich). Die jüdischen Ankläger in Thessalonich hätten dann die Paulus-Gruppe, die in den Augen der Öffentlichkeit als eine jüdische Sektion erschien, in den noch aus den Anfängen der claudischen Herrschaft unangenehm bekannten Geruch der jüdischen Aufstandsneigung bringen wollen. Wenn diese Konfliktphase einschließlich der regelnden Edikte des Kaisers aber noch um 50n.Chr. herum in Thessalonich/Griechenland in lebendiger, appellabler Erinnerung waren, so halten wir es für naheliegend, daß diese Unruhen auch auf Griechenland und die benachbarte Asia ausgestrahlt hatten. Cf. noch Act 24,5f.

"Denn sowohl ich als auch mein sehr geschätzter Freund König Agrippa haben kein größeres Interesse als dieses, daß das Volk der Juden nicht, nach dem sie [sc. die Juden] einen (provokativen) Anlaß erhalten haben, unter dem Vorwand (προφάσει) der Selbstverteidigung sich versammelt und zu Wahnsinnstaten übergeht (εἰς ἀπόνοιαν χωρῇ)" (ant XIX 309).

Das eigentliche Problem scheinen aus der Sicht des Römers also weniger die griechischen Übergriffe an sich zu sein als vielmehr die dadurch provozierte Gefahr einer jüdischen Konteraggression, wobei gerade der letzte Satzteil, der vom "Vorwand der Selbstverteidigung" und bedrohlichen "Wahnsinnstaten" spricht, auf eine allgemeinere, hohe Aggressionsbereitschaft der Diasporajuden in jener Zeit verweist. Das paßt gut in unser Bild einer auch über Alexandria hinausgehenden jüdischen Revanche-Bereitschaft und Unruhe nach der Ermordung des Gaius, wohl vor allem im griechischen Osten. Im Anhang des Briefes, so schreibt Petronius weiter, werden die Edikte (διατάγματα) des Claudius beigefügt, damit die Magistrate besser im Bilde seien über das, "was auch der Σεβαστός hinsichtlich dieser ganzen Frage beabsichtigte" (ant XIX 310). Aus dem letzten Hinweis sowie aus der obigen Erwähnung des Claudius-Freundes Agrippa, der die Edikte ja mitveranlaßt hat, ergibt sich zweifelsfrei, daß das zitierte präventiv-ordnungspolitische Interesse Agrippas und Petronius' gegenüber den unruhigen Juden den Intentionen entspricht, die Claudius mit seinen Edikten verbunden hatte. Die Status- und Rechtsgarantien der Edikte[408] sind nach diesem Einblick in ihre tieferen Intentionen also keineswegs allein aus verständigem Wohlwollen gegenüber den eben noch verfolgten Diasporajuden geboren, sondern mindestens ebensosehr als kluge Präventivpolitik gegen akut drohende *jüdische* Erhebungen gemeint und stehen daher sehr wahrscheinlich unter dem bedrohlichen Eindruck, den die ausgedehnten Unruhewellen im Zusammenhang der Caligula-Krise und vor allem nach dem Tod Caligulas auf die Römer gemacht hatten.[409] So wird verständlich, warum Claudius in seinem Brief an die Ale-

---

[408] T.RAJAK verkennt wieder die Relevanz des kaiserlichen Zugeständnisses von τὰ πρότερον δικαιώματα, von τοῖς ἰδίοις ἔθεσιν (ant XIX 285) im Edikt nach Alexandria und von τὰ πάτρια ἔθη (ant XIX 290) im claudischen Weltedikt, wenn sie darin "pious phrases" ohne spezifischen Inhalt sieht: "Claudius is not doing much more than expressing his goodwill towards the practice of the Jewish cult and establishing a lead for Greek Cities to follow. This still falls well short of being the 'Jewish Magna Carta'" (diess., Roman Charter, JRS 74 (1984), S.115). Ihr folgt P.R.TREBILCO, Jewish Communities, S.11 ("a sweeping pronouncement"). Gerade mit den ethnokulturellen ἔθη wird jedoch, wie wir schon wissen, der Politeia-Status garantiert, den das alexandrinische Edikt auch expressis verbis anspricht (ἴσης πολιτείας ant XIX 281).

[409] Ganz entsprechend diesem präventiv-ordnungspolitischen Kalkül finden wir auch am Ende des alexandrinischen Edikts die nachhaltige Mahnung an beide Parteien (ἀμφοτέροις... ταῖς μέρεσι), "daß auch nicht *ein* Aufruhr entstehe nach der Aufstellung meines Edikts" (XIX 285). Im Weltedikt werden, wie wir es nach unserer These auch erwarten müssen, speziell die Juden aufgefordert, in ihrer Lebenspraxis dem kulturpolitischen Billigkeitsprinzip der Römer mehr zu entsprechen und die ethnokultischen Traditionen anderer nicht herabzuwürdigen (ant XIX 290).

xandriner - nach erneuten antijüdischen Übergriffen der Griechen und anti-griechischen Provokationen der Juden im Herbst 41 - neben die erneute positive Garantie der jüdischen Rechte (Politeia) in der Stadt eine ganz harte, negative Destruktionsdrohung stellen konnte, nach der er im Fall jüdischen Ungehorsams "in jeder Weise gegen sie vorgehen werde wie gegen die Erreger einer gemeinsamen Krankheit für die οἰκουμένη" (CPJ II No.153 Z.98-100)[410]: Das rein ordnungspolitische Ziel der Vermeidung weiterer Unruhen hatte aus kaiserlicher Sicht keine speziell projüdischen Motive, und so konnte neben der (schon traditionellen) Statusgarantie der Edikte und des Briefes gleich die ultima ratio der Destruktionsdrohung stehen, falls die Anerkennungspolitik den Frieden künftig nicht zu stabilisieren vermag. Abgesehen von der Judenpolitik des Gaius, der von augusteischen Maximen abgewichen war, finden wir somit bei Claudius als einem "augusteischen" Kaiser nun, nach der neuartigen Erfahrung einer *weltweit zusammenhängenden* jüdisch(-griechischen) Unruheaktivität, zum ersten Mal die bedrohliche Vorstellung von dem *weltweit verbundenen, aufstandsgeneigten Nationalismus der Juden.* Dieser war freilich in der Sicht des Römers religiös stabilisiert und ihm wurden als ultima ratio - in einer gewissen Analogie zum römischen Verfahren mit den desintegrativen Druiden - zum ersten Mal *destruktive Maßnahmen* angedroht.[411] Zugleich gewinnen die Begriffe (τὰ) ἀμφότερα (μέρη) bzw. (αἱ)

Der im ganzen freundliche Ton der Edikte gegenüber den Juden kann den Eindruck nicht verwischen, daß die Rechtszugeständnisse die Juden zugleich ordnungspolitisch zur Räson rufen wollen.

[410] Zur Krankheitsmetaphorik, die sachlich für στάσις/ταραχή steht, s.o. A 407. Wir können in diesem Rahmen nicht ausführlich auf die komplizierte Diskussion zum Brief des Claudius an die Alexandriner eingehen (siehe TCHERIKOVER in CPJ II No.156 p.36-55). A.KASHER dürfte der Nachweis gelungen sein, daß der Brief, speziell in Z.92-95, entgegen der These TCHERIKOVERs *nicht* voraussetzt, daß alexandrinische Juden sich in der Vergangenheit in den gymnasialen Ephebenstand hineinzudrängen versucht hätten, um so die Bürgerschaft der *griechischen* Polis zu erlangen. Denn dies ist schon angesichts der Überwachung dieser Institution durch die antijüdischen Patrioten Isidoros und Lampon unter Caligula extrem unwahrscheinlich und bestenfalls könnte es in einem Klima patriotischen, hellwachen Antijudaïsmus einigen wenigen gelungen sein (Aber darauf zielte das stadtpolitische Bemühen der Juden auch gar nicht ab, sondern vielmehr auf die Anerkennung des mit der griechischen Polis gleichberechtigten Status der jüdischen Politeia am Ort). Wahrscheinlich ging es bei dem von Claudius getadelten "Sich-Hereindrängen" (ἐπισπαίειν Z.92f.) der Juden in die von den Gymnasiarchen und Kosmeten geleiteten Agone eher um eine Partizipation nach Analogie rowdyhafter Publikums-Fraktionen bei modernen Fußballspielen: Man nutzte die Teilnahme zugleich für provokative Zusammenstöße mit den verhaßten Griechen. Denn nur wenn hier echte Publikumspartizipation gemeint ist, bleibt der angeschlossene Verweis sinnvoll, daß die Juden ja über eigene Möglichkeiten des Genießens verfügen, und zwar in einer "fremden Stadt" (Z.94f.): Zur griechischen Polis gehören sie ja nicht, haben also auch nichts in deren Agonen zu suchen (anders KASHER, Jews Ch.IX: Various Problems Connected with Claudius' Letter to the Alexandrians, S.310ff.).

[411] Siehe dazu MOMIGLIANOs Beobachtung zu den "conflicting motives" der Judenpolitik des Claudius: "Claudius respects Jewish rights and is quick to safeguard them, but he is suspicious of

ἀμφότεροί, die seit dem Claudius-Brief nach Alexandria in offiziellen Dokumenten und Berichten zur Bezeichnung der in den östlichen Poleis des Imperiums verfeindeten Bevölkerungsgruppen (Juden und Griechen) zunehmend erscheinen, durch die Einsicht in die in jenen Jahren weitverbreiteten und zusammenhängenden jüdisch-griechischen Aggressionen für uns erst ihren zugehörigen politisch-sozialen Bedeutungsgehalt: "Die zwei" meint hier die sich in erbitterter ethnokultureller Feindschaft gegenüberstehenden Fronten, deren Zusammenstöße häufig blutig verliefen. In dieser Prägung durch die hier besprochenen Ereignisse (und deren Fortführung hin zum bellum Iudaicum) greift auch Eph 2,14ff. auf das durch Feindschaft (ἡ ἔχϑρα 2,14.16) bestimmte Konzept der "zwei" (Menschengruppen, -teile) zurück (2,14: τὰ ἀμφότερα; 2,16.18: οἱ ἀμφότεροί; 2,15: οἱ δύο): Gemeint sind die verfeindeten Fronten von Juden und Griechen, die seit den Krisen unter Gaius und Claudius zu den verbreiteten ordnungspolitischen Risiken der Poleis des Ostens gehörten. Denn vor dem Hintergrund des ab dieser Zeit als *weltweit* empfundenen Problems der pagan-jüdischen Spannungen (cf. nur das *Welt*edikt des Claudius) konnte der Abstraktbegriff "die zwei", der in den bekannten Dokumenten auf die Fronten in konkreten Städten bezogen war, zugleich auch eine universale Geltung erhalten, wie sie im E vorliegt. Dies legte sich für einen *juden*christlichen Autor auch deshalb nahe, weil schon der hell.-jüdischen Tradition die Aufteilung der Menschheit in *zwei Teile*, nämlich in eine griechische und in eine äquivalente jüdische Gruppe, geläufig war.[412]

Die Rede von den "zwei" verfeindeten Gruppen/Parteien von Griechen und Juden begegnet uns erstmals in dem Edikt des Kaisers Claudius an die Alexandriner vom Frühjahr 41, wo beide Streitparteien - nach den erneuten blutigen Ausschreitungen im Anschluß an den Tod des Gaius - als τὰ ἀμφότερα μέρη angesprochen werden (ant XIX 285). Wenig später bezeichnet Claudius beide Fronten in seinem oben erwähnten Brief nach Alexandria (Herbst 41) zweimal mit ἀμφότεροι (Col.IV/V Z.88.101) und bindet dabei das weitere kaiserliche Wohlwollen an die Bedingung: "Wenn ihr beide (ἀμφότεροι) von diesem ablaßt [sc. von den Übergriffen] und mit Sanftmut und Huma-

---

all religious movements and inclined to put Judaism on a level with Druidism and to deal with it so far as possible by the same methods" (ders., Claudius S.34). Wie wir gesehen haben, sind diese Strategien nur scheinbar konträr, da auch die Statusgarantien letztlich keineswegs von projüdischen Motiven bestimmt waren.

[412] Zur quantitativen Aufteilung der (zivilisierten) Menschheit in eine hellenische und eine unhellenisch-jüdische Hälfte siehe Philo, Mos II 26f. ("... hielten es manche für einen Übelstand, daß die Gesetze bei der Hälfte des Menschengeschlechts, bei der nichtgriechischen, allein sich finden, der griechische Teil dagegen ihrer für immer unteilhaftig sein sollte, und gingen deshalb daran, sie zu übersetzen"). Zu verwandten (und gegebenenfalls impliziten) Verteilungsvorstellungen cf. noch spec II 162ff.; LegGai 214; Jos. ant XIV 114-118 (Strabo); siehe auch bell II 398; VII 43; Or.Sib. III 271; Seneca bei Augustin, de Civ.Dei VI 11. Cf. auch Rö 3,29; 9,24; 1,16; 2,9; 10,12; Gal 3,28. Nach Flacc 43 wohnen in Alexandria und ganz Ägypten zwei (δίττους) Gruppen von Menschen: Juden und der antisemitische Pöbel.

nität füreinander leben wollt ..." (Z.100-102). Bei seiner Darstellung der Unruhen zwischen Juden und Griechen in Caesarea (59/60 n.Chr.) kann Josephus beide Seiten neutrisch als ἀμφότερα bezeichnen, wobei man wohl wieder μέρη zu ergänzen hat (ant XX 176; auch 174; bell II 266ff.). Cf. auch CPJ II No.157 Z.25. Aus der Anfangsphase des jüdischen Krieges weiß Josephus später zu berichten, daß jede Stadt Syriens in zwei Lager (εἰς δύο στρατόπεδα) geteilt war, die sich einander zu vernichten suchten (bell II 461f.). Freilich war die Rede von den "zwei" Streitparteien in der Antike nicht auf Griechen und Juden beschränkt, nur erlangte sie wegen der seit den Krisen unter Gaius und Claudius weit ausstrahlenden Spannungen nach Ausweis unserer Belege eine besondere Prägnanz für den jüdisch-griechischen Konflikt in den Griechenstädten. Mit anderer Beziehung begegnet diese Terminologie etwa Diodor V 75,1, wo über Hermes, von dem sich Friedensunterhandlungen, Vergleichsvorschläge und Verträge herleiten, gesagt wird: "Daher wird er der gemeinsame Hermes genannt, weil beiden kriegführenden Teilen [absolutes ἀμφοτέροις] der Friede, den sie miteinander schließen, gemeinsamen Nutzen bringt." Siehe auch Zonar. 8,15 (DioCass XI bei LCL, Vol.I, S.442/444) (Gesandtschaft Karthagos nach Rom): "Nun verlangen sie zunächst, unter Bedingungen, wie sie beiden Parteien [absolutes ἀμφοῖν] genehm sind, den Krieg zu beenden..."

Die Schärfe der claudischen Drohung gegenüber dem Schreckgespenst eines weltweit konzertierten aufstandsgeneigten Nationalismus der Juden im Brief nach Alexandria war wohl auch dadurch mitbestimmt, daß die weitgestreuten Diaspora-Unruhen des Jahres 41 auch Rom mitbetroffen hatten. Wie schon der Petronius-Brief dieses Jahres den Juden in Dora jeden Anlaß nehmen wollte, sich zu versammeln (ant XIX 309: συναθροίζειν), so verbot Claudius nach Dio Cass den römischen Juden 41 n.Chr. ausdrücklich, sich zu versammeln (συναθροίζεσθαι), nachdem die Möglichkeit einer Vertreibung an ihrer zu großen Zahl gescheitert war; darüberhinaus wurde aber ihre traditionelle Lebensweise nicht beschränkt. Da Dio Cass dies mit anderen *ordnungspolitischen* Maßnahmen gegen Unruhequellen (ἑταιρέαι, Tavernen usf.) zusammenstellt, ist ein Zusammenhang dieses Verbots mit der oben behandelten Welle erhöhter jüdischer Aggressionsbereitschaft (nach dem Ende der Oppression unter Caligula) u.E. wahrscheinlich.[413] Nun wurde immer wieder

---

[413] Dio Cass LX 6,6: τούς τε Ἰουδαίους πλεονάσαντας αὖθις, ὥστε χαλεπῶς ἂν ἄνευ ταραχῆς ὑπὸ τοῦ ὄχλου σφῶν τῆς πόλεως εἰρχθῆναι, οὐκ ἐξήλασε μέν, τῷ δὲ δὴ πατρίῳ βίῳ χρωμένους ἐκέλευσε μὴ συναθροίζεσθαι. Zur Unterscheidung dieser antijüdischen Maßnahme des Claudius (41 n.Chr.) von der römischen Judenvertreibung des Jahres 49 n.Chr., die durch innerjüdische Unruhen im Gefolge der christlichen Botschaft bedingt war (Suet. Claud. 25,4: Iudaeos impulsore Chresto assidue tumultuantis Roma expulit; Act 18,2; cf. Orosius hist. VII 6,15f.), siehe die klare Diskussion bei N.BICKHOFF-BÖTTCHER, Judentum S.213-19. D.R.SCHWARTZ, Agrippa I, S.94-96, der hier nicht unterscheidet, verkennt dabei den besonderen ordnungspolitischen Charakter der DioCass-Stelle, die durch auffällige sachliche Übereinstimmungen mit Philos LegGai (dazu siehe gleich) auf eine nicht christlich veranlaßte jüdische Unruhebereitschaft im Jahr 41 schließen läßt. Man kann allerdings nicht, wie N.BICKHOFF-BÖTTCHER, auf Grund der Bekanntschaft Suetons mit den "christiani" (Suet.Nero 16,2) und der an unserer Stelle davon abweichenden Schreibweise "Chrestus" (Suet. Claud. 25,4) ausschließen, daß hier christliche Aktivitäten historisch zugrundeliegen. Zum

beobachtet, daß sich die 41 n.Chr. verfaßte "Legatio ad Gaium" Philos wahrscheinlich indirekt auch an Claudius selbst wendet, um ihn durch Hinweise auf die projüdische Tradition der kaiserlichen Politik zu einer projüdischen Haltung zu bewegen.[414] Besonders leuchtet ein, daß sich die ansonsten unmotivierten Aussagen, daß Augustus die Juden weder aus Rom habe *vertreiben* noch die Verhältnisse ihrer Synagoge habe ändern oder sie gar an der *Versammlung* habe *hindern* wollen, auf das geplante oder schon eingeleitete Versammlungsverbot des Claudius in Rom bezieht, in dessen Vorfeld zunächst eine Vertreibung erwogen worden war.[415] Für uns ist am meisten bedeutsam, daß die Tempelsteuersammlungen in diesen Texten als ein Hauptzweck der jüdischen Versammlungen erscheinen und zugleich als Signum ihrer Zugehörigkeit zur jüdischen Politeia: Obgleich sie also an dieser Politeia durch ihre Beziehung zum Tempel festhielten, habe Augustus sie nicht aus Rom vertrieben.[416] Im Spiegel dieser auf Claudius berechneten jüdischen Selbstverteidi-

---

restriktiven ordnungspolitischen Kontext der DioCass-Stelle (LX 6,6f.) siehe R.MACMULLEN, Enemies S.167 mit A 6; BICKHOFF-BÖTTCHER, Judentum S.216f. (Jüdische Gemeinden waren "aufgrund von Auseinandersetzungen mit Teilen der römischen Gesellschaft beim Kaiser mißliebig geworden"). MOMIGLIANOs Meinung, der Restriktion des Claudius 41 n.Chr. hätte jüdischer Proselytismus zugrundegelegen, ist hier weniger wahrscheinlich (ders., Claudius S.30ff.41).

[414] E.R.GOODENOUGH, The Politics of Philo Judaeus S.19f.; E.M.SMALLWOOD, Legatio 239f.; BICKHOFF-BÖTTCHER, Judentum 215f.; R.BARRACLOUGH, Philo's Politics - Roman Rule and Hellenistic Judaism 449-51.476-79.

[415] LegGai 156-57.311-16 (bes.313). Nach SMALLWOOD "it is very probable that Philo's remark about Augustus here [LegGai 157], in a work written in or soon after 41..., is connected with Claudius' action in that year. Without saying anything to give offence to Claudius, he voices an implicit protest by recalling the more lenient attitude of his predecessor and model towards the Jews" (diess., Legatio S.239). Ähnlich BICKHOFF-BÖTTCHER, Judentum S.215 (zu LegGai 157); R.BARRACLOUGH, Philo's Politics S.477f. Bei diesem Verständnis bestätigt die Legatio auch hervorragend den ordnungspolitischen Charakter des claudischen Verbots, der sich auch bei DioCass LX 6,6f. aus dem Kontext (Restriktionen gegen Vereine, Tavernen...) ergab: Nach LegGai 312f. sind die jüdischen Versammlungen (συνέρχεσθαι) "keine aus Rausch und Trunksucht entstandenen Zusammenrottungen, so daß sie die Friedensordnung (τὰ τῆς εἰρήνης) gefährden könnten, sondern seien Lehrstätten der Besonnenheit und des Rechtsgefühls für Menschen, die nach Tugend strebten und ihre jährlichen Erstlingsgaben sammelten, aus denen sie Opfergaben durch geweihte Festgesandte zum Tempel von Jerusalem brächten. (313) Daraufhin befiehlt er [sc. Augustus], niemand dürfe die Juden daran hindern, sich zu versammeln, Sammlungen zu veranstalten und die althergebrachten Beziehungen zu Jerusalem zu unterhalten."

[416] LegGai 156-57: "Er [sc.Augustus] wußte aber auch, daß sie heilige Gelder sammelten von ihren Erstlingsfrüchten und sie durch Leute, die die Opfer überbrachten, nach Jerusalem schickten. Dennoch aber vertrieb er jene nicht aus Rom noch beraubte er sie ihrer römischen Politeia, *nur weil sie auch auf ihre jüdische Politeia bedacht waren,* noch veränderte er etwas gegenüber ihren Gebetshäusern, noch hinderte er sie sich zu versammeln um Belehrungen aus dem Gesetz zu empfangen, noch trat er ihren Erstlingsopfern entgegen." Deutlich ist, daß gerade die   Tempelsteueraufkommen   als   Signum   der   ethnokulturellen   und   nationalen

gung wird klar, daß der schon aus den kleinasiatischen Dokumenten der Augustuszeit bekannte, hauptsächliche Anstoßpunkt der Juden in den paganen Städten, nämlich die Tempelsteuersammlungen als Ausdruck ihrer kultischen und nationalen Jerusalem-Loyalität, auch in Rom im Jahr 41 weiterhin ein Hauptgrund des antijüdischen Mißtrauens war. Der Tempel und die ihm geltenden regelmäßigen Steuer- und Spendenausfuhren der Diaspora[417] symbolisierten den religiösen und zugleich nationalen Zusammenhang der weltweit siedelnden Juden.[418] Gerade Claudius, dem an der Zentralisierung und interkulturellen Einigung des Imperiums so viel lag, reagierte - wie im Fall der druidisch beeinflußten Gallier oder der alexandrinischen Patrioten - mißtrauisch auf alle Anzeichen eines gegenüber dem Imperium desintegrativen Nationalismus, und darunter mußte im Fall der unruhigen Juden gerade auch ihre religiöse Fremdloyalität gegenüber dem Jerusalemer Zentralheiligtum fallen, dessen Gefährdung durch die Caligula-Krise den Hauptschub für die Unruhen gegeben hatte.[419] Die Legatio Philos vermittelt uns also deutlich das Mißtrauen der claudischen Administration gegenüber den Tempelkontakten der (römischen) Diaspora; doch war Claudius nach den Erfahrungen der Caligula-Krise und wohl auch auf Grund des Einflusses von Agrippa (und Philo?) zu klug, um an dieser sensiblen Stelle einen restriktiven Hebel anzusetzen.[420] Soweit war es erst im Zusammenhang der offenen Rebellion Ju-

---

Zusammengehörigkeit des weltweiten Judentums gelten ("jüdische Politeia"). Siehe auch LegGai 312f. (vorherige Anm.).

[417] Dazu SMALLWOOD, Legatio S.237f.

[418] Die daraus resultierenden Befürchtungen und Vorurteile lesen sich aus der Feder eines konservativen Senatsaristokraten, des Tacitus, wie folgt: "Gerade die schlechtesten Elemente waren es nämlich, die ihre väterliche Religion aufgaben und Tempelsteuern sowie sonstige Spenden (tributa et stipes) dort anhäuften, wodurch sich die Macht der Juden gewaltig hob. Das kam auch daher, weil in den Kreisen der Juden unerschütterlich treuer Zusammenhalt und hilfsbereites Mitleid herrschen, während allen anderen Menschen gegenüber feindseliger Haß hervortritt" (hist. V 5,1).

[419] Gerade Philo stellte ja ganz unverhohlen dem neuen Kaiser auch die drohende Gefahr einer konzertierten Erhebung der weltweiten Diasporajuden gegen die Gefährdung des Jerusalemer Zentralheiligtums durch römische Maßnahmen vor Augen, wobei er freilich diese Botschaft geschickt in die Phantasie des römischen Legaten P.Petronius verlegte (LegGai 214ff.): "the Jews themselves, he brings out clearly, scattered as they are in large numbers throughout the world, constitute a great menace to the whole empire in case they should be provoked to rise in a body" (GOODENOUGH, Philo's Politics S.20; ähnlich R.BARRACLOUGH, Philo's Politics S.450).

[420] Ganz im Gegenteil bestätigte Claudius 44 n.Chr. nach Vorsprache jüdischer Gesandter die frühere Entscheidung des syrischen Legaten Vitellius (36 n.Chr.), nach der die hohepriesterlichen Ritualgewänder nicht bei der römischen Verwaltung sondern bei den Juden verwahrt werden sollten (ant XVIII 95; XX 6; cf. XV 403-408). Er legte auch das Nominationsrecht für den Hohepriester nach Agrippas I. Tod (dieser war für ein kurzes Intermezzo von 41-44 n.Chr. wieder Klientelherrscher über Iudaea gewesen und hatte das Nominationsrecht ausgeübt, das zuvor bei den römischen Präfekten lag), also nachdem Iudaea wieder römischen Prokuratoren unterstellt worden war, weiterhin in die Hände jüdischer Klientelherrscher, nämlich Herodes' von Chalkis

daeas unter den Flaviern gekommen, die den Tempel als Rückhalt eines religiös stabilisierten, desintegrativen Nationalismus gezielt zerstörten und die Tempelsteuer der weltweiten Diaspora - wie als Zeichen einer imperialen, kulturellen Zwangsintegration - an den römischen Hauptgott Iupiter Capitolinus umwidmeten.

Fassen wir zusammen: Im Anschluß an den alexandrinischen Pogrom (38 n.Chr.) und im Zusammenhang der nachfolgenden Caligula-Krise (40 n.Chr.: Desakralisierungsplan für den Tempel) war dem weltweit vorhandenen antijüdischem Konfliktpotential mit dem extensiven Kaiserkult Caligulas der Vorwand und das Mittel zur Entladung gegeben. Den besonders im griechischen Osten schweren Unruhen folgte nach der Ermordung des Gaius, in der Anfangszeit des Claudius, eine Welle jüdischer Konteraggressionen, denen Claudius durch die offizielle Garantie der jüdischen Rechte in Alexandria, Syrien und in der übrigen οἰκουμένη den Antrieb nehmen wollte. Claudius, dem Protagonisten imperialer Zentralisierung und interkultureller Reichseinheit, lag wie schon Augustus an der schiedlich-friedlichen Koexistenz und im Konfliktfall an der *Stiftung des Friedens* zwischen Juden und Griechen in den Griechenstädten (siehe o.S.176 zum Brief nach Alexandria). In diesem Jahr 41 setzte sich auf Grund der neuen Erfahrung einer weltweit *zusammenhängenden* jüdisch-griechischen Unruhewelle erstmals das Schreckgespenst eines *weltweit verbundenen, aufstandsgeneigten Nationalismus der Juden*, der zu *konzertierter Unruheaktivität* fähig ist, in der imperialen Verwaltung fest (Claudius-Brief), wobei den Tempelkontakten der Diasporajuden als Ausdruck ihrer kultischen und nationalen Fremdloyalität nach wie vor besonderes Mißtrauen entgegenschlug (für Rom siehe die "Legatio ad Gaium"). Da wir aus Act 19 wissen, daß noch etwa ein Jahrzehnt später in Ephesos starke Spannungen zwischen Griechen und Juden bestanden, dürften die "weltweiten" Unruhen der Jahre 38-41 auch auf Städte dieser Region überge-

---

und Agrippas II (siehe dazu SCHÜRER (edd. VERMES, MILLAR, BLACK) Vol.I S.377; Vol.II S.227-36). Zudem lag bei diesen jüdischen Herrschern ab 44 n.Chr. auch die Aufsicht über den Tempel und seine Finanzen (ant XX 15-16.222 cf. ant XX 104; bell II 223; dazu SCHÜRER (edd. VERMES, MILLAR, BLACK) Vol.I S.472 mit A 6; S.476.572). Dies alles hat nichts mit projüdischer Gesinnung zu tun, sondern eher mit dem (letztlich fragmentarischen) Bemühen, die Juden durch Anerkennung ihrer ethnokulturellen Traditionen und Zuständigkeiten für die Sache des Imperiums, die pax gentium und die Ruhe in der Provinz zu gewinnen (49 n.Chr. konnte Claudius ja bekanntlich die Juden wegen (aus römischer Sicht) innerjüdischer Unruhen ohne Skrupel aus Rom vertreiben (s.o.A 396)). Daß die Delegierung der kultischen Oberhoheit über das Jerusalemer Zentralheiligtum an eine externe jüdische Klientelherrscher gleichwohl - qua Einführung eines neuen Machtpols neben dem nun zunehmend entmachteten Priesteradel und den römischen Prokuratoren - kontraproduktiv zur Destabilisierung der Verhältnisse in Iudaea beitrug, zeigt H.SCHWIER, Theologische und ideologische Faktoren im ersten jüdisch-römischen Krieg (66-74 n.Chr.) im Zusammenhang mit der Zerstörung des Jerusalemer Tempels, < masch.schr. > S.271f..

griffen haben, obgleich wir dazu keine direkten Belege haben.[421] Zum ersten
Mal tritt unter Claudius neben die Status-Garantie für die weltweit lebenden
Juden die ultima ratio der Androhung eines destruktiven Vorgehens, falls der
seditiöse Nationalismus gegenüber dem ordnungspolitischen Ziel (pax gentium) der kaiserlichen Politik die Oberhand behalten sollte (Claudius-Brief).
Doch erst Vespasian und Titus setzten diese Drohung sowie das administrative Mißtrauen gegen den Tempel und seine weltweite, nationale Steuerorganisation in konkrete destruktive Taten um, die angesichts des jüdischen
Kriegs auf eine Art von imperialer Zwangsintegration zur Restitution der pax
gentium abzielten.[422]

Deutlich wurde auch, daß die über weite Teile der (vor allem östlichen)
οἰκουμένη ausgedehnten Zusammenstöße von Juden und Griechen der Jahre
38 - 41 den politisch-sozialen Hintergrund für die aufkommende Kurzbe-
zeichnung "die zwei" abgaben: Gemeint sind die zwei sich in erbitterter
ethnokultureller Feindschaft gegenüberstehenden Fronten von Diasporajuden und Griechen in den Poleis. Schon hellenistische Juden konnten sich die
Menschheit als aus *zwei Teilen* konstituiert denken: aus einer hellenischen
und einer äquivalenten jüdischen Gruppe, wobei noch nicht notwendig an
Feindschaft gedacht sein mußte. Mit der neuen, seit den politischen Ereignissen unter Gaius und Claudius aufkommenden Rede von den "zwei" Gruppen
verband sich nun wesentlich die Vorstellung eines von erbitterter Feindschaft
beseelten ethnokulturellen Antagonismus, der ebenfalls als weltweites Phänomen gesehen wurde. Vor diesem Hintergrund, dessen politische Genese
wir in diesem Abschnitt beleuchtet haben, ist die Verwendung dieser Kurzbe-
zeichnung in E 2 (τὰ ἀμφότερα / οἱ ἀμφότεροι) zu verstehen.

---

[421] Siehe jedoch oben S.351 A 407 zu Act 17,6-8.

[422] Für die Maximen der Reichspolitik ist zwischen Vespasian und Claudius in besonderem
Maße Kontinuität vorauszusetzen, da Claudius zu den politischen Vorbildern Vespasians gehörte.
Vesp. hatte Claudius, an dessen Britannien-Feldzug er als General beteiligt war, Konsulat und
ornamenta triumphalia zu verdanken (WEYNAND, Art. T.Flavius Vespasianus RE VI/2
Sp.2628). Die Verehrung der Gottheit des Claudius, die von Nero vernachlässigt und schließlich
abgeschafft worden war, stellte Vespasian wieder her (Suet. Claudius 45) und erbaute den
Tempel des Divus Claudius auf dem Caeliusberg, den schon Agrippina begonnen hatte, der aber
danach von Nero wieder niedergerissen worden war (Suet. Vesp. 9,1). Claudius hatte 47 n.Chr.
nach Niederlegung des Konsulats gemeinsam mit L.Vitellius die Censur nach republikanischem
Brauch bis zum lustrum durchgeführt - auf dasselbe Amt griff später auch Vespasian (gemeinsam
mit Titus) zum Zwecke seiner Neuordnung der römischen Verhältnisse zurück. Zur
Vorbildfunktion des Claudius gegenüber Vespasian siehe J.ASBACH, Römisches Kaisertum und
Verfassung bis auf Trajan, S.72f.; WEYNAND, Art. T.Flavius Vespasianus RE VI/2 Sp.2675.

F. Vespasian, Titus und die Zwangsintegration der Juden

Die oben behandelten Rom- und Alexanderenkomien des jungen Plutarch, entstanden etwa zwischen 60 und 65 n.chr., belegen uns die große Bedeutung, die die ordnungspolitische Doktrin vom Imperium als der allen Ethnien gemeinsamen Wohnung/Heimat im Sinn der pax gentium zur späten Zeit Neros hatte (III.C.5.). Diesem ordnungspolitischen Ideal entsprechend nahm Nero die vor allem durch seinen General Corbulo erreichte armenische Regelung zum Anlaß für eine reichsweite Pax-Proklamation: Schon zwei Jahre vor der Ankunft des parthischen Prinzen Tiridates in Rom, dem dort aus kaiserlicher Hand die armenische Krone verliehen werden sollte und dabei zugleich - als Folge der Beugung der feindlichen Parther - durch Schließung des Janus-Tempels eine neue Friedensepoche eröffnet werden sollte (66 n.Chr.), setzte die massive, universalistische Pax-Propaganda ab 64 n.Chr. ein durch Münzen mit den Legenden PACE P(opuli) R(omani) TERRA MARIQ(ue) PARTA IANVM CLVSIT bzw. PACE P(opuli) R(omani) VBIQ(ue) PARTA IANVM CLVSIT.[423] Das Programm der augusteïschen, kraft reichsweiter militärischer Überlegenheit gesetzten pax sollte hier neu aufgelegt werden, wie die verwandte Formulierung in ResGest 13 zeigt.[424] Diesem prononcierten Reichseinheitsprogramm im Zeichen der pax, das gerade auch die Provinzen betreffen sollte, liefen die Entwicklung zum jüdischen Krieg in Palästina und die damit verbundenen Erschütterungen im östlichen Imperium entgegen.[425] Denn bei diesem Aufstand schwang von vornherein auch Haß gegen das römische, in der Theorie von der pax gentium bestimmte ordnungspolitische Konzept mit, das im Fall Caesareas, unter dem Philhellenen Nero, erstmals eine ausgesprochen antijüdische Regelung begründet hatte: Im (blutigen) Streit zwischen Juden und Griechen um die Vorherrschaft in der Stadt Ende der fünfziger Jahre konnte die griechische

---

[423] Die Münzen bilden den geschlossenen Janus-Tempel ab: BMC, Emp. I, S.209. Nr.64-66; S.215, Nr.111f.; S.229-31, Nr. 156-67; S.238, Nr.198-200; S.243, Nr.225f.; S.263, Nr.319-22; S.267; S.273, Nr.374f.. Zur vorlaufenden Propaganda der Schließung des Janus-Tempels, die ja tatsächlich erst anläßlich des Tiridates-Besuchs 66 n.Chr. erfolgte (Suet. Nero 13), siehe Z.RUBIN, Pax als politisches Schlagwort im alten Rom, S.30f.. Zum militärischen und diplomatischen Vorgehen C. Domitius Corbulos bei der Bewältigung des Armenien-Problems nach der parthischen Annexion Armeniens 54 n.Chr. siehe MAGIE, Roman Rule in Asia Minor, S.553-61.

[424] ResGest 13: *Ianum Quirinum*, quem claussum esse maiores nostri voluerunt, *cum per totum imperium populi Romani terra marique esset parta victoriis pax*, ... ter me principe senatus *claudendum esse* censuit. Mit Augustus verbinden ausserdem die neronischen ARA-PACIS-Münzen (RIC I S.166 Nr.315-17).

[425] Wichtige Aspekte dieser Konfliktgeschichte beschreibt L.I.LEVINE, The Jewish-Greek Conflict in First Century Caesarea, JJS 25 (1974), bes. S.388ff..

Gesandtschaft in Rom (wohl durch Bestechung des kaiserlichen Sekretärs für
die griechische Korrespondenz) ein Reskript erwirken, durch das die
ἰσοπολιτεία der Juden mit den Griechen, also das Zugeständnis einer mit der
griechischen statusgleichen jüdischen Politeia in Caesarea, widerrufen und
den Griechen die Vorherrschaft in der Polis gewährt wurde.[426] Die Entscheidung von Caesarea mußte, da die Stadt als judäischer Prokuratoren-Sitz herausgehoben war, Signalwirkung hinsichtlich des ordnungspolitischen Verfah-
rens der Vormacht mit den Juden haben und die - durch mißliche Statthalter
schon prästabilisierte - Befürchtung einer neuen ordnungspolitischen Linie
nähren, nach der die Römer nun zunehmend von projüdischen Statusgarantien abwichen und im ethnokulturellen Antagonismus für die Griechen Partei
ergriffen. Da dies im Fall Caesareas sogar auf judäischem Boden und durch
den Kaiser selbst geschah, manifestiert die Entscheidung einen höchstbedeut-
samen und anstößigen Bruch mit der vorausgegangenen kaiserlichen Judenpolitik, der von Josephus wohl mit gutem Grund als ein Hauptanlaß für den
wenige Jahre später ausbrechenden Aufstand angesehen wird.[427] Das Öl, das
die Römer hier in das (in den jüdisch-griechischen Misch- und Grenzgebieten
ohnehin lodernde) Feuer des ethnokulturellen Antagonismus zwischen Juden
und Griechen gegossen hatten[428], mußte das jüdische Vertrauen in ihre ordnungspolitische Kompetenz vollends zerstören, umgekehrt die Gewaltbereit-
schaft bei den Griechen, deren Antijudaismus jetzt durch römische Rück-
sichtslosigkeit gedeckt schien, fördern. Entsprechend gaben ja auch die anti-

---

[426] Jos. bell II 266-70.284-92(ff.); ant XX 173-78.182-84. Selbst wenn man mit L.I.LEVINE (siehe
die vorige Anm.), S.383-87, den in den Antiquitates genannten Konfliktgrund, die ἰσοπολιτεία
der Juden mit den Griechen, als eine erst aus den apologetischen Bedürfnissen des späten ersten
Jahrhunderts verständliche Rückprojektion ansehen (ebd. S.386f.) und als wahren Grund das
jüdische Streben nach Vorherrschaft in dieser griechisch-römischen Stadt betrachten wollte, so
bliebe dennoch das Verletzende an der kaiserlichen Entscheidung nachvollziehbar. zumal die
Juden in Caesarea, der Verwaltungshauptstadt von Judaea, in der Mehrheit waren (bell II 268;
LEVINE a.a.O. S.387). Der Konflikt hatte keineswegs von vornherein antirömische Obertöne -
appellierte man doch zunächst an die Entscheidungskompetenz der kaiserlichen Regierung (siehe
LEVINE, a.a.O. S.396).

[427] ant XX 184; cf. bell II 284f.293.457f.. Eine ganz ähnliche Sicht vertritt der hebräische Aufsatz
von U.RAPPAPORT, The Relations between Jews and non-Jews and the Great War against
Rome, Tarbiz 47 (1978), S.1-14, der mir nur durch das kurze Thesenreferat von H.E.GAYLORD,
JSJ 10 (1979) S.255 zugänglich ist. R. sieht in dem jüdisch-griechischen Antagonismus im
Palästina des 1.Jh.n.Chr. den Hauptgrund des Krieges. "When the Romans could no longer
neutralize and limit these hostilities, they pacted with the Greek *poleis*." Zu bedenken ist in
diesem Zusammenhang auch, daß durch Neros, besser gesagt: seiner Frau Poppaeas Einfluß, die
mit der Frau des Gessius Florus befreundet war, dieser Bewohner einer griechischen Stadt,
verheiratet mit einer Griechin, die Prokuratoren-Stelle in Judaea 64 n.Chr. erhielt und wohl nicht
unabhängig von den Traditionen eines griechischen Antijudaismus ausfüllte (ant XX 252 und
dazu M.T.GRIFFIN, Nero - The End of a Dynasty S.101.260 A 10).

[428] Cf. G.THEISSEN, Lokal- und Sozialkolorit in der Geschichte von der syrophönikischen Frau
(Mk 7,24-30), ZNW 75 (1984), S.202-25, hier S.207ff.219-21.

römischen Anfangserfolge der Jerusalemer Rebellen das Signal für die Entladung des ethnokulturellen Konfliktpotentials in Caesarea, wo man die jüdischen Einwohner beseitigte, umgekehrt aber daraufhin die Juden zu grausamen Rachezügen gegen Griechenstädte der Dekapolis, des syrischen Grenzgebiets und der Küstenebene aufbrachen.[429] Hatte die unglückliche wechselseitige Verstärkung von imperialer Loyalitätsreligion und lokalen ethnokulturellen Antagonismen unter Gaius die Feindschaft zwischen den zwei Bevölkerungsgruppen, Juden und Griechen, schon in zuvor unbekannte, das gesamte östliche Imperium übergreifende Dimensionen vorangetrieben, so brachen jetzt, mit der Abschüttelung der römischen Ordnungspolitik, alle Dämme: Die "zwei" waren in einen Vernichtungskampf eingetreten. In Syrien war jede Stadt in *zwei* (εἰς δύο) Lager gespalten, wobei Griechen und Juden einander mit dem Vernichtungsschlag zuvorzukommen versuchten.[430] In der Weltstadt Alexandria herrschten 66 n.Chr. fortdauernde griechisch-jüdische Unruhen, die vorerst durch ein Blutbad, das der Präfekt unter den gegen die Griechen aufgereizten Juden anrichtete, unterdrückt wurden.[431] Die zweite Weltstadt des Ostens, Antiochia, zog kurz nach der Ankunft Vespasians in Syrien (Winter 66/67) mit einem römisch gedeckten Judenpogrom nach.[432] Wie zur Zeit der Caligula-Krise und der nachfolgenden jüdischen Revanche-Welle unter Claudius wurde der ganze griechische Osten von den Entladungen des jüdisch-griechischen Hasses erfaßt.

Für diese weite Ausstrahlung gibt es noch eine Reihe von allgemeineren Indizien: So die Rede des Königs Agrippa II. in der Anfangsphase der Jerusalemer Erhebung, die - von Josephus post eventum formuliert - wohl die *tatsächlichen Folgen* vorwegnimmt (bell II 398f.): "Die Gefahr trifft nicht nur die Juden hier, sondern auch alle, die in den anderen Poleis wohnen, denn es gibt ja kein Stadtvolk in der οἰκουμένη, das nicht einen Teil von uns beherbergt. Wenn ihr Krieg beginnt, werden die Gegner alle (Juden) abschlachten, und wegen weniger unverantwortlicher Ratgeber wird jede Polis (πᾶσα πόλις) mit dem Mord an Juden gefüllt werden." Bezeichnenderweise spricht Jos. im Anschluß an das alexandrinische Blutbad (66 n.Chr.) davon, die Juden wären damals *überall* als Feinde behandelt worden (bell II 499: πανταχοῦ τῶν Ἰουδαίων ἐκπεπολεμωμένων); ähnlich wird die Zeit kurz nach der syrischen Landung Vespasians (Winter 66/67 n.Chr.) als diejenige charakterisiert, "als der Haß (μῖσος) gegen die Juden *bei allen* (παρὰ πᾶσιν) den Höhepunkt erreichte" (bell VII 46) und nun auch in Antiochia einen Pogrom auslöste. Die Abschaffung des Sabbats in Antiochia wirkte damals beispielhaft auf "andere Poleis" im Osten (bell VII 53). Nach der Einschätzung des Aufstands, die Josephus in bell I 4 gibt, "spitzte sich durch das Übermaß an Unru-

---

[429] bell II 457-60; bell VII 361-63.

[430] bell II 461-80 (cf. auch 481-86); bell VII 364-68.

[431] bell II 487-99; VII 369.

[432] bell VII 41-62.

hen die Frage des Ostens (τὰ πρὸς τὴν ἀνατολήν) derart zu, daß die Einen hoffen konnten, ihn ganz zu gewinnen, die Anderen fürchten mußten, ihn völlig zu verlieren" (Allerdings wird man hier Abstriche machen müssen wegen der Tendenz, die Leistung der Flavier möglichst hoch einzuschätzen). Nach dem Krieg hielt Titus den Antiochenern, die die Juden aus ihrer Stadt vertrieben wissen wollten, entgegen, daß es *keinen Ort* mehr gebe, der die vertriebenen Juden aufnehmen würde (bell VII 109: καὶ δέξαιτ᾽ ἂν οὐδεὶς αὐτοὺς ἔτι τόπος) - der Judenhaß war jetzt mindestens im ganzen Osten des Imperiums mächtig.[433]

Wird uns das Ausgreifen der jüdisch-griechischen Ausschreitungen im Zusammenhang des bellum auf den griechischen Osten des Imperiums in allgemeiner Weise somit klar bezeugt, so ist es von vorneherein wahrscheinlich, daß die Spannungen auch auf einzelne Poleis in Kleinasien übergegriffen haben, auch wenn uns - wie schon für die Zeit Caligulas/Claudius' - aus dieser Region keine speziellen Belege erhalten sind. Gerade die Hauptstadt der Provinz Asia, Ephesos, weist unter den Poleis der Asia eine ausgesprochen judenfeindliche Tradition auf, die von der nur widerwilligen Umsetzung der pompeianischen Militär-Exemtion von Juden mit römischem Bürgerrecht über die wiederholten behördlichen Übergriffe auf jüdische Tempelgelder unter Augustus/M.Agrippa schließlich zum Zeugnis des massiven ethnokulturellen Konfliktpotentials in der breiten Stadtbevölkerung von Act 19 führt.[434] Da sich diese Spannungen in der Folge kaum abgebaut haben, muß der jüdische Krieg besonders in der stark an Rom orientierten Asia und in deren Hauptstadt Ephesos im Zusammenhang des antijüdischen Staatshandelns der Römer entsprechende antijüdische Stimmungen - zumindest unter den städtischen Mobs - ausgelöst haben.[435]

---

[433] Entsprechend der weiten Ausstrahlung erhielt der Aufstand in Palästina auch von Seiten der Diaspora etwas Unterstützung (DioCass 65,4,3).

[434] Zur judenfeindlichen Haltung der Epheser siehe o. S.241 mit A 62; S.269ff; S.276 A 181; S.327ff. Außerdem s. auch C.J.HEMER, The Letters to the Seven Churches of Asia in their Local Setting, JSNT Suppl.Ser. 11 (1986), S.38f.; T.RAJAK, Was There A Roman Charter For The Jews? JRS 74 (1984) S.119; SCHÜRER (edd. VERMES, MILLAR, GOODMAN) III/1 S.22f. Wenn auch ein Engagement kleinasiatischer Juden auf dem palästinisch-syrischen Konfliktfeld unwahrscheinlich ist (cf. E.M.SMALLWOOD, The Jews under Roman Rule, S.356f.) und auch für die Asia selbst blutige Ausschreitungen schon wegen der weitgehenden Orientierung der lokalen Aristokratien an der römischen Ordnungspolitik kaum anzunehmen sind, so sind doch verstärkte antijüdische Haltungen auf der Ebene der Mobs wahrscheinlich - ihre latenten antijüdischen Ressentiments sind uns im Falle Ephesos' aus den 50er Jahren geläufig. Wir müssen für diese stark nach Rom blickende Provinz ja auch die 'Stimmungsmache' veranschlagen, die durch das antijüdische Kriegshandeln der Römer selbst wirksam wurde.

[435] Auch die Tatsache, daß Josephus nach ant XVI 175 gerade die vorausgehenden *kleinasiatischen* Dokumente zur Regelung griechisch-jüdischer Konflikte zitiert, um dadurch *aktuelle* griechisch-jüdische Spannungen der 90er Jahre zu entschärfen, könnte auf einen Kleinasien mitumfassenden Adressatenkreis des Werks und auf die *Kontinuität* der griechisch-jüdischen Spannungen in diesem Raum mindestens bis in die Zeit der Antiquitates verweisen. (Cf. dazu T.RAJAK, Josephus. The Historian and His Society, S.225: Die Antiquitates wenden

Aus römischer Sicht wurde mit dem jüdischen Aufstand also nicht nur in Judäa, sondern auch in den angrenzenden Regionen des östlichen Imperiums das ordnungspolitische Konzept der pax gentium angegriffen, und für die römische Einschätzung einer mindestens inneren Teilnahme der Diaspora an der Erhebung spricht nicht zuletzt die bei Josephus ausgeführte Rede des Titus nach der Tempelzerstörung, nach der die bisher von Rom gestatteten Weihgeschenk- und Tempelgeldüberweisungen "für Gott" aus der weltweiten Diaspora letztlich nur zur *Finanzierung der Aufrüstung gegen Rom* dienten (bell VI 335):

"Die größte Gunst aber war die, daß wir euch gestatteten, Steuerabgaben für Gott zu erheben und Weihgeschenke zu sammeln. Wer dafür etwas gab, den haben wir weder getadelt noch daran gehindert - nur damit ihr reicher würdet auf unsere Kosten und euch mit unserem Geld gegen uns rüsten könntet."[436]

Damit wird eine wohl in traditionalistischen Kreisen Roms lebendige antijüdische Befürchtung aufgegriffen, die ähnlich später auch bei Tacitus begegnet (hist. V 5,1). Dort heißt es von Proselyten:

"Gerade die schlechtesten Elemente waren es nämlich, die ihre väterliche Religion schmählich aufgaben und Tempelsteuern (tributa) sowie sonstige Spenden (stipes) dort anhäuften, wodurch sich die Macht der Juden gewaltig hob (unde auctae Iudaeorum res). Das kam auch daher, weil in den Kreisen der Juden unerschütterlich treuer Zusammenhalt und hilfsbereites Mitleid herrschen, während allen anderen Menschen gegenüber feindseliger Haß hervortritt."[437]

Hier wie in der Rede des Titus tritt die Auffassung vom weltweit desintegrativen, religiös stabilisierten Nationalismus der Juden in den Blick, der *durch das Mittel der weltweiten Steuern und Spenden für das Jerusalemer Heiligtum* zu einer gefährlichen nationalen Macht anwachsen konnte, die sich gegenüber der (von Rom geführten) Menschheit bzw. gegen Rom selbst feindselig verhält.[438] Schon zur Zeit der Krise der römischen Juden unter Claudius

sich betont den Problemen der Diaspora zu und sprechen apologetisch auch griechische Orientalen an, unter denen Diasporajuden lebten). Es liegt also denkbar nahe, daß bestimmte Städte der Asia, wie etwa Ephesos, zur Zeit des jüdischen Krieges an den verschärften griechisch-jüdischen Spannungen im gesamten Osten partizipiert haben.

[436] bell VI 335: ἵν᾽ ἡμῖν γένησθε πλουσιώτεροι καὶ παρασκευάσησθε τοῖς ἡμετέροις χρήμασιν καθ᾽ ἡμῶν. An dieser Stelle wird durchaus etwas von der flavischen Legitimationsstrategie für die Tempelzerstörung durchscheinen, da die Aussage schlecht dazu geeignet ist, im Sinne der proflavischen Tendenz des Josephus die unbedingte Schonungsabsicht des Titus für den Tempel und für seine Abgabenorganisation zu motivieren. Zudem paßt diese Einschätzung des Flaviers nur zu gut in die Linie des schon für Claudius bezeugten Mißtrauens gegenüber dem Abgabenfluß aus der Diaspora nach Jerusalem (s. auch gleich im Text).

[437] Haß gegen alle Menschen bedeutet angesichts der ordnungspolitischen Interessen Roms (pax gentium) zugleich Opposition gegen das Herrschaftskonzept der Römer.

[438] Solche politischen Vorbehalte gegen die jüdischen Tempelgelder aus der Diaspora sind in traditionalistischen Kreisen Roms wahrscheinlich älter als die Titus-Rede bei Josephus oder gar erst Tacitus anzeigen. Schon Cicero lobte den Prokonsul der Asia L. Valerius Flaccus, der 62

41 n.Chr. sah sich Philo, wie wir oben bemerkten, in apologetischen Partien seiner "Legatio" zur Verteidigung der Tempelsteuer-Sammlungen genötigt (s.o. S.355-358) - gerade dieses bedeutendste Signum der nationalen und kultischen Eigenständigkeit der Juden in der Diaspora begegnete auch dem größten Mißtrauen sowohl der griechischen Poleis als auch (seit Claudius) der römischen Kaiser, die es nach Maßgabe der Billigkeit bisher erlaubt hatten. Da eine Politeia nach antiker Vorstellung um den jeweiligen nationalen Kult zentriert war und Philo uns ganz entsprechend belegte, daß die Diaspora durch ihre Steuerleistungen für den Jerusalemer Kult ihre Zugehörigkeit zur "allgemeineren Politeia" aller Juden dokumentierte, konnte der schon wirtschaftlich ärgerliche Kapitalabfluß zum Jerusalemer Tempel nur das Mißtrauen der jeweiligen Umgebung auf die darin manifeste "politische" Fremdloyalität der Diasporajuden lenken: "Politisch" im Sinn eines überregionalen ethnokulturellen Zusammenhalts, der im Tempelkult sein Zentrum hatte. Von diesem Hintergrund aus fällt u.E. auch Licht auf die Umwidmung der diasporaweiten Tempelsteuer an den römischen Reichsgott Iupiter Capitolinus ('denarii duo Iudaeorum') nach dem bellum: Genau das, was bislang die nationale Eigenständigkeit aller Juden dokumentiert und in den Augen der Römer die *antirömische Revolte finanziell gefördert* hatte (cf. Titus), wurde jetzt zum Zeichen einer *Zwangsintegration* aller Juden in das Imperium Romanum umdefiniert (s.u.). Das Signum der Zugehörigkeit zum Jerusalemer Kult und damit zur jüdischen Politeia wurde nach der Tempelzerstörung und Neuzuweisung an den römischen Hauptgott Jupiter zu einem Signum erzwungener Loyalität gegenüber Rom umfunktioniert. Durch die an Jupiter statt an Jahwe gerichteten "denarii duo Iudaeorum" wurde somit auch die außerpalästinische Diaspora sehr bewußt unter die Wirkung der Zerstörung des Jerusalemer Zentralkults gebracht, dh. auch die Diaspora wurde in die Verantwortung für die Erhebung miteinbezogen und an den Konsequenzen (Kultbeseitigung) demonstrativ beteiligt. Zur Bestätigung dieser These müssen wir allerdings noch klären, ob der Tempelbrand überhaupt auf das Konto der Flavier gesetzt werden kann und daher mit den 'denarii duo Iudaeorum' für Iupiter Capitolinus (fiscus Iudaicus) auf den gemeinsamen Nenner einer absichtsvollen Zerstörung des Jerusalemer Zentralkults zu bringen ist. In der

---

v.Chr. jüdisches Tempelgeld (Gold) in mehreren Städten der Asia konfiszieren ließ, für diese Tat mit den Worten: "Diesem barbarischen Aberglauben zu widerstehen war ein Akt verantwortlicher Strenge, und die Masse der Juden, die gelegentlich unsere Volksversammlungen leidenschaftlich entzündet, im Interesse des Staates zurückzusetzen, war eine Glanztat von Würde" (pro Flacc. 28,67). Schon hier stehen die (von Flaccus eingeschränkten) Tempelgeldaufkommen mit der ordnungspolitischen Gefährlichkeit der Juden also in einer assoziativen Verbindung.

Tat hat diese alte These Th.MOMMSENs von einer absichtsvollen Kultzerstörung der Flavier[439] eine sehr große Wahrscheinlichkeit für sich.

Im Anschluß an I.WEILER, G.ALON und H.SCHWIER läßt sich zunächst auf Widersprüchlichkeiten in Josephus' bellum verweisen, dessen Endredaktion zwar Titus als Beschützer des Tempels darstellen will, an manchen Stellen aber gleichwohl die flavische Destruktionsabsicht nicht verschleiern kann[440]: So etwa, wenn sich der siegreiche Titus mit dem Gehorsam seiner Soldaten rundum zufrieden zeigt, obgleich diese zuvor den Tempel (angeblich gegen seinen Willen) in Brand gesteckt und seine angeblichen Löschbefehle ignoriert hatten.[441] Zudem ließ Titus den Tempel, der durch den Brand nur unvollständig zerstört war, auch noch vollends schleifen.[442] G.ALON hat viele Stellen aus dem bellum Iudaicum zusammengestellt, die zeigen, daß Titus schon lange vor dem Tempelsturm den Aufständischen mit der Tempelzerstörung gedroht hatte, falls der Widerstand nicht aufgegeben würde.[443] Während des römischen Triumphs rühmten sich die Flavier auf bildlichen Darstellungen ihrer Kriegsaktionen sogar mit dem Tem-

---

[439] Th.MOMMSEN, Römische Geschichte Bd.V S.538f.: "Zu deutlich waren in der jüdischen Insurection die Gefahren zu Tage getreten, welche diese national-religiöse, einerseits streng concentrirte, andererseits über den ganzen Osten sich verbreitende und selbst in den Westen verzweigte Vergesellschaftung in sich trug. Der centrale Cultus wurde demzufolge ein für allemal beseitigt. ... Freilich wird es immer wahrscheinlich bleiben, daß ... für die veränderte Politik der römischen Regierung gegenüber dem Judenthum die Flammen des Tempels das Programm waren."

[440] Cf. zum Folgenden im Einzelnen die Ausführungen von I.WEILER, Titus und die Zerstörung des Tempels - Absicht oder Zufall? Klio 48 (1967) S.139-158, G.ALON, The Burning of the Temple (ders., Jews, Judaism and the Classical World. Studies in Jewish History in the Times of the Second Temple and Talmud, Jerusalem 1977, S.252-68) und jetzt H.SCHWIER, Theologische und ideologische Faktoren, < masch.schr. > S.323ff..

[441] bell VI 252.254-58.262-66; VII 7f. Cf. auch bell VI 228.

[442] bell VII 1: κελεύει Καῖσαρ ἤδη τήν τε πόλιν ἄπασαν καὶ τὸν νεὼν κατασκάπτειν.

[443] Josephus soll etwa nach der Einstellung des täglichen Opfers im Auftrag des Flaviers an Johannes v.Gischala ausrichten, er möge zum Kampf vor die Stadt kommen, "um nicht beide, *die Stadt und den Tempel*, mit sich ins Verderben zu ziehen" (bell VI 95). An anderer Stelle beschließt er seine im Auftrag des Flaviers an die Belagerten gehaltene Rede mit der Bitte: "Habt Mitleid mit der schon jetzt verwüsteten Vaterstadt, wendet euch um und seht, was für eine Pracht ihr preisgeben wollt, was für eine herrliche Stadt, welch einen wunderbaren *Tempel*, was für reiche Geschenke von vielen Völkern! Wer wollte an dies alles den *Feuerbrand* legen, wer wünschte es vernichtet zu sehen?" (bell V 416f.) Ähnlich Titus selbst bell VI 346ff. Noch verräterischer wirkt schließlich der Umstimmungsversuch der von Titus vor die Jerusalemer Stadtmauer geholten Überläufer: Die Aufständischen mögen sich wenigstens vom heiligen Bezirk zurückziehen "und dadurch den Tempel selbst für sie zu retten; denn die Römer würden es nicht wagen das Heiligtum in Brand zu setzen, *außer im Fall allergrößter Not*" (bell VI 120). Den wahren Sachverhalt spricht Josephus schließlich unbedacht dort aus, wo es ihm in anderem Zusammenhang nur um eine Datierung geht: "Nun sind diejenigen, die das Hohepriesteramt von der Zeit Herodes an bis zu dem Tag bekleideten, *an dem Titus den Tempel und die Stadt einnahm und in Brand setzte*, 28 an der Zahl..." (ant XX 250). Cf. die weiteren erhellenden Belege bei G.ALON, The Burning of the Temple, S.256ff..

pelbrand[444] und Valerius Flaccus verrät uns dementsprechend die frühe Propagandathese, nach der Titus als "geschwärzt von der Kriegsasche Jerusalems ... [selbst] die
Brandfackeln werfend" zu sehen sei.[445]

Die politischen Motive der Tempelzerstörung durch die Flavier werden uns
am ehesten in der Darstellung des Kriegsrats zu dieser Frage durch die
Chronica des Sulpicius Severus greifbar, die sehr wahrscheinlich auf den entsprechenden Passus aus dem heute verlorenen Teil der Taciteïschen Historien (Buch V) zurückgeht (siehe gleich).[446] Nach Josephus' Parallelbericht
(bell VI 237-41) standen sich in dieser Beratung eine für das Kriegsrecht
(Tempelzerstörung) votierende Gruppe, eine weitere, die für die Schonung
des Tempels im Falle der Räumung von jüdischen Waffen eintrat
(andernfalls sei er als bewehrte Festung zu zerstören), und schließlich - der
josephischen Tendenz entsprechend - Titus' Partei mit der Absicht unbeding-
ter Schonung gegenüber (der Tempel als Schmuck des Imperiums). Severus'
Bericht kennt der Sache nach hingegen nur die erste und die dritte Gruppe
aus Josephus, wobei hier zur ersten, die für die Zerstörung votiert, nun auch
der Flavier selbst zählt:

> "Andererseits waren andere und auch Titus selbst der Ansicht, daß vorrangig der
> Tempel zu zerstören sei, damit die Religion der Juden und Christen vollständiger
> beseitigt würde" (quo plenius Iudaeorum et Christianorum religio tolleretur).[447]

---

[444] bell VII 142ff.; speziell 144 (cf. dazu bes. I.WEILER, Titus und die Zerstörung des Tempels
S.147). Wahrscheinlich ist die vollständige Zerstörung von Stadt und Tempel auch der
ursprüngliche Inhalt jener "schicksalsschweren Befehle", die Titus von Vespasian für die
Endphase des Krieges erhalten hatte (bell VI 344; siehe dazu WEILER S.147; SCHWIER
S.299f.).

[445] Val.Fl. Argonautica I,13 (es geht um eine Empfehlung an den dichtenden Domitian, wie er
seinen Bruder als Held von Jerusalem besingen könnte): Solymo nigrantem pulvere fratrem/
Spargentemque faces et in omni turre furentem. Diese Sicht teilten freilich auch die betroffenen
Juden, wie die um 80 n.Chr. wohl im syrischen Raum entstandene Redaktion von OrSib IV zeigt:
"Ein Anführer Roms ('Ρώμης πρόμος) wird nach Syrien kommen, der den Tempel von
Jerusalem mit Feuer verbrennen wird (ὅς πυρὶ νηόν συμφλέξας Σολύμων)..." (IV 125f., cf.
115f.; zur Datierung und Lokalisierung siehe J.J.COLLINS bei CHARLESWORTH I S.381f.).
G.ALON, The Burning of the Temple, S.253f. stellt auch die rabbinische Literatur zusammen, die
Titus den Tempelbrand zuschreibt. - Weitere Belege und Erwägungen zur absichtsvollen
flavischen Destruktion des Jerusalemer Zentralheiligtums gibt H.SCHWIER, Theologische und
ideologische Faktoren S.323ff.

[446] I.WEILER erinnert an die vermutliche Abhängigkeit des Tacitus von der Schrift De Iudaeis
des [M.] Antonius Iulianus, der mit dem gleichnamigen Prokurator von Judaea, einem Mitglied
des Kriegsrates unter Titus, wahrscheinlich identisch ist (bell VI 238; cf. WEILER, Titus S.149):
"Von diesem Prokurator wäre gewiß auch eine dem Titus nicht so schmeichelnde Darstellung der
Beschlüsse des Kriegsrates zu erwarten, da M.Antonius - und das überliefert uns Josephus selbst -
zu jenen Personen gehörte, die dem Kaisersohn damals opponierten" (ebd. S.149 mit A 5).

[447] Sulp.Sever. Chronica II 30,(6-)7 (M.STERN). Severus schrieb seine Chronica zu Beginn des
5.Jh.n.Chr.; seine Quellen benennt er nicht, sie können aber meist identifiziert werden. Wo er auf
Tacitus zurückgreift, wendet er stets die gleiche Technik an: "a rapid summary which nevertheless
preserves Tacitean phrases, even whole clauses, virtually unchanged" (T.D.BARNES, The

Da auch P. Orosius mit größter Wahrscheinlichkeit aus Tacitus schöpft, wenn er Titus selbst die Destruktion zuschreibt[448], dürfte Severus den Titus - entgegen der tendenziösen Darstellung des Josephus und im Einklang mit Tacitus - der richtigen Partei zugeordnet haben. Ziehen wir die christliche Brechung bei Severus ab ("et Christianorum"), ging es Titus dann also um die Beseitigung der jüdischen Zentralreligion (Kultdestruktion), um so den mutmaßlichen religiösen Stabilisator jüdischer Aufstandsneigung vernichtend zu treffen? Dafür spricht zunächst, daß die entsprechende "Zerstörungsgruppe" im Bericht des Josephus tatsächlich das Argument anführt, daß die seditiöse Haltung der Juden nicht nachlasse, solange der Tempel stehe, "bei dem sich ja die Juden von überall her (πανταχόθεν) sammeln" (bell VI 239). Zu der analogen Situation jüdischer Unruhen in Ägypten 73 n.Chr. berichtet Josephus - nun ohne tendenziöse Verschleierung - vom Verdacht Vespasians,

"daß die seditiöse Haltung (νεωτεροποιίαν) der Juden niemals aufhören würde. Er fürchtete, daß sie sich erneut zu einer einheitlichen Bewegung zusammenschließen und dabei auch andere noch für sich gewinnen würden. Daher befahl er dem Lupus, den Tempel der Juden in dem sog. Oniasbezirk zu zerstören" (bell VII 421).

Dies entspricht genau dem oben genannten Argument der "Zerstörungs-Gruppe" bei Josephus, die somit - entgegen der Tendenz des Josephus - den flavischen Standpunkt bieten dürfte.[449] Zudem überliefert uns J.MALALAS

Fragments of Tacitus' *Histories*, CP 72 (1977) S.225-28, hier S.226). Da das kurze Summarium der Ereignisse des Jahres 69 n.Chr. in II 30,1-3a auf Tac.hist.I-IV zurückzugehen scheint, liegt für II 30,3b-7 die Abhängigkeit vom verlorenen Teil von hist V ganz nahe. BARNES weist S.227 A 13 darauf hin, daß der Anfang unseres Zitats (At contra...) taciteïschen Stil verrät (cf. etwa ann 4,28,3: at contra reus...) - möglicherweise geht also auch die nachfolgende Formulierung vom Beseitigen der jüdischen Religion (... Iudaeorum... religio tolleretur) direkt auf Tacitus zurück (freilich nicht mehr die Erweiterung auf das Christentum, cf. BARNES S.228). In jedem Fall gilt aber BARNES' Ergebnis, daß auch dann, wenn die Taciteïschen Formulierungen aus Severus nicht mehr rekonstruierbar sind, "part of the substance of what he (sc. Tacitus) wrote can be inferred with some confidence" (228). Tacitus dürfte der Sache nach also vom Motiv der Zerstörung des Zentralkultus gesprochen haben. Zur Literatur und Diskussion über unsere Stelle im Verhältnis zum Parallelbericht des Josephus siehe M.STERN, Greek and Latin Authors II S.64-67.

[448] Paulus Orosius, adv.pagan. VII 9,6: Itaque Titus, imperator ab exercitu pronuntiatus, templum in Hierosolymis incendit ac diruit... Orosius kann unter den drei Quellen, auf die er sich bezieht (VII 9,7: Tacitus, Sueton, Josephus), hier nur von Tacitus abhängig sein, da die Titus-Vita Suetons unergiebig ist und Josephus die Ereignisse entgegengesetzt darstellt (I.WEILER, Titus und die Zerstörung des Tempels von Jerusalem S.152f.; cf. BARNES, Fragments S.227.230).

[449] WEILER stellt zwar zurecht einen Unterschied fest zwischen der Begründung der Tempelzerstörung durch die Zerstörungsfraktion bei Josephus (der Tempel sei als Sammelplatz für die bewaffneten Juden, somit ein φρούριον, zu zerstören) und dem bei Severus angegebenen kultpolitischen Motiv: quo plenius Iudaeorum (et Christianorum) religio tolleretur. Doch schließen sich beide Begründungen keineswegs aus (sofern man die Ausweitung auf die Christen bei Sulpicius als sekundäre Brechung abzieht), vielmehr wußten die Römer sehr genau um die prinzipielle Bedeutung des Kultus für die Stabilisierung eines gegenüber dem Imperium

in seiner Chronik, die Flavier hätten nach dem Krieg auch die Synagogen zu Daphne in Antiochia und in Caesarea zerstört und an ihrer Stelle heidnische Institutionen errichtet.[450] Wir haben zu solcher Kultdestruktion eine gute Analogie im destruktiven Vorgehen des Claudius, eines der großen Vorbilder Vespasians, gegen die druidische Religion in Gallien und in Britannien, die als religiöser Stabilisator einer gegenüber dem Imperium desintegrativen, keltisch-nationalen Haltung in der Aristokratie wirkte.[451] Daß kultpolitische Restriktionen im Interesse der interkulturellen Reichseinheit wie schon zur Zeit des Claudius auch unter Vespasian sogar ideologisch zum ordnungspolitischen Inventar gehörten, belegt die 77 n.Chr. dem Titus gewidmete Naturalis Historia des älteren Plinius, deren Hauptaussagen demzufolge mit der offiziellen Reichsideologie konform gehen müssen. In 3,39ff., dem "locus classicus für das Selbstbewußtsein des römischen Volkes als Kulturvolk" (G.GRÜNINGER), wird die imperiale Aufgabe Italiens/Roms[452] wie folgt bestimmt:

"Das Land, aller Länder Tochter zugleich und Mutter, vom göttlichen Walten dazu erwählt, den Himmel selbst erlauchter zu machen, *die zerstreuten Reiche zu vereinen und ihre religiösen Bräuche zu mäßigen* (sparsa congregaret imperia ritusque molliret), aller der vielen Völker uneinige Sprachen durch Gemeinschaft der Rede zum Gespräch zusammenzubringen und dem Menschen die Menschlichkeit (humanitas) zu geben, *kurz gesagt, das eine Vaterland aller Völker auf der ganzen Erde zu werden* (una cunctarum gentium in toto orbe patria fieret)."

Die imperiale Aufgabe der Einigung der verschiedenen Nationen unter römischer Herrschaft erfordert, so hören wir hier unmißverständlich, zugleich die Mäßigung/Restriktion religiöser Riten.[453] Im Fall der desintegrativen

---

Romanum desintegrativen Nationalismus, wie die im Text folgenden Ausführungen belegen werden. Zudem wird uns das Motiv der *Kult*destruktion durch die weiteren flavischen Maßnahmen (denarii duo Iudaeorum, Triumph) noch deutlich vor Augen treten. WEILERs Bevorzugung des durch Josephus gebotenen Destruktionsmotivs gegenüber dem bei Sulpicius berichteten (ders., Titus S.150 mit A 3) ist daher nicht gerechtfertigt, vielmehr gehören beide Aspekte eng zusammen.

[450] J.MALALAS, Chronogr. 261 = PG 97, Sp.396, ed. L.DINDORF.

[451] S.o. S.350 A 404: Die Druiden unterstützten den militärischen Widerstand gegen Rom und brachten noch 69 n.Chr., also lange nach den restriktiven Maßnahmen des Claudius, Orakel über das Ende der römischen Weltherrschaft in Umlauf.

[452] An dieser Stelle sind Rom-Idee (der die gleich zitierten Worte, die eine geschichtliche Bestimmung charakterisieren, zuzuordnen sind) und Italien-Idee (traditionell mit natürlichen, ethnographischen, geographischen Vorzügen befaßt) miteinander verschmolzen; so F.KLINGNER, Italien. Name, Begriff und Idee im Altertum S.29; cf. G.GRÜNINGER, Untersuchungen zur Persönlichkeit des älteren Plinius S.35 A 29.

[453] Cf. G.GRÜNINGER, Untersuchungen S.123. Bei der Kulturleistung der Mäßigung barbarischen religiösen Brauchtums sind zunächst wohl inhumane Riten wie Menschenopfer im Blick (cf. nat.hist. 30,13: druidische Religion!), aber man wird dies im Fall der Druiden oder der Juden nicht gegen die politischen (antirömischen) Aspekte dieser Kulte als Restriktionsmotive

Druidenreligion und des desintegrativen jüdischen Kultus nahm diese vom
Reichseinigungskonzept diktierte kultpolitische Restriktion die Extremform
der Kultzerstörung an. Dieses Verfahren hatte gegenüber den Juden bekanntlich schon eine hellenistische Vorgeschichte: Mit dem Höhepunkt der
Hellenisierungsbestrebungen in Jerusalem unter Antiochos IV.Epiphanes
muß der reichsweite Befehl des Seleukiden verbunden werden,

> "daß alle (sc. Nationen) zu einem Volk (εἰς λαὸν ἕνα) werden sollen und daß je-
> der seine überkommenen Gesetze (τὰ νόμιμα) aufgeben soll" (1.Makk 1,41f.).

Diese Absicht interkultureller Reichseinigung durch Hellenisierung äußerte sich für Jerusalem und Juda in einem speziellen Erlaß, der vor allem
die vollständige Desakralisierung des Jerusalemer Zentralkultus bestimmte
und dem die Errichtung eines griechischen Altars im Tempel sowie seine
Weihung an den Zeus Olympios nachfolgte.[454] Alle greifbaren Torarollen
wurden vernichtet.[455] Die traditionelle Religion der Juden, die der Hellenisierung im Sinn der seleukidischen Reichsraison so nachhaltig im Weg gewesen
war und Unruhen provoziert hatte, sollte beseitigt und durch griechische
Kulte ersetzt werden.[456] In gleicher Weise beschreibt die Rückblende auf Antiochos Epiphanes, die der Bericht des Diodoros (XXXIV/XXXV 1,1-5) über
die Belagerung Jerusalems durch Antiochos Sidetes enthält (wahrscheinlich
von Poseidonius abhängig), den vom Eindruck der jüdischen Aversion gegen
die hellenistische Völkergemeinschaft (1,3: τὰ μισάνθρωπα καὶ παράνομα ἔθη;
μισανθρωπία) veranlaßten Beschluß Epiphanes', "die Gesetze (der Juden) zu
beseitigen" (καταλῦσαι τὰ νόμιμα, 1,3). Angeschlossen werden dann wieder
die Maßnahmen der Desakralisierung des Zentralkults (1,4). In Erinnerung
an diese Taten wird nun auch dem Sidetes geraten, "die überkommen Gesetze (der Juden) zu beseitigen (καταλῦσαι τὰ νόμιμα) und sie zu zwingen, ihren Lebenswandel zu ändern" (1,5).[457] Das hellenistische Reichseinigungs-

---

ausspielen können (S.o. S.350 A 404). In der gleichen Gattung der laudes Italiae/Romae
begegnet uns ein ähnlicher Gedanke noch Jahrhunderte später bei Prudentius, contra Symm.I
455: "Aber dich, die du den bezwungenen Völkern Gesetze und Rechte gegeben hast und somit
ordnest, wodurch der große Erdkreis ausgerichtet wird, daß die wilden Riten der Waffengänge
und Bräuche (armorum morumque) zahm werden..." Cf. II 602ff.: "...ihre Wildheit zu zügeln,
lehrte Gott die Völker überall ihr Haupt beugen unter gleiche Gesetze und allesamt Römer
werden".

[454] 1.Makk 1,44-50.54.59; 2.Makk 6,1-9; Dan 9,27; 11,31; 12,11.

[455] 1.Makk 1,56f.

[456] Jos., ant XII 253: "Er zwang sie, die Religion ihres Gottes aufzugeben und die (sc. Götter) zu
verehren, an die er selbst glaubte." Cf. 2.Makk 6,1-9.

[457] Schon von Alexander dem Großen berichtet uns sein Begleiter Onesicritos, daß dieser große
Spediteur griechischer Zivilisation gegen inhumane Bräuche der Sogdianer und Baktrianer (Alte
und Kranke vor die Hunde werfen, Tote nicht begraben) vorgegangen sei, indem er den
entsprechenden Nomos dieser Ethnien beseitigte (καταλῦσαι δὲ τὸν νόμον Ἀλέξανδρον;
Onesicr. bei Strabo, Geogr.517)

konzept erforderte also gegenüber den desintegrativen Juden, den Zentralkult samt der an ihm haftenden "asozialen" rituellen Gesetze im Interesse der
Hellenisierung zu beseitigen.[458] Nichts anderes als die analoge Destruktion
des Zentralkultus als des religiösen Haftpunktes eines gegenüber dem römisch-hellenistischen Gesamtstaat desintegrativen Nationalismus bezweckten
auch die Flavier[459] (cf. die oben bei Plinius gebotene Ideologie), so daß auch
diese Maßnahme von ihrem Ansatz her - auf Grund der Analogie - in die Kategorie "Auflösung der (kultischen) Gesetze" fallen mußte: Jeweils war es um
die Desakralisierung des Zentralkults gegangen. Ganz entsprechend war in
der durch Sulp. Severus (Tacitus) vermittelten Nachricht über das flavische
Motiv für die Tempelzerstörung ja auch von der möglichst vollständigen Beseitigung (tollere) der jüdischen religio die Rede gewesen.

Es kann daher nicht verwundern, daß die Flavier auf dem Höhepunkt ihres 71 zele-
brierten Triumphzuges über die Juden in einer eigenen Sektion zentrale Kultgeräte des
Innenheiligtums von Jerusalem vorüberführen ließen[460]: Zunächst den Schaubrottisch,
auf dem sich ein wichtiges (und auf den jüdischen Aufstandsmünzen als Symbol ver-
wendetes) Tempelgefäß befand, dann den siebenarmigen Tempel-Leuchter (Menora)
und schließlich - Josephus vermerkt eigens: als Abschluß der (kultischen) Beutestücke -
den Nomos der Juden (= die Tora-Rolle). Darauf folgten zahlreiche Statuen der VIC-
TORIA (AVGVSTI, cf. die gleichzeitigen Münzen[461]) und dann die Sieger Vespasian
und Titus selbst, die im Triumphwagen saßen (Domitian ritt daneben). H.SCHWIER
dürfte diese Auswahl richtig interpretieren, wenn er schreibt:

---

[458] Die Maßnahmen des Antiochos Epiphanes waren auch in der römischen Historiographie als
Versuch bekannt, statt der verfehlten jüdischen Religion (superstitio) griechische Bräuche
einzuführen: "Als die Makedonier das Übergewicht bekamen, bemühte sich König Antiochos,
den Juden ihren Aberglauben zu nehmen (demere superstitionem) und griechische Sitten (mores
Graecorum) bei ihnen einzuführen." Allerdings sei Antiochos durch einen Partherkrieg davon
abgehalten worden, "dieses äußerst abscheuliche Volk zum Besseren zu verändern" (taeterrimam
gentem in melius mutaret) (Tac. hist. V 8,2; siehe dazu M.STERN II S.47). In traditionalistischen
Kreisen Roms, deren Haltungen der quindecimvir Tacitus widerspiegelt, galten die Juden somit
als ein Volk, dem die Raison der hellenistischen Kulturgemeinschaft, auf die auch der römische
Imperialismus im Osten aufbauen mußte, mindestens bis zur Zeit der Flavier nach wie vor erst
noch beizubringen war.

[459] Als Abrechnung mit dieser desintegrativen Aufstandsneigung liest sich die Rede des Titus
nach der Brandlegung am Tempel: "... ganz zu Recht seid ihr jetzt zum Untergang bestimmt, die
ihr ja schon früher, seitdem Pompeius euch bezwungen hat, nicht aufgehört habt,
Umsturzversuche zu unternehmen und dann auch ganz offen Krieg mit den Römern angefangen
habt" (bell VI 329; cf.341ff.).

[460] Den Triumph beschreibt Jos. bell VII 123-157; hier bes. 148-152; dazu sind auch die
Bilddarstellungen auf dem noch erhaltenen Titusbogen in Rom zu vergleichen (NASH,
Bildlexikon I, S.133ff.). Das Folgende profitierte von den Ergebnissen H.SCHWIERs,
Theologische und ideologische Faktoren S.332-346.

[461] BMC II p.126 No.586; p.191 No.786.

"Schaubrottisch samt Tempelgefäß, Leuchter und die Thorarolle, aus der der Hohepriester am Versöhnungstag im Tempel vorlas, können damit in ihrer Gesamtheit den Jerusalemer Tempelkult symbolisieren - zumindest aus römischer Sicht."[462]
Da aber nicht nur der Triumphzug selbst zum Tempel des Iupiter Optimus Maximus
hinführte, sondern auch schon die Prodigienreihe des "flavianischen Traktats"[463] vor
dem belagerten Jerusalem u.a. die Desertion Jahwes aus dem Tempel und so die kultische Überlegenheit der Römer propagierte, da zudem - worauf SCHWIER hingewiesen
hat - die Victoria als von Iupiter gesandt verstanden wurde und in dieser Zuordnung der
Präsentation des kassierten Jerusalemer Zentralkults im Triumphzug nachfolgte, sollte
der jüdische Triumph zweifellos auch der Kultzerstörung Ausdruck geben, in der sich
die Überlegenheit der im Namen Iupiters vorgegangenen Römer dokumentierte.[464]
Daß gerade der jüdische Nomos den Abschluß und Höhepunkt der vorgeführten Kult-
stücke darstellt, entspricht dabei vollkommen unserer These einer von den Flaviern versuchten Destruktion des gesamten national-jüdischen Kultus von seinem Zentrum, dem
Jerusalemer Zentralheiligtum, aus. In dieses Bild paßt u.E. auch genau die von Josephus mitgeteilte Nachricht, Vespasian habe zwar die goldenen Weihgeräte aus dem Jerusalemer Tempel in dem nach dem jüdischen Triumph erbauten Templum Pacis aufgestellt, den jüdischen Nomos hingegen und die purpurnen Vorhänge des Allerheiligsten, also die Konstitutiva des Zentralkultes, im Kaiserpalast niederlegen und dort be-
wachen (!) lassen (bell VII 162). Diese starke Geste konnte nur bedeuten, daß man der
Meinung war, nun den Zentralkult der Juden, repräsentiert durch Nomos und Allerheiligstes (in Gestalt der abtrennenden Vorhänge), endgültig kassiert zu haben.[465]
   Die flavische Tempelzerstörung konnte also im nicht-jüdischen Umfeld als
eine Neuauflage des alten Versuchs verstanden werden, im Interesse der interkulturellen Einheit des Gesamtimperiums den Zentralkult und das damit
verquickte kultische Gesetz als religiösen Stabilisator dieses desintegrativen
Volks zu beseitigen.

Daß man den flavischen Feldzug auf griechischer Seite tatsächlich nicht ausschließlich
als Strafe für den Abfall von Rom, sondern damit zugleich auch als Versuch einer
zwangsweisen Re-integration der "asozialen" Juden in die (von Rom geführte) *römisch-*

---

[462] H.SCHWIER, a.a.O. S.341.

[463] Jos. bell VI 288ff. und Tac. Hist. V 13. Der Begriff stammt von H.SCHWIER, der diese
Prodigien eingehend diskutiert (Ders., Theologische und ideologische Faktoren, S.313ff.).

[464] Siehe SCHWIER, a.a.O. S.342: "... daß der jüdische Gott von den römischen Göttern besiegt
worden ist..."; der Kaiser ziehe im Triumphzug "zum Kapitol, um die Anerkennung Jupiters
dadurch zu erlangen oder zu bekunden, daß er ihm den besiegten Gott in Gestalt von dessen
Attributen zu Füßen legt" (ebd. S.343).

[465] Kaum angemessen interpretieren MICHEL/BAUERNFEIND II/2 S.250f. A 89 die
Selektion dieser Nachricht, der historische Glaubwürdigkeit zugestanden wird, aus dem "Denken
des Josephus, der die Hinweise auf die hellenistische Messianität Vespasians im Palast wohl
verwahrt wissen will." Was soll das Kultattribut des Allerheiligsten mit der hellenistischen
Messianität Vespasians zu tun haben und warum wird hier so deutlich auf die *Bewachung* von
Torarolle und Allerheiligsten-Vorhang hingewiesen? Die Symbolik scheint sich eher auf das
Faktum des jüngst noch so gefährlich desintegrativen, jetzt aber (vermeintlich endgültig)
einkassierten Kultus zu beziehen.

hellenistische Kulturgemeinschaft verstehen konnte, belegt uns ein Passus der vita Apollonii des Philostratos, in dem Römer und Nicht-Römer (Griechen) nebeneinander als diejenigen erscheinen, gegen die sich die desintegrative Haltung der Juden richtet. Es handelt sich dabei um ein Gespräch, in dem der Stoiker Euphrates gegenüber Vespasian äußert: "Denn du verfügst über eine Armee, und die Heeresmacht, die du gegen die Juden wendest - wäre es nicht geschickter gewesen, sie zur Züchtigung Neros einzusetzen? Denn jene (sc. die Juden) pflegten seit alters Aversion (ἀφεστᾶσιν) nicht allein gegen die Römer, sondern auch gegen alle Menschen. Denn nachdem sie sich eine asoziale Lebensweise (βίον ἄμιχτον) gewählt hatten und es mit ihnen weder die Gemeinschaft des Tisches noch gemeinsame Weinspenden noch gemeinsame Gebete noch gemeinsame Opfer gibt, sind sie von uns (ἡμῶν) stärker distanziert (πλέον ἀφεστᾶσιν) als Susa oder Baktra oder die noch darüberhinaus entfernten Inder. Folglich war es auch nicht sinnvoll (eigentlich: "schicklich" εἰκός), diese für ihren Abfall zu züchtigen, welche man besser erst gar nicht annektiert hätte" (Philostratos, vita Apoll. V 33f.). Deutlich ist, daß dieser Vertreter des Hellenismus in Syrien (Euphrates kam aus Tyros: Philostratos, Vitae Sophistarum I pp.488.536) bei der Aufzählung des Trennenden zwischen Juden und Nicht-Juden auf die Situation in den hellenistischen Städten der östlichen Diaspora abhebt. Da die Sinnlosigkeit der *römischen* Annexion Judäas vor allem mit diesem althergebrachten desintegrativen Verhalten der Juden gegenüber der *hellenistischen Zivilisation*, der sich Euphrates zurechnet, begründet wird (cf.: "sind sie von *uns* stärker distanziert als Susa oder Baktra..."), scheint Rom durch seine Militäraktion nach dem griechischen Standpunkt dieses Textes besonders auch die Interessen des *griechischen* Ostens vertreten zu wollen und mit der Unterwerfung Judäas demzufolge die Widersetzlichkeit der Juden gegenüber der *hellenistischen Kulturgemeinschaft des Ostens* treffen zu wollen (wie wir es vom Konzept der pax gentium her auch erwarten müssen). Freilich will dieser Text gerade die Vergeblichkeit dieses imperialen Bemühens darlegen, die sich aus der langen Tradition des jüdischen βίος ἄμιχτος und dessen unüberbrückbarer Distanz zur hellenistischen Kultur ergibt.[466]

Man sollte sich nun durch die flavische Bestätigung der jüdischen Rechte in Alexandria und Antiochia nach dem Krieg[467] nicht das tatsächlich intendierte Ausmaß der kultpolitischen Restriktion, die gerade auch die mutmaßlich desintegrative Diaspora treffen sollte, verschleiern lassen: Schon oben charakterisierten wir den zumindest seit Claudius belegbaren kaiserlichen Argwohn gegen die Tempelkontakte (Tempelgelder-Sammlungen) der Diaspora, durch die nach flavischer Einschätzung (siehe Titus bei Josephus) sogar der

---

[466] Wenn Philostratos dieses Gespräch auch erst am Anfang des 3.Jh.n.Chr. ausdachte und niederschrieb (zur Datierung und Kommentierung siehe M.STERN II S.339.342), so dürfte die hier durchscheinende (griechische) Auffassung, nach der es beim jüdischen Krieg um den Versuch der römischen Vormacht ging, die desintegrativen Juden wegen ihrer die ganze hellenistische Kulturgemeinschaft (und nicht nur Rom) betreffenden Aversion zu unterwerfen, doch schon auf die Zeit des flavischen Feldzugs zurückgehen - hatte sich die jüdische μισανθρωπία zu Beginn des Aufstands doch am schärfsten in *griechisch*-jüdischen Konflikten in den östlichen Griechenstädten gezeigt (s.o.). Der Aufstand gegen Rom war von vorneherein ein Aufstand gegen das ordnungspolitische Konzept einer hellenistisch akkulturierten Völkergemeinschaft im Osten.

[467] bell VII 110f.; ant XII 121-124.

Aufstand mitfinanziert wurde.[468] Gerade vor diesem Hintergrund leuchtet es ein, daß die flavische Anordnung, nach der die einstige Tempelsteuer bei allen denjenigen, die nach dem Krieg die überkommenen jüdischen Bräuche weiterpflegten, an Iupiter Capitolinus umzuwidmen sei ('denarii duo Iudaeorum' an den fiscus Iudaicus)[469], eine pointierte Ausdehnung der Jerusalemer Desakralisierung auf die ganze Diaspora darstellen sollte.[470] Römischer Geldbedarf und kultpolitische Pragmatik fanden sich in dieser Steuer zu einer Allianz zusammen.[471] Zudem wurde so der mutmaßliche einstige Revoluti-

---

[468] S.o. S.355-358. 364f.

[469] Jos. bell VII 218: "Außerdem legte er den Juden, wo immer sie sich aufhalten mochten, eine Steuerlast (φόρον) auf: Jährlich hatten sie zwei Drachmen an das Kapitol zu entrichten, entsprechend der zuvor an den Tempel in Jerusalem entrichteten Steuer." DioCass LXV 7,2: "Und von jenem Zeitpunkt an (sc. der Einnahme Jerusalems) wurde angeordnet, daß diejenigen, die weiterhin ihre väterlichen (jüdischen) Bräuche pflegten, dem Iupiter Capitolinus jährlich zwei Drachmen Steuertribut zahlen sollten." Die für diese Steuer eingerichtete Staatskasse war der "fiscus Iudaicus", dem ein 'procurator ad capitularia Judaeorum' vorstand (CIL VI, 8604). Als Rechtsgrundlage der Judensteuer ("war indemnity") nimmt S.MANDELL, Who paid the Temple Tax when the Jews were under Roman Rule, HThR 77 (1984) S.230-32, den Einzug des Vermögens von Verdammten (bona damnatorum) an, allerdings: "It was the Jerusalem Temple which was deemed *damnatum*; thus it was the Temple's goods, not those of individuals, that were confiscated. This is especially fitting since "sacred money" had been used to finance the war (...). Indeed, this money is actually deemed Roman, thus setting the basis for the *Didrachmon*." Treffend ist ihr Schluß: "Thus, the *Didrachmon*, like the Temple Tax, was a *religious* [E.F.], albeit a war, indemnity". Allerdings geht ihre Eingrenzung der Veranlagung allein auf pharisäisch-rabbinische Juden an den klaren Quellenbelegen u.E. völlig vorbei.

[470] Das unter Claudius und Titus (und schließlich noch bei Tacitus) belegte römische Mißtrauen gegenüber den mit dem Tempel und den Tempelsteuerabgaben befaßten Versammlungen der Diaspora, die schließlich sogar mit dem Vorwurf der Finanzierung der antirömischen Erhebung belegt wurden, hatte M.S.GINSBURG, Fiscus Judaicus JQR N.S. XXI (1930/31) S.285 noch nicht in den Blick bekommen, als er den Grund für die Verpflichtung der Diaspora auf die 'denarii duo Iudaeorum' allein aus der *handgreiflichen* Unterstützung der palästinischen Erhebung durch Diasporajuden erklären wollte (DioCass LXV 3). Seine eigene Anmerkung spricht dagegen: "this assistance seems to have been insignificant - otherwise Josephus would have mentioned it" (a.a.O. S.285 A 21).

[471] Cf. TCHERIKOVER, CPJ I 80: "The chastisement decided upon by Vespasian was a curious mixture of practical financial measures and cynical mockery. The Jews had to pay the *didrachmon* - the half of a shekel, previously paid by every Jew to the Temple of Jerusalem - to the Roman rival of the Jewish God, Jupiter Capitolinus." In der Tat waren die staatlichen Kassen beim Regierungsantritt Vespasians völlig erschöpft (H.BENGTSON, Die Flavier S.98-100), so daß der fiscus Iudaicus sicherlich *auch* als "opportunistic measure, motivated by fiscal considerations" angesehen werden kann (L.A.THOMPSON, Domitian and the Jewish Tax, Historia 31 (1982) S.329-42). Doch selbst wenn die von M.ROSTOVTZEFF, Art. Fiscus RE VI/2 Sp.2403-2405 vertretene These zutreffen sollte, nach der die analog benannten und etwa zeitgleich unter flavischer Herrschaft hervortretenden Kassen des Fiscus Alexandrinus, des Fiscus Asiaticus und des Fiscus Iudaicus als gleichartige Maßnahmen der zentralen Besteuerung von Ethnien, die über das Imperium Romanum verteilt in der Zerstreuung lebten (Alexandriner, Asianer und Juden verstanden sich jeweils als ἔϑνος), analog zusammengehörten (cf. jedoch R.s eigenen Zweifel Sp.2405), so trägt die Judensteuer durch ihre zynische Bezugnahme auf die alte Tempelsteuer und durch ihre Widmung an den Hauptgott der Siegermacht doch einen ausgesprochen

onsbeitrag der Diaspora zu einem demütigenden Zeichen der Zwangsintegration in das Imperium Romanum und seinen Reichsgott umfunktioniert. Zwar tasteten die Flavier die traditionelle Lebensweise der Diasporajuden, abgesehen von der Abschaffung des Zentralkults und der diesbezüglichen Jerusalemkontakte, nicht an[472], aber indem sie die weitere Praxis der jüdischen Lebensweise mit der Steuer für den römischen Hauptgott verbanden, schweißten sie das Bekenntnis zur jüdischen Religion mit einem Zeichen zusammen, das de facto die Überwindung dieser Religion durch den Römischen Hauptgott zum Ausdruck brachte und stets an den despektierlichen Anlaß dieser Steuer zurückerinnerte.[473] Konnte dies etwas anderes bedeuten als den Versuch einer bewußten Aushöhlung der jüdischen Religion und ihrer Gesetze von ihrem einstigen Zentrum, dem jetzt von Rom zerstörten, überwundenen Zentralkult aus? Dies paßte jedenfalls bestens auf das von Severus im Anschluß an Tacitus überlieferte Motiv schon der Tempelzerstörung: quo plenius Iudaeorum ... religio tolleretur.[474] Legen wir den griechischen Sprachgebrauch zugrunde, den uns die obige Tradition über die Kultbeseitigung des Antiochos Epiphanes bietet, so stellt auch die flavische Maßnahme, ebenso wie die seleukidische vom Reichseinheitskonzept diktiert, den Ansatz zu einer "Auflösung der (kultischen) Gesetze der Juden" dar. Außerdem belegte uns Philo, daß die Diasporajuden durch ihre Tempelsteuer-Sammlungen ihre Zugehörigkeit zur allgemeineren Politeia der Juden dokumentierten (s.o.

---

demütigenden *kultpolitischen* Akzent. Die nach wie vor gehaltvollste Besprechung der von Vespasian eingerichteten Judensteuer gibt TCHERIKOVER, CPJ I S.80-82; II S.112-116.

[472] S.o. A 450.

[473] Cf. TCHERIKOVER in CPJ I S.82: "Needless to say, the mere obligation to support the heathen god, the god of the hated conquerors, with money formerly called 'sacred' (ἱερὰ χρήματα), was a cynical insult unprecedented in Jewish history. ... The payment of the Jewish tax acquired something of the significance of the 'yellow spot' on Jews' clothes in the Middle Ages; it marked the Jews as a dangerous and seditious people." Cf. M.S.GINSBURG (s.o.A 32) S.286 ("severe humiliation of the Jews"). Daß man in Rom in der Besteuerung eines unterworfenen Volks gerade auch den Ausdruck einer kultischen Unterlegenheit sehen konnte, zeigt für Judaea schon Cicero, pro Flacc. 28,69 (s.u. im Text). Über die religiöse Demütigung hinaus, der wir größeres Gewicht als in der bisherigen Diskussion beimessen wollen, war die Besteuerung nach einer Unterwerfung " - like all similar capitation taxes - socially degrading and symbolic of negative integration in Roman society" (L.A.THOMPSON, Domitian and the Jewish Tax S.341).

[474] Damit lehnen wir die u.E. verharmlosende, aber lange nachwirkende Interpretation von Th.MOMMSEN ab, der in der Judensteuer vor allem ein Indiz für die Umwandlung des bisher privilegierten jüdischen *Ethnos* in eine *religio* (licita) sieht: "An die Stelle der privilegierten Nation trat jetzt die privilegierte Confession, die Ausübung des jüdischen Cultus wurde gegen klingende Entschädigung des capitolinischen Jupiter freigegeben..." (ders., Der Religionsfrevel nach römischem Recht, S.419). Kriterium für die Judensteuer blieb aber unter den Flaviern, wie M.GOODMAN jüngst gezeigt hat, weiterhin die *ethnische Identität* als Ἰουδαῖος/Iudaeus, und erst die Reform des fiscus Iudaicus durch Nerva 96 n.Chr. ersetzte das ethnische Kriterium durch den Maßstab religiöser Praxis (ders., Nerva, the FISCUS JUDAICUS and Jewish Identity, JRS 79 (1989) S.40-44).

S.96), so daß die Umwidmung dieser Steuer an den römischen Hauptgott so etwas wie die demütigende Oktroyierung der römischen Reichsräson bedeutete.[475] Vor diesem Hintergrund erscheint das Zugeständnis der jüdischen Rechte und damit des status quo ante in den großen Städten der hellenistischen Diaspora nurmehr als ordnungspolitisch hellsichtige Maßnahme zur Konfliktberuhigung nach den Kriegshandlungen, die keineswegs primär die ethnokultischen Traditionen der Juden erhalten, sondern lediglich den äußeren Frieden und stabilere Verhältnisse nach dem Sturm im hellenistischen Osten wiederherstellen sollte.[476]

Wir sehen: Die flavischen Maßnahmen wollten das gesamte Judentum, einschließlich der Diaspora, zur Verantwortung ziehen und durch die Jerusalemer Kultzerstörung sowie deren pointierte Ausdehnung auf die Diaspora qua Jupiter-Steuer (denarii duo Iudaeorum) - verstehbar als Maßnahmen der Kategorie: "Aufhebung der rituellen Gesetze", mindestens ihres den Zentralkult betreffenden Hauptteils - der Reichsräson unterwerfen. In dem Tempel und

---

[475] Nach der Einsicht in diese Zusammenhänge können wir P.R.TREBILCOs Meinung nicht mehr zustimmen, "that the Roman government continued to support the privileged position of the Jews in the Empire after the revolt" (ders., Jewish Communities, S.25) und daß "the distinction between Jewish political nationalism and the religious privileges of the Diaspora was clearly maintained by the Roman administration" (a.a.O. S.253 A 180): Vielmehr wurde mit den 'denarii duo Iudaeorum' im Effekt das eine mit dem anderen restringiert.

[476] Daß es hier in der Tat ausschließlich um den Erhalt der äußeren Ordnung, nicht aber um projüdische Erwägungen ging, verrät noch die Antwort des Titus auf den Antrag der Antiochener, die Juden vollständig aus der Stadt zu vertreiben: "Gut, aber ihre Vaterstadt, wohin man sie als Juden doch vertreiben müßte, ist zerstört, und sonst gibt es keinen Ort mehr, der sie aufnehmen würde" (bell VII 109). W.WEBER, Josephus und Vespasian S.276 A 1, ging wohl zu Recht von der Authentizität dieser Antwort aus, da Titus aus Gründen der Staatsraison nicht anders habe handeln können; außerdem "entspricht gerade diese starke Aussage nicht dem gewohnten Titusbild des Josephus im Sinne etwa der φιλανθρωπία" (MICHEL/BAUERNFEIND II/2 S.237 A 57). Von da aus scheint uns auch die "flavische" Begründung für die Fortschreibung des status quo ante in Alexandria und in Antiochia, die Josephus in ant XII 124 angibt, am ehesten der Tendenz seiner apologetischen Bemühungen um die Position östlicher Diasporajuden der 90er Jahre zu folgen: Die Flavier hätten trotz der judenfeindlichen Anträge der beiden Metropolen und des harten Krieges die alten Zugeständnisse gegenüber den Diasporajuden mit der Begründung aufrechterhalten, "daß diejenigen, die gegen sie die Waffen erhoben und Kämpfe bestritten haben, die Strafe [dafür] bezahlt hätten ..., während sie [sc. die Flavier] es nicht für recht hielten, diejenigen ihrer bestehenden Rechte zu berauben, die sich in nichts verfehlt haben" (ant XII 124). Die Nähe zur entsprechenden Ideologie, die Vergil klassisch formuliert hat ("... zu schonen, die sich dir unterwerfen, und niederzuwerfen die Trotzigen", Aen. 6,853), ist kaum zu verkennen. Gegen eine *solche* flavische Exkulpation der Diaspora und Begründung für die Erhaltung des ordnungspolitischen status quo ante spricht nicht nur der historische Verlauf der jüdischen Erhebung, die sich gleich zu Beginn in jüdisch-griechischen Vernichtungskämpfen gerade in der syrischen und ägyptischen Diaspora manifestierte (s.o. S.76ff.), sondern auch die flavische These von der Mitfinanzierung des Aufstands durch die Tempelsteueraufkommen aus der Diaspora und die entsprechende Ausweitung der Jerusalemer Desakralisation auf die Diaspora durch die Umwidmung der alten Tempelsteuer an Jupiter Capitolinus (s.o.).

seiner Steuerorganisation in der Diaspora hatte man ja schon seit den Krisen unter Caligula und Claudius den zentralen Haftpunkt des desintegrativen jüdischen Nationalismus, der zu weltweit konzertierter Unruheaktivität fähig war, gesehen; hier schlug das Herz der ethnokulturellen Politeia aller Juden, zu der man durch die Tempelsteuer gehörte. Wir können davon ausgehen, daß mindestens für die erste Hälfte der 70er Jahre die kaiserliche Destruktion des jüdischen Kultus fest zur offiziellen Propaganda gehörte.[477]

Dieses Ergebnis ist deshalb sehr wichtig, weil auch nach E 2,14f. Christus, der unseren obigen Ergebnissen zufolge in struktureller Analogie zur Funktion des friedenstiftenden Kaisers auftritt, im Zuge seines Friedenswerkes den jüdischen Ritualnomos als Inbegriff der Feindschaft zwischen Juden und Nicht-Juden beseitigt. Er bewirkt damit in größerer Vollständigkeit, was auch die flavische Kultdestruktion eher ansatzweise versucht hatte, um die desintegrative Haltung der Juden gegenüber dem römisch-hellenistischen Gesamtstaat zu überwinden. Sollte E 2,14ff. also vor *diesem* zeitgeschichtlichen Hintergrund und gewissermaßen als christologisches Alternativmodell zur Integration der Juden in die römische PAX durch den flavischen Kaiser verstehbar sein? Für *diese* zeitgeschichtliche Beziehung spricht nicht nur die eben beleuchtete Vergleichbarkeit von flavischer Kultzerstörung und jenem Christus zugeschriebenen καταργῆσαι τὸν νόμον (E 2,15), sondern der ganze Vorstellungskomplex von der Schaffung des *Friedens* als Vereinigung der verfeindeten "zwei", nämlich Juden und Heiden (Griechen), in einem Soma (corpus), dessen Haupt Christus ist. Denn die politische *Friedens-(PAX)-Propaganda* kam nach dem jüdischen Krieg unter Vespasian zu einem im ganzen übrigen

---

[477] Wir wiesen bereits oben auf das wahrscheinlich bald nach 70 n.Chr. entstandene Epos "Argonautika" des C.Valerius Flaccus, eines Hofdichters Vespasians, hin, in dem Titus stolz als Brandleger des Jerusalemer Tempels vorgestellt wird (I 13). WEILER konnte plausibel machen, daß die sich in diesem und in anderen Indizien zeigende Propaganda der frühen 70er Jahre, nach der "sich der flavische Kaisersohn durchaus als Zerstörer der *clarissima urbium orientis* [Plin. nat.hist. V 70] und ihres Heiligtums feiern" ließ, vermutlich ab dem Jahr 75 n.Chr. verändert wurde, so daß man jetzt Titus von der Schuld am Tempelbrand reinzuwaschen suchte (ders., Titus S.153-56). Am deutlichsten zeigt sich diese Tendenz in der Endfassung des josephischen bellum Iudaicum, die nach der Erwähnung des templum Pacis in bell VII 158ff., die zeitlich am weitesten führt, etwa ins Jahr 75 oder bald danach gehört. WEILER bringt die seiner Meinung nach von den Flaviern diktierte Umwertung der Historie mit dem Besuch von Agrippa II. und Berenike in dieser Zeit in Rom zusammen: Ersterer erhielt dort hohe Ehren (Prätorenwürde), letztere pflegte vertrauliche Beziehungen mit Titus. Dem Geschwisterpaar war in der Vergangenheit ganz wesentlich an der Erhaltung des Tempels gelegen (W. verweist auf die Rede bell II 345-404, bes. ihren Kulminationspunkt in II 400; für die Zuweisung dieser Intentionen an das herodianische Königshaus spricht m.E. auch die lange Tradition der Tempelaufsicht in dieser Dynastie): "Es scheint also durchaus verständlich, wenn Josephus - vermutlich im Auftrag seines Gönners - anläßlich des hohen Besuchs aus seiner Heimat eine Neufassung vom Untergang des großen Tempels vorlegt" (ders., Titus S.155).

ersten Jahrhundert nie mehr erreichten Höhepunkt[478], wobei das Hauptwerk der Flavier nach dem Bürgerkrieg, die Wiederherstellung der PAX des imperialen Leibes (corpus imperii), dessen Haupt der Kaiser war, der Bevölkerung nun propagandistisch gerade an der Unterwerfung der seditiösen Juden vorgeführt, ja geradezu eingehämmert wurde. Wir belegen die PAX-Propaganda zunächst an den offiziellen Münzen, wobei wir uns besonders für die kleinasiatischen Prägungen interessieren, in einem weiteren Schritt werden uns literarische (Curtius Rufus, Plinius d.Ä.) und bauliche (templum Pacis) Dokumente die von Vespasian restituierte pax Augusta als Inbegriff einer auch die unterworfenen Juden umfassenden interkulturellen Einheit des corpus imperii vorstellen. Schließlich kommen noch engere Berührungen zwischen den Ereignissen der frühen 70er Jahre (Advent, Triumph und Friedensproklamation der Flavier) und der Christologie von E 2,14ff. zur Sprache.

F.1. Die Friedens-Botschaft der flavischen Münzen

Aus einer der frühesten Emissionen unter flavischer Regie in Kleinasien, die 69-70 n.Chr., also noch vor dem jüdischen Triumph (71), wahrscheinlich in Ephesus geprägt wurde, aus den folgenden Emissionen zu Byzanz (70/71), aus einer weiteren ephesischen Emission für Vespasian im Jahr 71 n.Chr. und schließlich aus den Emissionen für Vespasian und Titus des Jahres 74 (wahrscheinlich aus Milet) treten uns unter den häufigen PAX-Münzen (Erz) an allen Prägeorten im wesentlichen die gleichen zwei Revers-Typen entgegen[479]:

(I) Zum einen zur Legende PACI ORB(is) TERR(arum) AVG(usti) die Darstellung einer (nach rechts oder links gewandten) weiblichen Büste mit Mauerkrone.[480] Diese weibliche Büste mit Mauerkrone, die in der kleinasiati-

---

[478] Cf. H.-G.SIMON, Historische Interpretationen zur Reichsprägung der Kaiser Vespasian und Titus, S.90: "Niemals zuvor ist ein erfolgreicher Feldzug eines römischen Kaisers in diesem Maße auf Münzen gefeiert worden und niemals - mit Ausnahme des augusteischen Zeitalters - tritt in der gesamten Propaganda der Friedensgedanke so stark hervor."

[479] Die Diskussion der flavischen Münzen folgt vor allem der einschlägigen Dissertation von H.-G.SIMON, Historische Interpretationen zur Reichsprägung der Kaiser Vespasian und Titus, der ebd. S.21ff. aus den Münzzeichen und den historischen Ereignissen die wahrscheinlichen kleinasiatischen Prägeorte und Emissionsphasen rekonstruiert. Weiter berücksichtigt werden J.E.BLAMBERG, The Public Image Projected by the Roman Emperors (A.D. 69-117) as Reflected in Contemporary Imperial Coinage (1976); H.St.J.HART, Judaea And Rome - The Official Commentary JThS 3 (1952) S.172-98 und O.Th. SCHULZ, Die Rechtstitel und Regierungsprogramme auf römischen Kaisermünzen (1925).

[480] BMC II p.89 * bis + +; p.91 No.437 bis *; p.92 + +; p.93 No.447-448; p.94 No.450; p.96 No.459 bis 461; p.98 No. 468A; p.99 No.474.476.

schen Provinzialprägung häufig ist, ist mit großer Wahrscheinlichkeit auf die Göttin Roma zu deuten.[481] Als Botschaft der Münze ergibt sich dann, daß der Zuständigkeitsbereich der Roma, also des Imperium Romanum, mit dem ganzen orbis terrarum, also mit der Menschheit, zusammenfällt, und daß der Kaiser (der "Augustus") als Repräsentant der Roma somit die weltweite pax, die pax gentium, garantiert. Die menschheitsweite Zuständigkeit Roms und seiner pax tritt in der Münzprägung vor allem seit dem Vierkaiserjahr hervor und korrespondiert wohl der Bedeutung, zu der die Provinzen in diesem Bürgerkrieg gelangten.

(II) Der zweite Revers-Typ zeigt zur Legende PACI AVGVSTAE eine (meist nach links) schreitende Victoria mit Kranz und Palmzweig, zweifellos die Victoria Augusti.[482] Das ideologische Konzept liegt hier darin, daß "die Pax Augusta ... durch den Sieg geschaffen und erhalten" wird[483] - der militärische Sieg des Kaisers ist also Vorbedingung und Mittel der pax.[484]

Die fehlende Explikation der überwundenen Gegner macht es bei diesen Münzen schwer zu entscheiden, ob nun mehr an den Sieg der flavischen Truppen über die Vitellianer bei Cremona (Nov. 69), an die Beilegung des Bataver-Aufstandes unter Civilis im Herbst 70 oder an die sukzessiven Siege in Judaea (bis 68 war das judäische Land unterworfen, 70 folgte Jerusalem) als Basis für die propagierte weltweite PAX zu denken sei. In der Zeit vor dem jüdischen Triumph in Rom (Sommer 71) wäre eine solche einseitige Festlegung auch unbegründet, da eine sehr wahrscheinlich in dieser Zeit, bald nach dem Regierungsantritt Vespasians, niedergeschriebene offiziöse Panegyrik bei Q. Curtius Rufus das Friedenswerk des Flaviers ebenfalls in einer allgemeinen, nicht regional spezifizierenden Perspektive zeichnet:

"Wie viele Brandfackeln hat dieser Aufgang damals ausgelöscht, wie viele Schwerter in ihre Scheiden zurückgleiten lassen, welches Unwetter verscheucht..."[485]

---

[481] K.SCOTT, The Imperial Cult Under The Flavians S.28 denkt dabei an eine figürliche Darstellung des Orbis Terrarum bzw. der οἰχουμένη selbst, wie sie etwa auf einer Münze Hadrians erscheint (BMC III p.418 No.1213), doch konnte H.-G.SIMON seine Identifikation vor allem durch ephesische Bronzen aus der Zeit Neros, die unserem Typus die Legende ΘΕΑ ΡΩΜΗ zuweisen, belegen (ders., Historische Interpretationen S.71-73).

[482] BMC II p.89 No.431-432; p.90 No.435-436; p.92 (Kreuz); p.93 No.446; p.96 No.457 bis *; p.98 No.468; p.99 No.473.475; p.100 No.479.

[483] H.-G. SIMON, Historische Interpretationen S.73f.

[484] Den gleichen Zusammenhang verraten uns auch diejenigen flavischen Münzen des Jahres 69 aus Alexandria, die mit den Reverslegenden NIKH und EIPHNH hervortreten (A.GEISSEN, Katalog Alexandrinischer Kaisermünzen, Vol. I, Nr.266.267; cf. Nr.274.276.277.282.285.288; J.VOGT, Die Alexandrinischen Münzen, Stuttgart 1924 II S.14).

[485] Q.Curtius Rufus, Hist.Alex.M. X 9,5; siehe dazu die ausführliche Diskussion unten.

Vespasian betrieb zu Beginn seiner Regierung tatsächlich eine auf das gesamte Imperium gerichtete Pax-Politik, die den Bürgerkrieg überwinden und letztlich seiner Herrschaft durch die gewollte Parallelisierung mit der Leistung des Octavian-Augustus Legitimation verleihen sollte.

Die Spuren der nach dem Bürgerkriegs-Gefecht von Cremona sofort auf den *Frieden des Gesamtimperiums* gerichteten Politik Vespasians lassen sich noch deutlich greifen: Eine der ersten Senatssitzungen im Januar 70 eröffnete Domitian für den noch in Alexandria abwesenden Vater mit der Erklärung, "man müsse allen Ärger und Grimm und die Erinnerung an die Nöte früherer Jahre aus der Welt schaffen" (Tac. hist. IV,44,1). Das Angebot des parthischen Königs an den Sieger von Cremona, ihm ein Hilfstruppenkontingent von 40.000 Reitern zu überstellen, lehnte Vespasian mit dem Hinweis ab, der König solle Gesandte an den Senat schicken und möge wissen, daß jetzt Frieden herrsche (Tac. hist. IV 51,2: et pacem esse sciret). Dazu paßt die nach Tacitus anläßlich eines Gesprächs mit Titus in Alexandria am Beginn des Jahres 70 geäußerte Programmatik Vespasians: Er werde sich jetzt um den *Frieden* und um das eigene flavische Haus kümmern (hist.IV 52,2). Zweifellos stand die anschliessende Reise Vespasians von Alexandria nach Rom im Frühsommer 70, die ihn zunächst auf dem Seeweg über Rhodos, die ionischen Küstenstädte der Asia und durch Griechenland schließlich nach Italien führte[486], unter dem Motto dieser Friedensprogrammatik, das uns auch die oben besprochenen kleinasiatischen Revers-Typen vorführen: Die auf dieser Tour besuchten kleinasiatischen Küstenstädte, möglicherweise auch die Provinzhauptstadt Ephesos, die den neuen Prinzeps "heißersehnt empfingen" (Jos.bell VII 21f.), sahen sehr wahrscheinlich den Advent eines *programmatischen Friedenstifters*.[487] Dieses Programm bestimmte den im Spätsommer 70 in Rom eingetroffenen Prinzeps auch dazu, den unter Civilis aufständischen Batavern durch seinen Feldherrn P.Cerealis im Herbst 70 den Friedensschluß (pacem) anbieten zu lassen.[488]

---

[486] Cf. Jos. bell VII 21f.: "Um die Zeit, als der Caesar Titus Jerusalem belagerte, setzte Vespasian an Bord eines Handelsschiffes von Alexandria nach Rhodos über. Von dort fuhr er auf Dreiruderern weiter und machte allen Städten auf der Küstenreise seine Aufwartung, wobei er überall heißersehnt empfangen wurde (καὶ πάσας τὰς ἐν τῷ παράπλῳ πόλεις ἐπελθὼν (!) εὐχταίως αὐτὸν δεχομένας). Von Ionien aus setzte er nach Griechenland über und weiter von Kerkyra zum Vorgebirge Japygia, von wo er zu Land weiterreiste." Siehe dazu auch MICHEL/BAUERNFEIND II/2 S.225 A 17: Es ging Vespasian um die Einholung der Bestätigung seiner neuen Herrschaft bei den hellenistischen Städten Kleinasiens. Cf. auch Zonaras XI c.17.

[487] Diese These wird gestützt durch den 70-71 n.Chr. geprägten Revers-Typ der Fortuna Redux auf der senatorischen Prägung (Aes): Fortuna Redux führt ein Füllhorn, ein auf einer Weltkugel stehendes Steuerruder (Weltherrschaftssymbolik!) und den Olivenzweig der Pax. H.-G.SIMON interpretiert zutreffend: "Indem Fortuna die Rückkehr des Kaisers beschützt, ist sie zugleich Bringerin des Friedens; die Rückkehr des Kaisers bedeutet demnach zugleich die Wiederherstellung der Pax" (S.119). Das heißt aber auch: Die Rückkehr Vespasians aus Alexandria nach Rom stand ganz wesentlich unter dem Aspekt der Heimkehr des Friedensstifters. Siehe BMC II p.114 No.529; p.127 No.*; p.130 No.§; p.184 No.786a-789 (und in späteren Emissionen noch öfter).

[488] Tac. hist.V 24,1; siehe dazu G.WALSER, Rom, das Reich und die fremden Völker in der Geschichtsschreibung der frühen Kaiserzeit. Studien zur Glaubwürdigkeit des Tacitus, Baden-

Die zu Beginn seiner Herrschaft somit auf Hochtouren laufende Pax-Politik des Flaviers verfolgte nicht nur den Plan eines administrativ und wirtschaftlich gesicherten Neubeginns, sondern unübersehbar auch das Ziel, die eigene Person als Retter aus dem Bürgerkrieg mit der entsprechenden Leistung des Friedensstifters Octavian/Augustus (Pax Augusta) zu parallelisieren, um so dem neuen Herrscherhaus breite Zustimmung und Legitimation zu verleihen. Diese *imitatio Augusti* belegen die offiziellen Münzen unzweideutig.

Deutlich kommt das augusteïsche Paradigma bei den frühen syrischen Münzen zum tragen, die - im unmittelbaren Machtbereich der Flavier geprägt - wohl ganz unmittelbar deren Direktiven entsprechen.[489] So ist der (Revers-) Typ einer Victoria mit Kranz und Palmzweig, die auf einer Erdkugel steht (Legende: VICTORIA AVG(usti)), aus der bald nach Actium geschlagenen Ostprägung Octavians entlehnt und verrät die Absicht des Flaviers, "seine Erfolge [sc. gegen Vitellius] mit dem Sieg Octavians über Antonius zu parallelisieren".[490] Aus einer nach-aktischen Emission Octavians ist auch der Revers-Typ einer von H.-G.SIMON als Advents-Münze erkannten frühen flavischen Prägung entlehnt (Vesp. im Kriegsgewand, links stehend, die Rechte erhoben, einen Speer in der Linken; Legende: VESPASIANVS ohne weitere Titel).[491] Der wohl "stärkste Hinweis darauf, in welcher Konsequenz Vespasian die Parallele zwischen sich und Augustus zog", liegt aber in den anläßlich des jüdischen Triumphs geprägten Victoria-navalis-Denaren (Reverso: Victoria mit Kranz und Palmzweig auf einer Prora (Schiffsbug) stehend): Der Typus stammt wiederum aus der Ostprägung Octavians mit Bezug auf den Seesieg bei Actium, während sich ein ernsthafter mariner Bezug zum jüdischen Krieg gar nicht herstellen läßt. Wir haben diese Münzen daher mit H.-G.SIMON "aus dem Wunsch Vespasians zu erklären, seine Stellung mit der des Augustus zu parallelisieren" (S.94) und müssen "Victoria navalis allgemein auf die sich auch zur See bewährende Siegeskraft des Kaisers beziehen, entsprechend der Begründung der Schließung des Janustempels bei Augustus: "cum per totum imperium populi Romani terra marique esset parta victoriis pax,...[ResGest 13]".[492] Nachdem 73 n.Chr. die meisten außerrömischen Reichsmünzstätten, die aus den Erfordernissen des Bürgerkriegs entstanden waren, den Betrieb wieder einstellen konnten, schlossen sich die römischen Revers-Typen des Jahres 74 und vor allem die Prägung des Jahres 75, dem

---

Baden 1951 S.122: Wesentlich an den nun folgenden Friedensverhandlungen (bei Tac. nicht mehr erhalten) sei gewesen, daß das Friedensangebot von Cerealis ausging, "das heißt, wohl auf Weisung Vespasians erfolgte."

[489] Cf. H.-G.SIMON, Historische Interpretationen S.65.

[490] H.-G.SIMON, Historische Interpretationen S.68f. Die flavische Prägung: BMC II p.104 No.498 (pl.18,8); das augusteïsche Urbild: BMC I p.99 No.602ff..

[491] BMC II p.8 No.47 (pl.1,15); das augusteïsche Vorbild: BMC I p.100 No.611-14 (pl.15,4). Zur Interpretation dieser interessanten Münze cf. H.-G.SIMON, Historische Interpretationen S.83ff..

[492] H.-G.SIMON, Historische Interpretationen S.90.93.95. Die flavischen Triumphaldenare: BMC II p.27 No.147-49 (pl.4,10); das augusteïsche Vorbild: BMC I p.101 No.617-21 (pl.15,7). Weitere flavische VICTORIA NAVALIS Typen: BMC II p.129 No.597-99 (pl.23,7); p.132 +; p.134 No.616-17 (pl.23,15).

Jahr der Weihung des *Templum Pacis*, ganz eng an augusteïsche Typen an. Man wird diese "Erinnerungsmünzen" an den Gründer der Pax Augusta im Jahr der Weihung des Friedenstempels mit H.-G.SIMON aus der Absicht Vespasians deuten müssen, sich "durch die Erbauung dieses Tempels ... als Wiederhersteller der von Augustus geschaffenen Pax Augusta feiern zu lassen, da er wie dieser den Anspruch erheben konnte, Wiederhersteller des Friedens des Reiches im Osten und Norden zu sein."[493] Wir sehen aus diesen numismatischen Vorgriffen schon auf die Zeit nach dem jüdischen Triumph, daß die von Beginn an dominierende, freilich im Interesse einer Stabilisierung des Imperiums und seiner Administration sehr ratsame Pax-Politik des Flaviers besonders im Rahmen seiner imitatio Augusti zu verstehen ist, die wiederum das Ziel verfolgte, der neuen flavischen Herrschaft nach dem Bürgerkrieg Akzeptanz zu verschaffen.[494]

Das eben beleuchtete flavische Interesse an der schnellstmöglichen Restitution der Pax Augusta im ganzen Imperium nach dem Bürgerkrieg erklärt am besten die Situationsbeschreibung, die Tacitus etwa für die Mitte des Jahres 70 gibt (hist.V 10,2):

> "Nach Herstellung des Friedens in Italien aber kehrten auch die Sorgen um die auswärtigen Angelegenheiten wieder. Der Gedanke, daß einzig die Juden im Widerstand verharrten, vermehrte die Erbitterung gegen sie."[495]

Aus dieser Situation, freilich ebensosehr aus dem Wunsch, die unliebsame Erinnerung an Cremona und den flavischen Beitrag zum Bürgerkrieg vergessen zu machen, entstand das jetzt zunehmende Bestreben, die jüdische Erhebung propagandistisch als hauptsächliche Gefahr für das Imperium erscheinen zu lassen, die Unterwerfung der Juden und Jerusalems daher zum alles

---

[493] Die Prägung des Jahres 75 kommentiert H.-G.SIMON, Historische Interpretationen S.139-42; von ebd. S.140 wurde auch zitiert..

[494] Wir könnten diese imitatio etwa auch an der Baupolitik des Flaviers aufweisen (zB. die kategoriale Entsprechung zwischen augusteïscher Ara Pacis und flavischem Templum Pacis; die Wiederaufnahme des augusteïschen Plans für ein "amphitheatrum media urbe" (Suet., Vesp.9,1); das Auftreten Vespasians als "conservator caerimoniarum publicarum et restitutor aedium sacrarum" (CIL VI No.934)). Einen guten Überblick zur flavischen imitatio Augusti bietet J.ISAGER, Vespasiano e Augusto, S.64-71; weitere Berührungen nennt K.SCOTT, The Imperial Cult Under The Flavians, S.25ff.

[495] Die gleiche Einschätzung dieser Stimmung bietet die Titusrede bei Josephus, bell VI 341-44: "Ihr rechnetet auf die Erschütterung unseres Reiches, und als ich und mein Vater nach Ägypten abgereist waren, habt ihr die Lage der Dinge zu Kriegsvorbereitungen ausgenutzt. Ja, ihr schämtet euch nicht, den Männern, die jetzt zur kaiserlichen Würde gelangt sind, Unruhe zu bereiten, nachdem ihr sie als großherzige Feldherrn kennengelernt hattet. Und als das Reich zu uns seine Zuflucht nahm und sich alle Ethnien entsprechend dieser Herrschaft ruhig und friedlich verhielten, als die auswärtigen Völkerschaften Gesandte zu uns schickten und ihre Mitfreude bezeugten, da waren es wieder die Juden, die uns feindlich entgegentreten mußten. ... Ich kam dann selber vor die Stadt mit schicksalschweren Befehlen, die mein Vater mir nur ungern gegeben hatte." Siehe dazu G.ALONs Kommentar: "In other words, Vespasian gave his son a *mandatum* to burn the Temple, in order to annihilate 'the stiffnecked' Jews, who prevented him from establishing his rule in Rome, by 'the gift of peace', which he wished to offer to the empire, after the many wars, both internal and external, which started with the assassination of Nero (and somewhat earlier)" (Ders., The Burning of the Temple S.263).

entscheidenden Sieg der Flavier und somit zum Eckpfeiler der neu gewonnenen imperialen pax gentium zu stilisieren.[496] Diese Tendenz verraten uns wiederum die Münzen, die ab Herbst 70, vor allem aber im Jahr des jüdischen Triumphs (71), geprägt wurden: Von allen Kriegsschauplätzen dieser Jahre wird *allein* der jüdische Krieg, die mit dem Feuer Jerusalems endgültige Unterwerfung der Juden, durch eine Fülle von Typen unmittelbar angesprochen. Die Revers-Darstellungen, die zu den Legenden IVDAEA CAPTA, DEVICTA IVDAEA, IVDAEA oder DE IVDAEIS meist die Dattelpalme als Symbol Judäas und die Darstellung einer trauernden Frau als Repräsentantin oder Personifikation Judäas bieten, oft konfiguriert mit einem Tropaion, mit Kriegsgefangenen und/oder mit dem römischen Imperator in Siegerpose, konkretisieren, ja vereinnahmen die aus den oben besprochenen Prägungen bekannte Victoria Augusti, die dort (zur Legende PACI AVGVSTAE) als Voraussetzung der reichsweiten Pax erscheint, für den Sieg über die Juden. Aufschlußreich sind hier insbesondere die Münzen mit der Figur der Victoria (Legende: VICTORIA AVGVSTI), die auf einen an einer Palme hängenden Rundschild, neben dem auch eine sitzende Jüdin im Klagegestus dargestellt sein kann, die Worte OB CIVES SER(vatos) schreibt. Gemeint ist damit die Verleihung eines Ehrenschildes "ob cives servatos" und der damit verbundenen corona civica an den siegreichen Vespasian per Senatsbeschluß[497], wobei der wahrscheinlichste Grund für diese Ehrung wohl darin liegt, "daß man in dem jüdischen Aufstand eine alle Bürger bedrohende Gefahr erblickte."[498] Die jüdische Erhebung sollte propagandistisch somit als

---

[496] Ähnlich auch H.S.J.HART, Judaea and Rome S.176f.180.183f.: "Everyone is to think of this great theme, and not of Nero, nor of the dangerous crises of the year of four emperors." J.E.BLAMBERG, Public Image S.96, schreibt: "But Vespasian's coins sought to redirect attention away from the Civil War, to advertise his general victoriousness and to use as its concrete manifestation not Cremona but Judaea." Mit der Übernahme dieser "Ablenkungsthese" bestreiten wir jedoch nicht, daß der durch den jüdischen Aufstand in vielen Poleis des Ostens entfesselte Kampf zwischen Juden und Griechen tatsächlich eine ernste Bedrohung der römischen Ordnungspolitik dargestellt hat (s.d.vorige Anm.).

[497] Cf. BMC II p.112 No.* (Prägung für Vespasian, Revers-Typ: Legende S.P.Q.R. OB CIVES SERVATOS im Eichenkranz (= corona civica), 70 n.Chr.). Die Verleihung von Ehrenschild und corona civica an Vespasian erfolgte also wohl noch im Jahr 70.

[498] Dazu H.-G.SIMON, Historische Interpretationen S.95f. (S.96 A 3: Schon Cicero erhielt die corona civica, weil er den Staat vor Catilinas Verschwörung gerettet hatte). Ebenso auch O.Th.SCHULZ, Die Rechtstitel und Regierungsprogramme auf römischen Kaisermünzen S.32f.: Die Erwähnung der Bürgerrettung sei "auf den Sieg ... über den jüdischen Reichsfeind (!) zu beziehen." Diese Interpretation paßt besser in die auch sonst wahrnehmbare flavische Übersteigerungstendenz gegenüber allem, was mit dem bellum Iudaicum zusammenhängt, als die bei SIMON noch offengehaltene zweite Möglichkeit, nach der die Ehrung nur wegen der Rettung von (wenigen) in Judäa beheimateten römischen Bürgern erfolgt sei. Bei der von uns rezipierten Interpretation wird auch verständlich, warum die Flavier diese Münzbotschaft in Rom in großer Auflage und Varietät publizieren ließen. Der Münz-Typus begegnet besonders in der römischen Prägung des Triumphjahres 71 n.Chr. BMC II p.125 No.577-581 (pl.22,11-12); mit

die eigentliche Bedrohung des Imperium Romanum erscheinen, so daß man an ihrer siegreichen Überwindung die Bedeutung des neuen Herrschers und der von ihm restituierten Pax ablesen konnte.

Dieses Achtergewicht auf der gerade mit dem Sieg über die Juden (Eroberung Jerusalems im September 70) endgültig wiederhergestellten Pax zeigen unmißverständlich die zahlreichen Pax-Prägungen der römischen Münze im Jahr des *jüdischen Triumphs* 71 n.Chr., das in Rom "als das Jahr der Wiederherstellung des Friedens angesehen" wurde.[499] In diesem Jahr treten übrigens auch in den kleinasiatischen Prägeorten Byzanz und Ephesos die oben vorgestellten Pax-Münzen (für Vespasian, Titus und Domitian) zahlreich in Erscheinung. In Rom treten besonders zwei Typen hervor:

A. Eine nach links stehende Pax, die den Olivenzweig in der ausgestreckten Rechten und das Füllhorn in der Linken hält. Legende: PAX AVGVSTI (S C) bzw. PAX [P] ROMANI S C.[500]

Ein zweiter Typus nimmt noch deutlicher auf das Ende des Krieges Bezug und knüpft damit das Band zum jüdischen Triumph dieses Jahres:

B. Eine nach rechts stehende Pax, in der Linken den Olivenzweig, in der Rechten eine Fackel, mit der sie am Boden angehäufte Waffen in Brand setzt (links eine Säule mit einer nach rechts kämpfenden Minerva-Statue, daran lehnt ein Schild; nach rechts ist ein befeuerter Altar zu sehen). Legende: PAX AVGVSTI S C. Daneben erscheint auch ein Mischtypus aus A) und B) auf Dupondien: Eine nach links stehende Pax, mit dem Füllhorn in der Linken, in der Rechten die Fackel, mit der sie die Waffen am Boden entzündet. Legende: PAX AVGVSTI S C.[501]

Wir besitzen in diesen Prägungen des Triumphjahres, die die Erfüllung der schon oben beleuchteten anfänglichen Friedensprogrammatik Vespasians, die Restitution der augusteïschen Pax, gerade *nach dem Fall Jerusalems* verkünden, eine hervorragende Bestätigung der bei Paulus Orosius überkommenen Nachricht über die Ereignisse im Zusammenhang der flavischen Feier des jüdischen Triumphs (71 n.Chr.):

Jüdin im Klagegestus: p.126 No.582-84. In der Variante einer den Schild stützenden Jüdin: p.126 No.585; cf. p.133 No.615. Der Typus erscheint auch schon im Jahr 70 (p.112 No.+ +).- Beispiele für die genannte flavische Übersteigerungstendenz sind etwa die Münzlegende IVDAEA CAPTA, die den Eindruck erweckt, als habe erst Vespasian dieses Land unter römische Herrschaft gebracht (richtiger wäre: IVDAEA RECEPTA), oder die epigraphische Geschichtslüge auf dem heute nicht mehr erhaltenen ersten Triumphbogen für Titus (CIL VI 944): Titus habe nach den Vorschriften und Anweisungen und unter den Auspizien seines Vaters das Volk der Juden bezwungen und die Stadt Jerusalem zerstört, die von allen Heerführern, Königen und Völkern vor ihm entweder vergeblich oder gar nicht angegriffen worden sei.

[499] WEYNAND, Art. Flavius RE VI/2 Sp.2650f.

[500] BMC II p.119 No.554; p.120 No.555.556.557.558.559; p.135 (Hinweis auf Sestertius, nicht in BMC II).

[501] BMC II p.119 No.553 (Pl.21,4); p.128 No.590 (Pl.23,4); p.132 No.*.

"(8) Die Kaiser Vespasian und Titus zogen mit einem prachtvollen Triumph über die Juden in Rom ein. Es war dies ein herrliches und allen Sterblichen bei den von der Gründung der Stadt bis zu diesem Zeitpunkt durchgeführten 320 Triumphzügen unbekanntes Schauspiel, daß der Vater und der Sohn, die den ruhmreichsten Sieg über die davongetragen hatten, die Gott Vater und Gott Sohn beleidigt hatten, auf einem Triumphwagen gemeinsam fuhren. (9) *Da allen Kriegen und Unruhen zu Hause und draußen Einhalt geboten war, verkündeten sie unverzüglich Frieden für den ganzen Erdkreis* (continuo ... pacem totius orbis pronuntiauerunt) und ordneten schließlich selbst zum sechstenmal nach Gründung der Stadt an, *den Tempel des Janus Geminus unter Verriegelung der Türen fest zu verschließen.*"[502]

Wir können davon ausgehen, daß die Informationen dieser Passage über den jüdischen Triumph der Flavier und über die damit verbundene universale Friedensproklamation, die mit dem Ritus der Schließung des Janus-Tempels verquickt war, von Orosius aus den (heute verlorenen Partien des V.Buchs der) Historien des Tacitus entnommen sind[503], zusammen mit der analogen Botschaft der Münzen also historisches Zutrauen verdienen: Der Unterwerfung der seditiösen Juden (Triumph) maßen die Flavier somit die Schlüsselstellung zu für die Proklamation der reichsweiten, universalen Pax. Mit anderen Worten: Der Triumphzug und die vielen IVDAEA CAPTA (bzw. DEVICTA) -Münzen dieses Jahres mußten die öffentliche Aufmerksamkeit darauf lenken, daß gerade die Unterwerfung der aufständischen Juden die ent-

---

[502] Paulus Orosius, Historiae adversum paganos VII 9,8-9: (8) Vespasianus et Titus imperatores magnificum agentes de Iudaeis triumphum urbem ingressi sunt. pulchrum et ignotum antea cunctis mortalibus inter trecentos viginti triumphos, qui a conditione urbis usque in id tempus acti erant, hoc spectaculum fuit, patrem et filium uno triumphali curru vectos gloriosissimam ab his, qui Patrem et Filium offenderant, victoriam reportasse. (9) qui continuo omnibus bellis ac tumultibus domi forisque conpressis pacem totius orbis pronuntiaverunt et Ianum geminum obseratis cohiberi claustris sexto demum ipsi post urbem conditam censuerunt.

[503] Siehe dazu T.D.BARNES, The Fragments of Tacitus' HISTORIES S.230 (zu Oros. Hist.adv.pag.VII 9,8-9): "The triumph of Vespasian and Titus and the closure of the temple of Janus clearly come from Tacitus: hence the precise detail that theirs was the first triumph out of three hundred and twenty celebrated by a father and son together." Ebenso S.BORSZAK, Art. P.Cornelius Tacitus, RE SUPPL. XI (1968) Sp.445f. (Orosius habe "wahrscheinlich die taciteische Triumphbeshreibung in die Sprache der christlichen Teleologie übersetzt"). Für diese Quelle des Orosius spricht, daß dieser seine Nachrichten über den Janus-Ritus, der seit Augustus die im ganzen Imperium erlangte Pax proklamiert (zu ResGest 13 siehe o. S.360 A 424), auch sonst aus Tacitus bezieht, der in dem heute verlorenen Teil der Historien - aus Anlaß der flavischen Schließung des Janus-Tempels - einen Exkurs über die Schließungen und Öffnungen dieses Tempels in der römischen Geschichte geboten haben muß. Das ergibt sich noch klar aus einem ausdrücklichen Tacitus-Fragment bei Orosius (Hist.adv.pag. VII 3,7): "Dann, um mit den Worten des Cornelius Tacitus zu sprechen, 'wurde der Janus-Tempel im Greisenalter des Augustus geöffnet, und er blieb, während man an den äußersten Grenzen der Erde neue Völker oft zum Vorteil und manchmal mit Schaden zu unterwerfen suchte, offen bis zur Regierungszeit Vespasians.' Soweit Cornelius [Tacitus]." (In Hist.adv.pag. VII 19,4 nennt Orosius Tacitus als Gewährsmann dafür, daß Vespasian die Pforten des Janus nach einem Jahr selbst wieder geöffnet habe.)

scheidende, verdienstvollste Tat für die Wiederherstellung der reichsweiten Pax war. In der despektierlichen Weise eines besiegten Volkes waren die Juden jetzt - propagandistisch vor aller Augen gezerrt - in die pax gentium der römischen Ordnungspolitik re-integriert. Der Kaiser war der große Friedensstifter im Imperium, aber gegenüber den Juden war er dies nun nicht mehr wie früher durch ethnokulturelle Zugeständnisse nach dem Maßstab der Billigkeit, sondern durch erniedrigende Unterwerfung und Kultdestruktion, die einem kultisch stabilisierten, desintegrativen Nationalismus ein für allemal die Kraft nehmen sollte.

F.2. Die Reichsideologie der flavischen Zeit

Die von Octavian konzipierte Pax verlangte das Zusammenwachsen der Ethnien und Provinzen als Glieder des einen "Staatsleibes" (corpus imperii), der vom Kaiser als seinem Haupt (caput/animus) beseelt und zum Frieden verbunden wird (s.o. u.III.C.2./4.). Diese Ideologie wird uns durch eine kurze Digression in den Historiae Alexandri Magni des Q.Curtius Rufus, der einzigen Stelle, an der Curtius ausführlicher auf seine eigene Gegenwart zu sprechen kommt[504], auch für die frühe flavische Zeit belegt (hist.Alex.M. X 9,1-6 (28)):

"(1) Aber schon nahten dem Volk der Makedonen die schicksalsverhängten Bürgerkriege (bella civilia): denn ein Thron ist unteilbar, und doch wurde er von mehreren erstrebt. (2) So sammelten sie zuerst ihre Kräfte, dann zersplitterten sie sie; und indem sie *den Reichskörper mit mehr Häuptern belasteten, als er tragen konnte* (et cum pluribus corpus, quam capiebat, capitibus onerassent), begannen die übrigen Glieder (membra) zu kränkeln, und das Reich, das unter *einem* hätte bestehen können, brach zusammen, als mehrere es stützen wollten.
(3) Daher bekennt das römische Volk mit Fug und Recht, daß es sein Heil (salutem) seinem Prinzeps verdanke, der als ein neues Gestirn (novum sidus) in der Nacht aufstrahlte, die fast unsere letzte (supremam) gewesen wäre. (4) Fürwahr: Dieses Gestirns und nicht der Sonne Aufgang (ortus) hat der verfinsterten Welt das Licht wiedergegeben, *da ihre Gliedmaßen ohne ihr Haupt in Zwietracht erbebten* (cum sine suo capite discordia membra trepidarent)! (5) Wie viele Brandfackeln hat dieser Aufgang ausgelöscht, wie viele Schwerter in ihre Scheiden zurückgleiten lassen, welches Unwetter verscheucht, indem er es plötzlich hellen Tag werden ließ! Nun gewinnt das Reich nicht nur seine Kraft zurück, sondern es steht sogar in Blüte. (6) Bleiben nur Haß und Mißgunst fern, so wird

---

[504] Siehe noch Curt. IV 4,21 (Einnahme von Tyrus): multis ergo casibus defuncta et post excidium renata nunc tandem longa pace cuncta refovente sub tutela Romanae mansuetudinis adquiescit. Dazu s. U.VOGEL-WEIDEMANN, Bemerkungen zu den Curtii Rufi der frühen Principatszeit, Acta Classica XIII (1970) S.85f.: Die Wendung longa pax beziehe sich bei Tacitus fast ausschließlich auf die Zeit bis zum Ausbruch der Bürgerkriege 68/69 n.Chr..

desselben Hauses Nachkommenschaft - wir wünschten: auf immer! jedenfalls aber lange - den Geist dieser unserer Epoche übernehmen und fortsetzen."[505]

Da sich vor allem aus dieser Stelle eine Datierung des Curtius gewinnen läßt, wurde die rhetorisch-panegyrische Phraseologie dieses Textes wiederholt analysiert und kontrovers datiert, wobei sich die meisten Forscher heute darüber einig sind, daß entweder der Herrschaftsantritt des *Claudius* oder derjenige *Vespasians* gemeint ist. Obgleich eine Entscheidung dieser Alternative mitunter resigniert als "a currently insoluble question" abgelehnt wird[506], gewinnen die Argumente für die frühe Zeit Vespasians, die im Anschluß an die Studie von J.STROUX vor allem von H.U.INSTINSKY, G.SCHEDA, U.VOGEL-WEIDEMANN, H.GRASSL, I.BORZSAK und J.C.RODRIGUEZ vorgetragen wurden, auch nach unserer Auffassung ausschlaggebendes Gewicht.[507] Methodisch hat man sich dabei zumeist auf die Einsicht INSTINSKYs eingelassen, angesichts des topischen Charakters panegyrischer Sprache weniger "nach bestimmten Einzelzügen einer entsprechenden politischen Situation" zu suchen, "sondern nach den Ausdrükken der Zeitstimmung..., die sich weniger in der literarischen Topik als in der der politischen Manifestationen ausprägen."[508] Die wichtigsten, gegen einen Bezug der Digression auf die nächtliche Krise (Senatssitzung) vor dem Herrschaftsantritt des Claudius

---

[505] X 9,1-6: (1) Sed iam fatis admovebantur Macedonum genti bella civilia; nam et insociabile est regnum et a pluribus expetebatur. (2) Primum ergo collisere vires, deinde disperserunt; et cum pluribus corpus, quam capiebat, capitibus onerassent, cetera membra deficere coeperunt, quodque imperium sub uno stare potuisset, dum a pluribus sustinetur, ruit. (3) Proinde iure meritoque populus Romanus salutem se principi suo debere profitetur, qui noctis, quam paene supremam habuimus, novum sidus inluxit. (4) Huius, hercule, non solis ortus lucem caliganti reddidit mundo, cum sine suo capite discordia membra trepidarent. (5) Quot ille tum extinxit faces! quot condidit gladios! quantam tempestatem subita serenitate discussit! Non ergo revirescit solum sed etiam floret imperium. (6) Absit modo invidia, excipiet huius saeculi tempora eiusdem domus utinam perpetua, certe diuturna posteritas.

[506] So E.E.RICE, Classical Review 35 (1985) S.192; Cf. schon E.BADIAN, Alexandre le Grand. Image et realite. Fondation Hardt. Entretiens XXII, Genf 1976 S.301 A 6: "The continuing debate on the date of Curtius' life and work is, on the whole, best forgotten." Forschungsüberblicke bieten R.POROD, Der Literat Curtius. Tradition und Neugestaltung: Zur Frage der Eigenständigkeit des Schriftstellers Curtius, Diss. Graz 1985, S.50-54; J.E.ATKINSON, A Commentary On Q.Curtius Rufus' Historiae Alexandri Magni Books 3 and 4, S.19ff.; J.SEIBERT, Alexander der Große, Darmstadt 1972 S.30f.

[507] J.STROUX, Die Zeit des Curtius, Philologus 84 (1929) S.233-51; H.U.INSTINSKY, Zur Kontroverse um die Datierung des Curtius Rufus, Hermes 90 (1962) S.379-83; G.SCHEDA, Zur Datierung des Curtius Rufus, Historia 18 (1969) S.380-83; U.VOGEL-WEIDEMANN, Bemerkungen zu den Curtii Rufi der frühen Principatszeit, Acta Classica XIII (1970) S.79-88; diess., The Curtii Rufi again: A note on Acta Classica 16,1973, 129-33, Acta Classica XVII (1974) S.141f.; H.GRASSL, Zur Datierung des Curtius Rufus, Philologus 118 (1974) S.160-63; I.BORZSAK, Zum Zeitansatz des Q.Curtius Rufus, in: J.HARMATTA (ed.), Prolegomena to the Sources on the History of Pre-Islamic Central Asia, Budapest 1979 S.27-38; die Arbeit von J.COSTAS RODRIGUEZ, Aspectos del vocabulario de Q.Curtius Rufus. Estudio semántico-lexicológico. Contribución al problema de su datación. Salamanca 1980, ist mir nur in ihren Ergebnissen durch die Rezension von W.RUTZ, Gnomon 55 (1983) S.166-68 zugänglich. Cf. noch S. F. D'ESPEREY, Vespasien, Titus et la littérature, ANRW II 32.5 (1986) S.3075-77.

[508] H.U.INSTINSKY S.380.

(24./25. Januar 41) sprechenden Argumente sind: A) Der sehr gebräuchliche, topische und metaphorische Gebrauch von *nox* (νύξ) zur Charakterisierung eines Bürgerkriegszustands; für den Hinweis auf eine historisch konkrete Nacht (vor Claudius' Regierungsantritt) wäre im klassischen Latein die Zufügung des Demonstrativums (illa nox) zwingend notwendig, wie die Analogien zeigen.[509] Daß diese Nacht "beinahe die letzte" (paene supremam) war, hat eine enge Analogie in der Sicht des Vierkaiserjahres bei Tacitus hist. I 11,3 (annum ... rei publicae *prope supremum*). B) Die *discordia membra* (corporis imperii) müssen dem Zusammenhang nach (im Sinne einer Analogie zu den cetera membra des Alexanderreiches) die "einzelnen Volksgruppen oder Völkerschaften des Reiches, die sich [wie im Vierkaiserjahr] in Unruhe befanden", meinen[510], nicht etwa die krisengeschüttelten Gruppen: Volk, Praetorianer und Senatoren in Rom in der Nacht vom 24. zum 25. Januar 41.[511] Dafür spricht auch, daß es von vorneherein das mit dem *mundus* identifizierte Imperium war, das verfinstert war bzw. dessen Glieder in Zwietracht erbeten - die weltweite Perspektive läßt nur die Identifikation der membra mit den provinziellen Reichsteilen zu.[512] C) Die Betonung der *eiusdem domus posteritas* kann im Kontext nur sagen, daß mit diesem Prinzeps eine *neue* domus, der lange Herrschaft gewünscht wird, auf den Thron gekommen ist: So wird am ehesten plausibel, warum die Friedensprogrammatik (X 9,5) als neue Qualität der Gegenwart des neuen Prinzeps (*novum* sidus) ab jetzt auch von seiner Nachkommenschaft erwartet wird. In

---

[509] STROUX S.238-41; SCHEDA S.381f. weist auf Cic. Sull. 52 hin, besonders aber auf Cic.Flacc.102 (o *nox illa*, quae paene aeternitas huic urbi tenebras attulisti, cum Galli ad bellum, Catilina ad urbem, coniurati ad ferrum et flammam vocabantur) und auf Livius VI 17,4 (non observatam esse memoriam *noctis illius*, quae paene ultima atque aeterna nomini Romano fuerit?). GRASSL S.162 A 18 weist zum metaphorischen Gebrauch noch auf Suet. Caes. 81. Dieses Argument eines bei einer Bezugnahme auf eine historische Nacht zwingend erforderlichen Demonstrativums konnte H.BÖDEFELD, der in seiner Dissertation "Untersuchungen zur Datierung der Alexandergeschichte des Q.Curtius Rufus" (1982) wieder für die Zeit des Claudius eintritt, durch die apologetische These einer zugleich figurativen *und* konkret-historischen Bedeutung von nox nicht überzeugend widerlegen (S.115 A 84).

[510] H.GRASSL S.162 mit Hinweis auf Manilius 4,44 (Romam ... suismet pugnantem membris); Suet. Aug. 48; Ammian. 18,5,1. Wären die sozialen Schichten des Staatskörpers gemeint (Senat, Volk, Heer), so müßte, wie GRASSL darlegt, 'partes' stehen.

[511] Für die vermeintlich mögliche Deutung der membra auf Senat, Volk und Heer (hier: Praetorianer) führt BÖDEFELD (im Anschluß an ATKINSON) zu Unrecht ein verkürztes Zitat aus Sen. ep.102,6 an ("Was aber ist das, was ich vorab darlegen will? Daß einige Körper in sich homogen sind wie der Mensch, daß einige zusammengesetzt sind wie ein Schiff, ein Haus ...; daß manche aus getrennten Elementen bestehen, deren Glieder für sich sind, wie zum Beispiel ein Heer, das Volk, der Senat. Jene Personen nämlich, die diese Körper bilden, sind durch Recht und Pflicht miteinander verbunden, aber dennoch von Natur getrennt und eine Einheit für sich"). Es ergibt sich zweifelsfrei, daß Seneca Heer, Senat und Volk hier nicht als membra des fraglichen corpus aufführt, sondern als verschiedene Beispiele für diesen Typ von corpus (gegen BÖDEFELD S.31.116 A 86). S.auch die folgende Anm..

[512] BÖDEFELDs Rede von einer "Ausweitung" bzw. "Ausdehnung" der Bedrohung durch die Wendung "caligans mundus" auf das ganze römische Reich (S.29) hat keinen Anhalt am Text des Curtius, der nirgends eine Krise nur für die Stadt Rom beschreibt. Das seit Augustus in Rom geläufige Konzept vom corpus imperii bezieht die membra auch sonst auf die einzelnen Provinzen bzw. die Ethnien und ihre Repräsentanten (reges socii), nicht jedoch auf Senat, Volk und Heer.

der Tat erschien die pax-Programmatik in der Regierungszeit Vespasians schon bald auch auf den für Titus und Domitian geprägten Münzen[513] und in dieses Bild paßt auch die Weihinschrift, auf die INSTINSKY hinwies: Paci aeternae domus imp(eratoris) Vespasiani Caesaris Aug(usti) liberorumq(ue) eius sacrum.[514] Claudius jedoch hat stets seinen Zusammenhang mit dem (alten) julisch-claudischen Haus betont.[515] Vespasian hingegen konnte, nach den administrativen Wechselfällen des Vierkaiserjahrs, gerade durch gezielte Hinweise auf seine neue domus, die in Gestalt seiner beiden Söhne die Kontinuität der Herrschaft gewährleistete, der breiten Sehnsucht nach dauerhafter politischer Stabilität Rechnung tragen.[516] Dem abschließenden Wunsch nach ewigem Erhalt der domus dieses neuen Prinzeps entsprechen nur allzugut die bei Josephus für den römischen Advent Vespasians 70 n.Chr. bezeugten Vota des Volks, bell VII 73f.: Das Volk flehte mit Trankopfern die Götter an, "daß Vespasian dem römischen Reich noch eine lange Zeit erhalten und seinen Kindern und seiner ferneren Nachkommenschaft die Herrschaft unbestritten bewahrt bliebe. Nach diesem begeisterten Empfang Vespasians durch die Stadt Rom nahm der Wohlstand sofort einen großen Aufschwung."[517] - Was spricht darüberhinaus für eine historische Beziehung der Phraseologie auf den ersten Flavier? D) Zunächst das ganz deutlich reflektierte Erlebnis der eben überwundenen, weite Teile des Imperiums überziehenden Bürgerkriege (cf. bella civilia; discordia membra trepidarent), zu deren topisch-metaphorischer Beschreibung auch die Begriffe nox, trepidare, fax, tempestas gehören.[518] Dies war die Situation im Vierkaiser-

---

[513] Z.B. BMC II p.14 No.*; p.18 *; p.21 No.110; p.22 No.111; p.32 No.172; p.36 No.*; p.84 No.410; p.98 No.468.468A; p.99 No.473.474 (Domitian); p.140 No.663; p.152 No.667; p.153 No. (Kreuz); p.155 No.672A; p.156 No.678; p.157 No.682.683.684.685 (Domitian); p.163 No.709; p.166 No.*; p.170 No. + +; p.176 No. (Kreuz); p.178 No.747; p.212 No.859.860.

[514] CIL VI 200 (H.U.INSTINSKY S.382f.). Nach CIL II 3732 galt Titus als conservator Pacis Augustae, cf. das Material bei C.KOCH, RE XVIII/4 Sp.2436.

[515] Cf. Suet. Claud. XI.

[516] Nachhaltige Hinweise auf die Kontinuität der flavischen Herrschaft durch die Söhne ergeben sich aus der offiziellen Münzprägung. Siehe noch J.STROUX, S.245ff.(u.a. mit Hinweis auf Tac. Hist. I 10,3, wo betont die Söhne genannt werden: "... die Herrschaft für *Vespasian und seine Söhne...*"; II 77,1: *tuae domui ... duo iuvenes*, capax iam imperii alter...; cf. Tac. Hist.IV 52. Entsprechend dem dynastischen Motiv leitet Sueton seine Vespasian-Vita mit der Feststellung ein, daß die im Vierkaiserjahr "lange Zeit unsichere und gleichsam von einem zum anderen schwankende Staatsregierung endlich das *Flavische Geschlecht* (gens Flavia) übernahm und festigte".)

[517] Zur guten Entsprechung dieser Vota zu unserer Curtius-Stelle (X 9,6: Absit modo invidia, excipiet huius saeculi tempora eiusdem domus utinam perpetua, certe diuturna posteritas) siehe vor allem H.U.INSTINSKY S.381f.

[518] H.GRASSL S.162 (Belege); J.STROUX S.241.243f. (Belege). Speziell für trepidare siehe etwa Lucan 9,25 (... populi trepidantia membra refovit). An den deutlichen Belegen zu der auf *Bürgerkriege* zu beziehenden topisch-metaphorischen Sprache scheitert auch der jüngste Versuch von J.R.HAMILTON (ders., The Date Of Quintus Curtius Rufus, Historia XXXVII (1988) S.445-56), die Digression doch auf Claudius zu deuten. Auch BÖDEFELD wollte eine Analogie zwischen der makedonischen Krise und den römischen Verhältnissen darin sehen, daß es um die Nichtbeachtung bzw. Beachtung des Grundsatzes "insociabile est regnum" im Zusammenhang eines Herrschaftswechsels gehe und im Falle Roms an die *Vermeidung von drohenden Bürgerkriegen* gedacht sei. Die Metaphorik des Textes setzt aber das Erlebnis der Bürgerkriege schon voraus, zudem waren die - durch die weltweite Perspektive des corpus imperii auf die

jahr, nicht jedoch beim Regierungsantritt des Claudius. E) Wichtig ist auch, daß es gerade in den bekannten Laudationen für Vespasian eine ganze Reihe von wörtlichen Anklängen an den Text des Curtius gibt: Daß Tacitus das Vierkaiserjahr in analoger Weise als "beinahe letztes" (prope supremum; cf. Curtius: paene supremam (noctem)) sah, daß P.Orosius (wahrscheinlich in Abhängigkeit von Tacitus) Vespasian ganz analog als denjenigen beschrieb, der das stürmische Unwetter vertrieb (tempestate discussa) und heiteres Wetter (serenitas) heraufführte, wurde schon erwähnt. Noch mehr signifikant ist die frappante Nähe der Panegyrik des Vespasian nahestehenden Plinius d.Ä. (s.u. G)). F) Die sprachwissenschaftlich-semantische Arbeit von COSTAS RODRIGUEZ stellt jetzt eine "starke Stütze der Vespasian-Datierung" unseres Textes dar (W.RUTZ). Denn hier konnte eine semantische Vergleichung von Wortgruppen bei verschiedenen Autoren (Curtius/Caesar/Livius/Frontin/Tacitus) unseren Autor zeitlich eher in der zweiten Hälfte des ersten Jahrhunderts als in der ersten verorten, zudem ergab eine Vergleichung des Wortschatzes zwischen Curtius und anderen römischen Schriftstellern, daß er später als Seneca geschrieben habe: Dies alles spricht - angesichts der Alternative Claudius/Vespasian - stark für die Zeit Vespasians.[519] G) Einige Bedeutung für die Datierung der Digression hat aber nach wie vor die metaphorische Gleichsetzung des Kaisers mit dem *novum sidus*, das in rhetorischer Übersteigerung sogar der *Sonne* (sol) überlegen gezeigt wird[520] und dessen *Aufgang (ortus)* metaphorisch das

---

Provinzen zu beziehenden (s.o.) - Brandfackeln und Schwerter schon in Aktion, sie drohten nicht, erst noch zum Einsatz zu kommen (gegen BÖDEFELD S.19ff.; 26ff.; 107ff. A 50). Daß das Reich jetzt seine Kraft wiedergewinnt (X 9,5: revirescit), setzt doch den vollen, reichsweiten Ausbruch der Krise voraus und wurde zurecht mit den flavischen Münzprägungen der ROMA RESURGE[N]S verbunden (INSTINSKY S.382; VOGEL-WEIDEMANN S.85). Spricht die Digression dem 'Aufgang' des neuen Princeps zu: quantam tempestatem subita serenitate discussit (X 9,5), so schildert der hier wahrscheinlich von Tacitus (hist. V, verloren) abhängige P.Orosius den flavischen Regierungsantritt mit den frappant ähnlichen Worten: brevi illa quidem, sed turbida tyrannorum tempestate discussa tranquilla sub Vespasiano duce serenitas rediit (VII 9,1; cf. STROUX S.249; VOGEL-WEIDEMANN S.85). Freilich sind HAMILTON die hier weiterführenden Arbeiten von SCHEDA und GRASSL offensichtlich entgangen. Die von HAMILTON herangezogenen vermeintlichen Belege für eine Abhängigkeit Senecas von Q.Curtius' Alexandergeschichte, die eine Datierung des Curtius in die flavische Zeit verbieten würde, können aufgrund überindividueller Vorprägungen des Alexander-Stoffs in Rhetorenschulen, von denen sowohl Curtius wie Seneca abhingen, kaum etwas aussagen (Nach V.BOGUN, Die außerrömische Geschichte in den Werken Senecas, S.191-97, sind die Übereinstimmungen auf einen beiden Autoren vorliegenden deklamatorischen Alexanderpsogos zurückzuführen).

[519] Zu den Ergebnissen von COSTAS RODRIGUEZ siehe die Rezension durch W.RUTZ, Gnomon 55 (1983) S.166-68. Zu engen sprachlichen Beziehungen zwischen Curtius' Alexandergeschichte und Tacitus siehe schon I.BORZSAK pass..

[520] STROUX S.238f. mit Hinweis auf die topoi der Begrüßungsrede aus Menander Rhetor: Der Herrscher soll als aufgehendes Gestirn begrüßt werden, das die vorhergehende Nacht beendet, sogar als die Sonne überstrahlendes Licht (ἡλίου φῶς φαιδρότερον: 381 Spengel, cf.378; cf. für Nero Anthol.Pal. 9,178). Daß die Wendung "huius, hercule, non solis ortus..." eine rein rhetorisch-metaphorische Steigerungsform darstellt (cf. die analoge Übersteigerung X 9,5: non ergo revirescit solum, sed etiam floret imperium), gerade deshalb aber keinesfalls als Polemik gegen eine zugrundeliegende Sol-Identifikation eines Herrschers mißverstanden werden darf, verkennen SCHEDA S.382f. und J.E.ATKINSON, Acta Classica XVI (1973) S.130(f.). H.BÖDEFELD, Untersuchungen S.30f.116 A 85 geht mit seiner quasi-allegorischen Ausdeutung

Licht, oder konkret: den Frieden für das von Zwietracht geschüttelte Imperium gebracht hat. Dies ist der Inbegriff des eingangs erwähnten Heils (salus). Schon
H.U.INSTINSKY wies darauf hin, daß auch Plinius in seiner 77 n.Chr. dem Titus gewidmeten Naturalis Historia unter Verwendung der Gestirnsmetaphorik vom
"heilbringenden Aufgang des Imperators Vespasian" (nat.hist. 33,41: salutaris exortus
Vespasiani imperatoris) spricht. Darüberhinaus machte H.GRASSL wahrscheinlich,
daß mit dem Bild des *Aufgangs* zugleich, der Bedeutung von ortus bzw. exortus folgend,
"auf den aus dem Osten des Reiches zur Macht aufsteigenden Vespasian angespielt"
wird.[521] Dies entspricht völlig der flavischen Prodigien-Propaganda, die Vespasian etwa
mit einem von Sonnenaufgang (*ab solis exortu*) kommenden siegreichen Adler ver-
glich[522] oder, noch näher an Curtius, mit einer *von Osten her aufgehenden Sonne*, die
leuchtend und stark einer von Westen her aufgehenden, schwachen und blaßen Sonne
(also: Vitellius in Rom) gegenübergestellt wird.[523] Bisher kaum beachtet wurde m.E.,
daß auch die offiziellen Münzen die Metaphorik vom Gestirns- bzw. Sonnenaufgang für
den ersten Flavier belegen[524]: Zu nennen ist hier ein von H.-G.SIMON besprochener
stadtrömischer Denar, der verso die Büste des Sol/ Helios von vorne (ohne Legende)
abbildet, reverso Vespasian zeigt, der im Kriegsgewand nach links steht, wobei die
Rechte zur adlocutio erhoben ist und die Linke einen Speer umgreift. Die Legende
lautet schlicht: VESPASIANUS.[525] SIMON konnte aus analogen Darstellungen von
Kaisern im Adlocutio-Gestus, die als Legende ADVENTVS AVG (o.dgl.) tragen, diese
Münze als Festprägung anläßlich des kaiserlichen Advents in Rom im Jahr 70 identifizieren. Da Sol auf kaiserzeitlichen Münzen (u.a. zur Legende ORIENS) als ikonogra-
phische Chiffre für "Osten/Sonnenaufgang" stehen kann[526], interpretiert SIMON auch
unsere Münze unter dieser Voraussetzung: "Die Verbindung von Sol mit dem Adventus
des Kaisers weist daher auf die auf Vespasian übertragenen Erwartungen des aus dem
Osten kommenden Herrschers hin, ein Gedanke, den wir auch in unseren literarischen

---

der Wendung im Sinne eines Zeitbezuges u.E. an der rhetorischen Funktion dieser Metaphorik
vorbei.

[521] H.U.INSTINSKY S.381; H.GRASSL S.163.

[522] Sueton, Vesp. 5,7: "Aus Rom wurden ebenfalls Vorzeichen gemeldet: ... [es] soll sich die
Statue des unter die Götter aufgenommenen Iulius von selbst gen Osten (ad Orientem) gewendet
und vor Beginn der Schlacht von Betriacum sollen zwei Adler vor aller Augen miteinander
gekämpft haben; nachdem der eine besiegt war, sei ein dritter von Sonnenaufgang (ab solis
exortu) gekommen und habe den Sieger verjagt."

[523] DioCass 65,8,1: καὶ ἡλίους δύο ἅμα, ἔκ τε τῶν ἀνατολῶν καὶ ἐκ τῶν δυσμῶν, τοῦτον
μὲν ἀσθενῆ καὶ ὠχρὸν ἐκεῖνον δὲ λαμπρὸν καὶ ἰσχυρόν, εἶδον.

[524] Eine Ausnahme bildet der kurze Hinweis von U.VOGEL-WEIDEMANN S.85 A 52.

[525] BMC II p.8 No.47 (pl.1,15). Dazu A.ALFÖLDI, Die monarchische Repräsentation im
römischen Kaiserreiche, Darmstadt 1980³ S.225 mit Taf.13,15; besonders aber: H.-G. SIMON,
Historische Interpretationen S.83-85.

[526] Es handelt sich um trajanische und hadrianische Prägungen: RIC II p.267 No.326 (Reverso:
PARTHICO P.M.TR.P.COS.VI.P.P.S.P.Q.R. mit Büste des Sol); p.268 No.341; p.340 No.16
(reverso: ORIENS mit Büste des Sol), ebenso: p.341 No.20, p.345 No.43; cf. p.357 No.145. Dazu
H.-G. SIMON, Historische Interpretationen S.85 mit A 3.

Quellen wiederfinden."[527] - Nimmt man die hier angeführten Belege für eine Datierung der Digression in die frühe flavische Zeit zusammen, so wird man sich mit H.U.INSTINSKY davon überzeugen können, daß "sie insgesamt den derart dichten Eindruck einer Zeitatmosphäre [ergeben], die zu den Äußerungen des Curtius stimmt, wie er in ... auch nur ähnlicher Weise für eine andere der bisher vorgeschlagenen Datierungen noch nicht beigebracht worden ist" (S.383).[528]

    J.STROUX hat darauf hingewiesen, daß sich "die Einleitung des Dankes: *iure meritoque populus Romanus ... profitetur* ... an die Formulierung offizieller acta an[schließt]" und somit dazu ermächtige, "in den Ehrungen des gesuchten Kaisers die 'Salus poi roi' zu erwarten".[529] Wir haben in diesem wichtigen Abschnitt also zweifellos einen mit der offiziösen flavischen Reichsideologie

---

[527] H.-G. SIMON, Historische Interpretationen S.85. Zu erinnern ist hier an das bei Tacitus gebotene alte Orakel, "daß zu eben dieser Zeit der Orient erstarke (ut valesceret Oriens) und daß man von Judäa aus sich der Weltherrschaft bemächtigen werde" (hist. V 13,2). Ähnlich der Inhalt des Wortes bei Jos., bell VI 312f.: ὡς κατὰ τὸν καιρὸν ἐκεῖνον ἀπὸ τῆς χώρας αὐτῶν τις ἄρξει τῆς οἰκουμένης. Cf. noch Suet. Vesp. 4,5; Paulus Orosius, hist.adv.pag. VII 9,2. Zu diesem Orakel siehe H.G.KIPPENBERG, "Dann wird der Orient herrschen und der Okzident dienen" pass. und jetzt besonders H.SCHWIER, Theologische und ideologische Faktoren S.243ff.. Nach SCHWIERs sorgfältiger Besprechung vieler einschlägiger Varianten dieses Wortes reflektieren diese "den gesamtvorderasiatischen Standpunkt, daß der Orient die Erde beherrschen werde... Dieser allgemeine Standpunkt konnte aber von verschiedenen Herrschern vereinnahmt bzw. von verschiedenen Propheten einer Person zugeordnet werden" (S.255) So gab es z.B. eine judäische Interpretation und eine dieser entgegengesetzte interpretatio Romana (Tac., Jos.).

[528] Wir können hier keine ausführliche Kritik der Dissertation BÖDEFELDs, Untersuchungen zur Datierung der Alexandergeschichte des Q.Curtius Rufus (1982), leisten, der seine Datierung in die Zeit des Claudius durch eine in der ganzen Alexandergeschichte vermeintlich intendierte Parallele Alexander - Gaius Caligula bekräftigt findet. Die Bedeutung, die BÖDEFELD etwa der Einführung der Proskynese für seine Caligula-Parallele zumißt, wird schon dadurch relativiert, daß A.ALFÖLDY, Die monarchische Repräsentation S.11ff. diesen Zug als alten literarischen Topos für den Vorwurf despotischer Herrschaft aufzeigen konnte, der in der Alexanderfeindlichen rhetorischen Tradition freilich seinen besonderen Ort hatte. Gegenüber B. bleibt W.RUTZ' statement zu beherzigen, "daß direkte politische Bezüge in der Alexandergeschichte des Curtius nicht sichtbar sind, jedenfalls nicht, soweit sie über die 'normale' Tyrannenfeindlichkeit der Rhetorenschule bzw. der Popularphilosophie hinausgehen..." (W.RUTZ, Rez. J.E.ATKINSON, A Commentary on Q.Curtius Rufus' Historiae Alexandri Magni, Gnomon 53 (1981) S.650). Siehe auch B.s Rezension durch E.D.CARNEY: "By insisting on this nearly allegorical reading of Curtius, Bödefeld pays too little attention to similarities in other authors (especially Diodorus) and to the long tradition about Alexander, and he assumes a degree of independence for Curtius which seems implausible" (Classical World 78 (1984) S.227). Das tertium comparationis zwischen der makedonischen Krise (X 9,1-2: insociabile est regnum; imperium sub uno stare potuisset) und dem im römischen Reich angesprochenen Herrschaftswechsel (X 9,3-6) liegt nicht in der mißlungenen bzw. gelungenen *Vermeidung* von Bürgerkriegen (so BÖDEFELD). Vielmehr konnte der neue römische Princeps *nach durchstandenen Bürgerkriegen* als unum caput eine stabile Herrschaft etablieren und erlangte damit *nach* der Krise, was im Falle Makedoniens nicht erhalten werden konnte.

[529] J.STROUX S.238. Ebenso H.U.INSTINSKY S.380f.: Wir "fassen ... hier ... die Ausdrucksweise der Laudationen, die nach dem Sieg Vespasians in jenen Jahren typisch geworden ist."

übereinstimmenden Text vor uns, der uns verrät, daß man den Kaiser Vespasian - wie schon Augustus - als das *eine Haupt* des durch die Völkerschaften des Imperiums gebildeten Leibes (corpus imperii) verstehen konnte und verstanden hat. In dieser Stellung hat er die Zwietracht unter den membra beseitigt und so nach dem Bürgerkrieg den *Frieden* wiederhergestellt, zugleich damit aber auch das Heil (salus) heraufgeführt. Das Friedenswerk, die Politmetaphern "Haupt"/"Leib" sowie die auch sonst für Vespasian geläufige Qualifikation als Soter[530] sind hier zu einer Konzeption verbunden (cf. auch E 5,23).

Ganz ähnliche Vorstellungen über die im flavischen Imperium heilvoll verwirklichte Friedens- und Kulturgemeinschaft der Völker finden wir in der 77 n.Chr. dem Titus gewidmeten Naturalis Historia des Plinius (d.Ä.), der bekanntlich ein enger Vertrauter Vespasians war[531] und daher zweifellos wesentliche Momente der flavischen Reichsideologie bietet. Voller Stolz sieht Plinius das flavische Rom vor allem als Trägerin des Zivilisationsfortschritts[532], als Bringerin eines Lebensstandards, der nicht bei den einfachen Bedürfnissen des Überlebens stehenbleibt, sondern darüberhinaus mit dem wissenschaftlich-technischen Fortschritt den Menschen auch freudebringende Dinge gewährt.[533] In diesem zivilisatorischen Sinn ist Rom Schöpferin einer "zweiten Welt" (mundus alius, nat.hist. XXXVI 101ff.), und diesen zivilisatorischen Zug des Imperium Romanum nicht zu akzeptieren, wie etwa die freiheitsliebenden Chauken im Norden dies verweigern, ist in der Sicht des Plinius das entscheidende Kennzeichen einer misera gens, die somit den Strafen der kargen Natur ausgeliefert bleibt.[534] Wo der Einflußbereich der römischen Zivilisation und das heißt: die Pax Romana endet, leben die miserae gentes.[535] Pax Romana ist also der Inbegriff einer vom römischen Zivilisationsfortschritt erfaßten, somit auch kulturell vereinheitlichten Völkergemeinschaft, ganz entsprechend zu dem schon oben zitierten Zivilisationsprogramm

---

[530] In Kleinasien wurde Vespasian als σωτήρ τῆς οἰκουμένης bzw. als σωτήρ καὶ εὐεργέτης τοῦ κόσμου und seine Herrschaft bei Philostratos als κατὰ σωτηρίαν τῶν ἀνθρώπων bestimmt gesehen (CIG 4271; IG XII,2 543; Philostr. Vit.Apoll. 5,32).

[531] Plinius d.J. schreibt über das Verhältnis seines Onkels zu Vespasian (epist. 3,5,9): Ante lucem ibat ad Vespasianum imperatorem, nam ille quoque noctibus utebatur, inde ad delegatum sibi officium. Siehe auch Plin.d.Ä., nat.hist. praef.1.20; II 18; 3,41.

[532] Wir folgen jetzt der Darstellung von S.CITRONI MARCHETTI, IUVARE MORTALEM - L'ideale programmatico della NATURALIS HISTORIA di Plinio nei rapporti con il moralismo stoico-diatribico, Atene i Roma N.S. XXVII (1982) S.124-48, hier: S.136-38.

[533] MARCHETTI S.138.

[534] nat.hist. XVI 4 und MARCHETTI S.137f.

[535] Wir finden diese Gedanken schon bei Seneca, prov. 4,14: omnes considera gentes in quibus Romana Pax desint ... Miseri tibi videntur? nihil miserum est quod in naturam consuetudo perduxit. Cf. MARCHETTI S.138.

der "laudes Italiae", nach dem das flavische Rom/Italien die göttliche Aufgabe hat,

> *"die zerstreuten Reiche zu vereinen und ihre religiösen Bräuche zu mäßigen* (sparsa congregaret imperia ritusque molliret), aller der vielen Völker uneinige Sprachen durch Gemeinschaft der Rede zum Gespräch zusammenzubringen und dem Menschen die Menschlichkeit (humanitas) zu geben, *kurz gesagt, das eine Vaterland aller Völker auf der ganzen Erde zu werden"* (una cunctarum gentium in toto orbe patria fieret) (nat.hist.III 39ff.).

Im Sinne dieser imperialistischen Zivilisationsidee teilt Plinius mit der administrativen Elite seiner Zeit die Überzeugung:

> "Wer dächte nämlich nicht, daß durch die Vereinigung des Erdkreises unter der Hoheit des römischen Imperiums (communicatio orbe terrarum maiestate Romani imperii) auch das Leben aus dem Handelsverkehr und durch *die Gemeinschaft eines glücklichen Friedens* (societate festae pacis) Vorteile erhalten habe ...?" (nat.hist. XIV 2)

An anderer Stelle sieht unser Autor *"unter der unermeßlichen Herrlichkeit des römischen Friedens"* (immensa Romanae pacis maiestate) unter anderem "die Menschen verschiedener Länder und Völker untereinander bekanntgemacht" - die Götter hätten die Römer der Menschheit gleichsam als zweites Licht geschenkt (nat.hist. XXVII 3). Promotor dieses imperialen Akkulturations- und Zivilisationsprogramms im Zeichen der Pax, das sich auf den Begriff des Helfens, des "iuvare mortales", bringen läßt, ist aber letztlich der flavische Kaiser:

> "Gott ist für den Sterblichen: dem Menschen zu helfen, und dies ist der Weg zu ewiger Herrlichkeit: Auf diesem Weg gingen die römischen Aristokraten, auf diesem Weg schreitet jetzt mit himmlischem Schritt (caelesti passu), begleitet von seinen Söhnen, der größte Herrscher aller Zeiten, Vespasianus Augustus, um einer erschöpften Welt zur Hilfe zu kommen" (maximus omnis aevi rector Vespasianus Augustus fessis rebus subveniens). (nat.hist. II 18)[536]

Zur Illustration dieser Aussage können wir auf eine weniger philosophische, statt dessen unmittelbare Auffassung der Göttlichkeit Vespasians verweisen, die durch die flavische Reichsmünze in Syrien, also im direkten Einflußgebiet der Flavier, propagiert wurde: Ein Aureus zeigt reverso Vespasian mit kurzem Mantel und Langzepter in der Linken, wie er einer vor ihm knienden Frau mit Mauerkrone, die in diesem Fall wohl die οἰκουμένη personifiziert, aufhilft. Die Legende lautet PAX AVGVSTI. Entscheidend ist nun, daß der Kaiser "durch das Gewand und das Zepter eindeutig als Gott charakteri-

---

[536] Dazu s. K.SCOTT, The Elder and Younger Pliny on Emperor Worship, Transactions and Proceedings of the American Philological Association 63 (1932) S.156ff.

siert" wird - er trat also sogar in der offiziellen Propaganda im Osten als *göttlicher* Friedensbringer für die darniederliegende Welt auf.[537]
Diese heilvolle Gegenwart der "festa pax" steht bei Plinius im Kontrast zur Vorzeit,

"als der Erdkreis uneinig und in verschiedene Reiche, d.h. in einzelne Glieder (membra), geteilt war" (nat.hist. II 117f.).

Unter der flavischen Pax sind die ehemals zertrennten membra also, so hätten wir positiv zu formulieren, zur Einheit eines zivilisierten, befriedeten corpus verbunden - auch Plinius belegt uns folglich die politische Leib-Metaphorik für die flavische Reichsideologie.[538] Entscheidend für unseren Zusammenhang ist, daß dieses Programm einer kulturellen und zivilisatorischen Integration der Ethnien auch die Möglichkeit religiöser Restriktion vorsah (s.o.) - gegenüber den Juden führte dieses Programm zur Destruktion des Zentralkults, ähnlich wie zuvor schon gegenüber den desintegrativen gallischen Druiden.
Dieses schon in den "laudes Italiae" (s.o.) umrissene Zivilisationsprogramm der Zusammenführung der Völker in die eine römische patria erhebt aber zugleich den Anspruch, der Menschheit auf diesem Wege die *humanitas* zu verleihen (nat.hist.III,39ff.: ... et humanitatem homini daret). Im Vergleich zur vor- und außerrömischen Situation zersplitterter, verfeindeter Ethnien erzeugt das Werk interkultureller Einung also erst das richtige Menschsein, den *neuen Typ des wahren Menschen*, dessen Akkulturation an das Leben der geeinten römisch-hellenistischen Völkergemeinschaft Plinius durch den Begriff der humanitas formuliert.[539] Tatsächlich steht "humanitas" oft als kulturpolitische Gegenvorstellung zur friedlosen, barbarischen, ungebildeten, grausamen oder tierhaft-wilden Lebensweise, zum (überholten) "barbarischen" Menschentyp[540]:

---

[537] BMC II p.106 No.504 (pl.18,15). Dazu H.-G.SIMON, Historische Interpretationen, S.184f. (von dort wurde auch zitiert).

[538] In nat.hist. III 40 scheint die Vorstellung der Reichsprovinzen als Körper, Italiens als Nacken und der Hauptstadt Rom als Gesicht durch (Cf. dazu die Erläuterung bei C.Plinius Secundus d.Ä., Naturkunde, Bücher III/IV, hg. und übs. von G.WINKLER/ R.KÖNIG, München-Zürich 1988, S. 229f.).

[539] Z.St. siehe I.HEINEMANN, Art. Humanitas, RE SUPPL.V (1931) Sp.306: "der Zusammenhang spricht dafür, daß mit h[umanitas] nicht nur die feinere Bildung, sondern auch die χοινωνία gemeint ist." Entsprechend bezeichnet Plinius auch die Maxime, daß man es auf die Liebe der Nachbarn absehen soll, als humanissimum ultissimumque (nat.hist.XVIII 44).

[540] W.SPEYER/ I.OPPELT, Art. Barbar JbAC 10 (1967) S.255.260; F.KLINGNER, Humanität und Humanitas S.724: "Entgegengesetzt ist ihr [sc. der humanitas] das grausame, tierhaft wilde, das hinterwälderisch plumpe, das dumme, stumpfe, das barbarisch strenge, altväterisch finstere, starre, gewaltsam überspannte, überanstrengte Wesen. παιδεία würden es etwa die Griechen nennen, Erziehung,- und ἀπαιδευσία, Unerzogenheit, und den βάρβαρος und θηριώδης entgegensetzen..." Charakteristisch sind etwa Cic. De div. 1,2: gentem tam humanam atque

"die *humanitas* ist die der Gesamtheit der Bewohner des Römerreiches allein vorbehaltene Lebensform. ... Das Reich setzt sie also eigentlich erst instand, "humani" zu sein. Ohne das Reich müßten sie "inhumani", d.h. "barbari" werden."[541]

In der Kaiserzeit konnte der Begriff den κοινωνία-Gedanken, aus stoischen Wurzeln den kosmopolitischen Gedanken einer im Frieden füreinander lebenden Menschheit zum Ausdruck bringen.[542] Ganz im Sinne der Erzeugung dieses "neuen Menschen" zeichnete schon Poseidonios die Römer in der Rolle der *meliores*, die unter die barbarischen Völker Gemeinschaftssinn (τὸ κοινωνικόν) und Humanität (τὸ φιλάνθρωπον), kurz: τὴν εἰρήνην bringen (s.o. S.282 mit A 192). Entsprechend hält die hellenistische Enkomiastik Augustus zugut, daß er, der Friedenswächter, "alle ungeselligen (ἄμιχτα) und wilden (θηριώδη) Völker zivilisierte (ἡμερώσας) und an die Völkergemeinschaft anschloß (ἁρμοσάμενος)" (LegGai 147), und noch der junge Plutarch schreibt in einer mit römischen Imperiumspostulaten gespickten Alexanderrede dem paradigmatischen Weltherrscher das Primärziel zu, "bei allen Menschen Einheit

doctam neque tam inmanem tamque barbaram; De oratore 1,33: homines a fera agrestique vita ad hunc humanum cultum civilemque deducere; Auctor ad Herennium 4,12: o feros animos! o crudeles cogitationes! o derelictos homines ab humanitate! Als friedenstiftende Zivilisation im Sinn römischer Provinzialisierung wird die humanitas etwa Caes. bell.Gall. I 1,3 erkennbar: horum omnium fortissimi sunt Belgae, propterea quod a cultu atque humanitate provinciae longissime absunt; später auch - in kritischer Beleuchtung - bei Tacitus, Agr. 21: "um die verstreut und primitiv lebenden Menschen, die infolgedessen zum Krieg leicht geneigt waren, durch Annehmlichkeiten an Ruhe und friedliches Verhalten zu gewöhnen", ermunterte sie Agricola zu urbaner Zivilisation und Kultur. "Und so etwas hieß bei den Unerfahrenen *humanitas*, während es doch nur ein Teil der Knechtschaft war." Humanitas konnte, wie Caesar, Tacitus und auch Plinius zeigen, im Sinn von friedlicher *Zivilisation*, die der pax gentium angepaßt war, verstanden werden.

[541] A.SCHALIT, König Herodes S.443; cf. S.441ff; ähnlich auch H.HAFFTER, Geistige Grundlagen der römischen Kriegsführung und Außenpolitik, in: Ders., Römische Politik und römische Politiker, Heidelberg 1967, S.11-38, hier S.36f.

[542] Cf. zur hellenistischen Vorgeschichte I.HEINEMANN, Art. Humanitas RE Suppl.V Sp.289-99: "... nach dem Gesetz der Sympathie, das den ganzen Kosmos durchwaltet (...), bilden insbesondere Götter und Menschen als gemeinsame Träger des Pneuma in seiner höchsten denkenden Entfaltung 'Glieder eines einzigen Leibes' (nach Cic. off.III 19f. Sen. ep. 95,51f. ...). Daher gab uns die Natur die Liebe zueinander; die Freundschaft beschränkt sich nicht ... auf Bekannte (...); und wie es keine höhere theoretische Aufgabe gibt als die Erkenntnis des Zusammenhalts der Welt einschließlich der συγγένεια und ἐπιμιξία aller Völker (...), so keine höhere praktische als die Betätigung der κοινωνία, die aus ihr folgt (Cic. off. I 153)" (HEINEMANN 296f.). Diese durch den Ausgriff des Imperium Romanum auf die ganze οἰκουμένη virulent gewordene Theorie höherer Bildungskreise in Rom steht vielleicht im Hintergrund von Auctor ad Herennium 4 (5),23: viri fortis est, qui de victoria contendant, eos hostes putare, qui victi sunt, eos homines iudicare, ut possit bellum fortitudo minuere, *pacem humanitas augere*. Ganz sicher setzt Seneca auch den kosmopolitischen Stoizismus voraus (ep.95,51f.), der formuliert: hominibus prodesse natura me iubet (de vit.be. 24,3) und: dum inter homines sumus, colamus humanitatem (de ira fin.). - Siehe noch A.A.T.EHRHARDT, Imperium und Humanitas. Grundlagen des römischen Imperialismus, Studium Generale 14 (1961) S.646-664, bes. S.656ff.

(ὁμόνοια), Frieden (εἰρήνη) und gegenseitiges Füreinander (κοινωνίαν πρὸς ἀλλήλους) zu bewirken" (mor. 330 E). Das Zivilisationsprogramm der Pax Romana hatte also einen *menschenverändernden* Anspruch: es sollte einen neuen, zur humanitas gebrachten Menschentypus schaffen, für den im corpus imperii die Schranken der einstigen ethnokulturellen Isolation, die Animositäten und Feindschaften zwischen den Völkern, gefallen waren.[543] Diesen Gedanken, den Plinius für die Zeit Vespasians bezeugt, finden wir der Sache nach auch später bei Aelius Aristides ausgeführt:

"(101) Was Homer sagte, 'aber die Erde ist den Menschen gemeinsam', wurde von euch tatsächlich verwirklicht. Ihr habt ... alles durch eure Lebensweise (δίαιτη) und Ordnung (τάξει) zivilisiert (ἡμερώσαντες). ... (102) ... Sämtliche Tore des Erdkreises wurden von euch aufgestoßen und alle erhielten die Gelegenheit, sich mit eigenen Augen überall umzusehen... Ihr stelltet gemeinsame Gesetze für alle auf und *machtet den früheren Zuständen ein Ende...* Jedem gabt ihr die Erlaubnis zu heiraten, wen er will, und machtet so den ganzen Erdkreis gleichsam zu einer einzigen Familie."

Der auch im Kontext dieses Abschnitts ganz bestimmende Einst-Jetzt Kontrast beleuchtet hier die neue Qualität des Menschseins, welche das römische Zivilisationsprogramm hervorbrachte: Zur Pax Romana gehört der neue, von der interkulturellen Einheit im corpus imperii bestimmte Menschentyp.

Diese neu gewonnene interkulturelle humanitas, die durch die Pax Romana verwirklicht sein sollte, fand symbolhaft auch in Bauwerken Ausdruck. Im Anschluß an den jüdischen Triumph und an die universale Pax-Proklamation des Jahres 71 beschloß Vespasian, der Göttin PAX das Templum Pacis zu erbauen, das schon im Jahr 75 geweiht werden konnte und dessen reiche Ausführung nach Josephus "alle menschlichen Erwartungen übertraf."[544] In dem Tempel hatte Vespasian neben den Weihgeräten aus dem Jerusalemer Tempel zahlreiche Werke der griechischen Malerei und Plastik aufstellen lassen[545], zudem war eine in der Antike bedeutende Bibliothek in den Gesamtkomplex integriert. Nach einer Vermutung von COLINI lagen das Templum

---

[543] Die Idee der Menschenveränderung als Weg der jüdischen Integration in die ökumenische Raison des hellenistischen Großreichs formuliert etwa Tacitus, der schon das gescheiterte Bemühen Antiochos' IV. Epiphanes als Versuch ansah, das jüdische Volk "zum Besseren zu verändern" (taeterrimam gentem in melius mutaret - hist. V 8,2).

[544] Jos. bell VII 158-162 (158: καὶ πάσης ἀνθρωπίνης κρεῖττον ἐπινοίας ἐτετελείωτο). Ähnlich auch Herodian I 14,2 über den τῆς Εἰρήνης τέμενος: μέγιστον καὶ κάλλιστον γενόμενον τῶν ἐν τῇ πόλει ἔργων. Zur Weihung des Friedenstempels 75 n.Chr. siehe DioCass 66,15,1: ἐπὶ δὲ τοῦ Οὐεσπασιανοῦ ἕκτον καὶ ἐπὶ τοῦ Τίτου τέταρτον ἀρχόντων τὸ τῆς Εἰρήνης τέμενος καθιερώθη. Zum Templum Pacis siehe vor allem H.RIEMANN, Art. Pacis Forum, RE XVIII/2 (1942) Sp.2107-2122; C.KOCH, Art. Pax, RE XVIII/4 Sp.2435f.; WEYNAND, Art. Flavius, RE VI/2 Sp.2650.2664f.; J.ISAGER, Vespasiano e Augusto 66ff..

[545] Jos. bell VII 158-62; Weitere Quellenzusammenstellungen finden sich bei H.RIEMANN a.a.O. Sp.2109; C.KOCH a.a.O. 2435f.; J.ISAGER, Vespasiano e Augusto 66ff.

Pacis und Ianus quadrifons in einer Achse, wodurch die Beziehung auf die universale Pax-Proklamation (Schließung der Ianus-Tore) nochmals unterstrichen würde.[546] In jedem Fall weisen die zahlreichen augusteischen Reverstypen der Münzprägungen des Jahres 75 als Münzen zur Erinnerung an den Gründer der Pax Augusta (s.o.) auf Vespasian als imitator Augusti hin, dessen in diesem Jahr geweihtes Templum Pacis ein Pendant zur augusteischen Ara Pacis darstellt.[547] Angesichts der kulturellen Ausstattung des Templum Pacis läßt sich die Anlage, deren Vollendung auch auf den Münzen publiziert wurde[548], als Symbol der römischen Kulturökumene im Zeichen der Pax interpretieren, gewissermaßen als höchster Ausdruck der imperialistischen Zivilisationsidee[549], nach der die (hier vor allem griechisch-östlichen) Ethnien und ihre Kulturen, die durch die künstlerischen Weihgaben repräsentiert und für Rom vereinnahmt wurden, als Glieder des einen corpus imperii zusammengehören und - letztlich durch das kaiserliche Haupt - zur Pax verbunden sind. Josephus schreibt, daß die Menschen zur Besichtigung der jetzt in diesem Tempel geweihten Objekte früher "durch die ganze οἰκουμένη reisen mußten"[550] - es handelt sich also tatsächlich um ein Symbol für die unter der Pax des Imperium Romanum erlangte kulturelle Einheit der beherrschten Ethnien in dem von Rom gewährten "einen Vaterland aller Völker" (Plinius, nat.hist.III 39ff.).

---

[546] Referat bei H.RIEMANN, a.a.O. Sp.2113.

[547] J.ISAGER, Vespasiano e Augusto S.66b (deve essersi ispirato all' Ara Pacis...), 69b. Ebenso H.-G.SIMON, Historische Interpretationen S.123.

[548] Schon der Baubeginn des Templum Pacis wurde durch Prägungen publiziert (72/73 n.Chr.), die vor der Göttin Pax einen Dreifuß zeigen (der oft als Weihgeschenk an die Götter verwandt wurde), auf dem ein Geldbeutel liegt (BMC II p.12 No.*): Diese offensichtliche Weihgabe an Pax wird von H.-G.SIMON mit dem Baubeginn verbunden (S.122f.). Die Fertigstellung des Friedenstempels dokumentieren 75 und 76 n.Chr. geprägte Reverstypen, welche eine auf einem Thron *sitzende* Pax mit der oliva pacifer in der Rechten zeigen (BMC II p.30f. No.161-164 (pl.4,20); p.32 No.172 (pl.5,8)). Dazu s. J.E.BLAMBERG, Public Image S.98.137 A 60; H.-G. SIMON, Historische Interpretationen S.140f..

[549] I.SCHEIBLER, Götter des Friedens in Hellas und Rom, Antike Welt 15/1 (1984) S.54 sieht in dem Forum Pacis daher völlig zurecht ein "friedliches 'Kulturzentrum', bekundend, daß unter dem Schutz der Pax Romana Kunst und Wissenschaft gedeihen konnten." Dies paßt auch hervorragend zu Plinius' Feststellung, nach der die Menschen jetzt, im Kontrast zur früheren Zeit, "als der Erdkreis uneinig und in verschiedene Staaten, d.h. in einzelne Glieder, geteilt war", "in einem so glücklichen Frieden und unter einem Prinzeps, der sich so sehr erfreut am sachlichen und geistigen Fortschritt" leben (nat.hist.II 117-18). K.WENGST kritisiert SCHEIBLERs Auffassung als Verharmlosung der römischen Kunsträubereien, die die Ausstellungen im Templum Pacis erst ermöglicht hätten, doch verwechselt er dabei nicht die wissenschaftlich gebotene Erhellung der *flavischen Intentionen*, um die es SCHEIBLER legitimerweise geht, mit der anderen Aufgabe einer sozialgeschichtlich begründeten Kritik des Verhältnisses von Anspruch und Wirklichkeit der Pax Romana (ders., Pax Romana S.190 A 161)?

[550] bell VII 160. Es waren übrigens zumeist Kunstwerke, die von Nero im griechischen Kulturraum geraubt und in die domus aurea verbracht worden waren (Plin. nat.hist. XXXIV 84).

Die Beziehung der beherrschten Völker auf das Konzept der Pax Romana wurde auch schon bei dem inspirierenden augusteïschen Gegenstück zum Templum Pacis, bei der Ara Pacis, durch darstellende Kunst zum Ausdruck gebracht: Der in der römischen Triumphalkunst aufgekommene Figurentyp der *nationes captae* bzw. *gentes devictae*, nach dem weibliche Figuren, oft ausgestattet mit charakteristischen ethnokulturellen Attributen (Kleidung u.s.f.), die von Rom eroberten Völker personifizieren, ziert in Gestalt zweier verschieden hoher Relief-Friese auch den Hauptteil des inneren Altars ("the altar proper") der Ara Pacis.[551] Nach R.R.R.SMITH zeigt "the inclusion of a series of *gentes* ... how these representations could be taken as combining both conquest and pacific ideas. They represented the peaceful incorporation of new conquests. New additions to the empire and the establishment of a peaceful order were quite consonant Augustan ideas."[552] Es ist für die Transmission römischer Herrschaftsideologie in die romorientierte Aristokratie kleinasiatischer Poleis bezeichnend, daß sich eine solche Serie von gentes devictae, deren Reliefdarstellungen nach R.R.R.SMITH stadtrömischen Vorbildern folgen, auch in den Porticos des erst seit kurzem ausgegrabenen Sebasteion-Komplexes in Aphrodisias findet. Dieser Kaisertempel war dem julisch-claudischen Haus (bis Nero) gewidmet. Es ist für uns interessant, daß sich unter diesen ἔϑνη- bzw. gentes-Darstellungen in Aphrodisias, die der Idee der unter die Pax Augusta unterworfenen Völkerschaften Ausdruck geben, auch eine Reliefbasis mit der Aufschrift ΕΘΝΟΥΣ ΙΟΥΔΑΙΩΝ findet - in Rom und in der Asia zählte man die Juden bis zur Zeit Neros also zweifellos zu den in die Pax Romana integrierten gentes.[553] Durch das Symbol der nach dem jüdischen Triumph in das Templum Pacis verbrachten Jerusalemer Weihgeräte wurde diese (Re-) Integration noch pointierter dokumentiert.

Wir wundern uns nicht, daß Vespasians Vertrauter Plinius die meisten Referenzen zum Templum Pacis bietet und diesen Tempel unter den für die römische Zivilisationsleistung einer "anderen Welt" charakteristischen Bauwerken an hervorragender Stelle anführt.[554] Es ist nun ganz entscheidend, daß im Templum Pacis, das aus Anlaß des jüdischen Triumphs begonnen worden war, neben den griechischen Objekten auch die im Jerusalemer Tem-

---

[551] Dazu jetzt R.R.R.SMITH, Simulacra Gentium: The ETHNE from the Sebasteion at Aphrodisias, JRS 78 (1988) S.50ff.;hier S.70-73. Die Identifikation der nur noch sehr fragmentarischen Figuren vom inneren Hauptaltar der Ara Pacis als personifizierte gentes gelang H.KÄHLER, Die Ara Pacis und die augusteische Friedensidee, JdAI 69 (1954) S.67ff., hier S. 89-100.

[552] R.R.R.SMITH, Simulacra Gentium S.73.

[553] Zu dem Sebasteion in Aphrodisias siehe neben R.R.R.SMITH, Simulacra Gentium (s. die vorigen AA) noch ders., The Imperial Reliefs from the Sebasteion at Aphrodisias, JRS 77 (1987) S.88-138 und J.REYNOLDS, Further Information on Imperial Cult at Aphrodisias, Studii Clasice 24 (1986) S.109-117.

[554] nat.hist.XXXVI 101ff.; weitere Referenzen finden sich XII 94; XXXIV 84; XXXV 74.102.109.120; XXXVI 27.58. Siehe auch Th.KÖVES-ZULAUF, Plinius d.Ä. und die römische Religion, ANRW II 16.1 (1978) S.217. Den ersten Rang in der Baupolitik Vespasians nimmt das Templum Pacis auch in der Aufzählung bei Sueton, Vesp. 9 ein.

pel erbeuteten Weihgeräte ihren Platz bekamen[555]: Gerade die Zwangsintegration der seditiösen Juden in die römisch-hellenistische Zivilisation schrieb die Propaganda den Flaviern als Hauptverdienst und Eckpfeiler der restituierten Pax Augusta zu; gerade die aufstandsgeneigten Juden sollten nach flavischer Auffassung nun also, in der despektierlichen Weise eines militärisch und kultisch besiegten Volks, wieder in den Frieden des Staatsleibes, als dessen Haupt und als dessen (im Osten) göttlichen Friedensstifter man den Kaiser ansah[556], integriert worden sein. Auch sie sollten durch die römisch-hellenistische Zivilisation jetzt endlich zu jenem neuen Menschentyp der humanitas sozialisiert werden, der statt von national-religiöser Separation von der ökumenischen Gemeinsamkeit in dem von Rom beherrschten corpus imperii bestimmt wird. Es war ein äußeres Zeichen dieses erneuten Integrationsversuchs, daß die alte Tempelsteuer jetzt an den römischen Hauptgott Jupiter Capitolinus abgeführt werden mußte.

Vergleichen wir die in E 2,14-18 formulierte Christologie mit der flavischen Bemühung um die Re-integration der Juden in die Pax Romana, die sich aus den Münzen, aus den Texten des P.Orosius (Tacitus), des Q.Curtius Rufus und des Plinius sowie aus dem Templum Pacis bis jetzt erschließen ließ, so ist die *strukturelle Homologie*[557] unübersehbar: Was Christus als Inbegriff und Stifter des sozialen Friedens zwischen den einst verfeindeten "zwei", Juden und Nicht-Juden, nach unserem Text ist, war der flavische Kaiser nach der zeitgenössischen Ideologie in analoger Weise. Vespasian wollte die Feindschaft der seditiösen Juden gegenüber der römisch geführten Kulturökumene durch die Destruktion des Jerusalemer Zentralkults, verstehbar als Maßnahme der Kategorie: Beseitigung des Ritualnomos (s.o.), endgültig aus der Welt schaffen, ganz entsprechend - und noch gründlicher - beseitigte Christus die Feindschaft zwischen den "zwei", indem er den Ritualnomos als solchen aufhob. Das ekklesiologische Ziel war dabei, den Typus des "*einen* neuen Menschen" zu schaffen, als Gegenbegriff zur vorausgehenden, durch Feindschaft bestimmten *Zweiheit* und somit als Inbegriff des neuen sozialen Friedens zwischen den Kulturen. Ganz analog ging es dem römischen Zivilisati-

---

[555] bell VII 161: "Hierhin ließ er [sc. Vespasian] auch die goldenen Weihegeräte aus dem Heiligtum der Juden bringen, auf die er stolz war."

[556] Siehe dazu oben besprochene flavische Münze aus Syrien, die Vespasian zur Legende PACI AVGVSTAE im Gottesgewand zeigt; zu den kleinasiatischen Soter-Prädikationen für den Flavier s.o. A 530.

[557] Zum Begriff der "Strukturhomologie", der ein Entsprechungsverhältnis zwischen der (kollektiv bewußten) sozialen Realität und den religiösen Überzeugungen einer Gruppe charakterisieren will, siehe oben unter III.A.: Nach dem wissenssoziologischen Erklärungsmodell der "Strukturhomologie" werden religiöse Aussagestrukturen deshalb als plausibel und relevant erfahren, weil sie auf Erfahrungen und Strukturen "passen", die der aktuellen sozialen oder politischen Welt angehören.

onsprogramm im Zeichen der Pax Romana um die Schaffung eines neuen, zur humanitas gelangten Menschentypus, für den die alten Schranken ethnokultureller Separation und Aversion durch die Akkulturation an die von Rom *geeinte*, ökumenische Völkergemeinschaft gefallen sein sollten (s.o.): Dieses neue zivilisatorische Einheitsbewußtsein lag im Begriff der durch Rom gewährten humanitas, des neuen wahren Menschen. E 2,16 kann die neue ekklesiologische Gemeinsamkeit von Juden und Nichtjuden durch die Kurzformel "die beiden *in einem Leib*" ansprechen, wobei Christus, "in dem" beide zum Typ des "neuen Menschen" umgeschaffen wurden, als *Haupt des Leibes* vorausgesetzt wird (cf. 1,22f.; 4,15f.25; 5,22.28.30). Auch hier ist schließlich der Kaiser als Haupt des corpus imperii nur zu deutlich vergleichbar, der im Sinn der überkommenen hellenistischen Herrscherphilosophie als lebendiges Gesetz und Logos die Ethnien seines Staatsleibes beseelt, ihnen als spiritus vitalis die Eintracht untereinander und Friedensgesinnung nach den Quellen geradezu einflößt, so daß die Entfernung des Kaisers als "mens imperii" auch das Ende der pax Romana bedeuten würde (s.o. III.C.4.). Der mit dem "neuen, einen Anthropos" und dem "einen Soma" gemeinten pneumatischen Wirklichkeit steht also - im Sinn einer Strukturhomologie - auch im politisch-ideologischen Bereich ein inspiratorisch-ethisches Pendant gegenüber: Der Kaiser als Haupt seines corpus imperii, der als irdische Manifestation des göttlichen λόγος, als spiritus vitalis und mens imperii (Seneca), die Glieder seines Staatsleibes zum neuen, durch die humanitas der pax Romana, d.h. durch ökumenisch-gemeinsame Zivilisation und Friedensgesinnung bestimmten Menschentyp umprägt.

Freilich: E 2,14-18 erklärt im Kontext von 2,11-22, wie die Nichtjuden durch die Vermittlung Christi zu Mitbürgern in der übergreifenden πολιτεία des Messias werden konnten - ein Vorgang, der zunächst ganz von den Voraussetzungen und Begriffen des hell. Judentums her gedacht ist (s.o.). Aber gerade hier läßt sich im Sinn der Strukturhomologie das zeitgenössische politisch-ideologische Analogon ausmachen in der Idee des interkulturell geeinten, von Rom beherrschten Staatswesens (πολιτεία) der οἰκουμένη, des corpus imperii, in dem ethnokulturelle Barrieren gerade auch nach den Zeugnissen der flavischen Zeit keine Existenzberechtigung mehr haben. Plinius sprach von der römischen Aufgabe, die separierten Reiche politisch zu vereinen und von Rom/Italien als der *einen patria* aller Völker (nat.hist. III 39ff.); in der späten Zeit Neros sah der junge Plutarch Rom als allen gemeinsame Wohnung an (mor 317A) und - indirekt gespiegelt in der Synkrisis des Alexanderreichs mit Rom - als ökumenische πατρίς und μία πολιτεία (mor.329 C; 330 D; dazu s.o. III.C.5.). Schon Seneca hatte von "hac civitate ... quae veluti communis potest dici" (ad Helv. 6,3) gesprochen und der kleinasiatische Rhetor Aristides führt diesen Gedanken später breit aus: Alle Menschen gehorchten

den Römern "wie nur ein einziges zusammenhängendes Land und ein Volk"
(ὥσπερ μία χώρα συνεχὴς καὶ ἒν φῦλον 30); die Römer regierten "in der ganzen
Ökumene wie in einer einzigen Polis" (ὥσπερ ἐν μιᾷ πόλει πάσῃ τῇ οἰκουμένῃ
πολιτευόμενα 36), wobei freilich auch für alle gemeinsame Gesetze aufgestellt
wurden (S.o. S.287 A 209). So gibt es jetzt nur "eine gemeinsame Politeia,
gleichwie in einer einzigen Polis" (κοινὴν... τὴν πολιτείαν καὶ οἷον πόλεως μιᾶς
65)[558], entsprechend herrschen die Römer auch nicht wie über Fremde
(ἀλλοτρίων), sondern wie über Landsleute (οἰκείων) (65) - Fremde gegenüber
dieser gemeinsamen Politeia gibt es nicht mehr.[559] Das politische Ziel, das
der junge Plutarch wenige Jahre vor Beginn der flavischen Herrschaft Alexander zuschreibt und das zugleich - im Sinn einer synkritischen Tendenz -
für die zeitgenössischen Herrschaftsziele des Imperium Romanum transparent wird, ist mit dem flavischen Triumph über die 'widersetzlichen' Juden
aus römischer Sicht ein Stück mehr Wirklichkeit geworden:

> "alle auf Erden einem Logos (ἑνὸς λόγου) und einer Politeia (μιᾶς πολιτείας)
> unterzuordnen und alle Menschen als ein Staatsvolk (ἕνα δῆμον) zu offenbaren"
> (mor 330D).

Auch diese Weltpoliteia sollte ja von allen ethnokulturellen "Trennmauern"
befreit sein (s.o. III.C.5.).

Während es die Flavier jedoch unternahmen, die Juden in der *despektierlichen* Weise eines militärisch und *kultisch* besiegten Volks in den Frieden dieser gemeinsamen patria/Politeia zu re-integrieren, verkündet unser Text gerade die *achtungsgebietende* Rolle der *Juden*christen, deren Politeia schon vor
Christus die Verheißung auf die übergreifende messianische Politeia der Gegenwart in sich trug und in der die Judenchristen nun als "Heilige" die respektable Funktion des Fundaments einnehmen. Der flavischen Zwangsintegration der Juden in das corpus imperii, das sich von einer nichtjüdischen
(römisch-hellenistischen) Politeia ableitet, steht in E 2,11ff. die Integration
der Nichtjuden in das Soma Christi gegenüber, das seine Wurzeln in der Verheißung der jüdischen Politeia hat. Sind wir also berechtigt, E 2,14-18 im
Kontext von 2,11-22, einen Text also, der auch nach unserer formgeschichtlichen Analyse mit wichtigen Elemente des *Kaiser-Enkomions* gut vergleichbar
ist, als *christologisches Gegenmodell* zur despektierlichen Art der Reïntegra-
tion der Juden in das befriedete corpus imperii durch den flavischen Kaiser
anzusehen? Diese nach den voranstehenden Analogien schon naheliegende

---

[558] Weitere Belege bei W.GERNENTZ, Laudes Romae S.135-37.

[559] Aristides 60: "Allen stehen alle Wege offen. Keiner ist ein Fremder (ξένος), der sich eines
Amtes oder einer Vertrauensstellung würdig erzeigt, im Gegenteil, auf der Welt hat sich unter
einem Mann, dem besten Herrscher und Lenker, eine allgemeine Demokratie herausgebildet."
(100) "Ja, das von jedem gebrauchte Wort, daß die Erde Mutter aller und das für alle
gemeinsame Vaterland sei, wurde von euch aufs beste bewiesen."

These wird sehr wahrscheinlich durch eine weitere, enge Strukturhomologie, die sich zwischen der christologischen Ereignisfolge in E 2,14ff. und der Ereignisfolge in der frühen flavischen Politik erkennen läßt.

F.3. Kriegshandlung, Siegeradvent und universale Friedensproklamation: Eine politisch-christologische Strukturhomologie

Auf die gemeinte Strukturhomologie führen vor allem die oben genannten Auffälligkeiten unseres Textes, die mit der person-zentrierten Darstellung und der traditionellen crux interpretum, der Wendung χαὶ ἐλϑών (2,17), verbunden sind. Diese crux interpretum, die sich in dem Hin und Her der Auslegungen zwischen einer *rekapitulativen Funktion* der Wendung (die Friedensproklamation geschah durch das Kreuzesgeschehen) und einem *Verständnis als Ereignisfolge* (zur Friedensproklamation kam Christus im Anschluß an das Kreuzesgeschehen) zeigte, konnten wir auf Grund traditionsgeschichtlich gewonnener Einsichten in das soteriologische Referenzsystem von E 2,14ff. beheben: Der soziale und religiöse *Friede* im Pneumabereich des einen neuen Anthropos und des einen Somas setzte ja tatsächlich im Sinn einer Ereignisfolge voraus, daß *zuvor* am Kreuz die Existenzweise des Fleisches, die Geltung des darauf bezogenen Ritualgesetzes und somit die Feindschaft "getötet", also überwunden worden war. Dieser Ereignisfolge entspricht auch die auffällige Vorzeitigkeit des Tötens am Kreuz gegenüber der Versöhnungswirklichkeit, die das Aoristpartizip ἀποχτείνας v.16fin. formuliert. Wird so allein die destruktive Aktion, die dem Sarkisch-Trennenden gilt, mit dem Kreuz verbunden, so gibt es die pneumatische, von der Sarx befreite Wirklichkeit des Friedens und die Proklamation dieses Friedens als zugängliche Realität (v.17) notwendig erst *nach* dem Kreuz - χαὶ ἐλϑών *muß* im Sinn einer Ereignisfolge verstanden werden. Doch mit dieser durch das soteriologische Referenzsystem angeleiteten Einsicht, so fanden wir, beginnen die Schwierigkeiten beim Verständnis dieser Wendung erst richtig: Denn während die eben skizzierte Logik für 2,17 den *heilstiftenden Übergang* Christi vom σάρξ-bezogenen Kreuz (2,16fin.) in die pneumatische Funktion des friedenkündenden Logos (2,17) verlangt, befördert die parataktische Anschluß-Wendung χαὶ ἐλϑών keineswegs den Gedanken an die damit gegebene christologische Zäsur. Als *beiordnende Fortsetzung* ("und gekommen ...") entspricht sie eher der Vorstellung, daß *eben derselbe* Christus, der zuvor die Feindschaft getötet hat, anschließend zur universalen Friedensproklamation gekommen sei. Neben dieser bemerkenswerten Darstellungsart - χαὶ ἐλϑών läßt sich auch nicht unmittelbar aus den aufgenommenen Jesaja-Stellen ableiten - erschienen uns noch weitere auffällige Züge an diesem Text erklärungsbedürftig:

a. Die Friedens- und Versöhnungsinitiative, die in den paulinischen Versöhnungstexten (2.Kor 5,18; Rö 5,8.10), im Kol (1,20.22) und auch in den anderen soteriologischen E-Abschnitten (!) durchgehend bei Gott liegt, sieht E 2,14-18 *ausschließlich bei Christus.*

b. E 2,17 weist Christus mit der Friedensproklamation eine Aufgabe zu, die nach anderen Stellen im E (6,15 εὐαγγέλιον τῆς εἰρήνης [wieder Jes 52,7]; 3,8 ταῖς ἔθνεσιν εὐαγγελίσασθαι cf. 4,11) gerade *den Christen* und nicht Christus zukommt.

Wir finden damit eine in auffälliger Weise person-zentrierte Darstellung in 2,14-18. Nehmen wir zu diesen Auffälligkeiten unsere formgeschichtlichen Beobachtungen hinzu, nach denen die beiden christo-logischen Etappen, die destruktive des "Tötens" am Kreuz und die konstruktive des anschließenden Friedens und seiner Proklamation[560], formal an die aus dem *Herrscher-Enkomion* geläufige thematische Variation in *"Kriegswerk"* und *"Friedenswerk"* des Herrschers erinnern (s.o.III.D.), so wird hier folgende Ereignisfolge dargestellt: Im Anschluß an sein "Kriegswerk" des Tötens der Feindschaft am Kreuz ist Christus persönlich zur universalen Proklamation seines "Friedenswerkes" gekommen. Exakt hier ergibt sich die Schwierigkeit, auf die schon DIBELIUS-GREEVEN und MUSSNER hingewiesen haben: Warum wählt der Verfasser in E 2,17 eine auf die Person Christi konzentrierte Formulierung, die *ihn persönlich* als den nach dem Kreuzestod zur universalen Friedensproklamation "Gekommenen" darstellt und mit nichts andeutet, daß es sich in Wirklichkeit doch um die Ankunft der apostolischen Verkündigung handeln muß?

Dieses Problem der person-zentrierten Darstellung und der beiordnenden Anschluß-Wendung καὶ ἐλθών erfährt nach unserer Auffassung eine einfache, klare Lösung, wenn wir die schon oben naheliegende politisch-christologische Strukturhomologie für diesen Text in Rechnung stellen, also die Transparenz dieser Christologie im Sinn eines religösen Alternativmodells zu den bedrängenden politischen Vorgängen der Zeit.[561] Nun fanden wir schon oben in dem Bericht des P.Orosius über den jüdischen Triumph des Jahres 71 n.Chr., der von der entsprechenden Darstellung in dem (heute verlorenen) Teil der Historien des Tacitus abhängt und mit der Botschaft der Münzen überein-

---

[560] Diese Etappen bestimmen thematisch ja auch die beiden syntaktisch parallelen, jeweils abschließenden Relativsätze innerhalb des zweiteiligen Finalsatzes (ποιῶν εἰρήνην (v.15b fin.) und ἀποκτείνας τὴν ἔχθραν ἐν αὐτῷ (v.16 fin.)), wobei die Vorzeitigkeit des letzten Partizips schon auf die intendierte logische Abfolge 'Töten - Frieden schaffen' hinweist.

[561] Wir gehen damit freilich über den literatursoziologischen Begriff der Strukturhomologie, nach dem sich die kollektiv bewußten Strukturen der sozialen bzw. politischen Realität auf Grund *unbewußter* Prozesse in der religiösen Symbolik analog wiederfinden, insofern hinaus, als wir hier von einer *intendierten* homologen Struktur mit antithetischem Charakter ausgehen.

stimmt, eine historisch zuverlässige Beschreibung der damaligen politischen Ereignisfolge (cf. o.S.384f):

"Die Kaiser Vespasian und Titus zogen mit einem prachtvollen Triumph über die Juden in Rom ein." - Es folgt eine Bemerkung über die Einmaligkeit dieses gemeinsamen Triumphs von Vater und Sohn über die zuvor besiegten Juden. Dann fährt der Text fort: "Da allen Kriegen und Unruhen zu Hause und draußen Einhalt geboten war (omnibus bellis ac tumultibus domi forisque conpressis), *verkündeten sie unverzüglich Frieden für den gesamten Erdkreis* (continuo ... pacem totius orbis pronuntiaverunt) und ordneten schließlich ... an, den Tempel des Janus Geminus ... fest zu verschließen."

Wir entnehmen diesem Text die damals sicher in der ganzen Ökumene bekannte historische Ereignisfolge, daß Vespasian und Titus nach ihrem Krieg gegen die Juden (= a) einen prächtigen Triumph in Rom feierten, wobei der Triumph kategorial dem Zeremoniell des Advents, des herrscherlichen (An-) Kommens in der Hauptstadt, zugehört (= b), das oft durch ἐλϑεῖν oder zugehörige Komposita formuliert wurde.[562] Mit einem solchen Advent des siegreichen Feldherrn war auch sonst die Erwartung einer durch Frieden und Glück bestimmten Zukunft verbunden[563] - die Flavier verbanden ihren triumphalen Advent ganz entsprechend mit der unverzüglichen Proklamation des Friedens

---

[562] Dazu grundlegend H.S.VERSNEL, Triumphus - An Inquiry into the Origin, Development and Meaning of the Roman Triumph, Leiden 1970 bes. S.384-396. Nach VERSNEL feiert der Triumph aus hell. Wurzeln "the arrival of the σωτήρ". VERSNEL zeigt auf, daß der Triumph als Spezialfall unter die Kategorie des *adventus* fällt, im 3.Jh. konnte der herkömmliche Herrscheradvent daher sogar das Triumphzeremoniell in sich aufnehmen (ebd S.386-88). Charakteristisch für den (Triumphal-) Advent sind - freilich naheliegend - die Verben des Kommens und (in die Stadt) Hineingehens: So etwa die (spätere) Münzlegende EXPECTATE VENI, cf. Ovid metam.XV 569 (ut victor domito veniebat ab hoste); die *adventus* Vespasians in den kleinasiatischen Küstenstädten während seiner Romreise 70n.Chr. formuliert Josephus partizipial mit ἐπελϑών (bell. VII 22), für den stadtrömischen Advent Vespasians steht der substantivierte Infinitiv ἐλϑεῖν (bell VII 66ff.); Zonaras formuliert entsprechend - in Abhängigkeit von verlorenen Bericht des CassDio - ἐλϑὼν δ᾽ ἐς τὴν Ῥώμην... (XI 17 DINDORF). Für den Advent des Augustus 29 v.Chr., für den eine Feier geplant war verwendet CassDio ἐ[ι]σελϑεῖν (51,20,3). ResGest 12 (griech.) schreibt für den Advent des Augustus 13 v.Chr.: εἰς Ῥώμην ἐπανῆλϑον, an diesem Tag beschloß der Senat den augusteïschen *Friedens*altar zu errichten (ebd.) - auch dieser kaiserliche Advent stand also im Zeichen der Friedensproklamation. Schließlich sind auch die offiziellen termini technici des Triumphs zu berücksichtigen: triumphans urbem inire/ invehi oder der Antrag: ut sibi liceret triumphanti urbem inire (VERSNEL a.a.O. S.388). Zum Herrscheradvent siehe noch E.PETERSON, Die Einholung des Kyrios. Zeitschrift für systematische Theologie 7 (1929) S.682ff.; A.ALFÖLDI, Die monarchische Repräsentation im römischen Kaiserreiche S.88ff.; S.MACCORMACK, Change and Continuity in Late Antiquity: The Ceremony of *Adventus*, Historia 21 (1972) S.721-52.

[563] Es war ja der Advent des σωτήρ (s.vor.Anm.); cf. Cicero, in Verr. II 2,154: is est nimirum soter, qui salutem dedit. VERSNEL, Triumphus S.387 erinnert u.a. an die anläßlich seiner παρουσία (= adventus) in Athen an Demetrios Poliorketes hymnisch herangetragene Bitte: πρῶτον μὲν εἰρήνην ποίησον, φίλτατε. κύριος γὰρ εἶ σύ.

für die gesamte οἰχουμένη (= c). Eines Friedens übrigens, der - wie wir inzwischen wissen - ganz besonders auf die Re-Integration der aufstandsgeneigten Juden in das corpus imperii Wert legte. Wichtig für das Verständnis des römischen Triumphs ist noch, daß uns antike Quellen ein römisches Gesetz bezeugen, nach dem die *Tötung* von mindestens 5000 *Feinden* die Zulassungsbedingung für einen Triumphaladvent war.[564] Ganz entsprechend feierte auch das flavische Rom den jüdischen Triumph nach dem Zeugnis des Josephus u.a. "als Siegesfest für den Feldzug *gegen die Feinde* (χατὰ τῶν πολεμίων)."[565] Was liegt nun näher, als daß sich jene christologische Ereignissequenz E 2,16fin. - 17, die auf das Kriegswerk der Tötung der Feindschaft (ἀποκτείνας 2,16fin) strukturell den Advent mit zugehöriger Friedensproklamation an Ferne und Nahe folgen läßt (χαὶ ἐλϑὼν εὐηγγελίσατο εἰρήνην ὑμῖν τοῖς μακρὰν χαὶ εἰρήνην τοῖς ἐγγύς 2,17), im Sinn einer Strukturhomologie auf den großen flavischen Advent bezieht, der die gleiche Ereignissequenz von Töten der Feinde (bellum Iudaicum), Triumphal-Advent (in Rom) und - damit verbunden - universaler Friedensproklamation aufweist! Erst so wird die crux interpretum von E 2,17 endgültig behoben, indem die Christologie unseres Textes ein religiöses Gegenmodell zur zeitgenössischen Politik transparent werden läßt: Nicht die kirchlichen Verkündiger - wie es der Situation der Missionskirche entsprochen hätte (cf. E 6,15; 3,8 !) -, sondern *Christus selbst* mußte als derjenige, der nach seinem "Kriegswerk", der Tötung der Feindschaft am Kreuz, "ankommt" dargestellt werden, und *er selbst* mußte anläßlich dieses Advents den Frieden an die besonders angesprochenen Fernen (= die Heidenchristen) und an die Nahen (= die Judenchristen) verkünden, also den Frieden universal proklamieren. Nur so konnte die Kontrafaktur zum flavischen Kaiser schlagend durchgeführt werden, der ebenfalls nach seinem Triumph über die Juden die pax universal - für alle nicht-jüdischen Völker des Reiches und für die zwangsintegrierten Juden - proklamierte. Wenn wir bedenken, daß schon die auf der Reise Vespasians von Alexandria nach Rom

---

[564] Valerius Maximus II 8,1 (KEMPF): Ob leuia proelia quidam imperatores triumphos sibi decerni desiderabant. quibus ut occurreretur, lege cautum est ne quis triumpharet, nisi qui V milia hostium una acie cecidisset; P.Orosius, hist.adv.pag. V 4,7 ("Auf Grund eines Gesetzes, das bestimmte, daß jeder, der 5000 Feinde vernichtet hatte (ut quisque quinque milia hostium peremisset), die Möglichkeit eines Triumphzuges haben sollte..."). Mindestens war aber erhebliches Blutvergießen als Vorbedingung erforderlich: Serv. ad Aen. 10,775; 11,6; 11,790. Siehe dazu W.EHLERS, Art. Triumphus RE VII A1 Sp.498; H.S.VERSNEL, Triumphus, S.380f.: "That the victory had to be won after bloodshed can be explained only if it is borne in mind that the number of dead determined the "strength" of the *victor*. 'Saul hath slain his thousands and David his ten thousands' speaks the same language as do a few traditional *carmina triumphalia*, the crude improvisations of the victorious soldiers." VERSNEL verweist u.a. auf folgenden römischen Triumphalgesang: "mille, mille, mille decollavimus,/ unus homo! mille decollavimus./ Mille vivat, qui mille occidit ..." (nach W.MOREL, Poet.Lat.Min. 1927, p.157).

[565] bell VII 157.

aufgesuchten ionischen Küstenstädte, darunter möglicherweise auch die asiatische Provinzhauptstadt Ephesos, im Sommer 70 den Advent eines programmatischen Friedenstifters erlebten[566], so wird auch von daher verständlich, daß man den triumphalen Advent anläßlich des Sieges über die Juden, den Vespasian mit seinem Sohn Titus im Sommer 71 in der Hauptstadt des Reiches feierte, in der Asia ganz unter dem Eindruck des ökumenischen Friedenstifters erleben mußte. Von da aus ist es sogar möglich, daß "καὶ ἐλϑών" auch die kleinasiatische Perspektive implizit mit zur Geltung bringt und so außer dem zentralen Triumphaladvent in Rom mit der anschließenden universalen Friedensproklamation auch schon die adventus des nach Rom reisenden Kaisers in den ionischen Küstenstädten als strukturhomologen Hintergrund mitumfaßt: Schon diese adventus des in allen ionischen Poleis "heißersehnt Empfangenen" - von Josephus partizipial mit "ἐπελϑών" formuliert (bell VII 21f.) - galten, wie wir oben sahen, dem weltweiten Friedensbringer. Kleinasiatische Münzen belegen uns entsprechend schon seit 69/70 n.Chr. die Legende PACI ORB(is) TERR(arum) AVG(usti). Schon damals, im Frühsommer 70, war zudem die völlige Unterwerfung und Zwangsintegration der Juden in die Pax Romana abzusehen (nur noch die Einnahme Jerusalems stand aus) und war daher wohl auch schon Propagandathese des kaiserlichen Friedenstifters.[567]

Vor diesem Hintergrund des Enkomions in E 2,14ff erhält auch die Aufnahme der Tempel-Wohnungs-Metaphorik in der Schlußfolgerung E 2,19ff eine zeitgeschichtliche Relevanz: Nachdem der Jerusalemer Tempel durch die Flavier zerstört ist, wird die Kirche aus Juden und Heiden zum heiligen Tempel, in dem Gott pneumatisch wohnt.[568]

---

[566] Nicht zufällig hat man Vespasian in Xanthos/ Lykien epigraphisch als σωτῆρα καὶ εὐεργέτην τοῦ κόσμου (LeBas III 1253) gefeiert (als τὸν εὐεργέταν τᾶς οἰκουμένας etwa in Eresos IG XII 2,543).

[567] Vespasians Friedenspropaganda auf dieser Reise wird kaum auf den Ruhm des Bezwingers und "Befrieders" des am meisten aufstandsgeneigten Volkes der Juden verzichtet haben, den freilich die ursprüngliche Absicht, nämlich gemeinsam mit dem siegreichen Titus zu reisen, noch sinnenfälliger unterstrichen hätte (siehe Joh. Zonaras XI 17 (DINDORF), der uns den verlorenen Bericht des CassDio erhält: τὸν δὲ υἰὸν αὐτοῦ Τίτον εἰς τὰ Ἱεροσόλυμα καταλελοιπὼς πορϑῆσαι αὐτά, τὴν ἐκείνων ἀνέμενεν ἅλωσιν, ἵνα μετὰ τοῦ υἰέος ἐπανέλϑῃ πρὸς τὴν Ῥώμην. τριβομένου δὲ χρόνου ἐν τῇ πολιορκίᾳ, τὸν μὲν Τίτου ἐν τῇ Παλαιστίνῃ κατέλιπεν,... Cf. dazu WEYAND, Art.Flavius RE VI/2 Sp.2647).

[568] Cf. G.DIX, Jew and Greek. A Study in the Primitive Church, S.60 zu E 2,21f.: "Jesus the Messiah Himself is the chief cornerstone... 'in Whom' the Gentiles like the Jewish Christians are now built up into a spiritual Temple which replaces Herod's Temple at Jerusalem..."

F.4. Der durch Christus vermittelte Zugang zu Gott (E 2,18) und die pax deum des flavischen Friedens

Bisher konnten wir für den sozialen Aspekt des Friedens zwischen Juden und Nichtjuden, den Christus vermittelt hat, eine homologe Struktur in der flavischen PAX AVGVSTI plausibel machen. Die Begründung der universalen Friedensproklamation Christi (E 2,17) in v.18 hebt jedoch gerade den auf das Gottesverhältnis bezogenen Aspekt dieses Friedenswerkes hervor: "denn durch ihn haben wir - beide in einem einzigen Pneuma - den Zugang zum Vater" (cf. schon v.16). Der neu gewonnene soziale Aspekt des Friedens (beide in einem Pneuma/Soma geeint, cf. v.16) ist auf den religiösen Aspekt ausgerichtet: Gemeinsam haben sie jetzt pneumatisch den *Zugang zu Gott*, und zwar "durch ihn". Berücksichtigen wir die oben herausgearbeitete Strukturhomologie, so stellt sich die Frage, ob auch die vom flavischen Kaiser wiederhergestellte pax gentium auf einen durch ihn selbst vermittelten neuen Zugang zu den Staatsgöttern, somit auf eine *pax deum*, gegründet war: Ob wir also auch im religösen Aspekt des Friedens eine homologe Struktur finden. Eine erste, theoretische Antwort auf diese Frage kann uns die Ideologie geben: Welche religiöse Funktion maß die überkommene Herrscherideologie dem Kaiser zu (F.4.1.)? In einem zweiten Schritt suchen wir historische Konkretionen dieser ideologischen Funktionszuweisung auf (F.4.2.). Dazu erinnern wir uns, daß Vespasian ebenso wie Augustus einen Bürgerkriegszustand überwunden hatte und dementsprechend die flavische PAX auch sehr bewußt als Erneuerung des Augustus-Friedens darstellte. Wir fragen daher nach den religiösen Implikationen der augusteïschen PAX, um von da aus auch das flavische Analogon bewerten zu können.

F.4.1. Die religiöse Funktion des Kaisers nach der Herrscherideologie

Politisch-ideologische Konzepte, wie etwa die pax Augusta, waren im antiken Rom niemals ausschließlich säkular orientiert, sondern waren immer auch religiöse Konzepte. Vor allem J.R.FEARS hat darauf erneut hingewiesen:

"... such dichotomous terms as sacred and secular, are invalid when approaching the theme of ideology in the ancient world. For the ancient, religion permeated every aspect of the state's life, providing the very basis of the socio-political order. Religious imagery defined the ancient's conception of that order, and the cult life of the state mirrored each transformation in the political structure. At Rome, as throughout the ancient world, political mythology was bound inextricably to the collective worship of the community; of necessity, political ideology was formulated in theological terms and expressed through cult and ritual."[569]

An der Spitze des Imperiums kam diese politisch-religiöse Strukturparallele etwa darin zum Ausdruck, daß dem Kaiser mit der höchsten politischen Position zugleich auch die oberste religiöse Funktion im Staat zugewiesen war: In der Nachfolge hell. Herrscherideologie galt er als Stellvertreter Zeus' bzw. Jupiters auf Erden.[570]

Nach Senecas Fürstenspiegel De Clemetia (cf. clem.I 1,1) soll sich Nero darüber im Klaren sein, daß er von den Göttern erwählt wurde, um auf Erden als *ihr Stellvertreter* zu dienen (I 1,2: in terris deorum vice). Falls die unsterblichen Götter von ihm eines Tages Rechenschaft über seine Herrschaft fordern, kann er auf das *ganze genus humanum* verweisen, für dessen Belange er, wie zuvor dargelegt wird, zuständig war (I 1,4: Hodie dis inmortalibus, si a me rationem repetant, adnumerare genus humanum paratus sum). J.R.FEARS hat gezeigt, daß auch Seneca dabei vor allem an den Göttervater Jupiter denkt, nach dessen Qualitäten Nero streben soll (cf. "optimus" und "maximus" in clem I 19,8) und daß sich der Fürstenspiegel eng an die hellenistische (und ägyptische) Herrscherideologie anschließt.[571] Das Gleiche gilt auch für Plinius' d.J. Panegyrik für Trajan, paneg. 80,1-5: "(3) Wahrhaftig, so sorgt ein Prinzeps, ja ein Gott für die Seinen: er schafft Versöhnung zwischen zerstrittenen Städten, er bändigt aufgebrachte Völker...; schließlich, wie das rascheste der Gestirne, sieht und hört er alles, und wo immer man ihn anruft, ist er hilfreich zur Stelle. (4) Von solcher Art, möchte ich meinen, sind die Dinge, die jener Vater der Welt durch einen Wink bewirkt... (5) Freilich, von dieser Aufgabe völlig entlastet kann er sich jetzt ganz dem Himmel widmen, jetzt, wo er dich uns gegeben hat *als seinen Stellvertreter gegenüber dem ganzen Menschengeschlecht* (qui erga omne hominum genus vice sua fungereris)." Auch hier steht das in der griechisch-römischen Welt schon seit Homer (Il. 2,203-6) bekannte Konzept von der Einsetzung des Herrschers durch Zeus im Hintergrund.[572] Insbesondere beförderte jedoch nach der Analyse von J.R.FEARS die Erinnerung an den schon zu Lebzeiten mit Zeus assoziierten Alexander d.Gr. die Entstehung der hellenistischen Vorstellung "of the king as ruler of the *oikoumene*, who, by his government of earth, frees Zeus to devote his attention to heaven".[573] Dabei ist etwa an hellenistische Epigramme zu denken, wo der himmelwärts ("zu Zeus") blickenden Alexanderstatue des Lysippos in den Mund gelegt wird: "Die Erde unterwerfe ich mir, du aber, Zeus, besitzt den Olymp" (Anthol.Plan. Nr.120). Nach Anthol.Pal. 16,6 ist der irdische König "so sehr Herr der Sterblichen wie Zeus der der Unsterblichen." In Rom wurde dieser Gedanke vielfältig rezipiert: Ovid, met. XV 858: "Iupiter lenkt des Äthers Höhen und das Reich der dreigestalteten Welt, die Erde ist unter Augustus; Vater und Herrscher sind beide"; Horaz, carm. III 5,1: "Im

[569] J.R.FEARS, Rome: The Ideology of Imperial Power, Thought 55 (1980) S.98-109, hier S.101.

[570] J.R.FEARS, Art. Herrscherkult RAC XIV (1988) Sp.1069-70.

[571] J.R.FEARS, Nero as the Vicegerent of the Gods in Seneca's De Clementia, Hermes 103 (1975) S.486ff.; hier: S.490-93.

[572] J.R.FEARS, ebd. S.494f.

[573] FEARS, The Cult of Jupiter, ANRW II 17.1 (1981) S.68f.; cf. ders., The Theology of Victory at Rome, ANRW II 17.2 (1981) S.764-73.

Himmel waltet - so glauben wir - der donnernde Iupiter,/ Auf Erden wird erscheinen Augustus uns/ Hilfreich als Gott, wenn er die Briten / Anfügt dem Reich und den lästigen Perser" (siehe aber Man. 1,800: caelum, quod regit Augustus socio per signa Tonante); cf. Hor. carm.I 12,50; Ovid, Trist.II 37ff.. Panegyriker konnten den Stellvertreter-Gedanken sogar in eine Identifikation hinüberspielen lassen, wie etwa im Falle Neros durch das erste Einsiedler Gedicht 1,22ff. dokumentiert wird[574] oder noch deutlicher im Laufe der 4.Ekloge des neronischen Panegyrikers Titus Calpurnius Siculus, 142ff.: "Kaiser, ob du nun Juppiter bist mit verwandeltem Aussehn/ oder ein anderer Gott unter täuschendem Bild eines Menschen,/ unerkannt: Gott bist du sicher; ich bitte dich, lenke den Erdkreis, lenke auf ewig, ich bitt dich die Völker; vergiß jedes Trachten/ nach dem Himmel; verlaß nicht, o Vater, begonnenen Frieden!"[575] Die zitierten Texte weisen dem Kaiser als Stellvertreter Jupiters eine Zuständigkeit *für die ganze Menschheit* zu.

Schon oben vergegenwärtigten wir uns die mit diesen Belegen kompatible Vorgabe der hell. Herrscherideologie, nach der im Herrscher als ἔμψυχος λόγος und ἔμψυχος νόμος der Logos Gottes wirkt und ihn zum "Abbild Gottes, der das All ordnet"[576], macht. So vermittelt er die friedvolle Harmonie des Kosmos, die der Logos organisiert, in die soziale Welt. Der göttliche Logos des Königs inspiriert geradezu das Volk, um ihm soziale Tugenden mitzuteilen, so daß er den Untertanen, wie E.R.GOODENOUGH schreibt, zu "eine(r) dynamische(n), persönliche(n) Offenbarung der Gottheit" wird.[577] Im

---

[574] Carmina Einsidlensia 1,22ff: "Höchster der Götter und ewige Macht, die den Himmel beherrschet,/ oder du, Phöbus, den's freut, in die redenden Saiten zu greifen/.../.../ Sei's mir erlaubt, daß ich Götter gesehn und der Welt es verkünde!/ War es der Geist, der den Himmel beherrscht (caeli mens), war's das Abbild der Sonne,/ wie diese Götter, so stand er (sc. Nero) in Gold und Purpur erstrahlend,/ donnernte mit seiner Hand; denn so war die göttlich Allmacht (divina potestas),/ die das Weltall erschuf und in kunstvoll gestaltete Kugel/ sieben Gürtel hineinwob..." Zur Datierung der Einsiedler-Gedichte in die neronische Zeit und zu ihrer ironischen, antineronischen Tendenz siehe jetzt D.KORZENIEWSKI, Hirtengedichte aus neronischer Zeit, Darmstadt 1987², S.4f.110f..

[575] Calpurnius, eclog.4,142-146: Tu quoque mutata seu Iupitter ipse figura,/ Caesar, ades seu quis superum sub imagine falsa/ mortalique lates (es enim deus): hunc, precor, orbem,/ hos, precor, aeternus populus rege! sit tibi caeli/ vilis amor coeptamque, pater, ne desere pacem! eclog.4,92ff. hieß es noch etwas bescheidener: "Juppiter selbst, der den Himmel mit Hitze und Kälte erfüllet,/ Vater der Götter und Menschen, *dem du, o Kaiser, als nächster/ folgest* (cui tu iam proximus, ecce, Caesar, abes)..."

[576] Plutarch, ad princ.iner. 780E.

[577] E.R.GOODENOUGH, By Light, Light, S.68. Zur hell. Herrscherphilosophie s.o.III.C.4. Cf. außerdem noch Herm.Trism. bei Stobäus I 49,45 (I, S.408,5 WACHSM.): "Der König ist einerseits der letzte von allen anderen Göttern (τῶν μὲν ἄλλων θεῶν ἐστιν ἔσχατος), andererseits der erste der Menschen. Solange er auf Erden weilt, ist er von der wahrhaften Gottheit gelöst, besitzt aber einen Vorzug vor den Menschen, der Gott gleich ist"; Herm.Trism. 75,41: regem deum existentem hominem humanitatis participem; Maneth. I 280: γεννῶσιν βασιλῆα θεὸν βρότον ἀνθρώποισι. Firm.Mat. I 108,4: sententiae (regis) erunt, tanquam ab eo cunctis hominibus divina documenta proferantur. Siehe F.CUMONT, L' Égypte Des Astrologues, S.25f.- Cf. aus der kaiserlichen Enkomiastik etwa Hor., carm.1,2 ("Kehre spät zum Himmel

Kaiser als dem mentalen Prinzip (λόγος, mens, animus, spiritus vitalis) seines Staatsleibes und als 'in terris deorum vice' (Seneca) lag nach dieser Ideologie also auch die Verbindung zum höchsten Gott.[578] Nach E 2,18 haben die Glaubenden pneumatisch "durch Christus" den Zugang zu Gott erhalten.

Die Vorstellung vom Kaiser als Stellvertreter und irdisches Gegenstück zum Vater der Götter und Menschen spielt zwar schon - im Anschluß an hellenistische Panegyrik - in den Enkomien des Horaz eine große Rolle, wird aber erst seit Caligula und deutlicher seit Nero zum vollen Bestandteil der offiziellen Kaiserideologie.[579] Gerade die anschließende frühe flavische Zeit kann nach den Ergebnissen von J.R.FEARS im Rahmen einer "evolution of a Jovian Theology of imperial power" verstanden werden.[580] Münzen zeigen

---

zurück und weile lange froh unter Romulus Volk ...") und Vergil, ecl. 1,6 ("Ein Gott hat uns diese Muße geschaffen, denn er wird immer für mich ein Gott sein.").

[578] Im Rahmen der popularphilosophischen Lehre von der universalen Polis des Kosmos wird dieser im Logos manifeste 'Zugang zu Gott' auch direkt angesprochen: Nach Dion v. Prusa, or. XXXVI 31, bezweckt dieses Vorstellungsmodell, "das Menschengeschlecht *mit der Gottheit harmonisch zu verbinden* (ξυναρμόσαι) und *in einem Logos* (ἐνὶ λόγῳ) alles Vernünftige zusammenzufassen"; Cicero, de leg I 7,22-23 sprach unter Aufnahme stoischer Tradition analog davon, daß in der ratio (= λόγος) die *primäre Gemeinsamkeit* (prima societas) *zwischen den Menschen und Gott* liege. In der Herrscherideologie kommt dabei dem Herrscher als Manifestation des θεοῦ λόγος (Plut. mor 780F) die Schlüssel- und Vermittlerstellung zu. Dies zeigt sich noch bei Euseb v.Caesarea, der die traditionelle Herrscherideologie enkomiastisch auf Konstantin anwendet, laud. Const. II 4: 'The Logos, being the Pre-Existent and Universal Savior, has transmitted to His followers rational and redeeming seeds, and thereby makes them rational and at the same time capable of knowing His Father's kingdom. And His friend (= der Kaiser), like some interpreter of the Logos of God, summons the whole human race to knowledge of the Higher Power, calling in a great voice that all can hear and proclaiming for everyone on earth the laws of genuine piety." Cf. laud.Const. V 8: "...the high-minded sovereign (= der Kaiser), learned in divine matters, pursues things higher than his present life, calling on the Father who is in heaven and longing for His kingdom, doing all things with piety and holding out to his subjects, just as if they were students of a good teacher, the holy knowledge of the Supreme Sovereign." Siehe auch laud.Const. II 2: "As the Universal Savior renders the entire heaven and earth and highest kingdom fit for His Father, so His friend (= der Kaiser), leading his subjects on earth to the Only-Begotten and Savior Logos, makes them suitable for His kingdom" (Üs. H.A.DRAKE, In Praise of Constantine, S.83ff.). Cf. noch laud.Const. II 1-5; V 1; IX 10-11. Zur Abhängigkeit dieser Passagen von der traditionellen hellenistischen Herrscherideologie siehe G.F.CHESNUT, The Ruler and the Logos, S.1329-32: "Again one sees the typical emphases of Romano-Hellenistic political theory: The ruler was at least partly turned into a divine savior figure who rescued his people from their sins and returned them to right thought and heavenly obedience. The ruler was an intermediary through whom the Logos could be planted as a seed on earth, there to blossom and drive out sin, evil, and forgetfulness of humanity's divine origin and destiny" (ebd. S.1331).

[579] Die Entwicklung dieser Vorstellung kommentiert an Hand der Belege J.R.FEARS, The Cult of Jupiter and Roman Imperial Ideology, ANRW II 17.1 (1981) S.3-141, hier: S.66ff.. Siehe darüberhinaus auch die oben aufgeführten Stellen aus dem 1. Einsiedler-Gedicht und aus der 4.Ekloge des Calpurnius (AA 554.555), beide aus neronischer Zeit.

[580] J.R.FEARS, ebd. S.76.

nicht nur Jupiter als custos für Vespasian und Titus[581], sondern im Bild eines Adlers, der den Weltglobus in seinen Klauen hält, vermitteln sie auch die Botschaft: "Jupiter has bestowed world rule upon Vespasian and his son Titus."[582] Auch Vespasian war somit als Stellvertreter Jupiters gegenüber der Welt bzw. der Menschheit eingesetzt. Umgekehrt gesagt: Seine herrscherliche Mittlerrolle gegenüber dem höchsten Gott und Vater bezog sich auf die ganze von Rom beherrschte Menschheit.

Als irdischer Stellvertreter Gottes war der Kaiser in umgekehrter Richtung freilich auch der höchste religiöse Mittler der ganzen Gemeinschaft gegenüber dem göttlichen Vater.[583] Entsprechend weist ihm die überkommene Herrscherideologie die höchste Priesterfunktion im Staat zu:

"Ein König und Gesetzgeber soll aber nicht nur die menschlichen, sondern auch die gottesdienstlichen Dinge (τὰ θεῖα) mit beaufsichtigen; ... Aus diesem Grunde bedurfte ein solcher Mann der höchsten Priesterwürde (τῆς πρώτης ἱερωσύνης), damit er auf Grund tadelloser Opfer und vollkommen Wissens vom Dienste der Gottheit Abwendung des Bösen und Anteil am Guten für sich und seine Untergebenen von dem gütigen Gott erflehen konnte, der die Gebete erhört."[584]

Entsprechend dieser religiösen Mittlerrolle zwischen seinen Untertanen und Gott trat er auch für deren Verfehlungen ein, so wie etwa der philonische Mose - nach Philo "Richtschnur und Norm für alle kommenden Herrscher,

---

[581] J.R.FEARS, The Cult of Jupiter and Roman Imperial Ideology, ANRW II 17.1 (1981) S.76ff.: Münzen für Vespasian und Titus mit dem Revers-Typ eines stehenden, opfernden Iupiter zur Legende IOVIS CVSTOS (BMC II p.49 No.276-79; p.53 No.305-09), die zur Serie der dem Kaiser persönlich zugeordneten Attribute gehören (PAX AVGVSTI, VICTORIA AVGVSTI u.s.f.), zeigen Iupiter somit als custos der Flavier.

[582] J.R.FEARS, a.a.O. S.76f.: Ein seit dem Triumphjahr 71 n.Chr. geprägter flavischer Revers-Typ zeigt den Adler (der traditionell mit Jupiter verbunden ist), der die Erdkugel in seinen Klauen hält (BMC II p.132 No.612; p.138; p.142 No.643 (Pl.25.8); p.155 No.673; p.201 No.811 (Pl.38,9); p.205 No.822-25 (Pl.39,9); p.210 No.848f.(Pl.41.3)). Spätere Prägungen Hadrians zeigen einen Adler, der dem Kaiser das Szepter bringt bzw. Jupiter, der ihm die Erdkugel übergibt (BMC III No.1203; 1236; 242).

[583] An die Person des Kaisers ist auch bei Properz III 11,65-66 das Verhältnis der Gemeinschaft zu Iupiter gebunden: "Götter gründeten hier [sc. Rom] und Götter schützen die Mauern: Solange nur Caesar heil ist, braucht Rom auch Iupiter kaum zu fürchten" (haec di condiderant, haec di quoque moenia servant: vix timeat salvo Caesare Roma Iovem).

[584] Philo, Mos II 5; ebenso praempoen (53-) 56. Dies stimmt auch hervorragend mit einem Diotogenes-Fragment überein, bei Stobaeus, IV 7,61 (WACHSMUTH/HENSE IV S.253ff.): "Die dritte Aufgabe, das heißt die Verehrung der Götter, ist einem König ebenso angemessen. Denn das Beste muß durch den besten Mann geehrt werden und das herrschende Prinzip durch einen, der ein Herrscher ist..." Wenig später wird der König als νόμος ἔμψυχος angesprochen, der "als ein unter Menschen weilender Gott erscheint." In flavischer Zeit reklamiert Musonius Rufus für den als νόμος ἔμψυχος bezeichneten Herrscher die herausragende religiöse Funktion, daß er "Zeus sorgfältig verehren und wie Zeus ein Vater seiner Untertanen sein" soll (s.o.).

die ihren Blick auf Mose als urbildliches Muster gerichtet halten"[585] - als μεσίτης καὶ διαλλακτής auftrat (Mos II 166). Eine prinzipiell vergleichbare Mittlerrolle wurde auch von Augustus nach dem kollektiven "Frevel" der Bürgerkriege ausgesagt, wie uns Horaz gleich belegen wird.

Schon Cicero konnte die Bürgerkriege als Strafe der Götter für vergangenen Frevel ansehen[586]; daneben gab es aber auch die umgekehrte Auffassung, daß die Bürgerkriege selbst den Frevel der Römer gegenüber den Göttern manifestieren.[587] Sie begegnet uns in der frühen Augustus-Zeit mehrfach, etwa bei Vergil:

"Denn hier sind göttliches Recht und Sünde vertauscht: So viele Kriege gehen durch die Welt/ so viele Erscheinungsweisen von Freveltaten (scelerum facies) .../ ... durch die ganze Welt wütet der unheilige Kriegsgott ..."[588]

Als Kronzeuge für diese Einschätzung des scelus tritt jedoch Horaz hervor:

Wohin, wohin rennt ihr Frevler (scelesti)? Warum zückt ihr
von neuem eure Schwerter?
Ist noch zu wenig römisches Blut
auf Feldern und Meeren vergossen worden? ...
So ist's! Ein strenges Verhängnis
und der Frevel eines Brudermordes (scelusque fraternae necis)
verfolgt die Römer,
seitdem das Blut des unschuldigen Remus zur Erde geflossen,
für die Enkel ein Fluch.[589]

---

[585] Virt 70 cf. Mos I 158f.. Philo zeichnet Mose ganz in den Bahnen der hell. Herrscherideologie, dazu siehe E.R. GOODENOUGH, By Light, Light, S.180-98, bes. 189ff.; R.BARRACLOUGH, Philo's Politics, S.487-91. U.a. folgt er als idealer Herrscher unmittelbar dem ihn anleitenden ὀρϑὸς τῆς φύσεως λόγος, ὃς μόνος ἐστὶν ἀρετῶν ἀρχή τε καὶ πηγή (Mos I 48) und ist als Gesetzgeber νόμος ἔμψυχος τε καὶ λογικός (Mos I 162). Cf. o.S.298 mit A 247.

[586] Cic., pro Marcello 18: si poenas a populo Romano ob aliquod delictum expetiverunt, qui civile bellum tantum et tam luctuosum excitaverunt.

[587] Beide Auffassungen können zusammenhängen, wie St.COMMAGER, Horace, Carmina I,2, AmJPh 80 (1959) S.37ff., hier S.45 verdeutlicht: "Yet the tragedy of Rome's history lies in the fact that punishment not only fits the crime but is the crime - for what is civil war but expanded fratricide? War both punishes an original *scelus* and itself perpetuates it." Wir finden diesen Zusammenhang etwa bei Tacitus, hist.II 38,1-2, wo es in einem kurzen Überblick über die Bürgerkriege in der römischen Geschichte einschließlich des Vierkaiserjahres heißt: "der gleiche Götterzorn (eadem ... deum ira), die gleiche menschliche Raserei (eadem hominum rabies), immer wieder der gleiche Anlaß zu frevlerischem Tun (eaedem scelerum causae) trieben auch sie zur Entzweiung an."

[588] Verg., georg.I 504f.511: quippe ubi fas versum atque nefas: tot bella per orbem,/ tam multae scelerum facies .../ ... saevit toto Mars impius orbe.

[589] Hor. epod.VII 1-4.17-20.

In dem schuldhaften Frevel der Bürgerkriege, dessen Formulierung hier an die Vorstellung eines peccatum originale herankommt[590], sieht Horaz ausdrücklich soziales Verfehlen und religiöses Verfehlen gegen die Götter vereint, wie etwa carm.I 35,33ff.[591] klarmacht. Das Unrecht, das im bellum civicum gegenüber Göttern und Menschen geschehen ist, verlangt im System der überkommenen Religiosität, die sich bei Horaz äußert, die kultische "Entsündigung" (expiatio) der Römer, d.h.: ihre Reinigung vom Frevel.[592] Auch dies belegt uns Horaz.[593] Denn durch diesen sozial-religiösen Frevel war die *pax deum*, der Inbegriff eines ungetrübten kultischen Zugangs zur Gottheit und freundlich-gnädigen Verhältnisses derselben zu ihren Verehrern, unterbrochen.[594] Freilich waren die Römer durch ihre schwerwiegenden

---

[590] Der Gedanke dieser Ursünde begegnet auch bei Vergil, georg. I 501f.: satis iam pridem sanguine nostro/ Laomedonteae luimus periuria Troiae. Dazu St.COMMAGER, Horace, Carmina I,2, AmJPh 80 (1959) S.44f.

[591] Hor. carm.I 35,33ff.: "Ha! Schämen müssen wir uns der Narben, des Frevels (sceleris)/ und der Leiden unserer Brüder! - Welcher Schandtat hat / unser hartes Geschlecht sich enthalten?/ Was war uns Verbrechern (nefasti) heilig genug?/ Oder wann hatte Furcht vor den Göttern/ unserer Jugend die Hände gebunden?/ Welchen Altäre hat sie geschont?/ O schärfe wider Massager und Araber/ noch einmal den stumpfen Stahl." Siehe auch Hor. carm.III 24,25ff.

[592] Siehe etwa Cicero, de harusp.resp. 10,21: Audio quibus dis violatis expiatio debeatur, sed hominum quae ob delicta quaero. (Cf. die delicta maiorum aus Hor. carm.III 6,1). Besonders schwerwiegend und nicht durch eigene Anstrengungen zu "entsündigen" waren jedoch unheilige Frevel gegen Menschen und Götter: Scelerum in homines atque in deos impietatum nulla expiatio est (Cic., de leg. I 14,40). Die expiatio war, wie E.BICKERMAN gezeigt hat, ein Reinigungsvorgang und sie war angesichts der schwerwiegenden "Verunreinigung" durch die Bürgerkriegsfrevel somit für die Römer nicht mehr aus eigenem Vermögen zu leisten: "La raison de ce principe est simple. Pour approcher les dieux en leur offrant un piaculum, il faut d'abord être pur. Donc, 'impius ne audeto placare donis iram deorum' [Cic. de leg.II 9,22]. Mais le crime des guerres fratricides a rendu les Romains impurs." BICKERMAN verweist für das Vorstellungsschema noch auf Cic. de leg. II 16,41: Donis impii ne placare audeant deos; auf Serv. ad Aen. I 378: qui purgati non sunt impii. Siehe zum Ganzen E.J.BICKERMAN, Filius Maiae (Horace, Odes I 2.43), la parola del passato 16 (1961) S.5-19, hier S.6-9; zur religiösen Vorstellungsreihe von Frevel, Götterzorn und Sühnehandlungen siehe W.SPEYER, Religionen des griechisch-römischen Bereichs. Zorn der Gottheit, Vergeltung und Sühne, S.140-59; bes. S.153ff. (pax deorum).

[593] Etwa Hor. carm.II 1: Horaz beschwört zunächst die Vorstellung des unglückbringenden bellum civicum (1-4), bevor er sich dann vor diesem Hintergrund an Pollio wendet: "noch immer von ungesühntem Blutvergießen befleckt (nondum expiatis uncta cruoribus)/ beschreibst du jetzt, mein Pollio, ein Werk, reich an Gefahr".

[594] Zur *pax deum* siehe R.HEINZE, Virgils epische Technik, Darmstadt 1976[6] S.128f. A 1-2: Unter diesem Begriff verstanden die Römer die kultisch durch Gebet und Opfer, u.U. nach Prodigien, die göttlichen Zorn angezeigt haben oder bei außergewöhnlichen Ereignissen (Krieg...), erlangte "Sicherung eines freundlichen Verhältnisses zu den Göttern, die Erlangung ihrer pax et venia". Unter den vielen Belegen, die HEINZE angibt, sind auch Cic., pro Rabirio 2,5: 'ab Iove optimo maximo ceterisque dis deabusque immortalibus ... pacem ac veniam peto' und das bei Livius I 16 gebotene allgemeine Gebet an den neuen Gott Romulus: 'pacem precibus exposcunt, uti volens propitius suam semper sospitet progeniem'. Cf. etwa auch die Frage bei Plautus, Poenulus 254, die im Hinblick auf vorbereitete Opfer gestellt wird: sunt hic omnia quae

Verfehlungen nicht selbst zur "Entsündigung" in der Lage, es bedurfte dazu in der religiösen Vorstellungswelt eines aus der göttlichen Sphäre autorisierten Mittlers.[595] In diese Rolle trat nach *Hor. carm. I 2* Oktavian-Augustus ein, und zwar wieder in den Bahnen der hell. Herrscherphilosophie.[596]

Nach H.WOMBLEs Analyse des Aufbaus dieses Liedes sollten die in der ersten Strophe beschriebenen, furchterregenden Prodigien im Wettergeschehen, die Jupiter herabgeschickt hatte, die Römer wegen ihres Frevels aufrütteln und so erreichen, daß ihnen der im göttlichen Zorn begründete Untergang in einer Flutkatastrophe erspart bleibe. Die Aussicht auf diese Katastrophe, die durch den späten Erfolg der Prodigien gerade noch vermieden werden konnte, beschreiben die zweite und dritte Strophe. Die vierte und fünfte Strophe kommen auf die bedrohliche Wirklichkeit dieser Prodigien zurück: "So sahen auch wir den gelben Tibergott...". An eine Tiber-Überschwemmung wird hier erinnert, die nur durch Jupiters Intervention nicht zur Flutkatastrophe selbst ausartete, sondern bloßes Vorzeichen blieb. Durch den Wechsel von der prodigienhaften Flut-Topik zur historischen Erklärung in der sechsten Strophe macht der Autor klar, welche Einsicht in die Ursachen des göttlichen Zorns die Prodigien erwecken wollten und tatsächlich erweckt haben:

"Daß Bürger gegen Bürger Schwerter schärften,/ weit ehrenvoller zum Verderben gefürchteter Perser gezückt,/ und Schlachten wird einst hören die durch Schuld der Väter (vitio parentum)/ verminderte Nachwelt."

Angesichts dieser Einsicht in die Schuld, die man sich kollektiv durch die Bürgerkriege aufgeladen hatte, bietet die folgende, siebte Strophe das Bild religiöser Ratlosigkeit: Welchen der Götter sollen die Römer beim Fall des Reiches durch Bürgerkrieg um Hilfe anrufen, wo schon die Vesta nicht mehr auf die Gebete hört?[597]

---

ad deum pacem oportet adesse? Aus flavischer Zeit siehe Val.Flacc., Argon. IV 477 (Phineus zu Calais und Zetis über Zeus' Gunst): nam vestra voluntatis non, iuvenis, sine pace deum. Siehe zur pax deum noch die einschlägigen Ausführungen bei H.FUCHS, Augustin und der antike Friedensgedanke, S.186-88 (viele Belege!), der auch zeigt, daß die urpsrüngliche Formel pacare deos, die auf die Herstellung eines Rechtszustandes zwischen Gottheit und Mensch verweist, später durch placare ersetzt werden konnte (z.B. Liv.XXVII 38,1: deis rite placatis. u.ö.) (ebd. 188 A 1). placare treffen wir dementsprechend auch in den oben A 592 zitierten Belgen zur Vorstellung der Reinigung und Besänftigung des göttlichen Zorns. Zur pax deum siehe auch S.WEINSTOCK, Pax and the 'Ara Pacis', JRS 50 (1960) S.44ff., hier S.50; E.J.BICKERMAN, a.a.O. S.6-8; H.DÖRRIE, Art. Gottesvorstellung, RAC XII (1983), Sp.114-116.

[595] Cf. BICKERMAN, a.a.O. S.8: "Mais dans le système sacré des Romains la *pax deorum* n'a pu être rétablie par un médiateur étranger." Siehe auch oben A 592.

[596] Zu carm I,2 werden hier vor allem herangezogen S.COMMAGER, Carmina I,2, AmJPh 80 (1959) S.37-55; E.J.BICKERMAN, Filius Maiae (Horace, Odes I 2.43), la parola del passato 16 (1961) S.5-19; H.WOMBLE, Horace, Carmina,I,2, AmJPh 91 (1970) S.1-30; E.DOBLHOFER, Horaz und Augustus, ANRW II 31.3 (1981) S.1922-86.

[597] Dazu H.WOMBLE S.10f.: "Unable to save themselves, to summon a savior, ever to interest the guardian of their own hearth in their deliverance, the populace is paralyzed in its awareness of doom already upon it."

Gegenüber den rat- und hilflosen Römern kommt für Horaz und die von ihm repräsentierte religiöse Stimmung nur in Betracht, daß Jupiter selbst die Heilsinitiative ergreift und einen der Götter herabsendet zur Sühnung des Bürgerkriegs-Frevels, wie dies die Eingangsfrage der achten Strophe zeigt:

> "Welchem [sc. Gott] wird Jupiter die Aufgabe zuweisen, den Frevel zu süh-nen?"[598]

Die daraufhin in den Strophen acht bis zehn probeweise vom römischen Volk ("wir") angerufenen Götter Apollo, Venus und Mars sind alle durch ihr einseitiges Engagement im Bürgerkrieg desavouiert; sie stehen, wie BICKERMAN dargelegt hat, für Pharsalos (Venus), Philippi (Mars) und Actium (Apollo).[599] Anders als diese Untauglichen ist der tatsächlich zur "Entsündigung"/expiatio herabgesandte Bote Jupiters jedoch schon anwesend:

> "Oder wandelst du in Gestalt eines Jünglings
> auf der Erde, geflügelter
> Sohn der allgütigen Maia, der du es sogar erträgst (patiens),
> Caesars Rächer (Caesaris ultor) genannt zu werden?
>
> O dann kehre erst spät zum Himmel zurück!
> Sei noch lange beglückend inmitten des Romulischen Volkes,
> schwinge dich, unserer Laster (nostris vitiis) abgeneigt,
> nicht zu schnell von uns weg im Lufthauch!"[600]

Der geflügelte Sohn der almae Maiae ist Hermes (Mercurius), der hier als Bote Jupiters in Augustus Gestalt gewonnen hat. Die Forschung hat erkannt, daß die Wendung "patiens vocari Caesaris ultor", angewandt auf den in der griechisch-römischen Antike als Stifter von Frieden und Versöhnung bekannten Hermes[601], hier eine Korrektur an der unter Römern geläufigen Rolle

---

[598] carm.I,2,29f.: cui dabit partis scelus expiandi/ Iuppiter?

[599] E.J.BICKERMAN, S.12-13; cf. S.13: "En écartant les trois divinités qu'il nomme d'abord, Horace excluait les trois gagnants célestes des trois guerres civiles de son temps: Pharsale, Philippes, Actium." Ähnlich H.WOMBLE, S.11-17.

[600] carm.I,2,41-48: sive mutata iuvenem figura/ ales in terris imitaris almae/ filius Maiae patiens vocari/ Caesaris ultor,// serus in caelum redeas diuque/ laetus intersis populo Quirini,/ neve te nostris vitiis iniquum/ ocior aura. In neronischer Zeit finden wir ganz ähnliche Gedanken über den Abstieg eines Gottes in menschlicher Kaisergestalt (Nero) bei dem Panegyriker Calpurnius, eclog.4,137ff.: "Götter, ich bitte euch, führt diesen Jüngling, den gleich aus dem Äther/ sicherlich ihr uns gesandt habt, nach langer Zeit seines Lebens/ wieder zurück.../.../.../ Kaiser, ob du nun Juppiter bist mit verwandeltem Aussehen/ oder ein anderer Gott unter täuschendem Bild eines Menschen,/ unerkannt: Gott bist du sicher;..."

[601] Siehe unseren Exkurs zu Hermes o. S.169ff und COMMAGER S.49f.; BICKERMAN S.15-18; WOMBLE S.17-19 ("With the sacrosanctity of the herald, Mercury is always essentially a civilian an necessarily noncombatant; he is the god of commerce and communication, eloquence, mediation and conciliation, of truces and the termination of war. ... Jupiter's expiating agent is present in the function of mediator-herald, and his mean is conciliatory").

Oktavians als "Rächer Caesars" durch die dem Hermes-Oktavian angemessene Funktion als Stifter innenpolitischer Versöhnung anbringt.[602] Statt Rache macht Hermes-Oktavian endgültig nach Actium den innenpolitischen Frieden zum Programm. Möglicherweise hat diese "Hermes-Programmatik" sogar auf Münzen ihren Niederschlag gefunden: Östliche Denarii des Oktavian, geprägt nach Actium im Zeitraum 31-29 v.Chr., zeigen reverso Hermes (Mercurius), der auf einem Felsen sitzt und dabei die Lyra, das Symbol der Harmonie, spielt.[603] Wir sahen bereits, daß Hermes den Logos symbolisierte, der als ϑεοῦ λόγος insbesondere den Herrscher eng mit Zeus/ Iupiter verbindet und Gerechtigkeit, φιλία, Frieden und Harmonie in die soziale Welt bringt. Hermes, der friedenkündende Götterbote, wirkte dabei als mythisches Symbol der Konfliktbeseitigung. Von da aus gesehen trifft E.J.BICKERMANs Interpretation unseres Liedes sicher das Richtige:

> "Auguste est Mercure, Logos, le Verbe incarné. Cette bonne nouvelle annoncée par un ami intime du ministre tout puissant signifiait la fin de l'age des troubles, des 'delicta maiorum' (C.III 6,1). Au regne de force brute va succèder l'empire de raison, de persuasion, du Logos. L'ode est comme une ouverture qui prépare l'abdication du cruel triumvire, que Mécène un jour apostropha: 'bourreau', et l'apparition d'un être appelé AUGUSTUS."[604]

Hinter dieser Hermes-Identifikation steht somit, wie wir meinen, die hellenistische Herrscherideologie - eine Annahme, die auch durch andere Entlehnungen des Horaz aus diesem ideologischen Konzept bekräftigt wird.[605]

In unserem Lied spricht dafür auch die Vorstellung vom Wandel des in Oktavian auftretenden Gottes Hermes/Mercurius unter den Menschen (Z.41ff.), dem die Herabsendung durch Jupiter und in der 12.Strophe die - erhofft späte - Rückkehr in den Himmel korrespondiert: Als einen "unter Menschen weilenden Gott"[606], der vom Himmel herabgekommen schien, sahen auch Diotogenes, Ekphantos u.a. den Herrscher an. Die Vorstellung von der beglückenden Anwesenheit des Hermes-Oktavian inmitten des römischen Volkes, die, so hofft der Dichter, nicht durch Abneigung gegen unsere Laster

---

[602] COMMAGER S.49; BICKERMAN S.14; WOMBLE S.19f. ("Jupiter's agent of deliverance can obviously not participate in the cycle of revenge from which he is himself to free the Romans").

[603] BMC I p.98 No.596-98 (Pl.14.15). Zur Symbolbedeutung der Lyra des Hermes s.o.S.171 A 321. Der 28 v.Chr. in Ephesos geprägte PAX-Cistophor Oktavians zeigt reverso die Göttin Pax, die auf einem in die Scheide zurückgeschobenen Schwert steht und den Heroldstab des Hermes (caduceus) in der Hand hält (BMC I p.112 No.691 (Pl.17.4)). Zur Darstellung des Hermes-Augustus (mit Heroldstab) auf einem Stuckfragment aus der Villa Farnesina siehe O.BRENDEL, Novus Mercurius, Mitt. d. Deut. Arch. Instit., Röm.Abt. 50 (1935) S.231-59.

[604] E.J.BICKERMAN S.18.

[605] Dies hat vor allem E.DOBLHOFER, Die Augustuspanegyrik des Horaz in formalhistorischer Sicht, Heidelberg 1966, S.30ff.52-66 und öfter gezeigt: sowohl die Regeln des hellenistischen Herrscherenkomions wie inhaltliche Momente der Herrscherideologie werden rezipiert.

[606] Diotog. bei Stob. IV 7,61 (HENSE 265,6).

(te nostris vitiis iniquum) verkürzt werden sollte, rührt an eine andere Seite der hellenistischen Herrscherphilosophie: Nach Ekphantos wirkt der Logos des Königs soteriologisch an seinen Untertanen, die er nach Analogie des stoischen λόγος σπερματικός bearbeitet und von ihrer Verfehlung (κακία) befreit.[607] Unter Voraussetzung dieser Auffassung, die sich analog auch in anderen Quellen zur Herrscherphilosophie niederschlug, wird eine enge, "beglückende" Beziehung des im Herrscher Oktavian manifesten Hermes-Logos auf das römische Volk verständlich, freilich auch der von Jupiter erteilte Auftrag der "Entsündigung" (expiatio) der Römer: Hermes-Logos wirkt ja ethisch-inspirativ auf die Untertanen im Sinne der Harmonie und Friedensgesinnung, im Sinne der Reinigung von der Verfehlung der Bürgerkriege. Von da aus wird zugleich auch die Furcht nachvollziehbar, Hermes-Logos, der in Oktavian herabgestiegene Gott, könne durch "unsere Verfehlungen" abgestoßen werden: Mit diesen Verfehlungen ist ja der Logos des Herrschers nach der Tradition eingehend beschäftigt.

Horaz verweist durch das kollektive "wir" seines Liedes auf eine breitere Basis der durch ihn repräsentierten Religiosität in Rom. Für diese Menschen, so verrät uns das Lied ebenso wie andere Belege, lag ein großes religiöses Problem in der durch den Frevel der Bürgerkriege gestörten *pax deum*, des ungetrübten kultischen Zugangs zu den Göttern. Daher bedurfte es gegenüber der ira deorum einer "Entsündigung" (expiatio/piaculum), die eine Reinigung darstellte, die aber im System der römischen Religion bei unheiligem Frevel gegenüber Menschen und Göttern nicht mehr von den Römern selbst vollzogen werden konnte, sondern eines externen Mediators bedurfte. Im Lied wird auf dieses Problem die aus dem Hellenismus rezipierte Herrscherideologie angewendet: Oktavian wird als Manifestation des Hermes-Logos gesehen, der somit nach der Tradition φιλία, Frieden, Gerechtigkeit und Harmonie unter die Menschen bringt, der - in der Tradition als θεοῦ λόγος/νοῦς - den Herrscher eng mit Gott verbindet und der als Logos auch auf die Untertanen übergeht, ihre Verfehlungen beseitigt und sie daher "entsündigt" (= expiare). Nicht nur der Herrscher, auch seine Untertanen sind durch diesen Logos beseelt und erhalten 'durch ihn' erneut das, was wir in Anlehnung an E 2,18 mit 'Zugang zum Vater' beschreiben könnten: die *pax deum*.[608]

Nun ist es von vorneherein wahrscheinlich, daß Vespasian, der imitator Augusti[609], der wie sein Vorbild nach Bürgerkriegen die pax wiederherstellte, dabei auch die von Augustus vorgebildeten religiösen Verdienste übernahm. Tacitus überliefert uns, daß man die Bürgerkriege des Vierkaiserjahres in der breiten Bevölkerung in eine Linie mit den Bürgerkriegen von Marius bis zum

---

[607] S.o. III.C.4.

[608] Cf. zu dieser Deutung auch B.COMBET FARNOUX, Mercure romain, ANRW II 17.1 (1981), S.493-95.

[609] Dazu grundlegend J.ISAGER, Vespasiano e Augusto, in: K.ASCANI u.a.: Studia Romana. In Honorem Petri Krarup Septuagenarii, Odense 1976, S.64-71; siehe auch oben S.381f.

Beginn der augusteischen Zeit gestellt hatte (hist. I 50; cf. II 38). Wie schon
zur Zeit des Augustus werden auch jetzt die Bürgerkriege als Frevel (scelus)
bewertet (hist. II 38), der seinen symbolträchtigen Höhepunkt in der Zerstörung des Jupiter-Tempels auf dem Kapitol 69 n.Chr. fand: Gerade des Tempels, der als Unterpfand für den Bestand des Reiches (pignus imperii) angesehen wurde (hist.III 72). Im System jener traditionellen Religiosität, die uns
schon Horaz präsentierte und die sich auch noch in den späteren Bewertun-
gen des quindecimvir Tacitus niederschlägt, mußten auch diese Bürgerkriegsfrevel des Vierkaiserjahres gereinigt bzw. "entsündigt" werden. Eine solche
"Entsündigung" (expiatio) verband man tatsächlich auch mit dem Beginn der
falvischen Herrschaft nach den Bürgerkriegen, die, wie wir schon sahen, programmatisch sofort den Frieden promulgierte:

> "In Rom aber erkannte der Senat alle die für Regenten üblichen Ehren dem Ves-
> pasian zu, freudigen Herzens und gewiß in der Hoffnung: denn der in Gallien und
> Spanien begonnene Bürgerkrieg, während dessen auch die germanischen Provin-
> zen und dann Illyrien die Waffen ergriffen hatten, schien nach seinem Weg durch
> Ägypten, Judäa, Syrien, überhaupt durch alle Provinzen und ihre Heere, sein
> Ende gefunden zu haben, *als sei der Erdkreis nun entsündigt* (velut expiato ter-
> rarum orbe)."[610]

Der Erdkreis ist dabei nichts anderes als das imperium Romanum.[611] Ziehen wir die offiziöse Panegyrik bei Q. Curtius Rufus mit heran, die den kürzlich zur Macht gelangten flavischen Prinzeps als Heiland feierte, der die in
den membra des Reiches wütende discordia (Brandfackeln, Schwerter, Unwetter) beseitigt hat, so wird klar, daß dem Flavier selbst diese
"Entsündigung" der Bürgerkriegsfrevel durch den von ihm herbeigeführten
Frieden zugeschrieben worden sein mußte. Zum politischen Frieden im
Reich zurückzuführen bedeutete im griechisch-römischen Denken zugleich,
zum Friedenswillen der Götter zurückzuführen und somit auch die pax deum
wieder zu ermöglichen.[612] Daß Vespasian diese Entsündigung der Bürger-

---

[610] hist IV 3,3.

[611] Zu dieser gebräuchlichen Identifikation siehe J.VOGT, Orbis Romanus. Ein Beitrag zum
Sprachgebrauch und zur Vorstellungswelt des römischen Imperialismus, in: ders., Orbis.
Ausgewählte Schriften zur Geschichte des Altertums, Freiburg 1960, S.151-71.

[612] Die Wiederherstellung des sozialen Friedens als solche führt nach antiker Auffassung zum
Willen der Götter und damit zur pax deum zurück. Schon Cicero macht deutlich, wie eng das
Gottesverhältnis mit dem sozialen Frieden verbunden war: "Wenn wir unsererseits Jupiter als den
Mächtigsten und Größten bezeichnen und ebenso als den Hilfreichen, Gastlichen, den zum
Stehen Bringenden, so wollen wir damit ausdrücken, daß er das Heil der Menschen verwaltet
(salutem hominum in eius esse tutela). Es wäre aber im höchsten Grade unschicklich, wenn wir
uns gegenseitig verachteten und vernachlässigten (cum ipsi inter vos viles neglectique simus) und
zugleich von den Göttern verlangten, daß sie für uns sorgen und wir von ihnen geliebt werden"
(fin III 66). Entsprechend gibt es viele Belege, nach denen der Friede unter den Menschen als
höchster Gotteswille erscheint: Siehe oben zu Hermes als dem Frieden kündenden Götterboten

kriegsfrevel zugeschrieben worden war, legt auch das Stimmungsbild bei Josephus nahe, mit dem dieser die Haltung des Volkes gegenüber dem im Sommer 70 in Rom ankommenden Kaiser beschreibt:

> "Das Volk, das wahrhaftig durch die inneren Wirren arg aufgerieben war, war begierig auf sein [sc. Vespasians] Kommen (ἐλθεῖν), da es fest glaubte, nun von seinem Unglück befreit zu sein und darauf vertraute, daß es jetzt Straflosigkeit und Segen (τὴν ἄδειαν μετὰ τῆς εὐετηρίας) zurückerhalten werde."[613]

Mit anderen Worten: Von der Ankunft des Princeps erwartete man die Befreiung von dem Unheilsschicksal, das sich in den vorangegangenen Wirren gezeigt hatte. Entsprechend wurde Vespasian in Rom als gottgesandter Heiland empfangen[614] und es paßt zu dieser numinosen Qualität des Princeps, daß, wie Josephus schreibt, "nach diesem begeisterten Empfang Vespasians durch die Stadt Rom ... der Wohlstand sofort einen großen Aufschwung" nahm.[615] Wir halten aber fest, daß nach dem Tacitus-Beleg und der Sache nach auch bei Curtius Rufus die heilvolle Entsündigung der Kriegsfrevel nicht nur auf Rom, sondern auf den ganzen Erdkreis, also auf das Reich einschließlich der Provinzen, bezogen war. War schon zur Zeit des ersten Princeps für dieses Wirken die besondere Autorisation durch die Götter erfor-

---

(o.S.169ff); cf. Dion Chrys. or. 38,18 (Friedensherolde von den Göttern); die Augustus-Inschrift von Priene sieht Augustus, der die Kriege beendete und den Frieden ordnen wird, als Gesandten der göttlichen Vorsehung; der junge Plutarch sieht in einem Enkomion, das den Einfluß römischer Imperiums-Postulate verrät, in Alexander den von Gott gesandten Friedenstifter für die οἰκουμένη. Die 4.Ekloge des neronischen Panegyrikers Titus Calpurnius Siculus, 142ff., bittet: "Kaiser, ob du nun Juppiter bist mit verwandeltem Aussehn/ oder ein anderer Gott unter täuschendem Aussehn eines Menschen,/ ... verlaß nicht, o Vater, begonnenen Frieden!" Der Kaiser, der den Völkerfrieden garantiert, rückt hier bis zur Identifikation an Jupiter heran: Durch ihn wirkt Gott den Frieden im Reich. Cf. auch Calpurn., eclog.1,46f.: "Während der Gott (=Nero) hier die Völker regiert, läßt die arge Bellona/ rückwärts die Hände sich binden; beraubt ihrer einstigen Waffen,/ richtet sie gegen ihr eigenes Fleisch ihre wütenden Bisse/ Bürgerkrieg, den auf dem ganzen Erdkreis sie eben noch säte,/ wird mit sich selber sie führen;..." Die pax Romana konnte wenig später bei Plinius d.Ä. - jetzt im Maßstab des Weltreiches - ausdrücklich als *munus deorum* bezeichnet werden (nat.hist. 27,3), ebenso wie die Aufgabe des römischen Italien, alle zerstreuten Völker zur friedlichen Einheit in der neuen, gemeinsamen römischen Heimat zu bringen, aus göttlicher Erwählung begriffen wird (nat.hist. 3,39: numine deum electa). Cf. Lk 2,14. Nach der Herrscherphilosophie war dem König als irdischer Manifestation des ϑεοῦ λόγος, der auch das All zur Harmonie verbindet, die Aufgabe zugeteilt, in seinem Staat die friedvolle Harmonie des Kosmos nachzubilden.

[613] bell VII 66: καὶ μὴν ὁ δῆμος ὑπὸ τῶν ἐμφυλίων κακῶν τετρυχωμένος ἔτι μᾶλλον ἐλθεῖν αὐτὸν ἔσπευδε, τότε δὴ βεβαίως μὲν ἀπαλλαγήσεσθαι τῶν συμφορῶν ὑπολαμβάνων, ἀπολήψεσθαι δὲ τὴν ἄδειαν μετὰ τῆς εὐετηρίας πεπιστευκώς.

[614] bell VII 71: "Die Milde seines Angesichts und sein sanfter Ausdruck begeisterte alle, an denen er vorüber kam, zu den verschiedensten Zurufen: 'Euergetes', 'Soter' und 'einzig würdiger Herrscher Roms'; die ganze Stadt war übrigens wie ein Tempel angefüllt mit Kränzen und Räucherwerk." Die Götter wurden für den langen Erhalt Vespasians und seiner Nachkommenschaft für das Reich angefleht (bell VII 73).

[615] bell VII 74 (εἰς πολλὴν εὐδαιμονίαν ἐπεδίδου).

derlich, so hatten mirakelhafte Prodigien diese Qualifikation auch für Vespasian nachgewiesen[616]; auf einer frühen syrischen PAX-Münze erscheint Vespasian sogar, wie wir gesehen haben, als Gott auf Erden, der die darniederliegende οἰκουμένη aufrichtet. Wir meinen, daß es für Vespasian, den imitator Augusti, der wie sein Vorbild nach den Bürgerkriegen seiner Zeit ein universales Programm der Versöhnung und des Friedens verkündete[617], ganz unausweichlich war, nach den gleichen Kategorien wie Augustus bewertet zu werden. Auch seine extensive Friedenspolitik mußte mindestens dort, wo die Panegyrik ganz in die hellenistischen Bahnen übertrat, die Vorstellung des ἔμψυχος λόγος (νόμος) hervorrufen, der die Harmonie im Staat wiederherstellt[618] und so den 'Frevel' der Bürgerkriege, dessen Bewußtsein uns auch für die flavische Zeit bezeugt wird (s.o.), entsündigt. So mußte es auch für Vespasian gelten, daß 'durch ihn' als mentales Prinzip seines Staatsleibes und irdische Manifestation des Logos die pax deum, der Zugang zur Gottheit, für das ganze Reich restituiert wurde. Auch er war jener "Herr des Logos, der auf den Frieden abzielt", mit dem die Corp.Herm. XVIII repräsentierte Enkomien-Tradition den römischen Kaiser identifizierte.[619] Wir meinen, daß gerade in den Griechenstädten Kleinasiens, etwa in Ephesos, diese Kategorien der hellenistischen Herrscherideologie bei der Bewertung des neuen flavischen Herrschers als bekannt vorausgesetzt werden können. E 2,18 ist von solchen Kategorien sicher nicht abhängig, sie konnten aber als strukturelle Analogie assoziiert werden.

---

[616] Man vergleiche nur die aus der Tradition flavischer Propaganda übernommene Charakterisierung bei Tacitus, hist. IV 81,1: Als Vesp. in Alexandria auf die Sommerwinde für seine Romreise wartete, "ereigneten sich nicht wenige Wunder, die auf die Gunst des Himmels, auf eine gewisse Zuneigung der Götter zu Vespasian deuteten" (multa miracula evenere, quis caelestis favor et quaedam in Vespasianum inclinatio numinum ostenderetur).

[617] Bezeichnenderweise wurde der geflügelte Hermesstab, das "signum pacis", auch oft als Symbol auf den flavischen PAX-Münzen verwendet: Z.B. BMC II p.3 No.20; p.4 No.23; p.10 No.60; p.12 No.*; p.14 No.*; p.19 No.95-96; p.21 No.110; p.22 No.111; p.62f. No.29-35; p.68 No.351; p.69 No.354; p.72 No.364; p.74 No.*; p.82f. No.399-400.403-406.409; p.84 No.410; p.150 No. (Kreuz); p.151 No.663; p.153 No. (Kreuz); p.155 No.672A; p.157 No.682-685; u.ö.

[618] Wichtig ist hier für die Zeit Vespasians das Fragment "Über das Königtum" des Musonius Rufus, nach dem der Herrscher ebenfalls durch seine Tugenden gottgleich und achtungswürdig werden soll; darüberhinaus aber sagt Musonius von ihm: "Der König muß also insgesamt ohne Sünde und vollkommen in Wort und Tat sein. Daher muß er sein, was die Alten das Lebendige Gesetz (νόμον ἔμψυχον) nennen. Er muß einen Geist der Gesetzestreue (εὐνομίαν) und der Eintracht (ὁμόνοιαν) schaffen, Gesetzlosigkeit und Streit vertreiben, Zeus sorgfältig verehren und wie Zeus ein Vater seiner Untertanen sein" (WACHSMUTH-HENSE IV S.283 Z.22ff.).

[619] S.o. III.C.4.

F.4.2. Historische Konkretionen der religiösen Mittlerfunktion des Kaisers nach den 'Freveln' des Bürgerkrieges

Die traditionelle Religion empfahl Oktavian als grundlegende Möglichkeit zur Reinigung von den Kriegsfreveln, bei denen soziales und religiöses Verfehlen zusammengekommen waren, die Wiederherstellung der zerstörten Tempel und ihres Inventars. So schreibt Hor. carm.III 6,1-8:

> "Du büßest, Römer, unverdient, der Väter Verfehlungen (delicta maiorum),/ bis du die Tempel wieder erbaust,/ der Götter verfallene Wohnungen,/ und ihre Bildnisse, vom schwarzen Rauch entstellt.// Du herrschest, wenn du dich den Göttern unterwirfst./ Damit beginne nur und damit ende nur dein Werk./ Verschmähte Götter sandten viel/ des Unheils schon dem jammervollen Hesperien."[620]

Tatsächlich beschritt Oktavian-Augustus in kluger Berechnung diesen Weg zur Erneuerung der pax deum nach den Bürgerkriegen[621]: In Rom wurde er als *'templorum omnium conditor ac restitutor'* gefeiert (Liv. 4,20,7) und pflegte auch selbst in den ResGest nachhaltig dieses Image.[622] Wir wundern uns nicht, daß Augustus' Nachfolger Vespasian sich nach den Bürgerkriegen seiner Zeit auf diesem Feld der religiösen Verdienste seines Vorbildes versicherte: Die Sodales Titii ehrten Vespasian durch eine Inschrift, die dem Prin-

---

[620] carm. III 6,1-8: Delicta maiorum inmeritus lues,/ Romane, donec templa refeceris/ aedisque labentis deorum et/ foeda nigro simulacra fumo.// dis te minorem quod geris, imperas./ hinc omne principium, huc refer exitum:/ di multa neglecti dederunt/ Hesperiae mala luctuosae.

[621] Wir müssen im Hintergrund dieser Religionspolitik allerdings die weite Diskrepanz zwischen der aufgeklärt-distanzierten, von machtpolitischen Interessen geleiteten Haltung des Prinzeps gegenüber der Staatsreligion einerseits und der unmittelbar-existentiellen Bedeutsamkeit dieser Religiosität in weiten Volksschichten andererseits berücksichtigen, die für Augustus jetzt W.SPEYER, Das Verhältnis des Augustus zur Religion, in: ders., Frühes Christentum im antiken Spannungsfeld (Tübingen 1989) S.402-30, in vielen Einzelzügen belegt hat: "Die zahlreichen Priesterämter er hat und bekleidet hat und rühmend in seinem Tatenbericht erwähnt, verbanden ihn mit der Menge. Wie seine gesamte Religionspolitik, die Erneuerung vergessener Kulte und Bruderschaften, die Wiederherstellung verfallener Tempel, die Errichtung neuer Heiligtümer, standen seine Priesterämter im Dienst seiner Machtpolitik. Die altrömische Staats- und Volksreligion mit ihren legalistischen Riten, ihrem Prodigienglauben und der aus Griechenland entlehnten Vorstellung von einem Göttersohn als Archegeten eines adeligen Geschlechts war für den Prinzeps weitgehend nur ein wirksames Mittel seiner Politik" (ebd. S.425).

[622] Siehe ResGest c.19-21: "(c.19) Die Curie und das mit ihr zusammenhängende Chalcidicum nebst dem Tempel des Apollo auf dem Palatin, das Lupercal, ... die Tempel des Jupiter Feretrius und des Jupiter Tonans auf dem Kapitol, den Tempel des Quirinus, die Tempel der Minerva und der Königin Juno sowie des Jupiter Libertatis auf dem Aventin, den Tempel der Laren..., den Tempel der Penaten in der Velia, den Tempel der Juventas, den Tempel der großen Mutter auf dem Palatin - dies alles habe ich neu erbaut. (c.20) ... 82 Göttertempel in der Hauptstadt habe ich in meinem 6.Konsulat mit Ermächtigung des Senats wiederhergestellt, wobei ich keinen überging, der in dieser Zeit der Wiederherstellung bedurfte." Das 6.Konsulat, in das die zuletzt erwähnten Tempelerneuerungen fallen, wird von Augustus selbst als Zeit unmittelbar nach der Beseitigung der Bürgerkriege angesehen (cf. ResGest 34). Cf. noch ResGest, Appendices 2 und 3.

ceps als dem 'conservatori caerimoniarium publicarum et restitutori aedium sacrarum' galt.[623] Von größter Bedeutung war dabei die rasche Wiederherstellung des Ende 69 n.Chr. zerstörten Jupiter-Tempels auf dem Kapitol gewesen, denn gerade darin hatte die römische Stadtbevölkerung sehr wahrscheinlich ein die gens Flavia belastendes, für Roms weltpolitische Machtstellung unheilvolles Prodigium gesehen.[624] Auch über Rom hinaus betätigte sich Vespasian als restitutor aedium sacrarum.[625]

Als religiöser Mittler der Gemeinschaft gegenüber dem Staatsgott trat Vespasian vor allem beim Zeremoniell des Triumphaladvents 71 n.Chr. hervor. Der Triumphaladvent, der sich in der Hauptsache als ein für Jupiter zelebrierter, von der supplicatio des Triumphators und von Opfern begleiteter kultisch-ritueller Zug zum Tempel des Jupiter O.M. darstellte, fand in der Darbringung der Opfer an Jupiter seinen Höhepunkt.[626] Er näherte den Triumphator selbst durch sein Kostüm (Liv. X 7,10: Iovis optimi maximi ornatu)[627] und vor allem durch die im Gesicht aufgetragene rote Farbe an Jupiter stark an.[628] In der besonderen Situation des Triumphaladvents prakti-

---

[623] CIL VI 934 (aus dem Jahr 78 n.Chr.). WEYNAND, Art. Flavius RE VI/2 Sp.2688 ff. führt an Tempeln und Sakralbauten, die Vespasian wiederhergestellt bzw. erbaut hat, u.a. auf: Den Jupiter-Tempel auf dem Kapitol, Templum und Forum Pacis einschließlich des Nebengebäudes (templum sacrae urbis), den Tempel des Divus Claudius (von Nero eingerissen), den Vestatempel, den Tempel des Honos, den Tempel der Virtus, einen Jupiter-Altar (CIL VI 369), einen weiteren Tempel 71 n.Chr. (CIL VI 939). Darüberhinaus wurden noch weitere Tempel wiederhergestellt bzw. vollendet; Vespasian ließ diese Bauten nicht mit seinem Namen, sondern mit dem Namen des Begründers versehen (Zonaras XI 17).

[624] Siehe dazu jetzt H.SCHWIER, Theologische und ideologische Faktoren, S.281-97.347ff.

[625] Cf. die Zusammenstellung bei WEYNAND, Art. Flavius RE VI/2 Sp.2688 ff. Tacitus überliefert uns hist. III 34,2, daß Vespasian in den vom Bürgerkrieg verheerten Städten zur Wiederaufrichtung der Foren und Tempel aufgefordert habe.

[626] Tacitus, hist. IV 58,6: Iuppiter optime maxime, quem ... tot triumphis coluimus; allgemeiner Livius XXVI 21,3: diis quoque ..., non solum hominibus debetur triumphus. Cf.W.EHLERS, Art.Triumphus, RE VII A1 Sp.495f. Die Hauptaufgabe des Triumphators, das Stieropfer für Iupiter O.M., geschah nach VERSNEL pro salute rei publicae, also im Heilsinteresse der ganzen Gemeinschaft (ders., Triumphus S.392), und es konnte überhaupt nur in dieser Weise geschehen, weil sich der für die ganze Gemeinschaft kultisch an Iupiter wendende Triumphator dank seiner im Töten vieler Feinde erwiesenen Dynamis auch im Besitz einer überlegenen religiösen Potenz wußte. Diese entsprach der althergebrachten kultischen Mittlerrolle des Königs: "The sacrifice on the Capitol was made pro rei publicae salute. This sacrifice was made by a person who not only in a legal, but also in a dynamistic sense had proved to hold the highest imperium. He was allowed for one day to exchange the praetexta for the insignia even the king wore only during the triumph and the old New Year festival of the ludi Romani" (VERSNEL, Triumphus S.394f.).

[627] Siehe noch Iuven. sat. 10,38: tunica Iovis; Serv. eclog. 10,27: triumphantes, qui habent omnia Iovis insignia, sceptrum, palmatam..., faciem quoque de rubrica inlinunt.

[628] Siehe dazu bes. F.BÖMER, Art. Pompa RE XXI/2 (1952) Sp.1878-1994, bes.1978ff.: "Rote Farbe bedeutet gesteigerte Kraft, eine Kraft, die man den Toten ins Grab mitgab und die der Triumphator als Gott von sich aus besaß" (Sp.1980). BÖMER geht sogar soweit, den

zierte der flavische Kaiser also im Namen der ganzen von ihm repräsentierten Gemeinschaft den kultischen Zugang zu Jupiter, dem göttlichen *Vater*
(*pater*)[629], dessen Tempel er dazu betrat[630], und auf den ab da auch die besiegten Juden selbst durch die Fortzahlung der alten Tempelsteuer an den römischen Reichsgott despektierlich ausgerichtet werden sollten. Gerade das un-
heilvolle, die gens Flavia in der öffentlichen Meinung belastende Prodigium
des verheerenden Brandes im kapitolinischen Jupitertempel während der
Kämpfe in Rom machte es für Vespasian besonders dringlich, die pax deum
gerade im Blick auf Jupiter Capitolinus demonstrativ wiederherzustellen.
Dazu dienten nicht nur die rituell einwandfreien, unverzüglich eingeleiteten
Vorbereitungen zur Wiedererbauung des Tempels auf dem Kapitol[631], sondern auch der jüdische Triumph, der den siegreichen Princeps so demonstrativ an den göttlichen Vater annäherte.[632] Der im militärischen Erfolg über die
Juden und ihren Gott erwiesene Beistand Jupiters, die rite vollzogenen Gebete und Opfer des Triumphzeremoniells, all dies belegte öffentlich, daß der
kultische Zugang zum römischen und ökumenischen Hauptgott[633] nun - dank
des Verdienstes des flavischen "Heilands" - für Rom und damit auch für das
Reich wieder offen stand, all dies war Ausdruck der nach den Kriegswirren
erneut etablierten pax deum.

---

zelebrierenden Triumphator mit Iuppiter optimus maximus zu identifizieren (ebd.). Ähnlich
J.R.FEARS, Art. Gottesgnadentum, RAC XI (1981) Sp.1119.

[629] Für Iupiter als "Vater" siehe z.B. Hor., carm.I 12,50 (pater atque custos); Ovid, met. XV 858
(pater est et rector) u.v.a.m.

[630] cf. die dürren Worte bei Jos. bell V 155.

[631] Siehe Tacitus, hist. IV 53 und H.SCHWIER, Theologische und ideologische Faktoren
S.290ff..

[632] Dazu paßt auch die Deutung, die H.SCHWIER vom jüdischen Triumph gibt: "Der durch die
ägyptischen Götter schon legitimierte Kaiser zieht zum Kapitol, um die Anerkennung Jupiters
dadurch zu erlangen oder zu bekunden, daß er ihm den besiegten Gott in Gestalt von dessen
Attributen zu Füßen legt. Damit wird der Aufstieg Vespasians, der im Osten begann und mit den
Schlagworten "profecti Iudaea" und "neuer Sarapis und Weltbeherrscher" umrissen werden kann
(...), auch in Rom augenfällig nachvollzogen und durch den obersten römischen Gott endgültig
bestätigt. Daher liegt m.E. die propagandistische Zielrichtung ... in der Bevollmächtigung der
Flavier durch Jupiter Optimus Maximus" (ders., Theologische und ideologische Faktoren S.343).
Wir können dieses Ergebnis auch so werten: Bedenken wir, daß man den Brand des Jupiter-
Tempels auf dem Kapitol als den - die flavische Bürgerkriegspartei stark belastenden -
Höhepunkt der Bürgerkriegsfrevel angesehen hatte (Tac., hist. III 72), so unterstreicht der
Triumphzug und die dabei demonstrierte Anerkennung durch Jupiter eindrucksvoll den Erfolg
des flavischen Princeps bei der Wiederherstellung der pax deum mit Jupiter.

[633] Siehe Cicero, der Verr. 58,129 drei Statuen des Iuppiter Imperator erwähnt, eine aus
Makedonien, die Flamininus ins römische Kapitol gebracht habe, eine zweite in der Nähe des
Bosporus und eine dritte hätte in Syrakus existiert. Gemeint ist also Zeus/Iuppiter. Doch allein
das römische Kapitol wird als irdischer Wohnsitz dieses höchsten Gottes angesehen (in Capitolio,
hoc est in terrestri domicilio Iovis).

Im Konzept der Pax Augusta lagen der soziale und der kultische Aspekt des neu gewonnenen Friedens unlösbar ineinander, die pax civicum ruhte auf der pax deum. Die Ara Pacis, vom Senat 13 v.Chr. anläßlich der Rückkehr des Kaisers von der 'Befriedung' des Nordens und Westens des Reiches gegründet, bringt diese und weitere Aspekte des Friedens zum Ausdruck[634]:

"The iconography of the altar's reliefs proclaims the epiphany of Pax, Felicitas, Concordia, and Pietas in the person of Augustus and in his restoration of the Roman and the universal order. ... The relief of Mother Earth, seated admidst symbols of peace and plenty, evoked the world of allegory and personification to celebrate the Felicitas and Pax brought to the world through the labors and virtue of Augustus the Saviour. Augustus had brought peace to the Roman state and to the entire human race; but, even more, he had restored the *pax deorum*, that peace between gods and men, the shattering of which had been so catastrophically revealed in the horrors of civil war. Thus, the relief of Pius Aeneas sacrificing invoked the historical archetype for that *pietas erga deos* (...) upon which the peace of the restored Roman order now rested."[635]

Für die Zeit Vespasians läßt sich diese religiöse Dimension des Friedens u.E. gut an einer PAX-Münze aus dem Jahr des jüdischen Triumphs und der anschließenden universalen Friedensproklamation (71 n.Chr.) veranschaulichen: Der Sesterz zeigt reverso zur Legende PAX AVGVSTI SC die Göttin Pax, die mit einer Fackel in der rechten Hand am Boden liegende Waffen in Brand setzt. Links neben der Friedensgöttin steht auf einer Säule, an der ein abgelegter Schild lehnt, eine nach rechts kämpfende Minerva-Statue; rechts hinter den durch die Göttin Pax entzündeten Waffen ist ein Altar mit brennendem Feuer zu sehen.[636] Die Symbolsprache dieser Münze läßt sich u.E. so deuten, daß die im Namen der kriegerischen 'Minerva custos urbis' ergriffene Rüstung (Schild) jetzt, dank der pax Augusti, niedergelegt werden konnte; Pax verbrennt die Waffen und bekräftigt damit das Ende aller Kämpfe im

---

[634] Zur Ara Pacis siehe vor allem J.M.C. TOYNBEE, The Ara Pacis Reconsidered and Historical Art in Roman Italy, Proceedings of the British Academy 1953, S.67-95.

[635] J.R.FEARS, Rome: The Ideology of Imperial Power, Thought 55 (1980) S.98-109, hier: S.105. Ebenso ders., The Cult of Virtues and Roman Imperial Ideology, ANRW II 17.2 (1981) S.827-948, hier: S.885f. Ebd. konnte FEARS auch zeigen, daß schon der Begriff PAX AUGUSTA bzw. PAX AUGUSTI als "a characteristic form of Roman divine nomenclature" eine religiöse Qualität bezeichnet, insofern er ein Beispiel darstellt für "the Roman practice of using a suffix to define the sphere, functional or temporal, in which the deity has manifested her characteristic power" (S.886): "PAX AUGUSTA thus proclaimed the profound association existing between Augustus and that divine power which produced *pax*: the godhead Pax performed her function within the sphere of Augustus' activity" (S.887). Da zudem das Wort "augustus" zum republikanischen Vokabular des Heiligen gehörte, ergibt sich, daß "PAX AUGUSTA will have signified not merely the 'Peace of Augustus', but also 'that Peace which is consecrated and which bears in itself a numinous power'" (S.888).

[636] BMC II p.119 No.553 (Pl.21,4). Cf. dazu auch H.-G.SIMON, Historische Interpretationen S.98 A 4.

Reich. Der brennende Altar im Hintergrund ist möglicherweise Feuerspender für die Waffen-Verbrennung, jedenfalls aber zugleich Zeichen eines intakten Kultus: Auch in der flavischen pax lagen sozialer Friede und pax deum unlösbar ineinander.[637]

Fassen wir zusammen: Die traditionelle Herrscherideologie faßte die religiöse Funktion des βασιλεύς in die Vorstellung, daß er als irdische Manifestation des λόγος θεοῦ einerseits in der Rolle des 'herabgesandten' Agenten Gottes erscheint, andererseits als mentales Prinzip seines 'Staatsleibes' die Untertanen mit Gerechtigkeit, Harmonie und Friedensgesinnung beseelt und so das Wirken des göttlichen Logos, der auch den Kosmos zur Harmonie verbindet, in die Menschenwelt vermittelt.[638] Zugleich war ihm ausdrücklich die höchste Priesterfunktion zugewiesen. Für die Menschen vermittelte er den Zugang zum Allgott, der sich in ihm offenbarte (GOODENOUGH). Als religiösen Mittler im Sinn der Herrscherideologie konnte eine hell. geprägte Panegyrik in Rom Oktavian-Augustus einordnen: Als Manifestation des (Hermes-) Logos, der die Frevel der asozialen Gewalt in der Rolle eines Agenten Jupiters/ Zeus' entfernt, indem er Frieden und Versöhnung promulgiert. Im Bereich einer hell. Enkomiastik haben wir ähnliche Bewertungskategorien auch für Vespasian vorauszusetzen, der wie Augustus die Frevel vorausgegangener Bürgerkriege durch seine Friedenspolitik überwunden hat: Auch er mußte nach seiner Beendigung des jüdischen Krieges und der universalen Friedensproklamation als derjenige erscheinen, der den Friedenswillen Gottes in die soziale Welt vermittelt, durch den der gemeinsame Zugang zum 'Vater' für den neu geeinten "Reichsleib" eröffnet war. Die Wiederherstellung der Tempel, die priesterlichen Aktivitäten beim jüdischen Triumph, wo der Kaiser pro salute rei publicae vor Jupiter opferte und die pax deum gegenüber dem göttlichen 'Vater' bekräftigte, der religiöse Akzent des *templum* Pacis, all das zeigt, daß auch in der Herrschaft Vespasians der politische Frieden eingebunden war in die Erneuerung der pax deum.

---

[637] Man denke auch an die flavische Konzeption des templum Pacis, das sowohl den Frieden im Reich als auch - durch den religiösen Akzent eines templum (J.ISAGER, Vespasiano e Augusto, S.66 betont dies) - die pax deum mitumgreift.

[638] Für den letzten Aspekt ist es aufschlußreich, daß Seneca den Kaiser als "*Band* (vinculum), durch das der Staat zusammenhält" (de clem. I 4,1-2) bezeichnet. Er nimmt mit diesem δεσμός/ vinculum ein Konzept auf, das schon bei Plato (Tim 31B/C; 32A-C) kosmisch bezogen war und in der Stoa mit der Weltvernunft, die den Kosmos durchdringt und zusammenhält, identifiziert wurde (Cic., nat.deor. II 115 [Poseidonios]; vom Logos auch bei Philo, fug 112; QEx II 118). Prompt fährt auch Seneca damit fort, den als vinculum verstandenen Kaiser als *spiritus vitalis* und *mens illa imperii* bzw. *mens omnibus una* zu bezeichnen, die auch die pax Romana garantiert (ebd.). Die einheitsstiftende Funktion des kosmischen Logos ist auf den Herrscherlogos übergegangen, der in der sozialen Welt Einheit hervorbringt. Cf. dazu E 4,3; Kol 3,14. Zum Ganzen siehe D.C.SMITH, Jewish and Greek Traditions, S.127ff.

F.5. Das "Kriegswerk" am Kreuz

Unter Voraussetzung der Strukturhomologie zwischen christologischer und politischer Ereignisfolge wird noch ein weiteres Element unseres Textes E 2,14-18 sehr sprechend: Das "Kriegswerk" des Tötens, die notwendige Vorbedingung des römischen Triumphaladvents, vollzog Christus *am Kreuz* (und zwar gegenüber seinem eigenen "Fleisch", s.u.). Nun waren die antiken Menschen in der Asia, denen ca. 40 Jahre (s.u.) nach der Hinrichtung Jesu dieser Text galt, ja noch keineswegs durch eine jahrhundertelange Christentumsgeschichte auf eine einzige, nämlich nur literarisch vermittelte und christologisch reflektierte Auffassung der Kreuzeshinrichtung fixiert; wir dagegen tun uns heute nicht leicht, die Bürde dieser schweren und geistreichen Tradition abzulegen, wenn wir dem Stichwort "Kreuz" begegnen.[639] Denn nur so könnten wir die ganz andersartigen Assoziationen erahnen, mit denen ein antiker Mensch diesem Stichwort noch begegnen mußte. M.HENGEL hat die große Bedeutung der Kreuzeshinrichtung in der kaiserzeitlichen Welt, sowohl im spezifisch römischen als auch im griechischen Kulturbereich, in aller Breite vor Augen gestellt[640]: Viele volkstümliche Romane etwa beschreiben Kreuzigungen; manche kamen gar nicht daran vorbei, den Helden wenigstens einmal von diesem sozial und menschlich degradierenden *summum supplicium* bedroht sein zu lassen, und dies spiegelt vielleicht am deutlichsten den geradezu selbstverständlichen Platz dieser äußerst grausamen Form der Hinrichtung im öffentlichen Bewußtsein.[641] Im römischen Machtbereich kannte man die Kreuzeshinrichtung etwa für Verbrecher, ganz häufig ist sie gegenüber Sklaven belegt und in der Armee etwa gegenüber Deserteuren; in der Regel waren die Delinquenten humiliores oder peregrini. Für uns ist nun besonders bedeutsam, daß die Kreuzesstrafe auch als "Mittel der *Kriegsführung und Friedenssicherung*, um aufrührerische, belagerte Städte zu zermürben, eroberte zu demütigen, ... oder unruhige Provinzen zur Räson zu bringen", von

---

[639] Treffend schreibt M.HENGEL: "... im Blick auf Paulus muß man der in der neuesten Untersuchung zur Sache vorgetragenen Behauptung widersprechen, "daß vom historischen Kreuz kein direkter Weg zur theologischen Rede vom 'Kreuz' führte" [H.-W.KUHN,ZThK 72,1975,S.29]. Das Wort ist bei ihm noch keineswegs zur bloßen 'theologischen Chiffre' verblaßt. Eine derartige Behauptung deckt nur den mangelnden Wirklichkeitsbezug und die geschichtsferne Blässe unseres heutigen exegetischen Betriebs auf" (ders., MORS TURPISSIMA CRUCIS - Die Kreuzigung in der antiken Welt und die "Torheit" des "Wortes vom Kreuz", S.137).

[640] Ders., MORS TURPISSIMA CRUCIS S.125-184.

[641] HENGEL (a.a.O. 155.174f.) weist auf das Satyricon des Petronius hin (111,5 Kreuzigung von Räubern), auf die Metamorphosen des Apuleius (I 14,2; I 15,4; III 17,4; IV 10,4 u.ö.), auf die Babyloniaka des Jamblich (c.II und XXI (I p.221.229 HERCHER)), auf den Roman des Xenophon von Ephesos (II 6; IV 2,1ff.; IV 6,2) und den des Chariton von Aphrodisias (IV 2,6ff.; IV 3,3ff.).

den Römern eingesetzt wurde.[642] In exzessiver Weise wurde das Kreuz seit der frühesten Kaiserzeit immer wieder gegen aufständische Juden Palästinas - zum Zwecke der "Befriedung" - eingesetzt, wie uns Josephus mehrfach bezeugt.

Bereits im "Varus-Krieg" (4 v.Chr.), der die nach dem Tode von Herodes d.Gr. ausgebrochenen Unruhen niederschlagen sollte, wurden 2000 Juden - die Urheber des Aufruhrs - vor Jerusalem gekreuzigt (bell II 75; ant XVII 295); der syrische Statthalter Quadratus ließ zur Zeit des Kaisers Claudius alle von Cumanus gemachten jüdischen Gefangenen kreuzigen (bell II 241 cf. ant XX 129). Felix trat mit der Kreuzigung von λῃσταί hervor (bell II 253), und Gessius Florus schließlich ließ Jerusalemer Bürger und - wohl wegen Hochverrat - sogar Juden, die dem ordo equester angehörten, kreuzigen (bell II 306.308).

Entscheidend ist nun, daß das Kreuz auch zu den - besonders abschreckenden - Mitteln für das "Töten der Feinde" im jüdischen Krieg gehörte; Josephus berichtet uns vom zunächst vereinzelten Gebrauch dieser grausigen Tortur (bell III 321; V 289). Furchtbare Dimensionen erreichte der Einsatz dieses Kriegsmittels jedoch während des Kampfes um Jerusalem (70 n.Chr.):

> "Wenn sie [sc. jüdische Flüchtlinge aus der Stadt] gefaßt wurden, leisteten sie aus Notwehr Widerstand, und nach einem Kampf schien es zu spät zu sein, Schonung zu erbitten. Nachdem sie gegeißelt und mit jeder denkbaren Art von Folter vor dem Tode gequält worden waren, wurden sie gegenüber der Mauer gekreuzigt. Freilich war Titus für dieses jammervolle Schicksal nicht blind, zumal an jedem Tag 500 oder mehr Gefangene eingebracht wurden...", doch "er hoffte, daß dieser Anblick vielleicht die Juden zur Übergabe veranlassen könnte... Die Soldaten nagelten darum aus Zorn und Haß jeden der Gefangenen zur Verhöhnung in einer anderen Stellung ans Kreuz, und wegen der großen Menge fehlte es an Raum für die Kreuze und an Kreuzen für die Körper."[643]

Das furchtbare Bild unzählbar vieler Kreuze um Jerusalem, das der Augenzeuge hier von der Endphase der Belagerung zeichnet, mußte *jeden* Augenzeugen angerührt und damit auch die *Kunde* von der flavischen Eroberung Jerusalems mitgeprägt haben.[644] Damit erhält die für die Christologie von E

---

[642] HENGEL, a.a.O. S.153f.; cf. S.140 mit A 55; S.156.177. Außer auf die unten im Text angeführten Belege für Iudaea verweist HENGEL exemplarisch auf die Kreuzigung von Kantabrern in Nordspanien (Strabo, geogr. C 165) - "in anderen unruhigen Provinzen mag es ähnlich zugegangen sein" (ebd. S.154).

[643] bell V 449-51.

[644] Zumindest im jüdischen Milieu ist das auch deshalb wahrscheinlich, weil uns schon für die früheren Kreuzeshinrichtungen, die Varus angeordnet hatte (4 v.Chr.: bell II 75; ant XVII 295), durch die Assumptio Mosis belegt wird, welchen nachhaltigen Eindruck diese Torturen im Zusammenhang der Niederschlagung des Aufstandes hinterließen, AssMos 6,8-9: "In ihre <Gebiete> werden <Kohorten> kommen und des Abendlands mächtiger König, <der> sie erobern wird. Und sie werden sie in Gefangenschaft führen, und einen Teil ihres Tempels wird er mit Feuer verbrennen, *einige um ihre Ansiedlung herum kreuzigen.*" Cf. E.M.SMALLWOOD, The

2,14ff. plausibel gewordene Strukturhomologie zur politischen Ereignisfolge, die aus den Elementen "Töten der Feinde" (bellum Iudaicum), Triumphaladvent in Rom und universaler Friedensproklamation besteht, eine eigentümliche Pointe: Auch das seinem Advent vorausgehende "Kriegswerk" (Töten) Christi geschah *am Kreuz* und damit durch ein "Kriegsmittel", das die *Kunde* von der römischen Eroberung Jerusalems in grausig-anschaulicher Weise mit jenem flavischen "Töten der Feinde" verbunden haben mußte.[645] Da wir die entdeckte Strukturhomologie als christologisches *Gegenmodell* zu verstehen haben, offenbart sich uns in der Wendung "durch das Kreuz, getötet habend die Feindschaft in sich" (E 2,16 fin.) somit noch ein tieferer Sinn: Das Kriegshandeln des Tötens am Kreuz evozierte bei Zeitgenossen unter dem Eindruck des flavischen Sieges die Parallele der kürzlich gekreuzigten jüdischen "Feinde", doch die flavischen Kreuze und das Kreuz Christi unterschieden sich qualitativ ganz grundlegend. Während der flavische Kaiser am Kreuz jüdische "Feinde" tötete, tötete Christus am Kreuz die "Feindschaft" als solche, die wiederum Inbegriff jenes durch Fleisch, irdische Zweiheit und Ritualnomos konstituierten Bereichs ist. Das durch die politischen Ereignisse vorgegebene Paradigma des Triumphaladvents nach dem Krieg wird also im Sinn eines projüdischen, christologischen Gegenmodells entscheidend abgewandelt: Die Feindschaft wird nicht mehr personal bei den Juden verortet; statt der Menschen wurde am Kreuz Christi demzufolge das Trennende selbst, die Feindschaft selbst, getötet - letztlich, um so die Judenchristen in einer achtungsgebietenden Weise aus ihrer Verheissungs-Kontinuität mit der Politeia Israels verstehen zu können und um ihre jetzige Rolle als Fundament der Kirche (2,20) in möglichst hellem Licht erstrahlen zu lassen. Als zugehörigen Kontrasthintergrund, gegenüber dem die Christologie von E 2,14ff. die Züge eines Gegenmodells annehmen mußte, erkennen wir daher die für Juden und - in überwiegend heidenchristlichen Gemeinden - für Judenchristen der Asia despektierliche offizielle römische Propaganda in den (frühen) 70er Jahren, die den Flaviern den durch kriegerische Aktion erlangten Erfolg einer Zwangsintegration der aufstandsgeneigten Juden in das eine corpus imperii, dessen Haupt der Kaiser war, zuschrieb. In diesem Zusammenhang mußte auch die von Vespasian mit der gezielten Zerstörung des Zentralkults und der Umwidmung der entsprechenden Tempelsteuer an Iupiter O.M. ver-

---

Jews under Roman Rule, S.113 mit A 34. Zur Datierung der AssMos ins frühe 1.Jh.n.Chr. (R.H.CHARLES), wobei allerdings ältere Traditions- und Editionsschichten einzuräumen sind, siehe jetzt J.PRIEST bei J.H.CHARLESWORTH Vol.I S.920f..

[645] Wir wiesen schon darauf hin, daß die Flavier ihren Triumph "als Siegesfest für den Feldzug gegen die Feinde (κατὰ τῶν πολεμίων)" begangen hatten (bell VII 157). Wir können nur darüber spekulieren, ob auf den von Josephus partiell beschriebenen "vielen Bildern der Verwüstung und Trostlosigkeit", die im Triumph mitgeführt wurden, auch einmal jene vielen Kreuze um Jerusalem abgebildet waren (bell VII 142ff.).

suchte Beseitigung des Ritualnomos propagiert worden sein. Zweifellos aber stand diese Propaganda ganz unter dem Eindruck des Triumphaladvents der Flavier in Rom, dem eine universale Friedensproklamation, die für alle Ethnien des Imperiums gelten sollte, nachfolgte. Wir werden also nicht fehl gehen, wenn wir als terminus post quem für die Formulierung unseres Textes das Jahr des jüdischen Triumphs (71 n.Chr.) ansetzen und es für wahrscheinlich halten, daß der E noch in den frühen 70er Jahren verfaßt worden ist.

IV. DIE 'POLITISCHE GESTALT' DER KIRCHE IM EPHESERBRIEF

Konnten wir bisher Argumente für die Funktion des Textes E 2,14-18 als eines christologischen Gegenentwurfs zum flavischen Kaiser, der in seinem Staatsleib kürzlich Frieden gestiftet hatte, zusammenstellen, so weisen wir nun noch auf weitere Elemente politischer Symbolik hin, die eine möglicherweise antithetische Parallele zwischen Kirche und römischem Staat transparent machen. Wir können dabei nur einzelne Elemente verdeutlichen, nicht aber umfassende Exegesen bieten.

A. Die himmlische Wirklichkeit der christlichen Basileia

Erfahren die Gläubigen in ihrer himmlischen Position "in Christus" τὸ ὑπερβάλλον πλοῦτος τῆς χάριτος αὐτοῦ ἐν χρηστότητι (E 2,6f.), so klingen hier mit dem übermäßigen Reichtum der χάρις und mit der χρηστότης zwei kennzeichnende Tugenden eines hellenistischen βασιλεύς an.[1] So wird unterstrichen, daß sich die Glaubenden, was ihre himmlische Position angeht, tatsächlich schon ἐν τῇ βασιλείᾳ τοῦ Χριστοῦ καὶ θεοῦ (E 5,5) befinden. Dies ist - im Gegensatz zur noch ausstehenden βασιλεία gemäß 1.Kor 15,50 - auch deshalb der Fall, weil die Mächte nach dem Epheserbrief ja schon unterworfen sind (E 1,20ff.) und somit die gemäß 1.Kor 15,24 geltende Bedingung für die eschatologische βασιλεία schon erfüllt ist (cf. Ps 110,1/ Ps 8,7 in E 1,21/1.Kor 15,25.27). Allerdings gilt dies nur "in Christus" - der Epheserbrief vertritt eher eine "inspirative" bzw. "gnoseologische Eschatologie" als eine präsentische.

---

[1] Zum 'übermäßigen Reichtum der Charis' siehe nur die Bezugnahme der kleinasiatischen Kyzikener auf die "Fülle der unsterblichen Charis" des Kaisers Gaius (SIG³ II Nr.798 Z.7-8: τῆς ἀθανάτου χάριτος τὴν ἀφθονίαν) bzw. Neros Rede von "der Größe meiner Charis" (SMALLWOOD, Documents Nr.64 Z.20: μου τὸ μέγεθος τῆς χάριτος). Die Charis bzw. Gnadenerweise der Herrscher werden oft herausgestellt (z.B. noch OGIS II Nr.669 Z.28f.; OGIS I Nr.139 Z.21-22; OGIS I Nr.383 Z.7-10; Jos. ant XVI 34.39.40.51.54). Entsprechend gehen, wie K.BERGER, ANRW II 23.2 (1984) S.1194f. hervorhebt, die "Begriffe zur Beschreibung der 'messianischen Überfülle' (περισεύω, ὑπερπλοῦτος, πλεονάζω, ὑπερβολή, ὑπερβάλλω) ... zurück auf hellenistische Herrscherprädikationen, die immer wieder Reichtum und Überfülle beschreiben." - Zur Herrschertugend der χρηστότης siehe STACHOWIAK, Chrestotes S.27f. u.ö.; K.WEISS, ThW IX (1973) S.473-75.478f.. Exemplarisch Diotogenes bei Stob. Anth. IV S.268 (HENSE): "χρηστός nämlich soll jeder Herrscher im allgemeinen sein, im besonderen gerecht, mild und wohlwollend." Siehe auch 2.Makk 1,24; PsSal 15,18f..

B. Die Binnenstruktur der Kirche als Politeia Christi

D.L.BALCH konnte zeigen, daß die traditionell unter dem Topos περί οἰκονομίας diskutierten drei Typen häuslicher Beziehungen, nämlich Mann-Frau, Eltern-Kinder und Herren-Sklaven, schon seit der klassischen Antike (Plato, Aristoteles) dem Diskussionstopos περί πολιτείας eng zugeordnet waren. Die Diskussion der drei häuslichen Beziehungen evoziert also stets die Vorstellung einer Politeia, der diese häuslichen Strukturen zugehören.[2] Dieser sozialphilosophische Zusammenhang beruhte bei Plato und bei den späteren Mittelplatonikern auf der Einsicht, daß Herrschaftsverhältnisse in Häusern (οἰκίαις) und in Staaten (πόλεσι) in Analogie stehen[3]; nach Aristoteles und in der peripatetischen Tradition betonte man den Aufbau des Staats aus den einzelnen Haushalten (ἐξ οἴκων)[4], so daß die Qualität der Relationen in den Haushalten bzw. der darin verwirklichten Herrschaftsverhältnisse direkten Einfluß auf die Form der Politeia hat.[5] Die Epitome peripatetischer Lehren des Arius Didymus, der als Freund und philosophischer Lehrer Einfluß auf Kaiser Augustus übte, sieht dementsprechend in der Vereinigung (σύνοδος) von Mann und Frau, die Kinder zeugen, zusammen leben und somit ein οἶκος sind, eine πολιτεία πρώτη gegeben, die als ἀρχὴ πόλεως zugleich wie eine kleine Polis erscheint. Im οἶκος findet man "die Samen" (τὰ σπέρματα) für die daraus entstehende Politeia, u.a auch die Herrschaftsmuster von Monarchie (Eltern/ Kinder), Aristokratie (Mann/ Frau) und Demokratie (Kinder untereinander).[6] Diese unmittelbare Relevanz der häuslichen Bezie-

---

[2]   D.L.BALCH, "Let Wives Be Submissive..." The Origin, Form and Apologetic Function of the Household Duty Code (Haustafel) in 1 Peter, Dissertation Yale University 1974, bes. S.33-114, darin die Zusammenfassungen S.73f.112-114; später auch S.132f.149-159 u.ö. Das folgende profitiert weitgehend von den Ergebnissen BALCHs.

[3]   Z.B. Plat. leg.III 690 A-D. D.L.BALCH, a.a.O. S.34-47.

[4]   Aristot. pol. I 1253b 1ff.: "And now that it is clear what are the component parts of the state (πόλις), we have first of all to discuss household management (οἰκονομία); for every state is composed of households (ἐξ οἴκων). Household management falls into departments corresponding to the parts of which the household in its turn is composed; and the household in its perfect form consists of slave and freemen. The investigation of everything should begin with its smallest parts, and the primary and smallest parts of the household are *master and slave, husband and wife, father and children...*"

[5]   Aristot. pol. I 1260b 12ff.; NE VIII 1160b 23 - 1161a 10. D.L.BALCH, a.a.O. S.48-74.

[6]   Arius Didymus bei Stob., Anthol. (ed. WACHSMUTH) Vol.II,p.147,26-p.152,25, besonders p.148,5ff (Kommentiert und übersetzt bei D.L.BALCH, a.a.O., S.63-70). Siehe p.148,15ff.:"For the house is also a pattern for monarchy as well as aristocracy and democracy. For the relation of parents to children has monarchic character; of men to women, aristocratic; of children to one another, democratic. ... (149,5ff.) The man has the rule (ἀρχή) of this [house] by nature. For the deliberative faculty in a woman is inferior..."

hungsarten, die auch die neutestamentlichen Haustafeln bestimmen[7], für das Wohl und die Herrschaftsform der zugehörigen Politeia[8], kommt in der frühen Kaiserzeit etwa auch bei Dionysios Halikarnassos zum Ausdruck, nach dem die römische Behörde zum "Vorteil des Staates" (συμφέρον τῇ πόλει) ihre soziale Kontrolle ausdrücklich auf die drei häuslichen Beziehungen erstreckt.[9] Hintergrund dieses staatlichen Kontrollbedürfnisses, insbesondere hinsichtlich des überkommenen Herrschaftsgefälles zwischen Mann und Frau, war die Furcht offizieller, traditionalistischer Kreise vor östlichen Kulten und vor Gleichheitstendenzen in der Gesellschaft, die an dieser Stelle eine Umkehrung der traditionellen Verhältnisse einführen und so auch den politischen und militärischen Erfolg des römischen Staates, der durch eine traditionalistische Ideologie begründet erschien, gefährden könnten.[10] Dadurch waren die offiziellerseits beargwöhnten Kulte, darunter auch Juden und Christen, in eine apologetische Position getrieben, die etwa im 1.Petrusbrief die Aufnahme der Haustafeltradition (1.Pt 2,18 - 3,7) im Sinn demonstrativer Akkulturation an die staatstragende politische und häusliche Ethik veranlaßte. In diesem Sinn ist auch die in 1.Pt 2,13-17 einleitende Aufforderung zur Unter-

---

[7] Daß die ältesten Haustafeln in Kol 3,18-4,1; E 5,21-6,9; 1.Pt 2,13-3,7 die antike περὶ οἰκονομίας-Tradition rezipieren, ist gemeinsames und heute konsensfähiges Ergebnis der Arbeiten von D.L.BALCH (s.o. A 2), K.THRAEDE (Ärger mit der Freiheit (1977), S.119f.; ders., Zum historischen Hintergrund der "Haustafeln" des NT, 1980, JbAC Erg.-Bd. 8 (1980), S.359-68) und D.LÜHRMANN, Neutestamentliche Haustafeln und antike Ökonomie, NTS 27 (1981) S.83-97.

[8] Z.B. Aristot.pol.II 1260b 12ff. oder 1269b 12ff.: "Again, the freedom (ἄνεσις) in regard to women is detrimental both in regard to the purpose of the politeia and in regard to the happiness of the state. For just as man and wife are part of a household, it is clear that the state also is divided nearly in half into its male and female population, so that in all politeiai in which the position of women is badly regulated one half of the state must be deemed to have been neglected in framing the law." Dies war nach der Fortsetzung in Sparta der Fall, wo Frauen über vieles herrschten: "...errors as regards the status of women seem not only to cause a certain unseemliness (ἀπρέπειαν) in the actual conduct of the state but to contribute in some degree to undue love of money." Cf. Iamblichus, vit.Pythag. (ed.THESLEFF), § 169: "...for good order in the house is the source of good order in states, for the state consisits of houses."

[9] Dion.Hal. Rom.Ant. XX 13,2-3, dazu s. D.L.BALCH, Hellenization/ Acculturation in 1.Peter, S.92f; cf. ders., "Let Wives Be Submissive...", S.149-159.

[10] Dazu siehe besonders D.L.BALCH, "Let Wives Be Submissive...", S.116-132, der die entsprechenden römischen Befürchtungen gegenüber dem Dionysos- und dem Isiskult darstellt und auf die in der Tradition geläufige, von Aristoteles gegebene Einschätzung der spartanischen Frauen, die ihre Männer beherrschen (s.o. A 8), zurückbezieht: "One half of the state is badly regulated; such women will live dissolutely and luxuriously. The Spartan women were to blame for the corruption of the *politeia*. And the *politeia* according to Polybius and Dionysius Hal. (...) is the chief cause of a state's success or downfall. Such ideas were also applied to the Roman *politeia* (...) [s. ebd. S.152ff. zu Dionys.Hal., Rom.Ant. II 24,1ff.]. The mythical founder of Rome, Romulus, constructed a *politeia* which regulated the temperance of women. And the success of Rome has resulted from her *politeia* (ib., II 3.6) ... So the Isis cult presented a threat to the Roman *politeia*" (ebd. S.130).

ordnung unter den überlegenen Kaiser und die von ihm geschickten Statthalter zu verstehen: Den Statthaltern kommt dabei die Aufgabe zu, Übeltäter zu
strafen und diejenigen zu preisen, die sich (häuslich und politisch) richtig
verhalten, und darunter soll jetzt ja auch die Gemeinde fallen, die sich an die
Haustafelethik hält (2,15 (ff))! Die offiziell beargwöhnte Gemeinde soll sich
somit als glänzendes Exempel für die Praxis der staatstragenden Ethik darstellen.[11] Die konstitutive Beziehung der περὶ-οἰκονομίας-Tradition auf die jeweils zugehörige Politeia, in diesem Fall also auf den kaiserlichen Staat,
kommt hier unübersehbar zum Ausdruck.

Diese schon in der Tradition angelegte politische Dimension bestimmt
notwendig auch die Haustafel in E 5,21-6,9.[12] Nur ist es nicht in einer apologetischen Perspektive der kaiserliche Staat, sondern gemäß E 2,19 (ἐστὲ
συμπολῖται) und E 5,5 (ἐν τῇ βασιλείᾳ τοῦ Χριστοῦ καὶ θεοῦ) die Politeia Christi, die durch den Diskussionstopos περὶ οἰκονομίας in 5,21ff. evoziert wird
und eine Art von Alternativentwurf zum römischen Staat abgibt. Dafür finden
wir Indizien:

a. Die Aufforderungen zur Unterwerfung (ὑποτάσσεσθαι/ ὑποταγῆναι) unter die römische Staatsgewalt in Rö 13,1-7 und in dem die Haustafel eröff-
nenden Abschnitt 1.Pt 2,13-17 haben u.a. die funktionale Bestimmung der
staatlichen Machtausübung gemeinsam: Zur lobenden Anerkennung derer,
die Gutes tun (ἔπαινος, τὸ ἀγαθὸν ποιεῖν/ἀγαθοποιεῖν Rö 13,3f.; 1.Pt 2,14f.),
zur Vergeltung an den Übeltätern (ἔκδικος/ ἐκδίκησις, τὸ κακὸν ποιεῖν
(πράσσειν)/ κακοποιεῖν Rö 13,3f.; 1.Pt 2,14).[13] Die gegenüber dieser sanktionierenden Staatsmacht geforderte Haltung kann dabei auf den Begriff des
φόβος gebracht werden (Rö 13,7a: τῷ τὸν φόβον τὸν φόβον, cf. 13,3f.) und entspricht so der Begrifflichkeit, die auch in dem hell. Vergleichstext PsAristot.
oec. III 3 für diese Haltung der Bürger gebraucht wird. Der Text unterscheidet

---

[11] In diesem Sinn BALCH, "Let Wives Be Submissive..." S.195ff.; ders.,
Hellenization/Acculturation in 1.Peter (= Ch.5), S.79ff..

[12] Cf. D.LÜHRMANN, Neutestamentliche Haustafeln und antike Ökonomie, S.95: "Da sich
Christentum von Anfang an als eigenes soziales Gebilde nach der οἰκος-Struktur realisiert, ist
von Anfang an auch ein latenter politischer Anspruch vorhanden."

[13] Epigraphisches und literarisches Belegmaterial zu den Funktionen der sanktionierenden
Staatsbeamten, Bürger nach ihrem Verhalten öffentlich zu "loben" (ἔπαινος/ ἐπαινεῖν) oder zu
"strafen", bieten A.STROBEL, Zum Verständnis von Rm 13, ZNW 47 (1956) S.80ff. und W.C.
VAN UNNIK, Lob und Strafe durch die Obrigkeit. Hellenistisches zu Röm 13,3-4, FS
W.G.KÜMMEL, Göttingen [2]1978, S.334-343.

"...zwei Formen der *Furcht* (timoris = φόβου)", deren eine "...aus Ehrfurcht und Achtung, wie sie tüchtige Söhne gegenüber ihren Vätern pflegen *und ehrbare, ordentliche Bürger gegen die ihnen wohlgesonnenen Regierenden*" geschieht.[14]

Nun wird in der Eröffnung E 5,21[15] zwar nicht die römische Staatsmacht als sanktionierende Instanz der Haustafelethik genannt, wie dies in der Eröffnung 1.Pt 2,13-17 geschieht. Aber auch in E 5,21 wird - wie bei PsAristot.oec. III 3 und in Rö 13,7a gegenüber der Regierung - eine Haltung des φόβος gefordert. Nur heißt die sanktionierende Instanz, gegenüber der φόβος gefordert wird, jetzt Christus, der somit in der Eröffnung der Haustafel an der Stelle der "Regierung" steht: Ὑποτασσόμενοι ἀλλήλοις ἐν φόβῳ Χριστοῦ (E 5,21)!

Eine Parallele für diese "politische" Bedeutung von "ἐν φόβῳ Χριστοῦ" bietet die Darstellung der "christlichen Politeia" in Korinth im 1.Klemensbrief, siehe nur 1.Klem 2,8: "Durch eine tugendreiche und verehrungswürdige *Politeia* geordnet (τῇ...πολιτείᾳ κεκοσμημένοι) vollbrachtet ihr alles *in seiner Furcht* (ἐν τῷ φόβῳ αὐτοῦ): Die *Anordnungen* (προστάγματα) und die *Gebote* (δικαιώματα) des Herrn waren auf die Wände eures Herzens geschrieben." Hier zeigt die Begrifflichkeit explizit an, daß der φόβος die rechte Haltung der Christen gegenüber der göttlichen "Obrigkeit" ihrer Politeia, die die Einhaltung der Anordnungen/ Gebote sanktioniert, bezeichnet. Inhaltlich sind diese (früher) in Korinth befolgten "Anordnungen" (προστάγματα) mit den "Satzungen Gottes" (ταῖς νομίμοις τοῦ θεοῦ) identisch, die im vorangehenden c.1 aufgezählt wurden[16]: Die Korinther waren ihren Vorgesetzten untertan (ὑποτασσόμενοι), ehrten Alte und wiesen die Jungen zu maßvoller und ehrbarer Gesinnung an, den Frauen wurde u.a. geboten, ihre Männer geziemend zu lieben und "im Rahmen ihrer Unterordnung (τῆς ὑποταγῆς) das Hauswesen ehrbar zu versehen" (1,3): Auch hier sind also die häuslichen Verhältnisse integraler Bestandteil der christlichen Politeia und fallen unter die Anordnungen, deren Einhaltung vom göttlichen "Regenten", dem mit φόβος zu begegnen ist, sanktioniert wird. Gegenüber dieser idealen Vergangenheit sticht die gegenwärtige seditio in der korinthischen Politeia Christi (στάσις 1,1; 3,2) negativ ab: Jetzt "wandelt keiner nach den Satzungen seiner Gebote (ἐν τοῖς νομίμοις τῶν

---

14 Auf diesen Text hat A.STROBEL, Furcht, wem Furcht gebührt, ZNW 55 (1964) S.58-62, hier S.60, hingewiesen. Er ist lateinisch überliefert: Duplex enim timoris species est: alia quidem fit cum verecundia et pudore, qua utuntur ad patres filii sobrii et honesti et cives compositi ad benignos rectores, alia vero cum inimicitia et odio, sicut servi ad dominos et cives ad tyrannos iniuriosos et iniquos (p.144,25 - 145,3 ROSE).

15 ὑποτασσόμενοι ἀλλήλοις ... (E 5,21) bezieht sich als *Überschrift* auf alle drei Relationen der folgenden Haustafel und somit auf die ganze Gemeinde (cf. die Parallele des Mask.-Plur.-Partizips mit den vorangehenden Partizipien; SCHNACKENBURG EKK X 248). Innerhalb der folgenden Relationen werden dann aber immer nur die Erstgenannten, nämlich die Frauen, der Sache nach dann die Kinder und die Sklaven, zur Unterordnung gemahnt (s. H.SCHLIER, Brief 251f.; K.THRAEDE, Ärger mit der Freiheit, S.116-120). Schon die Überschrift gibt also dem (liebes-) patriarchalischen Herrschaftsgefälle, dem dann auch die Reihenfolge der Einzelmahnungen zu jeder Relation entspricht, den Hauptakzent.

16 Diese Identität ergibt sich - außer durch den Zusammenhang zwischen c.1 und c.2 - durch die pleonastische Formulierung ἐν τοῖς νομίμοις τῶν προσταγμάτων αὐτοῦ in 3,4.

προσταγμάτων αὐτοῦ) noch verhält sich in einer Christus würdigen Weise als Polit (μηδὲ πολιτεύεσθαι κατὰ τὸ καθῆκον τῷ Χριστῷ)". Dies ist gleichbedeutend damit, daß sie τὸν φόβον τοῦ θεοῦ abgelegt haben (3,4; cf. 51,2: οἱ γὰρ μετὰ φόβου καὶ ἀγάπης πολιτευόμενα...). Daher droht das Gericht (κρίμα) des als εὐεργέτης bekannten Gottes, "wenn wir nicht seiner würdig als Politen leben (πολιτευόμενα), indem wir das in seinen Augen Gute und Wohlgefällige in Eintracht (μεθ᾽ ὁμονοίας) tun" (21,1).[17] Bezeichnenderweise folgt in diesem Kapitel wieder ein Abschnitt mit Haustafelmaterial (c.21): Das Gericht gegenüber denen, die die "Furcht Gottes" verlassen haben, steht also für die negative Sanktionierung der in der Politeia geltenden Sozialregeln, insbesondere der häuslichen Ordnungen, durch den göttlichen "Regenten".

Wird durch die Wendung ἐν φόβῳ Χριστοῦ zu Beginn der Haustafel (5,21) auf Christus als sanktionierenden "Regenten" der durch die περὶ-οἰκονομίας-Tradition evozierten Politeia hingewiesen, so entspricht dem am Ende der Haustafel, im Zusammenhang der Mahnungen an Sklaven und Herrn, die Rede vom *Kyrios im Himmel*, der Sklaven *und* Freien gemeinsam ist, die gute Tat vergilt und unparteiisch ist (E 6,8.9: Sanktionsmotiv!).[18]

b. Gerade die erste und grundlegende der drei häuslichen Herrschaftsrelationen, diejenige zwischen Mann und Frau[19], wurde in der aristotelischen bzw. peripatetischen Tradition in ihrer stabilisierenden bzw. destabilisierenden Wirkung auf das Staatswohl evaluiert.[20] Zu Beginn der Kaiserzeit wurde die traditionelle Forderung der Herrschaft (ἀρχή) des Mannes über die Frau - im weiteren Kontext der Diskussion περὶ πολιτείας - etwa von Arius Didymus[21] und für die römische Politeia besonders von Dionysius Halikarnassos[22]

---

[17] Daß diese Begrifflichkeit tatsächlich auch politisch empfunden wurde, zeigen cc.54/55: In der einschlägigen politischen Sprache wird Personen, wegen denen seditio (στάσις/ἔρις/σχίσματα) in der Gemeinde entstanden war, die "Auswanderung" (ἐκχωρῶ/ ἄπειμι) zugunsten der Wiederkehr friedlichen Lebens (εἰρηνεύειν) empfohlen: "Dies haben getan und werden tun diejenigen, die in der Politeia Gottes, die man nicht zu bereuen hat, politisch leben (οἱ πολιτευόμενοι τὴν ἀμεταμέλητον πολιτείαν τοῦ θεοῦ)" (54,4). Das in 55,1 angeschlossene Beispiel parallelisiert dieses Verhalten bezeichnenderweise mit heidnischen Herrschern, die entweder den Freitod anstelle ihrer *Politen* auf sich nahmen oder aus ihren *Poleis auswanderten*, um weitere *stasis* zu vermeiden. - Siehe zur politischen Begrifflichkeit im 1.Klem D.L.BALCH, "Let Wives Be Submissive ..." S.234f.; W.SCHÄFKE, ANRW II 23.1 (1979) S.562.

[18] Dabei hat der Eph-Verfasser - entgegen Kol 3,24f.; 4,1 - beide abschließende Kyriosaussagen jeweils auf "Sklaven *und* Freie" (6,8 cf. 6,9) bezogen und damit implizit eine übergreifende Beziehung auf den ganzen Haushalt erreicht, da nach Aristoteles "the household in its perfect form consists of slave and freemen" (s.o. A 4). Dieser gegenüber dem Kol generalisierende Effekt verrrät, daß auch der Kyrios dieser abschließenden Aussagen in seiner umfassenden Zuständigkeit gesehen werden soll: Es ist der Kyrios des gesamten Haushalts und damit der Politeia, die durch die Diskussion der häuslichen Verhältnisse evoziert wird.

[19] Siehe Arius Didymus bei Stobaeus, Anthologium (ed. WACHSMUTH-HENSE) Vol.II, p.148,5ff., wo die Vereinigung von Mann und Frau zur Ehe als πρώτη πολιτεία erscheint.

[20] Siehe Aristot.pol.II 1269b 12ff. (s.o. A 8); Philo, Jos 56-57 u.ö.; cf. auch Livius 34,2-8 und dazu K.THRAEDE, Ärger mit der Freiheit, S.82-84.

[21] Arius Didymus bei Stob. (WACHSMUTH-HENSE) Vol.II p.149,5ff.

dargelegt; schon Oktavian selbst hatte vor Aktium seine Soldaten gegen Kleopatra, die egalitaristische Tendenzen des Isiskults repräsentierte, zur Verteidigung der staatstragenden römischen Traditionen aufgerufen: "Keiner Frau zu erlauben, sich einem Mann gleichzustellen" (DioCass 50,28,3).[23] Besonders weit waren die egalitaristischen Tendenzen aber in der Asia gediehen: Für das westliche Kleinasien und die Inseln sind etwa Ärztinnen bezeugt[24] und - in signifikantem Unterschied zu anderen Regionen - zahlreiche politische Karrieren von Frauen bis in höchste Magistraturen und Verwaltungsämter (z.B. πρύτανις, στρατηγός, δημιουργός, γυμνασίαρχος, ἀγωνοθέτις, πανηγυριάρχης, Λυκιάρχισσα, Ἀσιάρχης).[25] Was uns die Epigraphik hier in ihrer weitgehenden Beschränkung auf die wohlhabende Oberschicht berichtet, hat als Tendenz wohl auch in der Mittelschicht gewirkt.[26] Parallel zu den Aufstiegsmöglichkeiten paganer Frauen finden sich aus ionischen und karischen Städten der Asia epigraphische Hinweise auf jüdische Frauen, die leitende Positionen in ihren Synagogen innehatten.[27] Im Unterschied zu solchen in der kaiserzeitlichen Asia herrschenden Tendenzen vertritt der judenchristliche Verfasser von E 5,22-24 einen Standpunkt, der eher den patriarchalischen

---

[22] Dion.Hal., Rom.Ant. II 25,4-5 im Zusammenhang mit II 18,1-2; 24,1 - 25,3; 26,1; siehe dazu die Darstellung bei D.L.BALCH, "Let Wives Be Submissive...", S.149-159, bes. 152ff.

[23] Zur traditionalistischen, augusteischen "Reaktion" gegen egalitaristische Tendenzen in den Ehen, die letzteren Tendenzen das "Ideal der sittsam-häuslichen Gattin, das wir in griechischen Traktaten vielleicht dieser Zeit (...) ebenfalls ausgesprochen finden", entgegenstellt, siehe K.THRAEDE, Ärger mit der Freiheit, S.79-87. Die angesprochenen griechischen Traktate sind der pseudoaristotelische Oikonomikos und verschiedene "neupythagoreische" Fragmente (Bryson, Kallikratidas, Phintys, Periktione).

[24] Siehe K.THRAEDE, Ärger mit der Freiheit, S.47; ders., Art. Frau, RAC VIII (1972) Sp.204.223.

[25] Siehe das Material bei P.R.TREBILCO, Studies on Jewish Communities in Asia Minor, S.120-134.

[26] Hier gibt es freilich nur Mutmaßungen, etwa die von K.THRAEDE, a.a.O. Sp.218, hier allerdings für das gesamte Römerreich: "Daß die großen Freiheiten in Politik, Recht u. Lebensführung nur einer vermögenden oberen Minderheit vergönnt waren, während die F[rau] in Unter- und Mittelschichten schon aus wirtschaftlichen Gründen stärker an Haus u. konventionelle Moral gekettet blieb (aber auch das ändert sich im Laufe der Kaiserzeit), wird man nicht in Abrede stellen." Allerdings führt er wenig später aus, daß die Frauenemanzipation "in der frühen Kaiserzeit" einen ersten Höchststand erreicht (Tac.ann.3,34,2: multa duritiae veterum in melius et laetius mutata; ...) u. auch im normalen Leben u. in den Mittelschichten für die Ehe-F[rau] (...) eine bemerkenswerte Freizügigkeit gewährleistet hat" (ebd. Sp.220).

[27] Epigraphisch aber erst ab dem 2.Jh.n.Chr. nachweisbar: Rufina von Smyrna (Archisynagogos, CIJ 741, IGR IV 1452), Theopempte von Myndos (Archisynagogos, CIJ 756), Jael von Aphrodisias (Prostates, REYNOLDS/ TANNENBAUM S.19-22, Seite a, Z.9-10), Tation von Phocaea (Ehrung durch goldene Krone und Proedria, CIJ 738, IGR IV 1327). Das Material haben P.R.TREBILCO, Studies on Jewish Communities in Asia Minor, S.110-135, und A.T.KRAABEL, Judaism in Western Asia Minor, S.43-50, zusammengestellt und kommentiert.

Ansichten hell. Juden wie Philo oder Josephus entsprach[28] und ganz sicher in sachlicher Parallele zur traditionalistischen Auffassung der römischen Beamtenelite in der Asia stand. Die Frau soll sich unter die Herrschaft des Mannes, der das Haupt (κεφαλή) der Frau ist, unterordnen, wie auch die Ekklesia analog ihrem Haupt Christus untergeordnet ist, der zugleich als Soter des Leibes (sc. der Ekklesia) gesehen wird (E 5,22-24).

Ein partieller Anknüpfungspunkt für diese Vorstellung könnte innerhalb der paulinischen Tradition im "Lehrstück" 1.Kor 11,3 gesehen werden, wo ebenfalls der Mann als κεφαλή der Frau erscheint, in aufsteigender Linie darüberhinaus Christus als κεφαλή jeden Mannes und schließlich Gott als κεφαλή Christi. Es geht hier jedoch um ein Gefälle im kosmologischen Gesamtsystem und nicht im engeren Sinn um die Herrschaft innerhalb der häuslichen Eherelation. Allerdings könnte man aus diesem Gefälle eine Analogisierung der Mann-Frau-Relation mit der Christus-Kirche-Relation im Sinn von E 5,22-24 gewinnen, wenn im Rahmen eines patriarchalischen Sozialmodells die Hauptstellung Christi gegenüber "jedem Mann" zur Hauptstellung Christi gegenüber der Ekklesia generalisiert wird. Von hier aus wird aber noch nicht die in E 5,23 nachklappende Soter-Identifikation des Hauptes nahegelegt.

Berücksichtigen wir das soteriologische Referenzsystem der Logostheologie, so ergibt sich für die urbildliche "Ehebeziehung" zwischen Christus und Kirche ein weiterer partieller Anknüpfungspunkt aus jenen Aussagen hell.-jüdischer Logostheologie, nach denen die Beziehung zwischen Logos und gnoseologisch erlöster Seele (bzw. in kollektivierter Sichtweise: zwischen Logos und Kirche) im Bild der Ehe charakterisiert wird. Wie in E 5,31f. wird diese Ehebeziehung durch allegorische Auslegung alttestamentlicher Schriftstellen, in philonischer Terminologie: als Mysterium, gewonnen (s.o. S.42f.

Ein dritter, partieller Anknüpfungspunkt läßt sich u.E. in der paganen περὶ-οἰκονομίας-Tradition ausmachen: Zwar ist nach K.THRAEDE (Ärger mit der Freiheit S.117) für das Bild vom Mann als "Haupt" der Frau, die somit als "Körper" erscheint (E 5,28ff.), "eine antike Parallele ... noch nicht ermittelt, die Sache liegt aber zutage: vergleichbar wären Texte, die dem Mann Herrschaft = Vernunft, der Frau Dienstbarkeit = Körper zusprechen (...). Sie stehen aber nicht sehr nahe." Vergleichspunkt wäre dann jedenfalls, daß die Ehe *einen einzigen Organismus* konstituiert, der aus "Seele" bzw. "Haupt" (= Mann) und "Körper" (= Frau) besteht (cf. E 5,28-33). Da entsprechend der platonisch-stoischen Anthropologie das "Haupt" die Stelle der leitenden "Seele" vertreten konnte, da für "Seele" somit auch "Haupt" eingesetzt werden kann (s.o.S.293f mit A 230), kommt als hell. Vergleichstext etwa Plutarch, coniug.praec. 33 (mor 142E) infrage:

"Dies trifft auch für die Ehefrauen zu: Wenn sie sich ihren Ehemännern unterordnen (ὑποτάττουσαι), werden sie *gelobt* (ἐπαινοῦνται! cf. o. A 13), wollen sie aber herrschen (κρατεῖν), so geben sie in höherem Grade eine unschickliche Figur ab als die Beherrschten. Hingegen ist es recht (δίκαιόν ἐστιν), daß der Mann über die Frau herrscht (κρατεῖν), nicht wie ein Besitzherr (δεσπότην) über sei-

28 Siehe nur Jos., c.Ap.II 201: γυνὴ χείρων, φησίν, ἀνδρὸς εἰς ἅπαντα. ταγαροῦν ὑπακουέτω, μὴ πρὸς ὕβριν, ἀλλ᾽ ἵν᾽ ἄρχηται· θεὸς γὰρ ἀνδρὶ τὸ κράτος ἔδωκεν. Cf. Philo, Hypothetica (bei Eus., Praep.Evang.) 8,7,3; 8,7,14; Jos. 56-57; spec III 169ff.;

nen Besitz, sondern *wie die Seele über den Körper* (ὡς ψυχὴν σώματος), indem er mitempfindet und *in Liebe* [sich mit ihr] *hat zusammenwachsen lassen* (συμπεφυχότα τῇ εὐνοίᾳ). Wie er nun für den Körper sorgen muß ohne Sklave seiner sinnlichen Lüste und Begierden zu sein, so soll er über die Frau herrschen (ἄρχειν), indem er ihr Freude bereitet und seine Gunst schenkt."

Schon Aristoteles, pol.I 1254a 34 - 1254b 15 hatte die Mann-Frau-Beziehung mit der Relation: Seele (Vernunft) - Körper (Sinnlichkeit) analog gesetzt. Es scheint uns evident zu sein, daß E 5,22ff. ein solches traditionelles, anthropomorphes Bild für die Herrschaftsrelation zwischen Mann und Frau voraussetzt, wobei zugleich die Herrschaftsposition - entsprechend einer bestimmten hell. Tendenz - durch die Forderung der fürsorglichen, auf ganzheitliche Vereinigung zielenden Liebe gegenüber der Frau gedämpft wird (siehe THRAEDE, Ärger mit der Freiheit, S.116-120.54-69.79-81). Allerdings ist die Sprachebene des ausgeführten Vergleichs in E 5,22-24 verlassen: κεφαλή und σῶμα sind Metaphern.

Die genannten Traditionsanknüpfungen geben uns noch keine klare Auskunft auf die Frage, warum es aus der Perspektive des Autors und seiner intendierten Leser plausibel erscheinen sollte, diese Elemente zur Darstellung einer absteigenden analogia relationis zu verbinden, nach der Christi Beziehung als κεφαλή und σωτήρ zum ekklesialen σῶμα das Urbild abgeben soll für das Herrschaftsverhältnis des Mannes als κεφαλή gegenüber seiner Frau. Eine Antwort darauf ergibt sich m.E. 1) aus der Übereinstimmung der gebrauchten Metaphern mit wichtigen Elementen der politischen Sprache im Imperium Romanum und - dies unterstützend - 2) aus dem Ort dieses "Herrschaftspassus" (E 5,22-24) innerhalb der Haustafel und somit innerhalb der traditionell *politisch* orientierten περὶ-οἰκονομίας-Tradition.

ad 1) Der eben zur Herrschaft gelangte Vespasian wird beispielsweise in der von Curtius Rufus gebotenen offiziösen Panegyrik als Haupt (caput = κεφαλή) des Staates, der als sein Leib (corpus = σῶμα) erscheint, und zugleich als Bringer von dessen Heil (salus = σωτήρ) dargestellt.[29] Das Verhältnis Christus-Ekklesia parallelisiert also durch die politisch geläufigen Metaphern σωτήρ/κεφαλή-σῶμα genau das Verhältnis Kaiser-Staat und könnte hier somit die Stelle von "Herrscher" (= Christus) und zugehöriger "Polis/Politeia" (= Ekklesia) vertreten.[30]

---

[29] Zu Curt.Ruf. X 9,1-6 (28) siehe oben S.386ff. Cf. auch die kleinasiatischen σωτήρ-Inschriften für Vespasian o.S.393 A 530. Die σωτήρ-Prädikation war für Vespasian besonders kennzeichnend, siehe auch D.L.JONES, Christianity and the Roman Imperial Cult, ANRW II 23.1 (1979) S.1032 und Jos. bell VII 71 cf. III 459; cf. K.SCOTT, The Imperial Cult, S.20-22. Allgemein zur Aufnahme der "Haupt"-"Leib"-Metaphorik für das Verhältnis Kaiser-Staat ab der frühen Prinzipatszeit s.o. S.283-287.293f. Besonders ausführlich stellt die politische Variante dieser biomorphen Metaphorik Seneca, de clem. I 3,5 - 4,3; II 2,1 dar. Allgemein zum herrscherlichen Soter-Prädikat siehe P.WENDLAND, ΣΩΤΗΡ, ZNW 5 (1904), S.335-53.

[30] Unsere Parallelisierung mit der politischen Metaphorik gibt der nachklappenden Identifikation des Hauptes als σωτήρ τοῦ σώματος (5,23) guten Sinn und löst damit eine crux

ad 2) Dafür spricht über die politisch geprägte Metaphorik hinaus, daß schon in der περὶ-οἰκονομίας-Tradition das Verhältnis zwischen Mann und Frau unter dem Gesichtspunkt "Herrschen und Beherrscht-Werden" (ἄρχειν καὶ ἄρχεσθαι) gefaßt wurde[31], so daß die Analogisierung des häuslichen Eheverhältnisses mit einer Herrschaftsform in der Politeia schon aufgrund der allgemeinen πόλις-οἶκος-Analogie[32] immer nahelag und auch konkret vorgegeben war.[33] Das Gefälle der in E 5,22-24 vorliegenden Analogisierung entspricht nicht nur dem Wunsch nach christologischer Begründung der Herrschaft des Mannes in der Ehe, sondern parallelisiert zugleich die Perspektive der hell. Herrscherideologie, die prinzipiell ein Verhältnis der Nachahmung von "oben" (Herrscher/ Polis) nach "unten" (Untertanen/ Oikos) vorgab.[34] Im

interpretum, denn "solche Apposition [sc. σωτήρ] überrascht und stört den einfachen Gedankengang" (SCHLIER, Brief 254), bzw. sie "durchbricht ... das Bild von der "Ehe" zwischen Christus und Kirche" (SCHNACKENBURG EKK X 253; cf. auch seine mühsame Erklärung ebd.).

[31] Z.B. Plato, leg.III 690A-D; Aristot.pol.I 1254a28 - 1254b20; 1259a37ff.; Arius Didymus bei Stob. II 149,5ff.; Kallikrates bei Stob. V 684,9-11; Diony.Hal. II 25,4-5; Musonius Ruf. or.XII (66,13-20 HENSE). Für die Funktion des Mannes gegenüber der Frau werden in diesen Texten die Begriffe κρατεῖν, ἀρχή bzw. die Kontrastpaare ἄρχειν vs. ἄρχεσθαι, κρεῖττον vs. χεῖρον, ἰσχύτερος vs. ἀσθενέστερα gebraucht.

[32] Siehe z.B. Philo, Jos 38: "Das Haus (οἰκία) ist nämlich eine in kleine Dimensionen zusammengezogene Polis (ἐσταλμένη καὶ βραχεῖα), und die häuslichen Verhältnisse (οἰκονομία) lassen sich als eine Art von Politeia (τις πολιτεία) auffassen, wie auch die Polis ein großes Haus ist und die Politeia gewissermaßen die öffentlichen 'häuslichen Verhältnisse' darstellt (πολιτεία δὲ κανή τις οἰκονομία)". Die Analogisierung erfolgt hier ausdrücklich in beiden Richtungen: Von der Polis zum Haus und umgekehrt. Diese οἶκος-πόλις-Analogie war beliebt, siehe Arius Didymus bei Stob.II 7,26 (WACHSMUTH II 148): Die rechtmäßige Ehe als σύνοδος von Mann und Frau = οἶκος = πρώτη πολιτεία = kleine Polis; schon Isokrates formulierte, or. 2,19: οἴκει τὴν πόλιν ὁμοίως ὥσπερ τὸν πατρῷον οἶκον; Philo, op 142: οἶκος ... καὶ πόλις ὁ κόσμος; Ael.Arist. or.24, 8.32f. KEIL;

[33] Dies war in der Regel die aristokratische bzw. republikanische Regierungsform, z.B. Aristot. pol.I 1259a 37ff.: "...for it is a part of the household science to rule (ἄρχειν) over wife and children - over both as over freemen, yet not with the same mode of government, but over the wife to exercise republican government (πολιτικῶς) and over the children monarchical (βασιλικῶς) -; for the male is by nature better fitted to command than the female... It is true that in most cases of republican government the ruler and the ruled interchange in turn ... but the male stands in this relationship to the female continuously." Siehe grundsätzlich auch Aristot., N.E. VIII 1160b 23ff: "One may find likenesses (ὁμοιώματα) and so to speak models (παραδείγματα) of these various forms of politeia in the household (οἰκίαις). ..." Entsprechend der Neupythagoreer Kallikratidas (ca. frühe Prinzipatszeit) bei Stob. Anthol. V 685,20 - 686,15 (WACHSMUTH-HENSE): "...he rules over her with a political power, according to which both the governor and the thing governed establish the common advantage" (Üs. BALCH).

[34] Siehe z.B. PsAristot., ΑΡΙΣΤΟΤΕΛΗΣ ΑΛΕΞΑΝΔΡΩΙ ΕΥ ΠΡΑΤΤΕΙΝ, L.SPENGEL, Rhetores Graeci, Vol.I, p.172 Z.11-13: "Du wirst dir darüber klar sein müssen, daß die Vorbilder (παραδείγματα) für die meisten Menschen entweder das Gesetz oder aber dein Leben (ὁ σὸς βίος) und Logos sind". Menand.Rhet. ΠΕΡΙ ΕΠΙΔΕΙΚΤΙΚΩΝ 376,8f.: "Was für ein Leben (τὸν...βίον) die Menschen nämlich beim König sehen, eines sobeschaffenen unterziehen (auch) sie sich." Siehe noch u.a. Plut., Numa 20,8; ad princ. iner. 780B; Philo, Mos I 158f.

Rahmen solcher Abbildungsverhältnisse zwischen "oben" und "unten" wurde traditionell ja schon eine andere häusliche Herrschaftsrelation, die zwischen Vater (Eltern) und Kindern, als Analogie zum Verhältnis zwischen Regent und Polis (und zuhöchst zwischen Gott und Kosmos) vorgestellt.[35] - Obgleich wir für die Art der Analogisierung in E 5,22-24 keine exakte antike Parallele präsentieren können, reicht die hier aufgewiesene Motivik u.E. doch aus, um die auf die Herrschaftsrelation: Christus - Kirche angewandte Haupt-Leib-Metaphorik als Parallele zur imperialen Haupt-Leib-Metaphorik (Kaiser - Staat; cf. das Soter-Prädikat) auffassen zu können: Denn die Analogisierung der Eherelation mit einer Herrschaftsform in der Politeia, in E 5,22-24 also in der "Politeia Christi", war als Motiv in der περὶ-οἰκονομίας-Tradition prinzipiell vorgegeben.

Die Haustafel E 5,21-6,9, die schon entsprechend der περὶ-οἰκονομίας-Tradition per se auf eine zugehörige Politeia verweist, bezieht sich also sowohl in ihrem Eingangsabschnitt E 5,21-24 durch die Begriffe φόβος, σωτήρ, κεφαλή-σῶμα als auch am Ende E 6,8-9 (der "himmlische Kyrios" von Sklaven *und* Freien) auf Christus als quasi politisch gedachten, die häuslichen Ordnungen sanktionierenden "Regenten" seiner Politeia. Vor dem Hintergrund der geläufigen Analogisierung der häuslichen Herrschaftsrelationen mit den Formen politischer Herrschaft im Staat verwiesen die aus der politischen Sprache geläufigen Begriffe κεφαλή, σωτήρ, σῶμα auf die hintergründige Parallele der christlichen Politeia (Christus - Kirche) mit dem kaiserlichen Imperium Romanum (Kaiser - Staat). Das bei Aristoteles und Plutarch noch als *Vergleich* zur Ehe ausgeführte Organismusbild (Seele - Leib) ist entsprechend dem politischen Sprachgebrauch in *Metaphern* (Haupt - Leib) umgesetzt, wobei insbesondere die nachklappende Identifikation des Hauptes als Soter sowie die Metapher "Haupt" (statt "Seele" oder "Vernunft") die politische Parallele verstärkte. Bezeichnenderweise sind diese aufs Politische verweisenden Elemente der Haustafel im ursprünglicheren Paralleltext Kol 3,18-4,1 noch nicht vorgegeben, ebensowenig wie die folgende militia Christi, die ebenfalls die politische Dimension der Darstellung unterstreicht.[36]

---

[35] In der aristotelisch-peripatetischen περὶ οἰκονομίας-Tradition galt das Vater-Kinder-Verhältnis ohnehin als βασιλικῶς. Zur expliziten Analogisierung siehe z.B. Cicero, rep III 25,37; PsAristot. oec. III,3; Philo, bei Eus. Praep.Ev. VIII 14,3 (ὅ...πρὸς τέκνα γονεῖς, τοῦτο βασιλεὺς μὲν πρὸς πόλιν, πρὸς δὲ κόσμον ὁ θεός).

[36] Allerdings verrät auch Kol 3,18-4,1 den der περὶ-οἰκονομίας-Tradition eigenen Bezugshorizont einer zugehörigen Politeia inklusive ihres "Regenten", nur wird dabei u.E. eine Parallele zum Imperium Romanum bestenfalls insinuiert, keineswegs aber herausgearbeitet: Auch in der Kol-Haustafel sind die häuslichen Relationen auffällig konsequent auf den speziellen "Lebensraum" der Gemeinde ἐν κυρίῳ bezogen (3,18.20; 3,22: φοβούμεναι τὸν κύριον; cf. 3,23-25: Sanktionsmotiv; 4,1), wobei die Gemeinde diesen κύριος ἐν οὐρανῷ hat (4,1). Gemeint ist zweifellos die βασιλεία τοῦ υἱοῦ τῆς ἀγάπης αὐτοῦ, in die die Gemeinde versetzt wurde, nachdem sie Gott aus der "Machtbefugnis der Finsternis" gerettet hat (Kol 1,13) (Die

C. Die Behauptung der Kirche gegen Feinde durch die Militia Christi

Durch τοῦ λαποῦ eingeleitet folgt in 6,10ff der Abschluß und Höhepunkt des paränetischen Briefteils. Kaum zufällig schließt sich hier an die durch die Haustafel repräsentierte soziale "Innenperspektive" der Politeia Christi das durch *militärische Metaphorik* ("Waffenrüstung Gottes") repräsentierte "Außenverhältnis" in 6,10ff. an, denn Politeia und militia gehören im Rahmen eines politischen Paradigmas zusammen. In der spirituellen Kraft Christi geschieht der "Militäreinsatz" der Christen gegen den διάβολος und die mit ihm assoziierten pneumatischen "Kosmosherrscher dieser Finsternis" (6,10-13). Dabei weist das ganze Feld militärischer Metaphorik enge Bezüge zur Realität des Imperium Romanum auf: Zunächst entsprechen die auf verschiedene Aspekte des christlichen Glaubens und Lebens gedeuteten Elemente militärischer Ausrüstung (6,14-17), die diesem spirituellen Kampf dienen, nach W.WINK unübersehbar der Ausstattung des römischen Legionärs.[37] Besondere Bedeutung kommt dabei dem Ausrüstungselement des "Schuhwerks" zu: "und beschuht an den Füssen in der Bereitschaft für das Evangelium des Friedens" (E 6,15). Dieses Element fehlt in den vergleichbaren Traditionstexten (Jes 59,17; SapSal 5,17-22); es wurde zweifellos durch die πόδες εὐαγγελιζομένου ἀκοὴν εἰρήνης aus Jes 52,7 LXX angeregt und entspricht daher einem herausgehobenen Zentralthema des Epheserbriefes aus 2,14ff.: Auch hier war Jes 52,7 LXX schon in E 2,17 aufgenommen worden. Wie nun E 2,17 für das Analogon der universalen, militärisch begründeten Friedensproklamation durch den (flavischen) Kaiser transparent wurde, so gibt es auch zu dem "in der Bereitschaft für das Evangelium des Friedens" getragenen Schuhwerk der milites Christi u.E. eine schlagende imperiale Parallele. Auf Denkmälern von römischen Legionären wurden die

---

zuletztgenannte Wendung interpretiert A.A.T.EHRHARDT, Politische Metaphysik II, S.21, politisch auf das Römerreich).

[37] W.WINK, Naming the Powers (1984), S.84-89, bes. S.86: "The terms employed are taken straight from the legionaire's equipment, and the metaphor is of the church like the Roman wedge, the most terrifying military formation known up to that time and for some thousand years after." Zur militärischen Metaphorik gehört gerade auch die wiederholte Rede vom "Stehen" v.11.14 (W.WINK, a.a.O. S.87: "drawing up a military formation for combat"). Schon OEPKE hatte im Artikel ὅπλον κτλ. (ThWNT V (1954) S.292ff.) dargelegt, daß die Aufzählung in E 6,14-17 "genau der Bewaffnung des römischen Legionärs zur Zeit des Paulus" entspricht: "Charakteristisch ist: das Fehlen der Beinschienen, viereckiger Langschild, caliga (ὑποδέω). ... Paulus ... hat die ... Wirklichkeit des Soldaten seiner Zeit vor Augen" (ebd. S.300; S.307.310.312.313f.315). So jetzt auch H.BALZ, Art.πανοπλία, EWNT III Sp.22. Ähnlich wie in 1.Thess 5,8 geht es in Eph 6,11-17 nicht mehr um die Waffenrüstung Gottes selbst (so die traditionsgeschichtlich vorgegebenen Texte Jes 59,17 LXX, SapSal 5,17-22), sondern um die von Gott erhaltene Waffenrüstung der zu Gott Gehörenden (cf. Rö 13,12; 6,13; 2.Kor 10,3-6; 6,7).

Legionärsstiefel (caligae) regelmäßig hervorgehoben[38] - ihnen kam also eine für die römischen Landtruppen charakterisierende Bedeutung zu. Diese römischen Legionärsstiefel (caligae) waren jedoch entsprechend der offiziellen Ideologie für die militärische Ausbreitung und Garantie der *pax Romana* unterwegs[39], und diese reichsweite Durchsetzung der pax war gerade auch für die Endphase des bellum Iudaicum das offizielle Programm.[40] Wie also die römischen Legionärsstiefel in der Bereitschaft für die militärische Behauptung der *pax Romana* getragen werden, so ziehen sich die "christlichen Soldaten" nach 6,15 ihr Schuhwerk an "in der Bereitschaft für das *Evangelium des Friedens*" (Jes 52,7).[41]

Hier wird eine in der Paulusschule bekannte frühchristliche Auslegungstradition zu Jes 52,7 LXX aufgenommen, die bereits in E 2,17 verwendet wurde und deren konzeptionell frühere Stufen uns in Act 10,36 und Rö 10,12.15 begegnet waren (s.o.S.154-164). Inhalt dieses Friedensevangeliums war, daß Juden und Heiden unter dem einen Kyrios Christus zum Frieden untereinander und mit Gott gelangt waren, denn Christus ist der zum Frieden einende πάντων κύριος. Plausibel mußte diese Denkfigur aufgrund kaiserzeitlich-politischer Parolen erscheinen: Die verschiedenen Völker waren unter der Herrschaft des einen kaiserlichen Kyrios geeint und zum Frieden gebracht. Die (Verkündigungs-) Bereitschaft der "christlichen Soldaten" bezieht sich entsprechend dieser traditionsgeschichtlichen Vorgabe und analog zur Einsatzbereitschaft der römischen Landtruppen auf eine *pax gentium*, freilich zugleich auf den Frieden mit Gott.

---

[38] Belege dazu bietet OEPKE, Art.ὅπλον κτλ., ThW V, S.311 A 5, wo außerdem an den soldatischen Spitznamen "Caligula" ("Legionärsstiefelchen") des Kaisers Gaius erinnert wird.

[39] Diesen Auftrag der Legionen belegen z.B. Cic., ad Qu.fr.I 1,34; Sallust, ad Caes. 2,13,6; Tac., hist. IV 74. Dazu allgemein H.FUCHS, Augustin und der antike Friedensgedanke (1926) S.201ff.; C.KOCH, Art.Pax, RE XVIII/4 (1949) Sp.2434f..

[40] Dazu siehe die aufschlußreichen Texte Tacitus hist.V 10,2 und Jos. bell VI 341-44 (zitiert o.S.382 mit A 495). Cf. auch den flavischen Münztyp, der reverso zur Legende PACI AVGVSTAE eine (meist nach links) schreitende Victoria mit Kranz und Palmzweig zeigt und dem Gedanken entspricht, daß der Sieg der Legionen Vorbedingung und Mittel der pax ist (s.o. S.379 und Vell.Paterc. II 89,6: pacatus victoriis terrarum orbis; zuvor schon Cic., de prov.cons.31: nulla gens est, quae non aut ita sublata sit, ut vix extet, aut ita domita, ut quiescat, aut ita pacata, ut victoria nostra imperioque laetetur).

[41] Auch nach OEPKE würde zur Erklärung des Bildes E 6,15 (καὶ ὑποδησάμενοι τοὺς πόδας...) schon "der Hinweis auf die Ausstattung des römischen Legionärs genügen" (ThWNT V S.312). U.E. ergibt sich an dieser Stelle eine kaum zufällige Analogie zum pax-Auftrag der römischen Land-Truppen. Diese Pointe bekommt OEPKE nicht in den Blick, wenn er darin, "daß der *Kampf* mit der Botschaft des *Friedens* geführt werden soll, ... ein schönes Paradox" erblickt (S.312 u. A 9); ebensowenig SCHNACKENBURG, EKK X S.284 (die "Friedensbereitschaft" sei "paradoxer Weise eine Ausrüstung des Gottesstreiters"). Die Bereitschaft zur Friedensbotschaft gibt den Rahmen und das Ziel des Einsatzes ab, ebenso wie die pax Romana den Rahmen und das Ziel für den Einsatz der Legionen abgab.

Schon bei Paulus, der die Waffenmetaphorik in 1.Thess 5,8 auf die Christen anwendet, läßt sich wahrscheinlich machen, daß dabei die Legionen des Imperium Romanum den konkreten Assoziationshintergrund abgaben. Der Gedankengang in 1.Thess 5,1-11 charakterisiert in v.3 zunächst die verkehrte Haltung derjenigen, die nicht auf den eschatologischen Gerichtstag, den "Tag des Herrn", gefaßt sind: "Wenn sie sagen: εἰρήνη καὶ ἀσφάλεια, dann kommt plötzlich über sie Verderben..." (v.3). Diese Leute gehören der Dunkelheit bzw. Nacht an, die vom eschatologischen "Tag" wie des nachts von einem Dieb überrascht werden (v.4ff.). Gegenstück zu ihnen soll die Gemeinde als "Söhne des Lichts" und als "Söhne des Tags (des Herrn)" sein (v.4f.): Die von ihr erwartete Wachsamkeit und Nüchternheit wird in v.8 durch die Waffenmetaphorik formuliert: "Wir aber, da wir dem Tag zugehören, wollen nüchtern sein, bekleidet mit dem Panzer des Glaubens und der Liebe und dem Helm der Heilshoffnung" (v.8). Die Metaphern in v.3 und in v.8 haben somit antagonistischen Charakter: Die als Selbsttäuschung entlarvte Parole "εἰρήνη καὶ ἀσφάλεια" (v.3) läßt dem Kontext entsprechend an eine Haltung denken, die aus mangelndem Realitätssinn auf Rüstung und Wachsamkeit nach außen verzichtet und somit - im übertragenen Sinn - eine der Realität des Herrn und seines eschatologischen "Tages" nicht angemessene religiöse Haltung charakterisiert. Die Metaphern defensiver militärischer Ausstattung (v.8: Panzer/ Helm) evozieren den Gedanken "nüchterner", realistischer Rüstung bzw. Wachsamkeit nach außen und somit - im übertragenen Sinn - angemessener religiöser Haltung (Glaube, Liebe, Hoffnung) gegenüber dem Herrn und seinem "Tag". Entscheidend ist nun, daß die metaphorisch verwendete Parole εἰρήνη καὶ ἀσφάλεια in v.3 das gleichlautende *pax et securitas*-Programm des römischen Prinzipats widerspiegelt[42] und dabei eng mit der gegenbildlich-metaphorischen Aufforderung zur (geistlichen) Waffenrüstung (v.8) korreliert ist. Da wir diesen Kontrast (kaiserzeitliche Friedensparole vs. gerüstete Kampfbereitschaft) freilich auch in politischen Texten der Kaiserzeit finden[43], beziehen die korrelierten, gegenbildlichen Metaphern in v.3 und v.8 ihre Plausibilität gemeinsam aus der politischen Alltagserfahrung im Imperium Romanum. Es spricht also viel dafür, daß schon für Paulus die übertragene Rede von der Waffenrüstung der Glaubenden die Assoziation römischer Legionäre voraussetzte.

Es gibt jedoch über die Elemente der Kampfausrüstung und den (ideologischen) Friedensbezug hinaus noch eine weitere strukturelle Verwandtschaft zwischen der "militia Christi" nach E 6,10ff. und dem kaiserlichen Militärdienst, die sich aus dem Verhältnis der "christlichen Soldaten" zu ihrem Kyrios (= Christus) ergibt:

---

[42] Vergleiche etwa das Enkomion CorpHerm XVIII, das die römischen Kaiser in § 10 als τοὺς τῆς κοινῆς ἀσφαλείας καὶ εἰρήνης πρυτάνεις bezeichnet; ältester Beleg (schon für Pompeius) ist PsSal 8,18 (...μετ' εἰρήνης,...μετὰ ἀσφαλείας πολλῆς). Zum imperialen Herrschaftsziel der *securitas pacis* siehe H.FUCHS, Augustin und der antike Friedensgedanke, S.189f.. Zurecht erkannten diesen Hintergrund für 1.Thess 5,3 E.BAMMEL, Ein Beitrag zur paulinischen Staatsanschauung, ThLZ 85 (1960), Sp.837; A.A.T.EHRHARDT, Politische Metaphysik, Band II (1959), S.21 mit AA 2.3 (weitere Belege).

[43] Zu diesem Kontrast cf. etwa Seneca, de clem. I 1,2 (aus der Sicht des Kaisers): "all diese unzählbar vielen Schwerter, die mein Friede zurückhält (quae pax mea comprimit), werden auf meinen Wink hin gezogen"; Vell.Paterc. II 89: revocata pax, sopitus ubique armorum furor...; Epict., diss.III 13,9f. u.v.ö.

τοῦ λαποῦ, ἐνδυναμοῦσθε ἐν κυρίῳ καὶ ἐν τῷ κράτει τῆς ἰσχύος αὐτοῦ. ἐνδύσασθε τὴν πανοπλίαν τοῦ θεοῦ... (E 6,10f.)

Daß hier "gezielt vor der Anweisung zum Anlegen der Kampfausrüstung [gemahnt wird], sich durch des Kyrios 'starke *Macht* (Kampfkraft)' zu stärken", entspricht der Beobachtung eines fast "durchgängigen militanten Zug[es] des Begriffs" τὸ κράτος im NT.[44] Diese Begriffsverwendung in E 6,10 steht nicht nur in Parallele zu allgemeinen Aussagen über *Roms* militärische Macht (= τὸ κράτος)[45], sondern insbesondere konnte dieser Begriff auch die Militärmacht des *einzelnen Kaisers*, also sein *imperium*, bezeichnen - im Blick auf Vespasian und die gens Flavia ist etwa von deren "unbesieglicher Militärmacht" (τὸ κράτος ἀνανταγώνιστον) die Rede.[46] Diese Stelle zeigt, daß die "unbesiegliche Macht" (κράτος = imperium), obgleich sie sich im militärischen Erfolg *der Legionen* manifestiert, als eine Eigenschaft *des Kaisers* und seiner gens gesehen wird[47]: Die Truppen partizipieren am unbesiegbaren κράτος/ imperium des kaiserlichen αὐτοκράτωρ/ imperator.

Den dynamistisch-magischen Hintergrund dieser Vorstellung hat H.S.VERSNEL im Anschluß an WAGENVOORT herausgearbeitet: Den Inhaber des *imperium*, der mit seinen Truppen in einer Kriegsschlacht Sieger geblieben ist und zum Triumph zugelassen wird, sah man "as an exceptional bearer of *dynamis*" bzw. als "the bearer of *mana*". Als positive Indizien dafür nennt VERSNEL u.a.: 1) Die Zulassungsbedingung für den Triumph, nach der mindestens 5000 Feinde getötet worden sein müssen ("...the number of the dead determined the 'strength' of the *victor*"[48]). 2) Den Umstand, daß die Gebeine von Triumphatoren - trotz des regelmäßig erneuerten Verbotes für Begrägnisse

---

[44] P.VON DER OSTEN-SACKEN, EWNT II Sp.780.

[45] So z.B. die eleusinische Weihung eines Aionbildes εἰς κράτος 'Ρώμης (SIG³ 1125,5), das schon zitierte Graffito aus einem ephesischen Hanghaus (Inschr.Ephesos II Nr.599: "Rom, die Allesbeherrscherin, deine Militärmacht (τὸ σὸν κράτος) wird nie vergehen") oder im sog. Romhymnus der Melinno aus der frühen Prinzipatszeit (Anth.Lyr.II² 6, 209f. DIEHL, Z.7f.: ὄφρα χαραντ̄ηον ἔχουσα χάρτος ἀγεμονεύηις).

[46] Die von Nero *pro aeternitate imperii* gestifteten Spiele ("Neronia": Sueton, Nero 11,2, cf. DioCass 61,21,1; Tac. ann. 14,20) waren nach DioCass 61,21,1 der ewigen Dauer *seiner eigenen* Militärmachtbefugnis (imperium = τὸ κράτος) gewidmet (ὑπὲρ δὲ δὴ τῆς σωτηρίας τῆς τε διαμονῆς τοῦ κράτους αὐτοῦ (οὕτω γάρ που προέγραψεν)); dazu siehe H.U.INSTINSKY, Kaiser und Ewigkeit, ed. H.KLOFT, Ideologie und Herrschaft in der Antike, Darmstadt 1979, 431f.). Ebenso wird der Begriff auch im Zusammenhang der vota für den neu zur Macht gekommenen Vespasian verwendet, wo u.a. darum gebetet wurde, daß "seinen Kindern und deren sukzessiven Nachkommen die *unbesiegliche Militärmacht* (τὸ κράτος ἀνανταγώνιστον = imperium) bewahrt werde" (Jos., bell VII 73). Entsprechend bezeichnet der αὐτοκράτωρ-Titel (= imperator) des Kaisers, den seit Gaius jeder Prinzeps zugleich mit dem Amtsantritt erhielt, nach Dio Cass 52,41 den Besitz der Militärmachtbefugnis (τὸ κράτος διασημαίνουσαν); cf. noch DioCass 43,44,2.

[47] Siehe auch die Rede von Neros (persönlichem) imperium (τοῦ κράτους αὐτοῦ) bei Dio Cass 61,21,1 (vorige Anm.).

[48] H.S.VERSNEL, Triumphus (1970), S.381 mit Hinweis auf traditionelle carmina triumphalia.

innerhalb der Stadt - gelegentlich innerhalb der Stadt begraben wurden ("...the tri-umphator as the person who by his *dynamis* represents a source of welfare to his city, whether alive or dead"[49]). 3) Den bei Livius 28,9,6 durchscheinenden Ritus der Berüh-rung der Hand des victor im Sinn magisch-dynamistischer Anteilgabe.[50] 4) Der usus, nach dem der triumphator - während des Triumphs durch rote Gesichtsfarbe gekenn-zeichnet - seinen Soldaten ein Mal anbietet, daß er selbst zubereitet hatte und mit rotem Mennig versehen hat: "By means of the meal he imparts some of his *dynamis* to his soldiers".[51] Diese und weitere Beobachtungen stützen VERSNELs These, nach der das *imperium* des siegreichen Imperators "as *imperium militare* had two meanings: con-stitutionally 'supreme command in the field', magico-dynamistically - the original mea-ning, which, however, survived long -: the '*dynamis* of the commander/ chief'."[52] Genau diesen magisch-dynamistischen Aspekt belegt u.E. auch die Rede von der "unbesiegbaren Militärmacht" (τὸ κράτος (imperium) ἀνταγώνιστον), die der gens Flavia erhalten bleiben möge und wie eine personale Eigenschaft der flavischen Familie erscheint (Josephus, bell VII 73 u. s.o.).

Vor dem Hintergrund dieser Vorstellung, nach der der imperator aufgrund des Besitzes außergewöhnlicher Dynamis das imperium / τὸ κράτος innehat und in dieser dynamistischen Weise seinen Truppen den Erfolg gewährt, ist m.E. die Aufforderung E 6,10 verstehbar, ἐν τῷ κράτει τῆς ἰσχύος αὐτοῦ stark zu werden und die von Gott gestellte Militärrüstung anzulegen: Der Kyrios Christus erscheint hier strukturhomolog zur Rolle des kaiserlichen αὐτοκράτωρ/ imperator, dessen Verhältnis zur Armee ebenfalls dynamistisch gedacht werden konnte. Freilich weist das spirituell-inspirative *Erstarken* der milites Christi ἐν κυρίῳ analog E 3,16f.20 zugleich auch auf das Referenzsy-stem der Logostheologie hin[53], ebenso wie der Verfasser das Syntagma τὸ κράτος τῆς ἰσχύος αὐτοῦ auch in 1,19 zur Bezeichnung überlegener göttlicher Macht zugunsten der Glaubenden bevorzugt. Doch läßt sich die quasi-inspira-tive Kraftmitteilung vom Herrscher an die kampfbereiten Bürgern bzw. an

---

[49] VERSNEL, Triumphus, S.382.

[50] VERSNEL, Triumphus, S.382, erläutert die Bedeutung durch die Worte der Frau, die Sulla Felix berührte: βούλομαι τῆς σῆς κἀγὼ μικρὸν εὐτυχίας μεταλαβεῖν (Plut., Sulla 35,4f). Cf. Mk 5,27ff. Sachlich gehört in diesen Zusammenhang auch die Berührung der Mumie Alexanders d.Gr. durch Oktavian in Alexandria, um auf magische Weise dessen Dynamis zu übernehmen (CassDio 51,16,5 und dazu D.KIENAST, Gymnasium 76 (1969), S.451).

[51] VERSNEL, Triumphus S.382f. Falls das (nur schwach bezeugte) Detail der Rotfärbung durch Mennig zutrifft, so könnte diese Färbung "be taken to represent to the Romans a magic agent, which for that reason could also be used in the meal as 'strength-giving food', activated by the triumphator" (S.383).

[52] VERSNEL, Triumphus S.389. Im Blick auf diese doppelte Eigenschaft des siegreichen victor wurde diesem als Triumphierenden ausnahmsweise auch intra pomerium das maius imperium zugestanden, um so kraft seiner imperatorischen Dynamis und felicitas segensreiche Handlungen (z.B. Ochsenopfer für Iuppiter O.M.) zum Wohl der Stadt vollziehen zu können (ebd. 384-396).

[53] Zur Kraftmitteilung durch die Logos- bzw. Sophiainspiration bei Philo und in E 3,16f. siehe o.S.22f mit A 15.

das Heer, an die unsere These einer Strukturhomologie anschließt, auch noch durch weitere Texte bestätigen:

Dio Chrysostomos etwa stellt in or.25 ("περὶ τοῦ δαίμονος") Herrscher, Könige und Feldherrn als δαίμονες der von ihnen beherrschten Untertanen vor, wobei der δαίμων - als τὸ κρατοῦν ἑκάστου - als etwas außerhalb des Menschen stehendes, ihn aber gleichwohl bestimmendes und beherrschendes (or.25,1: ἄρχων τε καὶ κύριον [!] τοῦ ἀνθρώπου) verstanden wird. Kraft dieser Funktion konnten die Herrscher auch große militärische Erfolge durch ihre Untertanen erwirken, wie Dios Beispiele u.a. belegen sollen (or.25,2.4.6.8). Mit dieser Darstellung steht wohl eine Auffassung in Zusammenhang, die uns aus dem späteren 2.Jh.n.Chr. Kelsos bezeugt: Die über die Menschen gesetzten Fürsten und Könige "wurden nicht ohne dämonische Kraft (δαιμονίας ἰσχύος) der irdischen Zuständigkeiten gewürdigt."[54] Die Herrscher besitzen also eine Art von spirituellen Einfluß auf die Untertanen, der als "Kraft" (ἰσχύς) erfahren werden konnte. Seneca spricht in seinem Fürstenspiegel de clem. davon, daß "diese unmeßbare Menschenmenge, die eine einzige Seele [sc. die des Herrschers] umgibt, durch seinen Geist gelenkt, durch seine Vernunft ausgerichtet wird und sich durch die eigenen Kräfte bedrängen und zerbrechen würde, würde sie nicht durch klugen Sinn erhalten" (I 3,5). Anschließend wird die Tatsache, daß sich für diesen *einen* Kaiser *zehn Legionen* in das militärische Lebensrisiko des Kampfes begeben, mit der Feststellung begründet: "Denn jener ist das Band (vinculum), durch das die res publica zusammenhält, jener ist der Lebensatem (spiritus vitalis), den diese unzählbar vielen atmen", schließlich wird der Kaiser noch als mens illa imperii und als mens omnibus una bezeichnet (de clem I 4,1). Sein Verschwinden zöge das Ende der pax Romana und der weitausgedehnten römischen Militärherrschaft nach sich (I 4,2). Der Kaiser erscheint hier als das spirituelle Lebensprinzip für den römischen Staat, für seine Truppen und für deren Einsatzbereitschaft. Es ist die Stärke ihres kaiserlichen Hauptes, mit der die Kraft der Bürger und der Legionen als Glieder des Körpers steht und fällt.[55]
Diese bei Dio Chrys. und Seneca belegte dynamistische Perspektive, nach der sich die Kraft des Herrschers in seinen kampfbereiten Truppen auswirkt, finden wir im Ansatz auch in der ps.-aristot. Schrift περὶ κόσμου c.6, 399A Z.35 - 399B Z.10 wieder - einer Parallele zur Vorstellung von der Ausrüstung der milites Christi. Die Wirksamkeit der göttlichen Weltregierung wird mit der Alarmierung eines Soldatenlagers verglichen: "Dann nämlich nimmt... der eine Soldat den Schild auf, dort zieht ein anderer den Brustpanzer an, der legt Beinschienen, Helm oder Gürtel um, der zäumt sein Pferd, der besteigt den Streitwagen... - alles dies aber wird von *einem* Befehlshaber (ὑφ' ἕνα σημάντορα) in Bewegung gebracht, nämlich nach der Anordnung des Führers, der die *Militärmacht* innehat (τοῦ τὸ κράτος ἔχοντος ἡγεμόνος)." In der folgenden Zeile wird

---

[54] Orig., c.Cels.VIII 62: εἰ ὧδε ἔχοιεν, τί τὸ δεινὸν τοὺς τῇδε ἄρχοντας εὐμενίζεσθαι, τούς τε ἄλλους καὶ τοὺς ἐν ἀνθρώποις δυνάστας καὶ βασιλέας, ὡς οὐδὲ τούτους ἄνευ δαιμονίας ἰσχύος τῶν τῇδε ἠξιωμένους;

[55] Cf. den entsprechenden Gedanken in Sen. de clem. II 2,1: a capite bona valetudo: inde omnia vegeta sunt atque erecta aut languore demissa, prout animus eorum vivit aut marcet. Dahinter steckt die bei Philo ausformulierte Kräftelehre: Der Tüchtige ist Haupt des Menschengeschlechts, der "die anderen alle wie Teile eines Körpers beseelt durch die Kräfte im Haupt oben" (ταῖς ἐν κεφαλῇ καὶ ὑπεράνω δυνάμεσιν) (praempoen 125).

dann das tertium comparationis formuliert: "Denn zufolge einer einzigen Kraftwirkung (μιᾶς ῥοπῆς) geschieht bei allen Wesen das ihnen Gemäße, obwohl doch diese Kraft unsichtbar und verborgen ist" (399B Z.11f).

Sehen wir den Passus über die militia Christi in E 6,10ff. im Zusammenhang mit E 2,14ff., so gewinnt unsere These einer bewußten Kontrafaktur gegen die bedrängende Wirklichkeit des imperium Romanum u.E. hohe Plausibilität: Wurde E 2,14ff. im Sinn einer Strukturhomologie transparent für den Kaiser, der nach militärischem Töten der Feinde zum Advent mit universaler Friedensproklamation erscheint, so tritt uns Christus in E 6,10 wieder in der für den Kaiser transparenten Rolle des Imperators (τὸ κράτος = imperium) gegenüber. Nicht nur, daß die (metaphorisierten) Rüstungselemente der Soldaten Christi denen der römischen Legionäre gleichen, sondern auch die Friedensbotschaft, die ihren Einsatz qualifiziert, parallelisiert den pax-Auftrag, für den die römischen Landtruppen unterwegs waren. Freilich wird dies in der Kirche anders gedacht als im Imperium: Im Namen der pax waren ja etwa die flavischen Truppen gegen die Juden ausgerückt, aber mit dem εὐαγγέλιον τῆς εἰρήνης ist entsprechend der hier und in E 2,17 (i.Kontext) rezipierten Jes 52,7 LXX-Tradition eine pax gentium aus Juden und Heiden gemeint, in der die Juden nicht despektierlich, sondern im Sinn einer ekklesialen Fundamentrolle integriert waren. Die Tatsache, daß die Bereitschaft für das so qualifizierte Friedensevangelium zum Kampfeinsatz gegen die diabolischen Mächte gehört, macht nur Sinn, wenn die kosmosbeherrschenden Mächte diesem Frieden hinderd entgegenstehen. Dies traf aber, wie die Exegese zu E 2 deutlich machte, vor allem für das Imperium Romanum zu, dessen durch die Legionen erreichte pax für die Juden (und wohl auch Judenchristen) Achtungsverlust und Schmach bedeutete. Haben also die dämonischen Weltmächte im E, gegen die der Kampf der Christen geht, etwas mit dem römischen Weltreich zu tun?

D. Die feindlichen Weltmächte und das römische Weltreich

Im Anschluß an F.MUSSNER, nach dem sich "das Wesen jener dämonischen Mächte und Gewalten, die Christus schon unterworfen sind, ... vor allem im politischen Raum offenbart" - ihre Titulatur lasse schließlich Weltmacht-Anspruch erkennen[56] -, wäre zu fragen, ob in dem diabolischen ἄρχων τῆς ἐξουσίας τοῦ ἀέρος (2,2 cf. 6,11) und in seinen assoziierten Kosmosmäch-

---

[56] F.MUSSNER, Die Geschichtstheologie des Epheserbriefes (1961), bes. S.61f. In diesem "eschatologischen Kampf um die Weltherrschaft", in dem "es zur besonderen Heilsfunktion der Kirche [gehört], die Macht Satans zusammen mit Christus zu brechen", kommt der Kirche "eine 'politische' Funktion ersten Ranges" zu; von da aus stelle sie auch "eine Geschichtsmacht ersten Ranges dar" (ebd.).

ten (6,12 und 1,21) nicht der irdische Weltherrscher, nämlich der Kaiser, in mythischer Überhöhung mitrepräsentiert sein soll.[57] Daß durch das Syntagma (αἱ) ἀρχαὶ καὶ (αἱ) ἐξουσίαι die verbreiteten Zusammenordnungen der römisch-staatsrechtlichen Machtbegriffe: *imperia et potestates* bzw. *imperia et magistratus* wiedergegeben werden konnte, wissen wir schon seit langem.[58] Auch die Identifikation jener Mächte als κοσμοκράτορες τοῦ σκότους τούτου (E 6,12), also durch einen astrologisch gefärbten Begriff, läßt sich mit hell.-römischen Anschauungen über die pankosmische Herrschaft der Kaiser verbinden (s.u.). In der jüdisch-christlichen Tradition finden sich zudem Texte, die Satan, dem die Mächte ja zugehören, als speziellen Patron der römischen Weltmacht zeigen.[59]

---

[57] Im Art. Epheserbrief, TRE 9 (1982), S.747, sieht MUSSNER die 'Pantokrator'-Christologie des E "in bewußter Frontstellung gegen den Kaiserkult, der besonders in Kleinasien blühte", formuliert. Auch in der ApcJoh, z.Zt. des letzten Flaviers in Kleinasien entstanden, wird "der himmlische Menschensohn Christus ... in oppositioneller Analogie zum irdischen Imperator gesehen. Dabei nimmt aber der Imperator in den Augen des Verfassers der Apk aufgrund der mit dem Kaiser gemachten Verfolgungserfahrungen die die Zeitgeschichte transzendierenden Züge des 'Antichrist', analog dem atl. 'Anti-Jahwe', an" (F.MUSSNER, "Weltherrschaft" als eschatologisches Thema der Johannesapokalypse (1985), hier S.221f.). Auch hier geht der Kampf um die Weltherrschaft (ebd. S.226f.; cf. auch E.PETERSON, Christus als Imperator, S.153ff.). - Zur imperialen Weltherrschaftspropaganda in der Asia vergleiche man exemplarisch etwa das Graffito aus einem ephesischen Haus ("Rom, die Allesbeherrscherin, deine Macht wird nie vergehen", Inschr.Ephesos II No.599) oder die Reliefdarstellungen aus dem Sebasteion von Aphrodisias: Die zahlreich in Frauengestalt dargestellten *nationes captae* bzw. *gentes devictae* fungierten "as a visual account of the extent of the Augustan empire, and by the sheer numbers and impressive unfamiliarity of the names, to suggest that it is coterminous with the ends of the earth" (R.R.R.SMITH, Simulacra Gentium, JRS 78 (1988), S.77 u. S.57-59). Nimmt man die dortigen Reliefdarstellungen der julisch-claudischen Dynastie hinzu, deren Prinzen in mehreren Fällen die *Weltkugel in ihrer Hand* halten (R.R.R.SMITH, The Imperial Reliefs from the Sebasteion at Aphrodisias, JRS 77 (1987), S.88-138, Pl. X, No.4/ Pl.XX, No.9), zudem die Symbolik pankosmischer Herrschaft bei Augustus (die mythischen Personifikationen von Erde und See überreichen Augustus cornucopia und Steuerruder, cf. ebd. S.106), so ergibt sich eine überaus eindrucksvolle Symbolik römischer Weltherrschaft in einer Polis der Asia.

[58] Siehe die Belege bei A.STROBEL, ZNW 47 (1956) S.75-79. Wichtig ist auch die Beobachtung, daß in Lk 12,11 die Wendung τὰς ἀρχὰς καὶ τὰς ἐξουσίας an der Stelle steht, an der in den Parallelen Mk 13,9; Lk 21,12; Mt 10,18 die Kaiser (βασιλεῖς) und Statthalter (ἡγεμόνας) genannt werden (ebd. S.73). Nach Lk 20,20 wollten die Schriftgelehrten und Hohenpriester Jesus bei einem belastenden Ausspruch stellen, ὥστε παραδοῦναι αὐτὸν τῇ ἀρχῇ καὶ τῇ ἐξουσίᾳ τοῦ ἡγεμόνος. Siehe auch Tit 3,1 (ἀρχαῖς ἐξουσίαις ὑποτάσσεσθαι).

[59] Siehe W.WINK, Naming the Powers, S.33f.; A.F.SEGAL, Ruler of This World (1981), S.250.260-63; G.THEISSEN, Lokalkolorit, S.215-32 (zur Versuchungsgeschichte der Logienquelle). Das Tier aus dem Meer in ApcJoh 13,1-10 ist als Symbolgestalt für den Antichrist zu fassen; 13,2 beschreibt daher die Inthronisation des Antichristen, der viele Züge des Kaisers in sich aufgenommen hat, als den irdisch-politischen Vertreters Satans (H.KRAFT, HNT 16a, 1974, S.175; F.MUSSNER, "Weltherrschaft", S.222). Cf. die Kittäer (wohl Römer) als Helfer Belials in 1 QM oder die dämonisch-negative Zeichnung der Römischen Kaiser in der Adlervision des IV.Esrabuches (11,39-46; 12,23-25.32), analog in syrApcBar 36,7f.; 39,6; 40,1. Siehe schon W.BOUSSET (ed. H.GRESSMANN), Die Religion des Judentums im späthellenistischen

Für die Verbindung der dämonischen κοσμοκράτορες, gegen die der Kampf der christlichen milites gemäß E 6,10ff. sich richtet, mit der römischen Staatsmacht spricht jedenfalls auch die Beobachtung einer engen Verbindung von E 6,17 nach 6,18-20[60]: Nach den defensiven Rüstungselementen rückt mit dem "Schwert des Geistes", das als "Wort Gottes" bestimmt wird (6,17), abschließend die 'effektivste' Angriffswaffe der Legionen in den Blick.[61] Von diesem "Wort" ist aber auch in der angeschlossenen Gebetsparänese v.18-20 die Rede: Als freimütige Evangeliumspredigt soll es insbesondere dem gefangenen Paulus gegeben werden (v.19f.)[62] - die Gebetsparänese bezieht sich also noch auf dieses kerygmatische "Schwert des Geistes" zurück, dessen Einsatzmöglichkeit sie im Fall des Paulus unterstützen soll. Diese enge Rückbeziehung zeigt sich außerdem sowohl in dem partizipialen Anschluß von v.18 (διὰ πάσης προσευχῆς καὶ δεήσεως προσευχόμενοι ἐν παντὶ καιρῷ ἐν πνεύματι) an die Aufforderung δέξασθε...τὴν μάχαιραν τοῦ πνεύματος (v.17)[63] als auch in der Wiederaufnahme des Stichworts πνεῦμα: Das pneumatische Fürbittengebet um freie Wortverkündigung, insbesondere für Paulus, gehört somit begleitend zum Einsatz dieses pneumatischen Wort-Schwertes hinzu. Dann muß sich dieses Gebet um freie Wortverkündigung aber gemäß der spirituellen Kampfsituation, der die Waffenrüstung dient, noch gegen die diabolischen Mächte richten. Bezieht man auf diesen grundlegenden Gegensatz den in v.19f. durch die korrespondierenden Wendungen ἐν παρρησίᾳ vs. ἐν ἁλύσει dargestellten Kontrast zurück (SCHNACKENBURG EKK X S.275: "damit er - trotz der Fesseln, die er trägt - so offen und frei rede, wie er reden muß"), so stehen die von römischen Beamten angelegten Fesseln des Paulus[64] notwendig auf der Seite der Mächte und des Diabolos, gegen deren Hinderungswillen sich folglich das Gebet um freies Wort richtet.[65] Die Act belegen für die römische Gefangenschaft des Paulus, die der Vorstellung im E zugrundeliegt, bezeichnenderweise den gleichen Kontrast: Als Gefangener trägt Paulus zwar Ketten (Act 28,20: τὴν ἅλυσιν ταύτην περίκειμαι); gleichwohl verkündigt und lehrt er als Apostel μετὰ πάσης παρρησίας ἀκωλύτως (28,31).[66] Wie auch die

---

Zeitalter, HNT 21, [3]1926, S.254 mit A 1; J.MAIER, Art.Geister (Dämonen): B.III.b. RAC IX (1976) S.631ff.636f.; ebd. B.III.d. Sp.677.

[60] Den Hinweis auf diese Verbindung, der für die folgende Interpretation entscheidend ist, verdanke ich Prof.G.THEISSEN (mündlich).

[61] Siehe W.WINK, Naming the Powers S.87.

[62] Auch SCHNACKENBURG EKK X 286 identifiziert das ῥῆμα θεοῦ (E 6,17) unter Hinweis auf 1.Pt 1,25; Rö 10,8 mit der christlichen Botschaft.

[63] Die Reihe der pluralischen Partizipien (v.14-16: περιζωσάμενοι u.s.f.), die sich an den Imperativ στῆτε (v.14) anschließen, wird durch den erneuten Imperativ δέξασθε (v.17) abgebrochen; diesem Imperativ müssen dann die weiteren Partizipien προσευχόμενοι und ἀγρυπνοῦντες syntaktisch zugeordnet werden (mit R.A.WILD, The Warrior and the Prisoner: Some Reflections on Ephesians 6:10-20, CBQ 46 (1984) S.288; gegen SCHNACKENBURG EKK X S.287 mit A 736).

[64] Siehe dazu o. S.219 A 464.

[65] Dazu paßt SCHNACKENBURGs Beobachtung zu E 6,18: "Besonders in Bedrängnis und Verfolgung pflegte man das anhaltende Gebet (vgl. Lk 18,7; Rö 15,30f.; 1 Petr 4,7; Offb 5,8; 8,3)" (EKK X 288).

häufige Zusammenordnung von παρρησία und ἐλευθερία bei hell.-röm. Autoren nahelegt, geht es in E 6,19f. somit um den Widerstreit zwischen der unfreien Gefangenschaftslage in Rom, die nach dem Zusammenhang für die Hinderungsabsicht der diabolischen Mächte transparent wird, und παρρησία als "the mode of speech which befits a free human being."[67] Gerade an dieser Stelle ist also nicht zu übersehen, daß der διάβολος und seine assoziierten Mächte (6,11-12) im Bewußtsein des Autors von E 6,10-20 (und seines theologischen Milieus) in Verbindung zum Handeln des römischen Staates stehen.[68]

Um die feindlichen Mächte, gegen die der Kampf der milites Christi zu führen ist, näher zu identifizieren, gehen wir am besten von E 6,12 aus. In vier πρός-Wendungen werden sie als Kampfgegner aufgeführt: πρὸς τὰς ἀρχάς, πρὸς τὰς ἐξουσίας, πρὸς τοὺς κοσμοκράτορας τοῦ σκότους τούτου, πρὸς τὰ πνευματικά τῆς πονηρίας ἐν ταῖς ἐπουρανίαις. Wie ist das logische Verhältnis zwischen diesen πρός-Wendungen zu beurteilen? Werden im Interesse umfassender Aufzählung unterschiedliche Mächte-

---

[66] WILD, CBQ 46 (1984), A 31 S.292f., will ἀκωλύτως in Act 28,31 von der platonischen "Etymologie" der ἀρετή als das, was "ohne Hinderung" aus der guten Seele immerzu fließt (ἀεὶ ῥέον) (Crat. 415C-D), her verstehen: "Paul's arete as a heroic follower of Jesus" sei gemeint. Aber dies ist im Rahmen des deuteropaulinischen Idealbilds vom gefangenen Apostel, wie es etwa auch 2.Tim 2,9 ("...aber das Wort Gottes ist nicht gefesselt") bestimmt, ganz unwahrscheinlich: Gemeint ist die durch die behördlichen Fesseln uneingeschränkte Wortverkündigung in Rom.

[67] Zitat aus R.A.WILD, The Warrior and the Prisoner: Some Reflections on Ephesians 6:10-20, CBQ 46 (1984), hier S.291. Zur Zusammenordnung von παρρησία und ἐλευθερία siehe das Material bei WILD, a.a.O.. S.291 A 21 (Lukian, Demon.3; Peregr.18; Dio Chrys. Or.77 78,37; Jos. ant. XI 39; CassDio 45,18,2), a.a.O. S.291 mit A 24 auch zu "the Stoic commonplace that tyrants, the ultimate enemies of parrhesia, may perhaps have power over an individual's body but cannot control that person's true inner self" (cf. 4.Makk 10,5). In Lev 26,13 LXX stehen sich παρρησία und "Fessel" gegenüber, in Sap 5,1 παρρησία und die "Bedränger". Nach WILD gibt die letztgenannte Stelle eine Parallele zu E 6,19f. ab, nur daß statt irdischer Feinde kosmische Mächte die Gegner sind. Jeweils sei der bedrängte einzelne in Wirklichkeit "the freest of the free" (293).

[68] Mit der Gebetsparänese E 6,18-20 par. Kol 4,2-4 wird der Duktus des Kol, der nach dem Ende der Haustafel (E 5,21 - 6,9 par. Kol 3,18 - 4,1) durch den Hauptteil der *militia Christi* in E 6,10-17 verlassen war, wieder aufgenommen. Bemerkenswert ist dabei, daß die Gebetsparänese, die ab Kol 4,3f. par. E 6,19f. auf die Person des gefangenen Paulus orientiert ist, im E in der oben beschriebenen Weise *in die militia Christi einbezogen* ist und damit die römische Gefangenschaftslage des Paulus zum abschließenden Exempel für die Front des spirituellen Kampfes macht: Die dämonischen Mächte erscheinen mit den römischen Fesseln des Paulus verbunden (cf. WILD, a.a.O. 294: "The cosmic and demonic powers still seek to exercise a tyranny over the Christian, and in that sense the Christian appears to be 'in bonds'"). Ist es Zufall, daß diese Front durch die gegenüber Kol 4,3f. neuen, parallelisierten Wendungen ἐν παρρησία (E 6,19 cf. παρρησιάσωμαι v.20) vs. ἐν ἀλύσει (v.20), die auch im Bericht aus Act 28 über die römische Gefangenschaft des Paulus gebraucht werden (s.o.), verdeutlicht wird? Wir halten es für möglich, daß der fiktive Paulus hier weniger als "a typological model of true Christian existence in the world" erscheinen soll (so WILD S.294) denn als verhüllt hinweisendes, autoritatives Exempel für die irdische Manifestation jener spirituellen Gegnerschaft im römischen Imperium. - Eine eher intuitive, andersartige "politische" Interpretation von E 6,10ff. gibt A.A.T.EHRHARDT, Politische Metaphysik II, S.13: Nach ihm richtet sich der spirituelle Kampf gegen den Kaiserkult, mit dem der Götterkult im Römerreich assoziiert war.

klassen aneinandergereiht oder sollen die nachfolgenden Wendungen die vorangehenden erläutern? An eine möglichst vollständige Aufzählung könnte man von 1,21 her denken, wo πᾶσα ἀρχή, ἐξουσία, δύναμις, κυριότης und zum Abschluß bezeichnenderweise πᾶν ὄνομα ὀνομαζομένον aufgereiht werden - alles übrigens traditionell-jüdische Engelbezeichnungen.[69] Allerdings reduziert die zweite Erwähnung in 3,10 die Mächteklassen auf αἱ ἀρχαί καὶ αἱ ἐξουσίαι und fügt noch die Ortsbestimmung ἐν τοῖς ἐπουρανίαις hinzu - diese beiden Mächteklassen könnten also die himmlische Gesamtheit hinreichend repräsentieren. Beide Mächteklassen erscheinen in den beiden ersten, kurzen πρός-Wendungen aus 6,12 wieder, während die letzte der zwei nachfolgenden, längeren πρός-Wendungen wieder die Ortsbestimmung ἐν τοῖς ἐπουρανίαις anfügt, die nach 3,10 schon auf αἱ ἀρχαί καὶ αἱ ἐξουσίαι zutrifft. Schon aus diesem Grund müssen die hier genannten πνευματικά τῆς πονηρίας ἐν τοῖς ἐπουρανίαις als nähere Qualifizierung der zuvor erwähnten ἀρχαί usf. aufgefaßt werden, darüberhinaus aber auch deshalb, weil eine Substantivbildung vom Typ τὸ πνευματικόν klassifizierend "die Kategorie des betreffenden Kollektivs an[gibt]: 'die Geisterschaften der Bosheit'."[70] Damit trägt die letzte πρός-Wendung eine generische Qualifizierung der zuvor genannten Mächte (πνευματικά...ἐν τοῖς ἐπουρανίαις) nach, die verdeutlicht, inwiefern der Kampf nicht gegen "Fleisch und Blut" geht (6,12). Im Zusammenhang einer Motivation zum Abwehrkampf liegt der Akzent dabei zweifellos auf der ihnen zugeschriebenen diabolischen "Bosheit" (τῆς πονηρίας cf. ὁ πονηρός in 6,16[71]). Wie steht es nun mit der vorletzten πρός-Wendung, die im Vergleich zu den vorangehenden kurzen ebenfalls länger und präzisierend formuliert ist? Tatsächlich trägt auch sie - ganz wie die letzte Wendung - eine diabolische Qualifizierung der Mächte nach, denn der Genitiv τοῦ σκότους τούτου bezieht sich, wie Act 26,18 (cf. Kol 1,13) zeigt, auf den satanischen Einflußbereich. Die beiden letzten πρός-Wendungen arbeiten durch ihre diabolischen Qualifizierungen somit einen Zug heraus, der zur Motivation des Kämpfens und Widerstehens unverzichtbar war und der durch die in dieser Hinsicht blaßen Engelbezeichnungen ἀρχαί/ ἐξουσίαι, die nach 3,10 schon alle Mächte repräsentieren konnten, noch nicht genügend in den Fokus trat. Über die ἀρχαί und ἐξουσίαι hinaus stellen also weder die κοσμοκράτορες noch die πνευματικά in 6,12 weitere Mächteklassen dar, sondern es handelt sich um generische Qualifizierungen der zuvor Genannten: Alle gemeinten Mächte sind als satanische κοσμοκράτορες (und zugleich πνευματικά) aufzufassen.[72]

---

[69] ἀρχαί: Dan 10,13 LXX/Θ; 10,20f.Θ; 12,1 Θ [ἄρχοντες]; aethHen 21,5; 75,1; 80,11-14.17-20; 1 QS III 20; 1QM XIII 10 [שר].14 ["Welcher Engel (מלאך) und Fürst (שר)..."]; AscJes 10,12; 11,16; in der Merkabah-Literatur heißen die höheren Engel dann häufig שר = ἄρχων [4QSab.Schirot; SCHÄFER, Übersetzung pass.; hebrHen pass.]. ἐξουσίαι: 2.Makk 3,24 [cf. M.BLACK, Πᾶσαι ἐξουσίαι, FS C.K.BARRETT, 1982, S.79]; Test XII Levi 3,8; slavHen 20,1; aethHen 61,10. δύναμις: 4.Reg 17,16; 21,3.5; 23,4f; Philo, plant 14 u.ö.; PGM XXIIb (Vol.II) vs.2.4.7 (Gebet Jakobs). κυριότητες: ApcZeph bei Clem.Alex.strom 5,11,77 [Engel = κύριοι]; aethHen 61,10; slavHen 20,1; Jud 8; 2.Petr 2,10. - Zu E 1,21 siehe auch o. S. 45f.

[70] H.SCHLIER, Brief S.291 mit Hinweis auf die Analogbildungen τὸ πολιτικόν, τὸ ἱππικόν.

[71] Zu ὁ πονηρός als Satansbezeichnung siehe Joh 17,15; 1.Joh 2,13.14; 3,12; 5,18.19; 2.Thess 3,3; Mat 6,13; 13,19.38.

[72] Später werden wir für diese Identität noch einen schlagenden Beleg finden: Bei unserer Auffassung von 6,12, nach der die beiden letzten πρός-Wendungen die beiden ersten erläutern,

Diese Einsicht ist für ein näheres Verständnis dieser Mächte entscheidend: F.CUMONT und L.CANET konnten zeigen, daß die sieben Planeten wahrscheinlich schon seit dem 2.Jh.v.Chr. (Ps.-Petosiris) in Astrologenkreisen als ἑπτὰ κοσμοκράτορες bezeichnet wurden[73]; noch die Neuplatoniker belegen später diesen astrologischen Sprachgebrauch: οἱ καλούμενα πλάνητες κοσμοκράτορές εἰσι.[74] Die Sonne zählte dazu[75] und konnte als *der* κοσμοκράτωρ schlechthin hervorgehoben werden.[76] Im judenchristlichen Testament Salomos, das sehr wahrscheinlich auch magische Traditionen des hell. Judentums (Ägyptens?) verarbeitet[77], stellen sich die sieben Planetengeister als κοσμοκράτορες τοῦ σκότους vor (8,2). Im Kapitel über die 36 Dekane, die den Zodiak unterteilen, für das K.PREISENDANZ eine jüdische Vorlage aus Ägypten annimmt[78], erscheinen die Astralgeister dieser Dekane als οἱ κοσμοκράτορες τοῦ σκότους τοῦ αἰῶνος τούτου (c.18). Selbst wenn diese Stellen den Epheserbrief voraussetzen sollten, so bleibt doch die eindeutig astrale Identifikation des κοσμοκράτωρ-Begriffs durch den Verfasser erhellend. In Ephesos und in der Asia der frühen Kaiserzeit waren astrologische Lehren gut bekannt: In Verbindung mit dem ephesischen Artemiskult ist der Einfluß astrologischer Anschauungen für die Kaiserzeit archäologisch gut bezeugt.[79] Ein berühmter Astrologe, Ti. Claudius Balbillus, ist als Bürger und εὐεργέτης von Ephesos bekannt: Seine Familie kam aus Alexandria, wo er unter Claudius Präfekt von Ägypten war, später war er Astrologe Neros und Vespasians

---

würde der κοσμοκράτωρ-Begriff als astrologischer terminus (dazu siehe gleich) die ἀρχαί und ἐξουσίαι astral identifizieren lassen. Tatsächlich werden wir unten zu 3,10 sehen, daß auch dort die ἀρχαί und ἐξουσίαι astral bezogen werden; unser Verständnis der beiden letzten πρός-Wendungen in 6,12 als nähere Erläuterung der zuerst genannten ἀρχαί und ἐξουσίαι trifft also zu.

[73] PsPetosiris [ca. 150-120 v.Chr., KP IV Sp.36] bei Vettius Valens, Anthologiae [geschrieben 152-162 n.Chr.] p.278,2 (KROLL); cf. ebd. p.314,16; 360,7. Die Anthologien kompilieren älteres astrologisches Material. Siehe auch Hephaistion, CCAG VI,1.24. Das breit gestreute Material bieten F.CUMONT/ L.CANET, Mithra ou Sarapis ΚΟΣΜΟΚΡΑΤΩΡ, CRAIBL 1919, S.313-328, hier bes. 318ff. Wenn wir auch kaum Sicherheit über den Zeitpunkt gewinnen können, zu dem der astrologische κοσμοκράτωρ-Begriff in Gebrauch kam, so ist die astrologische Bedeutung doch mit Sicherheit die älteste belegbare.

[74] Proclus, In Tim. III p.58,8 (DIEHL); Cf. III p.82,21; 94,12; In Remp. II p.17,5 KROLL) (ἑπτὰ κοσμοκράτορες); weitere Belegstellen bei F.CUMONT/ L.CANET, a.a.O. S.318ff. (Anmerkungen).

[75] Proclus, In Tim. III p.95,31 (DIEHL): τὸν ἥλιον καὶ τοὺς ἄλλους κοσμοκράτορες. In Remp.II p.220,26 (KROLL): ὁ πάντων βασιλεὺς ἥλιος...ὑπὸ πάντων δορυφορεῖται κοσμοκράτορων.

[76] So u.a. in dem orphischen Hymnus an Helios, Hymn.orph. VIII 11: κοσμοκράτωρ, συρικτά; Vett.Val. Anthol.VIII 6,p.316,21; Hephaist., CCAG VI, p.68,1.24 (Weiteres bei CUMONT/ CANET, a.a.O. S.321 A 4). Cf. auch PGM Pap.III 135; IV 166.1599f.2198; XXIIa 18ff. (u.ö.). Siehe außerdem die weiteren Belege bei F.CUMONT, L'Égypte Des Astrologues (1937), S.27 mit AA 2.3.

[77] Siehe dazu K.PREISENDANZ, Art. Salomo, RE Suppl. VIII (1956), Sp.684-690.

[78] K.PREISENDANZ, a.a.O. Sp.686f.689f.

[79] E.HEINZEL, Zum Kult der Artemis von Ephesos, Jahreshefte des Österreichischen Archäol. Instituts in Wien 50 (1972-75), S.243-251; siehe zu diesem astrologischen Lokalkolorit C.E. ARNOLD, The 'Exorcism' of Ephesians 6.12 in Recent Research, JSNT 30 (1987), S.76.

und lebte in Ephesos. Sein Vater war der berühmte Astrologe Ti.Claudius Thrasyllos, dessen "Zahlen des Thrasyll" (möglicherweise Tabellen der astrologisch guten und schlechten Tage des Monats) in der Laienastrologie kursierten. Vespasian erlaubte den Ephesern, zu Ehren des Balbillus regelmäßig die Βαλβίλλεια bzw. Βαρβίλλεια zu veranstalteten.[80] Besonders ist aber an die popularastrologisch bedeutsame Lehre von der Planetenwoche zu denken, nach der jeder Tag von je einem Planeten beherrscht und so die siebentägige Woche gebildet wird. Vermutlich vom hellenistischen Ägypten ausgehend setzte sich diese Auffassung in populärer Breite spätestens seit dem 1.Jh.v.Chr. überall im römischen Reich durch.[81] Für Kleinasien ist etwa das von Porphyrios überlieferte Apollo-Orakel zu berücksichtigen, das dazu auffordert, die Planeten an ihren jeweils zugehörigen Tagen anzubeten.[82] Es hindert also nichts daran, die χοσμοχράτορες in E 6,12 im traditionell-astrologischen Sinn zu verstehen: Gemeint wären dann primär die sieben Wandelsterne/ Planeten (inklusive Sonne und Mond)[83], die mit dem Vordringen der Planetenwoche in der popularastrologischen Anschauung als tagesbestimmende Kosmosmächte etabliert wurden, darüberhinaus möglicherweise auch die Dekane und Sternbilder des Zodiak (s.o. zum TestSal).

Diese Planeten und Gestirne als "Geistwesen" (πνευματικὰ τῆς πονηρίας ἐν ταῖς ἐπουρανοῖς E 6,12) zu fassen, ergibt sowohl vor dem Hintergrund pagan-synkretistischer als auch jüdischer Vorstellungen guten Sinn. Denn in den griechischen Zauberpapyri und in astrologischen Sammelhandschriften "behalten diese pl[anetarischen] Chronokratores als lebendige Götter, Dämonen, Erzengel, Engel und Heilige ihre volle Handlungsfreiheit".[84] Auch wurden die "Strahlen als Lebewesen gedacht, als Geister,

---

[80] Zu Balbillus siehe W.KROLL, Art. Claudius Nr.82, RE Suppl.V Sp.59f.; I.R.ARNOLD, Festivals of Ephesus, AJA 76 (1972), S.17-22; RIESS, RE II/2 (1896), Sp.1819. Zu den Zahlen des Thrasyll siehe BOLL/ BEZOLD/ GUNDEL, Sternglaube und Sterndeutung [3]1926, S.173f.

[81] Datierbare Belege und Grundlegendes dazu bei W.GUNDEL/H.GUNDEL, Art.Planeten, RE XX/2 (1950), bes. Sp.2143-2147; F.BOLL, Art. Hebdomas, RE VII/2 (1912), bes. Sp.2570-2578; W.GUNDEL/H.G.GUNDEL, Astrologumena. Die astrologische Literatur in der Antike und ihre Geschichte, Wiesbaden 1966, S.129.173f.256; E.SCHÜRER, Die siebentägige Woche, ZNW 6 (1905), S.1-66, hier S.17f.; F.BOLL/C.BEZOLD/ W.GUNDEL, Sternglaube und Sterndeutung. Die Geschichte und das Wesen der Astrologie, Berlin [3]1926, S.178ff. - Pars pro toto soll hier eine um 50 n.Chr. in Pompeji angebrachte Ritzinschrift genannt werden (CIL IV 5202): θεῶν ἡμέρας/ Κρόνου/ Ἡλίου/ Σελήνης/ Ἄρεως/ Ἑρμοῦ/ Διός/ <Ἀ>φροδείτης.

[82] Porphyr. bei Euseb, Praep.evang. V 14,1ff.; zur Verortung an einem kleinasiatischen Apollo-Orakel siehe E.MAAS, Die Tagesgötter in Rom und den Provinzen, Berlin 1902, S.245-47; E.SCHÜRER, ZNW 6 (1905), S.20. Der von MAAS emendierte Text liest: "Anrufen sollst Du [den Zeus an seinem Tage, ebenso an seinem Tage] den Hermes und auf dieselbe Weise den Helios am Tage des Helios, Selene, so oft ihr Tag erscheint, und den Kronos und Ares und der Reihe nach auch Aphrodite in lautlosen Gebeten..." Die von C.E.ARNOLD, Ephesians: Power and Magic, S.29, herangezogene Planeteninschrift aus dem Theater zu Milet (CIG 2895) ist erst der byzantinischen Zeit zuzurechnen (SCHÜRER, ZNW 6 (1905) S.20-22; F.BOLL, Art.Hebdomas, RE VII/2 (1912), Sp.2575).

[83] So F.CUMONT/ L.CANET, Mithra ou Sarapis, S.324ff.; R.A.WILD, The Warrior and the Prisoner, CBQ 46 (1984), S.287 mit A 9. Es ist bezeichnend, daß der Begriff χοσμοχράτορες auch im Testament Salomos astral identifiziert wird: Nach 8,2 sind die Planeten gemeint, nach 18,2 die astralen Dekane.

[84] W.GUNDEL/H.GUNDEL, Art.Planeten, RE XX/2 (1950) Sp.2146f.; F.BOLL/C.BEZOLD/W.GUNDEL, Sternglaube, S.178-180. Siehe die Anweisungen zur

Seelen, Dämonen und Engel, die im Körper der Pl[aneten] hausen und auf Beschwörungen hin erscheinen können".[85] Als (neu-) pythagoreische Lehre wird bei dem Neupythagoreer Nikomachos von Gerasa (1./2.Jh.n.Chr.) die auf Ostanes und Zarathustra zurückgehende Auffassung dargestellt, nach der die Gestirne, die sie wegen ihres Zusammenhangs "Herden"/ "Scharen" (ἀγέλας) nannten, "Engel" (ἀγγέλους) seien: "Daher werden auch die Sterne und Dämonen (ἀστέρας καὶ δαίμονας), die jeweils eine dieser Sternscharen anführen, in gleicher Weise Engel und Erzengel (ἀγγέλους καὶ ἀρχαγγέλους) genannt, welche sind der Zahl nach sieben, so daß 'Ageleia' [= der epische Beiname der Athene] demgemäß wahrhaftig die Siebenzahl bezeichnet."[86] Die schicksalbestimmenden Planeten erscheinen hier als δαίμονες und zugleich als Engel. Vergleichbar ist die Anrufung der Sterne als δαίμονες ἀγνοί in Hymn.Orph. VII v.2. Die überlieferten Planetengebete (cf. das oben genannte Apollo-Orakel) belegen ebenfalls die Auffassung der Planeten als personhafte Mächte.[87] Besonders interessant ist dabei der jüdische Traktat "Hygromanteia Salomonis", nach dem u.a. jedem Tages(und Stunden-) Planeten jeweils Engel (für gute Verrichtungen) und Dämonen (für böse Taten) zugeordnet sind. Salomon belehrt seinen Sohn Rhoboam über deren Herrschaftsfolge sowie über die Anrufung der Planeten und ihrer Engel bzw. Dämonen.[88] Auch sonst wurden im Alten Testament und im Judentum die Sterne als personale Mächte gefaßt und erscheinen somit als Teilgebiet der Angelologie bzw. Dämonologie.[89] Ein für uns wichtiges Konzept ist das der Wächterengel/ -sterne am Sternenhimmel (Dan 4,10.14.20; aeth Hen 1,4f.; 12,4 u.ö.; Jub 4,15; 8,3 u.ö.; Bar 3,34f.(LXX): αἱ δὲ ἀστέρες ἔλαμψαν ἐν ταῖς φυλακαῖς αὐτῶν...; Philo, de prov I 90: praepositi mundo custodes)[90], die allerdings nach einer verbreiteten astralmythischen Interpretation von

---

Bestimmung des planetarischen Tagesherrschers (ὁ πολεύων/ ἡμερήσιος/ dominus diei/ ἐφεβδοματικός) in PGM Vol.II, XIII p.97 v.213ff; XIII p.120 v.718ff. Dabei wird auf die Schrift "Schlüssel des Mose" hingewiesen, in dem der Zauberzwang für die planetarischen Stunden- und Tagesgötter mitgeteilt sei. Von Apollonios v. Tyana wird eine spezielle magisch-apotropäische Praxis erzählt: Sieben Ringe, die nach den sieben Planeten benannt waren, habe er abwechselnd entsprechend dem jeweiligen Tagesplaneten getragen - wohl zum Schutz vor schädlichen astralen Einflüssen (Philostr., vit.Apoll.III 41).

85 W.GUNDEL/H.GUNDEL, Art.Planeten, RE XX/2 (1950) Sp.2111. Ein Beispiel: Nach PGM Vol.II, IV 2727/8 verfügt die Mondgöttin Selene-Hekate-Artemis, deren Lichtemission durch Feuerschein erklärt wurde, über "feuerhauchende Gespenster" (πυρίπνοα φάσματ' ἔχουσα = ihre dämonisierten Lichtstrahlen).

86 Nikomach. bei PsIambl. theologumena arithmetica 7 (42f.AST); siehe dazu R.REITZENSTEIN, Die hellenistischen Mysterienreligionen nach ihren Grundgedanken und Wirkungen, ³1927 (= Darmstadt 1956), S.171f A 2; J.MICHL, Art. Engel IV, RAC V (1962), Sp.132f.; cf. ebd. Engel I, Sp.57 (VIII. Planeten und Engel).

87 Zu Porphyr. bei Euseb, Praep.evang. V 14,1ff. siehe o. A 82; cf. Orig. c.Cels. VI 31.

88 Hygromanteia Salomonis, ed. J.HEEG, CCAG VIII/2, p.139-165. Dazu W.GUNDEL/H.G.GUNDEL, Astrologumena, s.v..

89 Siehe dazu O.BÖCHER, Art.Astrologie III TRE IV (1979), S.299-308; K.E.GRÖZINGER, Art.Engel III, TRE IX, S.587f..

90 Zu den Wächtern siehe das Material bei J.MICHL, Art. Engel II, RAC 5 (1962), Sp.65; O.BÖCHER, Art.Astrologie III, TRE 4 (1979), S.301.302f. Wichtiges religionsgeschichtliches Vergleichsmaterial bietet M.HENGEL, Judentum und Hellenismus, S.426ff. (z.B. die οὐρανοῦ κατόπται bei Philo von Byblos, Eus. Praep.Ev. I 10,2).

Gen 6,1-4 zumeist als gestürzte und in der Finsternis gefangengesetzte Sterne/Engel angesehen werden (aeth Hen 86,1-6; 90,21.24; 12,2-4; 15,9ff.; 18,13-16; 21,1-6 u.ö.; slav Hen 18,1.3; Test XII Ruben 5,6; Naphth. 3,5; 1.Pt 3,19: τοῖς ἐν φυλακῇ πνεύμασιν; Jud 6.13: ἀστέρες πλανῆται οἷς ὁ ζόφος τοῦ σκότους εἰς αἰῶνα τετήρεται). Nach aeth Hen 54,6 sind sie dem Satan unterstellt. Sind diese gestürzten Sterne-Engel nach aeth Hen 18,13-16; 21,1-6 (cf. 86,1ff.; 90,21.24) zweifellos die sieben Planeten, so entspricht dem, daß Judasbrief 13 "in Erinnerung an den Sternensturz nach Gen 6,1-4 ... die christusfernen Irrlehrer mit 'Planeten' [vergleicht], nämlich mit den gefallenen, in sonnenferne kosmische Dunkelheit verbannten Astralengeln (Jud 6)."[91] Auch in dieser jüdischen Traditionslinie sind die Planeten also personhafte "Geistwesen"[92], die für alles Schlechte auf Erden ursächlich und in astralmythischer Perspektive "Gefangene" sind. Nach verbreiteter astrologischer Theorie, die auch im hell. Judentum bekannt war, sind die Planeten/ Gestirne eng auf den Bereich der Luft bezogen[93]; die Planeten bewegen sich sogar selbst unterhalb der Fixsternsphäre unmittelbar *im Luftraum*, wie uns einige Quellen mitteilen (!).[94] Darüberhinaus finden wir die Auffassung, daß die in der Luft lebenden Seelen/ Dämonen in der Zahl den Sternen gleich sind (Philo, som I 137: ἰσαρίθμους ἄστροις) und diesen folgen (conf 174). Wir kennen die hier nur anklingende Vorstellung von den Luftdämonen als Operatoren der Gestirne/ Heimarmene auch aus dem magisch-astrologischen Schrifttum einschließlich der Zauberpapyri[95], aus

---

[91] O.BÖCHER, Art.Astrologie III, TRE IV (1979), S.306.

[92] Cf. auch später Clemens Alex., ecl.proph. 55,1: οἱ ἀστέρες, σώματα πνευματικά, κεκοινωνηκότα ἀγγέλοις ἐφεστῶσι διοικούμενα.

[93] Die Einwirkung der Sterne auf die Luft steht freilich auf einer breiteren astrologischen Basis, siehe dazu E.PFEIFFER, Studien zum antiken Sternenglauben (1916), S.29f.S.77ff. (z.B. Schol.Arat.Phaen.11 (MAASS, Com.i.Ar.Rel. p.338): ἡ ἐπιτολὴ δέ τινος ἀστέρος νεωτερίζουσα τι τῶν περιγείων; cf. Achill. c.14 (p.41,13); die Sterne bewirken die rechte Mischung der Luft, indem sie die reinste Luft ausströmen: Cic., de nat.deor. II 118. Philo von Alexandrien spiegelt die traditionelle Zuständigkeit der Sterne für den Luftbereich etwa in spec I 13: Gegen die Meinung, daß Sonne, Mond und Sterne als Götter mit absoluter Macht alles auf Erden verursachen, stellt Philo die Auffassung des Mose, der Kosmos sei geworden und gleichsam der größte Staat, der Regierende und Untergebene habe: "als Regierende (ἄρχοντας) alle Sterne im Himmel, welche wandeln oder fix sind, als Untertanen (ὑπηκόους) alle Wesen (φύσεις), die sich unterhalb des Mondes *in der Luft und auf Erden* (ἐν ἀέρι καὶ περιγείους) befinden". Diese astralen Archontes seien nur Unterbefehlshaber (ὑπάρχους) Gottes (spec I 14.19). Siehe auch op 113: Die in sieben Ordnungen eingerichteten Planetenbahnen manifestierten in hohem Maß συμπάθειαν πρὸς ἀέρα καὶ γῆν.

[94] So Achilleus Tatios [Petavius, Uranologion, p.138]: τῶν δὲ ἀστέρων οἱ μὲν ἀπλανεῖς ἐναρήρασι τῷ οὐρανῷ...ἄλλοι δέ εἰσιν ἑπτὰ ἀστέρες κατωτέρω τοῦ οὐρανοῦ ἐν τῷ ἀέρι...; ähnlich Paulus Alexandrinus, der die Planetenzonen im αἰθήρ lokalisiert (Diese Belege bei E.SCHÜRER, ZNW 6 (1905), S.64f. mit A 2). Chaeremon bei Porphyrios, De cultu simulacrorum Frgm. 10 (= Euseb. Praep.Evang. III 11,48) [ed. P.W. VAN DER HORST, EPRO 101, Fragm. 17D, p.28]: ὁ ἥλιος δι' ἀέρος ὑγροῦ καὶ γλύκεος τὴν περιπόλησιν ποιεῖσθαι. Hygromanteia Salomonis, ed. HEEG, CCAG VIII/2, p.154, Z.25f.: ὁρκίζω σε, πλανήτα Κρόνε, εἰς τὴν ὁδόν σου καὶ εἰς τὸν ἀέραν σου...;

[95] Siehe Th.HOPFNER, Art.Μαγεία, RE XIV/1, Sp.301-393, bes. 308ff.321.327f.328f.u.ö.; Zauberpapyri: PGM Vol.II, XII p.75 v.254f.: "Dein sind die wohltätigen Ausflüsse (ἀπόρροιαι) der Sterne: Dämonen, Tychen und Moiren" (ebenso Vol.II, XIII 780f.; XXI 15). PGM Vol.II, XIII 708ff.: "Du fragst: 'Herr, was ist mir bestimmt?' Und er wird dir von deinem Stern erzählen,

der hermetischen Literatur[96], aus der jüdischen "Hygromanteia Salomonis" und aus dem Testament Salomos sowie aus der christlichen Polemik[97] - ihr kam wohl eine breite Popularität zu und sie entspricht der hellenistischen συμπάθεια-Lehre. Gehen wir von den hier dargestellten, zum Teil jüdisch rezipierten Astrologumena aus, so bereitet es keine Schwierigkeiten, die κοσμοκράτορας τοῦ σκότους τούτου in E 6,12, die als Geistwesen der Bosheit in den himmlischen Bereichen charakterisiert werden, entsprechend der astrologischen Begriffstradition zu "κοσμοκράτωρ" als die schicksalbestimmenden Sterne-Geister zu verstehen. Diese astrale Deutung der Mächte im E erhält nach unseren Analysen - über die von CUMONT/ CANET bearbeitete Traditionsgeschichte zum Begriff κοσμοκράτωρ hinaus - zusätzliche Stützen: a. Daß sie dem Diabolos (E 6,11) als dem pneumatischen ἄρχων τῆς ἐξουσίας τοῦ ἀέρος (E 2,2) assoziiert sind, stimmt mit ihrer astrologisch gedachten Zuständigkeit für den Bereich der Luft überein: Die Planeten selbst, so glaubte man, bewegen sich unterhalb der Fixsternsphäre im Luftraum[98] und wirken auf die Luft bzw. über Vermittlung der ihnen zugeordneten Luftdämonen oder ihrer dämonisierten Strahlen an den Menschen. War die Luft der klassische Bereich des Dämonischen[99], so paßt jedenfalls die astrologische Variante präzise in dieses Konzept. Ebenso paßt die diabolische Charakteristik der Mächte zur jüdischen Tradition vom Sternenfall gemäß Gen 6,1-4 (s.o.).

---

und wie dein Dämon beschaffen ist, und wie dein Horoskop; und wo du leben wirst und wo du sterben wirst." Nach PGM Vol.I, I 215f. wird der Allgott (Sonne) gebeten: "Halte deinen Schild über mich wider jegliche Überlegenheit der Schadensmacht (ἐξουσίας) eines Dämons der Luft und der Heimarmene (δαίμονος ἀε[ρί]ου καὶ εἰμαρμένης)". Zu PGM siehe H.G.GUNDEL, Weltbild und Astrologie in den griechischen Zauberpapyri, Münchner Beitr. z. Papyrusforsch. u. antiken Rechtsgesch. H.53, München 1968, pass..

[96] Ausführlich etwa in Corp.Herm. XV 12-18: Die Dämonen sind den Sterngruppen in je gleicher Zahl zugeordnet, sind somit Diener je eines Sternes und entweder gut oder schlecht oder gemischt (§ 13). Ihnen ist die Herrschaft über die Erdendinge zugewiesen (Staaten/ Völker/ Einzelwesen) (§ 14). Bei der Geburt ergreifen uns diejenigen Dämonen, die zu diesem Augenblick im Dienst der Genesis und ihrer Sterne sind (§ 15). Nur über den vernünftigen Logos-Teil der Seele haben die Dämonen keine Macht (§ 16) Diesen durch Sterne und zugeordnete Dämonen besorgten irdischen Haushalt (διοίκησις) nennt Hermes εἰμαρμένη (§ 16). So ergibt sich die Hierarchie: Sonne - astrale Sphären - Dämonen - Menschen (§§ 17.18). Cf. auch Corp Herm IV 8; I 9.25f.; Askl. XIX; Stob. I 195,5 (WACHSMUTH-HENSE). Eine gewisse Analogie zu dieser Hierarchie bietet die pseudoplutarchische Schrift de fato: Die höchste Pronoia als Wille/ Gedanke des Weltschöpfers steht über der Heimarmene und umfaßt sie; die zweite Pronoia ist die der Astralgötter im Himmel (Heimarmene) und die dritte Pronoia kommt den Dämonen als Wächtern und Aufsehern der menschlichen Handlungen zu (de fato 9).

[97] Zur Hygromanteia Salomonis s.o.; auch nach dem TestSal stellen die Dämonen die Verbindung zum Astralbereich her (2,2; 4,6.9; 5,8; 8; 18). Die Allianz aus Sternen und (Luft-) Dämonen, die diese vermutlich populäre Konzeption des fatum astrale bestimmt, spiegelt sich später auch noch bei Lact. Inst. 2,15: denique affirmat Hermes eos, qui cognoverint deum, non tantum ab incursibus daemonum tutos esse, verum etiam ne fato quidem teneri. μία, inquit, φυλακὴ εὐσέβεια. εὐσεβοῦς γὰρ ἀνθρώπου οὐ δαίμων κακὸς οὔτε εἱμαρμένη κρατεῖ. Cf. auch die Polemik des Tatian, Oratio ad Graecos (ed. C.OTTO, Corp. Apolog. Christ. VI, c.IX p.42 z.7ff): ἡμεῖς δὲ καὶ εἱμαρμένης ἐσμὲν ἀνώτεροι καὶ ἀντὶ πλανητῶν δαιμόνων ἕνα τὸν ἀπλανῆ δεσπότην μεμαθήκαμεν...

[98] S.o. mit A 94.

[99] Siehe die Übersicht bei ANDRES, Art. Daimon, RE Suppl.III (1918), bes. Sp.296ff.

Nach dieser Tradition wurden die gefallenen Planeten-Engel zur Strafe in einem trostlosen Himmelsbezirk unterhalb der Gottessphäre *gefangengesetzt* (aeth Hen 18,13-16; 21,1-6; cf. TestSal 8,1; nach slav Hen 29,4[J] ist dies sogar "die Luft"; cf. auch Jud 6.13: ἀστέρες πλανῆται οἷς ὁ ζόφος τοῦ σκότους εἰς αἰῶνα τετήρεται) und damit kann korreliert werden, daß Christus nach E 4,8 (Ps 68,19) in der Höhe "Gefangene" fortführte (cf. 1.Pt 3,19; Test.Sal. 8,1). Diesen Psalmtext deutete Irenäus, Dem 83, entsprechend auf die "Vernichtung der Herrschaft der empörerischen Engel". - Die Zusammenfassung der Christus unterworfenen himmlischen Mächte durch die Wendung καὶ παντὸς ὀνόματος ὀνομαζομένου in E 1,21 läßt sich zudem mit den in der jüdischen Hygromanteia Salomonis enthaltenen umfangreichen planetarischen und astrodämonischen Namenslisten, die Vollständigkeit anstreben, vergleichen.[100]

b. Die durch die Existenz der Kirche den himmlischen Mächten bekanntgemachte, ihre kosmische (Rang-) Ordnung "unterhalb" Christi betreffende πολυποίκιλος σοφία τοῦ θεοῦ (E 3,10) besitzt, wie bei der traditionsgeschichtlichen Analyse deutlich wurde, kraft vieler Vergleichstexten einen primären Bezug auf den Astralbereich: ποίκιλος und σοφός erschienen vor allem die wunderbare göttliche Ordnung der Sternenwelt; schon Kritias sprach von der "sternefunkelnden Gestalt des Himmels, ein schönes buntes Gewebe (ποίκιλμα) des weisen (σοφοῦ) Künstlers Chronos" (s.o. S.27-35). Auch die Traditionsgeschichte für die vier kosmischen Dimensionen, deren Erkenntnis (E 3,18) die durch Christi herrscherliche Erhöhung erneuerte Struktur des Kosmos umgreift, ergab den möglichen, in einigen Vergleichstexten ebenfalls ausschließlichen Bezug dieser Dimensionen auf den Astralbereich (s.o. S.35-41). Der durch diese Dimensionen und vor allem durch die πολυποίκιλος σοφία (3,10) nahegelegten Bezugnahme auf die (mythische) Sternenwelt entspricht es, daß die in 3,10 genannten ἀρχαί und ἐξουσίαι ausdrücklich ἐν τοῖς ἐπουρανίοις lokalisiert werden: Wir müssen in dieser Wendung, wo sie auf die Mächte angewandt ist (3,10; 6,12; cf. εἰς ὕψος in 4,8 und πάντων τῶν οὐρανῶν in 4,10; cf.1,20f.), somit eine Verortung im mythisierten Astralbereich erkennen.[101] Dieser mythisierte und zugleich räumlich aufgefaßte Himmel ist der entscheidende Ort für die Wirksamkeit der astralen Mächte im E, aber auch für ihre Entkräftung, indem Christus und durch gnoseologische Partizipation auch die Glaubenden dort eine überlegen höhere Position erlangt haben (1,3.20ff.; 2,6: 4,8.10; cf. IgnEph 19,2f.). Von 3,10.18 her wird auch unsere These bekräftigt, daß der astrologische κοσμοκράτωρ-Begriff in 6,12 tatsächlich die zuvor genannten ἀρχαί und ἐξουσίαι näher qualifizieren soll: Der Kampf der milites Christi ist gegen die alles irdische Geschick bestimmenden, himmlischen Planeten, Dekane und sonstige Astralwesen zu führen. Die astrologische Tradition schrieb vor allem den Planeten ja nachdrücklich unüberbietbare Macht und Weltherrschaft zu.[102]

---

[100] Ein (noch kurzes) Beispiel für Kronos/ Saturn: ὁρκίζω σε, πλανῆτα Κρόνε,...εἰς τὰ ὀνόματά σου ταῦτα· Γασιάλ, Ἀγουνσαέλ, Ἀτασσέρ, Βελτολιέλ, Μεντζατζιά, ἵνα μοι δώσεις χάριν καὶ ἐνέργειαν καὶ δύναμιν εἰς τὴν ὥραν, ἐν ᾗ κυριεύεις (Hygromanteia Salomonis, CCAG VIII/2, p.154 Z.25 - p.155 Z.3).

[101] Auf diese mythische Sternenwelt verweisen dann notwendig auch die Formulierungen τὰ ἐπὶ τᾶς οὐρανοῖς in 1,10 und πᾶσα πατριὰ ἐν οὐρανοῖς in 3,15.

[102] Cf. die astrologischen Bezeichnungen der sieben Wandelsterne als κοσμοκράτορες (s.o.); die Chaldäer schrieben den Planeten weitgehende δυνάμεις zu (Diod.Sic. II 30,2-3); PGM Vol.II, VIII p.47 v.46f spricht von ihnen als von den "Weltbeherrschern" (τῶν κυριευόντων τοῦ

c. Im Kampf gegen die κοσμοκράτορας τοῦ σκότους τούτου sollen die Glaubenden nach E 6,13 die Waffenrüstung Gottes anlegen,

"damit ihr widerstehen könnt an dem bösen Tag (ἐν τῇ ἡμέρᾳ τῇ πονηρᾷ) und stehen könnt als solche, die alles vollbringen (ἅπαντα κατεργασάμενοι)"

Dabei stellte die Rede von ἡ ἡμέρα ἡ πονηρά bislang eine crux interpretum dar: Handelt es sich bei diesem besonderen "Tag" des Widerstehens gegen die bösen Angriffe der κοσμοκράτορες (cf. 6,11) um den eschatologischen Termin vor der Parusie des Herrn? Doch die Waffenrüstung ist ja gerade für die Gegenwart gegeben, deren Tage allgemein böse sind (5,16). Sind mit dem besonderen "bösen Tag" in dieser Gegenwart also Prüfungen oder Versuchungen in der je individuellen Lebenszeit gemeint?[103] Oder handelt es sich um einen zeitlos vergegenwärtigten, ehemals apokalyptischen Begriff? Oder sollen bewußt Gegenwart und Zukunft zusammengesehen werden, so daß "der 'böse Tag' ... eine sprachliche Zuspitzung in Anlehnung an die Sprache der Apokalyptik [ist], aus der für die konkrete Enderwartung keine weiteren Schlüsse zu ziehen sind"[104]? Auch hier bringt uns der durch das Stichwort κοσμοκράτορες (6,12) nahegelegte planetarisch-astrologische Kontext weiter, in dem der böse Tag bzw. Unglückstag seinen festen Ort hatte: Zur Zeit Neros beschreibt der Dichter Petronius in seinem Satyricon, c.30,4 (cena Trimalchionis), zwei Tafeln an den Türpfosten zum Speisezimmer des Trimalchio, deren eine ein Wochentagskalender mit dem Mondlauf und den Bildern der sieben Planetengötter war. Petronius fügt hinzu: qui dies boni quique incommodi essent, distinguente bulla notabantur - "welche Tage glückverheißend und welche schadenbringend seien, wurde durch einen verschiedenfarbigen Steckknopf angemerkt". Auch archäologisch sind solche planetarischen Wochenkalender mit Steclöchern zur Kennzeichnung des astrologischen "dies ater" bekannt.[105] Besonders zwei Planeten und die von ihnen regierten Tage waren als schädlich verrufen: Ἄρης/Mars und Κρόνος/Saturn.[106] Daher gehörte auch zu den bösen omina, die Tibulus (gest. 19 v.Chr.) gemäß El. I 3,17-18 vorschützte, um nicht aus Rom abreisen zu müssen, daß der

---

κόσμου). Sehr bezeichnend ist schließlich die Heimarmene-Diskussion bei Philo v.Alexandrien, der bemüht ist, den Planeten den Weltherrschaftsanspruch zugunsten ihrer Unterordnung unter Gott zu entreißen: mut 16-17.178-181; cher 24; opif 45f.; her 97.99.300. Typisch für diese Front ist spec I 13ff.: Sonne, Mond und die anderen Sterne seien nicht absolut mächtige Götter (θεοὺς αὐτοκράτορας), denen die Ursachen für alles Geschehen zuzuschreiben sei; sie seien nicht als ἄρχοντας αὐτεξουσίους (§ 14) bzw. als αὐτοκρατεῖς (§ 19) anzusehen. Philo lehnt hier eine Rolle der Planeten als Archonten ab, die später analog im Gnostizismus wieder begegnet.

[103] Entsprechend C.E. ARNOLD, Ephesians: Power and Magic, 114: "The fact that the author refers to an 'evil day' (singular) in 6:13 and 'evil days' (plural) in 5:16 may mean that he intends his readers to think in terms of specific times of attack, when the power of the attack comes with extraordinary power and the temptation to yield is strong."

[104] So SCHNACKENBURG EKK X S.282, ebd. S.281f auch die Diskussion der Auslegungsversuche zu dieser Stelle.

[105] Belegt durch F.J.DÖLGER, Die Planetenwoche, Antike und Christentum VI (1940-1950), S.202-206.

[106] PGM Vol.II, XIII p.130 v.1030-1032: καὶ ἐπιμαρτυροῦντος μηδενὸς κακοποιοῦ, Κρόνου ἢ Ἄρεως. Servius zu Vergil, georg.I,335 (THILO): de planetis quinque duos esse noxios, Martem et Saturnum; Plutarch, De Is. et Os. 48: ...τῶν πλανήτων...δύο δὲ κακοποιούς.

Tag des Saturn ihn abhalte (Suturnive sacram me tenuisse diem).[107] Analog
kennzeichnen astrologisch beeinflußte lateinische Kalenderfragmente Unglückstage
durch die Abkürzung N für nefastus oder nefas, bzw. einzelne Planeten durch n für
noxius.[108] Den nach Petronius schon in neronischer Zeit kalendarisch beachteten dies
incommodi/ nefasti, den astrologisch "bösen Tagen"[109], versuchte man "auszuweichen":
Nach älteren Vorstellungen von den ἡμέραι ἀποφράδες, die hier popularastrologisch
integriert worden waren, hießen solche Tage bezeichnenderweise auch ἡμέραι
ἄπρακτα bzw. ἀπόρρητα - wichtige private oder öffentliche Unternehmungen wurden
unterlassen.[110] Auf weit älterer Auffassung fussend formuliert entsprechend der sog.
Chronograph vom Jahr 354 n.Chr. für den Saturnstag:

Saturni dies horaque eius cum erit nocturna sive diurna, omnia obscura laborio-
saque fiunt; qui nascentur periculosi erunt; qui recesserit non invenietur; qui de-
cubuerit periclitabitur; furtum factum non invenietur.[111]

Entsprechend den Planetenkalendern wiesen auch die Mondkalender (Lunare/ Se-
lenodromien) nach den Mondphasen und dem Mondstand in den Tierkreisbildern bzw.
in den Mondstationen gute und böse Tage aus. Vergil schreibt georg.I, 276ff:

"Glücks- und Unglückstage schuf in wechselnder Folge selber der Mond. Dem
fünften Monatstag weich aus!..."[112]

In einem alten Lunar heißt es vom 5.Monatstag entsprechend u.a., man solle an diesem
Tag, da der Mond erhöht werde, nichts neues beginnen, Kranke würden in Lebensge-
fahr kommen, das Geborene nicht lebensfähig sein, Heiratende ohne Freude bleiben.[113]
E.HEINZEL hält es für möglich, daß die Lunula-Anhänger in Verbindung mit den 28
"Brüsten" eines ephesischen Artemis-Statuentyps des späten Hellenismus auf die 28
Mondstationen verweist - wir haben in der Asia jedenfalls die Verbreitung solcher

---

[107] Das Pendant dazu ist der "Tag des Ares" (ἡμέρα Ἄρεως), der z.B. mehrfach in den in Rom
gefundenen Fluchgebeten vorkommt (ed. WÜNSCH, Sethianische Verfluchungstafeln aus Rom,
1898). Eine Inschrift aus Cumae spricht von einem Kind, das "die Saturni" geboren und gestorben
ist (CIL X 2933).

[108] Belege bei E.SCHÜRER, Die siebentägige Woche, ZNW 6 (1905), S.16f.25-27. Zu
berücksichtigen ist auch die Charakteristik der Isis, die Lucius bei Apuleius, Metamorph. XI 25,2
im Gebet formuliert: "...sie, die ... Schicksalsstürme besänftigt und die bösen Läufe der Sterne
hemmt (stellarum noxios meatus cohibes) ..."

[109] Einen Überblick gibt W.GUNDEL/H.G.GUNDEL, Astrologumena, S.267f (Mond).272f
(Planeten). Ebd. S.272 A 35 werden viele astrologische Quellenbelege für Glücks- und
Unglückstage zusammengetragen.

[110] Siehe dazu W.GUNDEL/ H.G.GUNDEL, Astrologumena, S.267; P.STENGEL, Art.
Ἀποφράδες ἡμέραι, RE II/1 Sp.174f. Für den Tag des Saturn siehe oben zu Tibullus und später
Tertullian, Apologeticum 16,11; ad nationes I 13,1-5.

[111] Chronica minora, ed. MOMMSEN, Vol.I 1892 [= Monumenta Germaniae historica.
Auctores antiquissimi tom. IX], p.42, zitiert bei E.SCHÜRER, ZNW 6 (1905), S.16f A 2.

[112] Ipsa dies alios alio dedit ordine Luna/ felicis operum. quintam fuge... Vergil lag wohl ein
Katarchenlunar vor, siehe dazu W.GUNDEL/ H.G.GUNDEL, Astrologumena, S.267f.

[113] Siehe dazu BOLL/ BEZOLD/ GUNDEL, Sternglaube und Sterndeutung, ³1926, S.175-178,
wo auch das Beispiel zitiert wird (S.176). Cf. auch Th.HOPFNER, Art.Μαγεία, RE XIV/1,
Sp.354-356.

astrologischer Rücksichten anzunehmen.[114] U.E. erklärt die popularastrologische Erwartung des bestimmten "bösen Tages", nämlich des Wochen- oder Monatstages schädlichen astralen Einflusses, sehr gut die Rede von der ἡμέρα ἡ πονηρά in E 6,13 - gerade wenn wir den sachlichen Zusammenhang mit den astralen κοσμοκράτορες in 6,12 bedenken, die als πνευματικὰ τῆς πονηρίας qualifiziert werden. Wir verleugnen damit nicht den assoziativen Zusammenhang dieser ἡμέρα ἡ πονηρά mit apokalyptischen Vorstellungen von der Entfaltung des Bösen in der letzten Zeit[115], jedoch erklärt die astrologische Bedeutungskomponente zwanglos, wie es ein bestimmter, in der Gegenwart erwartbarer Tag sein kann, mit dem ja zweifellos noch nicht das Weltende zu verbinden ist. Vielmehr ist an fortgesetzten Kampf und damit an ein oftmaliges Wiederkehren solcher "böser Tage" zu denken.

Auch die zweite, oft umrätselte Vershälfte von 6,13: "und damit ihr stehen könnt als solche, die alles vollbringen" (ἅπαντα κατεργασάμενοι), ergibt bei dieser Deutung guten Sinn. Denn der astrologisch "böse Tag" war ja nach der Tradition eine ἡμέρα ἄπρακτος bzw. ἀπόρρητος - an ihm sollte man möglichst gar nichts beginnen geschweige denn vollbringen, weil alles von vorneherein durch den schädlichen astralen Einfluß zunichte gemacht werden konnte. Wer jedoch am "bösen Tag" zu widerstehen vermag, der ist dadurch in der Lage, ohne astrale Beeinträchtigung alles zu vollbringen - auch in ethischer und religiöser Hinsicht.[116]

d. Die einzige Stelle innerhalb des militia-Passus 6,10ff, die außer den Rüstungselementen der milites Christi auch die Angriffe der Kosmosmächte metaphorisch darstellt, beschreibt diese als "feurige Pfeile des Bösen" (6,16: τὰ βέλη τοῦ πονηροῦ τὰ πεπυρωμένα). Als von feuriger Art sah man aber auch die Gestirne und ihre Lichtausstrahlung an.[117] In den Zauberpapyri wird vor allem der größte "Planet" der Antike, Helios, mit dem Feuer verbunden, siehe PGM Vol.I, III 134f: "der durch Feuer des Nachts leuchtet, mächtiger, mächtiger Kosmokrator...".[118] Die (Licht-) Strahlen des feurigen Helios hat man jedoch metaphorisch mehrfach als Pfeile eines himmlischen Kämpfers beschrieben: Von den "Pfeilen des Helios" spricht schon Euripides und auch noch Nonnos[119], korrespondierend konnte man von den scharftreffenden, stechenden Strahlen des ὀξὺς Ἥλιος sprechen.[120] Mit solchen Vorstellungen ist zu vergleichen,

---

[114] E.HEINZEL, Zum Kult der Artemis von Ephesos, Jahreshefte des Österreichischen Archäol. Instituts in Wien 50 (1972-75), S.243-251, hier bes. S.250.

[115] Cf. das Material bei C.E. ARNOLD, Ephesians: Power and Magic, 113-115.

[116] Auch Paulus soll ja - trotz der hindernden Fesseln, die für die Mächte transparent werden - in freier Weise seine Predigt vollbringen können (6,17-20).

[117] Platon, Tim 40A: Die als Götter vorgestellten Gestirne gestaltete der Demiurg "zum größten Teil aus Feuer (ἐκ πυρὸς), damit sie am leuchtendsten sei...". Cic., somn.Scip. §15: "...aus jenen ewigen Feuern, die ihr Gestirne und Sterne nennt..." Speziell für die Planeten siehe GUNDEL, W./ GUNDEL, H., Art. Planeten, RE XX/2 Sp.2102.

[118] ὁ πυ[ρ]ὶ καταλάμπων τῆς νυκτός, ἄλκιμ]ος ἄ[λκι]μος κοσμοκράτωρ. Cf. vs.154f: "Feuers Mehrer und vielen Lichtes"; vs.209-211: "Feuermutiger,..., der du feurig aufgegangen bist, dich rufe ich an, den feurigen Engel des Zeus"; IV 1024-1026: "der du im Feuer deine Gewalt hast und deine Stärke [ZW], der du thronst innerhalb der sieben Himmelskreisbahnen (= Planeten)"

[119] Eur., Herc.F. 1090: τόξα ἡλίου; Nonn., Dion. 33.308: οἱστοὶ Ἡελίου. Weitere Stellen bei RAPP, Art. Helios, Lex.Myth. I/2, Sp.1999f.

[120] Ausführliche Belege bei RAPP (vorige Anm.).

daß Helios in einer magischen Anrufung zuerst als "feuerleuchtender (πυριφεγγῆ), unsichtbarer Erzeuger des Lichts" prädiziert wird, sodann in den darauf folgenden, unübersetzbaren Zauberworten die Zusammenstellung φωσζα-πυρι-βελια begegnet, was wohl auf die "feurigen Pfeile" des Sonnenlichts zu deuten ist (PGM Vol.I, IV 959-962). Dies erinnert nun auch sprachlich an τὰ βέλη τὰ πεπυρωμένα aus E 6,16.[121] "Feurige Pfeile" waren also charakteristisch für die Strahlenemission des Helios, der so im Bild eines angreifenden Kriegers erscheinen konnte.[122] Pfeile als Strahlen schrieb man aber auch der feurigen Mondgöttin Selene zu: Sie war die mit Pfeilen jagende Selene-Artemis (-Hekate).[123] Entsprechend wird sie in einem Schutzzauber (gegen Selene-Artemis) als diejenige angesprochen, die "mit Licht schlägt" (IV 2243f: φωτοπλήξ), später werden ihr u.a. die Charakteristika beigelegt: "die mit einem Haarkleid aus Strahlen umgeben ist, Pfeilschützen,..." (ἀκτινοχαῖτι, ἰοχέαιρα 2286f). Ähnlich auch in dem Gebet an Selene VI 2785ff, das ihrer feurigen Lichtemission kriegerische, aggressive Bedeutung attestiert[124] und in dem sie wieder angerufen wird u.a. als "Mene, Luftdurchschneidende, als pfeilsendende Artemis" (2815-17).[125] Das Bild ist aber auch von weiteren Gestirnen belegt.[126] Ein antiker Zaubertext führt aus: "...denn du wirst einen Stern sehen, der von der Ananke her zu dir geführt wird. Blicke unverwandt auf ihn, wie er *die Strahlen gleich Pfeilen aussendet, die auf dich treffen, so daß du zu einem von Gott getroffenen wirst. Zu deinem Schutz* sollst du das Amulett vor dich halten..."[127] - Freilich dürfen wir die Kriegsmetaphorik in E 6,13ff nicht pressen und auch die Metapher der "befeuerten Pfeile" (6,16) entstammt präzise dem Arsenal antiker Kriegspraktiken. Gleichwohl zeigt die Auswahl gerade dieser Metapher für die diabolischen Angriffe doch eine

---

[121] Auch ein weiterer Zaubertext prädiziert Helios ganz analog mit dem unübersetzbaren Zauberkauderwelsch: περατο-χοσμο-λαμπρο-βελο (XII 174), was man paraphrasieren kann: "die Grenzen des Kosmos mit seinem Pfeil/Strahl Erleuchtender". Nach PGM II 98 (27) heißt Helios nach einem geläufigen Beiwort des schießenden Apollo "Pfeilschießer" (Ἵηιος).

[122] Siehe noch den späten Martianus Capella (bei RAPP, Art. Helios, Lex.Myth. I/2, Sp.2000): hinc quoque Sagittarius, hinc quoque Vulnificus, quod possit radiorum jaculis icta penetrare.

[123] Siehe die vielen Belege bei ROSCHER, Art. Mondgöttin, Lex.Myth. II/2, Sp.3168f; z.B.: Eurip., Ion 1155 (κύκλος δὲ πανσέληνος ἠκόντιξ' ἄνω); im Orakel bei Eus., Praep.Evang. 4,23 heißt sie χρυσοβέλεμνος; Augustinus, civ. 7,16: ideo ambos [Apollinem = Solem, Dianam = Lunam] sagittas habere, quod ipsa duo sidera de caelo radios terras usque pertendant.

[124] IV 2799ff: "die ihre Hände waffnet (ὁπλίζουσα) mit dunklen, schrecklichen Fackeln, die eine Mähne von furchtbaren Schlangen schüttelt an der Stirn..."

[125] Cf. IV 2853: "Pfeilsenderin (ἰοχέαιρα), Himmlische"; diese Strahlung ist "feurig": Sie heißt "Fackelhalterin, Feuerhauchende (πυρίπνου)" (IV 2558f). Nach IV 2727/8 verfügt sie - jetzt als Hekate-Artemis(-Selene) - über "feuerhauchende Erscheinungen" (πυρίπνοα φάσματ' ἔχουσα = ihre astromagisch wirksamen Lichtstrahlen).

[126] Cf. W.GUNDEL/ H.GUNDEL, Art.Planeten, RE XX/2, Sp.2110f. Zum feurigen Charakter der Strahlen: Die Sterne des Bärengestirns sind nicht nur u.a. "Herren des Schicksals" und "Bringer der Notwendigkeit" (PGM Vol.I, IV 1360f), sondern auch "des Feuers Sender und Entflammer" (πυροπεμψιφλόγους 1362). Auch der Engel des Pleiadensternbilds ist "feuerhauchend" (πυρίπνους PGM Vol.II, VII 831).

[127] Der Text steht bei R.MERKELBACH/ M.TOTTI, Abraxas. Ausgewählte Papyri religiösen und magischen Inhalts, Bd.2, Oppladen 1991, S.91.93 (= LVII, z.23-26). Der mittlere Teil lautet griechisch: (24) εἰς ὃν βλέπεις/ [ἀτενῶς, ἀκτῖνας] ἐξηκοντιχότα, (25) εἰσπεπηδη/ [χυίας εἰς σεαυτόν,] ὡς Θεόπληκτον γενέσθαι.

erstaunliche Affinität zu dem hier präsentierten Material, so daß dieses im Rahmen einer astrologischen Auffassung der Kosmosmächte als Assoziationshintergrund anzusehen ist.

e. E 5,14 zitiert einen auf Konversion bezogenen Weckruf, der für Christus eine astrale Metaphorik andeutet: ἔγειρε ὁ καθεύδων καὶ ἀνάστα ἐκ τῶν νεκρῶν καὶ ἐπιφαύσει σοι ὁ Χριστός. Die analoge protreptische Verwendung der ursprünglich poetischen Gattung des Weckliedes (Egertikon)[128] läßt sich vorchristlich im hell. Judentum Alexandrias nachweisen, wo etwa Philo, som I 165 schreibt: "Ihr Seelen aber, die ihr von der göttlichen Liebe gekostet habt: erstehet (δι-αναστάσαι) wie aus tiefem Schlafe auf, schüttelt die Finsternis von euch ab, eilet herbei zu der herrlichen Schau...' (siehe auch QEx II 51). Wohl über das hell. Judentum wurde diese Gattung an die (juden-) christliche Konversionstheologie vermittelt.[129] Nun zitiert Clemens Alexandrinus im Protreptikos IX 84,2 eine vollständigere Fassung des Weckrufs aus E 5,14, die die solare Metaphorik für Christus noch deutlicher zu erkennen gibt und durchaus die Vorlage sein könnte, aus der E 5,14 zitiert: ἔγειρε ὁ καθεύδων καὶ ἀνάστα ἐκ τῶν νεκρῶν καὶ ἐπιφαύσει σοι ὁ Χριστός κύριος ὁ τῆς ἀναστάσεως ἥλιος ὁ πρὸ ἑωσφόρου γεννώμενος ὁ ζωὴν χαρισάμενος ἀκτῖσιν ἰδίαις.[130] Es wäre jedenfalls gut verständlich, wenn der E vor dem Hintergrund diabolischer Astralmächte einen (in den Gemeinden bekannten?) Text anklingen läßt, nach dem Christus ebenfalls in einer astralen Metaphorik, nämlich als überlegene Morgensonne der Auferstehung, aufscheint (ἐπιφαύσει 5,14).[131]

---

[128] K.BERGER, Hellenistische Gattungen, S.1375, nennt Belege für diese poetische Gattung, die ursprünglich die Aufforderung (insbesondere an den Liebhaber) enthielt, "sich vom Schlaf zu erheben und das Morgenlicht anzuschauen."

[129] Anders K.BERGER, Hellenistische Gattungen S.1377, der die philonischen Belege nicht berücksichtigt und für E 5,14 eine erst christliche, "geistliche Übertragung" einer paganen Gattung annimmt. - Cf. auch den Poimandres, der mit jüdischen Traditionen bekannt ist (C.H.DODD, Bible, 179-194) und ein weiteres Beispiel bietet (Corp Herm I 27f.).

[130] Weitere Bezeugungen bei Hippolyt, Dan IV 56,4 (als Jesaja-Zitat) und in einer christlichen Apokalypse (BERGER, Hellenistische Gattungen 1376 A 406). A.WLOSOK, Laktanz S.161 A 57 denkt bei Clemens an eine antidionysische Tendenz.

[131] Es ist immerhin möglich, daß astrologisch-magische Praktiken auch zu den zuvor in 5,11 abgelehnten τοῖς ἔργοις τοῖς ἀκάρποις τοῦ σκότους gehören (cf. die κοσμοκράτορες τοῦ σκότους τούτου 6,12), die in heimlicher Abgeschiedenheit (κρυφῇ 5,12; cf. τὸ σκότος 5,8.11) praktiziert werden und "schändlich auch nur zu sagen" sind (5,12). Die Glaubenden sollen daran nicht mehr teilnehmen. Tatsächlich war die Heimlichkeit, insbesondere der Schutz nächtlicher Dunkelheit, ein entscheidendes Kennzeichen magischer und astromagischer Praxis, siehe die vielen Belege bei T.HOPFNER, Art. Μαγεία, RE XIV/1, Sp. 353ff. und seine Erklärung: "Die Z[auberer] selbst indes wiesen auf das Walten der Gestirne hin, das bei Nacht durch das stärkste Gestirn, die Sonne, nicht behindert wird (...). Bei Nacht leuchtet auch der Mond, das Gestirn der großen Z[auber]-Göttin Hekate-Selene-Artemis, dessen Phasen nicht ohne Einfluß bleiben konnten..." (Sp.354). Gerade vor diesem Hintergrund ergäbe das metaphorisch an die Morgensonne anschließende Aufscheinen Christi (5,14) einen scharfen Kontrast zu nächtlichverborgener, astromagischer Praxis, die auch nach ihrer eigenen Theorie das Tageslicht meiden mußte.

f. Kann es Zufall und von den Vorstellungen des E völlig unabhängig sein, wenn Ignatius, der den paulinischen E kannte[132], ausgerechnet in seinem Schreiben an die Epheser die Überwindung der diabolischen Mächte in astralen Kategorien beschreibt?
IgnEph 19,2-3: "Ein Stern erstrahlte am Himmel, heller als alle Sterne, und sein Licht
war unaussprechlich, und seine Neuheit erregte Befremden; all die anderen Sterne zusammen mit Sonne und Mond wurden ein Chor für den Stern, und er übertraf sie alle
mit seinem Licht; und es herrschte Verwirrung, woher diese neue, ihnen [so] ungleiche
Erscheinung [komme]. (3) Von da an wurde alle Zauberei zerstört, und jede Fessel ver-
schwand; die Unwissenheit des Bösen wurde beseitigt [cf. E 3,10!], die alte Königsherrschaft (παλαιὰ βασιλεία) ging zugrunde, da Gott als Mensch sich offenbarte..." Freilich
geht es hier um den Epiphaniestern und die Inkarnation, nicht wie im E um die herrscherliche Erhöhung Christi.[133] Doch es ist u.E. denkbar, daß Ignatius weniger als ein
Menschenalter nach der Entstehung des ntl. Epheserbriefes noch sehr genau verstanden hat, daß die Mächte dort astral konzipiert waren und daß er in seinem eigenen
Schreiben nach Ephesos den Anschluß an dieses Konzept suchte. An den ntl. Epheserbrief erinnert dabei, daß es auch hier um eine neugewordene Herrschaftsordnung in der
mythischen Sternenwelt geht (hier durch den überlegenen Epiphaniestern Christi), die
zuvor für alles Böse inklusive Zauberei verantwortlich und Inbegriff der "alten Herrschaft" war. Wie in E 3,10 wird im Zuge dieser Umwälzung die Unwissenheit der astralen Mächte über die wahren Herrschaftsverhältnisse im mythischen Kosmos beseitigt.
Anhangsweise sei noch auf einen weiteren möglichen Reflex astrologischer Auffassung
im E verwiesen: In 4,14 gleitet die metaphorische Lagebeschreibung für die νήπιοι flie-
ßend von der maritimen Metaphorik (auf Wogen herumgeworfen und umhergetrieben
werden von jedem Wind der Lehre) zum Bild des Würfelspiels hinüber: herumgeworfen
werden ἐν τῇ κυβείᾳ τῶν ἀνθρώπων, ἐν πανουργίᾳ πρὸς τὴν μεθοδείαν τῆς
πλάνης. Hier steht ἐν τῇ κυβείᾳ τῶν ἀνθρώπων metonym und koordiniert zu ἐν
πανουργίᾳ im Sinn von übelwollender Verschlagenheit, siehe etwa Suda s.v. κυβεία·
πανουργία, oder den Gebrauch von κυβεύειν i.S. von "täuschen" bei Epiktet (2,19,28;
3,21,22). Die μεθοδεία kennen wir auch aus 6,11, wo sie dem Diabolos zugewiesen
wird, der durch die im nächsten Vers astral qualifizierten Mächte (κοσμοκράτορες)
agiert: Der Kampf der milites Christi gegen die satanischen μεθοδείας muß gegen die
Astralmächte ausgefochten werden. Wirken also aus der Sicht des Verfassers letztlich
die diabolischen Astral- bzw. Planetenmächte an den νήπιοι? Dies tritt durch die abschließende Näherbestimmung der μεθοδεία durch τῆς πλάνης zumindest in den Bereich des Möglichen, denn die Charakteristik des "Irrens" (ἡ πλάνη) könnte eine Anspielung auf "Irrsterne"/ Planeten (πλανῆται) enthalten. Zu solcher Assoziation siehe
etwa Jud 11.13: Den Gegnern wird u.a. der Irrtum Bileams (τῇ πλάνῃ τοῦ Βαλαάμ)
unterstellt, wenig später werden sie wegen ihres Irrens metaphorisch als ἀστέρες
πλανῆται bezeichnet. Tatian, Oratio ad Graecos 9,6, sagt mit Blick auf die sieben Planeten: "wir aber sind über die Heimarmene erhoben, und statt umherirrender
(πλανητῶν) Dämonen kennen wir den einen nichtirrenden (ἀπλανῆ) Herrn, und wir
wenden uns nicht - als von der Heimarmene Geführte - bittend an deren Gesetzgeber".

---

[132] Siehe o.S.15f.

[133] Dazu W.R.SCHOEDEL, Die Briefe des Ignatius von Antiochien. Ein Kommentar (1990),
S.158-170.

"Irren" bzw. "Irrtum" und die planetarischen "Irrsterne" konnten in eine assoziative Verbindung treten.

Nun bemerkten wir schon oben, daß E 6,10ff eine Verbindung zwischen den römischen Fesseln des Paulus und den diabolisch-astralen κοσμοκράτορες insinuierte. Darüberhinaus beobachteten wir, daß die Bereitschaft für das Evangelium vom Frieden zwischen Juden und Heiden in der Kirche (6,15 im Zusammenhang der Jes-52,7-Tradition) zum Kampfeinsatz gegen die Mächte gehört, daß aber die Macht, die dem hier gemeinten Frieden zeitgenössisch entgegenstand, im Imperium Romanum (despektierliche Folgen des bellum Iudaicum) gesehen werden muß. Mit Rücksicht auf weitere jüdische und frühchristliche Texte, die Rom und den Kaiser diabolisch identifizieren konnten (s.o.), ergibt sich von diesen Beobachtungen aus die Frage, ob im hell.-jüdischen und paulinischen Milieu in flavischer Zeit eine Verbindung der diabolisch eingeschätzten Sterne-Engel (κοσμοκράτορες) mit dem Imperium Romanum denkbar ist. In der kleinasiatischen Johannesapokalypse sind jedenfalls nach O.BÖCHER "Die sieben römischen Könige (Apk 17,9) ... die sieben (bösen) Planeten, die sich im Wasser spiegeln (Apk 12,18-13,1)."[134] Aber es gibt auch pagane Anhaltspunkte für eine solche Verbindung. In der Tat diente der *cosmocrator*-Begriff in späteren astrologischen Kreisen zur Bezeichnung der Herrscher, die dadurch an den kosmosbeherrschenden Stern, die Sonne, angeglichen wurden.[135] Von solchen Vorstellungen aus ist aber schon die hellenistische Astralsymbolik oder gar Astralapotheose von Herrschern zu verstehen: Die astrale Weltherrschaftssymbolik benutzte schon Alexander d.G., der sich in der Nachfolge der Perserkönige auf den Weltthron unter den Uraniskos gesetzt hatte (ὑπὸ τὸν χρυσοῦν οὐρανίσκον ἐν τῷ βασιλικῷ θρόνῳ, Plut. Alex. 37); Alexander-Statuen der hellenistischen Zeit sind mit Strahlenkranz versehen, um ihn als Helios-Kosmokrator zu stilisieren.[136] Demetrios Poliorketes ließ sich mit Astralzeichen auf dem Kopf und auf dem Globus als der bewohnten Welt thronend (ἐπὶ τῆς οἰκουμένης ὀχούμενος)[137] darstellen: ὅμοιος ὥσπερ οἱ φίλοι μὲν ἀστέρες, ἥλιος δ᾿ ἐκεῖνος. Er trug eine prachtvolle Chlamys, in die goldene Sterne und die zwölf Tierkreiszeichen eingewebt waren (Duris von Samos bei Athenaeus VI 63, p.253B-F; XII 50, p.535E - 536A; cf. XV p.696E; Plut. Demetr. 41,4). Ps.Skymnos hatte Rom als ἀστρόν τι κοινὸν τῆς ὅλης

---

[134] Ders., Art.Astrologie III, TRE IV (1979), hier S.306.

[135] Das Material bietet F.CUMONT, L'Égypte Des Astrologues, Bruxelles 1937, S.27 mit AA 2.3 (u.a. H.73,22: reges cosmocratores i.e. mundum tenentes vel regentes; 84,31: reges cosmocratores. Hephaist. I 1 (p.65,17 Engelbrecht): ... καὶ ἔσται κοσμοκράτωρ καὶ πάντα αὐτῷ ὑπακούσεται. Von Alexander d.Gr. siehe viele Stellen beim späten PsKallisth., z.B. I 7 (p.7 MÜLLER): πάσης τῆς οἰκουμένης κοσμοκράτορα βασιλέα; P.I 20 (p.20, Redaktion C): ἀνατείλας ... πάντας ἡμαύρωσε λοιποὺς ἀστέρας... Ἀλέξανδρος γάρ ἐστιν ὁ κοσμοκράτωρ. - Weiteres bei CUMONT a.a.O. und ders./L.CANET, Mithra ou Sarapis, S.323f. mit Anmerkungen).

[136] Belege und Diskussion bei D.MICHEL, Alexander als Vorbild für Pompeius, Caesar und Marcus Antonius, Collection Latomus 94, Brüssel 1967, S.30ff.; H.P.L'ORANGE, Apotheosis in Ancient Portraiture. Instituttet for sammenlignende Kulturforskning Ser.B: Skrifter 44, Oslo 1947, S.34ff.

[137] Diese Art der Weltherrschaftssymbolik ist auch für ein Standbild Caesars auf dem Kapitol bezeugt: ἐπὶ εἰκόνα αὐτὸν τῆς οἰκουμένης (= Globus) χαλκοῦν ἐπιβιβασθῆναι DioCass 43,14,6.

οἰχουμένης bezeichnet (GAUGER Chiron 14 (1984) S.278) und von Pompeius ist der Sonnenvergleich - wie nach ihm auch von vielen Kaisern - bezeugt.[138] Diese aus dem hellenistischen Osten stammende astrale Herrschaftssymbolik, also die Assoziation der Herrscher mit den Gestirnen[139], konnte im Prinzipat das kaiserliche Image stützen, sich entsprechend dem Weltherrschaftsgedanken in enger Allianz mit den schicksalsbestimmenden Sternzeichen und Gestirnen zu befinden, gelegentlich sogar ihrer Macht überlegen zu sein.[140] H.O.SCHRÖDER hat dieses Selbstverständnis auf Grund von Baudenkmälern u.a. für die Kaiser Caligula, Nero und Domitian reklamiert[141]; später bringt Firm. Matern. den sachlichen Gehalt solcher Anschauung auf den Begriff, math. 2,28,7f (SITTL): solus enim imperator stellarum non subiacet cursibus et solus est, in cuius fato stellae decernendi non habeant potestatem. Cum enim fuerit totius orbis dominus, fatum eius dei summi iudicio gubernatur. - Zumindest aber präsentierten sich Rom und der Kaiser als bevorzugte Alliierte der mächtigen Gestirne bzw. des fatum astrale, wie schon das Horologium des Augustus demonstriert.[142] Zur Zeit des Tiberius schreibt Manilius vom caelum, quod regit Augustus socio per signa Tonante (Man. I 800) - der deifizierte Augustus regiert gemeinsam mit Jupiter den Himmelskosmos durch die Sternzeichen. Die hell. Kosmosfrömmigkeit war in Rom schon früh etabliert (cf. Cic., Somn.Scip.); wahrscheinlich bildete der durch M.V.Agrippa in Rom erbaute Pantheon-Tempel schon den kosmischen Sternenhimmel ab, in dem die sieben Planeten einen bevorzugten Platz innehatten.[143] Die Weltherrschaft Roms wird im griechischen Rom-Hymnos der Melinno (ca. frühe Prinzipatszeit) aus der unwandelbaren Gunst des Gottes Αἰών für Rom begründet[144], wobei die latinisierte Form, die Abstraktgottheit

---

[138] Plut., Pompeius XIV 3; reg. et imp. apophtheg. mor. 203E. Von Brutus liest man bei Horaz, sat. I 7,24: laudat Brutum laudatque cohortem, solem Asiae Brutum adpellat stellasque salubris adpellat comites.

[139] Cf. dazu das von R.EISLER, Weltenmantel und Himmelszelt (1910), S.38-45, zusammengestellte Material über den mit goldenen Sternen bestickten Herrschermantel bei Alexander, Demetrios Poliorketes und Nero.

[140] Die astrale bzw. solare Herrschaftssymbolik wurde etwa für Augustus beansprucht (z.B. das Epigramm von der Insel Philai, Kaibel Epigr. 978), für Caligula (SIG³ 798), für Nero (IGR III 345; SIG³ 814; Anthol.Pal. 9,178), für Galba (Metropolitan Museum of Art, Egyptian expeditions 14, Nr.4, 1938) und - für uns interessant - auch für Vespasian (s.o. S.390f).

[141] H.O.SCHRÖDER, Art.Fatum (Heimarmene), RAC 7 (1969), Sp.570-572.

[142] Zur Gesamtanlage, in der Horologium und Ara Pacis einander zugeordnet sind, siehe E.BUCHNER, Horologium Augusti. Neue Ausgrabungen in Rom, Gymnasium 90 (1983), S.494-508. Die Anlage ist so ausgerichtet, daß der Schatten dieser größten Sonnenuhr der Welt am Geburtstag des Kaisers zur Mitte der Ara Pacis wandert: "es führt so eine direkte Linie von der Geburt dieses Mannes zur Pax, und es wird sichtbar demonstriert, daß er natus ad pacem ist. Der Schatten kommt von einer Kugel, und die Kugel ist zugleich wie Himmels- so auch Weltkugel, Symbol der Herrschaft über die Welt, die jetzt befriedet ist" (ebd. S.499)

[143] Siehe dazu die Diskussion bei M.ZEPF, Der Mensch in der Höhle und das Pantheon, Gymnasium 65 (1958), S.371-379.

[144] Siehe dazu J.-D.GAUGER, Der Rom-Hymnos der Melinno, Chiron 14 (1984), S.267-99. Text bei DIEHL, Anth.Lyr. II Fasc.6², 209f.. Wir zitieren Z.13-16 in der bei GAUGER wiedergegebenen Übersetzung HOMMELs: "Der gewaltige Aion, der alles zu Fall bringt,/ Der das Leben ruhlos erneut und wandelt,/ Dir (sc. Rom) allein nicht ändert er der Herrschaft/

AETERNITAS, auf Münzen Vespasians und seiner Söhne durch Sonne und Mond charakterisiert wird.[145] Beide Wandelsterne sind die traditionellen Attribute des hellenistischen Αἰών.[146] Es sind diese flavischen Münzen, "die nun zum ersten Mal in der Reichsprägung den Gedanken der Aeternitas als der kosmischen Dauer von Reich und Kaiser betont herausstellen."[147] Es gab also durchaus öffentlichen Anlaß, den Bestand von Kaiser und Reich mit der Gunst der Gestirne zu verbinden.[148]
Die Assoziation mit den schicksalbestimmenden Gestirnen setzte besonders Nero propagandistisch ein: Aus Anlaß seiner Krönung zum armenischen König war Tiridates i.J. 66 n.Chr. in Rom vor dem in Triumphaltracht thronenden Kaiser niedergefallen und bezeichnete diesen als "sein Schicksal" (DioCass 62,5,2: σὺ γάρ μοι καὶ μοῖρα εἶ καὶ τύχη); Nero sprach daraufhin von seiner Macht, Königreiche wegnehmen und verleihen zu können (62,5,3). Der anschließende Festakt im Theater, bei dem die für astrale Symbolik gebrauchte Farbe Gold die Ausstattung dominierte, zeigte auf dem ausgespannten Sonnensegel - statt der natürlichen Sonne - Nero auf dem Sonnenwagen, umgeben von goldenen Sternen (ἀστέρες χρυσοῖ: DioCass 62,6,2). Die Sonnensymbolik,

---

Segelschwellenden Fahrwind". Cf. die eleusinische Inschrift SIG³ 1125: ἀνέϑηκε .. Αἰῶνα/ εἰς κράτος Ῥώμης καὶ διαμονὴν μυστηρίων ...

[145] Für Vespasian: RIC II S.28 Nr.121; S.39 Nr.209 (75 - 79 n.Chr.); ebenso auch unter Domitian (RIC II S.191f. Nr.289.297.297a): Die Abbildung zeigt die verschleierte Göttin (nach der Legende: AETERNITAS) vor einem Altar, die Köpfe von Sonne und Mond in den Händen. Die Legende AETERNITAS verrät nicht, ob sie - im hell. Sinn - auf den Herrscher oder - im traditionell römischen Sinn - auf das imperium Romanum zu beziehen ist. Diese Doppeldeutigkeit könnte Absicht sein. Auf den Münzen des Sohnes Titus mit der Legende AETERNIT. AVG. bzw. AVGVST. (Bild: Aeternitas mit Füllhorn und Zepter auf der Weltkugel) ist sie deutlich auf den Kaiser bezogen (RIC II S.130 Nr.122.123). - Vespasian war schon 69 - 70 n.Chr. mit Aeternitas-Prägungen hervorgetreten (RIC II S.61 Nr.384; BMC II S.111 Anm.*, S.194 Nr.q).

[146] So H.U.INSTINSKY, Kaiser und Ewigkeit, S.435 (bei: ed. H.KLOFT, Ideologie und Herrschaft in der Antike, Darmstadt 1979); anders A.D.NOCK, A Vision of Mandulis Aion, Essays Vol. I, S.384, der die astrale Konnotation ohne die Annahme eines speziellen hell.-alexandrinischen Einflusses aus der Naturerfahrung ableitet: Sonne und Mond bestimmen das Zeiterfahrung (cf. Ps.Arist. περὶ κόσμου 397a9: τῶν ἄστρων ἡλίου τε καὶ σελήνης κινουμένων ἐν ἀκριβεστάτος μέτροις ἐξ αἰῶνος εἰς ἕτερον αἰῶνα; cf. anth.lat. 389.51). Die αἰῶνες werden jedenfalls auch in IgnEph 19,2-3 durch Sonne, Mond und die übrigen Sterne repräsentiert. INSTINSKY zeigt, wie hellenistische Aion-Vorstellungen, die an den Herrscher gebunden waren, besonders unter Nero in Rom rezipiert wurden, zu propagandistischer Breitenwirkung aber erst durch die Münzen der Flavier gelangten, die als Antwort auf die Bürgerkriegswirren nach Neros Tod gemeint waren (ebd. S.430-436).

[147] D.MANNSPERGER, ROM. ET AVG., ANRW II 1, S.963f. AETERNITAS begegnet schon auf Münzen Vespasians des Jahres 69-70 (RIC 384; BMC S.111 Anm. u. S.194) und auch sonst tritt der Gedanke stark hervor als Antwort auf die Turbulenzen der vorangehenden Bürgerkriege: Siehe die Inschrift vom Jahr 70, CIL CI 200: Paci aeternae domus Imp. Vespasiani Caesaris Aug. liberorumque eius. Auch Plinius d.Ä., der in seiner Naturgeschichte flavische Reichsideologie bietet, bezeichnet Vespasian als "größten Herrscher der ganzen Weltzeitdauer" (maximus omnis aevi rector, nat.hist. II 18.

[148] Dazu kommt die immense Abhängigkeit der kaiserlichen Politik von der Astrologie im ganzen 1.Jh. n.Chr., die von der Öffentlichkeit mit Sicherheit registriert wurde: Siehe W.GUNDEL/H.G.GUNDEL, Astrologumena, S.176-179; RIESS, Art. Astrologie, RE II/2, Sp.1816-1820.

verbunden mit dem pankosmischen Herrschaftsgedanken, ist für Nero auch im griechischen Osten gut bezeugt, so etwa epigraphisch aus Acraephia (SMALLWOOD, Documents Nr.64 Z.31-33: ὁ τοῦ παντὸς κόσμου κύριος Νέρων, αὐτοκράτωρ μέγιστος ... νέος ῞Ηλιος), oder für Rhodos durch Anthol. Pal. 9,178. Dieser propagandistischen Astralapotheose entspricht die von H.P.L'ORANGE religions- und baugeschichtlich rekonstruierte Anlage der neronischen Domus aurea in Rom, in deren Vestibulum eine kolossale Nero-Helios-Statue aufgestellt war, in deren Innerem sich aber das Triclinium des Kaisers in Gestalt einer drehbaren kosmischen Rotunde befand, die den ewigen Kreisgang des Alls - nach den Analogien ausgestattet mit Sonne, Mond, Planeten und Zodiakalzeichen - repräsentierte. In der Mitte thronte Nero-Helios.[149] Da besonders die Asia vom Philhellenen Nero profitierte, blieb dieser dort als idealer Herrscher auch über seinen Tod hinaus in hoher Achtung (siehe den kleinasiatischen Rhetor Dio.Chrys. or.21,10: was die meisten Untertanen Neros anginge, "stand nichts dem im Wege, daß er für alle Zeit Kaiser sei, er, den auch noch jetzt alle am Leben wünschen"; cf. Sib.Or.5,99f., cf. 8,72) und prägte dort wohl auch die Erwartung an den idealen Kaiser für die Folgezeit (cf. den Nero-Redivivus-Mythos).[150] Berücksichtigen wir, daß der Satan in jüdisch-christlichen Texten schon früh als mythischer Patron des Kaisers (als des irdischen Weltherrschers) erscheinen konnte, so verwundert es nicht, Neros Verbindung mit den kosmosbeherrschenden Astralmächten - vor dem Hintergrund des verbreiteten Nero-Redivivus-Mythos - in der jüdisch-christlichen Asc.Jes. und in Sib.Or.III, also in den letzten Jahrzehnten des 1.Jh.n.Chr.[151], als Paradigma für den endzeitlichen Auftritt des Satans auf Erden zu finden. Asc.Jes. 4,2-6: "... Beliar will descend, the great angel, the king of this world, which he has ruled ever since it existed. He will descend from his firmament in the form of a man, a king of iniquity, a murderer of his mother - this is the king of this world - ... This angel, Beliar, will come in the form of that king, and *with him will come all the powers of this world*, and they will obey him in every whish. By his word he will cause *the sun* to rise by night, and *the moon* also he will make to appear at the sixth hour. And he will do everything he wishes in the world..." (cf. 4,18:

---

[149] Siehe Suet. Nero 31 (praecipua cenationum rotunda, quae perpetuo diebus ac noctibus vice mundi circumageretur) und H.P.L'ORANGE, Domus Aurea - Der Sonnenpalast, in: Symbolae Osloenses, Suppl.11 (1942), S.68-100 (S.88: Nero "ist der κοσμοκράτωρ, selbst Prinzip und Gesetz des kosmischen Kreisganges. Von seiner höheren Sphäre dirigiert er unsere sublunare Weltordnung..."); M.ZEPF, Gymnasium 65 (1958) S.379-81. Cf. auch Lukan, De bello civili I, 45ff. - Freilich betonte die Panegyrik in der Tradition hellenistischer Herrscherideologie, daß auch andere kosmische Phänomene dem direkten Einfluß des Kaisers unterstehen; siehe Calpurn. eclog. 4,90ff (für Nero); Menander Rhet., ΠΕΡΙ ΕΠΙΔΕΙΚΤΙΚΩΝ 377,22ff. sowie das weitere Material bei E.PFEIFFER, Studien zum antiken Sternenglauben (1916), S.100ff.

[150] Zum Nero-Redivivus-Mythos siehe den Überblick bei L.KREITZER, Hadrian and the Nero *Redivivus* Myth, ZNW 79 (1988), S.95-99. Unter den drei falschen Neros, die 69 n.Chr. (Tac. Hist. II 8,1), 80 n.Chr. (DioCass 66,19,3; Zonaras 11,18) und ca. 88 n.Chr. mit Erfolg im griechischen Osten auftraten, war einer, Terentius Maximus (80 n.Chr), selbst aus Kleinasien. Siehe P.A.GALLIVAN, The False Neros: A Re-examination, Historia 22 (1973), S.364f.

[151] AscJes 3,13-4,22 wurde nach M.A.KNIBB gegen Ende des 1.Jh.n.Chr. komponiert (CHARLESWORTH II S.149); Sib.Or. III 63-74 "was added sometime after A.D. 70 to bring this collection up to date with current eschatological expectations" (J.J.COLLINS bei CHARLESWORTH I S.360).

"... and *the angel of the sun*, and *that of the moon*, and everywhere that Beliar has appeared and acted openly in this world"). Siehe auch Sib.Or. III 63ff., bes.65.
Hielten jüdisch-christliche Kreise in der Asia den Kaiser für den irdischen Repräsentanten Satans, so mußte man ihm nach dem Vorbild Neros, der hellenistischer Astralapotheose zugeneigt war, eine Allianz mit den astralen κοσμοκράτορες geradezu unterstellen - zumal wenn wir den tiefen Eindruck berücksichtigen, den Nero etwa in der Asia als paradigmatischer Kaiser hinterlassen hatte.[152] Es bereitet folglich keine Schwierigkeiten anzunehmen, daß solche Kreise auch zur Zeit Vespasians als des ersten stabilen Nachfolger Neros, der zudem die solare Weltherrschaftssymbolik ebenfalls benutzt hatte[153], von einer mythischen Verbindung zwischen Rom bzw. dem Kaiser und den gemäß Gen 6 satanisch bewerteten Sterne-Engeln ausgingen. Die astralen Kosmokratores mußten das himmlische Pendant zum irdischen Weltherrscher abgeben, die allein seine Universalmacht garantieren konnten. Wie wir oben sahen, trat unter Vespasian die Abstraktgottheit AETERNITAS/ Αἰών - als Antwort auf die Bürgerkriegswirren, nämlich im Sinn einer Versicherung der kosmischen Dauer von Kaiserhaus und Reich - propagandistisch hervor (Münzen). Auch dabei war die Rom-Gunst der schicksalbestimmenden Gestirne vorausgesetzt, zumal die Gottheit AETERNITAS/ Αἰών auf flavischen Münzen durch die Zeichen von Sonne und Mond charakterisiert werden konnte. Ist es angesichts dieser gesteigerten Bedeutung von AETERNITAS/ Αἰών in flavischer Zeit ein bloßer Zufall, wenn der Epheserbrief, der auch nach unserer zeitgeschichtlichen Analyse in die flavische Zeit gehört, das αἰών-Konzept in einer im NT einmaligen Weise zum Inbegriff des diabolischen Widerparts in "diesem Kosmos" personalisiert, nämlich als τὸν αἰῶνα τοῦ κόσμου τούτου (E 2,2)?[154] Es erscheint uns jedenfalls plausibel, daß die astralen κοσμοκράτορες des Epheserbriefes, die als diabolische Himmelsmächte zum "Äon dieses Kosmos", nämlich zum "Herrscher der Vollmacht über den Luftbereich" (E 2,2)[155] gehören, in der Sicht des Autors auch als Verantwortliche für die Wirklichkeit des Imperium Romanum angesehen wurden: Ihr Hinderungswille manifestiert sich auch in den Fesseln, die das Imperium Paulus angelegt

---

[152] Zur Verwendung des Nero-Redivivus-Mythos in der kleinasiatischen Johannesapokalypse siehe L.KREITZER, Hadrian and the Nero *Redivivus* Myth, ZNW 79 (1988) S.92-95.

[153] S.o. S.251f.

[154] Die Koordination der beiden κατά-Wendungen in E 2,2 (περιεπατήσατε κατὰ τὸν αἰῶνα... κατὰ τὸν ἄρχοντα), deren zweite eindeutig personal gemeint ist, macht auch für den αἰών-Begriff ein personales Verständnis wahrscheinlich. Siehe H.SASSE, Art. αἰών, αἰώνιος, ThW I, S.208: "Die im hellenistischen Synkretismus so wichtige Vorstellung von einem personhaften Αἰών ... ist dem NT fremd. Sie könnte nur Eph 2,2 ... gefunden werden (vgl die Fortsetzung κατὰ τὸν ἄρχοντα...)". So auch SCHNACKENBURG EKK X S.90f. mit A 219. - Die epigraphisch erhaltene Weihung für Aion in Eleusis aus augusteischer Zeit (SIG³ 1125; dazu O.WEINREICH, Aion in Eleusis, ARW 19 (1916-19), S.174-190) zeigt nicht nur (wie aus spezifisch griechischer Sicht aus dem Romhymnus der Melinno, s.o. A 144) die Verbindung des Aion mit der römischen Herrschaft (z.5: εἰς κράτος Ῥώμης...), sondern auch die Transparenz des Aion *für den Kosmos* (z.7ff.: Αἰών ὁ αὐτὸς ἐν τοῖς αὐτοῖς αἰεὶ φύσει θείαι μένων κόσμος τε εἰς κατὰ τὰ αὐτά ...). Daß der Aion bzw. die αἰῶνες durch Sonne, Mond und die Sterne repräsentiert werden konnten, zeigt deutlich auch IgnEph 19,2-3.

[155] In der Luft bewegen sich nach astrologischen Quellen Sonne, Mond und die übrigen Planeten, die ja auch den Äon konstituieren und denen im Luftbereich die Dämonen zugeordnet sind (s.o.).

hatte (s.o.), und sie werden bekämpft, wenn die Kirche mit dem Evangelium vom Frieden zwischen Juden und Heiden (6,15) gegen die aktuelle Tagespolitik im Imperium Romanum Front macht. In der Tat hatten ja die Kaiser immer wieder die Gestirne als mächtige Alliierte oder als Symbole ihrer Macht reklamiert.

Wir halten es für naheliegend, daß sich in den hier behandelten Elementen einer politischen Symbolwelt [A), B), C), D)] ein antithetisches Selbstverständnis der Kirche gegenüber dem Imperium und den für seinen Bestand als konstitutiv erachteten "Mächten" artikuliert.

V. PAX CHRISTI ET PAX CAESARIS: ERGEBNISSE UND WEITER-FÜHRENDES

Unseren Weg von der Religions- und Traditionsgeschichte zur Sozial- und Zeitgeschichte der untersuchten E-Texte fassen wir nun in groben Skizzen zusammen, wobei wir zunächst die wichtigsten Ergebnisse der traditionsgeschichtlichen Fragestellung rekapitulieren.

Am Beginn stand der Aufweis eines 'gnoseologischen Heilsverständnisses' in E 1-3, das aus den Kategorien hell.-jüdischer Soteriologie, wie wir sie im theologischen Milieu Philos fanden, begreifbar wird: Indem der Glaubende durch noetisch-pneumatische Inspiration (πληρ-Begriffe) das "Mysterium" *erkennt*, das die zweifache Weise des Haupt-Seins Christi - einerseits despotisch über dem Kosmos und seinen negativen Mächten, andererseits heilvoll über dem pneumatischen Soma der Kirche - umfaßt, ist er aus dem ethisch negativen Einflußbereich der Kosmosmächte in den himmlischen Pneumabereich des Leibes Christi erhoben, der bei Philo noch das Soma des Logos war. Erkenntnis-Inspiration, oft mit πληρ-Begriffen formuliert, und Erhoben-Werden in den noetisch-pneumatischen Himmel sind nach diesem gnoseologischen Heilsverständnis äquivalent. Aufgrund dieser Struktur vermittelt die Erkenntnis des Mysteriums das Heil der Heiden, die zuvor unter dem Einfluß der kosmischen Mächte standen. Gibt die zweifache Hauptstellung des philonischen Logos über dem Kosmos und über den noetisch erlösten, unsterblichen Seelen das Analogon für die Position Christi ab, so fanden wir im E auch zwei aus der hell. Kosmosschau stammende, schon im hell. Judentum rezipierte Traditionen wieder: Die bunte Weisheit kosmischer Ordnung (E 3,9f.; jetzt bezogen auf die heilstiftende Überordnung Christi über die mythisch-kosmischen Astralmächte) und das Erfassen des vom göttlichen νοῦς/ λόγος durchherrschten weiten (Astral-) Kosmos in seinen Dimensionen (E 3,18; jetzt bezogen auf das von Christus durchherrschte All). Bei Philo gehören die Kosmosschau-Konzepte sachlich auf die niedere Stufe seiner metaphorischen "Mysterienweihen", der es um die Erkenntnis von Kosmos und Logos zu tun ist - im E-Mysterium entspricht dem die Erkenntnis von Kosmos und Christus.
Das Mysterium zu erkennen, das in E 1-3 entfaltet wird, bedeutet also zu erfassen, daß Christus durch Gottes Dynamis (1,19ff) herrscherlich über die astralen Kosmosmächte erhöht wurde, daß zugleich damit die inspirierten Glaubenden, die an dieser Erhöhung als Soma Christi teilhaben, den ethisch negativen Einfluß dieser Mächte schon potentialiter überwunden haben. Damit sind sie zu einer neuen Ethik der von Gott bereitgestellten guten Werke (2,10) befähigt.
Die parallel konzipierten Abschnitte E 2,1-10 und 2,11-22 haben beide teil an dem Sarx-Pneuma-Dualismus dieses gnoseologischen Heilskonzeptes und applizieren ihn auf den Einst-Jetzt-Gegensatz. Abgewertet wird in 2,11ff. die einstige Separation der Heiden von den Juden durch das "sarkische" Differenzmerkmal der Beschneidung. Von heilsgeschichtlicher Bedeutung bleibt jedoch ihr zweiter Unterschied zur 'Politeia Israels' (worunter hier wie bei hell. Juden der überregionale, auf den Jerusalemer Tempel aus-

gerichtete ethnokulturelle Verband aller Juden verstanden ist): Sie hatten keinen Bezug
zum Messias. Um diesen der jüdischen Politeia zuzuweisen, werden u.a. die διαθῆκαι
als traditionelle Konstitutionsmomente der jüdischen Politeia, die in diesem Zusammenhang sonst "gesetzliche Verfügungen" bedeuten, uminterpretiert, indem sie jetzt auf
die messianische Verheißung bezogen sind. Die Juden standen nach dieser Sicht schon
immer in der Geschichte, die auf den Christos hinführt - und zwar jenseits ihres
Ritualgesetzes!
Jesus Christus hat das verheißene Heil für beide Gruppen Wirklichkeit werden lassen,
indem sein Tod Übergang in das pneumatische Gott-Nahe-Sein ermöglichte: So selbst
in die traditionelle Logos-Funktion eingetreten (s.o. zur Hauptposition), setzt er die Inspirierten ("In Christus") in die Lage, seinen Übergang aus der Bestimmtheit durch die
Sarx in den Pneumabereich bei Gott noetisch mitzuvollziehen.
Verlassen der sarkischen Orientierung, wo die empirischen Gegensätzlichkeiten maß-
gebend sind, bedeutet aber negativ formuliert auch: Beseitigung der in der hell. Diaspora so unheilvoll erfahrbaren ethnokulturellen Separation. Auf diese Negativerfah-
rung wiesen traditionsgeschichtlich eindeutig die sich wechselseitig interpretierenden
Begriffe "Trennmauer des Zaunes", "Feindschaft" und "Gesetz der Gebote in Vorschriften", die daher auch ausschließlich Soziales, nicht aber Kosmisches meinen. Die
Abstraktbegriffe (τὰ) ἀμφότερα im Wechsel mit (οἱ) ἀμφοτεροί konnten ja entsprechend als geläufige Begrifflichkeit zur Bezeichnung der verfeindeten Parteien von Juden
und Griechen in den hell. Poleis nachgewiesen werden; der Hintergrund der hell.-jüdi-
schen Aufteilung der Menschheit in eine jüdische und eine griechische Hälfte mußte die
universale Anwendung dieser Abstraktbegriffe im Sinn des pagan-jüdischen Antagonismus erleichtern.
Der Destruktion des einst Trennenden entspricht positiv die neue pneumatische Wirklichkeit für beide Gruppen "in Christus": Hier sind sie zu *einem* neuen Anthropos neugeschaffen, der als qualitativer Typus jeden einzelnen, nicht aber den vermeintlich kollektiv-ekklesialen Makroanthropos meint. Ebenso wie darin der pneumatisch neugeschaffene Anthropostyp der hell.-jüdischen Zwei-Anthropoi-Typologie nachwirkt, so
wurde auch das "Zwei-Zu-Einem-Schema", in dem sich ein ferner Schatten neupythagoreischer Metaphysik zeigt, über hell. Juden vermittelt: Die Zweiheit (δυάς, δύο) galt als
Prinzip aller auf Erden erfahrbaren Gegensätzlichkeiten, die durch inspirierten Er-
kenntnisgewinn als Übertritt zur gegensatzfreien Ein(s)heit der noetischen Gotteswelt
zurückzulassen ist. So ist man zum Typ des himmlischen Anthropos neugeschaffen, ist
in das 'geeinte Soma' des Logos gelangt. Schon hell. Juden hatten mit diesem Übergang, der von den partikularen νόμοι zum urbildlichen Logos als dem universalen Weltgesetz und Inspirationsprinzip der Kosmopoliteia führt, auch die Überwindung der Gebote und Verbote des jüdischen Ritualgesetzes verbunden, das nur für den "irdischen
Anthropos" bestimmt sei. Man war zum sozialen Frieden der vom (ὀρθὸς) λόγος Inspirierten übergetreten - im E ist es der Friede der Christus-Inspiration. Er vermittelt
zugleich die Versöhnung mit Gott. Der Logos - und das heißt jetzt: Christus - verkündet
nach diesem Kategoriensystem diesen Frieden universal, im E an Juden und Nichtjuden.
Was folgt aus dieser soteriologischen Integration von ehemaligen Juden und ehemaligen Heiden in denselben gegensatzfreien pneumatischen Christusraum für das innerkirchliche Verhältnis dieser Gruppen? Nach 2,19 ist man in der gleichen
(pneumatischen) Politeia - ein Nachwirken des über hell. Juden vermittelten popular-

philosophischen Kosmopolitismus, nach dem die am ὀρϑὸς λόγος (= recta ratio) orientierten Weisen als tugendliebende Weltbürger über alle standesbedingten und ethnokulturellen Schranken erhaben sind, war unverkennbar. Es gibt jedoch einen heilsgeschichtlichen Achtungsvorsprung der judenchristlichen 'Apostel und Propheten' als 'Heilige' und als 'Fundament' der heidenchristlichen Kirche, der dem heilsgeschichtlichen Bedeutungsvorsprung der einstigen Politeia Israels entspricht, die ja schon auf den Christos hinorientiert war: Die angeschriebenen Heidenchristen der Asia, so sahen wir, sollten hohe Achtung für die kerygmatisch maßgeblichen Judenchristen empfinden, die nicht nur in der Vergangenheit das Heil zu den Heiden gebracht hatten, sondern die auch bleibendes Fundament im Sinne ihres überlegenen Offenbarungswissens sind, das sie als Mysterium vermitteln und erinnern. Auf diesen Bedeutungsvorsprung der judenchristlichen Offenbarungsempfänger vor den angeschriebenen Heidenchristen führte auch eine Untersuchung der Briefeingangseulogie - das Schreiben vertritt die Position dieser Judenchristen, wohl der zeitgenössischen Paulusschule in Ephesos.

Vorauszusetzen ist bei der projudenchristlichen Tendenz unseres Schreibens in 2,11-22 ein Achtungsverlust der jüdisch-judenchristlichen 'Wurzel' der Kirche, der sich nach unseren sozial- und zeitgeschichtlichen Untersuchungsergebnissen aus den geschichtlichen Wandlungen im Vierecksverhältnis von kaiserlicher Politik, asiatischen Poleis, lokalen Diasporajuden und palästinisch-syrischen Juden im 1.Jh.n.Chr. eingestellt hatte.

Am Ende der Augustuszeit waren die griechischen Magistrate in Kleinasien schon weitgehend zu loyalen Durchführungsinstanzen der römischen Herrschaftsinteressen umstrukturiert worden. Dabei hatten sie das ordnungspolitische Konzept der Römer, die pax gentium, so weit übernommen, daß behördliche Übergriffe auf die lokalen Juden und ihre Wirtschaftskraft (Tempelsteuer, kommunale Leistungen), die sich vorher im Zuge der wirtschaftlichen Rekonvaleszenz nach den Bürgerkriegen und des durch kaiserliche Propaganda angeregten Autonomie-Strebens vieler Städte gehäuft hatten, der Vergangenheit angehörten. Es entstanden nun vermehrt enge Sympathie-Beziehungen zwischen Synagogen und einflußreichen Personen des urbanen Umfeldes. Andererseits blieb der ethnokulturelle Grundkonflikt vor allem in Kreisen der breiten Bevölkerung (Josephus: τοῖς ἀλογίστοις; cf. Act 19) wirksam und mußte seit den Krisen unter Gaius und Claudius neue Schärfe erlangt haben, als das Schreckgespenst eines Judentums, das zu weltweit konzertierter Unruheaktivität fähig war, die Runde machte (cf. auch Act 17,6ff.). Es war dies die Zeit, in der die Rede von (τὰ) ἀμφότερα bzw. (αἱ) ἀμφοτεροί zur Kennzeichnung dieser urbanen Konfliktparteien zunehmend in den östlichen Dokumenten erscheint. Den vorläufigen Höhepunkt dieser Konflikte markiert der Ausbruch des bellum Iudaicum im syrisch-palästinischen Raum, dessen griechisch-jüdische Zusammenstöße auch weite Teile des ganzen griechischen Ostens involvierten.

Vespasian versuchte die despektierliche Reintegration der aufständischen Juden in den römischen "Reichsleib" (corpus imperii), indem er - in Analogie

zum früheren römischen Vorgehen gegen die keltischen Druiden - zunächst
den Jerusalemer Zentralkult und das darauf bezogene Ritualgesetz zu beseitigen trachtete. Die Reichsideologie hatte ja Rom die Rolle zugewiesen, für
alle Völker die gemeinsame patria im Rahmen der pax gentium zu werden
und zu diesem imperialistischen Zweck, wenn nötig, auch kultpolitische Restriktionen durchzuführen. Entsprechend der zeitgenössischen, durch öffentliche Enkomien auch in die Breite wirkenden Herrschaftsideologie sah man
den Kaiser, der als *Haupt* des *Staatsleibes* galt, zugleich als mentales Prinzip
(= Seele) des Staates an, als höchste Manifestation des "*Logos, der auf den
Frieden zielt*" (so ein späteres Enkomion), und so die pax Romana in den Beherrschten bewirkt. Er bringt sie zum *Typ der neuen Menschheit*, in der die
Völker Rom als gemeinsame patria ansehen und die ethnokulturell begründeten Feindseligkeiten überwunden sind. Da der Kaiser den höchsten Gott
auf Erden vertritt und in seiner Person den göttlichen Logos, der das All zur
Harmonie durchdringt, friedenstiftend in die soziale Welt vermittelt, hat man
durch ihn auch den Zugang zu Gott.

Diese Vorstellungen haben deutliche strukturelle Analogien in E 2,14-18,
also in einem Text, der auch formgeschichtlich in seinem partizipial fortgesetzten Er-Stil und in der strukturellen Abfolge von Vernichten/Töten und
Friedensleistung/-proklamation enge Parallelen zu antiken Formen des Kai-
serenkomions erkennen ließ. Dem Kaiser als Haupt und mentalem Prinzip
seines imperialen Leibes, der irdische Manifestation des friedenstiftenden
Logos ist und dabei inspirativ-ethisch an den Beherrschten wirkt, steht der in
die Logosfunktion eingetretene Christus gegenüber, der als Haupt seines
pneumatischen Kirchenleibes die Glaubenden inspiriert und zum sozialen
Frieden verbindet. Verleihen der Kaiser und sein Staat den Menschen nach
dem Anspruch der Reichsideologie die humanitas, also die interkulturelle
Gemeinschafts- und Friedensgesinnung im Rahmen der ökumenischen Zivilisation des corpus imperii, so schafft Christus den Typ des neuen Menschen,
bei dem die Zweiheit der einstigen ethnokulturellen Separation zur tren-
nungsfreien Einsheit und zur Friedensgemeinschaft im Rahmen des Leibes
Christi überwunden sind. Durch ihre Logosqualität sind beide, Kaiser und
Christus, auf die Heraufführung (und Proklamation) des sozialen Friedens
ausgerichtet; durch diese Qualität repräsentieren beide auch die Verbindung
zu Gott.

Die Parallele zur Pax Caesaris bestimmte sogar schon die frühchristliche
Jes 52,7-LXX-Tradition, die in den Worten (καὶ ἐλθὼν) εὐηγγελίσατο
εἰρήνην... in E 2,17 verarbeitet ist und sich in Act 10,36 sowie Rö 10,12.15 ausführlicher greifen ließ: Im paraphrasierenden Anschluß an Jes 52,7 LXX
spricht diese Tradition von der kirchlichen Verkündigung des Friedens für
Juden und Heiden, der durch Christus als κύριος πάντων begründet werde.

Plausibel konnte dieser Zusammenhang aber vor allem deshalb erscheinen, weil man auch den Kaiser als κύριος πάντων vor Augen hatte, der so den Frieden zwischen ehemals verfeindeten Völkern des Imperiums garantierte.

Trat der Kaiser schon immer in den Konflikten zwischen Juden und Griechen in den Poleis als Friedenstifter auf, wobei er dies im frühen Prinzipat als Garant der umstrittenen ethnokulturellen Traditionen war, so stiftete der flavische Kaiser nach dem bellum Iudaicum diesen Frieden, der auf vielen Münzen und in der politischen Panegyrik propagiert wurde, erstmals in einem antijüdischen Handlungskontext: Durch den Versuch der despektierlichen Aufhebung des Zentralkults und seines Ritualgesetzes, durch Umwidmung des traditionellen Signums jüdischer Desintegration in den Diasporaorten, der Tempelsteuer, an den Hauptgott des Reiches. Alles dies trug den Stempel einer zwangsweisen Re-integration in die pax gentium des Reichsleibes. Das bellum Iudaicum mußte dem Antijudaismus im Osten, auf der Ebene der urbanen Mobs gewiß auch in einzelnen Orten Kleinasiens, wieder viele Türen öffnen, und die flavischen Maßnahmen mußten alles, was mit dem Judentum zusammenhing, mit einem steilen Achtungsverlust in der öffentlichen Meinung belegen. Dies gerade auch im Ausstrahlungsbereich einer Stadt wie Ephesos, deren volkstümlicher Antijudaismus zwei Jahrzehnte zuvor durch Act 19 manifest ist.[1]

Vor diesem Hintergrund ließ sich der an Enkomientradition anklingende Abschnitt über den Friedenstifter Christus in E 2,14-18 gut als strukturell homologer Alternativentwurf zum kaiserlichen Friedenstifter für τὰ ἀμφότερα verstehen: Christus integriert Juden und Heiden in den gemeinsamen Frieden seines Leibes, der zugleich eine gemeinsame Politeia ist (2,19b), auf eine Weise, daß den ehemaligen Juden daraus kein Achtungsverlust erwächst, ganz im Gegenteil besitzen sie sogar einen Achtungsvorsprung (2,19ff.). Diese bewußte antithetische Parallele legte vor allem eine enge Strukturhomologie zwischen christologischer und politischer Ereignisfolge nahe: Daß Christus, nachdem er die Feindschaft am Kreuz getötet hatte, 'gekommen' ist, um den Frieden universal (sc. an Nichtjuden und an Juden) zu proklamieren (2,16fin-17), ist genau parallel zu der am Ende des bellum Iudaicum als bekannt nachweisbaren Ereignisfolge, daß der flavische Kaiser (einschließlich des von ihm autorisierten Titus), nachdem die Feinde - gerade um Jerusalem herum an unzähligen Kreuzen - getötet worden waren, zum offiziellen Triumphaladvent in Rom "ankam" und in diesem Zusammenhang den Frieden im Reich universal proklamierte (Triumphzug 71 n.Chr.; cf. die Münzen und die Orosius-Tacitus-Tradition). Doch anders als in der politischen Ereignisfolge hat Christus nach E 2 die Feindschaft selbst am Kreuz getötet, nicht

---

[1] Wir haben oben S.363 A 434 alle Referenzen dieser Arbeit auf den Antijudaismus in der Stadt Ephesos zusammengestellt.

etwa menschliche Feinde: Mit dem Verlassen des Sarx-Bereiches am Kreuz
wurde auch die Geltung des ethnokulturell trennenden Ritualgesetzes als Inbegriff der Feindschaft am Kreuz vernichtet. Man ist versucht zu sagen: Christus hat damit in größerer Vollständigkeit erreicht, wozu auch der Kaiser mit
der Vernichtung des Zentralkults und der Umwidmung der einstigen Tempelsteuer angesetzt hatte.

Wir verstehen aus der aufgewiesenen Strukturhomologie und ihrem historischen Kontext nicht nur das Interesse des E an der Hochschätzung der mes-
siasorientierten 'Politeia Israels' in vorchristlicher Zeit und der kirchenleitenden Judenchristen ('Apostel und Propheten') in der Gegenwart, in denen
sich die ephesische Paulusschule einschließlich des Verfassers repräsentiert
sah. Wir verstehen auch, warum das Schreiben keine Lokaldesignation hatte,
sondern allgemein an heidenchristliche Gemeinden in der ganzen Region gerichtet war - die Krise der jüdisch-judenchristlichen 'Wurzel' der Kirche im
Zusammenhang mit den flavischen Maßnahmen war ja ein Problem, das in
der ganzen Provinz virulent gewesen sein mußte. Schließlich ergab sich eine
ungefähre Datierung: Der Epheserbrief ist wahrscheinlich in den frühen 70er
Jahren geschrieben worden - zu einer Zeit, als der Triumphaladvent des flavischen Kaisers, der an das Töten der Feinde im Krieg den triumphalen Advent
und die universale Proklamation des Friedens anschloß (71 n.Chr.), noch in
frischer Erinnerung war und die despektierlichen Folgen der erzwungenen
Re-integration der Juden für die judenchristliche Position in der Kirche der
Asia neu und schmerzlich waren. Auch die Aufnahme der hell.-jüdischen
Tempel-Wohnungs-Metaphorik in E 2,21f. wird vor diesem Hintergrund be-
ziehungsreich: Nach der flavischen Tempelzerstörung ist die Kirche aus Judenchristen und Heidenchristen der heilige, unzerstörbare Tempel, in dem
Gott pneumatisch wohnt.

Die skizzierte zeitgeschichtliche Situation, in der die jüdisch-judenchristliche 'Wurzel'
der Kirche durch die despektierliche Art des flavischen "Friedenstiftens" einem erheblichen Achtungsverlust ausgesetzt war und dringend der Fürsprache bedurfte, läßt ein
Eingehen auf das Problem des Heils für *außerkirchliche* Juden nicht erwarten. Wir können aber aus der konstitutiven Messiasbeziehung der vorchristlichen jüdischen Politeia
und aus der die kirchliche Gegenwart entsprechend bestimmenden 'messianischen Politeia' (2,19b) die implizite Auffassung erschließen, daß es nach unserem Verfasser für
Juden Heil nur im Anschluß an den Christos und seine Politeia gibt. Ob er in dieser
Hinsicht noch eine weitgehende Erwartung für die Zukunft hatte (cf. Rö 9-11), läßt der
E nicht erkennen.

Durch die hier wahrscheinlich gewordene zeitgeschichtliche Bezugnahme
in E 2 ist auch die alte These entkräftet, nach der das Thema der kirchlichen
Einheit von Juden und Heiden aus E 2 nicht mehr einen aktuellen Konflikt in
der Gegenwart des Verfassers berühre; vielmehr sei darin ein exemplarisches
Modell aus der Vergangenheit der Kirche zu sehen, das die aktuell von den

Heidenchristen verlangte Einheit paradigmatisch illustrieren solle.[2] Nun ist zwar richtig, daß die E 2,11-22 beherrschende Thematik von Frieden und Einheit - hier auf Juden und Heiden bezogen - am Beginn des paränetischen Teils in 4,1-6 durch die verbindenden Wendungen ἑνότητα τοῦ πνεύματος (4,3 par. 2,18.22), ἐν τῷ συνδέσμῳ τῆς εἰρήνης (4,3 par. 2,14ff), ἕν σῶμα (4,4 par. 2,16) und ἕν πνεῦμα (4,4 par. 2,18) wieder aufgegriffen wird, jetzt allerdings auf Uneinigkeit innerhalb der heidenchristlichen Adressaten bezogen. Die exemplarische Bedeutung der kirchlichen Einigung zwischen Juden und Heiden für Uneinigkeit unter den Heidenchristen ist also unbestreitbar. Aber dieser pragmatische Aspekt des Textes 2,11-22 ist noch nicht alles. Schon die Briefeingangseulogie verwies ja auf ein *aktuelles* Gegenüber zwischen offenbarungsbegabten Judenchristen und Heidenchristen, und gerade der über die Strukturparallelen zugängliche zeitgeschichtliche Kontext macht Spannungen zwischen diesen Gruppen in der Gegenwart des Verfassers unausweichlich. Daher muß die Pragmatik des Textes E 2,11-22 notwendig auch auf das judenchristlich-heidenchristliche Miteinander in der Gegenwart des Verfassers abheben. Um konkreter zu werden: Wie unsere Ergebnisse zu 2,11-22 im Kontext der ersten Briefhälfte das Bemühen des Verfassers erwiesen, einem innerkirchlichen Achtungsverlust der kerygmatisch maßgeblichen Judenchristen entgegenzuwirken, so finden wir die Spur dieses Achtungsverlustes auch in E 4,7-16 im paränetischen Briefteil wieder: Beide Briefteile führen auf dasselbe Problem. Wir können dies für E 4,7-16 im folgenden nur grob skizzieren.

Der Abschnitt 4,7-16 erläutert die vorhergehende Einheitsparänese (4,1-6) dadurch, daß er zeigt, in welcher Weise Christus durch die Vermittlung der kerygmatischen Leitungsfunktionen (4,11) in der Kirche, die sein Soma ist, den Fortschritt aller Glaubenden zu liebevollem Füreinander, also zur Einheit, bewirkt (ἐν ἀγάπῃ v.15.16 cf. v.2fin; auch v.12). Entsprechend der kosmischen Struktur des Heilsmysteriums finden wir auch hier eine Aussage, die im Rückgriff auf eine schon traditionelle Fassung von Ps 68,19 die herrscherliche Unterwerfung der negativen Kosmosmächte formuliert (4,8a = Ps 68,19a und 4,10). Dies erkannten wir bereits oben als Bedingung der Kirche und einer neuen, vom pervertierenden Einfluß der Mächte freien Ethik - entsprechend ist es auch hier die notwendige Vorbedingung für das Geben der kerygmatischen Ämter durch Christus (4,8b = Ps 68,19b und 4,11) und damit für das "Funktionieren" der Kirche. Die Aufgabe dieser Ämter, deren Reihe mit den Aposteln und Propheten einsetzt (4,11), zielt wieder auf die gnoseologische Vervollkommnung der Glaubenden ab (4,13 vs. 4,14) und entspricht so der gnoseologischen Fundamentfunktion der Apostel und Propheten aus 2,20; 3,1ff cf. 1,9f. Dadurch soll letztlich der ethisch destabilisierende Einfluß der diabolischen Kosmosmächte auf die Glaubenden abgewehrt werden, wie eine sorg-

---

2 So z.B. H.-J. KLAUCK, Das Amt in der Kirche nach Eph 4,1-16, WiWei 36 (1973), S.88f.

fältige Analyse von 4,14 zu zeigen vermag.[3] Nur so kann in der Kirche ein "nicht-heidnisches" Leben geführt werden (cf. 4,17-19), nur so kann also ethisch realisiert werden, daß man *ein Leib* ist, in dem liebevolles Füreinander herrscht (4,15f. cf. 4,1-6). Die in 4,11 genannten kerygmatischen Leitungsfunktionen sind somit als die entscheidenden Vermittler der von Christus an alle einzelnen ergehenden χάρις (4,7.15-16: διὰ πάσης ἀφῆς τῆς ἐπιχορηγίας), der damit zu erreichenden gnoseologischen Vollkommenheit und der damit verbundenen aktiven ekklesialen Einheit herausgestellt. Da wir die Apostel und Propheten schon oben als (respektable) Gegenwartsgrößen in den Blick bekommen haben, bietet die Reihe in 4,11 am wahrscheinlichsten eine synchrone Auffächerung der in der Gegenwart des Verfassers maßgeblichen kerygmatischen Funktionen in der Kirche, die vom Überregionalen zum Lokalen fortschreitet. Diese Funktionen beginnen mit den Aposteln und Propheten, die für die gesamte (heidenchristliche) Kirche fundamentale Bedeutung haben, setzen sich in den ebenfalls überregional bedeutsamen Evangelisten fort (cf. Act 21,8 und 8,4f.12) und erreichen schließlich das Leben der Einzelgemeinden mit jenen Führungspersonen, die in sich die Funktionen der Hirten (cf. Act 20,28) und Lehrer (cf. διδασκαλία/ διδαχθῆναι/ μανθάνειν E 4,14.20f.) vereinen.[4] Auch die in Act 20,17ff. (Ephesos!) als πρεσβύτεροι /ἐπίσκοπα charakterisierten Gemeindeleiter werden sowohl in ihrer Hirtenfunktion (20,28: ποιμαίνειν, cf. 1.Pt 5,2 und 2,25; Joh 21,16) als auch - weniger direkt - in ihrer Lehrfunktion angesprochen (die kommende Gefährdung beleuchtet ihre Lehraufgabe, 20,30: ἀναστήσονται ἄνδρες λαλοῦντες διεστραμμένα τοῦ ἀποσπᾶν τοὺς μαθητάς... cf. E 4,14). Bei dieser synchron aufgefächerten Struktur der kerygmatischen Vermittler des gnoseologischen Heils für die Kirche in 4,11 ist notwendig auch ein Abhängigkeitsgefälle von den Aposteln und Propheten bis zu den lokalen Hirten-Und-Lehrern mitgemeint, da die ersten beiden Ämter als Fundament der Kirche (2,20) und als primäre Offenbarungsempfänger (3,5) gelten. Da die Apostel und Propheten im E ganz dezidiert die judenchristliche Position in der Kirche markieren und da der Kol, der demselben theologischen Milieu entstammt, entsprechend allein diejenigen um Paulus, die *aus der Beschneidung* kommen, als Mitarbeiter am Reich Gottes ansieht (Kol 4,11), ist es plausibel, daß die Reihe dieser Ämter auch für den Zusammenhang der heidenchristlichen Gemeinden mit ihrem judenchristlichen Fundament steht: Alle weiteren Ämter setzen nur die gnoseologische Aufgabe der fundamentalen, judenchristlichen Apostel

---

[3] Siehe zu 4,14 SCHNACKENBURG, EKK X S.189-190 und s.o. S.464f. Den Begriff διδασκαλία in 4,14 könnte man durch "pagane ethische Konzepte" paraphrasieren, siehe dazu 4,17-19 (nicht mehr heidnisch wandeln) und vor allem die anschließende Erläuterung 4,20-24: So habt ihr Christus nicht gelernt (ἐμάθετε), wenn ihr in ihm belehrt wurdet (ἐδιδάχθητε). διδάσκειν/ διδασκαλία ist also ethisch bezogen und wird in 4,20-24 dem zuvor beschriebenen "heidnischen Wandel" entgegengestellt, der somit das andere, abgelehnte διδασκαλία darstellt und in 4,14 gemeint ist.

[4] Wegen des gemeinsamen Artikels in 4,11fin sehen wir beide Funktionsaspekte demselben Personenkreis zugehörig. Zum Fortschritt vom Überregionalen zum Lokalen cf. auch das späte Zeugnis des Euseb, hist.eccl. III 37,2f.: "Sehr viele von den damals lebenden Jüngern zogen nämlich ... in die Ferne und waren als *Evangelisten* tätig ... Nachdem sie auf fremdem Boden nur erst den Grund des Glaubens gelegt hatten, stellten sie andere Männer als *Hirten* auf, um diesen die Pflege der Neubekehrten anzuvertrauen."

und Propheten fort. Die Reihe der Ämter hält die mehrheitlich heidenchristliche Kirche mit ihrer jüdisch-judenchristlichen Wurzel in Verbindung.[5]
Nun zeichnet die nachdrückliche Einheitsparänese in E 4,1-6 in Verbindung mit den Mahnungen 4,25-5,2 das Bild einer durch Zwistigkeiten und ethisches Fehlverhalten charakterisierten heidenchristlichen Adressatenschaft, die bezeichnenderweise auch in 4,17-19 vor dem völligen Rückfall in die heidnische Lebensweise abgehalten werden soll. Da unser Verfasser demgegenüber in 4,7-16 die zentrale Bedeutung der kerygmatischen Ämter für das Entstehen und "Funktionieren" des durch Liebe bestimmten Füreinanders in der Kirche nachhaltig vor Augen stellt, scheinen diese Mißstände wesentlich durch eine zu geringe Autorität bzw. durch eine zu geringe Akzeptanz dieser kerygmatischen Leitungsfunktionen in der Gegenwart des Verfassers mitveranlaßt zu sein. Auch die nachdrücklichen Hinweise am Beginn der nachfolgenden Einzelmahnungen, sich doch in Übereinstimmung mit der einst vermittelten Lehre zu verhalten (4,20f: ἐμάθετε - ἐδιδάχθητε), bekräftigen diese Akzeptanzkrise der lehrenden Führungspersonen. Wird diese Situation nicht gut durch den Achtungsverlust der judenchristlichen Position in der Kirche beleuchtet, den wir ausgehend von E 2,11-22 anzunehmen hatten? Mußte dieser Achtungsverlust nicht eine zunehmende "Paganisierung" des kirchlichen Lebens und den gegenläufigen Versuch der judenchristlichen Leiter nach sich ziehen, die ekklesiale Bedeutung und Autorität der kerygmatischen Leitungsfunktionen, also ihre eigene Rolle, im Bewußtsein der heidenchristlichen Adressaten zu stärken? So jedenfalls ergibt sich eine erhellende Verbindung zu dem Bemühen im ersten Briefteil, die achtungsgebietende Rolle des judenchristlichen Kreises um den fiktiven Paulus als primäre Empfänger und Vermittler der Mysterienoffenbarung, insofern als gnoseologisches Fundament der heidenchristlichen Kirche, herauszuarbeiten.
Für die Pragmatik unseres Schreibens ergeben sich aus unseren exegetischen Einsichten drei Schwerpunkte:
A. *Das Problem der Mächte*: Das Mysterium, das der judenchristliche Kreis um "Paulus" als Empfänger der Primäroffenbarung den Heidenchristen vermittelt, besteht in einer Erkenntnis über den mythischen, den Himmel der Religion einschließenden Kosmos: Nämlich in der Erkenntnis, daß Christus durch Gottes Dynamis (1,19ff) herrscherlich über die astralen Kosmosmächte erhöht wurde, daß zugleich damit die inspirierten Glaubenden, die an dieser Erhöhung als Soma Christi teilhaben, den ethisch abträglichen Einfluß dieser Mächte potentialiter schon überwunden haben und zu einer neuen Ethik be-

---

[5] Zur Existenz kerygmatisch führender Judenchristen in der Kirche nach 70 n.Chr. vergleiche auch die These, die J.JERVELL in seinem Aufsatz "The Mighty Minority" durchführt: "In the post-apostolic period, after the year 70, Jewish Christianity established itself. This means: Not until the time of the council did the majority of Jewish Christians form a theologically conscious, profiled and determining minority in a church which numerically consisted of Gentiles. This implies further that Jewish Christians did not become Gentile Christians. Nor did there come into existence a kind of tertium genus, that is some kind of 'neither Jew nor Greek'. On the contrary the Jewish Christians looked upon themselves as the very center of the church, and with this understanding the Jewish Christian minorities continued to live in the church and survived the catastrophy of the year 70 A.D. - as the non-Christian Jews survived the tragedy, although in a different way" (Ders.,StTh 34 (1980), S.13-38, hier S.17).

fähigt sind. Die hell. Vorstellung von der bunten Weisheit göttlicher Herrschaftsordnung im Astralkosmos (3,10), die hell. Motivik der abstrakten Dimensionen als Metonym für den immensen Raum des Astralkosmos (3,18), die astrologischen Begriffstraditionen für die κοσμοκράτορες (6,12) und für den "bösen" bzw. "unglücklichen Tag" (6,13) und vieles mehr verwiesen uns auf den astralen Charakter der diabolischen Kosmosmächte, deren Einfluß die heidenchristlichen Adressaten durch die Mysterienerkenntnis entkommen sollen. Ja, gegen ihre spirituellen Anschläge sollen sie sich wie Soldaten Christi verteidigen (6,10ff). Dahinter stehen einerseits die jüdische Tradition der gefallenen, diabolisch bewerteten Sterne-Engel, andererseits aber auch hell.-astrologische Konzepte sowie astromagische Praxis auf Seiten der Heidenchristen (zu 5,11-14 s.o. S.463f A 131), die sich als hartnäckige Relikte populärreligiöser Praxis verstehen lassen.[6] Der Achtungsverlust jüdischer Kirchenleiter im Gefolge des jüdischen Krieges konnte dem verdeckten Fortbestand dieser paganen Mitgift nur zuträglich sein. Aus dieser Situation wird aber auch der Versuch der führenden Judenchristen verständlich, als Vermittler des Mysteriums, nach dem man schon dem ethischen Negativeinfluß der Kosmosmächte enthoben ist, der christlichen Ethik den Weg zu bereiten. Aus dieser Absicht appliziert der im Einst-Jetzt-Schema aufgebaute Text 2,1-10 die Soteriologie (mit Christus im Himmel, dem diabolischen Einfluß entzogen) im Sinn der *Neuschöpfung zu 'guten Werken'* auf die *Ethik*, begründet und motiviert damit in performativer Rede die Realisierung des im paränetischen Briefteil (c.4-6) geforderten "nichtheidnischen" Verhaltens (cf. 4,17ff).

B. *Das Problem des Miteinanders von Judenchristen und Heidenchristen*: Der mit 2,1-10 schematisch parallele Text 2,11-22, der den Einst-Jetzt-Kontrast als Umschwung von der früheren Separation zwischen Heiden und Juden zur friedlichen Kirchengemeinschaft der Heidenchristen mit den achtungsgebietenden judenchristlichen Aposteln und Propheten ("Fundament") auslegt, be-

---

6   Von der Wirkung solcher populärreligiöser Haltungen unter den Adressaten des E geht auch C.E.ARNOLD, Ephesians: Power and Magic, Cambridge 1989, bes. S.5-69.103-124.167-72, aus: Er identifiziert die im E anvisierten Mächte vor allem mit jenen numina, auf die sich hell. Zaubertexte beziehen. Ephesisches Lokalkolorit spiegle die ausführliche Mächtediskussion auch insofern, als dieser Ort ein Zentrum der Magie gewesen sei (cf. Act 19,19) und insbesondere die ephesische Artemis-Hekate eine prominente Rolle in der hell. Magie gespielt habe (ebd. bes. S.5-40). Wenn wir die gemeinten Mächte nach unseren Ergebnissen auch dezidierter im Bereich der Astrologie und der damit verbundenen Astromagie suchen müssen, so trifft ARNOLDs Einschätzung der Situation doch im Groben das Richtige: "Many converts were streaming into the churches - converts who were formerly affiliated with the Artemis cult, practiced magic, consulted astrologers, and participated in various mysteries. Underlying the former beliefs and manner of life of all these converts was a common and deepset fear of the demonic "powers". Ephesians addresses that fear directly and instructs the new and old believers alike on how to resist the powerful influence of these evil forces." (S.122; nach ebd. S.123 waren auch einige Christen in den Gemeinden versucht "to combine their christian faith with magical techniques").

gegnet damit einer Akzeptanzkrise der judenchristlichen Leitungsfunktionen. Schon in der Eulogie bemühte sich der Autor, den religiösen Vorsprung dieser ursprünglichen Offenbarungsempfänger und bleibenden Vermittler des Mysteriums, der Respekt verlangt, auszudrücken. In Korrespondenz dazu beleuchtet 4,7-16 die zentrale Bedeutung ihrer gnoseologischen Vermittlungsarbeit, durch die allein aus den adressierten νήπιοι die τέλειοι werden, die nicht mehr durch pagane ethische Konzepte[7], die letztlich für den diabolischen Einfluß der Irrsterne transparent sind, umgetrieben werden (4,11-14). Das Bemühen um Respektvorteil oder Wertschätzung setzt negativ den Achtungsverlust der Position jüdischer Christen in der Kirche voraus, den der despektierliche Charakter der flavischen pax Caesaris für die Juden nach dem bellum Iudaicum mit sich brachte (s.o.). E 2,14-18 stellt dieser pax Caesaris den strukturhomologen Entwurf der pax Christi entgegen.

C. *Das Problem des Verhältnisses zum Imperium Romanum*: Der durch die Strukturparallelen für E 2,14-18 wahrscheinlich gewordene zeitgeschichtliche Kontext beleuchtet grell, wie der Verfasser hier die universale Kirche aus Juden und Heiden als Gegenwelt zum Imperium Romanum zeichnet, das den Juden durch das bellum Iudaicum in despektierlicher Weise seinen Frieden aufgenötigt hatte (s.o.). Mit solchen politischen Farben malt er aber auch an anderen Stellen sein Bild der Kirche: So stellt er die himmlische Wirklichkeit der Kirche nach Analogie eines Verhältnisses zwischen βασιλεύς und βασιλεία dar (2,6f). Im paränetischen Briefabschnitt erscheinen die drei Typen häuslicher Beziehungen (Mann-Frau, Eltern-Kinder, Herren-Sklaven), die in politischen Vergleichstexten des Hellenismus traditionell unter den korrelierten Topoi περί οἰχονομίας - περί πολιτείας diskutiert und als Basisstrukturen einer Politeia ausgewiesen wurden. Entsprechend evozieren sie in der "Haustafel" E 5,21 - 6,9 ebenso wie in der hell. Tradition die Vorstellung einer Politeia, die aus diesen Strukturen aufgebaut ist. Christus erscheint als Regent dieser Politeia, dem - ebenso wie nach der hell. Diskussion - mit der Untertanentugend des φόβος zu begegnen ist, weil er die Einhaltung der οἶχος-Gebote sanktioniert. Nun wurde schon in hellenistischen περί-οἰχονομίας-Traditionen die häusliche Relation zwischen Mann und Frau in Analogie zu einer Herrschaftsform in der Politeia dargestellt. Dem entspricht präzise, daß der E das Verhältnis zwischen Mann und Frau analog setzt zum Verhältnis zwischen Christus und Ekklesia, wobei Christus und analog der Mann unter dem Bild des Hauptes, die Kirche und analog die Frau unter dem korrelierten Bild des Leibes erscheinen. Die politische Haupt-Leib-Metaphorik kennzeichnete aber das Verhältnis zwischen Kaiser und Reich, wobei die in 5,23 nachklappende Identifikation Christi, des Hauptes der Ekklesia, als σωτὴρ τοῦ σώματος

---

[7] Zu dieser Bedeutung der διδασκαλία aus 4,14 s.o. A 3.

die imperiale Parallele nur bekräftigen konnte: Beispielsweise wird in einem
offiziösen Text Vespasian als Haupt seines Reichsleibes und zugleich als dessen Soter qualifiziert. Es ist auch kein Zufall, daß sich an diese durch die
"Haustafel" repräsentierte soziale Innenperspektive der Politeia Christi das
ausgerechnet durch militärische Metaphorik ("militia Christi") repräsentierte
Außenverhältnis in 6,10ff anschließt: Beides gehört in einem politischen Paradigma zusammen. Schon zu Beginn des militia-Abschnitts erscheint Christus in Strukurhomologie zum kaiserlichen αὐτοχράτωρ/imperator: Nach hell.-
römischen Vergleichstexten läßt der römische Kaiser seine Truppen an seinem χράτος/imperium teilhaben, indem seine Kraft auf die einsatzbereiten
Soldaten magisch-dynamistisch übergeht. Im gleichen Sinn sollen nach E
6,10f auch die milites Christi ἐν τῷ χράτει τῆς ἰσχύος αὐτοῦ stark werden und
die von Gott gestellte Militärrüstung anlegen. Im Kampf gegen die astralen
Kosmosmächte entsprechen dann nicht nur die metaphorischen Ausrüstungs-
elemente der milites Christi präzise denen der römischen Landtruppen, sondern auch die Friedensbotschaft, die ihren Einsatz qualifiziert (6,15), parallelisiert den pax-Auftrag, für den die römischen Truppen unterwegs waren.
    Im Anschluß an unsere Ergebnisse zu E 2,14ff. können wir diese zwischen
Kirche und Imperium Romanum parallelen Elemente nur als Kontrafaktur
einordnen: *Die Ekklesia unter ihrem Haupt Christus erscheint als universale, soziale Gegengröße zum Imperium Romanum unter seinem kaiserlichen Haupt.*
Ausschlaggebend für diese Darstellung durch den judenchristlichen Verfasser
waren wahrscheinlich seine Negativerfahrungen mit der pax Caesaris nach
dem bellum Iudaicum.
    Es gibt sogar Indizien, die über eine Kontrafaktur hinausweisen und den
Kaiser und sein Imperium diabolisch identifizieren lassen: Schon immer hatten die Kaiser die Gestirne als mächtige Alliierte ihrer Herrschaft oder gar
als Symbole ihrer Macht reklamiert; im 1.Jh.n.Chr. hatten fast alle Kaiser
Hofastrologen und man muß von einer 'politischen Geschichte der Astrologie' in dieser Zeit sprechen. Von da aus lassen sich auch die weltbeherr-
schenden Gestirnsmächte, gegen die der Kampf der milites Christi nach
6,10ff geht, mit dem römischen Kaiserreich verbinden: Die von Rom angelegten Fesseln des Paulus wurden in 6,10-20 für den Hinderungswillen der
astralen Kosmosmächte transparent. Vor allem aber verwies die Tatsache,
daß die Bereitschaft für das Evangelium vom Frieden zwischen Juden und
Heiden (6,15 evoziert die frühchristliche Jes 52,7-LXX-Tradition) den
'militärischen' Kampfeinsatz gegen diese Mächte qualifiziert, auf das Imperium Romanum: Denn das römische Weltreich war die Macht, die dem hier
gemeinten Frieden, der den Juden keinen Achtungsverlust aufzwingt, durch
das bellum Iudaicum und dessen despektierliche Folgen entgegenstand. Der
militia-Passus gibt die diabolischen, astralen Weltmächte (χοσμοχράτορες)

somit als mythische Garanten und hintergründige Aktoren der römischen Weltmacht zu erkennen.

Treffen unsere sozial- und zeitgeschichtlichen Analysen zu, so begegnen wir im E einer frühen christlichen Kontrafaktur gegen ein einflußreiches politisch-soziales Überzeugungssystem, das eine in der Kirche repräsentierte Gruppe zu diskriminieren drohte.

Erst späteren Generationen von Kirchenleuten (Melito von Sardes, Origenes, Eusebios von Caesarea, Paulus Orosius), für deren Gemeinden die PAX ROMANA keine diskriminierenden Effekte mehr hatte, blieb die problematische Entwicklung einer "politischen Theologie" vorbehalten, nach der die durch die kaiserliche pax Romana oktroyierte Einigung der Völker den Boden bereitet habe für die Verbreitung des christlichen Friedensevangeliums. Statt einer Antithetik zwischen dem Friedensstifter Christus und seinem kaiserlichen Pendant finden wir hier die providentielle Harmonie von Imperium und Evangelium im Zeichen der PAX.[8]

---

[8] Die Quellen (Melito v.Sardis bei Euseb, HE IV 26,7; Origenes, c.Cels. II 30; Euseb, Demonstr.Evang. III 2,37; III 7,30-35; VII 2,22; VIII 3,13f.; P.Orosius, Hist.adv.pag. VI c.20/ c.22) und ihre Kommentierung bietet E.PETERSON, Kaiser Augustus im Urteil des antiken Christentums. Ein Beitrag zur Geschichte der politischen Theologie, S.174-80.

VI. VERZEICHNISSE

A. Verzeichnis benutzter Quellen, Übersetzungen, epigraphischer und numismatischer Sammelwerke

Häufige Abkürzungen

BMC =   Coins of the Roman Empire in the British Museum.
- Vol.I: Augustus to Vitellius. By H.MATTINGLY, London 1983[4].
- Vol.II: Vespasian to Domitian. By H.MATTINGLY, second edition prepared by R.A.G. CARSON, London 1976[2].
CCAG = Catalogus Codicum Astrologorum Graecorum, Brüssel 1898ff.
CH/Corp.Herm. = Corpus Hermeticum. Texte établi par A.D.NOCK et traduit par A.-J.FESTUGIERE, 4 Bde., Paris 1945-54.
CHARLESWORTH I/II = The Old Testament Pseudepigrapha:
- Vol. I: Apocalyptic Literature and Testaments, ed. J.H. CHARLESWORTH, London 1983.
- Vol. II: Expansions of the "Old Testament" and Legends, Wisdom and Philosophical Literature, Prayers, Psalms, and Odes, Fragments of Lost Judeo-Hellenistic Works, ed. J.H. CHARLESWORTH, London 1985.
CIRB =   Corpus Inscriptionum Bosporani, Moskau 1965.
CIG =   Corpus Inscriptionum Graecarum, Berlin 1828 ff..
CIJ I =   Corpus of Jewish Inscriptions. Jewish Inscriptions from the Third Century B.C. to the Seventh Century A.D.. Par P. J.-B. FREY. Vol.I: Europe. Prolegomenon by B.LIFSHITZ, New York 1975.
CIJ II =   Corpus Inscriptionum Iucaicarum. Recueil Des Inscriptions Juives Qui Vont Du IIIe Siècle Avant Jésus-Christ Au VIIe Siècle De Notre 'Ere. Par P. J.-B. FREY, Vol.II: Asie-Afrique, Rom 1952.
CIL =   Corpus Inscriptionum Latinarum, Berlin 1863 ff..
CPJ =   Corpus Papyrorum Judaicarum.
- Vol.I ed. V.A.TCHERIKOVER in Collaboration with A.FUKS, Cambridge (Mass.) 1957
- Vol.II edd. V.A.TCHERIKOVER/ A.FUKS, Cambridge (Mass.) 1960
- Vol.III edd. V.A.TCHERIKOVER/ A.FUKS/ M.STERN, with an Epigraphical Contribution by D.M.LEWIS, Cambridge (Mass.) 1964
FGrHist = JACOBY, F., Die Fragmente der griechischen Historiker, Berlin 1923 ff..
Inschr.Ephesos = Inschriften griechischer Städte aus Kleinasien (I.K.): Die Inschriften von Ephesos, Teil Ia - Teil VIII/2 (= I.K. Vol.11.1 - Vol.17.4), Kommission für die archäologische Erforschung Kleinasiens bei der Österreichischen Akademie der Wissenschaften. Österreichisches Archäologisches Institut. Institut für Altertumskunde der Universität Köln. Bonn 1979 - 1984.
ILS/ DESSAU, H. = Inscriptiones Latinae Selectae, Berlin 1892 ff..
KAIBEL, Epigr. = Epigrammata graeca ex lapidibus conlecta, ed. G.KAIBEL, Berlin 1878.
MAMA = Monumenta Asiae Minoris Antiqua, London 1928 ff.

MICHEL-BAUERNFEIND = Flavius *Josephus*, De bello judaico. Der jüdische Krieg. Griechisch und Deutsch. Hg. von O.MICHEL und O.BAUERNFEIND.
- Bd.I: Buch I-III, München 1962².
- Bd.II/1: Buch IV-V, München 1963.
- Bd.II/2: Buch VI-VII, München 1969.
OGIS = Orientis Graeci Inscriptiones Selectae. Supplementum Sylloges Inscriptioneum
. Graecarum, ed. W.DITTENBERGER; Vol.I. Vol.II, Leipzig 1903.1905.
PGM = Papyri Graecae Magicae. Die griechischen Zauberpapyri, ed. PREISENDANZ, K., 2.Auflage ed. HENRICHS, A.:
- Vol.I, Stuttgart ²1973 (1928).
- Vol. II, Stuttgart ²1974 (1931).
RIC = The Roman Imperial Coinage. Ed. by C.H.SUTHERLAND and R.A.G.CARSON.
- Vol.I: From 31 BC to AD 69. Revised edition, by C.H.V. SUTHERLAND, London 1984.
- Vol.II: Vespasian to Hadrian. By H.MATTINGLY and E.A.SYDENHAM, London 1986² (= 1926).
SEG = Supplementum Epigraphicum Graecum, Amsterdam 1923 ff.
SIG = Sylloge Inscriptionum Graecarum, a Guilelmo DITTENBERGERO cordita et aucta, 3.Auflage, Vol.I. Vol.II. Vol.III. Vol.IV, Leipzig 1915.1917.1920.1924.
M.STERN I/II/III = *Greek and Latin Authors* on Jews and Judaism. Edited with Introductions, Translations and Commentary by M.STERN.
- Vol. I: From Herodotus to Plutarch, Jerusalem 1974.
- Vol. II: From Tacitus to Simplicius, Jerusalem 1980.
- Vol. III: Appendixes and Indexes, Jerusalem 1984.
STRACK-BILLERBECK = Kommentar zum Neuen Testament aus Talmud und Midrasch, von H.L.STRACK und P.BILLERBECK, Bd.III: Die Briefe des Neuen Testaments und die Offenbarung Johannis, München 1926.
TAM = Tituli Asiae Minoris, Wien 1901 ff.

Acta Apostolorum Apocrypha, Pars Prior [u.a. Actus Petri cum Simone; Martyrium Petri], ed. R.A.LIPSIUS, Leipzig 1891.
Acta Apostolorum Apocrypha II/2: Acta Philippi et Acta Thomae accedunt Acta Barnabae, ed. M.BONNET, Leipzig 1903.
Aischylos. Tragödien und Fragmente, griechisch-deutsch, ed. O.WERNER, Sammlung Tusculum, München-Zürich 1988⁴.
The Greek *Anthology*, ed. W.R.PATON. In Five Volumes, LCL, London u.a. 1916-18.
Anthologia Lyrica Graeca, ed. E.DIEHL, Vol. II, Leipzig ²1942.
Apokalypsen. E.BRANDENBURGER: Himmelfahrt Moses/ U.B.MÜLLER: Die griechische Esra-Apokalypse/ A.F.J.KLIJN: Die syrische Baruch-Apokalypse, JSHRZ V/2, Gütersloh 1976
Die ältesten *Apologeten*. Texte mit kurzen Einleitungen. Ed. E.J.GOODSPEED, Göttingen 1914.
Apuleius, Der goldene Esel. Metamorphosen. Lateinisch und Deutsch. hg. und übersetzt von E.BRANDT und W.EHLERS, Tusculum-Bücherei, München 1980³.
Aristeae ad Philocratem *Epistula*. Cum Ceteris de Origine Versionis LXX Interpretum Testimoniis, ed. P.WENDLAND, Leipzig 1900.
Aelii Aristidis Smyrnaei Quae Supersunt Omnia, Vol.II: Orationes XVII-LIII Continens, ed. B.KEIL, Berlin 1898.
P. *Aelius Aristides*, The Complete Works, Transl. C.A.BEHR, Vol.I: Orations I-XVI; Vol.II: Orations XVII-LIII, Leiden 1986.1981.
The Works of *Aristotle*. Translated into English under the Editorship of W.D.ROSS. Vol. XI: Rhetorica (W.R.ROBERTS)/ De Rhetorica ad Alexandrum (E.S.FORSTER)/ De Poetica (I.BYWATER), Oxford 1946/ 1951/ 1959.
Aristotle, In Twenty-Three Volumes, LCL London u.a. 1926-1991.

Aristotle, On Sophistical Refutations/ On Coming-To-Be and Passing-Away, transl. E.S.FORSTER; On the Cosmos [= περὶ κόσμου], transl. D.J.FURLEY, LCL, London u.a. 1965² (1955).

Arrian. Der Alexanderzug. Indische Geschichte, Griechisch und Deutsch. Hg. und üs. von G.WIRTH/ O.v.HINÜBER, Sammlung Tusculum, München/Zürich 1985.

Athenaeus. The Deipnosophists. In Seven Volumes. Transl. C.B.GULICK, Vol.I-VII, London u.a. 1927 - 1941.

Saint *Augustine*. The City of God Against the Pagans. In Seven Volumes. Vol.II (Books IV-VII), transl. W.M.GREEN, LCL 412, London u.a. 1963.

Augustus, Meine Taten - Res Gestae Divi Augusti, nach dem Monumentum Ancyranum, Apolloniense und Antiochenum. Lateinisch-Griechisch-Deutsch. Ed. E.WEBER, Tusculum-Bücherei München 1970.

Res Gestae Divi *Augusti* ex monumentis Ancyrano et Apolloniensi iterum edidit T.MOMMSEN. Neudruck Aalen 1970 (= Berlin 1883).

BERGER, K./ COLPE, C., Religionsgeschichtliches Textbuch zum Neuen Testament, Texte zum Neuen Testament, NTD Textreihe Bd.1, Göttingen und Zürich 1987.

Caesar, The Civil Wars, transl. A.G.PESKETT, LCL 39, London u.a. 1979⁹ (1914).

Caesar, The Gallic War, transl. H.J.EDWARDS, LCL 72, London u.a. 1979¹⁵ (1917).

Hirtengedichte aus neronischer Zeit. Titus *Calpurnius* Siculus und die *Einsiedler Gedichte*, hg. und übers. von D.KORZENIEWSKI, Texte zur Forschung Bd.1, Darmstadt 1987².

Chaeremon. Egyptian Priest and Stoic Philosopher. The fragments collected and translated with explanatory notes, ed. VAN DER HORST, P.W., EPRO 101, Leiden 1984

Cicero, In Twenty-Eight Volumes. LCL, London u.a. 1912-1976.

M. Tulli *Ciceronis* De Natura Deorum Libri III, Liber Primus, ed. A.S.PEASE, Darmstadt 1968² (1955).

M. Tullius *Cicero*, Vom Gemeinwesen. Lateinisch und Deutsch. Eingeleitet und neu übertragen von K.BÜCHNER, Die Bibliothek der alten Welt. Römische Reihe, Zürich 1952.

Clemens Alexandrinus, Zweiter Band: Stromata Buch I-VI, ed. L.FRÜCHTEL (O.STÄHLIN), GCS Clemens Bd.II, Berlin 1960³.

Didascalia et *Constitutiones Apostolorum* (ed. FUNK, F.X.)
- Volumen I, Paderborn 1905
- Volumen II: Testimonia et Scripturae Propinquae, Paderborn 1905.

Corpus Iuris Civilis, Volumen Primum. Institutiones - recognovit P.KKRUEGER. Digesta - recognovit T.MOMMSEN, retractavit P.KRUEGER, Hildesheim 1988²⁴ (= Berlin 1963¹⁷).

Q. *Curtius* Rufus, Geschichte Alexanders des Großen. Lateinisch und Deutsch. Hg. von K.MÜLLER und H.SCHÖNEFELD, Tusculum-Bücherei, München 1954.

Q. *Curti* Rufi Historiarum Alexandri Magni Macedonis Libri Qui Supersunt. Recognovit T. VOGEL, Leipzig 1884.

Demosthenis Orationes, Tom.III, recognovit brevique adnotatione critica instruxit W.RENNIE, Scriptorum Classicorum Bibliotheca Oxoniensis, Oxford 1953².

Dio's Roman History [= Dio Cassius], In Nine Volumes, transl. E.CARY, LCL, London u.a. 1914-27 (u.ö.).

Diodorus of Sicily, In Twelve Volumes, Vol.IV (Books IX-XII 40), transl. C.H.OLDFATHER; Vol.XII (Fragments of Books XXXIII-XL), transl. F.R.WALTON, Index R.M.GEER, LCL, London u.a. 1961³ (1946).1967.

Diogenes Laertius, Lives of Eminent Philosophers, transl. R.D.HICKS. In Two Volumes, LCL, London u.a. 1950⁴ (= 1925).

Dionis Chrysostomi Orationes. Post Ludovicum Dindorfium edidit G. DE BUDÉ, 2 Bde., Leipzig 1916.1919.

Dion Chrysostomos. Sämtliche Reden. Eingel., übers. u. erläut. von W.ELLIGER, ed. W.RUEGG, Bibliothek der alten Welt, Griech. Reihe, Zürich-Stuttgart 1967.

The Roman Antiquities of *Dionysius of Halicarnassus*. In Seven Volumes, transl. E.CARY, LCL, London u.a. 1960³. 1961³. 1961³. 1962³. 1962³. 1963². 1963² (1937-1950).

Documents Illustrating the Reigns of Augustus & Tiberius, ed. EHRENBERG, V./ JONES, A.H.M., Oxford 1976².

Documents Illustrating the Principates of Gaius, Claudius and Nero, ed. SMALLWOOD, E.M., Cambridge 1967.

Selected *Documents* of the Principates of the Flavian Emperors. Including :he Year of Revolution. A.D. 68 - 96, Cambridge 1961.

Doxographi Graeci collegit recensuit prolegomenis indicibusque instruxit H.DIELS, Berlin und Leipzig 1929².

Einsiedler Gedichte: Siehe unter Titus *Calpurnius* Siculus.

Epictetus. The Discourses as Reported by Arrian, the Manual, and Fragments. In Two Volumes, LCL 131.218, London u.a. 1979⁶ (1925).1978⁵ (1928).

Euripides, Sämtliche Tragödien und Fragmente. Griechisch-Deutsch. Vol. IV, Tusculum-Bücherei, München 1972.

Eusebius Werke, Bd.I: Über das Leben Constantins. Constantins Rede an die heilige Versammlung. Tricennatsrede an Constantin. Ed. von I.A.HEIKEL, Leipzig 1902.

Eusebius Werke, Bd.VIII: Die Praeparatio Evangelica, 1.Teil, Einleitung, die Bücher I-X, ed. E. DES PLACES (K.MRAS), GCS Eusebius VIII/1, Berlin 1982².

Iulii *Firmici* Materni, Matheseos Libri VIII, primum recensuit C.SITTL, Pars I (Libri I - IV), Leipzig 1894.

Florus Oeuvres, Tom.I: Tableau de L'Histoire du Peuple Romain, de Romulus a Auguste, Livre I, Paris 1967.

Claudii *Galeni*, De placitis Hippocratis et Platonis. Libri novem. recensuit ≥t explanavit I.MUELLER. Vol.I: prolegomena critica, textum graecum, adnotationem criticam versionemque latinam continens, Leipzig 1874.

GEISSEN, A., Katalog alexandrinischer Kaisermünzen der Sammlung des Instituts für Altertumskunde der Universität zu Köln, Bd.I: Augustus - Trajan (Nr.1-740), Abhandlungen der Rhein.-Westf. Akademie der Wissenschaften, Sonderreihe: Papyrologica Coloniensia Vol.V, Opladen 1974.

The Attic Nights of Aulus *Gellius*, In Three Volumes, transl. J.C.ROLFE, Vol.II, LCL, London u.a. 1960³.

Übersetzung der *Hekhalot-Literatur*, Band II. §§ 81-334. Texte und Studien zum antiken Judentum 17, hg. von P.SCHÄFER in Zusammenarbeit mit H.-J.BECKER, Tübingen 1987.

The Ethiopic Book of Enoch [= aethiopischer *Henoch*]. A New Edition in the Light of the Aramaic Dead Sea Fragments, by M.A.KNIBB in Consultion with E.ULLENDORFF. Vol.I: Text and Apparatus. Vol.II: Introduction, Translation and Commentary. Oxford 1978.

Hermetica. The Ancient Greek and Latin Writings which Contain Religious o: Philosophic Teachings Ascribed to Hermes Trismegistus, ed. W.SCOTT, Vol. I - III, Oxford 1924 - 1926.

Herodian. In Two Volumes. Vol.I (Books I-IV). Transl. C.R.WHITTAKER, LCL 454, London u.a. 1969.

Herodotus, In Four Volumes, Vol.IV (Books VIII-IX), LCL, London u.a. 1924.

[*Hesiod*] The Homeric Hymns and Homerica, transl. H.G. EVELYN-WHITE, LC˥ 57, London u.a. 1977¹⁴.

Hesychii Alexandrini Lexicon, rec. et emend. K.LATTE, Vol.I-II, Kopenhagen 1953.1966.

Héraclite, Allégories D'Homère, ed. F.BUFFIERE, Paris 1962.

Hippocrates, Vol.I, transl. W.H.S.JONES, LCL, London u.a. 1923.

Hippolytus Werke, Dritter Band: Refutatio Omnium Haeresium, GCS Hippo.ytus III, ed. P.WENDLAND, Leipzig 1916.

The Scriptores *Historiae Augustae*. In Three Volumes. Transl. D.MAGIE, Vol I (Hadrian - Clodius Albinus), LCL 139, London u.a. 1922.

Horaz. Sämtliche Werke. Lateinisch und Deutsch. Teil I: Carmina; Oden und Epoden; nach KAYSER, NORDENFLYCHT und BURGER hg. von H.FÄRBER. Teil II: Sermones et Epistulae, übersetzt und zus. mit H.FÄRBER bearbeitet von W.SCHÖNE, Darmstadt 1982⁹.

HORSLEY, G.H.R., New Documents Illustrating Early Christianity. A Review of the Greek Inscriptions and Papyri published in (Bd.I: 1976; Bd.II: 1977; Bd.III: 1978; Bd.IV: 1979); Bd.V: Linguistic Essays, North Ryde 1981.1982.1983.1987.1989.

Hygromantia Salomonis, Catalogus Codicum Astrologorum Graecorum, Tom.VIII Pars II, Bruxeles 1911, S.139-165.

Irenäus, des heiligen, Schrift zum Erweise der apostolischen Verkündigung. [= Demonstratio] Εἰς ἐπίδειξιν τοῦ ἀποστολικοῦ χηρύγματος. In armenischer Version entdeckt, herausgegeben und ins Deutsche übersetzt von KARAPET TER-MEKERTTSCHIAN und ERWAND TER-MINASSIANTZ. Mit einem Nachwort und Anmerkungen von A.HARNACK, TU 31 H.1, Leipzig 1907.

Isocrates, In Three Volumes, Vol.I. Vol.II, transl. G.NORLIN/ Vol.III, transl. L. VAN HOOK, LCL London u.a. 1980[5].1982[5].1968[4].

Iustinus Philosophus et *Martyr*, Oratio ad Gentiles/ Cohortatio ad Gentiles/ De Monarchia/ Epistula ad Diognetum/ De Resurrectione/ Appendix: Fragmenta Operum Iustini Deperditorum. Acta Martyrii Iustini et Sociorum. Corpus Apologetarum Christianorum Saeculi Secundi, ed. I.C.T. EQUES DE OTTO, Vol. III, Tom.II, Jena 1879[3].

Joseph und Aseneth, ed. C.BURCHARD, JSHRZ II/4, Gütersloh 1983.

[*JosAs*] BURCHARD, C., Ein vorläufiger griechischer Text von Joseph und Aseneth, DBAT 14 (1979), S.2-53.

[*JosAs*] BURCHARD, C., Verbesserungen zum vorläufigen Text von Joseph und Aseneth (DBAT 14 [1979] 2-53), DBAT 16 (Dez 1982), S.37-39.

Josephus, In Ten Volumes, transl. H.S.J.THACKERAY/ R.MARCUS/ L.H.FELDMAN, LCL, London u.a. 1926-1965.

Das Buch der *Jubiläen*, ed. K.BERGER, JSHRZ II/3, Gütersloh 1981.

Juvenal and Persius, transl. G.G.RAMSAY, LCL, London u.a. 1920[2] (1918).

Sofisti Testimonianze e Frammenti, Fascicolo Quarto: Antifonte/ *Crizia* [= *Kritias*]. Introduzione, Traduzione e Commento a Cura di A.BATTEGAZZORE e M.UNTERSTEINER, Firenze 1962.

LE BAS, P./ WADDINGTON, W.H., Inscriptions Greques et Latines Recueillies en Grèce et en Asie Mineure, Paris

Livy, In Fourteen Volumes, LCL, London u.a. 1919-1959.

Lukan, Der Bürgerkrieg. Lateinisch und Deutsch v. G.LUCK, Schriften und Quellen der alten Welt 34, Berlin 1985.

Lucian, In Eight Volumes, transl. K.KILBURN, Vol.VI [u.a. Hermotimus], LCL, London u.a. 1959.

Lukrez, Über die Natur der Dinge. Lateinisch und Deutsch von J.MARTIN, Schriften und Quellen der alten Welt 32, Berlin 1972.

Malalae, Ioannis, Chronographia, Migne Patrologia Graeca, Tomus 97.

Manilius, Astronomica, transl. G.P.GOOLD, LCL 469, London u.a. 1977.

The Communings with Himself of *Marcus Aurelius* Antoninus, Emperor of Rome, Together with his Speeches and Sayings, transl. C.R.HAINES, LCL 58, London u.a. 1916.

Mekilta de Rabbi Ishmael. A Critical Edition on the Basis of the Manuscripts and Early Editions with an English Translation, Introduction and Notes, by J.Z.LAUTERBACH, Vol.II Philadelphis 1949[2] (1933).

Menander Rhetor. Edited with Translation and Commentary by D.A.RUSSEL and N.G.WILSON, Oxford 1981.

Midrash Rabbah. Translated into English. With Notes, Glossary and Indices under the Editorship of Rabbi H.FREEDMAN and M.SIMON with a Foreword by Rabbi I.EPSTEIN, Complete in Ten Volumes, London-Bornemouth 1951[2] (1939).

C. Musoni Rufi Reliquiae, ed. O.HENSE, Leipzig 1905.

NASH, E., Bildlexikon zur Topographie des antiken Rom, Deutsches archäologisches Institut, 2 Bde., Tübingen 1961.1962.

Neutestamentliche Apokryphen in deutscher Übersetzung, ed. W.SCHNEEMELCHER,

- Vol.I: Evangelien. 6.Aufl. der von E.HENNECKE begründeten Sammlung, Tübingen 1990
- Vol.II: Apostolisches. Apokalypsen und Verwandtes. 5.Aufl. der von E.HENNECKE begründeten Sammlung, Tübingen 1989.

Novum Testamentum Graece, post Eberhard Nestle et Erwin Nestle communiter ediderunt K. Aland/ M. Black/ C.M. Martini/ B.M. Metzger/ A. Wikgren, apparatum criticum recensuerunt et editionem novis curis elaboraverunt Kurt Aland et Barbara Aland una cum Instituto studiorum textus Novi Tetamenti Monasteriensi (Westphalia), Stuttgart 1979[26].

Die *Oracula Sibyllina*, ed. J.GEFFCKEN, GCS, Leipzig 1902.

Origenes Werke. Zweiter Band. Buch V-VIII Gegen Celsus; Die Schrift vom Gebet, ed. P.KOETSCHAU, Leipzig 1899.

Paulus *Orosius*, Historiarum adversum paganos libri VII, hg. von K.ZANGEMEISTER, CSEL 5, Nachdr. der Ausgabe Wien 1882, Hildesheim 1967.

Paulus *Orosius*, Die Antike Weltgeschichte in christlicher Sicht. Übersetzt und erläutert von A.LIPPOLD. Eingeleitet von C.ANDRESEN. Die Bibliothek der alten Welt. Reihe Antike und Christentum. 2 Bde., Zürich-München 1985.1986.

Orphei Hymni, ed. W.QUANDT, Berlin 1941.

P. *Ovidius* Naso, Die Fasten. Herausg., übers. u. komment. v. F.BÖMER, Bd.I: Einleitung. Text und Übersetzung, Heidelberg 1957.

P. *Ovidius* Naso, Metamorphosen, ed. E.RÖSCH, mit einer Einführung von N.HOLZBERG, München-Zürich 1988[11].

Ovid in six Volumes, Vol.VI Tristia/ Ex Ponto, Transl. A.L.WHEELER, rev. G.P.GOOLD, London u.a. 1988[2].

[*Papyri Graecae Magicae*] Abraxas. Ausgewählte Papyri religiösen und magischen Inhalts. Bd.2: Gebete (Fortsetzung), Papyrologica Coloniensia Vol.XVII/2, Opladen 1991.

The Oxyrhychus *Papyri*, Egypt Exploration Fund/Society, Graeco-Roman Branch:
- Part VII, ed. A.S.HUNT, London 1910.
- Part XI, edd. B.P.GRENFELL/ A.S.HUNT, London 1915.
- Part XVI, edd. B.P.GRENFELL/ A.S.HUNT/ H.I.BELL, London 1924.

Patrum Apostolicorum Opera. Textum ad fidem codicum et graecorum et latinorum adhibitis praestantissimis editionibus recensuerunt O. DE GEBHARDT, A. HARNACK, T. ZAHN. Editio quinta minor, Leipzig 1906.

Petronius, Satyrica/ Schelmenszenen, Lateinisch - Deutsch von K.MÜLLER/ W.EHLERS, München - Zürich 1983.

Philo, In Ten Volumes (and Two Supplementary Volumes), transl. F.H.COLSON/ G.H.WHITAKER/ J.W.EARP (Indices), LCL, London u.a. 1927-1962.
- Supplement I: Questions and Answers on Genesis. Translated from the Ancient Armenian Version of the Original Greek by R.MARCUS, London u.a. 1979[4] (1953).
- Supplement II: Questions and Answers on Exodus. Translated from the Ancient Armenian Version of the Original Greek by R.MARCUS, London u.a. 1970[3] (1953).

Les Oeuvres de *Philon* D'Alexandrie Vol.35, De Providentia I et II, Introduction, Traduction et Notes par M.HADAS-LEBEL, Éditions du Cerf, Paris 1973.

Philo von Alexandria. Die Werke in deutscher Übersetzung. Hg. von L.COHN/ I.HEINEMANN/ M.ADLER/ W.THEILER: Bd.I-VI Berlin 1962[2]; Bd.VII Mit einem Sachweiser zu Philo, Berlin 1964.

Index *Philoneus*, von G.MAYER, Berlin/ New York 1974.

Philodemi ΠΕΡΙ ΤΟΥ ΚΑΘ ΟΜΗΡΟΝ ΑΓΑΘΟΥ ΒΑΣΙΛΕΩΣ libellus, ed. OLIVIERI, Leipzig 1909.

Philostratos. The Life of Apollonius of Tyana. In two Volumes. Transl. F.C.CONYBEARE, LCL, London u.a. 1912.

Photius, Bibliothèque, Tome III ('codices' 186-222). Texte établi et traduit par R.HENRY, Collection Byzantine, Paris 1962.

Platon, Werke in acht Bänden. Griechisch und Deutsch. Herausgegeben und überarbeitet von G.EIGLER unter Mitarbeit von H.HOFMANN, D.KURZ, K.SCHÖPSDAU, P.STAUDACHER, K.WIDDRA, Darmstadt 1970-83.

Plinius der Jüngere, Panegyrikus. Lobrede auf den Kaiser Trajan, ed. W.KÜHN, TzF Bd.51, Darmstadt 1985.

C.*Plini* Caecili Secundi, Epistularum Libri Decem, recognovit brevique adnotatione critica instruxit R.A.B.MYNORS, Scriptorum Classicorum Bibliotheca Oxoniensis, Oxford 1988[8] (1963).

Pliny, Natural History, In Ten Volumes, transl. H.RACKHAM/ W.H.S.JONES/ D.E.EICHHOLZ, LCL, London u.a. 1938-1962.

C. *Plinius* Secundus d.Ä., Naturkunde, Lateinisch-Deutsch, Bücher III/IV, edd. G.WINKLER/ R.KÖNIG, Sammlung Tusculum, München-Zürich 1988.

Plutarch's Lives, In Eleven Volumes, transl. B.PERRIN, The Loeb Classical Library, London u.a. 1914-1926.

Plutarch's Moralia, In Sixteen Volumes, The Loeb Classical Library, London u.a. 1927-1976.

Pollucis Onomasticon. E codicibus ab ipso collatis denuo edidit et adnotavit E.BETHE, Lexicographi Graeci Vol.IX, Fasc.I-III, Leipzig 1900.1931.1937.

Porphyre, Vie de Pythagore/ Lettre A Marcella. Texte établi et traduit par E. DES PLACES, avec un appendice d'A.-P.SEGONDS, Collection des Universités de France, Paris 1982.

Properz. Gedichte. Lateinisch und Deutsch, von R.HELM, Schriften und Quellen der Alten Welt 18, Berlin 1986[4].

Prudentius. In Two Volumes. Transl. H.J.THOMSON, LCL 387.398, London u.a. 1962[2].1961[2].

The Institutio Oratoria of *Quintilian*. In Four Volumes, transl. H.E.BUTLER, Vol.I (Books I-III), LCL 124, London u.a. 1921.

Die Texte aus *Qumran*. Hebräisch und Deutsch. Mit masoretischer Punktation, Übersetzung, Einführung und Anmerkungen hg. von E.LOHSE, Darmstadt 1981[3].

[*Qumran*] Die Texte vom Toten Meer, ed. J.MAIER, Bd.I: Übersetzung. Bd.II: Anmerkungen, München/Basel 1960.

Rhetores Graeci ex recognitione L. SPENGEL, Vol. I, Leipzig 1853 (= Frankfurt/M. 1966).

Sallust, transl. J.C.ROLFE, LCL 116, London u.a. 1985[9].

Schriften des Urchristentums.
- Erster Teil: Die Apostolischen Väter. Eingel., herausgeg. übertr. und erläutert von J.A.FISCHER, Darmstadt 1981[8].
- Zweiter Teil: Didache (Apostellehre), Barnabasbrief, Zweiter Klemensbrief, Schrift an Diognet. Eingel., herausgeg., übertr. und erläutert von K.WENGST, Darmstadt 1984.

Seneca in ten volumes. Moral Essays - In Three Volumes, transl. J.W.BASORE, LCL 214.254.310, London u.a. 1970[4] (1928). 1970[5] (1932). 1975[3] (1935).

Seneca in ten volumes. Vol. VII: Naturales Quaestiones, I; Vol X: Naturales Quaestiones, II. Transl. T.H.CORCORAN, LCL 450.457, London u.a. 1971.1972.

L.Annaeus *Seneca*, Philosophische Schriften. Lateinisch und Deutsch. Vol.I-IV, ed. M.ROSENBACH, Darmstadt 1971-1984.

Septuaginta. Id est Vetus Testamentum graece iuxta LXX interpretes edidit Alfred Rahlfs. Editio Minor. Stuttgart 1979 (= 1935).

Servii Grammatici qui feruntur in Vergilii Bucolica et Georgica commentarii, recensuit G.THILO, Leipzig 1887.

Servii Grammatici qui feruntur in Vergilii Carmina Commentarii, Vol.II: Aeneidos Librorum VI-XII Commentarii, rec. G.THILO, Leipzig 1884.

Sulpicii *Severi*. Libri qui supersunt. Recensuit et commentario critico instruxit C.HALM, CSEL I, Vindobonae 1866.

Sextus Empiricus, In Four Volumes, transl. R.G.BURY, Vol.I: Outlines of Pyrrhonism; Vol.III: Against the Physicists [= Adversus Mathematicos IX/X = Adversus Physicos I/II], Against the Ethicists, LCL 273.311, London u.a. 1967[5] (1933).1968[4] (1936).

Simplicii in Aristotelis Physicorum Libros Quattuor Priores Commentaria, Commentaria in Aristotelem Graeca Vol.IX, ed. H.DIELS, Berlin 1882.

Statius. In Two Volumes. Transl. J.H.MOZLEY, Vol.I: Silvae. Thebaid I-IV. LCL 206. London u.a. 1982^5 (1928).

Ioannis *Stobaei* Anthologium. Recensuerunt C.WACHSMUTH et O.HENSE. Vol.I-V, Berlin 1884.1884.1894.1909.1912.

Stoicorum Veterum Fragmenta collegit J.v.ARNIM. Vol.I - IV, Leipzig 1903-1924.

The Geography of *Strabo*, In Eight Volumes, transl. H.L.JONES, LCL, London u.a. 1917-1932.

Suetonius, In Two Volumes, transl. J.C.ROLFE, LCL, London u.a. 1920^2 (1914).

Sueton. Werke in einem Band, ed. A.STAHR/ W.KRENKEL, Bibliothek der Antike, Römische Reihe, Berlin/Weimar 1985^2.

Suidae Lexicon ed. A.ADLER, Lexicographi Graeci Vol.I, Pars I-V, Leipzig 1928-1938.

Tacitus, In Five Volumes, Vol.I (Agricola, transl. M.HUTTON, rev. R.M.OGILVIE; Germania, transl. M.HUTTON, rev. E.H.WARMINGTON; Dialogus, transl.SIR W. PETERSON, rev. M.WINTERBOTTOM). Vol.III (The Histories, Books IV-V, transl C.H.MOORE; The Annals, Books I-III, transl. J.JACKSON). Vol.IV (The Annals, Books IV-VI,XI-XII, transl. J.JACKSON). Vol.V (The Annals, Books XIII-XVI, transl. J.JACKSON), LCL, London u.a. 1980^{10} (1914).1979^7 (1931).1970^5 (1937).1981^6 (1937).

P. Cornelius *Tacitus*, Historien. Lateinisch-Deutsch. Hg. von J.BORST unter Mitarbeit von H.H.ROSS und H.BORST, Sammlung Tusculum, München-Zürich 1984^5.

Tatiani Oratio ad Graecos, CorpAp VI, ed. I.C.T.v.OTTO, Jena 1851.

Teletis Reliquiae, recognovit prolegomena scripsit O.HENSE, Tübingen 1909^2.

Quinti Septimi Florentis *Tertulliani* Opera, Pars I: Opera Catholica/ Adversus Marcionem. Corpus Christianorum, Series Latina I, Pars I, Turnholt 1954.

Testamenta XII Patriarcharum. Edited according to Cambridge University Library MS Ff 1.24 fol.203a-262b. With Short Notes by M. DE JONGE, Pseudepigrapha Veteris Testamenti Graece, Leiden 1964.

Thucydides, In Four Volumes, transl. C.F.SMITH, Vol.I, LCL, London u.a. 1919.

Valerii Maximi. Factorum et dictorum memorabilium. Libri Novem. Cum Iulii Paridis et Ianuarii Nepotiani Epitomis. Iterum Recensuit C.KEMPF, Stuttgart 1982 (= 1888).

Valerius Flaccus, transl. J.M.MOZLEY, LCL, London u.a. 1972^5 (1934).

Velleius Paterculus, Compendium of Roman History// Res Gestae Divi Augusti, transl. F.W.SHIPLEY, LCL, London u.a. 1967^4 (1924).

Vergil, Aeneis. Lateinisch-Deutsch, ed. J.GÖTTE (zus. mit M.GÖTTE), Nachwort v. B.KYTZLER, Darmstadt 1983^6.

Vergil, Landleben Bucolica Georgica Catalepton, ed. J. und M.GÖTTE; Viten, ed. K.BAYER, Lateinisch und Deutsch, München ^{2}1977.

Vettii Valentis Anthologiarum Libri, primum edidit W.KROLL, Berlin 1908.

Vitruvius, On Architecture, In Two Volumes, transl. F.GRANGER, LCL 251.280, London u.a. 1983^6 (1931).1985^5 (1934).

VOGT, J., Die alexandrinischen Münzen. Grundlegung einer alexandrinischen Kaisergeschichte, Bd.I: Text. Bd.II: Münzverzeichnis. Stuttgart 1924.

Die Fragmente der *Vorsokratiker*. Griechisch und Deutsch von H.DIELS, ed. W.KRANZ, 1.Bd., Dublin-Zürich 1966^{12}.

Xenokrates, Darstellung der Lehre und Sammlung der Fragmente, von R.HEINZE, Leipzig 1892.

Xenophon, Memorabilia and Oeconomicus, transl. E.C.MARCHANT, LCL, London u.a. 1923.

Xenophon, Vorschläge zur Beschaffung von Geldmitteln oder über die Staatseinkünfte. Eingeleitet, herausgegeben und übersetzt von E.SCHÜTRUMPF, TzF Bd.38, Darmstadt 1982.

Ioannis *Zonarae* Epitomae Historiarum, cum Caroli Ducangii suisque Annotationibus, Vol.I - V, ed. L.DINDORF, Leipzig 1868 - 1874.

B. Auswahlbibliographie

Die benutzten Lexikonartikel (KP = Der Kleine Pauly. Lexikon der Antike; Lex.Myth. = W.H.ROSCHER, Ausführliches Lexikon der griechischen und römischen Mythologie; RAC = Reallexikon für Antike und Christentum; RE = Pauly's Realencyclopädie der classischen Altertumswissenschaft; ThW(NT) = Theologisches Wörterbuch zum Neuen Testament; TRE = Theologische Realenzyklopädie; u.s.f.) sind nur in den Anmerkungen, nicht aber im folgenden Literaturverzeichnis bibliographiert. Die Abkürzungen orientieren sich in der Regel an dem von S.SCHWERTNER zusammengestellten Abkürzungsverzeichnis der Theologischen Realenzyklopädie (Berlin-New York 1976) und an dem Index des Périodiques ... et Index de leurs Sigles (edd. J.MAROUZEAN/ P.ROSUMEK) des Supplément à l'Année Philologique, tome LI, Paris 1982.

ALAND, K., Das Verhältnis von Kirche und Staat in der Frühzeit, ANRW II 23.1 (1979), S.60-246.

ALFÖLDI, A., Die monarchische Repräsentation im römischen Kaiserreiche, Darmstadt 1980[3] (1970).

ALLEN, T.G., Exaltation and Solidarity with Christ Ephesians 1.20 and 2.6, JSNT 28 (1986), S.103-120.

ALLEN, T.G., God the Namer: A Note on Ephesians 1.21b, NTS 32 (1986), S.470-75.

ALON, G., The Burning of the Temple, in: Ders., Jews, Judaism and the Classical World. Studies in Jewish History in the Times of the Second Temple and Talmud, Jerusalem 1977, S.252-68.

ALTHEIM, F., Römische Religionsgeschichte, 3 Bde., Sammlung Göschen, Berlin 1931.1932.1933.

APPLEBAUM, S., The Legal Status of the Jewish Communities in the Diaspora, in: SAFRAI, S./ STERN, M. (edd.), The Jewish People (s.ebd.), Bd. I, S.420-63.

APPLEBAUM, S., The Organization of the Jewish Communities of the Diaspora, in: SAFRAI, S./ STERN, M. (edd.), The Jewish People (s.ebd.), Bd. I, S.464-503.

APPLEBAUM, S., The Social and Economic Status of the Jews in the Diaspora, in: SAFRAI, S./ STERN, M. (edd.), The Jewish People (s.ebd.), Bd. II, S.701-727.

ARNOLD, C.E., Ephesians: Power and Magic. The Concept of Power in Ephesians in Light of its Historical Setting, SNTS.MS 63, Cambridge u.a. 1989.

ARNOLD, C.E., The 'Exorcism' of Ephesians 6.12 in Recent Research, JSNT 30 (1987), S.71-87.

ASBACH, J., Römisches Kaisertum und Verfassung bis auf Trajan - Eine historische Einleitung zu den Schriften des P.Cornelius Tacitus, Köln 1896.

ASSMANN, J./ HARTH, D., Kultur und Konflikt, Frankfurt/Main 1990.

ATKINSON, J.E., A Commentary On Q.Curtius Rufus' Historiae Alexandri Magni Books 3 and 4, London Studies In Classical Philology Vol.IV, Amsterdam 1980.

ATKINSON, J.E., The Curtii Rufi Again, Acta Classica XVI (1973) S.129-133.

BADIAN, E., Alexander the Great and the Unity of Mankind, Historia 7 (1958) S.425-44.

BAER, R.A., Philo's Use of the Categories Male and Female, Arbeiten zur Literatur und Geschichte des hellenistischen Judentums 3, Leiden 1970

BALCH, D.L., Hellenization/ Acculturation in 1.Peter, in: TALBERT, Ch. (ed.), Perspectives on 1 Peter, Macon 1986, S.79-101.

BALCH, D.L., "Let wives be submissive..." The Origin, Form and Apologetic Function of the Household Duty Code (Haustafel) in 1 Peter, Dissertation Yale University 1974.

BALCH, D.L., Two Apologetic Encomia: Dionysius on Rome and Josephus on the Jews, JSJ 13 (1982), S.102-22.

BALSDON, J.P.V.D., The Emperor Gaius (Caligula), Oxford 1964[2] (1934).

BANDSTRA, A.J., The Law and the Elements of the World, Kampen 1964.

BARNES, T.D, The Fragments of Tacitus' *Histories*, CP 72 (1977) S.224-31.

BARRACLOUGH, R., Philo's Politics. Roman Rule and Hellenistic Judaism, ANRW II 21.1 (1984) 417-553.

BARRETT, C.K., Paul's Address to the Ephesian Elders, in: JERVELL, J./ MEEKS, W.A. (edd.), God's Christ and His People. Studies in Honour of Nils Alstrup Dahl, Oslo-Bergen-Tromsö 1977, S.107-121.

BARTH, M., Ephesians. Vol.I: Introduction, Translation and Commentary on Chapters 1-3. Garden City, New York 1985. Vol.II: Translation and Commentary on Chapters 4-6, New York 1974.

BARTH, M., Traditions in Ephesians, NTS 30 (1984), S.3-25.

BAUMANN, H., Das doppelte Geschlecht. Ethnologische Studien zur Bisexualität in Ritus und Mythos, Berlin 1980^2.

BAUMANN, U., Rom und die Juden. Die römisch-jüdischen Beziehungen von Pompeius bis zum Tode des Herodes (63v.Chr.-4.v.Chr.), Studia Philosophica et Historica 4, Frankfurt a.M./Bern/New York 1986^2 (1983).

BECHER, I., Augustus und Dionysos - ein Feindverhältnis? ZAeS 103 (1976) S.88-101.

BECHER, I., Augustus und seine Religionspolitik gegenüber orientalischen Kulten, in: BINDER, G. (ed.), Saeculum Augustum II. Religion und Literatur, WdF 512, Darmstadt 1988, S.143-70.

BENGTSON, H., Die Flavier. Vespasian/Titus/Domitian. Geschichte eines römischen Kaiserhauses, München 1979.

BERGER, K., Abraham in den paulinischen Hauptbriefen, MThZ 17 (1966), S.47-89.

BERGER, K., Formgeschichte des Neuen Testaments, Heidelberg 1984.

BERGER, K., Hellenistische Gattungen im Neuen Testament, ANRW II 23.2 (1984), S.1031-1432.

BERGER, K., Die impliziten Gegner, in: D.LÜHRMANN/ G.STRECKER (edd.), Kirche. Festschrift für G.Bornkamm zum 75.Geburtstag, Tübingen 1980, S.373-400.

BERGER, K./ COLPE, C. (edd.), Religionsgeschichtliches Textbuch zum Neuen Testament, NTD Textreihe Band 1, Göttingen und Zürich 1987.

BERLINGER, L., Beiträge zur inoffiziellen Titulatur der römischen Kaiser. Eine Untersuchung ihres ideengeschichtlichen Gehalts und ihrer Entwicklung, Dissertation Breslau 1935.

BERNHARDT, R., Imperium und Eleutheria. Die römische Politik gegenüber den freien Städten des griechischen Ostens, Dissertation Hamburg 1971.

BERVE, H., Das Alexanderreich auf prosopographischer Grundlage, Band I. Darstellung, München 1926.

BEST, E., Dead in Trespasses and Sins (Eph.2.1), JSNT 13 (1981), S.9-25.

BEST, E., Ephesians i.1, in: BEST, E./ WILSON, R.M. (edd.), Text and Interpretation. Studies in the New Testament presented to Matthew Black, Cambridge u.a. 1979, S.29-41.

BEST, E., Ephesians 1.1 Again, in: HOOKER, M.D./ WILSON, S.G. (edd.), Paul and Paulinism. Essays in honour of C.K.BARRETT, London 1982, S.273-279.

BEST, E., Recipients and Title of the Letter to the Ephesians: Why and When the Designation "Ephesians"? ANRW II. 25.4 (1987), S.3247-3279.

BICKERMAN, E.J., The Altars of Gentiles. A Note on the Jewish "ius sacrum", RIDA Ser.3,5 (1958) S.137-64.

BICKERMAN, E., Filius Maiae (Horace, Odes I 2. 43), ParPass 16 (1961), S.5-19.

BICKERMAN, E., Une Question d'Authenticité: Les Privilèges Juifs, in: ders., Studies in Jewish and Christian History, Part II, AGAU 9, Leiden 1980, S.24-43.

BICKHOFF-BÖTTCHER, N., Das Judentum in der Griechisch-Römischen Welt. Gesellschaftliche und politische Beziehungen und Konflikte von der Mitte des 1.Jahrhunderts v.Chr. bis zum Ende des 2.Jahrhunderts n.Chr., Dissertation Osnabrück 1984.

BIEDER, W., Das Mysterium Christi und die Mission. Ein Beitrag zur missionarischen Sakramentalgestalt der Kirche. Zürich 1964.

BLAMBERG, J.E., The Public Image Projected by the Roman Emperors (A.D. 69-117) As Reflected in Contemporary Imperial Coinage, Dissertation Indiana University 1976.

BLANCHETIERE, F., Juifs Et Non Juifs. Essai sur la diaspora en Asie-Mineure, RHPhR 54 (1974), S.367-82.

BOCKMUEHL, M.N.A., Revelation and Mystery in Ancient Judaism and Pauline Christianity, WUNT 2.Reihe Bd. 36, Tübingen 1990.

BOLL, F./ BEZOLD, C./ GUNDEL, W., Sternglaube und Sterndeutung. Die Geschichte und das Wesen der Astrologie, Berlin ³1926.

BONHÖFFER, A., Epiktet und das Neue Testament, RGVV X, Gießen 1911.

BONHOEFFER, D., Gesammelte Schriften, ed. E. BETHGE. Bd.II: Kirchenkampf und Finkenwalde, München 1959.

BORZSAK, I., Zum Zeitansatz des Q.Curtius Rufus, in: HARMATTA, J. (ed.), Prolegomena To The Sources On The History Of Pre-Islamic Central Asia [Collection Of The Sources For The History Of Pre-Islamic Central Asia], Budapest 1979, S.27-38.

BOWERSOCK, G.W., Augustus and the Greek World, Oxford 1965.

BOWERSOCK, G.W., The Imperial Cult: Perceptions and Persistence, in: MEYER, B.F., SANDERS, E.P. (edd.), Jewish and Christian Self-Definition, Vol. III: Self-Definition in the Greco-Roman World, Philadelphia 1982, S.171-182.238-41.

BÖDEFELD, H., Untersuchungen zur Datierung der Alexandergeschichte des Q.Curtius Rufus, Diss. Düsseldorf 1982.

BRANDENBURGER, E., Fleisch und Geist. Paulus und die dualistische Weisheit, WMANT 29, Neukirchen-Vluyn 1968.

BRAUN, H., Das himmlische Vaterland bei Philo und im Hebräerbrief, in: BÖCHER, O./ HAACKER, K. (edd.), Verborum Veritas. Festschrift G.STÄHLIN, Wuppertal 1970.

BRAUNERT, H., Jüdische Diaspora und Judenfeindschaft im Altertum, in: ders., Politik, Recht und Gesellschaft in der griechisch-römischen Antike. Gesammelte Aufsätze und Reden, Stuttgart 1980, S.29-48.

BRENDEL, O., Novus Mercurius, MDAI.R 50 (1935), S.231-59.

BREYTENBACH, C., Versöhnung. Eine Studie zur paulinischen Soteriologie, WMANT 60, Neukirchen-Vluyn 1989.

BRUNT, P.A., The 'Fiscus' and its Developement, JRS 56 (1966), S.75-91.

BRUNT, P.A., The Romanization of the Local Ruling Classes in the Roman Empire, in: Assimilation et résistance à la culture gréco-romaine dans le monde ancien, Congrès Madrid 1974, Paris/Bukarest 1976, S.161-73.

BURCHARD, C., Der jüdische Asenethroman und seine Nachwirkung. Von Egeria zu Anna Katharina Emmerick oder von Moses aus Aggel zu Karl Kerényi, ANRW II 20.1 (1987) S.543-667.

BURCHARD, C., The Importance of Joseph and Aseneth for the Study of the New Testament: A General Survey and a Fresh Look at the Lord's Supper, NTS 33 (1987), S.102-34.

BURKERT, W., Weisheit und Wissenschaft. Studien zu Pythagoras, Philolaos und Platon, Erlanger Beiträge zur Sprach- und Kunstwissenschaft X, Nürnberg 1962.

CAPELLE, W., Griechische Ethik und römischer Imperialismus, Klio 25 N.F.7 (1932) S.86-113.

CARAGOUNIS, C.C., The Ephesian Mysterion. Meaning and Content, Lund 1977.

CARLSTON, C., The Vocabulary of Perfection in Philo and Hebrews, in: GUELICH, R.A. (ed.), Unity and Diversity in New Testament Theology. Essays in Honor of G.E.LADD, Grand Rapids Michigan 1978, S.133-60.

CARNEY, E.D., Rez. H.BÖDEFELD, Untersuchungen zur Datierung der Alexandergeschichte des Q.Curtius Rufus (s.ebd.), Classical World 78 (1984) S.227.

CASTRITIUS, H., Die Haltung Roms gegenüber den Juden in der ausgehenden Republik und der Prinzipatszeit, in: KLEIN, T./ LOSEMANN, V./ MAI, G. (edd.), Judentum und Antisemitismus von der Antike bis zur Gegenwart, Düsseldorf 1984, S.15-40.

CEAUSESCU, G., Augustus, der "Hellenisator" der Welt (Kommentar zu Philo, Legatio ad Gaium, 143-47), Klio 69 (1987), S.46-57.

CHADWICK, H., Die Absicht des Epheserbriefes, ZNW 51 (1960), S.145-53.

CHANTRAINE, H., Pax als politisches Schlagwort im alten Rom - Korreferat, in: SCHLENKE/MATZ (s.u.) S.35-40.

CHESNUT, G.F., The Ruler and the Logos in Neopythagorean, Middle Platonic, and Late Stoic Political Philosophy, ANRW II 16.2 (1978), 1310-1332.

COLLINS, J.J., Between Athens and Jerusalem. Jewish Identity in the Hellenistic Diaspora, New York 1983.

COLPE, C., Zur Leib-Christi-Vorstellung im Epheserbrief, in: ELTESTER, W. (ed.), Judentum, Urchristentum, Kirche, Festschrift J.Jeremias, BZNW 26 (1964), S.172-87.

COMMAGER, S., Horace, Carmina, I, 2, AJPh 80 (1959), S.37-55.

CRABB, R.W., The ΚΕΦΑΛΗ Concept in the Pauline Tradition with Special Emphasis on Colossians, Dissertation San Francisco Theological Seminary 1966.

CUMONT, F., L'Égypte des Astrologues. Édité par la Fondation Égyptologique Reine Élisabeth, Brüssel 1937.

CUMONT, F./ CANET, L., Mithra ou Sarapis ΚΟΣΜΟΚΡΑΤΩΡ, CRAIBL 1919, S.313-328.

D'ESPEREY, S.F., Vespasien, Titus et la littérature, ANRW II 32.5 (1986) S.3048-86.

DAHL, N.A., Adresse und Proömium des Epheserbriefes, ThZ 7 (1951), S.241-64.

DAHL, N.A., Cosmic Dimensions and Religious Knowledge (Eph 3:18), in: ELLIS, E.E./ GRÄSSER, E. (edd.), Jesus und Paulus, Festschrift W.G.KÜMMEL zum 70. Geburtstag, Göttingen 1975, S.57-75.

DAHL, N.A., Das Geheimnis der Kirche nach Eph. 3,8-10, in: SCHLINK, E./ PETERS, A. (edd.), Zur Auferbauung des Leibes Christi. Festgabe für Professor D. Peter Brunner zum 65. Geburtstag am 25. April 1965, Kassel 1965, S.63-75.

DAHL, N.A., Gentiles, Christians, and Israelites in the Epistle to the Ephesians, HTR 79 (1986), S.31-39.

DAUTZENBERG, G., "Da ist nicht männlich und weiblich". Zur Interpretation von Gal 3,28, Kairos 24 (1982), S.181-206.

DELLING, G., The "One Who Sees God" in Philo, in: GREENSPAHN, F.E./ HILGERT, E./ MACK, B.L. (edd.), Nourished with Peace. Studies in Hellenistic Judaism in Memory of Samuel Sandmel, Chico/ California 1984, S.27-41.

DELLING, Partizipiale Gottesprädikationen in den Briefen des Neuen Testaments, StTh 17 (1963), S.1-59.

DELLING, G., Philons Enkomion auf Augustus, Klio 54 (1972), S.171-192.

DILLON, J., The Middle Platonists. A Study of Platonism 80 B.C. to A.D. 220, London 1977.

DINKLER, E., EIRENE. Der urchristliche Friedensgedanke, SHAW.PH 1973, 1.Abh., H.1, S.1-47.

DIX, D.G., Jew and Greek. A Study in the Primitive Church, London 1967³ (=1953).

DOBLHOFER, E., Die Augustuspanegyrik des Horaz in formalhistorischer Sicht, Bibliothek der klassischen Altertumswissenschaften N.F. 2.Reihe Bd.16, Heidelberg 1966.

DOBLHOFER, E., Horaz und Augustus, ANRW II 31.3 (1981), S.1922-86.

DODD, C.H., The Bible and the Greeks, London 1964³.

DÖLGER, F.J., Die Planetenwoche der griechisch-römischen Antike und der christliche Sonntag, in: Ders., Antike und Christentum, Bd.6. Kultur- und religionsgeschichtliche Studien. Münster ²1976, S.202-238.

DRAKE, H.A., In Praise of Constantine: A Historical Study and New Translation of Eusebius' Tricennial Orations, University of California Publications: Classical Studies, Vol.15, Berkeley/ Los Angeles/ London 1976.

DRINKWATER, J.F., Roman Gaul. The three Provinces, 58 B.C. - A.D. 260, Beckenham (Kent) 1983.

DUCHROW, U., Christenheit und Weltverantwortung. Traditionsgeschichte und systematische Struktur der Zweireichelehre. Forschungen und Berichte der Evangelischen Studiengemeinschaft, Bd. 25, Stuttgart 1970.

DUDLEY, D.R./ WEBSTER, G., The Roman Conquest of Britain A.D. 43-57, London 1965.

DUPONT, D.J., Gnosis. La Connaissance Religieuse Dans Les Epitres De Saint Paul, Universitas Catholica Lovaniensis Ser.II Tom.40, Paris 1949.

DYSON, S.L., Native Revolt Patterns in the Roman Empire, ANRW II 3 (1975), S.138-75.

EHRHARDT, A., Das Corpus Christi und die Korporationen im spät-römischen Recht, ZRG, Rom.Abt. 70 (1953), S.299-347.

EHRHARDT, A.A.T., Imperium und Humanitas. Grundlagen des römischen Imperialismus, StGen 14 (1961) S.646-664.

EHRHARDT, A.A.T., Politische Metaphysik von Solon bis Augustin, 3 Bde., Tübingen 1959.1959.1969.

ELLIOTT, J.H., A Home for the Homeless. A Sociological Exegesis of 1 Peter, its Situation and Strategy, London 1982.

ERNST, J., Pleroma und Pleroma Christi. Geschichte und Deutung eines Begriffs der paulinischen Antilegomena, BU 5, Regensburg 1970.

ERRINGTON, R.M., Die Juden im Zeitalter des Hellenismus, in: KLEIN, T./ LOSEMANN, V./ MAI, G. (edd.), Judentum und Antisemitismus von der Antike bis zur Gegenwart. Im Auftrag des Fachbereichs Geschichtswissenschaften der Philipps-Universität Marburg, Düsseldorf 1984, S.1-13.

EVANS, C.A., The Colossian Mystics, Biblica 63 (1982), S.188-205.

FARNOUX, B.C., Mercure romain, les 'Mercuriales' et l'institution du culte imperial sous le Principat Augustéen, ANRW II 17.1 (1981), S.457-501.

FASCHER, E., Der Vorwurf der Gottlosigkeit in der Auseinandersetzung bei Juden, Griechen und Christen, in: BETZ, O./ HENGEL, M./ SCHMIDT, P. (edd.), Abraham unser Vater. Juden und Christen im Gespräch über die Bibel. Festschrift für Otto Michel zum 60. Geburtstag, AGSU 5, Leiden/ Köln 1963, S.78-104.

FEARS, J.R., The Cult of Jupiter and Roman Imperial Ideology, ANRW II 17.1 (1981), S.3-141.

FEARS, J.R., The Cult of Virtues and Roman Imperial Ideology, ANRW II 17.2 (1981), S.827-948.

FEARS, J.R., Nero as the Vicegerent of the Gods in Seneca's De Clementia, Hermes 103 (1975), S.486-96.

FEARS, J.R., Rome: The Ideology of Imperial Power, Thought 55 (1980), S.98-109.

FEARS, J.R., The Solar Monarchy of Nero and the Imperial Panegyric of Q.Curtius Rufus, Historia 25 (1976), S.494-96.

FEARS, J.R., The Theology of Victory at Rome: Approaches and Problems, ANRW II 17.2 (1981), S.736-826.

FISCHER, K.M., Tendenz und Absicht des Epheserbriefes, FRLANT 111, Göttingen 1973.

FOSSUM, J.E., The Name of God and the Angel of the Lord. Samaritan and Jewish Concepts of Intermediation and the Origin of Gnosticism, WUNT 36, Tübingen 1985.

FRANCIS, F.O., Humility and Angelic Worship in Col 2:18, StTh 16 (1962), S.109-134.

FRANCIS, F.O., The Christological Argument of Colossians, in: JERVELL, J./ MEEKS, W.A. (edd.), God's Christ and His People. Studies in Honour of Nils Alstrup Dahl, Oslo/ Bergen/ Tromsö 1977, S.192-208.

FRERE, S., Britannia - A History of Roman Britain, London/ New York 1987[3].

FRÜCHTEL, U., Die kosmologischen Vorstellungen bei Philo von Alexandrien. Ein Beitrag zur Geschichte der Genesisexegese. Arbeiten zur Literatur und Geschichte des Hellenistischen Judentums 2, Leiden 1968.

FUCHS, H., Augustin und der antike Friedensgedanke. Untersuchungen zum neunzehnten Buch der Civitas Dei, Neue Philologische Untersuchungen 3.H., Berlin 1926.

FUCHS, H., Der geistige Widerstand gegen Rom in der antiken Welt, Berlin 1938.

FUSTEL DE COULANGES, N.D., Der antike Staat. Studie über Kultus, Recht und Einrichtungen Griechenlands und Roms. Autoris. Übers. P.WEISS, Graz 1961 (Berlin/Leipzig 1907).

GAGER, J.G., The Origins of Antisemitism. Attitudes Toward Judaism in Pagan and Christian Antiquity, New York/ Oxford 1983.

GATZ, B., Weltalter, goldene Zeit und sinnverwandte Vorstellungen, SPUDASMATA XVI, Hildesheim 1967.

GAUGER, J.-D., Beiträge zur jüdischen Apologetik. Untersuchungen zur Authentizität von Urkunden bei Flavius Josephus und im I.Makkabäerbuch, BBB 49, Köln/ Bonn 1977.

GAUGER, J.-D., Der Rom-Hymnos der Melinno (Anth.Lyr.II² 6, 209f.) und die Vorstellung von der 'Ewigkeit' Roms, Chiron 14 (1984), S.267-99.

GÄRTNER, B., The Temple and the Community in Qumran and the New Testament. A Comparative Study in the Temple Symbolism of the Qumran Texts and the New Testament, Cambridge 1965.

GERNENTZ, W., Laudes Romae, Dissertation Rostock 1918.

GEWIESS, J., Die Begriffe πληροῦν und πλήρωμα im Kolosser- und Epheserbrief, in: ADLER, N. (ed.), Vom Wort des Lebens. Festschrift Max Meinertz, NTA.E 1, Münster 1951, S.128-141.

GINSBURG, M.S., Fiscus Judaicus, JQR N.S. 21 (1930/31) S.281-91.

GLATZER, N.N., The Concept of Peace in Classical Judaism, in: FROMM, E./ HERZFELD, H. in Zusammenarbeit mit GROSSMANN, K.R. (edd.), Der Friede. Idee und Verwirklichung. The Search for Peace. Festgabe für Adolf Leschnitzer, Heidelberg 1961, S.27-39.

GNILKA, J., Das Akkulturationsproblem nach dem Epheser- und Kolosserbrief, in: BATHELMY, J.-D. u.a. (edd.), Fede e cultura alla luce della bibbia. Atti della Sessione plenaria 1979 della Pontificia Commissione Biblica, Turin 1981, S.235-47.

GNILIKA, J., Der Epheserbrief. Auslegung von, HThKNT X/2, Freiburg/Basel/Wien 1977².

GNILKA, J., Das Paulusbild im Kolosser- und Epheserbrief, in: MÜLLER, P.-G./ STENGER, W. (edd.), Kontinuität und Einheit. Festschrift Franz Mußner, Freiburg u.ö. 1981, S.179-193.

GOLDMANN, L., Die Soziologie der Literatur. Stand und Methodenprobleme, in: J.BARK (ed.), Literatursoziologie I: Begriff und Methode, Stuttgart 1974, S.85-113.

GOODMAN, M., Nerva, the *Fiscus Judaicus* and Jewish Identity, JRS 79 (1989), S.40-44.

GOODENOUGH, E.R., By Light, Light. The Mystic Gospel of Hellenistic Judaism, New Haven 1935.

GOODENOUGH, E.R., The Politics of Philo Judaeus. Practice and Theory, Hildesheim 1967 (= New Haven 1938).

GOODENOUGH, E.R., Die politische Philosophie des hellenistischen Königtums, in: KLOFT, H. (ed.), Ideologie und Herrschaft in der Antike, WdF 528, Darmstadt 1979, S.27-89 [engl. Original: ders., The Political Philosophy of Hellenistic Kingship, YCIS 1 (1928), S.55-102].

GRASSL, H., Zur Datierung des Curtius Rufus, Philologus 118 (1974) S.160-63.

GRIFFIN, M.T., Nero. The End of a Dynasty, New Haven/London 1984.

GRÜNINGER, G., Untersuchungen zur Persönlichkeit des älteren Plinius. Die Bedeutung wissenschaftlicher Arbeit in seinem Denken, masch.Diss. Freiburg i.Br. 1976.

GUNDEL, H.G., Weltbild und Astrologie in den griechischen Zauberpapyri, Münchner Beiträge zur Papyrusforschung und antiken Rechtsgeschichte, H.53, München 1968.

GUNDEL, W./ GUNDEL, H.G., Astrologumena. Die astrologische Literatur in der Antike und ihre Geschichte, Wiesbaden 1966.

Gutachten der Theologischen Fakultät der Universität Marburg zum Kirchengesetz über die Rechtsverhältnisse der Geistlichen und Kirchenbeamten, ThBl 12 (1933), Sp.289-94.

GUTERMAN, S.L., Religious Toleration and Persecution in Ancient Rome, London 1951.

HAMILTON, J.R., The Date of Quintus Curtius Rufus, Historia 37 (1988), S.445-56.

HAMILTON, J.R., Plutarch Alexander. A Commentary, Oxford 1969.

HARNACK, A.v., Die Mission und Ausbreitung des Christentums in den ersten drei Jahrhunderten. Zweiter Band: Die Verbreitung, Leipzig 1924⁴.

HART, H.S.J., Judaea and Rome. The Official Commentary (with six plates), JThS 3 (1952), S.172-198.

HARTMAN, L., Universal Reconciliation (Col 1,20), Studien zum Neuen Testament und seiner Umwelt, Bd. 10 (1985), S.109-121.

HARVEY, A.E., The Use of Mystery Language in the Bible, JThS N.S. 31 (1980), S 320-36.

HAY, D.M., Philo's References to Other Allegorists, in: StPhilon 6 (1979/80), S.41-75.

HAYS, St. R., Lucius Annaeus Cornutus' Epidrome (Introduction to the Tradition of Greek Theology) : Introduction, Translation, and Notes, Dissertation: University of Texas at Austin 1983.

HECHT, R.D., The Exegetical Contexts of Philo's Interpretation of Circumcision, in: GREENSPAHN, F.E./ HILGERT, E./ MACK, B.L. (edd.), Nourished with Peace. Studies in Hellenistic Judaism in Memory of Samuel Sandmel, Chico/ California 1984, S.51-79.

HECHT, R.D., Patterns of Exegesis in Philo's Interpretation of Leviticus, StPhilon 6 (1979/80), S.77-155.

HECHT, R.D., Philo and Messiah, in: NEUSNER, J./ GREEN, W.S./ FRERICHS, E.S. (edd.), Judaismus and their Messiahs at the Turn of the Christian Era, Cambridge u.a. 1987, S.139-68.

HEGERMANN, H., Die Vorstellung vom Schöpfungsmittler im hellenistischen Judentum und Urchristentum, TU 82, Berlin 1961.

HEINZE, R., Virgils epische Technik, Darmstadt 1976^6 (= 1915^3).

HEINZEL, E., Zum Kult der Artemis von Ephesos, Jahreshefte des Österreichischen Archäologischen Institus in Wien, Bd. 50 (1972-75), S.243-251.

HEMER, J.C., The Letters to the Seven Churches of Asia in their Local Setting, JSNT Supplement Series 11, Sheffield 1986.

HENGEL, M., Juden, Griechen und Barbaren. Aspekte der Hellenisierung in vorchristlicher Zeit, Stuttgarter Bibelstudien 76, Stuttgart 1975.

HENGEL, M., Judentum und Hellenismus. Studien zu ihrer Begegnung unter besonderer Berücksichtigung Palästinas bis zur Mitte des 2.Jahrhunderts vor Christus, WUNT 10, Tübingen 1969.

HENGEL, Mors Turpissima Crucis. Die Kreuzigung in der antiken Welt und die "Torheit" des "Wortes vom Kreuz", in: FRIEDRICH, J./ PÖHLMANN, W./ STUHLMACHER, P. (edd.), Rechtfertigung. Festschrift für Ernst Käsemann zum 70. Geburtstag, Tübingen/ Götingen 1976, S.125-84.

HENGEL, M., Die Synagogeninschrift von Stobi, ZNW 57 (1966) S.145-83.

HENRICHS, A., Vespasian's Visit to Alexandria, ZPE 3 (1968), S.51-80.

HERZ, P., Bibliographie zum römischen Kaiserkult (1955-1975), ANRW II 16.2 (1978), S.833-910.

HERZ, P., Der römische Kaiser und der Kaiserkult - Gott oder primus inter pares? in: ZELLER, D. (ed.), Menschwerdung Gottes - Vergöttlichung von Menschen, NTOA 7, Freiburg (Schweiz)/ Göttingen 1988, S.115-140.

HEUSS, A., Alexander der Große und die politische Ideologie des Altertums, A&A 4 (1954), S.65-104.

HEUSS, A., Römische Geschichte, Braunschweig 1983^5 (1960).

HOLTZMANN, H.J., Lehrbuch der neutestamentlichen Theologie, 2 Bde., Tübingen 1911^2.

HOPFNER, Th., Plutarch über Isis und Osiris. II. Teil. Die Deutungen der Sage. Übersetzung und Kommentar, Monographien des Archiv Orientální, Bd. IX, Prag 1941.

HORSLEY, G.H.R., The Inscriptions of Ephesos and the New Testament, NovTest 34 (1992), S.105-168.

HORSLEY, R.A., "How can some of you say that there is no ressurection of the dead?" Spiritual Elitism in Corinth, NT 20 (1978), S.203-31.

HORSLEY, R.A., Pneumatikos vs. Psychikos. Distinctions of Spiritual Status among the Corinthians, HThR 69 (1976), S.269-88.

HORSLEY, R.A., Spiritual Marriage with Sophia, VigChr 33 (1979), S.30-54.

HOWARD, G., The Head/Body Metaphors of Ephesians, NTS 20 (1974) S.350-56.

HÖLSCHER, G., Der Ursprung der Apokalypse Mrk 13, ThBl 12 (1933), S.193-98.

HUBER, W., Protestantismus und Protest. Zum Verhältnis von Ethik und Politik, Reinbek 1987.

INSTINSKY, H.U., Zur Kontroverse um die Datierung des Curtius Rufus, Hermes 90 (1962) S.379-83.

ISAGER, J., Vespasiano e Augusto, in: ASCANI, K. u.a. (edd.), Studia Romana. In Honorem Petri Krarup Septuagenarii, Odense 1976, S.64-71.

JASPER, G., Die Evangelische Kirche und die Judenchristen, Göttingen 1934.

JAYNE, D., 'We' and 'You' in Ephesians 1:3-14, ET 85 (1973/74), S.151-52.

JERVELL, J., Das Volk des Geistes, in: JERVELL, J./ MEEKS, W.A. (edd.), God's Christ and His People. Studies in Honour of Nils Alstrup Dahl, Oslo/ Bergen/ Tromsö 1977, S.87-106.

JERVELL, J., The Mighty Minority, StTh 34 (1980), S.13-38.

JONES, A.H.M., The Greek City from Alexander to Justinian, Oxford 1940.

JONES, B.W., The Emperor Titus, London/Sydney/New York 1984.

JONES, C.P., Plutarch and Rome, Oxford 1971.

JONES, C.P., The Roman World of Dio Chrysostom, Loeb Classical Monographs, Cambridge/ Mass. - London 1978.

JUSTER, J., Les Juifs dans l'Empire Romain, Leur Condition Juridique, Économique et Sociale, 2 Bde., Paris 1914 (= Nachdruck New York o.J.).

JÜTHNER, J., Hellenen und Barbaren. Aus der Geschichte des Nationalbewußtseins, Das Erbe der Alten H.VIII, Leipzig 1923.

KAISER, H., Die Bedeutung des leiblichen Daseins in der paulinischen Eschatologie. Teil I: Studien zum religions- und traditionsgeschichtlichen Hintergrund der Auseinandersetzung in 2.Kor 5,1-10 (und 1.Kor 15) im palästinensischen und hellenistischen Judentum, Dissertation Heidelberg 1974.

KASHER, A., The Jews in Hellenistic and Roman Egypt, TSAJ 7, Tübingen 1985 (hebr. Tel Aviv 1978).

KÄHLER, H., Die Ara Pacis und die augusteische Friedensidee, JdI 69 (1954) S.67-100.

KÄSEMANN, E., Ephesians and Acts, in: KECK, L.E./ MARTYN, J.L. (edd.), Studies in Luke-Acts. Essays presented in Honor of Paul Schubert Buckingham Professor of New Testament Criticism and Interpretation at Yale Universtity, Nashville - New York, 1966, S.288-97.

KÄSEMANN, E., Leib und Leib Christi. Eine Untersuchung zur paulinischen Begrifflichkeit, BZHTh 9, Tübingen 1933.

KEIL, J., Zur Topographie der ionischen Küste südlich von Ephesos, Beiblatt der Jahreshefte des Österreichischen Archäologischen Instituts, Bd.XI (1908), Sp.135-168.

KIENAST, D., Augustus und Alexander, Gymnasium 76 (1969), S.430-56.

KIENAST, D., Augustus. Prinzeps und Monarch, Darmstadt 1982.

KIENAST, D., Corpus Imperii. Überlegungen zum Reichsgedanken der Römer, in: WIRTH, G. (ed.; unter Mitwirkung v. SCHWARTE, K.-H., HINRICHS, J.), Romanitas - Christianitas. Untersuchungen zur Geschichte und Literatur der römischen Kaiserzeit. Johannes Straub zum 70. Geburtstag am 18.Oktober 1982 gewidmet, Berlin/ New York 1982, S.1-17.

KIPPENBERG, H.G., "Dann wird der Orient herrschen und der Okzident dienen". Zur Begründung eines gesamtvorderasiatischen Standpunktes im Kampf gegen Rom, in: BOLZ, U.W./ HÜBENER, W. (edd.), Spiegel und Gleichnis, Festschrift J.Taubes, Würzburg 1983, S.40-48.

KIPPENBERG, H.G., Die jüdischen Überlieferungen als πάτριοι νόμοι, in: FABER, R./ SCHLESIER, R. (edd.), Die Restauration der Götter. Antike Religion und Neo-Paganismus, Würzburg 1986, S.45-60.

KLAUCK, H.-J., Das Amt in der Kirche nach Eph 4,1-16, WiWei 36 (1973), S.81-110.

KLEIN, R., Die Romrede des Aelius Aristides. Herausgegeben, übersetzt und mit Erläuterungen versehen von, Texte zu Forschung 45, Darmstadt 1983.

KLEIN, R., Die Romrede des Aelius Aristides. Einführung, Darmstadt 1981.

KLINGNER, F., Römische Geisteswelt. Essays zur lateinischen Literatur, Stuttgart ⁵1979

- Ders., Italien. Name, Begriff und Idee im Altertum, ebd. S.11-33.

- Ders., Humanität und Humanitas, ebd. S.704-46.

KLOFT, H., (ed.) Ideologie und Herrschaft in der Antike, WdF 528, Darmstadt 1979.

KNIBBE, D./ ALZINGER, W., Ephesos vom Beginn der römischen Herrschaft in Kleinasien bis zum Ende der Principatszeit, ANRW II 7.2 (1980), S.748-835.

KNOCHE, U., Ciceros Verbindung der Lehre vom Naturrecht mit dem römischen Recht und Gesetz. Ein Beitrag zu der Frage: Philosophische Begründung und politische Wirklichkeit in Ciceros Staatsbild (1968), in: ders., Ausgewählte Kleine Schriften, ed. EHLERS, W.-W., BKP 175, Frankfurt/Main 1986, S.154-76.

KNOCHE, U., Die geistige Vorbereitung der Augusteischen Epoche durch Cicero, in: H.Oppermann (ed.), Römertum S.203-223.

KOESTERMANN, E., Cornelius Tacitus Annalen, Bd.IV, Buch 14-16, Heidelberg 1968.

KORZENIEWSKI, D., Die Zeit des Curtius Rufus, Diss. Köln 1959.

KÖVES-ZULAUF, Th., Plinius d.Ä. und die römische Religion, ANRW II 16.1 (1978) S.187-288.

KRAABEL, A.T., The Diaspora Synagogue: Archaeological and Epigraphic Evidence since Sukenik, ANRW II 19.1 (1979), S.477-510.

KRAABEL, A.T., ῞Ύψιστος and the Synagogue at Sardis, GRBS 10 (1969) S.81-93.

KRAABEL, A.Th., Judaism in Western Asia Minor under the Roman Empire, with a Preliminary Study of the Jewish Community at Sardis, Lydia. Dissertation Harvard University, Cambridge/ Massachusetts, 1968.

KRAABEL, A.T., Paganism and Judaism: The Sardis Evidence, in: BENOIT, A./ PHILONENKO, M./ VOGEL, C. (edd.), Paganisme, Judaisme, Christianisme. Influences et affrontements dans le monde antique. Mélanges offerts à Marcel Simon, Paris 1979, S.13-33.

KRAABEL, A.T., The Roman Diaspora: Six Questionable Assumptions, JJS 33 (1982) S.445-64.

KRAABEL, A.T., Social Systems of Six Diaspora Synagogues, in: GUTMANN, J. (ed.), Ancient Synagogues. The State of Research, Brown Judaic Studies 22, Chico California 1981, S.79-91.

KRÄMER, H., Zur sprachlichen Form der Eulogie Eph. 1,3-14, WuD N.F. 9 (1967), S.34-46.

KÜMMEL, W.G., Einleitung in das Neue Testament, Heidelberg 1978[19].

KUHN, H.-W., Enderwartung und gegenwärtiges Heil. Untersuchungen zu den Gemeindeliedern von Qumran mit einem Anhang über Eschatologie und Gegenwart in der Verkündigung Jesu, StUNT 4, Göttingen 1966.

KUHN, K.G., Der Epheserbrief im Lichte der Qumrantexte, NTS 7 (1960/1), S.334-46.

LAKE, K./ CADBURY, H.J., The Beginnings of Christianity, Part I, The Acts of the Apostles, Vol.IV: English Translation and Commentary, London 1933.

LAMPE, P., Acta 19 im Spiegel der ephesischen Inschriften, BZ N.F. 36 (1992), S.59-76.

LAQUEUR, R., Der jüdische Historiker Flavius Josephus. Ein biographischer Versuch auf neuer quellenkritischer Grundlage, Gießen 1920.

LAST, H., Rome and the Druids: A Note, JRS 39 (1949), S.1-5.

LEHMANN, G.A., Tacitus und die 'imitatio Alexandri' des Germanicus Caesar, in: RADKE, G. (ed.), Politik und literarische Kunst im Werk des Tacitus, Stuttgart 1971, S.23-36.

LEHMANN, G.A., Weltherrschaft und Weltfriedensgedanke im Altertum, Mitteilungen der Technischen Universität Carolo-Wilhelmina zu Braunschweig 8 (1973), S.42-51.

LIFSHITZ, B., Donateurs et Fondateurs dans les Synagogues Juives, Cahiers de la Revue Biblique 7 (1967).

LINCOLN, A.T., The Church and Israel in Ephesians 2, CBQ 49 (1987), S.605-24.

LINCOLN, A.T., Paradise now and not yet: Studies in the Role of the Heavenly Dimension in Paul's Thought with Special Reference to his Eschatology, SNTS.MS 53, Cambridge 1981.

LINDEMANN, A., Die Aufhebung der Zeit. Geschichtsverständnis und Eschatologie im Epheserbrief, StNT 12, Gütersloh 1975.

LINDEMANN, A., Bemerkungen zu den Adressaten und zum Anlaß des Epheserbriefes, ZNW 67 (1976), S.235-51.

LINDEMANN, A., Der Epheserbrief, ZBK NT 8, Zürich 1985.

LINDEMANN, A., Paulus im ältesten Christentum. Das Bild des Apostels und die Rezeption der paulinischen Theologie in der frühchristlichen Literatur bis Marcion. BHTh 58, Tübingen 1979.

LOHMEYER, E., Christuskult und Kaiserkult, Tübingen 1919.

LONA, H.E., Die Eschatologie im Kolosser- und Epheserbrief, Forschung zur Bibel 48, Würzburg 1984.

LÖSCH, S., Epistula Claudiana. Der neuentdeckte Brief des Kaisers Claudius vom Jahre 41 n.Chr. und das Urchristentum. Eine exegetisch-historische Untersuchung, Rottenburg a.N. 1930.

LÜHRMANN, D., Neutestamentliche Haustafeln und antike Ökonomie, NTS 27 (1981), S.83-97.

LÜHRMANN, D., Das Offenbarungsverständnis bei Paulus und in paulinischer Gemeinden, WMANT 16, Neukirchen-Vluyn 1965.

LUZ, U., Rechtfertigung bei den Paulusschülern, in: edd. FRIEDRICH, J./ STUHLMACHER, P., Rechtfertigung, FS E.Käsemann, Tübingen - Göttingen 1976, S.365-383.

MAAS, E., Die Tagesgötter in Rom und den Provinzen. Aus der Kultur des Niedergangs der antiken Welt, Berlin 1902.

MACCORMACK, S.G., Change and Continuity in Late Antiquity: The Ceremony of ADVENTUS, Historia XXI (1972), S.721-52.

MACCORMACK, S.G., Art and Ceremony in Late Antiquity, Berkeley, Los Angeles, London 1981.

MACK, B.L., Logos und Sophia. Untersuchungen zur Weisheitstheologie im hellenistischen Judentum, StUNT 10, Göttingen 1973.

MACMULLEN, R., Enemies of the Roman Order. Treason, Unrest and Alienation in the Empire, Cambridge/ Mass. 1967.

MACMULLEN, R., Paganism in the Roman Empire, New Haven/ London 1981.

MACRO, A.D., The Cities of Asia Minor under the Roman Imperium, ANRW II 7.2 (1980), S.659-97.

MAGIE, D., Roman Rule in Asia Minor. To the End of the Third Century after Christ, 2 Bde., Princeton 1950.

MANDELL, S., Who paid the Temple Tax when the Jews were under Roman Rule, HTR 77 (1984) S.223-32.

MANNSPERGER, D., Apollon gegen Dionysos. Numismatische Beiträge zu Octavians Rolle als Vindex Libertatis, Gymnasium 80 (1973) S.381-404.

MANNSPERGER, D., ROM. ET AVG. Die Selbstdarstellung des Kaisertums in der römischen Reichsprägung, ANRW II 1, S.919-96.

MARCHETTI, S.C., IUVARE MORTALEM L'Ideale Programmatico Della NATURALIS HISTORIA Di Plinio Nei Rapporti Con Il Moralismo Stoico-Diatribico, A&R N.S.XXVII (1982) S.124-48.

MARSHALL, A.J., Flaccus and the Jews of Asia (Cicero PRO FLACCO 28.67-69), Phoenix 29 (1975), S.139-154.

McELENEY, N.J., Conversion, Circumcision and the Law, NTS 20 (1974), S.319-41.

MEEKS, W.A., The First Urban Christians. The Social World of the Apostle Paul, New Haven and London 1983.

MEEKS, W.A., The Image of the Androgyne: Some Uses of a Symbol in Earliest Christianity, HR 13 (1973/74), S.165-208.

MEEKS, W.A., In one Body: The Unity of Humankind in Colossians and Ephesians, in: JERVELL,J./ MEEKS, W.A., God's Christ and His People. Studies in Honour of N.A.Dahl, Oslo u.a. 1977, S.209-21.

MELL, U., Neue Schöpfung. Eine traditionsgeschichtliche und exegetische Studie zu einem soteriologischen Grundsatz paulinischer Theologie, Beiheft zur ZNW H.56, Berlin/ New York 1989.

MENDELSSOHN, L., Zu den Urkunden bei Josephus, RhM NF 32 (1877), S.249-58.

MERKEL, H., Der Epheserbrief in der neueren exegetischen Diskussion, ANRW II. 25.4 (1987), S.3156-3246.

MERKELBACH, R., Der Rangstreit der Städte Asiens und die Rede des Aelius Aristides über die Eintracht, ZPE 32 (1978), S.287-96.

MERKLEIN, H., Christus und die Kirche. Die theologische Grundstruktur des Epheserbriefes nach Eph 2,11-18, SBS 66, Stuttgart 1973.

MERKLEIN, H., Eph 4,1 - 5,20 als Rezeption von Kol 3,1-17 (zugleich ein Beitrag zur Pragmatik des Epheserbriefes), in: MÜLLER, P.-G./ STENGER, W. (edd.), Kontinuität und Einheit. Festschrift Franz Mußner, Freiburg u.ö. 1981, S.194-210.

MERKLEIN, H., Das kirchliche Amt nach dem Epheserbrief, Studien zum Alten und Neuen Testament Bd.XXXIII, München 1973.

MERKLEIN, H., Paulinische Theologie in der Rezeption des Kolosser- und Epheserbriefes, in: RAHNER, K./ SCHLIER, H. (edd.), Paulus in den neutestamentlichen Spätschriften. Zur Paulusrezeption im Neuen Testament, Quaestiones Disputatae 89, Freiburg u.ö. 1981, S.25-69.

MERKLEIN, H., Zur Tradition und Komposition von Eph 2,14-18, BZ NF 17 (1973), S.79-102.

MICHEL, D., Alexander als Vorbild für Pompeius, Caesar und Marcus Antonius. Archäologische Untersuchungen, Collection Latomus Vol.XCIV, Bruxelles 1967.

MIKAT, P., Lukanische Christusverkündigung und Kaiserkult. Zum Problem der christlichen Loyalität gegenüber dem Staat, in: Ders., Religionsrechtliche Schriften. Abhandlungen zum Staatskirchenrecht und Eherecht (ed. LISTE, J.), 2.Halbband, Staatskirchenrechtliche Abhandlungen Bd.5, Berlin 1974, S.809-828.

MILLAR, F., The Emperor, the Senate and the Provinces, JRS 56 (1966), S.156-66.

MITTEIS, L., Reichsrecht und Volksrecht in den östlichen Provinzen des römischen Kaiserreiches. Mit Beiträgen zur Kenntnis des griechischen Rechts und der spätantiken Rechtsentwicklung, Leipzig 1891.

MOEHRING, H.R., The ACTA PRO JUDAEIS in the ANTIQUITIES of Flavius Josephus. A Study in Hellenistic and Modern Apologetic Historiography, in: NEUSNER, J., (ed.), Christianity, Judaism and Other Greco-Roman Cults, Studies for Morton Smith at Sixty, Vol.III, Leiden 1975, S.124-58.

MOMIGLIANO, A., Claudius. The Emperor and his Achievements, Cambridge 1961[2].

MOMIGLIANO, A., Eastern Elements in Post-Exilic Jewish, and Greek, Historiography, in: Ders., Essays in Ancient and Modern Historiography, Oxford 1977.

MOMMSEN, Th., Der Religionsfrevel nach römischem Recht, in: ders., Gesammelte Schriften, 3.Bd.: Juristische Schriften, Berlin 1907, S.389-422.

MOMMSEN, Th., Römische Geschichte, Bd.V, Berlin 1886[3].

MOORE, M.S., Ephesians 2:14-16: A History of Recent Interpretation, EvQ 54 (1982), S.163-68.

MUSSNER, F., Beiträge aus Qumran zum Verständnis des Epheserbriefs, in: Neutestamentliche Aufsätze (Festschrift J.Schmid), Regensburg 1963, S.185-98.

MUSSNER, F., Der Brief an die Epheser, ÖKT 10, Gütersloh/ Würzburg 1982.

MUSSNER, F., Christus, das All und die Kirche. Studien zur Theologie des Epheserbriefes, TThSt 5, Trier 1955.

MUSSNER, F., Art. Epheserbrief, TRE 9 (1982), S.743-53.

MUSSNER, F., Die Geschichtstheologie des Epheserbriefes, in: Studiorum Paulinorum Congressus Internationalis Catholicus, Vol.II, AnBib 17-18 (1963), S.59-63.

NEIRYNCK, F., ACTS 10,36a τὸν λόγον ὄν, Ephemerides Theologicai Lovanienses 60 (1984), S.118-123.

NESTLE, W., Die Fabel des Menenius Agrippa, Klio 21 (1927), S.350-60.

NESTLE, W., Der Friedensgedanke in der antiken Welt, Philologus Suppl. 36, H.1, Leipzig 1938.

NIEDERWIMMER, K., Askese und Mysterium. Über Ehe, Ehescheidung und Eheverzicht in den Anfängen des christlichen Glaubens. FRLANT 113, Göttingen 1975.

NIESE, B., Bemerkungen über die Urkunden bei Josephus Archaeol. B. XIII. XIV. XVI., Hermes 11 (1876).

NOCK, A.D., Conversion. The Old and the New in Religion from Alexander the Great to Augustine of Hippo, Oxford 1963[4] (= 1933).

NOCK, A.D., Essays on Religion and the Ancient World, ed. Z.STEWART, 2.Bde. Cambridge/ Mass. 1972.

NORDEN, E., Agnostos Theos. Untersuchungen zur Formengeschichte religiöser Rede, Leipzig/Berlin 1913.

NORDEN, E., Die Geburt des Kindes. Geschichte einer religiösen Idee, Studie der Bibliothek Warburg, Leipzig/Berlin 1924.

NORDEN, E., Ein Panegyricus auf Augustus in Vergils Aeneis, RhM 54 (1899), S.466-82.

NÖRR, D., Imperium und Polis in der hohen Prinzipatszeit, Münchner Beiträge zur Papyrusforschung und antiken Rechtsgeschichte 50.H., München 1966.

NÖTSCHER, F., Vom Alten zum Neuen Testament. Gesammelte Aufsätze, Bonner Biblische Beiträge 17, Bonn 1962.

O'BRIEN, P.T., Ephesians I: An Unusual Introduction to a New Testament Letter, NTS 25 (1979), S.504-16.

OLIVER, J.H., On the Hellenic Policy of Augustus and Agrippa in 27 B.C., AJPh 93 (1972), S.190-97.

OLIVER, J.H., The Ruling Power. A Study of the Roman Empire in the Second Century after Christ through the Roman Oration of Aelius Aristides, TAPhS N.S. 43/4, Philadelphia 1953.

OPPERMANN, H., (ed.) Römertum. Ausgewählte Aufsätze und Arbeiten aus den Jahren 1921 bis 1961, WdF 18, Darmstadt 1970.

L'ORANGE, H.P., Apotheosis in Ancient Portraiture. Instituttet for sammenligende Kulturforskning Serie B: Skrifter XLIV, Oslo 1947.

L'ORANGE, H.P., Domus Aurea - Der Sonnenpalast, Symbola Osloenses, Suppl 11: Serta Eitremiana, Opuscula Philologica S.Eitrem, Oslo 1942, S.68-100.

OSTER, R.E., Ephesus as a Religious Center under the Principate, I. Paganism before Constantine, ANRW II. 18.3 (1990), S.1661-1728.

PALM, J., Rom, Römertum und Imperium in der griechischen Literatur der Kaiserzeit, Acta Reg. Societatis Humaniorum Litterarum Lundensis, Skrifter utgivna av Kungl. Humanistiska Vetenskapssamfundet i Lund LVII, Lund 1959.

PAPE, M., Griechische Kunstwerke aus Kriegsbeute und ihre öffentliche Aufstellung in Rom. Von der Eroberung von Syrakus bis in augusteische Zeit, Dissertation Hamburg 1975.

PASCHER, J., Η ΒΑΣΙΛΙΚΗ ΟΔΟΣ Der Königsweg zu Wiedergeburt und Vergottung bei Philon von Alexandria, Paderborn 1931.

PAULSEN, H., Einheit und Freiheit der Söhne Gottes - Gal 3,26-29, ZNW 71 (1980), S.74-95.

PEKARY, T., Das römische Kaiserbildnis in Staat, Kult und Gesellschaft. Dargestellt anhand der Schriftquellen, Das römische Herrscherbild, III. Abt., Berlin 1985.

PERCY, E., Die Probleme der Kolosser- und Epheserbriefe, Acta Reg. Societatis Humaniorum Litterarum Lundensis, Skrifter utgivna av Kungl. Humanistiska Vetenskapssamfundet i Lund XXXIX, Lund 1946.

PESCH, R., Die Apostelgeschichte, 1.Teilband Apg 1-12, EKK V, Neukirchen-Vluyn u.a. 1986.

PETERSON, E., Die Einholung des Kyrios, ZSTh 7 (1929), S.682-702.

PETERSON, E., Kaiser Augustus im Urteil des antiken Christentums. Ein Beitrag zur Geschichte der politischen Theologie, in: TAUBES, J. (ed.), Religionstheorie und politische Theorie, Band 1: Der Fürst dieser Welt. Carl Schmitt und die Folgen, München u.a. 1983, S.174-180 [= Hochland 30 (1933) Bd.2, S.289-99].

PFAMMATTER, J., Die Kirche als Bau. Eine exegetisch-theologische Studie zur Ekklesiologie der Paulusbriefe, AnGr 110, Rom 1960.

PLEKET, H.W., An Aspect of the Emperor Cult: Imperial Mysteries, HTR 58 (1965), S.331-47.

PLEKET, H.W., Religious History as the History of Mentality: The 'Believer' as Servant of the Deity in the Greek World, in: VERSNEL, H.S. (ed.), Faith, Hope and Worship. Aspects of Religious Mentality in the Ancient World, SGRR 2, Leiden 1981, S.152-92.

PLEKET, H.W., The Greek Inscriptions in the 'RIJKSMUSEUM VAN OUDHEDEN' at Leiden, Oudheidkundige Mededelingen uit het Rijksmuseum van Oudheden te Leiden Suppl. 38, Leiden 1958.

PLÜMACHER, E., Identitätsverlust und Identitätsgewinn. Studien zum Verhältnis von kaiserzeitlicher Stadt und frühem Christentum, Biblisch-Theologische Studien 11, Neukirchen-Vluyn 1987.

POHLENZ, M., Stoa und Semitismus, NJWJ 2 (1926), S.257-69.

POROD, R., Der Literat Curtius. Tradition und Neugestaltung: Zur Frage der Eigenständigkeit des Schriftstellers Curtius. Diss. Graz 1985.

POTTERIE, I. de la, Le Christ, Plérome de l'Église (Ep 1,22-23), Biblica 58 (1977), S.500-24.

PRICE, S.R.F., Gods and Emperors: The Greek Language of the Roman Imperial Cult, JHS 104 (1984), S.79-95.

PRICE, S.R.F., Rituals and Power. The Roman imperial cult in Asia Minor. Cambridge u.a. 1984 (=1986³).

RADER, W., The Church and Racial Hostility. A History of Interpretation of Ephesians 2:11-22, BGBE 20, Tübingen 1978.

RAJAK, T., Josephus. The Historian and his Society, London 1983.

RAJAK, T., Was There A Roman Charter For The Jews? JRS 74 (1984) S.107-123.

RATHKE, H., Ignatius von Antiochien und die Paulusbriefe, TU 99, Berlin 1967.

RAUSCHENBUSCH, W., Christianity and the Social Crisis, New York - London 1908.

REESE, M., Die Vorzüge Israels in Röm.9,4f. und Eph.2,12. Exegetische Anmerkungen zum Thema Kirche und Israel, ThZ 31 (1975), S.211-222.

REYNOLDS, J., Further Information on Imperial Cult at Aphrodisias, StudClas 24 (1986), S.109-117.

REYNOLDS, J./ TANNENBAUM, R., Jews and Godfearers at Aphrodisias, Cambridge Philological Society Supp.XI, 1987.

RICE, E.E., Rez. H.BÖDEFELD, Untersuchungen zur Datierung der Alexandergeschichte des Q.Curtius Rufus (s.ebd.), Classical Review 35 (1985) S.192.

RIEDWEG, C., Mysterienterminologie bei Platon, Philon und Klemens von Alexandrien, UaLG 26, Berlin/ New York 1987.

RIESENFELD, H., The Text of Acts x.36, in: BEST, E./ WILSON, R.M. (edd.), Text and Interpretation. Studies in the New Testament presented to Matthew Black, Cambridge 1979, S.191-194.

ROBBINS, J.C., The Composition of Eph 1:3-14, JBL 105/4 (1986), S.677-87.

ROBERT, L., Reliefs Votifs et Cultes D'Anatolie, Anatolia 3 (1958), S.103-144.

ROETZEL, C., Διαϑῆχαι in Romans 9,4. Biblica 51 (1970), S.377-90.

ROETZEL, C.J., Jewish Christian - Gentile Christian Relations. A Discussion of Ephesians 2:15a, ZNW 74 (1983), S.81-89.

ROGERS, C.L., The Dionysian Background of Ephesians 5:18, Bibliotheca sacra 136/543 (1979), S.249-257.

ROLOFF, J., Die Apostelgeschichte, NTD 5, Göttingen 1981.

ROMILLY, J.de, The Rise and Fall of States According to Greek Authors, Jerome Lectures, 11. Series, Ann Arbor 1977.

ROSTOVTZEFF, M., Gesellschafts- und Wirtschaftsgeschichte der hellenistischen Welt, 3 Bde., Stuttgart 1955/6.

RUBIN, Z., Pax als politisches Schlagwort im alten Rom, in: SCHLENKE/MATZ (s.u.) S.21-34.

RUPPRECHT, K., Gott auf Erden (Ein Beitrag zur Horaz-Erklärung und zur Geschichte des Messianismus im Westen), WJA 1 (1946), S.67-78.

RUTZ, W., Rez. J.COSTAS RODRIGUEZ, Aspectos del vocabulario de Q. Curtius Rufus. Estudio semántico-lexicológico. Contribución al problema de su datación. Salamanca 1980, Gnomon 55 (1983) S.166-68.

RUTZ, W., Rez. J.E.ATKINSON, A Commentary on Q.Curtius Rufus' Historiae Alexandri Magni. Books 3 and 4 (s.ebd.), Gnomon 53 (1981) S.646-54.

RYFFEL, H., ΜΕΤΑΒΟΛΗ ΠΟΛΙΤΕΙΩΝ. Der Wandel der Staatsverfassungen, Noctes Romanae 2, Bern 1949.

SAFRAI, S./ STERN, M. (edd.), The Jewish People in the First Century. Historical Geography, Political History, Social, Cultural and Religious Life and Institutions, 2 Bde., Compendia Rerum Judaicarum ad Novum Testamentum, I Assen 1974; II Assen 1976.

SALWAY, P., Roman Britain, The Oxford History of England Vol. IA, Oxford 1981.

SANDVOSS, E., Asebie und Atheismus im klassischen Zeitalter der griechischen Folis, Saeculum 19 (1969), S.312-329.

SAUTER, F., Der römische Kaiserkult bei Martial und Statius, Tübinger Beiträge zur Altertumswissenschaft XXI.H., Stuttgart/Berlin 1934.

SCHALIT, A., König Herodes. Der Mann und sein Werk, SJ 4, Berlin 1969.

SCHÄFER, P., Geschichte der Juden in der Antike. Die Juden Palästinas von Alexander dem Großen bis zur arabischen Eroberung, Stuttgart/Neukirchen-Vluyn 1983.

SCHÄFKE, W., Frühchristlicher Widerstand, ANRW II 23.1 (1979) S.460-723.

SCHEDA, G., Zur Datierung des Curtius Rufus, Historia 18 (1969) S.380-83.

SCHEIBLER, I., Götter des Friedens in Hellas und Rom, AW 15/1 (1984), S.39-57.

SCHENK, W., Zur Entstehung und zum Verständnis der Adresse des Epheserbriefes, Theologische Versuche VI (1975), S.73-78.

SCHENK, W., Der Kolosserbrief in der neueren Forschung (1945-1985), ANRW II. 25.4 (1987), S.3327-64.

SCHENKE, H.-M./ FISCHER, K.M., Einleitung in die Schriften des Neuen Testaments, Bd. I: Die Briefe des Paulus und Schriften des Paulinismus, Gütersloh 1978.

SCHLENKE, M./ MATZ, K.-J. (edd.), Frieden und Friedenssicherung in Vergangenheit und Gegenwart. Symposium der Universitäten Tel Aviv und Mannheim 19.-21. Juni 1979, München 1984.

SCHLIER, H., Der Brief an die Epheser. Ein Kommentar, Düsseldorf 1958².

SCHLIER, H., Christus und die Kirche im Epheserbrief, BZHTh 6, Tübingen 1930.

SCHLIER, H./ WARNACH, P.V., Die Kirche im Epheserbrief. Aufsätze von, Beiträge zur Kontroverstheologie (Beiheft zur Catholica Nr.1), Münster 1949.

SCHMIDT, K.D., Die Bekenntnisse und grundsätzlichen Äußerungen zur Kirchenfrage. Gesammelt und eingeleitet von K.D.SCHMIDT, 3 Bde..
- Bd.1. Das Jahr 1933, Göttingen 1934.

SCHMIDT, K.L., Jerusalem als Urbild und Abbild, ErJb 18 (1950), S.207-48.

SCHMIDT, K.L., Die Polis in Kirche und Welt. Eine lexikographische und exegetische Studie, Basel 1939.

SCHMITHALS, W., Der Römerbrief. Ein Kommentar, Gütersloh 1988.

SCHNACKENBURG, R., Der Brief an die Epheser, EKK X, Zürich, Einsiedeln, Köln, Neukirchen-Vluyn 1982.

SCHNACKENBURG, R., Die große Eulogie Eph 1,3-14. Analyse unter textlinguistischen Aspekten, BZ N.F. 21 (1977), S.67-87.

SCHNACKENBURG, R., Ephesus: Entwicklung einer Gemeinde von Paulus zu Johannes, BZ N.F. 35 (1991), S.41-64.

SCHNACKENBURG, R., Zur Exegese von Eph 2,11-22: Im Hinblick auf das Verhältnis von Kirche und Israel, in: WEINRICH, W.C. (ed.), The New Testament Age. Essays in Honor of Bo Reicke, Vol. II, Mercer University Press 1984, Macon GA, S.467-91.

SCHNACKENBURG, R., Die Kirche als Bau: Epheser 2.19-22 unter ökumenischem Aspekt, in: HOOKER, M.D./ WILSON, S.G. (edd.), Paul and Paulinism. Essays in Honour of C.K.BARRETT, London 1982, S.258-72.

SCHNACKENBURG, R., Die Politeia Israels in Eph 2,12, in: CARREZ, M./ DORÉ, J./ GRELOT, P. (edd.), De la Torah au Messie. Études d'exégèse et d'herméneutique bibliques offertes à Henri Cazelles pour ses 25 années d'enseignement à l'Institut Catholique de Paris (Octobre 1979), Paris 1981, S.467-74.

SCHNEIDER, G., Die Apostelgeschichte, II.Teil, Kommentar zu Kap.9,1-28,31, HThK V/2, Frieburg u.a. 1982.

SCHOEDEL, W.R., Die Briefe des Ignatius von Antiochien. Ein Hermeneia-Kommentar, München 1990.

SCHUBART, W., Das hellenistische Königsideal nach Inschriften und Papyri, in: KLOFT, H. (ed.), Ideologie und Herrschaft in der Antike, WdF 528, Darmstadt 1979, S.90-121.

SCHULZ, O.T., Die Rechtstitel und Regierungsprogramme auf römischen Kaisermünzen (Von Caesar bis Severus), SGKA 13,4, Paderborn 1925.
SCHÜRER, E., Die siebentägige Woche im Gebrauche der christlichen Kirche der ersten Jahrhunderte, ZNW 6 (1905), S.1-66.
SCHÜRER, E., The History of the Jewish People in the Age of Jesus Christ (175 B.C. - A.D. 135) - A New English Version revised and edited,
- Bd.I   by VERMES,G., MILLAR,F., BLACK,M., Edinburgh 1973;
- Bd.II   by VERMES,G., MILLAR,F., BLACK,M., Edinburgh 1979;
- Bd.III/1 by VERMES,G., MILLAR,F., GOODMAN,M., Edinburgh 1986;
- Bd.III/2 by VERMES,G., MILLAR,F., GOODMAN,M., Edinburgh 1987
SCHWARTZ, D.R., Agrippa I: the Last King of Judaea, Texte und Studien zum antiken Judentum Bd.23, Tübingen 1990.
SCHWEIZER, E., Der Brief an die Kolosser, EKK XII, Zürich, Einsiedeln, Köln, Neukirchen-Vluyn 1980^2 (1976).
SCHWEIZER, E., Zur neueren Forschung am Kolosserbrief (seit 1970), Theologische Berichte 5 (1976), S.163-191.
SCHWEIZER, E., Neotestamentica. Deutsche und Englische Aufsätze 1951-1963. Zürich-Stuttgart 1963:
- Die Kirche als Leib Christi in den paulinischen Antilegomena, S.293-316.
- Die Kirche als Leib Christi in den paulinischen Homologumena, S.272-92.
SCHWIER, H., Theologische und ideologische Faktoren im ersten jüdisch-römischen Krieg (66-74 n.Chr.) im Zusammenhang mit der Zerstörung des Jerusalemer Tempels, masch. Fassung, Dissertation Heidelberg 1988.
SCHWYZER, H.-R., Chairemon. Klassisch-philologische Studien, Heft 4, Leipzig 1932.
SCOTT, E.F., The Epistles of Paul to the Colossians, to Philemon and to the Ephesians, The Moffatt New Testament Commentary, London 1930.
SCOTT, K., The Elder and Younger Pliny on Emperor Worship, TAPhA 63 (1932) S.156-65.
SCOTT, K., The Imperial Cult under the Flavians, Stuttgart/ Berlin 1936.
SCOTT, K., Mercur-Augustus und Horaz C.I 2., Hermes 63 (1928), S.15-33.
SCRAMUZZA, V.M., The Emperor Claudius, Harvard Historical Studies Vol.XLIV, Cambridge (Massachusetts)/ London 1940.
SEGAL, A.F., Ruler of this World: Attitudes about Mediator Figures and the Importance of Sociology for Self-Definition, in: SANDERS, E.P./ BAUMGARTEN, A.I./ MENDELSON, A. (edd.), Jewish and Christian Self-Definition, Vol.II: Aspects of Judaism in the Graeco-Roman Period, London 1981, S.245-68.403-13.
SEGAL, A.F., Two Powers in Heaven. Early Rabbinic Reports about Christianity and Gnosticism, Studies in Judaism in Late Antiquity 25, Leiden 1977.
SEIBERT, J., Alexander der Große, Erträge der Forschung 10, Darmstadt 1972.
SELLIN, G., 'Die Auferstehung ist schon geschehen'. Zur Spiritualisierung apokalyptischer Terminologie im Neuen Testament, NT 25 (1983), S.220-37.
SELLIN, G., Der Streit um die Auferstehung der Toten. Eine religionsgeschichtliche und exegetische Untersuchung von 1 Korinther 15, FRLANT 138, Göttingen 1986.
SEVENSTER, J.N., The Roots of Pagan Anti-Semitism in the Ancient World, Supplements to Novum Testamentum XLI, Leiden 1975.
SHEPPARD, A.R.R., Pagan Cults of Angels in Roman Asia Minor, Talanta 12-13 (1980-81), S.77-101.
SHERWIN-WHITE, A.N., Racial Prejudice in Imperial Rome, Cambridge 1967.
SIEGERT, F., Gottesfürchtige und Sympathisanten, JSJ 4 (1973), S.109-64.
SIMON, H.-G., Historische Interpretationen zur Reichsprägung der Kaiser Vespasian und Titus, Dissertation Marburg 1952.
SMALLWOOD, E.M., The Jews under Roman Rule From Pompey to Diocletian. A study in political relations, SJLA XX, Leiden 1981^2 (= 1976).

SMITH, D.C., The Ephesian Heresy and the Origin of the Epistle to the Ephesians, Ohio Journal of Religious Studies 5 (1977), S.78-103.

SMITH, D.C., Jewish and Greek Traditions in Ephesians 2:11-22, Dissertation Yale University, 1970.

SMITH, D.C., The Two Made One. Some Observations on Eph 2:14-18, Ohio Journal of Religious Studies 1 (1973), S.34-54.

SMITH, R.R.R., The Imperial Reliefs from the Sebasteion at Aphrodisias, JRS 77 (1987), S.88-138.

SMITH, R.R.R., SIMULACRA GENTIUM: The ETHNE from the Sebasteion at Aphrodisias, JRS 78 (1988), S.50-77.

SPEYER, W., Frühes Christentum im antiken Spannungsfeld. Ausgewählte Aufsätze. WUNT Bd. 50, Tübingen 1989, darin:
- Ders., Das Verhältnis des Augustus zur Religion, ebd. S.402-30
- Ders., Religionen des griechisch-römischen Bereichs. Zorn der Gottheit, Vergeltung, Sühne, ebd. S.140-59.

STACHOWIAK, L.R., Chrestotes. Ihre biblisch-theologische Entwicklung und Eigenart, Studia Friburgensia N.F. 17, Freiburg/ Schweiz 1957.

STAEHLE, K., Die Zahlenmystik bei Philo von Alexandrien, Leipzig/ Berlin 1931.

STAHL, M., Imperiale Herrschaft und provinziale Stadt. Strukturprobleme der römischen Reichsorganisation im 1.-3.Jh. der Kaiserzeit, HYPOMNEMATA H.52, Göttingen 1978.

STÄHLI, H.-P., Judenfeindschaft. Zum Verhältnis zwischen Christen und Juden in der Vergangenheit, WuD 18 (1987), S.137-75.

STEGEMANN, W., Zwischen Synagoge und Obrigkeit. Zur historischen Situation lukanischer Christen, FRLANT 152, Göttingen 1991.

STEINMETZ, F.-J., Jenseits der Mauern und Zäune. Somatisches Verständnis der kirchlichen Einheit im Epheserbrief, GuL 59 (1986), S.202-14.

STEINMETZ, F.-J., Protologische Heils-Zuversicht. Die Strukturen des soteriologischen und christologischen Denkens im Kolosser- und Epheserbrief, Frankfurter Theologische Studien 2, Frankfurt/Main 1969.

STIER, H.E., Augustusfriede und römische Klassik, ANRW II. 2.(1975) S.3-54.

STIER, H.E., Welteroberung und Weltfriede im Wirken Alexanders d.Gr., Rhein.-westfäl. Akademie d. Wissenschaften, Geisteswissenschaften, Vorträge G.187, Opladen 1973.

STROUX, J., Die Zeit des Curtius, Philologus 84 (1929) S.233-51.

STUHLMACHER, P., Der Brief an Philemon, EKK XVIII, Neukirchen-Vluyn 1975.

STUHLMACHER, P., Das paulinische Evangelium, I.Vorgeschichte, FRLANT 95, Göttingen 1968.

STUHLMACHER, P., "Er ist unser Friede" (Eph 2,14). Zur Exegese und Bedeutung von Eph 2,14-18, in: GNILKA, J. (ed.), Neues Testament und Kirche, Festschrift Rudolph Schnackenburg, Freiburg 1974, S.337-58.

TAEGER, F., Charisma. Studien zur Geschichte des antiken Herrscherkultes, 2 Bde., Stuttgart 1957.1960.

TCHERIKOVER, V., Hellenistic Civilization and the Jews, New York 1974 (1959)

THEILER, W., Philo von Alexandrien und der Beginn des kaiserzeitlichen Platonismus, in: FLASCH, K. (ed.), Parusia. Studien zur Philosophie Platons und zur Problemgeschichte des Platonismus, Festgabe für Johannes Hirschberger, Frankfurt/ Main 1965, S.199-218.

THEISSEN, G., Lokal- und Sozialkolorit in der Geschichte von der syrophönikischen Frau, ZNW 75 (1984), S.202-25.

THEISSEN, G., Lokalkolorit und Zeitgeschichte in den Evangelien. Ein Beitrag zur Geschichte der synoptischen Tradition, NTOA 8, Freiburg (Schweiz)/Göttingen 1989.

THEISSEN, G., Studien zur Soziologie des Urchristentums, WUNT 19, Tübingen 1983[2] (1979).

THOMPSON, L.A., Domitian and the Jewish Tax, Historia 31 (1982) S.329-42.

THRAEDE, K., Ärger mit der Freiheit. Die Bedeutung von Frauen in theorie und Praxis der alten Kirche, in: SCHARFFENORTH, G./ THRAEDE, K., "Freunde in Christus werden..." Die Beziehung von Mann und Frau als Frage an Theologie und Kirche, Kennzeichen Bd. I, Gelnhausen/ Berlin und Stein/Mfr. 1977, S.31-182.

THRAEDE, K., Zum historischen Hintergrund der 'Haustafeln' des NT, in: DASSMANN, E./ FRANK, K.S. (edd.), Pietas. Festschrift Bernhard Kötting, JbAC Erg.-Bd. 8 (1980). S-359-68.

THYEN, H., "...nicht mehr männlich und weiblich...". Eine Studie zu Galater 3,28. In: CRÜSEMANN, F./ THYEN, H., Als Mann und Frau geschaffen. Exegetische Studien zur Rolle der Frau. Kennzeichen Band 2, Gelnhausen/Berlin und Stein/Mfr. 1978, S.107-201.

THYEN, H., Die Probleme der neueren Philo-Forschung, ThR 23 (1955), 230-46.

TIMPE, D., Der römische Vertrag mit den Juden von 161 v.Chr., Chiron 4 (1974), S.133-52.

TOYNBEE, J.M.C., The Ara Pacis Reconsidered and Historical Art in Roman Italy, PBA 39 (1954), S.67-95 (Plate V-XXXII).

TREBILCO, P.R., Paul and Silas - 'Servants of the Most High God' (Acts 16.16-18), JSNT 36 (1989), S.51-73.

TREBILCO, P.R., Studies on Jewish Communities in Asia Minor, Dissertation University of Durham (GB), 1987.

TROBISCH, D., Die Entstehung der Paulusbriefsammlung. Studien zu den Anfängen christlicher Publizistik, NTOA 10, Freiburg (Schweiz)/ Göttingen 1989.

USAMI, K., Somatic Comprehension of Unity: The Church in Ephesus, Analecta Biblica 101, Rom 1983.

VAN DER HORST, P.W., Jews and Christians in Aphrodisias in the Light of Their Relations in Other Cities of Asia Minor, in: ders., Essays on the Jewish World of Early Christianity, NTOA 14, Freiburg-Göttingen 1990, S.166-181.

VERSNEL, H.S., Triumphus. An Inquiry into the Origin, Development and Meaning of the Roman Triumph, Leiden 1970.

VIELHAUER, P., Geschichte der urchristlichen Literatur. Einleitung in das Neue Testament, die Apokryphen und die Apotolischen Väter, Berlin - New York 1981³.

VIELHAUER, P., Oikodome. Das Bild vom Bau in der christlichen Literatur vom Neuen Testament bis Clemens Alexandrinus, Karlsruhe-Durlach 1939.

VITTINGHOFF, F., Soziale Struktur und politisches System der hohen römischen Kaiserzeit, HZ 230 (1980), S.31-55.

VOGEL-WEIDEMANN, U., Bemerkungen zu den Curtii Rufi der frühen Principatszeit, Acta Classica XIII (1970) S.79-88.

VOGEL-WEIDEMANN, U., The Curtii Rufi again: A Note on Acta Classica 16,1973,129-33, Acta Classica XVII (1974) S.141-42.

VOGT, J., Orbis Romanus. Ein Beitrag zum Sprachgebrauch und zur Vorstellungswelt des römischen Imperialismus, in: ders., Orbis. Ausgewählte Schriften zur Geschichte des Altertums, edd. TAEGER, F., CHRIST, K., Freiburg u.ö. 1960, S.151-71.

WALSER, G., Rom, das Reich und die fremden Völker in der Geschichtsschreibung der frühen Kaiserzeit. Studien zur Glaubwürdigkeit des Tacitus, Baden-Baden 1951.

WALTER, N., 'Hellenistische Eschatologie' im Neuen Testament, in: GRÄSSER, E./ MERK, O. (edd.), Glaube und Eschatologie. Festschrift W.G.Kümmel zum 80.Geburtstag, Tübingen 1985, S.335-56.

WARDMAN, A.E., Plutarch and Alexander, CQ N.S. 5(4a) (1955) S.96-107.

WEBER, W., Princeps. Studien zur Geschichte des Augustus, Erster (einziger) Band, Aalen 1969 (= Stuttgart 1936).

WEBER, W., Der Prophet und sein Gott. Eine Studie zur vierten Ekloge Vergils, BAO H.3, Leipzig 1925.

WEBER-SCHÄFER, P., Einführung in die antike politische Theorie. Zweiter Teil: Von Plato bis Augustinus, Darmstadt 1976.

WEILER, I., Titus und die Zerstörung des Tempels von Jerusalem - Absicht oder Zufall? Klio 48 (1967) S.139-58.

WEINREICH, O., Senecas Apocolocyntosis. Die Satire auf Tod/ Himmel- und Höllenfahrt des Kaisers Claudius - Einführung, Analyse und Untersuchungen, Übersetzung, Berlin 1923.

WEINSTOCK, S., Pax and the 'Ara Pacis', JRS 50 (1960), S.44-58.

WEIPPERT, O., Alexander-Imitatio und römische Politik in republikanischer Zeit, Diss. Würzburg 1970, Augsburg 1972.

WEISS, H., The Law in the Epistle to the Colossians, CBQ 34 (1974), S.294-314.

WEISSENGRUBER, F., Pax Romana und Pax Christiana, Studien zum Neuen Testament und seiner Umwelt 13 (1988), S.193-204.

WENDLAND, P., Die hellenistisch-römische Kultur in ihren Beziehungen zu Judentum und Christentum, HNT 1,2, Tübingen 1972⁴.

WENDLAND, P., ΣΩΤΗΡ. Eine religionsgeschichtliche Untersuchung, ZNW 5 (1904), S.335-53.

WENGST, K., Pax Romana. Anspruch und Wirklichkeit. Erfahrungen und Wahrnehmungen des Friedens bei Jesus und im Urchristentum, München 1986.

WENSCHKEWITZ, H., Die Spiritualisierung der Kultusbegriffe Tempel, Priester und Opfer im Neuen Testament, Angelos-Beiheft 4, 1932.

WHITTAKER, M., Jews and Christians: Graeco-Roman Views. Cambridge Commentaries of the Jewish and Christian World 200 BC to AD 200, Vol.6, Cambridge 1984.

WILD, R.A., The Warrior and the Prisoner: Some Reflections on Ephesians 6:10-20, CBQ 46 (1984)

WILLRICH, H., Urkundenfälschung in der hellenistisch-jüdischen Literatur, Göttingen 1924.

WINDISCH, H., Friedensbringer - Gottessöhne. Eine religionsgeschichtliche Interpretation der 7.Seligpriesung, ZNW 24 (1925), S.240-260.

WINDISCH, H., Die Frömmigkeit Philos und ihre Bedeutung für das Christentum. Eine religionsgeschichtliche Studie, Leipzig 1909.

WINK, W., Naming the Powers. The Language of Power in the New Testament, The Powers: Volume One, Philadelphia 1984.

WIRTH, G., Alexander und Rom, in: REVERDIN, O. (ed.), Alexandre le Grand. Image et Réalité. Entretiens sur L'Antiquité Classique, Tome XXII, Fondation Hardt, Genf 1976, S.181-210.

WISSOWA, G., Religion und Kultus der Römer, HKAW V,4, München (1902) 1912².

WLOSOK, A., Laktanz und die philosophische Gnosis. Untersuchungen zu Geschichte und Terminologie der gnostischen Erlösungsvorstellung, AHAW.PH 1960, 2.Abh., 1960.

WLOSOK, A., Rom und die Christen. Zur Auseinandersetzung zwischen Christentum und römischem Staat, Der altsprachliche Unterricht, Beiheft 1 zu Reihe XIII, Stuttgart 1970.

WOLTER, M., Rechtfertigung und zukünftiges Heil. Untersuchungen zu Röm 5,1-11. Beiheft zur ZNW H.43, Berlin/ New York 1978.

WOMBLE, H., Horace, Carmina, I, 2, AJPh 91 (1970), S.1-30.

YATES, R., A Re-examination of Ephesians 1:23, ET 83 (1971/72), S.146-51.

YATES, R., 'The Worship of Angels' (Col 2:18), ET 97 (1985/86), S.12-15.

ZEITLIN, S., The Jews: Race, Nation or Religion - which? JQR 26 (1935/36) S.313-47.

ZEPF, M., Der Mensch in der Höhle und das Pantheon, Gymnasium 65 (1958), S.355-82.

Zum vorliegenden Buch

Das Buch gliedert sich in vier Hauptabschnitte, die unterschiedlichen methodischen Zugangsweisen Rechnung tragen: Die ersten beiden einer religions- und traditionsgeschichtlichen, die beiden abschließenden einer sozial- und zeitgeschichtlichen Methodik. Zunächst sollen religiöse Vorstellungen, die in Eph 1–3 strukturbestimmend sind, aus den Denkmitteln hellenistischer Juden verständlich gemacht werden. Von da aus wird ein neuer Zugang zu den Intentionen der «Mysterientheologie» des Schreibens gewonnen. Im zweiten Abschnitt konzentriert sich die Untersuchung auf den Text Eph 2,11–22, der von dem Frieden spricht, den ehemalige Heiden und Juden im «Leib Christi» gewonnen haben. Die Aussagelogik dieses Textes wird durch den ausführlichen Rekurs auf hellenistisch-jüdisch vorgebildete Denkmittel nachvollziehbar, und seine pro-judenchristliche Pragmatik, die auch weitere Texte des Schreibens stützen, wird für die innerkirchliche Situation der Judenchristen in der Asia transparent. Zu diesem situativen Aspekt tragen besonders die beiden letzten Hauptabschnitte bei, die mit den Mitteln der Literatursoziologie nach den sozialen Erfahrungen fragen, die der Christologie und Ekklesiologie des Schreibens in der Wahrnehmung der Adressaten Plausibilität verleihen mußten. So behandelt der dritte Abschnitt die Geschichte des Konflikts zwischen Griechen und Juden in den kleinasiatischen Städten sowie die darauf bezogenen regulativen Entscheide der römischen Verwaltung von Caesar bis zu den beiden ersten flavischen Herrschern. Dabei tritt der Kaiser, der um die pax gentium im corpus imperii bemüht war, als Analogie zur Person Christi, der Frieden zwischen Juden und Heiden in seinem «Leib» stiftet, in den Blick. Die hellenisch-römische Herrschaftsideologie wird u.a. durch Münzen, Inschriften und literarische Quellen erhellt. Im vierten Abschnitt geht es um den Nachweis, daß die universal gedachte Kirche im Epheserbrief als soziale Gegengröße zum Imperium Romanum konzipiert ist. Die sogenannte Haustafel Eph 5,21–6,9, die «militia Christi» Eph 6,10–20 und die Frage nach den feindlichen Mächten im Epheserbrief werden hier näher behandelt.

ISBN 3-7278-0864-0 (Universitätsverlag)
ISBN 3-525-53926-6 (Vandenhoeck & Ruprecht)

NOVUM TESTAMENTUM ET ORBIS ANTIQUUS (NTOA)

Bd. 1   MAX KÜCHLER, *Schweigen, Schmuck und Schleier*. Drei neutestamentliche Vorschriften zur Verdrängung der Frauen auf dem Hintergrund einer frauenfeindlichen Exegese des Alten Testaments im antiken Judentum. XXII + 542 Seiten, 1 Abb. 1986. [vergriffen]

Bd. 2   MOSHE WEINFELD, *The Organizational Pattern and the Penal Code of the Qumran Sect*. A Comparison with Guilds and Religious Associations of the Hellenistic-Roman Period. 104 Seiten. 1986.

Bd. 3   ROBERT WENNING, *Die Nabatäer – Denkmäler und Geschichte*. Eine Bestandesaufnahme des archäologischen Befundes. 360 Seiten, 50 Abb., 19 Karten. 1986. [vergriffen]

Bd. 4   RITA EGGER, *Josephus Flavius und die Samaritaner*. Eine terminologische Untersuchung zur Identitätsklärung der Samaritaner. 4 + 416 Seiten. 1986.

Bd. 5   EUGEN RUCKSTUHL, *Die literarische Einheit des Johannesevangeliums*. Der gegenwärtige Stand der einschlägigen Forschungen. Mit einem Vorwort von Martin Hengel. XXX + 334 Seiten. 1987.

Bd. 6   MAX KÜCHLER/CHRISTOPH UEHLINGER (Hrsg.), *Jerusalem. Texte – Bilder – Steine*. Im Namen von Mitgliedern und Freunden des Biblischen Instituts der Universität Freiburg Schweiz herausgegeben ... zum 100. Geburtstag von Hildi + Othmar Keel-Leu. 238 S.; 62 Abb.; 4 Taf.; 2 Farbbilder. 1987.

Bd. 7   DIETER ZELLER (Hrsg.), *Menschwerdung Gottes – Vergöttlichung von Menschen*. 8 + 228 Seiten, 9 Abb., 1988.

Bd. 8   GERD THEISSEN, *Lokalkolorit und Zeitgeschichte in den Evangelien*. Ein Beitrag zur Geschichte der synoptischen Tradition. 10 + 338 Seiten. 1989.

Bd. 9   TAKASHI ONUKI, *Gnosis und Stoa*. Eine Untersuchung zum Apokryphon des Johannes. X + 198 Seiten. 1989.

Bd. 10 DAVID TROBISCH, *Die Entstehung der Paulusbriefsammlung*. Studien zu den Anfängen christlicher Publizistik. 10 + 166 Seiten. 1989.

Bd. 11 HELMUT SCHWIER, *Tempel und Tempelzerstörung*. Untersuchungen zu den theologischen und ideologischen Faktoren im ersten jüdisch-römischen Krieg (66–74 n. Chr.). XII + 432 Seiten. 1989.

Bd. 12 DANIEL KOSCH, *Die eschatologische Tora des Menschensohnes*. Untersuchungen zur Rezeption der Stellung Jesu zur Tora in Q. 514 Seiten. 1989.

Bd. 13 JEROME MURPHY-O'CONNOR, O.P., *The Ecole Biblique and the New Testament: A Century of Scholarship (1890-1990)*. With a Contribution by Justin Taylor, S.M. VIII + 210 Seiten. 1990.

Bd. 14 PIETER W. VAN DER HORST, *Essays on the Jewish World of Early Christianity*. 260 Seiten. 1990.

Bd. 15   CATHERINE HEZSER, *Lohnmetaphorik und Arbeitswelt in Mt 20, 1–16*. Das Gleichnis von den Arbeitern im Weinberg im Rahmen rabbinischer Lohngleichnisse. 346 Seiten. 1990.

Bd. 16   IRENE TAATZ, *Frühjüdische Briefe*. Die paulinischen Briefe im Rahmen der offiziellen religiösen Briefe des Frühjudentums. 132 Seiten. 1991.

Bd. 17   EUGEN RUCKSTUHL/PETER DSCHULNIGG, *Stilkritik und Verfasserfrage im Johannesevangelium*. Die johanneischen Sprachmerkmale auf dem Hintergrund des Neuen Testaments und des zeitgenössischen hellenistischen Schrifttums. 284 Seiten. 1991.

Bd. 18   PETRA VON GEMÜNDEN, *Vegetationsmetaphorik im Neuen Testament und in seiner Umwelt*. Eine Bildfelduntersuchung. Ca. 440 Seiten. [noch nicht erschienen]

Bd. 19   MICHAEL LATTKE, *Hymnus*. Materialien zu einer Geschichte der antiken Hymnologie. XIV + 510 Seiten. 1991.

Bd. 20   MAJELLA FRANZMANN, *The Odes of Solomon*. An Analysis of the Poetical Structure and Form. XXVIII + 460 Seiten. 1991.

Bd. 21   LARRY P. HOGAN, *Healing in the Second Temple Period*. 356 Seiten. 1992.

Bd. 22   KUN-CHUN WONG, *Interkulturelle Theologie und multikulturelle Gemeinde im Matthäusevangelium*. Zum Verhältnis von Juden- und Heidenchristen im ersten Evangelium. 236 Seiten. 1992.

Bd. 23   JOHANNES THOMAS, *Der jüdische Phokylides*. Formgeschichtliche Zugänge zu Pseudo-Phokylides und Vergleich mit der neutestamentlichen Paränese. XVIII + 538 Seiten. 1992.

Bd. 24   EBERHARD FAUST, *Pax Christi et Pax Caesaris*. Religionsgeschichtliche, traditionsgeschichtliche und sozialgeschichtliche Studien zum Epheserbrief. 536 Seiten. 1993.